헤드퍼스트 자바

3판

캐시 시에라 · 버트 베이츠 · 트리샤 지 지음
서환수 옮김

운전 면허 시험장에서 운전 면허증을 갱신하려고 줄 서서 시간을 보내는 것보다 재미있는 자바 책을 읽는다면 얼마나 행복할까요? 꿈속에서나 가능한 일이겠죠?

O'REILLY® 한빛미디어 Hanbit Media, Inc.

헤드 퍼스트 자바(3판)

자바로 여는 무한한 객체지향의 세계!
실무에서 제대로 활용하는 자바 프로그래밍 학습서

초판 1쇄 발행 2003년 12월 31일
3판 1쇄 발행 2024년 1월 2일

지은이 캐시 시에라, 버트 베이츠, 트리샤 지 / **옮긴이** 서환수 / **펴낸이** 전태호
펴낸곳 한빛미디어(주) / **주소** 서울시 서대문구 연희로2길 62 한빛미디어(주) IT출판1부
전화 02-325-5544 / **팩스** 02-336-7124
등록 1999년 6월 24일 제 25100-2017-000058호 / **ISBN** 979-11-6921-179-6 93000

총괄 배윤미 / **책임편집** 이미향 / **기획·편집** 최승헌 / **교정** 강민철
디자인 박정화, 천승훈 / **전산편집** 강민철
영업 김형진, 장경환, 조유미 / **마케팅** 박상용, 한종진, 이행은, 김선아, 고광일, 성화정, 김한솔 / **제작** 박성우, 김정우

이 책에 대한 의견이나 오탈자 및 잘못된 내용에 대한 수정 정보는 한빛미디어(주)의 홈페이지나 아래 이메일로 알려 주십시오. 잘못된 책은 구입하신 서점에서 교환해 드립니다. 책값은 뒤표지에 표시되어 있습니다.
한빛미디어 홈페이지 www.hanbit.co.kr / 이메일 ask@hanbit.co.kr
예제 소스 www.hanbit.co.kr/src/11179, https://oreil.ly/hfJava_3e_examples

---

지금 하지 않으면 할 수 없는 일이 있습니다.
책으로 펴내고 싶은 아이디어나 원고를 메일(writer@hanbit.co.kr)로 보내 주세요.
한빛미디어(주)는 여러분의 소중한 경험과 지식을 기다리고 있습니다.

캐시와 버트로부터

(가끔 왔다 갔다 하긴 하지만) 언제나 우리와 함께해 온 우리 두뇌에 바칩니다.

트리샤로부터

(변함없이) 언제나 함께해 온 이스라(Isra)에게 바칩니다.

이 책에 쏟아진 찬사

“정말 재미있고 기묘한 책입니다. 자바를 몇 년 동안 강의했는데, 프로그래밍을 배울 때 이렇게 푹 빠져들 수 있는 교재는 없다고 확신할 수 있어요. 자바를 완전히 새로 배우고 싶을 정도예요!”

— 앤지 존스(Angie Jones), 자바 챔피언

“자바 스트림과 람다에 대해서 이렇게 깔끔하게 설명하는 책은 한 번도 본 적이 없어요. 불필요한 과장도 없고요. 중요한 함수형 프로그래밍 개념을 유머와 스타일을 곁들여서 가르쳐 주는 책입니다. 너무 재미있어서 자바를 완전히 새로 배우고 싶을 정도였어요. 모든 사람이 이 책에서 가르치는 것처럼 자바 프로그래밍을 한다면 얼마나 좋을까요.”

— 에릭 노먼드(Eric Normand), 클로저(Clojure) 강사, 『쏙쏙 들어오는 함수형 코딩(Grokking Simplicity)』 저자

“와… 진짜 제가 자바를 배울 때 이 책이 있었더라면 얼마나 좋았을까요! 읽다 보면 너무 재미있어서 이게 진짜 자바를 배우기 위한 교재라는 걸 잊어버릴 지경이라니까요. 3판에 들어서는 훨씬 더 앞서 나가게 되었습니다. 2022년 이후의 시기를 살아가는 자바 프로그래머가 자바라는 언어를 유창하게 구사하기 위해 알아야 할 모든 것이 들어 있어요. 하지만 가장 제 마음에 드는 부분은 일러스트레이션이에요. 책을 보면서 어찌나 낄낄거렸는지…. 자바 챔피언이기도 한 세 명의 저자 캐시, 버트, 트리샤에게 찬사를 보냅니다.”

— 하인즈 M. 카부츠(Heinz M. Kabutz), 전산학 박사, 자바 전문가 뉴스레터(www.javaspecialists.eu) 운영자

“저는 『헤드 퍼스트 자바』에서 가르치는 방식을 정말 좋아해요. 기술 서적이지만 마치 소설책 같아서 어떤 챕터든 일단 시작하고 나면 멈출 수가 없죠. 재미있고 기발한 그림도 있고, 신기한 비유도 있고, 개발자와 컴파일러/런타임 사이의 대화 같은 부분 등 정말 특이한 게 많아요. 참신하고 훌륭한 학습 방법을 선사하기 때문에 독자 입장에서는 기존에 품고 있던 가정이나 믿음에 대해 다시 한번 생각해 보게 되는데, 이런 특징은 배우는 사람이 자기 호기심의 위력을 실감하게 해 주는 아주 결정적인 요소죠. 이 책을 쓴 저자들은 거의 마법사 같습니다. 자바를 처음 배우는 사람들, 또는 재미도 느끼면서 기존 자바 실력을 한 단계 끌어올리고 싶은 사람들이라면 반드시 읽어 봐야 하는 자바 개발자의 필독서입니다.”

— 말라 굽타(Mala Gupta), 젯브레인스 개발자 지원 담당, 작가, 자바 챔피언

“종종 자바 프로그래밍을 처음 접하는 사람들에게서 ‘어떤 책으로 시작해야 하나요?’라는 질문을 받곤 하는데, 항상 『헤드 퍼스트 자바』를 읽으라고 얘기해 줍니다. 캐시 시에라와 버트 베이츠가 처음 냈던 초판은 기존의 프로그래밍 언어 학습법을 완전히 뒤집었어요. 학습자 중심으로 가르치는 방법을 창시했죠. 가히 혁명적이었어요. 트리샤 지는 현존하는 가장 뛰어난 자바 개발자이자 강사 중 한 명입니다. 자바 언어에 대해 아주 깔끔한 설명이 필요할 때면 트리샤한테 물어봐요. 이번에 새로 나온 3판을 읽고 있노라면 저도 모르게 미소가 저절로 배어 나옵니다. 과거의 추억 때문이 아니라 이미 20년 넘게 자바를 다뤄왔음에도 불구하고 더 새로운 걸 배울 수 있기 때문이에요.”

— 마리틴 베버그(Maritjn Verburg), a.k.a. ‘악마의 개발자’, 마이크로소프트 자바 수석 그룹장, 자바 챔피언

"『헤드 퍼스트 자바』는 전설적인 책입니다. 그리고 그런 책의 개정판을 만드는 데 있어서 트리샤 지 말고 다른 사람은 상상할 수도 없어요. 트리샤가 대단하다는 건 이미 알았지만, 재미있는 사람이라는 건 잘 모르긴 했네요. 이제는 트리샤가 얼마나 재미있는 사람인지 잘 알겠어요. 3판은 정확하면서 재미있고 분명하면서도 최신 정보까지 갖춘 책입니다. 자바를 배우는 데 이보다 나은 방법이 있을지 모르겠네요."

— 홀리 커민스(Holly Cummins), 레드햇의 쿼커스(Quarkus) 시니어 수석 소프트웨어 개발자

"이 책은 혁명 같은 책입니다! 괄호, 유머, 객체, 비유, 문법, 재미, 코드, 독자에 대한 인간적인 존중을 함께 담은 책이에요. 학습의 과정을 정말 진지하게 다루면서도 장난기를 섞어 넣어 기억에 잘 남을 수 있게 만들어 줍니다. 메타인지와 관련된 팁이나 컴파일러 입장에서 생각해 볼 수 있는 기회를 선사하는 부분, 이 책이 담고 있는 스토리와 비주얼, 그리고 (다른 모든 학습과 마찬가지로) 프로그래밍 언어를 배우는 것이 누구에게나 열려 있다는 그 느낌이 정말 마음에 듭니다."

— 케블린 헤니(Kevlin Henney), 『자바 개발자를 위한 97가지 제안(97 Things Every Java Programmer Should Know)』의 공동 편집자

"제가 자바를 배울 때 이 책을 알았더라면 얼마나 좋았을까요. 재미있고 유머러스하면서 매혹적인 방식으로 자바를 배우고 싶은 사람이라면(그게 가능할 줄 누가 알았겠습니까!), 그리고 특히 저처럼 전통적인 컴퓨터 관련 전공을 하지 않은 사람이라면 이 책이 딱이에요. 프로그래밍 책을 보면서 이렇게 크게 웃어본 건 처음이에요. 쉽게 따라갈 수 있고 교육적이면서 대화 형태로 내용을 전개하고 흥미진진하면서 위트가 넘치는, 아주 잘 쓴 책입니다."

— 그레이스 잰슨(Grace Jansen), IBM 개발자 지원 담당

"자바 프로그래밍 학습 여정을 막 시작하는 사람 앞에는 감당하기 힘들 정도로 다양한 책과 강의가 펼쳐져 있습니다. 문제는 대부분 순전히 기술적인 정보에만 초점을 맞추다 보니 독자 입장에서는 계속해서 "아직 끝나려면 멀었나?"라는 의문이 자주 떠오릅니다. 『헤드 퍼스트 자바』는 전혀 다른 접근법을 취합니다. 배움을 재미있으면서 동시에 교육적인 모험으로 만들어 주죠. 이 책에서는 강아지들이 들어 있는 배열, <수영장 퍼즐>, <5분 미스터리>, <쓰면서 제대로 공부하기> 같은 코너를 도입하여 재미있게 배울 수 있으면서도 필요한 모든 내용을 속속들이 빨아들일 수 있게 해 줍니다. 제가 자바를 처음 배울 때도 이런 책이 있었으면 얼마나 좋았을까요."

— 사이먼 리터(Simon Ritter), 아줄(Azul) 부 CTO, 자바 챔피언

"이 책은 절대 실망스럽지 않습니다. 지금도 대학 시절에 초판을 읽었던 기억이 선명해요. 이렇게 3판이 새로 나왔다니 정말 기뻐요. 『헤드 퍼스트 자바』는 설명도, 코딩 예제도 모두 이해하기 쉽고 간단한 책이에요."

— 넬슨 잘로(Nelson Djalo), 테크 기업 사업가, Amigoscode.com 학습 플랫폼 및 Amigoscode 유튜브 채널 창립자

이 책에 쏟아진 찬사

“우리 아들이 자바를 배우고 싶다고 했을 때 『헤드 퍼스트 자바』를 읽으라고 했어요. 재미있는 그림 때문에 아이가 관심을 가질 것 같았기 때문이죠. 이런 자바 책이 어디에 있겠어요? 『헤드 퍼스트 자바』를 읽는 건 교실에 있는 것이 아니라 놀이터에 있는 쪽에 더 가까운 것 같습니다.”

— 케빈 닐슨(Kevin Nilson), 구글 소프트웨어 개발자, 실리콘밸리 자바 유저 모임 리더

“요즘 자바를 배우고 싶어 하는 프로그래머들이 정말 부러워요. 이런 대단한 책이 있으니까요. 20년 전에 제가 자바를 배울 때는 정말 지루했어요. 하지만 이 책은 지루할 틈이 없어요. 자바 컴파일러하고 가상 머신이 대결을 벌이는 자바 책은 듣지도, 보지도 못했어요. 정말 대박이라니까요!”

— 타기르 발레예프(Tagir Valeev), 인텔리제이 통합개발환경 및 젯브레인스 테크니컬 리드, 자바 챔피언

“20년 전, 자바 세계에 처음 발을 들인 주니어 개발자 시절에 『헤드 퍼스트 자바』 초판을 읽었는데, 지금 3판을 읽어도 여전히 놀랍습니다. 그 이후로 사람들이 튜토리얼을 가르치는 방법을 비롯해서 많은 게 바뀌었어요. 요즘은 동영상 교재도 많이 나와 있지만, 『헤드 퍼스트 자바(3판)』은 주니어들에게든, 시니어들에게든 여전히 훌륭한 교재입니다. 각종 세부 사항에 파묻힐 걱정 없이 빠르게 개념을 파악할 수 있고, 사소한 내용들도 꼼꼼하게 챙겨 주고, 추가로 읽어볼 만한 참고 자료도 잘 알려 주니까요. 특히 자바 스트림, 동시성, NIO에 관한 내용이 정말 좋더라고요.”

— 마이클 사이먼즈(Michael Simons), Neo4j 개발자, 자바 챔피언, Spring Boot Buch 레퍼런스 저자

“자바로 소프트웨어를 개발하고 싶다면 이 책이 딱입니다. 『헤드 퍼스트 자바』에는 독자들의 이해를 돕고 자바를 이용하여 소프트웨어를 만드는 법을 배우는 데 도움이 되는 직관적이면서도 우아한 예제들이 엄청나게 많이 들어가 있습니다. 자바 프로그래머가 되고 싶은 모든 사람에게 첫 번째 자바 책으로 추천하고 싶습니다.”

— 산홍 리(Sanhong Li), 알리바바 클라우드

“『헤드 퍼스트 자바』는 기술 서적 같은 느낌이 들지 않는 기술 서적이에요. 재미있고, 편하게 읽을 수 있고, 실생활과 이어지는 비유가 많아서 복잡한 개념을 아주 자연스럽게 소개해 주죠. 풍부하면서도 방대한 자바 생태계에 대한 완벽한 입문서입니다.”

— 에이브러햄 마린-페레즈(Abraham Marin-Perez), 코소타팀(Cosota Team) 수석 컨설턴트

“‘일’을 대할 때도 뭔가 기발하고 유머러스한 걸 원하는 사람이라면 자바를 배울 때 『헤드 퍼스트 자바(3판)』 만한 책이 또 있을까 싶습니다. 실용적이면서도 재치 있고, 교육적이면서 흥미진진한 책입니다. 새로운 도약을 꿈꾸는 자바 개발자들에게 완벽한 가이드입니다.”

— 마크 로이(Marc Loy), 트레이너, 『Smaller C』 저자, 『Learning Java』, 『Java Swing』 공저자

초판과 개정판에 대한 찬사

"캐시와 버트의 『헤드 퍼스트 자바』는 지금까지 여러분이 봤던 어떤 책보다도 GUI스러운 책일 것입니다. 이 책을 가지고 자바를 공부하다 보면 '다음에는 무슨 일이 일어날까?'라는 기대를 가지고 재미있게 공부할 수 있는 신선한 경험을 맛볼 수 있을 것입니다."

— 워렌 쿠펠(Warren Keuffel), 소프트웨어 개발 매거진

"학습 프로그램의 가치를 평가하는 유일한 방법은 얼마나 우수하게 교육하는지 파악해 보는 것입니다. 『헤드 퍼스트 자바』는 배우는 사람 입장에서 정말 최고의 책입니다. 처음에는 황당하다고 생각했지만, 이 책을 보면서 내용을 정말 확실히 배울 수 있다는 것을 깨달았습니다. 『헤드 퍼스트 자바』 스타일 덕분에 정말 쉽게 배울 수 있었습니다."

— slashdot.org(어니스트퍽(honestpuck)의 리뷰)

"자바에 대해 전혀 모르는 사람들도 자바 전사 수준으로 끌어올릴 수 있을 만큼 독자들을 강력하게 빨아들이는 흡인력을 갖추고 있으면서도 다른 교재에서는 웬만하면 '독자들을 위한 연습 문제'로 남겨놓는 실용적인 내용까지 방대하게 다루고 있습니다. 재미있고 실용적이면서도 객체 직렬화라든가 네트워크 구동 프로토콜에 이르는 내용을 다루는 자바 교재는 거의 없지만, 이 책은 다릅니다."

— 댄 러셀(Dan Russell) 박사, IBM 알마덴 연구소 사용자 과학 및 경험 연구원(스탠퍼드에서 인공지능을 강의합니다)

"빠르고 재미있고 정신없는 책입니다. 보다 보면 정말로 뭔가를 배울 수 있습니다."

— 켄 아널드(Ken Arnold), 전 썬 마이크로시스템즈 선임 엔지니어, 『The Java Programming Language』 공저자

"자바 기술은 모든 곳에 쓰입니다. 핸드폰, 자동차, 카메라, 프린터, 게임, PDA, ATM, 스마트카드, 가스 펌프, 의학용 기기, 웹캠, 서버 등 수없이 많은 분야에서 자바 기술을 볼 수 있습니다. 소프트웨어 개발자임에도 불구하고 아직 자바를 배우지 않았다면 지금 당장 시작하세요. 〈헤드 퍼스트〉 시리즈가 있습니다."

— 스콧 맥닐리(Scott McNealy), 전 썬 마이크로시스템즈 창업자(회장) 겸 최고 경영자

"『헤드 퍼스트 자바』는 정말 재미있습니다. 퍼즐, 각종 이야기, 퀴즈, 예제가 본문과 멋지게 어우러져서 지금까지 나왔던 컴퓨터 책과는 전혀 다른 방식으로 내용을 전달해 줍니다."

— 더글라스 로위(Douglas Rowe), 콜롬비아 자바 사용자 모임

"『헤드 퍼스트 자바』를 읽어 보세요. 즐겁게 배우는 것이 무엇인지 알 수 있습니다. 전산 비전공자 또는 프로그래밍 경험이 적은 사람 중에서 새로운 프로그래밍 언어를 배우고 싶어 하는 분에게 이 책은 보석 같은 책입니다. 복잡한 컴퓨터 언어를 즐겁게 배울 수 있는 책이죠. 앞으로 더 많은 저자가 별로 재미없는 '고전적인' 저술법의 틀을 깨고 나왔으면 합니다. 컴퓨터 언어를 배우는 일은 짜증 나는 일이 아니라 재미있는 일이어야 합니다."

— 주디스 테일러(Judith Taylor), 오하이오주 남동부 매크로미디어(Macromedia) 사용자 모임

"자바를 배우고 싶다면 괜히 어렵게 여러 책을 찾아보지 마세요. 세계 최초의 GUI 기반 기술 서적인 『헤드 퍼스트 자바』를 읽으면 됩니다. 이 책은 혁신적인 형식으로 다른 자바 교재와는 전혀 다르게 자바를 가르쳐 줍니다. 이 책으로 신나게 자바 세상을 누벼 봅시다."

— 닐 R. 바우만(Neil R. Bauman), 긱 크루즈(www.GeekCruises.com) 선장 겸 최고 경영자

초판과 개정판에 대한 찬사

"이 책에 실린 짧은 이야기들, 손으로 쓴 것 같은 설명, 가상 인터뷰, 연습 문제에 홀딱 빠져 버렸어요."

— 마이클 유앤(Michael Yuan), 『Enterprise J2ME』 저자

"『헤드 퍼스트 자바』는 '분명히 오라일리 책일 거야.'라는 오라일리의 홍보 슬로건에 새로운 의미를 부여해 줬습니다. 주변 사람들로부터 "혁명적이다.", "급진적일 만큼 새로운 접근법으로 만들어진 교과서다."와 같은 표현을 듣고 이 책을 구입하게 됐습니다. 저도 결국 그 사람들의 말이 맞았다는 것을 깨달았죠. 이 책은 오라일리답게 매우 과학적이고 신중한 접근법을 택하고 있습니다. 그 결과 아주 재미있고 파격적이고, 독자들과 공감대를 만들어줄 수 있는 끝내 주는 책이 나왔어요. 이 책을 읽고 있으면 무슨 발표회장에 와 있는 듯한 기분이 듭니다. 옆에 있는 사람들하고 함께 웃으면서 배우는 것 같은 느낌이에요. 자바를 정말 이해하고 싶다면 이 책을 사세요."

— 앤드류 폴락(Andrew Pollack), www.thenorth.com 운영자

"이 책이 너무 좋아서 울고 싶을 정도입니다! 정말 놀라워요."

— 플로이드 존스(Floyd Jones), 수석 테크니컬 라이터, 미 경제분석국(BEA; Bureau of Economic Analysis) 전문가

"머릿속에 들어있던 몇 톤 분량의 책을 다 들어내고 이 책만 집어넣어도 될 것 같군요."

— 워드 커닝햄(Ward Cunningham), 위키 사이트 창시자, 힐사이드 그룹 창립자

"저를 웃기고, 울리고, 감동시켰어요."

— 댄 스타인버그(Dan Steinberg), java.net 편집장

"이 책을 보고는 웃겨서 죽는 줄 알았어요. 그런데 정신을 차리고 다시 보니 이 책이 기술적으로 정확할 뿐만 아니라 지금까지 본 디자인 패턴 입문 서적 중에서도 가장 이해가 잘되는 책이라는 것을 깨달을 수 있었습니다."

— 티모시 A. 버드(Timothy A. Budd) 박사, 오리건 주립대학교 컴퓨터 과학 부교수, 『C++ for Java Programmers』 저자

"이 책은 우리 안에 숨어 있는 끼와 재능을 일깨워주기에 딱 적당한 책입니다. 실용적인 개발 전략을 위한 레퍼런스로도 좋습니다. 이제 따분한 강의 때문에 꾸벅꾸벅 졸 필요가 없습니다. 재미있게 공부합시다."

— 트레비스 캘러닉(Travis Kalanick), 스코어(Scour) 및 레드 스우시(Red Swoosh) 창업자, MIT TR100(MIT 혁신가 100인) 회원

<헤드 퍼스트> 시리즈의 다른 책

『Head First Android Development』

『Head First C#』

『Head First Design Patterns』

『Head First Git』

『Head First Go』

『Head First HTML and CSS』

『Head First JavaScript Programming』

『Head First Kotlin』

『Head First Learn to Code』

『Head First Object-Oriented Analysis and Design』

『Head First PMP』

『Head First Programming』

『Head First Python』

『Head First Software Development』

『Head First SQL』

『Head First Swift』

『Head First Web Design』

지은이 소개

캐시 시에라(Kathy Sierra)

버트 베이츠(Bert Bates)

캐시는 버진(Virgin), MGM, 앰블린(Amblin) 등에서 게임 설계를 하던 시절, UCLA에서 뉴 미디어 제작 강의를 하던 시절부터 학습 이론에 관심이 많았습니다. 썬 마이크로시스템즈(Sun Microsystems)에서 마스터 자바 트레이너로 활동했으며, 대규모 자바 커뮤니티인 JavaRanch.com(지금은 CodeRanch.com)을 설립하여 2003년과 2004년에는 생산성 부문에서 졸트상(Jolt Award)을 받았습니다.

2015년에는 숙련된 사용자를 만들어내고 지속 가능한 커뮤니티를 구축한 공로로 전자 프런티어 재단(Electronic Frontier Foundation)에서 시상하는 파이오니어상(Pioneer Award)을 받았습니다.

최근 들어서는 생태학적 역학 또는 에코-D(Ecological Dynamics)라고 부르는 최첨단 운동 과학 및 기술 습득 코칭에 관심을 쏟고 있습니다. 에코-D를 적용한 그녀의 말 훈련법은 어떤 사람들에게는 기쁨을 (하지만 다른 사람들에게는 경악을) 선사하고 있습니다. 좋은 주인을 둔 덕에 캐시의 접근법으로 훈련받은 운 좋은 (자율적인) 말들은 전통적인 방식으로 훈련받은 다른 말들에 비해 더 행복하고 건강하며 운동 능력이 뛰어납니다.

인스타그램: @pantherflows

버트는 책을 쓰기 전까지는 전통적인 방식의 인공지능(주로 전문가 시스템), 실시간 운영체제, 복잡한 스케줄링 시스템을 전문으로 하는 개발자였습니다.

버트는 25년 이상의 경력을 가진 소프트웨어 개발자로, 2003년에 캐시와 함께 『헤드 퍼스트 자바』로 〈헤드 퍼스트〉 시리즈를 만들었습니다. 이후로 여러 권의 자바 서적을 저술하고, 썬 마이크로시스템즈와 오라클에서 다양한 자바 인증 시험에 자문으로 참여했습니다. 요즘은 학생들을 더 잘 가르치는 방법과 관련하여 코치, 교사, 교수, 저자, 편집자 등을 돕는 일을 하고 있습니다.

버트는 바둑 애호가이기도 하며 2015년에는 알파고가 이세돌을 꺾는 것을 보면서 충격과 전율을 느꼈습니다. 최근에는 에코-D를 이용하여 골프 실력을 끌어올리고 그가 키우는 보케(Bokeh)라는 작은 앵무새를 훈련시키고 있습니다.

버트가 트리샤 지를 알게 된 지는 8년이 넘어갑니다. 트리샤라는 훌륭한 저자를 발견한 일은 〈헤드 퍼스트〉 시리즈에 정말 큰 힘이 되고 있습니다.

이메일: bertbates.hf@gmail.com

트리샤 지(Trisha Gee)

트리샤는 1997년, 그녀가 다닌 대학교에서 미래를 예견하고 따끈따끈한 신상 언어였던 자바로 전산학을 가르치기 시작했을 무렵부터 자바를 다루기 시작했습니다. 그 이후로 금융업, 제조업, 비영리단체, 초고속 금융 트레이딩 같은 다양한 업계에서 자바 애플리케이션을 만들면서 개발자와 컨설턴트로 활동했습니다.

트리샤는 그 시기에 개발자로서 힘들게 배웠던 모든 것을 공유하는 일에 매우 열정적으로 임하고 있습니다. 그래서 그녀가 모은 지식을 전달하기 위해 블로그 포스팅을 하고 콘퍼런스에서 발표를 하며 동영상을 만드는 등의 일을 할 수 있는 개발자 지원 업무를 시작하게 되었습니다. 젯브레인스(JetBrains) 자바 개발자 지원팀에서 5년간 근무한 후 2년 동안 팀을 이끌었습니다. 이 기간 동안 현업 자바 개발자들이 직면하는 다양한 문제들에 대한 경험을 쌓았습니다.

트리샤는 지난 8년 동안 수시로 버트에게 『헤드 퍼스트 자바』를 업데이트하는 것과 관련된 얘기를 나누곤 했습니다. 버트와 매주 했던 전화 통화들을 여전히 기억하고 있습니다. 버트처럼 박식하면서도 따뜻한 사람과 정기적으로 연락을 주고받는 것이 트리샤에게는 큰 힘이 되는 일이었습니다. 학습을 장려하는 버트와 케이시의 접근법은 그녀가 거의 10년 동안 하고자 했던 일의 근간을 이루고 있습니다.

트위터: @trisha_gee

옮긴이의 말

드디어 『헤드 퍼스트 자바(3판)』이 출간되었습니다. 지난 개정판은 2005년에 번역했는데, 어느덧 18년이나 지나서 고전(古典)으로 자리매김했습니다. 원서 개정판이 나왔을 때만 해도 '벌써 자바 5.0이라니!'라고 감탄하면서 번역했는데, 현재(2023년 11월 기준)는 어느새 새로운 장기 지원(LTS; Long Term Support) 버전인 자바 21까지 출시되었습니다.

그동안 긴 세월이 지난 만큼 자바의 인기가 예전과 같지는 않습니다. 프로그래밍 언어 인기 순위 척도라고 할 수 있는 티오베(TIOBE)의 프로그래밍 커뮤니티 인덱스 수치를 가지고 비교해 보면 2005년에는 잠시 C 언어에 밀려서 2위로 내려간 시기도 있긴 했지만, 꽤 오랜 기간에 걸쳐서 1위를 유지하다가 2020년부터는 순위가 급변해서 지금은 파이썬, C, C++에 이어 4위를 차지하고 있습니다. 다만 그런데도 자바는 여전히 웹 애플리케이션, 모바일 애플리케이션, 게임, 엔터프라이즈 솔루션, 임베디드 시스템, 빅데이터 등 다양한 분야에서 수많은 사람에게 큰 사랑을 받고 있습니다.

그간의 잦은 업데이트에서 알 수 있듯이 자바는 지속해서 발전하는 언어입니다. 그래서 초판과 개정판에서는 객체지향 개념에서 시작하는 자바의 기본적인 개념과 사용 방법을 설명하는 데 중점을 두었다면, 이번 3판에서는 람다 표현식, 스트림 API, 제네릭과 같은 고급 주제들을 포함해서 현대적인 최신 자바 프로그래밍 기술을 많이 다룹니다. 또한 그동안 바뀐 트렌드에 맞춰서 꽤 많은 내용이 추가, 삭제, 수정되었습니다.

물론 <헤드 퍼스트> 시리즈의 DNA는 그대로 유지되고 있습니다. 복잡한 개념들을 재미있고 이해하기 쉬운 방식으로 풀어내는 이 시리즈만의 독특한 형식 덕분에 자바를 처음 접하는 분들도 근본적인 개념부터 시작해서 효과적인 프로그래밍을 위한 사고방식을 기르는 데도 큰 도움을 받을 것입니다.

이 책은 현업 개발자를 포함한 수많은 독자의 피드백을 바탕으로 오랜만에 개정된 3판이니만큼, 최신 자바 트렌드와 실용적인 코딩 기법을 반영해서 현장에 바로 적용할 수 있는 지식과 정보를 제공합니다. 이 책을 통해 많은 독자가 자바에 관한 지식을 머릿속에 쏙쏙 담을 수 있게 되길 기대합니다.

이번 3판이 출간되기까지 수고해 주신 한빛미디어 식구들에게 감사드립니다. 특히 영문판과는 전혀 다른 한국어판만의 삽화를 새로 만들기 위해 고생하신 디자이너분들이 아니었다면 이렇게 우리나라만의 독특한 『헤드 퍼스트 자바(3판)』이 나올 수 없었을 거라고 생각합니다. 출간에 기여한 모든 분께 감사의 말씀을 전합니다.

2023년 12월

서환수

옮긴이 소개

『헤드 퍼스트 자바(개정판)』이 출간되었을 때는 갓 서른 살이 된 신혼의 대학원생이었는데, 이제는 어엿한 중년 직장인 아저씨입니다. 물리학을 전공했고 오랫동안 연구 업무를 했지만, 어렸을 적부터 컴퓨터를 워낙 좋아했던 터라 지금은 회사에서 디지털 트랜스포메이션과 관련된 일을 재미있게 하고 있습니다.
『헤드 퍼스트 자바(개정판)』이 출간된 18년 전에는 아내와 함께 강아지를 키우면서 알콩달콩 지냈지만, 지금은 아내와 함께 초등학생, 중학생, 고등학생 아들들과 씨름하면서 알콩달콩 지내고 있습니다.

목차

CHAPTER 00

들어가며

이 책을 읽는 방법

자바에 대해 생각해 봅시다

지금 여러분은 무언가를 배우려 하고 있습니다. 하지만 여러분의 두뇌를 배우는 일에만 집중하도록 하는 것은 쉽지 않습니다. '밖으로 나가면 어떤 들짐승을 주의해야 할까? 실오라기 하나 걸치지 않고 스노보드를 타는 것이 왜 안 좋은지를 알아보는 것이 더 낫지 않을까?'라는 생각을 하고 있을 수도 있습니다. 두뇌로 하여금 자바를 배우는 것이 살아가는 데 매우 중요한 일이라는 생각이 들게 하려면 어떻게 해야 할까요?

이 책의 독자 030
이 책이 이렇게 된 이유 031
이 책의 구성 034
여러분의 두뇌를 정복하는 방법 035
이 책을 읽는 데 필요한 것 036
3판의 테크니컬 리뷰어 038
3판을 위한 감사 인사 039
개정판의 테크니컬 리뷰어 040
개정판을 위한 감사 인사 041
아직 감사의 글이 끝나지 않았습니다 042

CHAPTER 01

일단 간단하게 알아봅시다

껍데기를 깨다

자바는 여러분을 새로운 세계로 인도합니다

자바는 1.02 버전이 공개된 이후로 친숙한 문법, 객체지향적인 기능, 메모리 관리뿐만 아니라 이식성에 대한 약속을 통해 많은 프로그래머를 유혹했습니다. 1장에서는 자바에 대해 간단하게 알아보고 몇 가지 코드를 직접 만들어서 컴파일하여 실행해 봅니다. 문법, 반복문, 조건문 등을 살펴보고 자바가 왜 훌륭한지에 대해서도 간략하게 살펴볼 예정입니다. 일단 껍데기를 깨고 새로운 자바의 세계로 한번 뛰어들어 볼까요?

자바는 어떤 식으로 돌아갈까요? 044
자바에서 실제로 수행하는 일 045
아주 간략한 자바의 역사 046
자바 코드의 구조 049
main이 들어 있는 클래스 만들기 051
간단한 불리언 테스트 055
조건에 따른 분기문 057
본격적인 실전용 애플리케이션 코딩하기 058
자동 구문 생성기 061
연습 문제 063
정답과 해설 067

CHAPTER 02 클래스와 객체
객체 마을로의 여행

객체에 관한 얘기를 들어 보았나요?

1장에서는 모든 코드를 전부 main( ) 메서드에 집어넣었지요. 사실 그 방법은 정확하게 말하자면 객체지향적인 방법이 아닙니다. 이제 절차적 프로그래밍 세계는 완전히 제쳐 두고 main( )을 벗어나서 직접 객체를 만들어 봅시다. 자바 객체지향 개발이 얼마나 재미있는지를 알 수 있을 것입니다. 그리고 클래스와 객체의 차이점을 살펴보고, 객체를 사용함으로써 삶의 질(물론, 프로그래밍과 관련된 삶의 질이겠지요)을 어떻게 향상시킬 수 있는지도 알아보겠습니다.

의자 전쟁 070
첫 번째 객체 만들기 078
Movie 객체 만들어서 테스트하기 079
빠르게 main에서 벗어나기 080
숫자 맞히기 게임 실행하기 082
연습 문제 084
정답과 해설 088

CHAPTER 03

원시 변수와 레퍼런스

네 변수를 알라

변수는 크게 원시 변수와 레퍼런스로 나눌 수 있습니다

우리가 살아가는 데는 정수, 문자열, 배열 외에도 훨씬 더 복잡한 것이 많이 필요합니다. 예를 들어서, Dog라는 인스턴스 변수가 들어 있는 PetOwner라는 객체(애완동물 주인)를 생각할 수 있겠죠? 아니면 Engine이라는 인스턴스 변수를 가진 Car라는 객체는 어떨까요? 이 장에서는 (원시 타입과 레퍼런스의 차이 같은) 자바 타입의 미스터리를 밝혀 보고 변수로 선언할 수 있는 것, 변수에 집어넣을 수 있는 것, 변수를 가지고 할 수 있는 것에 대해 살펴보겠습니다. 마지막에는 가비지 컬렉션 기능이 있는 힙에 대해서도 알아보겠습니다.

변수 선언하기	092
"더블 모카로 주세요. 아, int로 합시다."	093
키워드를 조심하세요!	095
Dog 객체를 제어하는 방법	096
객체 레퍼런스는 단지 또 다른 변숫값에 불과합니다	097
가비지 컬렉션 기능을 보유한 힙에서의 삶	099
배열은 찬장의 컵과 같습니다	101
Dog 예제	104
연습 문제	105
정답과 해설	110

CHAPTER 04

메서드는 인스턴스 변수를 사용합니다

객체의 행동 방식

상태는 행동에 영향을 미치고, 행동은 상태에 영향을 미칩니다

객체에는 각각 인스턴스 변수와 메서드로 표현되는 상태와 행동이 있습니다. 하지만 우리는 아직 상태와 행동이 어떤 식으로 연결되어 있는지 알아보지 않았습니다. 객체에는 그 상태에 대해 어떤 작업을 처리할 수 있는 행동이라는 것이 있습니다. 즉, 메서드는 인스턴스 변수의 값을 사용합니다. "체중이 14파운드 미만이면 앙앙거리는 소리를 내라."라든가 "체중을 5만큼 증가시켜라."와 같은 식으로 말이죠. 4장에서는 직접 어떤 상태를 다른 것으로 바꿔 봅니다.

클래스는 객체가 아는 것과 객체가 하는 것을 기술합니다 114
크기는 짖는 소리에 영향을 끼칩니다 115
메서드에 특정 값을 전달할 수 있습니다 116
메서드에서 특정 값을 리턴할 수도 있습니다 117
메서드에 두 개 이상의 인자를 전달할 수도 있습니다 118
매개변수와 리턴 타입 활용 방법 121
캡슐화 122
배열에 있는 객체는 어떤 식으로 행동할까요? 125
인스턴스 변수 선언과 초기화 126
원시 변수와 레퍼런스 변수 비교 128
연습 문제 130
정답과 해설 135

CHAPTER 05 프로그램 만들기 메서드를 더 강력하게

메서드에 근육을 좀 붙여 줍시다

지금까지는 변수를 가지고 장난도 쳐 보고 몇 가지 객체와 간단한 코드를 조금 만들어 봤습니다. 하지만 지금까지 배운 것은 너무 약하죠. 우리에게는 더 많은 도구가 필요합니다. 예를 들어서, 연산자 같은 것 말이죠. 반복문도 있고요. 무작위로 숫자를 생성해 보는 것이 유용할 수도 있습니다. 뭔가 더 진짜 같은 것을 만들면서 이런 내용을 배워 봅시다. 그 과정에서 어떻게 맨 밑바닥부터 프로그램을 만들고 테스트하는지도 알 수 있을 것입니다. 게임을 하나 만들어 보는 것도 재미있겠죠?

<스타트업 침몰시키기> 게임 만들어 보기 138
클래스 개발 141
메서드를 구현해서 코드 작성하기 143
SimpleStartup 클래스를 위한 테스트 코드 만들기 144
checkYourself() 메서드 146
SimpleStartupGame 클래스 준비 코드 150
게임의 main() 메서드 152
마지막 클래스: GameHelper 154
for 반복문에 관하여 156

향상된 for 반복문 158
원시 타입 캐스팅 159
연습 문제 160
정답과 해설 164

CHAPTER 06

자바 API를 알아봅시다

자바 라이브러리 사용하기

자바에는 미리 만들어진 수백 개의 클래스가 내장되어 있습니다

자바 라이브러리에서 필요한 것, 즉 자바 API라고 부르는 것을 찾는 방법만 안다면 굳이 모든 것을 새로 만들지 않아도 됩니다. 그런 것 말고도 해야 할 일은 많으니까요. 코드를 작성할 때는 여러분의 애플리케이션에서 사용할 부분만 새로 작성하면 됩니다. 핵심 자바 라이브러리는 클래스를 잔뜩 쌓아놓은 더미와 비슷합니다. 이렇게 미리 만들어진 코드를 적절하게 조립해서 필요한 프로그램을 만들면 됩니다.

앞 장에서 버그를 남겨둔 채로 넘어왔습니다 168
모두 잠에서 깨어나 라이브러리를 써 봅시다 174
ArrayList로 할 수 있는 작업 175
ArrayList와 일반 배열 비교 179
진짜 <스타트업 침몰시키기> 게임 만들어 보기 182
실제 StartupBust 클래스를 만들기 위한 준비 코드 186
Startup 클래스의 최종 버전 192
초강력 불리언 표현식 193
라이브러리 사용하기(자바 API) 196
코드 자석 205
정답과 해설 207

CHAPTER 07

상속과 다형성

객체 마을에서의 더 나은 삶

프로그램을 계획할 때는 미래를 고려하세요

더 많은 여가 시간을 확보해 줄 수 있는 자바 코드를 만들 수 있다면 얼마나 좋을까요? 다른 누군가가 쉽게 확장할 수 있는 코드를 만들 수 있다면 어떨까요? 그리고 귀찮게 마감 직전에 스펙을 변경하는 아주 짜증 나는 상황에 쉽게 대응 가능한 유연한 코드를 만들 수 있다면 좋지 않을까요? 이번 장에서 소개하는 다형성 계획에 참여하면 클래스를 더 잘 설계하기 위한 다섯 가지 단계, 다형성을 활용하기 위한 세 가지 기교, 융통성 있는 코드를 만들기 위한 여덟 가지 방법을 익힐 수 있고, 열심히 하면 상속을 활용하는 네 가지 팁까지 보너스로 배울 수 있습니다.

의자 전쟁 되돌아보기 210
상속의 이해 212
동물 시뮬레이션 프로그램의 상속 트리 설계하기 214
상속을 더 많이 활용하는 방법 찾아보기 217
'A는 B다'와 'A에는 B가 있다' 관계 활용하기 221
상속 구조를 제대로 만들었는지 어떻게 알 수 있나요? 223
상속을 활용해서 설계할 때 주의점 225
계약 지키기: 오버라이드 규칙 234
메서드 오버로딩 235
연습 문제 237
정답과 해설 239

CHAPTER 08

인터페이스와 추상 클래스

심각한 다형성

상속은 시작에 불과합니다

다형성을 제대로 사용하려면 인터페이스가 필요합니다. 이제 간단한 상속을 뛰어넘어 인터페이스를 설계하고 코딩하는 것을 통해서만 얻을 수 있는 융통성과 확장성으로 건너가야 합니다. 인터페이스란 무엇일까요? 인터페이스는 100% 추상 클래스입니다. 추상 클래스란 무엇일까요? 바로 인스턴스를 만들 수 없는 클래스입니다. 그런 것을 어디에 써먹을 수 있을까요? 잠시 후에 알게 될 것입니다.

이걸 설계할 때 뭔가 잊어버린 것은 없을까요? 242
컴파일러는 추상 클래스의 인스턴스를 만드는 것을 허용하지 않습니다 245
추상 vs. 구상 246
추상 메서드는 모두 구현해야만 합니다 248
다형성 활용하기 250
어떤 것도 받아들일 수 있는 더 포괄적인 클래스를 만들면 어떨까요? 252
개가 개처럼 행동하지 않으려고 할 때 256
몇 가지 디자인 옵션 알아보기 263
Pet 인터페이스 제작과 구현 269
상위 클래스에 있는 버전의 메서드를 호출하는 방법 272
연습 문제 274
정답과 해설 277

CHAPTER 09 생성자와 가비지 컬렉션 객체의 삶과 죽음

객체는 태어나고, 객체는 죽습니다

객체의 라이프사이클은 여러분이 책임져야 합니다. 언제, 어디서, 그리고 어떻게 객체를 생성할지는 여러분이 결정합니다. 버리는 시기도 여러분이 결정합니다. 일단 객체를 버리면 무자비한 가비지 컬렉터가 그 객체를 흔적도 없이 제거해 버리고 메모리 공간을 회수해 갑니다. 이 장에서는 객체가 어떤 식으로 만들어지는지, 객체가 살아 있는 동안 어떻게 살아가는지, 그리고 객체를 어떻게 효율적으로 관리하고 버리는지를 알아볼 것입니다. 즉, 힙, 스택, 영역, 생성자, 상위 생성자, null 레퍼런스 같은 것을 알아볼 것입니다.

스택과 힙: 삶의 공간 280
메서드는 스택에 차곡차곡 쌓입니다 281
로컬 변수로 들어 있는 객체는 어떻게 되나요? 282
기적과도 같은 객체 생성 284
Duck 객체 만들기 286
Duck을 쉽게 만들 수 있게 하는 방법 289
인자가 없는 생성자는 컴파일러에서 항상 자동으로 만들어 주지 않나요? 290
세부 리뷰: 생성자에 대해 반드시 알아야 할 네 가지 293

객체의 일생에서 상위 클래스 생성자의 역할 295
부모가 존재하기 전에 자식이 존재할 수 있을까요? 298
레퍼런스 변수는요? 304
연습 문제 310
정답과 해설 314

CHAPTER 10 숫자와 정적 변수, 정적 메서드
숫자는 정말 중요합니다

계산을 해 봅시다

자바 API에는 절댓값, 반올림한 값, 최댓값, 최솟값 등을 구하는 메서드가 들어 있습니다. 포매팅은 어떻게 해야 할까요? 숫자를 출력할 때 소수점 이하 두 자리까지만 출력한다든가, 큰 숫자를 출력할 때 읽기 좋게 중간중간에 쉼표를 추가한다든가 해야 할 수도 있습니다. 종종 날짜를 다양한 방식으로 출력하는 것과 같은 작업을 해야 할 수도 있습니다. String을 숫자로 파싱할 때는 어떻게 해야 할까요? 아니면 숫자를 String으로 바꾸려면 어떻게 해야 할까요? 우선 정적 변수와 정적 메서드에 대해 알아보고 자바에서의 상수인 static final 변수를 알아보는 것부터 시작해 봅시다.

Math 메서드: 거의 전역 메서드입니다 318
일반 메서드와 정적 메서드 사이의 차이점 319
정적 변수 초기화 325
Math 메서드 330
원시 타입을 포장하는 방법 332
거의 어디서든 쓸 수 있는 오토박싱 334
반대로 원시 숫자를 String으로 변환하는 방법 337
숫자 포매팅 338
포맷 지시자 342
연습 문제 348
정답과 해설 350

CHAPTER 11

컬렉션과 제네릭

자료구조

자바는 정렬도 한 방에 할 수 있습니다

자료를 수집하고 처리하는 데 필요한 웬만한 도구들은 전부 다 들어 있기 때문에 따로 정렬 알고리즘을 구현하지 않아도 되죠. 자바 컬렉션 프레임워크는 상황에 따라 필요한 거의 모든 자료구조를 가지고 있습니다. 새로운 항목을 추가하기 좋은 리스트가 필요하신가요? 이름만 가지고 뭔가를 찾고 싶으세요? 자동으로 중복된 항목을 빼 주는 리스트가 있으면 좋겠다고요? 동료들의 목록을 화상회의를 진행할 때 마이크를 꺼 놓고 말한 횟수 순으로 정렬하고 싶으신가요? 이런 모든 기능을 자바 API에서 제공해 줍니다.

java.util API, 리스트와 컬렉션 356
제네릭과 타입 안전성 362
sort() 메서드 다시 보기 369
업그레이드된 Song 클래스 372
Comparator만 가지고 정렬하기 378
람다를 가지고 주크박스 코드 고쳐 보기 384
ArrayList 대신 HashSet을 써 볼까요? 389
TreeSet에 관해 꼭 알아야 할 것들… 395
List와 Set에 대해 배웠으니 이제 Map을 사용해 볼까요? 397
드디어, 다시 제네릭으로 400
연습 문제 405
정답과 해설 406

CHAPTER 12

'어떻게'가 아니고 '무엇'을

람다와 스트림

컴퓨터에 방법을 알려 주지 않아도 되면 어떨까요?

프로그래밍을 하다 보면 늘상 컴퓨터한테 뭘 어떻게 할지 알려 줘야 합니다. "이게 참인 동안 이걸 해라.", "이 모든 항목에 대해서 이렇게 생겼으면 이걸 해라." 뭐 이런 식으로 말이죠. 이번 장에서는 스트림 API에 대해서 살펴보도록 하겠습니다. 스트림을 사용할 때 람다가 얼마나 도움이 되는지, 스트림 API를 이용하여 어떻게 컬렉션에 있는 데이터에 질의를 보내고 데이터를 변환할 수 있을지 알아보겠습니다.

컴퓨터한테 우리가 무엇을 원하는지 알려 줍시다 412
for 반복문이 잘못될 때 414
스트림 API 소개 417
스트림에서 결과 가져오기 420
스트림 활용 가이드라인 426
안녕, 나의 (별로 오래된 건 아니지만) 오랜 친구! 430
함수형 인터페이스를 알아보는 법 438
루 씨가 내준 숙제 #1: '록' 음악 전부 찾아내기 442
루 씨가 내준 숙제 #2: 모든 장르의 목록 구하기 446
5분 미스터리 457
정답과 해설 459

CHAPTER 13 예외 처리 위험한 행동

종종 예상치 못한 일이 일어나곤 합니다

있는 줄 알았던 파일이 없거나 서버가 다운되는 경우도 흔히 있습니다. 프로그래머가 아무리 뛰어나도 모든 것을 마음대로 제어할 수 있는 것은 아닙니다. 안 좋은 일이 일어날 수도 있어요. 위험 요소가 있는 메서드를 만들 때는 (일어날 가능성이 있는) 안 좋은 일을 처리할 코드가 필요합니다. 하지만 메서드가 언제 위험에 빠질지 어떻게 알 수 있을까요? 그런 예외적인 상황을 처리할 코드는 어디에 집어넣어야 할까요? 이 장에서는 위험 요소가 있는 JavaSound API를 사용하는 프로그램을 만들 계획이므로 그런 문제를 처리하는 방법을 생각해 봐야 합니다. 이번에는 미디 음악 재생 프로그램을 만들어 보겠습니다.

음악 재생 프로그램 만들어 보기 464
우선 Sequencer가 필요합니다 466
예외도 객체입니다. Exception 타입의 객체지요 470
try/catch 블록에서의 흐름 제어 474
메서드에서 예외를 두 개 이상 던질 수도 있습니다 477
catch 블록을 여러 개 사용할 때는 작은 것부터 큰 것으로 나열해야 합니다 480
선언을 통해 회피하는 것은 불가피한 것을 잠시 미뤄 두는 것뿐입니다 484
코드 키친 487
버전 1: 첫 번째 사운드 애플리케이션 만들기 490

버전 2: 명령행 인자를 써서 소리를 조절해 보기 494
연습 문제 496
정답과 해설 499

CHAPTER 14 GUI 그래픽 이야기

현실을 직시합시다. GUI는 반드시 필요합니다

다른 사람들이 쓸 애플리케이션을 만들고 있다면 그래픽 인터페이스가 필요합니다. 자기가 직접 사용할 프로그램을 만드는 경우에도 그래픽 인터페이스를 만들면 더 편리하게 쓸 수 있을 것입니다. 평생 (웹 페이지가 클라이언트 사용자 인터페이스 역할을 하는) 서버에서 돌리는 프로그램만 만들고 살 작정이라고 하더라도 언젠가는 도구(tool)를 만들게 되는 날이 올지 모릅니다. 그리고 도구를 만들다 보면 그래픽 인터페이스가 필요할 것입니다. 앞으로 두 장에 걸쳐서 GUI에 대해 알아보고 그 과정에서 이벤트 처리, 내부 클래스, 람다와 같은 자바 언어의 몇 가지 핵심적인 기능도 살펴보겠습니다. 이 장에서는 화면에 버튼을 만들고 그 버튼을 클릭했을 때 어떤 일을 하도록 지시하는 방법을 알아보겠습니다. 화면에 색을 칠하고 JPEG 그림 파일을 띄우고 간단한 애니메이션도 만들어 보겠습니다.

모든 것은 창에서 시작합니다 504
사용자 이벤트를 받아들이는 방법 507
리스너, 소스, 그리고 이벤트 511
그림을 그리기 위한 위젯 만들어 보기 514
paintComponent()로 할 수 있는 일 515
프레임에 위젯을 두 개 이상 집어넣는 방법 520
내부 클래스가 있습니다 526
람다 구원 등판! 532
내부 클래스를 써서 애니메이션 만들어 보기 534
메시지/이벤트를 쉽게 만드는 방법 540
연습 문제 547
정답과 해설 549

CHAPTER 15

스윙 사용 방법

스윙을 알아봅시다

스윙은 쉽습니다

화면에서 위젯이 나타나는 위치에 신경을 쓰지 않는다면 말이죠. 스윙 코드는 꽤 쉬워 보입니다. 하지만 컴파일해서 실행시킨 다음 그 결과를 보면 '좀 이상하게 나오네?' 하는 생각이 드는 경우가 많죠. 레이아웃 관리자라는 것 덕분에 코드를 짜기는 쉬운데, 대신 제어하기가 만만치 않다는 문제가 생깁니다. 하지만 조금만 챙기면 레이아웃 관리자를 여러분의 의지대로 움직이게 할 수 있어요. 스윙을 조금 배우고 나면 웬만한 GUI 프로그래밍은 다 할 만할 겁니다. 안드로이드 앱을 만들고 싶다고요? 이번 장을 공부하고 나면 어느 정도는 준비가 될 거예요.

스윙 구성요소 552
레이아웃 관리자 553
세 가지 대표적인 레이아웃 관리자 555
스윙 구성요소 사용해 보기 565
코드 키친 570
비트박스 프로그램 만들기 571
연습 문제 576
정답과 해설 579

CHAPTER 16

직렬화와 파일 입출력

객체 저장

객체를 납작하게 압축할 수도 있고 부풀릴 수도 있습니다

객체에는 상태와 행동이 있습니다. 행동은 클래스 안에 들어가지만 상태는 각 객체 안에서 살지요. 그러면 객체의 상태를 저장해야 할 때는 어떻게 해야 할까요? 프로그램에서 상태를 저장할 때 힘든 방법을 쓸 수도 있습니다. 각 객체를 살펴보고 각 인스턴스 변숫값을 일일이 자신이 만든 유형의 파일에 집어넣는 식으로 말이죠. 하지만 객체지향적인 방법으로 쉽게 할 수도 있습니다. 객체 자체를 동결건조하거나, 압축하거나, 방부처리하거나 수분을 제거한 다음, 나중에 다시 원상태로 복구시킬 수 있으니까요.

직렬화된 객체를 파일에 저장하는 방법 584
클래스를 직렬화할 수 있게 하려면 Serializable을 구현해야 합니다 589
역직렬화: 객체 복구 593
버전 ID: 직렬화를 할 때 주의할 부분 598
String을 텍스트 파일에 저장하는 방법 601
텍스트 파일을 읽는 방법 608
QuizCardPlayer(코드 개요) 609
Path, Paths, Files(디렉터리 처리) 615
마지막으로, finally 616
코드 키친 620
비트박스 패턴을 저장하는 방법 621
비트박스 패턴을 복구하는 방법 622
연습 문제 624
정답과 해설 626

CHAPTER 17 네트워킹과 스레드 연결하는 방법

외부 세계와 연결해 봅시다

여러분의 자바 프로그램에서 다른 시스템에 있는 프로그램과 접촉할 수도 있습니다. 별로 어렵지 않습니다. 저수준 네트워킹과 관련된 자잘한 내용은 내장된 자바 라이브러리에서 알아서 처리해 줍니다. 자바의 가장 큰 장점 중 하나는 네트워크를 통해서 데이터를 주고받을 때도 I/O 사슬 끝에 있는 연결만 조금 다를 뿐, 일반적인 입출력과 크게 다르지 않다는 점입니다. 이번 장에서는 채널을 통해서 외부 세계와 연결해 보겠습니다. 클라이언트 채널, 서버 채널을 만들어 보고 클라이언트와 서버를 만들어서 서로 데이터를 주고받도록 할 겁니다. 그리고 동시에 두 가지 이상의 일을 하는 법도 배웁니다.

연결하기, 보내기, 받기 632
DailyAdviceClient 640
간단한 서버 애플리케이션 만들기 643
자바에서는 스레드 여러 개를 사용할 수 있지만 Thread 클래스는 하나뿐입니다 652
새로 만들어진 스레드의 세 가지 상태 658
스레드를 대기 상태로 전환시키는 방법 664

스레드를 두 개 이상 만들고 시작하는 방법 668
스레드 풀 닫는 시간 671
향상된 새 버전의 SimpleChatClient 674
코드 자석 676
정답과 해설 678
코드 키친 679

CHAPTER 18

경쟁 상태와 불변 데이터

동시성 이슈 처리 방법

한 번에 두 개 이상을 하는 건 어렵습니다

멀티스레드 코드를 만드는 건 쉬워요. 하지만 우리가 기대한 방식대로 작동하는 멀티스레드 코드를 만드는 건 훨씬 어렵습니다. 마지막 장인 이번 장에서는 두 개 이상의 스레드가 동시에 작동할 때 잘못될 수 있는 것들에 대해서 알아보도록 하겠습니다. 제대로 작동하는 멀티스레드 코드를 만드는 데 도움이 될 만한 java.util.concurrent의 도구에 대해서도 배울 겁니다. 여러 스레드에서 사용해도 안전한 불변 객체(바뀌지 않는 객체)를 생성하는 방법도 배울 거예요. 이 장이 끝날 무렵이면 동시성을 다룰 때 필요한 여러 다양한 도구에 익숙해질 수 있을 겁니다.

코드로 만들어본 라이언과 모니카 문제 684
객체의 자물쇠 사용법 689
무시무시한 '갱신 손실' 문제 692
increment() 메서드를 원자적으로 바꿉니다. 동기화합니다! 694
동기화의 치명적인 약점, 교착상태 696
원자 변수를 이용한 CAS 연산 698
불변 객체 사용법 701
공유 데이터 관련된 또 다른 문제 704
스레드 안전성을 갖춘 자료구조 706
연습 문제 710
정답과 해설 712

APPENDIX A 코드 키친 최종회

드디어 비트박스의 마지막 버전입니다

다른 클라이언트와 비트 패턴, 채팅을 주고받을 수 있는 프로그램을 만들어 보겠습니다. 여러분도 락스타가 될 수 있는 기회입니다.

마지막 비트박스 클라이언트 프로그램 716

마지막 비트박스 서버 프로그램 723

APPENDIX B 거의 본문에 들어갈 뻔했던 내용, TOP 10

지금까지 정말 많은 걸 배웠어요

이제 이 책도 이제 거의 끝나갑니다. 정말 독자 여러분이 그리울 거예요. 하지만 여러분을 자바 세상으로 내보내기 전에 몇 가지 더 준비가 필요할 것 같습니다. 지금까지 이 책에서 미처 다루지 못한 10개 정도의 주제를 모아 부록을 만들었습니다. 이제 정말 끝났습니다.

#11 JShell (자바 REPL) 726

#10 패키지 727

#9 문자열과 래퍼의 불변성 730

#8 접근 단계와 접근 변경자(누가 무엇을 볼 수 있는가) 731

#7 가변인자 733

#6 애너테이션 734

#5 람다와 Map 735

#4 병렬 스트림 737

#3 열거형 738

#2 로컬 변수 타입 추론(var) 740

#1 레코드 741

찾아보기 743

CHAPTER 00

이 책을 읽는 방법

들어가며

세상에 이런
자바 책이 있다니···
정말 믿을 수가 없군요.

'자바 프로그래밍 책을 왜 이런 식으로 만들었을까?'라는 독자들의 궁금증을 해소해 보겠습니다.

이 책의 독자

이 책이 누구를 위한 책인지 알아봅시다

이 책은 참고 도서가 아닙니다. 『헤드 퍼스트 자바』는 자바 백과사전이 아니고, 자바를 배우기 위한 책이죠.

이 책이 필요한 사람은 누구일까요?

다음 3가지 질문에 모두 "예"라고 대답할 수 있다면,

1. 프로그래밍 경험이 있습니까?
2. 자바를 배우고 싶습니까?
3. 지루하고 학구적인 강의보다는 파티에서의 즐거운 대화를 선호하십니까?

그렇다면 이 책은 바로 당신을 위한 책입니다.

이 책이 맞지 않는 사람은 누구일까요?

다음 중 1가지 질문에라도 "예"라고 대답할 수 있다면,

1. 스크립트 언어를 사용해 본 경험도 없고 HTML 코딩만 해 봤습니까?
   (반복문이나 if/then 논리가 포함된 프로그램을 만들어 봤다면 괜찮습니다. 하지만 HTML 태그만 써 봤다면 문제가 있습니다.)
2. 참고서를 원하는 C++ 프로그래머입니까?
3. 무언가 새로운 것을 두려워하는 편인가요?
   톡톡 튀는 옷을 입느니 차라리 누더기 옷을 걸치고 다니는 쪽이 낫다고 생각하나요?
   기술 서적인데 메모리 관리를 설명하는 부분에 오리 그림이 있다면 그 책은 진지하지 않은 책이라고 생각합니까?

그렇다면 이 책은 당신에겐 적합하지 않습니다.

마케팅팀에서 그러는데,
사고 싶은 사람은
아무나 사도 된다네요.

이 책이 이렇게 된 이유

머리가 먼저 반응하는 학습법을 알아봅시다 ☆

아마 지금쯤 여러분의 머릿속에는 이런 생각이 지나가고 있겠죠?

"어떻게 이런 것을 자바 프로그래밍 책이라고 하겠어?"

"이런 그림은 왜 있는 거야?"

"정말 이런 식으로 배워도 되나?"

"어, 피자 냄새가 나는 것 같은데?"

여러분의 두뇌는 바로
이런 것을 더 중요하게 여긴답니다.

여러분의 두뇌는 이렇게 생각합니다.

여러분의 두뇌는 항상 새로운 것을 갈망합니다. 항상 뭔가 특이한 것을 기다리고 있지요. 원래 두뇌란 그렇습니다. 그리고 이 덕에 인류가 지금까지 생존한 것이죠.

물론 여러분이 지금 당장 호랑이 밥이 될 가능성은 거의 없죠. 하지만 두뇌는 여전히 주의를 기울이고 있습니다. 언제 어떤 일이 일어날지 알 수 없으니까요.

그렇다면 일상적이고 흔하디 흔한, 너무나도 평범한 것을 접할 때 두뇌에서는 어떤 일이 일어날까요? 두뇌는 정말 해야 하는 일(정말 중요한 것을 기억하는 일)을 방해하는 모든 것을 거부합니다. 별로 중요하지 않은 내용은 '중요하지 않은 것을 차단해 버리는' 필터에서 걸러집니다.

그러면 두뇌는 무엇이 중요한 내용인지 어떻게 판단할까요? 등산을 갔는데 갑자기 호랑이가 나타났다고 생각해 봅시다. 두뇌와 몸에서는 어떤 일이 일어날까요?

뉴런이 갑자기 폭발하면서 감정이 복받치고 호르몬이 쭉쭉 솟아나겠죠.

그리고 여러분의 두뇌는 다음과 같이 생각할 것입니다.

이건 정말 중요한 거야! 잊어버리면 안 돼!

하지만 집이나 도서관에 있다고 생각해 봅시다. 그런 장소는 안전하고, 따뜻하고, 호랑이가 나타날 리도 없습니다. 거기서 시험 공부를 한다거나 직장 상사가 일주일, 길어도 열흘 안에 모두 마스터하라고 한 내용을 공부하고 있는 것이죠.

이렇게 공부하면 1가지 문제가 발생합니다. 두뇌는 중요하지 않은 내용을 저장하느라 막상 지금 중요한 내용은 저장하지 않을 것입니다. 호랑이나 화재의 위험, 반바지만 입고 스노보드를 타면 안 되는 이유처럼 생존을 위해 중요한 것을 저장하려면 공부처럼 쓸데없는 내용은 무시하는 것이 나으니까요.

그렇다고 "날 위해서 수고해 주는 것은 정말 고맙지만, 이 책이 아무리 지루하고 재미없고 별 감흥이 없어도 지금 이 내용은 정말 기억해야 한단 말이야."라고 말할 수도 없습니다.

휴, 이제 이 지루하고
따분한 책도 711쪽만
더 보면 되겠네.
지금 두뇌는 이게 별로

우리는 헤드 퍼스트 독자를 '학습자'라고 생각했습니다

뭔가를 배우려면 어떻게 해야 할까요? 우선 어떤 것을 이해한 후 잊어버리지 말아야겠죠. 하지만 지식을 그냥 두뇌 속에 무작정 넣는 방법으로는 제대로 배울 수 없습니다. 인지 과학, 신경생물학, 교육심리학 분야의 최근 연구 결과에 따르면 종이 위에 적혀 있는 텍스트만 읽는 방식으로는 제대로 학습할 수 없다고 합니다. 헤드 퍼스트는 머리가 쌩쌩하게 돌아가도록 하는 방법을 알고 있습니다.

헤드 퍼스트 학습 원리

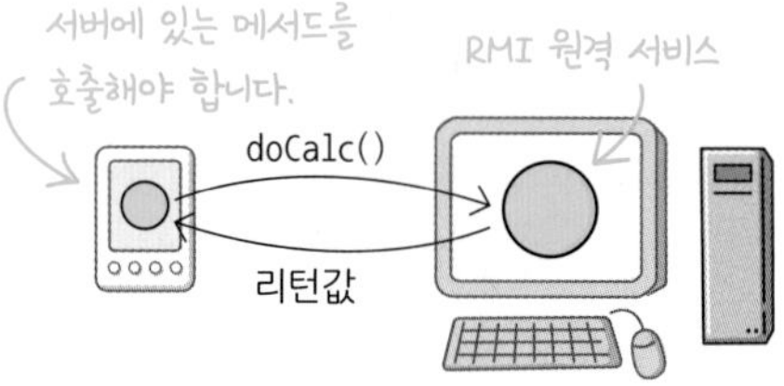

서버에 있는 메서드를
호출해야 합니다.
RMI 원격 서비스
doCalc()
리턴값

그림으로 설명합니다. 글에 그림을 곁들이면 기억하기도 좋고, 학습 효과를 향상하는 데도 도움이 됩니다(기억과 전이 분야의 연구에 따르면 최대 약 89%까지 향상된다고 합니다). 단어를 관련된 그림 안이나 옆에 배치하면 그림 아래나 그림과 동떨어진 위치에 둘 때보다 내용에 해당하는 문제를 2배나 잘 풀 수 있다고 합니다.

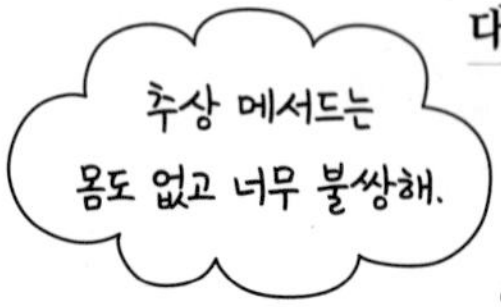

추상 메서드는
몸도 없고 너무 불쌍해.

대화체를 사용합니다. 최근 연구에 따르면 딱딱하고 형식적인 문체보다 사적인 대화를 나누는 듯한 문체로 내용을 설명하면 학습 후 테스트에서 40% 정도 더 나은 점수를 받을 수 있다고 합니다. 여러분은 친구와 저녁을 먹으며 나눈 대화와 딱딱한 강의 중에서 어떤 것에 더 집중하나요?

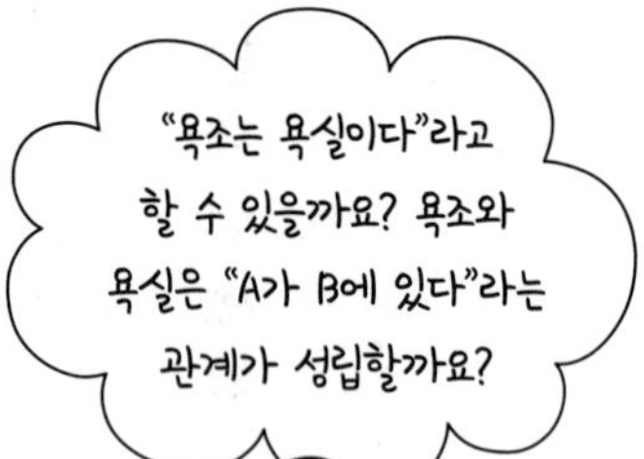

“욕조는 욕실이다”라고
할 수 있을까요? 욕조와
욕실은 “A가 B에 있다”라는
관계가 성립할까요?

더 깊이 생각할 수 있도록 만듭니다. 뉴런을 활발하게 사용하지 않으면 머릿속에서 그리 특별한 일이 일어나지 않습니다. 독자가 문제를 풀고, 결과를 유추하고, 새로운 지식을 만들어 낼 수 있도록 동기, 흥미, 호기심, 사기를 유발할 수 있어야 합니다. 그렇게 하려면 뭔가 도전 의식을 고취할 만한 연습 문제와 질문으로 양쪽 두뇌를 모두 쓰는 활동을 제공해야 합니다.

주의를 기울이게 만듭니다. 아마도 대다수의 독자가 “아, 이거 꼭 읽어야 하는데 한 쪽만 봐도 졸려 죽겠네…”라고 생각해 봤을 것입니다. 사람의 두뇌는 언제나 일상적이지 않은 것, 재미있는 것, 특이한 것, 눈길을 끄는 것, 예기치 못한 것에 주의를 기울입니다. 어렵고 기술적인 내용을 배우는 일이 반드시 지루할 필요는 없습니다. 오히려 지루하지 않아야 새로운 내용을 빠르게 받아들입니다.

감성을 자극합니다. 내용이 얼마나 감성을 자극하는지에 따라 기억되는 정도가 크게 달라집니다. 누구나 자신이 좋아하거나 관심 있는 것은 쉽게 기억합니다. 그리고 뭔가를 느낄 수 있으면 쉽게 기억합니다. 뭐, 그렇다고 소년과 강아지 사이의 가슴 뭉클한 사연 같은 것을 말하는 것은 아닙니다. 퍼즐을 풀어내거나 남들이 모두 어렵다고 생각하는 것을 알았을 때, 놀라움, 호기심, 재미, '오 이럴 수가!', 아니면 '내가 해냈어!'와 같은 감정을 느낄 때 더 잘 배울 수 있습니다.

메타인지: 생각에 관한 생각

어떻게 해야
두뇌가 이 내용을
중요하다고 생각할까?

정말로 빨리 더 자세하게 배우고 싶다면 여러분이 어떤 식으로 주의를 기울이는지에 주의를 기울이고, 생각하는 방법을 생각하고, 배우는 방법을 배워야 합니다. 메타인지나 교육 이론을 배운 독자는 그리 많지 않을 것입니다. 그냥 무언가를 배워야 해서 배웠지만, 정작 배우는 방법을 배우지는 못한 거죠.

일단 이 책의 독자라면 자바를 배우고 싶어서 읽고 있겠죠? 그리고 가능하면 짧은 시간 안에 배우고 싶겠죠? 이 책을 볼 때 최대한 많은 것을 얻으려면 두뇌가 그 내용에만 집중하도록 해야 합니다.

그렇게 하려면 여러분의 두뇌가 새로 배우는 내용을 호랑이를 맞닥뜨린 것만큼이나 중요하다고 생각하게 해야 합니다. 그렇지 않으면 그 내용을 받아들이지 않으려는 두뇌와 끊임없이 싸우면서 시간을 낭비해야 합니다.

어떻게 해야 두뇌가 자바를 호랑이만큼 중요한 것으로 생각할까요?

느리고 지루한 방법도 있고, 빠르고 효율적인 방법도 있습니다. 느린 방법은 반복하는 것입니다. 같은 내용을 계속 반복해서 주입하면 아무리 재미없는 내용이라도 배우고 기억할 수 있습니다. 충분히 여러 번 반복해서 보면 두뇌는 "사실 별로 중요한 것 같진 않지만, 똑같은 것을 계속해서 보고 있으니 일단 기억은 해 두자"라고 생각하죠.

빠른 방법은 두뇌 활동, 그중에서도 **서로 다른 유형의 두뇌 활동을 증가시키는 방법을 사용하는 것입니다.** 앞쪽에 있는 내용은 모두 두뇌 활동을 증가시키는 방법이며 학습 과정에 도움이 된다고 증명된 방법입니다. 예를 들어서, 어떤 단어를 설명하는 그림 안에 그 단어를 넣어두면 그 단어와 그림 사이의 관계를 이해하려고 두뇌가 활발하게 움직이면서 더 많은 뉴런이 활성화됩니다. 더 많은 뉴런이 활성화되면 뇌가 그 내용을 집중해서 살펴볼 가치가 있다고 생각하게 되고, 결국 더 잘 기억하게 되죠.

대화하는 듯한 문체가 더 나은 이유는 보통 대화를 할 때는 상대방이 하는 말을 들으면서 이해하려고 노력하기 때문입니다. 그리고 중요한 사실은 그런 대화가 책과 독자 사이의 대화일 때도 우리의 두뇌는 똑같이 반응한다는 점입니다. 반면에 문체가 딱딱하고 재미없으면 수백 명의 학생이 대형 강의실에 앉아서 건성으로 수업을 들을 때와 마찬가지로 학습 효과가 떨어진다고 합니다.

하지만 그림과 대화형 문체는 시작일 뿐입니다.

이 책의 구성

그래서 이 책은 이렇게 구성했습니다

이 책에는 **그림**이 많습니다. 두뇌는 글보다는 그림에 더 민감하게 반응하기 때문이죠. 두뇌의 반응을 보면 그림 한 장이 1,024개의 단어보다 낫습니다. 그리고 글을 그림에 포함했습니다. 그림 안에 글을 넣었을 때 더 잘 기억할 수 있으니까요.

이 책에서는 같은 내용을 **서로 다른 방법**과 매체로 여러 감각을 거쳐 전달해서 내용이 머릿속에 더 쏙쏙 잘 들어갈 수 있도록 구성했습니다. 여러 번 반복하면 그만큼 잘 기억할 수 있으니까요.

그리고 개념과 그림은 **예상하기 힘든 방식**으로 사용했습니다. 두뇌는 새로운 것을 더 잘 받아들이기 때문입니다. 그림과 개념은 감성을 자극할 수 있도록 구성했습니다. 두뇌는 감성적인 내용을 더 빠르게 받아들이기 때문이죠. 그 감정이 **사소한 유머, 놀라움** 같은 것이라도 말이죠.

이 책에서는 **사적인 대화체**를 사용했습니다. 두뇌는 앉아서 강의를 듣는다고 느낄 때보다 상대방과 대화한다고 느낄 때 더 집중하기 때문이죠. 대화체의 책을 읽을 때도 마찬가지입니다.

이 책에는 **50개 이상의 연습 문제**가 있습니다. 읽을 때보다 실제로 **어떤 일을 할 때** 더 잘 배우고 더 잘 기억하기 때문입니다. 그리고 문제는 조금 어렵지만 노력하면 풀 수 있는 수준으로 만들었습니다. 꼭 풀어 보기 바랍니다.

그리고 **여러 가지 학습 유형**을 섞어서 사용했습니다. 단계별로 공부하는 쪽을 선호하는 독자도 있지만, 큰 그림을 먼저 파악하는 것을 좋아하는 독자도 있고 코드 예제만 보면 된다고 생각하는 독자도 있기 때문입니다. 하지만 어느 것을 더 좋아하든 같은 내용을 여러 방법으로 표현하는 방식은 모든 독자에게 도움이 될 것입니다.

양쪽 뇌를 모두 사용할 수 있는 내용을 담았습니다. 두뇌의 더 많은 부분을 사용할수록 더 많은 것을 배우고 기억할 수 있으며, 더 오랫동안 집중할 수 있기 때문입니다. 게다가 한쪽 두뇌를 사용하면 나머지 두뇌는 쉴 수 있으므로 오랫동안 공부할 때도 높은 효율을 유지할 수 있습니다.

여러 관점을 보여 주는 이야기와 연습 문제를 담았습니다. 직접 어떤 것을 평가하거나 판단하면 더 깊이 이해할 수 있기 때문입니다.

여러분의 **도전 의식**을 고취시키는 연습 문제와 뚜렷한 정답이 없는 질문을 담았습니다. 두뇌는 곰곰이 생각할 때 더 많은 것을 배우고 기억할 수 있기 때문이죠. 하지만 항상 열심히 할 가치가 있는 것만 열심히 할 수 있도록 노력했습니다. 너무 이해하기 힘든 예제를 붙잡고 낑낑대거나 어려운 전문용어만 잔뜩 들어 있는 짤막한 문장을 해석하느라 머리가 아픈 일은 없도록 했습니다.

이 책에서는 **여러 사람이 등장**합니다. 두뇌는 사물보다는 사람에게 더 많은 관심을 가지니까요.

80/20 원칙을 사용했습니다. 자바로 박사학위를 받을 생각이라면 이 책만으로는 안 되겠죠. 이 책은 모든 내용을 설명하지 않습니다. 여러분이 실제로 사용할 내용만 설명합니다.

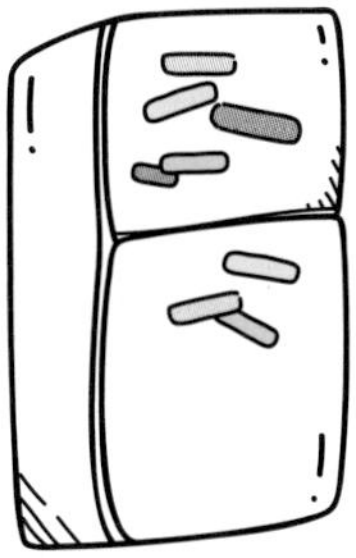

여러분의 두뇌를 정복하는 방법

이제 여러분이 행동할 차례입니다. 여기에 나와 있는 팁에서부터 시작합시다. 여러분의 두뇌가 어떤 반응을 보이는지 살펴보고, 어떤 것이 적절하고 어떤 것이 부적절한지 알아봅시다. 항상 새로운 것을 시도해 보세요.

아래 내용을 오려서 냉장고 문에 붙여 놓으세요.

---

1 천천히 하세요. 더 많이 이해할수록 외워야 할 양은 줄어듭니다.

그냥 무작정 읽지 맙시다. 잠깐씩 쉬면서 생각해 봅시다. 책에 있는 질문을 보고 정답으로 바로 넘어가면 안 됩니다. 누군가 다른 사람이 여러분에게 정말로 질문한다고 생각하세요. 더 깊이, 신중하게 생각할수록 더 잘 배우고 기억할 수 있습니다.

2 연습 문제를 꼭 풀어 보고 메모를 남깁시다.

연습 문제는 여러분을 위해 수록한 것입니다. 그냥 답만 보고 넘어가면 다른 사람이 운동하는 것을 구경하는 셈입니다. 연습 문제를 눈으로만 보고 넘어가면 안 됩니다. 반드시 직접 필기구를 들고 문제를 풀어 봅시다. 배우는 과정에서 몸을 움직이는 것이 배우는 데 실제로 도움이 된다고 합니다.

3 <무엇이든 물어보세요> 부분을 반드시 읽어 봅시다.

반드시 모두 읽어 보세요. 그냥 참고자료로 수록한 것이 아니라 이 책의 핵심 내용 중 하나입니다.

4 한자리에만 앉아서 공부하지 맙시다.

한자리에 계속 앉아 있지 말고 일어나서 스트레칭을 하거나 다른 장소로 옮겨서 공부해 보세요. 환경이 바뀌면 두뇌에 새로운 자극을 주고, 학습한 내용을 하나의 장소와 연관해서만 기억하는 상황도 방지할 수 있습니다.

5 잠자리에 들기 전에 마지막으로 이 책을 읽어 봅시다.

학습 과정의 일부(특히 장기 기억으로의 전이 과정)는 책을 놓은 후에 일어납니다. 여러분의 두뇌에서 무언가를 처리하려면 시간이 필요하기 때문이죠. 처리하는 중에 다른 일을 하면 새로 배운 내용을 잊어버릴 가능성이 높아집니다.

6 물을 많이 마십시다.

머리가 잘 돌아가려면 물이 많이 필요합니다. 수분이 부족하면 인지 기능이 떨어집니다.

7 배운 내용을 얘기해 봅시다.

소리 내어 말하면 읽기만 할 때와는 다른 두뇌 부분이 활성화됩니다. 뭔가를 이해하거나 나중에 더 잘 기억하고 싶다면 크게 소리 내어 말해 보세요. 다른 사람에게 설명하면 더 좋습니다. 더 빠르게 배울 수 있으며 책을 읽는 동안에는 몰랐던 것도 생각할 수 있습니다.

8 두뇌의 반응에 귀를 기울여 봅시다.

여러분의 두뇌가 너무 힘들어하고 있지는 않은지 관심을 가져 봅시다. 대강 훑어 보고 있거나 방금 읽은 내용을 바로 잊어버린다는 느낌이 들면 잠시 쉬는 것이 좋습니다. 일단 어느 정도 공부하고 나면 무조건 파고드는 것이 오히려 공부하는 데 방해가 될 수도 있습니다.

9 뭔가를 느껴 봅시다.

여러분의 두뇌가 지금 공부하는 것이 중요하다고 느낄 수 있어야 합니다. 책 속에 나와 있는 이야기에 몰입해 보고, 사진에 직접 제목도 붙여 봅시다. 아무것도 느끼지 못하는 것보다는 썰렁한 농담을 보고 비웃기라도 하는 편이 낫습니다.

10 직접 코드를 입력하고 실행해 봅시다.

코드 예제를 직접 입력해서 실행해 보세요. 그리고 코드를 조금씩 고쳐 보세요(물론 그러다 보면 프로그램이 아예 돌아가지 않을 수도 있습니다. 하지만 그런 과정에서 프로그램이 어떤 식으로 돌아가는지 더 자세하게 알아낼 수 있습니다). 긴 예제나 인스턴트 코드를 실행할 때는 https://oreil.ly/hfJava_3e_examples에서 소스 파일을 다운로드해서 써도 됩니다.

이 책을 읽는 데 필요한 것

통합 개발 환경(IDE; Integrated Development Environment)과 같은 개발 도구는 전혀 필요 없습니다. 이 책을 끝낼 때까지는 무조건 기본적인 텍스트 편집기만 사용합니다. IDE를 사용하면 정말 중요한 내용을 자세하게 배우지 못하고 넘어갈 수 있으므로 일단 처음 배울 때는 명령행에서 정확한 내용을 이해하고, 그런 과정을 자동으로 처리해 주는 도구는 나중에 사용하는 것이 좋습니다.

이 책에서는 독자들이 자바 11을 사용하고 있다고 가정하겠습니다(부록 B 제외). 하지만 자바 8을 사용하더라도 여기 있는 코드는 거의 다 돌아갈 겁니다. 자바 8보다 높은 버전의 자바에서 제공하는 기능에 관해 설명할 때는 필요한 버전을 언급하겠습니다.

자바 설치 방법

- 버전이 빠르게 바뀌고 추천하는 자바 개발 키트(JDK; Java Development Kit)가 바뀔 수도 있으므로 자바 설치 방법에 관한 자세한 내용은 코드 예제 프로젝트에 온라인으로 올려두도록 하겠습니다.

  https://oreil.ly/hfJava_install

- 어떤 버전의 자바를 다운로드하고 싶은지 잘 모르겠다면 자바 17을 추천합니다.
- OpenJDK용 무료 빌드가 다양하게 있습니다(자바의 오픈 소스 버전). 그중에서 커뮤니티에서 지원을 받을 수 있는 Eclipse Adoptium JDK(https://adoptium.net)를 추천합니다.
- JDK에는 자바를 컴파일하고 실행하는 데 필요한 것이 모두 들어있습니다. JDK에 API 문서는 포함되어 있지 않은데, 그것도 필요합니다. Java SE API 문서를 다운로드하세요. API 문서는 다운로드하지 않고 온라인에서 볼 수도 있지만 저희를 믿고 다운로드해 두세요. 후회하지 않을 겁니다.
- 텍스트 편집기가 필요합니다. vi, emacs 등 어떤 텍스트 편집기든 좋습니다. 운영체제에 기본으로 들어가 있는 메모장이나 텍스트 편집기, 워드패드 같은 것도 리치텍스트가 아닌 일반 텍스트 모드에서 소스 코드 파일에 ".txt" 확장자를 붙이지만 않도록 주의한다면 괜찮습니다.
- 다운로드 후에 (버전과 운영체제에 따라 방법이 다르긴 하지만) 압축을 풀고 설치를 하는 등의 작업이 다 끝나고 나면 메인 자바 디렉터리 안에 있는 bin 디렉터리를 PATH 환경 변수에 추가해야 합니다. 명령행에서 다음과 같이 타이핑했을 때 터미널에서 javac 컴파일러 위치를 알 수 있도록 하려면 PATH에 bin 디렉터리를 추가해 줘야만 합니다.

  ```
  % javac
  ```

- 참고: 설치할 때 문제가 생긴다면 Coderanch.com에서 Beginning Java 포럼에 들어가 보세요. 문제가 있든, 없든 그 포럼에 들어가 보면 좋습니다.
- 이 책에 있는 코드는 https://oreil.ly/hfJava_3e_examples 에서 다운로드할 수 있습니다.

마지막으로 알아둬야 할 몇 가지

이 책은 참고서가 아니라 학습서입니다. 그래서 내용 설명에 방해될 만한 부분은 최대한 생략했습니다. 앞서 배운 내용을 알아야만 뒷부분의 내용을 이해할 수 있는 형태로 만들었으므로 맨 앞부터 순서대로 읽어야 합니다.

단순화한 UML 다이어그램을 사용했습니다.

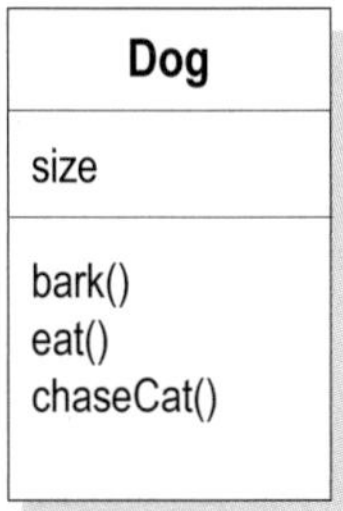

간단한 UML 형태의 다이어그램을 사용했습니다.

만약 진짜 UML을 사용했다면 자바와 비슷한 모양을 하고 있겠지만, 문법이 맞지 않을 것입니다. 그래서 자바 문법과의 충돌을 방지하고자 UML을 간단한 형태의 다이어그램으로 처리해서 수록했습니다. UML을 모른다고 해도 굳이 새로 배울 필요는 없습니다. 자바에만 전념하세요.

코드를 구조화하고 패키지를 만드는 방법은 맨 뒷부분에 수록했습니다.

이 책은 자바 프로그래밍을 개발할 때 행정적인 문제에 신경 쓰지 않고 순수하게 자바를 익히도록 집중하는 데 중점을 두었습니다. 현실 세계에서는 세부 사항까지도 잘 알고 사용해야 하지만, 자바 응용 프로그램을 빌드하고 배포하는 것은 대개 서드파티 빌드 도구에 의존해야 합니다. 그래서 이런 도구들은 별도로 학습하는 것으로 가정했습니다. 지금은 자바 학습에 집중해 봅시다.

<쓰면서 제대로 공부하기> 부분도 반드시 직접 풀어 보세요.

각 장의 끝에 있는 연습 문제는 필수사항입니다. 퍼즐은 꼭 해 보지 않아도 됩니다. 연습 문제와 퍼즐의 정답은 각 장 맨 뒤에 나와 있습니다.

연습 문제는 그 장에서 배운 내용을 정리해 보기 위한 것으로, 모두 풀어 봐야 합니다. 하지만 퍼즐은 조금 다릅니다. 퍼즐은 그냥 퍼즐에 불과합니다. 논리 퍼즐, 십자 낱말풀이와 같은 퍼즐을 생각하면 됩니다. 퍼즐 중에는 꽤 까다로운 것도 있습니다. 이런 퍼즐은 정말 퍼즐을 좋아하는 독자들을 위한 것입니다. 잘 모르겠다면 그냥 일단 몇 개를 풀어 보세요. 그리고 퍼즐이 안 풀린다거나 퍼즐을 푸는 시간이 아깝게 느껴진다면 그냥 넘어가도 됩니다.

연습 문제는 반드시 풀어 보세요. 정말 자바를 배우고 싶다면 절대로 건너뛰면 안 됩니다.

연습 문제

<쓰면서 제대로 공부하기>에는 대부분 정답이 없습니다.

아, 이 책에 안 나와 있다는 말입니다. 딱히 정확한 정답이라고 할 수 있는 것이 없는 문제도 있고 답이 맞는지, 답이 맞는 조건은 어떻게 되는지 여러분이 결정해야 하는 문제도 있습니다(저자들이 추천하는 답안을 보고 싶다면 headfirstjava.com을 참조하세요).

이렇게 생긴 퍼즐 그림으로 표시된 것은 꼭 할 필요는 없습니다. 까다로운 논리 문제나 십자 낱말풀이를 별로 좋아하지 않는다면 그냥 건너뛰어도 됩니다.

코드 예제는 최대한 간단하게 만들었습니다.

이 책에 있는 대부분의 예제는 최소한의 분량만 수록했습니다. 그래야 그때 배우는 내용을 확실하게 이해할 수 있으니까요. 그러다 보니 이 책에 나와 있는 코드는 자세하다거나 완벽하지는 않습니다. 즉, 이 책에 나온 예제는 주로 배우기 위한 용도로 만든 것이므로 완벽한 기능을 갖추고 있는 것은 아닙니다. 원한다면 코드를 다듬는 일은 여러분의 몫입니다.

3판의 테크니컬 리뷰어

마크 로이(Marc Loy)

마크(Marc)는 초창기 썬 마이크로시스템즈에서 자바 교육을 받은 이후로(HotJava!) 쭉 자바 관련 일을 하고 있습니다. 미국, 유럽, 아시아의 여러 회사에서 일하면서 초기 자바 서적도 여러 권 썼고 자바 교육 프로그램도 다양하게 진행했습니다. 가장 최근에는 오라일리에서 『Smaller C』를 썼으며 『Learning Java(5판)』에도 공저자로 참여했습니다. 마크는 지금 오하이오에서 살고 있으며 마이크로컨트롤러를 전문 분야로 하는 개발자이자 메이커로 활동 중입니다.

에이브러햄 마린-페레즈(Abraham Marin-Perez)

에이브러햄(Abraham)은 다양한 업계에서 10년 이상의 경력을 가진 자바 프로그래머, 컨설턴트, 저자이자 연사입니다. 스페인 발렌시아 출신인 에이브러햄은 주로 영국 런던에서 일을 했고, JP 모건이나 영국 내무부 같은 기관과 업무를 진행했으며 이퀄 엑스퍼트(Equal Experts)와 협업도 자주 했습니다. 자신의 경험이 다른 사람들에게 도움이 될 거라고 생각한 에이브러햄은 인포큐(InfoQ)의 자바 뉴스 편집자가 되었고, 『Real-World Maintainable Software』를 썼으며 『Continuous Delivery in Java』 공저자로도 참여했습니다. 런던 자바 커뮤니티 운영에도 힘을 보태고 있습니다. 에이브러햄은 항상 공부하는 자세로 지금은 물리학 학위 과정을 밟고 있습니다.

3판을 위한 감사 인사

오라일리의 감사 인사

결국에는 3판을 낼 수 있게 해 준 잰 맥퀘이드(Zan McQuade)와 니콜 타셰(Nicole Tache)에게 감사드립니다. 잰은 트리샤를 헤드 퍼스트 세계와 다시 연결해 주었고 니콜은 이 책이 나오기까지 우리를 이끌어 주었습니다. 백 년 전에 오라일리를 떠났지만 2014년에 버트와 트리샤를 이어 준 메건 블란쳇(Meghan Blanchette)에게도 감사드립니다.

트리샤의 감사 인사

새로 다루게 된 주제에 대해 꾸준히 피드백을 해 준 헬렌 스콧에게 감사드립니다. 제가 너무 깊이 들어가거나 너무 많은 사전 지식을 가정하고 글을 쓸 때마다 이를 막아 주고 항상 독자 입장에서 반응해 주었습니다. 다음 프로젝트에서는 더 바짝 달라붙어서 일할 수 있었으면 좋겠어요.

젯브레인스에 있는 우리 팀원들의 인내와 응원에 감사드립니다. 람다 및 스트림에 관한 장을 테스트해 준 달리아 아보 시샤(Dalia Abo Sheasha), 요즘 자바 인증서에 대해 제가 알고 싶었던 정보를 콕 집어서 알려줬던 말라 굽타에게 감사드립니다. 언제나 제게 지원을 아끼지 않는 하디 하리리(Hadi Hariri)에게 특별한 감사의 마음을 전합니다.

그 날 또는 그 주에 제가 설명하고자 하는 자바 관련 내용에 대한 대화를 참고 버텨준 금요일 점심 모임의 정보원들에게도 감사의 마음을 전합니다. 알리스(Alys), 젠(Jen), 클레어(Clare)는 가족보다 이 책을 더 우선시해야 하는 시기를 판별하는 데 큰 도움을 주었습니다. 막판에 버그를 잡아 준 홀리 커민스(Holly Cummins)에게도 감사드립니다.

자바의 옵셔널 유형을 위한 아이스크림 예제를 개선하는 방법을 제안해 준 에비(Evie)와 에이미(Amy)에게도 고마운 마음을 전합니다. 책을 만들어가는 진행 상황에 관심을 기울여 주고 이 책을 탈고했다고 했을 때 진심으로 기뻐해 준 것에 대해 정말 감사드립니다.

이스라엘 보자 로드리게즈(Israel Boza Rodriguez)가 아니었다면 이 책은 만들 수 없었을 겁니다. "저녁은 뭘 먹을까?" 같은 중요한 대화를 하고 있는데 갑자기 엉뚱하게 "새로 시작하는 개발자를 가르치는 데 CountDownLatch는 너무 지엽적인 걸까?" 같은 질문을 꺼내는 저를 참아 줘서 고맙습니다. 결정적으로 이스라엘은 이 책을 쓰는 작업을 할 시간과 공간을 만드는 데 도움을 주었고, 애초에 제가 이 프로젝트를 시작한 이유를 수시로 다시금 떠올릴 수 있게 해 주었습니다.

이 책을 만드는 여정에 저를 끼워주신 버트와 캐시에게 감사드립니다. 〈헤드 퍼스트〉 시리즈의 저자가 되는 방법을 배울 수 있어서 영광이었습니다.

버트와 캐시의 감사 인사

베스 롭슨(Beth Robson)과 에릭 프리먼(Eric Freeman)에게 감사드립니다. 그들은 〈헤드 퍼스트〉 시리즈에 지속해서 훌륭한 지원을 제공했습니다. 특히 베스는 자바와 관련해 새로운 주제와 학습 방법을 논의할 때 귀중한 의견을 제공해 주었습니다.

CodeRanch.com(a.k.a. JavaRanch)가 자바 초보자들에게 친근한 장소가 될 수 있도록 해 준 폴 휘튼(Paul Wheaton)과 관리자들에게 감사드립니다. 이 책의 개정판 이후로 자바에 추가된 것 중에 어떤 것이 진짜 중요한 것인지와 관련하여 값을 매길 수 없을 만큼 중요한 의견을 제시해 준 캠벨 리치(Campbell Ritchie), 진 보야르스키(Jeanne Boyarsky), 스테판 반 헐스트(Stephan van Hulst), 롭 스푸어(Rob Spoor), 팀 쿡(Tim Cooke), 프레드 로젠버거(Fred Rosenberger) 및 프리츠 월레이븐(Frits Walraven)에게 특별한 고마움을 전합니다.

소프트웨어 개발과 암벽 등반에 대해 아주 많은 것을 가르쳐 준 사람이자 프로그래밍의 현 상황에 대해 심대한 논의를 나눠 준 데이브 구스타프슨(Dave Gustafson)에게도 고마움을 전합니다. 우리에게 함수형 프로그래밍을 가르쳐 주고 함수형 프로그래밍의 주요 개념을 객체지향 책에 끼워 넣는 좋은 방법을 찾아내는 데 도움을 준 에릭 노먼드에게 감사드립니다. 전 세계에 있는 학생들에게 꾸준히 열과 성을 다해 자바를 가르치는 사이먼 로버츠(Simon Roberts)에게 감사드립니다. 자바 스트림을 속속들이 파악하는 데 도움을 준 하인즈 카부츠와 벤캇 수브라마니암(Venkat Subramaniam)에게 감사드립니다.

오랜 기간 동안 지치지 않고 〈헤드 퍼스트〉를 지원해 준 로라 볼드윈(Laura Baldwin)과 마이크 루키디스(Mike Loukides)에게 감사드립니다. 마지막으로, 항상 인내심과 애정을 가지고 훌륭한 지원을 아끼지 않은 론 빌로도(Ron Bilodeau)와 크리스틴 브라운(Kristen Brown)에게도 감사의 마음을 전하고 싶습니다.

개정판의 테크니컬 리뷰어

제시카(Jessica)는 휴렛팩커드(HP)의 자가치유 서비스팀(Self-Healing Services Team)에서 일하고 있습니다. 빌라노바(Villanova) 대학교에서 컴퓨터공학 학사 학위를 받았으며 SCJP 1.4 및 SCWCD 자격증을 보유하고 있습니다. 곧 드렉셀 대학교에서 소프트웨어 공학 석사 학위를 받을 예정입니다.

일하거나 공부하거나 미니 쿠퍼 S를 타는 시간을 제외하면 뜨개질을 하거나 (혹시 모자 필요하신가요?) 고양이랑 뜨개실 쟁탈전을 펼치곤 합니다.

유타주 솔트레이크시 출신이며(모르몬교도는 아닙니다) 지금은 남편 멘드라(Mendra)와 두 마리 고양이 차이(Chai), 사케(Sake)와 함께 필라델피아 근처에서 살고 있습니다. 또한 CodeRanch.com에서 기술 포럼을 관리하는 관리자로 활동하고 있습니다.

발렌틴(Valentin)은 로잔연방공과대학교(EPFL)에서 정보 및 컴퓨터공학 석사 학위를 받았습니다. 캘리포니아주 먼로 파크에 있는 SRI 인터내셔널에서 소프트웨어 엔지니어로 일한 경험이 있으며 EPFL의 소프트웨어 엔지니어링 연구소에서 선임 엔지니어로도 일했습니다.

그는 소프트웨어 아키텍처 솔루션 개발을 전문으로 하는 콘드리스 테크놀로지(Condris Technologies)의 공동 창업자이자 CTO를 맡고 있습니다. 관점 지향 프로그래밍, 디자인 및 아키텍처 패턴, 웹 서비스 및 소프트웨어 아키텍처 분야의 연구 개발에 관심이 많습니다.

여가 시간에는 아내와 함께 시간을 보내거나 정원을 손질하기도 하고, 책을 읽거나 운동을 합니다. 또한, Javaranch.com에서 SCBCD 및 SCDJWS 포럼을 관리합니다. 그는 SCJP, SCJD, SCBCD, SCWCD 및 SCDJWS 자격증을 보유하고 있으며 위즈랩스(Whizlabs) SCBCD 시험 시뮬레이터를 만드는 데도 참여했습니다.

발렌틴이 넥타이를 맨 모습은 아직도 생소하군요.

개정판을 위한 감사 인사

오라일리의 감사 인사

누구보다도 이 모든 것을 시작할 기회를 주고, 헤드 퍼스트 개념을 책으로(게다가 시리즈로) 내는 데 가장 큰 도움을 준 마이크 루키데스(Mike Loukides)에게 고맙다는 말을 전하고 싶습니다. 지금까지 <헤드 퍼스트> 시리즈가 다섯 권이나 나오는 동안 항상 적극적으로 지원해 주었습니다. 기존의 책과 완전히 다른 작업을 시작하는, 쉽지 않은 결정을 내려준 팀 오라일리에게도 감사드립니다. <헤드 퍼스트> 시리즈를 현실에 맞게 만드는 방법을 제시해 주고 시리즈 기획을 맡아 준 똑똑하고 재능 있는 카일 하트(Kyle Hart)에게도 고마운 마음을 금할 길이 없습니다. 마지막으로 <헤드 퍼스트> 시리즈답게 '머리가 크게 강조된' 표지를 디자인해준 에디 프리드먼(Edie Freedman)에게도 고맙다는 말을 하고 싶습니다.

베타 테스터와 리뷰어

누구보다도 중요한 사람은 요하네스 데 용(Johannes de Jong)입니다. 벌써 <헤드 퍼스트> 시리즈로 다섯 권째 작업을 하는 동안 항상 우리 곁에서 많은 도움을 주고 있습니다. 제프 컴프스(Jeff Cumps)는 세 권째 작업을 같이 했는데, 쉴 틈 없이 더 명료하고 정확하게 만들 수 있도록 도움을 주고 있습니다.

코리 맥글런(Corey McGlone)은 정말 대단합니다. CodeRanch.com에서 가장 깔끔하게 설명을 해 주는 사람입니다. 그중에 몇 가지는 저희가 훔쳐 썼어요. 제이슨 메나드(Jason Menard)도 기술적인 면에서 몇 가지 큰 오류를 지적해 주었고, 토마스 폴(Thomas Paul)은 꾸준히 피드백을 해 주면서 우리가 빠뜨린 몇 가지 미묘한 문제들을 지적해 주었습니다. 놀라운 자바 내공으로 개정판을 만드는 데 도움을 준 제인 그리스티(Jane Griscti)와 CodeRanch.com의 고참 회원인 베리 건트(Barry Gaunt)에게서도 많은 도움을 받았습니다.

초판과 개정판에 걸쳐서 많은 도움을 준 마릴린 드 케이로스(Marilyn de Queiroz), 초판에서 이루 말할 수 없이 많이 도와줬던 크리스 존스(Chris Jones), 존 나이퀴스트(John Nyquist), 제임스 쿠베타(James Cubeta), 테리 쿠베타(Terri Cubeta), 아이라 베커(Ira Becker)에게도 감사의 마음을 전합니다.

이 책에 도움을 준 자바 리뷰어…

코리 맥글런

제프 컴프스

요하네스 데 용

제이슨 메나드

토머스 폴

마릴린 드 케이로스

로드니 J. 우드러프

제임스 쿠베타 테리 쿠베타

아이라 베커

존 나이퀴스트

크리스 존스

아직 감사의 글이 끝나지 않았습니다

초판 제작에 도움을 준 자바 전문가(무작위순)

에미코 호리(Emiko Hori), 마이클 토피츠(Michael Taupitz), 마이크 갤리휴(Mike Gallihugh), 마니시 하트왈네(Manish Hatwalne), 제임스 체그위든(James Chegwidden), 슈웨타 매터(Shweta Mathur), 모하메드 마자힘(Mohamed Mazahim), 존 파버드(John Paverd), 조셉 비(Joseph Bih), 스쿨랏 파타나바닉(Skulrat Patanavanich), 수닐 파리차(Sunil Palicha), 수다사트와 고쉬(Suddhasatwa Ghosh), 람키 스리니바산(Ramki Srinivasan), 알프레드 라우프(Alfred Raouf), 안젤로 셀레스테(Angelo Celeste), 미칼 자이킨(Mikalai Zaikin), 존 조테비어(John Zoetebier), 짐 플리거(Jim Pleger), 배리 건트(Barry Gaunt), 마크 딜런(Mark Dielen).

초판 퍼즐 팀

더크 슈렉만(Dirk Schreckmann), 마리 '자바 낱말 퀴즈 챔피언' 레너스(Mary "JavaCross Champion" Leners), 로드니 J 우드러프(Rodney J. Woodruff), 개빈 봉(Gavin Bong), 제이슨 메나드(Jason Menard). CodeRanch.com에 여러분이 있다는 것이 정말 다행이라고 생각해요.

도움을 주신 또 다른 분들

폴 휘튼(Paul Wheaton), 자바를 배우는 수천 명의 사람들을 지원하는 javaranch 책임자.
솔베이그 호글랜드(Solveig Haugland), J2EE의 여왕, 『Dating Design Patterns』의 저자.
기술 서적의 세계를 파악하는 데 도움을 준 도리 스미스(Dori Smith)와 톰 네그리노(Tom Negrino)(backupbrain.com).
이 책을 시간 내에 끝낼 수 있도록 Bawls™를 제공해 준 헤드 퍼스트 공범 에릭 프리먼과 베스 프리먼(『헤드퍼스트 디자인 패턴』의 저자), 정말 중요한 도움을 준 셰리 도리스(Sherry Dorris).

용감한 얼리 어답터

조 리튼(Joe Litton), 로스 P. 골드버그(Ross P. Goldberg), 도미닉 다 실바(Dominic Da Silva), 어니스트퍽(honestpuck), 대니 브롬버그(Danny Bromberg), 스티븐 레프(Stephen Lepp), 엘튼 휴즈(Elton Hughes), 에릭 크리스텐센(Eric Christensen), 부린 누엔(Vulinh Nguyen), 마크 라우(Mark Rau), 압둘하프(Abdulhaf), 네이단 올리펀트(Nathan Oliphant), 마이클 브래들리(Michael Bradly), 알렉스 대로우(Alex Darrow), 마이클 피셔(Michael Fischer), 사라 노팅엄(Sarah Nottingham), 팀 앨런(Tim Allen), 밥 토마스(Bob Thomas), 마이크 비비(Mike Bibby).

우리가 감사 인사에서 많은 사람을 언급한 이유는 특정 인물을 직접 언급하면 그들이 최소한 한 권 이상, 실제로는 더 많은 책을 구매할 가능성이 높다는 가정을 테스트하기 위함입니다. 만약 다음 책의 감사 인사 목록에 포함되고 싶으신 분 중에서 가족이나 친구가 많으신 분은 언제든지 연락해 주세요.

CHAPTER

01

껍데기를 깨다

일단 간단하게 알아봅시다

얼른 들어오세요. 물이 참 좋군요! 일단 간단한 코드를 작성하고 컴파일해서 실행하는 것까지 해 보죠. 문법, 반복문, 조건문 등을 알아보고 자바가 멋진 이유가 무엇인지도 얘기할 것입니다. 조금만 기다리면 기본적인 코딩 방법을 알 수 있을 거예요.

자바는 여러분을 새로운 세계로 인도합니다

자바는 1.02 버전이 공개된 이후로 친숙한 문법, 객체지향적인 기능, 메모리 관리뿐만 아니라 이식성에 대한 약속을 통해 많은 프로그래머를 유혹했습니다. **한 번 작성하면 어디에서든지 실행할 수 있다**는 자바의 장점은 정말 뿌리치기 힘들만큼 매력적이지요. 그래서 소위 자바의 추종자들이 늘어날수록 수많은 프로그래머가 버그나 제약 조건, 무엇보다 무지무지하게 느리다는 단점에 대항해서 열심히 싸워야 했습니다. 하지만 그것도 이제는 다 옛날 얘기가 됐습니다. 여러분이 지금 막 자바를 사용하기 시작했다면 정말 **'행운아'**입니다. 오래전에 자바를 시작한 사람은 간단한 애플리케이션 하나를 만드는 데도 정말 맨발로 산을 넘고 바다를 건너는 고생을 했답니다. 하지만 이제는 **더 멋지고, 더 빠르고, 훨씬 강력해진** 최신 버전의 자바를 사용할 수 있습니다.

자바는 어떤 식으로 돌아갈까요?

자바의 작동 방식

예를 들어서, 대화형 파티 초대장 애플리케이션을 하나를 만들고 그것이 친구들이 보유한 다양한 장치에서 모두 잘 작동하도록 만드는 방법을 생각해 봅시다.

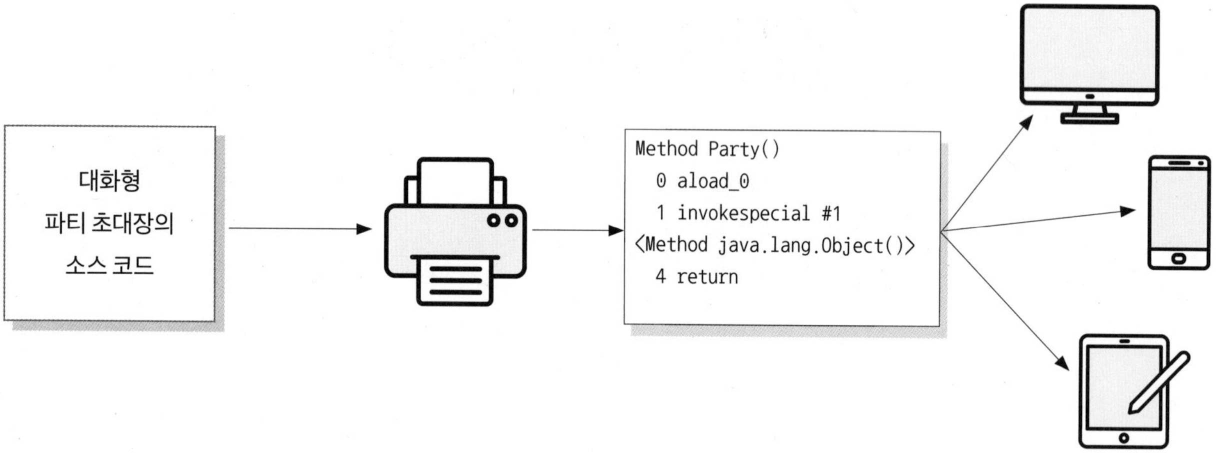

❶

소스

소스를 생성합니다. 이때 정해진 프로토콜(이 경우에는 자바 언어)을 지켜야 합니다.

❷

컴파일러

소스 코드를 컴파일러로 처리합니다. 컴파일러는 오류가 없는지 확인하고 모든 것이 제대로 실행되는 경우에만 최종 결과를 생성합니다.

❸

결과물(코드)

컴파일러는 자바 **바이트코드**(bytecode)라는 코딩된 새 문서를 생성합니다. 자바를 실행할 수 있는 모든 장치는 이 파일을 해석(번역)하고 실행합니다. 그리고 컴파일한 바이트코드는 플랫폼의 종류와 무관하게 어디에서든 사용할 수 있습니다.

❹

가상 머신

친구들은 모두 본인이 사용하는 전자제품 안에 소프트웨어로 구현된 자바 **가상** 머신(JVM, Java Virtual Machine)을 가지고 있습니다. 친구들이 여러분이 만든 프로그램을 실행하면 해당 가상 머신에서 바이트코드를 읽어서 애플리케이션을 실행시키죠.

자바에서 실제로 수행하는 일

일단 소스 코드를 입력하고 javac 컴파일러로 컴파일한 다음, 컴파일된 바이트코드를 **자바 가상 머신**에서 실행합니다.

```
import java.awt.*;
import java.awt.event.*;

class Party {
 public void buildInvite() {
  Frame f = new Frame();
  Label l = new Label("Party at Tim's");
  Button b = new Button("You bet");
  Button c = new Button("Shoot me");
  Panel p = new Panel();
  p.add(l);
 }  // 기타 코드...
}
```

```
Method Party()
  0 aload_0
  1 invokespecial #1 <Method
java.lang.Object()>
  4 return
Method void buildInvite()
  0 new #2 <Class java.awt.Frame>
  3 dup
  4 invokespecial #3 <Method
java.awt.Frame()>
```

❶

소스

소스 코드를 입력합니다. 그리고 **Party.java**라는 이름으로 저장합니다.

❷

컴파일러

javac(컴파일러 애플리케이션)를 실행해서 **Party.java 파일**을 컴파일합니다. 아무런 오류도 없다면 Party.class라는 새로운 파일이 생성됩니다. 컴파일러에서 생성된 Party.class 파일은 '바이트코드'로 이루어져 있습니다.

❸

결과물(코드)

컴파일된 코드: **Party.class**

❹

가상 머신

자바 가상 머신(이하 JVM)을 통해 **Party.class** 파일을 실행합니다. JVM은 바이트코드를 해당 플랫폼에서 이해할 수 있는 형태로 해석해서 여러분의 프로그램을 실행합니다.

이 부분은 아직 따라 하기 방식으로 실습을 진행하지 않습니다. 실제 코드는 잠시 후에 알아볼 거예요. 일단 지금은 어떤 식으로 실행되는지부터 대략적으로 배워 봅시다. 이 페이지의 코드는 실제 코드가 아니니 컴파일하지 마세요!

아주 간략한 자바의 역사

자바는 1996년 1월 23일 처음 출시되었습니다(이 발표를 '탈출'이라고 부르기도 합니다). 벌써 스물다섯 살이나 먹은 셈이죠. 25년 동안 자바 언어는 많이 진화했으며 자바 API도 어마어마하게 성장했습니다. 성장치를 쉽게 가늠할 수 있도록 수치상으로 말씀드리면 지난 25년간 작성된 자바 코드는 약 17조 줄에 이릅니다. 그래서 자바로 프로그래밍을 하다 보면 아주 오래된 코드를 보게 될 수도 있고 따끈따끈한 새 코드를 보는 일도 있습니다. 그만큼 자바는 하위 호환성이 뛰어납니다. 오래된 코드도 새 JVM에서 멀쩡하게 잘 작동하죠.

이 책에서는 일반적으로 예전 코딩 스타일을 사용하고자 합니다(실전에서는 그런 코드를 마주칠 일이 많거든요). 그리고 나서 새로운 스타일의 코드도 소개하도록 하겠습니다.

자바 API도 마찬가지로 예전 클래스를 보여 드리고 나서 새로 나온 다른 클래스를 소개해 드릴 예정입니다.

자바는 C나 러스트 같은
컴파일 언어와 비교하면
별로 안 빠르다고 하던데요?

속도와 메모리 사용량

자바는 처음 출시되었을 때는 매우 느렸습니다. 하지만 얼마 지나지 않아 HotSpot VM을 비롯해서 성능을 개선할 수 있는 여러 가지 방안이 마련되었습니다. 그래서 자바는 분명 가장 빠른 언어는 아니지만, 상당히 빠른 언어 중 하나라고는 할 수 있습니다. C나 러스트(Rust) 같은 언어 못지 않게 빠르고, 대부분의 다른 언어보다는 **훨씬** 빠릅니다.

게다가 자바는 마법의 초능력, 바로 JVM이 있습니다. JVM은 코드를 실행 중에 최적화할 수 있어서 특수한 고성능 코드를 따로 작성하지 않아도 아주 빠른 애플리케이션을 만들 수 있어요.

다만 솔직히 말씀드리자면 자바는 C나 러스트에 비하면 메모리를 많이 소모합니다.

쓰면서 제대로 공부하기

정답과 해설 48쪽

자바 코드는 정말 쉽게 작성할 수 있습니다.

```
int size = 27;
String name = "Fido";
Dog myDog = new Dog(name, size);
int x = size - 5;
if (x < 15) myDog.bark(8);

while (x > 3) {
  myDog.play();
}

int[] numList = {2, 4, 6, 8};
System.out.print("Hello");
System.out.print("Dog: " + name);
String num = "8";
int z = Integer.parseInt(num);

try {
  readTheFile("myFile.txt");
}
catch (FileNotFoundException ex) {
  System.out.print("File not found.");
}
```

각 코드 행의 의미를 추측해서 적어 봅시다.

'size'라는 정수 변수를 선언하고 27이라는 값을 대입합니다.

만약 x(값이 22)가 15보다 작으면 개가 여덟 번 짖도록 합니다.

[redacted]

[redacted]

"Hello"를 출력합니다. 아마 명령행으로 출력되겠죠?

[redacted]

Q 자바 버전 번호는 너무 헷갈려요. JDK 1.0, 1.2, 1.3, 1.4가 나오다가 갑자기 J2SE 5.0으로 건너뛰더니 자바 6, 자바 7 같은 형식으로 변경되었어요. 마지막으로 봤을 때는 자바 18까지 나와 있더라고요. 왜 이러는 거죠?

A 버전 번호는 지난 25년 동안 정말 많이 바뀌었어요. 글자로 된 부분(J2SE/SE)은 이제 안 쓰니까 무시하고, 숫자를 봐야 합니다.

엄밀하게 말하자면 자바 SE 5.0은 사실 자바 **1.**5였어요. 6(1.6), 7(1.7), 8(1.8)도 마찬가지예요. 즉, 원칙적으로 자바는 여전히 버전 1.x라고 할 수 있어요. 새 버전은 1.0까지 모든 버전에 대해서 하위 호환성이 있으니까요.

하지만 모든 사람이 사용하는 이름과 다른 버전 번호를 사용하면 헷갈리므로 자바 9부터는 앞에 1을 붙이지 않고 뒤에 있는 숫자를 공식 버전 번호로 사용하기 시작했어요. 즉, 자바 9는 버전 1.9가 아니고 버전 9가 되었습니다.

이 책에서는 1.0~1.4까지는 앞에 1을 붙이고, 5부터는 앞에 있는 1을 제외시키는 일반적인 관례를 따르도록 하겠습니다.

또한 2017년 9월에 자바 9가 출시된 이후로 6개월마다 새로운 '주요' 버전 번호가 붙은 새 버전이 발표되다 보니 9에서 18까지는 버전이 정말 빨리 올라갔습니다.

정답과 해설

쓰면서 제대로 공부하기(47쪽)

자바 코드는 정말 쉽게 작성할 수 있습니다.

잘 모르겠다고 해서 주눅 들지 마세요!

여기에 있는 내용은 이 책의 초반부에서 아주 자세하게 배우게 됩니다(대부분 초반 80쪽 안에 다 설명해 드릴 예정이에요). 특히 이미 자바하고 비슷한 언어를 써 본 적이 있다면 별로 어렵지 않습니다. 혹시 잘 모르겠더라도 걱정하지 마세요. 금방 배울 수 있을 거예요.

```
int size = 27;
String name = "Fido";
Dog myDog = new Dog(name, size);
int x = size - 5;
if (x < 15) myDog.bark(8);

while (x > 3) {
  myDog.play();
}

int[] numList = {2, 4, 6, 8};
System.out.print("Hello");
System.out.print("Dog: " + name);
String num = "8";
int z = Integer.parseInt(num);

try {
  readTheFile("myFile.txt");
}
catch (FileNotFoundException ex) {
  System.out.print("File not found.");
}
```

'size'라는 정수 변수를 선언하고 27을 대입합니다.
'name'이라는 문자열(String) 변수를 선언하고 "Fido"라는 값을 대입합니다.
'myDog'라는 Dog 변수를 선언하고 'name'과 'size'를 사용해 새 Dog 객체를 만듭니다.
27('size'의 값)에서 5를 뺀 값을 'x'라는 변수에 대입합니다.
만약 x(값이 22)가 15보다 작으면 개가 여덟 번 짖도록 합니다.
[redacted]
x가 3보다 크면 반복문을 사용합니다.
개가 놀도록 지시합니다(play() 메서드를 실행시킴).
반복문이 끝나는 부분입니다. {} 안에 있는 것들이 조건에 따라 반복됩니다.
[redacted]
'numList'라는 정수 배열을 선언하고 2, 4, 6, 8을 집어넣습니다.
"Hello"를 출력합니다. 아마 명령행으로 출력되겠죠?
명령행에 "Dog: Fido"라고 출력합니다.
'num'이라는 문자열 변수를 선언하고 "8"이라는 값을 대입합니다.
"8"이라는 문자열을 8이라는 숫자 값으로 변환합니다.
[redacted]
무언가를 시도해 봅니다. 잘 안 될 수도 있습니다.
"myFile.txt"라는 텍스트 파일을 읽습니다(적어도 파일을 읽어 보려고 합니다).
"시도하는 부분"이 끝이므로 여러 가지를 함께 시도할 수도 있습니다.
시도했던 것이 실패하면 실행됩니다.
실패했을 경우에 명령행에 "File not found."라고 출력합니다.
중괄호({}) 안의 모든 것은 'try' 부분이 실패한 경우에 수행할 작업입니다.

자바 코드의 구조

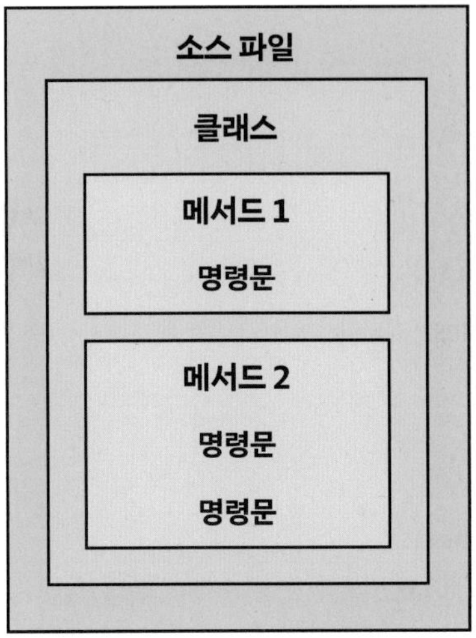

소스 파일 안에는 클래스가 들어갑니다.

클래스 안에는 메서드가 들어갑니다.

메서드 안에는 명령문이 들어갑니다.

소스 파일 안에는 무엇이 들어갈까요?

소스 코드 파일(.java라는 확장자가 붙은 파일)은 일반적으로 **클래스**(class)를 한 개씩 정의합니다. 클래스는 보통 프로그램의 한 부분을 나타내지만, 아주 작은 애플리케이션 중에는 단 한 개의 클래스만으로 이뤄진 것도 있습니다. 클래스는 한 쌍의 중괄호({ })로 둘러싸인 형태여야 합니다.

```
public class Dog {


}
```

클래스

클래스 안에는 무엇이 들어갈까요?

하나의 클래스 안에는 하나 이상의 **메서드**(method)가 들어갑니다. 예를 들어서, (개를 나타내는) Dog 클래스에는 (짖는 것을 의미하는) **bark**라는 메서드가 들어갈 수 있으며, 이 메서드에는 개가 짖는 방법을 지시하는 내용이 들어갑니다. 메서드는 반드시 클래스 안에서 선언되어야 합니다. 즉, 클래스의 중괄호 안에 위치해야 합니다.

```
public class Dog {
  void bark() {

  }
}
```

메서드

메서드 안에는 무엇이 들어갈까요?

메서드를 감싸는 중괄호 안에는 메서드에서 처리할 일을 지시하는 내용이 들어갑니다. **메서드 코드**는 기본적으로 일련의 명령문을 모아놓은 것이므로 지금은 메서드를 일종의 함수나 프로시저와 비슷한 것으로 생각하면 됩니다.

```
public class Dog {
  void bark() {
    statement1;
    statement2;
  }
}
```

명령문

클래스 해부하기 자바 클래스

JVM이 실행되면 우선 사용자가 명령행에서 지정한 클래스를 살펴봅니다.
그러고 나서 다음과 같은 특별한 메서드를 찾아봅니다.

```
public static void main (String[] args) {
  // 코드가 들어갈 자리
}
```

이런 메서드를 찾으면 JVM은 main 메서드의 중괄호({ }) 안에 있는 모든 코드를 실행합니다.
자바 애플리케이션은 적어도 하나의 **클래스**와 하나의 **main** 메서드가 있어야 합니다(클래스당 하나가 아니라 애플리케이션당 하나씩 있어야 합니다).

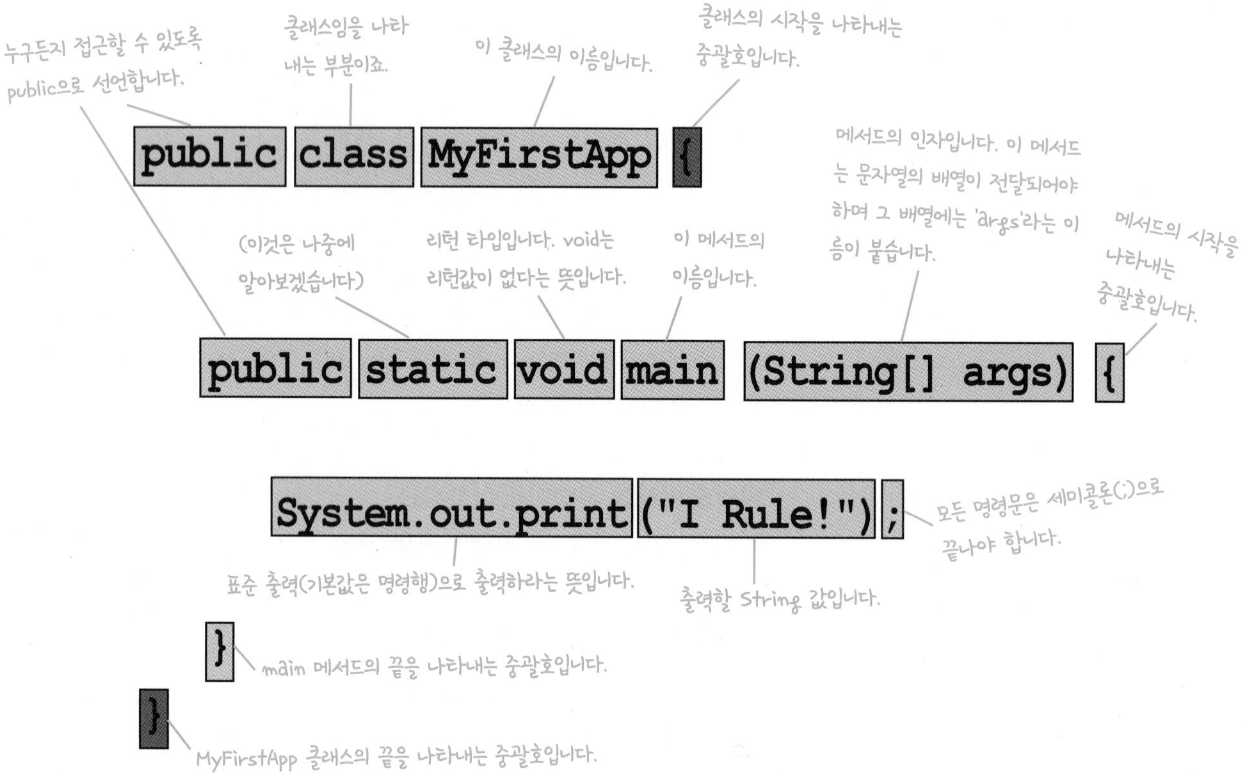

누구든지 접근할 수 있도록 public으로 선언합니다.
클래스임을 나타내는 부분이죠.
이 클래스의 이름입니다.
클래스의 시작을 나타내는 중괄호입니다.
public
class
MyFirstApp
{
메서드의 인자입니다. 이 메서드는 문자열의 배열이 전달되어야 하며 그 배열에는 'args'라는 이름이 붙습니다.
(이것은 나중에 알아보겠습니다)
리턴 타입입니다. void는 리턴값이 없다는 뜻입니다.
이 메서드의 이름입니다.
메서드의 시작을 나타내는 중괄호입니다.
public
static
void
main
(String[] args)
{
System.out.print
("I Rule!")
;
모든 명령문은 세미콜론(;)으로 끝나야 합니다.
표준 출력(기본값은 명령행)으로 출력하라는 뜻입니다.
출력할 String 값입니다.
}
main 메서드의 끝을 나타내는 중괄호입니다.
}
MyFirstApp 클래스의 끝을 나타내는 중괄호입니다.

지금 이 모든 것을 외울 필요는 없습니다.
이 장은 그냥 시작에 불과하니까요.

main이 들어 있는 클래스 만들기

자바는 모든 것이 **클래스** 안에 들어갑니다. 우선 (.java 확장자가 붙어 있는) 소스 코드 파일을 입력한 다음에 컴파일해서 (.class 확장자가 붙어 있는) 새로운 클래스 파일을 만들면 됩니다. 프로그램을 실행하는 것은 사실 클래스를 실행하는 것입니다.

프로그램을 실행하는 것은 JVM에 "MyFirstApp 클래스를 불러오고 그 main( ) 메서드를 실행하라. 그리고 main( ) 메서드에 있는 모든 코드가 실행될 때까지 계속 실행하라."라는 뜻의 명령을 내리는 것입니다.

클래스에 대한 자세한 내용은 2장에서 알아보기로 하고, 지금은 **실행 가능한 자바 코드를 만드는 메서드**에 대해 살펴보기로 하겠습니다. 그러면 우선 `main( )`부터 시작해 보죠.

`main( )` 메서드는 프로그램이 실행을 시작하는 곳입니다. 프로그램의 규모가 얼마나 크든(다시 말해서, 프로그램이 사용하는 클래스가 몇 개인지와 상관없이), 실행하려면 `main( )` 메서드가 필요합니다.

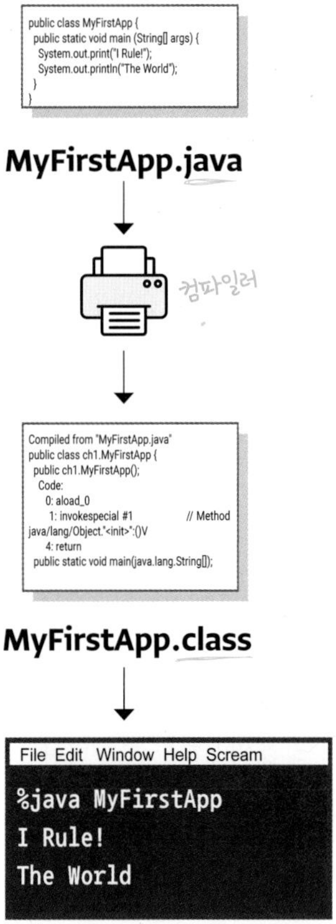

❶ 저장

MyFirstApp.java

❷ 컴파일

javac MyFirstApp.java

❸ 실행

java MyFirstApp

```
public class MyFirstApp {

   public static void main (String[] args) {
     System.out.println("I Rule!");
     System.out.println("The World");
   }

}
```

방구석 토크

컴파일러와 JVM

오늘의 주제 컴파일러와 JVM이 "과연 누가 더 중요할까?"를 주제로 열띤 토론을 펼칩니다.

JVM

뭐라고요? 농담하는 겁니까? 이봐요! 제가 바로 자바예요. 제가 프로그램을 실행시킨다고요. 컴파일러는 파일을 줄 뿐이잖아요. 그렇죠? 그게 다예요. 뭐, 그 파일을 출력해서 벽지로 쓰거나, 불쏘시개로 쓰거나, 포장지로 쓰거나 할 수 있지만, 제가 없으면 그 파일만으로는 아무것도 할 수 없죠.

컴파일러

말투가 좀 듣기 거북하군요.

뭐, 여담이지만, 컴파일러 씨는 유머 감각도 좀 부족하군요. 하긴, 온종일 조잔하게 문법이 맞았는지, 틀렸는지만 확인해야 한다면 그럴 수도 있겠네요.

이봐요! 하지만 제가 없으면 그쪽은 뭘 실행할 수 있습니까? 혹시 잊고 있나 해서 하는 말인데, 자바에서 바이트코드 컴파일러를 사용하도록 한 데는 다 이유가 있잖아요. 자바가 순수한 인터프리터 언어라면 (실행할 때) 가상 머신에서 텍스트 편집기로 만든 소스 코드를 해석해야 할 테니, 자바 프로그램 실행 속도는 무지막지하게 느려지지 않겠습니까?

아, 컴파일러 씨가 전혀 쓸모가 없다는 뜻은 아니에요. 하지만 컴파일러 씨가 하는 일이 뭡니까? 전 정말 모르겠어요. 프로그래머가 직접 바이트코드를 작성해도 되긴 하잖아요. 이봐요, 친구. 머지 않아 댁이 할 일이 완전히 없어질 수도 있단 말입니다.

허, 이봐요. 그것 참 (거만한 것은 말할 것도 없고) 무식한 생각이군요. 뭐, 이론적으로는 자바 컴파일러로 만든 것이 아니더라도 제대로 만들어진 바이트코드라면 다 처리할 수 있다는 것이 틀린 말은 아니지만, 사실 거의 불가능하지 않습니까? 일일이 손으로 바이트코드를 짜는 것은 워드프로세서를 쓰지 않고 포스트스크립트를 직접 작성하는 것과 마찬가지예요. 그리고 저를 "이봐요, 친구."라는 식으로 부르는 것은 썩 듣기 좋지 않군요.

(유머를 이해하지 못하시는군요) 하지만 아직 제 질문에는 대답을 안 하셨네요. 진짜로 컴파일러 씨가 하는 일이 뭡니까?

자바는 타입(type)을 철저하게 지키는 언어라는 것을 기억하세요. 그래서 변수에 이상한 타입의 데이터를 저장하게 할 수 없죠. 보안상 얼마나 위험한지 다 알잖아요. 제가 아니면 이런 심각한 위반 사항을 누가 막아 주겠습니까?

JVM

하지만 여전히 그냥 통과하는 것도 있어요! 원래 들어가야 할 것이 아닌 다른 타입의 값이 들어갈 때는 제가 ClassCastException을 발생시키지 않습니까?

잠깐만요. 아직 말 안 끝났어요. 맞아요. 실행 과정에서 생길 수 있는 데이터 타입 예외도 있긴 하지만, 그 중 자바의 중요한 다른 기능, 즉 동적 바인딩을 지원하기 위한 것 아닙니까? 자바 프로그램에서는 실행 과정에서 처음에 프로그래머가 생각하지 못했던 새로운 객체를 포함시킬 수도 있어서 어느 정도의 유연성을 확보해야 하죠. 반면에 제 역할은 실행할 때 절대로 일어나면 안 되는 일을 방지하는 것이에요. 보통 어떤 것이 절대 작동하지 않는 경우, 예를 들어서, 프로그래머가 Button 객체를 소켓 연결 용도로 사용하려고 하면 그런 문제를 미리 감지하고 프로그램 실행 도중에 문제가 생기는 것을 방지합니다.

뭐, 그런 건 있군요. 하지만 보안은요? 제가 처리하는 보안 관련 작업을 생각해 보세요. 컴파일러 씨는 보통 세미콜론이나 체크하고 그러지 않나요? 와! 보안 문제 예방에 큰 도움이 되겠네요. 정말 고마워요.

이봐요, 그래도 전 소위 '최전방 수비수'란 말입니다. 앞에서 설명한 데이터 타입 위반 사항이 난무한다면 프로그램이 얼마나 엉망이 되겠습니까? 그리고 비공개(private) 메서드를 호출하려고 한다거나 (보안상의 이유로) 절대 바꿔서는 안 되는 메서드를 변경하려는 것과 같은 접근 위반을 방지하는 것도 제가 맡아서 하지 않습니까? 다른 클래스의 핵심적인 내용에 접근하는 코드처럼 사람들이 함부로 보면 안 되는 코드를 건드리려는 시도를 방지하는 것도 제가 맡아서 하지요. 제가 하는 일이 얼마나 중요한지는 몇 시간, 아니, 며칠을 꼬박 설명해도 모자랄 것입니다.

어쨌든, 저도 그런 일을 해야 하는 건 마찬가지입니다. 바이트코드가 만들어진 다음, 바이트코드가 실행되기 전까지 다른 누군가가 그것을 건드리지 않았는지 확인하는 작업도 하지 않습니까?

그렇긴 하죠. 하지만 앞서도 말했듯이 발생할 수 있는 문제점의 99%를 제가 예방하지 않는다면 가상 머신도 작업을 할 수 없을 것입니다. 이런, 시간이 너무 많이 지났군요. 나중에 다시 얘기하죠.

물론 그래야죠. 친구.

main 메서드란? 명령문, 반복문, 조건문☆

일단 main(또는 어느 메서드든) 안으로 들어가면 본격적으로 무언가가 작동합니다. 즉, 대부분의 프로그래밍 언어에서 **컴퓨터로 하여금 어떤 일을 하게 만드는** 모든 일반적인 지시사항은 메서드 안에 들어 있습니다. 코드는 JVM에 다음과 같은 것들을 지시할 수 있습니다.

❶ 무언가를 하는 것

명령문: 선언, 대입, 메서드 호출 등

```
int x = 3;
String name = "Dirk";
x = x * 17;
System.out.print("x is " + x);
double d = Math.random();
// 주석은 이렇게 씁니다.
```

❷ 무언가를 여러 번 반복하는 것

반복문: for와 while

```
while (x > 12) {
  x = x - 1;
}

for (int i = 0; i < 10; i = i + 1) {
  System.out.print("i의 값은 "+ i + "입니다.");
}
```

❸ 조건에 따라 무언가를 하는 것

조건문: if/else 테스트

```
if (x == 10) {
  System.out.print("x must be 10");
} else {
  System.out.print("x isn't 10");
}
if ((x < 3) && (name.equals("Dirk"))) {
  System.out.println("Gently");
}
System.out.print("이 명령문은 무조건 실행됩니다.");
```

재미있는 몇 가지 문법

- 모든 명령문은 세미콜론으로 끝나야 합니다.

```
x = x + 1;
```

- 한 행짜리 주석은 슬래시 두 개로 시작합니다.

```
x = 22;
// 이 행이 조금 이상한데?
```

- 대부분의 경우, 공백은 큰 의미가 없습니다.

```
x    =    3 ;
```

- 변수를 선언할 때는 **이름**과 **타입**(type)을 지정합니다(자바 타입에 대한 내용은 3장에서 알아보겠습니다).

```
int weight;
// 타입: int, 이름: weight
```

- 클래스와 메서드를 정의하는 부분은 한 쌍의 중괄호 안에 들어갑니다.

```
public void go() {
  // 코드가 들어갈 자리
}
```

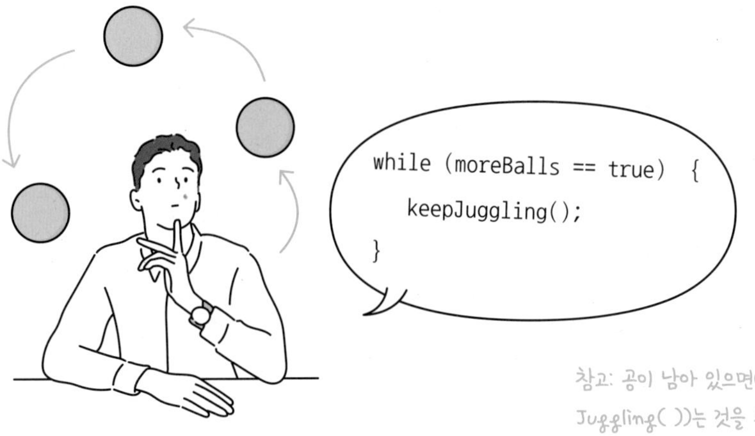

while (moreBalls == true) {
keepJuggling();
}

참고: 공이 남아 있으면(moreBalls == true) 계속 공을 돌린다(keepJuggling( ))는 것을 의미하는 코드입니다. 그림을 보면 이해가 되죠?

간단한 불리언 테스트

돌리고 돌리고 돌리고···

자바에는 while, do-while, for의 세 가지 표준 반복 구조가 있습니다. 반복문에 대한 자세한 내용은 나중에 알아보기로 하고 일단 여기에서는 while만 다뤄 보겠습니다.

문법이 워낙 간단해서 설명이 지루하게 느껴질지도 모르겠네요. 어떤 조건이 충족되기만 하면 반복문 블록(block) 안에 들어 있는 작업을 모두 처리합니다. 중괄호 한 쌍 안에 들어가는 내용이 바로 반복문 블록이며 반복하고자 하는 내용을 그 블록 안에 집어넣으면 됩니다.

반복문에서 가장 중요한 것은 바로 조건 테스트 부분입니다. 자바에서 조건 테스트의 결과는 불리언 값(boolean)입니다. 즉, **참**(true) 또는 **거짓**(false) 값을 가지게 됩니다.

"iceCreamInTheTub이 참인 동안 계속 아이스크림을 퍼라"와 같은 것이 바로 불리언 테스트라고 할 수 있습니다. 통 안에 아이스크림이 있거나, 없거나 둘 중 하나기 때문이지요. 다만 유의할 점은 이때 참과 거짓이 분명해야 한다는 점입니다. 반드시 참과 거짓이 명확하게 구분되는 것만 조건 테스트로 사용할 수 있습니다.

참고: 통 안에 아이스크림이 있음을 의미하는 변수나 메서드 정도로 생각하면 됩니다.

불리언 테스트

아래와 같은 비교 연산자를 이용해서 변수의 값을 확인함으로써 간단한 불리언 테스트를 할 수도 있습니다.

- < (오른쪽보다 작은)
- > (오른쪽보다 큰)
- == (동치) (등호 두 개가 들어가야 합니다.)

대입 연산자(등호 한 개)와 동치 연산자(등호 두 개)의 차이점에 유의하세요. 실수로 ==를 써야 할 자리에 =를 쓰는 프로그래머가 종종 있습니다(여러분은 그렇지 않겠죠?).

```
int x = 4; // x에 4를 대입합니다.
while (x > 3) {
  // x가 3보다 크기 때문에 반복문 코드가 실행됩니다.
  x = x - 1;
  // 이런 것이 없으면 반복문이 무한히 실행되겠죠?
}
int z = 27; // z에 27을 대입합니다.
while (z == 17) {
  // z는 17과 같지 않으므로
  // 반복문 코드는 실행되지 않습니다.
}
```

무엇이든 물어보세요

Q&A

Q1 왜 모든 것이 클래스 안에 있어야 하나요?

A1 자바는 객체지향(OO, Object-Oriented) 언어입니다. 예전처럼 컴파일러에서 어마어마하게 많은 프로시저가 몽땅 들어가는 커다란 소스 파일을 컴파일하던 시절과는 다릅니다. 2장에 가면 클래스라는 것이 객체에 대한 설계도이며 자바에서 거의 모든 것이 객체라는 점을 배우게 될 것입니다.

Q2 모든 클래스에 main 메서드가 있어야 하나요?

A2 아닙니다. 하나의 자바 프로그램에서 수십 혹은 수백 개의 클래스를 사용할 수 있지만, main 메서드가 들어 있는 클래스는 하나, 즉 프로그램을 시작시키는 클래스에만 있어야 합니다.

Q3 다른 언어에서는 정수에 대해 불리언 테스트를 할 수 있는 경우도 있습니다. 자바에서도 다음과 같은 식으로 할 수 있나요?

```
int x = 1;
while (x) { }
```

A3 안 됩니다. 자바는 불리언과 정수가 호환되지 않습니다. 조건 테스트의 결과는 반드시 불리언이어야 하므로 (비교 연산자를 쓰지 않고) 직접 테스트할 수 있는 변수는 불리언 변수뿐입니다. 예를 들어서, 다음과 같은 형식으로 할 수 있습니다.

```
boolean isHot = true;
while(isHot) { }
```

while 반복문 예제

```
public class Loopy {
  public static void main (String[] args) {
    int x = 1;
    System.out.println("반복문 이전");
    while (x < 4) {
      System.out.println("반복문 내부");
      System.out.println("x의 값은 "+ x + "
입니다.");
      x = x + 1;
    }
    System.out.println("여기는 반복문
이후입니다.");
  }
}
```

```
% java Loopy
반복문 이전
반복문 내부
x의 값은 1입니다.
반복문 내부
x의 값은 2입니다.
반복문 내부
x의 값은 3입니다.
여기는 반복문 이후입니다.
```

핵심 정리

- 명령문은 세미콜론으로 끝나야 합니다;
- 코드 블록은 중괄호 한 쌍({})에 의해 정의됩니다.
- int 변수를 정의할 때 **int x;**와 같이 이름과 타입을 지정해줘야 합니다.
- **대입** 연산자는 등호 한 개(=)로 구성됩니다.
- **동치** 연산자는 등호 두 개(==)로 구성됩니다.
- while 반복문에서는 조건 테스트가 **참**이면 그 블록(중괄호 안에 있는 부분)에 있는 것을 모두 실행시킵니다.
- 조건 테스트가 **거짓**이면 while 반복문 코드 블록은 실행되지 않으며 반복문 블록 바로 뒤에 있는 코드로 넘어갑니다.
- 불리언 테스트는 괄호 안에 들어갑니다.

```
while (x == 4) { }
```

조건에 따른 분기문

자바의 기초☆

자바에서 사용하는 **if** 테스트는 기본적으로 **while** 반복문에 있는 불리언 테스트와 똑같습니다.

```
class IfTest {
  public static void main (String[] args) {
    int x = 3;
    if (x == 3) {
      System.out.println("x는 3이군요.");
    }
    System.out.println("이 부분은 무조건 실행됩니다.");
  }
}
```

코드 실행 결과물

```
% java IfTest
x는 3이군요.
이 부분은 무조건 실행됩니다.
```

위의 코드는 조건(x가 3과 같음)이 참인 경우에만 "x는 3이군요."를 출력하는 행을 실행시킵니다. 하지만 "이 부분은 무조건 실행됩니다."를 출력하는 행은 조건의 성립 여부에 상관없이 무조건 실행됩니다. 조건에 else를 추가하면 "초콜릿이 아직 남아 있으면 계속 코딩을 하고, 그렇지 않으면(else) 초콜릿을 더 가져온 다음 계속 코딩을 하고…"와 같이 명령을 내릴 수 있습니다.

```
class IfTest2 {
  public static void main(String[] args) {
    int x = 2;
    if (x == 3) {
      System.out.println("x는 3이군요.");
    } else {
      System.out.println("x는 3이 아니군요.");
    }
    System.out.println("이 부분은 무조건 실행됩니다");
  }
}
```

새로운 코드 실행 결과물

```
% java IfTest2
x는 3이 아니군요.
이 부분은 무조건 실행됩니다.
```

System.out.print와 System.out.println

책을 자세하게 읽은 독자라면(물론, 그랬겠죠?) print를 쓸 때도 있고 println을 쓸 때도 있다는 것을 알아차렸을 것입니다.

어떻게 다른지 아시겠어요?

System.out.println에서는 맨 뒤에 줄바꿈 문자(newline)를 붙이지만 System.out.print에서는 그냥 같은 행에 계속 출력을 합니다(println은 printnewline의 약자라고 생각하면 됩니다). 출력할 내용을 별도의 행으로 출력하고 싶다면 println을, 모든 내용을 한 행에 이어서 출력하고 싶다면 print를 사용하면 됩니다.

쓰면서 제대로 공부하기

정답과 해설 67쪽

다음과 같이 DooBee라는 클래스를 실행하는 경우를 생각해 봅시다.

% java DooBee

DooBeeDooBeeDo

위와 같은 결과가 나오려면 아래의 빈칸에는 어떤 코드가 들어가야 할까요?

```
public class DooBee {
  public static void main(String[]
args) {
    int x = 1;
    while (x < _____ ) {
      System.out._________("Doo");
      System.out._________("Bee");
      x = x + 1;
    }
    if (x == ______ ) {
      System.out.print("Do");
    }
  }
}
```

본격적인 실전용 애플리케이션 코딩하기

실전 자바 애플리케이션

지금까지 배운 내용을 바탕으로 실제로 실용적인 것을 만들어 봅시다. 클래스에 main( ) 메서드를 집어넣고, int와 String 변수를 만들고, while 반복문과 if 조건문을 써 봅시다. 그리고 조금 더 다듬으면 간단한 프로그램 하나를 금방 만들 수 있습니다. 이 페이지에 있는 코드를 보기 전에 먼저 <10개의 녹색병(10 green bottles)>이라는 노래의 가사를 출력하는 문제를 생각해 봅시다.

```
public class BottleSong {
  public static void main(String[] args) {
    int bottlesNum = 10;
    String word = "bottles"; // 복수형

    while (bottlesNum > 0) {

      if (bottlesNum == 1) {
        word = "bottle"; // 단수형(한 병인 경우)
      }

      System.out.println(bottlesNum + " green " + word + ", hanging on the wall");
      System.out.println(bottlesNum + " green " + word + ", hanging on the wall");
      System.out.println("And if one green bottle should accidentally fall,");
      bottlesNum = bottlesNum - 1;

      if (bottlesNum > 0) {
        System.out.println("There'll be " + bottlesNum +
                           " green " + word + ", hanging on the wall");
      } else {
        System.out.println("There'll be no green bottles, hanging on the wall");
      } // else 끝
    } // while 반복문 끝
  } // main 메서드 끝
} // 클래스 끝
```

이 코드에도 한 가지 흠이 있습니다. 컴파일도 잘되고 실행도 잘 되지만, 출력 결과가 완벽하다고는 할 수 없습니다. 어떤 문제가 있는지, 그리고 그 문제를 고칠 수 있는지 확인해 보세요.

무엇이든 물어보세요

Q&A

Q 원래 <맥주 99병(99 bottles of beer)>이라는 노래 가사를 출력하는 것 아니었나요?

A 맞아요. 그런데 트리샤가 제안해서 이 노래의 영국 버전으로 바꿔 봤어요.

월요일 아침, 자바 홈 시스템이 갖춰진 밥의 집 풍경

밥(Bob)의 알람 시계는 월요일 아침에도 어김없이 여덟 시 반이면 울립니다. 하지만 밥은 주말에 너무 열심히 논 탓에 바로 일어나지 못하고 스누즈 버튼(조금 더 잘 때 누르는 버튼)을 누릅니다. 바로 그때 자바 기능이 내장된 가전제품들이 깨어납니다.

우선 알람 시계는 커피 메이커에게 "어이, 저 인간 또 잔다. 커피는 12분만 기다렸다가 만들자."라는 메시지를 보냅니다. 그리고 커피 메이커는 모토로라 사의 토스터에게 "잠깐! 토스트는 좀 있다 만들자. 밥이 더 잘 모양인가 봐."라는 메시지를 보냅니다.

다음으로 알람 시계는 밥의 안드로이드 기반의 핸드폰에게 "9시 정각에 밥의 회사에 전화해서 좀 늦는다고 말해 줘."라는 메시지를 보냅니다.

마지막으로 알람 시계가 샘(샘은 밥이 키우는 개의 이름입니다)의 무선 개 목걸이에게 "신문지를 가져오되, 오늘 아침도 산책하러 나가기는 어려울 것 같아."라는, 이제는 익숙해진 메시지를 보냅니다.

샘의 개 목걸이에도 자바가 들어가 있습니다.

몇 분이 지난 후 알람 시계가 다시 울립니다. 하지만 밥은 이번에도 스누즈 버튼을 누릅니다. 그러자 가전제품끼리 다시 메시지를 한바탕 또 주고받습니다. 마지막으로 알람이 세 번째로 울리기 시작합니다. 하지만 이번에는 밥이 스누즈 버튼을 채 누르기도 전에 알람 시계가 샘의 목걸이에게 "밥 좀 깨우게 마구 뛰면서 짖어!"라는 메시지를 보냅니다. 그제서야 밥은 정신을 차리고 자리에서 일어나면서 그가 익힌 자바 기술과 전자상가에서 구입한 몇 가지 가전제품 덕에 바른 생활 사나이가 되었다는 점을 고마워하겠죠.

이미 토스트도 구워졌고 커피에서는 김이 모락모락 나며 신문도 샘이 집 안으로 가져다 놨습니다. **자바 홈 시스템**을 갖췄을 때 누릴 수 있는 멋진 아침 시간입니다.

여기에 나온 내용이 전부 사실일까요? 대부분 사실입니다. 자바 버전 중에는 핸드폰(정말 많습니다!), 현금 인출기, 신용카드, 가정용 보안 시스템, 주차 관리 시스템, 게임기를 비롯한 다양한 기기에서 돌아가는 버전이 많습니다. 물론 자바 개 목걸이는 아직 찾기 힘들 겁니다.

자바는 소형 기기에서 돌아갈 수 있도록 자바 플랫폼의 아주 작은 부분만 사용할 수 있는 방법을 다양하게 제공합니다(사용하는 자바 버전에 따라 다를 수 있습니다.) 사물 인터넷(IoT; Internet of Things)을 개발할 때도 많이 사용하죠. 물론 안드로이드 개발 작업을 할 때도 자바와 JMV 언어를 사용합니다.

새로 만든 자동 구문 생성기를 써 보세요. 사장님이나 마케팅 부서 사람들처럼 유창한 전문 용어를 구사할 수 있을 것입니다.

앞에서 다룬 <10개의 녹색 병> 노래는 사실 본격적인 실전용 애플리케이션이라고 하기는 좀 어렵습니다. 뭔가 남들에게 인상적인 것을 보여 주고 싶으세요? 여기에 있는 자동 구문 생성기(Phrase-O-Matic) 코드를 한번 고려해 보세요.

참고: 이 코드를 입력할 때 책에 나와 있는 그대로 쓰고, 강제로 줄을 바꾸지 마세요. 문자열 값(큰따옴표 사이에 들어 있는 값)을 입력하는 중간에는 엔터 키를 누르면 안 됩니다. 그렇게 줄을 바꾸면 컴파일이 되지 않습니다. 여기에 있는 하이픈은 실제로 입력할 수 있지만, 한 문자열이 끝난 후에만 엔터 키를 누르도록 합시다.

```
public class PhraseOMatic {
  public static void main(String[] args) {

1 // 세 종류의 단어 목록을 만듭니다. 적당히 필요한 단어를 
추가해도 됩니다.
    String[] wordListOne = {"agnostic", "opinionated", 
"voice activated", "haptically driven", "extensible", 
"reactive", "agent based", "functional", "AI enabled", 
"strongly typed"};

    String[] wordListTwo = {"loosely coupled", "six sigma", 
"asynchronous", "event driven", "pub-sub", "IoT", "cloud 
native", "service oriented", "containerized", "serverless", 
"microservices", "distributed ledger"};

    String[] wordListThree = {"framework", "library", "DSL", 
"REST API", "repository", "pipeline", "service mesh", 
"architecture", "perspective", "design", "orientation"};

2 // 각 단어 목록에 단어가 몇 개씩 들어 있는지 확인합니다.
    int oneLength = wordListOne.length;
    int twoLength = wordListTwo.length;
    int threeLength = wordListThree.length;

3 // 난수 세 개를 발생시킵니다.
    java.util.Random randomGenerator = new java.util.
Random();
    int rand1 = randomGenerator.nextInt(oneLength);
    int rand2 = randomGenerator.nextInt(twoLength);
    int rand3 = randomGenerator.nextInt(threeLength);

4 // 이제 구문을 만듭니다.
    String phrase = wordListOne[rand1] + " " + 
wordListTwo[rand2] + " " + wordListThree[rand3];

5 // 구문을 출력합니다.
    System.out.println("What we need is a " + phrase);
  }
}
```

자동 구문 생성기

프로그램 만들어 보기

이 프로그램은 어떻게 작동할까요?

이 프로그램에서는 단어 목록 세 개를 만든 다음 이 세 목록에서 각각 단어 하나씩을 무작위로 선택합니다. 이때 각 행의 의미를 정확하게 이해하지 못한다고 해서 걱정할 필요는 없습니다. 아직 페이지가 많이 남았으니까 긴장을 풀고 가벼운 마음으로 읽어도 됩니다. 그냥 간단하게 이 프로그램이 어떤 식으로 돌아가는지 윤곽만 파악하고 넘어가면 됩니다.

1. 첫 번째 단계는 String 배열 세 개를 만드는 것입니다. 모든 단어는 이 배열 세 개에 들어갑니다. 배열을 선언하고 만드는 방법은 간단합니다. 예를 들어서, 다음과 같은 식으로 작성하면 됩니다.

```
String[] pets = {"Fido", "Zeus", "Bin"};
```

각 단어는 따옴표(일반 String을 만들 때와 마찬가지로)로 묶이며 각 단어는 쉼표로 구분됩니다.

2. 세 목록에서 한 단어씩을 임의로 선택해야 하므로 우선 각 목록에 단어 몇 개가 들어 있는지부터 확인해야 합니다. 예를 들어서, 목록에 단어 14개가 들어 있다면 0 이상 13 이하의 난수를 만들어야 합니다(자바 배열은 0부터 시작하므로 원소 14개가 있는 배열에서 첫 번째 단어는 0번 위치, 두 번째 단어는 1번 위치, 그리고 마지막 단어는 13번 위치에 들어 있습니다). 다행히도 자바는 배열의 길이를 매우 쉽게 알 수 있습니다. 그냥 배열에게 물어보면 되죠. 예를 들어서, 앞에 나온 pets 배열에 대해서는 다음과 같은 식으로 하면 알 수 있습니다.

```
int x = pets.length;
```

이렇게 하면 x에는 3이라는 값이 저장되겠죠.

3. 난수 세 개를 만들어야 합니다. **nextInt( )** 메서드에서는 0 이상 1 미만의 난수를 리턴하니까, 이 메서드에서 리턴한 값을 목록에 있는 원소의 개수(배열의 길이)에 곱하면 되겠죠. 그리고 그 결과를 강제로 정수(소수점 이하 부분이 있으면 안 됩니다)로 바꿔 줘야 하므로 캐스트 연산자(자세한 내용은 4장에서 알아보겠습니다)를 사용합니다. 다음과 같이 임의의 부동소수점 수를 정수로 변환할 때와 똑같은 식으로 하면 됩니다.

```
int x = randomGenerator.nextInt(5);
```

4. 이제 목록 세 개에서 단어 하나씩을 골라서 연결해서 (각 단어 사이에 빈칸도 추가해야겠죠) 구문을 만들면 됩니다. 이때 String 객체를 연결하기 위해 + 연산자를 사용합니다. 배열에서 원소를 뽑아낼 때는 배열에 사용하고자 하는 단어의 인덱스 번호(위치)를 넘겨줘야 합니다.

```
String s = pets[0]; // 이제 s는 "Fido"라는 String 객체가 됩니다.
s = s + " " + "is a dog"; // 이제 s는 "Fido is a dog"가 됩니다.
```

5. 마지막으로 이 구문을 명령행으로 출력합니다. 이제 마케팅 부서 사람들처럼 유려한 구문을 구사할 수 있겠군요.

다음과 같은 구문이 나올 수 있겠죠…

```
extensible microservices
pipeline

opinionated loosely coupled
REST API

agent-based
microservices library

AI-enabled service oriented
orientation

agnostic pub-sub DSL

functional IoT
perspective
```

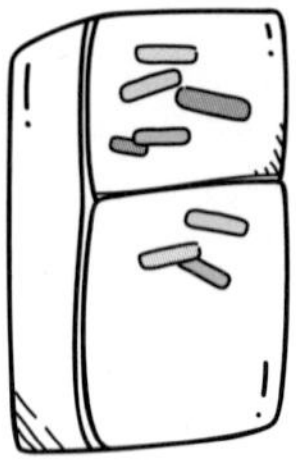

코드 자석

정답과 해설 67쪽

냉장고 위에 자바 프로그램 코드가 아무렇게나 널려 있습니다. 코드 스니펫을 재배치해서 아래에 있는 것과 같은 결과를 출력하는 자바 프로그램을 만들어 보세요. 아, 그런데 중괄호 몇 개는 바닥에 떨어져 버렸군요. 찾기 힘드니까 필요하면 마음대로 새롭게 추가해 보세요.

```
if (x == 1) {
  System.out.print("d");
  x = x - 1;
}
```

```
if (x == 2) {
  System.out.print("b c");
}
```

```
class Shuffle1 {
  public static void main(String [] args) {
```

```
if (x > 2) {
  System.out.print("a");
}
```

```
int x = 3;
```

```
x = x - 1;
System.out.print("-");
```

```
while (x > 0) {
```

출력 결과:

```
File Edit Window Help Sleep
% java Shuffle1
a-b c-d
```

정답과 해설 67쪽

연습 문제

컴파일러가 되어 봅시다

이 페이지에 나와 있는 각 자바 파일은 하나의 온전한 소스 파일입니다. 이제 컴파일러 입장에서 각 파일을 무사히 컴파일할 수 있을지 생각해 보세요. 만약 컴파일이 되지 않는다면 어떻게 해야 문제점을 해결할 수 있을까요?

A

```
class Exercise1a {
  public static void main(String[] args) {
    int x = 1;
    while (x < 10) {
      if (x > 3) {
        System.out.println("big x");
      }
    }
  }
}
```

B

```
public static void main(String [] args) {
  int x = 5;
  while (x > 1) {
    x = x - 1;
    if (x < 3) {
      System.out.println("small x");
    }
  }
}
```

C

```
class Exercise1c {
  int x = 5;
  while (x > 1) {
    x = x - 1;
    if (x < 3) {
      System.out.println("small x");
    }
  }
}
```

낱말 퀴즈

이제 오른쪽 두뇌도 일을 시켜 봅시다.

정답과 해설 68쪽

일반적인 십자 낱말풀이랑 똑같이 풀면 됩니다. 대부분의 해답은 1장에 이미 나와 있습니다. 정신을 집중해서 한번 풀어 보세요. 자바와는 상관없는 기술 용어도 몇 개 들어 있습니다.

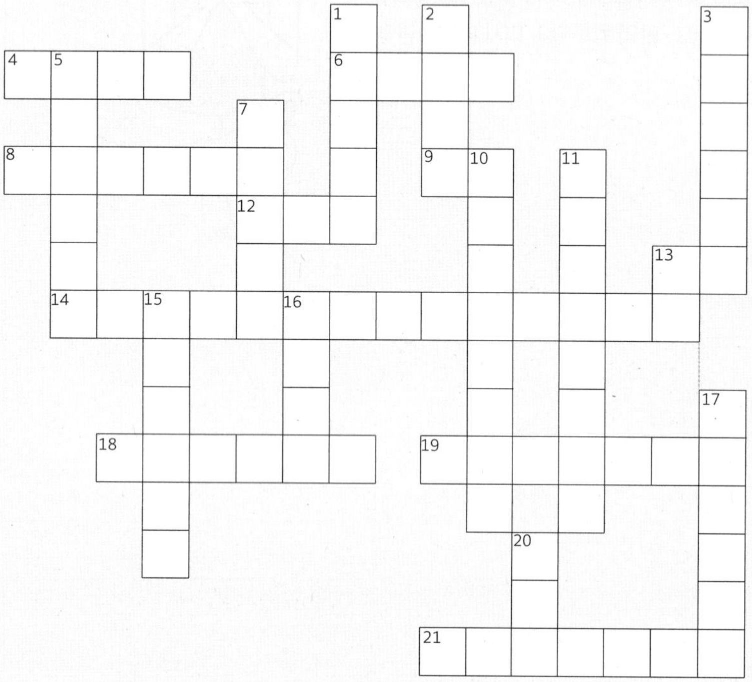

가로

4. 명령행에서 자바 프로그램을 실행할 때 호출할 프로그램
6. 같은 내용을 반복시키는 것
8. 둘 다 할 수는 없음
9. 노트북 전원의 약자
12. 숫자 변수 타입
13. 칩의 약자
14. 무언가를 출력할 때 쓰는 것
18. 문자 여러 개가 모여 있는 것
19. 새로운 클래스나 메서드가 있음을 알리는 것
21. 프롬프트를 사용하는 용도

세로

1. 정수가 아닌 숫자 타입
2. 빈손으로 돌아옴
3. 공개된 것
5. '무언가'를 여러 개 집어넣는 것
7. 태도가 향상될 때까지
10. 소스 코드를 처리하는 것
11. 고정할 수 없음
13. 프로그래머와 오퍼레이션을 위한 부서
15. 특이한 변경자
16. 하나만 있어야 함
17. 어떤 일을 처리하게 해 주는 것
20. 바이트코드를 처리하는 것

역자 힌트: 다음 단어를 영어로 써야 합니다.

배열(arrays), 조건문(branch), 반복문(loop), 컴파일러(compiler), 변수(variable), 선언(declare), 메서드(method), 명령어(command), 문자열(string)

결과를 맞혀 봅시다

정답과 해설 68쪽

다음은 간단한 자바 프로그램입니다. 그런데 한 블록이 빠져 있습니다. 왼쪽 하단에 있는 후보 코드를 사용했을 때 어떤 것이 출력될지 맞혀 봅시다. 출력 행 중에는 쓰이지 않는 것도 있고 어떤 것은 여러 번 쓰일 수도 있습니다. 후보 코드 블록과 그 블록을 사용했을 때 출력될 결과를 연결하는 선을 그어 보세요.

```
class Test {
  public static void main(String [] args) {
    int x = 0;
    int y = 0;
    while (x < 5) {
     ┌──────────────────────────────┐
     │                              │
     └──────────────────────────────┘
      System.out.print(x + "" + y +" ");
      x = x + 1;
    }
  }
}
```

후보 코드가 들어갈 자리

후보 코드:

```
y = x - y;
```

```
y = y + x;
```

```
y = y + 2;
if( y > 4 ) {
  y = y - 1;
}
```

```
x = x + 1;
y = y + x;
```

```
if ( y < 5 ) {
  x = x + 1;
  if ( y < 3 ) {
    x = x - 1;
  }
}
y = y + 2;
```

각 후보 코드에 맞는 출력 결과를 서로 선으로 이어 보세요.

출력 결과:

```
22 46
```

```
11 34 59
```

```
02 14 26 38
```

```
02 14 36 48
```

```
00 11 21 32 42
```

```
11 21 32 42 53
```

```
00 11 23 36 410
```

```
02 14 25 36 47
```

정답과 해설 68쪽

수영장 퍼즐

수영장 안에 있는 코드 조각을 꺼내서 코드의 빈칸에 채워 보세요. 같은 조각을 여러 번 사용하면 안 되고, 이 중에는 전혀 쓰이지 않는 조각도 있을 수 있습니다. 이 퍼즐의 목표는 문제없이 컴파일과 실행이 되어 다음과 같은 결과를 출력하는 클래스를 만드는 것입니다. 너무 얕보지 마세요.

출력 결과:

```
File  Edit  Window  Help  Cheat
%java PoolPuzzleOne
a noise
annoys
an oyster
```

```
class PoolPuzzleOne {
  public static void main(String [] args) {
    int x = 0;

    while ( __________ ) {

      _____________________________
      if ( x < 1 ) {
        ___________________________
      }
      _____________________________

      if ( __________ ) {

        ___________________________

        __________
      }
      if ( x == 1 ) {

        ___________________________
      }
      if ( __________ ) {

        ___________________________
      }
      System.out.println();

      ___________
    }
  }
}
```

참고: 여기 있는 코드 조각은 한 번만 사용해야 합니다!

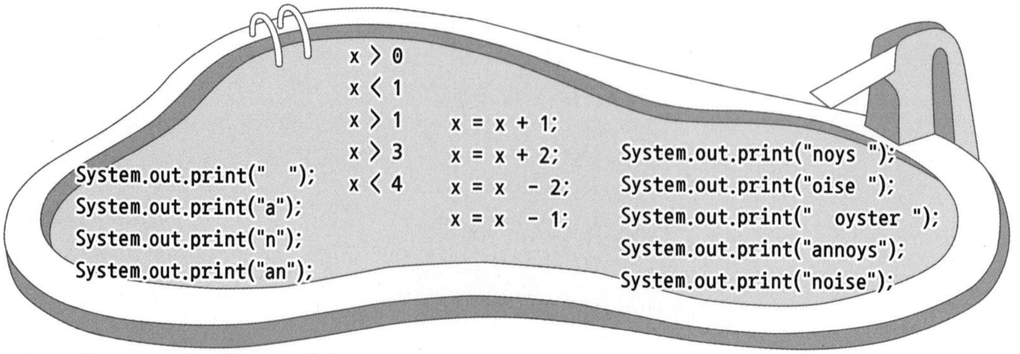

x > 0
x < 1
x > 1
x > 3
x < 4
x = x + 1;
x = x + 2;
x = x - 2;
x = x - 1;
System.out.print(" ");
System.out.print("a");
System.out.print("n");
System.out.print("an");
System.out.print("noys ");
System.out.print("oise ");
System.out.print(" oyster ");
System.out.print("annoys");
System.out.print("noise");

정답과 해설

쓰면서 제대로 공부하기(57쪽)

```
public class DooBee {
  public static void main(String[] args) {
    int x = 1;
    while (x < 3) {
      System.out.print("Doo");
      System.out.print("Bee");
      x = x + 1;
    }
    if (x == 3) {
      System.out.print("Do");
    }
  }
}
```

코드 자석(62쪽)

```
class Shuffle1 {
  public static void main(String[] args) {

    int x = 3;
    while (x > 0) {

      if (x > 2) {
        System.out.print("a");
      }

      x = x - 1;
      System.out.print("-");

      if (x == 2) {
        System.out.print("b c");
      }

      if (x == 1) {
        System.out.print("d");
        x = x - 1;
      }
    }
  }
}
```

출력 결과:

```
File Edit Window Help Poet
% java Shuffle1
a-b c-d
```

연습 문제(63쪽)

A

```
class Exercise1a {
  public static void main(String [] args) {
    int x = 1;
    while (x < 10) {
      x = x + 1;   ← 이걸 추가해야 무한히 돌아가지 않아요.
      if (x > 3) {
        System.out.println("big x");
      }
    }
  }
}
```

이 파일도 컴파일해서 실행할 수는 있지만 여기 나와 있는 것처럼 한 행을 추가하지 않으면 while 반복문이 끊임없이 계속 돌아가는 무한 루프가 되고 맙니다.

B

```
class Exercise1b {   ← 클래스 선언이 필요해요.
  public static void main(String [] args) {
    int x = 5;
    while (x > 1) {
      x = x - 1;
      if (x < 3) {
        System.out.println("small x");
      }
    }
  }
}
```

클래스 선언이 없으면 컴파일할 수가 없겠죠. 그리고 클래스의 시작과 끝을 나타내는 중괄호도 잊지 마세요.

C

```
class Exercise1c {
  public static void main(String [] args) {   ← "main"이 필요해요.
    int x = 5;
    while (x > 1) {
      x = x - 1;
      if (x < 3) {
        System.out.println("small x");
      }
    }
  }
}
```

while 반복문 코드는 반드시 메서드 안에 있어야 합니다. 클래스 안에 들어 있어도 어떤 메서드에도 속해 있지 않다면 컴파일이 안 됩니다.

정답과 해설

수영장 퍼즐(66쪽)

```
class PoolPuzzleOne {
  public static void main(String [] args){
    int x = 0;

    while ( x < 4 ) {

      System.out.print("a");
      if ( x < 1 ) {
         System.out.print(" ");
      }
      System.out.print("n");

      if ( x > 1 ) {
         System.out.print("oyster");
         x = x + 2;
      }
      if ( x == 1 ) {
         System.out.print("noys");
      }
      if ( x < 1 ) {
         System.out.print("oise");
      }
      System.out.println();

      x = x + 1;
    }
  }
}
```

출력 결과:

```
File Edit Window Help Cheat
%java PoolPuzzleOne
a noise
annoys
an oyster
```

낱말 퀴즈(64쪽)

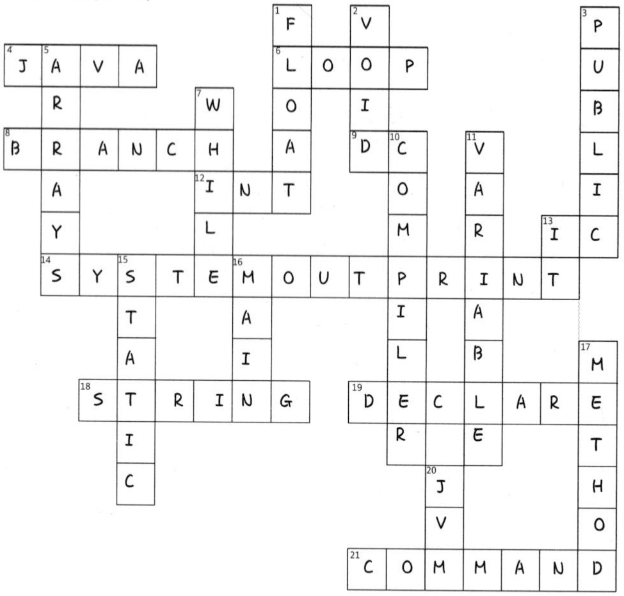

결과를 맞혀 봅시다(65쪽)

```
class Test {
  public static void main(String [] args) {
    int x = 0;
    int y = 0;
    while ( x < 5 ) {

      System.out.print(x + "" + y +" ");
      x = x + 1;
    }
  }
}
```

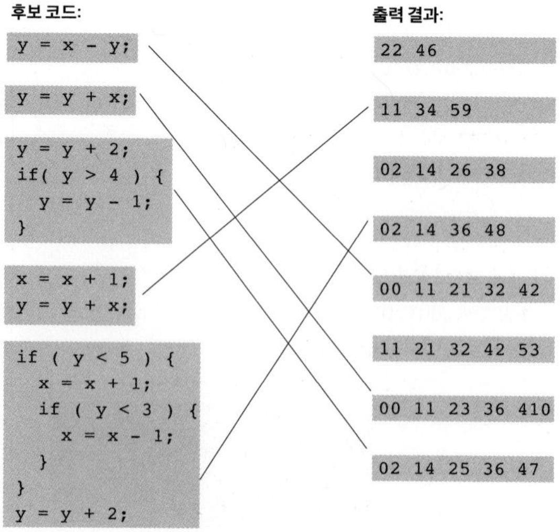
후보 코드:
출력 결과:
y = x - y;
y = y + x;
y = y + 2;
if(y > 4) {
y = y - 1;
}
x = x + 1;
y = y + x;
if (y < 5) {
x = x + 1;
if (y < 3) {
x = x - 1;
}
}
y = y + 2;
22 46
11 34 59
02 14 26 38
02 14 36 48
00 11 21 32 42
11 21 32 42 53
00 11 23 36 410
02 14 25 36 47

CHAPTER

02

객체 마을로의 여행

클래스와 객체

지금 우리는 객체 마을로 갑니다!
이제 지저분하고 낡은 절차 마을을
영원히 떠날 거예요. 객체 마을에
도착하면 예쁜 엽서를 보낼게요.

객체에 관한 얘기를 들어 보았나요?

1장에서는 모든 코드를 전부 main() 메서드에 집어넣었지요. 사실 그 방법은 정확하게 말하자면 객체지향적인 방법이 아닙니다. 엄밀히 말하자면 객체지향적인 면이 전혀 없다고 할 수 있지요. 자동 구문 생성기를 만들고자 String의 배열 같은 것을 쓰긴 했지만, 직접 객체 타입을 개발하지는 않았습니다. 이제 절차적 프로그래밍 세계는 완전히 제쳐 두고 main()을 벗어나서 직접 객체를 만들어 봅시다. 자바 객체지향 개발이 얼마나 재미있는지를 알 수 있을 것입니다. 우선 클래스(class)와 객체(object)가 어떻게 다른지 알아보고, 객체를 사용함으로써 삶의 질(물론, 프로그래밍과 관련된 삶의 질이겠지요. 패션 감각을 향상시킨다거나 하는 데는 별 도움이 안 됩니다)을 어떻게 향상시킬 수 있는지도 알아보겠습니다. 유의할 점이 있습니다! 일단 한번 객체 마을로 옮기고 나면 다시 돌아오고 싶지 않을 거예요. 나중에 엽서나 한 장 보내 주세요.

의자 전쟁

객체가 어떻게 삶을 바꿀 수 있을까?

스펙

옛날 옛적에, 어떤 소프트웨어 회사의 팀장이 두 프로그래머에게 똑같은 스펙(사양)을 제공하면서 프로그램을 만들라고 지시했습니다. 팀장은 두 프로그래머를 경쟁시키기 위해 둘 중에서 프로그램을 더 빨리 완성한 사람에게 실리콘밸리에 있는 사람이라면 누구나 가지고 있는 허먼 밀러 사의 에어론 의자와 책상을 주겠다고 했지요. 절차적 프로그래밍을 선호하는 로라(Laura)와 객체지향적인 방법을 구사하는 브래드(Brad) 둘 다 이 프로그램을 만드는 것이 식은 죽 먹기라고 생각했답니다.

그래픽 사용자 인터페이스(GUI, Graphical User Interface)에 정사각형, 원, 삼각형이 있다. 사용자가 어떤 도형을 클릭하면 그 도형은 시계 방향으로 360°(즉, 한 바퀴) 회전해야 한다. 그리고 도형별로 설정된 AIF(Audio Interchange File Format) 사운드를 재생해야 한다.

로라는 사무실 의자에 앉아서 곰곰이 생각했습니다. '이 프로그램에서 어떤 일을 해야 할까? 어떤 **프로시저**(procedure)가 있어야 할까?' 그러고는 "(rotate 프로시저를 써서) 돌린 다음 (playSound 프로시저를 써서) 음향을 재생하면 된다."라는 결론을 내렸습니다. 그리고는 잽싸게 프로시저를 작성했습니다. 프로그램이라는 것은 결국 프로시저를 모아 놓은 것이 아닐까요?

한편, 브래드는 카페에 가서 궁리를 했습니다. '이 프로그램에는 **무엇**이 들어 가야 할까? 그중에서 어떤 것이 가장 중요한 역할을 할까?' 그래서 "**도형**(모양)이 가장 중요한 역할을 하지 않았을까?"라는 결론을 내렸습니다. 물론, 사용자, 사운드, 클릭 이벤트와 같은 객체도 고려했습니다. 하지만 그런 객체와 관련된 코드는 이미 가지고 있었으므로 도형에 대한 코드만 신경 쓰면 됐습니다. 브래드와 로라가 각각 어떻게 프로그램을 만들었는지, 그리고 결국 **누가 에어론 의자와 책상을 차지할지** 이제부터 계속 살펴봅시다.

바로 그 에어론 의자

로라는 사무실에서

로라는 이전에 수없이 많이 했던 대로 **중요한 프로시저**를 작성하기 시작했습니다. rotate(도형을 회전시키는 프로시저)와 playSound(사운드를 재생하는 프로시저)를 순식간에 만들 수 있었습니다.

```
rotate(shapeNum) {
  // 도형을 360° 회전시킵니다.
}
playSound(shapeNum) {
  // shapeNum 값으로 어떤 AIF 사운드를
  // 재생할지 확인한 다음에 재생합니다.
}
```

브래드는 노트북을 들고 카페에 앉아서

브래드는 도형마다 **클래스**를 하나씩 만들었습니다.

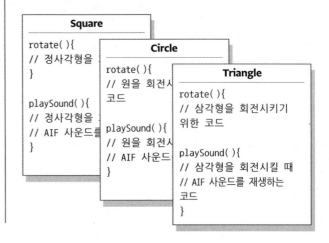

Square

```
rotate( ){
// 정사각형을
}

playSound( ){
// 정사각형을
// AIF 사운드를
}
```

Circle

```
rotate( ){
// 원을 회전시
코드

playSound( ){
// 원을 회전시
// AIF 사운드
}
```

Triangle

```
rotate( ){
// 삼각형을 회전시키기
위한 코드

playSound( ){
// 삼각형을 회전시킬 때
// AIF 사운드를 재생하는
코드
}
```

로라는 작업을 거의 마쳤다고 생각했습니다. 에어론 의자가 거의 자기 것이라고 생각했는데···

이런! 갑자기 스펙이 바뀌었습니다!

팀장은 "로라, 자네가 먼저 완성한 것이 맞아. 그런데 프로그램에 기능을 조금 추가해야겠어. 자네 같은 훌륭한 프로그래머라면 별로 어렵지 않게 할 수 있을 거야."라고 했습니다.

"별로 안 바뀌었어. 금방 될 거야."라는 말이 입에 발린 말이라는 것을 이미 오래전에 깨달은 로라는 '저런 말은 정말 수도 없이 들어서 이제는 지긋지긋하군.'이라고 생각했습니다. 그러면서 한편으로는 '근데 브래드는 별로 기분이 나빠 보이지 않는걸? 어떻게 저럴 수 있을까?'라는 생각도 했습니다. 그렇지만 객체지향적 방법은 귀여운 면이 있긴 해도 느릴 수밖에 없다는 로라의 믿음에는 변함이 없었습니다. 그녀의 마음을 돌리려면 마음을 밑바닥부터 뒤흔들어놓을 만한 무언가가 필요했죠.

화면에 다른 도형과 함께 아메바 모양의 도형도 있다. 사용자가 아메바 모양을 클릭하면 다른 도형과 마찬가지로 한 바퀴 회전하고 .mp3 사운드 파일을 재생해야 한다.

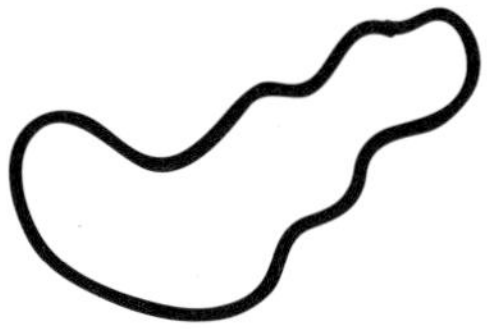

스펙에 추가된 내용

로라는 사무실에서

rotate 프로시저는 룩업 테이블을 써서 shapeNum과 실제 도형 그래픽을 매치시키므로 rotate의 코드는 그냥 둬도 됩니다. 하지만 **playSound는 바꿔야 합니다.**

```
playSound(shapeNum) {
  // 도형이 아메바 모양이 아니면
    // shapeNum으로 재생할 AIF 사운드를
    // 찾아서 재생합니다.
  // 그렇지 않으면
   // 아메바에 해당하는 .mp3 사운드를 재생합니다.
}
```

그리 복잡한 작업은 아니었지만 **이미 테스트를 끝낸 코드를 고친다는 사실은 로라를 불안하게 했습니다.** 다른 사람은 몰라도 로라는 팀장이 뭐라고 하든지 **스펙이 언제 또 바뀔지 모른다**는 것을 이미 알고 있습니다.

브래드는 노트북을 들고 해변에서

브래드는 한 번 씩 웃어 주고는 과일 주스를 마시면서 여유 있게 새로운 클래스를 하나 만들었습니다. 객체지향에서 그가 가장 좋아하는 점은 바로 한 번 만들어두고 테스트를 끝낸 코드는 다시 건드리지 않아도 된다는 점입니다. 브래드는 "유연성, 확장성…"과 같은 객체지향의 장점을 흥얼거리면서 기분 좋게 작업했습니다.

Amoeba

```
rotate() {
  // 아메바를 회전시키기 위한 코드
}
playSound() {
  // 아메바를 회전시킬 때
  // .mp3 파일을 재생하는 코드
}
```

로라는 브래드보다 조금 먼저 완성된 프로그램을 제출했습니다.

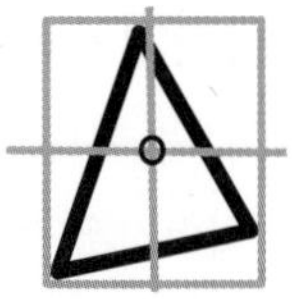

로라는 웃으며 '하하! 객체지향은 너무 느리다니까…'라고 생각했습니다. 하지만 사람을 짜증 나게 만드는 데 일가견이 있는 그 팀장이 (실망한 말투로) "이런, 아메바를 이런 식으로 돌리면 안 되는데…"라고 말하기 시작하자 로라의 얼굴에서는 그 능글맞은 웃음이 서서히 사라졌습니다.

두 프로그래머는 모두 다음과 같은 식으로 도형을 회전시켰습니다.

1. 도형을 둘러싼 직사각형을 결정한다.

2. 직사각형의 중심점을 구하고, 그 점을 중심으로 도형을 회전시킨다.

하지만 아메바 모양의 도형은 한쪽 끝을 중심으로 회전시켜야 했습니다. 로라는 "아, 이거 망했구만···"이라고 중얼거렸습니다. 그러고는 '흠··· 그래도 rotate에 if/else를 추가해서 아메바를 회전시킬 때 필요한 회전 중심을 그냥 코드에 집어넣으면 되겠지. 그렇게 해도 별문제는 없을 거야.'라고 생각했습니다. 하지만 그녀의 마음 한구석에서는 '정말 문제야, 문제···. 스펙이 다시 바뀌지 않으리라는 보장도 없잖아.'라는 생각이 일어나고 있었습니다.

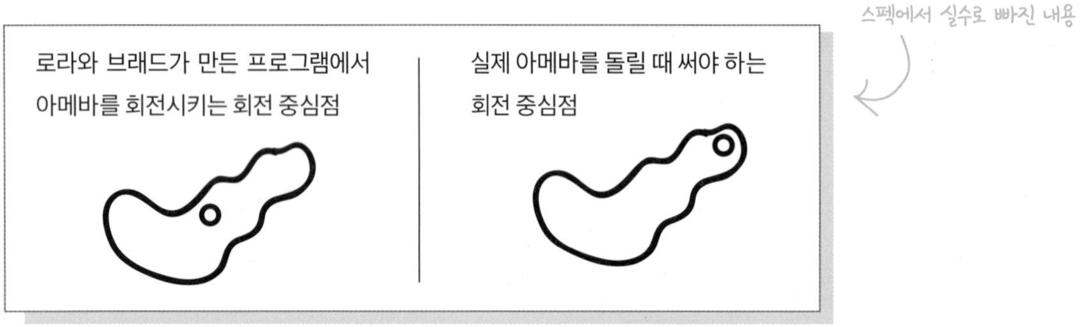

로라는 사무실에서

로라는 rotate 프로시저에 회전 중심점을 가리키는 인자를 추가하기로 했습니다. 그러다 보니 코드를 **꽤 많이 고쳐야 했습니다.** 코드를 거의 모두 새로 테스트하고 컴파일해야 했죠. 그런데 이전에는 잘되던 것이 이상하게 잘 안 되기 시작했습니다.

```
rotate(shapeNum, xPt, yPt) {
   // 도형이 아메바 모양이 아니면
     // 직사각형의 중심을 계산해서
     // 회전시킵니다.
   // 그렇지 않으면
     // xPt와 yPt를 회전 중심점으로 하여
     // 아메바를 회전시킵니다.
}
```

브래드는 야외 콘서트장 잔디밭에서 의자에 기댄 채 노트북을 들고

브래드는 음악을 즐기면서 rotate 메서드를 고쳤습니다. Amoeba 클래스에 있는 **메서드**만 고치면 됩니다. 프로그램의 **다른 부분에 해당하는 코드는 컴파일해 놓은 코드를 그대로 쓰면 되므로 전혀 건드리지 않아도 됩니다.** 아메바의 회전 중심을 지정하기 위해서 Amoeba 클래스에서 사용할 모든 **속성**(attribute)을 추가했습니다. 브래드는 벨라 플렉의 공연이 진행되는 동안 코드를 수정하고, 테스트하고(페스티벌 장소에서 제공하는 무료 와이파이로), 새 프로그램을 보내는 작업까지 마칠 수 있었습니다.

Amoeba

```
int xPoint
int yPoint rotate( ){
  // 아메바의 회전 중심을 기준으로
  // 아메바 모양을 회전시키는 코드
}

playSound( ){
  // 아메바를 회전시킬 때
  // .mp3 파일을 재생하는 코드
}
```

그래서 객체지향을 사용하는 브래드가 의자와 책상을 받았군요?

'별로 빠르지도 않군.' 로라는 브래드의 접근 방법에서 문제점을 발견했습니다. 그리고 그 의자와 책상을 받는 것이 승진에도 도움이 될 거라고 생각했으므로 브래드의 프로그램을 깎아내리기로 했습니다.

그 의자를 받으면 승진, 연봉 인상에 도움이 됐을 텐데 말이죠…

로라 코드가 중복됐잖아! rotate 프로시저가 네 개의 도형 어쩌구에 전부 들어 있네.

브래드 그건 프로시저가 아니라 **메서드**야. 그리고 어쩌구가 아니라 **클래스**라고 부르지.

로라 뭐라고 부르든지 상관없는데, 설계가 영 이상하잖아. 네 개의 다른 rotate '메서드'를 따로 유지해야 해. 지금 이런 설계는 좋다고 볼 수 없지.

브래드 아, 아직 최종판을 못 봤구나. 객체지향에서 **상속**(inheritance)이 어떤 식으로 돌아가는지 보여 줄게. 아마 너도 그리 어렵지 않게 이해할 수 있을 거야.

1 **"나는 클래스 네 개에 공통적으로 들어 있는 것을 찾아냈어."**

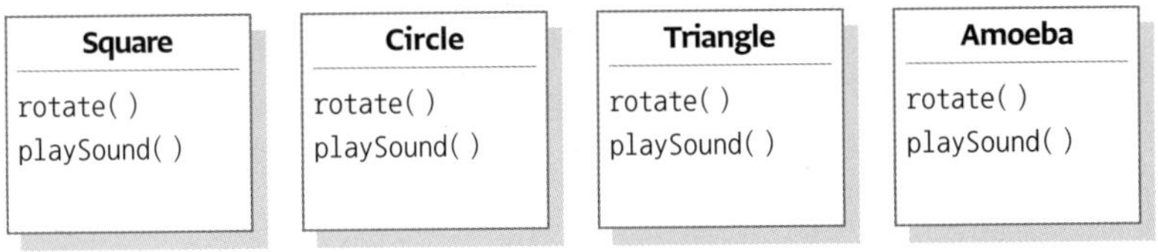

2

"네 개는 전부 도형(Shape)에 속하고 모두 그 도형을 회전(rotate)시키고 사운드를 재생(playSound)하는 기능을 하잖아? 그래서 공통적인 기능을 뽑아서 Shape라는 새로운 클래스에 집어넣었어."

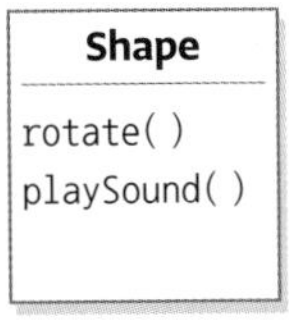

이런 관계가 성립하면 **"Square는 Shape로부터 상속을 받는다"**, **"Circle은 Shape로부터 상속을 받는다."** 같은 식으로 얘기할 수 있어. 다른 도형에서는 rotate()와 playSound()는 제거했으니 한 개만 관리하면 되지.

이때 Shape라는 클래스는 다른 네 클래스의 **상위 클래스**(superclass)가 되고 나머지 네 클래스는 Shape의 **하위 클래스**(subclass)가 되지. 하위 클래스는 상위 클래스의 메서드를 상속해. 바꿔 말하자면 Shape 클래스에 어떤 기능이 있으면 그 하위 클래스에서도 자동으로 같은 기능을 발휘할 수 있지.

3

"그리고 나머지 도형 클래스 네 개를 상속이라는 관계로 Shape 클래스와 연결시켰지."

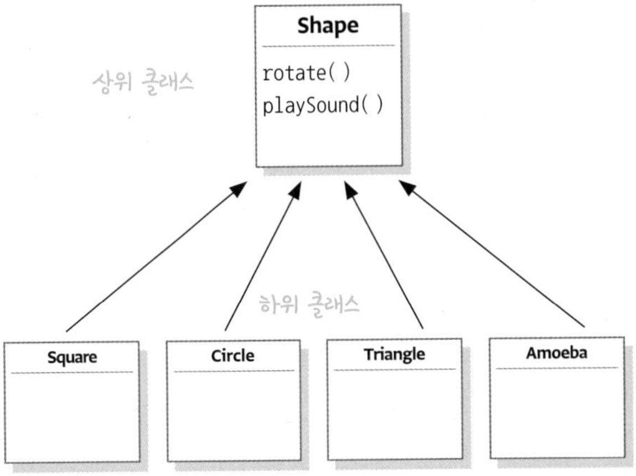

그럼 Amoeba의 rotate()는 어떻게 될까요?

오버라이드 하는 법?
나한테 물어봐

로라 하지만 아메바 모양의 도형에 대해서는 rotate와 playSound의 프로시저가 완전히 달라지잖아.

브래드 메서드라니까.

로라 어쨌든, Shape 클래스의 기능을 '상속받는다면' Amoeba 클래스에서는 다른 방식으로 어떻게 작업을 처리할 수 있지?

브래드 그게 마지막 단계야. Amoeba 클래스에서는 Shape 클래스의 메서드를 **오버라이드**(override)하지. 그러면 실행할 때 Amoeba 클래스에 대해 회전하라는 명령을 내리면 JVM에서 알아서 올바른 rotate() 메서드를 실행하지.

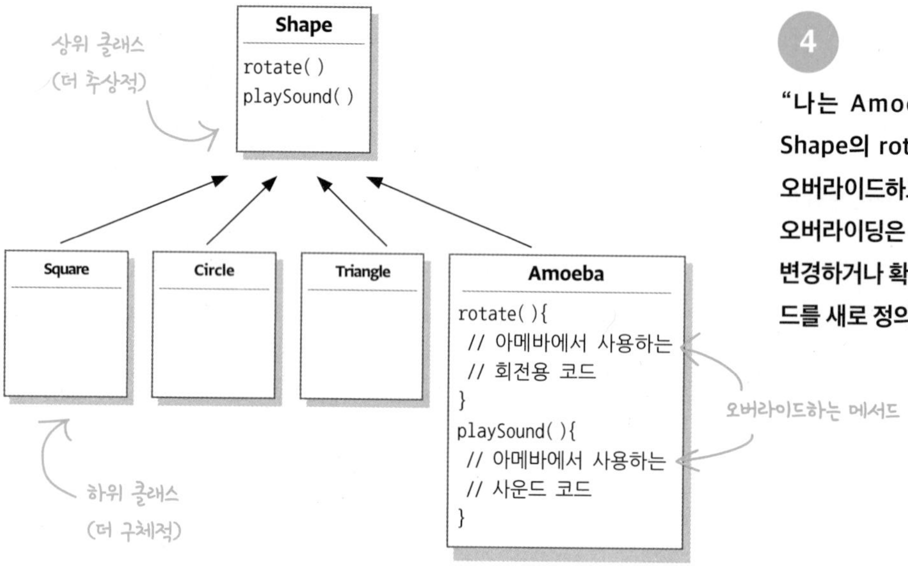

// 아메바에서 사용하는
// 회전용 코드

// 아메바에서 사용하는
// 사운드 코드

4

"나는 Amoeba 클래스에서 상위 클래스인 Shape의 rotate()와 playSound() 메서드를 오버라이드하도록 했어.
오버라이딩은 '하위 클래스에서 메서드의 역할을 변경하거나 확장할 필요가 있을 때 상속받은 메서드를 새로 정의하는 것'을 의미하지."

로라 Amoeba에게 어떤 일을 **시킬** 때는 어떻게 해야 하지? 프로시저, 아니, 메서드를 호출하고 어떤 것을 회전시킬지를 알려 줘야 하잖아.

브래드 바로 그 부분이 객체지향에서 가장 멋진 부분이야. 예를 들어서, 삼각형을 회전시켜야 한다면 프로그램 코드에서 삼각형 객체에 대한 rotate() 메서드를 호출하면 돼. 프로그램의 나머지 부분에서는 실제로 삼각형을 돌리는 방법 같은 것에는 신경 쓸 필요가 없지. 프로그램에 뭔가 새로운 것을 추가할 때는 새로운 객체 타입에 대한 새로운 클래스만 작성하면 돼. 그러면 **새로운 객체는 그 객체 고유의 성질을 가지게 되는 것이지.**

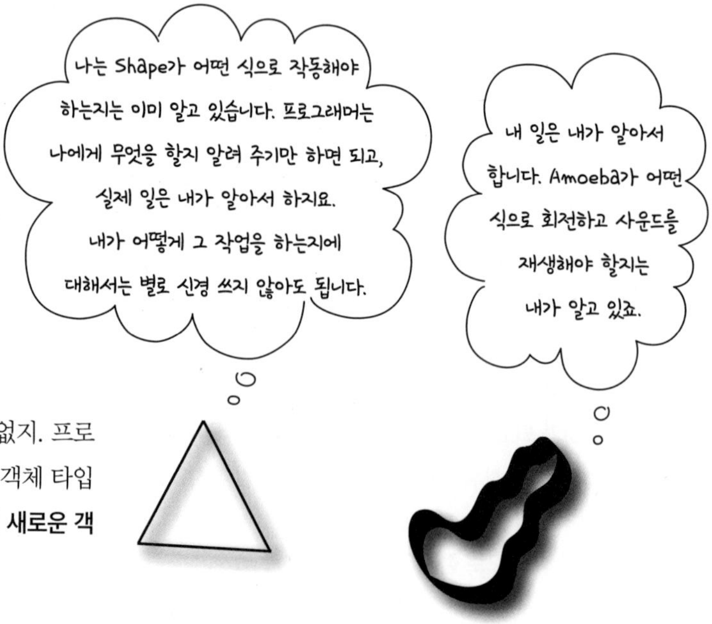

나는 Shape가 어떤 식으로 작동해야 하는지는 이미 알고 있습니다. 프로그래머는 나에게 무엇을 할지 알려 주기만 하면 되고, 실제 일은 내가 알아서 하지요. 내가 어떻게 그 작업을 하는지에 대해서는 별로 신경 쓰지 않아도 됩니다.
내 일은 내가 알아서 합니다. Amoeba가 어떤 식으로 회전하고 사운드를 재생해야 할지는 내가 알고 있죠.

근데 결국 그 의자와 책상은 누가 받았나요?

2층에 있는 에이미(Amy)가 받았습니다.
팀장이 아무도 모르게 그 스펙을 세 명한테 줬다고 하네요. 에이미는 동료들하고 말싸움하느라 시간을 낭비하지 않고 잽싸게 객체지향 프로그래밍으로 프로젝트를 끝내 버렸다고 합니다.

객체지향에서 마음에 드는 점은?

"더 자연스러운 방식으로 설계하는 데 도움이 됩니다. 모든 것이 진화할 수 있지요."

- 조이(Joy), 27세, 소프트웨어 기획자

"새로운 기능을 추가하기 위해 이미 테스트까지 완료한 코드를 수정하지 않아도 된다는 점이 가장 마음에 듭니다."

- 브래드(Brad), 32세, 프로그래머

"데이터와 그 데이터로 작업을 처리하기 위한 메서드가 한 클래스에 같이 들어 있다는 점이 마음에 들어요."

- 조시(Josh), 22세, 맥주 애호가

"다른 애플리케이션의 코드를 재사용할 수 있다는 점입니다. 새로운 클래스를 작성할 때 나중에 다른 작업에서도 사용할 수 있도록 융통성 있게 만들지요."

- 크리스(Chris), 39세, 프로젝트 관리자

"크리스가 저런 말을 했다니 믿을 수가 없군요. 5년 동안 코드는 한 줄도 만들지 않았는데요."

- 데릴(Daryl), 34세, 크리스의 부하 직원

"의자 받은 게 제일 좋은데요."

- 에이미(Amy), 34세, 프로그래머

뇌 일깨우기

지금까지 절차적 프로그래밍을 하는 프로그래머와 객체지향 프로그래머가 경쟁하는 이야기를 살펴봤습니다. 그리고 클래스, 메서드, 속성과 같은 몇 가지 객체지향의 핵심 개념에 대해서도 간략하게 알아봤습니다. 이제 나머지 부분에서는 클래스와 객체에 대해 자세히 알아보기로 합시다(상속과 오버라이딩에 관한 내용은 나중에 다른 장에서 살펴볼 것입니다).
지금까지 읽은 내용을 바탕으로 (그리고 지금까지 경험한 객체지향 언어에 대한 지식을 바탕으로) 아래의 질문에 대답해 봅시다.
"자바 클래스를 설계할 때 가장 근본적으로 고려해야 할 것은 무엇일까요? 어떤 의문점으로부터 출발해야 할까요?"
"클래스를 설계할 때 사용할 체크 목록을 만든다면 어떤 내용을 포함하는 것이 좋을까요?"

메타인지 학습법

연습 문제를 풀다가 막히면 그 문제를 크게 소리 내어 읽어 보세요. 말하는(및 듣는) 과정에서는 뇌의 다른 영역이 활성화됩니다. 될 수 있으면 다른 사람하고 토론하는 것이 가장 좋지만, 상황이 여의찮다면 애완동물하고 얘기하는 것도 나쁘지 않습니다. 우리 집 강아지는 그렇게 하다 보니 다형성(polymorphism)까지 배울 수 있었답니다.

클래스를 설계할 때, 클래스 타입으로부터 생성되는 객체에 대해 생각하기

다음 사항을 고려해 보세요.

- 객체가 **아는 것**
- 객체가 **하는 것**

ShoppingCart	
cartContents	**아는 것**
addToCart( ) removeFromCart( ) checkOut( )	**하는 것**

Button	
label color	**아는 것**
setColor( ) setLabel( ) push( ) release( )	**하는 것**

Alarm	
alarmTime alarmMode	**아는 것**
setAlarmTime( ) getAlarmTime( ) isAlarmSet( ) snooze( )	**하는 것**

객체가 자신에 대해 아는 것은 다음과 같이 부릅니다.

- **인스턴스 변수**

객체가 자신이 하는 것은 다음과 같이 부릅니다.

- **메서드**

	Song	
인스턴스 변수 (상태)	title artist	**아는 것**
메서드 (행동)	setTitle( ) setArtist( ) play( )	**하는 것**

객체가 자신에 대해 **아는 것**을 **인스턴스 변수**(instance variables)라고 합니다. 인스턴스 변수는 객체의 상태(데이터)를 나타내며 그 타입에 속하는 객체마다 고유한 값이 다릅니다.

인스턴스(instance)란 **객체**(object)를 부르는 다른 이름이라고 생각하세요.

객체가 할 수 있는 일을 **메서드**라고 부릅니다. 클래스를 설계할 때는 객체에서 알아야 할 데이터도 생각해야 하지만, 그 외에 그 데이터에 대해 어떤 일을 처리하는 메서드에 대해서도 생각해 봐야 합니다. 흔히 객체를 보면 인스턴스 변수를 읽거나 쓰는 방법이 있는 것을 볼 수 있습니다. 예를 들어서, 위의 Alarm 객체를 보면 알람이 울릴 시각을 저장하기 위한 alarmTime이라는 인스턴스 변수와 alarmTime 변수를 읽고 쓰기 위한 두 개의 메서드가 들어 있죠.

정리하자면, 객체에는 인스턴스 변수와 메서드가 있지만 그러한 인스턴스 변수와 메서드는 클래스의 일부로 설계되어 있습니다.

쓰면서 제대로 공부하기

예를 들어서, 텔레비전 객체는 어떤 것을 알아야 하고, 어떤 것을 해야 할지 아래의 빈칸을 채워 봅시다.

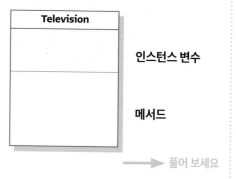

Television	
	인스턴스 변수
	메서드

→ 풀어 보세요

'클래스'와 '객체' 사이에는 어떤 차이점이 있을까요?

클래스 하나

객체 여러 개

클래스는 객체가 아닙니다.

(객체를 만들기 위한 용도로 쓰이지요)

클래스는 객체를 만들기 위한 설계도입니다. JVM에 해당 타입의 객체를 생성하는 방법을 알려 주는 역할을 하죠. 클래스로부터 생성된 각 객체는 클래스의 인스턴스 변수용으로 쓰기 위한 고유한 변수를 가질 수 있습니다. 예를 들어서, Button 클래스를 이용해서 서로 다른 버튼 수십 개를 만들 수 있고, 각 버튼마다 서로 다른 색, 크기, 모양, 레이블 등을 지정할 수 있습니다. 이렇게 서로 다른 각 버튼은 버튼 객체가 됩니다.

생각해 보세요!

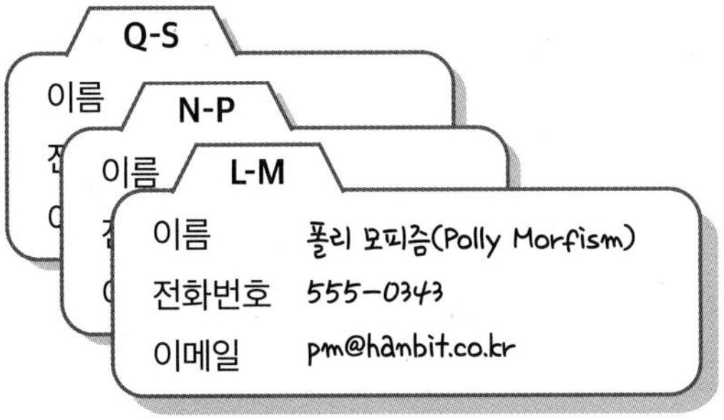

객체를 핸드폰 연락처의 한 항목이라고 생각해 보세요.

객체를 핸드폰에 있는 연락처 목록에 비유해 봅시다. 각 연락처는 모두 똑같은 빈칸(인스턴스 변수)이 있습니다. 이 연락처에 새로운 내용을 기입하면 인스턴스를 만드는 것이고, 그 연락처에 집어넣은 내용은 객체의 상태를 나타낸다고 할 수 있습니다.

클래스의 메서드는 특정 연락처에서 하는 일에 비유할 수 있습니다. Contact라는 클래스에는 getName( ), changeName( ), setName( ) 같은 메서드가 있다고 생각할 수 있죠.

따라서 모든 연락처에서 같은 일(getName( ), changeName( ), setName( )을 할 수 있지만, 연락처마다 서로 다른 것을 알고 있다고 할 수 있습니다.

첫 번째 객체 만들기

객체 생성

그러면 객체를 생성하고 사용하려면 어떻게 해야 할까요? 우선 클래스 두 개가 필요합니다. 하나는 사용할 객체의 타입을 나타내는 클래스(Dog, AlarmClock, Television 등)이고 다른 하나는 새로운 클래스를 테스트하기 위한 클래스입니다. 테스트용 클래스에는 main() 메서드가 들어가며 그 main() 메서드에서는 테스트할 클래스 타입의 객체를 만들어서 접근합니다. 테스트용 클래스에서는 한 가지 일만 하면 됩니다. 새로운 클래스 타입의 객체에 들어 있는 메서드와 변수를 테스트해 보는 것이지요.

지금부터는 많은 예제에서 클래스 두 개가 등장할 것입니다. 하나는 진짜 클래스(실제로 사용할 객체의 타입을 나타내는 클래스)이고 나머지 하나는 <클래스명>**TestDrive**와 같은 식으로 이름이 붙는 테스트용 클래스입니다. 예를 들어서, **Bungee**라는 클래스를 만든다면 **BungeeTestDrive** 같은 테스트용 클래스도 만들어야겠죠. main() 메서드는 <클래스명>**TestDrive** 클래스에만 들어가며 그 클래스에서는 새로운 타입(테스트용 클래스가 아닌 다른 클래스 타입)의 객체를 만들고 점 연산자(.)를 써서 새로운 객체의 메서드와 변수에 접근하기만 하면 됩니다. 아래의 예제를 보면 그 의미를 정확하게 이해할 수 있을 것입니다.

점 연산자(.)

점 연산자(.)는 객체의 상태와 행동(인스턴스 변수와 메서드)을 접근할 수 있게 해 주는 역할을 합니다.

```
// 새로운 객체를 만듭니다.
Dog d = new Dog( );

// 점 연산자를 d 변수에
적용하여
// bark( ) 메서드를 호출하여
// 그 개가 짖도록 합니다.
d.bark( );

// 점 연산자를 써서
// 크기를 설정합니다.
d.size = 40;
```

1 클래스를 만듭니다.

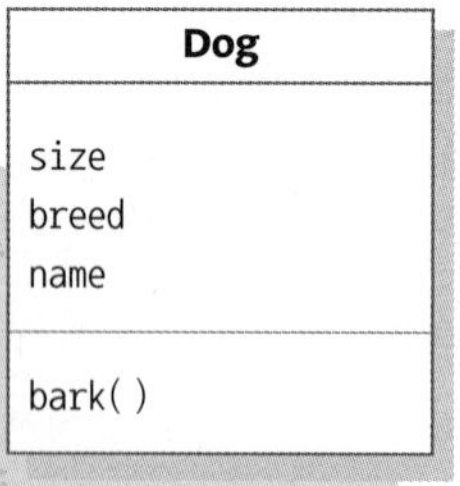


```
class Dog {
  int size;
  String breed;
  String name;

  void bark() {
    System.out.println("Ruff! Ruff!");
  }
}
```

인스턴스 변수

메서드

2 테스트용 클래스(TestDrive)를 만듭니다.

```
class DogTestDrive {
  public static void main(String[] args) {
    // 클래스를 테스트하기 위한 코드
  }
}
```

일단 main 메서드만 만드세요(실제 코드는 다음 단계에서 만들어 봅시다).

3 테스트용 클래스에서 객체를 만들고 그 객체의 변수와 메서드에 접근합니다.

```
class DogTestDrive {
  public static void main(String[] args) {
    Dog d = new Dog();
    d.size = 40;
    d.bark();
  }
}
```

Dog 객체를 만듭니다.

점 연산자(.)를 써서 Dog의 크기를 설정합니다.

점 연산자

그리고 bark() 메서드를 호출합니다.

이미 객체지향을 좀 배웠다면 아직 캡슐화를 사용하지 않는다는 것을 알 수 있을 것입니다. 캡슐화에 대한 내용은 4장에서 배우겠습니다.

Movie 객체 만들어서 테스트하기

```
class Movie {
  String title;
  String genre;
  int rating;

  void playIt() {
    System.out.println("Playing the movie");
  }
}

public class MovieTestDrive {
  public static void main(String[] args) {
    Movie one = new Movie();
    one.title = "Gone with the Stock";
    one.genre = "Tragic";
    one.rating = -2;
    Movie two = new Movie();
    two.title = "Lost in Cubicle Space";
    two.genre = "Comedy";
    two.rating = 5;
    two.playIt();
    Movie three = new Movie();
    three.title = "Byte Club";
    three.genre = "Tragic but ultimately uplifting";
    three.rating = 127;
  }
}
```

쓰면서 제대로 공부하기

MovieTestDrive 클래스는 Movie 클래스의 객체(인스턴스) 세 개를 만들고 점 연산자(.)를 사용해서 인스턴스 변수를 특정 값으로 설정합니다. 또한, MovieTestDrive 클래스는 그중 한 객체의 메서드를 호출합니다. main() 메서드가 끝나는 시점을 기준으로 각 객체 안에 들어 있는 변수의 값을 적어 보세요.

Movie
title genre rating
playIt()

1번 객체
- title ________
- genre ________
- rating ________

2번 객체
- title ________
- genre ________
- rating ________

3번 객체
- title ________
- genre ________
- rating ________

→ 풀어 보세요

빠르게 main에서 벗어나기 main 탈출하기

main()에만 머물러 있으면 진정으로 객체 마을에 있다고 할 수 없습니다. main 메서드를 써서 테스트 프로그램을 실행하는 정도는 괜찮지만, 진정한 객체지향 애플리케이션에서는 정적인 main() 메서드에서 객체를 만들고 테스트하는 것과는 다르게 객체끼리 서로 다른 객체와 상호 작용할 수 있어야 합니다.

main 메서드의 두 가지 용도:

- 클래스를 **테스트**하기 위한 용도
- 자바 **애플리케이션을 시작**하기 위한 용도

사실 자바 애플리케이션이란 객체가 다른 객체와 대화하는 것에 불과합니다. 여기서 대화를 한다는 것은 객체에서 서로 다른 객체의 메서드를 호출하는 것을 의미합니다. 이전 페이지와 4장을 보면 별도의 테스트용 클래스에서 main() 메서드를 사용해서 다른 클래스의 객체를 만들고 그 메서드와 변수를 테스트합니다. 6장을 보면 main() 메서드가 있는 클래스를 사용해서 진짜 자바 애플리케이션을 작동시키는 것을 볼 수 있습니다(객체를 만들고 그러한 객체가 다른 객체와 상호 작용하게 만듭니다).
일단 미리보기 차원에서 진짜 자바 애플리케이션이 어떤 식으로 행동하는지를 간단하게 보여 주는 예제를 하나 살펴보고 넘어갑시다. 이제 막 자바를 배우기 시작한 단계이고 간단한 도구 상자만을 사용하고 있으므로 이 프로그램은 아직 투박하고 비효율적이라는 느낌이 많이 들 것입니다. 아직 잘 이해하지 못하는 코드가 있더라도 걱정하지 마세요. 이 예제에서 가장 중요한 점은 객체가 다른 객체와 서로 의사소통을 할 수 있다는 점입니다.

숫자 맞히기 게임

설명:

숫자 맞히기 게임은 게임 객체 한 개와 선수 객체 세 개로 구성됩니다. 게임 객체에서는 0과 9 사이의 난수를 발생시키고 선수 객체 세 개는 적당한 숫자를 추측해서 그 숫자를 맞혀야 합니다(뭐, 그다지 재미있는 게임이라고 할 순 없겠죠?).

클래스:

```
GuessGame.class   Player.class   GameLauncher.class
```

논리:

1) 게임은 GameLauncher 클래스에서 시작합니다. 이 클래스에는 main( ) 메서드가 들어 있죠.
2) main( ) 메서드는 GuessGame 객체를 만들고, 그 객체의 startGame( ) 메서드를 호출합니다.
3) 실제 게임은 모두 GuessGame 객체의 startGame( ) 메서드에서 진행됩니다. 이 메서드는 선수 객체 세 개(Player 객체)를 만들고 난수 하나를 생각합니다(선수들은 이 난수를 맞혀야 하지요). 그리고 각 선수에게 숫자를 물어보고 그 결과를 확인한 다음 승자에 대한 정보를 출력하거나 다시 맞혀 보라는 메시지를 출력합니다.

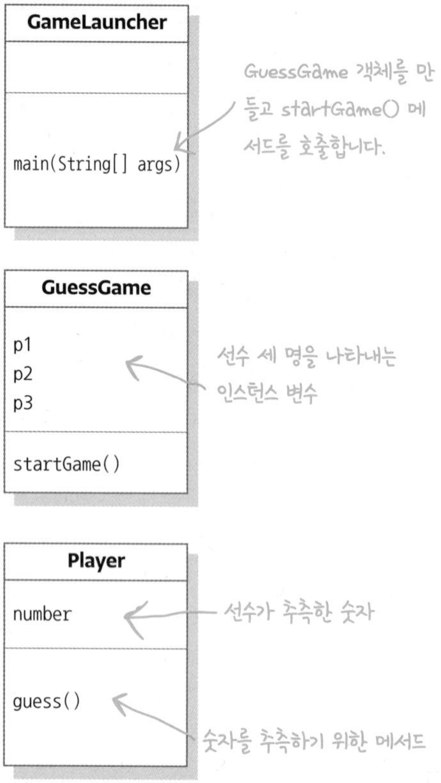

```
public class GuessGame {
  Player p1;
  Player p2;
  Player p3;

  public void startGame() {
    p1 = new Player();
    p2 = new Player();
    p3 = new Player();

    int guessp1 = 0;
    int guessp2 = 0;
    int guessp3 = 0;

    boolean p1isRight = false;
    boolean p2isRight = false;
    boolean p3isRight = false;

    int targetNumber = (int) (Math.random() * 10);
    System.out.println("0 이상 9 이하의 숫자를 맞혀 보세요.");

    while (true) {
      System.out.println("맞혀야 할 숫자는 " + targetNumber + "입니다.");

      p1.guess();
      p2.guess();
      p3.guess();

      guessp1 = p1.number;
      System.out.println("1번 선수가 추측한 숫자: " + guessp1);

      guessp2 = p2.number;
      System.out.println("2번 선수가 추측한 숫자: " + guessp2);

      guessp3 = p3.number;
      System.out.println("3번 선수가 추측한 숫자: " + guessp3);

      if (guessp1 == targetNumber) {
        p1isRight = true;
      }
      if (guessp2 == targetNumber) {
        p2isRight = true;
      }
      if (guessp3 == targetNumber) {
        p3isRight = true;
      }

      if (p1isRight || p2isRight || p3isRight) {
        System.out.println("맞힌 선수가 있습니다.");
        System.out.println("1번 선수: " + p1isRight);
        System.out.println("2번 선수: " + p2isRight);
        System.out.println("3번 선수: " + p3isRight);
        System.out.println("게임 끝.");
        break; // 게임이 끝났으므로 break문으로 반복문을 빠져나갑니다.
      } else {
        // 아직 아무도 못 맞혔으므로 계속 해야 합니다.
        System.out.println("다시 시도해야 합니다.");
      } // if/else 부분 끝
    } // 반복문 끝
  } // 메서드 끝
} // 클래스 끝
```

GuessGame에는 Player 객체 세 개를 저장하기 위한 인스턴스 변수 세 개가 있습니다.

Player 객체 세 개를 생성하고 각각을 Player 인스턴스 변수 세 개에 대입합니다.

Player 객체 세 개가 추측한 숫자를 저장하기 위해 변수 세 개를 선언합니다.

세 선수가 추측한 숫자가 맞는지 여부를 저장하기 위해 변수 세 개를 선언합니다.

선수들이 맞힐 숫자를 만듭니다.

선수별로 guess() 메서드를 호출합니다.

각 객체의 인스턴스 변수에 접근해서 각 선수가 추측한 숫자(guess() 메서드를 실행시킨 결과)를 알아냅니다.

각 선수가 추측한 숫자 중에서 정답이 있는지를 확인합니다. 맞힌 선수가 있으면 그 선수에 해당하는 변수를 참으로 설정합니다(기본값은 거짓(false)으로 설정했었죠?).

1번 선수 또는 2번 선수 또는 3번 선수가 맞혔으면 (|| 연산자는 또는(OR)을 의미합니다)

그렇지 않으면 반복문을 계속 돌리면서 숫자를 다시 추측하도록 합니다.

숫자 맞히기 게임 실행하기

```
public class Player {
  int number = 0; // 추측한 숫자를 저장할 변수

  public void guess() {
    number = (int) (Math.random() * 10); System.out.
println("추측한 숫자: " + number);
    }
  }

public class GameLauncher {
  public static void main(String[] args) {
    GuessGame game = new GuessGame();
    game.startGame();
  }
}
```

결과(매번 실행할 때마다 결과가 다릅니다)

```
File Edit Window Help Explode
% java GameLauncher
0 이상 9 이하의 숫자를 맞혀보세요.
맞혀야 할 숫자는 5입니다.
추측한 숫자: 2
추측한 숫자: 8
추측한 숫자: 3
1번 선수가 추측한 숫자: 2
2번 선수가 추측한 숫자: 8
3번 선수가 추측한 숫자: 3
다시 시도해야 합니다.
맞혀야 할 숫자는 5입니다.
추측한 숫자: 4
추측한 숫자: 1
추측한 숫자: 2
1번 선수가 추측한 숫자: 4
2번 선수가 추측한 숫자: 1
3번 선수가 추측한 숫자: 2
다시 시도해야 합니다.
맞혀야 할 숫자는 5입니다.
추측한 숫자: 3
추측한 숫자: 5
추측한 숫자: 1
1번 선수가 추측한 숫자: 3
2번 선수가 추측한 숫자: 5
3번 선수가 추측한 숫자: 1
1번 선수: false
2번 선수: true
3번 선수: false
게임 끝.
```

자바는 청소도 알아서 합니다

자바에서 새로운 객체가 만들어지면 힙(heap)이라는 메모리 공간에 저장됩니다. 모든 객체는 (언제, 어디에서, 어떻게 만들어졌든 상관없이) 힙에 존재합니다. 하지만 이것은 우리가 기존에 알던 메모리 힙과는 조금 다릅니다. 자바 힙은 가비지 컬렉션 기능이 있는 힙이지요. 자바는 객체를 만들면 그 객체의 크기에 따라 힙 안에 적당한 메모리 공간을 할당합니다. 예를 들어서, 인스턴스 변수 15개가 있는 객체를 만들려면 아마도 인스턴스 변수 두 개만 있는 객체와 비교해서 공간을 더 많이 소모할 것입니다. 그런데 그 공간을 되찾아 오려면 어떻게 해야 할까요? 어떤 객체가 더 이상 필요 없을 때 어떻게 힙에서 제거할 수 있을까요? 자바는 그런 메모리 관리를 자동으로 수행합니다. JVM에서 어떤 객체가 절대로 다시 쓰이지 않을 것이라는 결론을 내리면 그 객체는 가비지 컬렉션 대상이 됩니다. 그리고 메모리가 부족하면 가비지 컬렉터가 작동해서 더 이상 사용할 수 없는 객체를 제거해서 재활용할 수 있는 메모리 공간을 확보합니다. 이 과정에 대해서는 다음 장에서 더 자세하게 알아보겠습니다.

무엇이든 물어보세요

Q&A

Q1 전역 변수나 전역 메서드가 필요하면 어떻게 하죠? 모든 것을 클래스 안에 넣어야 한다면 자리가 있나요?

A1 자바 객체지향 프로그램에는 '전역' 변수나 메서드의 개념이 아예 없습니다. 하지만 실제 프로그래밍을 하다 보면 프로그램의 어디에서든지 쓸 메서드(또는 상수)가 필요한 경우가 있지요. 자동 구문 생성기 애플리케이션에서 썼던 random() 메서드를 생각해 보세요. 이 메서드는 어디에서든지 호출할 수 있어야 합니다. 아니면 파이(π) 같은 상수도 아무 데서나 쓸 수 있어야겠죠? 10장에서 배우겠지만 메서드를 public 및 static으로 지정하면 '전역' 메서드와 비슷하게 쓸 수 있습니다. public, static 메서드는 애플리케이션의 어떤 클래스의 어떤 코드라도 접근할 수 있습니다. 마찬가지로 변수도 public, static 그리고 final로 지정하면 어디에서든지 접근할 수 있는 상수를 만들 수 있습니다.

Q2 그러면 전역 함수나 전역 데이터를 만들면서 어떻게 객체지향적이라고 할 수 있나요?

A2 우선 자바는 모든 것이 클래스 안으로 들어갑니다. 따라서 π라는 상수나 random() 같은 메서드도 모두 public이면서 static이긴 하지만, Math 클래스 내에서 정의되어 있습니다. 그리고 이런 정적인(static, '전역'과 비슷한) 것들은 자바에서 비교적 예외적인 것으로 생각해야 한다는 점을 꼭 기억해 두세요. 이런 변수와 메서드는 인스턴스/객체 여러 개에 들어가지 않는 매우 특수한 경우에 해당합니다.

Q3 자바 프로그램이 뭔가요? 실질적인 최종 결과물은 무엇인가요?

A3 자바 프로그램은 클래스 여러 개가 모여 있는 것(클래스 한 개만으로 구성될 수도 있습니다)이라고 할 수 있습니다. 자바 애플리케이션에서는 여러 클래스 가운데 한 클래스에 main 메서드가 있어야 합니다. 그리고 그 클래스를 통해서 프로그램을 시작하게 되지요. 따라서 프로그래머 입장에서는 클래스 한 개 이상을 만들게 됩니다. 그리고 그런 클래스가 바로 최종적인 결과물이 되는 거죠. 만약, 사용자가 JVM이 없다면 프로그램을 실행시킬 수 없으니 프로그램을 사용할 사용자한테 JVM도 포함해서 넘겨 줘야 합니다. 클래스를 다양한 JVM(플랫폼마다 다른 걸 써야겠죠?)과 함께 묶어 주는 인스톨러 프로그램이 많이 나와 있으니 그런 것을 써서 인터넷을 통해 한꺼번에 넘겨 주는 식으로 해도 됩니다. 그러면 사용자는 자신의 플랫폼에 맞는 JVM을 골라서 설치할 수 있을 것입니다.

Q4 클래스가 수백, 또는 수천 개라면 어떻게 해야 할까요? 그런 파일을 일일이 전달하려면 너무 힘들지 않을까요? 그냥 전부 다 묶어서 하나의 애플리케이션 형태로 만들 수는 없나요?

A4 물론, 그렇게 많은 파일을 일일이 사용자에게 전달하려면 참 골치 아프겠죠. 하지만 그렇게 하지 않아도 됩니다. 해당 파일을 자바 아카이브(Java ARchive; .jar 파일) 하나에 넣을 수 있으니까요(.jar 파일은 pkzip 타입을 기반으로 만들어집니다). jar 파일에는 manifest라고 부르는 간단하게 포매팅된 텍스트 파일이 들어가는데, 바로 그 파일에 jar에 들어 있는 파일 중에서 어떤 파일을 실행시켜야 할지를 알려 주는(즉, 어떤 파일에 main() 메서드가 들어 있는지 알려 주는) 내용이 들어 있습니다.

벽에 붙여 놓고 외우세요

클래스는 조리법과 비슷합니다. 객체는 실제로 만들어진 쿠키라고 볼 수 있겠죠.

핵심 정리

- 객체지향적인 프로그래밍을 하면 제작과 테스트 과정이 끝난 코드를 건드리지 않고도 프로그램을 확장할 수 있습니다.
- 모든 자바 코드는 **클래스** 안에서 정의됩니다.
- 클래스는 해당 클래스 타입의 객체를 만드는 방법을 설명하는 역할을 합니다. **클래스는 설계도와 같다**고 할 수 있지요.
- 객체는 각자 알아서 자기 할 일을 처리할 수 있습니다. 사용자는 객체에서 작업을 처리하는 방법에 대해서는 신경 쓰지 않아도 됩니다.
- 객체는 **알고 있는 것**과 **할 수 있는 것**이 있습니다.
- 객체가 자기 자신에 대해 알고 있는 것은 **인스턴스 변수**라고 부릅니다. 객체의 상태를 나타내지요.
- 객체가 할 수 있는 것은 **메서드**라고 부릅니다. 객체의 행동을 나타내지요.
- 클래스를 새로 만들 때는 그 클래스 타입의 객체를 만들어서 테스트하는 테스트용 클래스를 따로 만들어 보는 것이 좋습니다.
- 클래스는 덜 구체적인 상위 클래스로부터 인스턴스 변수와 메서드를 상속할 수 있습니다.
- 프로그램을 실행시킬 때 보면, 자바 프로그램이란 결국 다른 객체와 대화를 하는 객체에 불과합니다.

정답과 해설 88쪽

연습 문제

컴파일러가 되어 봅시다

이 페이지에 나와 있는 각 자바 파일은 하나의 온전한 소스 파일입니다. 이제 컴파일러 입장에서 각 파일을 무사히 컴파일할 수 있을지 생각해 보세요. 만약 컴파일이 되지 않는다면 어떻게 해야 문제점을 해결할 수 있을까요? 그리고 컴파일이 잘된다면 그 출력 결과는 어떻게 될까요?

A

```
class StreamingSong {
  String title;
  String artist;
  int duration;

  void play() {
    System.out.println("Playing song");
  }

  void printDetails() {
    System.out.println("This is " +
title + " by " + artist);
  }
}

class StreamingSongTestDrive {
  public static void main(String[] args) {

    song.artist = "The Beatles";
    song.title = "Come Together";
    song.play();
    song.printDetails();
  }
}
```

B

```
class Episode {

  int seriesNumber;
  int episodeNumber;

  void skipIntro() {
    System.out.println("Skipping intro...");
  }

  void skipToNext() {
    System.out.println("Loading next episode...");
  }
}

class EpisodeTestDrive {
  public static void main(String[] args) {

    Episode episode = new Episode();
    episode.seriesNumber = 4;
    episode.play();
    episode.skipIntro();
  }
}
```

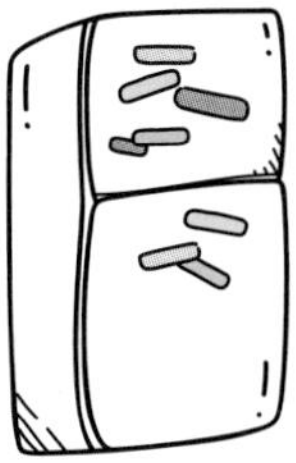

코드 자석

정답과 해설 88쪽

냉장고 위에 자바 프로그램 코드가 아무렇게나 널려 있습니다. 코드 스니펫을 재배치해서 아래에 있는 것과 같은 결과를 출력하는 자바 프로그램을 만들어 보세요. 아, 그런데 중괄호 몇 개는 바닥에 떨어져 버렸군요. 찾기 힘드니까 필요하면 마음대로 새롭게 추가해 보세요.

```
d.playSnare();
```

```
DrumKit d = new DrumKit();
```

```
boolean topHat = true;
boolean snare = true;
```

```
void playSnare() {
  System.out.println("bang bang ba-bang");
}
```

```
public static void main(String [] args) {
```

```
if (d.snare == true) {
  d.playSnare();
}
```

```
d.snare = false;
```

```
class DrumKitTestDrive {
```

```
d.playTopHat();
```

```
class DrumKit {
```

```
void playTopHat () {
  System.out.println("ding ding da-ding");
}
```

출력 결과:

File Edit Window Help Dance

```
% java DrumKitTestDrive
bang bang ba-bang
ding ding da-ding
```

수영장 퍼즐

하단의 수영장 안에 있는 코드 스니펫을 꺼내서 오른쪽에 있는 코드의 빈 줄에 넣어 보세요. 같은 스니펫을 두 번 이상 사용할 수 없으며, 모든 스니펫을 사용할 필요는 없습니다. 이 퍼즐의 목표는 문제없이 컴파일과 실행 과정을 진행해 하단의 결과를 출력하는 클래스를 만드는 것입니다. 생각보다 어려울 수 있으니 얕보지 마세요!

출력 결과:

```
File  Edit  Window  Help  Implode
%java EchoTestDrive
helloooo...
helloooo...
helloooo...
helloooo...
10
```

```
public class EchoTestDrive {
  public static void main(String [] args) {
    Echo e1 = new Echo();
    _________________________
    int x = 0;
    while ( __________ ) {
      e1.hello();
      _________________________
      if ( ___________ ) {
        e2.count = e2.count + 1;
      }
      if ( ___________ ) {
        e2.count = e2.count + e1.count;
      }
      x = x + 1;
    }
    System.out.println(e2.count);
  }
}
```

```
class ___________ {
  int ________ = 0;
  void ___________ {
    System.out.println("helloooo... ");
  }
}
```

보너스 문제!
출력 결과의 마지막 행이 10이 아니라 24가 되려면 어떻게 해야 할까요?

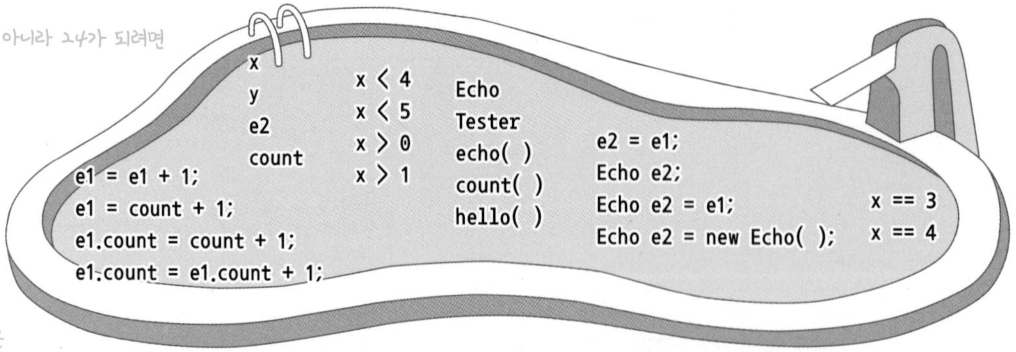

참고: 수영장에서 꺼낸 스니펫은 한 번만 사용할 수 있습니다!

나는 누구일까요?

정답과 해설 89쪽

여러 가지 자바 구성요소가 완벽하게 분장을 마치고 '나는 누구일까요?' 게임을 하고 있습니다. 각 힌트를 보고, 그 내용을 바탕으로 누군지 알아 맞혀 보세요. 물론, 항상 진실만을 말한다고 가정해야겠죠? 여러 구성요소에 대해 적용할 수 있는 내용이 나온다면 모든 항목을 선택하면 됩니다. 각 문장 옆에 있는 빈칸에 이름을 적어 보세요. 첫 번째 답은 미리 적어 놓았습니다.

오늘의 참석자:
클래스, 메서드, 객체, 인스턴스 변수

저는 .java 파일을 컴파일하면 만들어집니다.	클래스
저의 인스턴스 변수의 값은 다른 친구의 값과 다를 수 있습니다.	______
저는 템플릿처럼 동작합니다.	______
저는 작업하는 것을 좋아합니다.	______
저는 메서드 여러 개를 가질 수 있습니다.	______
저는 '상태'를 나타냅니다.	______
저는 특정 행동을 할 수 있습니다.	______
저는 객체 안에 들어 있습니다.	______
저는 힙 안에서 산답니다.	______
저는 객체 인스턴스를 만들기 위한 용도로 쓰입니다.	______
제 상태는 바뀔 수 있죠.	______
저는 메서드를 선언합니다.	______
저는 실행 중에 바뀔 수 있습니다.	______

정답과 해설

코드 자석(85쪽)

```
class DrumKit {
  boolean topHat = true;
  boolean snare = true;

  void playTopHat() {
    System.out.println("ding ding da-ding");
  }

  void playSnare() {
    System.out.println("bang bang ba-bang");
  }
}

class DrumKitTestDrive {
  public static void main(String[] args) {
    DrumKit d = new DrumKit();
    d.playSnare();
    d.snare = false;
    d.playTopHat();

    if (d.snare == true) {
      d.playSnare();
    }
  }
}
```

출력 결과:

```
File  Edit  Window  Help  Dance
% java DrumKitTestDrive
bang bang ba-bang
ding ding da-ding
```

연습 문제(84쪽)

A

```
class StreamingSong {
  String title;
  String artist;
  int duration;

  void play() {
    System.out.println("Playing song");
  }

  void printDetails() {
    System.out.println("This is " + title +
                       " by " + artist);
  }
}

class StreamingSongTestDrive {
  public static void main(String[] args) {

    StreamingSong song = new StreamingSong();
    song.artist = "The Beatles";
    song.title = "Come Together";
    song.play();
    song.printDetails();
  }
}
```

템플릿이 있으니까 객체를 만들어야 되겠죠?

B

```
class Episode {
  int seriesNumber;
  int episodeNumber;

  void play() {
    System.out.println("Playing episode " +
episodeNumber);
  }

  void skipIntro() {
    System.out.println("Skipping intro...");
  }

  void skipToNext() {
    System.out.println("Loading next episode...");
  }
}

class EpisodeTestDrive {
  public static void main(String[] args) {
    Episode episode = new Episode();
    episode.seriesNumber = 4;
    episode.play();
    episode.skipIntro();
  }
}
```

Episode 클래스에 play() 메서드가 없으면 episode.play();라는 행은 컴파일이 되지 않겠죠?

정답과 해설

수영장 퍼즐(86쪽)

```java
public class EchoTestDrive {
  public static void main(String[] args) {
    Echo e1 = new Echo();
    Echo e2 = new Echo();  // 정답
      - or -
    Echo e2 = e1;  // 보너스 문제 정답(24개)
    int x = 0;
    while (x < 4) {
      e1.hello();
      e1.count = e1.count + 1;
      if (x == 3) {
        e2.count = e2.count + 1;
      }
      if (x > 0) {
        e2.count = e2.count + e1.count;
      }
      x = x + 1;
    }
    System.out.println(e2.count);
  }
}
```

```java
class Echo {
  int count = 0;

  void hello() {
    System.out.println("helloooo... ");
  }
}
```

출력 결과:

```
File Edit Window Help Implode
%java EchoTestDrive
helloooo...
helloooo...
helloooo...
helloooo...
10
```

나는 누구일까요?(87쪽)

저는 .java 파일을 컴파일하면 만들어집니다.	클래스
저의 인스턴스 변수의 값은 다른 친구의 값과 다를 수 있습니다.	객체
저는 템플릿처럼 동작합니다.	클래스
저는 뭔가 하는 것을 좋아합니다.	객체, 메서드
저는 메서드 여러 개를 가질 수 있습니다.	클래스, 객체
저는 '상태'를 나타냅니다.	인스턴스 변수
저는 특정 행동을 할 수 있습니다.	객체 , 클래스
저는 객체 안에 들어 있습니다.	메서드, 인스턴스 변수
저는 힙 안에서 산답니다.	객체
저는 객체 인스턴스를 만들기 위한 용도로 쓰입니다.	클래스
제 상태는 바뀔 수 있죠.	객체, 인스턴스 변수
저는 메서드를 선언합니다.	클래스
저는 실행 중에 바뀔 수 있습니다.	객체, 인스턴스 변수

참고: 클래스와 객체에는 모두 상태와 행동이 있습니다. 이 둘은 모두 클래스에서 정의하지만, 객체에도 상태와 행동은 있지요. 일단은 인스턴스 변수와 메서드가 정말 그 안에 들어 있는지에 대한 것은 그냥 넘어 갑시다.

CHAPTER
03

네 변수를 알라

원시 변수와 레퍼런스

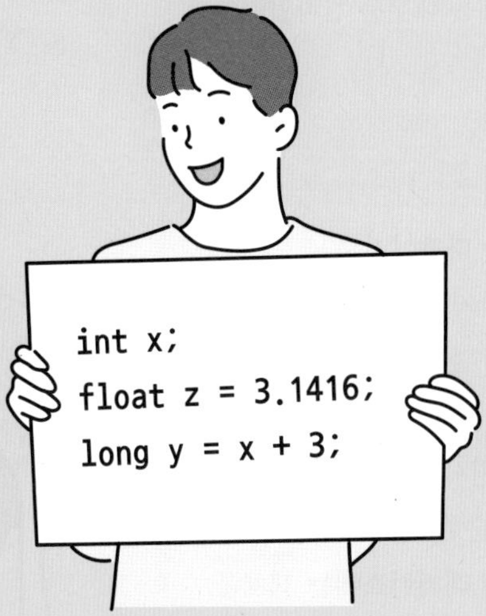
int x;
float z = 3.1416;
long y = x + 3;

변수는 크게 원시 변수와 레퍼런스로 나눌 수 있습니다

지금까지는 변수를 두 가지 용도로 사용했습니다. 하나는 객체 **상태**(인스턴스 변수)였고 다른 하나는 **로컬** 변수(메서드 안에서 정의된 변수)였지요. 앞으로는 변수를 **인자**(호출하는 코드에 의해 메서드로 전달되는 값)와 **리턴 타입**(메서드를 호출한 부분으로 돌아가는 값)으로 사용할 것입니다. 이미 **간단한** 원시 정수 값(int 타입)으로 선언된 변수도 써 봤고 문자열이나 배열과 같이 조금 더 **복잡한** 것으로 선언된 변수도 써 봤습니다. 하지만 우리가 살아가는 데는 정수, 문자열, 배열 외에도 **훨씬 더 복잡한** 것이 많이 필요합니다. 예를 들어서, Dog라는 인스턴스 변수가 들어 있는 PetOwner라는 객체(애완동물 주인)를 생각할 수 있겠죠? 아니면 Engine이라는 인스턴스 변수를 가진 Car라는 객체는 어떨까요? 이 장에서는 (원시 타입과 레퍼런스의 차이 같은) 자바 타입의 미스터리를 밝혀 보고 변수로 선언할 수 있는 것, 변수에 집어넣을 수 있는 것, 변수를 가지고 할 수 있는 것에 대해 살펴보겠습니다. 마지막에는 가비지 컬렉션 기능이 있는 힙에 대해서도 알아보겠습니다.

변수 선언하기

자바는 타입(type)을 철저하게 따집니다. Giraffe(기린) 레퍼런스를 Rabbit(토끼) 변수에 집어넣는 것처럼 이상하고 위험한 작업은 할 수 없죠. 더욱이 그런 식으로 Giraffe가 들어 있는 Rabbit 변수에 대해 토끼처럼 깡총깡총 뛰라는 hop() 메서드를 호출한다면 더욱 안 되겠죠? 마찬가지로 정확성이 떨어지는 것(소수점 이하 부분이 다 없어지는 것)을 감수하더라도 그렇게 하겠다고 컴파일러에 별도로 알려 주지 않는 이상, 부동소수점 수를 정수 변수에 집어넣을 수도 없습니다.

엉뚱한 타입의 값을 변수에 대입하려고 할 때는 대부분 컴파일러에서 잡아냅니다.

자바는 타입을 철저하게 따집니다.
Giraffe 레퍼런스를 Rabbit 변수에 집어넣을 수는 없죠.
Rabbit
변수


```
Rabbit hopper = new Giraffe();
```

위와 같은 구문은 컴파일이되지 않습니다. 참 다행이지요.

이렇게 타입과 관련된 문제가 생기는 것을 방지하려면 변수의 타입을 선언해야 합니다. 즉, 정수인지, Dog인지, 한 글자인지 등을 지정해야 합니다. 변수는 **원시 변수**(primitive variable)와 **객체 레퍼런스**(object reference)로 나눌 수 있습니다. 원시 변수에는 정수, 불리언, 부동소수점 수와 같은 기초적인 값(단순한 비트 패턴으로 나타낼 수 있는 값)이 들어갑니다. 그리고 객체 레퍼런스에는 객체를 참조할 수 있는 값이 들어갑니다.

먼저 원시 변수를 알아본 다음 객체 레퍼런스의 정확한 의미를 알아보겠습니다. 하지만 타입과 무관하게 두 가지 선언 규칙은 반드시 준수해야 합니다.

변수에는 타입이 있어야 합니다.

그리고 타입 외에도 코드에서 그 변수를 부를 때 사용할 이름이 있어야 합니다.

변수에는 이름이 있어야 합니다.

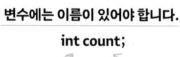

int count;

타입 이름

'X 타입의 객체'라는 표현이 나온다면 타입과 클래스의 의미가 똑같다고 생각하면 됩니다 (이와 관련된 내용은 잠시 후에 더 자세히 알아보겠습니다).

"더블 모카로 주세요. 아, int로 합시다."

자바 변수를 컵에 비유해서 생각해 봅시다. 커피 잔, 찻잔, 맥주잔, 금속 컵처럼 다양한 컵이 있습니다.

변수는 컵이라고 할 수 있습니다. 무언가를 담아두기 위한 용도로 쓰이지요.

컵은 다양한 크기와 타입이 있습니다. 이 장에서는 우선 **원시 변수**를 담기 위한 변수(컵)에 대해 알아보고, 객체에 대한 레퍼런스를 담기 위한 컵에 대해서는 잠시 후에 알아보겠습니다. 일단, 여기에 있는 컵에 대한 비유를 주의 깊게 읽어 보세요. 지금은 간단해 보이겠지만, 복잡해질수록 더 쉽게 이해하는 데 도움이 될 것입니다.

원시 변수는 커피 전문점에서 사용하는 컵에 비유할 수 있습니다. 스타벅스 같은 커피 전문점에 있는 컵은 종류가 상당히 다양한데, '쇼트(작은 잔)', '톨(그보다 큰 잔)'과 같은 이름이 붙어 있죠. 커피를 주문할 때는 "모카 커피를 '그란데(가장 큰 잔)' 사이즈로 크림을 얹어서 주세요."와 같은 식으로 말하면 됩니다. 보통 카운터 근처에 보면 샘플 컵이 전시되어 있어서 그 컵을 직접 보고 적당한 크기로 주문을 할 수 있게 되어 있습니다.

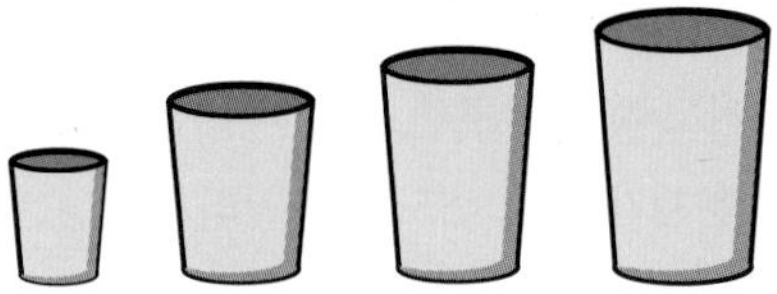

자바의 원시 변수 타입도 그 크기가 다양하며 각각 이름이 붙어 있습니다. 자바에서 변수를 선언할 때에는 타입을 지정해야 합니다. 여기에 있는 컵 네 개는 각각 자바에서 사용하는 정수형 원시 변수 네 개에 해당합니다. 각 컵에는 값이 들어가므로 자바 원시 변수를 주문할 때는 커피를 주문하면서 "프렌치 로스트를 톨 사이즈로 주세요."라고 말하는 것처럼 "90이라는 숫자가 들어 있는 int 변수를 주세요."라고 말하면 됩니다. 하지만 한 가지 다른 점이 있습니다. 자바는 컵에 이름을 붙일 수 있습니다. 그러므로 정확하게 말하자면 "int 하나만 주세요. 값은 2,486으로 하고 변수 이름은 **height**로 해 주세요."라고 주문해야겠죠. 각 원시 변수에는 고정된 개수의 비트가 할당됩니다(즉, 컵의 크기가 고정되어 있죠). 자바에서 쓰이는 '숫자 원시 변수' 여섯 개의 크기는 다음과 같습니다.

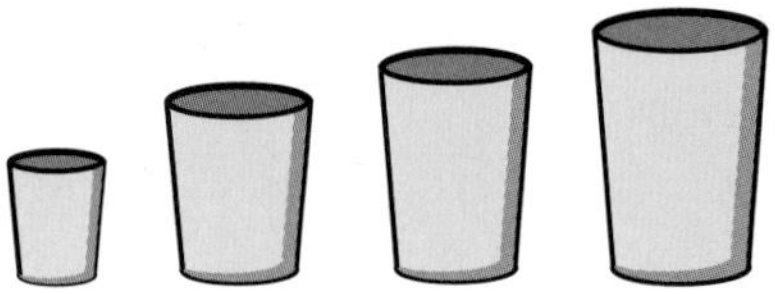

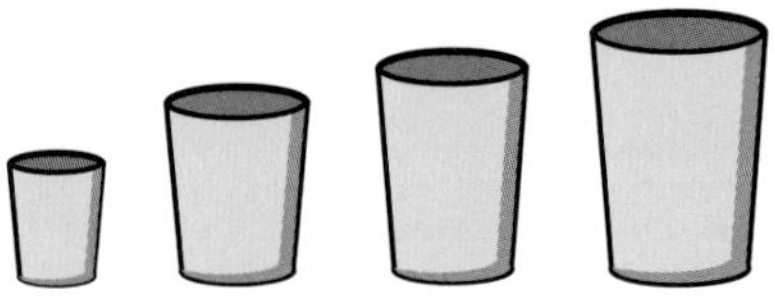

원시 타입

타입	비트 수	값의 범위
불리언과 문자		
boolean (JVM에 따라 다름)		true 또는 false
char	16비트	0~65535
숫자(모두 부호가 있음)		
정수		
byte	8비트	-128~127
short	16비트	-32768~32767
int	32비트	-2147483648 ~2147483647
long	64비트	$-(2^{63})\sim(2^{63}-1)$
부동소수점 수		
float	32비트	바뀔 수 있음
double	64비트	바뀔 수 있음

변수 선언과 대입 방법

```
int x;
x = 234;
byte b = 89;
boolean isFun = true;
double d = 3456.98;
char c = 'f';
int z = x;
boolean isPunkRock;
isPunkRock = false;
boolean powerOn;
powerOn = isFun;
long big = 3456789L;
float f = 32.5f;
```

'f', 'L'이 붙는 경우가 있습니다. 일부 숫자 타입의 경우에는 정확하게 어떤 타입인지 컴파일러에게 분명하게 알려 줘야 하므로 이렇게 f, L 등을 붙여야 할 수 있습니다. 대문자와 소문자를 모두 사용할 수 있습니다.

넘치면 안 되겠죠? 원시 변수 과제

작은 컵에 너무 많은 것을 집어넣을 수는 없습니다. 물론 하고 싶다면 왕창 넣어도 되지만, 그러면 분명히 넘쳐서 버리는 것이 생길 것입니다. 컵(변수)에 집어넣을 수 없는 너무 큰 값을 집어넣으려는 것을 코드에서 직접 알 수 있다면 컴파일러가 그런 사고를 미연에 방지합니다.
예를 들어서, 다음과 같이 int 변수를 byte 변수에 대입하려고 하면 컴파일이 되지 않습니다.

```
int x = 24;
byte b = x;
// 이렇게 하면 안 됩니다.
```

왜 이렇게 하면 안 될까요? 사실 x의 값은 24고, byte 변수에도 24를 저장할 수 있는데 말이죠. 물론 우리는 24를 byte에 저장할 수 있다는 것을 알지만, 컴파일러는 큰 것을 작은 컵에 넣으려고 하면 무조건 넘칠 가능성이 있다는 결론을 내립니다. 코드 내용에 별 문제가 없다 해도 컴파일러가 x의 값을 알 수 있으리라 생각하지 마세요.

변수에 값을 대입할 때는 다음과 같은 방법을 쓸 수 있습니다.

- 등호 옆에 리터럴 값을 입력하는 방법(x = **12**, isGood = **true** 등)
- 한 변수의 값을 다른 변수에 대입하는 방법(x = y)
- 위의 두 가지 방법을 결합한 방법(x = y + **43**)

아래의 예에서 리터럴 값은 굵은 글자로 표시했습니다.

int size = **32**;	size라는 int 변수를 선언하고 32라는 값을 대입합니다.
char initial = **'j'**;	initial이라는 char 변수를 선언하고 'j'라는 값을 대입합니다.
double d = **456.709**;	d라는 double 변수를 선언하고 456.709라는 값을 대입합니다.
boolean isLearning;	isLearning이라는 불리언 변수를 선언합니다(값은 대입하지 않습니다).
isLearning = **true**;	앞서 선언한 isLearning에 true라는 값을 대입합니다.
int y = x + **456**;	y라는 int 변수를 선언하고 x의 현재 값에 456을 더한 값을 대입합니다.

쓰면서 제대로 공부하기

정답과 해설 110쪽

컴파일러는 큰 컵에 있는 값을 작은 컵에 넣는 것을 허용하지 않습니다. 하지만 그 반대(작은 컵에 있는 값을 큰 컵에 넣는 것)는 어떨까요?
그런 것은 허용한답니다.
원시 변수의 크기와 타입에 대해 아는 것을 바탕으로 다음 중 할 수 있는 것과 할 수 없는 것을 구분해 보세요. 아직 필요한 규칙을 모두 배우지는 않았으므로 조금 어려운 것도 있을 것입니다.

참고: 컴파일러는 안전성을 해치는 요소가 있으면 항상 오류를 발생시킵니다.

아래 목록에 있는 코드가 모두 한 메서드 안에 들어 있다고 가정했을 때, 사용할 수 있는 코드(오류가 나지 않는 것)를 골라 보세요.

```
1. int x = 34.5;
2. boolean boo = x;
3. int g = 17;
4. int y = g;
5. y = y + 10;
6. short s;
7. s = y;
8. byte b = 3;
9. byte v = b;
10. short n = 12;
11. v = n;
12. byte k = 128;
```

키워드를 조심하세요!

변수를 만들 때는 이름과 타입이 필요합니다. 지금까지는 원시 변수 타입에 대해 알아보았습니다.

어떤 것을 이름으로 쓸 수 있을까요? 기본 규칙은 매우 간단합니다. 클래스, 메서드 또는 변수명은 다음과 같은 규칙을 바탕으로 정하면 됩니다(실제 규칙은 약간 더 융통성이 있지만, 다음과 같은 규칙을 따르는 편이 훨씬 안전합니다).

- 반드시 알파벳 글자, 밑줄(_) 또는 달러 기호($)로 시작해야 합니다. 숫자로 시작하면 안 됩니다.
- 두 번째 문자부터는 숫자도 쓸 수 있습니다. 숫자로 시작하지만 않으면 괜찮습니다.
- 위의 두 가지 규칙을 지키고 자바 예약어만 사용하지 않는다면 어떤 이름이든지 마음대로 사용할 수 있습니다.

벽에 붙여 놓고 외우세요

여덟 가지 원시 타입은 다음과 같습니다.

boolean, **c**har, **b**yte, **s**hort, **i**nt, **l**ong, **f**loat, **d**ouble

다음과 같은 식으로 문장을 만들어서 외우면 더 쉽게 기억할 수 있답니다.

Be **C**areful! **B**ears **S**houldn't **I**ngest **L**arge **F**urry **D**ogs(조심하세요! 곰은 커다란 털북숭이 개를 먹으면 안 됩니다.)

여러분이 직접 외우기 편한 문장 같은 것으로 만들면 더 잘 외워지겠죠?

B_ C_ B_ S_ I_ L_ F_ D_

컴파일러에서 인식할 수 있는 키워드(keyword)를 비롯한 단어들이 바로 예약어(reserved word)입니다. 컴파일러를 혼동시키고 싶으면 예약어를 변수명으로 한번 써 보세요. 몇 가지 예약어는 여러분도 이미 앞에서 봤습니다.

남들이 뭐라고 하든 절대 안 돼요. 저는 절대 커다란 털북숭이 개를 먹으면 안 된다고요.

```
public    static    void
```

이런 단어는 변수 이름으로 쓰면 안 됩니다.

그리고 원시 변수 타입도 예약어로 간주됩니다.

```
boolean    char    byte    short    int    long    float    double
```

하지만 아직 배우지 않은 예약어도 많습니다. 그 의미를 정확하게 알 필요는 없어도 "그런 예약어를 이름으로 사용하면 안 된다." 정도는 알아둬야 합니다. 하지만 **절대로** (어떤 상황에서도) **예약어를 모두 한꺼번에 외우려고 하지는 마세요.** 괜히 이런 것까지 외우려고 하다 보면 뭔가 다른 것을 잊어버리게 되니까요. 예를 들어서, 오늘 차를 어디에다가 주차했는지 잊어버리면 곤란하겠죠? 걱정할 필요는 없습니다. 어차피 이 책을 다 읽을 때쯤이면 저절로 외울 수 있을 테니까요.

예약어

다음은 자바에서 사용하는 키워드, 예약어, 특수 식별자입니다. 이런 예약어는 이름으로 사용하면 컴파일 과정에서 오류가 발생합니다.

_	catch	double	float	int	private	super	true
abstract	char	else	for	interface	protected	switch	try
assert	class	enum	goto	long	public	synchronized	void
boolean	const	extends	if	native	return	this	volatile
break	continue	false	implements	new	short	throw	while
byte	default	final	import	null	static	throws	
case	do	finally	instanceof	package	strictfp	transient	

Dog 객체를 제어하는 방법

객체 레퍼런스

```
Dog d = new Dog();
d.bark();
```

위의 표현은 아래의 버튼과 같다고 생각하면 됩니다.

이제 원시 변수를 선언하고 값을 대입하는 것은 잘할 수 있겠죠? 하지만 원시 변수가 아닌 변수는 어떻게 해야 할까요? 다시 말하자면, 객체는 어떻게 해야 할까요?

- 사실 객체 변수라는 것은 없습니다.
- 객체 레퍼런스 변수라는 것만 있지요.
- 객체 레퍼런스에는 객체에 접근하는 방법을 알려 주는 비트가 들어 있습니다.
- 객체 레퍼런스에 객체 자체가 들어 있는 것은 아닙니다. 포인터 같은 것이 들어 있을 뿐이죠. 아니면 주소가 들어 있다고 봐도 됩니다. 하지만 자바는 레퍼런스 변수 안에 무엇이 들어 있는지 알 수 없습니다. 그렇지만 그 안에 무엇이 들어 있든지 상관없이 해당 레퍼런스가 객체 단 하나를 가리킨다는 것은 확실합니다. 그리고 JVM은 레퍼런스를 사용해서 객체를 다루는 방법을 알고 있습니다.

Dog 레퍼런스 변수는 Dog에 대한 리모컨이라고 생각해 보세요. 이 리모컨을 가지고 해당 객체에 어떤 일을 지시할 수 있습니다(메서드를 호출합니다).

객체를 변수에 집어넣을 수는 없습니다. 물론 객체를 변수와 거의 비슷한 것으로 생각하긴 합니다. "그 String을 System.out.println( ) 메서드로 넘겼어.", "메서드에서 Dog를 리턴하는군요.", "새로운 Foo 객체를 myFoo라는 이름의 변수에 집어넣었지." 같은 표현을 많이 쓰곤 하지요.

하지만 실제로는 이런 식으로 동작하지 않습니다. 임의의 크기를 가진 객체에 맞춰서 크기가 무한정 늘어나는 컵 같은 것은 없으니까요. 객체는 한 군데에서 삽니다. 바로 가비지 컬렉션 기능이 있는 힙에서만 살지요(이와 관련된 내용은 잠시 후에 알아보겠습니다).

원시 변수에는 변수의 **실제 값**을 나타내는 비트가 들어 있지만, 객체 레퍼런스 변수에는 **객체에 접근하는 방법**을 나타내는 비트가 들어 있을 뿐입니다.

레퍼런스 변수에 대해 점 연산자(.)를 사용하면 "점 앞에 있는 것을 이용해서 점 뒤에 있는 것을 갖다 주세요."라고 주문할 수 있습니다. 예를 들어서, 다음과 같은 코드를 봅시다.

```
myDog.bark();
```

위 코드는 "myDog라는 변수로 참조할 수 있는 객체를 이용해서 bark( ) 메서드를 호출하라."라는 의미입니다. 객체 레퍼런스 변수에 점 연산자를 사용하는 것은 그 객체에 해당하는 리모컨의 버튼을 누르는 것으로 생각하면 됩니다.

객체 레퍼런스는 단지 또 다른 변숫값에 불과합니다

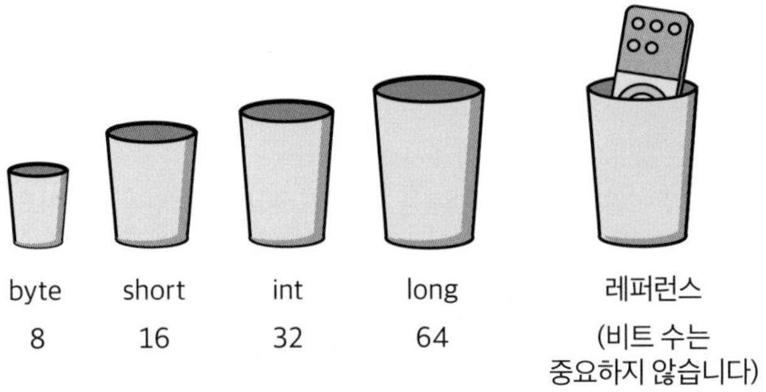

즉, 컵에 들어가는 것이라고 보면 됩니다. 단지 이번에는 그 컵 안에 리모컨이 들어간다고 볼 수 있는 것이죠.

원시 변숫값

`byte x = 7;`

숫자 7을 나타내는 비트들이 변수에 저장됩니다(00000111).

레퍼런스값

`Dog myDog = new Dog();`

Dog 객체에 접근하는 방법을 나타내는 비트들이 변수에 저장됩니다.

Dog 객체 자체는 변수에 저장되지 않습니다.

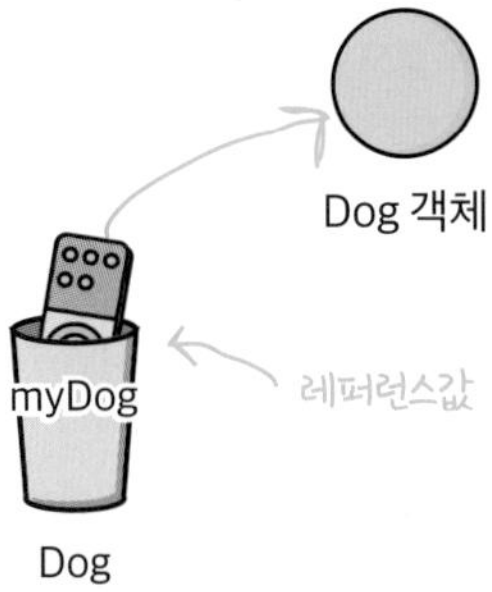

원시 변수를 사용할 때는 변수에 해당 값이 저장됩니다(5, -26.7, 'a' 등).

레퍼런스 변수를 사용할 때는 특정 객체에 접근하는 방법을 나타내는 비트가 변숫값이 됩니다.

각 JVM에서 객체 레퍼런스를 구현하는 구체적인 방법은 사용자가 알 수 없으며 굳이 알 필요도 없습니다. 물론 비트가 어떤 포인터로 구성되어 있을 수도 있지만, 그러한 비트는 객체에 접근하는 것을 제외한 다른 용도로는 사용할 수 없습니다.

참고: 레퍼런스 변수에 들어 있는 1과 0의 개수는 신경 쓸 필요가 없습니다. JVM과 그날의 운세에 따라 달라질 수 있기 때문이죠.

객체 선언, 생성과 대입의 3단계

```
      1       3      2
Dog myDog = new Dog();
```

❶ 레퍼런스 변수 선언 단계

`Dog myDog` `= new Dog();`

JVM에 Dog 타입의 레퍼런스 변수용 공간을 할당해 달라고 요청하고 그 변수명을 myDog로 지정합니다. 이렇게 하고 나면 myDog라는 레퍼런스 변수는 영원히 Dog 타입의 변수가 됩니다. 즉, Dog 객체를 제어하기 위한 버튼이 장착된 리모컨이라고 할 수 있지요. 하지만 그 레퍼런스 변수는 Cat, Button, Socket 같은 타입으로는 절대 사용할 수 없습니다.

❷ 객체 생성 단계

`Dog myDog =` **`new Dog();`**

JVM으로 하여금 힙에 새로운 Dog 객체를 위한 공간을 마련하도록 지시합니다(그 과정에 대해서는 주로 9장에서 자세하게 알아보겠습니다).

❸ 객체와 레퍼런스 연결 단계

`Dog myDog = new Dog();`

새로운 Dog 객체를 myDog라는 레퍼런스 변수에 대입합니다. 즉, **리모컨의 기능을 결정**한다고 할 수 있겠죠.

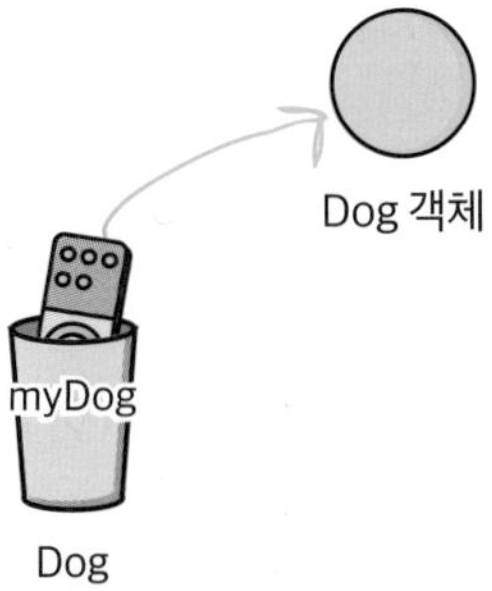

무엇이든 물어보세요
Q&A

Q1 레퍼런스 변수의 크기는 얼마인가요?

A1 알 수 없습니다. JVM 개발 팀에 있는 사람과 개인적인 친분이 있지 않은 이상 레퍼런스가 내부적으로 표현되는 방식은 알 수가 없습니다. 어딘가에는 포인터도 있겠지만, 그 포인터에 접근할 수 있는 방법이 없습니다. 그리고 그럴 필요도 없죠(그래도 정말 알아야 한다면, 그냥 64비트 값이라고 상상해도 될 것입니다). 하지만 메모리 할당과 관련된 문제를 생각할 때 중요한 것은 객체 레퍼런스의 개수가 아닌 객체의 개수와 실제 크기입니다.

Q2 그러면 모든 객체 레퍼런스의 크기가 실제 객체의 크기와는 상관없이 똑같다는 뜻인가요?

A2 그렇죠. 같은 JVM에서 레퍼런스의 크기는 그 레퍼런스가 참조하는 객체의 크기와는 상관없이 똑같습니다. 하지만 JVM마다 레퍼런스를 표현하는 방법이 다를 수 있으므로 JVM의 종류에 따라 레퍼런스의 크기가 다를 수는 있습니다.

Q3 레퍼런스 변수에 대해 증가시키는 것과 같은 계산 연산을 할 수 있나요? C에서처럼요.

A3 안 됩니다. 자바는 C가 아니니까요.

자바 집중 인터뷰

금주의 인터뷰

오늘의 주제 객체 레퍼런스

헤드 퍼스트 객체 레퍼런스로 살아간다는 것이 어떤지 말씀해 주시겠습니까?

레퍼런스 사실 단순합니다. 저는 리모컨에 불과하며 다른 객체를 제어하도록 프로그래밍될 수 있지요.

헤드 퍼스트 실행 중에 다른 객체를 참조할 수도 있다는 뜻인가요? 예를 들어서, Dog 객체를 참조하다가 나중에 Car 객체를 참조할 수도 있습니까?

레퍼런스 물론, 그런 것은 안 됩니다. 일단 한 번 선언되고 나면 끝이죠. 만약 제가 Dog에 대한 리모컨으로 정해지고 나면 Dog를 제외한 다른 것은 가리킬(아, 좀 틀렸군요. '가리킨다'라는 표현은 쓰지 않는 게 좋은데요), 아니, 참조할 수 없습니다.

헤드 퍼스트 그러면 Dog 객체 단 하나만 참조할 수 있다는 뜻인가요?

레퍼런스 아닙니다. Dog 객체 하나를 참조하다가 나중에 다른 Dog를 참조할 수도 있습니다. Dog 객체이기만 하면 다른 객체를 참조할 수도 있습니다(다른 TV를 제어하도록 리모컨을 재설정하는 것처럼 말이죠). 그렇지 않으면··· 아, 그냥 넘어가죠.

헤드 퍼스트 왜요? 계속 말씀해 주세요. 무슨 말을 하려고 하셨죠?

레퍼런스 아직은 이런 말을 할 때가 안 된 것 같아서요. 간단하게 설명하자면, 만약 제게 final이라는 꼬리표가 붙어 있고 일단 Dog 객체 하나가 대입되었다면 바로 그 Dog 객체가 아닌 다른 Dog 객체를 참조할 수 없습니다. 즉, 이 경우에는 다른 객체를 저한테 대입할 수가 없습니다.

헤드 퍼스트 아, 그렇군요. 그 얘기는 이 정도로 마치고 넘어가는 게 좋겠습니다. 그러면 final이라는 꼬리표가 붙어 있지 않다면 Dog 객체 하나를 참조하다가 다른 Dog 객체를 참조하는 것도 가능한 것이군요. 그러면 아무것도 참조하지 않는 것도 가능합니까? 즉, 아무것도 제어하지 않도록 리모컨을 설정하는 것도 가능한가요?

레퍼런스 예, 그렇죠. 하지만 그런 얘기는 조금 껄끄럽군요.

헤드 퍼스트 왜 그렇습니까?

레퍼런스 그러면 제가 null이 되는 것이니까요. 그렇게 되면 조금 화가 나거든요.

헤드 퍼스트 아, 값이 없어서 화가 난다는 말인가요?

레퍼런스 아니요. null도 값은 있다고 할 수 있습니다만 여전히 리모컨은 리모컨이죠. 하지만 TV용 리모컨을 새로 가져왔는데, 정작 집에는 TV가 없는 셈입니다. 아무 것도 제어할 수 없습니다. 뭐, 하루 종일 버튼을 눌러도 되긴 하지만, 그렇다고 해서 어떤 결과가 생기지는 않습니다. 그리 많은 공간이 낭비되는 것은 아니지만 어쨌든 낭비는 낭비지요. 뭐, 그것도 그리 나쁜 것은 아닙니다. 제가 특정 객체에 대한 유일한 레퍼런스인 데다가 저를 null로 설정한다면(아무것도 제어하지 않는 리모컨으로 설정한다면) 원래 제가 참조하고 있던 객체는 이제 아무도 사용할 수 없게 되는 것입니다.

헤드 퍼스트 그러면 나쁜 이유라도···?

레퍼런스 그걸 꼭 말해야 하겠습니까? 저는 여태까지 객체 하나와 밀접한 관계를 맺고 있었습니다. 그런데 갑자기 그 연결 고리가 툭 끊어진 셈이죠. 그리고 저는 그 객체를 다시는 볼 수 없게 되는 것입니다. 그 객체는 이제(PD님, 슬픈 음악 좀 깔아 주세요) 가비지 컬렉션의 대상이 되었습니다. 그런데 프로그래머는 그런 것을 신경이나 쓰는 줄 아세요? 흑흑, 왜 저는 원시 변수가 될 수 없는 거죠? 제가 레퍼런스라는 사실이 정말 혐오스러워요. 책임감은 무겁고, 친구와의 관계는 언제 끊어질지 모르고···.

가비지 컬렉션 기능을 보유한 힙에서의 삶

```
Book b = new Book();
Book c = new Book();
```

Book 레퍼런스 두 개를 선언합시다. 아울러 새로운 Book 객체 두 개를 생성합니다. 그리고 생성한 Book 객체를 레퍼런스 변수에 대입합니다.
이제 Book 객체 두 개는 힙에서 살고 있습니다.
레퍼런스: 2개
객체: 2개

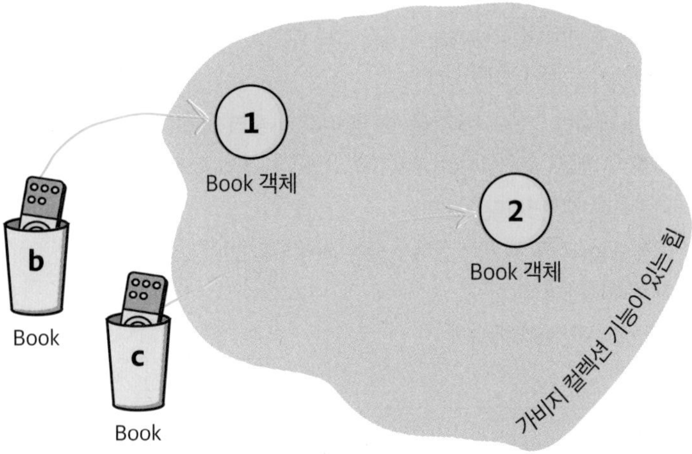

```
Book d = c;
```

새로운 Book 레퍼런스 변수를 선언합니다. 세 번째 Book 객체를 새로 생성하는 대신, c라는 변수에 들어 있는 값을 d라는 변수에 대입합니다. 이 말은 “c에 들어 있는 비트들을 꺼내서 복사한 다음 그 복사본을 d에 집어넣으시오.”라는 뜻으로 이해하면 됩니다.
c와 d는 똑같은 객체를 참조합니다.
변수 c와 d에는 같은 값의 서로 다른 복사본 두 개가 들어 있습니다. 똑같은 TV를 제어할 수 있는 리모컨이 두 개라고 할 수 있겠죠.
레퍼런스: 3개
객체: 2개

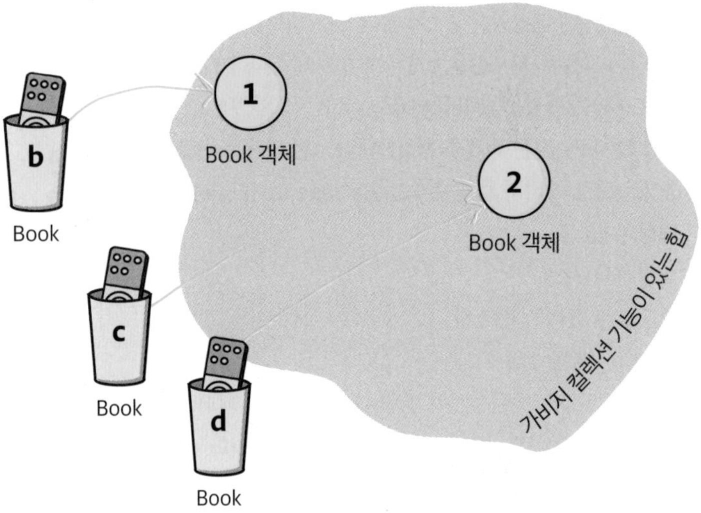

```
c = b;
```

변수 b의 값을 변수 c에 대입합니다. 이제 무슨 뜻인지 알 수 있겠죠? b에 들어 있는 비트들을 복사해서 그 새로운 복사본을 변수 c에 집어넣습니다.
변수 c는 이제 더 이상 이전의 Book 객체를 가리키지 않습니다.
레퍼런스: 3개
객체: 2개

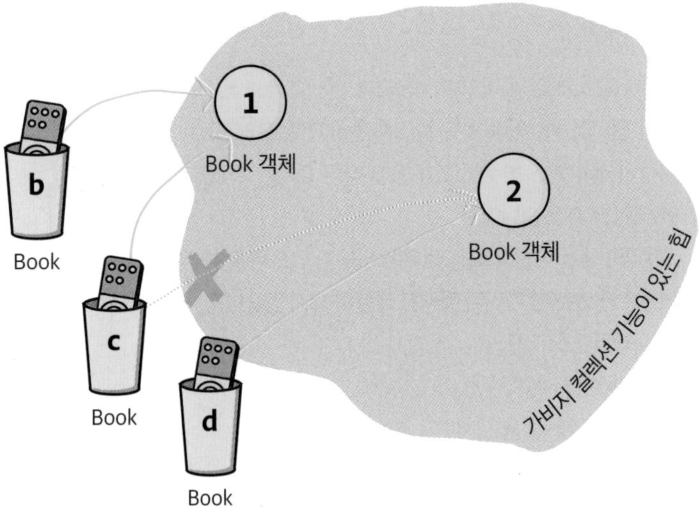

힙에서의 삶과 죽음

```
Book b = new Book();
Book c = new Book();
```

Book 레퍼런스 변수 b와 c를 선언합니다. 아울러 Book 객체 두 개를 새로 생성합니다. 그리고 Book 객체를 레퍼런스에 대입합니다.

이제 Book 객체 두 개가 힙에서 살 수 있게 되었습니다.

활성 레퍼런스: 2개

접근할 수 있는 객체: 2개

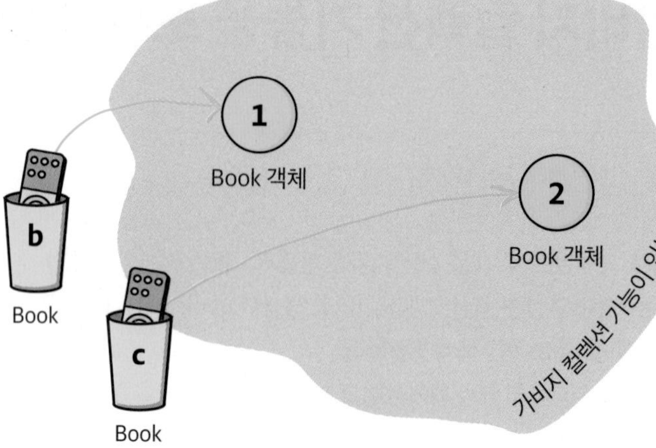

```
b = c;
```

c의 값을 b에 대입합니다. c에 들어 있는 비트들을 복사한 다음 새로운 복사본을 b 변수에 집어넣습니다. 이제 두 변수에는 똑같은 값이 들어 있습니다.

b와 c는 모두 같은 객체를 참조합니다. 1번 객체는 버림받았으므로 가비지 컬렉션(GC; Garbage Collection) 대상이 됩니다.

활성 레퍼런스: 2개

접근할 수 있는 객체: 1개

버림받은 객체: 1개

처음에 b로 참조했던 1번 객체에는 더 이상 아무 레퍼런스도 남아 있지 않습니다. 따라서 접근할 수 없습니다.

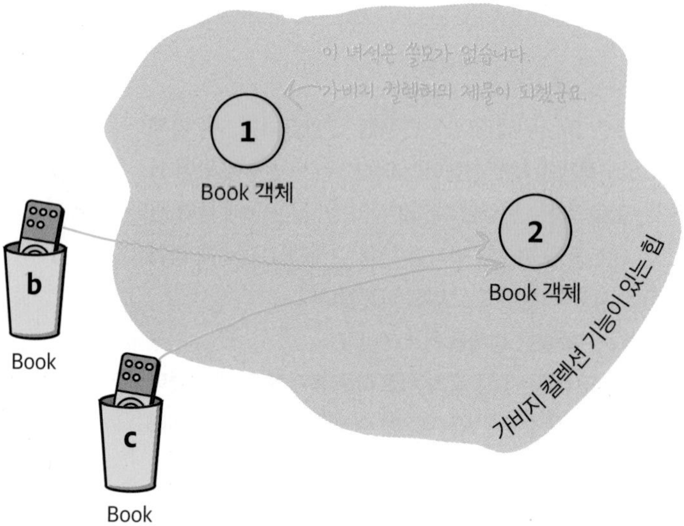

```
c = null;
```

c 변수에 null 값을 대입합니다. 그러면 c가 null 레퍼런스가 됩니다. 즉, 어떤 것도 참조하지 않지요. 그래도 c는 여전히 레퍼런스 변수이고 나중에 다른 Book 객체를 c에 대입할 수 있습니다.

2번 객체에는 여전히 활성 레퍼런스(b)가 있으며 활성 레퍼런스가 있는 한 가비지 컬렉션 대상이 되지 않습니다.

활성 레퍼런스: 1개

null 레퍼런스: 1개

접근할 수 있는 객체: 1개

버림받은 객체: 1개

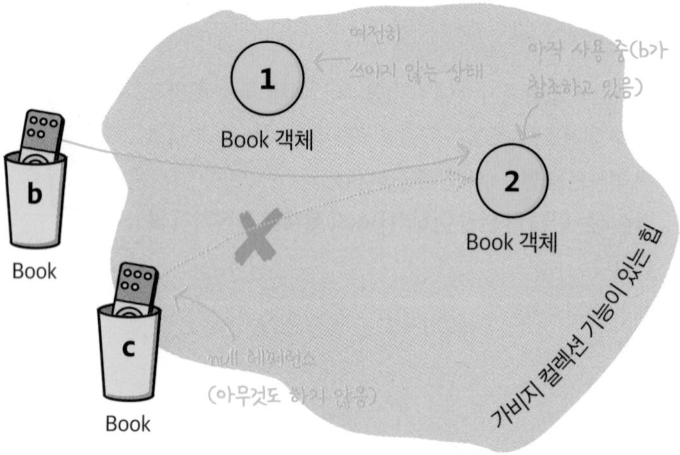

배열은 찬장의 컵과 같습니다

자바 표준 라이브러리에는 맵(map), 트리(tree), 집합(set)을 비롯한 여러 가지 복잡한 자료구조(data structure)가 있습니다('부록 B'를 참조하세요). 이 중에서도 어떤 사물을 빠르고 효율적으로 목록으로 만들 때는 배열을 쓰면 좋습니다. 배열은 인덱스 위치를 지정해 배열 내의 모든 요소에 빠르게 접근할 수 있도록 합니다. 배열의 모든 원소는 그냥 변수입니다. 즉, 여덟 개의 원시 변수 타입(곰이 커다란 털북숭이 개를 먹으면 안 된다는 이야기 기억하시죠?)이나 레퍼런스 변수입니다. 그런 타입의 변수에 집어넣을 수 있는 것은 모두 그 타입의 배열 원소로 대입할 수 있습니다. 따라서 int형 배열(int[ ])의 각 원소에는 int가 들어갑니다. 그러면 Dog 배열(Dog[ ])의 각 원소에는 Dog가 들어갈까요? 그건 아니죠. 레퍼런스 변수에는 객체 자체가 아니라 레퍼런스(리모컨)가 들어간다는 점을 잊지 마세요. 따라서 Dog 배열에는 각 원소에 Dog에 대한 리모컨이 들어갑니다. 물론 Dog 객체를 여전히 생성해야 합니다. 이 내용은 다음 쪽에서 알아보겠습니다.

아래의 그림에서 한 가지 중요한 점에 주목해 봅시다. **배열은 비록 원시 변수의 배열이라고 하더라도 객체라는 점입니다.**

1 int 배열 변수를 선언합니다. 배열 변수는 배열 객체에 대한 리모컨입니다.

```
int[] nums;
```

참고: 배열은 항상 객체입니다. 원시 변수를 저장하든, 객체 레퍼런스를 저장하든 무조건 객체입니다.

2 길이가 7인 새로운 int 배열을 생성하고, 앞에서 만든 nums라는 int[ ] 변수에 대입합니다.

```
nums = new int[7];
```

3 배열의 각 원소에 int 값을 대입합니다. int 배열에 있는 원소는 int 변수일 뿐이라는 점을 기억해 두세요.

```
nums[0] = 6;
nums[1] = 19;
nums[2] = 44;
nums[3] = 42;
nums[4] = 10;
nums[5] = 20;
nums[6] = 1;
```

int 변수 일곱 개

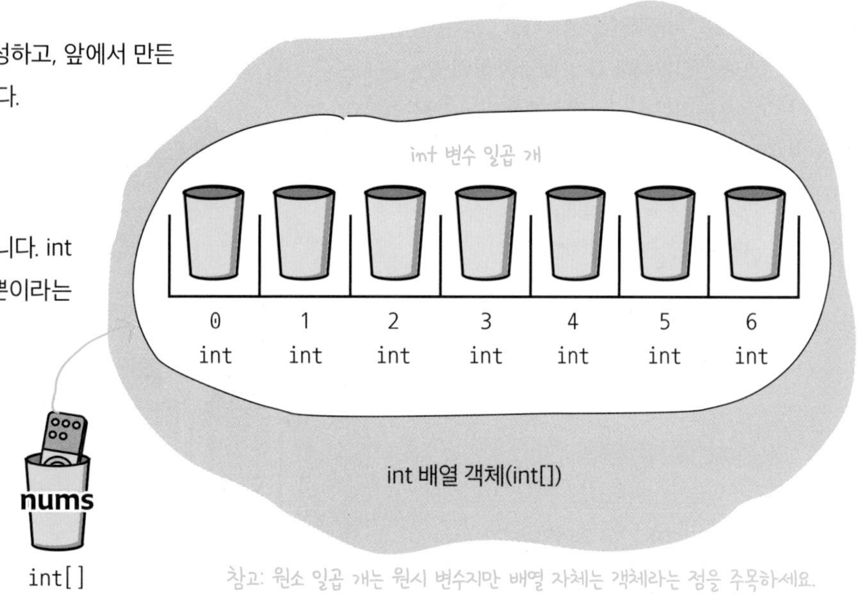

참고: 원소 일곱 개는 원시 변수지만 배열 자체는 객체라는 점을 주목하세요.

배열도 객체입니다

원시 값을 저장하도록 선언된 배열 객체를 만들 수도 있습니다. 이렇게 배열 객체에 원시 타입인 원소가 들어갈 수는 있지만, 배열 자체는 절대 원시 타입이 될 수 없습니다. **배열이 보유한 내용과는 상관없이 배열 자체는 언제나 객체입니다.**

Dog 배열 만들어 보기

1 Dog 배열 변수를 선언합니다.

```
Dog[] pets;
```

2 길이가 7인 Dog 배열을 만들어서 앞서 선언한 Dog[ ] 변수인 pets에 대입합니다.

```
pets = new Dog[7];
```

뭐가 빠졌을까요?
Dog 객체가 없네요. Dog 레퍼런스에 대한 배열을 만들긴 했지만, 실제 Dog 객체가 아직 하나도 없습니다.

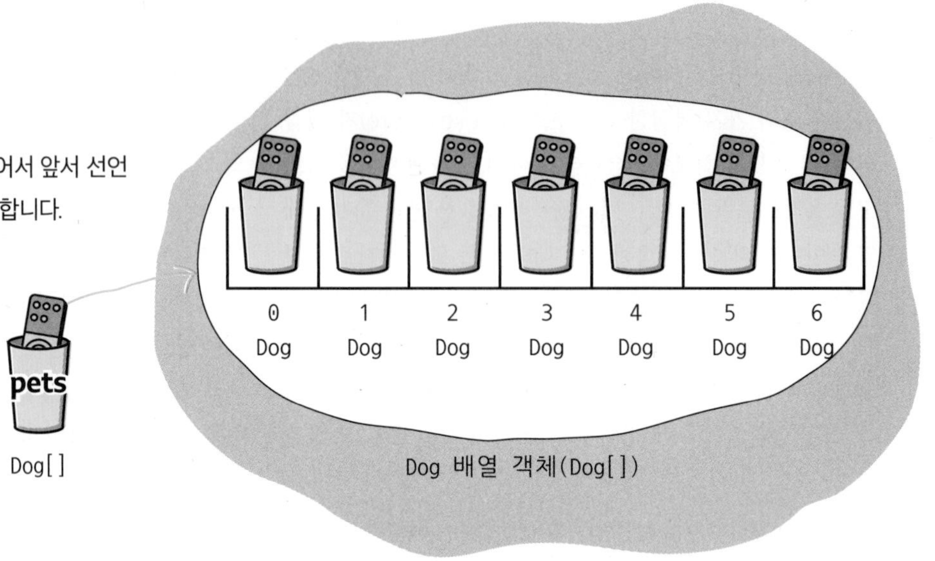

---

3 새로운 Dog 객체를 생성하고 그 객체를 배열 원소에 대입합니다. Dog 배열에 들어 있는 원소는 Dog 레퍼런스 변수에 불과하다는 점을 잊지 마세요. Dog 객체는 따로 만들어야 합니다.

```
pets[0] = new Dog();
pets[1] = new Dog();
```

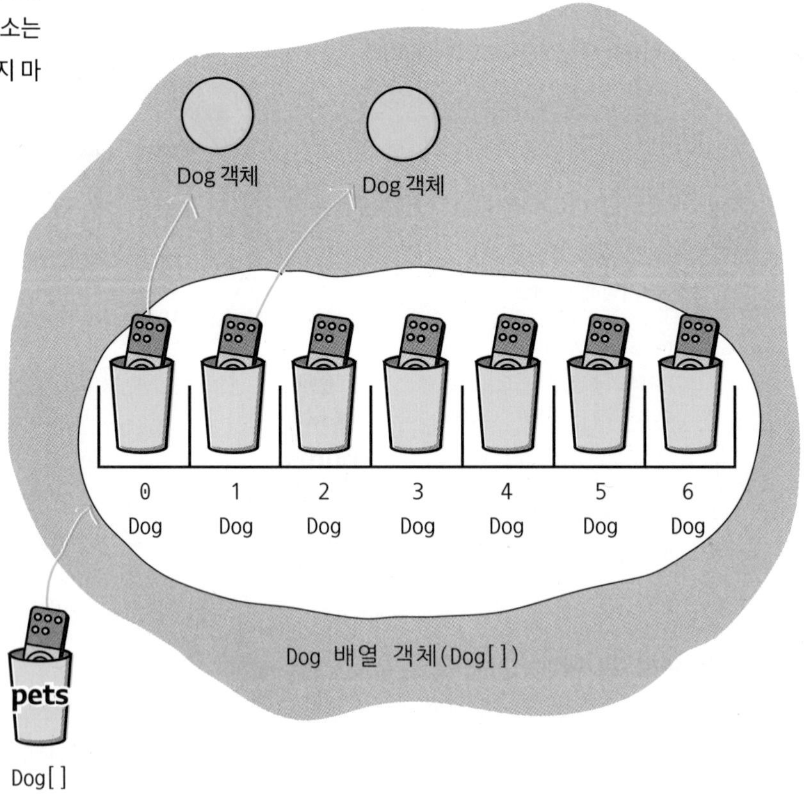

쓰면서 제대로 공부하기

pets[2]의 현재 값은 무엇일까요?

____

pets[3]이 이미 만들어진 Dog 객체 두 개 중 하나를 참조하게 하려면 어떤 코드를 쓰면 될까요?

____

→ 풀어 보세요

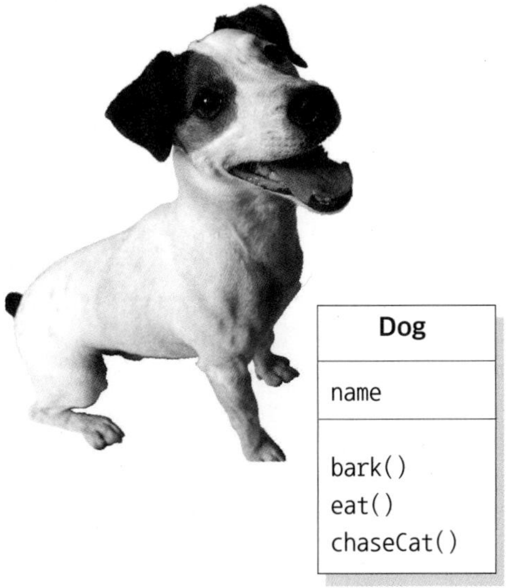


```
Dog fido = new Dog();
fido.name = "Fido";
```

여기서는 Dog 객체를 만들고 **fido**라는 레퍼런스 변수에 대해 점 연산자(.)를 사용해서 name 변수에 접근했습니다.

fido 레퍼런스를 사용해서 그 개가 짖거나(bark( )) 먹거나(eat( )) 고양이를 쫓아가도록(chaseCat( )) 할 수도 있습니다.

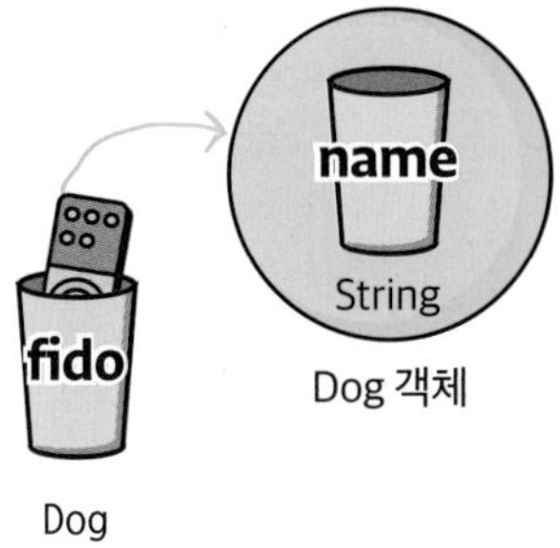


```
fido.bark();
fido.chaseCat();
```

Dog가 Dog 배열에 들어 있으면 어떻게 될까요?

점 연산자를 이용하면 Dog의 인스턴스 변수나 메서드에 접근할 수 있다는 것은 알고 있습니다. 하지만 어떤 것에 대해서 점 연산자를 적용할 수 있을까요?

Dog가 배열에 들어 있을 때는 실제 변수명(fido 같은 것)이 없습니다. 대신 배열 표기법을 이용해서 리모컨의 버튼(점 연산자)을 배열의 특정 인덱스(위치)에 있는 객체에 집어넣을 수 있습니다.

```
Dog[] myDogs = new Dog[3];
myDogs[0] = new Dog();
myDogs[0].name = "Fido";
myDogs[0].bark();
```

자바는 타입을 철저하게 따집니다.

한번 배열을 선언하고 나면 선언할 때 지정한 배열의 타입에 속하는 것을 제외하고 다른 것은 절대 집어넣을 수 없습니다.

예를 들어서, Dog 배열에 Cat을 집어넣을 수는 없습니다(누군가가 배열에 개(Dog)만 들어 있다는 가정 아래, 각 객체에 대해 짖으라는 명령(bark( ) 메서드)을 실행시켰을 때 고양이(Cat)가 갑자기 튀어나온다면 황당하겠죠?). 마찬가지로 int 배열에 double을 집어넣을 수는 없습니다(아까 컵에서 내용물이 넘치는 얘기 기억 나시죠?). 하지만 byte는 언제나 int 크기의 컵에 들어갈 수 있으니 byte를 int 배열에 집어넣을 수는 있습니다. 이런 것을 **암묵적인 확대**(implicit widening)라고 합니다. 자세한 내용은 나중에 알아보기로 하고 일단 지금은 배열을 선언할 때 지정한 타입이 아닌 다른 타입을 넣으려고 하면 컴파일러에서 오류가 발생한다는 점을 기억해 두세요.

여기서는 내용이 복잡해지지 않도록 일단 캡슐화를 사용하지 않았습니다. 캡슐화에 대해서는 4장에서 알아보겠습니다.

Dog 예제

```
class Dog {
  String name;

  public static void main(String[] args) {
    // Dog 객체를 만들고 접근합니다.
    Dog dog1 = new Dog();
    dog1.bark();
    dog1.name = "Bart";

    // 이번에는 Dog 배열을 만듭니다.
    Dog[] myDogs = new Dog[3];
    // 그리고 개를 몇 마리 집어넣습니다.
    myDogs[0] = new Dog();
    myDogs[1] = new Dog();
    myDogs[2] = dog1;

    // 배열 레퍼런스를 써서 Dog 객체에
    // 접근합니다.
    myDogs[0].name = "Fred";
    myDogs[1].name = "Marge";

    // myDogs[2]의 이름이 뭐였지?
    System.out.print("마지막 개의 이름: ");
    System.out.println(myDogs[2].name);

    // 이제 반복문을 써서 배열에 들어 있는
    // 모든 개가 짖도록 합시다.
    int x = 0;
    while (x < myDogs.length) {
      myDogs[x].bark();
      x = x + 1;
    }
  }

  public void bark() {
    System.out.println(name + "이(가) 왈! 하고
짖습니다.");
  }

  public void eat() {
  }

  public void chaseCat() {
  }
}
```

문자열은 특별한 타입의 객체입니다. 실제로는 레퍼런스이지만 마치 원시 타입과 마찬가지로 생성하고 대입할 수 있습니다.

배열에는 'length'라는 변수가 있어서 그 변수를 통해 배열에 들어 있는 원소의 개수를 알아낼 수 있습니다.

Dog
name
bark() eat() chaseCat()

출력 결과:

```
File Edit Window Help Howl
%java Dog
null이(가) 왈! 하고 짖습니다.
마지막 개의 이름: Bart
Fred이(가) 왈! 하고 짖습니다.
Marge이(가) 왈! 하고 짖습니다.
Bart이(가) 왈! 하고 짖습니다.
```

핵심 정리

- 변수에는 원시 변수와 레퍼런스의 두 종류가 있습니다.
- 변수를 선언할 때는 반드시 이름과 타입이 있어야 합니다.
- 원시 변수의 값은 그 값을 표시하는 비트로 구성됩니다(5, 'a', true, 3.1416 등).
- 레퍼런스 변수의 값은 힙에 들어 있는 객체에 접근할 수 있는 방법을 나타내는 비트입니다.
- 레퍼런스 변수는 리모컨과 같습니다. 레퍼런스 변수에 대해 점 연산자(.)를 사용하는 것은 리모컨의 버튼을 눌러서 메서드나 인스턴스 변수에 접근하는 것과 같습니다.
- 레퍼런스 변수가 아무 객체도 참조하지 않으면 그 값은 null이 됩니다.
- 배열은 항상 객체입니다. 배열에 원시 변수를 저장하도록 선언해도 마찬가지죠. 원시 배열 같은 것은 없습니다. 원시 변수가 들어 있는 배열이 있을 뿐입니다.

정답과 해설 110쪽

연습 문제

컴파일러가 되어 봅시다

이 페이지에 나와 있는 각 자바 파일은 하나의 온전한 소스 파일입니다. 이제 컴파일러 입장에서 각 파일을 무사히 컴파일할 수 있을지 생각해 보세요. 만약 컴파일이 되지 않는다면 어떻게 해야 문제점을 해결할 수 있을까요?

A

```
class Books {
  String title;
  String author;
}

class BooksTestDrive {
  public static void main(String[] args) {
    Books[] myBooks = new Books[3];
    int x = 0;
    myBooks[0].title = "The Grapes of Java";
    myBooks[1].title = "The Java Gatsby";
    myBooks[2].title = "The Java Cookbook";
    myBooks[0].author = "bob";
    myBooks[1].author = "sue";
    myBooks[2].author = "ian";

    while (x < 3) {
      System.out.print(myBooks[x].title);
      System.out.print(" by ");
      System.out.println(myBooks[x].
author);
      x = x + 1;
    }
  }
}
```

B

```
class Hobbits {
  String name;

  public static void main(String[] args) {
    Hobbits[] h = new Hobbits[3];
    int z = 0;

    while (z < 4) {
      z = z + 1;
      h[z] = new Hobbits();
      h[z].name = "bilbo";
      if (z == 1) {
        h[z].name = "frodo";
      }
      if (z == 2) {
        h[z].name = "sam";
      }
      System.out.print(h[z].name + " is a ");
      System.out.println("good Hobbit name");
    }
  }
}
```

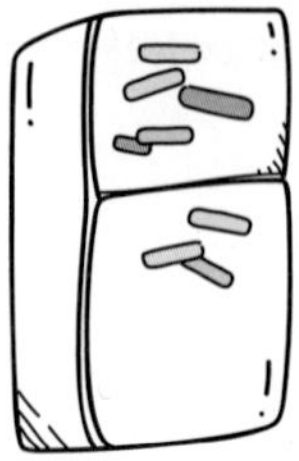

코드 자석

정답과 해설 110쪽

냉장고 위에 자바 프로그램 코드가 아무렇게나 널려 있습니다. 코드 스니펫을 재배치해서 아래에 있는 것과 같은 결과를 출력하는 자바 프로그램을 만들어 보세요. 아, 그런데 중괄호 몇 개는 바닥에 떨어져 버렸군요. 찾기 힘드니까 필요하면 마음대로 새롭게 추가해 보세요.

```
int y = 0;
```

```
ref = index[y];
```

```
islands[0] = "Bermuda";
islands[1] = "Fiji";
islands[2] = "Azores";
islands[3] = "Cozumel";
```

```
int ref;
while (y < 4) {
```

```
System.out.println(islands[ref]);
```

```
index[0] = 1;
index[1] = 3;
index[2] = 0;
index[3] = 2;
```

```
String [] islands = new String[4];
```

```
System.out.print("island = ");
```

```
int [] index = new int[4];
```

```
y = y + 1;
```

```
class TestArrays {

  public static void main(String[] args) {
```

출력 결과:

```
File Edit Window Help Sunscreen
% java TestArrays
island = Fiji
island = Cozumel
island = Bermuda
island = Azores
```

수영장 퍼즐

수영장 안에 있는 코드 스니펫을 꺼내서 오른쪽에 있는 코드의 빈 줄에 넣어 보세요. 같은 조각을 여러 번 사용해도 되지만 이 중에는 전혀 쓰이지 않는 조각도 있을 수 있습니다. 이 퍼즐의 목표는 문제없이 컴파일과 실행이 되어 다음과 같은 결과를 출력하는 클래스를 만드는 것입니다.

출력 결과:

```
File  Edit  Window  Help  Bermuda
%java Triangle
triangle 0, area = 4.0
triangle 1, area = 10.0
triangle 2, area = 18.0
triangle 3, area = ____
y = ______________________
```

보너스 문제!
출력 결과에서 밑줄로 표시된 부분에 들어갈 내용을 아래 수영장에서 찾아보세요.

```
class Triangle {
  double area;
  int height;
  int length;

  public static void main(String[] args) {
    __________
    ____________________
    while ( ________ ) {
      ______________________
      _______.height = (x + 1) * 2;
      _______.length = x + 4;
      ______________________
      System.out.print("triangle " + x + ", area");
      System.out.println(" = " + _______.area);
      ______________
    }
    ____________
    x = 27;
    Triangle t5 = ta[2];
    ta[2].area = 343;
    System.out.print("y = " + y);
    System.out.println(", t5 area = " + t5.area);
  }
  void setArea() {
    __________ = (height * length) / 2;
  }
}
```

(지면 관계상 테스트용 클래스를 따로 만드는 대신 바로 main 메서드를 집어넣은 것도 있습니다)

참고: 수영장에서 꺼낸 스니펫은 여러 번 사용할 수 있습니다!

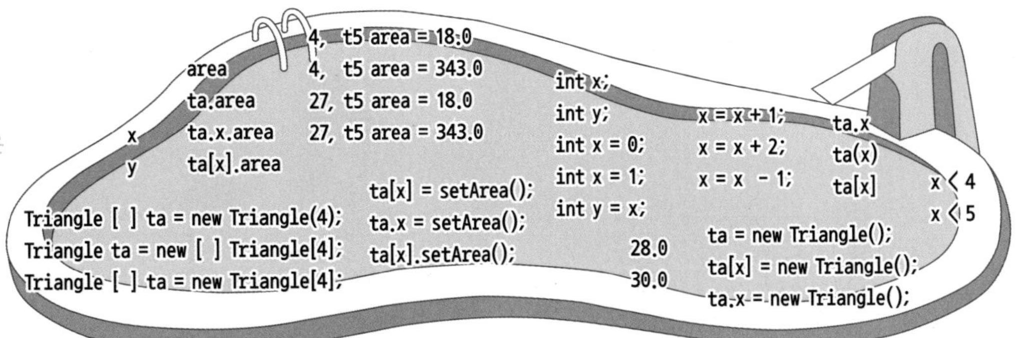
4, t5 area = 18.0
4, t5 area = 343.0
27, t5 area = 18.0
27, t5 area = 343.0
area
ta.area
ta.x.area
ta[x].area
x
y
int x;
int y;
int x = 0;
int x = 1;
int y = x;
x = x + 1;
x = x + 2;
x = x - 1;
ta.x
ta(x)
ta[x]
x < 4
x < 5
ta[x] = setArea();
ta.x = setArea();
ta[x].setArea();
Triangle [ ] ta = new Triangle(4);
Triangle ta = new [ ] Triangle[4];
Triangle [ ] ta = new Triangle[4];
28.0
30.0
ta = new Triangle();
ta[x] = new Triangle();
ta.x = new Triangle();

힙 문제

정답과 해설 111쪽

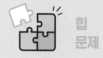

오른쪽에 간단한 자바 프로그램이 있습니다. '// 여기' 부분에 다다르면 객체 몇 개와 레퍼런스 변수가 만들어져 있을 것입니다. 여러분이 할 일은 그 시점에서 어떤 레퍼런스 변수가 어떤 객체를 참조하는지 알아내는 것입니다. 하단의 모든 레퍼런스 변수가 다 쓰이는 것은 아니며 일부 객체는 두 번 이상 참조될 수도 있습니다. 레퍼런스 변수와 레퍼런스 변수가 참조하는 객체를 선으로 연결해 보세요.

참고: 99~102쪽에 있는 것과 같은 그림을 그려 보면 퍼즐을 풀기가 한결 수월해질 것입니다. 성급하게 볼펜으로 먼저 선을 긋지 말고 연필을 들고 레퍼런스를 연결하는 선을 그리고 지우다 보면 답이 나오겠죠?

```
class HeapQuiz {
  int id = 0;

  public static void main(String[] args) {
    int x = 0;
    HeapQuiz[] hq = new HeapQuiz[5];
    while (x < 3) {
      hq[x] = new HeapQuiz();
      hq[x].id = x;
      x = x + 1;
    }
    hq[3] = hq[1];
    hq[4] = hq[1];
    hq[3] = null;
    hq[4] = hq[0];
    hq[0] = hq[3];
    hq[3] = hq[2];
    hq[2] = hq[0];
    // 여기
  }
}
```

레퍼런스 변수: **HeapQuiz 객체:**

각 레퍼런스 변수와 그 변수가 참조하는 객체를 연결해 보세요. 모든 레퍼런스 변수를 연결할 필요는 없습니다.

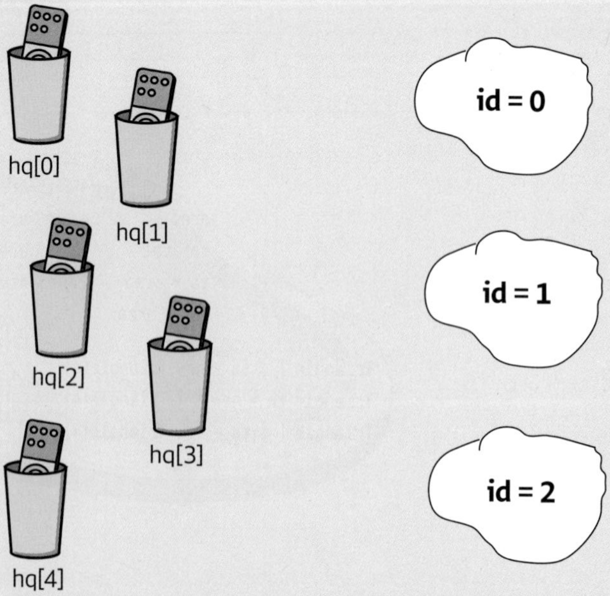

정답과 해설 111쪽

5분 미스터리

레퍼런스 도용 사건

폭풍우가 몰아치는 음산한 날이었습니다. 갑자기 토니(Tawny)가 당당하게 프로그래머 사무실에 걸어 들어왔습니다. 물론 그도 모든 프로그래머가 일하느라 바쁘다는 것 정도는 알고 있었죠. 하지만 그는 도움이 필요했습니다. 그는 자바 기능이 내장된 고객의 핸드폰에 들어갈 핵심 클래스에서 사용할 새로운 메서드가 필요했습니다. 그 핸드폰은 일급 기밀이었지요. 핸드폰 메모리에서 사용할 수 있는 힙 공간이 아주 작다는 것을 누구든지 알 수 있었습니다. 그가 화이트보드 쪽으로 다가가자 웅성거리던 사무실은 쥐 죽은 듯 조용해졌습니다. 그는 새로운 메서드의 기능을 간략하게 설명한 다음 사무실을 천천히 둘러보았습니다. "자, 이제 시작해 봅시다. 메모리 효율을 최대한 끌어올릴 수 있는 방법으로 메서드를 만든 사람은 내일 저와 함께 하와이 마우이에서 열리는 고객의 점심 파티에 갈 수 있습니다. 물론 새 소프트웨어를 설치하러 가는 거죠."

다음 날 아침, 토니가 사무실로 미끄러지듯 들어왔습니다. 그가 "여러분, 몇 시간만 있으면 비행기가 출발합니다. 지금까지 만든 걸 보여 주세요."라고 하자 밥(Bob)이 가장 먼저 앞으로 나섰습니다. 그가 화이트보드에 그가 설계한 메서드를 쓰기 시작하자 토니가 "밥, 본론으로 들어갑시다. 연락처 객체의 목록을 갱신하는 과정을 어떤 식으로 처리했는지 보여 주세요."라고 말했습니다. 밥은 재빠르게 화이트보드에 코드를 썼습니다.

```
Contact [] contacts = new Contact[10];
while (x < 10) {   // 연락처 객체 10개를 만듭니다.
  contacts[x] = new Contact();
  x = x + 1;
}
// contacts에 들어 있는 내용을 갱신하는 복잡한 작업을 처리합니다.
```

밥은 "토니, 저도 메모리가 모자란다는 점은 잘 알아요. 하지만 스펙을 보면 연락처 10개에 대해 모두 각각의 연락처 정보에 접근할 수 있어야 한다고 해서 이 방법 외에는 마땅한 방법을 찾을 수가 없었어요."라고 말했습니다. 다음으로는 케이트(Kate)가 나왔습니다. 그는 벌써부터 파티장에서 코코넛 칵테일을 마시는 상상을 하고 있었지요. 케이트는 "밥, 그 코드는 조금 지저분하지 않아요?"라고 말하고는 능글맞은 웃음을 지으며 "이거 한번 보세요."라고 말했습니다.

```
Contact contactRef;
while (x < 10) {   // 연락처 객체 10개를 만듭니다.
  contactRef = new Contact();
  x = x + 1;
}
// contactRef에 들어 있는 내용을 갱신하는 복잡한 작업을 처리합니다.
```

"이렇게 하면 레퍼런스 변수 여러 개가 들어갈 만한 공간을 절약할 수 있죠. 밥, 마우이에는 제가 가야겠습니다." 케이트는 벌써부터 자기가 간다고 생각하고 있었습니다. 하지만 토니가 그를 가로막으며 말했습니다. "케이트, 너무 급하군요. 메모리를 약간 절약할 수는 있지만 마우이에는 밥이 같이 가야겠군요."

토니는 왜 케이트가 메모리를 더 적게 사용했는데도 밥과 함께 가기로 했을까요?

정답과 해설

쓰면서 제대로 공부하기(94쪽)

1. int x = 34.5; ✗	7. s = y; ✗
2. boolean boo = x; ✗	8. byte b = 3; ✓
3. int g = 17; ✓	9. byte v = b; ✓
4. int y = g; ✓	10. short n = 12; ✓
5. y = y + 10; ✓	11. v = n; ✗
6. short s; ✓	12. byte k = 128; ✗

코드 자석(106쪽)

```
class TestArrays {
  public static void main(String[] args) {
    int[] index = new int[4];
    index[0] = 1;
    index[1] = 3;
    index[2] = 0;
    index[3] = 2;
    String[] islands = new String[4];
    islands[0] = "Bermuda";
    islands[1] = "Fiji";
    islands[2] = "Azores";
    islands[3] = "Cozumel";
    int y = 0;
    int ref;
    while (y < 4) {
      ref = index[y];
      System.out.print("island = ");
      System.out.println(islands[ref]);
      y = y + 1;
    }
  }
}
```

출력 결과:

```
File  Edit  Window  Help  Sunscreen
% java TestArrays
island = Fiji
island = Cozumel
island = Bermuda
island = Azores
```

연습 문제(105쪽)

A

```
class Books {
  String title;
  String author;
}

class BooksTestDrive {
  public static void main(String[] args) {
    Books[] myBooks = new Books[3];
    int x = 0;
    myBooks[0] = new Books();
    myBooks[1] = new Books();
    myBooks[2] = new Books();
    myBooks[0].title = "The Grapes of Java";
    myBooks[1].title = "The Java Gatsby";
    myBooks[2].title = "The Java Cookbook";
    myBooks[0].author = "bob";
    myBooks[1].author = "sue";
    myBooks[2].author = "ian";
    while (x < 3) {
      System.out.print(myBooks[x].title);
      System.out.print(" by ");
      System.out.println(myBooks[x].author);
      x = x + 1;
    }
  }
}
```

실제로 Books 객체를 만들어야겠죠?

B

```
class Hobbits {
  String name;

  public static void main(String[] args) {
    Hobbits[] h = new Hobbits[3];
    int z = -1;
    while (z < 2) {
      z = z + 1;
      h[z] = new Hobbits();
      h[z].name = "bilbo";
      if (z == 1) {
        h[z].name = "frodo";
      }
      if (z == 2) {
        h[z].name = "sam";
      }
      System.out.print(h[z].name + " is a ");
      System.out.println("good Hobbit name");
    }
  }
}
```

배열의 인덱스는 0에서 시작합니다.

정답과 해설

수영장 퍼즐(107쪽)

```
class Triangle {
  double area;
  int height;
  int length;

  public static void main(String[] args) {
    int x = 0;
    Triangle[] ta = new Triangle[4];
    while (x < 4) {
      ta[x] = new Triangle();
      ta[x].height = (x + 1) * 2;
      ta[x].length = x + 4;
      ta[x].setArea();
      System.out.print("triangle " + x +
                       ", area");
      System.out.println(" = " + ta[x].area);
      x = x + 1;
    }
    int y = x;
    x = 27;
    Triangle t5 = ta[2];
    ta[2].area = 343;
    System.out.print("y = " + y);
    System.out.println(", t5 area = " +
                       t5.area);
  }

  void setArea() {
    area = (height * length) / 2;
  }
}
```

출력 결과:

```
File Edit Window Help Bermuda
%java Triangle
triangle 0, area = 4.0
triangle 1, area = 10.0
triangle 2, area = 18.0
triangle 3, area = 28.0
y = 4, t5 area = 343.0
```

5분 미스터리(109쪽)

레퍼런스 도용 사건

토니는 케이트의 메서드에서 심각한 결점을 발견했습니다. 사용한 레퍼런스 변수 개수는 밥의 메서드에 비해 적었지만 그의 결과물은 메서드에서 만든 Contact 객체 중에서 마지막 것을 제외한 나머지는 접근할 수가 없다는 문제가 있었습니다. 반복문을 한 바퀴 돌 때마다 새로운 객체를 레퍼런스 변수 하나에 대입했으므로 전에 참조하고 있던 객체는 힙에서 버림받게 된 것입니다. 즉, 그 객체를 다시는 사용할 수 없었습니다. 따라서 기껏 객체 10개를 만들고는 객체 하나에만 접근할 수 있는 케이트의 메서드는 아무 쓸모가 없었죠.

(이 프로젝트는 아주 잘 끝나서 그 고객은 토니와 밥에게 일주일 동안 하와이에 더 머물 수 있게 해 줬습니다. 이 책을 다 읽을 무렵이면 여러분도 그만큼 프로그램을 잘 만들 수 있을 것입니다.)

힙 문제(108쪽)

레퍼런스 변수: **HeapQuiz 객체:**

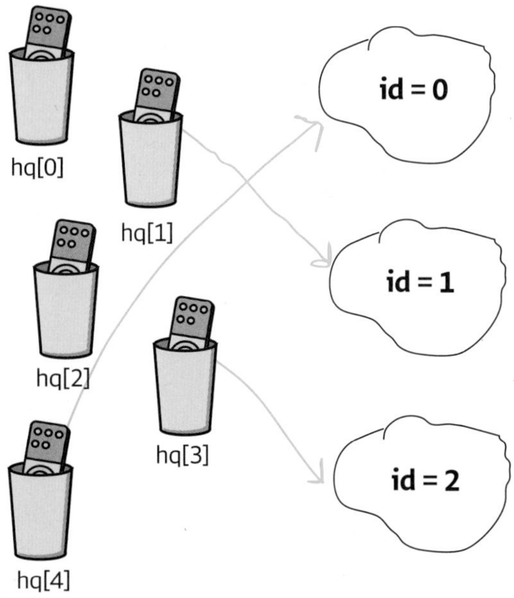

CHAPTER

04

객체의 행동 방식

메서드는 인스턴스 변수를 사용합니다

그 귀여운 변수들은 우리끼리만
알고 있는 것으로 하자. 알겠지?

— 상태는 행동에 영향을 미치고, 행동은 상태에 영향을 미칩니다 —

객체에는 각각 **인스턴스 변수**와 **메서드**로 표현되는 **상태**와 **행동**이 있습니다. 하지만 우리는 아직 상태와 행동이 어떤 식으로 연결되어 있는지 알아보지 않았습니다. 클래스의 각 인스턴스(특정 타입에 속하는 각 객체)의 인스턴스 변수에는 각각 고유의 값이 있다는 것은 이미 알고 있습니다. 예를 들어서, A라는 Dog 객체에 들어 있는 name이라는 인스턴스 변수에는 "Fido"라는 값이 들어갈 수 있고, weight라는 변수에는 "70파운드"라는 값이 들어갈 수 있으며, B라는 Dog 객체의 name 변수에는 "Killer"가, weight 변수에는 "9파운드"가 들어갈 수 있습니다. 그리고 Dog 클래스에 makeNoise()라는 메서드(짖는 메서드)가 있다고 가정한다면 몸무게가 70파운드짜리 개와 9파운드짜리 개는 짖는 소리가 다른 것이 자연스럽겠죠? (물론 앙앙거리는 소리도 '짖는' 소리라고 할 수 있다면 말이지요) 다행히도 객체란 바로 그런 목적으로 만들어졌습니다. 객체에는 그 상태에 대해 어떤 작업을 처리할 수 있는 행동(behavior)이라는 것이 있습니다. 즉, **메서드는 인스턴스 변수의 값을 사용합니다.** "체중이 14파운드 미만이면 앙앙거리는 소리를 내라."라든가 "체중을 5만큼 증가시켜라."와 같은 식으로 말이죠. 4장에서는 직접 어떤 상태를 다른 것으로 바꿔 봅니다.

클래스는 객체가 아는 것과 객체가 하는 것을 기술합니다

클래스는 객체에 대한 설계도입니다. 클래스를 만든다는 것은 'JVM에서 어떻게 그 타입의 객체를 만드는지 기술하는 것'이라고 할 수 있습니다. 이미 배웠듯이 어떤 타입의 모든 객체는 서로 다른 인스턴스 변숫값을 가질 수 있습니다. 하지만 메서드는 어떨까요?

같은 타입에 속하는 모든 객체들이 서로 다른 행동을 하는 메서드를 가질 수 있을까요?

흠··· 그렇다고 볼 수 있겠네요.

특정 클래스의 각 인스턴스는 동일한 메서드를 갖지만, 메서드의 행동은 인스턴스 변숫값에 따라 달라질 수 있습니다.

Song이라는 클래스에 title(곡명)과 artist(가수), 이렇게 두 개의 인스턴스 변수가 있다고 가정해 봅시다. 어떤 인스턴스에 대해 play() 메서드를 실행시키면 그 메서드에서는 해당 인스턴스의 title과 artist 인스턴스 변수에 의해 정해지는 노래를 재생합니다. 그러므로 어떤 인스턴스에 대해서는 play() 메서드를 호출했을 때 카밀라 카베요(Camila Cabello)의 <Havana>가 재생되고, 또 다른 인스턴스에서는 트래비스(Travis)의 <Sing>이 재생될 수 있습니다. 하지만 메서드 코드 자체는 똑같겠죠.

```
void play() {
    soundPlayer.playSound(title, artist);
}

Song song1 = new Song();
song1.setArtist("Travis");
song1.setTitle("Sing");
Song song2 = new Song();
song2.setArtist("Sex Pistols");
song2.setTitle("My Way");
```

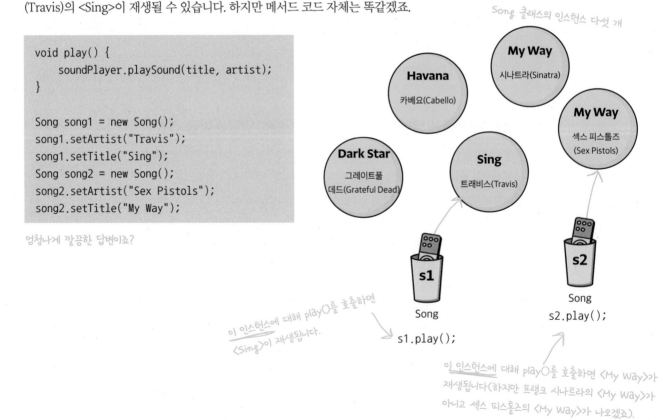

엄청나게 깔끔한 답변이죠?

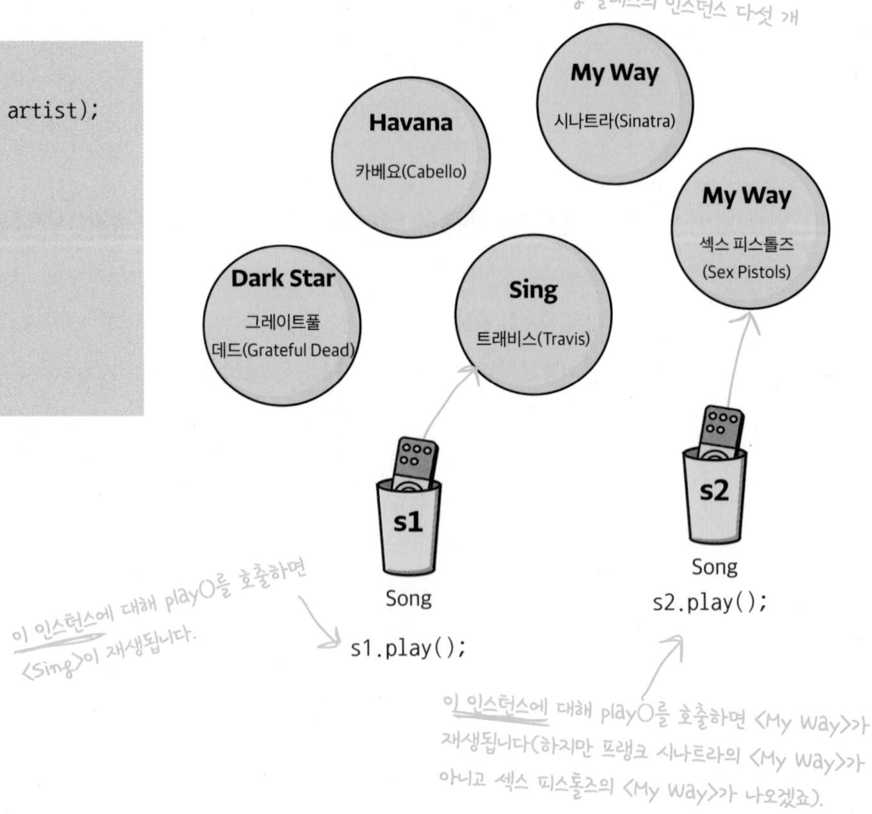

크기는 짖는 소리에 영향을 끼칩니다

조그만 개와 큰 개는 서로 다른 소리로 짖습니다.
Dog 클래스에는 size라는 인스턴스 변수가 있는데, bark() 메서드에서 이 값을 이용해서 짖는 소리를 결정할 수 있습니다.

```
class Dog {
  int size;
  String name;

  void bark() {
    if (size > 60) {
      System.out.println("Wooof! Wooof!");
    } else if (size > 14) {
      System.out.println("Ruff!  Ruff!");
    } else {
      System.out.println("Yip! Yip!");
    }
  }
}
```

```
class DogTestDrive {

  public static void main(String[] args) {
    Dog one = new Dog();
    one.size = 70;
    Dog two = new Dog();
    two.size = 8;
    Dog three = new Dog();
    three.size = 35;

    one.bark();
    two.bark();
    three.bark();
  }
}
```

출력 결과:

```
File Edit Window Help Playdead
%java DogTestDrive
Wooof! Wooof!
Yip! Yip!
Ruff!  Ruff!
```

메서드에 특정 값을 전달할 수 있습니다

메서드 매개변수

다른 프로그래밍 언어와 마찬가지로 자바도 메서드에 특정 값을 전달할 수 있습니다. 예를 들어서, 다음과 같은 식으로 Dog 객체에 짖는 횟수를 지정할 수도 있습니다.

```
d.bark(3);
```

각자의 경험과 개인적 취향에 따라 다를 수 있지만 메서드로 전달하는 값을 지칭할 때는 보통 매개변수(parameter) 또는 인자(argument)라는 용어를 씁니다. 전산학을 전공하는 전문가들은 이 두 용어의 의미를 확실히 구분해서 사용하기도 하지만, 그런 분들은 이 책을 읽을 필요가 없겠죠? 사실 용어야 마음대로 사용해도 되겠지만('인자'라고 부르든 '도넛'이라고 부르든 '머리털'이라고 부르든 별 상관은 없겠죠. 그냥 혼자만 사용할 생각이라면 말이죠), 이 책에서는 다음과 같은 식으로 사용하고자 합니다.

호출하는 쪽에서 넘기는 것은 인자, 메서드에서 받는 것은 매개변수입니다.

메서드에 전달되는 값을 **인자**라고 부르겠습니다. 인자(2, "Foo", Dog에 대한 레퍼런스 등)는 메서드가 호출될 때 **매개변수**에 전달됩니다. 매개변수는 사실 로컬 변수에 불과하죠. 즉, 매개변수도 결국은 메서드 본체 안에서 사용할 수 있는, 이름과 타입이 있는 변수입니다.
하지만 한 가지 중요한 점이 있습니다. **메서드에서 매개변수를 받도록 선언했다면 그 메서드를 호출할 때 반드시 무언가를 전달해야 합니다.** 그리고 그 '무언가'는 반드시 정해진 타입의 값이어야 합니다.

1 Dog 레퍼런스의 bark 메서드를 호출하는데, 이 때 3이라는 값을 전달합니다(3이라는 값을 인자라고 부릅니다).

```
Dog d = new Dog();
d.bark(3);
```

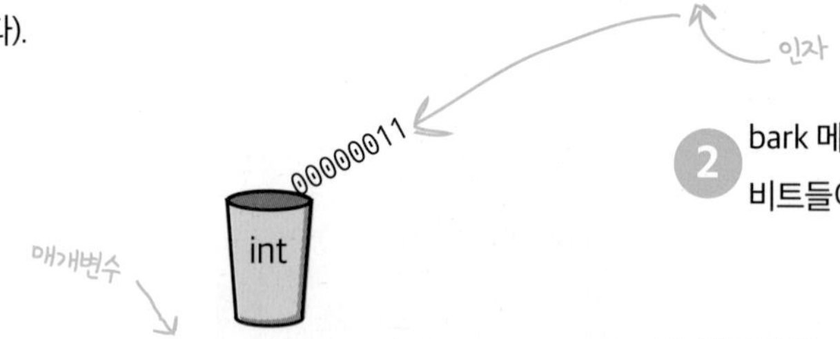

2 bark 메서드에는 3을 나타내는 비트들이 전달됩니다.

3 이 비트들은 numOfBarks 매개변수(int 크기의 변수)에 들어갑니다.

4 numOfBarks 매개변수는 메서드 코드 내에서 변수로 쓰입니다.

```
void bark(int numOfBarks) {
  while (numOfBarks > 0) {
    System.out.println("ruff");
    numOfBarks = numOfBarks - 1;
  }
}
```

메서드에서 특정 값을 리턴할 수도 있습니다

메서드에서 특정 값을 리턴할 수도 있습니다. 이렇게 특정 값을 반환하는 것을 '리턴한다'라고 합니다. 어떤 메서드를 선언하든지 반드시 리턴 타입을 지정해야 하는데, 지금까지는 모든 메서드의 리턴 타입을 void로 선언했습니다. 리턴 타입을 void로 선언하면 그 메서드에서는 아무것도 리턴하지 않습니다.

```
void go() {
}
```

하지만 다음과 같은 식으로 호출한 쪽에 특정한 타입의 값을 리턴하도록 메서드를 선언할 수도 있습니다.

```
int giveSecret() {
    return 42;
}
```

메서드를 선언할 때 어떤 값을 리턴하겠다고 선언했다면 그렇게 선언한 타입의 값을 반드시 리턴해야 합니다(또는 선언한 타입과 호환 가능한 값을 리턴할 수도 있습니다. 이와 관련된 내용은 7장과 8장에서 다형성에 대해 배울 때 자세하게 알아보겠습니다).

엉뚱한 타입의 값을 리턴하려고 하면 컴파일러가 가만히 놔두지 않을 것입니다.

뭔가를 돌려 주기로 약속했으면

반드시 돌려 주는 것이 좋습니다.

```
int theSecret = life.giveSecret();
```

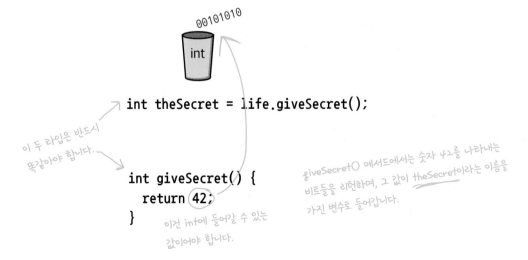

이 두 타입은 반드시 똑같아야 합니다.

```
int giveSecret() {
  return 42;
}
```

이건 int에 들어갈 수 있는 값이어야 합니다.

giveSecret() 메서드에서는 숫자 42를 나타내는 비트들을 리턴하며, 그 값이 theSecret이라는 이름을 가진 변수로 들어갑니다.

메서드에 두 개 이상의 인자를 전달할 수도 있습니다

메서드에 매개변수 여러 개가 있을 수도 있습니다. 이렇게 매개변수 여러 개가 필요하다면 선언할 때 각 매개변수를 쉼표로 구분해서 쓰면 됩니다. 그리고 인자를 전달할 때도 각 인자를 쉼표로 구분하면 됩니다. 무엇보다도 가장 중요한 것은 메서드에 매개변수가 있을 때 그 타입과 순서를 올바르게 맞춰서 전달해야 한다는 것입니다.

매개변수 두 개가 있는 메서드를 호출하면서 인자 두 개를 보낼 때

```
void go() {
  TestStuff t = new TestStuff();
  t.takeTwo(12, 34);
}

void takeTwo(int x, int y) {
  int z = x + y;
  System.out.println("Total is " + z);
}
```

이렇게 인자 두 개를 보내면 보낸 순서대로 매개변수로 들어갑니다. 첫 번째 인자는 첫 번째 매개변수, 두 번째 인자는 두 번째 매개변수에 들어가는 식으로 말이죠.

변수 타입이 매개변수 타입과 일치한다면 변수를 매개변수로 전달할 수도 있습니다.

```
void go() {
   int foo = 7;
   int bar = 3;
   t.takeTwo(foo, bar);
}

void takeTwo(int x, int y) {
   int z = x + y;
   System.out.println("Total is " + z);
}
```

foo와 bar의 값은 x와 y 매개변수로 들어갑니다. 그러면 x에 들어 있는 비트들은 foo에 들어 있는 비트(정수 '7'을 나타내는 비트 패턴)들과 같아지고, y에 들어 있는 비트들은 bar에 들어 있는 비트들과 같아집니다.

z의 값은 무엇일까요? takeTwo 메서드로 foo와 bar를 전달하는 시점에서 foo와 bar를 더한 값과 똑같습니다.

자바는 값으로 전달합니다. 즉, 복사본을 전달하는 것이지요

벽에 붙여 놓고 외우세요

장미는 붉은색입니다.
이 시는 조각 난 것처럼 보이지만,
값으로 전달한다는 것은
복사본을 전달하는 것이지요.

더 잘 만들어 보고 싶으세요? 두 번째 행은 별 의미가 없으니까 마음대로 바꿔도 됩니다. 그리고 전부 다 여러분이 직접 작성하면 기억하기가 훨씬 수월할 것입니다.

```
int x = 7;
```

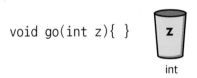

1 int 변수를 선언하고 거기에 '7'이라는 값을 대입합니다. 그러면 7에 해당하는 비트 패턴이 x라는 이름의 변수에 들어갑니다.

```
void go(int z){ }
```

2 z라는 이름의 int 매개변수가 있는 메서드 go()를 선언합니다.

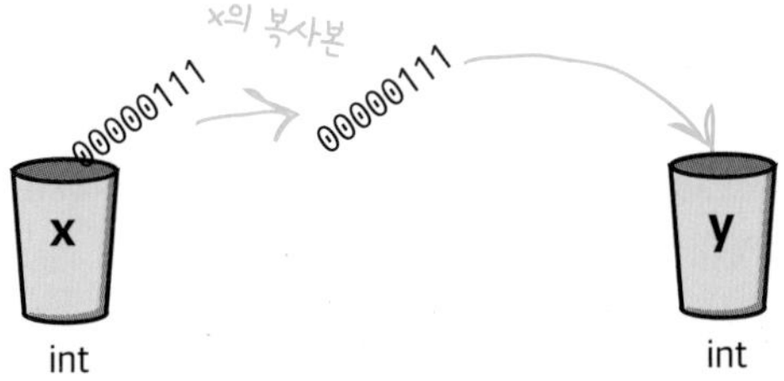


```
foo.go(x);
```

```
void go(int z){ }
```

3 go() 메서드를 호출하는데, 이때 x 변수를 인자로 전달합니다. x에 들어 있는 비트들이 복사되며, 그 복사본은 z로 들어갑니다.

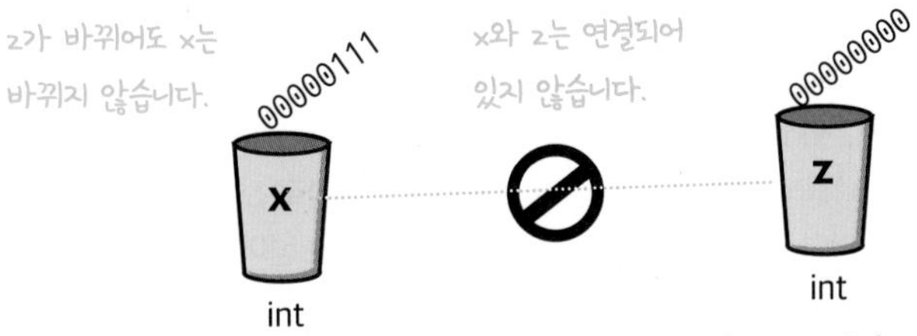


```
void go(int z){
    z = 0;
}
```

4 메서드 안에 있는 z의 값을 바꾸더라도 x의 값은 바뀌지 않습니다. z 매개변수로 전달된 인자는 x의 복사본일 뿐이니까요.
따라서 메서드에서는 그 메서드를 호출할 때 사용했던 x 변수에 들어 있는 비트는 바꿀 수 없습니다.

무엇이든 물어보세요

Q&A

Q1 전달하려고 하는 인자가 원시 변수가 아니고 객체인 경우에는 어떻게 되나요?

A1 이 내용은 나중에 다른 장에서 더 배우겠지만, 여러분은 이미 답을 알고 있습니다. 자바는 모든 것을 값으로 전달합니다. 정말 모든 것을 말이죠. 하지만 이때 값이라고 하는 것은 변수 안에 들어 있는 비트들을 의미합니다. 그리고 앞서 배웠듯이 객체 자체를 변수에 집어넣는 것은 아니죠. 변수는 리모컨에 불과합니다. 객체에 대한 레퍼런스지요. 따라서 메서드에 객체에 대한 레퍼런스를 전달하면 그 리모컨의 복사본을 전달하게 되는 것이죠. 계속 읽어 보세요. 이와 관련해서 아직 설명할 것이 많이 남아 있으니까요.

Q2 메서드에서 리턴값 여러 개를 선언할 수 있나요? 아니면 값 두 개 이상을 리턴할 수 있는 방법이 있습니까?

A2 방법이 전혀 없는 것은 아닙니다. 일단 메서드에서 리턴값은 한 가지밖에 선언할 수 없습니다. 하지만 예를 들어서, int 값 세 개를 리턴하고 싶다면 리턴 타입을 int 배열로 선언하면 됩니다. 즉, 리턴할 int 값 세 개를 배열에 집어넣고 그 배열을 리턴하는 것이지요. 서로 타입이 다른 값을 함께 리턴하는 것은 조금 더 복잡합니다. 이와 관련된 내용은 나중에 ArrayList를 알아볼 때 다시 살펴보겠습니다.

Q3 정확하게 처음에 선언한 타입으로만 리턴해야 하나요?

A3 자동으로 선언한 타입으로 바뀔 수 있는 것은 그냥 리턴해도 됩니다. 따라서 int를 리턴하겠다고 선언한 경우에는 byte도 리턴할 수 있습니다. 어차피 int가 들어갈 자리에는 byte도 들어갈 수 있으므로 메서드를 호출한 쪽에서도 그 값을 사용하는 데 문제가 없겠죠? 하지만 선언한 타입이 리턴하려는 것보다 작은 경우에는 강제로 캐스팅을 해야 합니다(이건 5장에서 살펴볼 예정입니다).

Q4 메서드에서 리턴한 값으로 반드시 무언가를 해야 하나요? 그냥 무시하면 안 되나요?

A4 자바는 리턴값의 사용 여부에 전혀 신경을 쓰지 않습니다. 따라서 리턴값을 아예 사용하지 않는 경우에도 리턴 타입이 void가 아닌 메서드를 호출할 수 있습니다. 메서드에서 리턴하는 값이 필요하다기보다는 메서드 안에서 처리하는 일이 필요한 경우에 이런 식으로 하겠죠? 자바에서 반드시 리턴값을 특별한 용도로 사용하거나 어디에 대입해야 하는 것은 아닙니다.

잊지 마세요. 자바는 타입을 철저하게 따집니다.

리턴 타입을 Rabbit으로 선언했는데, Giraffe를 리턴하면 안 됩니다. 매개변수도 마찬가지입니다. Rabbit을 받아들이는 메서드에 Giraffe를 전달하면 안 되겠죠?

핵심 정리

- 클래스에서는 객체가 아는 것과 객체가 하는 것을 정의합니다.
- **인스턴스 변수**(상태)는 객체가 아는 것입니다.
- **메서드**(행동)는 객체가 하는 것입니다.
- 메서드에서 인스턴스 변수를 이용해서 같은 타입의 객체가 다른 식으로 행동하게 할 수 있습니다.
- 메서드에서 매개변수를 사용할 수 있습니다. 즉, 메서드에 값 한 개 이상을 전달할 수 있습니다.
- 전달하는 값의 개수와 타입은 반드시 메서드를 선언할 때 지정한 것과 같아야 하며 그 순서도 같아야 합니다.
- 메서드 안팎으로 전달되고 리턴되는 값은 상황에 따라 자동으로 더 큰 타입으로 올라갈 수 있습니다. 더 작은 타입으로 바꿔야 한다면 강제로 캐스팅을 해야 합니다.
- 메서드에 인자를 전달할 때는 리터럴 값(2, 'c' 등)을 사용할 수도 있고 선언된 매개변수 타입의 변수(예를 들어서, int 변수 x)를 사용할 수도 있습니다(이 외에도 인자로 전달할 수 있는 것이 있지만, 일단은 이 정도로만 알아두고 넘어갑시다. 나중에 배우게 될 것입니다).
- 메서드를 선언할 때 반드시 리턴 타입을 지정해야 합니다. 리턴 타입을 void로 지정하면 아무것도 리턴하지 않아도 됩니다.
- 메서드를 선언할 때 void가 아니라 리턴 타입을 지정했을 때는 반드시 선언된 리턴 타입과 호환 가능한 값을 리턴해야 합니다.

매개변수와 리턴 타입 활용 방법

매개변수와 리턴 타입에 대해 배웠으니까 이제 그 활용 방법을 알아봅시다. 가장 대표적인 것은 **게터**(getter)와 **세터**(setter)입니다. 사실 정식 명칭은 접근자(accessor)와 변경자(mutator)지만 단어가 조금 길죠? 그리고 게터와 세터라는 명칭은 자바에서 일반적으로 메서드에 이름을 붙이는 방법하고도 연관이 있으므로 이 책에서는 그냥 게터와 세터라고 부르겠습니다.
게터와 세터는 각각 어떤 것을 가져오고(get) 설정하는(set) 역할을 합니다. 보통 인스턴스 변수의 값에 대해 그런 작업을 하죠. 게터는 단지 그 게터가 가져오기로 되어 있는 값을 리턴값 형태로 받아오기 위한 용도로만 쓰입니다. 그렇다면 세터는 그 세터가 설정할 값을 인자로 받아서 인스턴스 변수를 그 값으로 설정하기 위한 용도로 쓰인다는 것을 짐작할 수 있겠죠?

```
class ElectricGuitar {
  String brand;
  int numOfPickups;
  boolean rockStarUsesIt;

  String getBrand() {
    return brand;
  }

  void setBrand(String aBrand) {
    brand = aBrand;
  }

  int getNumOfPickups() {
    return numOfPickups;
  }

  void setNumOfPickups(int num) {
    numOfPickups = num;
  }

  boolean getRockStarUsesIt() {
    return rockStarUsesIt;
  }

  void setRockStarUsesIt(boolean yesOrNo) {
    rockStarUsesIt = yesOrNo;
  }
}
```

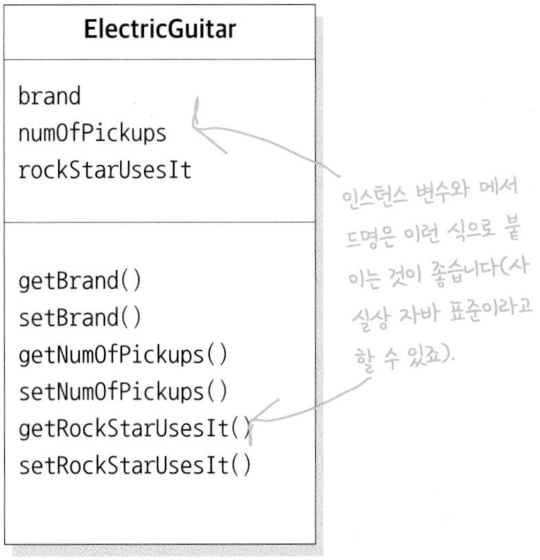

캡슐화

진짜 개발자는 캡슐화를 합니다

캡슐화(Encapsulation)하지 않으면 웃음거리가 되기 십상입니다

지금 이 순간까지 우리는 객체지향에서 가장 큰 잘못 가운데 하나를 공공연하게 저지르고 있었습니다. 그냥 단순한 실수 정도가 아니라 정말 어마어마한 과오라고 해야 할 것 같군요.

우리가 어떤 부끄러운 일을 저질렀던 걸까요?

바로 우리의 데이터를 완전히 노출했다는 점입니다. 데이터를 아무나 볼 수 있도록, 심지어는 아무나 건드릴 수 있도록 무관심하게 방치해 놓고 있으면서 별 생각 없이 즐거워하고 있었지요.

이렇게 인스턴스 변수를 그냥 노출해 놓은 사실에 대해 뭔가 찜찜해 하던 독자들도 있을지 모르겠습니다.

노출되어 있다는 것은 다음과 같은 식으로 점 연산자(.)를 써서 접근할 수 있다는 것을 의미합니다.

```
theCat.height = 27;
```

이렇게 리모컨을 사용해서 theCat이라는 객체의 height 인스턴스 변수(키, 즉 고양이의 크기를 나타내는 변수라고 볼 수 있겠죠?)를 직접 변경하는 것에 대해 다시 한번 생각해 봅시다. 레퍼런스 변수(리모컨)는 잘못된 사람이 사용하면 아주 위험한 무기가 될 수 있습니다. 다음과 같은 경우를 생각해 봅시다.

헉, 이렇게 되면 안 됩니다!

```
theCat.height = 0;
```

이렇게 되면 문제가 심각해지겠죠? 바로 이런 문제가 있으므로 모든 인스턴스 변수에 대해 세터를 만들어야 합니다. 그리고 다른 코드에서는 그 데이터에 절대 직접 접근할 수 없고, 반드시 세터 메서드를 사용해야 하도록 강제해야 합니다.

누구든지 반드시 세터 메서드만을 사용하도록 강제하면 고양이의 크기가 말도 안 되게 바뀌는 것을 방지할 수 있겠죠?

```
public void setHeight(int ht) {
    if (ht > 9) {
        height = ht;
    }
}
```

고양이 키의 최솟값을 보장하기 위한 검사를 집어넣었습니다.

데이터를 숨깁시다

데이터와 차후 여러분이 구현할 코드를 수정할 권한을 보호하기 위해서 안 좋은 데이터의 구현을 방지하는 간단한 방법이 있습니다. 바로 데이터를 숨기는 것입니다.

그럼 정확하게 어떻게 해야 데이터를 숨길 수 있을까요? 바로 public과 private이라는 접근 변경자를 사용하면 됩니다. 아마 public은 그리 낯설지 않을 것입니다. 모든 main 메서드 앞에는 public이라는 변경자가 붙으니까요.

캡슐화를 하려면 인스턴스 변수를 private으로 지정하고 접근 제어를 위해 public으로 지정된 게터와 세터를 만들면 됩니다(물론, 이 방법은 경험에서 우러나온 규칙입니다).

자바 디자인 및 코딩 경험이 쌓이다 보면 다른 식으로 할 수도 있겠지만, 일단 지금은 이런 방법을 기억해 둡시다.

인스턴스 변수는 private으로

게터와 세터는 public으로

"빌(Bill)이 깜빡하고 Cat 클래스를 캡슐화하지 않았다더라. 결국 그 고양이가 완전히 찌부러져 버렸다지?"
(자판기 옆에서 엿들은 대화)

자바 집중 인터뷰

금주의 인터뷰

오늘의 주제 캡슐화에 대한 한 객체의 솔직한 인터뷰

헤드 퍼스트 캡슐화가 왜 그리 중요한가요?

객체 혹시 수백 명이나 되는 사람들 앞에서 연설을 하고 있었는데, 문득 자신이 벌거벗고 있다는 것을 깨닫는 꿈을 꿔 본 적이 없나요?

헤드 퍼스트 아, 그런 꿈을 꿔 본 적이 있어요. 어디서 또 그런 얘기를 들은 적이 있는 것 같기도 한데… 하여간 벌거벗고 있는 느낌이 들더라도 사실 그냥 노출되는 것뿐이지 않나요? 그게 위험한가요?

객체 그게 위험한가요? (갑자기 웃기 시작합니다) 이봐요, 인스턴스 변수 여러분. 지금 "그게 위험한가요?"라고 하는 말 들었습니까? (바닥을 데굴데굴 구르면서 웃습니다)

헤드 퍼스트 뭐가 그리 웃긴가요? 그리 이상한 질문 같진 않은데요?

객체 좋아요. 제가 설명해드리죠. 그건 말이죠… (다시 웃습니다. 웃음을 주체하기 힘든 모양입니다)

헤드 퍼스트 마실 것 좀 드릴까요? 물이라도?

객체 아이구… 아, 괜찮아요. 이제 좀 진지하게 해야겠네요. 일단 심호흡 한 번 하고… 예, 시작합시다.

헤드 퍼스트 자. 그러면 캡슐화라는 것이 당신을 어떤 것으로부터 보호해 줍니까?

객체 캡슐화는 제 인스턴스 변수 주변에 보호막 같은 것을 만들어 줍니다. 아무도 인스턴스 변수를 부적절한 값으로 설정하지 못하게 말이죠.

헤드 퍼스트 예를 들어서 설명해 주시겠습니까?

객체 뭐, 그리 어렵지 않습니다. 인스턴스 변수를 만들 때는 코딩할 때부터 범위에 제한을 두는 경우가 많아요. 예를 들어서, 음수가 들어가면 안 되는 것들을 생각할 수 있겠죠. 사무실에 있는 화장실의 개수, 비행기의 속도, 생일, 역기의 무게, 핸드폰 번호, 전자레인지의 소비 전력 같은 것이 그렇죠.

헤드 퍼스트 아, 무슨 뜻인지 알겠네요. 그러면 캡슐화를 쓰면 어떻게 범위를 제한할 수 있죠?

객체 다른 코드에서 항상 세터 메서드를 사용하게 강제합니다. 그러면 세터 메서드에서 매개변수의 값을 확인하고 그 값이 올바른 값인지 결정할 수 있죠. 그 값을 거부하고 아무 일도 하지 않을 수도 있고, 예외를 던질 수도 있고(신용카드 애플리케이션에서 주민등록번호가 없는 경우에는 예외를 발생시켜야 하겠죠), 전달된 매개변수를 허용된 범위 내에서 가장 가까운 값으로 바꿔서 저장할 수도 있겠죠. 중요한 점은 인스턴스 변수가 그냥 노출된 경우에는 아무것도 할 수 없지만, 세터 메서드를 사용하면 자신이 원하는 것을 모두 할 수 있다는 것입니다.

헤드 퍼스트 하지만 아무것도 확인하지 않고 그냥 값만 설정하는 세터 메서드도 있지 않습니까? 범위에 제한이 없는 인스턴스 변수에 대해 괜히 세터 메서드를 사용하면 불필요하게 과부하가 발생하지 않을까요? 성능이 저하될 수 있잖아요?

객체 세터에서 가장 중요한 점은 나중에 무언가를 변경하더라도 다른 코드는 건드리지 않아도 된다는 점입니다(그리고 게터도 마찬가지죠). 여러분의 회사에서 절반가량의 프로그래머들이 클래스에 들어 있는 public으로 선언된 인스턴스 변수를 사용하고 있다고 가정해 봅시다. 그런데 어느 날 '어, 원래 계획에는 없던 일이 생겼네. 세터 메서드를 사용해야겠어.'라는 생각이 들었다고 가정해 보죠. 이 경우에는 다른 사람들이 만든 코드도 전부 다 고쳐야 합니다. 반면에 캡슐화의 가장 큰 장점은 언제든지 마음을 바꿀 수 있다는 점입니다. 마음을 바꾼다고 하더라도 다른 사람이 피해를 보는 일은 없으니까요. 이런 장점을 생각하면 변수를 직접 접근해서 얻을 수 있는 성능의 이득은 정말 아무것도 아니라고 할 수 있죠.

GoodDog 클래스 캡슐화하기

인스턴스 변수를 private으로 만듭니다.

게터와 세터 메서드는 public으로 만듭니다.

```
class GoodDog {
  private int size;

  public int getSize() {
    return size;
  }

  public void setSize(int s) {
    size = s;
  }

  void bark() {
    if (size > 60) {
      System.out.println("Wooof! Wooof!");
    } else if (size > 14) {
      System.out.println("Ruff!  Ruff!");
    } else {
      System.out.println("Yip! Yip!");
    }
  }
}

class GoodDogTestDrive {

  public static void main(String[] args) {
    GoodDog one = new GoodDog();
    one.setSize(70);
    GoodDog two = new GoodDog();
    two.setSize(8);
    System.out.println("Dog one: " + one.getSize());
    System.out.println("Dog two: " + two.getSize());
    one.bark();
    two.bark();
  }
}
```

캡슐화를 하면 메서드에 새로운 기능을 추가하지 않더라도 나중에 마음을 바꿀 수도 있다는 큰 장점이 있습니다. 나중에 메서드를 더 안전하고, 더 빠르게, 더 좋게 고칠 수 있지요.

특정 값이 들어가는 자리에는 그 타입의 값을 리턴하는 메서드를 사용할 수 있습니다.

```
int x = 3 + 24;
```

위와 같은 코드 대신 다음과 같은 코드를 쓸 수도 있습니다.

```
int x = 3 + one.getSize();
```

배열에 있는 객체는 어떤 식으로 행동할까요?

다른 객체와 똑같습니다. 접근하는 방법이 조금 다를 뿐이죠. 즉, 리모컨을 사용하는 방법이 조금 다르다고 생각하면 됩니다. 배열에 들어 있는 Dog 객체의 메서드를 호출해 봅시다.

1 Dog 레퍼런스 일곱 개를 담을 수 있는 Dog 배열을 선언하고 생성합니다.

```
Dog[] pets;
pets = new Dog[7];
```

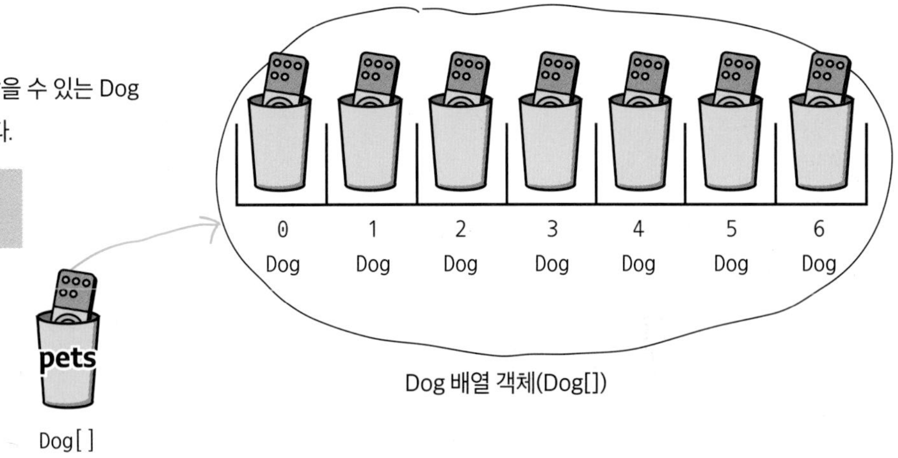

2 Dog 객체 두 개를 새로 만들고 첫 번째와 두 번째 배열 원소에 대입합니다.

```
pets[0] = new Dog();
pets[1] = new Dog();
```

3 Dog 객체 두 개에 대해 메서드를 호출합니다.

```
pets[0].setSize(30);
int x = pets[0].getSize();
pets[1].setSize(8);
```

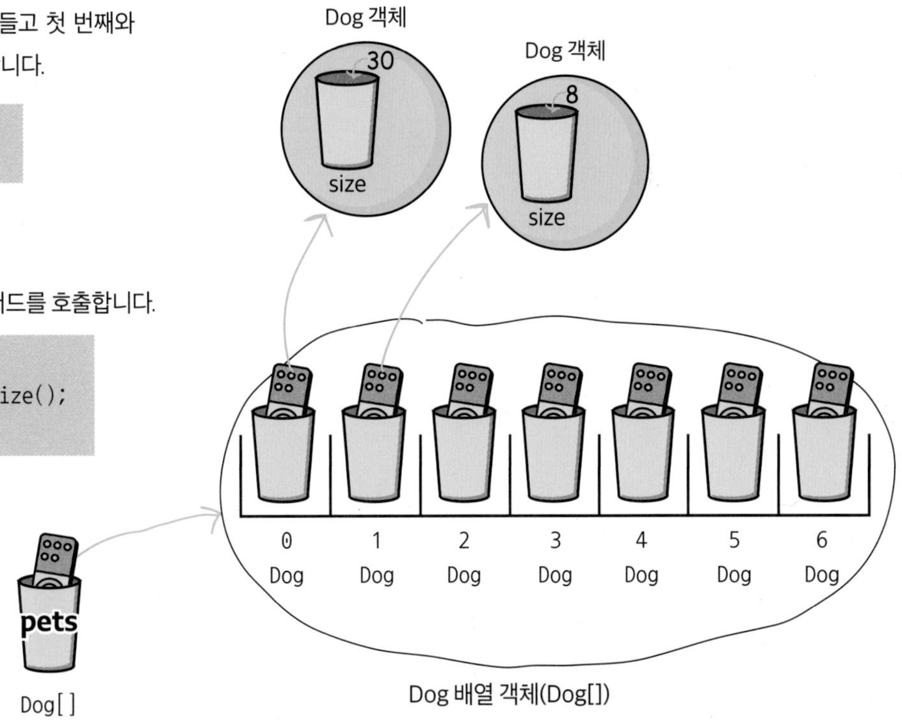

인스턴스 변수 선언과 초기화

앞서 배웠듯이 변수를 선언할 때는 적어도 이름과 타입을 반드시 지정해야 합니다.

```
int size;
String name;
```

그리고 변수를 선언하면서 동시에 변수를 초기화(값을 대입하는 것)할 수 있다는 것도 이미 알고 있습니다.

```
int size = 420;
String name = "Donny";
```

하지만 인스턴스 변수를 초기화하지 않은 상태에서 게터 메서드를 호출하면 어떻게 될까요? 즉, 초기화하기 전의 인스턴스 변수의 값은 어떻게 될까요?

```
class PoorDog {
  private int size;
  private String name;

  public int getSize() {
    return size;
  }

  public String getName() {
    return name;
  }
}

public class PoorDogTestDrive {
  public static void main(String[] args) {
    PoorDog one = new PoorDog();
    System.out.println("Dog size is " + one.getSize());
    System.out.println("Dog name is " + one.getName());
  }
}
```

인스턴스 변수 두 개를 선언합니다. 하지만 값을 대입하지는 않습니다.

이 메서드에서는 무엇을 리턴할까요?

어때요? 과연 컴파일이 될까요?

인스턴스 변수에는 항상 어떤 기본값이 들어갑니다.
인스턴스 변수에 직접 어떤 값을 대입하거나 세터 메서드를 호출하지 않으면 그 인스턴스 변수에는 여전히 기본값이 들어 있습니다.

정수	0
부동소수점 수	0.0
불리언	false
레퍼런스	null

출력 결과:

```
File Edit Window Help CallVet
% java PoorDogTestDrive
Dog size is 0
Dog name is null
```

인스턴스 변수를 무조건 초기화할 필요는 없습니다. 항상 어떤 기본값으로 설정되기 때문이죠. 숫자 원시 변수(char 포함)는 0, 불리언은 false, 객체 레퍼런스는 null이라는 기본 초깃값이 있습니다(잊지 않았겠죠? null은 리모컨이 어떤 것도 제어하지 않는 상태를 의미할 뿐입니다. 즉, 레퍼런스이지만, 어떤 객체도 참조하지 않는 레퍼런스가 되는 거죠).

인스턴스 변수와 로컬 변수의 차이점

1 **인스턴스 변수**는 클래스 내에서 선언됩니다. 메서드 내에서 선언되는 것이 아닙니다.

```
class Horse {
  private double height = 15.2;
  private String breed;
  // 다른 코드...
}
```

2 **로컬 변수**(local variable)는 메서드 내에서 선언됩니다.

```
class AddThing {
  int a;
  int b = 12;

  public int add() {
    int total = a + b;
    return total;
  }
}
```

인스턴스 변수

로컬 변수

3 **로컬 변수**는 사용하기 전에 반드시 초기화해야 합니다.

```
class Foo {
  public void go() {
    int x;
    int z = x + 3;
  }
}
```

컴파일이 되지 않습니다! x를 선언할 때 아무 값도 지정하지 않아도 되긴 하지만 그렇게 값이 설정되지 않은 값을 사용하려고 하면 컴파일 과정에서 오류가 납니다.

출력 결과:

```
File Edit Window Help Yikes
% javac Foo.java
Foo.java:4: variable x might
have been initialized
      int z = x + 3;
              ^
1 error
```

로컬 변수에는 기본값이 없습니다. 따라서 로컬 변수를 초기화하기 전에 사용하려고 하면 컴파일 과정에서 오류가 발생합니다.

무엇이든 물어보세요

Q&A

Q 메서드 매개변수는 어떤가요? 로컬 변수와 관련된 규칙이 매개변수에는 어떻게 적용되죠?

A 메서드 매개변수는 로컬 변수와 거의 똑같습니다. 메서드 내에서 선언되죠(정확하게 말하자면 메서드 본체 내에서라기보다는 메서드의 인자 목록(argument list) 내에서 선언됩니다. 하지만 그래도 인스턴스 변수는 아니고 로컬 변수입니다). 하지만 메서드 매개변수는 한 번 초기화되면 절대 해제되지 않았으므로 컴파일러에서 매개변수가 초기화되지 않았을 수 있다고 알리는 오류 메시지가 나오는 일은 일어나지 않습니다.

그러나 메서드를 호출할 때 메서드에서 필요로 하는 인자를 전달하지 않으면 컴파일할 때 오류가 나지요. 따라서 매개변수는 항상 초기화됩니다. 컴파일러에서 메서드를 호출할 때 항상 매개변수와 맞는 인자가 전달되는지 확인하기 때문입니다. 그 인자들은 (자동으로) 매개변수에 대입됩니다.

원시 변수와 레퍼런스 변수 비교

객체 동치 ☆

종종 원시 값 두 개가 똑같은지 알아야 하는 경우도 있습니다. 예를 들어서, 정숫값으로 나온 어떤 결과가 정숫값 예상치와 같은지 확인해야 하는 경우가 있죠. 원시 값이 똑같은지 확인하기는 어렵지 않습니다. == 연산자를 쓰면 되지요. 또는 레퍼런스 변수 두 개가 힙에 들어 있는 같은 객체를 참조하는지 확인해야 하는 경우가 있습니다. 예를 들어서, 이 Dog 객체가 아까 내가 봤던 Dog 객체하고 정확히 똑같은지 확인해야 할 수 있습니다. 이것도 == 연산자를 쓰면 되죠. 하지만 객체 두 개가 같은지 확인해야 할 때는 .equals() 메서드를 사용하면 됩니다.

원시 타입 두 개를 비교하거나 레퍼런스 두 개가 같은 객체를 참조하고 있는지 알고 싶다면 == 연산자를 쓰면 됩니다.
서로 다른 두 객체가 똑같은지 알고 싶을 때는 equals() 메서드를 사용하면 됩니다(예를 들어서, 서로 다른 String 객체가 모두 "Fred"라는 문자열을 나타내는 것인지 확인하고 싶다면 이 메서드를 쓰면 됩니다).

객체의 동치(equality) 개념은 객체의 타입에 따라 달라질 수 있습니다. 예를 들어서, String 객체 두 개에 똑같은 문자가 들어 있다면("my name") 힙에서 서로 다른 두 객체일지라도 똑같다고 할 수 있겠죠. 하지만 Dog 객체는 어떻게 따져야 할까요? 크기(size 변수)와 무게(weight 변수)가 같은 두 Dog 객체는 그냥 같다고 할 수 없겠죠? 서로 다른 두 객체를 같은 것으로 간주할 수 있을지는 객체 타입에 따라 달라집니다.

두 원시 값을 비교할 때는 == 연산자를 씁니다.

== 연산자는 임의 타입의 두 변수를 비교하기 위한 용도로 쓸 수 있는데, 단순하게 비트들을 비교하는 역할을 합니다. if (a == b) {…}라는 코드는 a와 b에 들어 있는 비트들을 살펴보고 비트 패턴이 똑같으면 참을 리턴합니다(왼쪽에 여분의 0이 있는 것은 중요하지 않습니다).

```
int a = 3;
byte b = 3;
if(a == b) { // 참}
```

(int에는 왼쪽에 0이 더 많이 있습니다. 하지만 여기에서는 그런 여분의 0은 중요하지가 않습니다)

비트 패턴이 똑같으므로 ==로 확인해 보면 이 둘은 똑같습니다.

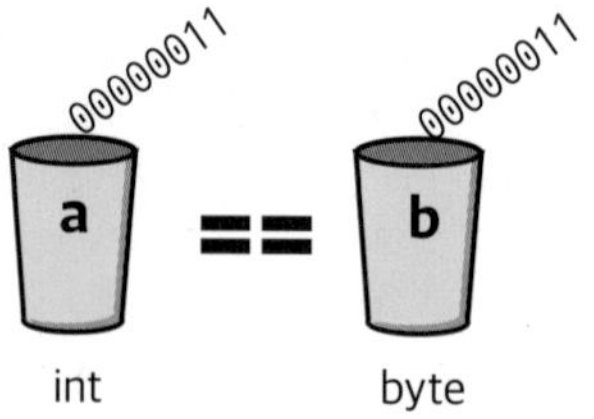

레퍼런스 두 개가 똑같은지(즉, 힙에 들어 있는 똑같은 객체를 참조하는지) 확인할 때도 == 연산자를 쓸 수 있습니다.

== 연산자는 변수에 들어 있는 비트들의 패턴에만 신경을 쓴다는 점을 기억해 두세요. 변수가 레퍼런스든, 원시 변수든 상관없이 똑같은 규칙이 적용됩니다. 따라서 레퍼런스 변수 두 개가 똑같은 객체를 참조하면 == 연산자에서 참을 리턴합니다. 그런 경우에 그 비트 패턴이 어떻게 되든지 상관없이 두 레퍼런스가 동일한 객체에 대한 서로 다른 레퍼런스라는 점을 알 수 있습니다(사실 레퍼런스의 비트 패턴은 JVM에 따라 다를 수 있으며 사용자는 그 비트 패턴을 직접 알 수 없습니다).

```
Foo a = new Foo();
Foo b = new Foo();
Foo c = a;
if(a == b){ } // 거짓
if(a == c){ } // 참
if(b == c){ } // 거짓
```

a == c는 참입니다.
a == b는 거짓입니다.

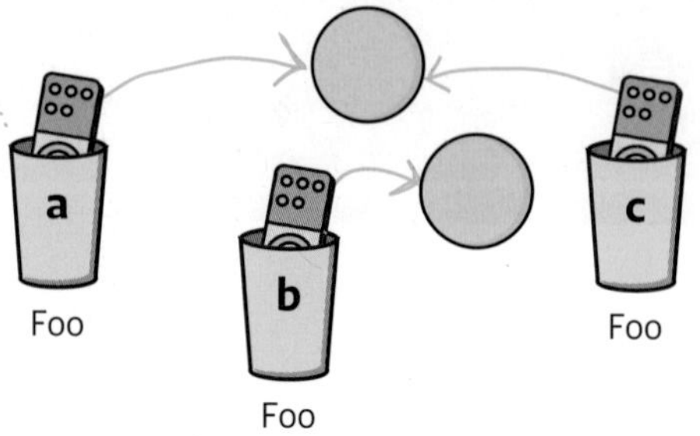

a와 c의 비트 패턴은 똑같으므로 ==로 확인해 보면 이 둘은 똑같습니다.

저는 언제나 변수를 private으로
선언합니다. 그 변수를 보려면
메서드를 호출해야만 하죠.

핵심 정리

- 캡슐화는 클래스의 데이터를 변경하는 사람과 방법을 통제합니다.
- 인스턴스 변수는 private으로 만들어서, 변수를 직접 건드려서 바꿀 수 없도록 해야 합니다.
- 다른 코드에서 객체의 데이터를 건드리는 것을 통제하려면 세터처럼 값을 바꾸는 공개 메서드를 만들면 됩니다. 예를 들어서, 세터 내에 유효성 검사를 추가해 유효하지 않은 값으로 변경되지 않도록 할 수 있습니다.
- 인스턴스 변수에는 명시적으로 값을 설정하지 않아도 기본값이 대입됩니다.
- 로컬 변수, 즉 메서드 안에 있는 변수는 기본값이 대입되지 않습니다. 항상 초기화를 해야 합니다.
- 두 원시 값이 같은지 확인할 때는 == 연산자를 이용합니다.
- 두 레퍼런스가 같은지 확인할 때, 즉 두 객체 변수가 실제로 동일한 객체를 참조하는지 확인할 때는 == 연산자를 이용합니다.
- 두 String 값에 저장된 글자들이 똑같은지 확인하는 것처럼 두 객체가 동치인지(동일한 객체일 필요는 없음) 확인하고 싶다면 .equals()를 이용합니다.

쓰면서 제대로 공부하기

정답과 해설 135쪽

무엇이 맞을까요?

메서드를 다음과 같이 선언했다면 오른쪽에 있는 코드 중에서 메서드를 제대로 호출한 것은 어떤 것일까요? 올바르게 호출한 코드 옆에 체크 표시를 해 보세요(이 중에는 메서드를 호출할 때 사용할 변숫값을 대입하기 위한 코드도 있습니다).

```
int calcArea(int height, int width) {
   return height * width;
}
```

```
int a = calcArea(7, 12);
short c = 7;
calcArea(c, 15);

int d = calcArea(57);

calcArea(2, 3);

long t = 42;
int f = calcArea(t, 17);

int g = calcArea();

calcArea();

byte h = calcArea(4, 20);

int j = calcArea(2, 3, 5);
```

정답과 해설 135쪽

연습 문제

컴파일러가 되어 봅시다

이 페이지에 나와 있는 각 자바 파일은 하나의 온전한 소스 파일입니다. 이제 컴파일러 입장에서 각 파일을 무사히 컴파일할 수 있을지 생각해 보세요. 만약 컴파일이 되지 않는다면 어떻게 해야 문제점을 해결할 수 있을까요? 그리고 컴파일이 잘된다면 그 출력 결과는 어떻게 될까요?

A

```
class XCopy {

  public static void main(String[] args) {
    int orig = 42;
    XCopy x = new XCopy();
    int y = x.go(orig);
    System.out.println(orig + " " + y);
  }

  int go(int arg) {
    arg = arg * 2;
    return arg;
  }
}
```

B

```
class Clock {
  String time;

  void setTime(String t) {
    time = t;
  }

  void getTime() {
    return time;
  }
}

class ClockTestDrive {
  public static void main(String[] args) {
    Clock c = new Clock();

    c.setTime("1245");
    String tod = c.getTime();
    System.out.println("time:" + tod);
  }
}
```

나는 누구일까요?

정답과 해설 135쪽

여러 가지 자바 구성요소가 완벽하게 분장을 마치고 '나는 누구일까요?' 파티 게임을 하고 있습니다. 각 힌트를 보고, 그 내용을 바탕으로 누군지 알아 맞혀 보세요. 물론 항상 진실만을 말한다고 가정해야겠죠? 여러 구성요소에 대해 적용할 수 있는 내용이 나온다면 모든 항목을 선택하면 됩니다. 각 문장 옆에 있는 빈칸에 이름을 적어 보세요.

오늘의 참석자:
인스턴스 변수, 인자, 리턴값, return문, 게터, 세터, 캡슐화, public, private, 값으로 전달, 메서드

클래스에 들어갈 수 있는 '이것'의 개수에는 제한이 없습니다. ____________________

이것은 메서드에 하나밖에 들어갈 수 없습니다. ____________________

이것은 자동으로 더 큰 타입이 될 수 있습니다. ____________________

저는 인스턴스 변수가 private인 것을 좋아합니다. ____________________

원래는 '복사본을 만든다'라는 뜻이 있습니다. ____________________

세터에서만 이 값을 갱신할 수 있습니다. ____________________

이것은 메서드에 많이 들어갈 수 있습니다. ____________________

저는 반드시 뭔가를 리턴해야 합니다. ____________________

인스턴스 변수에 대해서는 사용할 수 없습니다. ____________________

인자 여러 개를 가질 수 있습니다. ____________________

반드시 인자 하나만을 받을 수 있습니다. ____________________

캡슐화에 도움이 되지요. ____________________

항상 하나뿐입니다. ____________________

결과를 맞혀 봅시다

정답과 해설 136쪽

다음은 간단한 자바 프로그램입니다. 그런데 한 블록이 빠져 있습니다. 왼쪽 하단에 있는 후보 코드를 사용했을 때 어떤 것이 출력될지 맞혀 봅시다. 출력 행 중에는 쓰이지 않는 것도 있고 어떤 것은 여러 번 쓰일 수도 있습니다. 후보 코드 블록과 그 블록을 사용했을 때 출력될 결과물을 연결하는 선을 그어 보세요.

후보 코드:

```
i < 9
index < 5
```

```
i < 20
index < 5
```

```
i < 7
index < 7
```

```
i < 19
index < 1
```

출력 결과:

```
14 7
9 5
19 1
14 1
25 1
7 7
20 1
20 5
```

```
public class Mix4 {
  int counter = 0;

  public static void main(String[] args) {
    int count = 0;
    Mix4[] mixes = new Mix4[20];
    int i = 0;
    while (          ) {
      mixes[i] = new Mix4();
      mixes[i].counter = mixes[i].counter + 1;
      count = count + 1;
      count = count + mixes[i].maybeNew(i);
      i = i + 1;
    }
    System.out.println(count + " " +
                         mixes[1].counter);
  }

  public int maybeNew(int index) {
    if (            ) {
      Mix4 mix = new Mix4();
      mix.counter = mix.counter + 1;
      return 1;
    }
    return 0;
  }
}
```

수영장 퍼즐

정답과 해설 136쪽

하단의 수영장 안에 있는 코드 스니펫을 꺼내서 오른쪽에 있는 코드의 빈 줄에 넣어 보세요. 같은 스니펫을 두 번 이상 사용할 수 없으며, 모든 스니펫을 사용할 필요는 없습니다. 이 퍼즐의 목표는 문제없이 컴파일과 실행 과정을 진행해 하단의 결과를 출력하는 클래스를 만드는 것입니다. 생각보다 어려울 수 있으니 얕보지 마세요!

출력 결과:

```
File Edit Window Help BellyFlop
%java Puzzle4
result 543345
```

```
public class Puzzle4 {
  public static void main(String [] args) {
    ________________________________
    int number = 1;
    int i = 0;
    while (i < 6) {
      __________________________
      __________________________
      number = number * 10;
      ________________
    }

    int result = 0;
    i = 6;
    while (i > 0) {
      ________________
      result = result + __________________
    }
    System.out.println("result " + result);
  }
}

class __________ {
  int intValue;
  _______ _____ doStuff(int ________) {
    if (intValue > 100) {
      return _______________________
    } else {
      return _______________________
    }
  }
}
```

참고: 수영장에서 꺼낸 스니펫은 한 번만 사용할 수 있습니다!

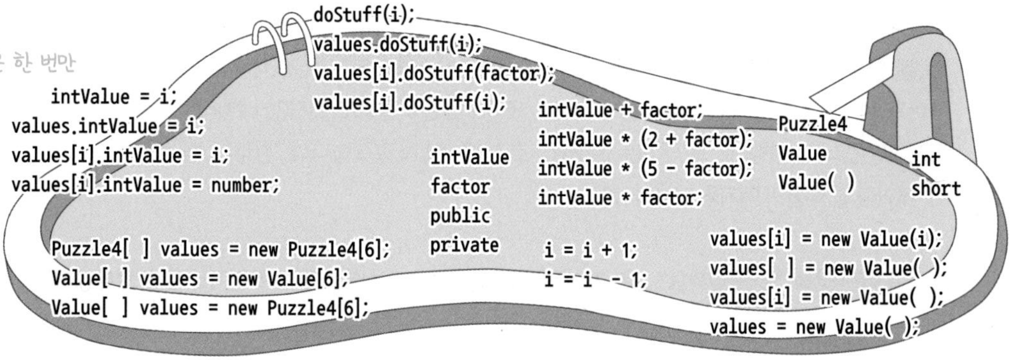
doStuff(i);
values.doStuff(i);
values[i].doStuff(factor);
values[i].doStuff(i);
intValue = i;
values.intValue = i;
values[i].intValue = i;
values[i].intValue = number;
intValue + factor;
intValue * (2 + factor);
intValue * (5 - factor);
intValue * factor;
intValue
factor
public
private
Puzzle4
Value
Value( )
int
short
Puzzle4[ ] values = new Puzzle4[6];
Value[ ] values = new Value[6];
Value[ ] values = new Puzzle4[6];
i = i + 1;
i = i - 1;
values[i] = new Value(i);
values[ ] = new Value( );
values[i] = new Value( );
values = new Value( );

5분 미스터리

스팀 시티에서의 급박한 순간

뷰캐넌(Buchanan)이 제이(Jai) 뒤에서 제이의 팔을 거칠게 붙잡자, 제이는 꼼짝도 할 수 없었습니다. 제이는 뷰캐넌이 못생긴 외모만큼이나 멍청한 사람이라는 걸 알았으므로 그 덩치 큰 인간의 심기를 불편하게 만들고 싶지는 않았습니다. 뷰캐넌은 제이를 자신의 상관이 있는 사무실로 데려갔지만, 제이는 (최근에는) 잘못을 하지 않았으므로 뷰캐넌의 상관인 레벨러(Leveler)와 잠시 얘기를 하는 것 정도는 별 문제가 없으리라고 생각했습니다. 오히려 그는 자신이 최근 서쪽 지역에서 많은 양의 신경 자극제(neural-stimmer)를 운반했으므로 레벨러가 기뻐할 것이라고 생각했습니다. 암시장에서 신경 자극제 장사를 하는 것은 최고의 돈벌이 수단이라고 할 수는 없었지만, 대신 그리 위험한 일은 아니었습니다. 그가 본 대부분의 신경 자극제 중독자는 전보다 약간 집중력이 떨어진 것을 제외하면 별 문제 없이 일상생활로 돌아갔습니다.

원래 레벨러의 사무실은 지저분하고 좁은 곳이었습니다. 하지만 뷰캐넌에게 끌려서 사무실로 들어갔을 때 제이는 그곳이 레벨러 같은 중간 관리자가 좋아할 만한 속도와 방화벽을 갖춘 곳으로 개조되었다는 것을 알 수 있었습니다. 레벨러는 쉰 목소리로 “오, 제이. 다시 만나게 되어 반갑군.”이라고 말했습니다. 제이는 레벨러의 인사말에서 뭔가 사악한 기운을 느끼면서 “저도 그렇군요. 우리 사이는 깔끔하게 정리된 줄 알았는데, 아직 남은 게 있나요?”라고 물었습니다. 그러자 레벨러는 “오, 상태가 좀 좋아 보이는군. 전보다 많이 컸어. 그런데 요즘 들어 뭔가 위반 행위가 발견되고 있다고 들었네….”라고 말했습니다.

제이는 순간 움찔했습니다. 그는 한때 최고의 실력을 가진 해커였으니까요. 해킹과 관련된 큰 사건이 일어날 때마다 그에게 의혹의 눈초리가 쏠렸지요. 제이는 “저는 정말 아닙니다. 제가 왜 새삼 그런 짓을 했겠어요? 이제 해킹은 관뒀습니다. 요즘은 그냥 제 일 하기도 바쁘다고요.”라고 말했죠. 그러자 레벨러가 웃으면서 말했습니다. “오, 그런가? 나도 자네가 이 일하고 연관되어 있다고 생각하진 않아. 하지만 이 해커를 한시 바삐 잡아야 하거든.” 제이는 이렇게 말했습니다. “그렇군요. 행운을 빕니다. 레벨러, 어쨌거나 빨리 좀 풀어 주세요. 내일 짐 싸서 옮기기 전까지 할 일이 좀 많이 남았거든요.”

레벨러가 갑자기 환심을 사려 하는 듯한 말투로 입을 열었습니다. “문제가 그리 간단하지가 않네, 제이. 여기 있는 뷰캐넌이 그러는데, 요즘 자바 NE 37.3.2를 만지고 있다면서?”, “뉴럴 에디션이요? 물론 어느 정도 건드리고 있죠. 그런데 그게 어쨌다는 겁니까?” 제이가 불쾌하다는 말투로 반문했지요. “나는 뉴럴 에디션을 통해서 신경 자극제 중독자들에게 다음 공급 장소가 어디인지를 알려 주지.” 레벨러가 설명했습니다. “그런데 일부 신경 자극제 중독자들이 계속 남아서 내 데이터베이스 창고를 해킹하는 방법을 알아냈어. 나는 제이 자네처럼 머리 회전이 빠른 친구가 필요하다네. 내 StimDrop 자바 NE 클래스 좀 살펴봐 주게. 메서드, 인스턴스 변수, 그런 걸 전부 좀 봐줬으면 하네. 그리고 그놈들이 어떻게 침입하고 있는지 찾아봐.” 갑자기 뷰캐넌이 끼어들었습니다. “잠깐만요. 제이 같은 해커 자식이 내 코드를 훔쳐보는 건 절대 안 됩니다.” 그러자 제이가 말했죠. "진정하시오, 뷰캐넌. 접근 변경자를 알아서 잘 썼겠지만…" 뷰캐넌이 갑자기 소리를 지르기 시작했습니다. “그만해! 도둑놈 같은 해커 주제에… 나도 알 건 다 안다고. 그 신경 자극제 중독자들이 공급 지점을 알아내는 데 필요한 수준의 메서드는 모두 public으로 설정했어. 하지만 중요한 창고화 메서드는 모두 private으로 설정했다고. 외부에서는 아무도 그 메서드에 접근할 수 없어, 이 양반아. 아무도 볼 수 없다고.”

“레벨러, 어디에 문제가 있는지 감이 잡히는군요. 뷰캐넌은 여기 남겨두고 천천히 한 블록 정도 산책하면서 얘기를 나눠 볼까요?” 제이가 제안했지요. 뷰캐넌이 주먹을 움켜쥐고 제이에게 달려들려고 했지만, 레벨러의 전기 충격기가 이미 뷰캐넌의 목 앞에 겨누어져 있었습니다. 레벨러는 속삭이는 듯한 말투로 뷰캐넌에게 말했습니다. “관두게, 뷰캐넌. 손 똑바로 들고 천천히 밖으로 나가 있어. 제이랑 잠시 둘이 얘기를 나눠야겠어.”

제이는 어떤 것을 의심했을까요? 그는 과연 레벨러의 사무실에서 성한 몸으로 걸어나갈 수 있을까요?

정답과 해설

쓰면서 제대로 공부하기(129쪽)

```
int a = calcArea(7, 12);
short c = 7;
calcArea(c, 15);

int d = calcArea(57);

calcArea(2, 3);

long t = 42;
int f = calcArea(t, 17);

int g = calcArea();

calcArea();

byte h = calcArea(4, 20);

int j = calcArea(2, 3, 5);
```

연습 문제(130쪽)

A

XCopy 클래스는 별 문제 없이 컴파일과 실행이 됩니다. 출력 결과는 '42 84'이지요. 자바는 값으로 전달(즉, 복사본으로 전달)한다는 점을 기억하시죠? 따라서 go() 메서드를 실행시키더라도 원래 'orig' 변수에 들어 있던 값은 바뀌지 않습니다.

B

```
class Clock {
  String time;

  void setTime(String t) {
    time = t;
  }

  String getTime() {
    return time;
  }
}

class ClockTestDrive {
  public static void main(String[] args) {
    Clock c = new Clock();
    c.setTime("1245");
    String tod = c.getTime();
    System.out.println("time: " + tod);
  }
}
```

'게터' 메서드는 그 정의상 반드시 리턴 타입이 정해져 있어야만 합니다.

나는 누구일까요?(131쪽)

클래스에 들어갈 수 있는 '이것'의 개수에는 제한이 없습니다.	인스턴스 변수, 게터, 세터, 메서드
이것은 메서드에 하나밖에 들어갈 수 없습니다.	return문
이것은 자동으로 더 큰 타입이 될 수 있습니다.	리턴값, 인자
저는 인스턴스 변수가 private인 것을 좋아합니다.	캡슐화
원래는 '복사본을 만든다'라는 뜻이 있습니다.	값으로 전달
세터에서만 이 값을 갱신할 수 있습니다.	인스턴스 변수
이것은 메서드에 많이 들어갈 수 있습니다.	인자
저는 반드시 뭔가를 리턴해야 합니다.	게터
인스턴스 변수에 대해서는 사용할 수 없습니다.	public
인자 여러 개를 가질 수 있습니다.	메서드
반드시 인자 하나만을 받을 수 있습니다.	세터
캡슐화에 도움이 되지요.	게터, 세터, public, private
항상 하나뿐입니다.	리턴값

정답과 해설

수영장 퍼즐(133쪽)

```
public class Puzzle4 {
  public static void main(String[] args) {
    Value[] values = new Value[6];
    int number = 1;
    int i = 0;
    while (i < 6) {
      values[i] = new Value();
      values[i].intValue = number;
      number = number * 10;
      i = i + 1;
    }

    int result = 0;
    i = 6;
    while (i > 0) {
      i = i - 1;
      result = result + values[i].doStuff(i);
    }
    System.out.println("result " + result);
  }
}

class Value {
  int intValue;

  public int doStuff(int factor) {
    if (intValue > 100) {
      return intValue * factor;
    } else {
      return intValue * (5 - factor);
    }
  }
}
```

출력 결과:

```
File Edit Window Help BellyFlop
%java Puzzle4
result 543345
```

5분 미스터리(134쪽)

제이는 무엇을 의심했을까요?

제이는 뷰캐넌이 그리 똑똑한 사람은 아니라는 것을 알고 있었죠. 뷰캐넌이 코드에 대해 이야기한 것을 보면 인스턴스 변수에 대한 얘기는 하나도 안 나왔죠? 제이는 뷰캐넌이 메서드는 제대로 처리했지만, 인스턴스 변수를 private으로 지정하지 않았을 거라고 추측할 수 있었죠. 레벨러가 지금까지 고생한 것은 아마 그 문제 때문이었을 것입니다. 정말 사소한 일이었을지 모르지만, 레벨러에게는 큰 손해를 입힌 실수였습니다.

결과를 맞혀 봅시다(132쪽)

후보 코드: **출력 결과:**

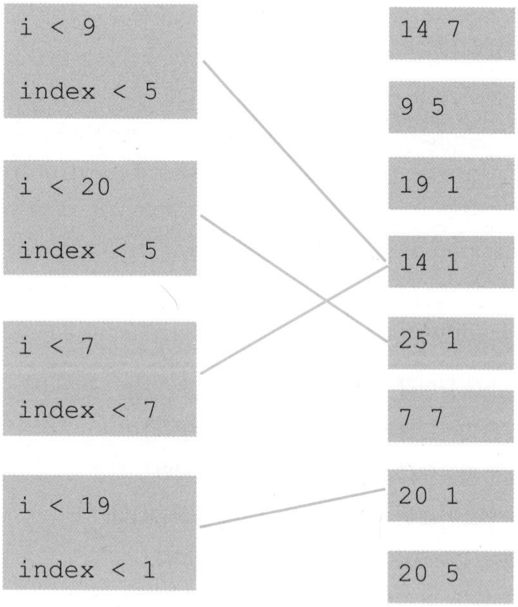

CHAPTER

05

메서드를 더 강력하게

프로그램 만들기

메서드에 근육을 좀 붙여 줍시다

지금까지는 변수를 가지고 장난도 쳐 보고 몇 가지 객체와 간단한 코드를 조금 만들어 봤습니다. 하지만 지금까지 배운 것은 너무 약하죠. 우리에게는 더 많은 도구가 필요합니다. **연산자**(operator) 같은 것 말이죠. 앞서 살펴본 bark 같은 메서드보다는 더 강력한 것이 필요하죠. 그리고 **반복문**(loop)도 있어야 합니다. 하지만 지금까지 사용한 간단한 while 반복문만으로는 부족하겠죠. 뭔가 진지한 것을 하려면 **for 반복문**을 쓰는 것이 좋습니다. **난수를 발생시킬 때**도 유용하겠죠? 이것도 여러모로 쓸모가 있을 테니 잘 배워두세요. 그리고 뭔가 더 진짜 같은 것을 만들면서 이런 내용을 배워 봅시다. 그 과정에서 어떻게 맨 밑바닥부터 프로그램을 만들고 테스트하는지도 알 수 있을 것입니다. **게임을 하나 만들어 보는 것**도 재미있겠죠? 하지만 생각만큼 그리 간단한 일은 아니니까 두 장에 걸쳐서 만들어 보겠습니다. 이 장에서는 일단 간단한 버전을 만들고, 더 강력하고 훌륭한 프로그램은 6장에서 완성하겠습니다.

<스타트업 침몰시키기> 게임 만들어 보기

이 게임은 여러분이 컴퓨터를 상대로 하는 게임입니다. 컴퓨터에서 사이트명을 그리드 위에 배치하면 여러분은 가능하면 최소한의 횟수로 찍어서 그 스타트업을 침몰시켜야 합니다.

목표: 컴퓨터가 가지고 있는 모든 스타트업명을 최소한의 추측 횟수로 모두 침몰시켜야 합니다. 스타트업을 모두 잡고 나면 성적에 따라 등급이 출력됩니다.

설정: 게임 프로그램이 시작되면 컴퓨터에서는 스타트업 세 개를 **가상의 7×7 그리드** 위에 배치합니다. 그 작업이 끝나면 사용자가 추측한 위치를 입력할 수 있도록 프롬프트를 출력합니다.

게임 방법: 아직은 GUI를 만드는 방법을 배우지 않았으므로 명령행에서 실행시키는 버전으로 만들겠습니다. 컴퓨터에서는 여러분에게 위치를 추측해 보라는 프롬프트를 띄웁니다. 그러면 여러분은 "A3", "CS" 같은 식으로 명령행에 위치를 입력합니다. 컴퓨터에서는 명령행을 통해 맞으면 "hit", 틀리면 "miss"라고 결과를 알려 줍니다. 어떤 스타트업 사이트를 모두 맞히면 "You sunk poniez(스타트업명은 바뀔 수 있습니다)."와 같은 메시지를 출력합니다. 스타트업 세 개를 모두 맞히면 여러분의 등급이 출력됩니다.

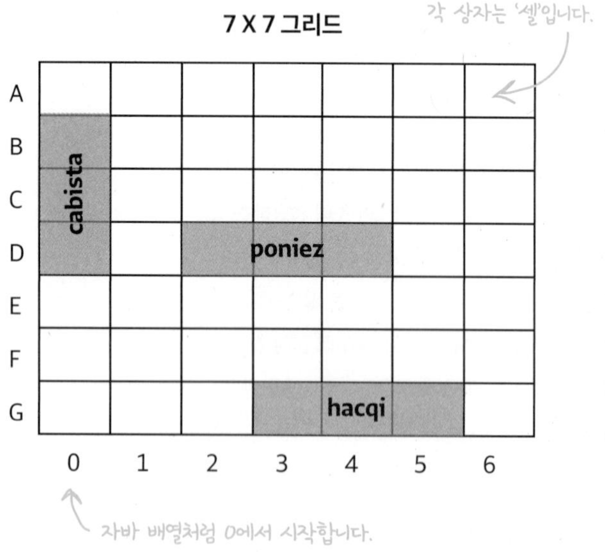

7×7 그리드에 스타트업 사이트명 세 개가 들어가는 스타트업 침몰시키기 게임을 만들 것입니다.
각 스타트업은 셀 세 개를 차지합니다.

게임 진행 화면:

```
File Edit Window Help Sell
%java StartupBust
Enter a guess  A3
miss
Enter a guess  B2
miss
Enter a guess  C4
miss
Enter a guess  D2
hit
Enter a guess  D3
hit
Enter a guess  D4
Ouch! You sunk poniez   : (
kill
Enter a guess  G3
hit
Enter a guess  G4
hit
Enter a guess  G5
Ouch! You sunk hacqi   : (
All Startups are dead! Your stock
is now worthless
Took you long enough. 62 guesses.
```

우선 고수준 설계부터 시작합니다

클래스와 메서드가 필요하다는 것은 이미 알고 있겠죠? 하지만 클래스와 메서드에서 어떤 일을 해야 할까요? 이 물음에 답하려면 게임 프로그램을 구동하는 방법에 대해 더 자세한 정보가 필요합니다.
우선 게임의 전반적인 흐름을 확실히 규정해야겠지요? 기본 개념은 다음과 같습니다.

1 **사용자가 게임을 시작합니다.**

Ⓐ 스타트업 세 개를 만듭니다.
Ⓑ 스타트업 세 개를 가상 그리드에 배치합니다.

2 **게임이 본격적으로 시작됩니다. 스타트업이 하나도 남지 않게 될 때까지 다음과 같은 과정을 반복합니다.**

Ⓐ 사용자가 예상 위치("A2", "C0" 등)를 입력하도록 프롬프트를 띄웁니다.
Ⓑ 사용자가 입력한 위치가 맞는지, 틀리는지, 아니면 방금 찍은 것으로 인해 스타트업이 침몰했는지를 판별합니다. 상황에 따라 적절한 행동을 취합니다. 맞았으면 셀(A2, D4 등)을 지우고 스타트업이 침몰하면 그 스타트업을 지웁니다.

3 **게임을 끝냅니다. 추측한 횟수를 바탕으로 사용자의 등급을 매깁니다.**

이제 프로그램에서 해야 하는 일을 어느 정도 파악했습니다. 다음 단계는 이런 작업을 하기 위해 필요한 객체를 파악하는 것이겠지요. 2장에서 만났던 로라보다는 브래드처럼 생각해야 한다는 점을 잊지 마세요. 그리고 프로시저보다는 프로그램에 있는 요소에 초점을 맞춰야 합니다.

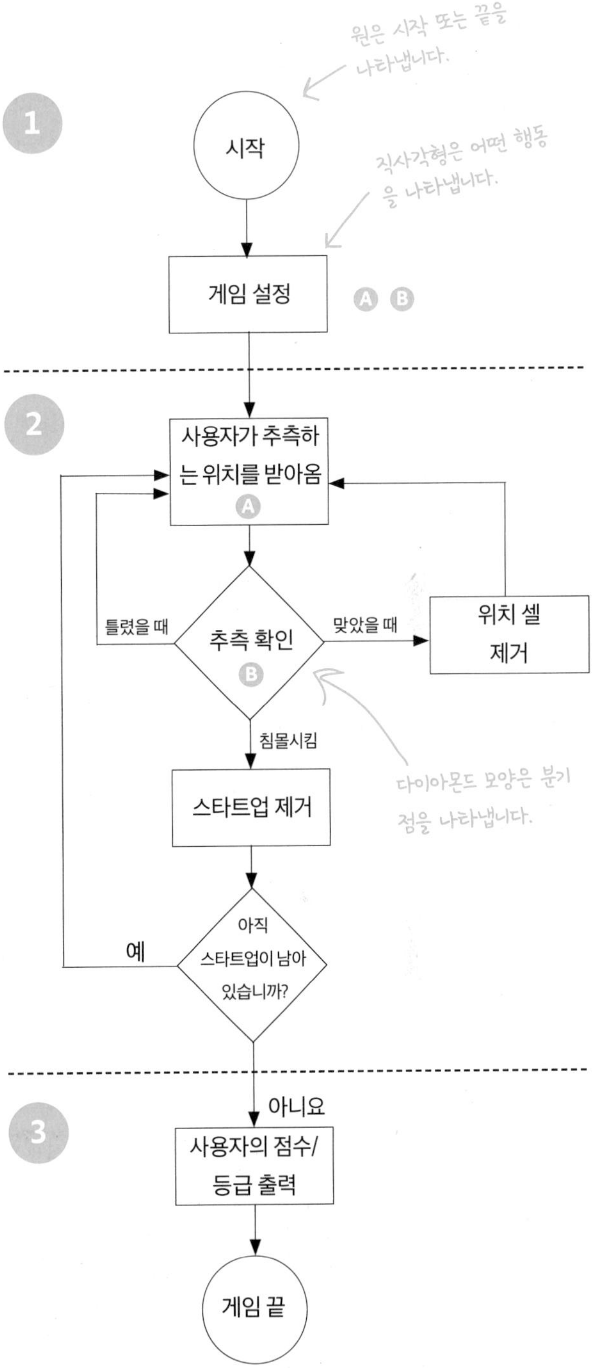

와! 진짜 플로 차트가 만들어졌네요.

<간단한 스타트업 게임>의 전반적인 소개

최소한 클래스 두 개가 필요할 것 같군요. 하나는 게임 클래스이고 다른 하나는 스타트업 클래스죠. 하지만 완전한 <스타트업 침몰시키기> 게임을 만들기 전에 <간단한 스타트업 게임>을 먼저 만들겠습니다. 이 장에서는 간단한 버전만 만들고 진짜 버전은 다음 장에서 만들도록 하지요.

여기서는 게임을 최대한 단순하게 고쳐 보겠습니다. 스타트업을 2차원 그리드가 아닌 한 행 위에 배치하고 스타트업의 개수도 한 개로 제한하겠습니다.

하지만 목표는 똑같으므로 여전히 스타트업 인스턴스를 만들고, 그 인스턴스를 어딘가에 위치시키고, 사용자가 입력한 내용을 받아오며, 모든 스타트업 셀이 맞으면 게임을 끝냅니다. 이렇게 간단한 버전을 먼저 만들어 보면 실제 게임을 만들기가 훨씬 수월해질 것입니다. 이 프로그램이 잘 작동하면 나중에 더 복잡한 것으로 만들 수 있죠.

이 버전의 게임 클래스에는 인스턴스 변수가 없고 모든 코드는 main( ) 메서드에 저장됩니다. 즉, 프로그램이 시작되고 main( )이 실행되면 스타트업 인스턴스를 한 개만 만들고 그 위치(셀 일곱 개가 들어 있는 가상의 행)에 들어 있는 연속적인 셀 세 개를 고른 후에 사용자로부터 예상 위치를 입력받아서 그 위치를 확인합니다. 그리고 셀 세 개를 모두 맞힐 때까지 이 작업을 반복합니다.

이때 가상적인 행은 어디까지나 가상이라는 점을 꼭 기억해 두세요. 즉, 프로그램 어디에도 그 행(배열 등)은 존재하지 않습니다. 게임과 사용자 모두 스타트업이 가능한 위치에서 시작해 일곱 개 중에서 연속된 셀 세 개 안에 숨어 있다는 것만 알고 있다면 굳이 코드에서 그 행을 표현할 필요가 없겠죠(즉, 배열 등을 만들 필요가 없겠죠). int 원소 일곱 개가 들어 있는 배열을 만들고 스타트업을 배열의 원소 일곱 개 중에서 원소 세 개에 할당하면 어떨까 하는 생각이 들 수도 있지만, 굳이 그럴 필요는 없습니다. 스타트업이 차지하는 셀 위치 세 개를 저장할 배열만 있으면 되지요.

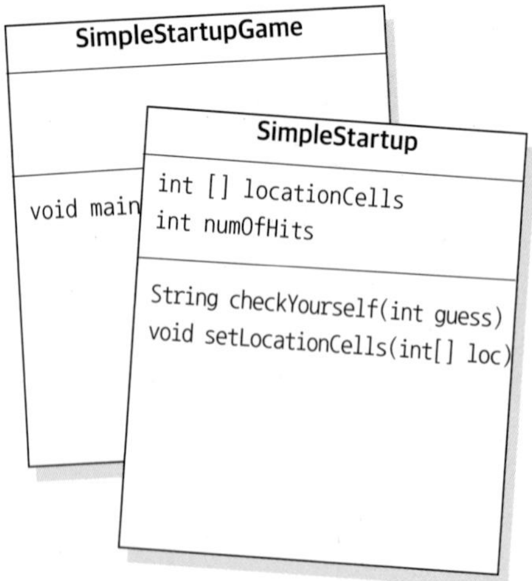

1 **게임을 시작합니다.** 그리고 스타트업 하나를 만들고 셀 일곱 개 가운데 셀 세 개에 그 위치를 할당합니다. 여기서는 "A2", "C4" 같은 식으로 할 필요 없이 그냥 정수 한 개만 있어도 됩니다. 예를 들어서, 아래 그림에서는 1, 2, 3이 셀 위치가 됩니다.

2 **게임을 진행합니다.** 사용자에게 위치를 물어보는 프롬프트를 띄우고 스타트업이 들어 있는 셀 세 개 중에서 하나에 적중했는지 확인합니다. 제대로 맞힌 경우에는 numOfHits 변수를 증가시킵니다.

3 **셀 세 개를 모두 맞히면**(numOfHits 변수의 값이 3이 되면) 게임이 끝납니다. 사용자에게 몇 번의 추측 끝에 스타트업을 침몰시켰는지 알려 줍니다.

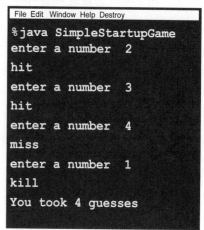

게임 상호작용 과정:

```
File Edit Window Help Destroy
%java SimpleStartupGame
enter a number  2
hit
enter a number  3
hit
enter a number  4
miss
enter a number  1
kill
You took 4 guesses
```

클래스 개발

프로그래머마다 코드를 만드는 데 있어서 자신만의 방법론·절차·접근법이 있을 수 있습니다. 우리도 마찬가지입니다. 여기에서는 우리가 클래스를 코딩할 때 어떤 것을 생각하는지, 보고 배울 수 있도록 표준화된 절차를 제시하고 있습니다. 실전에서 무조건 이런 식으로 코드를 만들지는 않습니다. 물론 실제 애플리케이션을 만든다거나 할 때는 개인적인 취향이라든가 프로젝트, 아니면 윗사람의 규칙에 따라 코딩할 것입니다. 그러나 여기서는 그간의 학습 경험에 맞춰 자바 클래스를 만들 때 다음과 같은 방식으로 하는 것을 권하겠습니다.

- 클래스에서 어떤 것을 해야 하는지를 파악합니다.
- **인스턴스 변수**와 **메서드** 목록을 작성합니다.
- 메서드를 만들기 위한 **준비 코드**를 만듭니다(잠시 후에 알아보겠습니다).
- 메서드에 대한 **테스트 코드**를 만듭니다.
- 클래스를 **구현**합니다.
- 메서드를 **테스트**합니다.
- 필요하면 **디버깅**하거나 다시 **구현**합니다.
- 배우는 과정이므로 실제 사용자를 대상으로 테스트하지 않아도 된다는 점에 감사하게 생각하세요.

뇌 일깨우기

머릿속에 있는 세포를 활발하게 움직여 봅시다.

프로그램을 만들 때 먼저 만들 클래스를 어떻게 결정해야 할까요? 아주 작은 프로그램을 제외하면 거의 모든 프로그램이 클래스 여러 개로 구성된다는 점을 감안할 때 (객체지향 원리를 잘 따르려면 한 클래스로 너무 많은 것을 처리하지 않는 것이 좋습니다) 어디에서 시작하는 것이 좋을까요?

클래스별로 만들어야 할 세 가지

준비 코드	테스트 코드	실제 코드

이 막대는 앞으로 이 장과 다음 장에서 해당 페이지에서 어떤 부분을 다루고 있는지를 보여 주기 위한 용도로 쓰입니다. 예를 들어서, 페이지 맨 위에 다음과 같은 그림이 있다면 현재 SimpleStartup 클래스의 준비 코드를 다루고 있음을 의미합니다.

SimpleStartup 클래스

준비 코드	테스트 코드	실제 코드

준비 코드

문법보다는 논리를 중점적으로 살펴보기 위해 유사 코드(pseudocode) 형태로 표현한 것입니다.

테스트 코드

실제 코드를 테스트하고 작업이 제대로 처리되는지 확인하기 위한 클래스 또는 메서드입니다.

실제 코드

클래스를 실제로 구현한 코드로 여기에서 진짜 자바 코드를 작성합니다.

해야 할 일:

SimpleStartup 클래스

☐ 준비 코드 만들기
☐ 테스트 코드 만들기
☐ 최종 자바 코드 만들기

SimpleStartupGame 클래스

☐ 준비 코드 만들기
☒ ~~테스트 코드 만들기~~(할 필요 없음)
☐ 최종 자바 코드 만들기

SimpleStartup 클래스

준비 코드 | 테스트 코드 | 실제 코드

SimpleStartup
int[] locationCells int numOfHits
String checkYourself(int guess) void setLocationCells(int[] loc)

이 예제를 살펴보면 준비 코드(유사 코드)가 어떤 식으로 쓰이는지 알 수 있습니다. 유사 코드는 실제 자바 코드와 그냥 사람들이 쓰는 언어의 중간쯤으로 생각하면 됩니다. 대부분의 준비 코드는 인스턴스 변수 선언, 메서드 선언, 메서드 논리, 이렇게 세 부분으로 이루어집니다. 준비 코드에서 가장 중요한 부분은 메서드 논리 부분입니다. 어떤 일이 일어나야 하는지를 정의하는 부분이기 때문이죠. 나중에 메서드 코드를 실제로 만들 때는 그것을 바탕으로 코드를 어떻게 작성할지를 결정해야 합니다.

셀의 위치를 저장하기 위한 locationCells라는 int 배열을 **선언**합니다.
맞힌 셀의 개수를 저장하기 위한 numOfHits라는 int를 **선언**하고 값은 0으로 **설정**합니다.

사용자가 추측한 위치를 int(1, 3 등)로 받아들이고 그 값을 확인하고 "hit", "miss", "kill" 중 하나를 나타내는 결과를 리턴하는 checkYourself()라는 메서드를 **선언**합니다.
int 배열(셀 위치 세 개를 나타내는 int(2, 3, 4 등) 세 개가 들어감)을 받아들이는 setLocationCells()라는 세터 메서드를 **선언**합니다.

```
메서드: String checkYourself(int userGuess)
    사용자가 추측한 위치를 int 매개변수 형태로 받아옵니다.
  ┌─int 배열에 있는 각 셀에 대해 다음 작업을 반복합니다.
  │     // 사용자가 추측한 위치를 스타트업이 들어 있는 셀과 비교하는 부분
  │  ┌─만약 사용자가 추측한 것이 맞으면
  │  │     맞힌 개수를 증가시킵니다.
  │  │     // 마지막 위치 셀인지 확인합니다.
  │  │  ┌─만약 맞힌 횟수가 3이면 "kill"을 결과로 리턴합니다.
  │  │  │  그렇지 않으면 "hit"를 리턴합니다.
  │  │  └─만약 부분 끝
  │  │  그렇지 않으면 틀린 것이므로 "miss"를 리턴합니다.
  │  └─만약 부분 끝
  └─반복 부분 끝
메서드 끝

메서드: void setLocationCells(int[] cellLocations)
    셀 위치를 int 배열 매개변수로 받아옵니다.
    셀 위치 매개변수를 셀 위치 인스턴스 변수에 대입합니다.
메서드 끝
```

역자 주: 안타깝게도 우리말로 쓰면 자바 코드하고는 많이 멀어지게 됩니다. 영어권 언어와 우리말이 어순이 다른데, 자바를 비롯한 대부분의 프로그래밍 언어는 영어권 언어를 쓰는 사람들이 만들었기 때문이죠. 그래도 유사 코드의 기본적인 목적은 '문법은 일단 접어 두고 만들어야 할 코드를 아이디어 위주로 적어두는 것'이라는 정도로 기억해 두세요. (나중에 프로그래밍 언어로 자연스럽게 연결되는 느낌은 좀 떨어지긴 하지만) 프로그래밍을 할 때 한국어로 적더라도 이런 유사 코드를 미리 만들어 보는 습관을 기르는 것이 좋습니다.

메서드를 구현해서 코드 작성하기

이제 진짜 메서드 코드를 작성해 봅시다. 그리고 한번 돌려 봐야죠.

하지만 메서드 코딩을 시작하기 전에 그 메서드를 테스트하기 위한 보조 코드를 만들어 봅시다. 이상해 보일지 몰라도 테스트할 대상을 만들기 전에 미리 테스트 코드를 만드는 것이 좋습니다.
테스트 코드를 먼저 만들어 놓는 것은 테스트 주도 개발(TDD; Test-Driven Development)의 한 가지 규칙이며, 이렇게 하면 더 쉽고 빠르게 코드를 만드는 데 도움이 됩니다. 여러분에게 TDD를 강요하는 것은 아니지만, 적어도 테스트 코드를 먼저 만들어 보는 방법 자체는 상당히 좋다고 생각합니다. 그리고 TDD라고 하면 멋있게 들리잖아요.

테스트 주도 개발

1999년, 익스트림 프로그래밍(XP; eXtreme Programming)이 소프트웨어 개발 방법론 분야에 새로 등장했습니다. XP의 핵심 개념 중 하나는 바로 실제 코드를 만들기 전에 테스트 코드를 만드는 것이었습니다. 그 이후로 XP에서 파생된 테스트 코드를 먼저 만든다는 개념이 TDD라고 하는 XP의 한 부분 집합에서 핵심 개념으로 자리잡았습니다(엄청나게 간략한 설명이라 중요한 내용이 빠졌을 수도 있습니다만 양해해 주세요).
TDD는 아주 거대한 주제이고, 이 책에서는 진짜 수박 겉핥기 수준으로만 다룹니다. 하지만 여기에서 <스타트업 침몰시키기> 게임을 개발하는 과정을 보면서 여러분이 TDD가 무엇인지 감을 잡을 수 있기를 바랍니다. TDD가 어떤 식으로 돌아가는지 더 잘 알고 싶다면 켄트 벡(Kent Beck)의 『테스트 주도 개발(Test-driven development)』을 참고하세요.
TDD의 핵심 개념 몇 가지를 열거해 보자면 다음과 같습니다.

- 먼저 테스트 코드를 만든다.
- 반복 사이클을 수행하면서 개발한다.
- (코드를) 단순하게 만든다.
- 기회가 있다면 언제, 어디서든 리팩터링(코드 개선)을 한다.
- 모든 테스트를 통과하기 전에는 아무것도 출시하지 않는다.
- 스펙에 없는 것은 아무것도 넣지 않는다(아무리 '나중에 혹시 모르니깐…'이라며 어떤 기능을 넣고 싶은 마음이 간절하게 들어도 하지 마라).
- 벼락치기는 금물. 항상 정규 근무 시간에만 일한다.

준비 코드 | **테스트 코드** | 실제 코드

SimpleStartup 클래스를 위한 테스트 코드 만들기

SimpleStartup 객체를 만들고 그 메서드를 실행하는 테스트 코드를 만들어야 합니다. SimpleStartup 클래스에서 가장 중요한 것은 checkYourself() 메서드입니다. 물론 그 메서드가 제대로 돌아가려면 setLocationCells() 메서드도 구현해야 합니다.

아래에 있는 checkYourself() 메서드용 준비 코드를 자세히 살펴봅시다. setLocationCells() 메서드는 사실 별 내용이 없는 세터 메서드에 불과하므로 여기에서는 별로 신경을 쓰지 않아도 됩니다. 물론 '실제' 애플리케이션에서는 더 든든한 '세터' 메서드가 있어야 하고, 그러려면 그 메서드도 테스트하는 것이 좋습니다.

그러고 나서 다음과 같은 질문에 답해 봅시다. "checkYourself() 메서드가 구현되었다면(만들어졌다면) 그 메서드가 제대로 작동한다는 것을 증명하기 위해 어떤 테스트 코드를 만들어야 할까?"

이 준비 코드를 바탕으로

```
메서드: String checkYourself(int userGuess)
  사용자가 추측한 위치를 int 매개변수 형태로 받아옵니다.
  int 배열에 있는 각 셀에 대해 다음 작업을 반복합니다.
    // 사용자가 추측한 위치를 스타트업이 들어 있는 셀과 비교하는 부분
    만약 사용자가 추측한 것이 맞으면
      맞힌 개수를 증가시킵니다.
      // 마지막 위치 셀인지 확인합니다.
      만약 맞힌 횟수가 3이면 "kill"을 결과로 리턴합니다.
      그렇지 않으면 "hit"를 리턴합니다.
      만약 부분 끝
    그렇지 않으면 틀린 것이므로 "miss"를 리턴합니다.
    만약 부분 끝
  반복 부분 끝
메서드 끝
```

다음과 같은 것을 테스트해야 합니다.

1. SimpleStartup 객체의 인스턴스를 만듭니다.
2. 객체에 위치를 대입합니다({2, 3, 4})와 같은 int 값 세 개가 들어 있는 배열).
3. 사용자가 추측한 위치를 나타내는 int를 만듭니다.
4. 앞의 3단계에서 만들어낸 int를 전달하면서 checkYourself() 메서드를 호출합니다.
5. 결과를 출력해서 올바른 결과가 나왔는지 확인합니다(결과가 맞으면 "passed", 틀리면 "failed"를 출력).

준비 코드 | **테스트 코드** | 실제 코드

무엇이든 물어보세요

Q&A

Q1 제가 무언가 잘못 이해하고 있는지도 모르겠는데, 아직 존재하지도 않는 것을 어떻게 테스트할 수 있습니까?

A1 테스트를 하는 것은 아닙니다. 실제로 테스트를 먼저 한다고 한 적은 없죠? 테스트 코드를 만든 시점에는 아직 테스트 할 대상이 없으므로 뼈대만 있는 코드만이라도 미리 만들어 주지 않으면 컴파일도 할 수 없습니다. 물론 이렇게 뼈대만 있는 코드를 써서 컴파일을 하는 경우에는 컴파일은 될지 몰라도 실제 테스트를 할 수는 없겠죠? null 값을 리턴한다거나 하는 문제가 있을 테니까요.

Q2 그래도 잘 이해가 안 되네요. 왜 실제 코드를 만들 때까지 기다리지 않고 테스트 코드만 먼저 만드나요?

A2 테스트 코드에 대해 생각하면서 테스트 코드를 만들다 보면 테스트하고자 하는 메서드의 기능과 역할에 대한 개념을 더 깔끔하게 정리할 수 있습니다. 그리고 실제 여러분이 구현한 코드가 완성되면 바로 테스트할 수 있다는 것도 장점이 될 수 있겠죠. 여러분 중에서도 '미리 만들어 두지 않으면 나중에는 절대로 안 할 것'이라는 데 동의하는 독자들이 있을 것입니다. 막상 나중에 테스트 코드를 만들어서 테스트할 시점이 되면 다른 더 중요한 일이 닥치곤 하니까요.
가장 이상적인 방법은 간단한 테스트 코드를 만들고 그 테스트를 통과하기 위한 부분만 구현하는 식으로 개발 과정을 조금씩 진척시키는 것입니다. 그리고 같은 식으로 조금 더 복잡한 테스트 코드를 만들고 그 새로운 테스트를 통과하는 데 필요한 부분만 또 구현하고요. 이렇게 테스트를 하는 과정에서 전에 만들어 둔 테스트 과정을 모두 반복적으로 테스트하게 되고, 그러면 나중에 추가한 코드 때문에 이전에 테스트를 끝낸 코드에 문제가 생기지는 않는지도 모두 테스트할 수 있겠죠.

SimpleStartup 클래스용 테스트 코드

```
public class SimpleStartupTestDrive {
  public static void main(String[] args) {
    SimpleStartup dot = new SimpleStartup();

    int[] locations = {2, 3, 4};
    dot.setLocationCells(locations);

    int userGuess = 2;
    String result = dot.checkYourself(userGuess);

    String testResult = "failed";
    if (result.equals("hit")) {
      testResult = "passed";
    }

    System.out.println(testResult);
  }
}
```

SimpleStartup 클래스의 객체를 만듭니다.

스타트업의 위치를 나타내기 위한 int 배열을 만듭니다(일곱 개의 연속된 정수 가운데 세 개).

스타트업에 대해 세터 메서드를 호출합니다.

사용자가 추측한 위치 역할을 할 가짜 값을 만듭니다.

스타트업 객체에 대해 checkYourself() 메서드를 호출하고 그 메서드에 가짜 값을 전달합니다.

가짜 값(2)이 맞으면("hit"가 리턴되면) 제대로 작동한다는 것을 알 수 있습니다.

테스트 결과를 출력합니다(passed 또는 failed).

쓰면서 제대로 공부하기 → 풀어 보세요

앞으로 몇 쪽에 걸쳐서 SimpleStartup 클래스를 구현할 것입니다. 그리고 그 후에 테스트 클래스로 돌아가겠습니다. 위에 있는 테스트 코드를 살펴보고 어떤 것을 추가해야 할지 생각해 보세요. 테스트해야 하는 것 가운데 이 코드에서 테스트하지 않은 것은 무엇일까요? 여백에 각자의 생각(또는 코드)을 적어 보세요.

준비 코드 | 테스트 코드 | **실제 코드**

checkYourself() 메서드

준비 코드를 자바 코드에 직접 대응시킬 수는 없습니다. 몇 가지 고쳐야 할 점이 있죠. 준비 코드는 코드에서 어떤 것을 해야 하는지를 더 명백하게 파악하는 데 도움이 됩니다. 그리고 우리는 어떻게 그것을 할 수 있을지를 알려 주는 자바 코드를 만들어야 합니다.
다음 코드를 보면서 마음속에서 코드의 어떤 부분을 개선시킬 수 있을지(그리고 개선시켜야 할지) 생각해 보세요. 아직 우리가 배우지 않은 것(문법과 기능)에는 ❶과 같은 식으로 숫자를 붙여놓았고, 그에 대한 설명은 다음 페이지에 있습니다.

사용자가 추측한 위치를 **받아옵니다.**

int 배열에 있는 각 셀에 대해 다음 작업을 **반복**합니다.
만약 사용자가 추측한 것이 맞으면
맞힌 개수를 **증가**시킵니다.

// 마지막 셀인지 **확인**합니다.
만약 맞힌 횟수가 3이면 "kill"을 결과로 **리턴**합니다.
그렇지 않으면 아직 살아 있으므로
그냥 "hit"를 **리턴**합니다.
그렇지 않으면 "miss"를 **리턴**합니다.

```
public String checkYourself(int guess) {
  String result = "miss";
  ❶
  for (int cell : locationCells) {
    if (guess == cell) {
      result = "hit";
      ❷
      numOfHits++;
      ❸
      break;
    } // if문 끝
  } // for문 끝
  if (numOfHits == locationCells.length) {
    result = "kill";
  } // if문 끝
  System.out.println(result);
  return result;
} // 메서드 끝
```

- String result = "miss"; ← 리턴할 값을 저장할 변수를 만듭니다. 기본값으로 "miss"를 넣어 둡니다(기본적으로 못 맞추는 상황을 가정하고 시작합니다).
- for (int cell : locationCells) ← locationCells 배열에 있는 각 셀에 대해서 반복합니다.
- if (guess == cell) ← 사용자가 추측한 값을 배열에 있는 원소(셀)와 비교합니다.
- numOfHits++; ← 맞혔습니다!
- break; ← 반복문에서 빠져나옵니다. 다른 셀은 확인하지 않아도 됩니다.
- if (numOfHits == locationCells.length) ← 반복문 밖으로 나왔습니다. 스타트업이 침몰했는지(세 번 맞았는지) 확인해 본 후에 result 문자열을 "kill"로 바꿉니다.
- System.out.println(result); ← 사용자에게 결과를 보여 줍니다("hit"나 "kill"로 바뀌지 않았다면 "miss"가 출력되겠죠?).
- } // 메서드 끝 ← 결과를 호출하는 메서드 쪽에 리턴합니다.

준비 코드 | 테스트 코드 | **실제 코드**

새로운 내용에 대한 설명

이 페이지에서는 아직 한 번도 본 적이 없는 내용을 설명하겠습니다. 걱정은 하지 마세요. 나머지 자세한 내용은 이 장 끝에 나와 있습니다. 일단 이 정도만 알아 두고 다음 내용으로 넘어가겠습니다.

이 for 반복문은 "locationCells 배열에 들어 있는 각 원소에 대해서 반복함: 배열에 있는 다음 항목을 가져와서 "cell"이라는 int 변수에 대입함"으로 이해하면 됩니다.

콜론(:)은 왼쪽에 있는 변수에 오른쪽에 있는 것의 각 원소 값이 대입된다는 것을 뜻합니다. 즉, locationCells에 들어 있는 모든 int 값에 대해서 반복한다고 보면 되죠.

1 for 반복문

```
for (int cell : locationCells) { }
```

배열에 들어 있는 한 원소의 값을 저장해 둘 변수를 선언합니다. 매번 순환이 반복될 때마다 이 변수(이 예에서는 "cell"이라는 이름을 가진 int 변수)에 배열 원소의 값이 대입됩니다. 이 반복문은 더 이상 남아 있는 원소가 없게 될 때까지(또는 "break"가 실행될 때까지 – 3번 참조) 반복됩니다.

이 for문에서 반복문을 돌릴 대상이 되는 배열입니다. 매번 반복문이 반복될 때마다 배열에 들어 있는 다음 원소가 "cell"이라는 변수에 대입됩니다(자세한 내용은 이 장의 뒷부분에서 알아보겠습니다).

++는 거기 있는 것에 무조건 1을 더하라는 것을 의미합니다(즉, 1을 증가시키는 것이지요).

2 후 증가 연산자

```
numOfHits++
```

numOfHits++는 (이 경우에는) numOfHits = numOfHits + 1 하고 똑같다고 보면 됩니다(더 간단한 표현입니다).

3 break 명령문

```
break;
```

반복문을 즉각 빠져나옵니다. 바로 그 자리에서 말이죠. 더 이상 반복도 하지 않고 불리언 테스트도 하지 않고 무조건 바로 빠져나옵니다.

무엇이든 물어보세요

Q&A

Q1 이 책 앞 부분에도 for 반복문이 나왔던 것 같은데, 그때 본 건 여기 있는 것하고 전혀 달랐잖아요? 왜 그래요? for 반복문이 두 종류 있는 건가요?

A1 예, 맞습니다. 원래 자바에는 한 종류의 for 반복문만 있었습니다(자세한 내용은 잠시 후에 알아보죠). 이렇게 생긴 for 반복문이죠.

```
for(int i = 0; i<10, i++) {
    // 여기 있는 코드를 열 번 반복
}
```

이런 타입의 for 구절로도 어떤 반복문이든 돌릴 수 있습니다. 하지만 자바 5부터는 배열(또는 기타 컬렉션)의 원소들에 대해서 반복 작업을 하고 싶을 때 쓸 수 있는 '향상된 for 반복문'이 등장했습니다. 물론 반복 작업을 할 때 기존 for 반복문을 써도 되지만 향상된 for 반복문을 쓰면 더 쉽겠죠?

Q2 ++로 int에 1을 더할 수 있다면 혹시 1을 빼는 방법도 있나요?

A2 물론이죠. 짐작했을 것 같기도 한데, --(마이너스 두 개) 연산자로 1을 뺄 수 있습니다. 다음과 같은 식으로 말이죠.

```
countdown = i--;
```

여기에는 조그만 버그가 숨어 있습니다. 컴파일 및 실행이 잘되긴 하는데 가끔씩… 아, 지금 당장은 걱정할 필요가 없을 것 같군요. 하지만 어떤 문제가 있는지 나중에 알 수 있을 것입니다.

SimpleStartup과 SimpleStartupTestDrive의 최종 코드

```
public class SimpleStartupTestDrive {
  public static void main(String[] args) {
    SimpleStartup dot = new SimpleStartup();
    int[] locations = {2, 3, 4};
    dot.setLocationCells(locations);
    int userGuess = 2;
    String result = dot.checkYourself(userGuess);
    String testResult = "failed";
    if (result.equals("hit")) {
      testResult = "passed";
    }
    System.out.println(testResult);
  }
}
```

```
class SimpleStartup {
  private int[] locationCells;
  private int numOfHits = 0;

  public void setLocationCells(int[] locs) {
    locationCells = locs;
  }

  public String checkYourself(int guess) {
    String result = "miss";
    for (int cell : locationCells) {
      if (guess == cell) {
        result = "hit";
        numOfHits++;
        break;
      } // if문 끝
    } // for문 끝
    if (numOfHits ==
        locationCells.length) {
      result = "kill";
    } // if문 끝
    System.out.println(result);
    return result;
  } // 메서드 끝
} // 클래스 끝
```

이 코드를 실행시키면 어떤 결과가 나올까요?

이 테스트 코드에서는 SimpleStartup 객체를 만들고 위치를 2, 3, 4로 지정합니다. 그리고 checkYourSelf() 사용자가 입력한 가상의 값으로 2를 전달합니다. 코드가 제대로 작동한다면 다음과 같은 결과가 출력됩니다.

```
% java SimpleStartupTestDrive
hit
passed
```

준비 코드 | 테스트 코드 | 실제 코드

쓰면서 제대로 공부하기

지금까지 테스트 클래스와 SimpleStartup 클래스를 만들었습니다. 하지만 아직 실제 게임을 만든 것은 아니지요. 앞쪽에 있는 코드와 실제 게임의 스펙을 바탕으로 게임 클래스의 준비 코드를 작성해 보세요. 아래에 몇 줄은 미리 적어 놓았습니다. 실제 게임 코드는 다음 페이지에 있으니까 **이 연습 문제를 끝내기 전에는 다음 쪽으로 넘어가지 마세요.**

아마 12행에서 18행 정도의 준비 코드가 필요할 것입니다(미리 적어둔 행 포함, 중괄호만 들어 가는 행은 제외).

SimpleStartupGame에서는 다음과 같은 것을 해야 합니다.

1. SimpleStartup 객체를 만듭니다.
2. 위치(가상의 셀 일곱 개 중에서 연속된 셀 세 개)를 만듭니다.
3. 사용자에게 위치를 추측하도록 요청합니다.
4. 사용자가 추측한 위치를 확인합니다.
5. 스타트업이 침몰할 때까지 같은 작업을 반복합니다.
6. 몇 번의 추측 끝에 스타트업을 잡았는지 사용자에게 알려줍니다.

메서드 `public static void main(String[] args)`

사용자가 추측한 값을 저장할 numOfGuesses라는 int 변수를 **선언**합니다.

셀 위치의 시작점으로 쓸 0 이상 4 이하의 난수를 **계산**합니다.

스타트업이 살아 있는 동안(**while문**)

명령을 통해 사용자로부터 위치를 **받습니다.**

게임 실행 결과물:

```
File Edit Window Help Runaway
%java SimpleStartupGame
enter a number  2
hit
enter a number  3
hit
enter a number  4
miss
enter a number  1
kill
You took 4 guesses
```

→ 풀어 보세요

준비 코드 | 테스트 코드 | 실제 코드

SimpleStartupGame 클래스 준비 코드

모든 일은 main()에서 진행됩니다.

몇 가지는 반드시 필요합니다. 예를 들어서, "명령행을 통해 사용자로부터 위치를 받습니다." 와 같은 준비 코드는 앞쪽에 이미 있었죠? 사실 밑바닥부터 완전히 새로 구현하는 것보다는 이렇게 필수적인 요소를 미리 적어 두면 편합니다. 다행인 것은 우리가 객체지향을 사용하고 있다는 것입니다. 객체지향을 사용하면 구체적인 **방법**은 신경 쓸 필요 없이 다른 클래스 또는 객체에 필요한 것을 요구할 수 있습니다. 준비 코드를 만들 때는 어떻게든 필요한 것을 모두 할 수 있다고 가정하면 됩니다. 그러면 메서드의 논리에만 신경을 쓰면 되겠죠.

```
메서드 public static void main(String[] args)
    사용자가 추측한 횟수를 저장하기 위한 numOfGuesses라는 int 변수를 선언하고 값을 0으로 설정합니다.
    SimpleStartup 인스턴스를 만듭니다.
    셀 위치의 시작점으로 쓸 0 이상 4 이하의 난수를 계산합니다.
    방금 구한 난수에 각각 1, 2를 더해서 int 세 개(2, 3, 5 등)가 들어 있는 int 배열을 만듭니다.
    SimpleStartup 인스턴스의 setLocationCells() 메서드를 호출합니다.
    게임의 상태를 나타내는 isAlive라는 불리언 변수를 선언하고 true로 설정합니다.

    스타트업이 살아 있는 동안 (while (isAlive == true))
        명령을 통해 사용자로부터 위치를 받습니다.
        // 사용자가 추측한 위치 확인
        SimpleStartup 인스턴스의 checkYourself() 메서드를 호출합니다.
        numOfGuesses 변수를 증가시킵니다.
        // 스타트업이 침몰했는지 확인
        만약 결과가 "kill"이면
            isAlive를 false로 설정합니다(반복문이 중단됩니다).
            사용자가 추측한 횟수를 출력합니다.
        만약 부분 끝
    while문 끝
메서드 끝
```

메타인지 학습법

공부하는 방법에 관한 팁

한쪽 뇌만 한번에 몰아서 오랫동안 쓰는 것은 별로 좋지 않습니다. 왼쪽 뇌만 30분 동안 계속 쓰는 것은 왼쪽 팔만 30분 동안 운동하는 것과 비슷하다고 보면 됩니다. 정기적으로 양쪽 뇌를 번갈아가면서 써 보세요. 한쪽을 열심히 돌리는 동안 반대쪽은 휴식을 취할 수 있습니다. 왼쪽 뇌에서는 순차적으로 단계를 밟아가는 것이라든지 논리적인 문제 해결, 분석 같은 작업을 처리하고 오른쪽 뇌에서는 은유, 창조적인 문제 해결, 패턴 매칭, 시각화 등을 처리합니다.

핵심 정리

- 자바 프로그램을 만들 때는 우선 고수준 설계부터 시작합니다.
- 새로운 클래스를 만들 때는 일반적으로 다음과 같은 세 가지를 만들어야 합니다.

  준비 코드

  테스트 코드

  실제 (자바) 코드
- 준비 코드에서는 어떻게 해야 할지보다는 무엇을 해야 할지를 기술해야 합니다. 구현은 나중에 하면 됩니다.
- 테스트 코드를 설계할 때는 준비 코드를 활용하면 좋습니다.
- 메서드를 구현하기 전에 테스트 코드를 만들어야 합니다.
- 반복문 코드 반복 횟수를 미리 알 수 있는 경우에는 while보다는 for를 쓰는 것이 좋습니다.
- 배열이나 컬렉션에 대해서 반복문을 돌릴 때는 향상된 for 반복문이 편합니다.
- 변수에 1을 더할 때는 증가 연산자를 쓰면 됩니다. **(x++;)**
- 변수에서 1을 뺄 때는 감소 연산자를 쓰면 됩니다. **(x--;)**
- 반복문을 중간에 무조건(불리언 테스트 조건이 아직 참인 경우에도) 빠져나와야 할 때는 break를 사용하면 됩니다.

준비 코드 | 테스트 코드 | **실제 코드**

게임의 main() 메서드

SimpleStartup 클래스를 만들 때와 마찬가지로 main() 메서드의 코드에서도 어떤 부분을 고칠 수 있을지 생각해 보세요. 따로 강조할 부분은 ❶ 같은 식으로 번호를 붙여 놓았고 그에 대한 설명은 다음 페이지에 수록했습니다. '테스트 코드는 왜 안 만들었을까?'라고 궁금해하는 독자들이 있을지 모르겠는데, 게임 자체에 대해서는 테스트 코드를 만들 필요가 없습니다. 그냥 메서드가 한 개 있으므로 따로 main() 메서드를 호출하는 클래스를 만들 필요 없이 실행하면 테스트가 됩니다.

사용자가 추측한 횟수를 저장하기 위한 numOfGuesses int 변수를 **선언**하고 0으로 설정합니다.

SimpleStartup 객체를 **만듭니다**.

0 이상 4 이하의 난수를 **계산**합니다.

셀 세 개의 위치가 들어 있는 int 배열을 **만듭니다**.

스타트업 객체의 setLocationCells 메서드를 **호출**합니다.

isAlive라는 불리언 변수를 **선언**합니다.

스타트업이 살아 있는 동안

사용자로부터 위치를 **받습니다**.

// 위치 **확인**

스타트업 객체의 checkYourself()를 **호출**합니다.

numOfGuesses를 **증가**시킵니다.

만약 결과가 kill이면

isAlive를 false로 설정합니다.

사용자가 추측한 횟수를 **출력**합니다.

```
public static void main(String[] args) {
  int numOfGuesses = 0;
  GameHelper helper = new GameHelper();

  SimpleStartup theStartup = new SimpleStartup();
  int randomNum = (int) (Math.random() * 5);
                                      ❶

  int[] locations = {randomNum, randomNum + 1, randomNum + 2};
  theStartup.setLocationCells(locations);
  boolean isAlive = true;

  while (isAlive) {
                ❷
    int guess = helper.getUserInput("enter a number");
    String result = theStartup.checkYourself(guess);
    numOfGuesses++;
    if (result.equals("kill")) {
      isAlive = false;
      System.out.println("You took " + numOfGuesses + " guesses");
    } // if문 끝
  } // while문 끝
} // main문 끝
```

사용자가 추측한 횟수를 추적하기 위한 변수를 만듭니다.

일단 사용자로부터 입력을 받기 위한 메서드가 들어 있는 특별한 클래스가 있다고 생각합시다.

스타트업 객체를 만듭니다.

첫 번째 셀 위치를 정하기 위한 난수를 만들고 그 값을 써서 셀 위치 배열을 만듭니다.

스타트업의 위치를 지정합니다(배열 사용).

스타트업이 살아 있는지 추적하기 위한 불리언 변수를 만들고, 아직 살아 있으면 계속 반복합니다.

사용자가 추측한 값을 가져옵니다.

스타트업 객체를 통해 추측한 값이 맞는지 확인합니다. 리턴 결과는 String에 저장합니다.

추측 횟수를 증가시킵니다.

"kill"이면 isAlive를 false로 설정합니다(이렇게 해야 반복문을 벗어날 수 있습니다). 그리고 사용자가 추측한 횟수를 출력합니다.

준비 코드 | 테스트 코드 | **실제 코드**

random()과 getUserInput()

앞쪽의 코드에서 두 가지 더 설명할 부분이 있습니다. 여기서는 일단 내용 전개에 필요한 정도만 간단하게 알아보겠습니다. 좀 더 자세한 내용은 이 장 끝에 있는 GameHelper 클래스에서 알아보겠습니다.

이런 것을 '캐스트'라고 합니다. 캐스트 바로 뒤에 있는 것을 캐스트하고자 하는 타입(괄호 안에 들어 있는 타입)으로 바로 바꿔 줍니다. Math.random은 double을 리턴하므로 int로 만들려면 캐스트해야 합니다. 0 이상 4 이하의 정수로 만들어야하니까요. 이 경우에는 캐스트 과정에서 double 소수점 이하 부분이 없어집니다.

Math.random 메서드에서는 0 이상 1 미만의 숫자를 리턴합니다. 따라서 이렇게 하면(캐스트 연산자를 썼을 때) 0 이상 4 이하의 정수가 리턴되겠죠? 0에서 4.999... 사이의 값을 int로 캐스트하면 0, 1, 2, 3, 4 중에 하나가 리턴됩니다.

1 난수를 만듭니다.

```
int randomNum = (int) (Math.random() * 5)
```

우리가 받은 난수를 저장하기 위한 int 변수를 선언합니다.

자바에 내장된 클래스입니다.

Math 클래스에 들어 있는 정적 메서드입니다.

Math.random()은 아주 오래전부터 사용된 메서드이므로 실전에서 이런 코드를 많이 볼 수 있을 것입니다. 요즘은 더 편리하게 쓸 수 있는 java.util.Random의 nextInt() 메서드를 더 많이 씁니다. nextInt() 메서드는 결과를 int로 캐스트하지 않아도 됩니다.
그러나 Random 클래스는 다른 패키지에 속해 있습니다. 아직 패키지를 임포트하는 것에 대해서는 배우지 않았기 때문에(다음 장에서 배웁니다) 여기에서는 그냥 Math.random()을 썼습니다.

2 GameHelper 클래스를 써서 사용자가 입력한 것을 받아옵니다.

이 메서드는 String 인자를 받는데, 프롬프트를 띄울 때 그 문자열을 사용합니다. 즉, 명령행에 이 문자열을 출력한 다음 사용자가 내용을 입력할 때까지 기다립니다.

게임용 보조 클래스의 객체입니다(앞서 선언했습니다). 이 객체는 GameHelper 클래스에 속하는데, 잠시 후에 알아보겠습니다.

```
int guess = helper.getUserInput("enter a number");
```

사용자로부터 입력 받은 값(3, 5 등)을 저장하기 위한 int 변수를 선언합니다.

GameHelper 클래스에 들어 있는 메서드입니다. 사용자에게 명령행 입력을 요청하고 사용자가 엔터 키를 누르면 그 값을 읽어옵니다. 그리고 그 결과를 int 타입으로 리턴합니다.

준비 코드 | 테스트 코드 | **실제 코드**

마지막 클래스: GameHelper

스타트업 클래스를 만들었습니다. 게임 클래스도 만들었습니다.

이제 보조 클래스(helper class)만 만들면 됩니다. 이 클래스에는 getUserInput() 메서드가 들어 있습니다. 사용자가 명령행으로 입력한 내용을 받아오는 코드는 여기에서 설명하기에는 조금 복잡합니다. 자세한 내용은 16장에서 알아보겠습니다. 그냥 아래에 있는 코드를 그대로 복사한 뒤 컴파일해서 GameHelper라는 클래스를 만드세요. 모든 클래스(SimpleStartup, SimpleStartupGame, GameHelper)를 같은 디렉터리에 집어넣고 그 디렉터리에서 작업하면 됩니다.

이 로고가 나와 있으면 그냥 있는 그대로 입력하세요. 그 코드의 작동 원리는 나중에 배우면 됩니다.

인스턴트 코드

```
import java.util.Scanner;

public class GameHelper {
  public int getUserInput(String prompt) {
    System.out.print(prompt + ": ");
    Scanner scanner = new Scanner(System.in);
    return scanner.nextInt();
  }
}
```

다들 타이핑하는 것을 좋아하시죠? 그래도 혹시 바쁜 독자들을 위해서 인스턴트 코드는 https://oreil.ly/hfJava_3e_examples에 올려 놨으니까 다운로드해서 컴파일해도 됩니다.

실제로 해 보기

프로그램을 실행한 다음 1, 2, 3, 4, 5, 6을 입력하면 다음과 같이 나옵니다. 잘되는 것 같죠?

게임 실행 결과물:

(다른 결과가 나올 수도 있습니다)

```
File Edit Window Help Smile
%java SimpleStartupGame
enter a number  1
miss
enter a number  2
miss
enter a number  3
miss
enter a number  4
hit
enter a number  5
hit
enter a number  6
kill
You took 6 guesses
```

이게 뭐지? 버그가 있나?

1, 1, 1을 입력하면 다음과 같은 결과가 나옵니다.

또 다른 실행 결과물:

(허걱!)

```
File Edit Window Help Faint
%java SimpleStartupGame
enter a number  1
hit
enter a number  1
hit
enter a number  1
kill
You took 3 guesses
```

쓰면서 제대로 공부하기

버그 찾기

버그를 찾을 수 있을까요?

버그를 고칠 수 있을까요?

→ 풀어 보세요

다음 장까지 꼼꼼하게 읽어 보세요. 이 질문에 대한 답 외에도 꽤 많은 내용이 나와 있습니다.
하지만 그 전에 어떤 문제가 있는지, 그 문제를 어떻게 고칠 수 있을지 생각해 봅시다.

for 반복문에 관하여

일단 이 장에서 만들 게임 코드는 모두 살펴보았습니다(하지만 다음 장에서 더 보강된 버전의 게임을 완성하겠습니다). 앞서 원활한 진행을 위해 몇 가지 배경지식에 대한 설명을 잠시 뒤로 미뤄두었는데요. 이제 아까 미뤄둔 내용을 제대로 알아볼까요? 우선 for 반복문에 대해 자세히 알아봅시다. 다른 언어에서 이미 이런 문법을 본 적 있는 프로그래머라면 몇 페이지는 그냥 대충 넘겨보고 지나가도 될 것입니다.

일반 for 반복문

```
for(int i = 0; i < 100; i++){ }
```

- 초기화: int i = 0
- 불리언 테스트: i < 100
- 반복 표현식: i++
- 후 증가 연산자: ++
- 반복할 코드가 들어갈 자리 (반복문 본체): { }

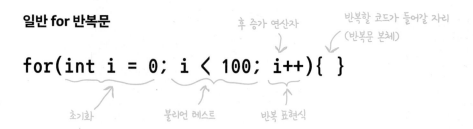

이 코드의 의미: "100번 반복"

컴파일러에서 처리하는 절차:

- i라는 변수를 만들고 0으로 설정합니다.
- i가 100보다 작은 동안 반복합니다.
- 매번 반복이 끝나면 i에 1을 더합니다.

첫 번째 부분: 초기화

반복문 본체에서 사용할 변수를 선언하고 초기화하는 부분입니다. 보통 이런 변수는 카운터로 쓰입니다. 여기서 변수 두 개 이상을 초기화할 수도 있지만, 변수를 하나만 사용하는 게 훨씬 더 일반적입니다.

두 번째 부분: 불리언 테스트

조건 테스트가 들어가는 자리입니다. 그 안에는 반드시 불리언 값(즉, true 또는 false)이 나오는 코드가 들어가야 합니다. x >= 4와 같은 테스트가 들어가도 되고 불리언 값을 리턴하는 메서드가 들어갈 수도 있습니다.

세 번째 부분: 반복 표현식

이 부분에는 반복문을 한 번 반복할 때마다 실행할 내용을 집어넣습니다. 이 표현식은 매번 반복이 끝날 때마다 한 번씩 실행됩니다.

100번 반복하세요.

반복문 둘러보기

```
for (int i = 0; i < 8; i++) {
   System.out.println(i);
}
System.out.println("done");
```

출력 결과:

```
File Edit Window Help Repeat
%java Test
0
1
2
3
4
5
6
7
done
```

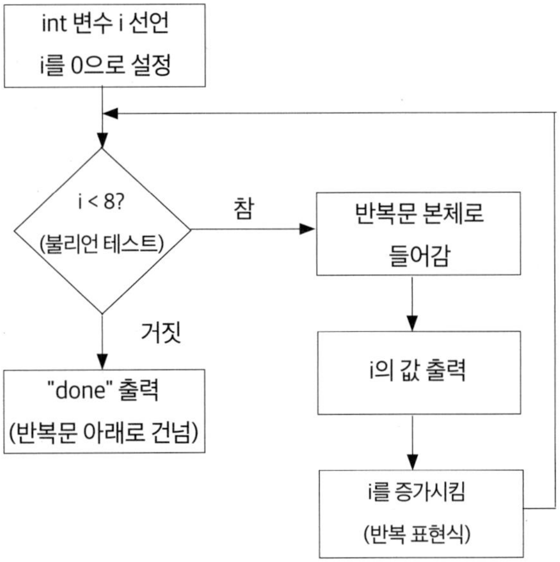

for와 while의 차이점

while 반복문에는 불리언 테스트만 있습니다. 초기화 및 반복 표현식이 내장되어 있지 않지요. while 반복문은 반복 횟수를 알 수 없을 때, 어떤 조건이 만족되는 동안 계속 반복하는 경우에 유용합니다. 하지만 반복 횟수를 알고 있다면(배열의 길이가 7이라는 것을 알고 있다거나 하는 경우) for 반복문이 더 깔끔합니다. 위에 있는 반복문을 while을 쓰는 방식으로 고치면 다음과 같습니다.

```
int i = 0;      <-- 카운터 변수를 선언하고 초기화해야 합니다.
while (i < 8) {
   System.out.println(i);
   i++;         <-- 카운터의 값을 증가시켜야 합니다.
}
System.out.println("done");
```

선/후, 증가/감소 연산자(++ --)

이 연산자는 변수에 1을 더하거나 변수에서 1을 빼는 것을 줄여 쓴 것입니다.

```
x++;
```

위 코드는 아래의 명령문과 똑같습니다.

```
x = x + 1;
```

이 경우에는 이 두 명령문의 의미가 똑같습니다.
"x의 현재 값에 1을 더한다.", "x를 1 증가시킨다."
그리고 다음 코드를 봅시다.

```
x--;
```

위 코드는 아래 명령문과 똑같습니다.

```
x = x - 1;
```

물론 이게 전부는 아닙니다. 연산자의 위치(변수 앞 또는 뒤)가 결과에 영향을 미칠 수도 있기 때문이죠. 연산자를 변수 앞에 놓으면(++x와 같이 선(pre) 연산자를 쓰면) "우선 x를 1 증가시키고 그 다음에 x의 새로운 값을 사용하라."라는 것을 의미합니다. 하지만 ++x가 그냥 명령문 하나로 쓰일 때는 별로 달라지는 것이 없고, 더 큰 명령문의 일부로 들어가는 경우에만 결과가 달라집니다.

```
int x = 0;      int z = ++x;
```

이렇게 하면 x는 1이 되고 z도 1이 됩니다.
하지만 ++를 x 뒤에 놓으면(후(post) 증가 연산자를 쓰면) 결과가 달라집니다.

```
int x = 0;      int z = x++;
```

이 코드가 실행되고 나면 x는 1이지만 z는 0이 됩니다. 일단 x의 값이 2에 대입된 다음에 x의 값이 증가되기 때문이지요.

향상된 for 반복문

자바 5부터 자바에 "향상된 for 반복문(enhanced for loop)"이라는 새로운 방식의 for 반복문이 추가되었습니다. 이 새로운 for 반복문을 쓰면 배열 및 기타 컬렉션(다른 컬렉션에 대해서는 다음 장에서 배우겠습니다)에 들어 있는 모든 원소들에 대한 반복 작업을 매우 쉽게 처리할 수 있습니다. 향상된 for 반복문에 대해서는 다음 장에서 배열 외의 다른 컬렉션에 대해 알아 볼 때도 다시 한번 짚고 넘어갈 것입니다.

배열에 들어 있는 한 원소의 값을 저장할 반복 작업용 변수를 선언합니다.

콜론(:)은 영어 "in"을 뜻한다고 보면 됩니다.

반복할 코드(본체)가 들어갈 자리입니다.

```
for (String name : nameArray) { }
```

배열의 원소는 반드시 선언된 변수 타입하고 호환되어야 합니다.

"name"이라는 변수에는 반복문을 한 번씩 돌 때마다 배열에 있는 다른 원소가 저장됩니다.

반복 작업의 대상이 되는 원소들의 컬렉션입니다. 이 코드 앞 어딘가에 다음과 같은 코드가 있었다고 가정해 봅시다. String[] nameArray = {"Fred", "Mary", Bob} 첫 번째 반복에서 name 변수에는 "Fred"라는 값이 있으며, 두 번째 반복에서는 "Mary"라는 값이 있습니다. 이와 같은 식으로 계속 반복됩니다.

위 코드 해석 방법: nameArray에 들어 있는 각 원소에 대해서, 해당 원소를 name 변수에 저장한 다음 반복문 본체를 실행시킵니다.

컴파일러에서 작업을 처리하는 과정은 다음과 같습니다.

- name이라는 String 변수를 만들고 그 값을 null로 설정한다.
- nameArray의 첫 번째 값을 name에 대입한다.
- 반복문 본체(중괄호 사이에 들어 있는 코드 블록)를 실행한다.
- nameArray의 다음 값을 name에 대입한다.
- 배열에 원소가 남아 있는 동안 이 작업을 계속 반복한다.

프로그래밍 언어에 따라 이런 방식의 for 순환을 foreach나 forin 반복문이라고 부르기도 합니다. "컬렉션에 들어 있는(in) 각각의 (each) 무언가에 대해서 (for)…" 라는 뜻으로 생각할 수 있기 때문이죠.

첫 번째 부분: 반복 작업용 변수 선언

이 부분에서는 반복문 본체 안에서 사용할 변수를 선언하고 초기화합니다. 반복문을 돌 때마다 이 변수에는 컬렉션에 들어 있는 서로 다른 원소가 들어가게 됩니다. 이 변수의 타입은 배열에 들어 있는 원소와 호환되어야만 합니다. 예를 들어서, String[] 배열에 대해서 향상된 for문을 돌릴 때 반복 작업용 변수를 int로 선언하면 안 됩니다.

두 번째 부분: 실제 컬렉션

두 번째 부분에는 배열 또는 기타 컬렉션에 대한 레퍼런스가 있어야 합니다. 기타 컬렉션에 대해서는 다음 장에서 알아보기로 할 테니까 걱정하지 마세요.

원시 타입 캐스팅

이번 장을 마치기 전에 아까 자세히 보지 않았던 부분을 정리해 보려고 합니다. Math.random()을 사용했을 때 호출 결과를 int로 캐스팅해야 했습니다. 어떤 수 타입을 다른 수 타입으로 캐스팅하면 값 자체가 바뀔 수 있습니다. 캐스팅할 때 황당한 일을 겪지 않으려면 그 규칙을 이해할 필요가 있습니다.

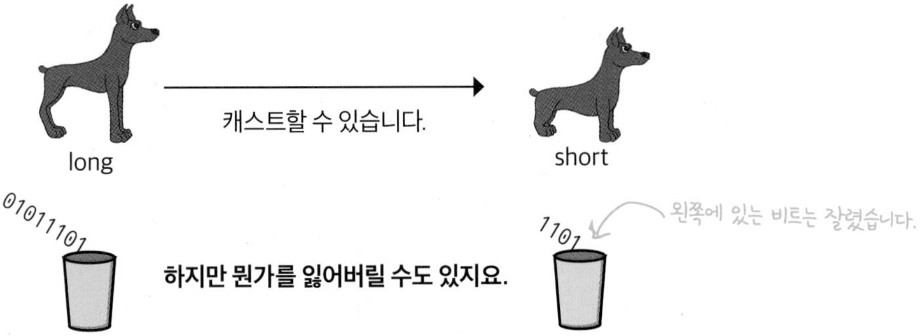

캐스트할 수 있습니다.
long
short
01011101
1101
왼쪽에 있는 비트는 잘렸습니다.
하지만 뭔가를 잃어버릴 수도 있지요.

3장에서 다양한 원시 타입의 크기에 대해 알아봤는데, 그때 큰 것을 작은 것에 바로 집어넣을 수 없다는 것을 배웠죠?

```
long y = 42;
int x = y;        // 컴파일이 되지 않습니다.
```

long은 int보다 크므로 컴파일러는 그 long 변수가 어디에 있는지를 제대로 알 수 없습니다. 다른 long이랑 놀러 갔을 수도 있고, 정말 int에는 들어갈 수 없을 만큼 아주 큰 값이 들어 있을 수도 있죠. 컴파일러에서 더 큰 원시 변수의 값을 작은 원시 변수에 구겨 넣으려면 캐스트(cast) 연산자를 사용하면 됩니다. 보통 다음과 같은 식으로 쓰지요.

```
long y = 42;      // 지금까지는 괜찮습니다.
int x = (int) y; // x = 42가 됩니다. 좋네요!
```

그 값을 구하려면 부호 비트나 이진수, 2의 보수 표현법과 같은 복잡한 개념을 알아야 합니다.

캐스트 연산자를 집어넣으면 컴파일러에서 y의 값을 가져와서 int 크기에 맞게 잘라낸 다음, 남은 것을 x에 집어넣습니다. y의 값이 x의 최댓값보다 크다면 이상한(하지만 계산할 수는 있는) 숫자가 남겠지요.

```
long y = 40002;        // 40002는 short의 16비트 한계를 넘어서지요.
short x = (short) y;  // x는 -25534입니다.
```

어쨌든 중요한 것은 컴파일러에서 long을 short에 집어넣을 수 있게 해 준다는 것입니다. 이번에는 부동소수점 수가 있는데 그중에서 정수 부분만을 구하는 경우를 생각해 봅시다.

```
float f = 3.14f;
int x = (int) f;   // x는 3이 됩니다.
```

그리고 불리언(boolean)을 다른 타입으로, 또는 다른 타입을 불리언으로 캐스트할 수는 없습니다.

정답과 해설 164쪽

연습 문제

JVM이 되어 봅시다

이 페이지에 나와 있는 자바 파일은 하나의 온전한 소스 파일입니다. 이제 여러분이 JVM이라고 생각하고, 프로그램을 실행했을 때 출력되는 결과를 예상해 봅시다.

```
class Output {
  public static void main(String[] args) {
    Output output = new Output();
    output.go();
  }

  void go() {
    int value = 7;
    for (int i = 1; i < 8; i++) {
      value++;
      if (i > 4) {
        System.out.print(++value + " ");
      }
      if (value > 14) {
        System.out.println(" i = " + i);
        break;
      }
    }
  }
}
```

출력 결과:

File Edit Window Help OM

```
% java Output
12 14
```

-또는-

File Edit Window Help Incense

```
% java Output
12 14 i = 6
```

-또는-

File Edit Window Help Believe

```
% java Output
13 15 i = 6
```

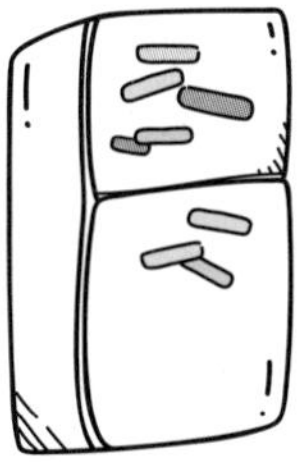

코드 자석

정답과 해설 164쪽

냉장고 위에 자바 프로그램 코드가 아무렇게나 널려 있습니다. 코드 스니펫을 재배치해서 아래에 있는 것과 같은 결과를 출력하는 자바 프로그램을 만들어 보세요. 아, 그런데 중괄호 몇 개는 바닥에 떨어져 버렸군요. 찾기 힘드니까 필요하면 마음대로 새롭게 추가해 보세요.

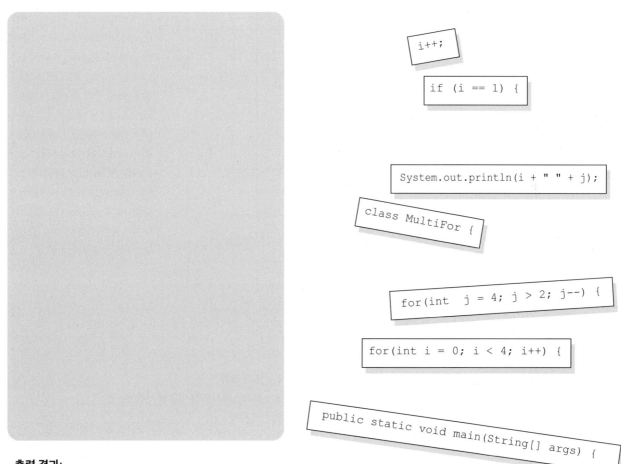

```
i++;
```

```
if (i == 1) {
```

```
System.out.println(i + " " + j);
```

```
class MultiFor {
```

```
for(int  j = 4; j > 2; j--) {
```

```
for(int i = 0; i < 4; i++) {
```

```
public static void main(String[] args) {
```

출력 결과:

File Edit Window Help Raid

```
% java MultiFor
0 4
0 3
1 4
1 3
3 4
3 3
```

낱말 퀴즈

이제 오른쪽 두뇌도 일을 시켜봅시다.

정답과 해설 165쪽

십자 낱말풀이를 해 보면 자바를 배우는 데 어떤 도움이 될까요? 여기에 있는 단어는 모두 자바와 관련된 단어입니다. 그리고 아래에 있는 힌트는 은유적인 것, 말장난 등이 있습니다. 이렇게 이것저것 꼬아서 생각해 보면 자바 지식을 머릿속에 더 잘 집어넣을 수 있습니다.

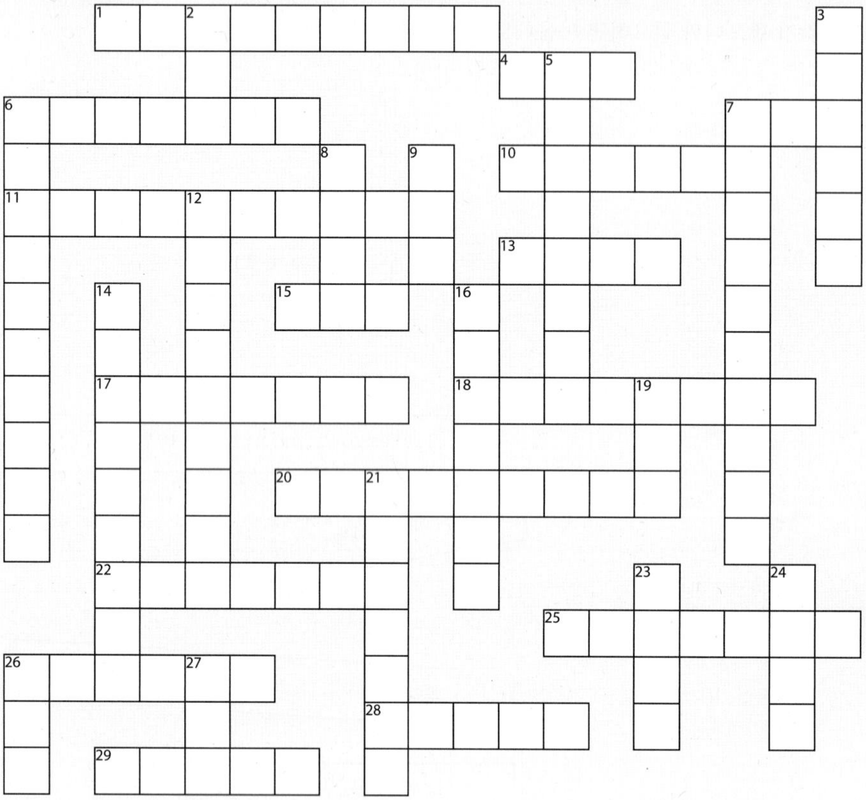

역자 힌트: 다음 단어를 영어로 써야 합니다.

구현(implement), 전(pre), 후(post), 익스트림(extreme), 표현식(expression), 유사 코드(pseudocode), 반복문(loop), 설정(set), 연산자(operator), 리턴(return), 초기화(initialize), 메서드(method), 변수(variable), 캐스트(cast), 반복(iteration), 원소(element), 감소(decrement), 실행(run), 가상(virtual), 일(one), 불리언(boolean), 인자(argument, 줄여서 arg)

가로

1. 만드는 것을 폼나게 표현하는 컴퓨터 용어
4. 여러 부분으로 구성된 반복문
6. 일단 테스트합니다.
7. 32비트
10. 메서드의 응답
11. 준비 코드는 이것으로 표현하죠?
13. 바꿔 줍니다.
15. 가장 큰 규모의 툴킷
17. 배열의 기본 단위
18. 인스턴스 또는 지역
20. 자동 툴킷
22. 원시 타입 같지만…
25. 캐스트할 수 없는 것
26. Math에 들어 있는 메서드
28. ___에 대해 향상된 반복문을 적용하죠?
29. 중간에 그만두는 것

세로

2. 증가 유형
3. 클래스에서 어떤 작업을 처리하는 곳
5. 선 증가 _____
6. for의 반복 _____
7. 첫 번째 값을 정합니다.
8. while 또는 for
9. 인스턴스 변수 갱신
12. 점점 줄입니다.
14. 사이클
16. 수다스러운 패키지
19. 메서드에서 뭔가를 전달하는 것
21. ~인 것 같은
23. 나중에 더함
24. 파이(π)가 들어 있는 곳
26. 컴파일하고 나서 ___합니다.
27. ++를 쓰면 __이 더해집니다.

결과를 맞혀 봅시다

정답과 해설 165쪽

다음은 간단한 자바 프로그램입니다. 그런데 한 블록이 빠져 있습니다. 왼쪽 하단에 있는 후보 코드와 그에 맞는 출력 결과를 연결해 보세요. 출력 결과 가운데 쓰이지 않는 것도 있고 그중 일부는 여러 번 쓰일 수도 있습니다. 후보 코드 블록과 그 블록을 사용했을 때의 출력 결과를 연결하는 선을 그어 보세요.

```
public static void main(String[] args) {
  int x = 0;
  int y = 30;
  for (int outer = 0; outer < 3; outer++) {
    for (int inner = 4; inner > 1; inner--) {
      [                ]   ← 후보 코드가 들어갈 자리
      y = y - 2;
      if (x == 6) {
        break;
      }
      x = x + 3;
    }
    y = y - 2;
  }
  System.out.println(x + " " + y);
}
```

후보 코드:

```
x = x + 3;
```

```
x = x + 6;
```

```
x = x + 2;
```

```
x++;
```

```
x--;
```

```
x = x + 0;
```

출력 결과:

```
45 6
```

```
36 6
```

```
54 6
```

```
60 10
```

```
18 6
```

```
6  14
```

```
12 14
```

각 후보 코드에 맞는 출력 결과를 서로 선으로 이어 보세요.

정답과 해설

연습 문제(160쪽)

```
class Output {

  public static void main(String[] args) {
    Output output = new Output();
    output.go();
  }

  void go() {
    int value = 7;
    for (int i = 1; i < 8; i++) {
      value++;
      if (i > 4) {
        System.out.print(++value + " ");
      }
      if (value > 14) {
        System.out.println(" i = " + i);
        break;
      }
    }
  }
}
```

break 명령문의 역할을 잊진 않았겠죠?
break가 결과에 어떤 영향을 끼칠까요?

출력 결과:

File Edit Window Help MotorcycleMaintenance

```
% java Output
13 15 x = 6
```

코드 자석(161쪽)

```
class MultiFor {

  public static void main(String[] args) {
    for (int i = 0; i < 4; i++) {

      for (int j = 4; j > 2; j--) {
        System.out.println(i + " " + j);
      }

      if (i == 1) {
        i++;
      }
    }
  }
}
```

이 코드 블록이 'j' for 반복문 앞에 들어가면
결과가 어떻게 될까요?

출력 결과:

File Edit Window Help Monopole

```
% java MultiFor
0 4
0 3
1 4
1 3
3 4
3 3
```

정답과 해설

낱말 퀴즈(162쪽)

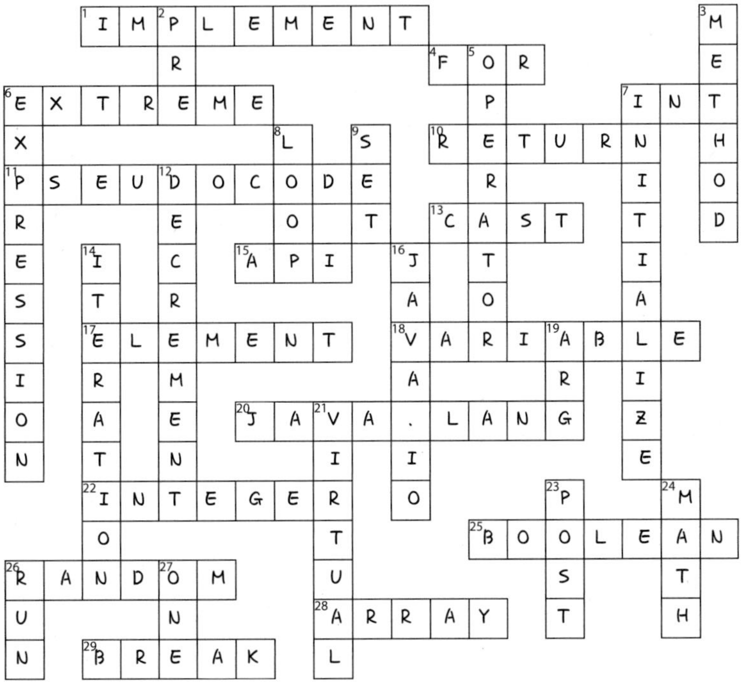

결과를 맞혀 봅시다(163쪽)

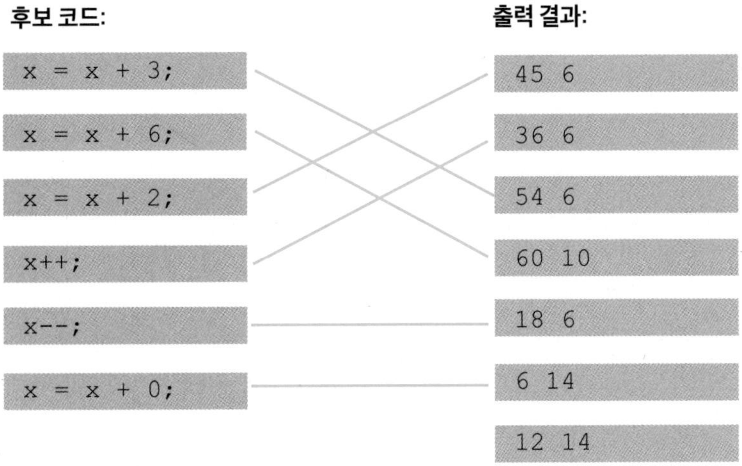

CHAPTER

06

자바 라이브러리 사용하기

자바 API를 알아봅시다

정말인가? 우리가 직접 만들지
않아도 되는 것인가?

— 자바에는 미리 만들어진 수백 개의 클래스가 내장되어 있습니다 —

자바 라이브러리에서 필요한 것, 즉 **자바 API**라고 부르는 것을 찾는 방법만 안다면 굳이 모든 것을 새로 만들지 않아도 됩니다. 그런 것 말고도 해야 할 일은 많으니까요. 코드를 작성할 때는 여러분의 애플리케이션에서 사용할 부분만 새로 작성하면 됩니다. 프로그래머 중에도 오후 5시면 바로 퇴근하는 사람, 오전 10시 이전에는 출근하지 않는 사람들이 있습니다. **그들처럼 되고 싶다면 자바 API를 잘 쓰면 됩니다.** 그리고 앞으로 8쪽 정도를 읽고 나면 여러분도 그렇게 될 수 있습니다. 핵심 자바 라이브러리(Core Java Library)는 클래스를 잔뜩 쌓아놓은 더미와 비슷합니다. 이렇게 미리 만들어진 코드를 적절하게 조립해서 필요한 프로그램을 만들면 됩니다. 이 책에 나와 있는 인스턴트 코드 역시 여러분이 직접 만들지 않아도 된다는 점은 비슷하지만, 여전히 타이핑은 해야 합니다. 하지만 자바 API에는 굳이 타이핑하지 않아도 되는 코드가 엄청나게 많이 들어 있습니다. 단지 사용 방법을 배워서 적절히 활용하기만 하면 됩니다.

앞 장에서 버그를 남겨둔 채로 넘어왔습니다

정상적인 실행 결과

프로그램을 실행한 다음 1, 2, 3, 4, 5, 6을 차례로 입력하면 다음과 같이 나옵니다. 별 문제가 없어 보이죠?

게임 실행 결과물(다른 결과가 나올 수도 있습니다)

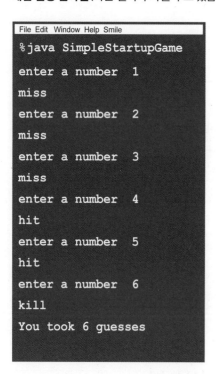

```
File Edit Window Help Smile
%java SimpleStartupGame
enter a number  1
miss
enter a number  2
miss
enter a number  3
miss
enter a number  4
hit
enter a number  5
hit
enter a number  6
kill
You took 6 guesses
```

버그가 있는 실행 결과

2, 2, 2를 입력하면 다음과 같이 나옵니다.

또 다른 실행 결과물(허걱!)

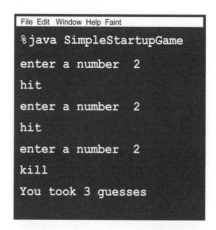

```
File Edit Window Help Faint
%java SimpleStartupGame
enter a number  2
hit
enter a number  2
hit
enter a number  2
kill
You took 3 guesses
```

이 버전에서는 일단 어떤 숫자를 한 번 맞추고 나서 그 숫자를 두 번 더 입력하기만 하면 스타트업을 침몰시킬 수 있습니다.

왜 그렇게 된 걸까요?

바로 이 부분에서 문제가 발생합니다. 지금 상태에서는 사용자가 셀 위치를 맞힌 뒤에도 추측한 위치와 셀 위치가 맞을 때마다 계속해서 더 맞힌 것으로 간주합니다.
그래서 사용자가 위치를 맞혔을 때 그 셀을 이미 맞혔는지 확인하는 방법이 필요합니다. 전에 이미 맞힌 적이 있다면 맞힌 것으로 간주하면 안 되니까요.

```
public String checkYourself(int guess) {

    String result = "miss";

    for (int cell : locationCells) {
      if (guess == cell) {
        result = "hit";
        numOfHits++;
        break;
      } // if문 끝
    } // for문 끝

    if (numOfHits == locationCells.length) {
      result = "kill";
    } // if문 끝

    System.out.println(result);

    return result;
  } // 메서드 끝
```

리턴할 값을 저장할 변수를 만듭니다. 기본값으로 "miss"를 넣어 둡니다(즉, 기본적으로 못 맞추는 상황을 가정하고 시작합니다).

배열에 있는 각 셀에 대해서 반복합니다.

사용자가 추측한 값을 배열에 있는 원소(셀)와 비교합니다.

맞혔습니다!

반복문에서 빠져나옵니다. 다른 셀은 확인하지 않아도 됩니다.

반복문 밖으로 나왔습니다. 스타트업이 침몰했는지(세 번 맞았는지) 확인해 본 후에 result 문자열을 "kill"로 바꿉니다.

사용자에게 결과를 보여 줍니다. "hit"나 "kill"로 바뀌지 않았다면 "miss"가 출력되겠죠?

결과를 호출하는 메서드 쪽에 리턴합니다.

어떻게 고쳐야 할까요? 버그 수정하기

셀을 이미 맞혔는지 확인할 수 있는 방법이 필요합니다. 이제 몇 가지 옵션을 살펴봐야 하는데, 그 전에 지금까지 파악한 내용을 간단하게 정리해 봅시다.

이 프로그램에는 셀 일곱 개가 들어 있는 가상의 행이 있고, 그중에서 Startup 객체는 연속적인 셀 세 개를 차지합니다. 밑에 있는 가상의 행에서는 Startup이 4, 5, 6번 셀에 들어 있는 것으로 가정했습니다.

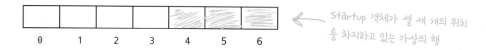

Startup 객체가 셀 세 개의 위치를 차지하고 있는 가상의 행

Startup에는 그 객체의 셀 위치를 저장하기 위한 인스턴스 변수(int 배열)가 들어 있습니다.

locationCells

(Startup의 인스턴스 변수)

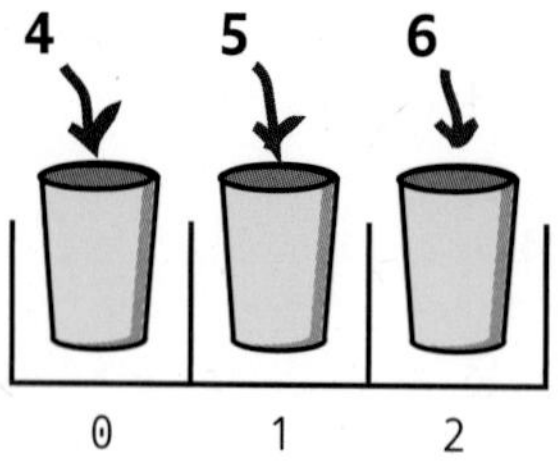

Startup의 셀 위치를 저장하기 위한 배열 인스턴스 변수입니다. 이 스타트업에 4, 5, 6이라는 값이 들어 있습니다. 사용자는 이 숫자를 맞혀야 합니다.

1 첫 번째 옵션

배열을 하나 더 만들고 사용자가 위치를 맞힐 때마다 그 맞힌 위치를 두 번째 배열에 집어넣습니다. 사용자가 위치를 맞힐 때마다 그 배열을 확인해서 그 셀을 이미 맞혔는지 확인합니다.

배열의 특정 인덱스에 '참(true)'이 들어 있으면 다른 배열(locationCells)에서 동일한 인덱스에 있는 셀 위치를 이미 맞혔음을 알 수 있습니다.

hitCells 배열

(Startup에 새로 추가할 불리언 배열 인스턴스 변수)

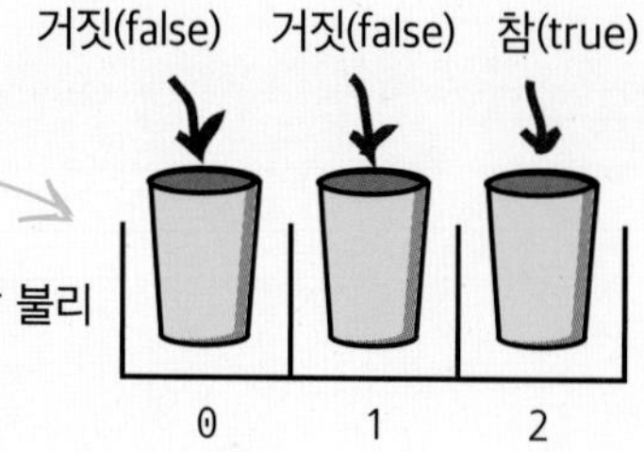

이 배열은 스타트업의 위치 셀 배열에서 각 셀의 '상태'를 나타내는 세 가지 값을 보유합니다. 예를 들어서, 인덱스 2의 셀이 명중되면 'hitCells' 배열의 인덱스 2를 '참'으로 설정합니다.

첫 번째 옵션은 너무 복잡합니다

첫 번째 옵션에서 설명한 방법을 쓰려면 의외로 작업이 복잡해집니다. 이 옵션에서는 사용자가 맞힐 때마다 두 번째 배열("hitCells" 배열)의 상태를 바꿔야 합니다. 그리고 그 전에 hitCells 배열을 확인해서 이미 맞힌 적이 있는지 확인해야만 합니다. 이런 방법을 쓰면 안 되는 것은 아니지만 뭔가 더 나은 방법이 있지 않을까요?

2 두 번째 옵션

원래 배열을 그냥 사용하면서 맞힌 셀의 값은 모두 -1로 바꿉니다. 이렇게 하면 굳이 배열 두 개를 쓰지 않아도 되겠죠?

특정 셀 위치에 -1이 들어 있으면 그 셀을 이미 맞혔음을 알 수 있습니다. 따라서 배열에서 음이 아닌 숫자만 찾으면 됩니다.

locationCells 배열

(Startup의 인스턴스 변수)

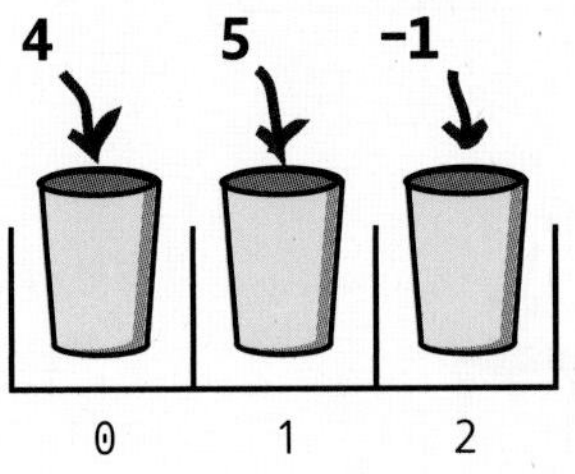

두 번째 옵션은 조금 낫긴 한데 여전히 복잡합니다

두 번째 옵션은 첫 번째 옵션에 비하면 낫지만, 그리 효율적이지 않습니다. 사용자가 한 개 이상을 맞힌(-1 값이 있는) 후에도 배열의 모든 칸(인덱스 위치)을 반복해야 하기 때문이죠. 더 나은 방법을 찾아봅시다.

3 세 번째 옵션

맞힐 때마다 각 셀 위치를 삭제하고 배열을 더 작게 수정하는 방법입니다. 하지만 배열은 크기를 변경할 수 없으므로 새로운 배열을 만들고, 이전 배열에 남아 있는 셀을 복사해서 새로 만든 작은 배열로 옮깁니다.

locationCells 배열
아직 아무 셀도 맞히지 않은 상태

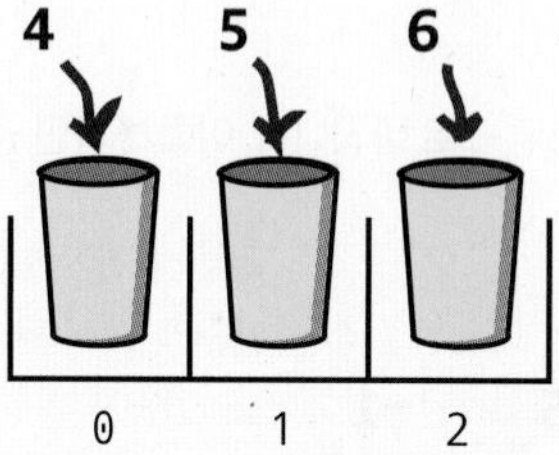

처음에는 배열의 크기가 3이므로 사용자가 추측한 셀 값(4, 5, 6)이 일치하는지 찾아볼 때 셀(배열에 들어 있는 위치) 세 개 모두에 대해 반복문을 돌려야 합니다.

locationCells 배열
배열의 1번 인덱스에 들어 있던 '5'번 셀을 맞힌 후의 상태

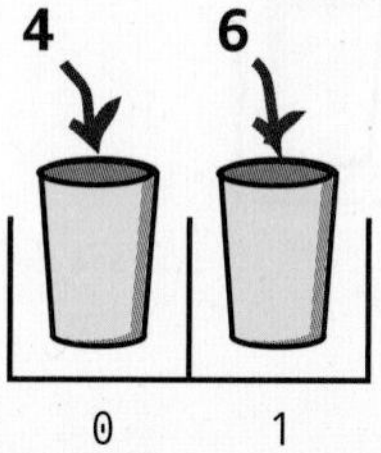

'5'번 셀을 맞히면 나머지 셀 위치만 집어넣을 작은 배열을 새로 만들고, 그 배열에 원래의 locationCells 레퍼런스를 대입합니다.

배열의 크기를 줄일 수 있다면(즉, 작은 배열을 새로 만든 뒤에 남아 있는 값을 새 배열로 복사하고 레퍼런스를 다시 대입하는 작업을 하지 않아도 된다면), 세 번째 옵션이야말로 아주 좋은 선택지입니다.

기존의 checkYourself() 메서드 준비 코드

```
int 배열에 있는 각 셀에 대해 다음 작업을 반복합니다.
    // 사용자가 추측한 위치를 스타트업이 들어 있는 셀과
비교하는 부분
    만약 사용자가 추측한 것이 맞으면
        맞힌 개수를 증가시킵니다.
        // 마지막 위치 셀인지 확인합니다.
        만약 맞힌 횟수가 3이면 "kill"을 리턴합니다.
        그렇지 않으면 "hit"를 리턴합니다.
        만약 부분 끝
    그렇지 않으면 틀린 것이므로 "miss"를 리턴합니다.
    만약 부분 끝
반복 부분 끝
```

이렇게 고칠 수 있다면 정말 좋을 것입니다.

```
남아 있는 각 위치 셀에 대해 다음 작업을 반복합니다.
    // 사용자가 추측한 위치를 스타트업이 들어 있는 셀과
비교하는 부분
    만약 사용자가 추측한 것이 맞으면
        그 셀을 배열에서 제거합니다.
        // 마지막 위치 셀인지 확인합니다.
        만약 배열이 비어 있으면 "kill"을 리턴합니다.
        그렇지 않으면 "hit"를 리턴합니다.
        만약 부분 끝
    그렇지 않으면 틀린 것이므로 "miss"를 리턴합니다.
    만약 부분 끝
반복 부분 끝
```

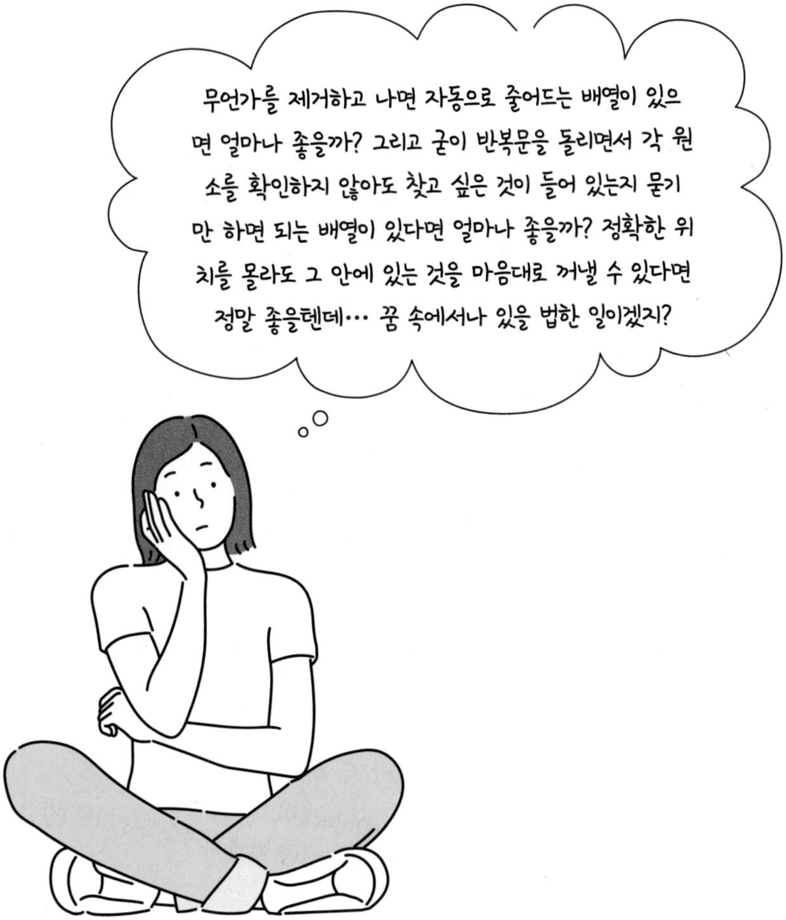
무언가를 제거하고 나면 자동으로 줄어드는 배열이 있으면 얼마나 좋을까? 그리고 굳이 반복문을 돌리면서 각 원소를 확인하지 않아도 찾고 싶은 것이 들어 있는지 묻기만 하면 되는 배열이 있다면 얼마나 좋을까? 정확한 위치를 몰라도 그 안에 있는 것을 마음대로 꺼낼 수 있다면 정말 좋을텐데… 꿈 속에서나 있을 법한 일이겠지?

모두 잠에서 깨어나 라이브러리를 써 봅시다

우리에게 정말로 필요한 것이 있습니다.
배열은 아닙니다. ArrayList라는 것이죠.
그리고 그 클래스는 핵심 자바 라이브러리(API)에 들어 있습니다.

자바 플랫폼, 스탠다드 에디션(Java SE)에는 미리 만들어진 클래스 수백 개가 들어 있습니다. 인스턴트 코드와 마찬가지죠. 하지만 이런 내장 클래스는 이미 컴파일이 된 상태로 제공됩니다.
즉, 굳이 타이핑을 하지 않아도 되지요.
그냥 쓰기만 하면 됩니다.

ArrayList

add(E e)
주어진 원소를 목록 맨 뒤에 추가합니다.

remove(int index)
index 매개변수로 지정한 위치에 있는 원소를 제거합니다.

remove(Object o)
원소 중에 주어진 객체가 있으면 첫 번째로 나오는 원소를 제거합니다.

contains(Object o)
주어진 원소가 목록에 들어 있으면 참을 리턴합니다.

isEmpty()
목록에 아무 원소도 없으면 참을 리턴합니다.

indexOf(Object o)
주어진 원소의 첫 번째 인덱스 또는 -1을 리턴합니다.

size()
이 목록에 들어 있는 원소의 개수를 리턴합니다.

get(int index)
주어진 위치에 있는 원소를 리턴합니다.

ArrayList에 있는 메서드 중에서 몇 개만 나열해 봤습니다.

ArrayList는 자바 라이브러리에 있는 수많은 클래스 중 하나입니다.

여러분이 직접 작성한 것처럼 코드에서 사용할 수 있습니다.

add(E e) 메서드는 약간 이상해 보일 것입니다. 이건 나중에 11장에서 다시 살펴볼 예정이니, 일단 지금은 우리가 추가하고자 하는 객체를 인자로 받아들이는 메서드라고 생각하고 넘어가도록 합니다.

ArrayList로 할 수 있는 작업

1 새로 만듭니다.

새로 등장한 <Egg> 구문은 너무 어렵게 생각하지 마세요. 그냥 'Egg 객체들로 이루어진 목록'이라는 것을 나타내는 부분이라고 생각하면 됩니다.

```
ArrayList<Egg> myList = new ArrayList<Egg>();
```

새로운 ArrayList 객체가 힙에 만들어집니다. 아직은 비어 있으므로 조그맣죠.

2 어떤 것을 집어넣습니다.

```
Egg egg1 = new Egg();

myList.add(egg1);
```

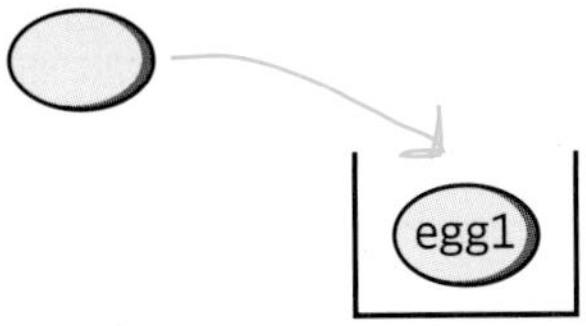

이제 그 ArrayList 객체는 Egg 객체를 담기 위한 '상자'가 됩니다.

3 다른 것을 또 집어넣습니다.

```
Egg egg2 = new Egg();

myList.add(egg2);
```

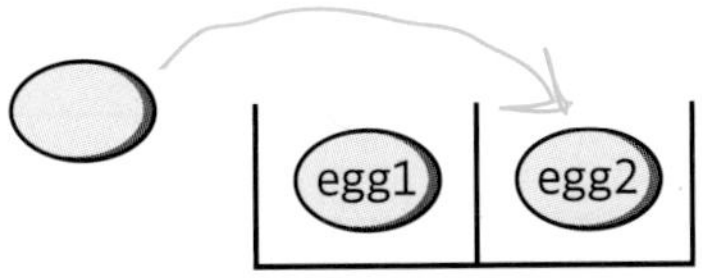

두 번째 Egg 객체를 담기 위해 ArrayList 객체가 더 커집니다.

4 몇 개가 들어가 있는지 알아냅니다.

```
int theSize = myList.size();
```

ArrayList는 두 개의 객체가 들어 있으므로 size() 메서드에서는 2를 리턴합니다.

5 어떤 것이 안에 들어 있는지 찾아냅니다.

```
boolean isIn = myList.contains(egg1);
```

ArrayList는 'egg1'이 참조하는 Egg 객체가 들어 있으므로 contains()에서 true를 리턴합니다.

6 어떤 것의 위치(즉, 인덱스)를 찾아냅니다.

```
int idx = myList.indexOf(egg2);
```

ArrayList의 첫 번째 인덱스는 0이고 'egg2'가 목록에서 두 번째로 있는 객체라면 indexOf()에서 1을 리턴합니다.

7 비어 있는지 확인합니다.

```
boolean empty = myList.isEmpty();
```

확실히 비어 있지 않으니까 isEmpty()에서 false를 리턴합니다.

8 목록에 들어 있는 것을 제거합니다.

```
myList.remove(egg1);
```

어, 줄어들었어!

정답과 해설 178쪽

왼쪽 하단 표의 ArrayList 코드를 참고해서 오른쪽 하단의 빈칸에 필요한 코드를 작성해 보세요. 이 코드는 일반 배열 코드를 대신하되, 동일한 작업을 수행할 수 있어야 합니다. 지금 바로 정답을 모두 맞히기가 힘들 수도 있습니다. 그냥 지금 알고 있는 것을 바탕으로 최선을 다해 보세요.

ArrayList	일반 배열
`ArrayList<String> myList = new ArrayList<String>();`	`String[] myList = new String[2];`
`String a = "whoohoo";`	`String a = "whoohoo";`
`myList.add(a);`	
`String b = "Frog";`	`String b = "Frog";`
`myList.add(b);`	
`int theSize = myList.size();`	
`String str = myList.get(1);`	
`myList.remove(1);`	
`boolean isIn = myList.contains(b);`	

무엇이든 물어보세요

Q&A

Q1 ArrayList는 참 좋네요. 그런데 그런 것이 있다는 것을 어떻게 알아내죠?

A1 그 질문을 조금 바꿔 보면 "API에 어떤 것이 있는지 어떻게 알아낼 수 있을까요?"라고 고칠 수 있을 텐데, 이것이 자바 프로그래머로 성공하는 데 있어서 가장 중요한 점이라고 할 수 있습니다. 바로 이 능력이 소프트웨어를 제대로 만들면서도 여유를 최대한 누리는 데 가장 핵심적이라는 것은 말할 필요도 없겠죠? 골치 아프고 복잡한 부분은 남들이 해 놓은 것을 그대로 쓰고, 재미있는 부분만 직접 만들어서 쓰면 정말 많은 시간을 절약할 수 있습니다.

간단하게 답하자면 시간을 조금 투자해서 API에 어떤 것이 들어 있는지 대강 파악해야 합니다. 이 장 맨 뒤에 API에 들어 있는 것을 파악하는 방법을 설명해 드릴 것입니다.

Q2 상당히 중요한 문제군요. 그런데 자바 라이브러리에 ArrayList가 기본적으로 내장되어 있다는 것을 아는 것도 중요하지만, 더 중요한 것은 우리가 필요로 하는 것이 바로 ArrayList라는 것을 아는 것이 아닐까요? 그렇다면 API를 이용해서 필요한 작업을 수행하는 방법을 찾아내려면 어떻게 해야 할까요?

A2 드디어 핵심적인 질문을 했군요. 이 책을 끝낼 때쯤이면 자바 언어에 대한 내용은 꽤 잘 알 수 있을 것입니다. 그 후에는 자바를 공부하는 데 있어서 어떤 문제를 어떻게 해결할지를 알아내는 것, 그리고 최소한의 코드만을 써서 원하는 것을 만들어내는 방법을 익혀야 합니다. 몇 페이지만 꼭 참고 읽어 보면 이 장 마지막 부분에서 이와 관련된 내용을 알 수 있을 것입니다.

자바 집중 인터뷰

금주의 인터뷰

오늘의 주제 배열에 대한 ArrayList의 솔직한 인터뷰

헤드 퍼스트 ArrayList는 배열과 비슷한 것이죠?

ArrayList 뭐, 배열 입장에서는 그렇게 생각하고 싶어할지도 모르겠습니다. 하지만 저는 객체거든요.

헤드 퍼스트 제가 잘못 알고 있는 것이 아니라면 배열도 객체 아닌가요? 배열도 다른 모든 객체와 마찬가지로 힙 안에 들어가잖아요.

ArrayList 물론, 배열도 힙에 들어가죠. 하지만 배열은 여전히 ArrayList가 되고 싶어할 뿐입니다. 객체에는 상태와 행동이 있다는 것 아시죠? 그 점은 모두 잘 알고 있을 것입니다. 하지만 배열에 대해 메서드를 호출해 본 적이 있으신가요?

헤드 퍼스트 듣고 보니 정말 배열에 대해 메서드를 호출해 본 적은 없네요. 그런데 배열에 대해 어떤 메서드를 호출하죠? 배열에 들어 있는 것에 대해 메서드를 호출하기만 할 뿐, 배열 자체의 메서드를 호출할 일은 없었거든요. 그리고 배열에 어떤 것을 집어넣거나 배열에서 어떤 것을 꺼낼 때도 그냥 배열 문법을 사용하면 되잖아요.

ArrayList 그래요? 정말 배열에서 뭔가를 꺼내서 제거해 본 적이 있단 말입니까? (혹시 자바를 어디 이상한 데서 배웠나요?)

헤드 퍼스트 당연히 배열에서 무언가를 꺼내죠. Dog d = dogArray[1]이라고 하면 배열의 1번 인덱스에 있는 Dog 객체를 꺼낼 수 있잖아요.

ArrayList 이해하기 쉽게 천천히 말할게요. 그렇게 배열에서 뭔가를 꺼내더라도 Dog 객체가 배열에서 제거되는 것은 아닙니다. 단지 그 Dog 객체에 대한 레퍼런스를 복사해서 다른 Dog 변수에 대입했을 뿐이죠.

헤드 퍼스트 아, 그런 거였군요. 무슨 뜻인지 알겠어요. 그 원소가 없어진 것은 아니니까요. 하지만 그 레퍼런스를 null로 설정할 수는 있는 거잖아요. 그렇죠?

ArrayList 하지만 저는 1등급 객체이므로 메서드도 있고 Dog의 레퍼런스를 그냥 null로 설정하는 것뿐 아니라 그 레퍼런스를 진짜로 제거할 수도 있습니다. 그리고 동적으로 크기를 바꿀 수도 있습니다. 배열로 그런 일을 하려면 정말 힘들겠죠?

헤드 퍼스트 조금 난감한 질문이긴 한데, 들리는 소문에 의하면 ArrayList가 기능이 좀 더 많고 효율은 조금 떨어지는 배열이라고 하던데요? 그러니까 크기를 조절한다거나 하는 메서드를 추가해 놓은 배열에 대한 래퍼(wrapper)일 뿐이라고 하던데요. 그리고 원시 타입은 저장할 수 없다던데, 그건 정말 치명적인 결점이잖아요.

ArrayList 그런 잘못된 소문을 아직도 믿고 계시다니··· 어이가 없군요. 저는 절대 비효율적인 배열에 불과한 놈이 아니에요. 극히 드물긴 하지만 배열이 눈곱만큼, 정말 조금 빠른 경우가 있다는 것은 인정합니다. 그런 미미한 속도 개선을 위해 이 강력한 파워를 포기해야 할까요? 유연성은 또 어떻고요? 원시 타입도 래퍼 클래스(10장에 자세하게 나와 있습니다)로 감싸고 나면 ArrayList에 집어넣을 수 있어요. 특히 자바 5부터는 래퍼로 감싸거나 래퍼에서 원시 값을 꺼내는 작업이 전부 자동으로 처리되니 전혀 불편하지 않죠. 솔직히 원시 타입은 ArrayList보다는 배열에 집어넣고 쓰는 게 빠르긴 하죠. 래핑과 언래핑 때문이에요. 근데 요즘 원시 값은 별로 쓰지도 않잖아요. 헉. 시간이 벌써 이렇게 됐군요. 필라테스 하러 가야 할 시간인데요. 다음에 언제 다시 한번 인터뷰합시다. 안녕히 계세요.

정답과 해설

쓰면서 제대로 공부하기(176쪽)

ArrayList	일반 배열
ArrayList<String> myList = new ArrayList<String>();	String[] myList = new String[2];
String a = "whoohoo";	String a = "whoohoo";
myList.add(a);	myList[0] = a;
String b = "Frog";	String b = "Frog";
myList.add(b);	myList[1] = b;
int theSize = myList.size();	int theSize = myList.length;
String str = myList.get(1);	String str = myList[1];
myList.remove(1);	myList[1] = null;

boolean isIn = myList.contains(b);	boolean isIn = false;
	for (String item : myList) {
	  if (b.equals(item)) {
	    isIn = true;
	    break;
	  }
	}

여기서부터 많이 달라집니다.

ArrayList의 메서드 사용 방법을 잘 보세요. 단순히 ArrayList 타입의 객체를 다루는 것이므로 일반 객체에서 점 연산자를 써서 메서드를 호출하는 것과 똑같이 하면 됩니다.

배열을 쓸 때는 배열에서만 쓰일 뿐 다른 데서는 쓰이지 않는 특별한 배열 문법(myList[0] = foo 등)을 사용해야 합니다. 배열은 객체이지만 자신만의 특별한 세상에 살고 있으므로 배열에 대해 메서드를 호출할 수는 없습니다. length라는 (단 하나뿐인) 인스턴스 변수가 있긴 하지만요.

ArrayList와 일반 배열 비교

1 기존의 일반 배열은 만들어질 때부터 크기를 알아야 합니다.

하지만 ArrayList에서는 ArrayList 타입의 객체만 만들면 됩니다. 언제나 말이죠. 객체를 추가하거나 제거하면 저절로 크기가 조절되므로 크기를 따로 지정할 필요가 없습니다.

```
new String[2]
new ArrayList<String>()
```

크기를 지정해야 합니다.

크기를 지정하지 않아도 됩니다(원하면 초기 크기를 지정할 수도 있습니다).

2 일반 배열에 객체를 집어넣을 때는 특정 위치를 지정해야 합니다.

즉, 0부터 배열의 길이에서 1을 뺀 숫자 이하까지의 인덱스를 지정해야 합니다.

```
myList[1] = b;
```

인덱스를 지정해야 합니다.

인덱스가 배열의 경계를 넘어가면(배열을 선언할 때 크기를 2로 지정했는데 인덱스로 3을 지정해서 뭔가를 대입하려고 하는 등의 작업을 하면) 실행 중에 큰 문제가 생길 수 있습니다.

그러나 ArrayList는 add(anInt, anObject) 메서드를 사용해서 인덱스를 지정할 수 있습니다. 단순히 add(anObject)를 계속 사용하면 ArrayList가 새로운 요소를 수용하기 위해서 계속 확장됩니다.

```
myList.add(b);
```

인덱스를 안 써도 됩니다.

3 배열을 쓸 때는 자바의 다른 부분에서는 쓰이지 않는 배열 전용 문법을 써야 합니다.

하지만 ArrayList는 일반 자바 객체이므로 특별한 전용 문법을 쓸 필요가 없습니다.

```
myList[1]
```

배열 전용 대괄호([ ])는 배열에서만 쓰이는 특별한 기호입니다.

4 ArrayList는 매개변수화되어 있습니다.

방금 말씀드렸듯이 ArrayList를 쓸 때는 배열과 달리 웬만해서는 특수한 전용 기호를 사용하지 않습니다. 하지만 '매개변수화된 타입(parameterized type)'이라는 특별한 기능이 추가되었습니다.

```
ArrayList<String>
```

<String>에서 <> 안에 들어 있는 String은 '타입 매개변수(type parameter)'입니다. ArrayList<String>은 String으로 구성된 ArrayList를, ArrayList<Dog>는 Dog로 구성된 ArrayList를 뜻하죠.

<타입> 구문을 사용함으로써 특정 타입의 객체만 포함하도록 ArrayList를 선언하고 생성할 수 있습니다. ArrayList에서의 매개변수화된 타입에 대한 자세한 내용은 11장에서 살펴보기로 하고, 일단은 ArrayList를 사용할 때 등장하는 <>는 인지만 하고 넘어갑시다. 그냥 컴파일러한테 그 ArrayList에는 어떤 타입의 객체들이 들어갈 수 있는지 알려 주기 위한 용도로 쓰인다는 정도만 기억해도 충분합니다.

참고: 매개변수화된 타입은 자바 5부터 추가되었습니다. 워낙 오래전에 추가된 기능이라 여러분이 사용하는 자바는 거의 무조건 매개변수화된 타입을 지원할 것입니다.

준비 코드 | 테스트 코드 | **실제 코드**

Startup 코드 수정하기

원래 버그가 있는 버전은 다음과 같습니다.

```
class Startup {

  private int[] locationCells;
  private int numOfHits = 0;

  public void setLocationCells(int[] locs) {
    locationCells = locs;
  }

  public String checkYourself(int guess) {
    String result = "miss";
    for (int cell : locationCells) {
      if (guess == cell) {
        result = "hit";
        numOfHits++;

        break;
      }
    } // for 반복문 끝
    if (numOfHits == locationCells.length) {
      result = "kill";
    } // if문 끝
    System.out.println(result);
    return result;
  } // 메서드 끝
} // 클래스 끝
```

잠시 후에 나올 수정된 버전과 구분하기 위해서 이름을 SimpleStartup에서 Startup으로 바꿨습니다. 하지만 코드 자체는 5장에 나왔던 것과 똑같습니다.

바로 여기에서 문제가 생겼습니다. 전에 맞혔는지 여부와는 상관없이 무조건 맞기만 하면 numOfHits를 증가시키기 때문이죠.

준비 코드 | 테스트 코드 | **실제 코드**

새롭게 개선한 Startup 클래스

ArrayList 활용!

```java
import java.util.ArrayList;

public class Startup {

  private ArrayList<String> locationCells;
  // private int numOfHits;
  // (지금은 추적하지 않아도 됩니다)

  public void setLocationCells(ArrayList<String> locs) {
    locationCells = locs;

  }

  public String checkYourself(String userInput) {
    String result = "miss";
    int index = locationCells.indexOf(userInput);

    if (index >= 0) {

      locationCells.remove(index);

      if (locationCells.isEmpty()) {
        result = "kill";
      } else {
        result = "hit";
      } // if문 끝
    } // 바깥쪽 if문 끝
    return result;
  } // 메서드 끝
} // 클래스 끝
```

이 부분은 일단 넘어가고 이 장 끝 부분에서 살펴보겠습니다.

int 배열 대신 String이 들어가는 ArrayList를 사용합니다

문자열로 바뀌었네요. "A3" 같은 값을 받아들여야 하죠

새로 바뀐 인자명입니다.

사용자가 추측한 위치가 ArrayList에 들어 있는지 확인합니다. 들어 있으면 인덱스 번호가 리턴되고, 그렇지 않으면 indexOf()는 -1을 리턴합니다.

인덱스가 0 이상이면 사용자가 추측한 위치에 들어 있는 것이므로 제거합니다.

목록이 비어 있다면 그 스타트업이 침몰했다는 것을 알 수 있습니다.

진짜 <스타트업 침몰시키기> 게임 만들어 보기

지금까지는 간단한 버전만 다뤘는데, 이제 진짜 버전을 만들어 봅시다. 아까와 달리 한 행이 아닌 제대로 된 그리드를 사용하고, 스타트업도 세 개를 만들겠습니다.

목표: 컴퓨터가 가지고 있는 모든 스타트업명을 최소한의 추측 횟수로 모두 침몰시켜야 합니다. 스타트업을 모두 침몰시키고 나면 성적에 따라 등급이 출력됩니다.

설정: 게임 프로그램이 시작되면 컴퓨터에서는 스타트업 세 개를 **가상의 7×7 그리드** 위에 배치합니다. 그 작업이 끝나면 사용자가 추측한 위치를 입력할 수 있도록 프롬프트를 출력합니다.

게임 방법: 아직은 GUI를 만드는 방법을 배우지 않았으므로 명령행에서 실행시키는 버전으로 만들겠습니다. 컴퓨터에서는 여러분에게 위치를 추측해 보라는 프롬프트를 띄웁니다. 그러면 여러분은 "A3", "CS" 같은 식으로 명령행에 위치를 입력합니다. 컴퓨터에서는 명령행을 통해 맞으면 "hit", 틀리면 "miss"라고 결과를 알려줍니다. 어떤 스타트업 사이트를 모두 맞히면 "You sunk poniez(스타트업명은 바뀔 수 있습니다)." 와 같은 메시지를 출력합니다. 스타트업 세 개를 모두 맞히면 여러분의 등급이 출력됩니다.

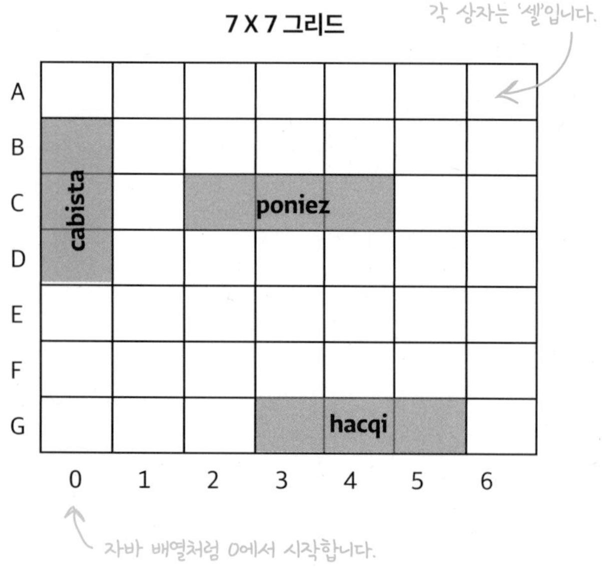

7X7 그리드에 스타트업 사이트명 세 개가 들어가는 <스타트업 침몰시키기> 게임을 만들 것입니다.
각 스타트업은 셀 세 개를 차지합니다.

게임 진행 화면:

```
File Edit Window Help Sell
%java StartupBust
Enter a guess  A3
miss
Enter a guess  B2
miss
Enter a guess  C4
miss
Enter a guess  D2
hit
Enter a guess  D3
hit
Enter a guess  D4
Ouch! You sunk poniez   : (
kill
Enter a guess  G3
hit
Enter a guess  G4
hit
Enter a guess  G5
Ouch! You sunk hacqi   : (
All Startups are dead! Your stock
is now worthless
Took you long enough. 62 guesses.
```

무엇을 바꿔야 할까요?

스타트업 클래스(이번에는 SimpleStartup이 아닌 Startup이라는 이름을 사용합니다), 게임 클래스(StartupBust), 그리고 게임 보조 클래스(일단은 신경 쓰지 않아도 됩니다). 이렇게 클래스 세 개를 바꿔야 합니다.

A Startup 클래스(스타트업 클래스)

- **name 변수를 추가합니다.**
  여기에는 그 스타트업의 이름(poniez, cabista 등)이 저장되고, 스타트업이 침몰하면 그 이름이 출력됩니다(앞 페이지의 게임 진행 화면 참조).

B StartupBust 클래스(게임 클래스)

- **스타트업 객체를 하나가 아니라 세 개를 만듭니다.**

- **각 스타트업 객체에 이름을 지정합니다.**
  각 Startup 인스턴스의 세터 메서드를 호출해서 name 인스턴스 변수에 이름을 저장합니다.

- **스타트업 세 개를 모두 한 행이 아닌 그리드 전체에 배치합니다.**
  스타트업을 무작위로 배치하는 방법이 전보다 훨씬 복잡해졌습니다. 여기에서 복잡한 수학적인 과정을 설명하기는 어려우므로 스타트업의 위치를 정하기 위한 알고리즘은 GameHelper 클래스(인스턴트 코드)에 집어넣었습니다.

- **세 Startup 객체에 대해 사용자가 추측한 위치를 확인합니다.**

- **모든 스타트업이 침몰할 때까지 게임을 계속 진행합니다.**
  (즉, 사용자가 추측한 위치를 받아서 남아 있는 스타트업의 위치와 비교해 봅니다.)

- **main 메서드에서 빠져나옵니다.**
  main 메서드는 편의상 최대한 간단하게 만들었습니다. 하지만 실제 게임에서는 그렇지 않겠죠.

클래스 세 개

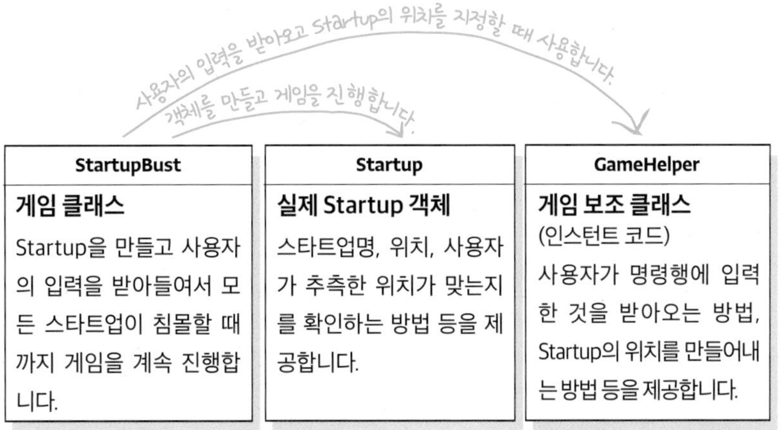

사용자의 입력을 받아오고 Startup의 위치를 지정할 때 사용합니다.
객체를 만들고 게임을 진행합니다.
StartupBust
게임 클래스
Startup을 만들고 사용자의 입력을 받아들여서 모든 스타트업이 침몰할 때까지 게임을 계속 진행합니다.
Startup
실제 Startup 객체
스타트업명, 위치, 사용자가 추측한 위치가 맞는지를 확인하는 방법 등을 제공합니다.
GameHelper
게임 보조 클래스
(인스턴트 코드)
사용자가 명령행에 입력한 것을 받아오는 방법, Startup의 위치를 만들어내는 방법 등을 제공합니다.

그리고 ArrayList 네 개가 필요합니다. 하나는 StartupBust용으로, 나머지 세 개는 각 Startup 객체용으로 쓰입니다.

객체 네 개

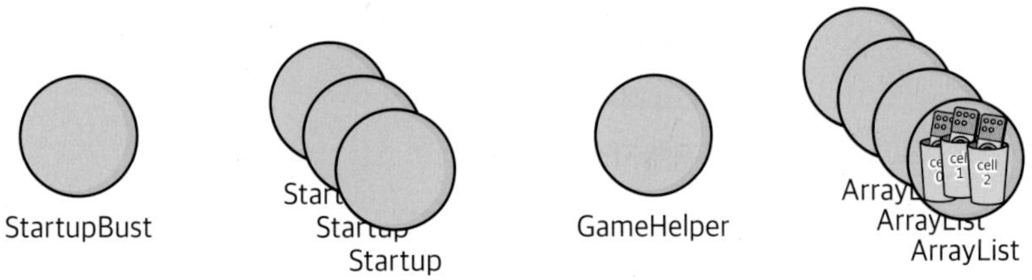

StartupBust 게임에서는 누가 어떤 일을 언제 할까요?

1

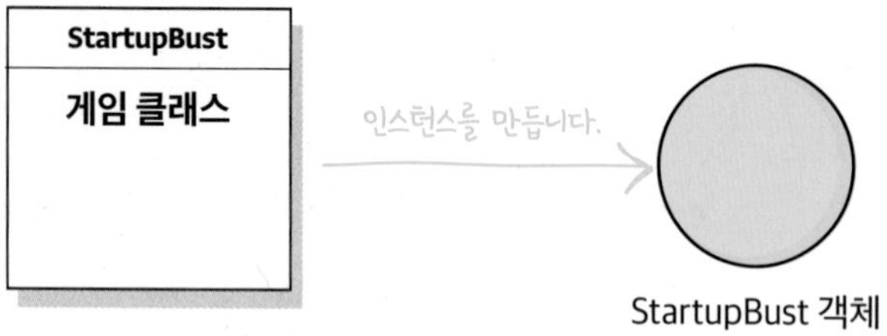

StartupBust 클래스의 main() 메서드에서 게임의 모든 것을 책임지는 StartupBust 객체의 인스턴스를 만듭니다.

2

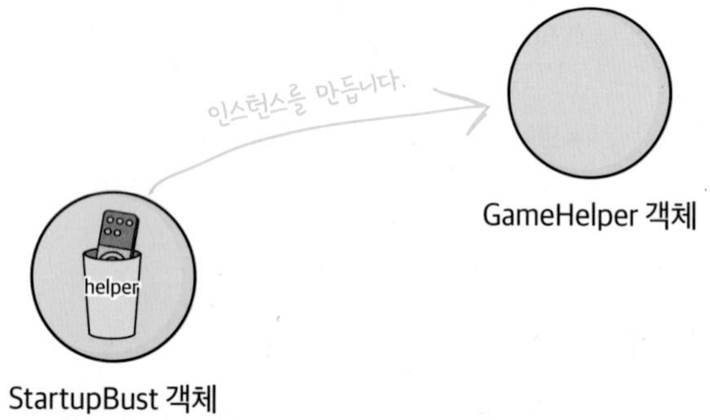

StartupBust(게임) 객체는 게임에 필요한 작업을 처리하는 데 도움을 주는 GameHelper의 인스턴스를 만듭니다.

3

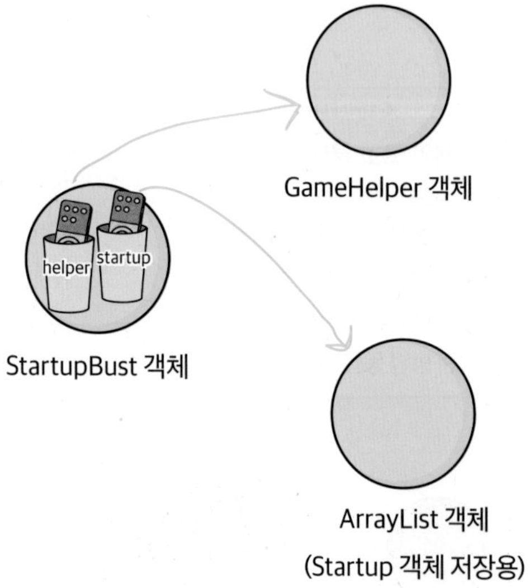

StartupBust 객체는 Startup 객체 세 개를 저장할 ArrayList의 인스턴스를 만듭니다.

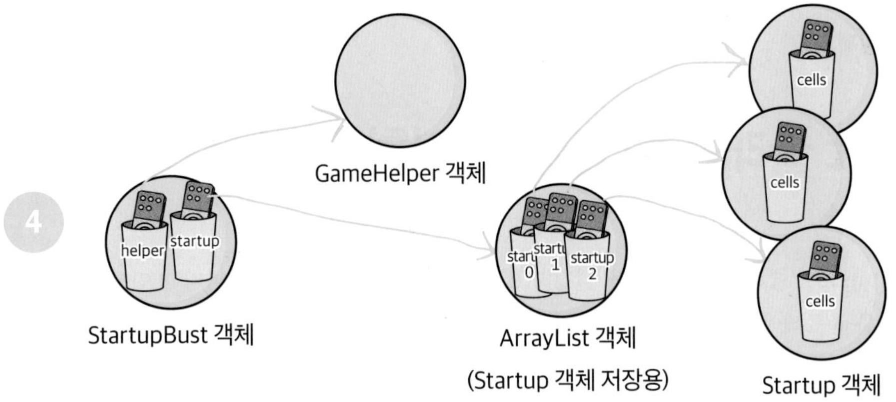

StartupBust 객체에서 Startup 객체 세 개를 만듭니다(그리고 ArrayList에 넣습니다).

StartupBust 객체는 보조 객체에 Startup의 위치를 요청합니다(각 Startup마다 한 번씩, 총 세 번 반복).

StartupBust 객체는 각 Startup 객체에 "A2", "B2" 같은 위치(보조 객체로부터 받은 위치)를 할당합니다. 각 Startup 객체는 ArrayList에 각각 위치 셀 세 개씩을 추가합니다.

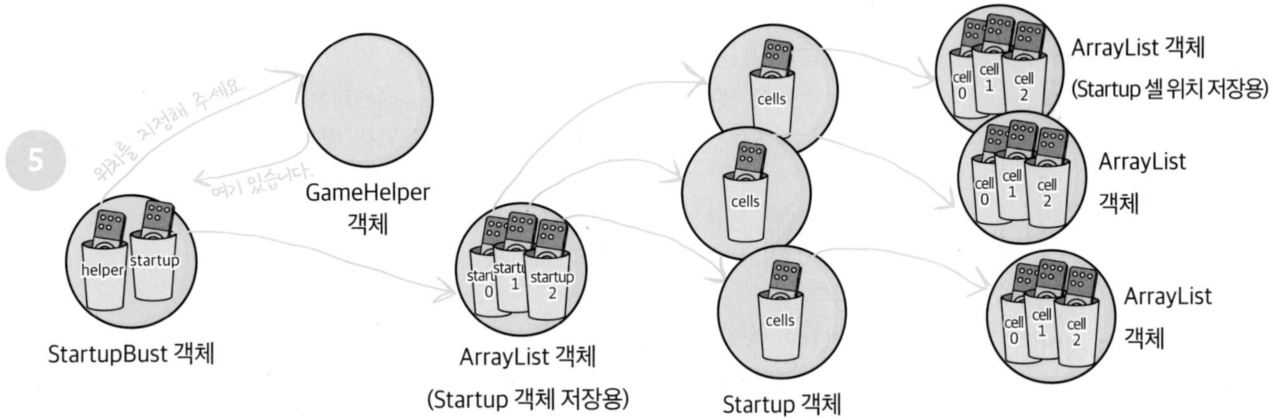

StartupBust 객체에서 사용자가 추측한 값을 보조 객체에 물어봅니다(보조 객체는 명령행에 사용자의 추측을 입력받기 위한 프롬프트를 띄웁니다).

StartupBust 객체는 Startup의 목록에 대해 반복문을 돌리면서 각 Startup 객체에 대해 사용자가 추측한 위치가 맞았는지 확인합니다. Startup은 그 위치가 들어 있는 ArrayList를 확인한 다음에 결과("hit", "miss" 등)를 리턴합니다.

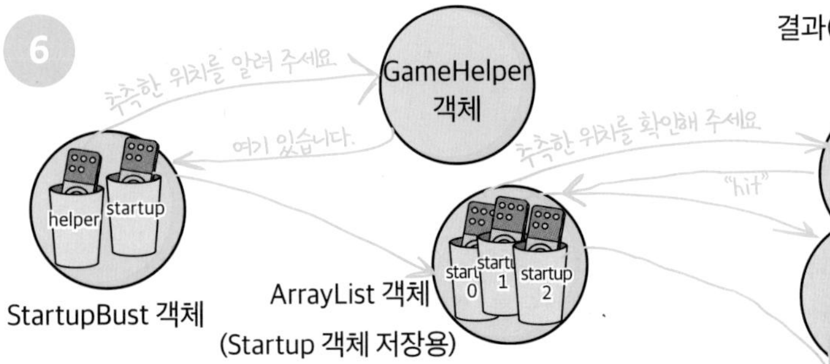

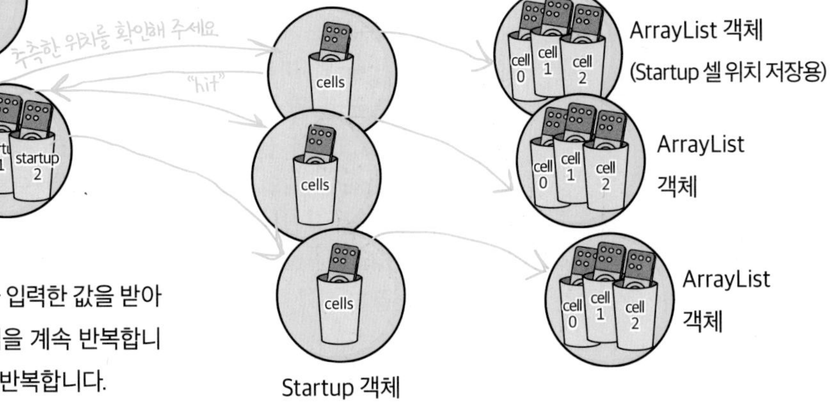

이런 식으로 게임이 계속 진행됩니다(사용자가 입력한 값을 받아오고 각 Startup별로 맞혔는지 확인하는 작업을 계속 반복합니다). 모든 스타트업이 침몰할 때까지 이 과정을 반복합니다.

준비 코드 | 테스트 코드 | 실제 코드

실제 StartupBust 클래스를 만들기 위한 준비 코드

StartupBust
GameHelper helper ArrayList startups int numOfGuesses
setUpGame() startPlaying() checkUserGuess() finishGame()

StartupBust 클래스에는 게임을 설정하고, 스타트업이 모두 침몰할 때까지 게임을 진행하며, 게임을 종료해야 하는 세 가지 기본 임무가 있습니다. 이런 세 가지 임무를 메서드 세 개에 바로 대응시킬 수도 있지만, 메서드를 나눠서 중간 임무(게임 진행)를 메서드 두 개로 만들겠습니다. 메서드를 더 작게 만들면(즉, 기능을 더 잘게 쪼개면) 코드를 테스트하고 디버그하고 변경하기가 훨씬 수월해집니다.

변수 선언

GameHelper 인스턴스를 만들고 helper라는 인스턴스 변수를 **선언**합니다.
Startup 목록 세 개를 저장하기 위한 ArrayList를 **선언**하고 인스턴스를 만듭니다. 이름은 StartupsList로 합니다.
사용자가 추측한 횟수를 저장하기 위한 numOfGuesses라는 int 변수를 **선언**하고 초깃값을 0으로 설정합니다. 나중에 이 값을 써서 게임이 끝났을 때 점수를 출력합니다.

메서드 선언

Startup 객체를 생성하고 초기화해서 이름과 위치까지 모두 지정해 주는 setUpGame() 메서드를 **선언**합니다. 이 메서드에서는 간단한 게임 방법도 출력합니다.
모든 Startup 객체가 없어질 때까지 사용자로부터 추측한 위치를 받아들이고 checkUserGuess() 메서드를 호출하는 startPlaying() 메서드를 **선언**합니다.
남아 있는 모든 Startup 객체에 대해 반복문을 돌리면서 각 Startup 객체의 checkYourself() 메서드를 호출하는 checkUserGuess() 메서드를 **선언**합니다.
모든 Startup 객체들을 침몰시킬 때까지의 추측 횟수를 바탕으로 사용자의 점수 메시지를 출력하는 finishGame() 메서드를 **선언**합니다.

메서드 구현

메서드: void setUpGame()
    // Startup 객체 세 개를 만들고 이름을 붙입니다.
    Startup 객체 세 개를 **생성**합니다.
    각 Startup의 이름을 **설정**합니다.
    모든 Startup을 StartupsList라는 ArrayList에 **추가**합니다.
    StartupsList에 들어 있는 각 Startup 객체에 대해 다음을 **반복**합니다.
        helper 객체의 placeStartup() 메서드를 **호출**해서 무작위로 선택된 Startup의 위치를 구합니다(7×7 그리드에 수평 또는 수직 방향으로 배치된 셀 세 개).
        placeStartup()을 호출한 결과를 바탕으로 각 Startup의 위치를 **설정**합니다.
    반복 끝
메서드 끝

준비 코드 | 테스트 코드 | 실제 코드

메서드 구현 계속

메서드: void startPlaying()
    Startup이 남아 있는 동안 **반복**합니다.
        helper의 getUserInput() 메서드를 호출해서 사용자 입력을 **받습니다**.
        checkUserGuess() 메서드를 통해 사용자가 추측한 위치를 **평가**합니다.
    반복 끝
메서드 끝

메서드: vold checkUserGuess(String userGuess)
    // 명중시킨(침몰시킨) Startup 객체가 있는지 확인합니다.
    numOfGuesses 변수에 저장된 사용자가 추측한 횟수를 **증가**시킵니다.
    사용자가 추측한 위치가 틀렸을 것이라는 가정하에 result라는 로컬 변수(String)를 "miss"로 **설정**합니다.
    startups List에 들어 있는 각 Startup 객체에 대해 다음을 **반복**합니다.
        Startup 객체의 checkYourself() 메서드를 호출해서 사용자가 추측한 위치를 **평가**합니다.
        리턴값에 따라 result의 값을 "hit" 또는 "kill"로 **설정**합니다.
        만약 결과가 "kill"이면 그 Startup을 startupsList에서 **제거**합니다.
    반복 끝
    result의 값을 **출력**합니다.
메서드 끝

메서드: vold finishGame()
    게임이 끝났음을 알리는 메시지를 **출력**합니다.
    만약 추측한 횟수가 적으면
        축하 메시지를 **출력**합니다.
    그렇지 않으면
        결과가 좋지 않다는 메시지를 **출력**합니다.
    만약 부분 끝
메서드 끝

쓰면서 제대로 공부하기

풀어 보세요

준비 코드에서 최종 코드로 넘어가려면 어떻게 해야 할까요? 우선 테스트 코드에서 시작해서 메서드를 하나씩 만들고 테스트해야 합니다. 책에서는 테스트 코드를 수록하지는 않았습니다. 여러분이 직접 각 메서드를 테스트하기 위해 어떤 것이 필요할지 생각해 보세요. 그리고 어떤 메서드를 먼저 테스트하고 만들어서 몇 가지 준비 코드에 대해 어떻게 테스트할 수 있을지 생각해 봅시다. 일단 이 연습 문제에서는 준비 코드 또는 몇 가지 핵심 내용만 생각해 봐도 됩니다. 하지만 (자바로 만든) 진짜 테스트 코드를 만드는 것은 상당히 힘들 수도 있습니다.

준비 코드 | 테스트 코드 | **실제 코드**

```
import java.util.ArrayList;

public class StartupBust {
  private GameHelper helper = new GameHelper();                    ❶
  private ArrayList<Startup> startups = new ArrayList<Startup>();
  private int numOfGuesses = 0;

  private void setUpGame() {
    // 우선 스타트업 객체 몇 개를 만들고 위치를 지정합니다.
    Startup one = new Startup();
    one.setName("poniez");
    Startup two = new Startup();
    two.setName("hacqi");
    Startup three = new Startup();
    three.setName("cabista");                                       ❷
    startups.add(one);
    startups.add(two);
    startups.add(three);

    System.out.println("Your goal is to sink three Startups.");      ❸
    System.out.println("poniez, hacqi, cabista");
    System.out.println("Try to sink them all in the fewest number of guesses");

    for (Startup startup : startups) {                              ❹
      ArrayList<String> newLocation = helper.placeStartup(3);       ❺
      startup.setLocationCells(newLocation);                        ❻
    } // for 반복문 끝
  } // setUpGame 메서드 끝

  private void startPlaying() {
    while (!startups.isEmpty()) {                                   ❼
      String userGuess = helper.getUserInput("Enter a guess");      ❽
      checkUserGuess(userGuess);                                    ❾
    } // while문 끝
    finishGame();                                                   ❿
  } // startPlaying 메서드 끝
```

쓰면서 제대로 공부하기

코드에 적당한 설명을 직접 붙여 봅시다. 각 페이지 밑에 있는 설명을 코드에 있는 번호와 연결해 보세요. 각각의 설명 앞에 그 설명이 들어갈 만한 위치의 번호를 적으면 됩니다.
모든 설명을 각각 한 번씩만 사용해야 합니다.

— 사용할 변수를 선언하고 초기화합니다.

— 사용자의 입력을 받습니다.

— Startup의 위치를 지정하기 위한 보조 메서드를 호출합니다.

— 사용자에게 간단한 게임 방법을 설명합니다.

— 이 Startup 객체의 세터 메서드를 호출해서 방금 보조 메서드에서 받아온 위치를 지정합니다.

— 목록에 있는 각 Startup에 대해 반복합니다.

— checkUserGuess 메서드를 호출합니다.

— finishGame 메서드를 호출합니다.

— Startup 객체 세 개를 만들고 각각 이름을 부여한 후에 ArrayList에 저장합니다.

— Startup 목록이 비어 있지 않으면

준비 코드 | 테스트 코드 | **실제 코드**

```
  private void checkUserGuess(String userGuess) {
    numOfGuesses++; 11
    String result = "miss"; 12

    for (Startup startupToTest : startups) { 13
      result = startupToTest.checkYourself(userGuess); 14

      if (result.equals("hit")) {
        break; 15
      }
      if (result.equals("kill")) {
        startups.remove(startupToTest); 16
        break;
      }
    } // for 반복문 끝

    System.out.println(result); 17
  } // 메서드 끝


  private void finishGame() {
    System.out.println("All Startups are dead! Your stock is now worthless");
    if (numOfGuesses <= 18) {
      System.out.println("It only took you " + numOfGuesses + " guesses.");
      System.out.println("You got out before your options sank.");
    } else {
      System.out.println("Took you long enough. " + numOfGuesses + " guesses.");
      System.out.println("Fish are dancing with your options");
    }
  } // 메서드 끝                                                       18

  public static void main(String[] args) {
    StartupBust game = new StartupBust(); 19
    game.setUpGame(); 20
    game.startPlaying(); 21
  } // 메서드 끝
}
```

이 페이지에 있는 연습 문제를 끝내기 전에는 절대 다음 페이지로 넘어가지 마세요.
다음 페이지에는 필자들이 설명을 추가해 놓았습니다.

— 이건 침몰했으므로 Startup 목록에서 빼고 반복문을 빠져나갑니다.

— 목록에 들어 있는 모든 Startup 객체에 대해 반복합니다.

— 사용자에게 결과를 출력합니다.

— 게임 결과를 알려 주는 메시지를 출력합니다.

— 게임 객체에 게임을 설정하라는 명령을 내립니다.

— 따로 바꾸지 않으면 "miss"라고 가정합니다.

— 사용자가 추측한 횟수를 증가시킵니다.

— Startup 객체에 사용자가 입력한 위치가 맞는지 또는 그 객체가 침몰했는지 물어봅니다.

— 게임 객체에 주 게임 진행 반복문을 돌리라는 명령을 내립니다(사용자에게 계속해서 위치를 물어보고, 그 추측을 확인합니다).

— 반복문에 일찍 빠져나옵니다. 나머지는 더 이상 확인하지 않아도 되니까요.

— 게임 객체를 만듭니다.

준비 코드 | 테스트 코드 | **실제 코드**

```
import java.util.ArrayList;

public class StartupBust {

  private GameHelper helper = new GameHelper();
  private ArrayList<Startup> startups = new ArrayList<Startup>();
  private int numOfGuesses = 0;

  private void setUpGame() {
    // 우선 스타트업 객체 몇 개를 만들고 위치를 지정합니다.
    Startup one = new Startup();
    one.setName("poniez");
    Startup two = new Startup();
    two.setName("hacqi");
    Startup three = new Startup();
    three.setName("cabista");
    startups.add(one);
    startups.add(two);
    startups.add(three);

    System.out.println("Your goal is to sink three Startups.");
    System.out.println("poniez, hacqi, cabista");
    System.out.println("Try to sink them all in the fewest number of guesses");

    for (Startup startup : startups) {
      ArrayList<String> newLocation = helper.placeStartup(3);
      startup.setLocationCells(newLocation);
    } // for 반복문 끝
  } // setUpGame 메서드 끝

  private void startPlaying() {
    while (!startups.isEmpty()) {
      String userGuess = helper.getUserInput("Enter a guess");
      checkUserGuess(userGuess);
    } // while문 끝
    finishGame();
  }  // startPlaying 메서드 끝
```

사용할 변수를 선언하고 초기화합니다.

Startup 객체 세 개를 만들고 각각 이름을 부여한 후에 ArrayList에 저장합니다.

사용자에게 간단한 게임 방법을 설명합니다.

목록에 있는 각 Startup에 대해 반복합니다.

Startup의 위치를 지정하기 위한 보조 메서드를 호출합니다.

이 Startup 객체의 세터 메서드를 호출해서 방금 보조 메서드에서 받아온 위치를 지정합니다.

Startup 목록이 비어 있지 않으면(!는 부정(NOT)을 의미합니다. Startups.isEmpty() == false와 똑같습니다)

사용자의 입력을 받습니다.

checkUserGuess 메서드를 호출합니다.

finishGame 메서드를 호출합니다.

준비 코드 | 테스트 코드 | **실제 코드**

```
private void checkUserGuess(String userGuess) {
  numOfGuesses++;
  String result = "miss";

  for (Startup startupToTest : startups) {
    result = startupToTest.checkYourself(userGuess);

    if (result.equals("hit")) {
      break;
    }
    if (result.equals("kill")) {
      startups.remove(startupToTest);
      break;
    }
  } // for문 끝

  System.out.println(result);
} // 메서드 끝


private void finishGame() {
  System.out.println("All Startups are dead! Your stock is now worthless");
  if (numOfGuesses <= 18) {
    System.out.println("It only took you " + numOfGuesses + " guesses.");
    System.out.println("You got out before your options sank.");
  } else {
    System.out.println("Took you long enough. " + numOfGuesses + " guesses.");
    System.out.println("Fish are dancing with your options");
  }
} // 메서드 끝

public static void main(String[] args) {
  StartupBust game = new StartupBust();
  game.setUpGame();
  game.startPlaying();
} // 메서드 끝
}
```

사용자가 추측한 횟수를 증가시킵니다.

따로 바꾸지 않으면 "miss"라고 가정합니다.

목록에 들어 있는 모든 Startup 객체에 대해 반복합니다.

Startup 객체에 사용자가 입력한 위치가 맞는지, 또는 그 객체가 침몰했는지 물어봅니다.

반복문을 일찍 빠져나옵니다. 나머지는 더 이상 확인하지 않아도 되니까요.

이건 침몰했으므로 Startup 목록에서 빼고 반복문을 빠져나갑니다.

사용자에게 결과를 출력합니다.

게임 결과를 알려 주는 메시지를 출력합니다.

게임 객체를 만듭니다.

게임 객체에 게임을 설정하라는 명령을 내립니다.

게임 객체에 주 게임 진행 반복문을 돌리라는 명령을 내립니다(사용자에게 계속해서 위치를 물어보고, 그 추측을 확인합니다).

준비 코드 | 테스트 코드 | **실제 코드**

Startup 클래스의 최종 버전

```
import java.util.ArrayList;

public class Startup {
  private ArrayList<String> locationCells;
  private String name;

  public void setLocationCells(ArrayList<String> loc) {
    locationCells = loc;
  }

  public void setName(String n) {
    name = n;
  }

  public String checkYourself(String userInput) {
    String result = "miss";
    int index = locationCells.indexOf(userInput);
    if (index >= 0) {
      locationCells.remove(index);

      if (locationCells.isEmpty()) {
        result = "kill";
        System.out.println("Ouch! You sunk " + name + "   : ( ");
      } else {
        result = "hit";
      } // if문 끝
    } // 바깥쪽 if문 끝
    return result;
  } // 메서드 끝

} // 클래스 끝
```

Startup 클래스의 인스턴스 변수
-셀 위치가 들어 있는 ArrayList
-Startup의 이름

Startup의 위치를 갱신하는 세터 메서드 (GameHelper의 placeStartup() 메서드에서 제공하는 무작위로 만든 위치)

기본 세터 메서드

ArrayList의 indexOf() 메서드를 쓰고 있습니다. 사용자가 추측한 위치가 ArrayList에 들어 있으면 indexOf()에서 그 항목의 인덱스를 리턴합니다. 그렇지 않으면 -1을 리턴합니다.

ArrayList의 remove() 메서드를 써서 그 항목을 삭제합니다.

isEmpty() 메서드를 써서 모든 위치를 맞혔는지 확인합니다.

Startup이 침몰했음을 알려 줍니다.

"miss", "hit", 또는 "kill"을 리턴합니다.

초강력 불리언 표현식

지금까지는 반복문이나 if문에서 매우 간단한 불리언 표현식만 사용했습니다. 앞으로 나오게 될 인스턴트 코드에서는 더 강력한 불리언 표현식을 사용할 것입니다. 지금쯤 여러 가지 불리언 표현식에 대해 설명하는 것이 좋을 것 같아서 이를 정리해 보았습니다.

'AND'와 'OR' 연산자(&&, ||)

원하는 카메라를 잘 선택하기 위한 여러 가지 규칙이 들어 있는 chooseCamera()라는 메서드를 만들고 있다고 가정해 봅시다. 50달러에서 1,000달러 사이의 모든 카메라를 선택할 수도 있지만, 가격대를 더 정확하게 제한하고 싶은 경우도 있을 것입니다. 다음과 같이 하고 싶다고 가정해 봅시다.

"가격이 300달러 이상**이고,** 400달러 미만이면 X를 선택한다."

아래의 코드를 쓰면 됩니다.

```
if (price >= 300 && price < 400) {
  camera = "X";
}
```

카메라 브랜드가 총 열 개 있는데, 그중 브랜드 몇 개에 대해 어떤 작업을 하고 싶은 경우에는 다음과 같이 할 수 있겠죠.

```
if (brand.equals("A") || brand.equals("B")) {
  // A 브랜드 또는 B 브랜드에만 적용할 작업
}
```

다음과 같이 아주 복잡한 불리언 표현식을 쓸 수도 있습니다.

```
if ((zoomType.equals("optical") &&
     (zoomDegree >= 3 && zoomDegree <= 8)) ||
     (zoomType.equals("digital") &&
     (zoomDegree >= 5 && zoomDegree <= 12))) {
  // 줌과 관련된 작업 처리
}
```

불리언 표현식을 정말 자유자재로 사용하려면 연산자의 우선순위에 대해서도 알아야 합니다. 하지만 까다로운 우선순위를 바탕으로 복잡한 표현식을 만드는 것보다는 코드가 좀 더 명확해지도록 **괄호를 쓰는 것**이 좋습니다.

같지 않음(!=, !)

'카메라 열 가지 모델 가운데 하나를 제외한 나머지 모두'와 같은 식의 논리가 필요한 경우도 있습니다.

```
if (model != 2000) {
  // 2000이라는 모델을 제외한 나머지 모델인 경우
}
```

또는 다음과 같은 식으로 문자열 객체를 비교할 수도 있습니다.

```
if (!brand.equals("X")) {
  // 브랜드가 X가 아닌 경우
}
```

단락 연산자(&&, ||)

앞서 살펴본 &&와 || 연산자를 **단락 연산자**(short circuit operator)라고 부르기도 합니다. && 연산자를 쓸 때는 좌우 양쪽이 모두 참인 경우에만 참이 됩니다. 따라서 JVM은 표현식에서 && 왼쪽에 있는 부분이 거짓이면 바로 그 자리에서 멈춥니다. 오른쪽에 있는 부분은 아예 쳐다보지도 않습니다.

||가 있을 때는 왼쪽이나 오른쪽 둘 중 하나만 참이면 전체가 참이 됩니다. 따라서 JVM은 왼쪽이 참이면 명령문 전체를 참으로 간주하고 오른쪽에는 신경을 쓰지 않습니다.

이런 특징이 왜 중요할까요? 어떤 레퍼런스 변수가 있는데, 그 변수에 어떤 객체를 대입했는지 확실치 않은 경우를 생각해 봅시다. 아무 객체도 대입하지 않은 상태에서 null 레퍼런스 변수의 메서드를 호출하면 NullPointerException이 발생합니다. 따라서 이 때는 다음과 같이 하는 것이 좋습니다.

```
if (refVar != null && refVar.isValidType()) {
  // isValidType()에서 참을 리턴하는 경우
}
```

비단락 연산자(&, |)

불리언 표현식에서 &와 | 연산자를 사용하면 각각 &&와 || 연산자와 의미가 같습니다. 하지만 JVM에서 반드시 표현식의 양쪽을 모두 확인하도록 하는 기능이 추가됩니다. 또한, &와 |는 비트를 조작하기 위한 용도로도 쓰입니다.

인스턴트 코드

GameHelper 클래스

이 클래스는 게임을 위한 보조 클래스입니다. 사용자가 입력한 것을 받아들이는(즉, 명령행에 프롬프트를 띄우고 사용자가 입력한 것을 읽어오는) 것 외에도 Startup의 셀 위치를 만들어내는 중요한 임무를 띠고 있습니다. 타이핑하기 편하도록 코드 분량을 줄이다 보니 가독성은 좀 떨어지는 코드가 나오고 말았습니다. 양해해 주세요. 이 클래스가 없으면 StartupBust 게임 클래스를 아예 컴파일할 수 없습니다.

```
import java.util.*;

public class GameHelper {
  private static final String ALPHABET = "abcdefg";
  private static final int GRID_LENGTH = 7;
  private static final int GRID_SIZE = 49;
  private static final int MAX_ATTEMPTS = 200;
  static final int HORIZONTAL_INCREMENT = 1;              // 이 둘은 enum으로 처리하면 더 좋습니다.
  static final int VERTICAL_INCREMENT = GRID_LENGTH;      // (부록 B 참조)

  private final int[] grid = new int[GRID_SIZE];
  private final Random random = new Random();
  private int startupCount = 0;

  public String getUserInput(String prompt) {
    System.out.print(prompt + ": ");
    Scanner scanner = new Scanner(System.in);
    return scanner.nextLine().toLowerCase();
  } // getUserInput 끝

  public ArrayList<String> placeStartup(int startupSize) {
    // 그리드에 대한 인덱스(0-48) 저장
    int[] startupCoords = new int[startupSize];          // 현재 후보 좌표
    int attempts = 0;                                    // 현재 시도 횟수
    boolean success = false;                             // 적절한 위치를 찾았는지 기록

    startupCount++;                                      // n번째 Startup 배치
    int increment = getIncrement();                      // 수평, 수직 방향 번갈아 배치

    while (!success & attempts++ < MAX_ATTEMPTS) {      // 메인 검색 반복문
      int location = random.nextInt(GRID_SIZE);          // 임의의 시작점 선정

      for (int i = 0; i < startupCoords.length; i++) {   // 제안된 좌표의 배열 생성
        startupCoords[i] = location;                     // 배열에 현재 위치를 집어넣음
        location += increment;                           // 다음 위치 계산
      }
      // System.out.println("Trying: " + Arrays.toString(startupCoords));

      if (startupFits(startupCoords, increment)) {       // 스타트업 객체가 그리드 안에 들어오는지 확인
        success = coordsAvailable(startupCoords);        // 이미 선점된 위치가 아닌지도 확인
      }                                                  // 반복문 끝
    }                                                    // while문 끝
    savePositionToGrid(startupCoords);                   // 확인이 끝난 좌표 저장
```

참고: 이 코드의 작동 과정을 더 잘 알고 싶다면 System.out.println() 메서드를 호출하는 부분의 주석을 해제해 보세요. 주석을 해제하면 Startup들의 정확한 위치도 알 수 있습니다. 컨닝하는 느낌이 들지도 모르겠지만, 테스트 용도로는 매우 유용하겠죠?

```
    ArrayList<String> alphaCells = convertCoordsToAlphaFormat(startupCoords);
    // System.out.println("Placed at: "+ alphaCells);
    return alphaCells;
  } // placeStartup 끝

  private boolean startupFits(int[] startupCoords, int increment) {
   int finalLocation = startupCoords[startupCoords.length - 1];
    if (increment == HORIZONTAL_INCREMENT) {
      // 끝점이 시작점과 같은 행에 있는지 확인
      return calcRowFromIndex(startupCoords[0]) == calcRowFromIndex(finalLocation);
    } else {
      return finalLocation < GRID_SIZE;                // 끝점이 밖으로 나가지 않는지 확인
    }
  } // startupFits 끝
  private boolean coordsAvailable(int[] startupCoords) {
    for (int coord : startupCoords) {                  // 가능한 모든 위치 확인
      if (grid[coord] != 0) {                          // 이미 차 있는 위치
        // System.out.println("position: " + coord + " already taken.");
        return false;                                  // 쓸 수 없는 자리
      }
    }
    return true;                                       // 충돌 없음. 만세!
  } // coordsAvailable 끝
  private void savePositionToGrid(int[] startupCoords) {
    for (int index : startupCoords) {
      grid[index] = 1;                                 // 그리드 위치를 '사용 중'으로 표시
    }
  } // savePositionToGrid 끝
  private ArrayList<String> convertCoordsToAlphaFormat(int[] startupCoords) {
    ArrayList<String> alphaCells = new ArrayList<String>();
    for (int index : startupCoords) {                     // 각 그리드 좌표에 대해
      String alphaCoords = getAlphaCoordsFromIndex(index);  // "a0" 스타일로 바꿈
      alphaCells.add(alphaCoords);                        // 목록에 추가
    }
    return alphaCells;                                 // "a0" 스타일 좌표 리턴
  } // convertCoordsToAlphaFormat 끝
  private String getAlphaCoordsFromIndex(int index) {
    int row = calcRowFromIndex(index);                    // 행 값 가져옴
    int column = index % GRID_LENGTH;                     // 숫자로 된 열 값 계산
    String letter = ALPHABET.substring(column, column + 1); // 글자로 변환
    return letter + row;
  } // getAlphaCoordsFromIndex 끝
  private int calcRowFromIndex(int index) {
    return index / GRID_LENGTH;
  } // calcRowFromIndex 끝
  private int getIncrement() {
    if (startupCount % 2 == 0) {                       // 짝수 번째 Startup 객체는
      return HORIZONTAL_INCREMENT;                     // 수평 방향으로 배치
    } else {                                           // 홀수 번째 Startup 객체는
      return VERTICAL_INCREMENT;                       // 수직 방향으로 배치
    }
  } // getIncrement 끝
} // 클래스 끝
```

그 Startup이 정확하게 어디 있는지 알려 주는 코드

이 코드와 기본적인 테스트는 https://oreil.ly/hfJava_3e_examples 깃허브 저장소에서 받을 수 있습니다.

라이브러리 사용하기(자바 API)

API 패키지

ArrayList 덕분에 StartupBust 게임을 완성할 수 있었습니다. 이제 앞서 약속한 대로 자바 라이브러리를 활용하는 방법을 알아보겠습니다.

자바 API에서 클래스는 패키지 단위로 묶여 있습니다.

API에 들어 있는 클래스를 사용하려면 그 클래스가 어떤 패키지에 들어 있는지 알아야 합니다.

자바 라이브러리에 있는 클래스는 모두 패키지에 들어 있습니다. 패키지에는 `javax.swing`(조만간 배우게 될 스윙 GUI 클래스 중 일부가 들어 있는 패키지) 같은 이름이 있습니다. ArrayList는 각종 유틸리티 클래스를 모아놓은 `java.util`이라는 패키지에 들어 있습니다. 패키지에 대해서는 부록 B에서 자세히 알아보겠습니다(여러분이 만든 클래스를 직접 별도의 패키지에 집어넣는 방법도 나와 있습니다). 일단 지금은 자바에서 기본으로 제공하는 클래스의 사용 방법을 중점적으로 살펴봅시다.

코드를 작성할 때 API에 들어 있는 클래스를 사용하는 방법은 간단합니다. 그냥 여러분이 직접 만든 클래스인 것처럼 처리하면 됩니다. 즉, 미리 컴파일해서 사용할 준비를 끝낸 클래스와 마찬가지라고 생각하면 됩니다. 하지만 한 가지 다른 점이 있습니다. 코드 어딘가에서 그 코드에서 사용할 라이브러리 클래스의 전체 이름, 즉 패키지명 + 클래스명을 지정해야 한다는 것이죠.

잘 몰랐겠지만, **여러분은 이미 패키지에 들어 있는 클래스를 사용했습니다.** System(System.out.println() 등), String, Math(Math.random() 등)는 `java.lang` 패키지에 들어 있는 클래스입니다.

코드에서 어떤 클래스를 사용하려면 클래스의 전체 이름을 알아야 합니다

캐시(Kathy)가 전체 이름이 아닌 것과 마찬가지로 ArrayList는 전체 이름(full name)이 아닙니다. 뭐, 마돈나(Madonna), 셰어(Cher) 등은 전체 이름이라고 할 수도 있지만, 그런 건 조금 다르죠? 사실 ArrayList의 전체 이름은 다음과 같습니다.

```
java.util.ArrayList
```

패키지명 클래스명

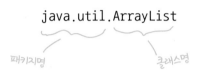

자바에 어떤 ArrayList를 사용할지 알려 줘야 하는데, 두 가지 방법이 있습니다.

A import 명령문을 씁니다.

소스 코드 파일 맨 위에서 import 명령문을 사용합니다.

```
import java.util.ArrayList;
public class MyClass {...}
```

또는

B 일일이 입력합니다.

코드에서 일일이 전체 이름을 입력합니다. 언제나, 어디에서나 직접 타이핑해야 합니다.

객체를 선언하거나 인스턴스를 만들 때

```
java.util.ArrayList<Dog> list = new java.util.ArrayList<Dog>();
```

인자 타입으로 사용할 때

```
public void go(java.util.ArrayList<Dog> list) {}
```

리턴 타입으로 사용할 때

```
public java.util.ArrayList<Dog> foo() {...}
```

참고: java.lang 패키지에 들어 있는 클래스는 패키지명을 생략할 수 있습니다.

무엇이든 물어보세요

Q&A

Q1 왜 꼭 전체 이름이 필요하죠? 패키지의 목적이 그것뿐인가요?

A1 패키지의 중요성은 세 가지 정도로 요약할 수 있습니다. 우선 프로젝트 또는 라이브러리를 더 용이하게 편성할 수 있습니다. 모든 클래스를 엄청나게 큰 클래스 더미로 만들어 놓는 대신 구체적인 기능의 종류(GUI, 자료구조, 데이터베이스 등)에 따라 모두 패키지 단위로 묶을 수 있습니다.
두 번째, 패키지를 이용하면 이름 영역(name scope)을 지정해서 여러 프로그래머들이 같은 이름을 가진 클래스를 만드는 경우에 생길 수 있는 충돌을 미연에 방지할 수 있습니다. Set이라는 이름을 가진 클래스를 만들었는데, 다른 사람이 똑같이 Set이라는 이름을 가진 클래스를 만들었다면(자바 API에도 그 이름을 가진 클래스가 있습니다) JVM에 지금 어떤 Set 클래스를 사용하고 있는지를 알려 줄 수 있는 방법이 있어야겠지요.
세 번째, 패키지를 통해 어느 정도 보안 기능을 제공할 수 있습니다. 같은 패키지에 들어 있는 클래스에서만 그 클래스에 들어 있는 코드를 접근할 수 있도록 할 수 있으니까요. 이와 관련된 내용은 부록 B에서 알아보기로 합시다.

Q2 그러면 이름 충돌 문제로 다시 돌아가 보죠. 전체 이름을 사용하면 어떤 장점이 있습니까? 만약 서로 다른 사람이 클래스명뿐만 아니라 패키지명까지 똑같이 붙이면 어떻게 해야 하나요?

A2 자바에는 이런 문제가 생기는 것을 방지하기 위한 명명 규칙 같은 것이 있습니다. 이 규칙만 지킨다면 이름 충돌이 거의 생기지 않지요.

핵심 정리

- **ArrayList**는 자바 API에 포함되어 있는 클래스입니다.
- ArrayList에 무언가를 집어넣을 때는 **add()**를 쓰면 됩니다.
- ArrayList에서 무언가를 제거할 때는 **remove()**를 쓰면 됩니다.
- ArrayList에 들어 있는 어떤 것의 위치나 그것이 들어 있는지 알고 싶다면 **indexOf()**를 쓰면 됩니다.
- ArrayList가 비어 있는지 확인할 때는 **isEmpty()**를 쓰면 됩니다.
- ArrayList의 크기(원소의 개수)를 알고 싶다면 **size() 메서드**를 쓰면 됩니다.
- 일반 배열의 **길이**(원소의 개수)를 알고 싶을 때는 **length**라는 변수를 쓰면 됩니다.
- ArrayList는 필요에 따라 그 **크기가 자동으로 바뀝니다.** 객체를 추가하면 커지고 제거하면 **작아집니다**.
- ArrayList에 저장할 객체 타입은 타입 이름을 <> 안에 집어넣은 형태의 **타입 매개변수**(type parameter)로 선언합니다. 예를 들어서, ArrayList<Button>은 Button(또는 Button의 하위 클래스) 타입의 객체만 넣을 수 있는 ArrayList를 뜻합니다.
- ArrayList에는 원시 타입의 값은 저장할 수 없고 일반 객체만 저장할 수 있습니다. 컴파일러는 원시 값을 Object 객체로 감싸서 ArrayList에 저장하거나 빼낼 때는 언래핑하는 작업을 자동으로 처리해 줍니다(이 기능에 대한 자세한 내용은 나중에 알아봅시다).
- 클래스는 패키지 단위로 묶입니다.
- 클래스에는 패키지명과 클래스명을 합쳐서 만든 전체 이름이 있습니다. ArrayList 클래스의 전체 이름은 java.util.ArrayList입니다.
- java.lang을 제외한 다른 패키지에 들어 있는 클래스를 사용하려면 자바에 클래스의 전체 이름을 알려 줘야 합니다.
- 소스 코드 파일 맨 위에서 import 명령문을 사용하거나 코드에서 그런 클래스를 사용할 때마다 항상 전체 이름을 입력하면 됩니다.

무엇이든 물어보세요
Q&A

Q1 import 명령문을 사용하면 클래스가 커지나요? 그렇게 불러온 클래스나 패키지가 제가 만든 코드에 추가되어 같이 컴파일되는 건가요?

A1 혹시 C 프로그래머 출신인가요? import는 include와는 다릅니다. 따라서 둘 다 "아니요."가 정답입니다. 한번 소리 내어 말해 보세요. "`import` 명령문을 사용하면 타이핑할 코드가 줄어든다." 그게 전부입니다. import 명령문을 많이 쓰더라도 코드가 불어나거나 느려지는 일은 없습니다. import는 단순히 자바에게 클래스의 전체 이름을 알려 주기 위한 도구에 불과합니다.

Q2 그러면 String이나 System 같은 클래스는 왜 import 명령문 없이 써도 괜찮은가요?

A2 java.lang 패키지는 import 명령문을 쓰지 않아도 자동으로 들어간다는 것을 기억해 두세요. java.lang에 들어 있는 클래스는 워낙 기초이므로 굳이 전체 이름을 쓰지 않아도 됩니다. java.lang 패키지 내에는 java.lang.String 클래스와 java.lang.System 클래스가 하나밖에 없으므로 자바는 이를 어디에서 찾아야 할지를 너무나 잘 알고 있지요.

Q3 제가 만든 클래스도 패키지에 집어넣어야 하나요? 어떻게 하죠? 정말 그렇게 할 수 있나요?

A3 실제 개발 환경에서는 여러분이 만든 클래스도 패키지에 집어넣을 필요성을 느끼게 될 것입니다. 이에 대한 내용은 부록 B에서 알아보겠습니다. 일단 그 전까지는 코드 예제를 패키지에 집어넣지 않겠습니다.

참고: 하지만 저장소(https://oreil.ly/hfJava_3e_examples)에 있는 코드를 보면 클래스를 패키지에 집어넣어 두긴 했습니다.

벽에 붙여 놓고 외우세요

장미는 붉고
사과는 익었다.
만약 import 명령문을 쓰지 않는다면 그냥 타이핑해야 할 것이다.

java.lang 클래스에 들어 있는 클래스를 제외한 다른 클래스를 사용할 때는 반드시 전체 이름을 알려 줘야 합니다. 가장 손쉬운 방법은 클래스 또는 패키지를 불러오는 import 명령문을 소스 코드 맨 위에 집어넣는 것입니다. import 명령문을 쓰지 않으면 클래스를 쓸 때마다 전체 이름을 모두 입력해야 합니다.

이미 이해했겠지만 혹시 모르니 한 번 더!

import를 쓰거나
아니면

API를 쓰는 방법 API 알아보기

다음과 같은 두 가지를 알아야 합니다.

java.util 패키지에
ArrayList가 있다는 것을 배워서 정말 다
행이군요. 그런데 혼자였다면 어떻게 그런
걸 알 수 있죠?
-줄리아(Julia), 31세, 손 모델

1 라이브러리는 어떤 기능이 있을까?
(어떤 클래스가 있을까?)

2 이런 기능을 어떻게 사용하는 것일까?
(클래스를 찾았을 때, 그 클래스로 무엇을 할 수 있는지 어떻게 알 수 있을까?)

1 책 찾아보기

2 HTML API 문서 활용

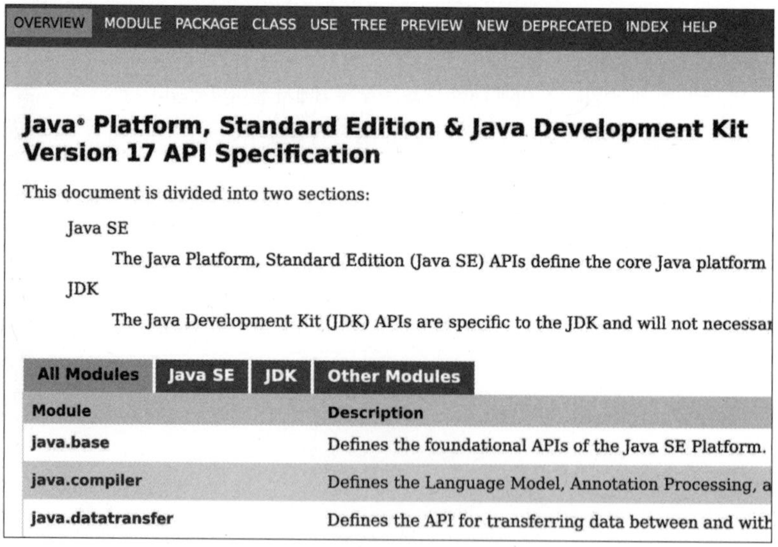
OVERVIEW MODULE PACKAGE CLASS USE TREE PREVIEW NEW DEPRECATED INDEX HELP

Java® Platform, Standard Edition & Java Development Kit Version 17 API Specification

This document is divided into two sections:

Java SE
The Java Platform, Standard Edition (Java SE) APIs define the core Java platform

JDK
The Java Development Kit (JDK) APIs are specific to the JDK and will not necessar

All Modules | Java SE | JDK | Other Modules

Module	Description
java.base	Defines the foundational APIs of the Java SE Platform.
java.compiler	Defines the Language Model, Annotation Processing, a
java.datatransfer	Defines the API for transferring data between and with

https://docs.oracle.com/en/java/javase/17/docs/api/index.html

1 책 찾아보기

자바 라이브러리에 어떤 것이 들어 있는지 파악할 수 있는 가장 좋은 방법은 참고 도서를 읽어 보는 것입니다. 페이지를 뒤적이다 보면 유용해 보이는 클래스를 발견할 수 있습니다.

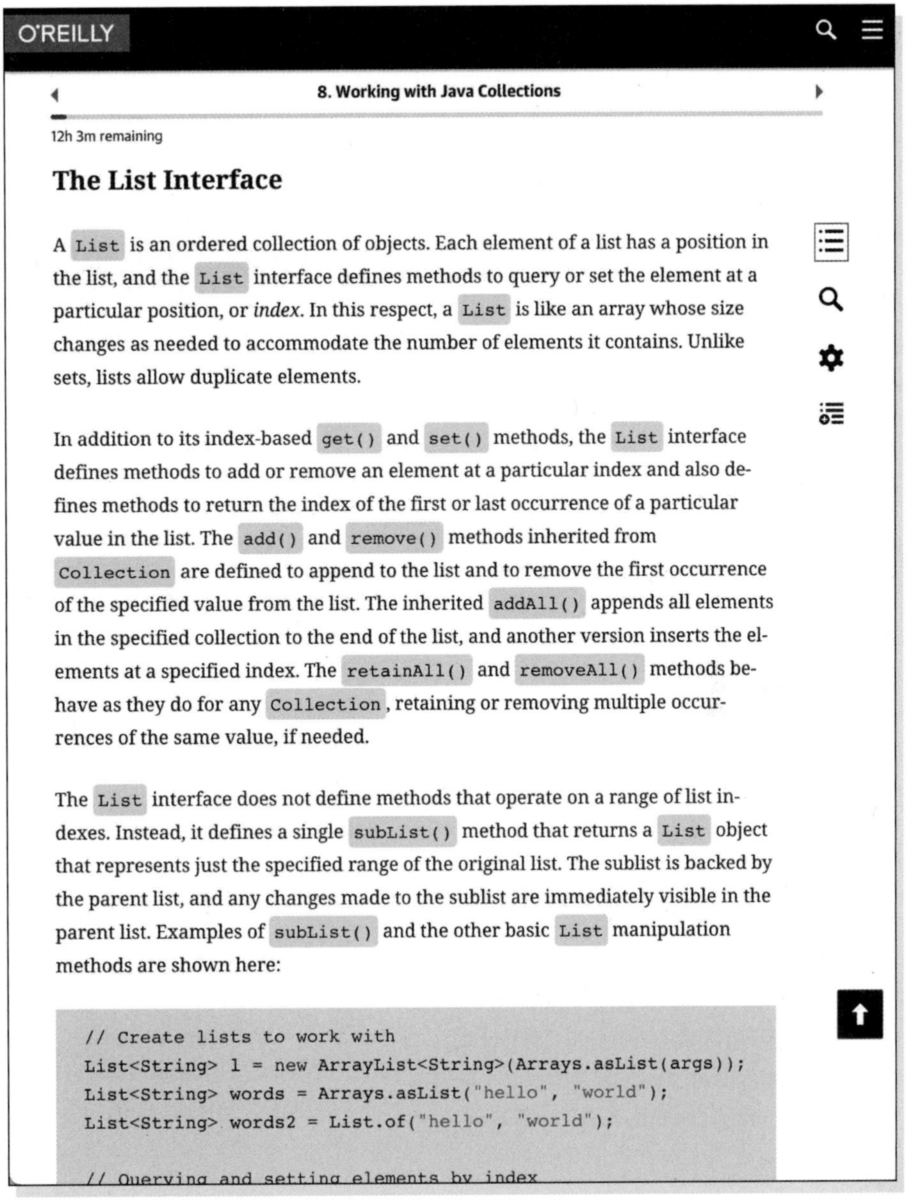
O'REILLY

8. Working with Java Collections

12h 3m remaining

The List Interface

A `List` is an ordered collection of objects. Each element of a list has a position in the list, and the `List` interface defines methods to query or set the element at a particular position, or *index*. In this respect, a `List` is like an array whose size changes as needed to accommodate the number of elements it contains. Unlike sets, lists allow duplicate elements.

In addition to its index-based `get()` and `set()` methods, the `List` interface defines methods to add or remove an element at a particular index and also defines methods to return the index of the first or last occurrence of a particular value in the list. The `add()` and `remove()` methods inherited from `Collection` are defined to append to the list and to remove the first occurrence of the specified value from the list. The inherited `addAll()` appends all elements in the specified collection to the end of the list, and another version inserts the elements at a specified index. The `retainAll()` and `removeAll()` methods behave as they do for any `Collection`, retaining or removing multiple occurrences of the same value, if needed.

The `List` interface does not define methods that operate on a range of list indexes. Instead, it defines a single `subList()` method that returns a `List` object that represents just the specified range of the original list. The sublist is backed by the parent list, and any changes made to the sublist are immediately visible in the parent list. Examples of `subList()` and the other basic `List` manipulation methods are shown here:

```
// Create lists to work with
List<String> l = new ArrayList<String>(Arrays.asList(args));
List<String> words = Arrays.asList("hello", "world");
List<String> words2 = List.of("hello", "world");

// Querying and setting elements by index
```

2 HTML API 문서 활용

자바에는 자바 API라는 이름(이름이 좀 이상하죠?)을 가진 근사한 온라인 문서가 있습니다. 이 문서는 아주 결정적인 순간에 인터넷이 안 되는 경우에 대비해서 미리 하드 드라이브에 저장해 두면 좋습니다. API 문서는 패키지에 무엇이 들어 있는지, 그 패키지에 있는 클래스와 인터페이스에서 무엇을 제공하는지(어떤 메서드와 어떤 기능을 제공하는지) 자세하게 알고 싶을 때 최고의 참고 자료입니다.

자바 API 문서는 사용하는 자바 버전에 따라 다릅니다.
꼭 여러분이 사용하는 자바 버전에 맞는 문서를 사용해 주세요.

자바 8 이전

https://docs.oracle.com/javase/8/docs/api/index.html

자바 버전. 이것은 Java 8 SE입니다.

스크롤해서 패키지를 선택하면(클릭하면) 아래쪽 프레임에 그 패키지에 있는 클래스 목록이 표시됩니다.

스크롤해서 클래스를 선택하면(클릭하면) 메인 브라우저 프레임에 그 클래스에 대한 내용이 표시됩니다.

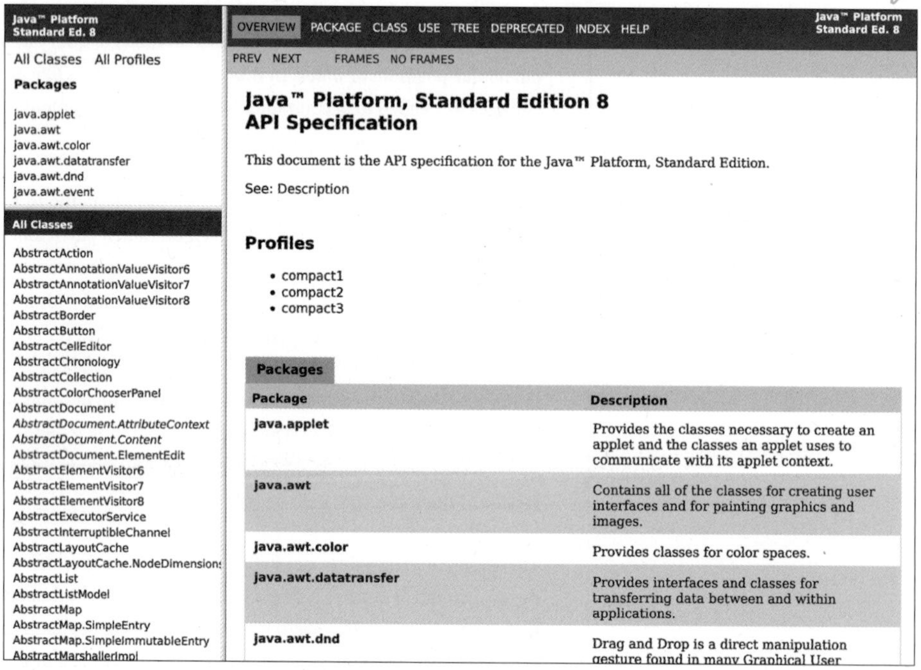

문서를 다음과 같은 식으로 둘러볼 수 있습니다.

- **위에서 아래로:** 왼쪽 위에 있는 목록에서 알고 싶은 패키지를 찾고 점점 자세하게 살펴봅니다.
- **클래스 우선:** 자세하게 알아보고 싶은 클래스를 왼쪽 하단의 목록에서 찾아서 클릭합니다.

메인 패널에 우리가 알아보고자 하는 내용이 자세하게 표시됩니다. 패키지를 선택하면 그 패키지에 대한 간략한 정보와 거기에 들어 있는 클래스, 인터페이스의 목록이 표시됩니다.
클래스를 선택하면 그 클래스에 대한 설명과 그 클래스의 모든 메서드에 대한 자세한 내용, 각 메서드의 기능, 사용법 등이 표시됩니다.

자바 9 이후

자바 9부터 자바 모듈 시스템(Java Module System)이라는 것이 도입되었는데, 이 책에서 자세하게 다루지는 않겠습니다. 대신 API 문서를 이해하기 위해 자바 개발 키트(JDK; Java Development Kit)가 이제 모듈로 나뉘었다는 점은 알아둘 필요가 있습니다. 모듈들은 서로 연관된 패키지들로 묶여 있습니다. 기능별로 묶어 놓았으므로 관심 있는 클래스를 찾기가 더 수월해졌습니다. 지금까지 이 책에서 다룬 모든 클래스는 **java.base** 모듈에 속합니다. 여기에는 java.lang, java.util 같은 핵심 자바 패키지들이 포함되어 있습니다.

이 책을 쓰고 있는 현 시점의 장기 지원(LTS; Long Term Support) 버전은 자바 17입니다.

URL이 기존 문서하고 조금 다르게 바뀌었어요.

https://docs.oracle.com/en/java/javase/17/docs/api/index.html

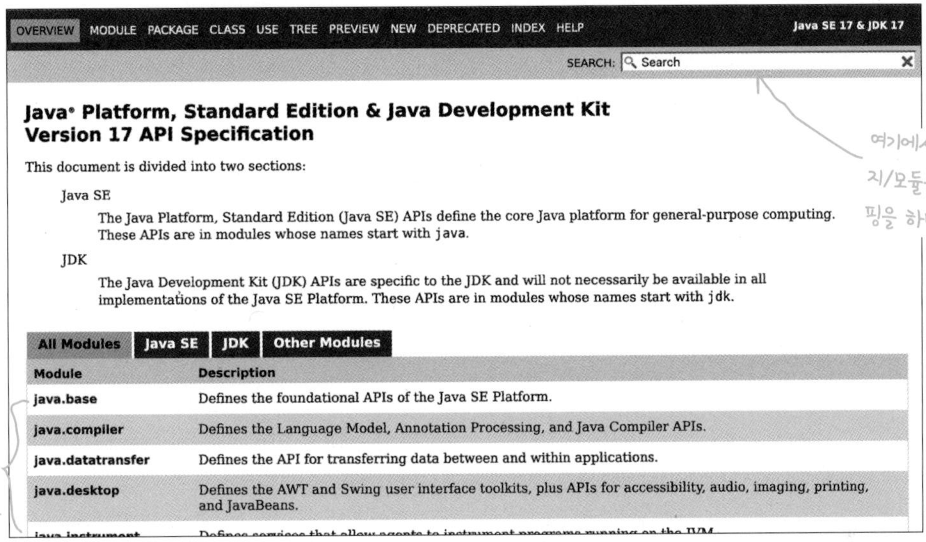

여기에서 특정 메서드/클래스/패키지/모듈을 검색할 수 있습니다. 타이핑을 하면 추천 검색어가 뜹니다.

자바 플랫폼은 여러 모듈로 나뉩니다. 해당 모듈은 문서 홈페이지에서 찾아볼 수 있습니다. 우리가 관심을 가질 만한 것은 대부분 java.base에 있습니다. 스윙 GUI에 대해 배울 때는 java.desktop 모듈도 다루게 될 것입니다.

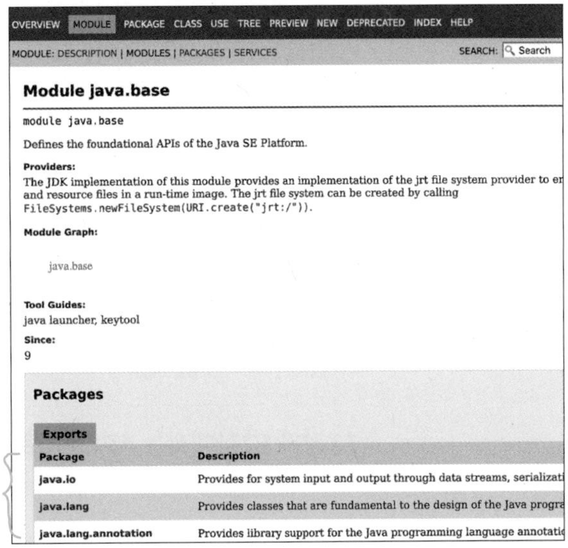

문서를 다음과 같은 식으로 둘러볼 수 있습니다.

- **위에서 아래로**: 원하는 기능과 관련된 모듈을 찾아보고 거기에 있는 패키지를 확인하고, 패키지에서 클래스로 쭉 파헤쳐 봅니다.
- **검색**: 오른쪽 상단의 검색창을 써서 알아보고 싶은 메서드, 클래스, 패키지, 모듈로 바로 이동합니다.

모듈을 선택하고 나면 해당 모듈에 속하는 패키지 목록과 각 패키지에 대한 설명을 볼 수 있습니다.

클래스 문서 활용 방법 배열만으로는 부족할 때

어느 버전의 자바 문서를 사용하든 특정 클래스에 관한 정보를 보여 주는 레이아웃은 모두 유사합니다. 자세한 내용들은 전부 여기에 들어 있죠.

예를 들어서, 레퍼런스 책을 뒤적이다가 java.util에 들어 있는 ArrayList라는 클래스를 찾았다고 합시다. 그 책에 이게 바로 내가 써야 하는 클래스라는 것을 알 수 있을 정도의 정보는 담겨 있지만, 그 안에 있는 메서드에 대한 자세한 내용은 나와 있지 않습니다. 레퍼런스 책에 indexOf() 메서드에 대한 정보가 있긴 할 것입니다. 하지만 어떤 객체를 받아서 그 객체에 대한 인덱스(정수)를 리턴하는 indexOf()라는 메서드가 있다는 것 정도만 알고 있는 것으로 과연 충분할까요? 그 객체가 그 ArrayList에 없으면 어떻게 되는가 하는 중차대한 사항은 몰라도 되는 것일까요? 메서드 설명을 자세히 살펴보는 것만으로는 그런 것을 알 수가 없습니다. 하지만 API 문서에는 그런 내용도 들어 있습니다. API 문서를 보면 그 객체 매개변수가 해당 ArrayList 안에 없으면 indexOf() 메서드에서 -1을 리턴한다고 나와 있습니다. 이제 우리는 그 메서드를 가지고 어떤 객체가 ArrayList에 있는지, 없는지 알아낼 수도 있고, 객체가 그 안에 있다면 그 인덱스까지 구할 수 있다는 것을 알게 됩니다. 하지만 API 문서가 없었더라면 그 객체가 ArrayList에 없는 경우에 indexOf() 메서드가 폭발해 버릴지도 모른다고 생각할 수도 있었을 것입니다.

"PACKAGE"를 선택하면 현재 패키지(이 경우에는 java.util)에 대한 자세한 내용을 볼 수 있습니다.

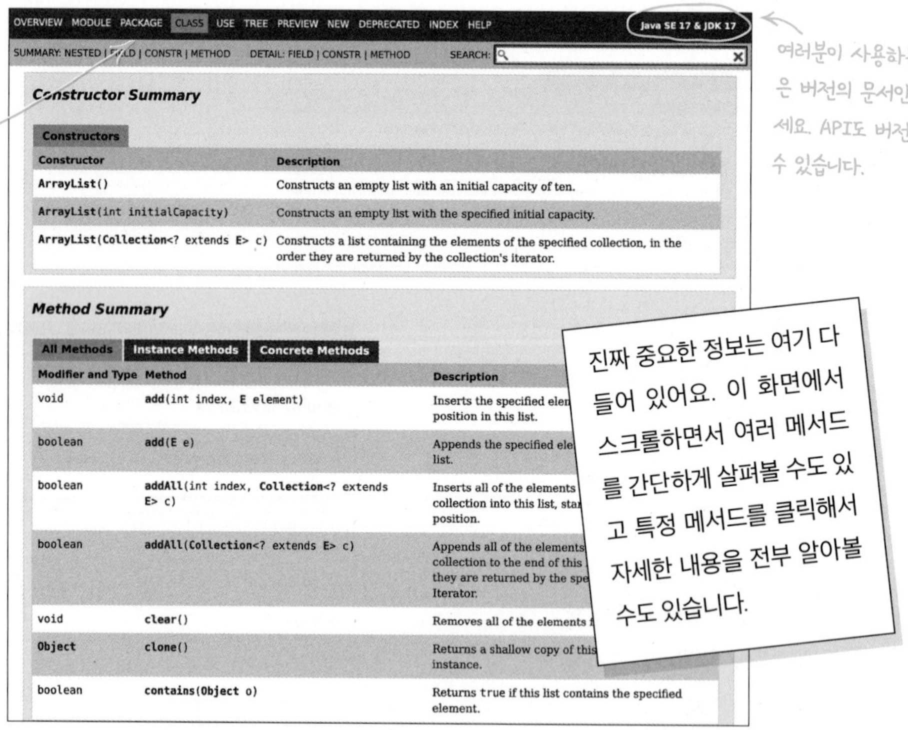

여러분이 사용하는 자바와 같은 버전의 문서인지 확인해 주세요. API도 버전마다 다를 수 있습니다.

11장과 12장에서는 API 문서로 자바 라이브러리를 사용하는 방법을 배우게 될 것입니다.

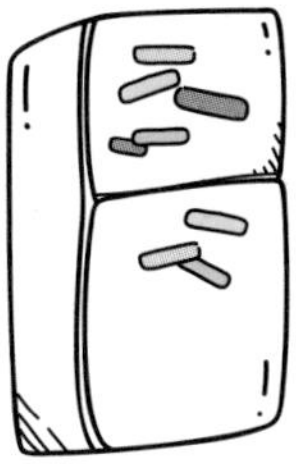

코드 자석

정답과 해설 207쪽

여기에 아무렇게나 흩어져 있는 코드 스니펫을 잘 재배치해서 아래에 있는 결과를 출력할 수 있는 자바 프로그램을 만들어 보세요. 이 연습 문제를 풀려면 한 가지 새로운 내용을 배워야 합니다. API에서 ArrayList를 찾아보면 다음과 같이 두 개의 인자를 받아들이는 add() 메서드가 있습니다.

```
add(int index. Object o)
```

이 메서드를 이용하면 ArrayList에서 객체를 추가할 위치 인덱스를 지정할 수 있습니다.

```
printList(a);
```

```
printList(a);
```

```
a.remove(2);
```

```
a.add(0, "zero");
a.add(1, "one");
```

```
if (a.contains("two")) {
   a.add("2.2");
}
```

```
public static void printList(ArrayList<String> list) {
```

```
a.add(2, "two");
```

```
public static void main (String[] args) {
```

```
  System.out.print(element + "  ");
}
System.out.println();
```

```
if (a.contains("three")) {
   a.add("four");
}
```

```
public class ArrayListMagnet {
```

```
if (a.indexOf("four") != 4) {
    a.add(4, "4.2");
}
```

```
}
```

```
import java.util.ArrayList;
```

```
}
```

```
printList(a);
```

```
ArrayList<String> a = new ArrayList<String>();
```

```
for (String element : list) {
```

```
}
```

```
a.add(3, "three");
printList(a);
```

출력 결과:

```
File  Edit  Window  Help  Dance
% java ArrayListMagnet
zero  one  two  three
zero  one  three  four
zero  one  three  four  4.2
zero  one  three  four  4.2
```

정답과 해설 208쪽

낱말 퀴즈

이제 오른쪽 두뇌도 일을 시켜 봅시다.

낱말 퀴즈를 풀어 보면 자바를 배우는 데 어떤 도움이 될까요? 여기에 있는 단어는 모두 자바와 관련된 단어입니다(별로 상관없는 단어도 있긴 합니다).

힌트: 잘 모르겠으면 ArrayList를 생각해 보세요.

역자 힌트: 다음 단어를 영어로 써야 합니다.

원시(primitive), 객체(object), 메서드(method), 패키지(package), 원소(element), 가상적인(virtual), 타파스(tapas)

가로

1. 아무 행동도 할 수 없습니다.
6. '목적'에도 같은 단어로 씁니다.
7. 그것이 어디 있죠?
9. 만약
12. ArrayList를 키웁니다.
13. 정말 큽니다.
14. 값을 복사합니다.
16. 객체가 아닙니다.
17. 한층 강력해진 배열
19. 크기
21. 19번과 다른 것
22. 스페인 음식명(자바와 아무 상관 없습니다)
23. 손가락을 움직이기 싫으면 이걸 써야 합니다.
24. 패키지가 모여 있는 곳

세로

2. 자바의 동작이 들어 있는 곳
3. 주소를 지정할 수 있는 단위
4. 두 번째로 작은 것
5. 부동소수점 수는 기본적으로 이것입니다.
8. 라이브러리의 기본 단위
10. 조금 덜 정확한 부동소수점 수
11. 거기 어딘가에 있는지 확인할 때 씁니다.
15. 마치 ~인 것처럼
16. 비어 있는지 확인하는 메서드
18. 물품 ____, 배열도 이것입니다.
20. 라이브러리를 줄여 쓴 것
21. 빙빙 돌립니다.

추가 힌트

세로

2. 오버라이드할 수 있습니다.
3. ArrayList를 생각해 보세요.
4. 10. 원시 변수
16. ArrayList를 생각해 보세요.
18. ____을 작성하고 있습니다.

가로

1. 여덟 가지가 있습니다.
7. ArrayList를 생각해 보세요.
16. 매우 자주 쓰이는 원시 타입
21. 배열의 범위
22. 스페인식 안주(자바와 아무 상관없습니다)

정답과 해설

코드 자석(205쪽)

```
import java.util.ArrayList;

public class ArrayListMagnet {
  public static void main(String[] args) {
    ArrayList<String> a = new ArrayList<String>();
    a.add(0, "zero");
    a.add(1, "one");
    a.add(2, "two");
    a.add(3, "three");
    printList(a);

    if (a.contains("three")) {
      a.add("four");
    }
    a.remove(2);
    printList(a);

    if (a.indexOf("four") != 4) {
      a.add(4, "4.2");
    }
    printList(a);

    if (a.contains("two")) {
      a.add("2.2");
    }
    printList(a);
  }

  public static void printList(ArrayList<String> list) {
    for (String element : list) {
      System.out.print(element + "  ");
    }
    System.out.println();
  }
}
```

출력 결과:

```
File  Edit  Window  Help  Dance
% java ArrayListMagnet
zero  one  two  three
zero  one  three  four
zero  one  three  four  4.2
zero  one  three  four  4.2
```

정답과 해설

낱말 퀴즈(206쪽)

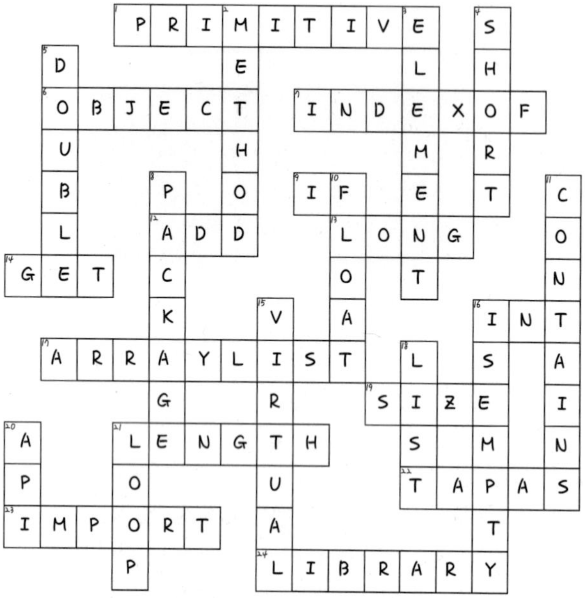

쓰면서 제대로 공부하기

각자 위의 답의 힌트를 적당히 만들어 보세요. 각 단어를 살펴보고 힌트를 써 봅시다. 앞에 나와 있는 힌트보다 더 쉽게, 혹은 어렵게, 혹은 기술적으로 만들어 보세요.

가로

1. ____________________
6. ____________________
7. ____________________
9. ____________________
12. ____________________
13. ____________________
14. ____________________
16. ____________________
17. ____________________
19. ____________________
21. ____________________
22. ____________________
23. ____________________
24. ____________________

세로

2. ____________________
3. ____________________
4. ____________________
5. ____________________
8. ____________________
10. ____________________
11. ____________________
15. ____________________
16. ____________________
18. ____________________
20. ____________________
21. ____________________

CHAPTER

07

객체 마을에서의 더 나은 삶

상속과 다형성

다형성 계획에 참여하기 전까지는 우리도 저임금과 야근에 시달리는 코더(coder)에 불과했습니다. 하지만 그 계획 덕분에 우리의 미래가 밝아졌죠. 여러분도 다형성을 배우고 나면 세상이 달라 보일 거예요.

프로그램을 계획할 때는 미래를 고려하세요

더 많은 여가 시간을 확보해 줄 수 있는 자바 코드를 만들 수 있다면 얼마나 좋을까요? 다른 누군가가 **쉽게** 확장할 수 있는 코드를 만들 수 있다면 어떨까요? 그리고 귀찮게 마감 직전에 스펙을 변경하는 아주 짜증 나는 상황에 쉽게 대응 가능한 유연한 코드를 만들 수 있다면 좋지 않을까요? 그렇다면 이 장을 꼭 읽어 보세요. 세 시간 정도만 투자하면 원하는 것을 얻을 수 있을 테니까요. 이번 장에서 소개하는 다형성 계획에 참여하면 클래스를 더 잘 설계하기 위한 다섯 가지 단계, 다형성을 활용하기 위한 세 가지 기교, 융통성 있는 코드를 만들기 위한 여덟 가지 방법을 익힐 수 있고, 열심히 하면 상속을 활용하는 네 가지 팁까지 보너스로 배울 수 있습니다. 망설이지 마세요. 이 좋은 기회를 잘 활용하면 설계의 자유와 프로그래밍의 유연성을 모두 누릴 수 있으니까요. 지금 당장 매우 빠르고 쉽게 배울 수 있습니다. 지금 빨리 시작하세요. 추상화에 대한 몇 가지 개념도 추가로 배울 수 있습니다.

의자 전쟁 되돌아보기 상속의 힘

2장에 나온 로라(절차적 프로그래머)와 브래드(객체지향 프래그래머)가 에어론 의자를 놓고 경쟁하는 얘기를 기억하시나요? '상속'의 기초를 다시 되짚어 보기 위해 그 이야기로 돌아가 봅시다.

로라 코드가 중복됐잖아! rotate 프로시저가 네 개의 도형 어쩌구에 전부 들어 있네. 정말 멍청하게 설계한 것 아닌가? rotate '메서드'를 따로 유지해야 해. 지금 이런 설계는 좋다고 볼 수 없지.

브래드 아, 아직 최종판을 못 봤구나. 객체지향에서 상속(inheritance)이 어떤 식으로 돌아가는지 보여 줄게.

1 "나는 클래스 네 개에 공통적으로 들어 있는 것을 찾아냈지."

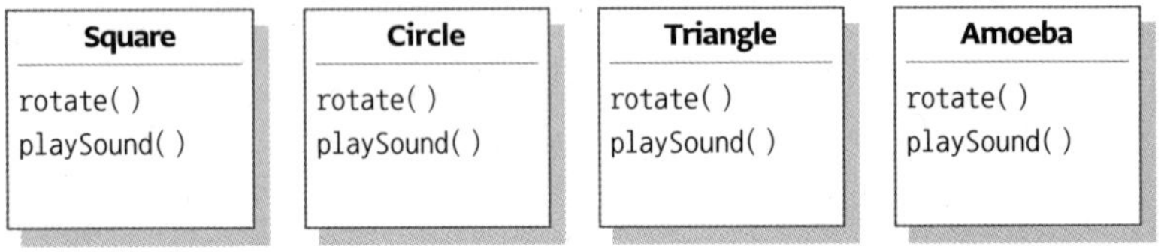

2

"네 개는 전부 도형(Shape)에 속하고 모두 그 도형을 회전(rotate)시키고 사운드를 재생(playSound)하는 기능을 하잖아? 그래서 공통적인 기능을 뽑아서 Shape라는 새로운 클래스에 집어넣었어."

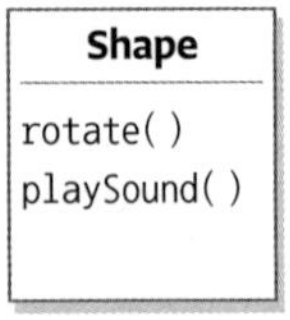

이런 관계가 성립하면 **"Square는 Shape로부터 상속을 받는다."**, **"Circle은 Shape로부터 상속을 받는다."** 같은 식으로 얘기할 수 있어. 다른 도형에서는 rotate()와 playSound()는 제거했으니 한 개만 관리하면 되지.

이때 Shape라는 클래스는 다른 네 클래스의 **상위 클래스**(superclass)가 되고 나머지 네 클래스는 Shape의 **하위 클래스**(subclass)가 되지. 하위 클래스는 상위 클래스의 메서드를 상속해. 바꿔 말하자면 Shape 클래스에 어떤 기능이 있으면 그 하위 클래스에서도 자동으로 같은 기능을 발휘할 수 있지.

3

"그리고 나머지 도형 클래스 네 개를 상속이라는 관계로 Shape 클래스와 연결시켰지."

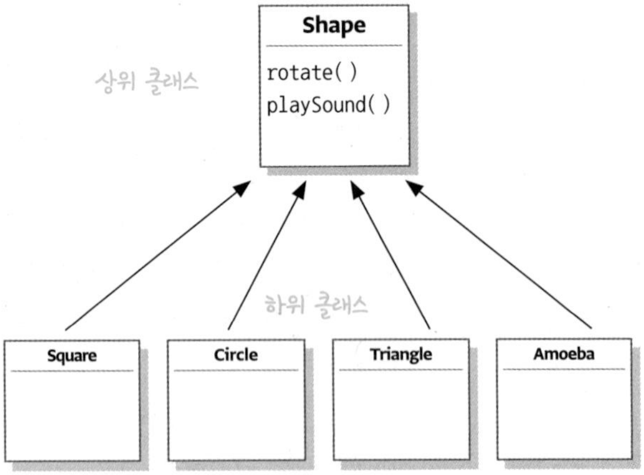

그럼 Amoeba 클래스의 rotate()는 어떻게 될까요?

로라 하지만 아메바 모양의 도형에 대해서는 rotate와 playSound의 프로시저가 완전히 달라지잖아.

브래드 메서드라니까.

로라 어쨌든, Shape 클래스의 기능을 '상속받는다면' Amoeba 클래스에서는 다른 방식으로 어떻게 작업을 처리할 수 있지?

브래드 그게 마지막 단계야. Amoeba 클래스에서는 Shape 클래스의 메서드를 **오버라이드**(override)하지. 그러면 실행할 때 Amoeba 클래스에 대해 회전하라는 명령을 내리면 JVM에서 알아서 올바른 rotate() 메서드를 실행하지.

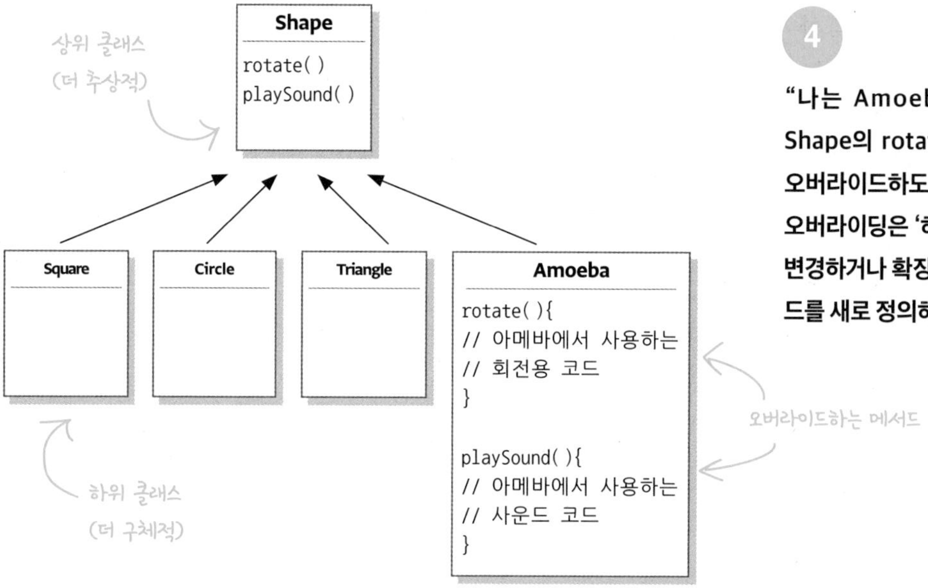

4

"나는 Amoeba 클래스에서 상위 클래스인 Shape의 rotate()와 playSound() 메서드를 오버라이드하도록 했어.
오버라이딩은 '하위 클래스에서 메서드의 역할을 변경하거나 확장할 필요가 있을 때 상속받은 메서드를 새로 정의하는 것'을 의미하지."

뇌 일깨우기

어떻게 하면 집에서 키우는 고양이와 호랑이를 상속 구조로 표현할 수 있을까요? 고양이를 호랑이의 특화된 버전이라고 할 수 있을까요? 무엇이 하위 클래스가 되고 무엇이 상위 클래스가 될까요? 아니면 둘 다 어떤 다른 클래스의 하위 클래스라고 할 수 있을까요?

상속 구조를 어떻게 설계하겠습니까? 어떤 메서드를 오버라이드할 수 있을까요?

잘 생각해 보고, 어느 정도 확신이 설 때까지는 다음 쪽으로 넘어가지 마세요.

상속의 이해

상속의 작동 방식

상속을 이용해서 설계할 때는 공통 코드를 한 클래스에 넣고 다른 더 구체적인 클래스에 공통적인(더 추상적인) 클래스가 상위 클래스라는 것을 알려 주면 됩니다. 한 클래스가 다른 클래스를 상속하는 것을 **하위 클래스가 상위 클래스로부터 상속받는다**고 말합니다.

자바는 **하위 클래스가 상위 클래스를 확장(extend)한다**고 얘기합니다. 상속이라는 관계는 하위 클래스가 상위 클래스의 멤버를 물려받는다는 것을 의미합니다. 인스턴스 변수와 메서드를 '클래스의 멤버'라고 부릅니다.

예를 들어서, PantherMan이 SuperHero의 하위 클래스라면 PantherMan 클래스는 모든 '~맨' 시리즈에 공통적으로 있는 suit(옷), tights(쫄바지), specialPower(특수 능력), useSpecialPower( )(특수 능력을 발휘하는 메서드)와 같은 인스턴스 변수와 메서드를 자동으로 상속받습니다. 그리고 PantherMan 하위 클래스에서 별도의 메서드와 인스턴스 변수를 추가할 수도 있고 상위 클래스인 SuperHero에서 상속받은 메서드를 오버라이드할 수도 있습니다.

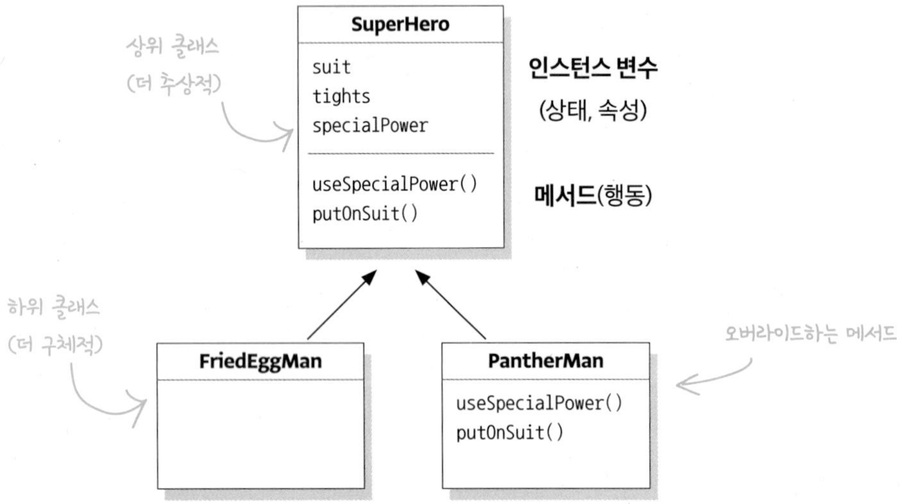

위 예시에서 FriedEggMan은 고유의 행동이 필요 없으므로 아무 메서드도 오버라이드하지 않습니다. SuperHero에 들어 있는 메서드와 인스턴스 변수만으로도 충분하다면 굳이 오버라이드할 필요가 없으니까요.

하지만 PantherMan은 옷과 특수 능력에 대한 별도의 요구사항이 있으므로 useSpecialPower()와 putOnSuit()(옷을 갈아입고 '~맨' 종류로 변신하는 메서드)를 모두 오버라이드합니다.

인스턴스 변수는 오버라이드할 필요가 없으므로 오버라이드하지 않습니다. 인스턴스 변수에서 특별한 행동을 정의하는 것이 아니므로 하위 클래스에서는 상속받은 인스턴스 변수를 그대로 사용하고 그 값을 마음대로 선택하면 됩니다. tights를 PantherMan에서는 보라색으로, FriedEggMan에서는 하얀색으로 설정하기만 하면 되겠죠?

상속 예제

```
public class Doctor {

  boolean worksAtHospital;

  void treatPatient() {
    // 진료를 합니다.

  }
}
```

```
public class FamilyDoctor extends Doctor {

  boolean makesHouseCalls;

  void giveAdvice() {
    // 집에서 필요한 조언을 합니다.
  }
}
```

```
public class Surgeon extends Doctor {

  void treatPatient() {
    // 외과 수술을 합니다.
  }

  void makeIncision() {
    // 살을 벱니다. (헉!)
  }
}
```

의대를 가지 않아도 그냥
절차를 상속받으면 됩니다. 너무
걱정하지 마세요. 하나도 아프지
않을 것입니다(흠... 전기톱을
어디에 놨지?).

역자 주: Doctor는 일반적인 의사를 총칭하는 클래스이고, FamilyDoctor는 가정의를 나타내는 클래스이며, Surgeon은 외과 의사를 나타내는 클래스라고 보면 됩니다.

쓰면서 제대로 공부하기

→ 풀어 보세요

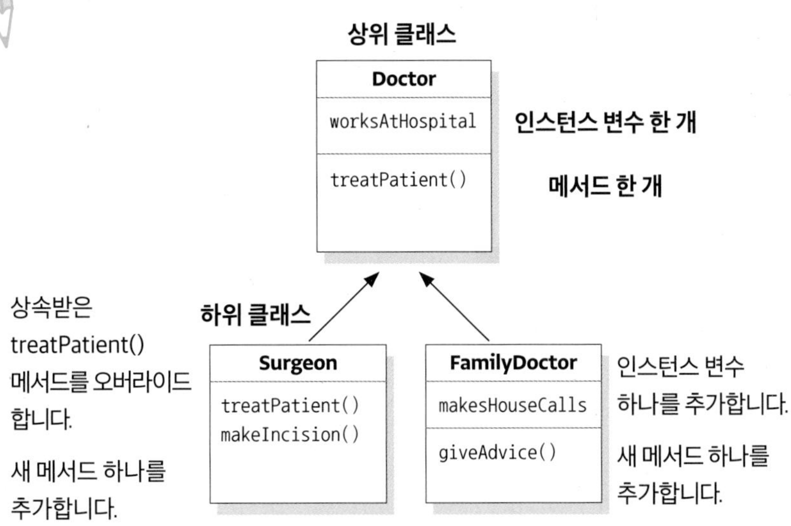

새 메서드 하나를 추가합니다.

새 메서드 하나를 추가합니다.

Surgeon에는 인스턴스 변수 몇 개가 들어 있을까요? ____

Family Doctor에는 인스턴스 변수 몇 개가 들어 있을까요? ____

Doctor에는 메서드 몇 개가 들어 있을까요? ____

Surgeon에는 메서드 몇 개가 들어 있을까요? ____

FamilyDoctor에는 메서드 몇 개가 들어 있을까요? ____

FamilyDoctor에서 treatPatient() 메서드를 실행할 수 있을까요? ____

Family Doctor에서 makeIncision() 메서드를 실행할 수 있을까요? ____

동물 시뮬레이션 프로그램의 상속 트리 설계하기

여러 가지 서로 다른 동물이 특정 환경에 함께 모여 있을 때 어떤 일이 일어나는지를 살펴볼 수 있게 해 주는 시뮬레이션 프로그램을 설계해야 한다고 가정해 봅시다. 본격적으로 코딩하기 전에 일단 설계를 시작해 봅시다.

프로그램에 들어갈 모든 동물의 목록은 아직 없고 일부 동물의 목록만 받은 상태입니다. 각 동물은 객체로 표현할 수 있고, 그 객체는 각 타입을 프로그래밍할 때 지정한 대로 환경 내에서 움직일 것입니다.

또한 다른 프로그래머들도 언제든지 프로그램에 새로운 종류의 동물을 추가할 수 있게 만들고 싶습니다.

우선 모든 동물에게 있는 공통적이고 추상적인 특성을 파악하고, 그러한 특성을 클래스로 만든 다음에 모든 동물이 그 클래스를 확장하게 만들면 됩니다.

1 공통적인 속성과 행동이 들어 있는 객체를 찾아봅시다.

여기에 있는 여섯 종류의 동물에서 어떤 공통적인 특성을 찾을 수 있나요? 그 과정에서 행동을 추상화할 수 있습니다(2단계).

각 타입은 어떻게 연관될까요? 이 과정에서 상속 트리에서의 관계를 정의할 수 있습니다(4단계~5단계).

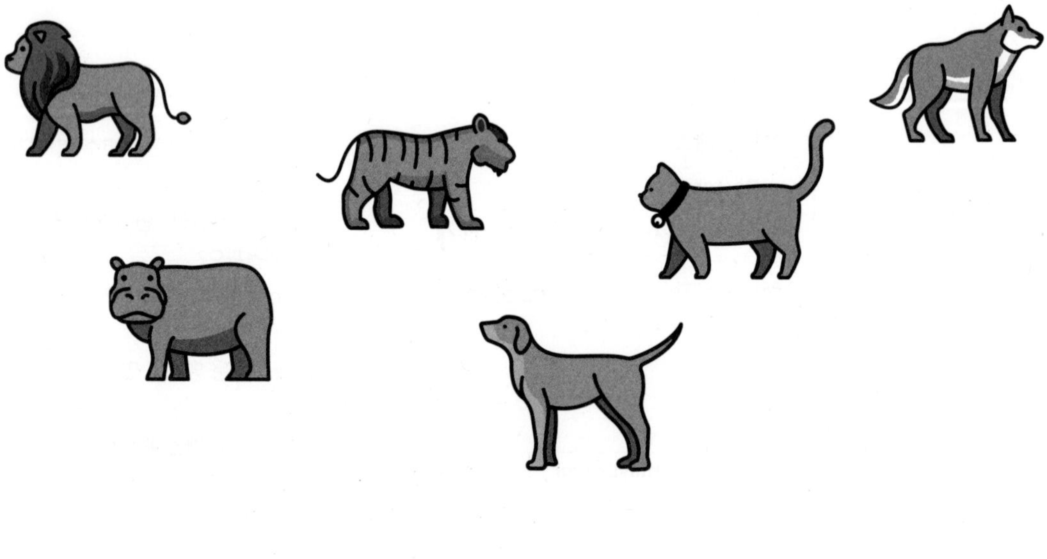

인스턴스 변수 다섯 개가 있습니다.

picture: 그 동물의 모습을 보여 주는 JPEG 파일명입니다.

food: 그 동물이 먹는 음식의 타입. 일단은 meat(고기)와 grass(풀), 이렇게 두 가지만 있다고 가정해 봅시다.

hunger: 그 동물의 배고픈 정도를 나타내는 int 변수. 그 동물이 언제 그리고 얼마나 먹었는지에 따라 달라집니다.

boundaries: 그 동물이 돌아다니는 '공간'의 높이와 너비(예를 들어서, 640×480)를 나타내는 값입니다.

location: 공간 내에서 그 동물의 위치를 나타내는 X와 Y 좌표입니다.

그리고 **메서드** 네 개가 있습니다.

makeNoise(): 동물이 소리를 낼 때의 행동입니다.

eat(): 그 동물이 음식(meat 또는 grass)을 접했을 때의 행동입니다.

sleep(): 그 동물이 잠들어 있을 때의 행동입니다.

roam(): 그 동물이 먹거나 자고 있지 않을 때의 행동(그냥 먹이를 찾아 돌아다닐 때의 행동)입니다.

2

공통적인 상태와 행동을 나타내는 클래스를 설계합니다.

이 객체들은 모두 동물이므로 Animal이라는 공통적인 상위 클래스를 만들겠습니다.

그리고 그 안에는 모든 동물이 필요로 하는 메서드와 인스턴스 변수를 집어넣어야겠죠?

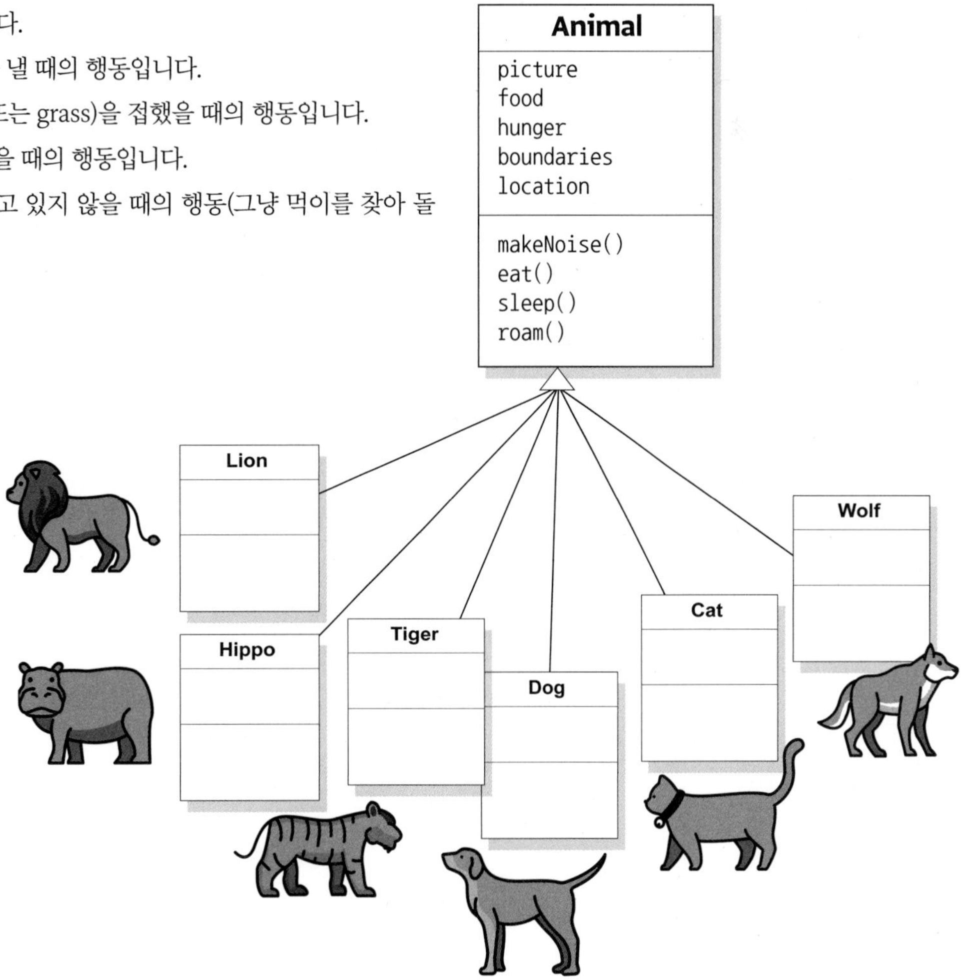

모든 동물이 똑같은 식으로 먹을까요?

우선 인스턴스 변수를 모든 Animal 타입에 적용할 수 있다고 가정합시다. 어떤 사자가 있다고 할 때 그 사자 고유의 picture, food(meat라고 생각할 수 있겠죠?), hunger, boundaries, location 값이 있을 것입니다. 하마 같은 다른 동물의 인스턴스 변수의 값은 다르겠지만, 어쨌든 변수 자체는 다른 Animal 타입에 있는 것과 똑같은 것을 가지고 있겠죠. 개, 호랑이 등의 동물도 똑같을 것입니다. 하지만 행동도 그럴까요?

어떤 메서드를 오버라이드해야 할까요?

사자와 개가 똑같은 소리를 낼까요? 고양이가 하마와 똑같은 식으로 먹을까요? 누군가는 그런 버전을 만들지도 모르지만, 우리가 보기에는 동물의 종류에 따라 먹는 것과 소리를 내는 것이 달라집니다. 필자들은 makeNoise()나 eat() 같은 메서드를 모든 동물에 대해 똑같이 사용할 수 있게 만드는 방법을 찾을 수가 없었습니다. 예를 들어서, 해당 타입의 인스턴스 변수에 저장되어 있는 사운드 파일을 재생하는 makeNoise() 메서드를 활용하는 방법도 있겠지만, 그리 특화된 메서드라고는 할 수 없을 것입니다. 상황에 따라 다른 소리를 내는 동물들도 있을 테니까요(먹을 때 내는 소리, 적에게 달려들 때 내는 소리가 다른 동물이 많이 있죠?).
따라서 전에 Amoeba 클래스에서 Shape 클래스의 rotate() 메서드를 오버라이드해서 그 타입에만 적용되는 아메바 고유의 행동을 할 수 있었던 것처럼 Animal의 하위 클래스에서도 메서드를 오버라이드해야 합니다.

3

특정 하위 클래스 타입에만 적용되는 행동(메서드 구현)이 필요한지 결정합니다.

Animal 클래스를 보면 각 하위 클래스에서 eat() 및 makeNoise()를 오버라이드해야 한다는 결정을 내릴 수 있습니다.

개들의 공동체에서 짖는다는 것은
우리의 문화적 주체성에서 매우 중요한
부분을 차지합니다. 우리에게는 각각
고유의 소리가 있고, 그 다양성이
인정받고 존중받기를 원합니다.

난 무지하게 먹어대는
초식 동물입니다.

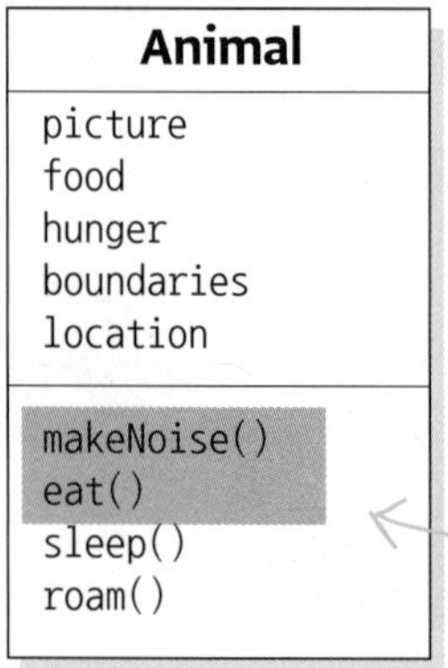
Animal
picture
food
hunger
boundaries
location
makeNoise()
eat()
sleep()
roam()

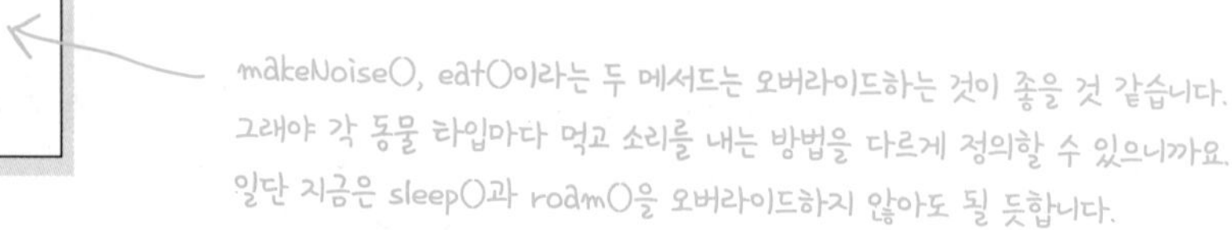
makeNoise(), eat()이라는 두 메서드는 오버라이드하는 것이 좋을 것 같습니다.
그래야 각 동물 타입마다 먹고 소리를 내는 방법을 다르게 정의할 수 있으니까요.
일단 지금은 sleep()과 roam()을 오버라이드하지 않아도 될 듯합니다.

상속을 더 많이 활용하는 방법 찾아보기

이제 슬슬 클래스 계층이 모양새를 갖춰 가고 있습니다. 모든 하위 클래스에서 makeNoise()와 eat() 메서드를 오버라이드하기로 했습니다. 그래야 Dog 객체에서 개가 짖는 소리를 내는 것과 Cat 객체에서 고양이가 울음소리를 내는 것을 확실히 구분할 수 있겠죠(소리가 똑같으면 서로 상당히 싫어하겠죠?). 그리고 Hippo 객체가 먹는 방식과 Lion 객체가 먹는 방식도 달라질 것입니다.

하지만 아마 할 일이 더 있을지도 모릅니다. Animal의 하위 클래스를 살펴보고 두 개 이상을 같은 그룹으로 묶을 수 있는지 알아봅시다. 그리고 그 그룹에만 공통의 하위 클래스를 적용할 수 있는 코드를 생각해 봅시다. 늑대(Wolf)와 개(Dog)는 유사한 면이 많습니다. 그리고 사자(Lion), 호랑이(Tiger), 고양이(Cat)도 비슷한 점이 많이 있죠.

4

공통적인 행동이 필요한 하위 클래스를 두 개 이상 찾아서 추상화의 개념을 더 폭넓게 활용할 수 있을지 찾아봅시다.

여러 클래스를 살펴보면 Wolf, Dog에 공통적인 행동이 있고 Lion, Tiger, Cat에도 공통적인 행동이 있다는 것을 알 수 있습니다.

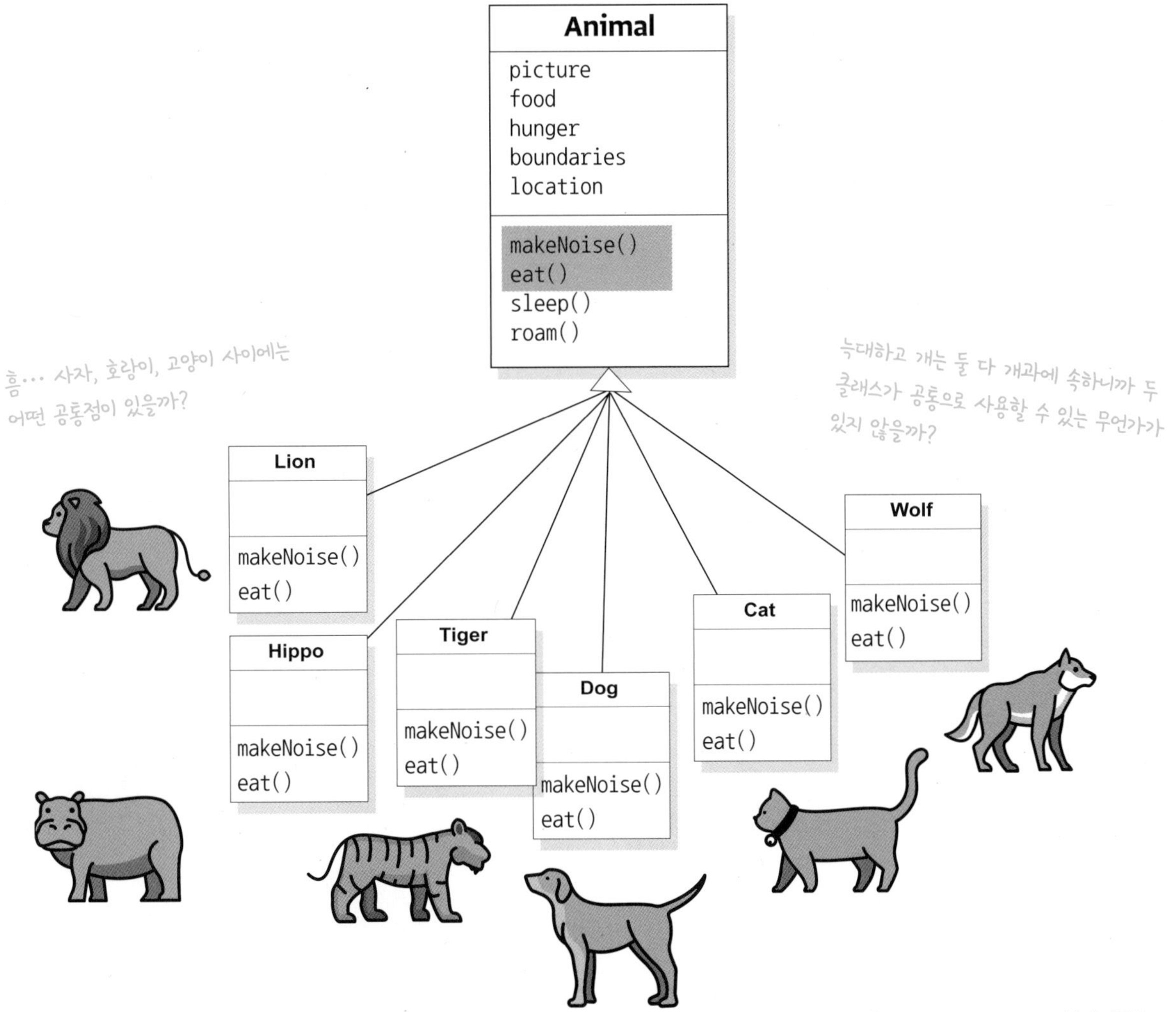

5 클래스 계층구조(hierarchy)를 완성해 봅시다.

사실 동물들은 이미 조직적인 계층구조(생물 시간에 계, 문, 강, 목, 과, 속 종 같은 생물 분류 체계를 배운 적이 있죠?)가 있으니까 클래스를 설계하는 과정에서도 최대한 활용해 보겠습니다. 여기서는 생물 분류 체계에서의 '과(科)'를 활용해서 Feline(고양이과) 클래스와 Canine(개과) 클래스를 만들어서 동물을 조직화하겠습니다.

개과 동물은 무리를 지어서 움직이는 성향이 있다는 점을 감안하면 Canine 클래스에서 공통적인 roam() 메서드를 만들 수 있을 것입니다. 또한, 고양이과 동물은 같은 종류에 속하는 다른 동물을 피하려는 습성이 있으므로 공통적인 roam() 메서드를 만들 수 있을 것입니다. Hippo 클래스에서는 그냥 Animal 클래스에 들어 있는 일반적인 roam() 메서드를 활용하겠습니다.

일단 지금은 이 정도로 마치고, 잠시 후에 다시 이 주제로 돌아오도록 하죠.

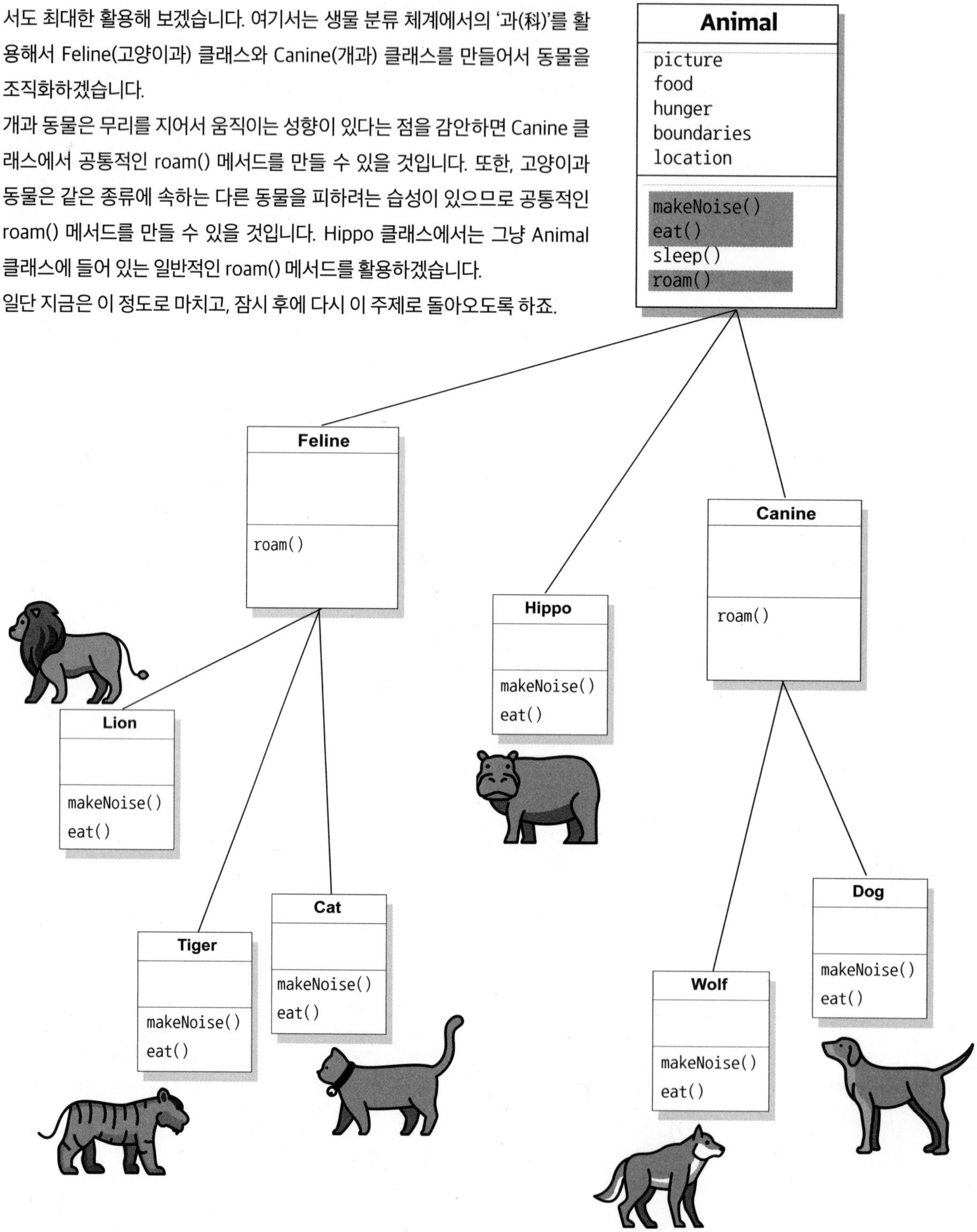

어떤 메서드가 호출될까요?

Wolf 클래스에는 메서드가 네 개 있습니다. 하나는 Animal에서, 하나는 Canine에서(정확하게 말하자면 Animal 클래스에 있는 메서드를 오버라이드한 것) 상속받은 것이고 두 개는 Wolf 클래스에서 오버라이드한 것입니다. Wolf 객체를 만들어서 변수에 대입하면 그 레퍼런스 변수에 대해 점 연산자를 사용해서 메서드 네 개를 호출할 수 있습니다. 하지만 그 메서드 중에서 어떤 버전이 호출될까요?

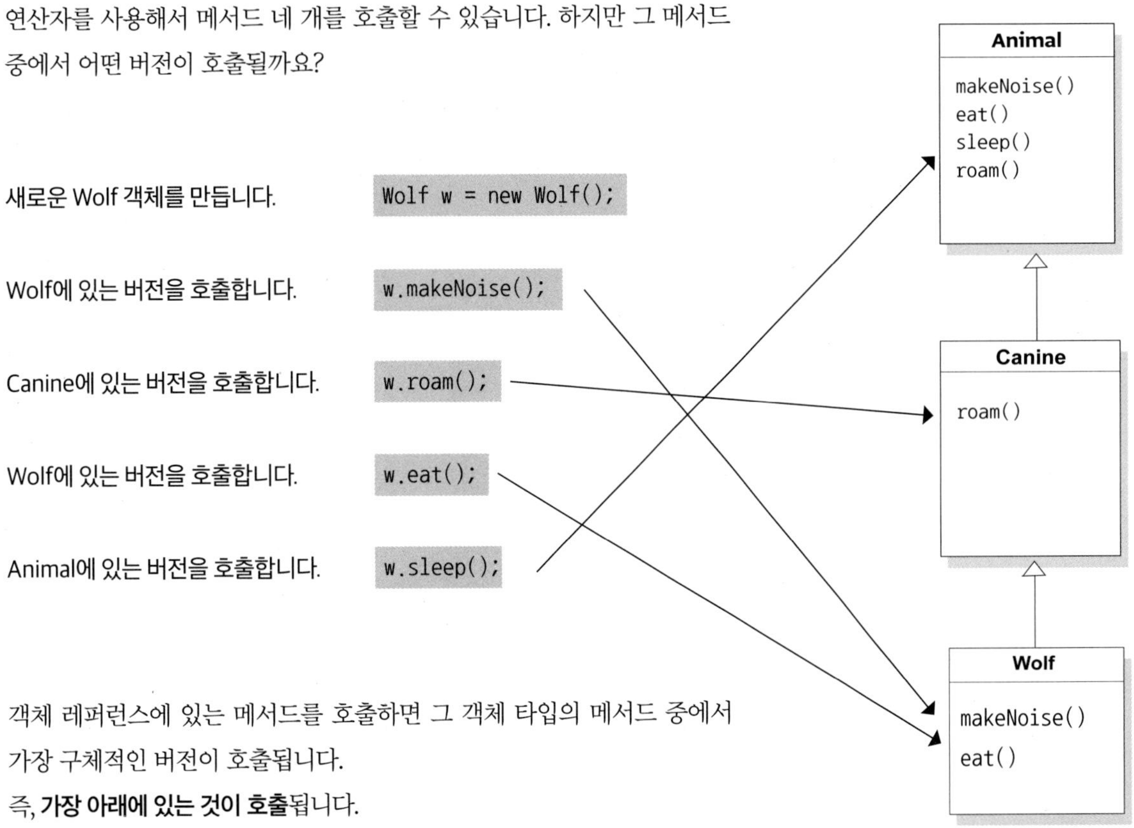
새로운 Wolf 객체를 만듭니다.
Wolf w = new Wolf();
Wolf에 있는 버전을 호출합니다.
w.makeNoise();
Canine에 있는 버전을 호출합니다.
w.roam();
Wolf에 있는 버전을 호출합니다.
w.eat();
Animal에 있는 버전을 호출합니다.
w.sleep();
Animal
makeNoise()
eat()
sleep()
roam()
Canine
roam()
Wolf
makeNoise()
eat()

객체 레퍼런스에 있는 메서드를 호출하면 그 객체 타입의 메서드 중에서 가장 구체적인 버전이 호출됩니다.

즉, **가장 아래에 있는 것이 호출**됩니다.

가장 아래에 있는 것은 상속 트리에서 가장 아래쪽에 있는 것을 의미합니다. Canine은 Animal보다 아래에 있고 Wolf는 Canine보다 아래에 있으므로 Wolf 객체에 대한 레퍼런스에서 어떤 메서드를 호출하면 JVM에서는 일단 Wolf 클래스에 들어 있는 것을 찾아봅니다. JVM에서 Wolf 클래스에 있는 버전을 찾을 수 없으면 일치하는 것을 찾을 때까지 상속 계층구조를 따라 올라갑니다.

상속 트리 설계

클래스	상위 클래스	하위 클래스
옷	…	바지, 셔츠
바지	옷	
셔츠	옷	

상속 테이블

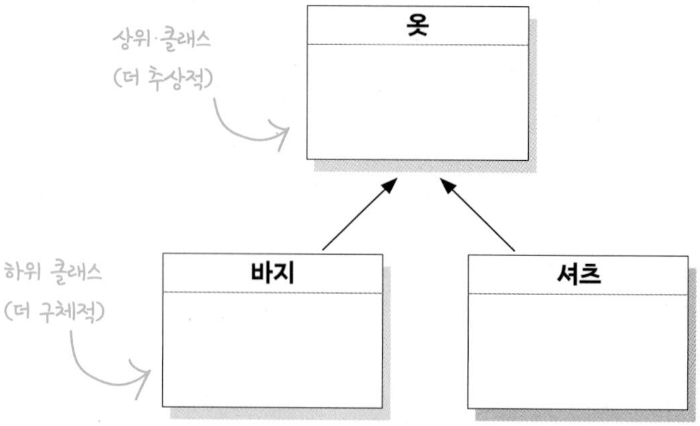

상속 클래스 다이어그램

쓰면서 제대로 공부하기

각각의 관계에 대해 생각해 보고 오른쪽 두 열에 적당한 내용을 채워 보세요.

클래스	상위 클래스	하위 클래스
음악가		
락 스타		
팬		
베이스 연주자		
피아노 연주자		

여기에는 상속 다이어그램을 그려 보세요.

힌트: 모두 다른 것과 연결할 수 있는 것은 아닙니다.

힌트: 여기에 나와 있는 클래스를 변경하거나 새로운 클래스를 추가해도 됩니다.

무엇이든 물어보세요

Q&A

Q JVM이 메서드를 호출한 클래스 타입(예를 들어서, 앞 페이지에 있는 Wolf 클래스)에서 시작해서 상속 트리를 따라 올라간다고 했는데요, JVM이 매치되는 것을 전혀 찾을 수 없으면 어떻게 되나요?

A 좋은 질문입니다. 하지만 그런 문제는 염려하지 않아도 됩니다. 컴파일러에서 실행할 때 메서드가 실제로 어떤 클래스에서 오는지는 알려 주지 않지만(신경을 쓰지도 않습니다만), 특정 레퍼런스 타입에서 어떤 메서드를 호출할 수 있는지의 여부는 확실하게 짚고 넘어가기 때문이죠. 앞서 나온 Wolf 예제의 sleep() 메서드를 생각해 보면 그 메서드를 호출할 수 있는지 확실히 확인하고 넘어갑니다. 하지만 sleep()이 실제로 Animal 클래스에 정의되어 있고 그 클래스로부터 상속을 받는다는 것까지는 확인하지 않습니다. 어떤 클래스에서 메서드를 상속한다면 그 클래스가 반드시 들어 있다는 점을 기억해 두세요. 컴파일러 입장에서는 상속한 메서드가 어디에 정의되어 있는지(즉, 어떤 상위 클래스에서 정의하고 있는지)는 전혀 중요하지 않습니다. 하지만 실행 중에는 JVM이 반드시 올바른 것을 골라서 호출합니다. 그리고 '올바른 것'은 그 객체에서 호출할 수 있는 가장 구체적인 버전을 의미하죠.

'A는 B다'와 'A에는 B가 있다' 관계 활용하기

앞서 배웠듯이 한 클래스가 다른 클래스를 상속하는 것을 하위 클래스가 상위 클래스를 확장한다고 합니다. 어떤 것이 다른 것을 확장해야 하는지 알고 싶다면 'A는 B다' 테스트를 활용하면 됩니다.
삼각형(Triangle)은 도형(Shape)입니다. 되죠?
고양이(Cat)는 고양이과(Feline)입니다. 이것도 되는군요.
외과의사는 의사입니다. 이것도 마찬가지입니다.
욕조는 화장실인가요? 뭔가 맞을 것 같기도 하네요.
그런데 'A는 B다' 테스트를 해 보면 이상하죠?

타입을 제대로 설계했는지 알고 싶다면 "'A는 B다' 관계가 성립할까?"를 확인해 보면 됩니다. 그런 관계가 성립하지 않으면 설계상에 어떤 문제가 있는지를 의심해 봐야 합니다. 욕조와 화장실 사이의 관계를 생각해 보면 "욕조는 화장실이다."라는 명제가 틀렸다는 것을 알 수 있습니다.
화장실이 욕조를 확장한다고 거꾸로 생각해 보면 어떨까요? 이것도 틀리죠? "화장실은 욕조다."라고 말할 수 없으니까요.
욕조와 화장실 사이에 전혀 관계가 없는 것은 아니지만, 그 관계는 상속 관계가 아닙니다. 욕조와 화장실 사이에는 'A에는 B가 있다' 관계가 있습니다. "화장실에는 욕조가 있다."라는 관계가 성립한다고 할 수 있을까요? 그렇다면 화장실(Bathroom)에는 욕조(Tub) 인스턴스 변수가 들어간다고 할 수 있습니다. 즉, Bathroom 객체에는 Tub에 대한 레퍼런스가 있다고 할 수 있지만 Bathroom이 Tub를 확장한다거나 Tub가 Bathroom을 확장한다고 할 수는 없습니다.

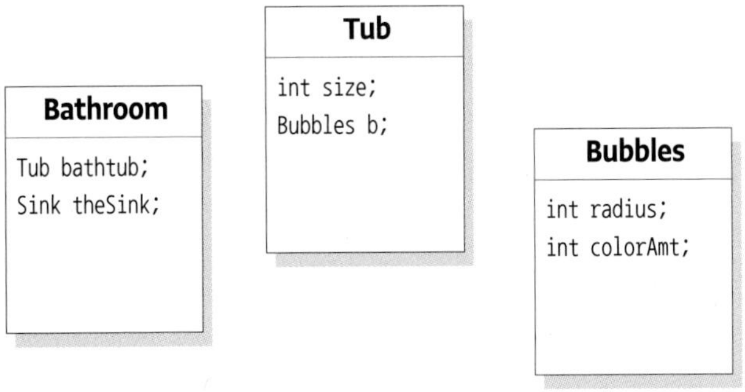

화장실에는 욕조가 있고 욕조에는 거품(Bubbles)이 들어 있겠죠. 이 셋 사이에는 서로 상속하는 관계가 전혀 없습니다.

좀 더 남았습니다

'A는 B다' 테스트는 상속 트리의 어느 곳에서도 성립합니다. 즉, 상속 트리를 잘 설계했다면 어떤 하위 클래스를 골라도 '하위 클래스는 상위 클래스다'라는 관계가 성립합니다.

B라는 클래스가 A라는 클래스를 확장하면 B 클래스는 A 클래스입니다.

이런 테스트는 상속 트리의 어느 곳에서도 참입니다. C라는 클래스가 B라는 클래스를 확장한다면 C라는 클래스는 B와 A 모두에 대해 '~는 ~이다'라는 관계가 성립해야 합니다.

Canine이 Animal을 확장합니다.
Wolf가 Canine을 확장합니다.
Wolf가 Animal을 확장합니다.

개과 동물(Canine)은 동물(Animal)입니다.
늑대(Wolf)는 개과 동물(Canine)입니다.
늑대(Wolf)는 동물(Animal)입니다.

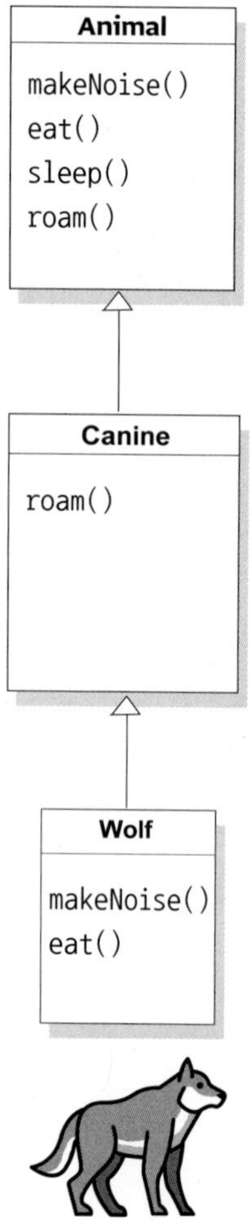

왼쪽에 있는 것과 같은 상속 트리가 있으면 언제든지 **"늑대는 동물을 확장한다."** 또는 **"늑대는 동물이다."**라고 할 수 있습니다. Animal이 Wolf의 상위 클래스의 상위 클래스인 경우에도 전혀 다를 것은 없습니다. **Animal이 상속 계층구조에서 Wolf 위에 있기만 하면 "Wolf는 Animal이다."라는 명제는 항상 참이라고 할 수 있습니다.**

Animal 상속 트리의 구조를 보면 다음과 같은 것을 알 수 있습니다.

"Wolf는 Canine이므로 Wolf 객체는 Canine 객체에서 할 수 있는 것을 모두 할 수 있습니다. 그리고 Wolf는 Animal이므로 Wolf 객체는 Animal 객체에서 할 수 있는 것을 모두 할 수 있습니다."

Wolf에서 Animal 또는 Canine에 들어 있는 메서드를 오버라이드하더라도 달라지지는 않습니다. 외부(다른 코드)에서 보기에는 Wolf에서도 그러한 메서드 네 개를 모두 실행시킬 수 있다는 것은 똑같으니까요. 그 방법이나 어떤 클래스에서 오버라이드한 것인지는 중요하지 않습니다. Wolf는 Animal 클래스를 확장한 것이므로 makeNoise(), eat(), sleep(), roam() 메서드를 쓸 수 있습니다.

상속 구조를 제대로 만들었는지 어떻게 알 수 있나요?

물론 지금까지 배운 것 외에도 중요한 내용이 많지만 객체지향와 관련된 다른 내용은 다음 장에서 알아보기로 하겠습니다(다음 장에서는 이 장에서 살펴본 설계 과정을 더 정교하게 다듬고 개선할 것입니다).
일단 지금은 'A는 B다' 테스트만 잘해도 된다는 정도로 알아두고 넘어가도 될 것 같습니다. 만약 'X는 Y다'가 성립한다면 이 두 클래스(X와 Y)는 모두 같은 상속 계층구조 안에 들어가도 됩니다.

상속에서 'A는 B다' 관계는 한 방향으로만 작동합니다.
'삼각형은 도형이다'라는 명제는 참이므로, Triangle은 Shape 클래스를 확장할 수 있습니다.
하지만 그 반대(도형은 삼각형이다)는 참이 성립하지 않으므로 Shape 클래스가 Triangle 클래스를 확장하게 만들면 안 됩니다. 즉, 'X는 Y다'라고 하면 X는 Y가 할 수 있는 것(또는 그 이상)을 모두 할 수 있다는 뜻임을 잊지 마세요.

벽에 붙여 놓고 외우세요

장미는 붉고 제비꽃은 푸릅니다.
직사각형은 도형이지만, 그 역은 성립하지 않습니다.
장미는 붉은색이고 제비꽃은 소중합니다.
맥주는 술이지만, 모든 술이 맥주는 아닙니다.

자! 이제 여러분이 직접 만들어 보세요. 'A는 B다'라는 관계를 보여 주는 예를 만들어 보세요. 잊지 마세요! X가 Y를 확장하면 'X는 Y다'라고 할 수 있습니다.

쓰면서 제대로 공부하기

제대로 된 관계를 보여 주는 것을 체크하세요.

□ 오븐은 부엌을 확장합니다.
□ 기타는 악기를 확장합니다.
□ 사람은 직원을 확장합니다.
□ 페라리는 엔진을 확장합니다.
□ 달걀 프라이는 음식을 확장합니다.
□ 비글은 애완동물을 확장합니다.
□ 담는 용기는 항아리를 확장합니다.
□ 금속은 티타늄을 확장합니다.
□ 금발은 똑똑함을 확장합니다.
□ 음료는 마티니를 확장합니다.

→ 풀어 보세요

힌트: 'A는 B다' 테스트를 적용해 보세요.

무엇이든 물어보세요
Q&A

Q1 하위 클래스에서 어떻게 상위 클래스의 메서드를 상속하는지는 알겠는데요, 상위 클래스에서 하위 클래스의 메서드를 쓰고 싶을 때는 어떻게 해야 하나요?

A1 상위 클래스에서는 그 하위 클래스에 대해 알 필요가 없습니다. 누군가가 어떤 클래스를 만들고 나서 한참이 지난 후에 다른 사람이 그 클래스를 확장할 수도 있습니다. 상위 클래스를 만든 사람이 하위 클래스에 새로운 버전의 메서드가 있다는 것을 알아서 그 하위 클래스를 사용하고자 하는 경우에 반대로 상속하는 것은 불가능합니다. 보통 자식들이 부모로부터 상속을 받지, 부모가 자식들로부터 상속을 받는 것은 아니니까요.

Q2 하위 클래스에서 상위 클래스에 있는 버전의 메서드와 새로 오버라이드한 버전의 메서드를 둘 다 사용하고 싶다면 어떻게 해야 할까요? 즉, 상위 클래스 버전을 완전히 버리지 않고 새로운 것을 추가하고 싶다면 어떻게 해야 할까요?

A2 그렇게 하는 방법이 있습니다. 그리고 그런 기능은 클래스를 설계하는 데 있어서 매우 중요합니다. '확장'이라는 단어의 뜻에 대해 잘 생각해 보세요. "상위 클래스의 기능을 확장하고 싶어."라고 하면 정확하게 무엇을 의미하는 것일까요?

```
public void roam() {
    super.roam();
    // 새로 추가할 내용
}
```

일단 상속받은 버전의 roam()을 실행시킨 다음 하위 클래스에서만 특정한 코드를 수행합니다.

상위 클래스 메서드를 설계할 때, 어떤 하위 클래스에서도 작동할 수 있는 메서드 구현을 포함하도록 설계할 수 있습니다. 비록 하위 클래스에서 '추가'할 코드가 필요하더라도 말이죠. 나중에 하위 클래스에서 그 메서드를 오버라이드할 때는 **super**라는 키워드를 써서 상위 클래스에 있는 버전의 메서드를 호출할 수 있으니까요. 이는 "우선 상위 클래스에 있는 버전을 실행한 다음 나머지 부분을 처리하자."라는 뜻으로 생각하면 됩니다.

누가 포르셰를 받고 누가 포크레인을 받을까요?

(하위 클래스는 상위 클래스로부터 무엇을 상속받을 수 있나요?)

하위 클래스는 상위 클래스의 멤버(member)를 상속받습니다. 나중에 상속되는 다른 멤버에 대해서도 알아보겠지만 일단 멤버에는 인스턴스 변수와 메서드가 있다고 생각하면 됩니다. 그리고 상위 클래스는 멤버의 접근 단계를 지정해서 하위 클래스에서 상속받을 수 있는 것과 없는 것을 지정할 수 있습니다.

이 책에서 다룰 접근 단계(access level)에는 네 가지가 있습니다. 네 가지 접근 단계를 가장 제한된 것부터 가장 느슨한 순서대로 열거하면 다음과 같습니다.

private default protected public

접근 단계를 통해 누가 그 멤버를 볼지를 제어할 수 있습니다. 접근 단계는 잘 설계된 강력한 자바 코드를 만드는 데도 매우 중요한 역할을 합니다. 일단 지금은 public과 private에 대해서만 신경 쓰기로 하겠습니다. 이 둘만 생각할 때는 규칙을 다음과 같이 아주 간단하게 정리할 수 있습니다.

public으로 지정한 멤버는 상속됩니다.

private으로 지정한 멤버는 상속되지 않습니다.

하위 클래스에서 멤버를 상속받는 것은 **하위 클래스에서 멤버 자체를 새로 정의하는 것**과 똑같습니다. 예를 들어서, 전에 다루었던 도형 예제에서 Square는 `rotate()`와 `playSound()` 메서드를 상속했는데, 다른 코드에서 볼 때는 Square 클래스에 `rotate()`와 `playSound()` 메서드가 있다는 것만 중요하고, 그것을 어디에서 상속받았는지는 별 상관이 없습니다.

클래스의 멤버에는 그 클래스에서 정의한 변수와 메서드, 그리고 상위 클래스로부터 상속받은 모든 것이 포함됩니다.

참고: default와 protected에 대한 자세한 내용은 부록 B에서 알아 보겠습니다.

상속을 활용해서 설계할 때 주의점

여기에 나와 있는 규칙 중에는 아직 그 이유를 배우지 않은 것도 있지만, 일단 지금 이런 규칙이 있다는 것을 알아두면 더 나은 상속 구조를 설계하는 데 도움이 많이 될 것입니다.

상속을 사용해야 하는 경우

어떤 클래스가 다른 클래스(상위 클래스)를 더 구체화한 타입이라면 상속을 활용합니다. 예를 들어서, 버드나무(Willow)는 나무(Tree)를 구체화한 것이라고 할 수 있으므로 Willow가 Tree를 확장하는 것이 좋습니다.

같은 일반적인 타입에 속하는 여러 클래스에서 공유해야 하는 어떤 행동(구현된 코드)이 있다면 상속을 활용합니다. 예를 들어서, 2장의 사례를 생각해 보면 Square, Circle, Triangle에는 모두 그 도형을 회전시키고 소리를 재생하는 메서드가 필요합니다. 따라서 그런 기능을 Shape라는 상위 클래스에 집어넣는 것이 합리적이고, 그렇게 하면 클래스의 관리와 확장이 쉬워집니다.

그러나 객체지향 프로그래밍에 있어서 상속이 핵심 기능 가운데 하나이긴 하지만 행동을 재사용하는 데 있어서 무조건 최선의 방법이 아니라는 점은 주의해야 합니다. 처음에는 상속을 쓰게 마련이지만, 디자인 패턴을 공부하다 보면 다른 강력하면서도 유연한 방법을 익힐 수 있을 것입니다. 디자인 패턴에 관심이 있다면 이 책을 다 읽은 후에 『헤드퍼스트 디자인 패턴』(한빛미디어, 2022)을 읽어 보세요.

상속을 남용해서는 안 되는 경우

상위 클래스와 하위 클래스 사이의 관계가 위에 있는 두 가지 규칙에 위배된다면 어떤 코드를 다른 클래스에서 재사용할 수 있다는 이유만으로 상속을 사용하면 안 됩니다. 예를 들어서, Animal이라는 클래스에서 특별한 출력 코드를 만들었는데, Potato라는 클래스에서도 출력하는 코드가 필요해서 Animal에 있는 코드를 재사용하기 위한 용도로 Animal을 확장해서 Potato 클래스를 만드는 경우를 생각해 보세요. 이런 것은 전혀 말이 안 되겠죠? Potato는 Animal을 구체화한 것이 아니니까요(이런 경우에는 출력 코드를 Printer 같은 클래스에 집어넣고 출력을 하는 모든 객체에서 이런 클래스를 활용해서 출력하는 것이 좋습니다).

하위 클래스와 상위 클래스 사이에서 'A는 B다' 관계가 성립하지 않는다면 상속을 사용하면 안 됩니다. 항상 하위 클래스가 상위 클래스를 더 구체화한 타입인지 생각해 보세요. 예를 들어서, 차(Tea)가 음료(Beverage)라고 하는 것은 말이 되지만, 음료가 차라고 하는 것은 말이 안 되겠죠?

핵심 정리

- 하위 클래스는 상위 클래스를 확장합니다.
- 하위 클래스는 상위 클래스에 있는 모든 public으로 지정한 인스턴스 변수와 메서드를 상속합니다. 하지만 private으로 지정한 인스턴스 변수와 메서드는 상속하지 않습니다.
- 상속된 메서드는 오버라이드할 수 있지만, 인스턴스 변수는 오버라이드할 수 없습니다(하위 클래스에서 재정의할 수는 있지만, 오버라이드하는 것과는 다르죠. 그리고 사실 오버라이드할 필요성을 거의 느낄 수 없을 것입니다).
- 'A는 B다' 테스트를 활용해서 상속 계층이 올바른지 확인합시다. X가 Y를 확장한 것이라면 'X는 Y다'라고 할 수 있어야 합니다.
- 'A는 B다' 관계는 한 방향으로만 작동합니다. 하마는 동물이지만, 모든 동물이 하마라고 할 수는 없지요.
- 하위 클래스에서 메서드를 오버라이드했을 때, 하위 클래스의 인스턴스에 대해 그 메서드를 호출하면 오버라이드된 버전의 메서드가 호출됩니다(맨 밑에 있는 것이 호출됩니다).
- B라는 클래스가 A라는 클래스를 확장하고 C는 B를 확장한다면 클래스 B는 클래스 A고 클래스 C는 클래스 B이며 클래스 C는 또한 클래스 A입니다.

이런 상속 기능을 활용하면 어떤 장점이 있나요?

상속을 활용해서 설계하면 객체지향의 여러 이점을 누릴 수 있습니다. 일련의 클래스에서 공통으로 필요한 행동을 뽑아서 그 코드를 상위 클래스에 집어넣으면 코드가 중복되는 것을 방지할 수 있습니다. 그렇게 하면 행동을 수정할 때, 코드를 한 군데만 고치면 그 행동을 상속받은 모든 클래스에서 새로운 변동 사항이 자동으로 반영됩니다.

뭐, 아주 특별한 방법이 필요한 것은 아닙니다. 그냥 코드를 변경하고 그 클래스만 다시 컴파일하면 됩니다. **하위 클래스는 전혀 건드릴 필요가 없습니다. 새로 컴파일한 상위 클래스를 기존의 상위 클래스가 있던 자리에 넣기만 하면 그 클래스를 확장한 하위 클래스에서는 자동으로 새로운 버전을 활용합니다.**

자바 프로그램은 클래스를 모아놓은 것이므로 새로운 버전의 상위 클래스를 이용하기 위해 하위 클래스까지 새로 컴파일할 필요는 없습니다. 상위 클래스가 바뀐 것 때문에 하위 클래스가 망가지지 않는 이상 전혀 문제 없습니다('망가진다'는 단어의 의미에 대해서는 나중에 알아보겠습니다. 일단 지금은 특정 메서드의 인자나 리턴 타입, 메서드명과 같이 상위 클래스에 있는 것 가운데 하위 클래스에서 반드시 필요로 하는 것을 변경하면 심각한 문제가 생길 수도 있다는 점만 이해하고 넘어가면 됩니다).

1 코드가 중복되는 것을 방지할 수 있습니다.

공통적인 코드를 한 군데에 모아놓고 하위 클래스에서 상위 클래스로부터 상속을 받을 때 그 코드도 상속받게 합니다. 그 행동을 변경하고 싶으면 한 군데만 변경하면 나머지 모든 하위 클래스에서 변경된 기능을 활용할 수 있습니다.

2 일련의 클래스를 위한 공통적인 프로토콜 (protocol)을 정의합니다.

상속을 사용하면 특정 상위 클래스에 속한 모든 클래스가 해당 상위 클래스의 모든 메서드를 자동으로 물려받습니다

즉, 상속을 통해 연관된 일련의 클래스에 대해 공통적인 프로토콜을 정의할 수 있습니다.

상위 클래스에서 메서드를 정의하면 그 메서드는 하위 클래스로 상속될 수 있습니다. 그 메서드의 정의는 다른 코드에 "내 타입에 속하는 모든 하위 클래스에서는 다음과 같은 메서드를 써서 이런 일을 할 수 있습니다."라고 알려 주는 일종의 프로토콜(규약)이라고 할 수 있습니다. 즉, 어떤 '계약'을 맺는 것이죠.

Animal이라는 클래스에서는 Animal에 속하는 모든 하위 클래스를 위한 공통적인 프로토콜을 구축했습니다.

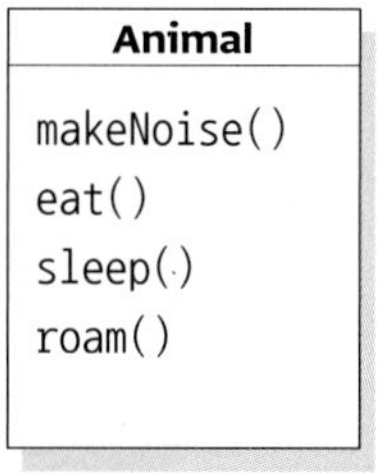

모든 Animal이 여기에 있는 것과 같은 네 가지를 할 수 있다는 것을 공표한 것입니다. 이때 메서드 인자와 리턴 타입도 함께 알려 주게 되지요.

그리고 여기에서 Animal이라는 것은 Animal과 Animal을 확장한 모든 클래스를 의미합니다. 즉, 상속 계층구조에서 그 위 어딘가에 Animal이 있는 모든 클래스를 의미합니다.

하지만 정말 중요한 것은 아직 시작하지도 않았습니다. 가장 중요한 다형성(polymorphism)은 일부러 뒤로 미뤄 놨거든요.

일련의 클래스에 대한 상위 클래스를 만들면, 그 상위 클래스 타입이 들어갈 수 있는 모든 자리에 해당 상위 클래스와 임의의 하위 클래스에 속하는 객체를 마음대로 사용할 수 있습니다.

잘 모르겠다고요?

너무 걱정할 필요는 없습니다. 아직 설명이 끝난 것은 아니니까요. 앞으로 2쪽만 더 읽어 보면 여러분도 전문가가 될 수 있습니다.

참고: 여기서 '모든 메서드'는 '상속 가능한 모든 메서드'를 의미합니다. 일단 지금은 '모든 public 메서드'라고 생각하면 됩니다. 더 정확한 의미는 나중에 알아보겠습니다.

이런 내용을 설명하는 이유

여러분도 다형성의 장점을 활용할 수 있어야 하기 때문입니다.

그게 우리에게 중요한 이유

상위 클래스로 선언된 레퍼런스를 이용해서 하위 클래스 객체를 참조할 수 있어야 하기 때문입니다.

그 결과

매우 유연한 좋은 코드를 만들 수 있습니다. 즉, 더 깔끔한(더 효율적이면서 간단한) 클래스를 만들 수 있지요. 단순히 개발하기가 편한 코드가 아니라 정말 훨씬 더 확장성이 좋은 코드를 만들 수 있습니다. 처음에 코드를 만들 때는 상상하지 못했던 방법으로 확장할 수도 있습니다.

이는 다른 동료가 프로그램을 열심히 갱신하는 동안 여러분은 야자수 그늘 아래에 드러누워 느긋하게 휴가를 즐길 수도 있다는 의미입니다. 그리고 다른 동료는 여러분의 소스 코드조차 필요로 하지 않을 것입니다. 다음 페이지로 넘어가면 어떻게 그럴 수 있는지 알 수 있을 것입니다.

저마다 취향이 다를 수 있긴 하지만, 필자들은 야자수 그늘 아래에서 휴가를 보내는 것이 정말 근사하다고 생각합니다.

다형성이 어떤 식으로 돌아가는지 이해하기 위해 한 발짝 뒤로 물러서서 일반적으로 어떻게 레퍼런스를 선언하고 객체를 만드는지 살펴봅시다

객체 선언과 대입의 세 가지 단계

```
  1        3    2
Dog myDog = new Dog();
```

1 레퍼런스 변수를 선언합니다.

```
Dog myDog = new Dog();
```

JVM에 레퍼런스 변수를 위한 공간을 할당하도록 지시합니다. 레퍼런스 변수의 타입은 한 번 정해지면 바뀌지 않습니다. 즉, Cat이나 Button, Socket 같은 것이 아닌 Dog만을 위한 버튼이 달려 있는 리모컨이 된다고 보면 됩니다.

2 객체를 만듭니다.

```
Dog myDog = new Dog();
```

JVM에 가비지 컬렉션 기능이 있는 힙에 새로운 Dog 객체를 위한 공간을 할당하도록 지시합니다.

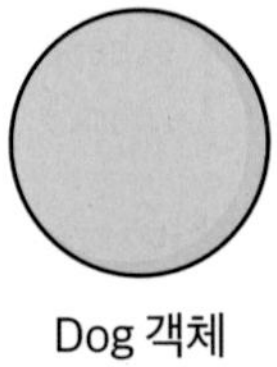

3 객체와 레퍼런스를 연결합니다.

```
Dog myDog = new Dog();
```

새로 만들어진 Dog 객체를 myDog라는 레퍼런스 변수에 대입합니다. 즉, **리모컨과 그 리모컨으로 제어할 객체를 연결**한다고 보면 됩니다.

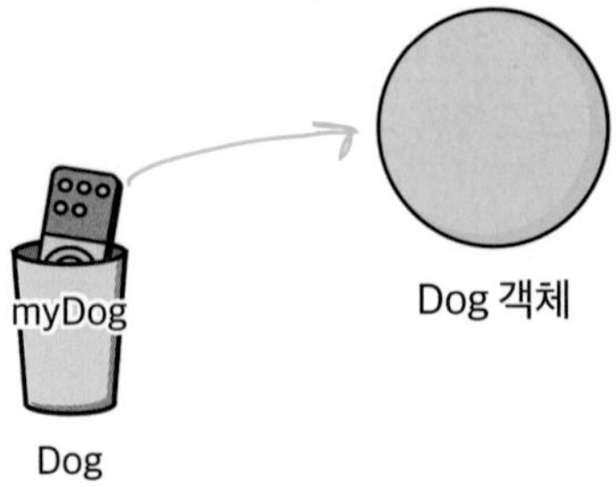

중요한 것은 레퍼런스 타입과 객체 타입이 똑같아야 한다는 점입니다.

이 예제에서는 모두 Dog입니다.

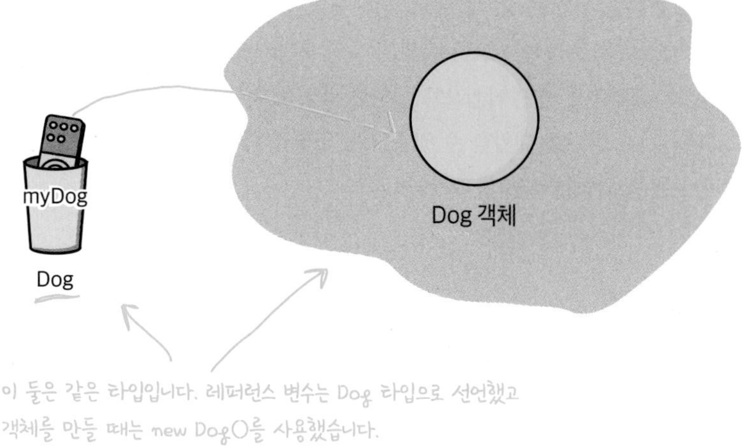

myDog
Dog
Dog 객체
이 둘은 같은 타입입니다. 레퍼런스 변수는 Dog 타입으로 선언했고
객체를 만들 때는 new Dog()를 사용했습니다.

하지만 다형성을 활용하면 레퍼런스와 객체가 다른 타입이어도 됩니다.

```
Animal myDog = new Dog();
```

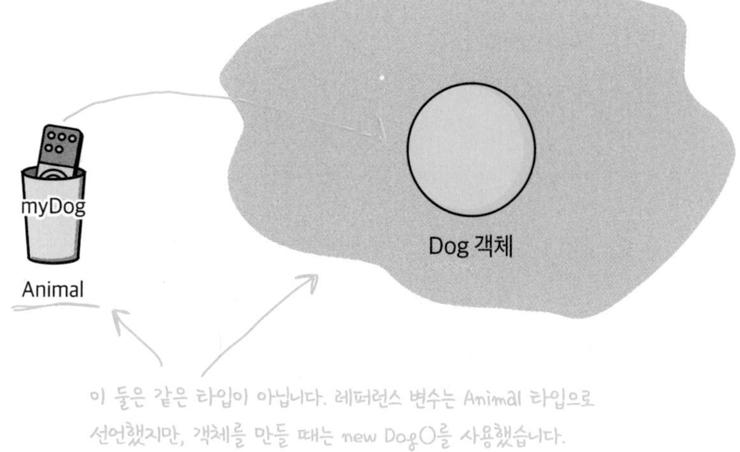

다형성을 사용하면 레퍼런스 타입을 실제 객체 타입의 상위 클래스 타입으로 지정할 수 있습니다.

레퍼런스 변수를 선언할 때, 레퍼런스 변수를 선언한 타입에 대해 'A는 B다' 테스트를 통과하는 모든 객체를 그 레퍼런스에 대입할 수 있습니다. 즉, 레퍼런스 변수 타입으로 선언한 타입을 확장하는 모든 것을 그 레퍼런스 변수에 대입할 수 있습니다. **이렇게 하면 다형적인 배열을 만드는 등 다양한 일을 할 수 있습니다.**

아, 알겠습니다. 다음 예제를 살펴보면 조금 도움이 될지도 모르겠군요.

```
Animal[] animals = new Animal[5];
animals[0] = new Dog();
animals[1] = new Cat();
animals[2] = new Wolf();
animals[3] = new Hippo();
animals[4] = new Lion();

for (Animal animal : animals) {

  animal.eat();

  animal.roam();
}
```

Animal 타입의 배열, 즉 Animal 타입의 객체를 저장할 수 있는 배열을 선언합니다.

Animal 배열에는 Animal의 하위 클래스에 속하는 모든 객체를 집어넣을 수 있습니다.

이 부분이 다형성과 관련해서 가장 중요한 부분입니다(이 예제의 존재의 이유라고 할 수 있죠). 배열의 모든 원소에 대해 반복문을 돌리면서 Animal 클래스에 들어 있는 메서드 중 하나를 호출할 수 있으며, 모든 객체가 올바른 메서드를 실행하는 것을 확인할 수 있습니다.

i가 0이면 배열의 0번 인덱스 위치에는 Dog 객체가 들어 있으므로 Dog의 eat() 메서드를 호출하게 됩니다. i가 1이면 Cat의 eat() 메서드가 호출되지요.

roam() 메서드도 마찬가지입니다.

아직 끝나지 않았습니다.
인자와 리턴 타입에 대해서도 다형성을 적용할 수 있습니다.

만약 Animal과 같은 상위 클래스 타입의 레퍼런스 변수를 선언하고 거기에 Dog 같은 하위 클래스 객체를 대입한 다음 그 레퍼런스를 메서드의 인자로 사용하면 어떻게 될지 생각해 봅시다.

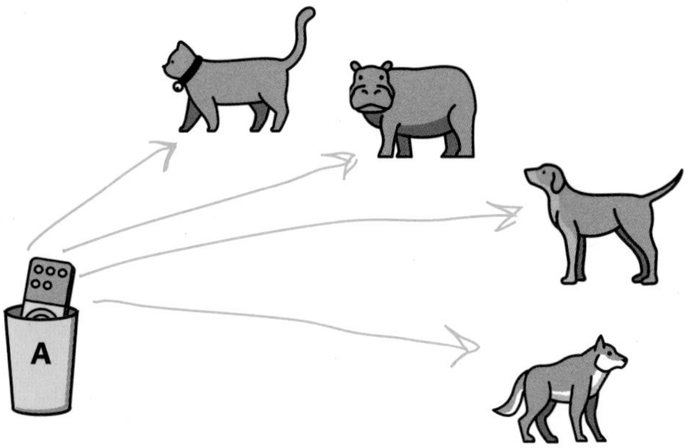


```
class Vet {
  public void giveShot(Animal a) {
    // 'a' 매개변수로 가리키고 있는 Animal 객체에
    // 대해 끔찍한 일(주사를 놓음)을 합니다.
    a.makeNoise();
  }
}
```

a 매개변수 자리에는 임의의 Animal 타입을 인자로 쓸 수 있습니다. 그리고 수의사(수의사를 나타내는 Vet 클래스 사용)가 주사를 놓고 나면(주사를 놓는 것을 의미하는 giveShot 메서드 사용) Animal 클래스는 makeNoise() 메서드를 실행합니다. 그러면 힙에 실제로 들어 있는 Animal 클래스의 하위 클래스 타입에 따라 해당 클래스에서 맞는 makeNoise() 메서드가 실행됩니다.

```
class PetOwner {
  public void start() {
    Vet vet = new Vet();
    Dog dog = new Dog();
    Hippo hippo = new Hippo();
    vet.giveShot(dog);
    vet.giveShot(hippo);
  }
}
```

수의사의 giveShot() 메서드에서는 모든 Animal을 인자로 받을 수 있습니다. 인자로 전달된 객체가 Animal의 하위 클래스이기만 하면 제대로 작동합니다.

Dog의 makeNoise()가 실행됩니다.

Hippo의 makeNoise()가 실행됩니다.

이제야 알겠군요! 다형적인 인자를 사용하는 코드를
작성하면, 즉 메서드 매개변수를 상위 클래스 타입으로 선언하면
실행할 때 어떤 하위 클래스의 객체도 전달할 수 있네요.
멋지군요! 이렇게 하면 제가 코드를 작성하고 휴가를 간 사이에
다른 사람이 프로그램에 새로운 하위 클래스 타입을 추가했을 때도
메서드가 제대로 작동하니까요(단 한가지 단점을 꼽으라면 저
멍청한 짐(Jim)의 삶도 편해졌다는 거죠).

다형성을 활용하면 새로운 하위 클래스 타입을 프로그램에 추가하더라도 코드를 굳이 바꿀 필요가 없습니다.

앞쪽에서 나온 Vet 클래스를 기억하나요? Vet 클래스에서는 Animal 타입으로 선언한 인자를 사용했으므로 모든 Animal의 하위 클래스를 처리할 수 있습니다. 즉, 다른 누군가가 Vet 클래스를 활용하려고 할 때도 그 새로운 Animal 타입이 Animal 클래스를 확장한 것이기만 하면 전혀 문제가 되지 않습니다. Vet 클래스를 만들 때 새로운 Animal의 하위 클래스에 대한 사전 지식이 전혀 없더라도 그 새로운 하위 클래스 타입의 객체를 Vet 클래스에 전달할 수 있지요.

뇌 일깨우기

어떻게 다형성이 반드시 이런 식으로 돌아갈 것이라고 보장할 수 있을까요? 왜 상위 클래스 타입(점 연산자를 적용하는 상위 클래스 레퍼런스)을 호출하는 메서드가 하위 클래스 타입에도 들어 있으리라고 가정하는 것이 항상 안전할까요?

무엇이든 물어보세요

Q&A

Q1 하위 클래스의 단계에 실질적인 한계가 있나요? 얼마나 깊이 들어갈 수 있어요?

A1 자바 API를 살펴보면 대부분의 상속 계층이 넓긴 하지만, 깊진 않다는 것을 알 수 있습니다. 예외(특히 GUI 클래스)가 없는 것은 아니지만, 대부분은 하나 또는 두 단계밖에 내려가지 않습니다. 물론 프로그래밍을 하다 보면 상속 트리를 얕게 만드는 것이 좋다는 것을 자연스럽게 깨닫게 될 것입니다. 그래도 하위 클래스를 만드는 데 있어서 어떤 한계가 있는 것은 아닙니다(하위 클래스의 단계가 너무 깊어서 더 이상 하위 클래스를 만들지 못하는 일은 거의 없습니다).

Q2 방금 생각난 건데요, 클래스의 소스 코드에 직접 접근할 수는 없지만, 어떤 클래스의 메서드가 작동하는 방식을 바꾸고 싶다면 하위 클래스를 만들어서 그렇게 할 수 있나요? 바꿔 말하자면 소위 '나쁜' 클래스를 확장한 후 메서드를 오버라이드해서 더 나은 코드를 만들 수 있나요?

A2 예, 그렇게 할 수 있습니다. 객체지향의 장점 가운데 하나라고 할 수 있죠. 그리고 그렇게 하는 것이 클래스를 완전히 새로 만들거나 소스 코드를 공개하지 않은 프로그래머를 찾아내는 것보다는 확실히 쉽죠.

Q3 아무 클래스나 확장할 수 있나요? 아니면 클래스 멤버와 마찬가지로 클래스를 private으로 지정하면 상속할 수 없다든지 하는 제한이 있나요?

A3 아직 배우지 않은 내부 클래스(inner class)라는 아주 특이한 경우를 제외하면 private으로 지정하거나 하는 식으로 상속을 할 수 없는 클래스 같은 것은 없습니다. 하지만 클래스의 하위 클래스를 만들어내지 못하는 세 가지 경우가 있습니다.

첫 번째는 접근 제어와 관련된 것입니다. 클래스를 private으로 지정할 수는 없지만, 클래스를 public이 아닌 것으로 만들 수는 있지요(클래스를 public으로 선언하지 않으면 됩니다). 이렇게 public이 아닌 클래스의 하위 클래스는 그 클래스와 같은 패키지 안에서만 만들 수 있습니다. 다른 패키지에 속한 클래스에서는 그 public이 아닌 클래스를 확장할 수 없죠(사실 아예 쓸 수도 없습니다).

두 번째는 final이라는 키워드 변경자로 클래스의 하위 클래스를 만들 수 없게 한 경우입니다. 클래스를 final로 지정하면 그 클래스는 상속 계층에서 맨 아래에 있는 클래스가 됩니다. final 클래스는 절대 확장할 수 없습니다.

세 번째는 클래스의 생성자(생성자에 대한 내용은 9장에서 살펴보겠습니다)가 모두 private으로 지정된 경우입니다. 그런 클래스는 하위 클래스를 만들 수가 없습니다.

Q4 왜 final 클래스 같은 것을 만드나요? 클래스의 하위 클래스를 못 만들게 하면 어떤 장점이 있을까요?

A4 보통 자신의 클래스를 final로 지정하는 일은 거의 없을 것입니다. 하지만 보안상의 이유로 그렇게 해야 하는 경우(보안을 유지하기 위해 메서드가 항상 자신이 만든 상태로 실행되도록 하고 싶은 경우, 즉 오버라이드할 수 없도록 만들고 싶은 경우)에 final 클래스를 사용하면 됩니다. 자바 API에도 그런 이유로 final로 지정해 놓은 클래스가 많습니다. 예를 들어서, String 클래스도 final로 지정해 놓은 클래스입니다. 누군가가 String의 메서드를 마음대로 바꾼 경우에 어떻게 될지 상상해 보세요. 왜 final로 지정했는지 감이 잡히죠?

Q5 클래스 전체는 final로 선언하지 않고 메서드만 오버라이드할 수 없게 할 수 있나요?

A5 특정 메서드를 오버라이드할 수 없게 하고 싶다면 그 메서드에 대해 final 변경자를 사용하면 됩니다. 그 클래스에 있는 어떤 메서드도 오버라이드할 수 없게 하고 싶다면 클래스 전체를 final로 지정하면 됩니다.

계약 지키기: 오버라이드 규칙

상위 클래스의 메서드를 오버라이드할 때는 계약을 이행해야 합니다. 예를 들어서, '인자를 받지 않을 것이며 불리언 값을 리턴하겠음'과 같은 규칙을 그대로 따라야 하는 것이죠. 즉, 오버라이드하는 메서드의 인자와 리턴 타입은 외부에서 보기에 상위 클래스에서 오버라이드된 메서드와 완벽하게 일치해야 한다는 것입니다.

메서드는 계약서입니다. 다형성이 제대로 작동하려면 Toaster(토스터를 나타내는 클래스)에서 Appliance(가전제품을 의미하는 클래스)의 메서드를 오버라이드했을 때 그 메서드가 제대로 실행되어야 합니다. 컴파일러는 어떤 레퍼런스에 대해 특정한 메서드를 호출할 수 있는지 결정할 때 레퍼런스의 타입을 살펴봅니다.

```
Appliance appliance = new Toaster();
```

레퍼런스 타입 객체 타입

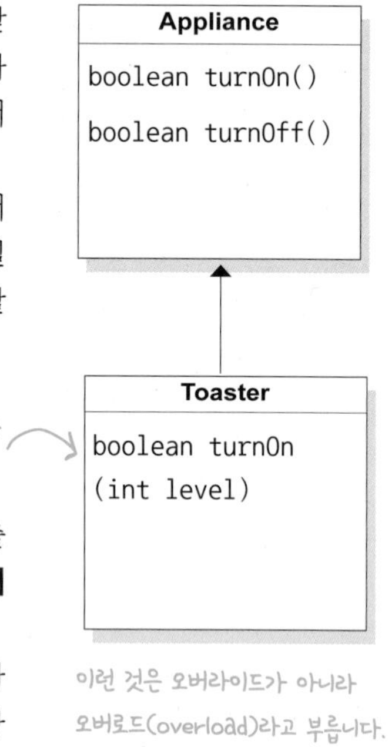
Appliance
boolean turnOn()
boolean turnOff()
Toaster
boolean turnOn
(int level)
이건 오버라이드가 아닙니다.
오버라이드하는 메서드에서는
인자를 변경할 수 없습니다.
이런 것은 오버라이드가 아니라
오버로드(overload)라고 부릅니다.

Toaster에 대한 Appliance 레퍼런스가 있을 때, 컴파일러는 Appliance 레퍼런스에 대해 호출하는 메서드가 Appliance 클래스에 들어 있는지만 신경 씁니다. 하지만 실행할 때 JVM은 **레퍼런스** 타입(Appliance)이 아니라 힙에 들어 있는 실제 Toaster **객체**를 사용합니다.

따라서 컴파일러에서 메서드 호출을 허가한 후에도 오버라이드하는 메서드의 인자와 리턴 타입이 똑같을 때만 그 메서드가 제대로 작동하겠죠. 그렇지 않으면 Appliance 레퍼런스를 가지고 있는 누군가가 turnOn()을 인자가 없는 메서드 형태로 호출할 것입니다. Toaster에는 int를 인자로 받아들이는 버전이 있다고 하더라도 말이죠. 이 경우 어떤 것이 호출될까요? Appliance에 들어 있는 버전이 호출될 것입니다. 즉, **Toaster에 들어 있는 turnOn(int level) 메서드는 오버라이드한 메서드가 아닙니다.**

1 인자는 똑같아야 하고, 리턴 타입은 호환 가능해야 합니다.

상위 클래스에서 어떤 인자를 받아들이든 오버라이드하는 메서드에서는 똑같은 인자를 사용해야 합니다. 그리고 상위 클래스에서 어떤 리턴 타입을 선언하든지 오버라이드하는 메서드에서는 똑같은 타입이나 하위 클래스 타입을 리턴하는 것으로 선언해야 합니다. 이미 배웠듯이 하위 클래스 객체에서는 상위 클래스에서 선언한 것이면 무엇이든 할 수 있어야 하므로 상위 클래스 객체가 리턴될 자리에 하위 클래스 객체를 리턴해도 문제가 되지 않겠죠.

2 메서드를 접근 단계를 어렵게 만들면 안 됩니다.

상위 클래스의 계약서는 다른 코드에서 어떻게 메서드를 사용할 수 있는지를 정의합니다. 즉, 접근 단계는 그대로 유지하거나 완화시켜야 합니다. 예를 들어서, 컴파일 시점을 기준으로 public 메서드를 오버라이드해서 private 메서드를 만들 수는 없습니다. public 메서드라고 생각하고 호출했는데, 실행할 때 호출한 오버라이드하는 버전이 갑자기 private이라고 하면서 JVM에서 접근을 금지하면 얼마나 황당하겠습니까?

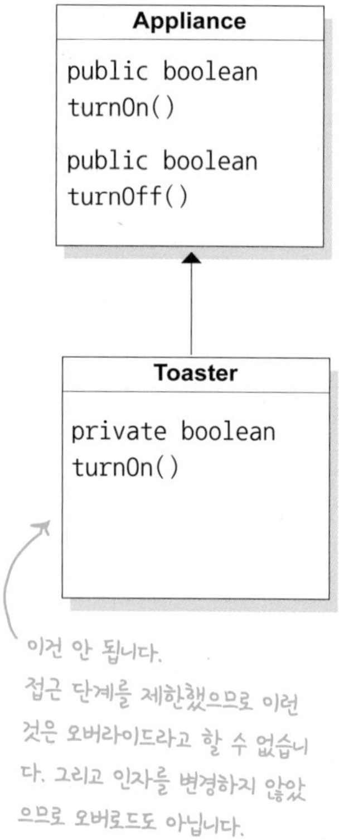
Appliance
public boolean
turnOn()
public boolean
turnOff()
Toaster
private boolean
turnOn()
이건 안 됩니다.
접근 단계를 제한했으므로 이런 것은 오버라이드라고 할 수 없습니다. 그리고 인자를 변경하지 않았으므로 오버로드도 아닙니다.

지금까지 두 가지 접근 단계(private와 public)에 대해 배웠습니다. 나머지 두 접근 단계는 부록 B에서 알아보겠습니다. 예외 처리와 관련된 오버라이딩 관련 규칙이 한 가지 더 있는데, 그 규칙에 대해서는 13장에서 살펴보도록 하겠습니다.

메서드 오버로딩

메서드 오버로딩(overloading)은 이름은 같지만 인자 목록이 다른 메서드 두 개를 만드는 것입니다. 오버로드된 메서드는 다형성과는 전혀 관계가 없습니다.
오버로딩을 활용하면 호출하는 쪽의 편의를 위해 같은 메서드를 서로 다른 인자 목록을 가진 여러 버전으로 만들 수 있습니다. 예를 들어서, 어떤 메서드에서 int 인자만 받아들인다면 호출하는 코드에서는 메서드를 호출하기 전에 double을 int로 변환한다던가 하는 과정을 거쳐야 할 것입니다. 하지만 double을 인자로 받아들이는 다른 버전의 메서드를 만들면, 즉 메서드를 오버로드하면 호출하는 입장에서 훨씬 편하겠죠. 이와 관련된 내용은 9장에서 생성자에 대해 알아볼 때 더 자세하게 알아보겠습니다.
오버로드하는 메서드에서는 상위 클래스에서 정의한 다형성 계약을 이행하지 않아도 되므로 메서드 오버로딩은 훨씬 더 융통성이 좋다고 할 수 있습니다.

오버로딩된 메서드는 메서드 이름만 같을 뿐 그냥 서로 다른 메서드입니다. 상속이나 다형성하고는 전혀 상관이 없죠. 오버로딩과 오버라이딩은 서로 다른 개념입니다.

1 **리턴 타입이 달라도 됩니다.**

메서드를 오버로드할 때는 인자 목록만 다르면 리턴 타입을 마음대로 바꿔도 됩니다.

2 **리턴 타입만 바꿀 수는 없습니다.**

리턴 타입만 다르게 하는 것은 올바른 오버로딩이 아닙니다. 컴파일러는 프로그래머가 메서드를 오버라이드하려는 것으로 간주합니다. 게다가 리턴 타입이 상위 클래스에서 선언된 리턴 타입하고 같거나 그 하위 타입이 아닌 경우에는 컴파일러에서 오류가 발생합니다. 메서드를 오버로딩할 때는 리턴 타입하고는 무관하게 인자 목록을 반드시 변경해야 합니다.

3 **접근 단계를 마음대로 바꿀 수 있습니다.**

메서드를 오버로드해서 더 제한이 심한 메서드를 만들어도 됩니다. 새로운 메서드는 오버로드된 메서드의 계약 조건을 이행할 필요가 없으니 전혀 문제될 것이 없습니다.

메서드 오버로딩의 예시

```
public class Overloads {
  String uniqueID;

  public int addNums(int a, int b) {
    return a + b;
  }

  public double addNums(double a, double b)
{
    return a + b;
  }

  public void setUniqueID(String theID) {
    // 여러 검증 과정을 거치고 다음을 실행
    uniqueID = theID;
  }

  public void setUniqueID(int ssNumber) {
    String numString = "" + ssNumber;
    setUniqueID(numString);
  }
}
```

결과를 맞혀 봅시다

다음은 간단한 자바 프로그램입니다. 그런데 한 블록이 빠져 있습니다. 왼쪽 하단에 있는 후보 코드를 사용했을 때 어떤 것이 출력될지 맞혀 봅시다. 출력 행 중에는 쓰이지 않는 것도 있고 어떤 것은 여러 번 쓰일 수도 있습니다. 후보 코드 블록과 그 블록을 사용했을 때 출력될 결과물을 연결하는 선을 그어 보세요.

정답과 해설 239쪽

프로그램:

```
class A {
  int ivar = 7;

  void m1() {
    System.out.print("A's m1, ");
  }
  void m2() {
    System.out.print("A's m2, ");
  }
  void m3() {
    System.out.print("A's m3, ");
  }
}

class B extends A {
  void m1() {
    System.out.print("B's m1, ");
  }
}
```

```
class C extends B {
  void m3() {
    System.out.print("C's m3, " + (ivar + 6));
  }
}

public class Mixed2 {
  public static void main(String[] args) {
    A a = new A();
    B b = new B();
    C c = new C();
    A a2 = new C();
    [            ]
  }
}
```

후보 코드가 들어갈 자리 (세 줄)

후보 코드:

```
b.m1();
c.m2();
a.m3();
```

```
c.m1();
c.m2();
c.m3();
```

```
a.m1();
b.m2();
c.m3();
```

```
a2.m1();
a2.m2();
a2.m3();
```

출력 결과:

```
A's m1, A's m2, C's m3, 6

B's m1, A's m2, A's m3,

A's m1, B's m2, A's m3,

B's m1, A's m2, C's m3, 13

B's m1, C's m2, A's m3,

B's m1, A's m2, C's m3, 6

A's m1, A's m2, C's m3, 13
```

각 후보 코드에 맞는 출력 결과와 연결해 보세요.

정답과 해설 239쪽

연습 문제

컴파일러가 되어 봅시다

오른쪽에 A와 B로 나와 있는 메서드 중에서 왼쪽에 있는 클래스에 집어넣었을 때 제대로 컴파일되어 아래에 있는 결과를 출력하는 것은 어떤 것일까요?

```
public class MonsterTestDrive {

  public static void main(String[] args) {
    Monster[] monsters = new Monster[3];
    monsters[0] = new Vampire();
    monsters[1] = new Dragon();
    monsters[2] = new Monster();
    for (int i = 0; i < monsters.length; i++) {
      monsters[i].frighten(i);
    }
  }
}

class Monster {
  A
}

class Vampire extends Monster {
  B
}

class Dragon extends Monster {
  boolean frighten(int degree) {
    System.out.println("breathe fire");
    return true;
  }
}
```

출력 결과:

```
File Edit Window Help SaveYourself
% java MonsterTestDrive
a bite?
breathe fire
arrrgh
```

1

A
```
boolean frighten(int d) {
  System.out.println("arrrgh");
  return true;
}
```

B
```
boolean frighten(int x) {
  System.out.println("a bite?");
  return false;
}
```

2

A
```
boolean frighten(int x) {
  System.out.println("arrrgh");
  return true;
}
```

B
```
int frighten(int f) {
  System.out.println("a bite?");
  return 1;
}
```

3

A
```
boolean frighten(int x) {
  System.out.println("arrrgh");
  return false;
}
```

B
```
boolean scare(int x) {
  System.out.println("a bite?");
  return true;
}
```

4

A
```
boolean frighten(int z) {
  System.out.println("arrrgh");
  return true;
}
```

B
```
boolean frighten(byte b) {
  System.out.println("a bite?");
  return true;
}
```

수영장 퍼즐

정답과 해설 240쪽

하단의 수영장 안에 있는 코드 스니펫을 꺼내서 오른쪽에 있는 코드의 빈 줄에 넣어 보세요. 같은 스니펫을 두 번 이상 사용할 수 없으며, 모든 스니펫을 사용할 필요는 없습니다. 이 퍼즐의 목표는 문제없이 컴파일과 실행 과정을 진행해 하단의 결과를 출력하는 클래스를 만드는 것입니다. 생각보다 어려울 수 있으니 얕보지 마세요!

```
public class Rowboat ________ ________ {
   public __________ rowTheBoat() {
      System.out.print("stroke natasha");
   }
}
```

```
public class ________ {
   private int __________ ;
   _______ void _________ ( ______ ) {
      length = len;
   }
   public int getLength() {
      ________ _________ ;
   }
   public __________ move() {
      System.out.print("__________");
   }
}
```

```
public class TestBoats {
   ______ ______ _______ main(String[] args){
      _________ b1 = new Boat();
      Sailboat b2 = new __________();
      Rowboat ________ = new Rowboat();
      b2.setLength(32);
      b1.__________();
      b3.__________();
      _______.move();
   }
}
```

```
public class _________ ________ Boat {
   public _______ _________() {
      System.out.print("__________");
   }
}
```

출력 결과: `drift  drift  hoist sail`

참고: 수영장에서 꺼낸 스니펫은 한 번만 사용할 수 있습니다!

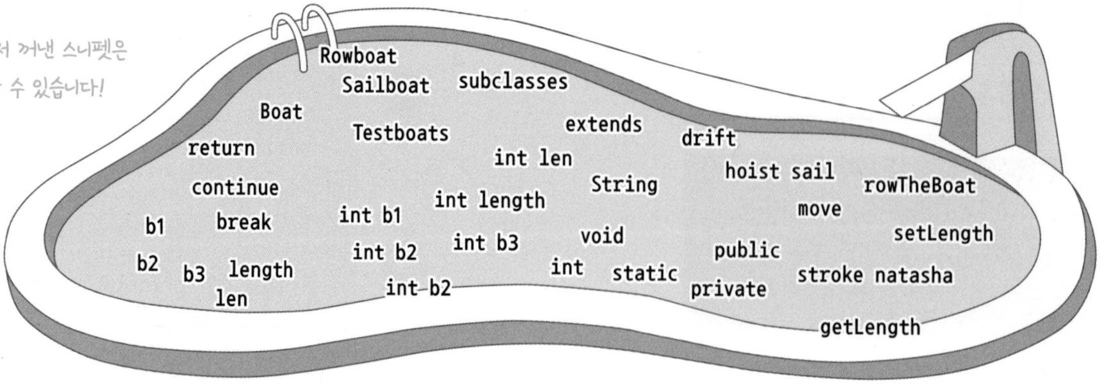

정답과 해설

연습 문제(237쪽)

1번 코드는 제대로 작동합니다.

2번 코드는 Vampire의 리턴 타입(int) 때문에 컴파일이 되지 않습니다. Vampire의 frighten() 메서드(B)는 Monster의 frighten() 메서드를 오버라이드하거나 오버로드한 것도 아닌 이상한 메서드입니다. 리턴 타입을 바꾸는 것만으로 오버로딩이 성립되지 않으며, int가 불리언과 호환되는 것도 아니므로 오버라이딩이라고도 할 수 없습니다(리턴 타입만 바꾼다면 그 리턴 타입은 상위 클래스 버전의 리턴 타입하고 호환 가능해야 하며, 그 경우에 오버라이딩이 성립된다고 배웠죠?).

3번과 4번은 컴파일은 되지만 다음과 같은 결과가 나옵니다.

```
arrrgh
breathe fire
arrrgh
```

Vampire 클래스에서 Monster 클래스의 frighten() 메서드를 오버라이드하지 않았으므로 이런 결과가 나옵니다(4번 코드의 Vampire의 frighten() 메서드에서는 int가 아닌 byte를 인자로 받아들입니다).

결과를 맞혀 봅시다(236쪽)

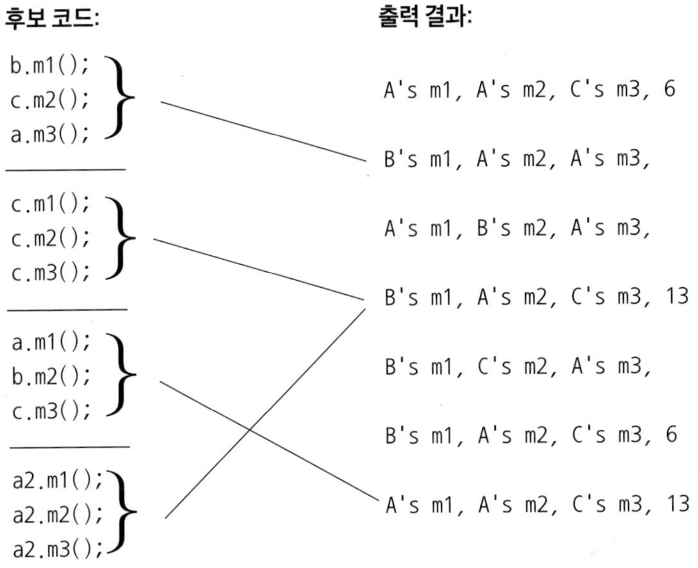

정답과 해설

수영장 퍼즐(238쪽)

```
public class Rowboat extends Boat {
   public void rowTheBoat() {
      System.out.print("stroke natasha");
   }
}
public class Boat {
   private int length ;
   public void setLength ( int len ) {
      length = len;
   }
   public int getLength() {
      return length ;
   }
   public void move() {
      System.out.print("drift  ");
   }
}
```

```
public class TestBoats {
   public static void main(String[] args){
      Boat b1 = new Boat();
      Sailboat b2 = new Sailboat();
      Rowboat b3 = new Rowboat();
      b2.setLength(32);
      b1.move();
      b3.move();
      b2.move();
   }
}
public class Sailboat extends Boat {
   public void move() {
      System.out.print("hoist sail ");
   }
}
```

출력 결과: `drift  drift  hoist sail`

CHAPTER

08

심각한 다형성

인터페이스와 추상 클래스

상속은 시작에 불과합니다

다형성을 제대로 사용하려면 인터페이스(GUI 같은 것을 말하는 것이 아닙니다)가 필요합니다. 이제 간단한 상속을 뛰어넘어 인터페이스를 설계하고 코딩하는 것을 통해서만 얻을 수 있는 융통성과 확장성으로 건너가야 합니다. 자바에서 가장 훌륭한 부분 중에는 인터페이스가 없으면 아예 불가능한 것도 있으므로 여러분이 직접 설계할 일은 없다고 하더라도 사용하는 방법은 알아야 합니다. 하지만 조만간 인터페이스를 설계하고 싶은 마음이 들 것입니다. 그리고 **'인터페이스 없이 어떻게 지낼 수 있었을까?'**란 생각이 들 것입니다. 인터페이스란 무엇일까요? 인터페이스는 100% 추상 클래스입니다. 추상 클래스(abstract class)란 무엇일까요? 바로 인스턴스를 만들 수 없는 클래스입니다. 그런 것을 어디에 써먹을 수 있을까요? 잠시 후에 알게 될 것입니다. 7장의 마지막 부분에서 다형적 인자를 이용해서 Vet 메서드 하나에서 모든 타입의 Animal 하위 클래스를 받아들일 수 있게 했던 것을 생각해 보세요. 그것은 사실 빙산의 일각에 불과했습니다. 인터페이스는 자바에서 정말 필수 불가결한 부분이라고 할 수 있습니다.

이걸 설계할 때 뭔가 잊어버린 것은 없을까요?

클래스 구조는 그리 나쁘지 않습니다. 코드가 중복되는 것을 최소화할 수 있게 설계했고 하위 클래스마다 별도로 구현해야 할 메서드는 오버라이드했습니다. 다형성의 관점에서 봤을 때도 깔끔하고 융통성 있게 잘 만들었습니다. Animal 인자(그리고 배열 선언)를 이용해서 Animal을 사용하는 프로그램을 실행할 때 임의 Animal 하위 클래스 타입(심지어 코드를 만들 때는 생각도 하지 못한 타입까지 포함해서)을 인자로 전달할 수 있게 만들었으니까요. Animal의 상위 클래스에 모든 Animal에 대한 공통적인 프로토콜(모든 동물에 있는 행동을 나타내는 네 가지 메서드)을 집어넣었으므로 Lion, Tiger, Hippo와 같은 새로운 Animal의 하위 클래스를 마음대로 만들어서 쓸 수 있죠.

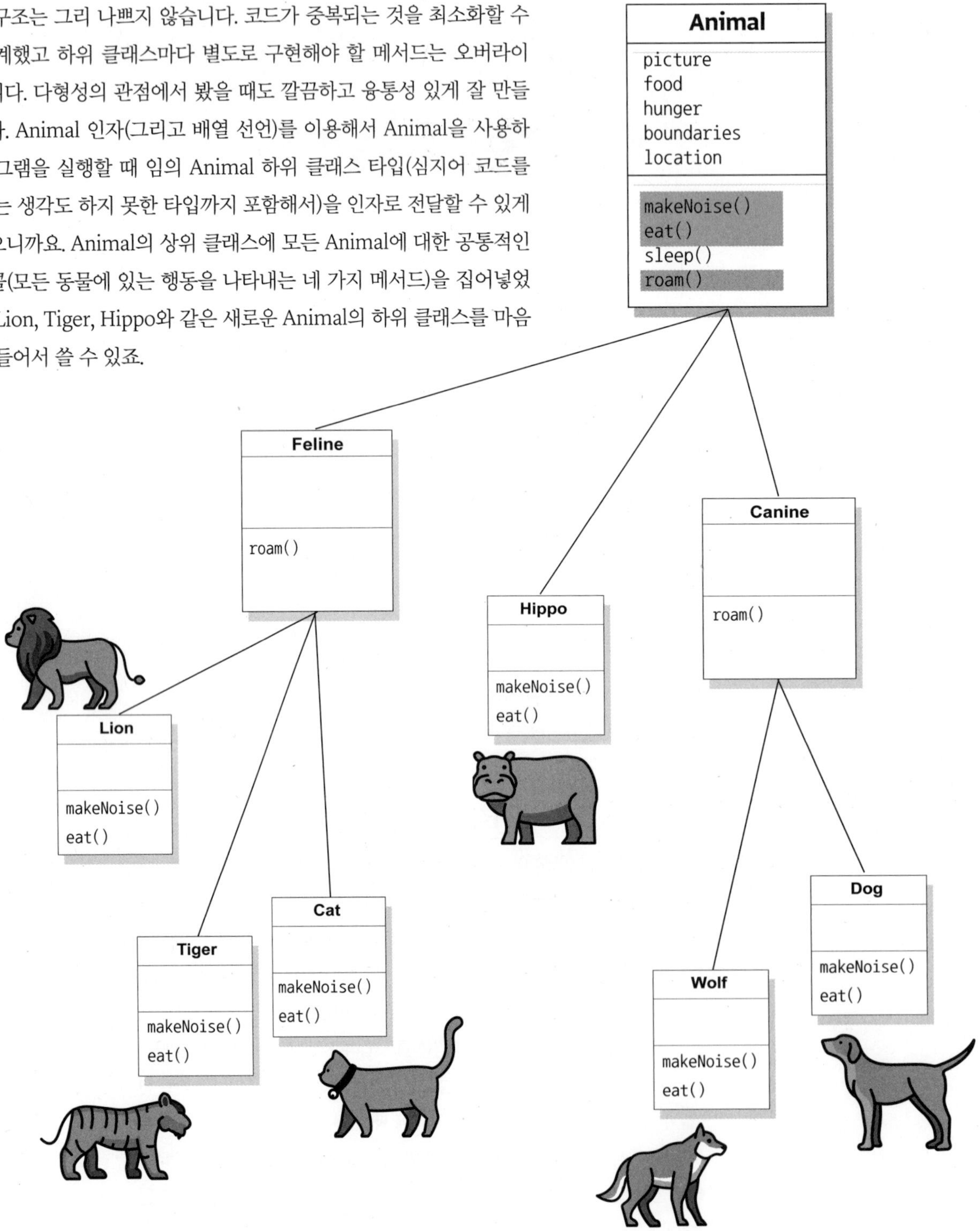

이렇게 할 수 있습니다.

```
Wolf aWolf = new Wolf();
```

Wolf 객체에 대한
Wolf 레퍼런스
aWolf
Wolf
Wolf 객체
이 둘은 같은 타입입니다.

이렇게 할 수 있습니다.

```
Animal aHippo = new Hippo();
```

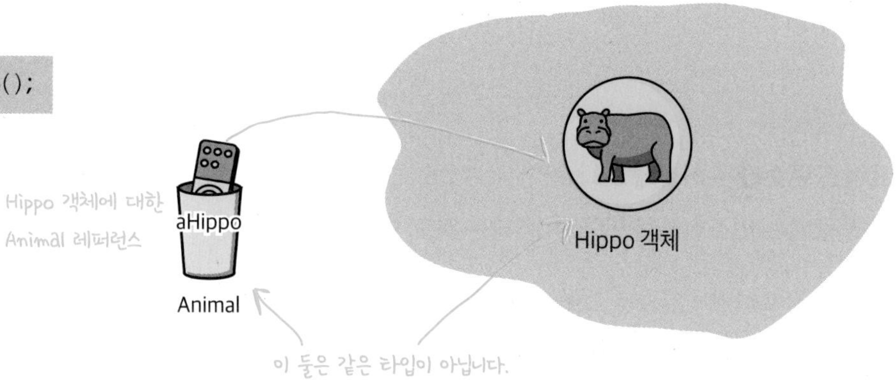
Hippo 객체에 대한
Animal 레퍼런스
aHippo
Animal
Hippo 객체
이 둘은 같은 타입이 아닙니다.

그런데 이렇게 되면 이상해집니다.

```
Animal anim = new Animal();
```

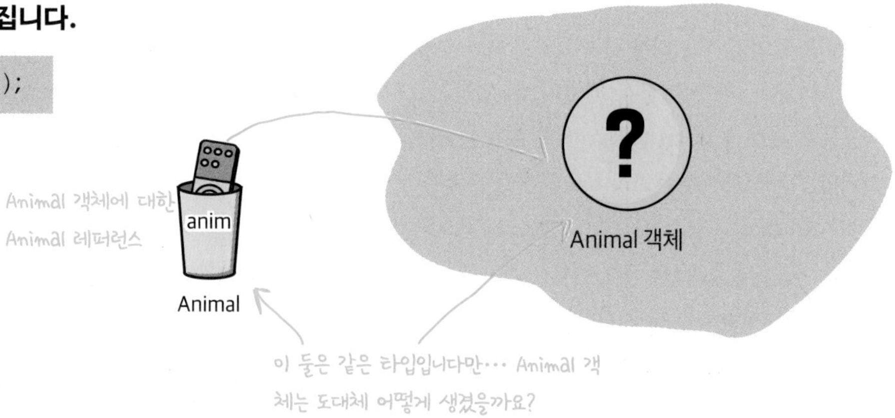
Animal 객체에 대한
Animal 레퍼런스
anim
Animal
?
Animal 객체
이 둘은 같은 타입입니다만… Animal 객
체는 도대체 어떻게 생겼을까요?

객체는 어떻게 생겼나요?

무서운 객체들

인스턴스 변숫값은 어떻게 되나요?
클래스 중에는 인스턴스를 만들면 안 되는 것도 있습니다.

Wolf 객체, Hippo 객체, Tiger 객체 같은 것을 만드는 것은 이해가 되지만 Animal 객체는 정확하게 어떤 것일까요? 어떻게 생겼을까요? 색, 크기, 다리 개수는 어떻게 될까요?

Animal 타입의 객체를 만들려고 하는 것은 **<스타 트렉(Star Trek)>의 텔레포트 전송 과정에서 사고가 일어나는 것**과 비슷하다고 볼 수 있습니다. 어딘가로 전송하는 과정에서 버퍼에 뭔가 안 좋은 일이 생기는 것과 같은 결과가 나올 수 있죠.

그렇다면 이런 문제를 어떻게 해결할 수 있을까요? 상속과 다형성을 위해 Animal 클래스가 분명히 필요하긴 합니다. 하지만 프로그래머들은 Animal 클래스 자체가 아닌 덜 추상적인 Animal 클래스의 하위 클래스의 인스턴스만 만들 수 있게 하면 좋겠죠? 우리가 원하는 것은 Tiger 객체나 Lion 객체이지, **Animal 객체가 아니니까요.**

다행히도 어떤 클래스의 인스턴스를 만들 수 없게 하는 간단한 방법이 있습니다. 즉, 특정 타입에 대해 **new** 키워드를 쓸 수 없게 하는 방법입니다. 클래스를 **abstract**로 지정하면 컴파일러에서 그 타입의 인스턴스를 만드는 코드를 허용하지 않습니다.

하지만 그 추상 타입(abstract type)을 레퍼런스로 사용할 수 있습니다. 사실 그렇게 레퍼런스로 사용하는 것이 바로 이런 추상 클래스를 만드는 핵심적인 이유 중의 하나라고 볼 수 있죠(다형적인 인자나 리턴 타입을 쓰기 위해, 또는 다형적인 배열을 만들기 위해 써야 되잖아요).

클래스의 상속 구조를 설계할 때는 클래스를 추상 클래스로 만들지, 아니면 구상 클래스(concrete class)로 만들지를 결정해야 합니다. 구상 클래스는 인스턴스를 만들어도 될 만큼 구체적인 클래스를 의미합니다. 즉, 구상 클래스에 대해서는 그 타입의 객체를 만들어도 됩니다.

클래스를 추상 클래스로 만드는 방법은 간단합니다. 클래스를 선언할 때 앞에 **abstract**만 붙여 주면 됩니다.

```
abstract class Canine extends Animal {
    public void roam() { }
}
```

컴파일러는 추상 클래스의 인스턴스를 만드는 것을 허용하지 않습니다

추상 클래스란 아무도 그 클래스의 새로운 인스턴스를 만들 수 없는 클래스를 의미합니다. 물론 다형성을 활용하기 위해 레퍼런스 타입을 선언할 때는 추상 클래스를 쓸 수 있지만, 다른 사람이 그 타입의 객체를 만드는 것에 대해서는 걱정하지 않아도 됩니다. 컴파일러가 알아서 챙겨 주니까요.

```
abstract public class Canine extends Animal {
   public void roam() { }
}
```

```
public class MakeCanine {
   public void go() {
      Canine c;
      c = new Dog();
      c = new Canine();
      c.roam();
   }
}
```

상위 클래스가 추상 클래스인 경우에도 하위 클래스 객체를 상위 클래스 레퍼런스에 대입하는 것은 가능하므로 이 부분에는 전혀 문제가 없습니다.

Canine 클래스는 추상 클래스이므로 컴파일러에서 이런 명령문을 허용하지 않습니다.

출력 결과:

File Edit Window Help BeamMeUp

```
% javac MakeCanine.java
MakeCanine.java:5: Canine is abstract;
cannot be instantiated
      c = new Canine();
          ^
1 error
```

추상 클래스는 **확장**하지 않으면 거의 쓸모도 없고, 가치도 없고, 삶의 목적도 없습니다.
추상 클래스를 만들었을 때 실제 실행 중에 일을 처리하는 것은 그 추상 클래스의 **하위 클래스 인스턴스**입니다.

예외도 있습니다. 추상 클래스에도 정적인 멤버가 있을 수 있습니다(10장 참조).

추상 vs. 구상

추상 클래스가 아닌 것을 구상 클래스라고 합니다. Animal 상속 트리에서 Animal, Canine, Feline은 추상 클래스, 나머지 Hippo, Wolf, Dog, Tiger, Lion, Cat은 모두 구상 클래스입니다.

자바 API를 뒤져 보면 특히 GUI 라이브러리에서 추상 클래스를 적지 않게 발견할 수 있습니다. GUI의 Component는 어떻게 생겼을까요? Component 클래스는 버튼, 텍스트 영역, 스크롤바 대화상자와 같은 GUI 관련 클래스의 상위 클래스입니다. Component라는 범용 클래스의 인스턴스를 만들어서 화면에 집어넣지는 않죠. JButton 같은 하위 클래스를 화면에 집어넣을 뿐입니다. 즉, Component 자체의 인스턴스는 절대 만들지 않고 Component의 구상 하위 클래스의 인스턴스만 만들 뿐입니다.

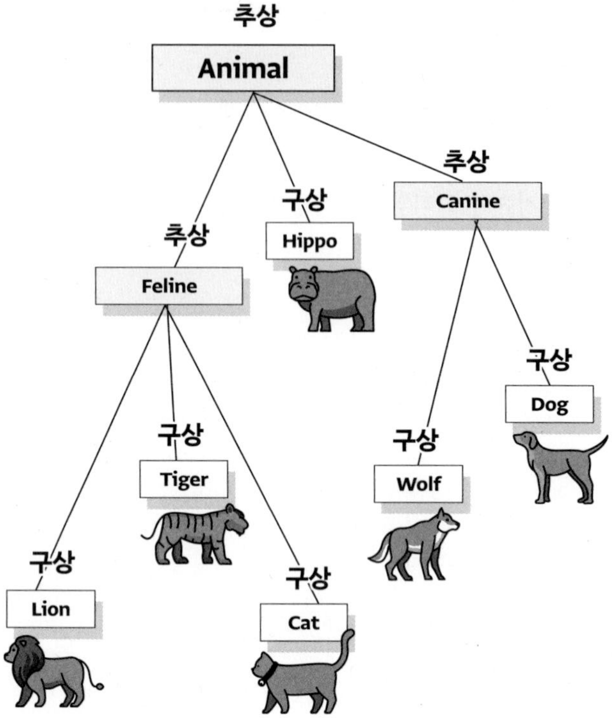

뇌 일깨우기

추상 또는 구상?

클래스를 추상 클래스로 만들어야 할지 어떻게 알 수 있을까요? **Wine(포도주)**은 추상 클래스로 만들어야 하겠죠? 그러면 **Red(적포도주)**와 **White(백포도주)**는 어떨까요? 이것도 추상 클래스로 만들어야 하겠죠? 그렇다면 상속 계층구조에서 어디부터 구상 클래스로 만들 수 있을까요?

Pinot Noir(피노 누아) 클래스는 구상 클래스로 만들어야 할까요? 아니면 이것도 추상 클래스로 만들어야 할까요? 아마 카멜롯 포도원에서 나온 1997년산 피노 누아는 구상 클래스로 만들어야 하겠죠? 그런데 어떻게 확실하게 알 수 있을까요?

위에 있는 Animal 상속 트리를 봅시다. 거기에서 추상과 구상으로 구분한 것이 정말 적절한 것일까요? Animal 상속 트리에서 뭔가 고치고 싶은 것이 없나요? 물론 다른 동물을 추가하는 것은 제외하고요.

추상 메서드

클래스뿐만 아니라 메서드도 abstract로 지정할 수 있습니다. 추상 클래스는 반드시 확장해야 하는 클래스를 의미하며, 추상 메서드는 반드시 오버라이드해야 하는 메서드를 의미합니다. 추상 클래스의 행동 가운데 일부(또는 전부)에 대해 더 구체적인 하위 클래스에서 구현되지 않는 이상, 전혀 의미가 없다는 결정을 내릴 수 있습니다. 즉, 하위 클래스에서 유용하게 써먹을 수 있는 일반적인 메서드 구현 방법을 전혀 알 수 없는 경우가 있습니다. 일반적인 eat() 메서드는 어떻게 생겼을까요?

추상 메서드는 너무 불쌍하단
말이야. 몸통도 없고…

추상 메서드는 몸통이 없습니다.

적당한 코드를 생각할 수 없는 메서드를 추상 메서드로 만드는 것이므로 추상 메서드는 몸통이 필요 없습니다. 그리고 따라서 중괄호도 없습니다. 그냥 세미콜론을 써서 선언을 끝내면 됩니다.

```
public abstract void eat();
```

메서드 본체가 없습니다.
그냥 세미콜론으로 끝내면 됩니다.

추상 메서드를 만들 때는 클래스도 반드시 추상 클래스로 만들어야 합니다.
추상 클래스가 아닌 클래스에 추상 메서드를 집어넣을 수는 없습니다.

클래스에 추상 메서드가 하나라도 있으면 그 클래스도 추상 클래스로 지정해야 합니다. 하지만 추상 클래스 안에 추상 메서드와 추상 메서드가 아닌 메서드를 모두 집어넣는 것은 괜찮습니다.

무엇이든 물어보세요
Q&A

Q1 추상 메서드가 왜 있는 거죠? 추상 클래스는 하위 클래스에서 상속해서 쓸 공통적인 코드를 집어넣기 위해 있는 거라고 생각했는데요.

A1 상속 가능한 메서드 구현(즉, 실제 본체가 있는 메서드)은 상위 클래스에 집어넣기에 딱 좋습니다. 그런데 추상 클래스에서는 하위 클래스에서 유용하게 써먹을 수 있는 일반적인 코드를 전혀 만들 수 없으므로 메서드를 구현한다는 것 자체가 아예 말이 안 되는 경우가 종종 있습니다. 추상 메서드를 만드는 이유는 실제 메서드 코드를 전혀 집어넣지는 않았더라도 일련의 하위 클래스를 위한 프로토콜의 일부를 정의하기 위한 것이지요.

Q2 그러면 어떤 장점이 있죠?

A2 다형성이죠! 상위 클래스(추상 클래스도 많죠) 타입을 메서드의 인자나 리턴 타입 또는 배열 타입으로 쓸 수 있게 만드는 능력이 필요합니다. 그래야만 새로운 타입을 처리하기 위한 새로운 메서드를 추가하거나 기존의 메서드를 고칠 필요 없이 프로그램에 새로운 하위 클래스 타입(새로운 Animal 하위 클래스 등)을 추가할 수 있으니까요. 7장에 있는 Vet 클래스에서 Animal을 메서드의 인자 타입으로 사용하지 않았다면 코드를 어떻게 고쳐야 했을지 한번 생각해 보세요. Animal 하위 클래스마다 메서드를 따로 만들어야 하겠죠? Lion 인자용, Wolf 인자용 같은 식으로 말이죠. 추상 메서드는 다형성을 활용하기 위해 '이 타입에 속하는 모든 하위 클래스 타입에는 이 메서드가 있어야 한다'라는 것을 지정하기 위해 필요합니다.

추상 메서드는 모두 구현해야만 합니다

추상 메서드를 구현하는 것은 메서드를 오버라이드하는 것과 같습니다.

추상 메서드는 몸통이 없습니다. 다형성을 위해 존재할 뿐이죠. 즉, 그 상속 트리에서 처음으로 등장하는 구상 클래스에서 모든 추상 메서드를 구현해야 합니다.

물론, 하위 클래스도 추상 클래스로 만들면 다음 단계의 하위 클래스로 짐을 넘길 수 있습니다. 예를 들어서, Animal과 Canine이 모두 추상 클래스이고, 모두 추상 메서드가 있다면 Canine에서 Animal의 추상 메서드를 구현하지 않아도 됩니다. 하지만 Dog를 만드는 경우처럼 구상 클래스를 처음으로 만들 때는 Animal과 Canine에서 물려받은 모든 추상 메서드를 구현해야 합니다.

추상 클래스에는 추상 메서드와 추상 메서드가 아닌 메서드가 들어갈 수 있다는 점을 생각해 봅시다. 예를 들어서, Canine에서 Animal에 있는 추상 메서드를 구현할 수도 있습니다. 그런 경우에는 Dog에서 그 메서드를 반드시 구현할 필요는 없겠죠. 하지만 Canine에서 Animal로부터 물려받은 추상 메서드를 전혀 건드리지 않는다면 Dog에서 Animal에 있는 모든 추상 메서드를 구현해야만 합니다.

"추상 메서드를 반드시 구현해야 한다."라고 하는 것은 메서드의 본체를 만들어야 한다는 것을 의미합니다. 즉, 클래스에서 추상 메서드에서 선언했던 것과 똑같은 메서드 서명(이름 및 인자)을 가지고 있고, 추상 메서드에서 선언한 리턴 타입과 호환 가능한 리턴 타입을 가진 추상 메서드가 아닌 메서드를 만들어야 합니다. 그 메서드 안에 집어넣는 내용은 여러분 마음대로 만들면 됩니다. 자바에서 신경을 쓰는 부분은 여러분이 만든 구상 하위 클래스에 메서드가 들어 있어야 한다는 것뿐입니다.

엄마, 놀라운 뉴스가 있어요. 조(Joe)가 드디어 모든 추상 메서드를 구현했어요. 드디어 모든 것이 우리가 계획한 대로 돌아가고 있어요.

추상 클래스 vs. 구상 클래스

지금까지 배운 추상적인 개념을 모두 구체적으로 활용해 봅시다. 하단 가운데 열에 여러 가지 클래스를 늘어놓았습니다. 이제 각 클래스를 구상 클래스로 사용할 수 있는 프로그램과 추상 클래스로 사용할 수 있는 프로그램으로 나누어 생각해 보세요. 여러분이 감을 잡을 수 있도록 몇 개의 빈칸은 미리 채워놓았습니다. 예를 들어서, 나무 클래스는 참나무와 포플러 나무를 구분해야 하는 수목 관리 프로그램에서는 추상 클래스로 사용할 수 있을 것입니다. 하지만 골프 시뮬레이션 프로그램에서는 서로 다른 종류의 나무를 구분할 필요가 별로 없으므로 나무 클래스를 구상 클래스(장애물의 하위 클래스 정도로 만들면 되겠죠?)로 사용할 수 있을 것입니다(정답이 반드시 정해져 있는 것은 아닙니다. 여러분이 설계하기에 따라 답이 달라질 수 있습니다).

구상 클래스	샘플 클래스	추상 클래스
골프 시뮬레이션	나무	수목 관리 프로그램
	집 건축	건축 프로그램
위성사진 프로그램	마을	
	축구 선수	선수 감독 프로그램
	의자	
	고객	
	판매 주문	
	책	
	점포	
	제조업체	
	골프채	
	카뷰레터	
	오븐	

다형성 활용하기

ArrayList 클래스에 대해 전혀 모르는 상태에서 Dog 객체를 집어넣기 위한 목록 클래스를 직접 만들어야 한다고 가정해 봅시다. 우선 add() 메서드만 추가해 봅시다. 추가되는 Dog 객체는 Dog 배열(Dog[])에 집어넣기로 하고, 배열의 길이는 5로 하겠습니다. Dog 객체 다섯 개가 다 차면 add() 메서드가 호출되어도 아무 일도 하지 않는 것으로 합시다. 만약 배열이 가득 차지 않았다면 add() 메서드에서 새로 들어온 Dog 객체를 빈 자리에 집어넣고 다음에 사용할 수 있는 인덱스 번호(nextIndex)를 1 증가시키면 될 것입니다.

Dog용 목록 제작

(세상에서 가장 형편없는 ArrayList 계열의 클래스를 만들어 보겠습니다)

버전 1

MyDogList
Dog[] dogs int nextIndex
add(Dog d)

```
public class MyDogList {
  private Dog[] dogs = new Dog[5];
  private int nextIndex = 0;

  public void add(Dog d) {
    if (nextIndex < dogs.length) {
      dogs[nextIndex] = d;
      System.out.println("Dog added at " + nextIndex);
      nextIndex++;
    }
  }
}
```

그냥 Dog 배열을 사용합니다.

새로운 Dog가 추가될 때마다 이 값을 증가시킵니다.

아직 배열이 꽉 차지 않았으면 Dog를 추가하고 메시지를 출력합니다.

사용할 인덱스를 기억하기 위해 nextIndex를 증가시킵니다.

Cat 객체도 집어넣으려면 어떻게 해야 하죠?

몇 가지 옵션을 생각해 봅시다.

❶ Cat 객체를 저장하기 위해 MyCatList라는 클래스를 따로 만듭니다. 너무 지저분하죠.

❷ 서로 다른 두 배열을 인스턴스 변수로 가지고 있고, addCat(Cat c)와 addDog(Dog d)라는 서로 다른 add() 메서드가 들어 있는 DogAndCatList라는 클래스를 만듭니다. 이것도 참 지저분한 방법이죠.

❸ (Cat을 추가할 수 있도록 사양이 변경되었다면 조만간 다른 것도 추가해야 할 수 있으므로) 모든 종류의 Animal 하위 클래스를 받아들일 수 있는 AnimalList 클래스를 만듭니다. 이 옵션이 가장 좋은 것 같으므로 Dog 객체만이 아닌 Animal을 모두 받아들일 수 있는 포괄적인 클래스를 만들겠습니다. 중요한 변경 사항은 강조해 놓았습니다(물론 논리 자체는 똑같지만, 모든 Dog 타입을 Animal 타입으로 바꿨습니다).

Animal용 목록 제작

버전 2

MyAnimalList
Animal[] animals int nextIndex
add(**Animal** a)

```
public class MyAnimalList {

  private Animal[] animals = new Animal[5];
  private int nextIndex = 0;

  public void add(Animal a) {
    if (nextIndex < animals.length) {
      animals[nextIndex] = a;
      System.out.println("Animal added at " + nextIndex);
      nextIndex++;
    }
  }
}
```

놀라지 마세요. 새로운 Animal 객체를 만드는 것이 아니고 Animal 타입의 '배열' 객체를 새로 만드는 것입니다. 앞에서 배웠듯이 추상 타입의 객체 인스턴스를 새로 만들 수는 없지만, 그 타입의 객체를 저장하기 위한 배열 객체를 만드는 것은 가능합니다.

```
public class AnimalTestDrive {
  public static void main(String[] args) {
    MyAnimalList list = new MyAnimalList();
    Dog a = new Dog();
    Cat c = new Cat();
    list.add(a);
    list.add(c);
  }
}
```

출력 결과:

```
File Edit Window Help Harm
% java AnimalTestDrive
Animal added at 0
Animal added at 1
```

어떤 것도 받아들일 수 있는 더 포괄적인 클래스를 만들면 어떨까요?

우리가 나아갈 방향을 잘 알고 있군요. Animal 위에 있는 것도 사용할 수 있게 배열의 타입과 add() 메서드의 인자 타입도 고치면 좋겠죠? Animal보다 더 포괄적이고 더 추상적인 버전을 추가할 수 있도록 말이죠. 하지만 어떻게 해야 할까요? Animal의 상위 클래스는 없는데 말이죠.

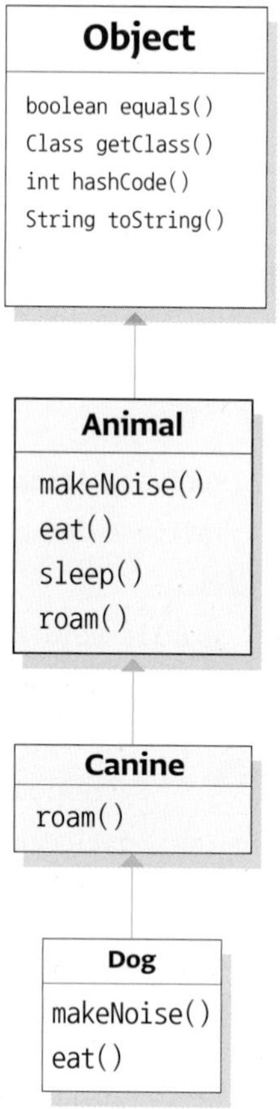

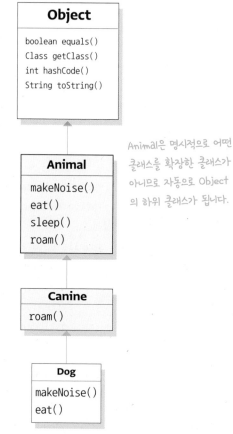

Animal은 명시적으로 어떤 클래스를 확장한 클래스가 아니므로 자동으로 Object의 하위 클래스가 됩니다.

자바에서 모든 클래스는 Object라는 클래스를 확장한 것입니다.

Object라는 클래스는 모든 클래스의 어머니, 즉 모든 것의 상위 클래스입니다. 다형성을 활용하더라도 여러분이 사용할 다형적인 타입을 인자로 받아들이고 리턴하는 메서드가 들어 있는 클래스를 만들어야 합니다. 자바에 있는 모든 것에 공통적인 상위 클래스가 없다면, 자바 개발자 입장에서는 여러분이 만든 새로운 타입을 인자나 리턴 타입으로 사용할 수 있는 메서드가 들어 있는 클래스로 만들 수가 없습니다. 라이브러리 클래스를 만들 시점에서는 전혀 없었던 타입이 새로 만들어질 수도 있을 테니까요.

즉, 여러분은 여러분도 모르게 처음부터 Object 클래스의 하위 클래스를 만들었던 것입니다. **어떤 클래스를 만들더라도 그 클래스는 반드시 Object 클래스를 확장한 클래스로 만들어집니다.** 따로 지정하지 않아도 자동으로 그렇게 됩니다. 클래스를 만들 때 별도로 어떤 클래스를 확장하는지 지정하지 않으면 자동으로 다음과 같은 식으로 만드는 것과 똑같은 결과가 나오게 되는 것입니다.

```
public class Dog extends Object { }
```

어? 그런데 Dog는 이미 뭔가를 확장하고 있었죠. Dog는 Canine을 확장한 클래스니까요. 그래도 별문제는 없습니다. 컴파일러에서 자동으로 Canine이 Object를 확장하게 해 주니까요. 그런데 Canine은 또 Animal을 확장한 클래스군요. 그래도 별 상관없습니다. 컴파일러에서 알아서 Animal이 Object를 확장하게 해 줍니다.

명시적으로 다른 클래스를 확장하지 않은 클래스는 자동으로 Object를 확장한 클래스로 정의됩니다.

Dog는 Canine을 확장한 것이므로 Object를 직접적으로 확장하진 않습니다(물론 간접적으로 확장하긴 하죠). Canine도 Object를 직접적으로 확장한 클래스는 아닙니다. 하지만 Animal은 Object를 직접 확장하는 클래스입니다.

그러면 초특급 클래스인 Object 클래스에는 무엇이 들어 있을까요?

자바 입장에서 모든 객체에 있어야 할 행동에는 어떤 것이 있을지 생각해 봅시다. 어떤 객체가 다른 객체와 같은지 알아내기 위한 메서드는 어떨까요? 그 객체의 실제 클래스 타입을 알려 주는 메서드도 필요하지 않을까요? 객체를 해시테이블(hashtable)에 집어넣는 데 필요한 객체의 해시코드(hashcode)를 알려 주는 메서드도 있으면 좋겠죠(자바의 해시테이블에 대한 내용은 좀 있다가 알아보겠습니다)? 아, 중요한 걸 빼먹을 뻔했네요. 그 객체의 내용에 해당하는 문자열 메시지를 출력하는 메서드도 있어야 되겠죠?

그런데 정말 신기하게도 Object 클래스에 바로 이런 기능을 하는 메서드 네 개가 들어 있습니다. 물론 그밖에 다른 메서드도 있지만 일단 가장 중요한 이 네 메서드만 짚고 넘어가겠습니다.

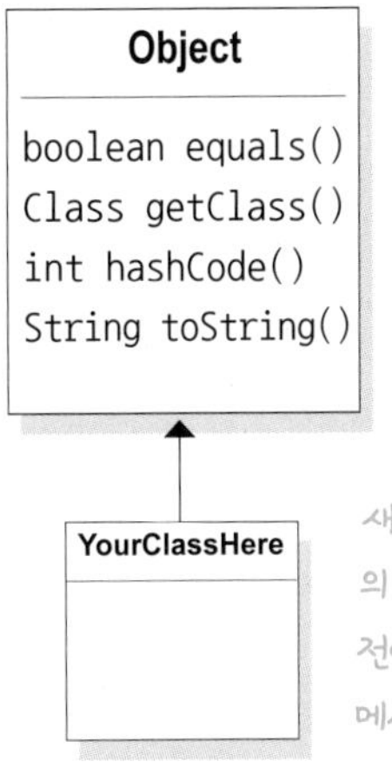

Object 클래스에 들어 있는 메서드(일부)

새로 만드는 클래스는 무조건 Object 클래스의 모든 메서드를 상속받게 됩니다. 우리가 전에 만들었던 메서드에도 알고 보면 이런 메서드가 상속되어 있었습니다.

1 equals(Object o)

```
Dog a = new Dog();
Cat c = new Cat();

if (a.equals(c)) {
    System.out.println("true");
} else {
    System.out.println("false");
}
```

출력 결과:

```
File Edit Window Help Stop
% java TestObject
false
```

두 객체를 '같은' 것으로 볼 수 있을지 판단하는 메서드

2 getClass()

```
Cat c = new Cat();
System.out.println(c.getClass());
```

출력 결과:

```
File Edit Window Help Faint
% java TestObject
class Cat
```

어떤 클래스의 인스턴스인지 알 수 있도록 그 객체의 클래스를 리턴합니다.

3 hashCode()

```
Cat c = new Cat();
System.out.println(c.hashCode());
```

출력 결과:

```
File Edit Window Help Drop
% java TestObject
8202111
```

그 객체에 해당하는 해시코드(일단 고유 ID라고 생각해 두세요)를 출력합니다.

4 toString()

```
Cat c = new Cat();
System.out.println(c.toString());
```

출력 결과:

```
File Edit Window Help LapseIntoComa
% java TestObject
Cat@7d277f
```

클래스명과 몇 가지 별로 잘 쓰이지 않는 숫자가 포함된 문자열 메시지를 출력합니다.

무엇이든 물어보세요

Q&A

Q1 Object 클래스는 추상 클래스인가요?

A1 Object는 추상 클래스가 아닙니다. Object를 추상 클래스로 선언하지 않는 이유는 모든 클래스에서 무조건 오버라이드할 필요 없이 그대로 사용할 수 있는 메서드를 구현해 놓은 코드가 들어 있기 때문입니다.

Q2 그러면 Object에 들어 있는 메서드 오버라이드할 수는 있나요?

A2 일부는 오버라이드할 수 있습니다. 하지만 final로 지정되어 있어서 오버라이드할 수 없는 것도 있습니다. 클래스를 만들 때 될 수 있으면 hashCode(), equals(), toString() 메서드는 오버라이드하는 것이 좋은데, 그 방법은 잠시 후에 알아보겠습니다. 하지만 getClass()와 같은 몇몇 메서드는 반드시 특정한 방식으로만 작동해야 합니다.

Q3 아, 그렇군요. 그럼 Object 클래스로 돌아가서, 그 클래스가 구상 클래스라고 했는데 Object 객체는 어떻게 만들죠? Animal 객체라는 것이 좀 이상했던 것처럼 Object 객체도 진짜 객체라고 하기에는 어색하지 않나요?

A3 좋은 질문입니다. 새로운 Object 인스턴스를 만드는 것이 무슨 의미가 있을까요? Object 객체가 필요한 이유는 그냥 포괄적인 개념의 '객체'가 필요한 경우가 종종 있기 때문입니다. 보통 경량급 객체에 많이 쓰입니다. 일단 지금은 Object 타입의 객체를 만들 수는 있지만, 실제로 그렇게 할 일은 별로 없다는 정도만 알아두세요.

Q4 그러면 Object 타입은 주로 다형적 인자나 리턴 타입으로 쓰인다고 할 수 있는 건가요?

A4 Object 클래스는 주로 두 가지 용도로 쓰입니다. 하나는 임의 클래스에 대해 어떤 작업을 하는 메서드를 만들 때 다형적 타입으로 사용하는 경우이고, 다른 하나는 자바에 있는 모든 객체에서 실행 중에 필요한 진짜 메서드 코드를 제공하기 위해서입니다(Object 클래스에 넣으면 다른 모든 클래스에서 그 메서드를 상속하게 되겠죠). Object에서 가장 중요한 메서드 중에는 스레드와 관련된 것들이 있지요. 이와 관련된 내용은 나중에 알아보겠습니다.

Q5 다형적 타입을 사용하는 것이 그리 좋다면 왜 모든 메서드의 인자와 리턴 타입을 Object로 하지 않나요?

A5 어떤 일이 일어날지 한번 생각해 보세요. 우선 한 가지 문제점은 자바에서 코드를 보호하는 가장 중요한 메커니즘 가운데 하나인 '타입 안전성(type-safety)'이 완전히 무의미해진다는 것입니다. 자바는 타입 안전성을 통해서 어떤 객체 타입에 대해 요구해야 할 것을 엉뚱한 객체에 요구하는 일이 없도록 보장해 줍니다. Ferrari(페라리 스포츠카를 나타내는 객체)에 Toaster(토스터 객체)에나 요구해야 할 '요리 시작'과 같은 명령을 하면 황당하겠죠?

하지만 실제로는 그런 일이 일어나지 않습니다. 모든 객체에 대해 무조건 Object 레퍼런스를 사용하더라도 말이죠. 어떤 객체를 Object 레퍼런스 타입을 써서 참조하면 자바는 항상 그 레퍼런스가 Object 타입의 인스턴스를 참조하고 있다고 생각하므로 그 객체에 대해서는 Object 클래스에서 선언한 메서드만 호출할 수 있죠. 따라서 다음과 같이 하면 컴파일러에서 받아주지 않습니다.

```
Object o = new Ferrari();
o.goFast(); // 안 됩니다.
```

자바는 타입을 철저하게 따지는 언어이므로 컴파일러에서 어떤 객체에 대해 메서드를 호출할 때 그 객체가 주어진 메서드에 대해 응답을 할 수 있는지 따져 봅니다. 즉 그 레퍼런스 타입의 클래스에 해당 메서드가 있는 경우에만 객체 레퍼런스에 대해 메서드를 호출할 수 있습니다. 이에 대한 내용은 잠시 후에 훨씬 자세하게 다룰 예정이니까 방금 설명한 내용이 잘 이해가 되지 않더라도 너무 걱정하지 마세요.

Object 타입의 다형적 레퍼런스를 쓸 때 치뤄야 할 대가

인자 및 리턴 타입을 전부 Object로 만들면 엄청나게 유연한 메서드를 만들 수 있습니다. 하지만 그렇게 하기 전에 Object 타입의 레퍼런스를 사용할 때 생길 수 있는 문제점에 대해 생각해 봐야 합니다. 그리고 이 지점에서 Object 타입의 인스턴스를 만드는 것에 대해 얘기하는 것이 아니라는 점을 확실히 하고 넘어가야 되겠습니다. 여기에서는 어떤 다른 타입의 인스턴스를 만들지만, 레퍼런스 Object 타입을 사용하는 경우에 대해 생각하고 있는 거죠.

어떤 객체를 ArrayList<Dog>에 집어넣는다면 그 객체는 Dog로 저장되고, 나중에 꺼낼 때도 Dog가 됩니다.

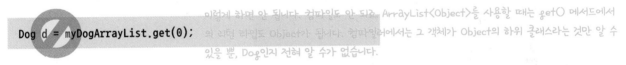

```
ArrayList<Dog> myDogArrayList = new ArrayList<Dog>();
Dog aDog = new Dog();
myDogArrayList.add(aDog);
Dog d = myDogArrayList.get(0);
```

Dog 객체를 저장하는 것으로 선언된 ArrayList를 만듭니다.

Dog 객체를 만듭니다.

Dog 객체를 목록에 추가합니다.

목록에 들어 있는 Dog를 새로운 Dog 레퍼런스 변수에 대입합니다(ArrayList<Dog>라고 했으므로 get( ) 메서드의 리턴 타입도 Dog로 선언되었다고 생각할 수 있습니다).

하지만 ArrayList<Object>라고 선언했다면 어떻게 될까요? 어떤 종류의 Object 객체든 다 집어넣을 수 있는 ArrayList를 만들고 싶다면 다음과 같이 하면 됩니다.

```
ArrayList<Object> myDogArrayList = new ArrayList<Object>();
Dog aDog = new Dog();
myDogArrayList.add(aDog);
```

임의의 Object 객체를 저장할 수 있는 ArrayList를 만듭니다.

Dog 객체를 만듭니다.

Dog 객체를 목록에 추가합니다.

(이 두 단계는 전과 똑같습니다.)

하지만 Dog 객체를 꺼내서 Dog 레퍼런스에 대입하려고 하면 어떤 일이 일어날까요?

```
Dog d = myDogArrayList.get(0);
```

이렇게 하면 안 됩니다. 컴파일도 안 되죠. ArrayList<Object>를 사용할 때는 get() 메서드에서의 리턴 타입도 Object가 됩니다. 컴파일러에서는 그 객체가 Object의 하위 클래스라는 것만 알 수 있을 뿐, Dog인지 전혀 알 수가 없습니다.

ArrayList<Object>에서 나오는 객체는 실제 객체의 타입이나 목록에 객체를 추가했을 때의 레퍼런스 타입하고는 상관 없이 무조건 Object 타입의 레퍼런스로 나오게 됩니다.

객체가 들어갈 때는 각각 **SoccerBall, Fish, Guitar, Car** 타입입니다.

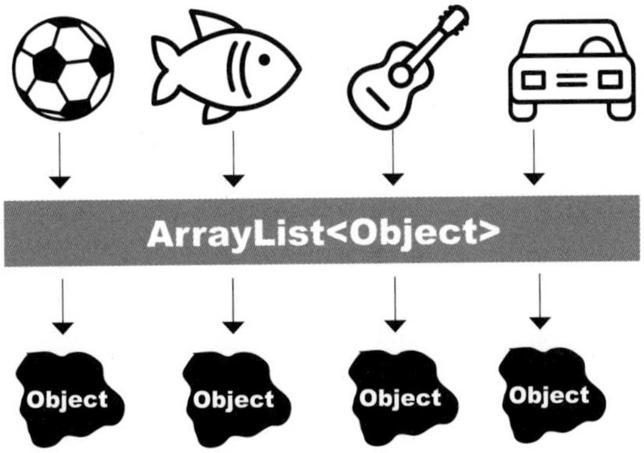

하지만 나올 때는 모두 **Object** 타입입니다.

ArrayList<Object>에서 나오는 객체는 모두 그냥 Object 클래스의 인스턴스인 것처럼 행동합니다. 컴파일러는 그 객체가 Object가 아닌 다른 클래스의 인스턴스라고 가정할 수가 없습니다.

개가 개처럼 행동하지 않으려고 할 때

모든 것을 다형적인 Object 타입으로 처리하면 객체가 그 객체의 성질을(영구적으로 그런 것은 아니지만) 잊어버린 것 같이 보인다는 문제점이 있습니다. **Dog 객체도 개다운 성질을 잃어버리게 되죠.** 매개변수로 전달한 인자를 그대로 리턴해 주는 어떤 메서드에 Dog 객체를 넘겼다고 가정해 봅시다. 그런데 그 메서드에서는 리턴 타입을 Dog가 아닌 Object로 선언했다고 가정해 봅시다.

무슨 말인지 못 알아듣겠네요. 가만히 있으라고요? 엎드리라고요? 흠… 어떻게 하라는 뜻인지 모르겠는데요?

나쁨

☹

```
public void go() {
  Dog aDog = new Dog();
  Dog sameDog = getObject(aDog);
}

public Object getObject(Object o) {
  return o;
}
```

이렇게 하면 안 됩니다. getObject() 메서드에서 인자로 받은 객체 레퍼런스를 그대로 리턴하므로 똑같은 레퍼런스가 리턴되긴 하지만, 그 레퍼런스는 Object 타입이 됩니다. 따라서 컴파일러는 리턴된 레퍼런스를 Object가 아닌 다른 타입의 변수에는 대입하게 놔 두지 않습니다.

똑같은 Dog에 대한 레퍼런스를 리턴하긴 하지만, Object 타입으로 리턴하게 됩니다. 이 부분에는 문법적인 문제가 전혀 없습니다.

출력 결과:

```
File Edit Window Help Remember
DogPolyTest.java:10: incompatible types
found    : java.lang.Object
required: Dog
      Dog sameDog = getObject(aDog);
                              ^
1 error
```

컴파일러는 메서드에서 리턴되는 것이 사실은 Dog였다는 것을 전혀 알 수 없으므로 Dog 레퍼런스에 리턴값을 대입하는 것을 허락하지 않습니다(다음 페이지 참조).

좋음

☺

```
public void go() {
  Dog aDog = new Dog();
  Object sameDog = getObject(aDog);
}

public Object getObject(Object o) {
  return o;
}
```

Object 타입의 레퍼런스에는 무엇이든지 집어넣을 수 있습니다(그렇게 하더도 그리 유용한 것은 아닙니다. 다음 페이지 참조). 모든 클래스가 Object에 대해 'A는 B다' 테스트를 통과할 수 있기 때문이죠. 자바에 들어 있는 모든 클래스의 상속 트리를 따라 올라가면 Object 클래스가 있으므로 자바의 모든 객체는 Object 타입의 인스턴스입니다.

객체는 짖지 않습니다

이제 Object 타입으로 선언된 변수로 참조되는 객체를 실제 객체의 타입으로 선언된 변수에 대입할 수 없다는 것은 확실히 이해가 됐죠? 그리고 리턴 타입이나 인자가 Object 타입으로 선언되어 있을 때도 이런 일이 일어날 수 있다는 것도 알 수 있습니다. 예를 들어서, ArrayList<Object> 같은 식으로 Object 타입 ArrayList에 객체를 집어넣는 경우를 생각할 수 있겠죠. 하지만 이런 현상으로 인해 어떤 일이 생길 수 있을까요? Dog 객체를 참조할 때 Object 레퍼런스 변수를 사용해야 하는 것 때문에 문제가 생길 수 있을까요? 컴파일러는 Object라고 생각하지만 실제로는 Dog인 객체에 Dog 메서드를 호출해 볼까요?

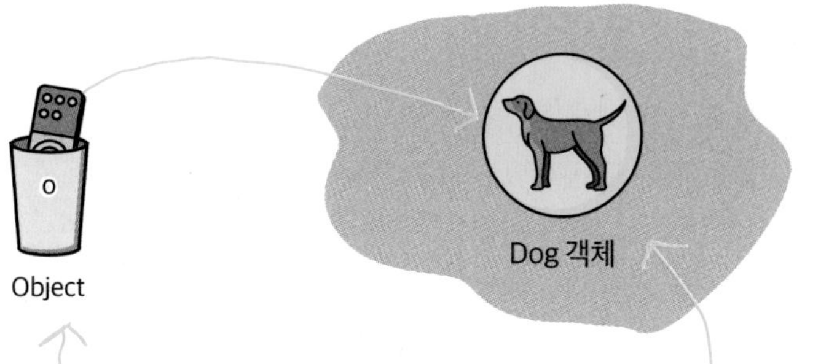

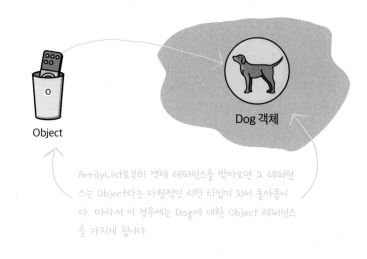

ArrayList로부터 객체 레퍼런스를 받아오면 그 레퍼런스는 Object라는 다형적인 리턴 타입이 되어 돌아옵니다. 따라서 이 경우에는 Dog에 대한 Object 레퍼런스를 가지게 됩니다.

```
Object o = al.get(index);
int i = o.hashCode();
o.bark();
```

이건 괜찮습니다. Object 클래스에도 hashCode() 메서드는 있으므로 이 메서드는 어떤 자바 객체에 대해서도 호출할 수 있습니다.

이건 안 됩니다. Object 클래스에서는 bark()의 의미를 알 수가 없으니까요. 여러분은 그 인덱스에 사실 Dog 객체가 들어 있다는 것을 알고 있을지 몰라도 컴파일러는 모르니까요.

컴파일이 되지 않습니다.

컴파일러에서 어떤 메서드를 호출할 수 있는지 결정할 때는 실제 객체 타입이 아닌 레퍼런스 타입을 기준으로 따집니다.

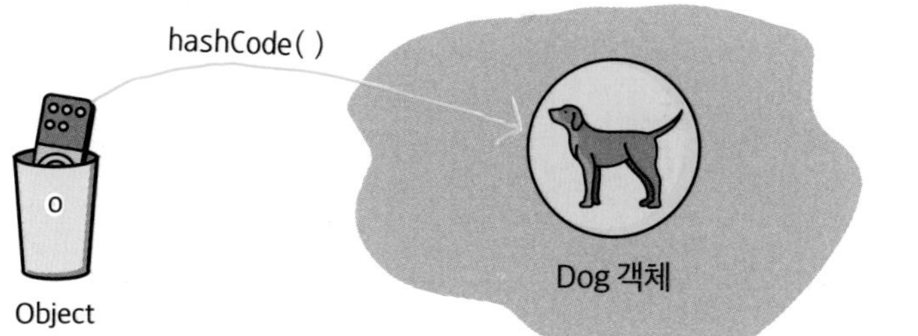

Object
equals() getClass() hashCode() toString()

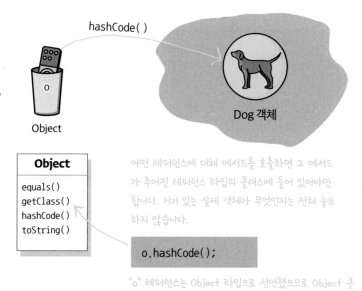

어떤 레퍼런스에 대해 메서드를 호출하면 그 메서드가 주어진 레퍼런스 타입의 클래스에 들어 있어야만 합니다. 거기 있는 실제 객체가 무엇인지는 전혀 중요하지 않습니다.

```
o.hashCode();
```

"o" 레퍼런스는 Object 타입으로 선언했으므로 Object 클래스에 들어 있는 메서드만 호출할 수 있습니다.

여러분은 그 객체에 어떤 기능이 있다는 것을 알지 몰라도 컴파일러는 무조건 Object 객체로 생각할 뿐입니다. 사실 컴파일러 입장에서는 Button 객체가 들어 있을지, Microwave 객체가 들어 있을지 모르기 때문에 짖는 방법을 모르는(bark() 메서드가 없는) 객체가 들어 있을 것이라고 생각하게 됩니다.

컴파일러는 어떤 레퍼런스를 사용해서 어떤 메서드를 호출할 수 있는지 확인할 때 (객체 타입이 아닌) 레퍼런스 타입의 클래스를 기준으로 삼습니다.

객체를 만나 봅시다

객체에는 그 객체가 여러 상위 클래스들에서 상속받은 모든 것이 들어 있습니다. 즉, 실제 클래스 타입에 상관없이 모든 객체는 Object 클래스의 인스턴스입니다. 따라서 자바에 들어 있는 모든 객체는 단지 Dog, Button, Snowboard 같은 구체적인 것뿐만 아니라 Object로 간주할 수도 있습니다. **new Snowboard()**라고 하면 힙에는 Snowboard 객체 단 하나가 생성되지만, 그 Snowboard 객체 안에는 자신의 Object 객체 성분에 해당하는 알맹이 같은 것이 들어 있다고 볼 수 있습니다.

이 사람은 저를 Object인 것처럼 다룹니다. 하지만 사실 저는 훨씬 더 많은 것을 할 수 있어요. 이 사람이 저를 정말 알아주기만 하면 말이죠.

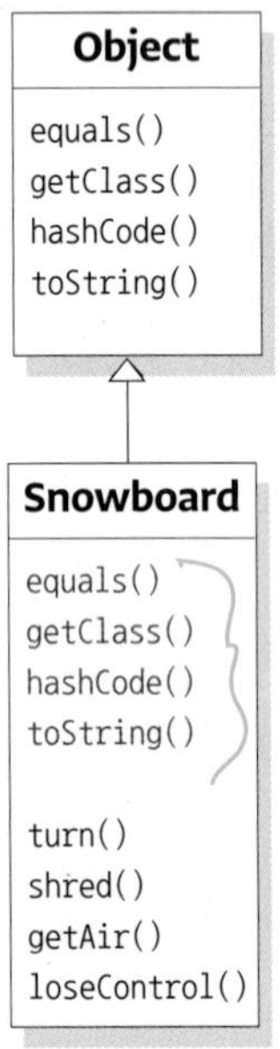

Snowboard에서는 상위 클래스인 Object로부터 메서드를 상속받고 메서드 네 개를 더 추가합니다.

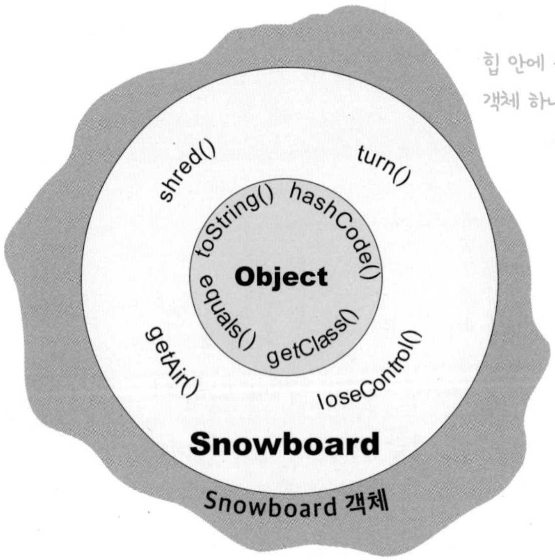

힙 안에 들어 있는 객체 하나

여기에 있는 힙에는 객체 단 하나(Snowboard 객체)밖에 없습니다. 하지만 그 안에는 자신의 Snowboard 클래스 부분과 Object 클래스 부분이 모두 들어 있습니다.

'다형성'은 '여러 형태'를 의미합니다

Snowboard를 Snowboard 또는 Object로 간주할 수 있습니다.

레퍼런스를 리모컨에 비유한다면 상속 트리를 따라 내려갈수록 리모컨에 있는 버튼의 개수가 늘어난다고 할 수 있습니다. Object 타입의 리모컨(레퍼런스)에는 버튼(Object라는 클래스에 들어 있는 외부로 공개된 버튼)이 그리 많지 않습니다. 하지만 Snowboard 타입의 리모컨에는 Object 클래스에 있는 모든 버튼 외에도 Snowboard의 모든 버튼(새로운 메서드)이 들어 있습니다. 클래스가 더 구체적일수록 버튼이 더 많아집니다.
물론 항상 그런 것은 아닙니다. 하위 클래스에서 새로운 메서드를 전혀 추가하지 않고 상위 클래스의 메서드를 오버라이드하기만 할 수도 있으니까요. 가장 중요한 점은 어떤 객체가 Snowboard 타입의 객체인 경우에도 그 Snowboard 객체에 대한 Object 레퍼런스에서는 Snowboard에만 있는 메서드를 사용할 수가 없다는 점입니다.

ArrayList<Object>에 객체를 집어넣으면 그 객체는 원래의 타입과는 무관하게 Object로만 처리할 수 있습니다.
ArrayList<Object>로부터 레퍼런스를 받아오면 그 레퍼런스는 항상 Object 타입입니다.
즉, Object의 리모컨을 받게 됩니다.

```
Snowboard s = new Snowboard();
Object o = s;
```

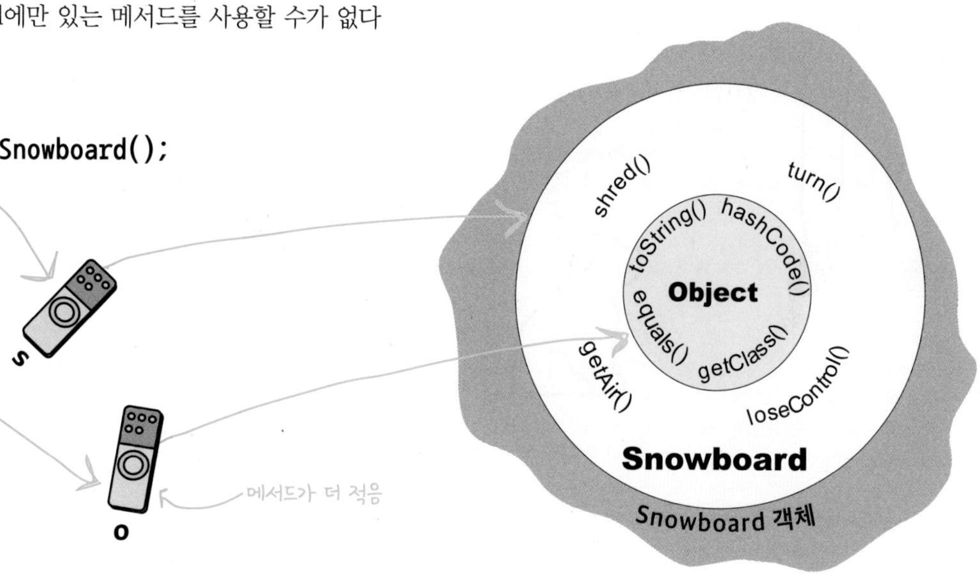

Snowboard 리모컨(레퍼런스)에 있는 버튼의 개수는 Object 리모컨이 있는 버튼의 개수보다 많습니다. Snowboard 리모컨을 쓸 때는 Snowboard 객체의 기능을 모두 발휘할 수 있습니다. Object로부터 상속받은 메서드와 Snowboard에서 새로 만든 메서드를 포함한 Snowboard에 들어 있는 모든 메서드에 접근할 수 있습니다.

Object 레퍼런스에서는 Snowcoord 객체의 Object 부분만 볼 수 있습니다. 즉, Object 클래스에 들어 있는 메서드만 접근할 수 있습니다. Snowboard 리모컨에 비해 버튼의 개수가 더 적죠.

잠깐만요.
ArrayList<Object>에서 꺼낸 Dog 객체의 기능을 활용할 수 없으면 어디에 써먹을 수 있죠? Dog 객체가 가진 Dog의 성질을 다시 원래대로 돌려놓을 수 있는 방법이 있지 않을까요?
아프지 않았으면 좋겠어요. 그리고 그냥 Object가 남아 있는 것이 뭐 그리 문제가 되나요? 공을 물어 온다거나 할 수는 없겠지만, 해시코드를 돌려주거나 하는 데는 문제가 없잖아요.

'Object'인 척하는(하지만 사실은 Dog인) 객체를 Dog로 캐스트해서 정말 Dog 객체답게 쓸 수 있게 만들어야 합니다.

객체 레퍼런스를 실제 타입으로 캐스트하는 방법

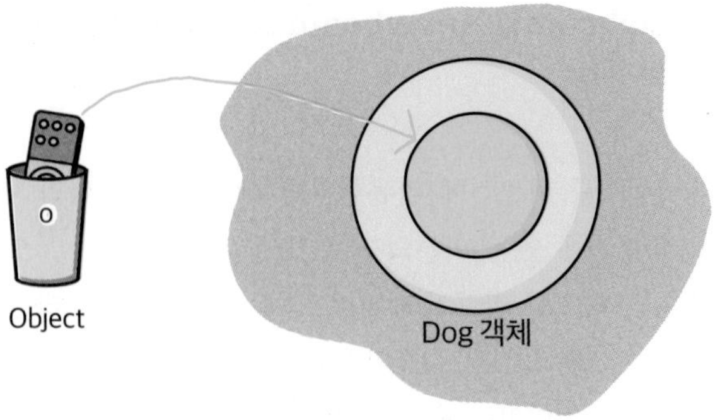

사실 여전히 Dog 객체긴 한데 Dog 객체에만 있는 메서드를 호출하려면 Dog 타입으로 선언된 레퍼런스가 필요합니다. 그 객체가 확실히 Dog 객체라면 Object 레퍼런스를 복사한 다음 캐스트 연산자(Dog)를 써서 그 사본을 강제로 Dog 레퍼런스 변수로 만드는 방법을 통해 새로운 Dog 레퍼런스를 만들면 됩니다.

```
Object o = al.get(index);
Dog d = (Dog) o;
d.roam();
```

← 그 객체를 원래대로 Dog로 캐스트합니다.

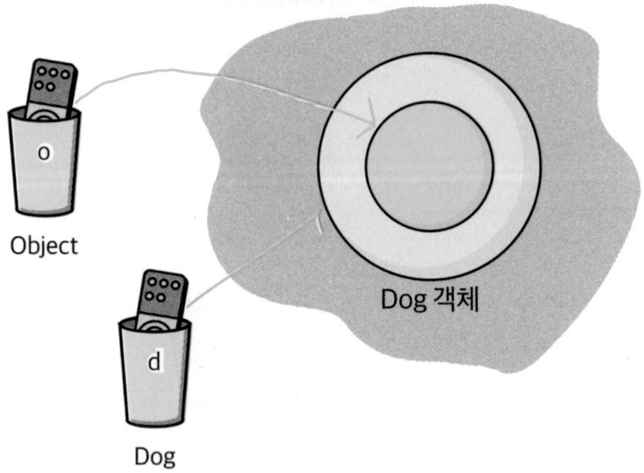

참고: Dog인지 잘 모르겠다면 instanceof 연산자를 써서 확인하면 됩니다. 엉뚱한 클래스로 캐스트하면 실행 중에 ClassCastException이 나면서 프로그램이 멈춰 버립니다.

```
if (o instanceof Dog) {
   Dog d = (Dog) o;
}
```

이제 자바에서 레퍼런스 변수의 클래스에 들어 있는 메서드를 사용한다는 것을 확실히 이해했을 것입니다.

어떤 객체에 있는 메서드를 호출하려면 그 메서드가 레퍼런스 변수의 클래스에 들어 있어야만 합니다.
여러분이 만든 클래스에 들어 있는 public으로 지정된 메서드는 계약서, 즉 어떤 일을 할 수 있는지에 대한 외부와의 약속이라고 생각하면 됩니다.

클래스를 만들 때는 (거의) 항상 일부 메서드를 클래스 외부로 노출시키게 됩니다. 메서드를 노출시킨다는 것은 보통 public으로 지정해서 메서드를 외부에서 접근할 수 있게 만든다는 것을 의미합니다.
중소기업용 회계 프로그램으로 쓰기 위한 코드를 만드는 경우를 생각해 봅시다. '사이먼 서핑 용품점'이라는 조그만 가게에서 쓸 프로그램이라고 생각해 보죠. 재사용할 만한 것이 없나 살펴보다가 (적어도 설명서에 있는 내용만 가지고 보면) 모든 필요 사항에 딱 들어맞는 Account라는 클래스를 찾아냈습니다. Account의 각 인스턴스는 그 상점에 있는 개별 고객의 구좌를 나타냅니다. 구좌의 잔고를 확인할 때 credit()과 debit()(각각 선입금한 금액과 외상 금액과 관련된 메서드라고 생각하면 됩니다) 메서드를 호출해야 하는 것일까요? 걱정할 필요 없습니다. getBalance() 메서드를 쓰면 구좌의 잔고를 바로 확인할 수 있으니까요.

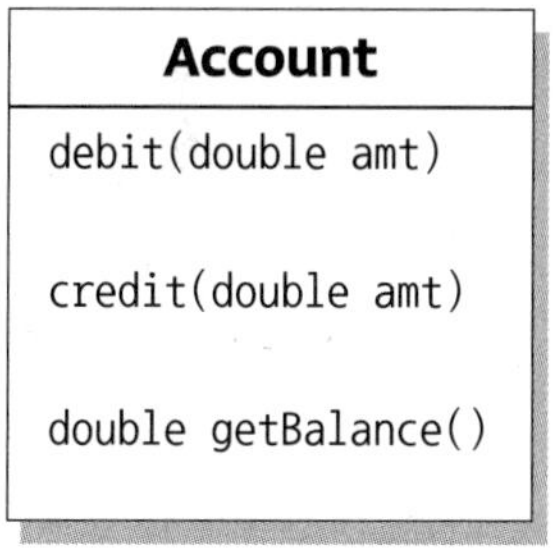

하지만 getBalance() 메서드를 호출하면 실행 중에 프로그램이 완전히 죽어버린다는 것을 발견했습니다. 설명서와 달리 클래스에는 그 메서드가 안 들어 있었나 봅니다. 이런 황당한 일이….
하지만 사실 그런 일은 일어나지 않습니다. 어떤 레퍼런스에 대해 점 연산자를 사용하면(예를 들어서, a.doStuff() 컴파일러에서 그 레퍼런스 타입 ('a'를 선언할 때 지정한 타입)을 살펴보고 그 클래스에 주어진 메서드가 있는지, 그리고 그 메서드에서 실제로 사용자가 전달한 인자를 받아들일 수 있고 올바른 타입의 값을 리턴하는지 확인합니다.
컴파일러는 레퍼런스가 참조하는 실제 객체의 클래스가 아닌 레퍼런스 변수를 선언할 때 지정한 타입의 클래스를 확인한다는 점을 꼭 기억하세요.

계약서를 고쳐야 한다면 어떻게 해야 할까요?

여러분이 Dog 객체라고 생각해 봅시다. 이때 여러분을 정의하는 계약서가 Dog 클래스뿐인 것은 아닙니다. 모든 상위 클래스로부터 접근 가능한(보통 public으로 지정한) 메서드를 상속받기 때문이죠.

물론 Dog 클래스도 일종의 계약서라고 할 수 있습니다.

하지만 계약서가 그것밖에 없는 것은 아닙니다.

Canine 클래스에 들어 있는 것도 모두 계약서에 포함됩니다.

Animal 클래스에 들어 있는 것도 모두 계약서에 포함됩니다.

Object 클래스에 들어 있는 것도 모두 계약서에 포함됩니다.

'A는 B다' 테스트를 적용해 보면 Dog 클래스는 Canine, Animal, Object 클래스라고 할 수 있습니다.

하지만 클래스를 설계한 사람이 Animal 시뮬레이션 프로그램을 염두에 두고 만들었다면, 그리고 여러분(Dog 클래스)을 Animal 객체를 활용한 과학 교육 프로그램에서 사용하고 싶다면 어떻게 될까요? 뭐, 별 문제없이 여러분을 그런 용도로 활용할 수 있을 것입니다.

하지만 그 사람이 나중에 다시 여러분을 애완동물 상점 프로그램(PetShop 프로그램)에서 사용하고 싶다면 어떻게 될까요? 여러분에게는 Pet의 행동(애완동물들이 하는 행동)이 없는데 말이죠. Pet 객체(애완동물 객체)에는 beFriendly(), play()(각각 친근감 있게 구는 메서드, 장난치는 메서드라고 볼 수 있겠죠?) 같은 메서드가 들어 있어야 하지 않겠습니까?

자, 이제 Dog 클래스를 만드는 프로그래머 입장에서 생각해 봅시다. 별 문제 없지 않을까요? 그냥 Dog 클래스에 새로운 메서드를 집어넣으면 될 것 같은데요. 메서드를 추가하기만 한다면 다른 코드에서 Dog 객체에 대해 호출하는 기존의 메서드가 망가지는 일은 없겠죠? 다른 코드에서 Dog 객체에 대해 호출하는 기존의 메서드는 건드리지 않으니까요.

이렇게 할 때 (Dog 클래스에 Pet 메서드를 추가하는 방법을 쓸 때) 어떤 문제가 생길 수 있을까요?

뇌 일깨우기

여러분이 Dog 클래스를 만드는 **프로그래머**라고 **가정**하고 Dog 객체에서, Pet에서 하는 일을 수행하도록 고쳐야 한다면 어떻게 할 수 있을지 생각해 보세요. Dog 클래스에 그냥 Pet의 행동(메서드)을 추가하는 식으로 해도 원하는 결과를 얻을 수 있고 다른 사람이 쓴 코드를 고치거나 할 필요도 없다는 것도 이미 알고 있습니다.

하지만 이 프로그램은 PetShop 프로그램입니다. 그냥 Dog 클래스에 비해 더 많은 것이 들어가야 합니다. 그리고 누군가 다른 사람이 Dog 클래스를 야생 개가 들어가야 하는 프로그램에서 사용하려고 한다면 어떻게 될까요? 어떻게 하는 것이 좋을까요? 자바에서 실제로 일을 처리하는 방식에는 신경 쓰지 말고 일부 Animal 클래스에 Pet 클래스의 행동을 포함시킬 수 있도록 클래스를 고치는 방법을 한번 생각해 봅시다.

다음 페이지로 넘어가기 전에 꼭 이 문제를 생각해 보세요. 다음 페이지부터 그 내용을 본격적으로 알아볼 거니까요.

다음 페이지로 그냥 넘어가면 전혀 두뇌 운동의 효과를 기대할 수 없습니다. 꼭 깊이 생각해 보고 넘어가야 여러분이 두뇌를 확실하게 쓸 수 있습니다.

몇 가지 디자인 옵션 알아보기

PetShop 프로그램에서 기존의 클래스를 재사용하기 위한 설계 방법을 알아봅시다.

앞으로 몇 페이지에 걸쳐서 몇 가지 옵션을 살펴볼 것입니다. 아직은 자바에서 우리가 생각하는 옵션을 실제로 사용할 수 있는지는 신경 쓰지 않겠습니다. 그런 내용은 몇 가지 옵션의 장단점을 알아본 다음에 살펴보죠.

1 첫 번째 옵션

가장 간단한 방법으로, 애완동물의 성질을 나타내기 위한 메서드를 Animal 클래스에 집어넣습니다.

장점

모든 Animal 객체가 바로 애완동물의 행동을 상속받을 수 있습니다. 기존의 Animal 하위 클래스를 전혀 건드리지 않아도 되고, Animal의 하위 클래스를 새로 만들어도 그러한 메서드를 상속받을 수 있다는 장점도 있습니다. 이렇게 하면 Animal 객체를 애완동물 용도로 사용하려는 어떤 프로그램에서든지 Animal을 다형적인 타입으로 활용할 수도 있습니다.

단점

애완동물을 파는 가게에서 하마나 사자, 늑대 같은 것을 본 적이 있나요? 애완동물이 아닌 동물에 애완동물에게나 있을 법한 메서드를 부여한다는 것은 위험할 수도 있습니다.

그리고 개와 고양이의 애완동물로써의 행동이 워낙 많이 다르므로 Dog와 Cat 클래스와 같은 애완동물 클래스를 따로 수정해야 할 것입니다.

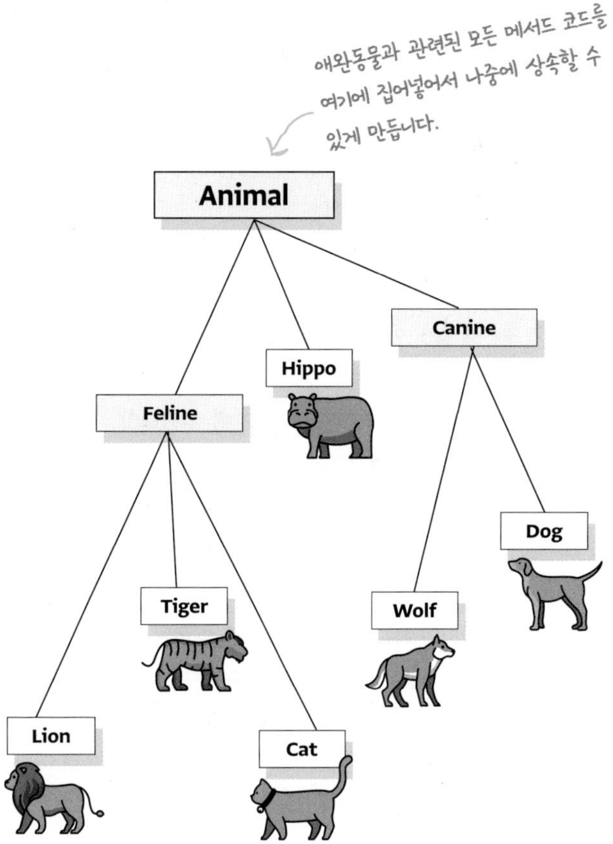

2 두 번째 옵션

첫 번째 옵션과 마찬가지로 애완동물용 메서드를 Animal 클래스에 집어넣지만, 메서드를 추상 메서드로 만들어서 Animal 하위 클래스에서 오버라이드해야만 쓸 수 있게 만듭니다.

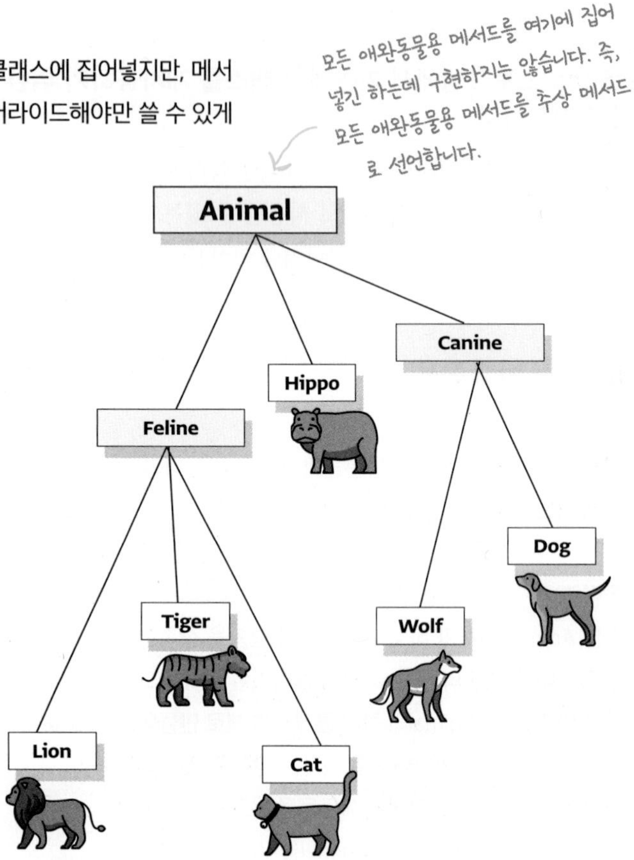

장점

첫 번째 옵션의 장점을 모두 누릴 수 있으면서 애완동물이 아닌 Animal 클래스에서 (beFriendly()와 같은) 애완동물 메서드를 사용할 수 있다는 단점을 극복할 수 있습니다. (Animal 클래스에 메서드가 들어 있기 때문에) 모든 Animal 클래스에 그 메서드가 포함되지만, 추상 메서드이므로 애완동물이 아닌 Animal 클래스에서는 그 기능을 상속받지 않을 수 있습니다. 물론 모든 클래스에서 그 메서드를 오버라이드해야 하지만 그냥 아무 일도 하지 않는 메서드로 만들면 됩니다.

단점

Animal 클래스에 들어 있는 애완동물 메서드가 모두 추상 메서드이므로 Animal의 하위 클래스 중에서 구상 클래스에서는 반드시 모든 애완동물 메서드를 구현해야 합니다(상속 트리를 따라 내려갈 때 첫 번째 구상 하위 클래스에서는 반드시 모든 추상 메서드를 구현해야 합니다). 정말 시간 낭비가 심하겠죠? 애완동물이 아닌 동물에 해당하는 클래스에 대해서도 구상 클래스를 만들 때 추상 메서드를 모두 구현해야 하고(타이핑도 많이 해야 하겠죠) 새로운 하위 클래스를 만들 때도 마찬가지로 똑같은 작업을 해야 하니까요. 그리고 이렇게 하면 애완동물이 아닌 객체에서 애완동물이 하는 행동을 하는 문제는 해결할 수 있지만, 계약을 제대로 이행하지 않게 된다는 문제가 생깁니다. 애완동물이 아닌 Animal 클래스에서도 모두 애완동물 메서드가 있다고 해 놓고 메서드를 호출하면 실제로 아무 일도 하지 않을테니까요.

나한테 친하게 굴어 보라고 해 보세요. 정말이라니까요. 나한테도 beFriendly() 메서드가 있긴 있어요.

이 접근 방법은 정말 안 좋아 보이는군요. 그리고 모든 Animal 타입이 아닌 일부 타입에만 적용할 것을 Animal 클래스에 집어넣는다는 것 자체가 뭔가 잘못되어 보이지 않나요?

3 세 번째 옵션

애완동물용 메서드는 그 메서드를 사용할 클래스에만 집어넣습니다.

애완동물용 메서드를 그냥 Animal 클래스에 넣지 않고 대신 애완동물이 될 수 있는 Animal 클래스에만 집어넣습니다.

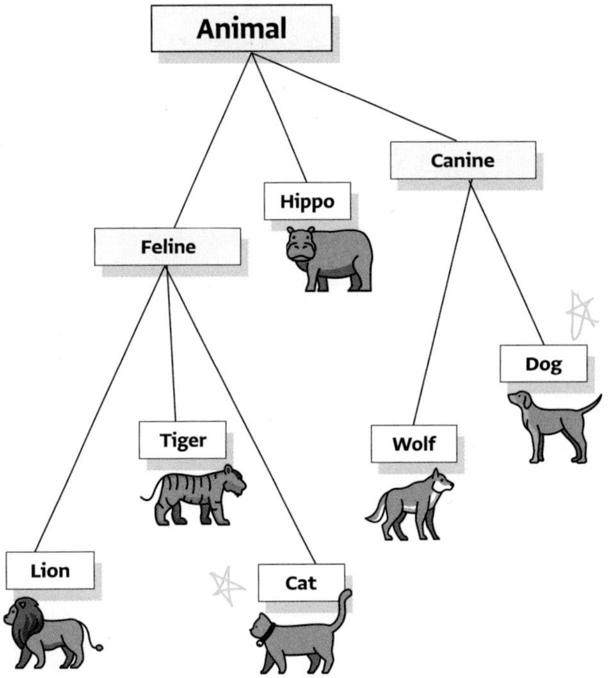

장점

집에 들어갈 때 하마가 사람을 반겨준다거나 혹은 얼굴을 핥는다거나 하는 일을 걱정하지 않아도 됩니다. 메서드는 그 메서드가 필요한 클래스에만 들어가니까요. Dog나 Cat 객체에서는 그런 메서드를 구현할 수 있지만 다른 클래스에서는 그런 메서드를 전혀 모르게 됩니다.

단점

이런 접근 방법에는 두 가지 심각한 문제가 있습니다. 첫째, 여러분이 어떤 프로토콜에 동의해야 하고 애완동물 Animal 클래스를 사용하는 모든 프로그래머도 앞으로 그 프로토콜을 알고 있어야 합니다. 여기에서 프로토콜(protocol)이란 모든 애완동물에 있어야만 하는 정확한 메서드를 의미합니다. 아무것도 뒷받침할 것이 없는 애완동물 계약서라고 할 수 있죠. 하지만 프로그래머 중에 그런 것을 잘못 이해하는 사람이 있다면 어떻게 될까요? 원래 정수를 받아들여야 하는 메서드를, 문자열을 받아들이는 메서드로 이해하는 식으로 말이죠. 아니면 beFriendly()를 써야 하는데, doFriendly()를 쓰면 어떻게 될까요? 그런 프로토콜은 계약서에는 들어 있지 않았으므로 컴파일러에서 메서드를 제대로 구현했는지 확인할 길이 없습니다. 누군가가 기껏 애완동물 Animal 클래스를 사용하려고 할 때 엉뚱하게 작동하는 것이 생길 가능성이 있지요.

둘째, 애완동물용 메서드에 대해서는 다형성을 적용할 수 없다는 문제가 있습니다. 애완동물의 행동이 필요한 모든 클래스에서는 각각의 클래스를 알고 있어야 합니다. 즉, Animal을 더 이상 다형적인 타입으로 쓸 수 없게 됩니다. Animal 클래스에는 필요한 애완동물용 메서드가 없어서 Animal 레퍼런스에 대해 애완동물용 메서드를 호출할 수가 없기 때문이죠.

다른 방법이 필요합니다

- 애완동물의 행동을 Pet 클래스에만 집어넣는 방법
- 모든 애완동물 클래스에 똑같은 메서드가 정의되게 하는 방법. 이때 모든 프로그래머가 그런 메서드를 제대로 사용할 수 있게 해야 합니다(똑같은 이름, 똑같은 리턴 타입을 가져야 하며 모든 메서드가 빠짐없이 있어야 합니다).
- 각 애완동물 클래스마다 다른 인자, 리턴 타입, 배열을 사용하지 않고도 다형성을 활용해서 모든 애완동물에 대해 애완동물용 메서드를 호출할 수 있게 하는 방법

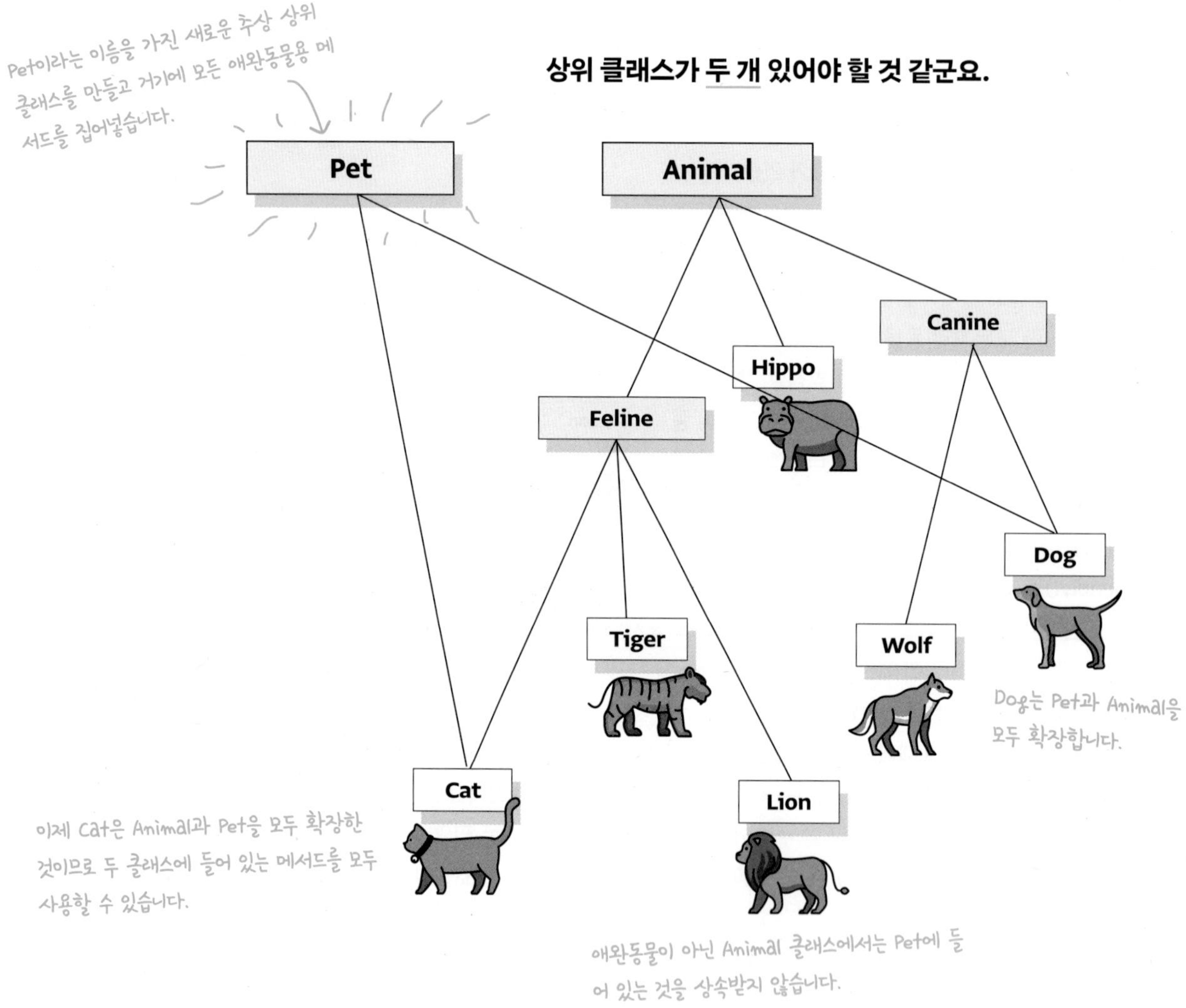

Pet이라는 이름을 가진 새로운 추상 상위 클래스를 만들고 거기에 모든 애완동물용 메서드를 집어넣습니다.
상위 클래스가 두 개 있어야 할 것 같군요.
Pet
Animal
Canine
Hippo
Feline
Dog
Tiger
Wolf
Dog는 Pet과 Animal을 모두 확장합니다.
Cat
Lion
이제 Cat은 Animal과 Pet을 모두 확장한 것이므로 두 클래스에 들어 있는 메서드를 모두 사용할 수 있습니다.
애완동물이 아닌 Animal 클래스에서는 Pet에 들어 있는 것을 상속받지 않습니다.

그런데 '상위 클래스를 두 개 사용하는' 접근법에는 한 가지 문제점이 있습니다

그런 것을 '다중 상속(multiple inheritance)'이라고 부르는데, 정말 안 좋은 결과를 불러올 수도 있습니다.

자바에서 다중 상속이 가능하다면 그렇단 말이죠.
하지만 자바는 다중 상속을 쓸 수 없습니다. 다중 상속에는 '죽음의 다이아몬드(The Deadly Diamond of Death)'라고 알려진 문제가 있기 때문입니다.

죽음의 다이아몬드

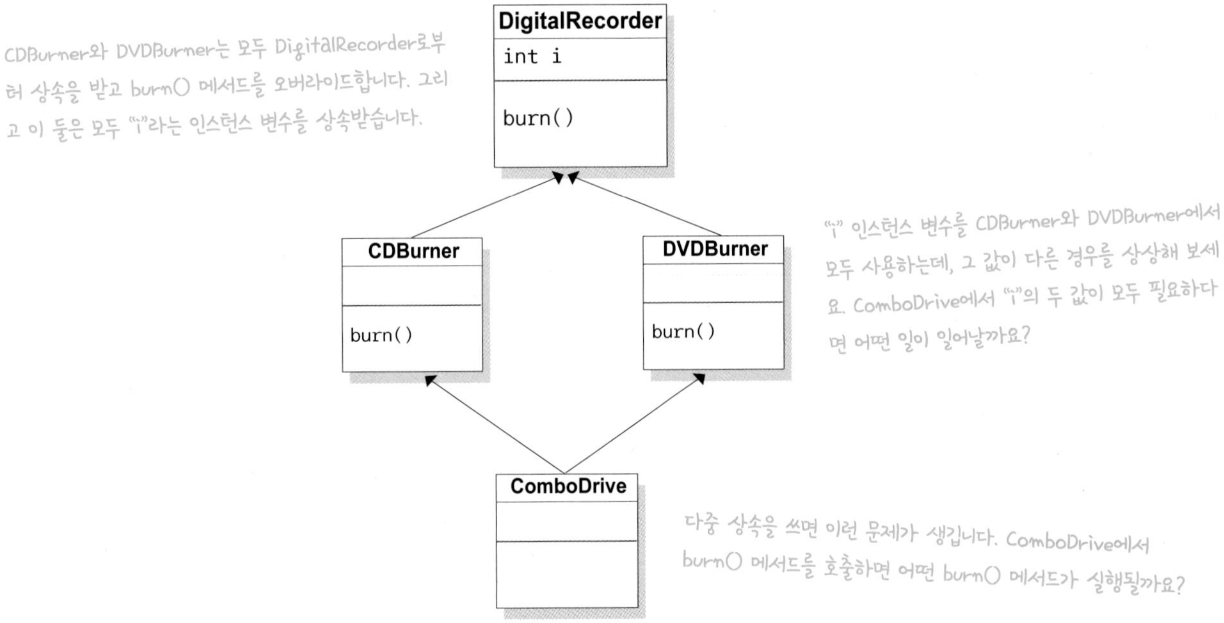

CDBurner와 DVDBurner는 모두 DigitalRecorder로부터 상속을 받고 burn() 메서드를 오버라이드합니다. 그리고 이 둘은 모두 "i"라는 인스턴스 변수를 상속받습니다.
DigitalRecorder
int i
burn()
CDBurner
burn()
DVDBurner
burn()
"i" 인스턴스 변수를 CDBurner와 DVDBurner에서 모두 사용하는데, 그 값이 다른 경우를 상상해 보세요. ComboDrive에서 "i"의 두 값이 모두 필요하다면 어떤 일이 일어날까요?
ComboDrive
다중 상속을 쓰면 이런 문제가 생깁니다. ComboDrive에서 burn() 메서드를 호출하면 어떤 burn() 메서드가 실행될까요?

애매한 상황이 나올 가능성에 대비하기 위한 특별한 규칙이 필요하므로 죽음의 다이아몬드를 허용하는 언어에서는 골치 아픈 문제가 생길 수 있습니다. 새로운 규칙이 추가되면 그런 규칙을 배우기도 힘들고 그런 '특별한 경우'에 대해 신경을 쓰는 것도 힘들어집니다. 자바는 원래 특정한 상황에서 큰 문제를 일으키지 않는 간단한 언어여야 합니다. 따라서 자바는 (C++와 달리) 죽음의 다이아몬드에 대해서는 신경을 쓰지 않아도 됩니다. 하지만 다중 상속이 불가능하다면 결국 문제가 원점으로 돌아가게 되겠군요. Animal/Pet 문제는 어떻게 처리해야 할까요?

우리에게는 인터페이스가 있습니다

자바는 다른 해결책을 제공합니다. 바로 인터페이스(interface)입니다. GUI 인터페이스가 아닙니다. "Button 클래스 API를 위한 공개 인터페이스입니다."라고 할 때 쓰이는 인터페이스도 아닙니다. 바로 interface라는 자바 키워드입니다.

자바의 인터페이스는 죽음의 다이아몬드(줄여서 DDD라고도 부릅니다) 때문에 생기는 부작용 없이 다중 상속의 다형적인 장점을 대부분 누릴 수 있게 해 줌으로써 다중 상속 문제를 해결해 줍니다.

인터페이스를 사용해서 DDD 문제를 비켜가는 방법은 매우 간단합니다. **모든 메서드를 추상 메서드로 만드는 것입니다.** 그러면 하위 클래스에서 **반드시** 메서드를 구현해야 하므로(추상 메서드는 첫 번째 구상 하위 클래스에서 반드시 구현해야 한다는 점을 벌써 잊진 않았겠죠?) 실행 중에 JVM에서 상속받은 두 가지 버전 중에 어떤 것을 호출해야 할지 결정하지 못하는 문제가 생길 리 없습니다.

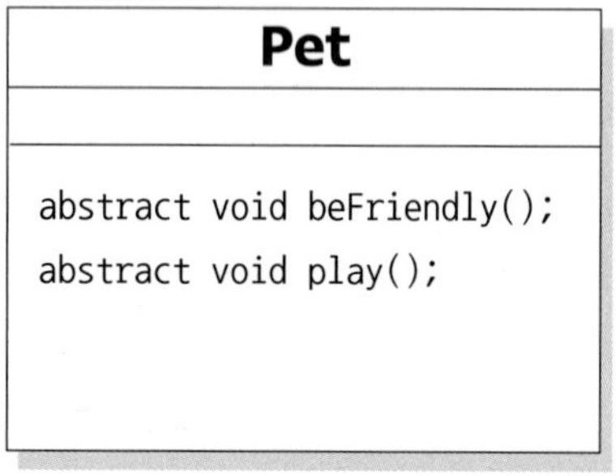

자바 인터페이스는 100% 순수한 추상 클래스와 비슷합니다.

인터페이스에 들어 있는 모든 메서드는 추상 메서드입니다. 따라서 "A는 Pet입니다" 테스트를 통과하는 모든 클래스는 Pet의 메서드를 구현(오버라이드)해야 합니다.

인터페이스를 정의하려면

```
public interface Pet {...}
```

Class 대신 'interface' 키워드를 사용합니다.

인터페이스를 구현하려면

```
public class Dog extends Canine implements Pet {...}
```

'implements' 뒤에 인터페이스명을 지정해 줍니다. 이때 어떤 인터페이스를 구현하더라도 다른 클래스를 확장하긴 해야 합니다.

Pet 인터페이스 제작과 구현

인터페이스 메서드는 자동으로 public, abstract가 되므로 public, abstract는 쓰지 않아도 됩니다(사실 public, abstract를 쓰는 것은 그리 좋은 코딩 스타일이라고 할 수 없습니다. 하지만 여기에서는 그렇다는 사실을 강조하기 위해 적어 놓았습니다).

여기에 'class'가 아니라 'interface'라고 씁니다.

```
public interface Pet {
  public abstract void beFriendly();
  public abstract void play();
}
```

인터페이스에 들어 있는 모든 메서드는 추상 메서드이므로 반드시 세미콜론으로 끝나야 합니다. 본체가 없으니까요.

Dog는 Animal이고, 또한 Pet이기도 합니다.

'implements'라고 쓰고 그 뒤에 인터페이스명을 적어 줍니다.

```
public class Dog extends Canine implements Pet {
   public void beFriendly() {...}
   public void play() {...}

   public void roam() {...}
   public void eat() {...}
}
```

Dog도 Pet이므로 Pet의 메서드를 반드시 구현해야 합니다. 계약서상 그렇게 명시되어 있다고 볼 수 있는 거죠. 이번에는 세미콜론이 없고 중괄호가 있습니다(본체가 있어야 합니다).

그냥 일반적으로 오버라이드하는 메서드입니다.

무엇이든 물어보세요

Q&A

Q 잠깐만요. 인터페이스에서는 전혀 코드를 구현할 수 없으니까 진정한 의미에서 인터페이스가 다중 상속 가능을 제공한다고 할 수 없지 않나요? 모든 메서드가 추상 메서드라면 인터페이스를 왜 사용해야 하나요?

A 흠… 사실 인터페이스에 구현 코드가 들어가는 경우도 있습니다(예를 들어서, 정적 메서드나 기본 메서드 등). 하지만 여기에서는 그런 내용은 다루지 않겠습니다. 인터페이스의 주된 목적은 다형성입니다. 인자나 리턴 타입으로 구상 클래스(심지어는 추상 클래스) 대신 인터페이스를 사용하면 그 인터페이스를 구현하는 것은 뭐든 집어넣을 수 있으므로 인터페이스는 유연성에 있어서 끝판왕이라고 할 수 있습니다. 인터페이스가 있으면 클래스가 반드시 상속 트리 하나로부터 나오지 않아도 됩니다. 클래스 하나는 클래스 하나를 확장하고 인터페이스 하나를 구현할 수 있습니다. 하지만 완전히 다른 상속 트리에서 나온 또 다른 클래스에서 같은 인터페이스를 구현할 수도 있습니다. 따라서 객체를 그 인스턴스의 클래스 타입이 아닌 그 역할을 기준으로 처리할 수 있습니다.

사실 인터페이스를 사용하는 코드를 만들었다면 확장해야 할 상위 클래스를 알려 주지 않아도 됩니다. 그냥 인터페이스만 알려 주면 어떤 상속 구조에서 파생된 클래스인지에 관계 없이 그 인터페이스만 구현하면 된다는 뜻을 공표하게 되는 것입니다.

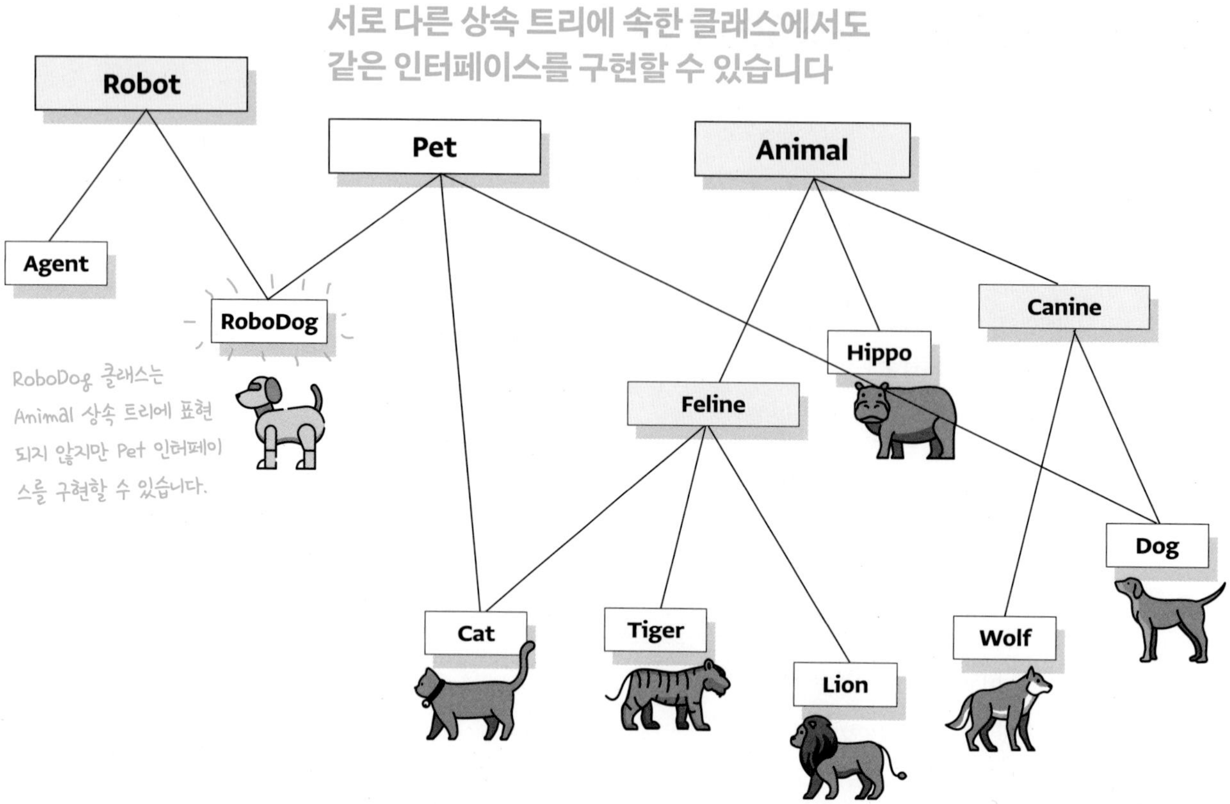
서로 다른 상속 트리에 속한 클래스에서도
같은 인터페이스를 구현할 수 있습니다
Robot
Pet
Animal
Agent
RoboDog
Canine
Hippo
Feline
Dog
Cat
Tiger
Lion
Wolf
RoboDog 클래스는 Animal 상속 트리에 표현되지 않지만 Pet 인터페이스를 구현할 수 있습니다.

어떤 클래스를 (Animal 타입의 배열을 만들거나 Canine 인자를 받아들이는 메서드를 만드는 식으로) 다형적인 타입으로 사용하면 같은 상속 트리에 속한 타입만 집어넣을 수 있습니다. 다른 상속 트리에 들어 있는 것은 사용할 수 없고 바로 그 다형적 타입의 하위 클래스로 만든 객체만 사용할 수 있습니다. 즉, 인자 타입을 Canine으로 지정하면 Wolf나 Dog 객체는 받아들일 수 있지만, Cat이나 Hippo는 받아들일 수 없습니다.

하지만 **인터페이스**를 (Pet 타입의 배열을 만드는 식으로) 다형적인 타입으로 사용하면 어떤 상속 트리에 있는 객체도 집어넣을 수 있습니다. 그 객체가 해당 인터페이스를 구현하는 클래스로부터 만들어진 것이기만 하다면 말이죠. 서로 다른 상속 트리에 들어 있는 클래스에서 공통적인 인터페이스를 구현할 수 있게 하는 것은 자바 API에서 매우 중요하게 작용합니다. 객체에서 그 상태를 파일에 저장하고 싶은 경우에는 Serializable 인터페이스를 구현하면 됩니다. 객체에서 메서드들을 서로 다른 실행 스레드로 실행시키고 싶다면 Runnable 인터페이스를 구현하면 됩니다. 대강 감이 잡히죠? Serializable과 Runnable에 대한 내용은 나중에 배울 것입니다. 일단 지금은 어떤 상속 트리에 들어 있는 클래스에서도 그러한 인터페이스를 구현할 수 있다는 것만 기억해 두세요. 파일에 저장하거나 스레드를 활용하는 기능은 거의 모든 클래스에서 써야 할 수도 있으니까요.

그리고 더 좋은 점은 한 클래스에서 인터페이스 여러 개를 구현할 수도 있다는 것입니다.

Dog 객체는 Canine이고, Animal이고, Object입니다. 이런 관계는 모두 상속을 통해 맺어지지요. 하지만 Dog가 Pet이라는 것은 인터페이스 구현을 통해 맺어지는 관계입니다. 그런데 Dog에서 동시에 여러 인터페이스를 구현할 수도 있습니다. 다음과 같은 식으로 하면 되지요.

```
public class Dog extends Animal implements Pet,
Saveable, Paintable {...}
```

벽에 붙여 놓고 외우세요

장미는 빨갛고 제비꽃은 파란색입니다.

확장은 한 개밖에 할 수 없지만 **구현은 여러 개**를 할 수 있습니다.

자바는 가족 구성이 특이합니다.

부모는 하나밖에 없습니다. 자바 클래스에는 부모(상위 클래스)가 **하나**밖에 있을 수 없고 그 부모 클래스나 자식 클래스가 어떠해야 하는지를 정의하게 됩니다. 하지만 인터페이스는 여러 개를 구현할 수 있습니다. 그리고 그러한 인터페이스에는 그 클래스가 어떤 역할을 할 수 있는지를 정의합니다.

어떤 클래스를 하위 클래스로 만들지, 추상 클래스로 만들지, 아니면 인터페이스로 만들지를 어떻게 결정할 수 있을까요?

- 클래스를 새로 만들려고 할 때 그 클래스가 (Object를 제외한) 다른 어떤 타입에 대해서도 'A는 B다' 테스트를 통과할 수 없다면 그냥 클래스를 만듭니다.
- 어떤 클래스의 더 구체적인 버전을 만들고 어떤 메서드를 오버라이드하거나 새로운 행동을 추가해야 한다면 하위 클래스를 만듭니다(즉, 클래스를 확장합니다).
- 일련의 하위 클래스에서 사용할 틀(template)을 정의하고 싶다면, 그리고 모든 하위 클래스에서 사용할 구현 코드가 조금이라도 있다면 추상 클래스를 사용합니다. 그리고 그 타입의 객체를 절대 만들 수 없게 하고 싶다면 그 클래스를 추상 클래스로 만듭니다.
- 상속 트리에서의 위치에 상관없이 어떤 클래스의 역할을 정의하고 싶다면 인터페이스를 사용하면 됩니다.

상위 클래스에 있는 버전의 메서드를 호출하는 방법

무엇이든 물어보세요

Q&A

Q 어떤 구상 클래스를 만들어서 메서드를 오버라이드해야 하는데 그 메서드의 상위 클래스 버전에 있는 행동이 필요하다면 어떻게 해야 하나요?

A '확장'이라는 단어의 의미를 생각해 봅시다. 객체지향적인 설계를 잘하는 데 있어서 중요한 것 가운데 한 가지로 '오버라이드할 구상 코드를 어떻게 설계해야 하는가?'란 것이 있습니다. 즉, 어떤 추상 클래스에, 구상 클래스에서 구현할 대부분의 기능을 지원할 수 있을 정도의 포괄적인 작업을 할 수 있는 메서드를 만들어놓는 것이 좋습니다. 하지만 그런 정도의 구상 코드를 만드는 것만으로는 하위 클래스에서 해야 하는 모든 작업을 처리할 수 없습니다. 따라서 하위 클래스에서 그런 메서드를 오버라이드해서 나머지 코드를 추가해서 확장해야 합니다. 이때 super라는 키워드를 사용하면 하위 클래스에서 메서드를 오버라이드할 때 상위 클래스에 있는 버전의 메서드를 호출할 수 있습니다.

```
abstract class Report {
  void runReport() {
    // 보고서 설정
  }
  void printReport() {
    // 포괄적인 인쇄 작업
  }
}
```

상위 클래스 버전의 메서드에서 하위 클래스에 사용할 수 있는 중요한 작업을 처리합니다.

```
class BuzzwordsReport extends Report {
  void runReport() {
    super.runReport();
    buzzwordCompliance();
    printReport();
  }

  void buzzwordCompliance() {...}
}
```

상위 클래스 버전을 호출한 다음 하위 클래스에서 해야 할 일을 처리합니다.

BuzzwordReport 하위 클래스에 들어 있는 메서드 코드에서 다음과 같은 식으로 호출하면

```
super.runReport();
```

Report 상위 클래스에 있는 runReport() 메서드가 실행됩니다.

```
super.runReport();
```

하위 클래스(BuzzwordReport) 객체에 대한 레퍼런스를 사용하면 언제나 오버라이드된 메서드의 하위 클래스 버전이 호출됩니다. 다형성이 원래 그런 것이니까요. 하지만 하위 클래스 코드에서도 super.runReport()를 사용하면 상위 클래스 버전을 호출할 수 있습니다.

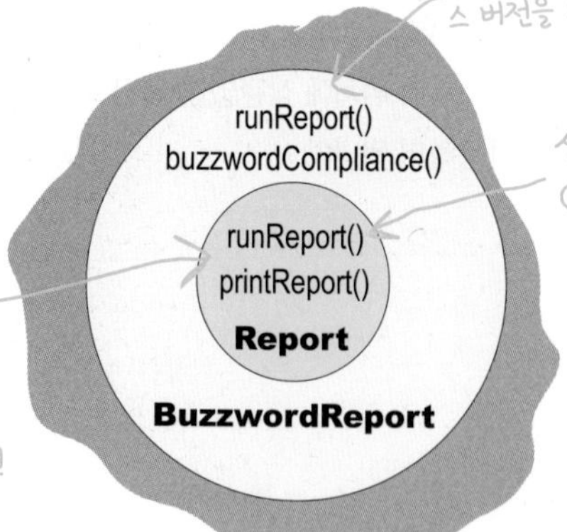

super 키워드는 사실 객체의 상위 클래스 부분에 대한 레퍼런스입니다. 하위 클래스 코드에서 super.runReport()와 같은 식으로 super를 사용하면 그 메서드의 상위 클래스 버전을 실행할 수 있습니다.

핵심 정리

- 클래스를 만들 때 인스턴스를 만들 수 없게 하고 싶다면(즉, 그 클래스 타입의 객체를 만들 수 없게 하고 싶다면) **abstract** 키워드를 사용하면 됩니다.
- 추상 클래스에는 추상 메서드와 추상 메서드가 아닌 메서드를 모두 집어넣을 수 있습니다.
- 클래스에 추상 메서드가 하나라도 있으면 그 클래스는 추상 클래스로 지정해야 합니다. 추상 메서드에는 본체가 없으며 선언 부분은 세미콜론으로 끝납니다(중괄호를 쓰지 않습니다).
- 상속 트리에서 처음으로 나오는 구상 클래스에서는 반드시 모든 추상 메서드를 구현해야 합니다.
- 자바에 들어 있는 모든 클래스는 직접 또는 간접적으로 **Object**(java.lang.Object)의 하위 클래스입니다.
- 메서드를 선언할 때 인자, 리턴 타입을 Object로 지정해도 됩니다.
- 어떤 객체에 대해서 메서드를 호출하려면 그 객체를 참조하는 레퍼런스 변수 타입의 클래스(또는 인터페이스)에 그 메서드가 있어야만 합니다. 객체의 실제 타입하고는 무관합니다. 따라서 Object 타입의 레퍼런스 변수로는 Object 클래스에 정의되어 있는 메서드만 호출할 수 있습니다(레퍼런스가 참조하는 객체의 타입과는 무관합니다).
- 메서드가 호출되면 그 메서드의 객체 타입의 구현을 사용합니다.
- Object 타입의 레퍼런스 변수는 캐스팅을 하지 않고는 다른 타입의 레퍼런스에 대입할 수 없습니다. 한 타입의 레퍼런스 변수를 하위 타입의 레퍼런스 변수에 대입하고 싶다면 캐스팅을 이용할 있습니다. 하지만 힙에 들어 있는 객체가 캐스팅 호환 가능한 타입이 아니라면 실행 중에 캐스팅에 실패할 수도 있습니다.

  예: `Dog d = (Dog) x.getObject(aDog);`
- ArrayList(Object)에서 나오는 객체는 모두 Object 타입으로 나옵니다. 즉, 캐스팅을 하지 않으면 Object 레퍼런스 변수로만 참조할 수 있습니다.
- '죽음의 다이아몬드' 문제 때문에 자바는 다중 상속을 허용하지 않습니다. 클래스는 단 하나만 확장할 수 있습니다. 즉, 직속 상위 클래스는 하나밖에 없습니다.
- 인터페이스를 만들 때는 **class** 대신 **interface**라는 키워드를 사용합니다.
- 인터페이스를 구현할 때는 **implements**라는 키워드를 쓰면 됩니다(예를 들어서, **Dog implements Pet**).
- 클래스를 만들 때 인터페이스를 여러 개 구현할 수 있습니다.
- 기본 메서드와 정적 메서드(12장에서 알아보겠습니다)를 제외하면 어떤 **인터페이스를 구현하는 클래스는 그 인터페이스에 있는 모든 메서드를 구현해야 합니다.**
- 하위 클래스에서 어떤 메서드를 오버라이드했는데, 상위 클래스 버전을 호출하고 싶다면 super라는 키워드를 사용하면 됩니다.

  예: `super.runReport();`

무엇이든 물어보세요 Q&A

Q 아직 뭔가 좀 이상한데요. ArrayList<Dog>에서 어떻게 캐스팅하지 않고도 쓸 수 있는 Dog 레퍼런스를 리턴하는지에 대한 설명은 못 들었던 것 같아요. ArrayList<Dog>라고 했을 때 도대체 어떤 마술 같은 일이 일어나는 거예요?

A 정말 신기한 일이죠? ArrayList에 있는 메서드에서는 Object 외에는 Dog라든가 기타 객체에 대해서는 전혀 모르는 것 같은데도 ArrayList<Dog>에서 Dog를 바로 리턴해 주니까요. 캐스팅하지 않아도 되고 편하죠.

간단하게 설명하자면 컴파일러에서 자동으로 캐스팅을 해 주는 것입니다. ArrayList<Dog>라고 했을 때, Dog 객체를 인자로 받거나 리턴하는 특별한 클래스가 따로 있는 게 아닙니다. 대신 <Dog> 덕분에 컴파일러에서 Dog 객체만 집어넣을 수 있도록 하고, 다른 타입의 객체를 목록에 집어넣으려고 하면 오류가 나게 해 주는 거죠. 이 ArrayList에 Dog가 아닌 다른 것은 전혀 넣을 수 없으므로 여기에서 나오는 것은 무엇이든 Dog 레퍼런스에 집어넣어도 전혀 문제가 없습니다. 바꿔 말하자면 ArrayList<Dog>를 사용하면 나중에 받은 Dog 객체를 캐스팅하지 않아도 되는 거죠. 하지만 단순하게 캐스팅하는 데 필요한 노력이 줄어드는 정도보다는 훨씬 더 큰 장점이 있습니다. 캐스팅 관련 오류는 런타임에서(실행 중에) 발생할 수 있고, 컴파일 시에 오류가 나는 것이 실행 중에 오류가 나는 것보다는 훨씬 나으니까요. 특히 아주 결정적인 용도로 쓰이는 애플리케이션을 만들고 있다면 그 장점이 훨씬 두드러지게 될 것입니다.

이것과 관련해서는 중요한 내용이 많이 있으니 나중에 11장 <자료구조>에서 자세하게 살펴보도록 하죠.

정답과 해설 277쪽

연습 문제

여러분의 예술적 재능을 보여 줄 수 있는 기회가 왔습니다. 왼쪽 하단에 몇 가지 클래스와 인터페이스 선언이 나와 있습니다. 여러분은 오른쪽에 그와 관련된 클래스 다이어그램을 그리면 됩니다. 1번은 저희가 미리 해놨습니다. 나머지는 여러분께서 그려 보세요. 구현(implements)은 점선으로, 확장(extends)은 실선으로 연결하면 됩니다.

클래스와 인터페이스 선언

1.

```
public interface Foo { }
public class Bar implements Foo { }
```

2.

```
public interface Vinn { }
public abstract class Vout implements Vinn { }
```

3.

```
public abstract class Muffie implements Whuffie { }
public class Fluffie extends Muffie { }
public interface Whuffie { }
```

4.

```
public class Zoop { }
public class Boop extends Zoop { }
public class Goop extends Boop { }
```

5.

```
public class Gamma extends Delta implements Epsilon { }
public interface Epsilon { }
public interface Beta { }
public class Alpha extends Gamma implements Beta { }
public class Delta { }
```

그림을 그려 보세요

1.

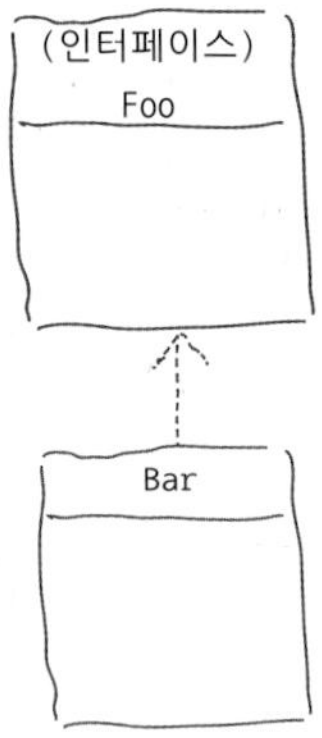

2.

3.

4.

5.

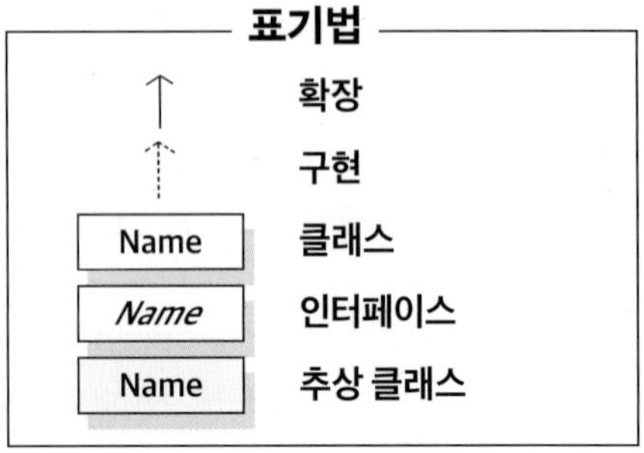

정답과 해설 277쪽

연습 문제

왼쪽 하단에 몇 가지 클래스 다이어그램이 있습니다. 각 다이어그램을 자바에서 쓸 수 있는 선언으로 고쳐보세요. 1번은 저희들이 해드렸습니다(아… 어려워요).

클래스 다이어그램

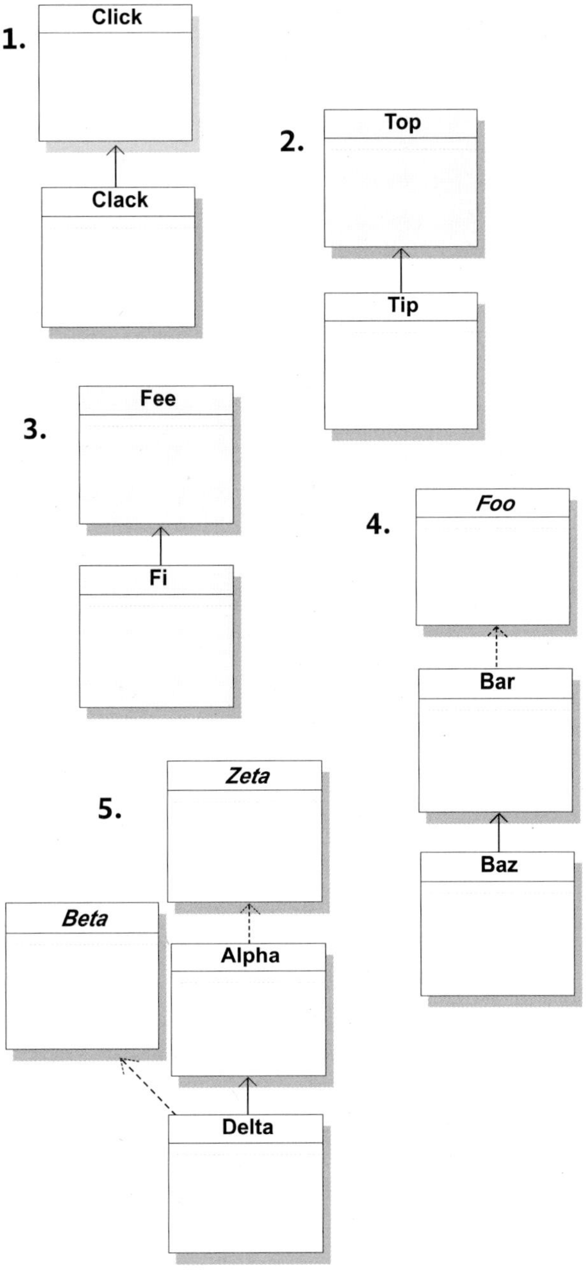

어떻게 선언해야 할까요?

1.

```
public class Click { }
public class Clack extends Click {
}
```

2.

3.

4.

5.

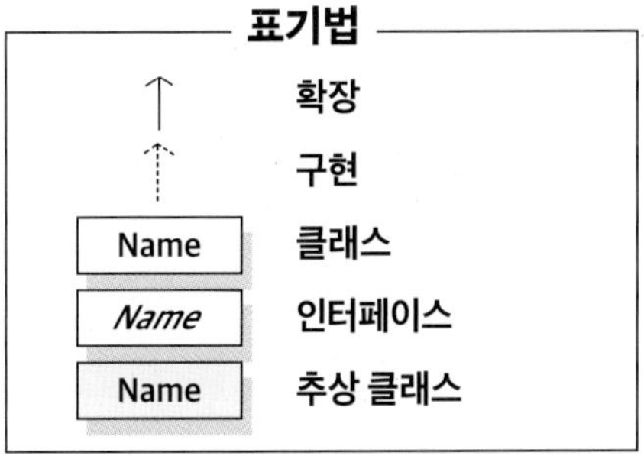

정답과 해설 278쪽

수영장 퍼즐

하단의 수영장 안에 있는 코드 스니펫을 꺼내서 우측에 있는 코드의 빈 줄에 넣어 보세요. 같은 스니펫을 여러 번 사용할 수 있으며, 모든 스니펫을 사용할 필요는 없습니다. 이 퍼즐의 목표는 문제없이 컴파일과 실행 과정을 진행해 하단의 결과를 출력하는 클래스를 만드는 것입니다. 생각보다 어려울 수 있으니 얕보지 마세요!

```
___________ Nose {
  _______________________
}

abstract class Picasso implements ______{
  ________________________
    return 7;
  }
}

class _________  ________  __________ { }

class _________  ________  __________ {
  ___________________________
    return 5;
  }
}
```

```
public ___________  ________ extends Clowns {

  public static void main(String[] args) {
    ____________________________
    i[0] = new __________
    i[1] = new __________
    i[2] = new __________
    for (int x = 0; x < 3; x++) {
      System.out.println(__________________
     + " " + _______.getClass());
    }
  }
}
```

출력 결과:

```
File  Edit  Window  Help  BeAfraid
%java ______________
5 class Acts
7 class Clowns
_________Of76
```

참고: 수영장에서 꺼낸 스니펫은 여러 번 사용해도 됩니다!

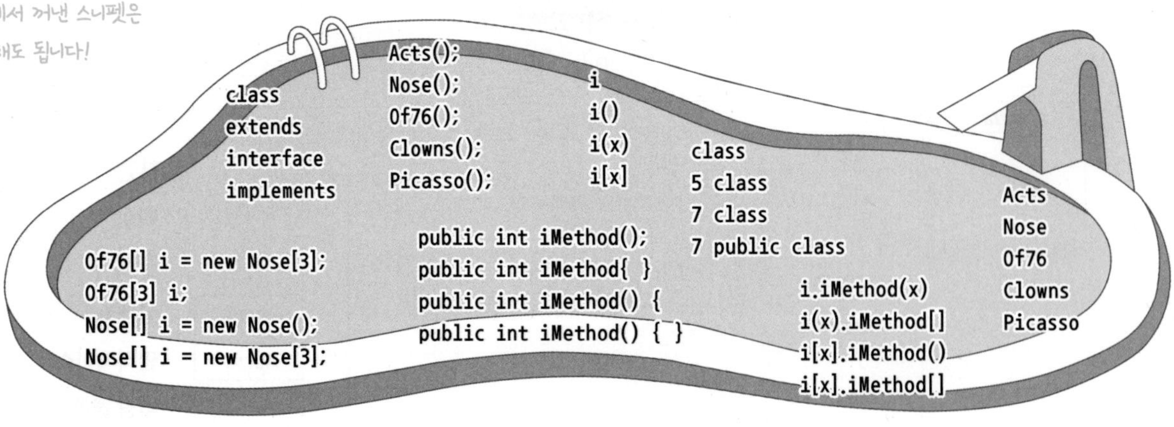

정답과 해설

연습 문제(274쪽)

2.

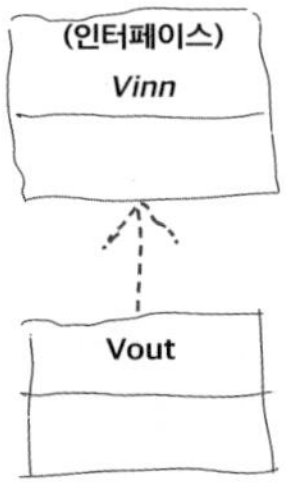

3.

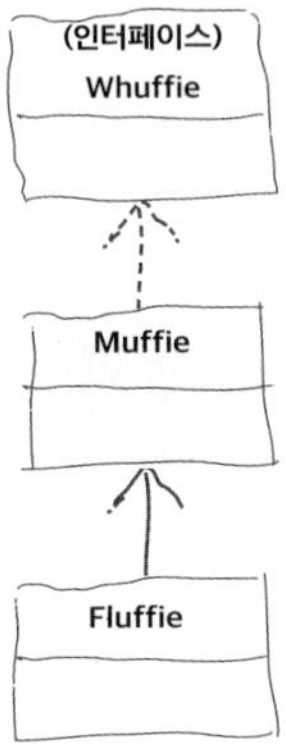

4.

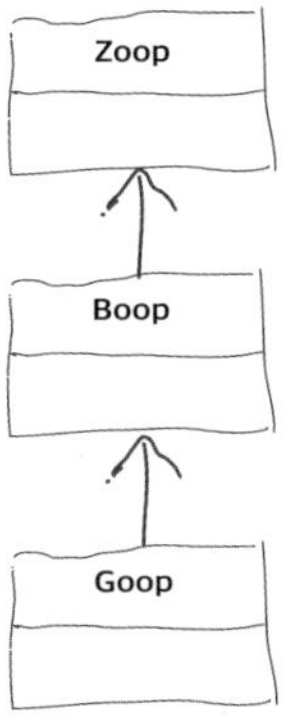

5.

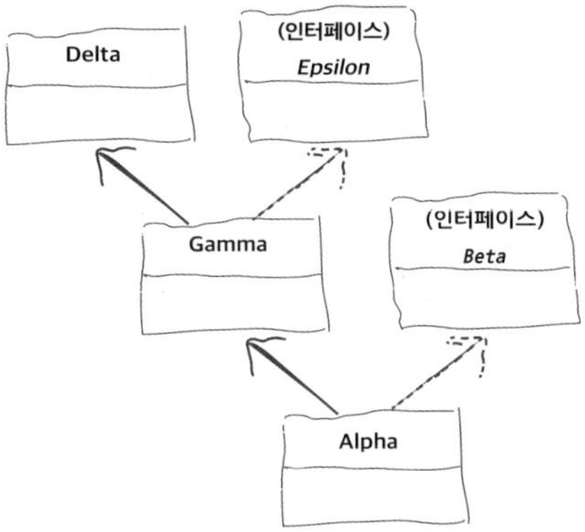

연습 문제(275쪽)

2.

```
public abstract class Top { }
public class Tip extends Top { }
```

3.

```
public abstract class Fee { }
public abstract class Fi extends Fee { }
```

4.

```
public interface Foo { }
public class Bar implements Foo { }
public class Baz extends Bar { }
```

5.

```
public interface Zeta { }
public class Alpha implements Zeta { }
public interface Beta { }
public class Delta extends Alpha implements Beta { }
```

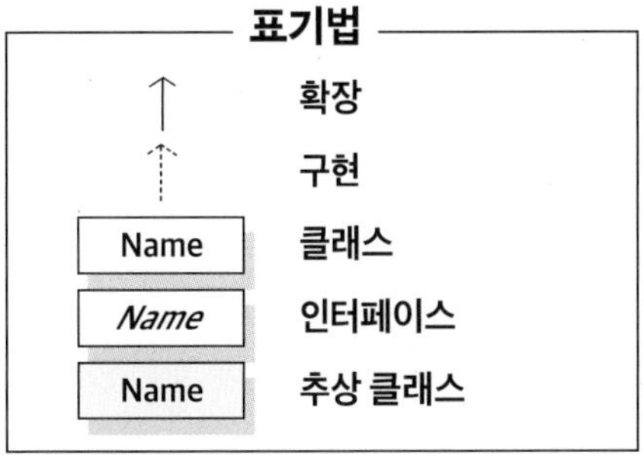

정답과 해설

수영장 퍼즐(276쪽)

```java
interface Nose {
  public int iMethod() ;
}

abstract class Picasso implements Nose {
  public int iMethod() {
    return 7;
  }
}

class Clowns extends Picasso { }

class Acts extends Picasso {
  public int iMethod() {
    return 5;
  }
}
```

```java
public class Of76 extends Clowns {
  public static void main(String[] args) {
    Nose[] i = new Nose [3] ;
    i[0] = new Acts() ;
    i[1] = new Clowns() ;
    i[2] = new Of76() ;
    for (int x = 0; x < 3; x++) {
      System.out.println(i[x].iMethod()
     + " " + i[x].getClass());
    }
  }
}
```

출력 결과:

```
File  Edit  Window  Help  KillTheMime
%java Of76
5 class Acts
7 class Clowns
7 class  Of76
```

CHAPTER

09

객체의 삶과 죽음

생성자와 가비지 컬렉션

그가 말했어. "다리에 감각이 없어!"
그리고 내가 말했지. "조(Joe)! 정신 차려, 조!"
하지만… 이미 너무 늦었어. 가비지 컬렉터가 나타났고… 그는 죽고 말았지. 내가 만나 본 가장 좋은 객체였는데 말이야…

객체는 태어나고, 객체는 죽습니다

객체의 라이프 사이클은 여러분이 책임져야 합니다. 언제, 그리고 어떻게 객체를 **생성**할지도 여러분이 결정합니다. **버리는 시기**도 여러분이 결정합니다. 객체는 여러분이 직접 파괴해도 되지만, 그냥 내버려둬도 됩니다. 일단 객체를 버리면 무자비한 **가비지 컬렉터**(GC, Garbage Collector)가 그 객체를 흔적도 없이 제거해 버리고 메모리 공간을 회수해 갑니다. 자바 프로그램을 만들려면 객체를 만들어야 합니다. 그리고 언젠가는 만든 객체를 없애버려야겠죠. 그러지 않으면 램이 모자랄 테니까요. 이 장에서는 객체가 어떤 식으로 만들어지는지, 객체가 살아 있는 동안 어떻게 살아가는지, 그리고 객체를 어떻게 효율적으로 관리하고 버리는지를 알아볼 것입니다. 즉, 힙, 스택, 영역, 생성자, 상위 생성자, null 레퍼런스 같은 것을 알아볼 것입니다. 이 장에는 객체의 죽음에 대한 내용도 들어 있는데, 혹시 마음이 무거워지는 독자들도 있을지 모르겠습니다. 객체에 너무 정이 많이 들지 않게 주의하세요.

스택과 힙: 삶의 공간

객체를 생성할 때 실제로 어떤 일이 일어나는지 이해해 보기 전에 약간 뒤로 물러서서 다른 것을 생각해 봐야겠습니다. 자바에서 모든 것이 어디에서 사는지, 그리고 얼마나 오랫동안 사는지를 배워야 합니다. 메모리의 두 공간인 스택(stack)과 힙(heap)에 대해 더 많이 공부해야 하는 거죠. JVM이 시작되면 JVM이 돌아가고 있는 운영체제로부터 메모리를 받아서 그 메모리에서 자바 프로그램을 실행시킵니다. 메모리 용량과 그 용량을 사용자가 조작할 수 있는지는 여러분이 사용하는 JVM의 버전과 플랫폼에 따라 다릅니다. 하지만 용량 등의 사항을 직접 건드릴 일은 아마 없을 것입니다. 프로그래밍만 잘하면 그런 데는 별로 신경 쓸 필요가 없습니다(이와 관련된 내용은 잠시 후에 알아보겠습니다).

모든 객체가 가비지 컬렉션 기능이 있는 힙에서 산다는 것은 이미 배웠지만, 변수가 어디에 사는지는 아직 배우지 않았습니다. 그리고 변수가 사는 곳은 변수의 종류에 따라 달라집니다. 이때 '종류(kind)'는 타입(type, 원시 타입, 객체 레퍼런스 등)과는 다릅니다. 지금 우리가 신경을 써야 하는 두 종류의 변수는 인스턴스 변수(instance variable)와 로컬 변수(local variable)입니다. 로컬 변수를 스택 변수라고 부르기도 하는데, 그 이름을 보면 그 변수가 어디에서 살고 있는지 조금 더 잘 알 수 있습니다.

스택

메서드 호출과 로컬 변수가 사는 곳

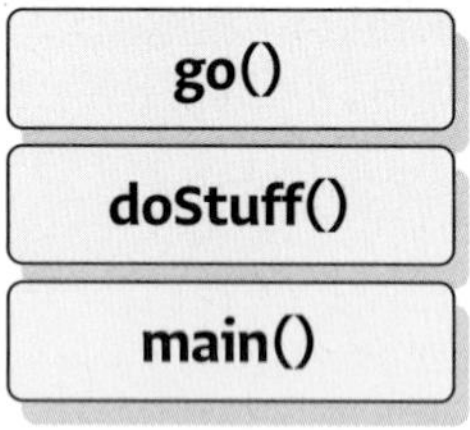

힙

모든 객체가 사는 곳

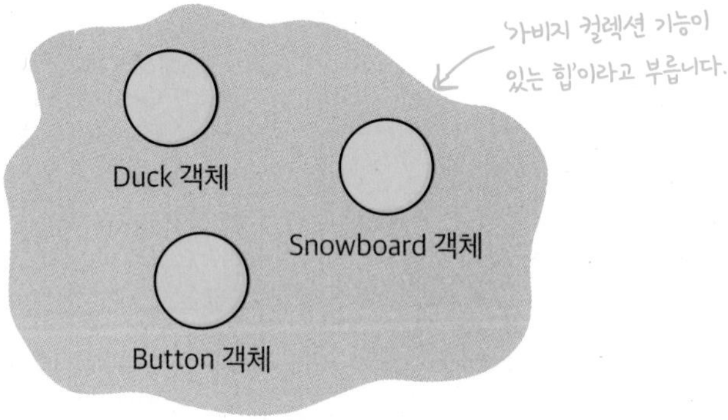

인스턴스 변수

클래스 내에서 선언한 것을 인스턴스 변수라고 부르는데, 메서드 내에서 선언한 것은 인스턴스 변수에 포함되지 않습니다. 인스턴스 변수는 각각의 개별 객체가 가지고 있는 '필드(field)'를 나타냅니다(여기에는 그 클래스에 속하는 각 인스턴스별로 서로 다른 값이 채워질 수 있습니다). 인스턴스 변수는 그 변수가 속한 객체 안에서 삽니다.

```
public class Duck {
    int size;
}
```

모든 Duck에는 "size" 인스턴스 변수가 들어 있습니다.

로컬 변수

메서드 안에서 선언한 것을 로컬 변수라고 부르는데, 메서드 매개변수도 로컬 변수에 포함됩니다. 로컬 변수는 임시 변수이며 메서드가 스택에 들어 있는 동안만(즉, 메서드 전체를 감싸는 오른쪽 중괄호가 나타나기 전까지만) 살아 있습니다.

```
public void foo(int x) {
  int i = x + 3;
  boolean b = true;
}
```

매개변수 x와 변수 i, b는 모두 로컬 변수입니다.

메서드는 스택에 차곡차곡 쌓입니다

메서드를 호출하면 그 메서드는 호출 스택(call stack) 맨 위에 올라갑니다. 실제로 스택에 들어가는 것은 스택 프레임(frame)인데, 거기에는 실행하는 코드, 모든 로컬 변수의 값을 포함한 메서드의 상태가 들어 있습니다.

스택 맨 위에 있는 메서드는 항상 그 스택에서 현재 실행 중인 메서드입니다(일단 지금은 스택이 하나뿐이라고 가정하겠습니다. 14장 <그래픽 이야기>에서는 스택 여러 개를 사용하는 경우를 볼 수 있습니다). 메서드는 그 메서드의 끝을 나타내는 중괄호에 다다를 때까지(즉, 메서드가 끝날 때까지) 스택에 머무릅니다. 만약, foo()라는 메서드에서 bar()라는 메서드를 호출한다면 bar() 메서드는 스택에서 foo() 위에 얹히게 됩니다.

메서드 두 개가 들어 있는 호출 스택

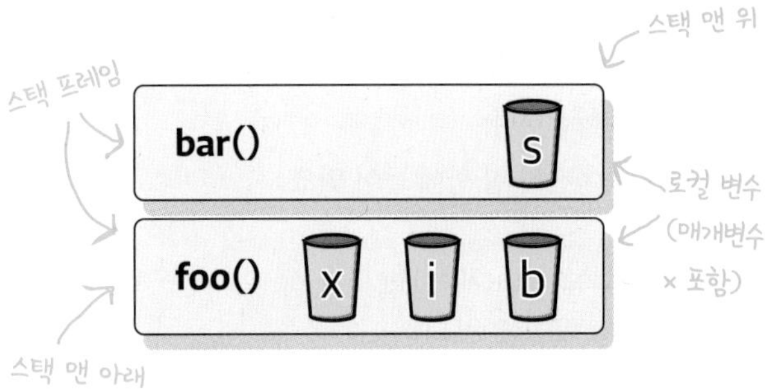

스택 맨 위에 있는 메서드는 항상 현재 실행 중인 메서드입니다.

```
public void doStuff() {
  boolean b = true;
  go(4);
}

public void go(int x) {
  int z = x + 24;
  crazy();
  // 다른 코드가 들어갈 수 있습니다.
}

public void crazy() {
  char c = 'a';
}
```

스택 시나리오

왼쪽에 메서드 세 개가 들어 있는 코드가 있습니다(클래스의 나머지 부분은 신경 쓰지 않겠습니다). 첫 번째 메서드(doStuff())는 두 번째 메서드(go())를, 두 번째 메서드는 세 번째 메서드(crazy())를 호출합니다. 각 메서드에서는 메서드 본체 안에서 로컬 변수를 하나씩(b, z, c) 선언하고 go() 메서드에서는 매개변수도 선언합니다(즉, go() 메서드에는 로컬 변수가 x, z 이렇게 두 개 있습니다).

1. 다른 클래스에 있는 코드에서 doStuff()를 호출하고 doStuff()가 스택 맨 위의 스택 프레임으로 들어갑니다. 'b'라는 불리언 변수도 doStuff() 스택 프레임으로 들어갑니다.

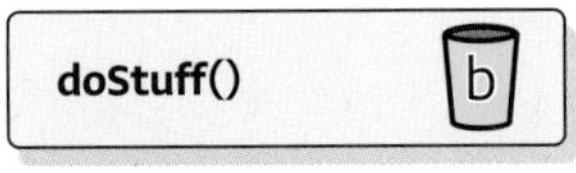

2. doStuff()에서 go()를 호출합니다. 그러면 go()가 스택의 맨 위로 올라갑니다. go() 스택 프레임에는 'x'와 'z' 변수가 들어 있습니다.

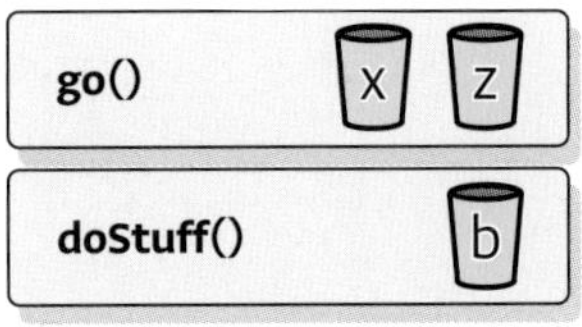

3. go()에서 crazy()를 호출합니다. 이제 crazy()가 스택 맨 위로 올라갑니다. 그리고 그 프레임에는 변수 'c'도 들어갑니다.

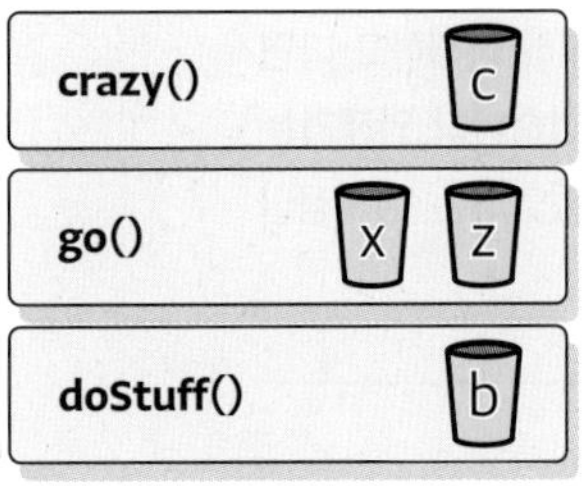

4. crazy()가 끝나면 스택에서 그 스택 프레임이 제거됩니다. 그러면 go() 메서드로 돌아가서 crazy()를 호출한 바로 다음 행으로 넘어갑니다.

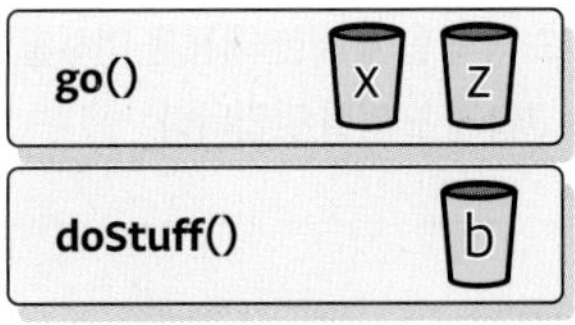

로컬 변수로 들어 있는 객체는 어떻게 되나요?

원시 변수가 아닌 변수에는 객체 자체가 아닌 객체에 대한 레퍼런스가 들어 있습니다. 이미 알고 있겠지만, 객체는 실제로 힙 안에 들어 있습니다. 선언되었는지, 생성되었는지는 전혀 중요하지 않습니다. 로컬 변수가 객체에 대한 레퍼런스인 경우에는 변수(레퍼런스, 즉 리모컨)만 스택에 들어갑니다.

객체 자체는 여전히 힙 안에 들어 있죠.

```
public class StackRef {
   public void foof() {
      barf();
   }

   public void barf() {
      Duck d = new Duck();
   }
}
```

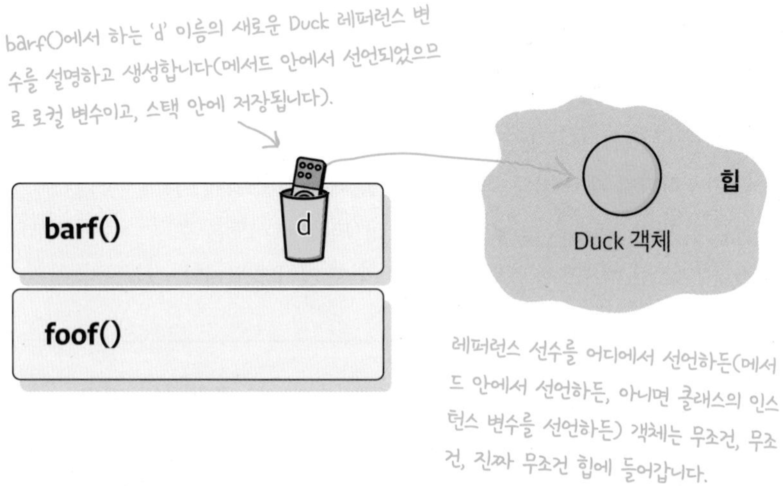

barf()에서 하는 'd' 이름의 새로운 Duck 레퍼런스 변수를 설명하고 생성합니다(메서드 안에서 선언되었으므로 로컬 변수이고, 스택 안에 저장됩니다).
barf()
d
foof()
힙
Duck 객체
레퍼런스 선수를 어디에서 선언하든(메서드 안에서 선언하든, 아니면 클래스의 인스턴스 변수를 선언하든) 객체는 무조건, 무조건, 진짜 무조건 힙에 들어갑니다.

무엇이든 물어보세요

Q&A

Q 그런데 이런 스택이나 힙에 대한 내용을 왜 배우는 거죠? 어디에 써먹을 수 있나요? 정말 배워야 하는 건가요?

A 변수 영역, 객체 생성 문제, 메모리 관리, 스레드, 예외 처리 등을 이해하는 데 있어서 자바의 스택과 힙에 대한 기본적인 내용을 이해하는 것은 필수불가결한 요소입니다. 스레드와 예외 처리는 나중에 알아보겠지만, 나머지는 이 장에서 알아보겠습니다. 특정 JVM이나 플랫폼에서 스택과 힙을 구현하는 방법은 몰라도 됩니다. 스택과 힙에 대해서는 앞 페이지와 이 페이지에 있는 정도만 알아도 됩니다. 이 내용을 확실히 이해하고 나면 나머지 내용을 정말 쉽게 이해할 수 있습니다. 언젠가는 스택과 힙에 대한 내용을 이해할 수 있었다는 것이 정말 고맙게 느껴질 것입니다.

핵심 정리

- 자바에서 우리가 관심을 가져야 할 메모리 공간은 힙과 스택, 이렇게 두 개가 있습니다.
- 클래스 안에서, 하지만 메서드 밖에서 선언된 변수가 인스턴스 변수입니다.
- 메서드 안에서 선언된 변수 또는 매개변수는 로컬 변수입니다.
- 모든 로컬 변수는 스택에 들어 있으며 그 변수를 선언한 메서드에 해당하는 프레임 안에 들어 있습니다. 객체 레퍼런스 변수도 원시 변수와 마찬가지로 로컬 변수로 선언했으면 스택에 저장됩니다.
- 레퍼런스가 로컬 변수든, 인스턴스 변수든 상관없이 모든 객체는 힙에 저장됩니다.

로컬 변수가 스택에서 산다면 인스턴스 변수는 어디에서 사나요?

new CellPhone() 같은 명령을 내리면 자바는 힙에 그 CellPhone 객체를 위한 공간을 만들어야 합니다. 하지만 얼마나 많은 공간을 만들까요? 그 객체를 저장하기에 충분한 공간을 만듭니다. 즉, 그 객체의 모든 인스턴스 변수를 저장하는 데 충분한 공간을 확보하지요. 그러니까 인스턴스 변수는 힙에, 그 변수가 속하는 객체 **안에서** 살지요.

객체의 인스턴스 변숫값은 그 객체 안에서 살고 있습니다. 그 인스턴스 변수가 모두 원시 변수라면 자바는 그 원시 타입을 바탕으로 인스턴스 변수를 저장하기 위한 공간을 만듭니다. int에는 32비트, long에는 64비트 같은 식으로 말입니다. 그 원시 변수에 들어 있는 값에 대해서는 신경을 쓰지 않습니다. int 안에 들어 있는 숫자가 32,000,000이든, 32든 int 변수의 비트 크기(32비트)는 똑같습니다.

하지만 인스턴스 변수가 객체면 어떻게 될까요? CellPhone 객체에 Antenna 객체가 들어 있다면 어떻게 될까요?

새로운 객체에 원시 변수가 아닌 객체 레퍼런스인 인스턴스 변수가 들어 있으면 '그 객체에서는 그 안에 들어 있는 모든 레퍼런스가 참조하는 객체를 저장할 공간을 필요로 할까?'라는 의문점에 대해 생각해 봐야 할 것입니다. 그 답은 "그렇지 않다."입니다. 물론 그 인스턴스 변수의 값을 저장하기 위한 공간은 확보해야 합니다. 하지만 레퍼런스 변수의 값은 객체 전체가 아닌 그 객체에 대한 리모컨이라는 점을 상기해 보세요. 따라서 CellPhone에서 Antenna라는 원시 타입이 아닌 변수를 선언한다면 자바는 CellPhone 객체 내에 Antenna 객체가 아닌 Antenna의 리모컨(레퍼런스 변수)이 들어갈 만한 공간만 확보하면 됩니다.

그러면 그 Antenna 객체는 언제 힙에 자리를 잡을까요? 우선 Antenna 객체 자체가 언제 생성되는지 알아야 하는데, 그 시기는 인스턴스 변수 선언에 따라 달라집니다. 인스턴스 변수가 선언되긴 했지만 거기에 객체를 대입하지 않는다면 레퍼런스 변수(리모컨)를 저장하기 위한 공간만 생성됩니다.

```
private Antenna ant;
```

레퍼런스 변수에 새로운 Antenna 객체를 대입하기 전까지는 힙에 실제 Antenna 객체가 만들어지지 않습니다.

```
private Antenna ant = new Antenna();
```

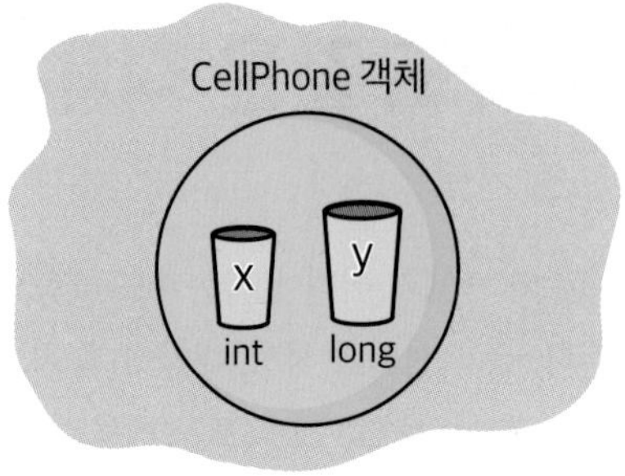

원시 인스턴스 변수 두 개가 들어 있는 객체. 변수를 저장하기 위한 공간은 객체 안에 마련됩니다.

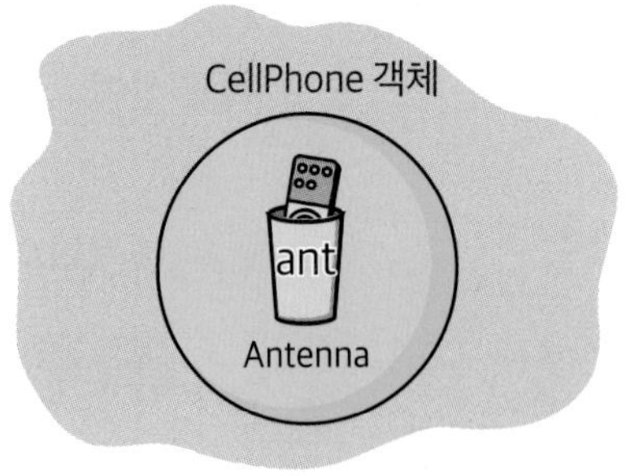

원시 변수가 아닌 인스턴스 변수(Antenna 객체에 대한 레퍼런스)가 한 개 들어 있는 객체. 하지만 실제 Antenna 객체는 그 안에 들어가지 않습니다. 변수를 선언하기만 하고 실제 Antenna 객체로 초기화하기 전에는 이런 상태로 남습니다.

```
public class CellPhone {
  private Antenna ant;
}
```

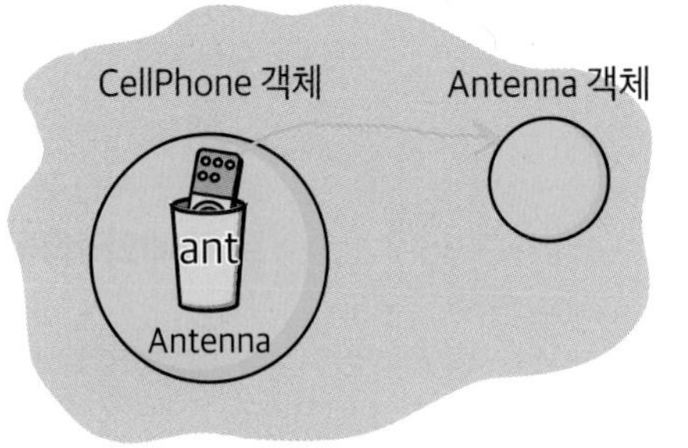

원시 변수가 아닌 인스턴스 변수가 하나 들어 있는 객체. Antenna 변수에 새로운 Antenna 객체가 대입되어 있는 상태입니다.

```
public class CellPhone {
  private Antenna ant = new Antenna();
}
```

기적과도 같은 객체 생성

이제 변수와 객체가 어디에 사는지도 배웠으니까 객체 생성이라는 불가사의한 세계로 뛰어들어 봅시다. 객체 선언과 생성, 대입의 세 가지 단계를 기억하고 있겠죠? 레퍼런스 변수를 선언하고, 객체를 생성하고, 그 객체를 레퍼런스에 대입하는 세 가지 단계를 앞서 배웠잖아요.
하지만 아직 두 번째 단계(어떤 기적이 일어나서 새로운 객체가 '태어나는' 단계)는 잘 모릅니다. 자, 이제 객체의 삶의 비밀을 밝혀 보겠습니다.

객체 선언, 생성 및 대입의 3단계를 다시 훑어 봅시다.

어떤 클래스 또는 인터페이스 타입의 레퍼런스 변수를 새로 만듭니다.

1 레퍼런스 변수를 선언합니다.

```
Duck myDuck = new Duck();
```

이 두 번째 단계에서 기적 같은 일이 일어납니다.

2 객체를 만듭니다.

```
Duck myDuck = new Duck();
```

새로 만든 객체를 레퍼런스에 대입합니다.

3 객체와 레퍼런스를 연결합니다.

```
Duck myDuck = new Duck();
```

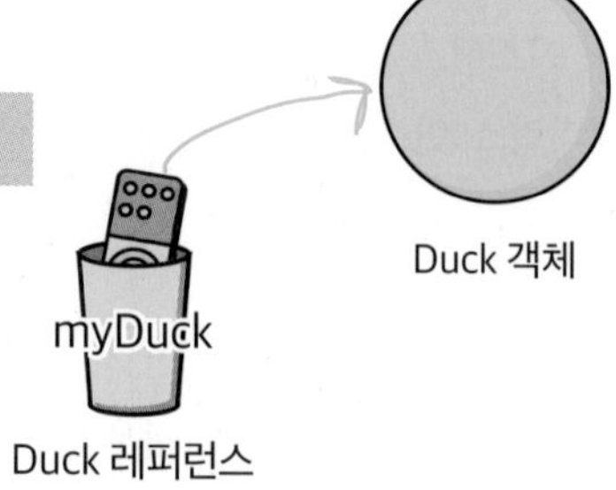

Duck()이라는 이름을 가진 메서드를 호출하는 건가요?
겉으로 보기에는 확실히 그런 것 같은데요?

괄호가 있는 걸 보면 Duck()이라는 이름의 메서드를 호출하는 것 같네요.

```
Duck myDuck = new Duck();
```

아닙니다.
Duck '생성자'를 호출하는 것입니다.

생성자는 겉으로 보기에는 메서드와 거의 똑같지만, 메서드가 아닙니다. **new**라는 키워드를 사용했을 때 실행할 코드가 들어 있죠. 즉, 어떤 클래스 타입의 인스턴스를 만들 때 실행할 코드가 들어 있습니다.

생성자를 호출할 때는 반드시 **new**라는 키워드를 쓰고 그 뒤에 클래스명을 적어 줘야 합니다. JVM에서는 클래스를 찾아서 그 클래스에 들어 있는 생성자를 호출합니다. 정확하게 말하자면 생성자를 호출하는 방법이 이것뿐인 것은 아닙니다. 그래도 생성자 밖에서 생성자를 호출하는 방법은 이것뿐입니다. 제약이 따르긴 하지만 생성자 내부에서 다른 생성자를 호출하는 것도 가능한데, 그와 관련된 내용은 잠시 후에 알아보겠습니다.

생성자에는 객체를 생성할 때 실행되는 코드가 들어 있습니다. 즉, 어떤 클래스 타입에 대해 new 키워드를 사용했을 때 실행되는 코드가 들어 있죠.
우리가 만드는 모든 클래스에는 생성자가 있습니다. 우리가 직접 만들지 않아도 말이죠.

그런데 생성자는 어디에 있지요?
우리가 만들지 않았다면 누가 만들죠?

여러분이 직접 자신이 만드는 클래스에 대한 생성자를 만들 수도 있지만(조금 후에 해 보겠습니다) 생성자를 직접 만들지 않더라도 **컴파일러에서 알아서 만들어 줍니다.**

컴파일러에서 만드는 기본 생성자는 다음과 같습니다.

```
public Duck() {
}
```

뭔가 빠진 것 같죠?
생성자는 일반 메서드하고 어떻게 다른 건가요?

생성자명은 반드시 클래스명과 같아야 합니다.

리턴 타입이 없네요. 메서드라면 public과 Duck() 사이에 리턴 타입이 들어가야 하겠죠?

```
public  Duck() {
  // 생성자 코드가 들어갈 자리
}
```

Duck 객체 만들기

생성자의 가장 중요한 특징은 객체가 레퍼런스에 대입되기 전에 실행된다는 점입니다. 즉, 객체를 실제로 사용하기 전에 그 객체를 쓰는 데 필요한 작업을 처리할 수 있습니다. 바꿔 말하자면 누군가가 어떤 객체에 대한 리모컨을 사용하기 전에 그 객체가 생성되는 과정에 도움을 줄 수 있습니다. 여기에 있는 Duck 생성자에서는 그다지 특별한 작업을 처리하는 것은 아니지만, 어떤 일이 일어나는지를 보여 주기 위해 한번 만들어 봤습니다.

생성자는 new 가운데 끼어들 수 있는 기회를 제공합니다.

```
public class Duck {

   public Duck() {
      System.out.println("Quack");
   }
}
```

← 생성자 코드

```
public class UseADuck {

   public static void main (String[] args) {
      Duck d = new Duck();
   }
}
```

← Duck 생성자를 호출합니다.

출력 결과:

```
File Edit Window Help Quack
% java UseADuck
Quack
```

쓰면서 제대로 공부하기

→ 풀어 보세요

생성자를 사용하면 객체 생성 단계 중간에(즉, new 중간에) 끼어들 수 있습니다. 그런 기능을 써먹을 수 있는 상황을 상상해 보세요. 자동차 경주 게임에서 Car라는 자동차 객체를 사용한다면 다음 중 Car 클래스 생성자에서 써먹을 수 있는 것을 골라 봅시다. 뭔가 시나리오가 머릿속에 떠오를 수 있는 것을 체크해 보세요.

- ☐ 클래스 타입으로 만든 객체의 개수를 추적하기 위한 카운터를 증가시킵니다.
- ☐ 실행 중에 필요한 상태(실시간으로 생기는 데이터)를 대입합니다.
- ☐ 객체에서 중요한 역할을 하는 인스턴스 변수에 값을 대입합니다.
- ☐ 새로운 객체를 생성하고 있는 객체의 레퍼런스를 구해서 저장합니다.
- ☐ 객체를 ArrayList에 추가합니다.
- ☐ 그 객체에 집어넣을 다른 객체를 생성합니다.
- ☐ ____________________ (여러분이 생각한 용도를 적어 보세요)

새로운 Duck 객체의 상태를 초기화하는 방법

객체의 상태를 초기화하는 작업, 즉 객체의 인스턴스 변수에 값을 대입하는 작업은 대부분 생성자에서 처리합니다.

```
public Duck() {
   size = 34;
}
```

Duck 클래스 개발자가 Duck 객체의 크기를 알고 있다면 위와 같이 해도 됩니다. 하지만 Duck을 사용하는 프로그래머가 그 오리(Duck)의 크기를 결정하게 하고 싶다면 어떻게 해야 할까요?

Duck 클래스를 사용하는 프로그래머가 새로운 Duck의 크기를 결정할 수 있게 하고 싶다고 가정해 봅시다.

클래스에 setSize()라는 세터 메서드를 만드는 방법을 생각할 수 있겠죠. 하지만 그렇게 하면 Duck 클래스의 size 변수가 얼마 동안 정해지지 않고 Duck을 사용하는 프로그래머가 반드시 명령문 두 개(Duck을 생성하기 위한 것과 setSize() 메서드를 호출하기 위한 것)를 사용해야 한다는 문제점이 있습니다. 아래의 코드에서는 세터 메서드를 이용해서 새로운 Duck 객체의 초기 크기(size 변수)를 설정합니다.

```
public class Duck {
  int size;   ← 인스턴스 변수

  public Duck() {
    System.out.println("Quack");   ← 생성자
  }

  public void setSize(int newSize) {   ← 세터 메서드
    size = newSize;
  }
}
```

```
public class UseADuck {

  public static void main(String[] args) {
    Duck d = new Duck();

    d.setSize(42);   ← 이 부분이 문제가 됩니다. 코드의 이 지점에서는 Duck 객체가 엄연히 있는데, 그 크기(size 변수)가 정해지지 않은 상태입니다. 그리고 Duck을 사용하는 프로그래머들에게 Duck을 생성할 때 두 단계(생성자 호출과 세터 메서드 호출)를 거쳐야 한다는 점을 알려 줘야만 하는 문제점도 있습니다.
  }
}
```

무엇이든 물어보세요

Q&A

Q1 컴파일러에서 자동으로 만들어 준다면 왜 굳이 생성자를 만들어야 하죠?

A1 객체를 초기화하는 것을 보조하고 객체를 사용자가 쓰기 전에 필요 한 준비 작업을 하는 코드가 필요하다면 생성자를 직접 만들어야 합니다. 예를 들어서, 객체를 준비하는 과정을 끝내기 전에 사용자로부터 뭔가를 입력받아야 하는 경우를 생각할 수도 있을 것입니다. 그리고 별도의 생성자 코드를 직접 만들 필요가 없는 경우에도 생성자를 만들어야 하는 경우가 있습니다. 상위 클래스의 생성자와 관련된 문제인데, 잠시 후에 알아보겠습니다.

Q2 메서드와 생성자를 어떻게 구분할 수 있나요? 그리고 클래스와 이름이 같은 메서드를 만들 수 있나요?

A2 자바는 클래스와 이름이 같은 메서드를 만들 수도 있습니다. 하지만 클래스와 이름이 똑같다고 해서 무조건 생성자가 되는 것은 아닙니다. 메서드와 생성자를 구분하는 것은 바로 리턴 타입이지요. 메서드에는 반드시 리턴 타입이 있어야 하지만 생성자는 리턴 타입이 없어야만 합니다.

```
public Duck() { }   ← 생성자

public void Duck() { }   ← 메서드
       ↑ 리턴 타입
```

이런 메서드를 만들어도 컴파일러에서 뭐라고 하진 않겠지만 **생성자랑 같은 이름의 메서드는 만들지 맙시다.** 메서드 이름은 소문자로 시작하는 일반적인 명명법에 위배되기도 하지만 엄청나게 헷갈린다는 더 결정적인 문제가 있으니까요.

Q3 생성자도 상속되나요? 상위 클래스에서만 생성자를 만들고 하위 클래스에서 생성자를 만들지 않으면 기본 생성자 대신 상위 클래스의 생성자가 쓰이나요?

A3 아닙니다. 생성자는 상속되지 않습니다. 잠시 후에 그와 관련된 내용을 살펴보겠습니다.

참고: 물론, 인스턴스 변수에는 초깃값이 있습니다. 숫자 형태의 원시 타입에 대해서는 0 또는 0.0이라는 값이, 불리언 타입에 대해서는 false가, 레퍼런스에 대해서는 null 초깃값으로 자동 대입됩니다.

생성자를 이용해서 중요한 Duck의 상태를 초기화하는 방법

한 번만 호출해서 Duck을 만들고 Duck의 크기를 설정할 수 있게 만듭시다. 즉, 생성자만 호출해도 그런 작업을 모두 할 수 있게 해 보자고요.

한 개 이상의 상태(인스턴스 변수)가 초기화되기 전까지 객체를 사용해선 안 된다면 초기화가 끝나기 전까지는 어느 누구도 Duck 객체를 가질 수 없게 하면 됩니다. setSize() 메서드를 호출하기 전까지는 아직 준비가 안 된 상태인 새로운 Duck 객체를 누군가가 만들 수 있게 한다는 것은(그리고 그 객체에 대한 레퍼런스를 가질 수 있게 한다는 것은) 너무 위험한 일이라고 할 수 있겠죠. Duck을 사용하는 프로그래머 입장에서는 새로운 Duck 객체를 만든 다음에 반드시 세터 메서드를 호출해야 한다는 것을 알아내는 것도 쉽지는 않습니다.
초기화 코드를 집어넣기에 가장 좋은 장소는 생성자입니다. 인자가 있는 생성자만 만들면 이런 문제를 해결할 수 있습니다.

```
public class Duck {
  int size;

  public Duck(int duckSize) {
    System.out.println("Quack");

    size = duckSize;

    System.out.println("size is " + size);
  }
}
```

Duck 생성자에 int 매개변수를 추가합니다.

인자값을 이용해서 size 인스턴스 변숫값을 설정합니다. 이렇게 하는 대신 setSize 메서드를 호출해도 됩니다.

```
public class UseADuck {

  public static void main (String[] args) {
    Duck d = new Duck(42);
  }
}
```

이번에는 명령문 한 개만 있어도 됩니다. 이 새로운 Duck 객체를 만들고 크기를 설정하는 것을 명령문 하나로 해결할 수 있게 고쳤으니까요.

생성자에 값을 전달합니다.

출력 결과:

```
File Edit Window Help Honk
% java UseADuck
Quack
size is 42
```

참고: 그렇다고 해서 어떤 상태는 중요하지 않다는 것을 의미하는 것은 아닙니다.

Duck을 쉽게 만들 수 있게 하는 방법

인자가 없는 생성자를 꼭 만듭시다.

Duck 생성자가 인자를 필요로 한다면 어떤 일이 일어날까요? 한번 생각해 보세요. 앞 페이지를 보면 Duck 생성자가 하나밖에 없습니다. 그런데 그 생성자는 Duck의 크기를 지정하기 위한 인자를 받아들이지요. 그렇다고 해서 무슨 문제가 생기는 것은 아니지만, 프로그래머 입장에서 Duck 객체를 만들기가 힘들어집니다. 특히 프로그래머가 Duck의 크기를 얼마로 해야 할지 모르는 경우에는 정말 난감해지겠죠. 그러면 Duck의 기본 크기를 정해 놓고 사용자가 적당한 크기를 모르는 경우에도 무난하게 쓸 수 있는 Duck 객체를 만들 수 있게 하면 어떨까요?

Duck을 사용하는 사람이 Duck 객체를 만들 때 두 가지 옵션 가운데 하나를 선택할 수 있게 할 수 있다면 어떨까요? 하나는 사용자가 (생성자의 인자로) Duck의 크기를 지정하는 방법, 다른 하나는 크기를 지정하지 않아도 되는 (대신 Duck의 기본 크기가 자동으로 설정되는) 방법, 이렇게 말이죠.

생성자 하나만 가지고는 이 작업을 깔끔하게 처리할 수 없습니다. 어떤 메서드(생성자에 대해서도 똑같은 규칙이 적용됩니다)에 매개변수가 있으면 그 메서드나 생성자 호출할 때 반드시 적당한 인자를 전달해야 합니다. 그냥 "생성자에 아무것도 전달하지 않으면 기본 크기를 사용한다."라고 할 수는 없습니다. 생성자를 호출할 때 int 인자를 전달하지 않으면 그 코드가 아예 컴파일도 되지 않으니까요. 다음과 같은 식으로 할 수는 있지만 그리 좋은 방법이라고는 할 수 없습니다.

```
public class Duck {
  int size;

  public Duck(int newSize) {
    if (newSize == 0) {
      size = 27;
    } else {
      size = newSize;
    }
  }
}
```

매개변수의 값이 0이면 새로 만들어지는 Duck의 크기를 기본값으로 설정하고 0이 아니면 크기를 매개변수로 주어진 값으로 설정합니다. 좋은 방법이라고는 할 수 없습니다.

이렇게 하면 새로운 Duck 객체를 만드는 프로그래머가 크기를 기본값으로 하고 싶으면 '0'을 전달하면 된다는 프로토콜을 알고 있어야 합니다. 정말 나쁜 방법이죠. 다른 프로그래머가 그 사실을 모른다면 어떻게 될까요? 아니면 정말 크기가 0인 Duck을 원한다면 어떻게 될까요? 여기에서 중요한 점은 사용자가 인자로 전달할 때 "size 값을 0으로 하고 싶어."와 "0을 넘길 테니까 기본값으로 설정해 줘."를 구분할 수 없다는 점입니다.

새로운 Duck을 만드는 두 가지 방법을 제공해야 합니다.

```
public class Duck2 {
  int size;

  public Duck2() {
    // 기본값을 지정합니다.
    size = 27;
  }

  public Duck2(int duckSize) {
    // duckSize 매개변수 사용
    size = duckSize;
  }
}
```

크기를 알고 있는 상태에서 Duck을 만들 때

```
Duck2 d = new Duck2(15);
```

크기를 모르는 상태에서 Duck을 만들 때

```
Duck2 d2 = new Duck2();
```

즉, 이렇게 두 가지 옵션 중에 하나를 택해서 Duck 객체를 만들 수 있게 하려면 생성자를 두 개 만들어야 합니다. 하나는 int를 받아들이는 것이고 다른 하나는 아무 인자도 받아들이지 않는 것이죠. 클래스에 두 개 이상의 생성자가 있다는 것은 **오버로드**된 생성자가 있다는 것을 의미합니다.

인자가 없는 생성자는 컴파일러에서 항상 자동으로 만들어 주지 않나요?

아닙니다. ☆

'인자가 있는 생성자만 만들면 컴파일러에서 인자가 없는 생성자가 없음을 알고 자동으로 그런 생성자를 하나 만들어 주지 않을까?'라고 생각하는 독자들이 있을지도 모르겠습니다. 하지만 그렇지 않습니다. 컴파일러는 생성자가 전혀 없는 경우에만 생성자를 자동으로 만들어 줍니다.

인자를 받아들이는 생성자를 만들었는데, 인자를 받아들이지 않는 생성자도 만들고 싶다면 인자를 받아들이지 않는 생성자도 직접 만들어야 합니다.

프로그래머가 직접 생성자를 만든다면 생성자의 종류에는 상관없이 컴파일러에서 '생성자는 프로그래머가 모두 책임을 지는구나'라고 생각합니다.

클래스에 생성자가 두 개 이상 있으면 각 생성자의 인자 목록은 반드시 서로 달라야 합니다.

인자 목록을 구분할 때는 인자의 순서와 타입을 모두 따집니다. 인자 목록만 다르다면 생성자 두 개 이상을 만들 수 있습니다. 이 규칙은 메서드에 대해서도 그대로 적용되는데, 그에 대한 내용은 다른 장에서 알아보겠습니다.

어디 보자…
"자신이 직접 생성자를
만들 권리가 있다." 흠, 말이 되는군.
"생성자를 만들 수 없으면 컴파일러에서
자동으로 하나를 만들어 준다."
오호. 좋은데….

생성자 오버로딩을 이용하면 한 클래스에 두 개 이상의 생성자를 만들 수 있습니다

이때 각 생성자의 인자 목록이 서로 다르지 않으면 컴파일이 되지 않습니다.

아래에 있는 클래스는 각 생성자의 인자 목록이 서로 다르기 때문에 문법적으로 전혀 문제가 없는 클래스입니다. 하지만 예를 들어서, int 한 개를 받아들이는 생성자가 두 개 있으면 그 클래스는 컴파일이 되지 않습니다. 매개변수명을 다르게 한다고 해도 마찬가지로 컴파일을 할 수 없습니다. 중요한 것은 변수의 타입(int, Dog 등)과 순서입니다. **순서가 다르다면** 똑같은 타입의 인자들을 가지는 생성자를 만들 수도 있습니다. String 다음에 int를 받아들이는 생성자는 int 다음에 String을 받아들이는 생성자와 다른 것으로 간주됩니다.

서로 다른 생성자 네 개가 있다는 것은 네 가지의 서로 다른 방법으로 새로운 버섯(Mushroom 객체)을 만들 수 있다는 것을 의미합니다.

```
public class Mushroom {
  public Mushroom(int size) { }
  public Mushroom( ) { }
  public Mushroom(boolean isMagic) { }
  public Mushroom(boolean isMagic, int size) { }
  public Mushroom(int size, boolean isMagic) { }
}
```

크기는 아는데 독버섯(magic mushroom)인지 아닌지 모를 경우

아무것도 모르는 경우

독버섯인지, 아닌지는 알고 크기는 모르는 경우

같은 인자들이 쓰이지만 순서가 다르므로 괜찮습니다.

독버섯인지는 알고 있고 크기도 알고 있는 경우

참고: 이 두 생성자는 인자의 타입은 똑같지만, 순서가 다르므로 서로 다른 생성자입니다.

핵심 정리

- 인스턴스 변수는 그 변수가 들어 있는 객체 안에(힙 안에) 저장됩니다.
- 인스턴스 변수가 객체에 대한 레퍼런스인 경우에는 레퍼런스와 객체가 모두 힙에 저장됩니다.
- 어떤 클래스 타입에 대해 **new** 키워드를 사용할 때 실행되는 코드를 생성자라고 합니다.
- 생성자명은 반드시 클래스명과 같아야 하며 리턴 타입은 없어야 합니다.
- 생성자를 이용해서 생성되는 객체의 상태(인스턴스 변수)를 초기화할 수 있습니다.
- 클래스에 생성자가 없으면 컴파일러에서 기본 생성자를 만듭니다.
- 기본 생성자는 언제나 인자가 없는 생성자입니다.
- 클래스를 만들 때 생성자를 만들면(어떤 종류의 생성자를 만들어도) 컴파일러에서 기본 생성자를 만들어 주지 않습니다.
- 인자가 없는 생성자를 만들고 싶은데, 인자가 있는 생성자가 따로 있다면 인자가 없는 생성자도 손수 만들어야 합니다.
- 가능하면 프로그래머가 제대로 된 객체를 만들 수 있게 인자가 없는 생성자도 만드는 것이 좋습니다. 그런 경우에는 기본값을 지정해야겠죠?
- 생성자 오버로딩을 활용하면 클래스에 두 개 이상의 생성자를 만들 수 있습니다.
- 오버로드된 생성자들의 인자 목록은 반드시 서로 달라야 합니다.
- 인자 목록이 똑같은 생성자가 두 개 이상 있을 수 없습니다. 인자 목록을 따질 때는 순서와 인자의 타입을 모두 따집니다.
- 프로그래머가 직접 기본값을 지정하지 않아도 인스턴스 변수에는 자동으로 기본값이 지정됩니다. 원시 타입의 기본값은 0/0.0/false고 객체에 대한 레퍼런스의 기본값은 null입니다.

쓰면서 제대로 공부하기

풀어 보세요

각 new Duck() 명령문과 Duck의 인스턴스를 만들 때 실행되는 생성자를 연결해 보세요. 첫 번째는 쉬우니까 저희가 연결해 보았습니다.

```
public class TestDuck {

  public static void main(String[] args) {
    int weight = 8;
    float density = 2.3F;
    String name = "Donald";
    long[] feathers = {1, 2, 3, 4, 5, 6};
    boolean canFly = true;
    int airspeed = 22;

    Duck[] d = new Duck[7];

    d[0] = new Duck();
    d[1] = new Duck(density, weight);
    d[2] = new Duck(name, feathers);
    d[3] = new Duck(canFly);
    d[4] = new Duck(3.3F, airspeed);
    d[5] = new Duck(false);
    d[6] = new Duck(airspeed, density);
  }
}
```

```
class Duck {
  private int kilos = 6;
  private float floatability = 2.1F;
  private String name = "Generic";
  private long[] feathers = {1, 2, 3,
                              4, 5, 6, 7};
  private boolean canFly = true;
  private int maxSpeed = 25;

  public Duck() {
    System.out.println("type 1 duck");
  }

  public Duck(boolean fly) {
    canFly = fly;
    System.out.println("type 2 duck");
  }

  public Duck(String n, long[] f) {
    name = n;
    feathers = f;
    System.out.println("type 3 duck");
  }

  public Duck(int w, float f) {
    kilos = w;
    floatability = f;
    System.out.println("type 4 duck");
  }
   public Duck(float density, int max) {
    floatability = density;
    maxSpeed = max;
    System.out.println("type 5 duck");
  }
}
```

무엇이든 물어보세요

Q&A

Q 앞서 인자가 없는 생성자를 호출했을 때 기본값을 지정해 줄 수 있게 인자가 없는 생성자도 만드는 것이 좋다고 했잖아요? 그런데 기본값을 지정할 수 없는 경우는 없나요? 클래스에 인자가 없는 생성자를 만들지 않아야 하는 경우는 없나요?

A 맞습니다. 인자가 없는 생성자가 무의미한 경우도 있습니다. 자바 API에도 인자가 없는 생성자가 들어 있지 않은 클래스가 있습니다. 예를 들어서, 색을 나타내는 Color 클래스가 있는데, Color 객체는 스크린 폰트나 GUI 버튼의 색을 설정하거나 변경하는 용도로 쓰입니다. Color 인스턴스를 만들 때는 그 인스턴스가 반드시 특정 색을 표현할 수 있어야 합니다. Color 객체를 만들 때는 어떤 방법으로든지 색을 지정해야만 합니다.

```
Color c = new Color(3,45,200);
```

(여기서는 RGB 값을 나타내는 정수 세 개를 썼습니다. Color 클래스와 관련된 내용은 15장 <스윙을 알아봅시다>에서 살펴보겠습니다) 이렇게 색을 지정하지 않으면 어떤 것이 만들어질까요? 자바 API 프로그래머가 인자가 없는 Color 생성자를 호출하면 예쁜 분홍색이 기본으로 지정되게 할 수도 있었겠지만, 대신 더 안전한 방법을 선택했습니다. 다음과 같이 Color 객체를 만들 때 생성자에 인자를 전달하지 않을 경우를 살펴봅시다.

```
Color c = new Color();
```

출력 결과:

컴파일러는 Color 클래스에 주어진 명령문에 맞는 인자가 없는 생성자가 없다는 것을 알아내고는 다음과 같은 오류 메시지를 출력합니다.

```
File Edit Window Help StopBeingStupid
cannot resolve symbol
:constructor Color()
location:  class  java.awt.
Color
Color c = new Color();
            ^
1 error
```

세부 리뷰: 생성자에 대해 반드시 알아야 할 네 가지

1 생성자는 누군가가 어떤 클래스 타입에 대해 new를 쓸 때 실행되는 코드입니다.

```
Duck d = new Duck();
```

2 생성자명은 반드시 클래스명과 같아야 하며 리턴 타입은 없습니다.

```
public Duck(int size) { }
```

3 클래스를 만들 때 생성자를 만들지 않으면 컴파일러에서 기본 생성자를 자동으로 추가해 줍니다. 기본 생성자는 언제나 인자가 없는 생성자입니다.

```
public Duck() { }
```

4 인자 목록만 다르면 한 클래스에 생성자 여러 개를 만들 수도 있습니다. 한 클래스에 두 개 이상의 생성자가 있으면 오버로드된 생성자가 있다고 말합니다.

```
public Duck() { }

public Duck(int size) { }

public Duck(String name) { }

public Duck(String name, int size) { }
```

참고: 이 책에 나와 있는 두뇌 운동을 모두 하면 뉴런의 크기가 42% 커진다고 합니다. 뉴런이 커지면 그만큼 머리가 쨍쨍하게 돌아가겠죠?

뇌 일깨우기

상위 클래스는 어떻게 될까요?
Dog 객체를 만들 때 Canine의 생성자도 실행될까요?
상위 클래스가 추상 클래스라면 생성자가 있어야 할까요?

이 질문에 대한 내용은 다음 페이지부터 시작 해서 몇 페이지에 걸쳐서 알아볼 것입니다. 다음 페이지로 그냥 넘어가지 말고 생성자와 상위 클래스를 깊이 생각해 보고 나서 넘어가세요.

무엇이든 물어보세요 Q&A

Q1 생성자는 반드시 public으로 지정해야 하나요?

A1 아닙니다. 생성자는 public, protected, private, default(접근 변경자를 전혀 사용하지 않은 경우)로 지정할 수 있습니다. default 접근에 대한 내용은 부록 B에서 알아보겠습니다.

Q2 private 생성자는 어떤 용도로 쓰나요? 아무도 그 생성자를 호출할 수 없으면 그 생성자를 가지고 새로운 객체를 만들 수 없지 않나요?

A2 그렇진 않습니다. 어떤 것을 **private**으로 지정한다고 해서 그것에 아무도 접근할 수 없는 것은 아닙니다. 클래스 밖에서 아무도 접근할 수 없을 뿐이죠. 조금 당황스럽게 느껴질지도 모르겠습니다. private으로 선언한 생성자가 들어 있는 클래스와 같은 클래스에 있는 코드에서만 그 클래스로부터 새로운 객체를 만들 수 있다면 애초에 그 객체를 만들지도 못한 상태에서 어떻게 그 클래스 내부로부터 코드를 실행시킬 수 있을까요? 조금만 참아주세요. 다음 장에 가면 모두 알 수 있습니다.

잠깐만요. 아직 상위 클래스와 상속, 그리고 생성자의 관계에 대해서는 알아보지 않은 것 같은데요?

지금부터가 정말 재미있는 부분입니다. 8장에서 Snowboard 클래스의 Object 부분을 나타내는, 안쪽 핵심을 감싸고 있는 Snowboard 객체에 대해 설명한 부분이 기억나죠? 그 부분에서 가장 중요한 포인트는 모든 객체에는 그 객체에서 선언한 인스턴스 변수뿐만 아니라 상위 클래스에서 받아온 것도 모두 들어 있다는 것이었습니다(최소한 Object 클래스는 들어 있겠죠? 모든 클래스는 Object를 확장한 클래스니까요).

따라서 어떤 객체가 만들어지면(즉, 누군가가 **new** 키워드를 사용한 경우겠죠. 누군가가 어디에서 해당 클래스 타입에 대해 **new** 키워드를 사용하지 않으면 객체를 생성할 수가 없으니까요) 그 객체에는 상속 트리 전체에 걸쳐 축적된 그 객체에 들어 있는 모든 인스턴스 변수에 대한 공간이 부여됩니다. 조금만 더 생각해 봅시다. 상위 클래스에 private 변수를 캡슐화하는 세터 메서드가 있으면 어떻게 될까요? 그런 변수는 어딘가 다른 곳에서 살아야 합니다. 어떤 객체가 생성된다는 것은 객체 여러 개가 만들어지는 것이라고 할 수 있습니다. new 키워드를 써서 새로 만든 객체뿐만 아니라 각 상위 클래스마다 객체가 하나씩 더 생기는 셈이죠. 하지만 개념적으로 본다면 밑에 나와 있는 것처럼 새로 만들어지는 객체에 각 상위 클래스를 나타내는 층이 켜켜이 들어가 있는 것으로 이해하는 편이 훨씬 낫습니다.

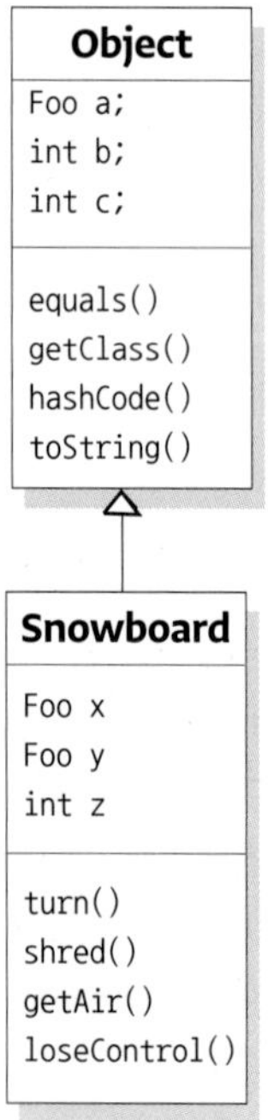

Object에는 세터 및 게터 메서드로 캡슐화된 인스턴스 변수가 있습니다. 그런 인스턴스 변수는 하위 클래스의 인스턴스가 만들어질 때마다 생성됩니다. 왼쪽에 있는 것이 진짜 Object 변수는 아니지만 어차피 캡슐화되어 있으니까 구체적으로 어떤 변수가 들어 있는지는 신경 쓰지 않아도 되겠죠?

Snowboard에도 별도의 인스턴스 변수가 있으므로 Snowboard 객체를 만들려면 두 클래스 모두의 인스턴스 변수를 저장하기 위한 공간이 필요합니다.

힙 안에 들어 있는 객체 하나

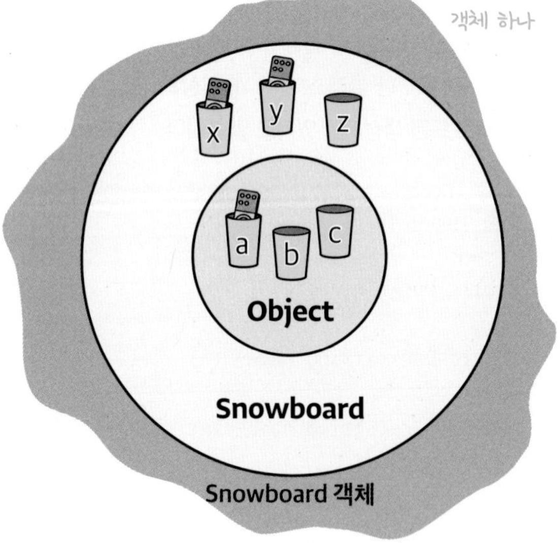

여기에는 힙에 객체가 단 하나밖에 없습니다. Snowboard 객체죠. 하지만 그 객체 자체의 Snowboard 부분과 Object 부분이 모두 들어 있습니다. 두 클래스에 들어 있는 모든 인스턴스 변수가 그 안에 들어갑니다.

객체의 일생에서 상위 클래스 생성자의 역할

새로운 객체를 만들 때 객체의 상속 트리에 들어 있는 모든 생성자가 실행되어야 합니다.

이 말을 잘 생각해 보면 (모든 클래스에는 생성자가 있으니까) 모든 상위 클래스에 생성자가 있고 하위 클래스의 객체가 생성될 때 계층 구조를 따라 올라가면서 나오는 모든 상위 클래스의 각 생성자가 실행됩니다.

new 키워드를 사용하는 것은 참 큰일입니다. 모든 생성자 연쇄 호출 반응을 시작시키는 것이니까요. 추상 클래스에도 생성자는 있습니다. 추상 클래스에 대해 new 키워드를 사용할 수는 없지만, 추상 클래스도 상위 클래스이기 때문에 구상 클래스의 인스턴스를 만들면 그 생성자가 실행됩니다.

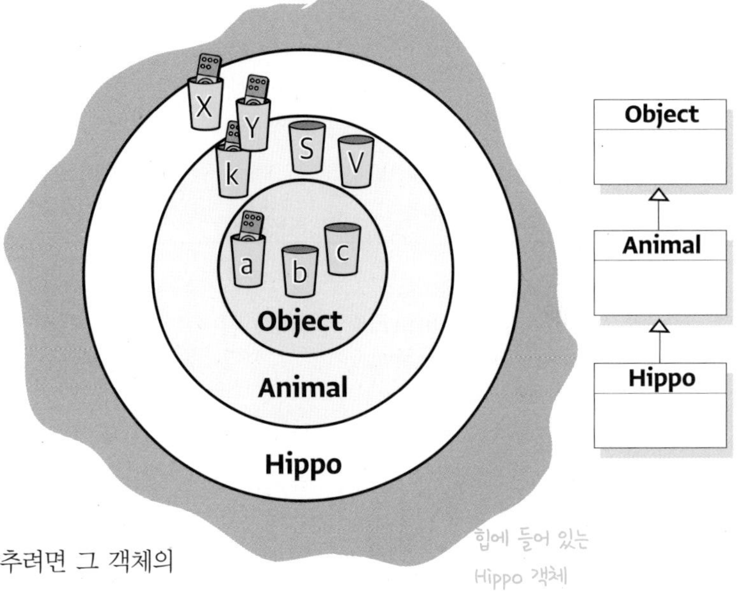

상위 클래스의 생성자가 실행되면 그 객체의 상위 클래스 부분이 구축됩니다. 하위 클래스에서 상위 클래스의 상태(즉, 상위 클래스에 들어 있는 인스턴스 변수의 값)에 의존하는 메서드를 상속할 수도 있습니다. 객체가 제 모양을 갖추려면 그 객체의 상위 클래스 부분도 제 모양을 갖춰야 하는데, 바로 그런 이유로 인해 상위 클래스의 생성자도 실행되어야 합니다. 상속 트리에 들어 있는 모든 클래스의 인스턴스 변수가 선언되고 초기화되어야 합니다. Animal에 있는 인스턴스 변수 중에 Hippo에서 상속하지 않는 것이 있더라도 (private 변수 같은 것을 생각할 수 있겠죠) Hippo 객체는 여전히 그러한 변수에 의존하는 Animal의 메서드에 의존할 수 있습니다.

생성자가 실행되면 바로 그 상위 클래스 생성자를 호출하고, Object 클래스의 생성자에 다다를 때까지 상속의 사슬을 거슬러 올라가면서 각 상위 클래스의 생성자를 호출하게 됩니다.

앞으로 몇 페이지에 걸쳐서 어떤 식으로 상위 클래스 생성자가 호출되는지, 그리고 자신이 직접 호출할 때는 어떻게 하면 되는지를 알아보겠습니다. 그리고 상위 클래스 생성자에 인자가 있을 때 어떻게 해야 하는지에 대해서도 배울 것입니다.

새로 만들어지는 Hippo 객체는 Animal 객체이기도 하고 Object 객체이기도 합니다. Hippo를 만들고 싶다면 그 안에 Animal과 Object도 만들어야 합니다.

이런 모든 과정은 생성자 연쇄 호출(constructor chaining)이라는 과정을 통해 이뤄집니다.

Hippo를 만들면 Animal과 Object 부분도 같이 만들어집니다

```
public class Animal {
   public Animal() {
      System.out.println("Making an Animal");
   }
}
```

```
public class Hippo extends Animal {
  public Hippo() {
    System.out.println("Making a Hippo");
  }
}
```

```
public class TestHippo {
  public static void main(String[] args) {
    System.out.println("Starting...");
    Hippo h = new Hippo();
  }
}
```

참고: 위 코드에서 클래스 계층구조가 주어지면 새로운 Hippo 객체를 생성하는 과정을 수행할 수 있습니다.

쓰면서 제대로 공부하기

실제 출력 결과는 어떻게 될까요? 왼쪽에 있는 코드를 컴파일해서 TestHippo를 실행시키면 A와 B 중에 어떤 결과가 나올까요?
(정답은 이 페이지 맨 아래에 있습니다)

A

```
File Edit Window Help Swear
% java TestHippo
Starting...
Making an Animal
Making a Hippo
```

B

```
File Edit Window Help Swear
% java TestHippo
Starting...
Making a Hippo
Making an Animal
```

1. 다른 클래스에 있는 코드에서 new Hippo()를 호출하면 Hippo() 생성자가 스택 맨 위의 스택 프레임에 들어갑니다.

2. Hippo()에서 상위 클래스 생성자를 호출하면 Animal() 생성자가 스택 맨 위에 올라갑니다.

3. Animal()에서 상위 클래스 생성자를 호출하면 Object가 Animal 상위 클래스이므로 Object() 생성자가 스택 맨 위로 올라갑니다.

4. Object()가 종료되면 그 스택 프레임이 스택에서 제거됩니다. 그러면 다시 Animal() 생성자로 돌아가서 Animal에서 그 상위 클래스 생성자를 호출한 바로 아랫줄에서 실행이 계속됩니다.

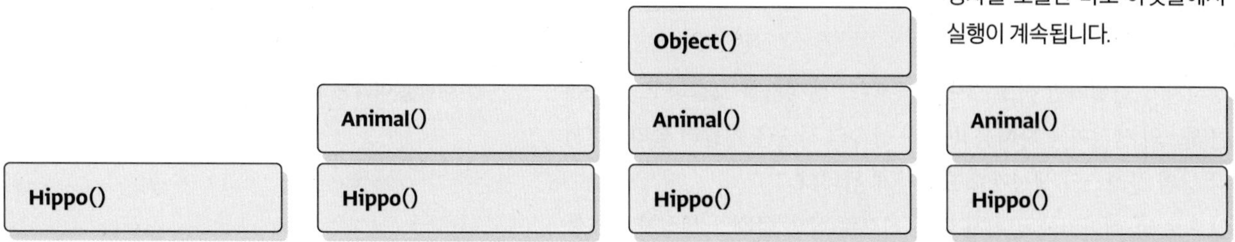

위쪽에 있는 예시가 올바른 출력 결과입니다. Hippo( ) 생성자가 가장 먼저 호출되지만 실제로 먼저 종료되는 것은 Animal 생성자입니다.

상위 클래스 생성자는 어떻게 호출할까요?

예를 들어서, Duck이 Animal을 확장한 클래스라면 Duck 생성자 어딘가에서 Animal()을 호출할 것이라고 생각하는 독자들도 있을 것입니다. 하지만 실제로는 그렇지 않습니다.

```
public class Duck extends Animal {
  int size;

  public Duck(int newSize) {
    Animal();        // 아닙니다. / 문법에 어긋납니다.
    size = newSize;
  }
}
```

상위 클래스 생성자를 호출하는 유일한 방법은 super()를 호출하는 것입니다. super()라고 하면 상위 생성자(상위 클래스 생성자)가 호출됩니다. 조금 이상하죠?

```
public class Duck extends Animal {
  int size;

  public Duck(int newSize) {
    super();         // super()라고만 하면 됩니다.
    size = newSize;
  }
}
```

생성자에서 super()를 호출하면 상위 클래스 생성자가 스택 맨 위에 올라갑니다. 그러면 그 상위 클래스 생성자에서는 어떤 일을 할까요? 그 클래스의 상위 클래스 생성자를 호출하겠죠. 그리고 Object의 생성자가 스택 맨 위에 올라갈 때까지 이 과정이 반복됩니다. Object()가 종료되고 나면 스택에서 제거되고 스택에서 그 밑에 있는 것(Object()를 호출한 하위 클래스 생성자)이 맨 위에 남게 됩니다. 그 생성자가 종료되면 그 밑에 있는 생성자가 스택 맨 위에 남고, 이런 식으로 반복하다 보면 처음에 호출한 생성자가 스택 맨 위에 남게 되고 결국은 생성자 호출이 완전히 종료됩니다.

그런데 지금까지는 어떻게 super()를 호출하지 않고도 괜찮았죠?

분명히 이런 의문을 가지는 독자가 있을 것입니다.
우리가 직접 super()를 호출하지 않으면 컴파일러가 알아서 처리해 줍니다.
따라서 컴파일러는 생성자를 만드는 데 있어서 두 가지 방법으로 개입을 합니다.

① 생성자를 만들지 않은 경우

컴파일러에서 다음과 같은 내용을 추가합니다.

```
public ClassName() {
  super();
}
```

② 생성자를 만들긴 했는데 super()를 호출하지 않은 경우

컴파일러에서 모든 오버로드된 생성자에 super()를 호출하는 코드를 자동으로 추가해 줍니다. 컴파일러는 다음과 같은 명령문을 추가해 줍니다.

```
super();
```

항상 저런 식입니다. 즉, 컴파일러에서 상위 클래스 생성자를 호출하는 명령문을 자동으로 추가할 때는 반드시 인자가 없는 형태의 생성자를 사용합니다. 상위 클래스에 오버로드된 생성자가 있어도 인자가 없는 생성자를 호출합니다.

참고: 생성자에서 다른 오버로드된 생성자를 호출하지 않는 경우에만 그렇습니다(몇 쪽 뒤에서 알 수 있습니다).

부모가 존재하기 전에 자식이 존재할 수 있을까요?

상위 클래스를 하위 클래스라는 자식의 부모라고 생각하면 어떤 것이 먼저 만들어져야 하는지 쉽게 알 수 있습니다. **객체의 상위 클래스 부분은 하위 클래스 부분이 구축되기 전에 완전히 제 모습을 갖춰야 합니다**(즉, 완전히 만들어져야 합니다). 하위 클래스 객체는 상위 클래스로부터 상속받은 것을 필요로 할 수 있으므로 상속받을 대상이 미리 만들어져야 하는 것이 당연하겠죠. 어떻게 돌아갈 수 있는 방법은 전혀 없습니다. 하위 클래스 생성자가 종료되기 전에 상위 클래스 생성자가 반드시 종료되어야 합니다.

말도 안 돼요. 엄마가
태어나기 전에 제가 어떻게
태어날 수 있었겠어요? 정말
말도 안 되는 소리네요.

296쪽에 나와 있는 스택 그림을 다시 살펴보면, 가장 먼저 호출되는 것은 Hippo 생성자이지만(즉, 스택에 가장 먼저 들어갑니다) 마지막으로 종료되는 것도 Hippo입니다. 각 하위 클래스 생성자에서는 그 바로 위에 있는 상위 클래스 생성자를 호출하고, Object의 생성자가 호출될 때까지 이 과정이 반복됩니다. 그러면 Object의 생성자가 스택 맨 위에 올라갑니다. Object 생성자가 종료되면 다시 스택에서 그 밑에 있는 Animal의 생성자로 돌아갑니다. Animal의 생성자가 종료된 후에야 결국 Hippo 생성자의 나머지 부분을 실행할 수 있지요.

super()를 호출하는 명령문은 모든 생성자의 첫 번째 명령문이어야 합니다.

Boop이라는 클래스에 있을 수 있는 생성자

☑
```
public Boop() {
  super();
}
```

☑
```
public Boop(int i) {
  super();
  size = i;
}
```

프로그래머가 첫 번째 명령문에서 직접 super()를 호출했으니까 괜찮습니다.

☑
```
public Boop() {
}
```

☑
```
public Boop(int i) {
  size = i;
}
```

컴파일러에서 자동으로, 맨 앞에 super()를 호출하는 명령문을 추가해 주니까 괜찮습니다.

⊘
```
public Boop(int i) {
  size = i;
  super();
}
```

이렇게 하면 컴파일이 되지 않습니다. super()를 직접 호출할 때 그 앞에 명령문이 있으면 안 됩니다.

참고: 물론 예외가 있습니다. 300쪽을 참조하세요.

인자가 있는 상위 클래스 생성자

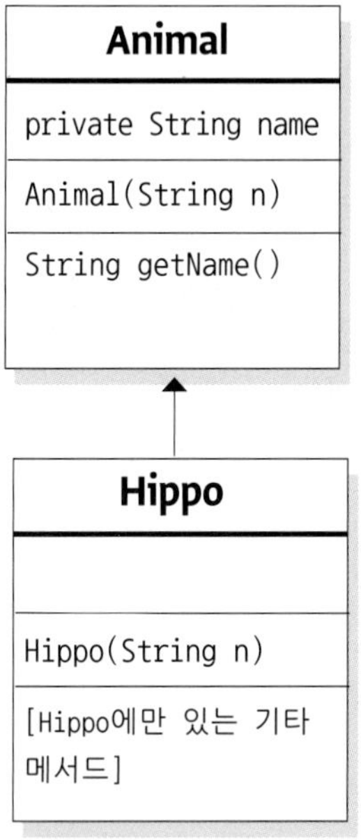
Animal
private String name
Animal(String n)
String getName()
Hippo
Hippo(String n)
[Hippo에만 있는 기타 메서드]

상위 클래스 생성자에 인자가 있으면 어떻게 될까요? super()를 호출할 때 뭔가를 전달할 수 있을까요? 예, 가능합니다. 그게 불가능하다면 '인자가 있는 생성자'가 있는 클래스를 확장하는 것이 아예 불가능하겠죠. 모든 동물에 이름이 있다고 가정해 봅시다. 그리고 Animal 클래스에 name이라는 이름이 들어 있는 인스턴스 변수의 값을 리턴하는 getName()이라는 메서드가 있다고 가정해 보죠. 그 인스턴스 변수는 private으로 지정되어 있지만, 하위 클래스(Hippo 클래스)에서는 getName() 메서드를 상속받습니다. 그러면 Hippo에는 getName()이라는 메서드는 있는데, name이라는 인스턴스 변수가 없는 다소 이상한 상황이 벌어지겠죠? 따라서 Hippo에서는 누군가가 getName()을 호출했을 때 name의 값을 리턴하기 위해 그 객체의 Animal 부분에 의존하게 됩니다. 하지만 Animal 부분에서는 어떻게 이름을 알아낼까요? Hippo가 자신의 Animal 부분을 참조하는 방법은 super()를 이용하는 방법밖에 없으므로 Animal 부분에서 private으로 선언된 name 인스턴스 변수를 저장할 수 있도록 super()를 통해서 자신의 이름을 Animal 부분으로 올려보냅니다.

```
public abstract class Animal {
  private String name;

  public String getName() {
    return name;
  }

  public Animal(String theName) {
    name = theName;
  }
}
```

- private String name; ← 모든 동물(하위 클래스 포함)에 이름이 있습니다.
- getName() ← Hippo에서도 상속하는 게터 메서드
- Animal(String theName) ← 이름을 받아서 그 값을 name 인스턴스 변수에 저장하는 생성자

```
public class Hippo extends Animal {
  public Hippo(String name) {
    super(name);
  }
}
```

- Hippo(String name) ← Hippo 생성자에서도 이름을 받아들입니다.
- super(name); ← 스택 바로 위로 올라가는 Animal 생성자로 이름을 보냅니다.

```
public class MakeHippo {
  public static void main(String[] args) {
    Hippo h = new Hippo("Buffy");
    System.out.println(h.getName());
  }
}
```

- Hippo 생성자에 Buffy라는 이름을 전달해서 Hippo 객체를 만듭니다. 그러고 나서 Hippo에서 상속받은 getName() 메서드를 호출합니다.

내 안에 있는 Animal 부문에서
내 이름을 알아야 되므로 Hippo
생성자에서도 이름을 받아들이고
그 이름을 super()로 넘겨줍니다.

출력 결과:

```
File Edit Window Help Hide
%java MakeHippo
Buffy
```

다른 오버로드된 생성자를 호출하는 방법

(서로 다른 인자를 처리하는 것을 제외하면) 똑같은 일을 하는 오버로드된 생성자를 만든다면 어떻게 하는 것이 좋을까요? 여러 생성자에 중복된 코드가 들어 있는 것이 좋지 않다는 것은 여러분도 알고 있을 것입니다(관리하기가 상당히 까다롭겠죠?). 따라서 생성자 코드의 대부분(super()를 호출하는 부분 포함)을 오버로드된 생성자 하나에 몰아놓는 것이 좋습니다. 그러면 처음에 어떤 생성자가 호출되든 상관없이 진짜 생성자(대부분의 코드가 들어 있는 생성자)에서 생성 작업을 마무리할 수 있겠죠. 그 방법은 간단합니다. this() 또는 this(aString), this(27, x) 같은 식으로 하면 됩니다. 즉, this는 **현재 객체에 대한** 레퍼런스라고 생각하면 됩니다.

this()는 생성자 안에서만 쓸 수 있으며 생성자의 첫 번째 명령문으로만 쓸 수 있습니다.

하지만 뭔가 문제가 있는 것 같네요. 앞서 super()는 반드시 생성자의 첫 번째 명령문이어야 한다고 했잖아요. 그러면 둘 중 하나를 선택해야겠군요.

모든 생성자에는 super() 또는 this()를 호출하는 명령문이 들어갈 수 있지만, 둘 다 쓸 수는 없습니다.

어떤 값을 가지고 있는지, 어떤 값을 설정해야 하는지, 이 클래스나 상위 클래스에 어떤 생성자가 있는지에 따라 어느 쪽을 호출해야 할지 결정해야 합니다.

같은 클래스에 있는 다른 생성자를 호출할 때는 this()를 사용하면 됩니다.
this()는 생성자에서만 호출할 수 있으며 반드시 그 생성자의 첫 번째 명령문이어야만 합니다. 생성자에서는 super()나 this()를 호출할 수 있는데 둘을 동시에 쓸 수는 없습니다.

```
import java.awt.Color;

class Mini extends Car {
  private Color color;

  public Mini() {
    this(Color.RED);
  }

  public Mini(Color c) {
    super("Mini");
    color = c;
    // 나머지 초기화 코드
  }

  public Mini(int size) {
    this(Color.RED);
    super(size);
  }
}
```

인자가 없는 생성자에서는 기본 색을 지정해서 오버로드된 진짜 생성자(super()를 호출하는 생성자)를 호출합니다.

이게 바로 객체를 초기화하는 일(super() 호출 과정 포함)을 실제로 처리하는 진짜 생성자입니다.

이렇게 하면 안 됩니다. 한 생성자에 super()와 this()가 동시에 들어 있으면 안 됩니다. 둘 다 생성자의 첫 번째 명령문으로만 쓸 수 있으니까요.

출력 결과:

```
File Edit Window Help Drive
javac Mini.java
Mini.java:16: call to super must
be first statement in constructor
     super();
          ^
1 error
```

밑에 있는 SonOfBoo 클래스의 생성자 중에는 컴파일할 수 없는 것이 있습니다. 어떤 생성자가 틀렸는지 찾아보세요. 오른쪽에 나와 있는 컴파일러 오류 메시지와 그런 오류 메시지가 나오게 만든 잘못된 생성자를 연결해 보세요.

```
public class Boo {
  public Boo(int i) { }
  public Boo(String s) { }
  public Boo(String s, int i) { }
}
```

```
class SonOfBoo extends Boo {
  public SonOfBoo() {
    super("boo");
  }

  public SonOfBoo(int i) {
    super("Fred");
  }

  public SonOfBoo(String s) {
    super(42);
  }

  public SonOfBoo(int i, String s) {
  }

  public SonOfBoo(String a, String b, String c) {
    super(a, b);
  }

  public SonOfBoo(int i, int j) {
    super("man", j);
  }

  public SonOfBoo(int i, int x, int y) {
    super(i, "star");
  }
}
```

벽에 붙여 놓고 외우세요

장미는 빨갛고 제비꽃은 파란색입니다.

항상 부모가 먼저 만들어집니다. 부모는 자식보다 먼저 태어나지요.

새로운 하위 클래스 객체가 생기기 전에 그 객체의 상위 클래스 부분이 제 모양을 갖춰야만 합니다. 자식이 부모보다 먼저 태어날 수 없는 것과 같은 원리라고 생각하면 됩니다.

출력 결과:

```
File Edit Window Help
%javac SonOfBoo.java
cannot resolve symbol
symbol  : constructor Boo
(java.lang.String,java.
lang.String)
```

```
File Edit Window Help Yadayadayada
%javac SonOfBoo.java
cannot resolve symbol
symbol   : constructor Boo
(int,java.lang.String)
```

```
File Edit Window Help ImNotListening
%javac SonOfBoo.java
cannot resolve symbol
symbol:constructor Boo()
```

이제 객체가 어떻게 태어나는지는 알겠는데, 객체는 얼마나 오래 사나요?

객체의 일생은 그 객체를 참조하는 레퍼런스의 일생에 의해 좌우됩니다. 레퍼런스가 '살아 있으면' 그 레퍼런스가 참조하는 객체도 힙 안에서 계속 살아갈 수 있고 그 레퍼런스가 죽으면(죽는다는 의미는 잠시 후에 알아보겠습니다) 그 객체는 죽고 맙니다.

어떤 객체의 생사가 레퍼런스 변수의 생사에 의해 결정된다면 변수는 얼마나 오래 살 수 있을까요?

그 변수가 로컬 변수인지 아니면 인스턴스 변수인지에 따라 달라집니다. 아래에 있는 코드는 로컬 변수의 삶을 보여 줍니다. 이 예제에 있는 변수는 원시 변수인데, 변수의 생존 기간은 원시 변수든, 레퍼런스 변수든 똑같습니다.

```
public class TestLifeOne {

  public void read() {
    int s = 42;
    sleep();
  }

  public void sleep() {
    s = 7;
  }
}
```

s는 read() 메서드 영역(scope) 내에 있으므로 다른 곳에는 쓸 수 없습니다.

이렇게 하면 안 됩니다. s는 여기에서 쓸 수 없습니다.

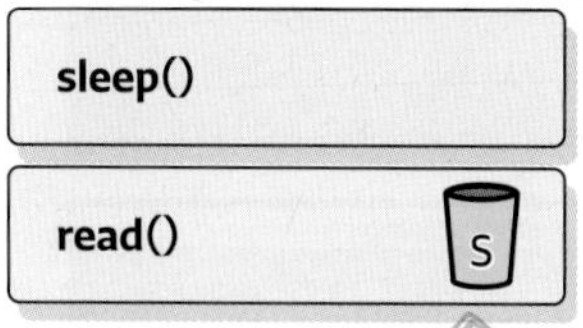

sleep()에서는 s 변수를 볼 수 없습니다. sleep()의 스택 프레임에는 s가 들어 있지 않으므로 sleep()에서는 s에 대해 전혀 알 수가 없습니다.

s 변수는 read() 메서드 영역 내에서만 유효합니다. sleep()이 종료되고 read()가 스택 맨 위로 올라가면서 다시 실행되면 read()에서는 여전히 s를 볼 수 있습니다. read()가 종료되고 스택에서 제거되면 s는 같이 사라집니다. 죽어버리고 마는 거죠.

❶ 로컬 변수는 그 변수를 선언한 메서드 안에서만 살 수 있습니다.

```
public void read() {
  int s = 42;
  // s는 이 메서드 안에서만
  // 쓸 수 있습니다.
  // 이 메서드가 끝나면
  // s도 완전히 사라집니다.
}
```

s라는 변수는 read() 메서드 내에서만 쓸 수 있습니다. 즉, **변수의 영역은 그 메서드 내로 제한됩니다.** 그 클래스에 있는(또는 다른 클래스에서도) 다른 어떤 코드에서도 s를 볼 수 없습니다.

❷ 인스턴스 변수는 객체가 살아 있는 동안 계속 살 수 있습니다. 즉, 객체가 살아 있다면 그 인스턴스 변수도 살아 있죠.

```
public class Life {
  int size;

  public void setSize(int s) {
    size = s;
    // 이 메서드가 끝나면
    // s도 사라집니다.
    // 하지만 size는 클래스의
    // 어디에서든지 쓸 수 있습니다.
}
```

s라는 변수(이번에는 메서드 매개변수)의 영역은 setSize() 내부로 제한됩니다. 하지만 size라는 인스턴스 변수의 영역은 메서드가 아닌 객체 내부이기 때문에 객체와 생사를 함께합니다.

로컬 변수의 삶과 영역의 차이점

삶(life)

로컬 변수는 그 스택 프레임이 스택에 들어 있는 한 계속 살아 있습니다. 즉, 메서드가 종료할 때까지 살아 있습니다.

영역(scope)

로컬 변수의 영역은 그 변수를 선언한 메서드 내부로 제한됩니다. 그 메서드에서 다른 메서드를 호출하면 그 변수는 아직 살아 있지만, 원래의 메서드가 계속해서 실행되기 전까지는 영역 밖에 있으므로 쓸 수 없습니다. **변수는 자신의 영역 안에서만 쓸 수 있습니다.**

어디선가 doStuff() 메서드를 호출했을 때 스택에서 무슨 일이 일어나는지 살펴봅시다.

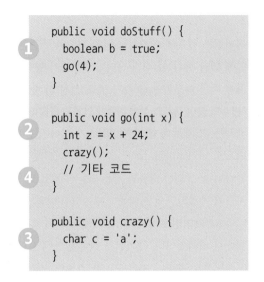

```
  public void doStuff() {
1   boolean b = true;
    go(4);
  }

  public void go(int x) {
2   int z = x + 24;
    crazy();
    // 기타 코드
4 }

  public void crazy() {
3   char c = 'a';
  }
```

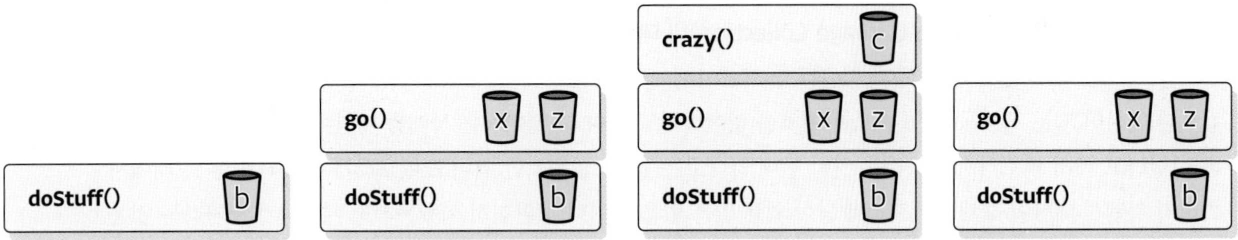

1 doStuff()가 스택에 들어갑니다. b는 살아 있고, 지금 실행 중인 영역 안에 들어 있습니다.

2 go()가 스택 맨 위로 올라갑니다. x와 z는 살아 있고 지금 실행 중인 영역에 들어 있습 니다. b는 살아 있긴 하지만 실행 중인 영역에 들어 있진 않습니다.

3 crazy()가 스택 맨 위로 올라가면 이제 c가 살아 있으면서 실행 중인 영역 안에 들어 있는 상태가 됩니다. 나머지 변수 세 개는 살아 있긴 하지만 영역 밖에 있습니다.

4 crazy()가 종료되고 그 스택 프레임이 스택에서 제거되면 c는 영역 밖으로 나가면서 죽습니다. go()가 계속 실행되면 x와 z는 살아 있는 상태로 영역 안에 들어옵니다. b는 여전히 살아 있긴 하지만 영역 밖에 있습니다(go()가 종료되어야만 영역 안으로 들어갈 수 있습니다).

로컬 변수가 살아 있는 동안 그 상태는 계속 유지됩니다. 예를 들어서, doStuff()가 스택에 들어 있으면 b 변수의 값이 변하지 않고 유지됩니다. 하지만 b의 값은 doStuff()의 스택 프레임이 스택의 맨 위에 있을 때만 사용할 수 있습니다. 즉, 로컬 변수는 그 로컬 변수가 들어 있는 메서드가 실제로 돌아가고 있는 경우에만 사용할 수 있습니다(그 위에 있는 스택 프레임이 종료되기를 기다리는 동안에는 사용할 수 없습니다).

레퍼런스 변수는요?

레퍼런스 변수에 대해서도 원시 변수와 똑같은 규칙이 적용됩니다. 레퍼런스 변수도 영역 안에 있을 때만 쓸 수 있습니다. 즉, 자기 영역 안에 들어 있는 레퍼런스 변수가 없으면 객체에 대한 리모컨을 쓸 수가 없죠. 사실 더 중요한 질문은 아래에 있습니다.

"변수의 삶이 객체의 삶에 어떻게 영향을 미칠까요?"

객체는 그 객체에 대해 레퍼런스가 살아 있는 동안 살아 있습니다. 레퍼런스 변수가 영역 밖으로 나가더라도 살아 있기만 하면 그 레퍼런스 변수가 참조하는 객체는 힙 안에 살아 있습니다. 그러면 다음과 같은 의문이 들겠죠? '그 레퍼런스가 들어 있는 스택 프레임이 메서드가 종료되면서 스택에서 제거되면 어떻게 될까?'

만약 그 레퍼런스 변수가 그 객체에 대해 유일하게 살아 있는 레퍼런스였다면 그 객체는 힙에서 버려집니다. 레퍼런스 변수가 스택 프레임과 함께 사라지면 그렇게 버려진 객체는 공식적으로 끝장난 것이라고 할 수 있죠. 중요한 것은 '언제 객체가 가비지 컬렉션의 대상이 되느냐'입니다.

객체에 대한 레퍼런스가 없다면 그 객체의 삶은 아무 가치도, 의미도, 목적도 없습니다.

객체에 접근할 수 없다면 그 객체에 대해 어떤 요구도 할 수 없으니까 메모리만 낭비하게 되는 셈입니다.

하지만 객체에 접근할 방법이 전혀 없어지면 가비지 컬렉터가 그 사실을 알아내고는 조만간 그 객체를 제거해 버립니다.

일단 객체가 **가비지 컬렉션(GC: Garbage Collection)의 대상**이 되고 나면 그 객체가 차지하고 있던 메모리 공간을 되찾아오는 데 신경을 쓸 필요가 없습니다. 프로그램에서 쓸 메모리가 부족해지면 가비지 컬렉터에서 가비지 컬렉션 대상이 되는 객체들 중 일부 또는 전체를 없애버리고 램이 다 떨어지는 사태를 미연에 방지하게 됩니다. 물론 그렇다고 해서 메모리가 모자라는 일이 절대 없다고는 할 수 없겠지만 적어도 메모리가 부족하게 된 상태에서 가비지 컬렉션 대상인 객체가 메모리에 남아 있는 일은 없을 것입니다(완전히 치웠는데도 메모리가 모자라는 것은 어쩔 수 없죠). 여러분은 가비지 컬렉터가 메모리 공간을 되찾아올 수 있도록 객체가 더 이상 쓸모가 없으면 확실하게 버려야 합니다(즉, 가비지 컬렉션 대상이 될 수 있게 만들어야 합니다). 객체를 계속 붙들고 있으면 가비지 컬렉터도 어쩔 수 없이 메모리를 되찾아올 수 없고, 따라서 메모리가 부족해서 프로그램이 죽어버릴 수도 있습니다.

마지막으로 살아남은 객체에 대한 레퍼런스가 사라지면 객체는 가비지 컬렉션의 대상이 됩니다.

객체의 레퍼런스를 제거하는 세 가지 방법

❶ 레퍼런스가 영원히 영역을 벗어납니다.

```
void go() {
  Life z = new Life();
}
```

메서드가 종료되면 z라는 레퍼런스가 죽어버립니다.

❷ 레퍼런스에 다른 객체를 대입합니다.

```
Life z = new Life();
z = new Life();
```

z를 새로운 객체로 변경하면 첫 번째 객체는 버려집니다.

❸ 레퍼런스를 직접 null로 설정합니다.

```
Life z = new Life();
z = null;
```

z를 '해제'하면 첫 번째 객체는 버려집니다.

객체를 제거하는 첫 번째 방법

레퍼런스가 영원히 영역을 벗어납니다.

```
public class StackRef {
   public void foof() {
      barf();
   }

   public void barf() {
      Duck d = new Duck();
   }
}
```

아, 이런 식으로 가면 안 좋은데···

1 foof()가 스택에 들어갑니다. 아무 변수도 선언되지 않습니다.

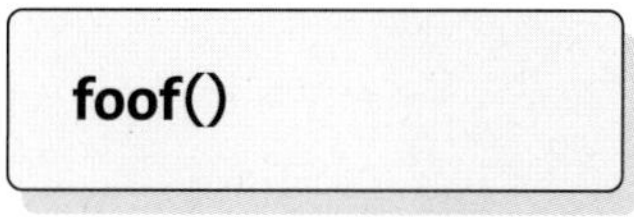
foof()

2 barf()가 스택에 들어갑니다. 여기서는 레퍼런스 변수를 선언하고 새로운 객체를 만든 다음 그 변수에 대입합니다. 힙에 객체가 만들어지는데, 레퍼런스는 살아 있고 영역 안에 있습니다.

새로운 Duck이 힙에 들어갑니다. barf()가 실행되는 동안은 d 레퍼런스가 살아 있고 영역 안에 있으므로 Duck도 살아 있는 것으로 간주됩니다.
barf()
d
foof()
힙
Duck 객체

3 barf()가 종료되고 스택에서 제거됩니다. 프레임이 없어지기 때문에 이제 d도 사라집니다. foof()로 되돌아가게 되는데, foof()에서는 d를 사용할 수 없습니다.

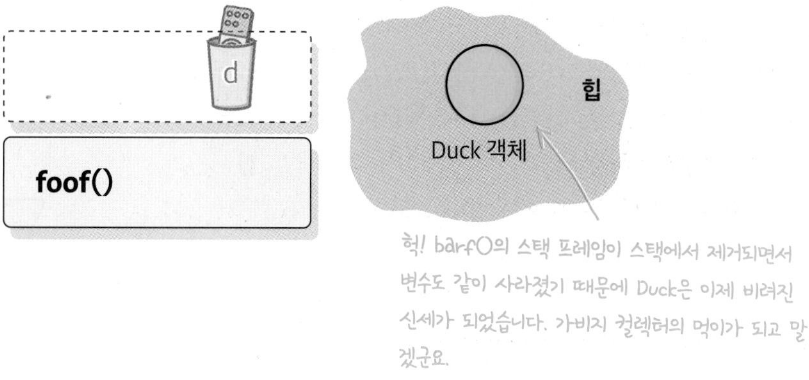
d
foof()
힙
Duck 객체
헉! barf()의 스택 프레임이 스택에서 제거되면서 변수도 같이 사라졌기 때문에 Duck은 이제 버려진 신세가 되었습니다. 가비지 컬렉터의 먹이가 되고 말겠군요.

객체를 제거하는 두 번째 방법

레퍼런스에 다른 객체를 대입합니다.

```
public class ReRef {
  Duck d = new Duck();

  public void go() {
    d = new Duck();
  }
}
```

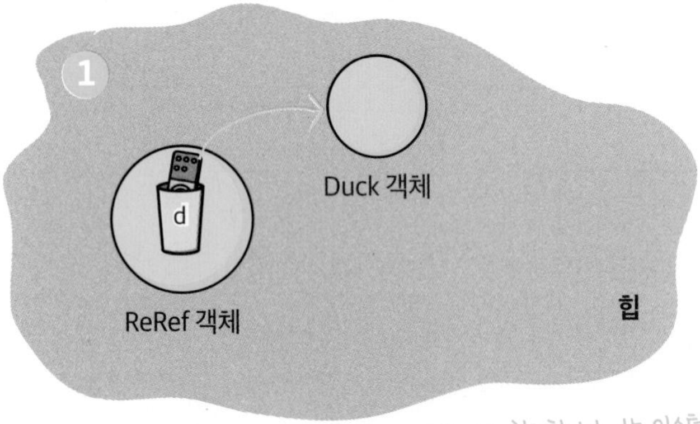

힙에 새로운 Duck 객체가 만들어지고, 그 객체는 d로 참조합니다. d는 인스턴스 변수이므로 그 인스턴스를 만든 ReRef 객체가 살아 있으면 Duck 객체도 살아 있을 수 있습니다. 하지만…

누군가 go() 메서드를 호출하면 이 Duck 객체는 버려집니다. 하나밖에 없는 레퍼런스가 다른 개체를 가리키게 되니까요.

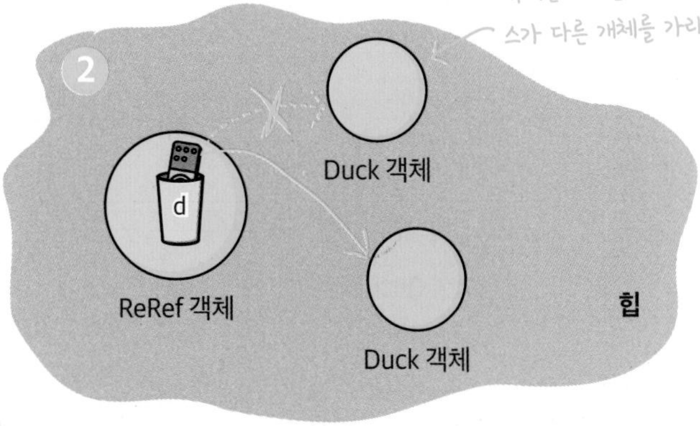

d에는 새로운 Duck 객체가 대입되면서 원래 참조하고 있던 첫 번째 Duck 객체는 버려진 신세가 되고 말았군요. 결국 그 첫 번째 Duck 객체는 죽은 거나 다름없습니다.

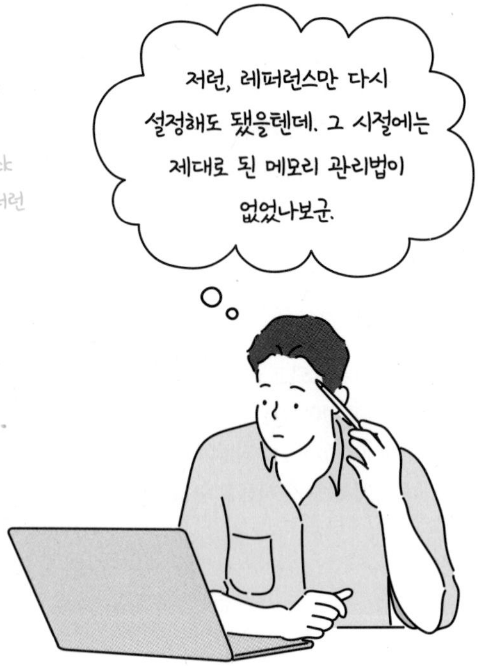

객체를 제거하는 세 번째 방법

레퍼런스를 직접 null로 설정합니다.

```
public class ReRef {
  Duck d = new Duck();

  public void go() {
    d = null;
  }
}
```

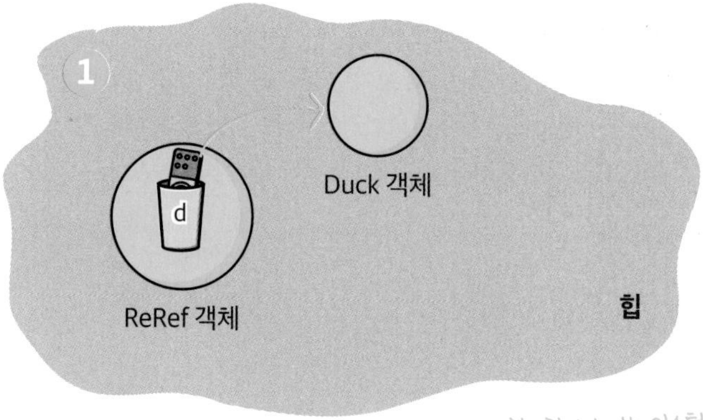

힙에 새로운 Duck 객체가 만들어지고, 그 객체는 d로 참조합니다. d는 인스턴스 변수이므로 그 인스턴스를 만든 ReRef 객체가 살아 있으면 Duck 객체도 살아 있을 수 있습니다. 하지만···

이 Duck은 이제 버려진 신세가 되었습니다. 하나밖에 없던 레퍼런스가 null로 설정되었으니까요.

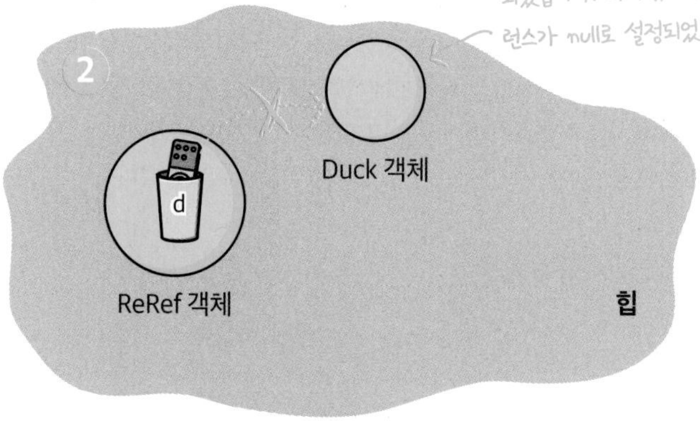

d가 null로 설정되었습니다. 즉, 아무것도 조종할 수 없는 리모컨처럼 되었죠. 다른 객체를 대입하지 않으면 d에 대해 점 연산자도 사용할 수 없습니다.

null의 의미

레퍼런스를 null로 설정하는 것은 리모컨의 기능을 해제하는 것과 같습니다. 즉, 리모컨은 있는데 그 리모컨으로 조종할 TV가 없는 셈입니다. null 레퍼런스에는 'null(아무 것도 없음)'을 나타내는 비트들이 들어 있습니다(그 비트들의 구체적인 내용은 모릅니다. 그리고 굳이 알 필요도 없습니다. JVM에서만 알아서 잘 처리하면 되죠).

실제로 프로그래밍이 되지 않은 리모컨이 있다면 거기에 있는 버튼을 눌러도 아무 일이 일어 나지 않습니다. 하지만 자바는 null 레퍼런스의 버튼을 누를 수 없습니다(즉, 점 연산자를 사용할 수 없습니다). 사용자가 그 버튼에 해당하는 행동이 실행되길 원하지만, 실제로 그 작업을 처리할 객체가 없다는 것을 JVM에서 알고 있기 때문이죠(컴파일러 오류와는 무관하며 실행 중에 일어나는 문제입니다).

null 레퍼런스에 대해 점 연산자를 사용하면 실행 중에 NullPointerException이 생깁니다. 예외에 대한 내용은 13장 <위험한 행동>에서 알아볼 것입니다.

방구석 토크

오늘의 주제 인스턴스 변수와 로컬 변수가 삶과 죽음에 대해 이야기합니다(매우 예의 바른 토론자들입니다).

인스턴스 변수

제가 먼저 시작하겠습니다. 프로그램에서 로컬 변수보다는 제가 중요한 편이니까요. 저는 객체를 지원하는 역할을 하며 보통 객체가 살아 있는 동안 항상 객체와 함께합니다. 아무리 객체가 중요하다 한들 상태가 없으면 무슨 쓸모가 있겠습니까? 그리고 상태란 바로 인스턴스 변수에 저장된 값 아닙니까?

로컬 변수

인스턴스 변수님의 관점은 잘 이해할 수 있겠습니다. 저도 객체 상태 같은 것의 가치는 충분히 알고 있으니까요. 하지만 사람들이 오해를 할까 봐 걱정이군요. 인스턴스 변수님께서 하신 말을 고쳐 보자면 아무리 객체가 중요하다 한들 행동이 없으면 무슨 쓸모가 있겠습니까? 그리고 이 질문은 "행동이란 무엇입니까?"로 바꿀 수 있고 그 대답은 메서드에 들어 있는 알고리즘이라고 할 수 있죠. 그런데 그런 알고리즘을 작동시키려면 메서드에 반드시 로컬 변수가 있어야 하지 않습니까?

그건 아닌 것 같은데요? 물론, 메서드에서의 로컬 변수님의 역할은 충분히 이해합니다만 로컬 변수는 정말 짧게 살다 가지 않습니까? 그래서 어떤 사람들은 '임시 변수(temporary variable)'라고 부르기도 하잖아요.

로컬 변수 커뮤니티에서 '임시 변수'라는 말은 치욕적인 말입니다. 우리는 '로컬', '스택', '자동', '영역 제한' 같은 용어를 선호합니다.

죄송합니다. 무슨 뜻인지 잘 알겠습니다.

어쨌거나 우리가 짧게 살다 간다는 말은 맞습니다. 그리고 그다지 좋은 삶이라고 하기도 힘들겠죠. 우선 다른 여러 로컬 변수와 함께 스택 프레임에 빼곡하게 들어가 있어야 합니다. 그리고 우리가 속해 있는 메서드에서 다른 메서드를 호출하면 우리 머리 위에 다른 프레임이 올라오죠. 그리고 그 메서드에서 다른 메서드를 호출하면 새로운 프레임이 올라오는 식입니다. 심지어 우리 메서드가 다시 실행되려면 우리 위에 있는 다른 메서드가 끝날 때까지 한참 동안을 기다려야 할 때도 있습니다.

그런 점은 전혀 생각도 못 했었군요. 다른 메서드가 실행되는 동안 여러분의 프레임이 스택 맨 위로 올라올 때까지 기다릴 때는 뭘 하고 지내십니까?

아무것도 안 합니다. 정말 아무것도 안 해요. SF 영화 같은 데 보면 아주 오랫동안 우주여행을 할 때 사람들이 잠을 자잖아요? 그런 것과 비슷해요. 애니메이션에서 화면이 갑자기 정지한 것하고 정말 똑같습니다. 그냥 가만히 기다리는 거죠. 프레임이 사라지지 않는 이상 우리는 안전하고 우리가 저장하고 있는 값도 그대로 유지되는데, 우리가 들어 있는 프레임이 다시 실행되기 시작하면 희비가 엇갈리게 됩니다.

좋게 생각하면 우리가 다시 활발하게 활동을 하게 되지만 나쁘게 생각하면 우리의 짧은 삶의 끝이 점점 가까워지기 때문이죠. 우리 메서드가 돌아가는 시간이 길어질수록 우리의 삶이 얼마 남지 않게 되지 않겠습니까. 조금만 있으면 우리의 삶이 끝나리라는 것 정도는 우리도 알고 있지요.

인스턴스 변수

그런 내용의 교육용 비디오를 본 기억이 나네요. 결말이 꽤 잔혹했던 것으로 기억합니다. 메서드의 끝을 나타내는 중괄호에 이르고 나서 곧바로 프레임이 스택에서 튕겨나가고 말더군요. 이제야 그 고통을 어느 정도 이해할 수 있을 것 같네요.

전산 분야에서는 "스택에서 프레임을 제거한다."라는 식으로 제거한다는 용어를 쓰지요. 그 단어 자체부터 끔찍한 느낌이 들지 않습니까? 그런데 그쪽은 어떤가요? 우리가 살고 있는 스택 프레임은 어떻게 생겼는지 알겠는데, 인스턴스 변수는 어떤 곳에서 사나요?

저는 객체와 함께 힙에서 삽니다. 정확하게 말하자면 객체와 함께 사는 게 아니고 객체 안에서 살지요. 그리고 저는 그 객체의 상태를 저장하고 있습니다. 힙 안에서의 삶은 꽤 호화스럽습니다. 종종 죄책감도 느끼곤 하죠. 특히 휴가 기간에는 더 그런 기분이 든답니다.

하지만 인스턴스 변수를 선언한 객체만큼 오래 살진 않죠? Collar(개 목걸이)라는 인스턴스 변수가 들어 있는 Dog 객체가 있다고 해 봅시다. 그리고 인스턴스 변수님은 Collar라는 객체의 인스턴스 변수라고 하고요. Dog 객체 안에서, 그리고 Collar 객체 안에서 행복하게 살고 있는 Buckle(개 목걸이의 버클) 같은 것에 대한 레퍼런스라고 해 두죠. 하지만 그 Dog 객체가 새로운 개 목걸이를 원한다거나 개 목걸이를 없애버린다거나 하면 어떻게 되나요? 그러면 그 Collar 객체는 가비지 컬렉터가 처리할 대상이 되지 않나요? 인스턴스 변수님이 그 Collar 객체의 인스턴스 변수라면 말이죠. 그런데 Collar 객체가 몽땅 버려진다면 어떤 일이 일어나나요?

그렇게 가정한다면 로컬 변수님께서 하신 말씀이 맞습니다. 제가 Collar 객체의 인스턴스 변수고 그 객체가 가비지 컬렉터에 의해 처리된다면 저도 마찬가지로 버려지게 되겠죠. 하지만 그런 일은 거의 없다고 들었어요.

그걸 정말 믿으세요? 그런 말은 그냥 우리에게 헛된 희망을 심어 주고 일을 열심히 하도록 구슬리기 위해 하는 말일 뿐입니다. 그리고 한 가지 간과하는 사실이 있는 것 같은데, 인스턴스 변수님이 어떤 객체에 들어 있는 인스턴스 변수긴 한데, 그 객체를 로컬 변수에서만 참조한다면 어떻게 되죠? 만약 제가 인스턴스 변수님이 들어 있는 객체에 대한 유일한 레퍼런스라면 제가 사라질 때 인스턴스 변수님도 같이 사라지잖아요. 좋든, 싫든 우리는 같은 배를 탄 운명이 될 수도 있습니다. 그런 의미에서 우리가 살아 있는 동안 양껏 마시고 취해 보는 건 어떨까요? 우리가 살아 있는 바로 이 순간을 즐겨야죠.

정말 우리가 술 마시고 놀 수 있는 건가요?

연습 문제

정답과 해설 314쪽

가비지 컬렉터가 되어 봅시다

오른쪽 하단에 있는 코드 가운데 왼쪽에 있는 클래스의 A 지점에 집어넣었을 때 단 하나의 객체만 가비지 컬렉션 대상에 추가시킬 수 있는 것 무엇일까요? A 지점(// 다른 메서드를 호출합니다)이 충분히 오랜 시간 동안 실행되어 가비지 컬렉터가 자신의 역할을 수행하는 데 충분한 시간이 주어진다고 가정합시다.

```
public class GC {
  public static GC doStuff() {
    GC newGC = new GC();
    doStuff2(newGC);
    return newGC;
  }

  public static void main(String[] args) {
    GC gc1;
    GC gc2 = new GC();
    GC gc3 = new GC();
    GC gc4 = gc3;
    gc1 = doStuff();

  (A)

    // 다른 메서드를 호출합니다.
  }

  public static void doStuff2(GC copyGC) {
    GC localGC = copyGC;
  }
}
```

1 `copyGC = null;`

2 `gc2 = null;`

3 `newGC = gc3;`

4 `gc1 = null;`

5 `newGC = null;`

6 `gc4 = null;`

7 `gc3 = gc2;`

8 `gc1 = gc4;`

9 `gc3 = null;`

정답과 해설 314쪽

연습 문제

인기 객체

이 코드에서는 여러 새로운 객체가 생성됩니다. 이 중에서 가장 인기가 좋은 객체, 즉 그 객체를 참조하는 레퍼런스 변수가 가장 많은 객체를 찾아보세요. 그리고 그 객체에 대한 레퍼런스의 개수와 어떤 레퍼런스 변수가 그 객체를 참조하는지 알아보세요. 새로운 객체 중 한 개와 그 객체를 참조하는 레퍼런스 변수는 필자들이 표시해 놓았습니다.

건투를 빕니다.

```
class Bees {
  Honey[] beeHoney;
}

class Raccoon {
  Kit rk;
  Honey rh;
}

class Kit {
  Honey honey;
}

class Bear {
  Honey hunny;
}

public class Honey {
  public static void main(String[] args) {
    Honey honeyPot = new Honey();
    Honey[] ha = {honeyPot, honeyPot, honeyPot, honeyPot};
    Bees bees = new Bees();
    bees.beeHoney = ha;
    Bear[] bears = new Bear[5];
    for (int i = 0; i < 5; i++) {
      bears[i] = new Bear();
      bears[i].hunny = honeyPot;
    }
    Kit kit = new Kit();
    kit.honey = honeyPot;
    Raccoon raccoon = new Raccoon();

    raccoon.rh = honeyPot;
    raccoon.rk = kit;
    kit = null;
  } //  main 메서드 끝
}
```

새로운 Raccoon 객체

그 객체에 대한 레퍼런스 변수 raccoon

정답과 해설 315쪽

5분 미스터리

"시뮬레이션을 네 번이나 돌렸는데, 메인 모듈의 온도가 계속 차갑게 나와." 사라(Sarah)가 화난 목소리로 말했습니다. "지난 주에 임시 장치를 새로 설치했잖아. 거주 구역의 온도를 내리기 위한 용도로 만들어진 방열 장치의 수치는 별 문제 없는 것 같아서 열 유지 장치(RetentionBot)를 주로 분석했거든? 거주 구역의 온도를 올려 주기 위한 보조 장치 말이야." 그 말을 듣고 톰(Tom)은 긴 한숨을 내쉴 수밖에 없었습니다. 처음에는 나노 기술 덕분에 예상보다 빨리 끝낼 수 있을 것 같았습니다. 하지만 발사까지 5주밖에 남지 않은 지금, 우주선에서 가장 핵심적인 생명 유지 장치가 아직 시뮬레이션도 통과하지 못하고 있었습니다.

"어떤 비율로 시뮬레이션하고 있었어?" 톰이 물었습니다.

"무슨 생각을 하고 있는지 알겠는데, 벌써 그것도 살펴봤어." 사라가 대답했죠. "그 부분이 규격에서 벗어나면 우주 비행 관제 센터 쪽에서 승인이 나지 않거든. V3 방열 장치(V3Radiator)의 SimUnit하고 V2 방열 장치(V2Radiator)의 SimUnit이 2:1이 되게 실행해야 돼. 그리고 전체적으로 볼 때 열 유지 장치와 방열 장치의 비율은 4:3이 돼야 하고."

"전력 소모는 어때?" 톰이 물었습니다. 사라는 잠시 머뭇거리다가 대답했습니다. "그것도 조금 문제가 되는 것 같아. 전력 소모가 예상치보다 조금 높거든. 다른 팀에서 그 부분을 알아보고 있는데, 나노 기술하고 무선 기술을 도입하면서 방열 장치와 열 유지 장치의 전력 소모를 분리하기가 힘들게 됐어. 총 전력 소모량은 3:2로 방열 장치 쪽에서 무선 전력 체계로부터 더 많은 전력을 끌어다 쓰게 되어 있지."

톰이 입을 열었습니다. "알았어. 그럼 시뮬레이션 시작 코드부터 살펴보자. 어디에 문제가 있는지 빨리 찾아야 돼."

```
import java.util.ArrayList;

class V2Radiator {
  V2Radiator(ArrayList<SimUnit> list) {
    for (int x = 0; x < 5; x++) {
      list.add(new SimUnit("V2Radiator"));
    }
  }
}

class V3Radiator extends V2Radiator {
  V3Radiator(ArrayList<SimUnit> lglist) {
    super(lglist);
    for (int g = 0; g < 10; g++) {
      lglist.add(new SimUnit("V3Radiator"));
    }
  }
}

class RetentionBot {
  RetentionBot(ArrayList<SimUnit> rlist) {
    rlist.add(new SimUnit("Retention"));
  }
}
```

5분 미스터리 계속

```
import java.util.ArrayList;

public class TestLifeSupportSim {
  public static void main(String[] args) {
    ArrayList<SimUnit> aList = new ArrayList<SimUnit>();
    V2Radiator v2 = new V2Radiator(aList);
    V3Radiator v3 = new V3Radiator(aList);
    for (int z = 0; z < 20; z++) {
      RetentionBot ret = new RetentionBot(aList);
    }
  }
}

class SimUnit {
  String botType;

  SimUnit(String type) {
    botType = type;
  }

  int powerUse() {
    if ("Retention".equals(botType)) {
      return 2;
    } else {
      return 4;
    }
  }
}
```

코드를 잠시 살펴본 톰의 입가에 미소가 번졌습니다. 그리고는 톰이 말했죠. "문제가 뭔지 알겠어. 전력 소모량이 몇 퍼센트 차이를 보이는지도 맞혀 볼까?"

톰은 어디에 문제가 있다고 생각한 것일까요? 전력 소모량의 차이는 어떻게 알 수 있었을까요? 그리고 어떤 코드를 추가하면 이 문제를 해결하는 데 도움이 될까요?

정답과 해설

연습 문제(310쪽)

1 `copyGC = null;` X - 영역 밖에 있는 변수에 접근하려고 합니다.

2 `gc2 = null;` O - 그 객체를 참조하는 레퍼런스 변수는 gc2밖에 없었습니다.

3 `newGC = gc3;` X - 이것도 영역 밖에 있는 변수입니다.

4 `gc1 = null;` O - newGC는 영역 밖에 있으므로 gc1이 유일한 레퍼런스 변수입니다.

5 `newGC = null;` X - newGC는 영역 밖에 있습니다.

6 `gc4 = null;` X - gc3가 여전히 그 객체를 참조하고 있습니다.

7 `gc3 = gc2;` X - gc4가 여전히 그 객체를 참조하고 있습니다.

8 `gc1 = gc4;` O - 그 객체에 대한 유일한 레퍼런스를 대입했습니다.

9 `gc3 = null;` X - gc4가 여전히 그 객체를 참조하고 있습니다.

연습 문제(311쪽)

맨 처음에 honeyPot 변수로 참조한 Honey 객체가 이 클래스 최고의 '인기' 객체라는 것은 그리 어렵지 않게 알아낼 수 있을 것입니다. 하지만 그 코드에서 Honey 객체를 가리키는 모든 변수가 같은 객체를 참조한다는 것을 알아내는 것은 조금 어려울 수도 있습니다. main() 메서드가 끝나기 직전을 기준으로 이 객체에 대한 활성화된 레퍼런스 총 12개가 있습니다. kit.honeyPot 변수는 얼마 동안은 유효하지만 마지막에 kit가 null로 설정됩니다. raccoon.rk는 여전히 Kit 객체를 참조하기 때문에(직접적으로 선언된 적은 없지만) raccoon.kit.honeyPot도 그 객체를 참조합니다.

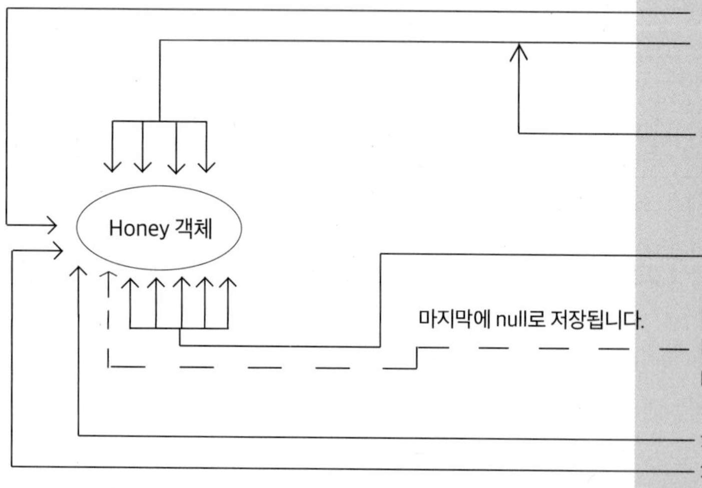

Honey 객체
마지막에 null로 저장됩니다.

```
public class Honey {
  public static void main(String[] args) {
    Honey honeyPot = new Honey();
    Honey[] ha = {honeyPot, honeyPot,
                  honeyPot, honeyPot};
    Bees bees = new Bees();
    bees.beeHoney = ha;
    Bear[] bears = new Bear[5];
    for (int i = 0; i < 5; i++) {
      bears[i] = new Bear();
      bears[i].honny = honeyPot;
    }
    Kit kit = new Kit();
    kit.honey = honeyPot;
    Raccoon raccoon = new Raccoon();

    raccoon.rh = honeyPot;
    raccoon.rk = kit;
    kit = null;
  } //  main 메서드 끝
}
```

정답과 해설

5분 미스터리(312~313쪽)

톰은 V2Radiator 클래스의 생성자에서 ArrayList를 받아들인다는 점에 주목했습니다. 즉, V3Radiator를 호출할 때마다 super()를 통해 V2Radiator 생성자를 호출할 때 ArrayList를 전달하게 됩니다. 따라서 불필요하게 V2Radiator의 SimUnit 다섯 개가 추가로 만들어집니다. 톰이 맞았다면 총 전력 소모량이 사라가 예상한 비율대로 100이 아니라 120이 된다고 예상했을 것입니다.

모든 Bot 클래스에서 SimUnit을 만들기 때문에 SimUnit 클래스에 SimUnit이 생성될 때마다 메시지를 출력하는 생성자를 만들면 문제를 더 빨리 찾을 수 있을 것입니다.

CHAPTER

10

숫자는 정말 중요합니다

숫자와 정적 변수, 정적 메서드

계산을 해 봅시다

하지만 수를 다루는 것은 기초적인 계산을 하는 것보다는 좀 더 복잡합니다. 어떤 수의 절댓값을 구하거나 반올림을 하거나 두 수 가운데 더 큰 것을 찾는 작업이 필요할 수 있습니다. 숫자를 소수점 이하 두 자리까지만 출력한다든가, 큰 숫자를 출력할 때 읽기 좋게 중간중간에 쉼표를 추가한다든가 해야 할 수도 있습니다. 문자열을 수 형태로 파싱할 때는 어떻게 해야 할까요? 아니면 수를 문자열 객체로 어떻게 바꿀 수 있을까요? 혹시 객체만 받아들이는 ArrayList 같은 컬렉션에 수를 왕창 집어넣어야 한다면 어떻게 해야 할까요? 다행히도 자바 API에서는 쉽게 쓸 수 있는 수많은 수 관련 메서드를 제공합니다. 하지만 그중 대부분은 **정적** 메서드이므로 일단 변수나 메서드가 정적이라는 것이 무엇을 의미하는지를 알아보고 자바에서의 상수(static final 변수)에 대해서도 살펴보겠습니다.

Math 메서드: 거의 전역 메서드입니다

자바는 전역이라는 이름이 붙은 것이 전혀 없다는 사실을 감안하면 '거의' 전역 메서드라고 할 수 있습니다. 그 행동이 인스턴스 변수의 값에 의존하지 않는 메서드에 대해 한번 생각해 봅시다. Math 클래스에 있는 round()라는 메서드를 예로 들어 보죠. 이 메서드는 항상 똑같은 일만 합니다. 부동소수점 수(메서드로 전달된 인자)를 가장 가까운 정수로 바꿔주는 반올림이죠. Math 클래스의 인스턴스를 10,000개쯤 만들어 놓고 round(42.2)를 전부 실행시키더라도 항상 42라는 정수만 리턴될 것입니다. 즉, 이 메서드는 인자에 대해 어떤 작업을 할 뿐, 인스턴스 변수 상태에 의한 영향은 전혀 받지 않습니다. round() 메서드가 실행되는 방식을 변경할 수 있는 것은 메서드에 전달된 인자밖에 없습니다.

round() 메서드를 실행시키기 위한 용도만으로 Math 클래스의 인스턴스를 만드는 것에 대해 '힙 공간을 너무 낭비하는 게 아닌가?'란 생각이 드는 독자도 있을 것입니다. 그리고 수(원시 타입의 값) 두 개를 받아서 그중에서 더 작은 것을 리턴하는 min() 메서드나 더 큰 것을 리턴하는 max(), 수 한 개를 받아서 그 절댓값을 리턴하는 abs()와 같은 Math 클래스의 다른 메서드에 대해서도 마찬가지입니다.

이런 메서드에서는 인스턴스 변수를 전혀 사용하지 않습니다. 사실 Math 클래스에는 인스턴스 변수가 전혀 없습니다. 따라서 Math 클래스의 인스턴스를 만들어도 전혀 쓸모가 없죠. 그러면 어떻게 해야 할까요? 예. 그렇습니다. 인스턴스를 만들지 않으면 되겠죠. 사실은 만들 수도 없습니다.

Math 클래스에 들어 있는 메서드에서는 인스턴스 변수의 값을 전혀 사용하지 않습니다. 그런 메서드는 '정적'이므로 Math의 인스턴스는 필요 없습니다. Math 클래스만 있으면 되지요.

```
long x = Math.round(42.2);
int y = Math.min(56, 12);
int z = Math.abs(-343);
```

이런 메서드에서 인스턴스 변수를 전혀 사용하지 않았으므로 객체마다 행동이 달라지는 일이 없습니다.

다음과 같은 식으로 Math 클래스의 인스턴스를 만들어 봅시다.

```
Math mathObject = new Math();
```

그러면 아래와 같은 오류가 나옵니다.

```
File Edit Window Help IwasToldThereWouldBeNoMaths
%javac TestMath
TestMath.java:3: Math() has private
access in java.lang.Math
     Math mathObject = new Math();
                        ^
1 error
```

이 오류를 보면 Math 생성자가 private으로 지정되어 있음을 알 수 있습니다. 즉, Math 클래스에 대해 new 키워드를 사용해서 Math 객체를 만들 수 없습니다.

일반 메서드와 정적 메서드 사이의 차이점

자바는 객체지향적인 언어지만, 가끔씩 클래스의 인스턴스가 필요하지 않은 특수한 경우가 있습니다. Math 메서드와 같은 유틸리티 메서드를 쓰는 경우가 대표적인 경우라고 할 수 있습니다. **static**이라는 키워드를 사용하면 **클래스의 인스턴스 없이 메서드를 실행할 수 있습니다.** 정적(static) 메서드는 '인스턴스 변수에 따라 행동이 달라지지 않았으므로 인스턴스나 객체가 필요하지 않습니다. 클래스만 있어도 됩니다.'를 의미합니다.

일반(정적 메서드가 아닌) 메서드

```
public class Song {
  String title;

  public Song(String t) {
    title = t;
  }

  public void play() {
    SoundPlayer player = new SoundPlayer();
    player.playSound(title);
  }
}
```

인스턴스 변수의 값이 play() 메서드의 행동에 영향을 미칩니다.

play()를 호출하면 'title' 인스턴스 변수의 현재 값으로 지정된 곡이 재생됩니다.

정적 메서드

```
public static int min(int a, int b) {
  // a와 b 중에서 가장 작은 것을 리턴합니다.
}
```

Math
min() max() abs() ...

인스턴스 변수가 없습니다. 메서드의 행동은 인스턴스 변수의 상태에 의해 전혀 달라지지 않습니다.

```
Math.min(42,36);
```

레퍼런스 변수명이 아닌 클래스명을 사용합니다.

객체는 없습니다.
이 그림에는 객체가 하나도 없습니다.

정적 메서드를 호출할 때는
클래스명을 사용합니다.

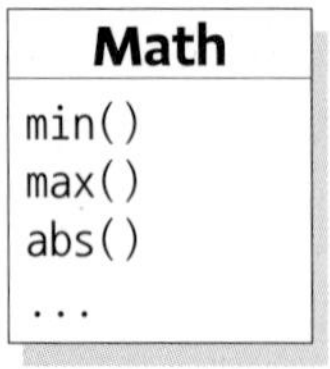


```
Math.min(88,86);
```

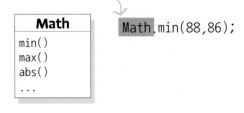

정적 메서드가 아닌 메서드를 호출할 때는
레퍼런스 변수명을 사용합니다.

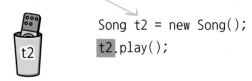

```
Song t2 = new Song();
t2.play();
```

정적 메서드가 들어 있는 클래스란?

항상 그런 것은 아니지만 정적 메서드가 들어 있는 클래스는 인스턴스를 만들 수 없도록 되어 있는 경우를 종종 볼 수 있습니다. 8장에서도 배웠듯이 클래스를 선언할 때 **abstract** 변경자를 사용하면 아무도 그 클래스 타입에 대해 new를 사용할 수 없습니다. **추상 클래스의 인스턴스는 만들 수 없으니까요.**

하지만 생성자를 **private**으로 지정해서 다른 코드에서 추상 클래스가 아닌 클래스의 인스턴스를 만드는 것을 제한할 수도 있습니다. 메서드를 private으로 지정하면 그 메서드는 같은 클래스 내에 있는 코드에서만 호출할 수 있습니다. 생성자를 private으로 지정하는 것도 의미가 같습니다. 즉, 같은 클래스 안에 있는 코드에서만 그 생성자를 호출할 수 있지요. 그러면 클래스 밖에서는 아무도 new를 사용할 수 없습니다. 예를 들어서, Math 클래스에서도 그런 방법을 사용합니다. 생성자가 private으로 지정되어 있으므로 Math의 인스턴스를 새로 만들 수가 없습니다. 클래스 밖에 있는 코드에서 private으로 지정된 생성자를 호출하면 컴파일러 오류가 납니다.

하지만 정적 메서드가 있는 클래스의 인스턴스를 무조건 만들면 안 되는 것은 아닙니다. 사실 main() 메서드가 들어 있는 클래스에도 모두 정적 메서드가 들어 있으니까요.

main() 메서드는 다른 클래스를 구동시키거나 테스트할 때 많이 사용하는데, 거의 항상 main 메서드 내에서 클래스의 인스턴스를 만들고 그 새로운 인스턴스의 메서드를 호출하는 방법을 사용합니다.

따라서 한 클래스에서 정적 메서드와 정적 메서드가 아닌 메서드를 마음대로 섞어 써도 됩니다. 정적 메서드가 아닌 메서드가 하나라도 있으면 그 클래스의 인스턴스를 만들 수 있는 방법이 반드시 있어야 합니다. 새로운 객체를 구하는 방법은 new를 사용하는 방법과 역직렬화(deserialization)를 이용하는 방법뿐입니다(자바 리플렉션 API라는 방법도 있는데, 여기에서는 다루지 않습니다). 그 외에는 다른 방법이 전혀 없습니다. 하지만 어디에서 new 키워드를 사용하는지는 상당히 중요한 질문이라고 할 수 있는데, 그에 대한 내용은 잠시 후에 알아보겠습니다.

정적 메서드에서는 정적 변수가 아닌 변수(인스턴스 변수)를 쓸 수 없습니다

정적 메서드는 그 정적 메서드가 들어 있는 클래스의 특정 인스턴스와는 전혀 무관하게 실행됩니다. 그리고 앞 페이지에서 봤듯이 정적 메서드가 들어 있는 클래스에는 인스턴스 변수가 하나도 없는 경우가 있습니다. 정적 메서드는 인스턴스에 대한 레퍼런스(t2.play())가 아닌 클래스(Math.random())에 대해 호출되므로 정적 메서드에서는 그 클래스에 있는 어떤 인스턴스 변수도 참조할 수가 없습니다. 정적 메서드에서 어떤 인스턴스에 있는 변수를 사용할지를 알 수 있는 방법이 없으니까요.

정적 메서드에서 인스턴스 변수를 사용하려고 하면 컴파일러는 '얘가 지금 어떤 객체의 인스턴스 변수를 말하는 거야?' 같은 의문을 가지게 됩니다. 힙에 Duck 객체가 열 개쯤 있어도 정적 메서드에서는 그런 객체들에 대해 전혀 알지 못합니다.

다음과 같은 코드를 컴파일하려고 하면

```
public class Duck {
  private int size;

  public static void main(String[] args) {
    System.out.println("Size of duck is " + size);
  }

  public void setSize(int s) {
    size = s;
  }

  public int getSize() {
    return size;
  }
}
```

어떤 Duck 객체죠? 어떤 것의 size를 묻는 건지 모르겠네요.

정적인 부분. 이 클래스의 다른 부분은 정적이지 않습니다.

힙 어딘가에 Duck이 있더라도 그 객체에 대해서는 전혀 알 수가 없습니다.

다음과 같은 오류가 납니다.

```
File Edit Window Help Quack
% javac Duck.java
Duck.java:6: non-static variable
size cannot be referenced from a
static context
        System.out.println("Size
of duck is " + size);
                ^
1 error
```

내 size 변수 얘기를 하고 있을걸?
아니야, 내 size 변수에 대해 얘기하고 있는 거야.

정적 메서드에서는 정적 메서드가 아닌 메서드도 사용할 수 없습니다

정적 메서드가 아닌 메서드는 보통 인스턴스 변수(상태)에 따라 그 행동이 달라집니다. getName() 메서드는 name 변수의 값을 리턴합니다. 누구의 이름일까요? 물론 getName() 메서드를 호출할 때 사용한 객체의 이름이겠죠?

이 클래스는 컴파일할 수 없습니다.

```
public class Duck {
  private int size;

  public static void main(String[] args) {
    System.out.println("Size is " + getSize());
  }

  public void setSize(int s) {
    size = s;
  }

  public int getSize() {
    return size;
  }
}
```

getSize()를 호출하면 문제가 생깁니다. getSize()에서는 size 인스턴스 변수를 사용하니까요.

결국 똑같은 문제가 대두됩니다. 누구의 size를 리턴하라는 것일까요?

출력 결과:

File Edit Window Help Jack-in

```
% javac Duck.java
Duck.java:5: error: non-static
method getSize() cannot be
referenced from a static context
    System.out.println("Size is " +
getSize());
^
1 error
```

벽에 붙여 놓고 외우세요

장미는 빨갛습니다.
그 꽃은 천천히 핍니다.

정적 메서드에서는
인스턴스 변수 상태를 보지 못합니다.

무엇이든 물어보세요

Q&A

Q1 정적 메서드에서 인스턴스 변수를 전혀 사용하지 않는 정적 메서드가 아닌 메서드를 호출하는 경우는 어떤가요? 컴파일러에서 그런 건 허용하지 않을까요?

A1 아닙니다. 정적 메서드가 아닌 메서드에서 인스턴스 변수를 쓰든, 쓰지 않든 인스턴스 변수를 쓸 가능성은 남아 있기 때문이죠. 그 의미를 다시 생각해 봅시다. 그런 식으로 만든 코드를 컴파일할 수 있다고 가정해 보면 일단 인스턴스 변수를 쓰지 않은 정적 메서드가 아닌 메서드를 만들었다가 나중에 그 정적 메서드가 아닌 메서드에서 인스턴스 변수를 쓰는 쪽으로 코드를 변경한다면 어떻게 될까요? 아니면 하위 클래스에서 그 메서드를 오버라이드해서 오버라이드한 버전에서 인스턴스 변수를 사용한다면 어떻게 될까요?

Q2 클래스명이 아니라 레퍼런스 변수명을 써서 정적 메서드를 호출하는 것을 직접 본 적이 있는데, 그건 어떻게 된 건가요?

A2 그렇게 할 수는 있습니다. 다만 무엇을 할 수 있다고 해서 그렇게 하는 것이 항상 좋은 것은 아니죠. 클래스의 인스턴스를 통해 정적 메서드를 호출할 수도 있지만 그런 코드에는 오해의 소지가 있습니다. 다음과 같은 코드를 생각해 봅시다.

```
Duck d = new Duck();
String[] s = {};
d.main(s);
```

이 코드는 문법적으로 보면 문제가 없습니다. 컴파일러에서 원래의 클래스 이름을 찾아내고 알아서 처리해 주니까요('d는 Duck 타입이고 main()은 정적 메서드니까 Duck 클래스에 있는 정적 메서드인 main()을 호출해야겠군'이라고 생각하겠죠?). 즉, 이를 써서 main()을 호출할 수 있다고 해서 그 main() 메서드에서 d로 참조하는 객체에 들어 있는 인스턴스 변수를 사용한다거나 하는 것은 아닙니다. 그냥 정적 메서드를 호출하는 조금 다른 방법일 뿐이지 그 메서드가 정적 메서드가 아닌 메서드가 되는 것은 아닙니다.

정적 변수: 클래스의 어떤 인스턴스에서든 값이 똑같습니다

프로그램이 실행되는 동안 Duck 인스턴스가 몇 개 만들어지는지 세고 싶은 경우를 생각해 봅시다. 어떻게 하면 좋을까요? 인스턴스 변수를 만들고 생성자에서 그 값을 증가시키면 될까요?

```
class Duck {
  int duckCount = 0;
  public Duck() {
    duckCount++;
  }
}
```

이렇게 하면 Duck이 만들어질 때마다 duckCount의 값이 1로 설정됩니다.

이렇게 하면 안 됩니다. duckCount가 인스턴스 변수이므로 각 Duck 객체별로 무조건 0이라는 초깃값을 가진 duckCount 인스턴스 변수가 하나씩 만들어지기 때문입니다. 다른 클래스에서 메서드를 호출하는 방법을 생각할지도 모르겠지만 그런 방법은 너무 지저분합니다. 모든 인스턴스에서 복사본 하나를 공유할 수 있게 만들어야 이 문제를 제대로 해결할 수 있습니다.

바로 이런 경우에 정적 변수를 사용할 수 있습니다. 정적 변수(static variable)는 한 클래스의 모든 인스턴스에서 공유합니다. 즉, 그 값은 인스턴스마다 하나씩 있는 것이 아니라 클래스마다 하나씩 있습니다.

duckCount 정적 변수는 클래스가 처음 로딩될 때만 초기화됩니다. 매번 인스턴스가 만들어질 때마다 초기화되지 않습니다.

```
public class Duck {
  private int size;
  private static int duckCount = 0;

  public Duck() {
    duckCount++;
  }

  public void setSize(int s) {
    size = s;
  }

  public int getSize() {
    return size;
  }
}
```

duckCount가 정적 변수라서 그 값이 0으로 재설정되지 않았으므로 Duck 생성자가 실행될 때마다 그 값을 증가시킬 수 있습니다.

Duck 객체에서는 별도의 duckCount의 복사본을 보관하지 않습니다.
duckCount는 정적 변수이므로 모든 Duck 객체가 복사본 단 하나를 공유합니다. 정적 변수는 객체가 아닌 클래스에서 살고 있는 변수라고 생각할 수 있습니다.

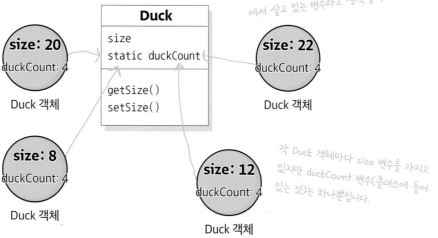

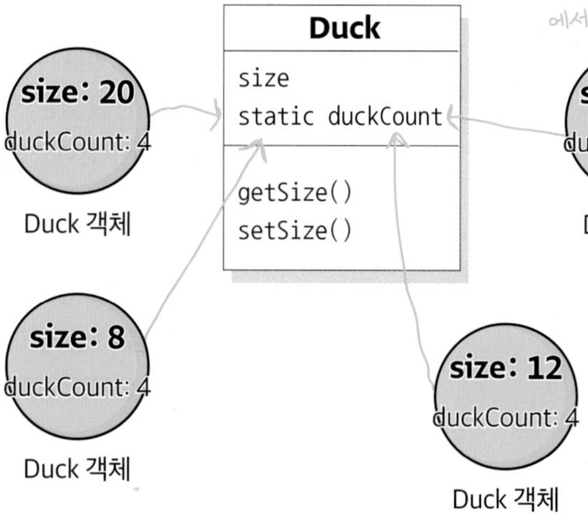

각 Duck 객체마다 size 변수를 가지고 있지만 duckCount 변수(클래스에 들어 있는 것)는 하나뿐입니다.

정적 변수는 공유됩니다.
같은 클래스에 속하는 모든 인스턴스에서
그 정적 변수의 하나뿐인 복사본을 공유합니다.

인스턴스 변수: 인스턴스마다 한 개씩
정적 변수: 클래스마다 한 개씩

뇌 일깨우기

이 장 앞부분에서 private 생성자가 있으면 그 클래스 밖에서 돌아가고 있는 코드에서는 그 클래스의 인스턴스를 만들 수 없다는 것을 배웠습니다. 즉, 클래스 안에 있는 코드에서만 private 생성자를 써서 만든 클래스의 인스턴스를 만들 수 있습니다(닭이 먼저냐, 달걀이 먼저냐 하는 문제가 있군요).
어떤 클래스를 만들 때 인스턴스를 하나만 만들 수 있게 한 다음 그 클래스의 인스턴스를 사용할 때는 그 하나뿐인 인스턴스만 사용하게 만들려면 어떻게 할까요?

정적 변수 초기화

정적 변수는 클래스가 로딩될 때 초기화됩니다. 클래스는 JVM에서 로딩할 때가 되었다고 결정하면 로딩됩니다. 보통 누군가가 그 클래스의 새로운 인스턴스를 처음으로 만들려고 할 때, 또는 그 클래스의 정적 메서드 또는 정적 변수를 사용하려고 할 때 JVM에서 클래스를 불러옵니다. 프로그래머가 JVM에 클래스를 불러오라고 할 수도 있지만 그런 경우는 거의 없습니다. 거의 모든 경우에 JVM에서 클래스를 불러올지의 여부를 결정하는 것이 낫습니다.

클래스에 들어 있는 모든 정적 변수는 그 클래스의 객체가 처음으로 만들어지기 전에 초기화됩니다.

그리고 정적 변수 초기화와 관련해서 다음과 같은 두 가지 규칙이 있습니다.

- 정적 변수는 그 클래스에 속하는 객체가 생성되기 전에 초기화됩니다.
- 정적 변수는 그 클래스에 속하는 정적 메서드가 실행되기 전에 초기화됩니다.

```
class Player {
  static int playerCount = 0;
  private String name;
  public Player(String n) {
    name = n;
    playerCount++;
  }
}

public class PlayerTestDrive {
  public static void main(String[] args) {
    System.out.println(Player.playerCount);
    Player one = new Player("Tiger Woods");
    System.out.println(Player.playerCount);
  }
}
```

클래스가 로딩되면 playerCount가 초기화됩니다. 여기서는 직접 0으로 초기화했지만, 명시적으로 초기화를 하지 않을 때 int의 기본값은 0이므로 0으로 초기화할 때는 굳이 이렇게 값을 지정하지 않아도 괜찮습니다. 정적 변수에도 인스턴스 변수와 마찬가지로 기본값이 대입됩니다.

정적 변수도 인스턴스 변수와 마찬가지로 선언만 하고 초기화를 하지 않으면 다음과 같이 똑같은 기본값으로 초기화됩니다.

- 원시 정수(long, short 등): 0
- 원시 부동소수점 수(float, double): 0.0
- 불리언: false
- 객체 레퍼런스: null

정적 변수를 접근할 때에도 정적 메서드를 접근할 때와 마찬가지로 클래스명을 사용합니다.

출력 결과:

```
File Edit Window Help What?
% java PlayerTestDrive
0
1
```

0 ← 인스턴스를 만들기 전

1 ← 객체 한 개를 생성한 후

정적 변수는 클래스가 로딩될 때 초기화됩니다. 정적 변수를 직접 초기화하지 않으면(즉, 선언할 때 값을 대입하지 않으면) 기본값으로 초기화됩니다. 따라서 int 변수는 0으로 초기화되므로 굳이 playerCount = 0이라고 하지 않아도 됩니다. 즉, 정적 변수를 선언하기만 하고 초기화하지 않으면 인스턴스 변수의 경우와 마찬가지로 그 정적 변수에 변수 타입에 따른 기본값이 대입됩니다.

static final로 선언된 변수는 상수입니다

final로 지정한 변수는 (일단 초기화되고 나면) 절대 그 값을 바꿀 수 없습니다. 즉, static final로 선언한 변수는 클래스가 로딩되어 있는 동안 계속 똑같은 값을 유지합니다. API에서 Math.PI를 찾아보면 다음과 같이 선언되어 있습니다.

```
public static final double PI= 3.141592653589793;
```

이 변수는 **public**으로 선언되어 있으므로 어떤 코드에서든지 접근할 수 있습니다.
또한 **static**으로 선언되어 있으므로 Math 클래스의 인스턴스를 만들지 않아도 쓸 수 있습니다(Math 클래스의 인스턴스는 만들 수 없습니다. 설마 잊진 않으셨겠죠?).
그리고 π의 값은 바뀌지 않았으므로 이 변수는 **final**로 지정되어 있습니다.
static final로 지정하는 방법이 변수를 상수로 지정하는 유일한 방법인데, 보통 어떤 변수가 상수라는 것을 쉽게 알 수 있도록 이름을 붙일 때는 다음과 같은 규칙을 따릅니다.

상수의 변수명은 모두 대문자로 씁니다.

정적 초기화 부분(static initializer)이라는, 클래스가 로딩되었을 때 다른 코드에서 클래스를 쓸 수 있게 되기 전에 실행되는 코드 블록이 있습니다. 이 코드 블록은 정적 final 변수를 초기화하기에 딱 알맞은 곳입니다.

```
class ConstantInit1 {
    final static int x;
    static {
      x = 42;
    }
}
```

---

final로 지정된 정적 변수를 초기화하는 방법

① 선언할 때 초기화하는 방법

```
public class ConstantInit2 {
   public static final int X_VALUE = 25;
}
```

이름을 붙이는 방법을 잘 보세요. static final로 지정된 변수는 상수이기 때문에 모두 대문자로 이루어진 이름을 붙였습니다. 그리고 각 단어는 밑줄로 분리했습니다.

또는

② 정적 초기화 부분에서 초기화하는 방법

```
public class ConstantInit3 {
  public static final double VAL;

  static {
    VAL = Math.random();
  }
}
```

클래스가 되면 어떤 정적 메서드도 호출되기 전에, 그리고 어떤 정적 변수도 쓸 수 있게 되기 전에 코드가 실행됩니다.

이 두 방법으로 final 변수를 지정하지 않으면 어떻게 될까요?

```
public class ConstantInit3 {
  public static final double VAL;
}
```

초기화를 하지 않았네요!

다음과 같은 식으로 컴파일 오류가 납니다.

```
File Edit Window Help Init?
% javac ConstantInit3.java
ConstantInit3.java:2: error:
variable VAL not initialized in
the default constructor
  public static final double VAL;
                             ^
1 error
```

final은 정적 변수에 대해서만 쓸 수 있는 변경자가 아닙니다

final 키워드는 인스턴스 변수나 로컬 변수, 심지어는 메서드 매개변수에 이르기까지 정적 변수가 아닌 변수의 특성을 지정하기 위한 용도로도 쓸 수 있습니다. 그리고 어떤 변수에 대한 변경자로 사용하더라도 그 의미는 똑같습니다. 그 값을 바꿀 수가 없게 되죠. 하지만 final 변경자를, 다른 사람이 메서드를 오버라이드하거나 하위 클래스를 만드는 것을 방지하기 위한 용도로 쓰기도 합니다.

변수를 final로 지정하면 그 값을 바꿀 수가 없습니다.
메서드를 final로 지정하면 그 메서드를 오버라이드할 수 없습니다.
클래스를 final로 지정하면 그 클래스를 확장할 수 없습니다(즉, 하위 클래스를 만들 수 없습니다).

정적 변수가 아닌 변수를 final로 지정하는 경우

```
class Foof {
  final int size = 3;   ← 이렇게 하면 size 값을 변경할 수 없습니다.
  final int whuffie;

  Foof() {
    whuffie = 42;   ← 이제 whuffie 변수의 값도 변경할 수 없습니다.
  }

  void doStuff(final int x) {
    // x도 바꿀 수 없습니다.
  }

  void doMore() {
    final int z = 7;
    // z도 바꿀 수 없습니다.
  }
}
```

메서드를 final로 지정하는 방법

```
class Poof {
  final void calcWhuffie() {
    // 절대로 오버라이드하면 안 되는 중요한 메서드
  }
}
```

클래스를 final로 지정하는 방법

```
final class MyMostPerfectClass {
  // 이 클래스는 확장할 수 없습니다.
}
```

이제 정말 끝장이야. 변경할 수 없다는 것을 그때도 알았더라면…

무엇이든 물어보세요 Q&A

Q1 정적 메서드는 정적 변수가 아닌 변수에는 접근할 수 없잖아요. 그런데 정적 메서드가 아닌 메서드에서는 정적 변수에 접근할 수 있나요?

A1 물론입니다. 정적 메서드가 아닌 메서드는 언제나 클래스에 들어 있는 정적 메서드를 호출하거나 정적 변수에 접근할 수 있습니다.

Q2 어떤 경우에 클래스를 final로 지정하나요? 클래스를 final로 지정하면 객체지향의 의미가 퇴색되지 않나요?

A2 보통 클래스를 final로 지정하는 이유는 보안 문제 때문입니다. 예를 들어서, String 클래스의 하위 클래스는 만들 수 없습니다. 누군가가 String 클래스를 확장해서 String 객체가 들어갈 자리에 다형적으로 String 하위 클래스 객체를 사용하는 경우를 생각해 보세요. 어떤 클래스에 있는 특정 메서드를 반드시 그대로 써야 한다면 클래스를 final로 지정하면 됩니다.

Q3 클래스를 이미 final로 지정해 놓고 메서드를 다시 final로 지정하면 괜히 중복해서 지정하는 것이 아닌가요?

A3 클래스가 이미 final로 지정되어 있다면 메서드를 굳이 final로 지정하지 않아도 됩니다. 클래스를 final로 지정했다면 그 클래스의 하위 클래스를 만들 수 없으므로 그 클래스에 들어 있는 메서드 오버라이드를 할 수가 없으니까요.
하지만 어떤 클래스를 확장할 수 있게 해 놓고 그중 일부 메서드는 오버라이드할 수 있게 하고 싶지만 어떤 메서드는 오버라이드할 수 없게 하고 싶다면 클래스는 final로 지정하지 않고 특정 메서드만 final로 지정하는 것이 좋습니다. 메서드를 final로 지정하면 하위 클래스에서 그 메서드를 오버라이드할 수 없으니까요.

핵심 정리

- **정적 메서드**(static method)는 객체 레퍼런스 변수 대신 클래스명을 써서 호출합니다.

```
Math.random() vs. myFoo.go()
```

- 정적 메서드는 힙에 그 메서드가 들어 있는 클래스의 인스턴스가 없어도 호출할 수 있습니다.
- 특정 인스턴스 변숫값에 의존하지 않는(그리고 그럴 가능성도 전혀 없는) 유틸리티 메서드는 정적 메서드로 만드는 것이 좋습니다.
- 정적 메서드에서는 특정 인스턴스와는 연관되지 않았으므로 (클래스하고만 연관되기 때문에) 어떤 인스턴스 변숫값도 사용할 수 없습니다. 어떤 인스턴스에 들어 있는 인스턴스 변숫값을 사용해야 할지 결정할 수 없기 때문입니다.
- 정적 메서드가 아닌 메서드는 보통 인스턴스 변수 상태와 연관되어 있으므로 정적 메서드에서는 정적 메서드가 아닌 메서드를 사용할 수 없습니다.
- 정적 메서드만 들어 있는 클래스가 있다면 그 클래스의 인스턴스를 만들 필요가 없으므로 그 생성자를 private으로 지정하는 것이 좋습니다.
- **정적 변수**(static variable)는 해당 클래스에 속하는 모든 객체에서 공유하는 변수입니다. 인스턴스 변수는 각 객체마다 사본이 하나씩 있지만 정적 변수는 한 클래스에 복사본이 하나밖에 없습니다.
- 정적 메서드에서도 정적 변수를 사용할 수 있습니다.
- 자바에서 상수를 만들 때는 변수에 static과 final로 지정하면 됩니다.
- final로 지정한 정적 변수는 변수를 선언할 때 또는 정적 초기화 부분에서 반드시 값을 대입해야 합니다.

```
static {
    DOG_CODE = 420;
}
```

- 상수(final로 지정한 정적 변수)의 이름은 (일반적으로) 전부 대문자를 사용하고 각 단어 사이에는 밑줄(_)을 넣어 줍니다.
- final로 지정한 변숫값은 값을 한 번 대입하면 바꿀 수 없습니다.
- final 인스턴스 변숫값은 선언할 때 또는 생성자에서 대입해야 합니다.
- final 메서드는 오버라이드할 수 없습니다.
- final 클래스는 확장할 수 없습니다(하위 클래스를 만들 수 없습니다).

정답과 해설 350쪽

연습 문제

무엇이 맞을까요?

지금까지 static과 final에 대해 배운 내용을 바탕으로 다음 중 어떤 것이 제대로 컴파일될 수 있는지 찾아보세요.

1

```
public class Foo {
  static int x;

  public void go() {
    System.out.println(x);
  }
}
```

2

```
public class Foo2 {
  int x;

  public static void go() {
    System.out.println(x);
  }
}
```

3

```
public class Foo3 {
  final int x;

  public void go() {
    System.out.println(x);
  }
}
```

4

```
public class Foo4 {
  static final int x = 12;

  public void go() {
    System.out.println(x);
  }
}
```

5

```
public class Foo5 {
  static final int x = 12;

  public void go(final int x) {
    System.out.println(x);
  }
}
```

6

```
public class Foo6 {
  int x = 12;

  public static void go(final int x) {
    System.out.println(x);
  }
}
```

Math 메서드

이제 정적 메서드가 어떤 식으로 돌아가는지 배웠으니까 Math 클래스에 들어 있는 정적 메서드 가운데 몇 가지를 알아보겠습니다. 물론, 여기에 있는 것이 전부는 아니고, 중요한 것 몇 가지만 뽑아 놓았습니다. API에서 cos(), sin(), tan(), ceil(), floor(), asin()을 비롯한 다른 메서드에 대해서도 찾아보세요.

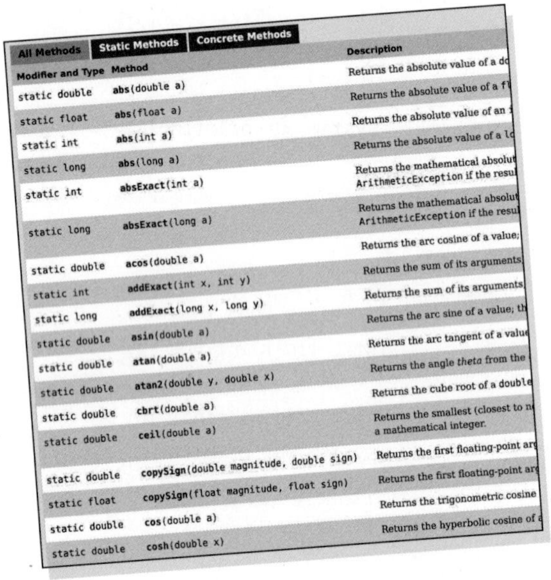

All Methods | Static Methods | Concrete Methods

Modifier and Type	Method	Description
static double	abs(double a)	Returns the absolute value of a do
static float	abs(float a)	Returns the absolute value of a fl
static int	abs(int a)	Returns the absolute value of an i
static long	abs(long a)	Returns the absolute value of a lo
static int	absExact(int a)	Returns the mathematical absolut ArithmeticException if the resul
static long	absExact(long a)	Returns the mathematical absolut ArithmeticException if the resul
static double	acos(double a)	Returns the arc cosine of a value;
static int	addExact(int x, int y)	Returns the sum of its arguments
static long	addExact(long x, long y)	Returns the sum of its arguments
static double	asin(double a)	Returns the arc sine of a value; th
static double	atan(double a)	Returns the arc tangent of a valu
static double	atan2(double y, double x)	Returns the angle *theta* from the
static double	cbrt(double a)	Returns the cube root of a double
static double	ceil(double a)	Returns the smallest (closest to n a mathematical integer.
static double	copySign(double magnitude, double sign)	Returns the first floating-point ar
static float	copySign(float magnitude, float sign)	Returns the first floating-point ar
static double	cos(double a)	Returns the trigonometric cosine
static double	cosh(double x)	Returns the hyperbolic cosine of a

Math.abs()

주어진 인자의 절댓값을 리턴합니다. 이 메서드는 오버로드되어 있으므로 int를 전달하면 int가, double을 전달하면 double이 리턴됩니다.

```
int x = Math.abs(-240);         // 240이 리턴됩니다.
double d = Math.abs(240.45);    // 240.45가 리턴됩니다.
```

Math.random()

0.0 이상, 1.0 미만의 double 값을 리턴합니다.

지금까지 우리는 이 메서드를 써왔습니다. 하지만 java.util.Random도 있으며, 이쪽이 더 쓰기 편합니다.

```
double r1 = Math.random();
int r2 = (int) (Math.random() * 5);
```

Math.round()

주어진 수를 반올림해서 가장 가까운 int 또는 long(인자가 float인지 double인지에 따라 결정됨)을 리턴합니다.

뒤에 f를 추가하지 않으면 부동소수점 리터럴은 모두 double로 간주됩니다.

```
int x = Math.round(-24.8f);  // -25가 리턴됩니다.
int y = Math.round(24.45f);  // 24가 리턴됩니다.

long z = Math.round(24.45);  // 24가 리턴됩니다.
```

이건 double입니다.

Math.min()

두 인자 중 더 작은 값을 리턴합니다. 이 메서드는 오버로드되어 있으므로 int, long, float, double을 모두 사용할 수 있습니다.

```
int x = Math.min(24,240);                 // 24가 리턴됩니다.
double y = Math.min(90876.5, 90876.49); // 90876.49가 리턴됩니다.
```

Math.max()

두 인자 중 더 큰 값을 리턴합니다. 이 메서드는 오버로드되어 있으므로 int, long, float, double을 모두 사용할 수 있습니다.

```
int x = Math.max(24,240);                 // 240가 리턴됩니다.
double y = Math.max(90876.5, 90876.49); // 90876.5가 리턴됩니다.
```

Math.sqrt()

주어진 인자의 양의 제곱근을 리턴합니다. double 인자를 받게 돼 있지만 double 자리에 들어갈 수 있는 모든 인자를 받아들일 수 있습니다.

```
double x = Math.sqrt(9);     // 3이 리턴됩니다.
double y = Math.sqrt(42.0); // 6.480740698407860이 리턴됩니다.
```

원시 타입을 포장하는 방법

때때로 원시 타입도 객체인 것처럼 다뤄야 할 때도 있습니다. 예를 들어서, ArrayList 같은 컬렉션에는 객체만 넣을 수 있어요.

```
ArrayList<???> list;
```

int의 ArrayList도 만들 수 있을까요?

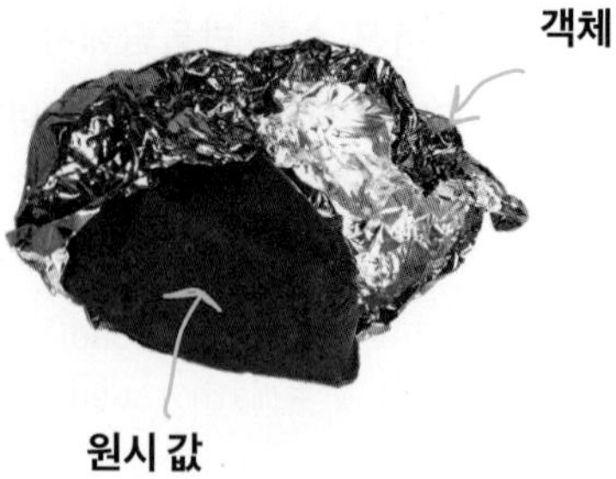

원시 타입을 객체처럼 다뤄야 할 때는 포장을 하면 됩니다.

모든 원시 타입마다 래퍼(wrapper)가 있는데 래퍼는 모두 java.lang 패키지에 들어 있습니다. 따라서 import 명령문을 쓰지 않아도 됩니다. 각 래퍼 클래스의 이름은 원시 타입의 이름을 따서 붙였기 때문에 쉽게 파악할 수 있습니다(물론 클래스 명명 규칙에 따라 첫 글자는 대문자입니다).
무슨 이유인지는 잘 모르겠지만 API를 설계할 때 래퍼 클래스의 이름이 원시 타입의 이름과 완전히 대응되지 않도록 만들어 놓았습니다. 그래도 어떤 타입을 감싸는 클래스인지 쉽게 알 수 있을 것입니다.

Boolean
Character
Byte
Short
Integer
Long
Float
Double

이 이름은 원시 타입의 이름에 정확하게 대응되지 않습니다. Character는 char를, Integer는 int를 감싸는 래퍼 클래스입니다.

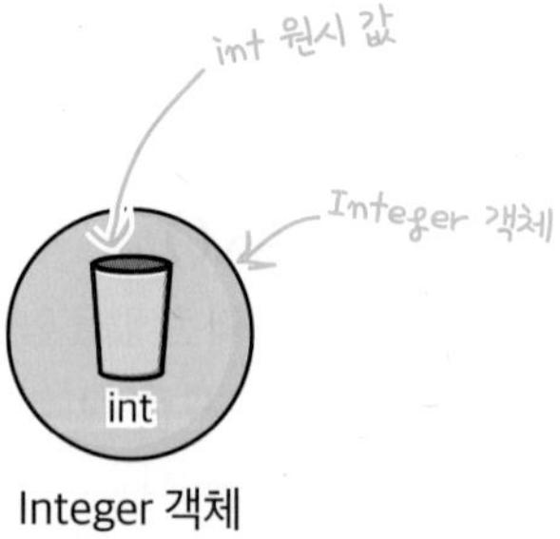

값을 포장하는 방법

원시 값을 래퍼 생성자에 전달하기만 하면 됩니다.

```
int i = 288;
Integer iWrap = new Integer(i);
```

모든 래퍼를 이런 식으로 벗길 수 있습니다. Boolean에는 booleanValue(), Character에는 charValue() 같은 메서드가 있습니다.

포장을 벗겨서 값을 구하는 방법

```
int unWrapped = iWrap.intValue();
```

위에 있는 사진은 은박 포장지로 싸여 있는 초콜릿을 찍은 것입니다. "포장한다.", "감싼다."는 말이 무엇을 뜻하는지 감이 잡히죠?

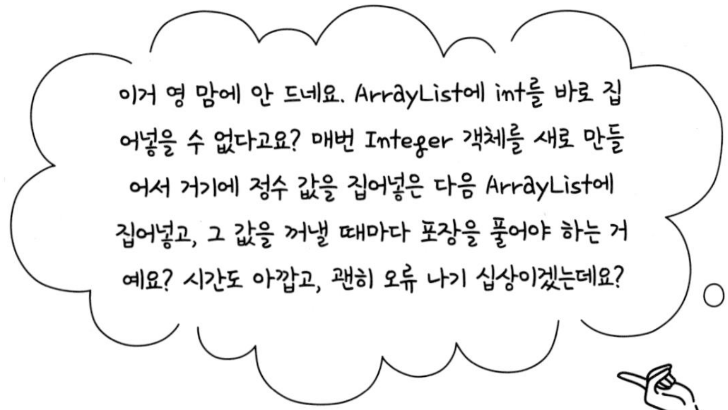
이거 영 맘에 안 드네요. ArrayList에 int를 바로 집어넣을 수 없다고요? 매번 Integer 객체를 새로 만들어서 거기에 정수 값을 집어넣은 다음 ArrayList에 집어넣고, 그 값을 꺼낼 때마다 포장을 풀어야 하는 거예요? 시간도 아깝고, 괜히 오류 나기 십상이겠는데요?

자바 오토박싱이 그런 작업을 대신해 줍니다

옛날 옛적, 자바 5가 나오기 전에는 원시 값을 감싸고, 그 포장을 풀어내는 일을 프로그래머가 수동으로 처리해야 했어요. 다행히 이제는 그 작업이 전부 자동으로 처리됩니다. int를 저장하기 위한 ArrayList를 만들 때 어떻게 되나 볼까요?

원시 int로 구성된 ArrayList

```
public void autoboxing() {
  int x = 32;
  ArrayList<Integer> list = new ArrayList<Integer>();
  list.add(x);

  int num = list.get(0);
}
```

Integer 타입의 ArrayList를 만듭니다.

그냥 추가해 줍니다.

ArrayList에 add(int) 메서드가 있는 건 아니지만 컴파일러에서 포장(박싱)을 자동으로 해 줍니다. 즉, ArrayList에 실제 저장되는 건 Integer 객체지만 ArrayList에서 'int를 직접 받아들이는 것처럼' 작업해도 되는 거죠 (ArrayList<Integer>에 Integer, int 모두 집어넣을 수 있는 거죠).

컴파일러에서 자동으로 Integer 객체의 포장을 풀어 주기 때문에 (언박싱해 주기 때문에) Integer 객체의 intValue() 메서드를 호출할 필요 없이 int 값을 직접 원시 타입 변수에 저장할 수 있습니다.

무엇이든 물어보세요

Q&A

Q int를 저장하는데 왜 ArrayList<int>로 선언하지 않는 거예요?

A 흠… 그렇게 할 수 없기 때문이에요. 적어도 이 책에서 다루고 있는 버전의 자바에서는 불가능합니다(자바라는 언어도 계속해서 진화하고 있으므로 나중에 어떻게 달라질지 모르죠). 제네릭(generic) 타입을 사용할 때는 클래스 또는 인터페이스 타입만 지정할 수 있고, 원시 타입은 지정할 수 없습니다. 따라서 ArrayList<int>라고 하면 컴파일이 되질 않습니다. 하지만 위에 있는 코드에서 볼 수 있듯이 컴파일러가 ArrayList<Integer>에 int를 넣는 것도 허용해 주기 때문에 괜찮아요. 사실 어떤 ArrayList가 어떤 원시 타입의 래퍼 타입으로 이루어져 있다면 그 래퍼에 대응하는 원시 타입을 그 ArrayList에 저장하는 것을 막을 방법이 없습니다. 오토박싱이 자동으로 작동하니까요. 따라서 ArrayList<Boolean>에 불리언 원시 값을 집어넣거나 ArrayList<Characters>에 char 값을 집어넣어도 됩니다.

거의 어디서든 쓸 수 있는 오토박싱

오토박싱은 원시 타입을 컬렉션에 집어넣거나, 컬렉션에서 꺼낼 때만 쓰이는 것은 아닙니다. 거의 언제나 원시 타입이 들어갈 자리에 그 타입에 해당하는 래퍼 객체를 집어넣거나, 반대로 어떤 래퍼 객체가 들어갈 자리에 원시 값을 집어넣을 수 있게 해 줍니다.

다양한 오토박싱 사용 예

메서드 인자

어떤 메서드에서 래퍼 타입을 받아들인다면, 레퍼에 대한 레퍼런스, 또는 해당 타입의 원시 값을 인자로 사용할 수 있습니다. 반대도 마찬가지죠. 어떤 메서드에서 원시 값을 받아들인다면 그 타입과 호환되는 원시 값이나 그 원시 타입에 해당하는 래퍼 레퍼런스를 전달할 수 있습니다.

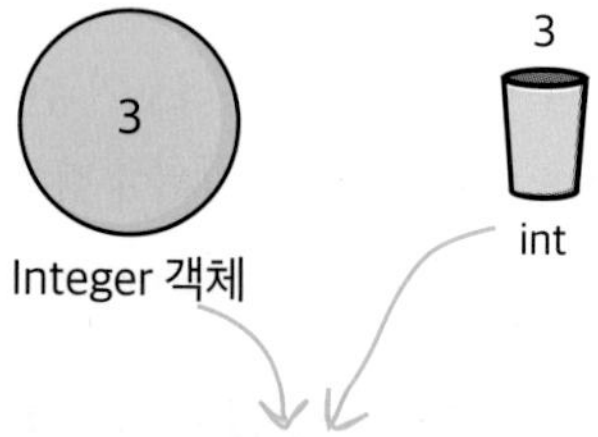


```
void takeNumber(Integer i) { }
```

리턴값

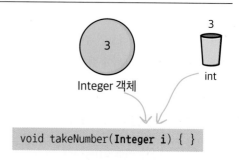

어떤 메서드에서 원시 타입을 리턴 타입으로 선언한 경우에 그 타입과 호환되는 원시 값 또는 해당 타입의 래퍼에 대한 레퍼런스 가운데 아무거나 리턴해도 됩니다. 리턴 타입을 래퍼 타입으로 선언한 경우에도 래퍼 레퍼런스를 리턴해도 되고 해당 타입의 원시 값을 리턴해도 됩니다.

```
int giveNumber() {
  return x;
}
```

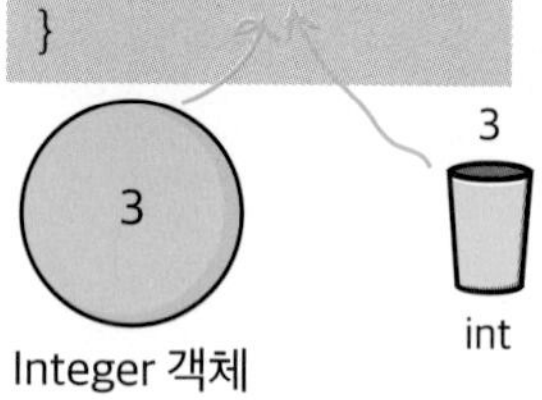

불리언 표현식

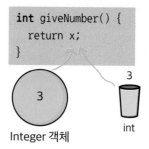

불리언 값이 들어갈 자리에는 불리언 값을 결과로 가지는 표현식(4>2)이나 원시 불리언 값, Boolean 래퍼에 대한 레퍼런스 가운데 어떤 것이든 집어넣을 수 있습니다.

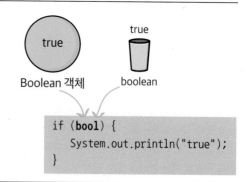

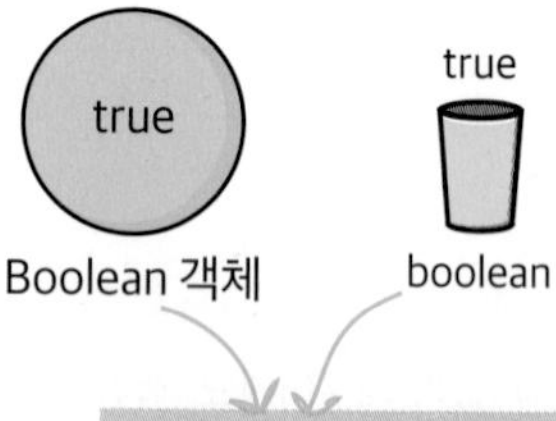


```
if (bool) {
   System.out.println("true");
}
```

수에 대한 연산

가장 특이한 부분이라고 할 수 있을 것 같네요. 예, 예상하는 그대로입니다. 이제 원시 타입이 들어갈 자리에 래퍼 타입을 피연산자로 사용할 수도 있습니다. 즉, Integer 객체에 대한 레퍼런스에 대해서 ++ 연산자를 쓴다거나 하는 것도 가능합니다.

하지만 그렇다고 해서 자바 언어 자체가 크게 바뀐 건 아닙니다. 컴파일러에서 살짝 장난을 치는 것뿐이니까요. 객체에 대해서 연산자를 사용할 수 있도록 자바 자체가 바뀐 것은 아니고, 컴파일러가 연산이 진행되기 전에 객체를 원시 타입으로 변환해 줄 뿐이니까요. 물론 꽤 어색해 보이긴 할 것입니다.

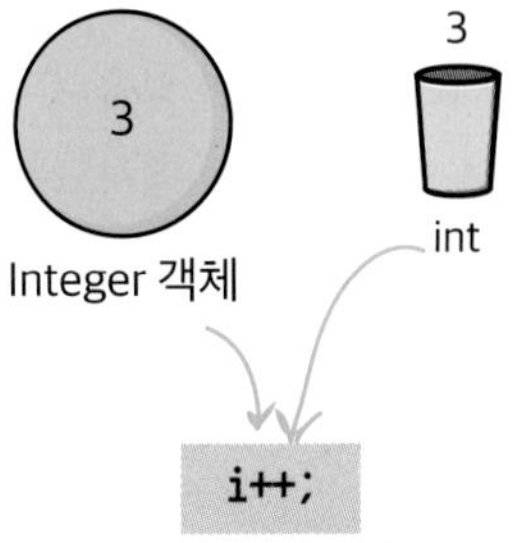


```
Integer i = new Integer(42);
i++;
```

위와 같이 할 수도 있고, 아래와 같이 할 수도 있습니다.

```
Integer j = new Integer(5);
Integer k = j + 3;
```

대입

어떤 원시 타입, 또는 래퍼 타입으로 선언된 변수에 원시 값과 래퍼 중 어떤 것이든 마음대로 대입할 수 있습니다. 예를 들어서, Integer 레퍼런스 변수에 원시 int 변수를 대입할 수도 있고, int 원시 타입으로 선언된 변수에 Integer 객체에 대한 레퍼런스를 대입할 수도 있습니다.

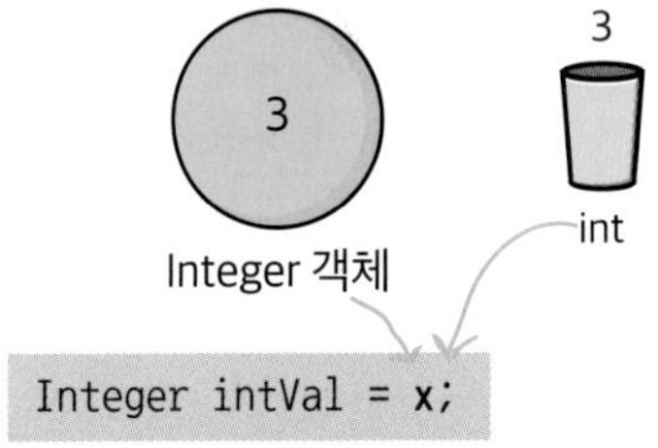

쓰면서 제대로 공부하기

이 코드는 컴파일이 될까요? 실행이 될까요? 실행이 된다면 어떤 결과가 나올까요?
대강 넘어가지 말고 곰곰히 생각해 보세요. 아직 다루지 않은 오토박싱 뒤에 함축된 의미에 대해 생각해 볼 수 있을 것입니다.
직접 컴파일해 봐야 답을 제대로 알 수도 있습니다. 웬만하면 직접 한번 해 보고 확인해 보세요.

```
public class TestBox {
  private Integer i;
  private int j;

  public static void main(String[] args) {
    TestBox t = new TestBox();
    t.go();
  }

  public void go() {
    j = i;
    System.out.println(j);
    System.out.println(i);
  }
}
```

→ 풀어 보세요

잠깐! 래퍼에는 정적 유틸리티 메서드도 있습니다

래퍼에는 일반적인 클래스처럼 사용할 수 있다는 점 말고도 여러 유용한 정적 메서드가 들어 있다는 장점이 있습니다.

예를 들어서, 파싱 메서드는 String을 인자로 받아서 그에 해당하는 원시 타입을 리턴합니다.

String을 그 문자열이 표현하는 int로 '파싱'하는 방법을 알고 있는 Integer 클래스의 메서드

Integer 래퍼 클래스

String을 받아들입니다.

```
Integer.parseInt("3")
```

String을 원시 값으로 변환하는 방법은 매우 간단합니다.

```
String s = "2";
int x = Integer.parseInt(s);
double d = Double.parseDouble("420.24");

boolean b = Boolean.parseBoolean("True");
```

"2"를 2로 파싱할 수 있습니다.

parseBoolean() 메서드에서는 String 인자로 들어온 글자의 대소문자를 구분하지 않습니다.

하지만 다음과 같이 하려고 하면

```
String t = "two";
int y = Integer.parseInt(t);
```

이렇게 하면 컴파일은 문제 없이 되지만 실행 중에 문제가 생깁니다. 숫자로 파싱되지 않는 것을 사용하면 NumberFormatException 예외가 생깁니다.

다음과 같은 런타임 예외가 발생합니다.

```
File Edit Window Help Clue
% java Wrappers
Exception in thread "main" java.lang.NumberFormatException:
For input string: "two"
    at java.base/java.lang.NumberFormatException.forInputStri
ng(NumberFormatException.java:65)
   at java.base/java.lang.Integer.parseInt(Integer.java:652)
   at java.base/java.lang.Integer.parseInt(Integer.java:770)
   at Snippets.badParse(Snippets.java:48)
   at Snippets.main(Snippets.java:54)
```

String을 파싱하는 모든 메서드와 생성자에서는 NumberFormatException을 발생시킬 수 있습니다. 이 예외는 실행 중에 생기는 예외이므로 직접 처리하거나 선언하지 않아도 됩니다.
하지만 원한다면 그렇게 하는 것도 가능합니다.

예외(exception)에 대한 내용은 13장 <위험한 행동>에서 배울 것입니다.

반대로 원시 숫자를 String으로 변환하는 방법

숫자를 String으로 바꿀 일도 종종 있습니다. 예를 들어서, 어떤 숫자를 사용자에게 보여 줘야 한다든가 메시지에 집어넣는다든가 하는 경우가 있죠. 숫자를 String으로 변환하는 방법은 다양합니다. 가장 간단한 방법은 기존의 String에 숫자를 덧붙이는 방법입니다.

```
double d = 42.5;
String doubleString = "" + d;

double d = 42.5;
String doubleString = Double.toString(d);

double d = 42.5;
String doubleString = String.valueOf(d);
```

자바는 + 연산자를 오버로드해서 (사실 이 연산자가 유일한 오버로드된 연산자입니다) String을 연결하는 기능을 부여했습니다. String에 어떤 것을 붙이든 그 값은 String으로 바뀝니다.

Dobule 클래스에 들어 있는 정적 메서드를 사용하는 방법

String에는 valueOf라는 오버로드된 정적 메서드가 있는데요, 이 메서드는 거의 모든 것을 String으로 바꿔주는 기능을 제공합니다.

아, 알겠다. 그런데 돈을 표시하는 방법으로 출력하려면 어떻게 해야 되지? $56.87처럼 앞에 달러 기호를 붙이고 소수점 둘째 자리까지 출력하거나 45,687,890 같은 식으로 쉼표를 붙이려면 어떻게 해야 하는 걸까?!
C에서 쓰던 printf는 어디 있어요? 숫자를 포매팅하는 건 입출력 클래스에 들어가는 건가요?

숫자 포매팅

자바에서 숫자와 날짜 포매팅은 입출력과 분리되어 있습니다. 왜 그런지 생각해 볼까요? 숫자를 사용자에게 보여 주는 작업 중에 가장 흔한 것으로 GUI를 통해서 보여 주는 것을 떠올릴 수 있습니다. 만약 숫자 포매팅이 출력 명령문에만 내장되어 있다면 숫자를 GUI로 보여 주기에 적합한 문자열 형태로 포매팅하기가 힘들겠죠.

자바 API에서는 java.util에 있는 Formatter 클래스를 통해서 강력하면서도 유연한 포매팅 기능을 제공합니다. 하지만 자바 API에서는 일부 입출력 클래스와 String 클래스에서 편의 메서드(printf() 등)를 제공하므로 Formatter 클래스에 대해 직접 생성자나 메서드를 호출하지 않아도 될 때가 많아요. String.format() 같은 정적 메서드를 호출하면서 포매팅할 숫자와 포매팅 방법 같은 것만 인자로 넘겨주면 간단하게 해결될 때가 많습니다. 물론 포매팅 관련 지시사항을 넘겨주는 방법을 확실히 알고 있어야 하는데, C/C++의 printf() 함수를 잘 모른다면 어느 정도 노력이 필요하긴 하겠지만, 몇 가지 간단한 사용법을 익히는 정도는 할 수 있을 것입니다. 이 장에서 다루고 있는 것만 알아도 기본적인 내용은 알고 있다고 할 수 있습니다. 물론 여러분이 만들고자 하는 것을 자유자재로 만들어내고 싶다면 포매팅에 대해서 더 공부해야 하겠죠.

우선 기본적인 예제부터 시작한 다음, 어떻게 그렇게 동작하는지 알아보도록 하겠습니다. 포매팅에 대해서는 나중에 16장 <객체 저장>에서 다시 다룰 예정입니다.

밑줄을 추가해서 숫자를 읽기 좋게 만드는 법

숫자 포매팅에 대해 알아보기 전에 잠시 옆길로 빠져볼까요? 어떤 변수를 아주 큰 초깃값으로 초기화하는 경우를 생각해 봅시다. long 원시 타입 변수에 10억이라는 값을 대입할 때 다음과 같이 할 수 있습니다.

```
long hardToRead = 1000000000;
long easierToRead = 1_000_000_000;
long legalButSilly = 10_0000_0000;
```

큰 값을 대입할 때 밑줄을 적절히 넣어 주면 훨씬 숫자를 편하게 알아볼 수 있어요.

숫자를 표기할 때 쉼표를 써서 포매팅하는 방법

```
public class TestFormats {
  public static void main(String[] args) {
    long myBillion = 1_000_000_000;
    String s = String.format("%,d", myBillion);
    System.out.println(s);
  }
}
```

포매팅할 숫자(세 자리마다 쉼표를 집어넣어야 합니다)

두 번째 인자(이 경우에는 int 값)를 포매팅하는 방법을 알려 주기 위한 포매팅 지시사항. 여기에 있는 메서드에는 인자가 두 개뿐입니다. 첫 번째 쉼표는 String 리터럴 안에 들어 있으므로 format 메서드에 대한 인자들을 서로 구분하기 위한 용도로 쓰이는 것이 아닙니다.

```
1,000,000,000
```

이렇게 숫자에 쉼표가 들어가게 됩니다.

포매팅 뒤집어 보기

간단하게 설명하자면 포매팅은 크게 두 부분으로 구성됩니다. 다른 부분도 있지만 일단 간단하게 두 부분으로 나눠서 생각하는 것부터 시작해 보겠습니다.

이미 C/C++의 printf()에 대해 알고 있다면 앞으로 몇 페이지는 대강 훑어 보기만 해도 됩니다. 잘 모른다면 꼼꼼히 읽어 보세요.

1. **포매팅 지시사항**
   인자를 포매팅하는 방법을 기술하기 위해 특별한 지시자를 사용합니다.

2. **포매팅 대상 인자**
   인자가 두 개 이상이 될 수도 있지만 일단 한 개만 있는 것부터 시작해 봅시다. 인자 타입으로 아무 타입이나 쓸 수 있는 것은 아닙니다. 포매팅 지시사항 부분에 들어 있는 포맷 지시자를 써서 포매팅할 수 있는 것이어야만 되죠. 예를 들어서, 포매팅 지시자가 부동소수점 수를 대상으로 하는 것이라면 Dog 같은 객체는 물론 부동소수점 수를 나타내는 문자들이 들어 있는 String을 쓰는 것도 불가능합니다.

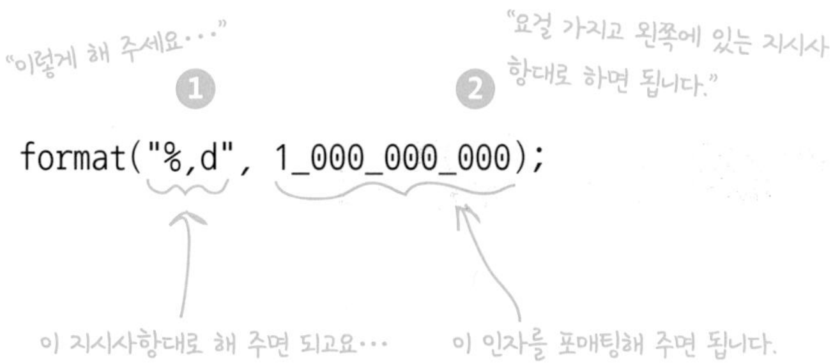

위에 있는 지시사항의 의미

"이 메서드에 전달된 두 번째 인자를 10진 정수(**d**ecimal integer)로 표시하되 **쉼표**(,)를 찍어 주세요."

어떤 식으로 작동할까요?

%,d의 정확한 의미에 대해서는 다음 페이지에서 더 자세하게 알아보겠지만 일단 지금은 포맷 문자열(format() 메서드의 첫 번째 인자로 쓰이는 String)에 퍼센트 기호(%)가 있으면 그것이 어떤 변수를 나타내는 것으로 생각하면 됩니다. 그 변수는 format() 메서드의 다른 인자로 주어지죠. 퍼센트 기호 뒤에 붙는 다른 문자는 주어진 인자에 대한 포매팅 지시사항을 기술해 주는 역할을 합니다.

퍼센트(%)는 '인자가 들어갈 자리'를 뜻합니다 (그 뒤에는 표현 방법을 나타내는 것들이 들어갑니다)

format() 메서드의 첫 번째 인자는 포맷 문자열(format string)이라고 부르며, 그 문자열에는 별도의 포매팅 없이 있는 그대로 출력할 문자열을 포함시켜도 됩니다. 하지만 그 안에 % 기호가 있으면 그 % 기호는 메서드의 다른 인자를 나타내는 변수라고 생각해야 합니다.

format()에서 리턴하는 String 객체에 포함될 문자들

메서드의 두 번째 인자(숫자)를 표시하기 위한 포맷 지시자 (format specifier)

두 번째 인자가 포매팅되어 들어간 자리 뒤에 붙은 다른 문자들

포매팅할 인자

```
String.format("I have %.2f, bugs to fix.", 476578.09876);
```

출력

```
I have 476578.10 bugs to fix.
```

소수점 아래에 있는 숫자 중 몇 개는 사라졌습니다.
'.2f'가 무엇을 뜻하는지 혹시 감이 잡히나요?

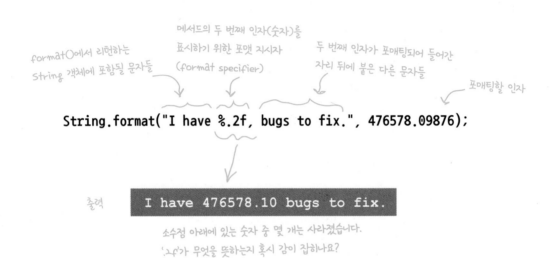

% 기호는 포매터한테 "이 자리에는 이 메서드의 다른 인자(두 번째 인자로 주어진 숫자)를 넣어 주고요, % 기호 뒤에 붙어 있는 2f를 기준으로 포매팅해 주세요."라고 얘기해 주는 역할을 합니다. 그 뒤에는 포맷 문자열의 나머지 부분인 'bugs to fix.'가 붙어서 출력되죠.

쉼표 추가

```
String.format("I have %,.2f bugs to fix.", 476578.09876);
```

```
I have 476,578.10 bugs to fix.
```

포매팅 지시사항을 %.2f에서 %,.2f로 고치고 나니까 포매팅된 숫자에 쉼표가 추가됐네요.

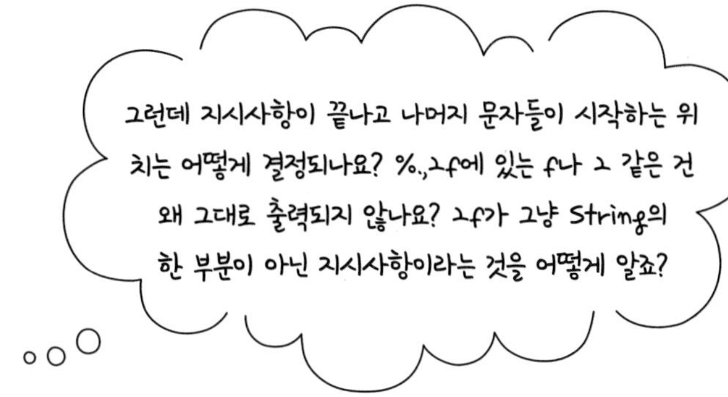
그런데 지시사항이 끝나고 나머지 문자들이 시작하는 위
치는 어떻게 결정되나요? %.,2f에 있는 f나 2 같은 건
왜 그대로 출력되지 않나요? 2f가 그냥 String의
한 부분이 아닌 지시사항이라는 것을 어떻게 알죠?

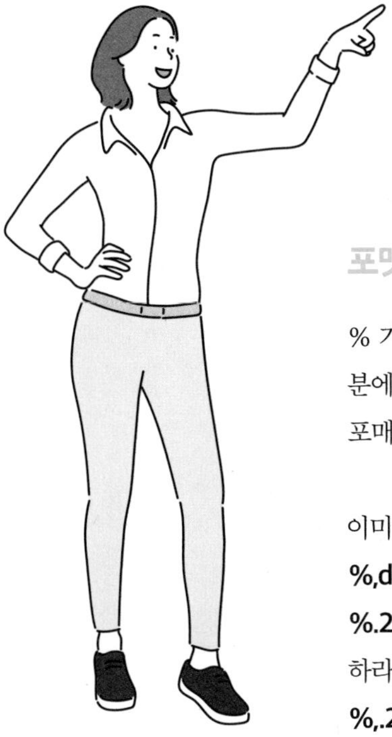

포맷 문자열은 자체적으로 간단한 언어 구문을 사용합니다

% 기호 뒤에 아무거나 집어넣을 수는 없습니다. % 기호 뒤에 들어가는 부분에는 특별한 규칙이 있고, 포매팅된 String의 특정 지점에 삽입될 인자를 포매팅하는 방법을 지시해 주는 역할을 합니다.

이미 등장한 몇 가지 예에 대해 언급해 볼까요?
%,d는 "쉼표를 집어넣고 10진 정수로 포매팅하라."라는 뜻입니다.
%.2f는 "부동소수점 수를 소수점 아래 둘째 자리까지 출력되도록 포매팅하라."라는 것을 의미하죠.
%,.2f는 "쉼표를 집어넣고 소수점 아래 둘째 자리까지 나오는 부동소수점 수로 포매팅하라."라는 것을 뜻합니다.

사실 더 중요한 것은 '원하는 형태로 포매팅하기 위해 % 기호 뒤에 무엇을 집어넣어야 할까?'입니다. 포매팅을 제대로 하려면 (10진 정수를 나타내는 d나 부동소수점 수를 나타내는 f 같은) 기호와 퍼센트 기호 뒤에 들어갈 각종 지시사항을 적어 주는 순서에 대해서 알아야 합니다. 예를 들어서, %d, 같이 쉼표를 d 뒤에 쓰면 %,d라고 썼을 때와 전혀 다른 결과가 나옵니다.
다음과 같은 코드를 사용하면 어떻게 출력될까요?

```
String.format("I have %.2f, bugs to fix.", 476578.09876);
```

포맷 지시자

% 기호에서부터 타입 지시자(d나 f 같은 것)까지는 전부 포매팅 지시사항(formatting instruction)에 포함됩니다. 타입 지시자 뒤로 % 기호가 다시 등장하기 전까지는 출력 문자열에 그대로 포함되는 것으로 간주됩니다. 근데 % 기호가 두 번 이상 들어가는 게 가능할까요? 포매팅될 인자 변수를 두 개 이상 써도 될까요? 일단 그런 의문은 미뤄 두기로 하겠습니다. 잠시 후에 다시 알아볼 테니까요. 일단 지금은 포맷 지시자(% 기호 뒤에 있으면서 인자를 포매팅할 방법을 알려 주는 것)의 구조에 대해 살펴보겠습니다.

포맷 지시자는 (% 기호를 제외하고) 다섯 개까지의 서로 다른 부분으로 구성될 수 있습니다. 밑에서 대괄호([]) 안에 있는 것들은 전부 필수 사항은 아닙니다. 반드시 필요한 것은 % 기호와 타입을 나타내는 부분뿐입니다. 하지만 순서는 정확하게 지켜야 하니까 밑에 있는 내용을 잘 기억해 두세요.

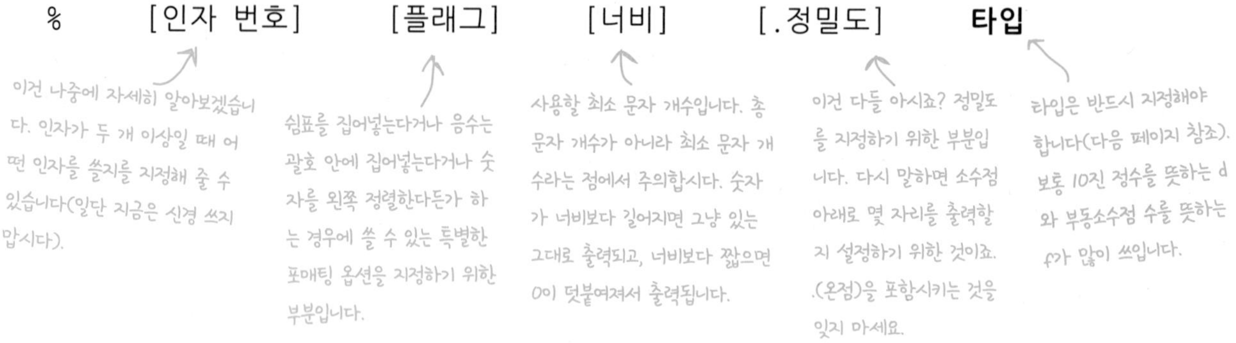

% [인자 번호] [플래그] [너비] [.정밀도] 타입
이건 나중에 자세히 알아보겠습니다. 인자가 두 개 이상일 때 어떤 인자를 쓸지를 지정해 줄 수 있습니다(일단 지금은 신경 쓰지 맙시다).
쉼표를 집어넣는다거나 음수는 괄호 안에 집어넣는다거나 숫자를 왼쪽 정렬한다든가 하는 경우에 쓸 수 있는 특별한 포매팅 옵션을 지정하기 위한 부분입니다.
사용할 최소 문자 개수입니다. 총 문자 개수가 아니라 최소 문자 개수라는 점에서 주의합시다. 숫자가 너비보다 길어지면 그냥 있는 그대로 출력되고, 너비보다 짧으면 0이 덧붙여져서 출력됩니다.
이건 다들 아시죠? 정밀도를 지정하기 위한 부분입니다. 다시 말하면 소수점 아래로 몇 자리를 출력할지 설정하기 위한 것이죠. .(온점)을 포함시키는 것을 잊지 마세요.
타입은 반드시 지정해야 합니다(다음 페이지 참조). 보통 10진 정수를 뜻하는 d와 부동소수점 수를 뜻하는 f가 많이 쓰입니다.

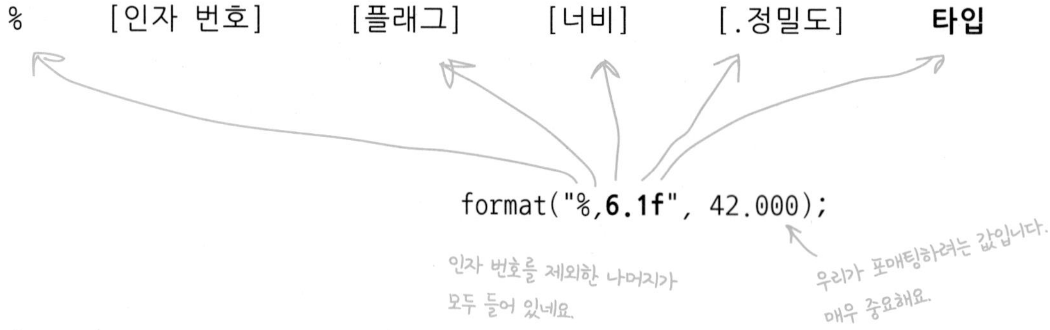

% [인자 번호] [플래그] [너비] [.정밀도] 타입
format("%,6.1f", 42.000);
인자 번호를 제외한 나머지가 모두 들어 있네요.
우리가 포매팅하려는 값입니다. 매우 중요해요.

유일한 필수 지시자: 타입

타입을 나타내는 부분은 유일한 필수적인 요소라는 점 외에 반드시 마지막에 와야 한다는 것도 함께 기억해둡시다. 타입 변경자(modifier)의 종류는 10여 가지도 넘지만(그것도 날짜 및 시간에 대한 것은 제외한 것입니다. 날짜와 시간에 대해서는 별도의 변경자들이 쓰입니다.) 그중에서 %d(10진 정수)와 %f(부동소수점 수)가 가장 흔하게 쓰입니다. 그리고 %f를 쓸 때는 소수점 아래 자리수를 지정하기 위한 정밀도를 나타내는 요소를 함께 쓰는 경우가 많습니다.

타입은 필수, 나머지는 선택

포맷 지시사항에 타입은 반드시 포함시켜야 하며 타입과 함께 다른 옵션을 추가할 때는 타입 변경자를 맨 뒤에 써야만 합니다. 가장 흔하게 쓰이는 타입 변경자는 d와 f입니다.

%d **10진 정수**

```
format("%d", 42);
```

42.25가 들어가면 안 됩니다. double을 int 변수에 직접 대입하려고 하는 것과 똑같은 셈이니까요.

```
42
```

인자가 반드시 int와 호환되어야 합니다. 즉, byte, short, int, char(및 각각에 대응되는 래퍼 타입)만 들어갈 수 있습니다.

%f **부동소수점 수**

```
format("%.3f", 42.000000)
```

여기에서는 f와 정밀도를 나타내는 '.3'을 함께 사용했습니다. 그래서 뒤에 0이 세 개 붙어서 출력됩니다.

```
42.000
```

인자가 반드시 부동소수점 타입이어야 합니다. float, double(원시 타입 또는 래퍼 타입), 또는 BigDecimal(이 책에서는 다루지 않습니다)이라는 것만 쓸 수 있습니다.

%x **16진수**

```
format("%x", 42)
```

```
2a
```

byte, short, int, long(원시 타입 또는 래퍼 타입), 그리고 BigInteger 를 인자로 쓸 수 있습니다.

%c **문자**

```
format("%c", 42)
```

숫자 42는 char로는 *에 해당합니다.

```
*
```

byte, short, char, int(원시 타입 또는 래퍼 타입)를 인자로 사용할 수 있습니다.

인자가 두 개 이상 있으면 어떻게 될까요?

다음과 같은 String이 필요하다고 가정해 봅시다.

'The rank is 20,456,654 out of 100,567,890.25'

그런데 이 숫자들은 변수에 들어 있다고 해 봅시다. 어떻게 해야 할까요? 이럴 때는 그냥 포맷 문자열(첫 번째 인자 뒤에 인자를 두 개 추가하면 됩니다. format()에 두 개가 아닌 세 개의 인자를 전달하는 거죠. 그리고 첫 번째 인자(포맷 문자열) 안에는 두 개의 서로 다른 포맷 지시자(%로 시작하는 부분)를 집어넣는 거죠. 첫 번째 포맷 지시자 자리에는 format() 메서드의 두 번째 인자가, 두 번째 포맷 지시자 자리에는 세 번째 인자가 들어갑니다. 즉 format() 메서드에 인자가 전달되는 순서대로 포맷 지시자에 변수가 삽입되는 것이죠.

```
int one = 20456654;
double two = 100567890.248907;
String s = String.format("The rank is %,d out of %,.2f", one, two);
```

인자가 두 개 이상이면 format() 메서드에 전달된 순서대로 삽입됩니다.

```
The rank is 20,456,654 out of 100,567,890.25
```

두 변수에 모두 쉼표를 집어넣고, 부동소수점 수(두 번째 인자)는 소수점 아래 둘째 자리까지만 출력합니다.

날짜 포매팅에 대해 배울 때 나오겠지만 같은 인자에 대해 서로 다른 포매팅 지시자를 적용시켜야 하는 경우도 있습니다. 날짜 포매팅이 (지금 배우고 있는 숫자 포매팅과는 다르게) 어떤 식으로 작동하는지 배우기 전에는 조금 이해하기 힘들긴 할 것입니다. 잠시 후에 어떤 인자에 어떤 포맷 지시자가 적용되는지 더 구체적으로 배우게 될 거라는 정도만 일단 알아두고 넘어갑시다.

무엇이든 물어보세요 Q&A

Q 정말 신기하네요. 근데 최대 몇 개까지 인자로 전달할 수 있지요? 도대체 String 클래스에는 format() 메서드가 몇 개나 오버로드되어 있는 건가요? 만약 한 개의 String을 포매팅하기 위해서 열 개의 서로 다른 인자를 전달한 다면 어떤 일이 일어나나요?

A 좋은 지적입니다. 정말 신기한 일이라고 할 수 있을 것입니다. 사실 들어갈 수 있는 인자의 개수에 맞춰서 여러 개의 format() 메서드가 오버로드되어 있는 것은 아닙니다. 지금 보고 있는 (printf() 방식) 포매팅을 지원하기 위해서 자바에는 가변 인자 목록(variable argument lists, 줄여서 varargs라고도 씁니다)이라는 새로운 기능이 추가되었습니다. 시스템을 잘 설계하기만 한다면 포매팅 용도를 제외하면 varargs를 쓸 일이 거의 없습니다. varargs에 대해서는 부록 B에서 더 알아보겠습니다.

한 가지 더, 정적 임포트

정적 임포트는 한편으로는 은총 같고, 한편으로는 저주 같은 기능이라고 할 수 있습니다. 아주 좋아하는 사람들이 있는가 하면 정말 싫어하는 사람들도 있죠. 정적 임포트를 쓰면 코드 길이를 좀 줄일 수 있습니다. 타이핑이 귀찮은 사람들, 코드가 길어지는 걸 싫어하는 사람들이라면 이 기능을 좋아할 거예요. 이 기능의 가장 큰 단점은 (조심하지 않으면) 코드를 읽기가 훨씬 어려워질 수 있다는 것입니다. 기본 개념은 정적 클래스, 정적 변수, enum 값 등을 사용할 때 정적 임포트를 활용해서 타이핑을 더 적게 해 보자는 것입니다.

정적 임포트를 사용하지 않은 코드

```
class NoStatic {
  public static void main(String[] args) {
    System.out.println("sqrt " + Math.sqrt(2.0));
    System.out.println("tan " + Math.tan(60));
  }
}
```

참고: 정적 임포트 기능을 잘못 사용하면 코드의 가독성이 떨어질 수 있습니다.
정적 임포트를 적용했을 때는 반드시 코드를 다시 읽어 보고 '내가 6개월 뒤에 코드를 다시 봐도 이해할 수 있을까?'를 생각해 보세요.

정적 임포트를 사용한 코드

정적 임포트는 이런 식으로 선언합니다.

```
import static java.lang.Math.*;
import static java.lang.System.out;
class WithStatic {
  public static void main(String[] args) {
    out.println("sqrt " + sqrt(2.0));
    out.println("tan " + tan(60));
  }
}
```

정적 임포트를 사용한 부분

이런 메서드는 정적 임포트를 사용하면 좋죠. 이렇게 하면 코드가 짧아지고, 앞에 'Math'가 없어도 이게 무슨 메서드인지 이해할 수 있으니까요.

여기는 정적 임포트를 사용하는 게 그다지 좋지 않아 보입니다. 여기서 System 클래스를 지우면 이게 무슨 메서드인지, 어디서 온 건지 파악하기가 힘드니까요. 그리고 잘못하면 이름이 겹치게 될 수도 있어요. 이제부터는 out이라는 변수는 더 이상 만들 수 없는 것입니다.

장단점

- 정적 임포트를 이용하면 그 정적 요소가 어느 클래스에 들어 있는 것인지에 대한 정보가 지워지죠. 따라서 어떤 정적 메서드나 변수 앞에 클래스 이름이 붙어 있지 않아도 의미가 분명한 경우에만 정적 임포트를 사용하는 게 좋습니다.
- 정적 임포트와 관련해서 가장 큰 문제 가운데 하나는 바로 이름이 중복될 가능성이 적지 않다는 것입니다. 예를 들어서, 똑같이 add()라는 메서드가 들어 있는 클래스가 두 개 있다면 컴파일러든, 프로그래머든 그중 어느 쪽을 써야 할지 알 수 있는 방법이 없겠죠? 따라서 이름이 중복될 가능성이 있다면 정적 임포트를 쓰지 않는 게 좋습니다.
- 정적 임포트를 선언할 때 와일드카드(.*)를 쓸 수도 있습니다.

방구석 토크

오늘의 주제 인스턴스 변수가 정적 변수를 공격합니다.

인스턴스 변수

우리가 왜 이런 얘기를 하고 있는지 잘 모르겠네요. 정적 변수가 상수에 불과하다는 건 모두 알고 있잖아요. 그리고 정적 변수가 몇 개나 있죠? 게다가 모든 사람들이 정적 변수를 사용하는 건 아니잖아요.

정적 변수

좀 제대로 알고 말씀하세요. 마지막으로 API를 쳐다본 게 언제입니까? API에 정적 변수가 얼마나 많은데요. 심지어 상수만 들어 있는 클래스도 있다고요. 예를 들어서, SwingConstants 같은 클래스에는 상수만 잔뜩 들어 있어요.

잔뜩 들어 있다고요? 거 참 듣기 좋은 말이군요. 스윙 라이브러리에는 그래도 정적 변수가 조금 있나 보군요. 하지만 스윙은 특별한 경우잖아요.

특별한 경우일 수도 있지만 어쨌든 중요하지 않습니까? Color 클래스는 또 어떻고요? 표준적인 색을 사용할 때마다 RGB 값을 외워서 써야 한다면 얼마나 귀찮겠습니까? 다행히도 Color 클래스에서 파란색, 보라색, 하양, 빨간색 같은 색을 상수로 지정해놨기에 망정이지, 안 그랬으면 정말 죽을 맛이었겠죠.

알겠어요. 하지만 얼마 안 되는 GUI 관련 클래스 말고 실생활에서 누구든지 사용할 만한 정적 변수의 예를 하나만이라도 들어 주실래요?

System.out부터 시작해 볼까요? System.out의 out은 System 클래스의 정적 변수죠. 보통 개인적으로 System의 인스턴스를 직접 만드는 일은 없지 않습니까? System 클래스의 변수를 사용하는 경우가 대부분이죠.

그것도 사실 특별한 경우라고 할 수 있죠. 그리고 디버깅할 때 아니면 누가 그런 걸 씁니까?

디버깅이 중요하지 않다는 투로 말씀하시는군요.
그렇다면 당신 같이 속 좁은 사람은 생각하지 못했을 주제를 얘기해 볼까요? 정적 변수가 더 효율적이라는 것은 인정할 수 있겠죠? 인스턴스마다 하나씩 있는 게 아니고 클래스마다 하나씩 있으니까요. 메모리가 얼마나 많이 절약됩니까?

인스턴스 변수

아, 뭔가를 잊고 계시는군요. 정적 변수는 정말 객체지향적이지 않아요. 아예 그냥 옛날로 돌아가서 프로시저 위주의 프로그래밍이나 하시죠.

정적 변수

객체지향적이지 않다니요?

전역 변수랑 비슷하다는 것입니다. 자기가 쓰고 있는 스티커 잔뜩 붙은 노트북 값을 제대로 하는 프로그래머라면 그게 안 좋다는 것은 다 알고 있습니다.

저는 전역 변수가 아닙니다. 자바에는 전역 변수가 없잖아요. 저는 클래스 안에서 살고 있습니다. 클래스는 객체지향적인 것이죠. 저는 어디 이상한 데 떨어져 있는 게 아니고 객체의 자연적인 상태의 한 부분이라고 할 수 있습니다. 한 클래스에 속하는 모든 인스턴스에 의해서 공유된다는 것이 다를 뿐이죠. 얼마나 효율적입니까?

클래스에 살고 있는 것은 맞습니다만 사람들이 '클래스 지향 프로그래밍'이라고 부르는 걸 혹시 들어 보셨나요? 말도 안 되죠. 그런 게 어디 있습니까? 댁은 단지 구시대의 잔재에 지나지 않습니다. 옛 관습에 젖어 있는 사람들이 자바를 쓰는 데 필요해서 남아 있을 뿐이라고요.

잠깐만요. 그건 말도 안 되는 소리입니다. 정적 변수 중에는 시스템에서 필수적인 것도 있잖아요. 그리고 필수적이라고 할 수 없는 것들도 분명히 유용하게 쓰이지요.

뭐, 그렇긴 하네요. 아주 가끔씩 정적 변수를 쓰는 게 나은 경우가 있긴 하죠. 하지만 정적 변수(그리고 정적 메서드)를 남용하는 것은 아직 숙달되지 않은 객체지향 프로그래머의 상징이라고 할 수 있죠. 프로그램을 설계할 때는 객체의 상태에 대해서만 생각해야지, 클래스의 상태에 대해서는 생각하지 않죠.

왜 그런 말씀을 하시는 거죠? 그리고 정적 메서드는 또 왜 물고 늘어지십니까?

정적 메서드는 프로그래머가 고유한 객체의 상태를 바탕으로 해서 객체가 어떤 식으로 일을 처리하는지를 생각할 때 쓰는 게 아니고 프로시저 위주로 생각할 때 쓰는 것 아닙니까? 정적 메서드는 정말 나쁜 것입니다.

물론 저도 객체가 객체지향적인 설계 과정에 있어서 가장 중요하다는 것 정도는 압니다. 하지만 몇몇 몰지각한 프로그래머들이 그렇게 한다고 해서 그런 식으로 매도할 수는 없죠. 정적 변수나 정적 메서드가 적절한 경우가 분명히 있고 보통 그런 경우에는 다른 마땅한 대안이 없잖아요.

알았어요. 맨날 자기 얘길 할 때는 그런 식이죠.

연습 문제

컴파일러가 되어 봅시다

이 페이지에 나와 있는 각 자바 파일은 하나의 온전한 소스 파일입니다. 이제 컴파일러 입장에서 각 파일을 무사히 컴파일할 수 있을지 생각해 보세요. 컴파일이 되지 않는다면 어떻게 해야 문제점을 해결할 수 있을까요? 그리고 컴파일이 되면 출력 결과는 어떻게 될까요?

```
class StaticSuper {
  static {
    System.out.println("super static block");
  }

  StaticSuper() {
    System.out.println("super constructor");
  }
}

public class StaticTests extends StaticSuper {
  static int rand;

  static {
    rand = (int) (Math.random() * 6);
    System.out.println("static block " + rand);
  }

  StaticTests() {
    System.out.println("constructor");
  }

  public static void main(String[] args) {
    System.out.println("in main");
    StaticTests st = new StaticTests();
  }
}
```

둘 중 어떤 결과가 출력될까요?

출력 결과 후보

File Edit Window Help Cling

```
%java StaticTests
static block 4
in main
super static block
super constructor
constructor
```

출력 결과 후보

File Edit Window Help Electricity

```
%java StaticTests
super static block
static block 3
in main
super constructor
constructor
```

정답과 해설 350쪽

연습 문제

참일까요? 거짓일까요?

이 장에서는 자바의 정적 변수와 정적 메서드를 알아보았습니다. 다음 각 문장을 보고 참인지 거짓인지를 맞혀 보세요.

1. Math 클래스를 쓸 때 가장 먼저 할 일은 인스턴스를 만드는 것입니다.
2. 생성자에도 static 키워드를 붙일 수 있습니다.
3. 정적 메서드는 그 객체의 인스턴스 변수를 사용할 수 없습니다.
4. 정적 메서드를 호출할 때는 레퍼런스 변수를 사용하는 것이 좋습니다.
5. 정적 변수를 써서 클래스의 인스턴스의 개수를 셀 수 있습니다.
6. 정적 변수가 초기화되기 전에 생성자가 호출됩니다.
7. MAX_SIZE는 정적 final 변수의 이름으로 쓰기에 적당한 이름입니다.
8. 정적 초기화 블록은 클래스의 생성자가 실행되기 전에 실행됩니다.
9. 클래스를 final로 지정하면 그 클래스에 있는 모든 메서드도 final로 지정해야 합니다.
10. final 메서드는 클래스가 확장되었을 때만 오버라이드할 수 있습니다.
11. 불리언 원시 타입에 대해서는 래퍼 클래스가 없습니다.
12. 원시 타입을 객체인 것처럼 다룰 때는 래퍼를 사용하면 됩니다.
13. parseXxx 메서드에서는 항상 String을 리턴합니다.
14. 포매팅 클래스(입출력과 분리된 클래스)는 java.format 패키지에 들어 있습니다.

정답과 해설

연습 문제(329쪽)

1, 4, 5, 6번은 문제 없이 컴파일이 됩니다.

2번은 컴파일이 되지 않아요. 정적 메서드에서 정적이지 않은 인스턴스 변수를 참조하기 때문이죠.

3번도 컴파일이 안 됩니다. 인스턴스 변수가 final인데 초기화되지 않았기 때문이죠.

연습 문제(348쪽)

```
StaticSuper() {
  System.out.println(
    "super constructor");
}
```

StaticSuper는 생성자므로 반드시 ()가 있어야 합니다. 밑에 있는 결과에서 볼 수 있듯이 두 클래스의 정적 초기화 블록은 생성자가 실행되기 전에 실행됩니다.

이 숫자는 0 이상 5 이하의 난수이므로 바뀔 수 있어요.

출력 결과:

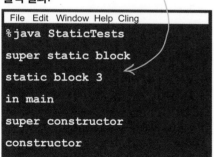

```
File  Edit  Window  Help  Cling
%java StaticTests
super static block
static block 3
in main
super constructor
constructor
```

연습 문제(349쪽)

1. Math 클래스를 쓸 때 가장 먼저 할 일은 인스턴스를 만드는 것입니다.	거짓
2. 생성자에도 static 키워드를 붙일 수 있습니다.	거짓
3. 정적 메서드는 그 객체의 인스턴스 변수를 사용할 수 없습니다.	참
4. 정적 메서드를 호출할 때는 레퍼런스 변수를 사용하는 것이 좋습니다.	거짓
5. 정적 변수를 써서 클래스의 인스턴스의 개수를 셀 수 있습니다.	참
6. 정적 변수가 초기화되기 전에 생성자가 호출됩니다.	거짓
7. MAX_SIZE는 정적 final 변수의 이름으로 쓰기에 적당한 이름입니다.	참
8. 정적 초기화 블록은 클래스의 생성자가 실행되기 전에 실행됩니다.	참
9. 클래스를 final로 지정하면 그 클래스에 있는 모든 메서드도 final로 지정해야 합니다.	거짓
10. final 메서드는 클래스가 확장되었을 때만 오버라이드할 수 있습니다.	거짓
11. 불리언 원시 타입에 대해서는 래퍼 클래스가 없습니다.	거짓
12. 원시 타입을 객체인 것처럼 다룰 때는 래퍼를 사용하면 됩니다.	참
13. parseXxx 메서드에서는 항상 String을 리턴합니다.	거짓
14. 포매팅 클래스(입출력과 분리된 클래스)는 java.format 패키지에 들어 있습니다.	거짓

CHAPTER

11

자료구조

컬렉션과 제네릭

에잇··· 이런··· 지금까지 자바로
고작 알파벳 순으로 늘어놓는 것밖에 시킬
수 없었잖아··· 3학년 너무 싫다. 제대로
써먹을 만한 건 대체 언제 배우는 거지?

자바는 정렬도 한 방에 할 수 있습니다

자료를 수집하고 처리하는 데 필요한 웬만한 도구들은 전부 다 들어 있기 때문에 따로 정렬 알고리즘을 구현하지 않아도 되죠(물론 전산학 개론 같은 수업을 듣고 있다면 그냥 자바 API에 들어 있는 메서드를 쓰지 않고 직접 구현해야 할 가능성이 꽤 높긴 할 겁니다). 이번 장에서는 타이핑은 덜 하면서 필요한 기능을 구현하는 방법에 대해 알아보기로 합시다. 자바 컬렉션 프레임워크는 상황에 따라 필요한 거의 모든 자료구조를 가지고 있습니다. 새로운 항목을 추가하기 좋은 리스트가 필요하신가요? 이름만 가지고 뭔가를 찾고 싶으세요? 자동으로 중복된 항목을 빼 주는 리스트가 있으면 좋겠다고요? 동료들의 목록을 화상회의를 진행할 때 마이크를 꺼 놓고 말한 횟수 순으로 정렬하고 싶으신가요? 애완동물 목록을 부릴 수 있는 재주 개수를 기준으로 정렬하고 싶다고요? 이런 모든 기능을 자바 API에서 제공해 줍니다.

주크박스에서 각 곡의 인기도를 알아봅시다

루(Lou) 씨의 식당에서 자동 주크박스 시스템을 관리하는 일을 맡게 되었다고 가정해 봅시다. 이 주크박스 자체에는 자바가 내장되어 있지 않지만, 매번 손님이 어떤 곡을 재생할 때마다 간단한 텍스트 파일에 그 곡에 대한 자료가 기록됩니다.

여러분이 해야 할 일은 그 자료를 가지고 곡의 인기도를 알아내고 보고서를 작성하며 재생 목록을 조절하는 것입니다. 애플리케이션을 전부 다 여러분이 만들어야 하는 건 아닙니다. 다른 소프트웨어 개발자도 같이 일을 하니까요. 여러분은 자바 애플리케이션에서 자료를 관리하고 정렬하는 부분만 맡으면 됩니다. 루 씨가 데이터베이스에 대해 안 좋은 추억을 가지고 있기 때문에 이 작업은 전부 메모리에 들어 있는 데이터 컬렉션 내에서만 처리해야 합니다. 파일에서 노래 데이터를 읽어 오고 곡들을 목록에 집어넣는 코드는 다른 프로그래머가 짤 거예요(파일에서 데이터를 읽는 방법, 데이터를 파일에 쓰는 방법에 대해서는 몇 장 뒤에서 배웁니다). 여러분이 받을 수 있는 것은 주크박스에 계속해서 내용을 추가해 주는 파일뿐입니다.

다른 프로그래머가 진짜 곡 정보가 담긴 파일을 보내 줄 때까지 기다리진 않는 게 좋겠어요. 우리가 작업할 때 쓸 수 있는 샘플 데이터를 제공해 주는 작은 테스트 프로그램을 만들도록 합시다. 우리가 데이터를 가져올 때 getSongs라는 메서드를 호출하면 Songs 클래스를 제공하는 식으로 하기로 다른 프로그래머하고 얘기가 다 끝났습니다. 지금까지 파악된 정보를 바탕으로 진짜 코드 대신 임시로 사용할 모의(mock) 코드를 만들 수 있습니다.

나중에 진짜 코드가 들어갈 자리에 대신 들어갈 임시 코드를 만들어야 하는 경우가 있습니다. 이런 걸 '모의 코드'라고 부릅니다.

이 '모의' 클래스로 코드를 테스트해 보겠습니다.

이 클래스에는 인스턴스 필드가 없고, 인스턴스 필드를 쓸 필요도 없기 때문에 정적 메서드로 만듭니다.

```
class MockSongs {

  public static List<String> getSongStrings() {

    List<String> songs = new ArrayList<>();
    songs.add("somersault");
    songs.add("cassidy");
    songs.add("$10");
    songs.add("havana");
    songs.add("Cassidy");
    songs.add("50 Ways");
    return songs;
  }
}
```

우리가 작업할 여섯 개의 곡명으로 이루어진 목록입니다.

ArrayList도 List이기 때문에 ArrayList를 생성하고 List에 저장한 다음 그 메서드에서 List를 리턴할 수 있습니다.
실전에서도 구현하는 타입(ArrayList)을 숨기고 대신 인터페이스 타입(List)을 리턴하는 자바 코드를 많이 사용하게 될 겁니다.

우선 곡들을 알파벳 순으로 정렬해 봅시다

모의 Songs 클래스로부터 데이터를 읽어들이고 가져온 데이터를 출력하는 코드를 만드는 것부터 시작하겠습니다. ArrayList의 원소가 추가되었던 순서대로 배치되어 있기 때문에 곡명들은 아직 알파벳 순서로 정렬되지 않았습니다.

```
import java.util.*;

public class Jukebox1 {
  public static void main(String[] args) {
    new Jukebox1().go();
  }

  public void go() {
    List<String> songList = MockSongs.getSongStrings();
    System.out.println(songList);
  }
}

// 아래에 있는 건 '모의' 코드입니다. 다른 프로그래머가 나중에 만들어서 줄
// 진짜 I/O 코드 대신 임시로 끼워넣어 사용할 코드입니다.

class MockSongs {
  public static List<String> getSongStrings() {
    List<String> songs = new ArrayList<>();
    songs.add("somersault");
    songs.add("cassidy");
    songs.add("$10");
    songs.add("havana");
    songs.add("Cassidy");
    songs.add("50 Ways");
    return songs;
  }
}
```

곡명은 String의 List에 저장하겠습니다.

그러고 나서 songList의 내용을 출력합니다.

여기는 특별한 건 없습니다. 그냥 정렬 코드 작업 시 사용할 수 있는 샘플 데이터가 조금 들어 있을 뿐이에요.

출력 결과:

```
File Edit Window Help Dance
%java Jukebox1
[somersault, cassidy, $10, havana,
Cassidy, 50 Ways]
```

알파벳 순서가 아니죠?

정렬로 넘어가기 전에 이전 페이지에서 songs라는 이름의 ArrayList를 선언한 부분에 관해서 궁금한 게 있어요. 보통은 등호 양쪽에 있는 ArrayList 옆의 꺾쇠괄호 안에 객체 타입을 양쪽 다 집어넣잖아요? 근데 앞쪽 코드를 보면 등호 오른쪽에는 꺾쇠괄호 안에 아무것도 안 적혀 있단 말이에요.
이건 뭔가 특별한 문법인가요?

좋은 질문입니다! 다이아몬드 연산자를 찾아내셨군요!

지금까지는 ArrayList를 선언할 때 원소 타입을 양쪽에 다 적었습니다.

```
ArrayList<String> songs = new ArrayList<String>();
```

보통 똑같은 걸 두 번 말할 필요는 없죠? 컴파일러도 등호 왼쪽에 적힌 걸 보고 등호 오른쪽에서 뭘 얘기하려고 하는지 감을 잡을 수 있습니다. 컴파일러가 타입 추론(type inference) 기능을 이용하여 우리가 무슨 타입을 원하는지 추론해 주죠.

```
ArrayList<String> songs = new ArrayList<>();
```

타입을 지정하지 않아도 됩니다.

이런 문법은 자바 7부터 도입됐고 (생긴 모양에 따라) 다이아몬드 연산자라고 부르는데요, 꽤 오래 전에 도입됐기 때문에 아마 웬만하면 이 기능을 쓸 수 있는 버전의 자바를 쓰고 있을 겁니다.

자바는 계속해서 불필요하게 중복된 코드를 없애는 쪽으로 진화해 왔습니다. 컴파일러에서 타입을 알아낼 수 있다면 프로그래머가 그걸 일일이 적어 주지 않아도 되겠죠?

무엇이든 물어보세요

Q&A

Q1 항상 다이아몬드 연산자를 써야 할까요? 혹시 다이아몬드 연산자에 단점은 없나요?

A1 다이아몬드 연산자는 그런 게 있으면 코딩이 쉬워지긴 하겠지만 밑바탕에 깔려 있는 바이트코드에는 별 영향을 끼치지 못하는, 근사한 포장 같은 존재입니다. 혹시라도 다이아몬드 연산자를 사용하는 게 특정 타입을 지정하는 것과 어떻게 다를지 걱정되시나요? 걱정하지 마세요. 똑같은 거니까요.

하지만 타입을 정확하게 적어야 하는 경우도 있습니다. 가장 중요한 건 코드를 이해하는 데 도움이 되기 때문입니다. 예를 들어서, 변수가 선언되는 곳과 초기화되는 곳이 서로 멀리 떨어져 있다면 어떤 객체가 거기에 들어가는지 확실히 알 수 있도록 초기화할 때 타입을 지정하는 게 낫겠죠.

```
ArrayList<String> songs;
// 온갖 코드가 이 사이에 있고...
songs = new ArrayList<String>();
```

Q2 컴파일러가 알아서 타입을 파악해 주는 다른 경우가 또 있나요?

A2 물론이죠! 예를 들어서, 나중에 부록 B에서 살펴볼 var 키워드(로컬 변수 타입 추론)가 그런 경우입니다. 또 다른 중요한 예로 이번 장에서 조만간 배우게 될 람다 표현식을 들 수 있습니다.

Q3 ArrayList를 만들긴 했지만 그걸 List 레퍼런스에 대입하는 것도 봤고, ArrayList를 만들어 놓고는 그 메서드에서 List를 리턴하는 것도 봤어요. 그냥 모든 곳에서 ArrayList를 쓰면 안 되는 건가요?

A3 다형성의 장점 중 한 가지로 코드에서 어떤 객체의 특정한 구현 타입을 몰라도 된다는 점을 들 수 있습니다. List는 잘 알려진, 다들 잘 이해하고 있는 인터페이스입니다(이번 장에서 많이 사용할 겁니다). ArrayList를 사용하는 코드에서 ArrayList를 쓰는 중이라는 걸 반드시 알아야만 하는 건 아닙니다. LinkedList일 수도 있고 List의 특성화된 타입일 수도 있지요. List를 처리하는 코드에서는 add(), size() 같은 List의 메서드를 호출할 수 있다는 걸 아는 것만으로도 충분합니다. 웬만하면 특정 구현 자체를 넘겨 주는 것보다는 인터페이스 타입(List 등)을 넘겨 주는 쪽이 더 안전합니다. 이렇게 해야 엉뚱한 코드가 원래 의도와 다르게 객체 안으로 쓱 들어와서 이상한 일을 하는 걸 막을 수 있습니다.

그리고 ArrayList를 LinkedList로 바꾼다든가, 나중에 CopyOnWriteArrayList(18장 <동시성 처리> 참조)로 바꿔야 하는 경우에 List를 사용하는 부분을 전부 다 바꾸지 않아도 된다는 장점도 누릴 수 있습니다.

java.util API, 리스트와 컬렉션

ArrayList에서는, 아니, 모든 List에서는 원소들이 추가된 순서대로 저장됩니다. 따라서 song 리스트에 있는 원소들을 정렬해야 합니다. 이번 장에서 java.util 패키지에서 가장 중요하고 널리 쓰이는 컬렉션에 대해 알아보게 될 텐데요, 일단은 java.util.List와 java.util.Collections로 한정해서 알아보도록 하겠습니다.

ArrayList는 이미 좀 써 봤죠? ArrayList는 List이고 ArrayList에서 써 본 많은 메서드가 List에서 온 것이기 때문에 ArrayList를 사용하는 방법에 대해 알고 있는 것 중 대다수를 List에도 적용할 수 있습니다.

컬렉션(Collections) 클래스는 유틸리티 클래스라고도 부릅니다. 다양한 컬렉션 타입을 다룰 때 유용한 메서드가 많이 들어 있죠.

API에서 발췌한 내용:

java.util.List

sort(**Comparator**): 주어진 **Comparator**에 의해 정해지는 순서에 따라 리스트를 정렬한다.

java.util.Collections

sort(List): 주어진 리스트를 그 리스트에 있는 원소들의 **자연스러운 순서**를 기준으로 정렬한다.

sort(List, **Comparator**): 주어진 리스트를 **Comparator**에 의해 정의되는 순서를 기준으로 정렬한다.

실전에서는 다양한 방식으로 정렬을 할 수 있습니다

List를 항상 알파벳 순서로만 정렬하는 건 아닙니다. 옷을 사이즈 순서로 정렬할 수도 있고 영화를 별점 5점 만점을 받은 개수를 기준으로 정렬할 수도 있죠. 자바에서는 오래 전부터 사용해 온 알파벳 순 정렬을 할 수도 있지만 사용자가 직접 정한 정렬 방법을 쓸 수도 있습니다. 위에 있는 Comparator가 이런 사용자 지정 정렬 방법과 관련된 건데요, 잠시 후에 알아보도록 할게요. 일단은 '자연스러운 순서'인 알파벳 순서를 가지고 정렬해 봅시다.

List가 있으니까 거기에 딱 맞는 메서드를 이미 찾은 것 같네요. **Collections.sort()** 말이에요.

자바에서는 알파벳 순서가 '자연스러운 순서'입니다

루 씨는 곡들을 알파벳 순으로 정렬하고 싶어 하는데, 그게 정확히 무슨 뜻일까요? A-Z로 가는 건 당연해 보이는데, 대문자와 소문자는 어느 쪽이 앞으로 가야 할까요? 숫자나 특수문자는 또 어떻게 해야 할까요? 이것만 해도 할 얘기가 엄청 많지만, 우선 자바에서는 유니코드를 사용하고 '서양'에서는 숫자가 대문자보다 앞에, 대문자가 소문자보다 앞에 가는 식으로 정렬을 합니다. 특수문자는 일부는 숫자 앞으로, 일부는 소문자 뒤로 가죠. 이 정도면 깔끔하죠? 아닌가요? 어쨌든, 자바에서는 정렬을 '자연스러운 순서'대로 하고, 그게 알파벳 순입니다. 곡 목록을 정렬하면 어떻게 되는지 살펴볼까요?

```
  public void go() {
    List<String> songList = MockSongs.getSongStrings();
    System.out.println(songList);
    Collections.sort(songList);
    System.out.println(songList);
  }
}
```

'자연스러운 순서'대로 곡 제목을 정렬합니다.

출력 결과:

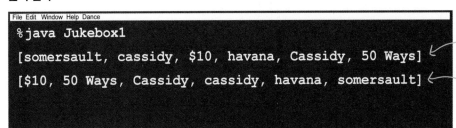

```
File Edit Window Help Dance
%java Jukebox1
[somersault, cassidy, $10, havana, Cassidy, 50 Ways]
[$10, 50 Ways, Cassidy, cassidy, havana, somersault]
```

정렬되지 않은 곡 목록. 추가된 순서대로 들어 있습니다.

정렬된 곡 목록. 특수문자, 숫자, 대문자가 어떤 식으로 정렬되는지 잘 봐 주세요.

그냥 참고 삼아 말씀드리는 건데요, 저희 오리들은 되게 특별한 순서대로 정렬해야 해요.

하지만 String이 아닌 Song 객체를 정렬해야 합니다

팀장님이 오시더니 그냥 String이 아니라 실제 Song 클래스 인스턴스를 목록에 넣어야겠다고 하는군요. 새로운 주크박스에서는 정보가 추가돼서 실제 곡 파일에는 각 곡마다 세 조각의 정보가 들어가게 됩니다.

Song 클래스는 정말 간단합니다. 특이한 부분은 오버라이드된 toString() 메서드뿐이죠. toString()은 Object 클래스에 정의되어 있기 때문에 자바에 있는 모든 클래스에서 상속하는 메서드입니다. 그리고 (System.out.println(anObject) 같은 코드를 써서) 객체를 출력할 때는 항상 toString() 메서드가 호출되기 때문에 기본으로 제공되는 유일 식별자 코드 말고 다른 걸 출력하고 싶다면 이 메서드를 오버라이드해야 합니다. 목록을 출력할 때에도 각 객체의 toString() 메서드가 호출될 것입니다.

```
class SongV2 {
  private String title;
  private String artist;
  private int bpm;

  SongV2(String title, String artist, int bpm) {
    this.title = title;
    this.artist = artist;
    this.bpm = bpm;
  }
  public String getTitle() {
    return title;
  }
  public String getArtist() {
    return artist;
  }
  public int getBpm() {
    return bpm;
  }
  public String toString() {
    return title;
  }
}

class MockSongs {
  public static List<String> getSongStrings() { ... }

  public static List<SongV2> getSongsV2() {
    List<SongV2> songs = new ArrayList<>();
    songs.add(new SongV2("somersault", "zero 7", 147));
    songs.add(new SongV2("cassidy", "grateful dead", 158));
    songs.add(new SongV2("$10", "hitchhiker", 140));

    songs.add(new SongV2("havana", "cabello", 105));
    songs.add(new SongV2("Cassidy", "grateful dead", 158));
    songs.add(new SongV2("50 ways", "simon", 102));
    return songs;
  }
}
```

파일에 있는 세 개의 곡 정보를 위한 세 개의 인스턴스 변수

새 Song이 생성될 때마다 생성자에서 변수들을 설정합니다.

세 개의 속성을 위한 세 개의 게터 메서드

System.out.println(aSongObject)를 호출하면 곡명이 출력되도록 toString() 메서드를 오버라이드합니다. System.out.println(aListOfSongs)을 호출하면 목록에 있는 각각의 원소의 toString() 메서드가 호출됩니다.

새로운 노래 데이터에 맞출 수 있도록 MockSongs 클래스에 새 메서드를 추가했습니다.

String 대신 Song을 사용하도록 주크박스 코드 수정하기

코드는 별로 안 바뀌어도 돼요. 중요한 건 리스트가 <String>이 아니고 <SongV2> 타입으로 바뀐 부분이죠.

```
import java.util.*;

public class Jukebox2 {
  public static void main(String[] args) {
    new Jukebox2().go();
  }

  public void go() {

    List<SongV2> songList = MockSongs.getSongsV2();
    System.out.println(songList);

    Collections.sort(songList);
    System.out.println(songList);
  }
}
```

String이 아닌 SongV2의 List로 바꿔 줍니다.

가짜 클래스를 호출해서 곡 데이터를 곡명 리스트에 채워 줍니다.

다시 한번 sort 메서드를 호출해서 곡들을 정렬합니다.

Collections.sort() 메서드가
곡들을 어떤 식으로 정렬할지
정말 궁금한데요?

컴파일이 되지 않아요!

어? 뭔가 문제가 있는 것 같아요. 컬렉션 클래스에는 분명히 List를 받아들이는 sort() 메서드가 있다고 했어요. 그러면 당연히 잘 돼야 할 것 같은데, 안 그래요?

근데 그렇지 않다고 합니다.

컴파일러는 List<SongV2>를 인자로 받아들이는 sort 메서드를 찾을 수 없다고 하는군요. Song 객체로 구성된 ArrayList를 싫어하기라도 하는 걸까요? List<String>을 쓸 때는 이런 오류가 안 났었잖아요··· 도대체 Song과 String 사이에 무슨 차이가 있는 걸까요? 왜 컴파일러가 이 코드를 거부할까요?

출력 결과:

```
File Edit Window Help Bummer
%javac Jukebox2.java
Jukebox2.java:13: error: no suitable method found for
sort(List<SongV2>)
    Collections.sort(songList);
               ^
...
1 error
```

이럴 때는 '무엇에 대해서 정렬을 하는 걸까?' 하는 것을 생각해 봐야 합니다. Song 객체들을 비교할 때 sort() 메서드에서는 어떤 기준을 가지고 비교해야 할까요. 지금 우리가 원하는 것처럼 각 곡의 제목(title 값)을 가지고 정렬해야 한다면 sort() 메서드에 bpm 같은 값이 아닌 title 값을 가지고 정렬해야 한다는 것을 알려 줄 수 있어야 할 것입니다.

이와 관련된 내용은 잠시 후에 자세히 알아보기로 하고, 일단은 왜 컴파일러에서 sort() 메서드에 SongV2로 구성된 List를 전달하는 것조차도 허락하지 않는지 확인해 보도록 합시다.

엥, 뭐죠? 이건 메서드가 어떻게 선언된
건지도 알아먹을 수가 없어요. sort()에서
List<T>를 인자로 받는다고 나와 있는데 T가
뭐죠? 그리고 리턴 타입 앞에 붙어 있는
저 복잡하게 생긴 건 또 뭔가요?

sort() 메서드 선언

```
static <T extends Comparable<? super T>> void sort(List<T> list)
```
Sorts the specified list into ascending order, according to the natural ordering of its elements.

API 문서를 보면 sort() 메서드가 되게 이상하게 선언되어 있다는 생각이 들 것입니다(java.util.Collections 클래스에서 sort() 메서드가 있는 곳으로 찾아가 보세요). '이상하다.'라는 생각이 들지 않더라도 지금까지 봐온 것하고는 확실히 다르게 생겼다는 느낌은 들 것입니다.

이렇게 이상하게 선언된 이유는 sort() 메서드(및 자바의 컬렉션 프레임워크 전체)에서 제네릭(generics)을 아주 많이 사용하기 때문입니다. 자바 소스 코드나 문서에서 <> 기호가 보인다면 (자바 5에 새로 추가된) 제네릭을 뜻한다고 생각하면 됩니다. List에 저장된 String 객체는 정렬할 수 있었는데 List에 저장된 Song 객체는 정렬할 수 없는 이유를 알아내기 전에 먼저 저 문서를 해석하는 방법을 배워야 할 것 같네요.

제네릭과 타입 안전성

제네릭을 다른 방식으로 사용할 수도 있지만, 보통은 타입 안전성을 갖춘 컬렉션을 만들기 위한 용도로 사용하게 될 겁니다. 바꿔 말하자면 Dog를 Duck으로 구성된 목록에 집어넣었을 때 컴파일러가 미리 파악하고 사고가 나는 것을 막아줄 수 있게 되는 것이죠.

제네릭이 도입되기 전까지는 모든 컬렉션에 Object 타입의 객체를 아무렇게나 집어넣을 수 있었기 때문에 어떤 객체를 집어넣든 컴파일러에서 신경 쓰지 않았습니다. ArrayList에 아무 것이나 집어넣어도 전혀 상관없었죠. 모든 ArrayList가 ArrayList<Object>로 선언된 것이나 마찬가지였습니다.

제네릭이 없으면 Cat 객체들을 저장하려고 만든 ArrayList에 Pumpkin 객체를 집어넣더라도 컴파일러에서 아무 말도 하지 않습니다.
제네릭을 사용하면 타입 안전성이 확보된 컬렉션을 만들 수 있습니다. 문제를 실행 도중이 아닌 컴파일할 때 바로 잡아낼 가능성이 높아지죠.

제네릭을 쓰지 않을 때

SoccerBall, Fish, Guitar, Car 객체 레퍼런스를 아무렇게나 넣어도 됩니다.

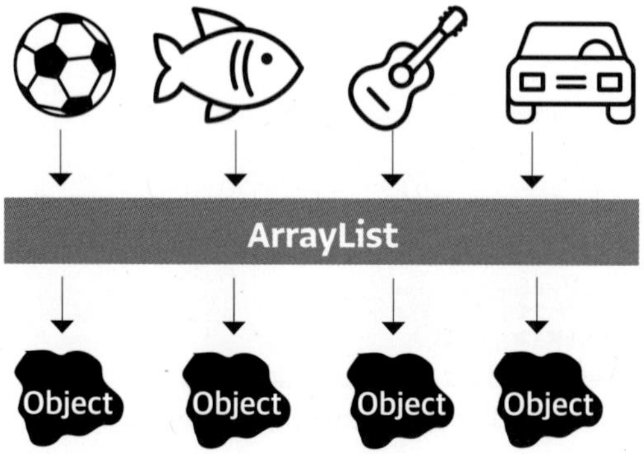

제네릭이 도입되기 전에는 ArrayList의 타입을 지정할 수가 없었기 때문에 add() 메서드에서 Object 타입의 인자를 무조건 받아들였습니다.

나올 때는 전부 Object 타입으로 나오게 되죠.

제네릭을 쓸 때

객체는 Fish 객체에 대한 레퍼런스로만 들어갈 수 있습니다.

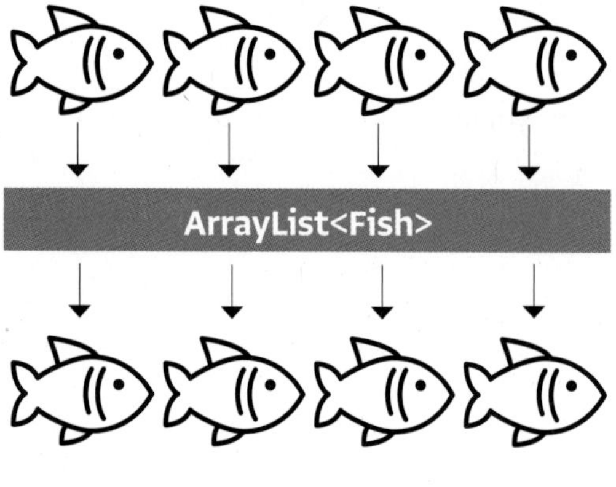

제네릭 기능이 도입된 이후로 ArrayList<Fish>에는 Fish 객체만 집어넣을 수 있고, 객체는 꺼낼 때도 Fish 레퍼런스로 나오게 됩니다. 엉뚱하게 그 목록에 Volkswagen 객체가 들어간다거나 목록에서 꺼낸 객체를 Fish 레퍼런스로 캐스팅할 수 없다거나 하는 일에 대해서 신경 쓰지 않아도 되는 거죠.

나올 때도 항상 Fish 타입으로 나오게 되죠.

제네릭에 대하여

제네릭에 관해 공부해야 할 것이 꽤 많긴 하지만, 대부분의 프로그래머는 다음 세 가지만 알아도 충분합니다.

1 제네릭을 쓰는 클래스(ArrayList 등)의 인스턴스를 만드는 방법

ArrayList를 만들 때는 일반 배열을 만들 때와 마찬가지로 목록에 들어갈 수 있는 객체의 타입을 알려 줘야 합니다.

```
new ArrayList<Song>()
```

2 제네릭 타입의 변수를 선언하고 변수에 값을 대입하는 방법

제네릭 타입에 대해서는 다형성이 어떤 식으로 작동할까요? ArrayList<Animal> 레퍼런스 변수가 있을 때 거기에 ArrayList<Dog>를 대입할 수 있을까요? List<Animal>에 ArrayList<Animal>을 대입하는 건 어떨까요? 조만간 배우게 될 것입니다.

```
List<Song> songList =
      new ArrayList<Song>()
```

3 제네릭 타입을 인자로 받아들이는 메서드 선언(호출) 방법

어떤 메서드에서 Animal 객체로 구성된 ArrayList를 인자로 받아들인다고 한다면 그 정확한 의미는 무엇일까요? Dog 객체로 구성된 ArrayList를 전달해도 될까요? 일반 배열을 인자로 받아들이는 메서드를 만들 때하고 상당히 다른, 다형성과 관련된 몇 가지 복잡 미묘한 문제에 대해 살펴보도록 합시다(사실 이 문제도 2번과 연관되어 있습니다. 그만큼 중요하다는 얘기죠).

```
void foo(List<Song> list)

x.foo(songList)
```

무엇이든 물어보세요
Q&A

Q 그런데 제네릭 클래스를 직접 만드는 방법에 대해서는 몰라도 되나요? 클래스 인스턴스를 만드는 사람이 실제로 사용할 클래스 타입을 결정할 수 있는 클래스 타입을 만들고 싶으면 어떻게 해야 하나요?

A 아마 그런 클래스를 직접 만들 일은 별로 없을 것입니다. 한번 생각해 보세요. API를 설계한 사람들은 사람들이 필요로 할 만한 거의 모든 자료구조를 커버할 수 있는 컬렉션 클래스 라이브러리를 만들었습니다. 그리고 제네릭 기능을 사용할 만한 클래스와 메서드는 사실상 컬렉션 클래스 또는 컬렉션에 어떤 작업을 하기 위한 클래스와 메서드뿐이죠. 물론 (다음 장에서 배울 Optional 같은) 다른 경우도 있긴 합니다. 일반적으로 제네릭 클래스는 자기가 모르는 객체나 다른 어떤 타입을 저장하거나 그런 타입을 처리하는 클래스입니다.

이런 제네릭 클래스를 만드는 것도 당연히 가능하긴 합니다. 하지만 꽤 어려운 내용이기 때문에 여기에서는 다루지 않도록 하겠습니다(아마 여기에서 배우는 내용을 바탕으로 어떻게 할 수 있는지 알아낼 수도 있긴 할 것입니다).

제네릭 클래스 사용법

가장 흔하게 제네릭 클래스 중 하나가 바로 ArrayList이므로 우선 ArrayList부터 시작해 볼까요? 제네릭 클래스에 대한 문서를 볼 때 가장 중요한 두 가지를 꼽아 보면 다음과 같습니다.

1. 클래스 선언부
2. 원소를 추가하기 위한 메서드 선언부

ArrayList 문서 해독하기

(E가 도대체 뭘까요?)

E가 있는 곳에는 ArrayList를 선언하고 생성할 때 사용할 실제 타입이 들어갑니다.

ArrayList는 AbstractList의 하위 클래스이므로 ArrayList의 타입으로 어떤 클래스 타입을 선언하면 그 타입이 자동으로 AbstractList의 타입으로 쓰입니다.

```
public class ArrayList<E> extends AbstractList<E> implements List<E>  ... {

    public boolean add(E o)

    // 기타 코드
}
```

아주 중요한 부분입니다. E가 무엇이든 간에 그 타입에 의해서 ArrayList에 집어넣을 수 있는 객체의 타입이 결정됩니다.

주어진 타입(<E>의 값)이 자동으로 List 인터페이스의 타입이 됩니다.

E는 ArrayList의 인스턴스를 생성할 때 쓰이는 타입을 나타냅니다. ArrayList 문서에 E라는 것이 등장한다면 무조건 ArrayList의 인스턴스를 만들 때 <> 안에 집어넣는 타입으로 바로 치환해서 생각하면 됩니다.

따라서 new ArrayList<Song>이라고 한다면 E를 사용하는 모든 메서드 및 변수 선언에서 E가 Song이 된다고 생각하면 됩니다.

E는 '컬렉션에 저장하고 컬렉션에서 리턴할 원소의 타입'이라고 생각하면 됩니다(E는 Element(원소)에서 오는 것이죠).

ArrayList에서 타입 매개변수를 사용하는 방법

다음과 같은 코드를 쓰면

```
List<String> thisList = new ArrayList<>()
```

다음과 같은 ArrayList가

```
public class ArrayList<E> extends AbstractList<E> ... {

    public boolean add(E o)
   // 기타 코드
}
```

컴파일러에 의해 다음과 같은 식으로 해석됩니다.

```
public class ArrayList<String> extends AbstractList<String>... {

    public boolean add(String o)
    // 기타 코드
}
```

즉 E가 ArrayList를 생성할 때 사용한 실제 타입(타입 매개변수(type parameter)라고도 부릅니다)으로 치환됩니다. 그래서 E와 호환되는 타입의 레퍼런스를 제외한 다른 레퍼런스는 ArrayList의 add() 메서드에 전달할 수 없는 것이죠. ArrayList**<String>**을 만들었다면 그 add() 메서드는 **add(String o)**로 변신하는 것입니다. **Dog** 타입의 ArrayList를 만들면 그 add() 메서드는 **add(Dog o)**로 변신하죠.

무엇이든 물어보세요

Q&A

Q 반드시 E만 쓸 수 있나요? API 문서의 sort() 메서드를 설명하는 부분에서는 T라고 했던 것 같은데요?

A 자바에서 식별자로 쓸 수 있는 것은 무엇이든 써도 됩니다. 즉, 메서드나 변수 이름으로 쓸 수 있는 것이라면 무엇이든 타입 매개변수로 써도 되죠. 하지만 보통 한 글자만 사용합니다. 컬렉션 클래스에서는 '그 컬렉션에 저장할 원소(Element)의 타입'이라는 의미로 Element의 첫 글자 E를 많이 사용하고, 컬렉션이 아닐 때는 일반적인 타입(Type)의 첫 글자를 따서 T라고 쓸 때도 많습니다. '리턴(Return)형'이라는 의미로 Return의 첫 글자인 R을 쓰는 경우도 있고요.

제네릭 메서드 사용법

제네릭 클래스(generic class)란 클래스 선언에 타입 매개변수가 들어 있는 클래스를 뜻합니다. 제네릭 메서드(generic method)는 **메서드 선언** 서명에 타입 매개변수가 포함되어 있는 메서드를 뜻하죠.

메서드에서는 몇 가지 서로 다른 방법으로 타입 매개변수를 사용할 수 있습니다.

1 클래스 선언부에서 정의된 타입 매개변수를 사용하는 방법

```
public class ArrayList<E> extends AbstractList<E> ... {
    public boolean add(E o)
```

클래스를 정의할 때 이미 E를 썼기 때문에 여기에도 E를 쓸 수 있습니다.

클래스를 정의할 때 타입 매개변수를 선언했다면 그 타입을 특정 클래스 또는 인터페이스 타입을 사용하는 것과 똑같은 방식으로 사용할 수 있습니다. 여기에서 메서드 인자를 선언할 때 쓰인 타입은 나중에 클래스 인스턴스를 만들 때 주어진 타입으로 치환되겠죠.

2 클래스 선언부에서 쓰이지 않은 타입 매개변수를 사용하는 방법

```
public <T extends Animal> void takeThing(ArrayList<T> list)
```

여기서 이 <T>를 사용할 수 있는 이유는 메서드를 선언할 때 앞에서 T를 선언했기 때문입니다.

클래스 자체에서는 타입 매개변수를 사용하지 않더라도 특별한 위치(리턴 타입을 선언하는 곳 바로 앞)에서 선언해 주기만 하면 메서드 내에서 타입 매개변수를 별도로 지정해서 쓸 수 있습니다. 어떤 메서드가 위와 같은 식으로 선언되어 있는 경우, Animal 타입(하위 클래스 타입 포함)이면 뭐든지 T 자리에 들어갈 수 있습니다.

잠깐만요. 뭔가 이상한데요? Animal로
구성된 목록을 쓸 거라면 왜 그냥
takeThings(ArrayList<Animal> list)
이런 식으로 선언하지 않은 거죠?

조금 이상해지고 있죠?

아래의 코드는

```
public <T extends Animal> void takeThing(ArrayList<T> list)
```

다음 코드하고 같지 않습니다.

```
public void takeThing(ArrayList<Animal> list)
```

둘 다 문법적으로는 올바른 코드입니다. 하지만 위 두 코드는 서로 다릅니다.

첫 번째 코드에서는 **<T extends Animal>**이 메서드 선언에 포함되어 있으며, Animal 또는 하위 클래스(Dog, Cat 등) 타입으로 구성된 ArrayList라면 무엇이든 인자로 사용할 수 있습니다. 따라서 위쪽에 있는 방식으로 선언된 메서드를 호출할 때는 ArrayList<Dog>, ArrayList<Cat>, ArrayList<Animal> 등을 마음대로 인자로 쓸 수 있습니다.

하지만 아래쪽에 있는 코드에서는 인자가 ArrayList<Animal> 타입으로 선언되어 있기 때문에 ArrayList<Animal>만 인자로 사용할 수 있습니다. 즉, 위쪽에 있는 코드로 선언한 메서드에서는 Animal에 속하는 임의의 타입(Animal, Dog, Cat 등)으로 구성된 ArrayList를 인자로 받아들일 수 있지만, 아래쪽에 있는 코드로 선언한 메서드에서는 Animal로 구성된 ArrayList만 인자로 받아들일 수 있습니다. ArrayList<Dog>, ArrayList<Cat>은 안 되고 ArrayList<Animal>만 되죠.

뭔가 다형성의 핵심을 위반하고 있는 게 아닌가 하는 생각이 들지도 모르겠습니다. 하지만 이 장 맨 뒤쪽에서 자세한 내용을 다시 한번 살펴보고 나면 확실히 이해할 수 있을 것입니다. 일단 지금은 sort() 메서드를 써서 songList를 정렬하는 방법을 알아보기 위해 대강 짚고 넘어가는 상황이기 때문에 이상하게 생긴 코드들이 등장하는 sort() 메서드 관련 API 문서를 이해할 수 있는 정도로만 알아두고 넘어가도록 합시다.

우선 지금은 위쪽에 있는 메서드를 선언하는 구문이 문법적으로 틀리지 않은 구문이며 Animal 또는 Animal의 하위 타입의 객체들로 구성되는 ArrayList 객체를 인자로 받아들일 수 있는 메서드를 선언한다는 정도만 알아두도록 합시다.

이제 다시 sort() 메서드로 돌아가 볼까요?

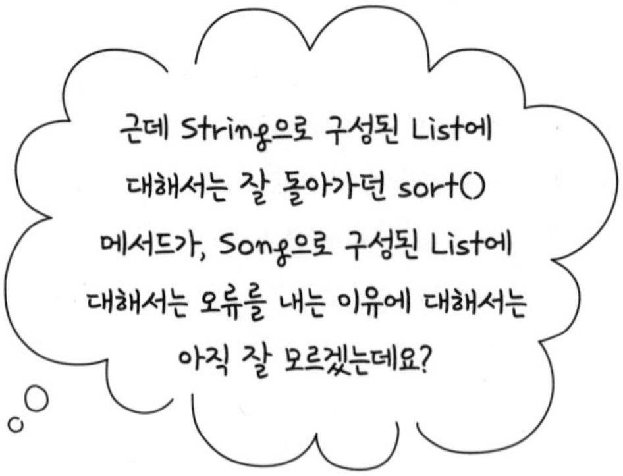

근데 String으로 구성된 List에 대해서는 잘 돌아가던 sort() 메서드가, Song으로 구성된 List에 대해서는 오류를 내는 이유에 대해서는 아직 잘 모르겠는데요?

앞에서 이런 오류 메시지를 봤죠?

```
File Edit Window Help Bummer
%javac Jukebox2.java
Jukebox2.java:13: error: no suitable method found
for sort(List<SongV2>)
    Collections.sort(songList);
               ^
...
1 error
```

```
import java.util.*;

public class Jukebox2 {
  public static void main(String[] args) {
    new Jukebox2().go();
  }

  public void go() {

    List<SongV2> songList = MockSongs.getSongsV2();
    System.out.println(songList);

    Collections.sort(songList);
    System.out.println(songList);
  }
}
```

여기가 문제가 생기는 부분입니다. List<String>을 넘겨 줬을 때는 괜찮았는데 List<SongV2>를 정렬하려고 하니까 오류가 생겼어요.

sort() 메서드 다시 보기

자, 그러면 String으로 구성된 목록에 대해서는 잘 돌아가던 sort() 메서드가 Song으로 구성된 목록에 대해서는 왜 오류를 내는지 확인해 보기 위해 API 문서에서 sort() 메서드에 대한 내용을 다시 살펴봅시다. API 문서는 이렇게 생겼죠?

```
static <T extends Comparable<? super T>> void sort(List<T> list)
                                               Sorts the specified list into ascending order,
                                               according to the natural ordering of its elements.
```

sort() 메서드에서는 Comparable 객체로 구성된 목록만 받아들일 수 있습니다.
Song은 Comparable의 하위 타입이 아니기 때문에 Song으로 구성된 목록을 sort() 메서드의 인자로 전달할 수 없습니다.
적어도 지금 상태로는 말이죠.

```
public static <T extends Comparable<? super T>> void sort(List<T> list)
```

T가 반드시 Comparable 타입이어야 한다는 것을 뜻합니다.

(이 부분은 일단 무시하고 넘어가겠습니다. 간단하게 말하자면 Comparable의 타입 매개변수가 T 또는 T의 상위 타입이어야 한다는 뜻입니다.)

'Comparable을 확장하는' 타입으로 구성된 List(또는 그 하위 타입, ArrayList 등)만을 인자로 전달할 수 있다는 것을 뜻합니다.

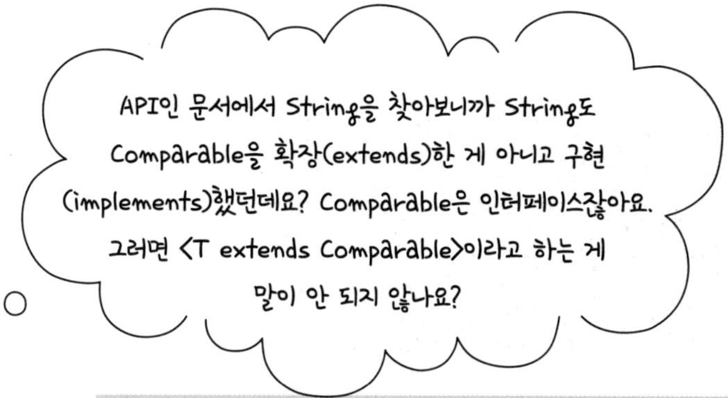

API인 문서에서 String을 찾아보니까 String도
Comparable을 확장(extends)한 게 아니고 구현
(implements)했던데요? Comparable은 인터페이스잖아요.
그러면 <T extends Comparable>이라고 하는 게
말이 안 되지 않나요?

```
public final class String
    implements java.io.Serializable, Comparable<String>, CharSequence {
```

좋은 지적이에요! 그게 바로 정답입니다. 다음 페이지로 넘어가 볼까요?

제네릭에서 '확장(extends)' 한다는 것은 '확장(extends) 또는 구현(implements)'을 뜻합니다

자바 엔지니어들이 제네릭을 설계할 때, Animal의 하위 클래스로만 제한한다든가 하는 식으로 매개변수화된 타입에 제약 조건을 줄 수 있는 방법을 고안해야 했습니다. 하지만 특정 인터페이스를 구현하는 클래스로 타입을 제한할 수 있는 방법도 필요했죠. 그래서 두 상황(확장 및 구현)에 모두 적용할 수 있는 구문이 필요했습니다. 즉, extends와 implements를 모두 지칭하기 위한 뭔가가 필요했죠.

결국 둘 중에 하나를 선택하기로 했고, extends를 사용하자는 결론을 내리게 됐죠. 하지만 여기에서 쓰이는 extends라는 구문은 오른쪽에 있는 것이 클래스든, 인터페이스든 상관없이 'A는 B이다' 관계를 나타내는 역할을 합니다.

제네릭을 다룰 때 등장하는 extends 키워드는 'A는 B이다' 관계를 나타내는 것으로 클래스와 인터페이스 모두에 대해 똑같이 쓰입니다.

Comparable은 인터페이스입니다. 따라서 이 코드는 'T는 Comparable 인터페이스를 구현하는 타입'이라는 뜻으로 이해해야 합니다.

```
public static <T extends Comparable<? super T>> void sort(List<T> list)
```

extend 오른쪽에 있는 것이 클래스인지 인터페이스인지는 중요하지 않습니다. 무조건 extends 키워드를 사용합니다.

무엇이든 물어보세요

Q&A

Q 왜 is 같은 새로운 키워드를 만들어서 쓰진 않았나요?

A 언어에 새로운 키워드를 추가하는 것은 전혀 만만한 일이 아닙니다. 이전 버전에서 만들었던 자바 코드를 못 쓰게 될 수 있기 때문이죠. 예를 들어서, 어떤 변수 이름을 is라고 붙였다면 어떻게 될까요(실제로 이 책에서도 입력 스트림(input stream) 변수에 is라는 이름을 붙이기도 했습니다)? 키워드는 식별자로 사용할 수 없기 때문에 새로운 키워드가 예약어로 지정되기 전에 그 키워드를 식별자로 사용했던 코드는 다시 써 먹을 수가 없게 됩니다. 따라서 기존 키워드를 재사용할 수 있다면, extends 키워드의 경우와 마찬가지로 재사용하는 쪽으로 갈 수 밖에 없습니다. 하지만 어쩔 수 없이 새로운 키워드를 추가해야 하는 경우도 있긴 합니다.

최근에는 '키워드 비스무레한' 걸 추가하되, 이전에 만든 코드에는 영향을 끼치지 않도록 키워드로 지정하지는 않는 경우도 있습니다. 예를 들어서, 나중에 부록 B에서 살펴볼 **var**라는 식별자는 키워드가 아니고 예약된 타입 이름(reserved type name)입니다. (변수 이름 등으로) var를 썼던 기존 코드도 var를 지원하는 버전의 자바로 컴파일해도 되는 거죠.

드디어 문제점을 찾았습니다! Song 클래스에서 Comparable 메서드를 구현해야 하는군요

ArrayList<Song>을 sort() 메서드에 전달하려면 Song 클래스에서 Comparable을 구현해야만 합니다. sort() 메서드가 그런 식으로 정의되어 있으니까요. API 문서를 살펴보면 Comparable 인터페이스가 메서드 한 개만 구현하면 되는 간단한 인터페이스라는 것을 알 수 있습니다.

Song 객체들을 어떻게 비교하는가 하는 중요한 문제가 남아 있습니다.
비교 기준을 정하기 전에는 Comparable 인터페이스를 구현할 수 없습니다.

java.lang.Comparable

```
public interface Comparable<T> {
   int compareTo(T o);
}
```

compareTo()에 관한 설명은 다음과 같습니다.

> **리턴값:**
> 이 객체가 주어진 객체보다 작으면 음의 정수, 둘이 같으면 0, 이 객체가 주어진 객체보다 크면 양의 정수를 리턴함

어떤 Song 객체에 대해서 compareTo() 메서드를 호출하면서 다른 Song 객체에 대한 레퍼런스를 전달하는 식으로 사용하면 될 것 같군요. compareTo() 메서드가 실행되는 Song 객체에서는 인자로 전달받은 Song 객체가 목록에서 더 위에 가야 하는지, 아래로 가야 하는지, 아니면 똑같은 위치에 있어야 하는지를 알아내야 합니다. 이제 두 Song 객체를 어떤 기준으로 정렬해야 할지 결정하고 그 기준에 맞춰서 compareTo() 메서드를 구현해야 합니다. 음수(음의 정수라면 어떤 값이든 상관없습니다)를 리턴한다는 것은 인자로 전달받은 Song 객체가 더 '크다'는 뜻입니다. 양수를 리턴한다는 것은 인자로 전달받은 Song 객체가 더 '작다'는 뜻입니다. 그리고 0을 리턴한다는 것은 두 Song 객체가 서로 '같다'는 뜻입니다. 다만 정렬할 때 같은 위치에 놓인다는 것을 뜻할 뿐이지, 두 객체가 동일한 객체라는 뜻은 아닙니다. 서로 다른 곡이지만 제목은 같을 수도 있을 겁니다(이에 대해서는 정말 할 말이 많은데요, 나중에 자세히 알아보겠습니다).

쓰면서 제대로 공부하기

Song 객체를 제목(title 변수) 순서로 정렬할 수 있도록 compareTo()를 구현해 봅시다. 그냥 아이디어를 적어 보거나 유사 코드 형태로 써도 됩니다.

힌트: 제대로만 한다면 코드가 세 줄도 안 됩니다.

→ 풀어 보세요

역자 주: 이미 알고 있겠지만, 안타깝게도 API 문서는 한국어로는 제공되지 않습니다.

업그레이드된 Song 클래스

제목 순으로 정렬하기로 결정했기 때문에 compareTo() 메서드에서 그 객체의 title 값을 인자로 전달된 Song 객체의 title 값하고 비교하기로 했습니다. 즉, 그 메서드를 실행시키는 Song 객체에서 메서드 인자의 title 값을 자기 title 값하고 비교합니다. 흠··· sort() 메서드가 String으로 구성된 목록에 대해서는 잘 작동하니까 String 클래스 자체에는 알파벳 순으로 크고 작음을 비교할 수 있는 메서드가 있다는 것을 알 수 있겠죠? 즉 String 클래스에도 compareTo() 메서드가 있을 테니까 바로 그 메서드를 이용하면 되겠습니다. 이렇게 하면 한쪽 title 변수의 compareTo() 메서드를 호출하면서 인자로 전달받은 Song의 title 값을 인자로 전달하기만 하면 비교 및 알파벳 순서상의 대소 관계를 결정하는 알고리즘에 대해서 신경 쓰지 않아도 될 것입니다.

보통 이 둘은 같습니다. Comparable 인터페이스를 구현하는 클래스에서 대소 비교를 할 대상 타입을 지정하는 것이니까요. 이 구분은 SongV3 객체를 정렬할 때 다른 SongV3 객체하고 비교할 수 있다는 것을 뜻합니다.

```
class SongV3 implements Comparable<SongV3> {
  private String title;
  private String artist;
  private int bpm;

  public int compareTo(SongV3 s) {
    return title.compareTo(s.getTitle());
  }

  SongV3(String title, String artist, int bpm) {
    this.title = title;
    this.artist = artist;
    this.bpm = bpm;
  }

  public String getTitle() {
    return title;
  }

  public String getArtist() {
    return artist;
  }

  public int getBpm() {
    return bpm;
  }

  public String toString() {
    return title;
  }
}
```

sort() 메서드에서는 compareTo()에 어떤 SongV3 객체를 인자로 전달하여 그 SongV3 객체를 compareTo() 메서드가 호출된 SongV3 객체하고 비교해 줍니다.

간단하죠? 그냥 title이라는 String 객체에 할 일을 넘겨버리면 됩니다. String에도 compareTo() 메서드가 있으니까요.

이번에는 별 문제 없이 컴파일 및 실행이 됩니다. 목록을 출력한 다음 sort() 메서드를 호출해서 곡들을 제목 알파벳 순으로 정렬하고 다시 한번 목록을 출력합니다.

출력 결과:

```
File Edit Window Help Ambient
%java Jukebox3
[somersault, cassidy, $10, havana, Cassidy, 50 ways]
[$10, 50 ways, Cassidy, cassidy, havana, somersault]
```

목록을 정렬하긴 했는데···

아직 부족해··· 가끔씩
제목 말고 아티스트 순으로
정렬해 보고 싶단 말이지···

새로운 문제가 생겼습니다. 음식점 주인 루 씨가 곡 목록을 제목 순, 아티스트 순 이렇게 서로 다른 기준으로 출력해 달라고 하는군요.

하지만 (Comparable을 구현해서) 원소를 비교할 수 있게 만드는 과정에서 compareTo() 메서드는 단 한 번만 구현할 수 있습니다. 그러면 어떻게 이 문제를 해결할 수 있을까요?

아주 좋지 않은 방법이긴 하지만 Song 클래스에 플래그 변수를 집어넣은 다음 compareTo() 메서드에 있는 if문에서 플래그 값을, 제목을 기준으로 비교할지, 아티스트를 기준으로 비교할지 결정하는 방법을 쓸 수도 있을 것입니다.

하지만 그런 방법은 아주 좋지 않은 방법입니다. 나중에 두고두고 골칫덩어리가 될 수도 있죠. 게다가 그보다 훨씬 나은 다른 해결책도 있습니다. API에 바로 이런 용도로(같은 것을 두 가지 이상의 방법으로 비교하기 위한 용도로) 내장되어 있는 기능이 있거든요.

API 문서를 다시 살펴봅시다. 컬렉션에는 Comparator를 받아들이는 또 다른 sort() 메서드가 있습니다. List에도 Comparator를 받아들이는 sort() 메서드가 있습니다.

> **API에서 발췌한 내용:**
>
> **java.util.Collections**
> sort(List): 주어진 리스트를 그 리스트에 있는 원소들의 **자연스러운 순서**를 기준으로 정렬한다.
>
> sort(List, **Comparator**): 주어진 리스트를 **Comparator**에 의해 정의되는 순서를 기준으로 정렬한다.
>
> **java.util.List**
> sort(**Comparator**): 주어진 **Comparator**에 의해 정해지는 순서를 기준으로 리스트를 정렬한다.

Collections에 있는 오버로드된 sort() 중에는 Comparator라는 것을 받아들이는 게 있습니다.

List에도 Comparator를 받아들이는 sort() 메서드가 있어요.

> **생각해 보기: 제목 대신 아티스트를 기준으로 곡을 비교하고 정렬할 수 있게 해 주는 Comparator는 어떻게 가져오거나 만들 수 있을까?**

Comparator 사용법

목록에 있는 어떤 비교 가능한 원소가 자신을 같은 타입의 다른 원소하고 비교하는 방법은 compareTo() 메서드를 이용하는 방법밖에 없습니다. 하지만 **Comparator**는 비교하고자 하는 원소 타입과는 별개입니다. 그 자체가 별도의 클래스죠. 따라서 원하는 대로 마음껏 만들 수 있습니다. 곡을 아티스트 기준으로 비교하고 싶다면 ArtistComparator를 만들면 됩니다. 분당 박자 수(bpm; beats per minute)를 기준으로 비교하고 싶다면 BpmComparator를 만들면 되겠죠.

java.util.Comparator

```
public interface Comparator<T> {
   int compare(T o1, T o2);
}
```

그러고 나서 Comparator를 받아들이는 sort() 메서드(Collections.sort나 List.sort)를 호출하면 그 메서드에서 이 Comparator를 이용하여 순서대로 정렬을 해 줍니다.

Comparator를 인자로 받는 sort() 메서드에서는 메서드를 정렬할 때 원소 자체에 있는 compareTo() 메서드 대신 Comparator를 사용합니다. 즉, Comparator를 인자로 받아들이는 sort() 메서드에서는 아예 목록에 들어 있는 원소의 compareTo() 메서드를 호출하지도 않습니다. Comparator에 있는 **compare()** 메서드만 호출하죠.

sort() 메서드에 Comparator 객체를 전달하면 정렬 순서가 그 Comparator에 의해서 결정됩니다.
Comparator를 넘겨주지 않았지만 원소가 비교 가능한 원소라면 정렬 순서는 그 원소에 있는 compareTo() 메서드에 의해 결정됩니다.

규칙을 정리해 보면 다음과 같습니다.

Collections.sort(List list) 메서드를 호출한다는 것은 그 목록 원소의 compareTo() 메서드에서 순서를 결정한다는 뜻입니다. 목록에 있는 원소에서 반드시 **Comparable** 인터페이스를 구현해야만 합니다.

List.sort(Comparator c) 또는 **Collections.sort(List list, Comparator c)**를 호출한다는 것은 **Comparator**의 compare() 메서드를 쓴다는 뜻입니다. 즉, 목록에 있는 원소에서 Comparable 인터페이스를 구현할 필요가 없다는 뜻이죠.

무엇이든 물어보세요

Q&A

Q Comparator를 받아들이는 정렬 메서드가 왜 서로 다른 두 클래스에 있는 건가요? 어느 sort() 메서드를 써야 하나요?

A Comparator를 받아들이는 두 메서드, Collections.sort(List, Comparator)와 List.sort(Comparator) 모두 같은 일을 하기 때문에 어느 쪽을 쓰든 결과는 똑같습니다.

List.sort()는 자바 8부터 도입됐기 때문에 그 이전 버전용 코드에서는 Collections.sort(List, Comparator)를 써야 합니다.

List.sort()는 조금 더 짧기도 하고, 보통 이미 정렬하고 싶은 리스트가 있는 상황에서 정렬하기 때문에 그 리스트에 있는 sort() 메서드를 호출하는 게 자연스럽습니다.

Comparator를 사용하도록 주크박스 고치기

주크박스 코드를 세 군데 고치겠습니다.

1. Comparator를 구현하는 클래스를 따로 만듭니다(전에는 **compareTo()**가 했던 일을 해 줄 **compare()** 메서드도 구현합니다).
2. Comparator 클래스의 인스턴스를 만듭니다.
3. Comparator 클래스를 인자로 전달하면서 List.sort() 메서드를 호출합니다.

```
import java.util.*;

public class Jukebox4 {
  public static void main(String[] args) {
    new Jukebox4().go();
  }

  public void go() {
    List<SongV3> songList = MockSongs.getSongsV3();
    System.out.println(songList);

    Collections.sort(songList);
    System.out.println(songList);

    ArtistCompare artistCompare = new ArtistCompare();
    songList.sort(artistCompare);
    System.out.println(songList);
  }
}

class ArtistCompare implements Comparator<SongV3> {
  public int compare(SongV3 one, SongV3 two) {
    return one.getArtist().compareTo(two.getArtist());
  }
}
```

Comparator 클래스의 인스턴스를 만들어요.

리스트에 대해서 sort()를 호출하면서 새로 만든 Comparator 객체에 대한 레퍼런스를 넘겨줍니다.

(아리스트 정보가 담긴) String입니다.

(아리스트 정보가 담긴) String 변수한테 비교 작업을 시키면 됩니다. String에는 이미 알파벳 순으로 비교하는 기능이 있으니까요.

출력 결과:

```
File Edit Window Help Ambient
%java Jukebox4
[somersault, cassidy, $10, havana, Cassidy, 50 ways]
[$10, 50 ways, Cassidy, cassidy, havana, somersault]
[havana, Cassidy, cassidy, $10, 50 ways, somersault]
```

정렬하지 않은 songList

제목 순으로 정렬한 결과 (Song의 compareTo 메서드 사용)

아리스트 이름 순으로 정렬한 결과 (ArtistComparator 사용)

정답과 해설 406쪽

빈칸을 채워 봅시다

아래에 질문이 몇 개 있습니다. 정답 후보 가운데 올바른 답을 빈칸에 적어 보세요.

정답 후보:

Comparator, Comparable, compareTo( ), compare( ), 예, 아니요

다음과 같은 컴파일 가능한 명령문에 대한 질문에 답해 보세요. 둘 다 기능은 같습니다.

```
Collections.sort(myArrayList);
```

1. myArrayList에 저장된 객체의 클래스에서 반드시 구현해야 하는 것은? ____________
2. myArrayList에 저장된 객체의 클래스에서 반드시 구현해야 하는 메서드는? ____________
3. myArrayList에 저장된 객체의 클래스에서 Comparator와 Comparable을 동시에 구현할 수 있나요? ____________

다음과 같은 컴파일 가능한 명령문에 대한 질문에 답해 보세요.

```
Collections.sort(myArrayList, myCompare);
myArrayList.sort(myCompare);
```

4. myArrayList에 저장된 객체의 클래스에서 Comparable을 구현해도 될까요? ____________
5. myArrayList에 저장된 객체의 클래스에서 Comparator를 구현해도 될까요? ____________
6. myArrayList에 저장된 객체의 클래스에서 Comparable을 꼭 구현해야 되나요? ____________
7. myArrayList에 저장된 객체의 클래스에서 Comparator를 꼭 구현해야 되나요? ____________
8. myCompare 객체의 클래스에서 반드시 구현해야 하는 것은? ____________
9. myCompare 객체의 클래스에서 반드시 구현해야 하는 메서드는? ____________

잠깐만요! 두 가지 서로 다른 방법으로 정렬하고 있네요?

이제 곡 목록을 두 가지 방법으로 정렬할 수 있습니다.

1. Song도 **Comparable**을 구현하니까 Collections.sort(songList)로 정렬할 수 있습니다.
2. ArtistCompare 클래스에서 **Comparator**를 구현하니까 songList.sort(artistCompare)로 정렬할 수 있습니다.

새로 만든 코드로 곡들을 제목으로도 정렬할 수 있고 아티스트 이름으로도 정렬할 수 있긴 하지만, 마치 프랑켄슈타인처럼 이것저것 갖다 붙인 것 같은 느낌이 돼버렸네요.

```
public void go() {
    List<SongV3> songList = MockSongs.getSongsV3();
    System.out.println(songList);

    Collections.sort(songList);
    System.out.println(songList);

    ArtistCompare artistCompare = new ArtistCompare();
    songList.sort(artistCompare);
    System.out.println(songList);
  }
```

여기에서는 Comparable을 써서 정렬합니다.

여기에서는 따로 만든 Comparator로 정렬합니다.

이런 방법보다는 Comparator를 구현하는 클래스에서 모든 정렬 방법을 정의하는 게 더 낫습니다.

무엇이든 물어보세요

Q&A

Q1 그러면 Comparable 클래스를 구현하지 않는 클래스가 있다고 할 때, 그 클래스의 소스 코드가 없어도 Comparator만 만들면 정렬할 수 있는 건가요?

A1 예, 그렇습니다. 아니면 원소의 하위 클래스를 만든 다음, 하위 클래스에서 Comparable을 구현할 수도 있겠죠.

Q2 그런데 왜 모든 클래스에서 Comparable 인터페이스를 구현하지 않죠?

A2 혹시 뭐든지 정렬할 수 있다고 생각합니까? 어떤 식으로도 자연스럽게 순서를 매길 수 없는 원소 타입이 있다면 Comparable을 구현하는 것이 적합하지 못하다고 할 수 있을 것입니다. 그리고 Comparator를 직접 만들기만 하면 다른 프로그래머들이 뭐든 원하는 방식으로 비교할 수 있기 때문에 굳이 일일이 Comparable을 구현해야 하는 건 아니라고 할 수 있죠.

Comparator만 가지고 정렬하기

Song에서도 Comparable을 구현하고 아티스트별로 정렬하기 위한 Comparator를 따로 만드는 방법도 작동하긴 하지만 같은 정렬을 하는 데 서로 다른 두 가지 메커니즘을 사용하면 뭔가 헷갈립니다. 루 씨가 어떤 식으로 정렬하고 싶든지 똑같은 방법을 쓴다면 코드가 훨씬 깔끔할 거예요. 다음은 Comparator를 써서 제목 순, 아티스트 순으로 정렬할 수 있도록 바꾼 코드입니다. 새로운 코드는 굵은 글씨로 표시했어요.

```
public class Jukebox5 {
  public static void main(String[] args) {
    new Jukebox5().go();
  }

  public void go() {
    List<SongV3> songList = MockSongs.getSongsV3();
    System.out.println(songList);

    TitleCompare titleCompare = new TitleCompare();
    songList.sort(titleCompare);
    System.out.println(songList);

    ArtistCompare artistCompare = new ArtistCompare();
    songList.sort(artistCompare);
    System.out.println(songList);
  }
}
class TitleCompare implements Comparator<SongV3> {
  public int compare(SongV3 one, SongV3 two) {
    return one.getTitle().compareTo(two.getTitle());
  }
}
class ArtistCompare implements Comparator<SongV3> {
  public int compare(SongV3 one, SongV3 two) {
    return one.getArtist().compareTo(two.getArtist());
  }
}

// 또 다른 Comparator 클래스를 만들 수도 있습니다.
// 예: BpmCompare
```

Comparator 클래스 인스턴스를 만들고 List에 있는 sort() 메서드를 사용합니다.

Comparator를 구현하는 새로운 클래스입니다.

두 가지 다른 순서로 노래를 정렬하려면 엄청난 양의 코드가 필요합니다. 더 좋은 방법은 없을까요?

중요한 코드만 살펴봅시다

주크박스 클래스에는 정렬을 위해 필요한 코드가 꽤 많습니다. 루 씨를 위해 만든 Comparator 클래스 중 하나를 좀 더 자세하게 볼까요? 가장 먼저 주목할 부분은 컬렉션을 정렬하기 위해 진짜 필요한 부분은 클래스 가운데 있는 딱 한 줄이라는 겁니다. 나머지 코드는 그냥 컴파일러한테 이게 무슨 타입의 클래스인지, 어떤 메서드를 구현하는지 알려 주기 위해 필요한 길고 복잡한 문법에 불과합니다.

코드 자세히 들여다보기

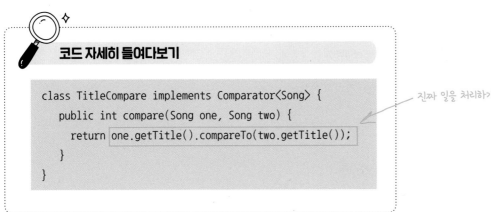

```
class TitleCompare implements Comparator<Song> {
    public int compare(Song one, Song two) {
      return one.getTitle().compareTo(two.getTitle());
    }
}
```

진짜 일을 처리하기 위한 바로 그 코드 한 줄!

이렇게 간단한 기능을 선언하는 또 다른 방법이 있습니다. 한 가지 방법은 나중에 살펴볼 내부 클래스입니다. 내부 클래스는 (클래스 파일 끝이 아닌) 기능이 필요한 곳에서 바로 선언할 수도 있는데요, 이런 방법을 '인자 정의 익명 내부 클래스(argument-defined anonymous inner class)'라고 부릅니다. 이름부터 뭔가 흥미진진하죠?

```
songList.sort(new Comparator<SongV3>() {
  public int compare(SongV3 one, SongV3 two) {
    return one.getTitle().compareTo(two.getTitle());
  }
});
```

이렇게 하면 정렬 논리를 필요한 위치에서 (별도의 클래스가 아니라 sort() 메서드를 호출하는 곳에서) 바로 선언할 수 있지만, "제목 순으로 정렬해 주세요."라고 부탁하는 것 치고는 여전히 코드가 너무 많긴 하네요.

쉬어 가기

인자 정의 익명 내부 클래스를 만드는 방법을 지금 배우진 않아요.

그래도 혹시나 실전에서 이런 코드를 볼 경우를 대비해서 예제를 보여 드리고 싶었습니다.

정렬하기 위해 진짜 필요한 게 뭘까요?

```
public class Jukebox5 {
  public void go() {
❶   List<SongV3> songList = MockSongs.getSongsV3();
    ...
    TitleCompare titleCompare = new TitleCompare();
❷   songList.sort(titleCompare);
    ...
  }
}
class TitleCompare implements Comparator<SongV3> {
  public int compare(SongV3 one, SongV3 two) {
    return one.getTitle().compareTo(two.getTitle());
  }
}
```

컴파일러는 List에 SongV3 객체들이 들어 있다는 걸 알고 있어요.

컴파일러는 sort()에서 SongV3 객체에 대한 Comparator가 들어 오리라는 것도 이미 알고 있지요.

API 문서에서 List에 있는 sort 메서드 부분을 찾아봅시다.

`default void`	`sort(Comparator<? super E> c)`	Sorts this list according to the order induced by the specified `Comparator`.

주어진 Comparator에 의해 결정되는 순서에 따라 이 리스트를 정렬합니다.

다음과 같은 코드를 자세하게 설명하자면

```
songList.sort(titleCompare);
```

이렇습니다.

"노래가 들어 있는 리스트에 있는 sort 메서드를 호출하는데 ❶ 이때 Song 객체를 정렬하기 위한 용도로 만들어진 Comparator 객체에 대한 레퍼런스 ❷를 넘겨줍니다."

솔직히 말해서 TitleCompare 클래스를 살펴보지 않고도 저렇게 설명할 수 있을 겁니다. sort를 설명하는 문서와 우리가 정렬할 목록의 타입만 봐도 너무 당연하게 알 수 있는 거죠.

뇌 일깨우기

컴파일러에서 "TitleCompare"라는 클래스 이름에 관심을 가질까요? 그 클래스에 "FooBar"라는 이름을 붙여도 그 코드는 여전히 작동할까요?

노래들을 정렬하는 방법을 알려 주기
위한 코드가 그렇게 sort 메서드에서
멀리 떨어져 있지 않다면 좋지 않을까?
그리고 내가 적어 주지 않아도 컴파일러
가 알아서 챙길 수 있는 코드는 안 적어도
된다면 정말 좋지 않을까?

람다 등장! 컴파일러가 추측할 수 있는 건 알아서 챙기게 만들 수 있습니다!

(지금까지 해 온 것처럼) 리스트를 정렬하는 방법을 알려 주기 위해 아주 많은 코드를 줄줄이 쓸 수도 있습니다.

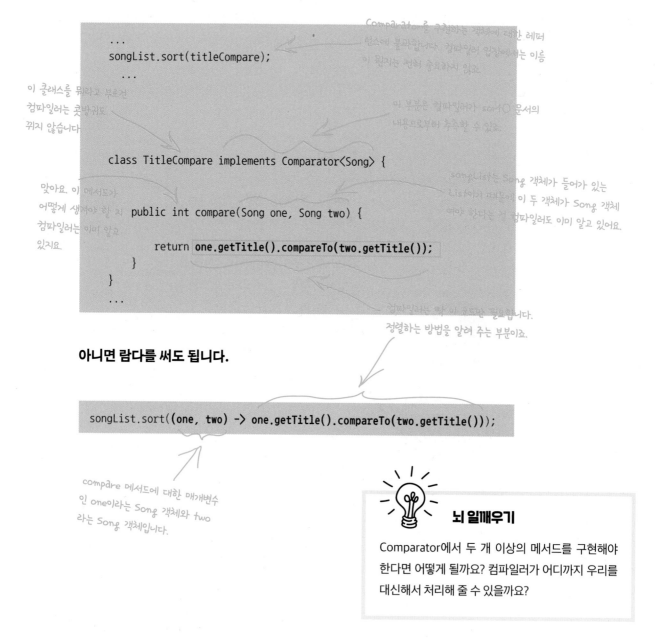

Comparator를 구현하는 객체에 대한 레퍼런스에 불과합니다. 컴파일러 입장에서는 이름이 뭔지는 전혀 중요하지 않죠.

이 클래스를 뭐라고 부르건 컴파일러는 콧방귀도 뀌지 않습니다.

이 부분은 컴파일러가 sort() 문서의 내용으로부터 추측할 수 있죠.

songList는 Song 객체가 들어가 있는 List이기 때문에 이 두 객체가 Song 객체여야 한다는 걸 컴파일러도 이미 알고 있어요.

맞아요. 이 메서드가 어떻게 생겨야 할 지 컴파일러는 이미 알고 있지요.

```
...
songList.sort(titleCompare);
  ...

class TitleCompare implements Comparator<Song> {

    public int compare(Song one, Song two) {
        return one.getTitle().compareTo(two.getTitle());
    }
}
...
```

컴파일러는 딱 이 코드만 필요합니다. 정렬하는 방법을 알려 주는 부분이죠.

아니면 람다를 써도 됩니다.

```
songList.sort((one, two) -> one.getTitle().compareTo(two.getTitle()));
```

compare 메서드에 대한 매개변수인 one이라는 Song 객체와 two라는 Song 객체입니다.

뇌 일깨우기

Comparator에서 두 개 이상의 메서드를 구현해야 한다면 어떻게 될까요? 컴파일러가 어디까지 우리를 대신해서 처리해 줄 수 있을까요?

그 많던 코드는 다 어디로 간 거죠?

이 물음에 답하기 위해 Comparator 인터페이스에 대한 API 문서를 살펴봅시다.

Method Summary

Modifier and Type	Method	Description
`int`	**`compare(T o1, T o2)`**	Compares its two arguments for order.
`boolean`	**`equals(Object obj)`**	Indicates whether some other object is "equal to" this comparator.

순서를 정하기 위해 두 인자를 비교합니다.

다른 어떤 객체가 이 Comparator와 "같은지" 알려 줍니다.

equals 메서드는 Object에서 구현되어 있기 때문에 Comparator를 따로 만들 때 compare 메서드만 구현해도 된다는 걸 알 수 있습니다.

8장에서 모든 클래스와 인터페이스가 Object 클래스에 있는 메서드를 상속하고, Object 클래스에서 equals() 메서드를 구현한다는 걸 배웠죠?

그리고 그 메서드가 어떻게 생겼는지도 정확하게 잘 알고 있어요. T 타입(제네릭 기억 나시죠?)의 인자 두 개를 받아들이고 int를 리턴해야 합니다. 아까 만든 람다 표현식에서는 compare() 메서드를 구현하는데, 클래스나 메서드를 선언할 필요 없이 compare() 메서드 본체 안에 들어가는 내용만 적어 주면 됩니다.

어떤 인터페이스에는 구현할 메서드가 하나뿐입니다.

Comparator 같은 인터페이스에서는 추상 메서드 딱 하나만 구현하면 되는데, 이렇게 '추상 메서드가 딱 하나' 있는 걸 '단일 추상 메서드'라고 하고 **SAM(Single Abstract Method)**이라는 약어로 부릅니다. 워낙 중요한 인터페이스라서 여러 다른 이름으로 부르죠.

SAM 인터페이스, a.k.a. 함수형 인터페이스

어떤 인터페이스에 구현할 메서드가 하나뿐이라면 그 인터페이스는 **람다 표현식**으로 구현할 수 있어요. 그 인터페이스를 구현하기 위해서 클래스 하나를 전부 만들지 않아도 되는 거죠. 클래스와 메서드가 어떻게 생겨야 하는지는 컴파일러가 알고 있으니까요. 그 메서드 안에 들어가는 논리, 바로 그 부분이 컴파일러가 알고 싶어 하는 부분인 겁니다.

쉬어 가기

람다 표현식과 함수형 인터페이스에 대해서는 다음 장에서 훨씬 더 자세하게 알아볼 겁니다. 일단 지금은 다시 루 씨의 식당으로 돌아가 볼까요?

람다를 가지고 주크박스 코드 고쳐 보기

```
import java.util.*;

public class Jukebox6 {
  public static void main(String[] args) {
    new Jukebox6().go();
  }

  public void go() {
    List<SongV3> songList = MockSongs.getSongsV3();
    System.out.println(songList);

    songList.sort((one, two) -> one.getTitle().compareTo(two.getTitle()));
    System.out.println(songList);

    songList.sort((one, two) -> one.getArtist().compareTo(two.getArtist()));
    System.out.println(songList);
  }
}
```

람다 표현식이 맹활약 중입니다. Comparator 클래스를 따로 만들 필요 없이 그냥 sort 메서드를 호출할 때 정렬을 위한 논리만 집어넣어 주면 됩니다.

이 람다에서 사용하는 필드만 봐도 무엇을 가지고 목록을 정렬하는지 알 수 있습니다.

출력 결과:

```
File Edit Window Help Ambient
%java Jukebox6
[somersault, cassidy, $10, havana, Cassidy, 50 ways]
[$10, 50 ways, Cassidy, cassidy, havana, somersault]
[havana, Cassidy, cassidy, $10, 50 ways, somersault]
```

출력되는 결과는 Comparator 클래스를 사용할 때하고 정확하게 똑같지만, 코드는 훨씬 간단합니다.

쓰면서 제대로 공부하기

정답과 해설 408쪽

곡들을 어떻게 다르게 정렬할 수 있을까요?

다음과 같은 방법으로 곡들을 정렬하기 위한 람다 표현식을 써 보세요.

- BPM 순서
- 제목 내림차순

리버스 엔지니어링

이 코드가 한 파일에 들어 있다고 가정해 봅시다. 빈칸을 채워서 아래 실행 결과가 출력되는 프로그램을 만들어 봅시다.

```
import _________________;

public class SortMountains {
  public static void main(String[] args) {
    new SortMountains().go();
  }

  public void go() {
    List_____________ mountains = new ArrayList<>();
    mountains.add(new Mountain("Longs", 14255));
    mountains.add(new Mountain("Elbert", 14433));
    mountains.add(new Mountain("Maroon", 14156));
    mountains.add(new Mountain("Castle", 14265));
    System.out.println("as entered:\n" + mountains);

    mountains._______(____->___________);
    System.out.println("by name:\n" + mountains);

    _________._______(____->___________);
    System.out.println("by height:\n" + mountains);
  }
}

class Mountain {
  _________________;
  _________________;

  ____________________ {
    _________________;
    _________________;
  }
  ________________________ {
    ___________________________;
  }
}
```

출력 결과:

```
File  Edit  Window  Help  ThisOne'sForBob
%java SortMountains
as entered:
[Longs 14255, Elbert 14433, Maroon 14156, Castle 14265]
by name:
[Castle 14265, Elbert 14433, Longs 14255, Maroon 14156]
by height:
[Elbert 14433, Castle 14265, Longs 14255, Maroon 14156]
```

흠… 정렬은 되는데 중복된 게 있네요

이제 정렬이 잘됩니다. 제목과 아티스트를 기준으로 정렬할 수 있어요. 하지만 아까 썼던 테스트용 주크박스 텍스트 파일로는 잘 알 수 없었던 문제가 있다는 걸 뒤늦게 발견할 수 있었습니다. 정렬된 목록에 중복된 항목이 들어갈 수 있다는 것입니다.

모의 코드에서와는 달리 루 씨가 만든 진짜 주크박스 애플리케이션에서는 같은 곡을 전에 재생했는지(그래서 텍스트 파일에 기록했는지)하고는 무관하게 계속해서 파일에 기록하는 것 같습니다. 예를 들면 SongListMore.txt 주크박스 텍스트 파일처럼 말이죠. 재생했던 모든 곡에 대한 정보가 무조건 기록되다 보니 같은 곡이 여러 번 들어갈 수 있습니다.

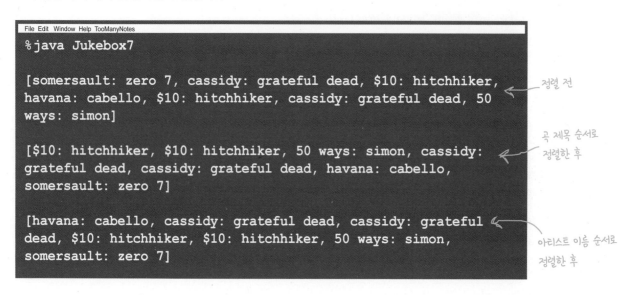

File Edit Window Help TooManyNotes

```
%java Jukebox7

[somersault: zero 7, cassidy: grateful dead, $10: hitchhiker,
havana: cabello, $10: hitchhiker, cassidy: grateful dead, 50
ways: simon]

[$10: hitchhiker, $10: hitchhiker, 50 ways: simon, cassidy:
grateful dead, cassidy: grateful dead, havana: cabello,
somersault: zero 7]

[havana: cabello, cassidy: grateful dead, cassidy: grateful
dead, $10: hitchhiker, $10: hitchhiker, 50 ways: simon,
somersault: zero 7]
```

정렬 전

곡 제목 순서로 정렬한 후

아티스트 이름 순서로 정렬한 후

Song의 toString 메서드를 제목과 아티스트를 출력하도록 수정했습니다.

SongListMore.txt

실제 재생한 곡 데이터 파일은 이렇게 생겼어요.

```
somersault, zero 7, 147
cassidy, grateful dead, 158
$10, hitchhiker, 140
havana, cabello, 105
$10, hitchhiker, 140
cassidy, grateful dead, 158
50 ways, simon, 102
```

SongListMore 텍스트 파일에는 중복된 항목이 있습니다. 주크박스 기계에서 재생한 모든 곡들을 순서대로 다 적어놓았기 때문이죠.
위와 같이 출력하기 위해 MockMoreSongs 클래스에 이 텍스트 파일에 있는 항목들과 똑같은 항목들이 들어가 있는 List 객체를 리턴하는 getSongs() 메서드를 만들었습니다.

List 대신 Set을 씁시다

컬렉션 API를 보면 크게 세 가지 인터페이스가 있습니다. 바로 List, Set, Map이죠. ArrayList List에 속합니다. 하지만 지금 우리한테 필요한 건 Set인 것 같네요.

① List - 순서가 중요할 때

인덱스 위치를 알고 있는 컬렉션

List를 사용하면 어떤 원소가 그 목록의 어느 위치에 있는지 알 수 있습니다. 같은 객체를 참조하는 원소가 두 개 이상 있어도 됩니다.

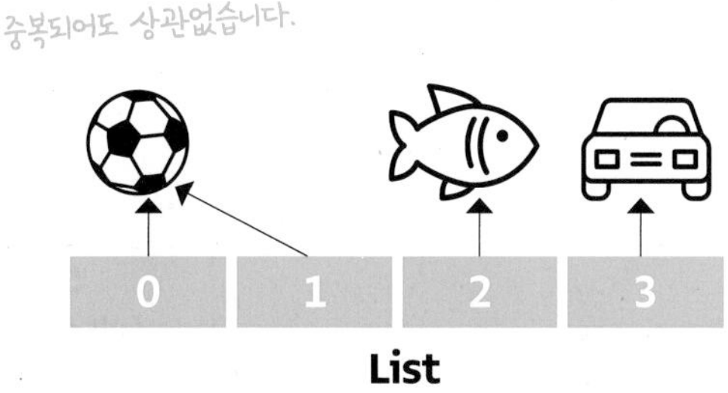

② Set - 유일성이 중요할 때

중복을 허용하지 않는 컬렉션

중학교 수학 시간에 '한 집합에는 똑같은 원소가 두 개 이상 들어갈 수 없다'고 배웠죠? 집합(Set)에서는 어떤 것이 이미 컬렉션에 들어 있는지를 알 수 있습니다. 똑같은(또는 동치인 것으로 간주되는 - 동치(equality)에 대해서는 잠시 후에 알아보겠습니다.) 객체를 참조하는 원소가 두 개 이상 들어갈 수 없습니다.

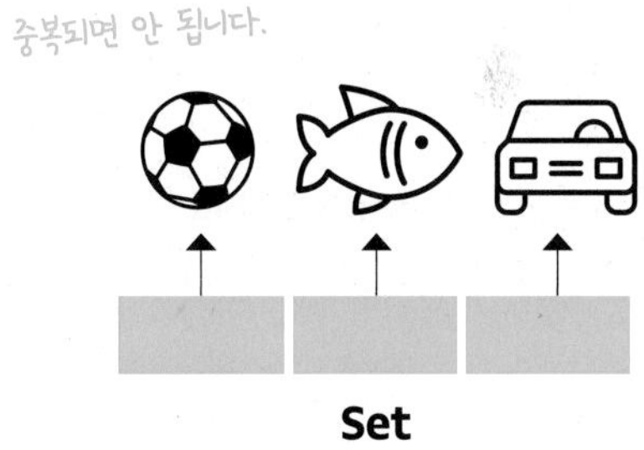

③ Map - 키를 가지고 뭔가를 찾는 것이 중요할 때

키-값 쌍을 사용하는 컬렉션

Map에서는 주어진 키에 대응되는 값을 알고 있습니다. 서로 다른 키로 같은 값을 참조하는 것은 가능하지만, 같은 키가 여러 개 들어갈 수는 없습니다. 키로 사용할 수 있는 객체의 타입에는 제한이 없습니다.

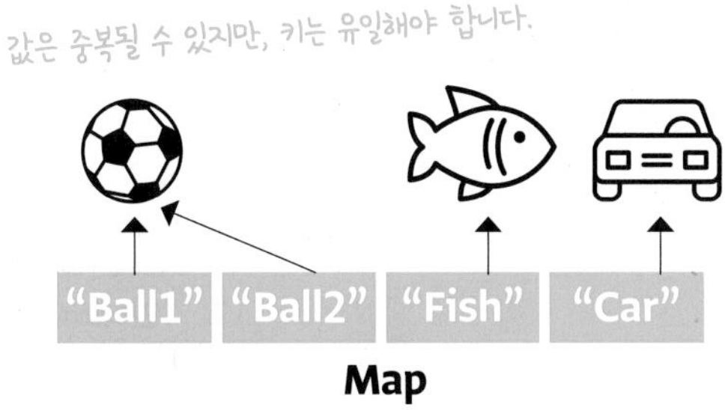

컬렉션 API(요약)

Map 인터페이스는 컬렉션 인터페이스를 직접 확장한 것은 아니지만, Map도 컬렉션 프레임워크(또는 컬렉션 API)에 포함되는 것으로 간주됩니다. 따라서 Map의 상속 트리에 java.util.Collection이 포함되어 있진 않지만 여전히 컬렉션이라고 부를 수 있습니다.

참고: 이 다이어그램은 컬렉션 API를 전부 그려 놓은 것은 아닙니다. 다른 클래스나 인터페이스도 있지만, 제일 중요한 것만 추려 놓았습니다.

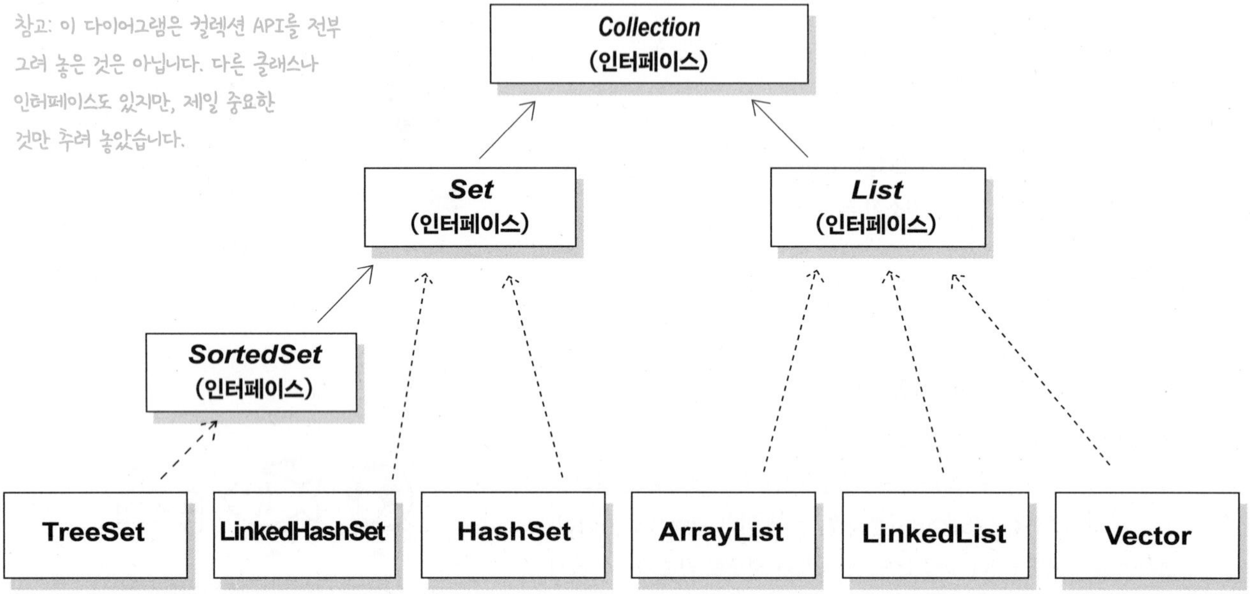

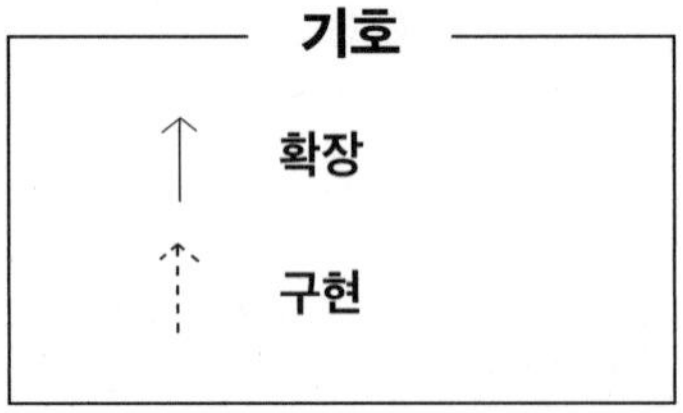

Map은 java.util.Collection을 확장한 인터페이스는 아니지만 여전히 자바의 '컬렉션 프레임워크'의 일부분으로 간주됩니다. 따라서 Map도 그냥 컬렉션이라고 부를 수 있습니다.

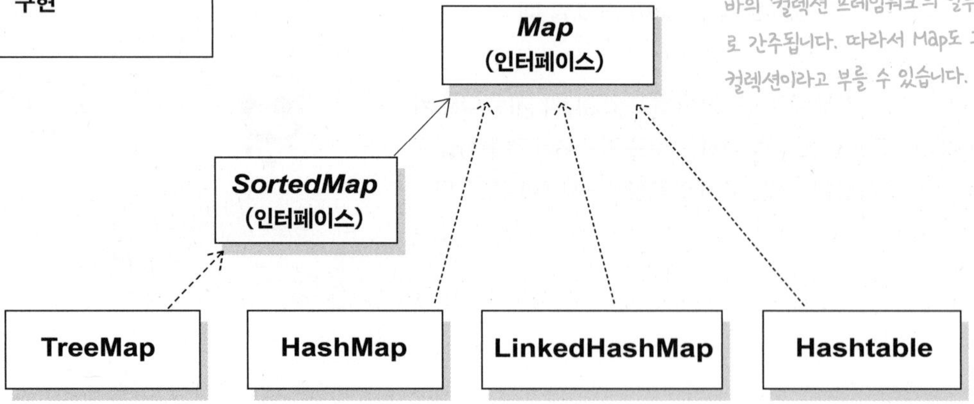

ArrayList 대신 HashSet을 써 볼까요?

곡을 HashSet에 저장하도록 주크박스 프로그램을 고쳤습니다.

참고: 일부 코드는 생략했지만 이전 버전에서 복사해서 붙이면 됩니다.

```
import java.util.*;

public class Jukebox8 {
  public static void main(String[] args) {
    new Jukebox8().go();
  }

  public void go() {
    List<SongV3> songList = MockMoreSongs.getSongsV3();
    System.out.println(songList);

    songList.sort((one, two) -> one.getTitle().compareTo(two.getTitle()));
    System.out.println(songList);

    Set<SongV3> songSet = new HashSet<>(songList);
    System.out.println(songSet);
  }
}
```

SongListMore.txt의 내용과 똑같은 값을 가지는 SongV3 객체의 List를 리턴하는 MockMoreSongs 클래스를 만들었습니다.

Set에 SongV3 객체들을 저장하고자 합니다. HashSet은 Set이기 때문에 HashSet도 이 Set 변수에 저장할 수 있습니다.

HashSet에는 Collection을 받아들이는 생성자가 있는데, 그 생성자에서는 그 컬렉션의 모든 항목이 담긴 집합을 리턴해 줍니다.

출력 결과:

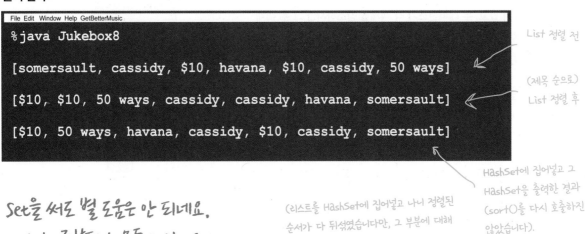

```
File Edit Window Help GetBetterMusic
%java Jukebox8
[somersault, cassidy, $10, havana, $10, cassidy, 50 ways]
[$10, $10, 50 ways, cassidy, cassidy, havana, somersault]
[$10, 50 ways, havana, cassidy, $10, cassidy, somersault]
```

List 정렬 전

(제목 순으로) List 정렬 후

HashSet에 집어넣고 그 HashSet을 출력한 결과 (sort()를 다시 호출하진 않았습니다).

Set을 써도 별 도움은 안 되네요. 여전히 중복된 항목들이 있어요.

(리스트를 HashSet에 집어넣고 나니 정렬된 순서가 다 뒤섞였습니다만, 그 부분에 대해서는 나중에 고민해 보도록 하죠.)

두 객체가 같다는 것의 의미는 무엇일까요?

Set을 써도 항목이 중복되는 문제가 해결되지 않은 이유를 알아보기 전에, 어떤 경우에 두 Song 레퍼런스가 중복되었다고 판단할 수 있는지 생각해 봅시다. 중복되어 있다고 할 수 있으려면 두 객체가 같다고 할 수 있어야 되겠죠? 이때 같다는 것이 두 레퍼런스가 똑같은 객체를 가리키고 있다는 것을 뜻할까요? 아니면 제목이 똑같은 서로 다른 객체도 같다고 할 수 있을까요?
이로 인해 새로운 문제가 대두됩니다. 바로 레퍼런스 동치(reference equality)와 객체 동치(object equality)죠.

foo와 bar라는 두 객체가 같다면 foo.equals(bar)에서 true를 리턴해야 하고, hashCode()에서 리턴하는 값도 같아야 합니다. 집합에서 두 객체가 중복되어 있다는 결론을 내릴 수 있도록 하려면 Object로부터 상속받은 hashCode()와 equals() 메서드를 오버라이드해서 서로 다른 두 객체도 같은 것으로 간주될 수 있도록 만들어야 합니다.

레퍼런스 동치

힙에 있는 한 객체를 서로 다른 레퍼런스로 참조하는 경우

힘에 있는 하나의 객체를 두 개의 레퍼런스로 참조한다면 그 두 레퍼런스는 동치입니다. 두 레퍼런스에 대해서 **hashCode() 메서드**를 호출하면 똑같은 결과가 나옵니다. hashCode() 메서드를 오버라이드하지 않는다면 Object 클래스로부터 상속받은 기본 메서드가 실행되며, 각 객체별로 유일한 숫자를 리턴하게 됩니다. 대부분 버전의 자바에서는 해시코드를 힙에 있는 객체의 메모리 주소를 바탕으로 만듭니다. 따라서 서로 다른 객체가 같은 해시코드를 가질 수는 없습니다.
두 레퍼런스가 정말 같은 객체를 참조하고 있는지 확인해 보고 싶다면 변수에 들어 있는 비트들을 있는 그대로 비교하는 == 연산자를 사용하면 됩니다. 두 레퍼런스가 같은 객체를 참조한다면 완전히 똑같은 비트들이 저장되어 있을 테니까요.

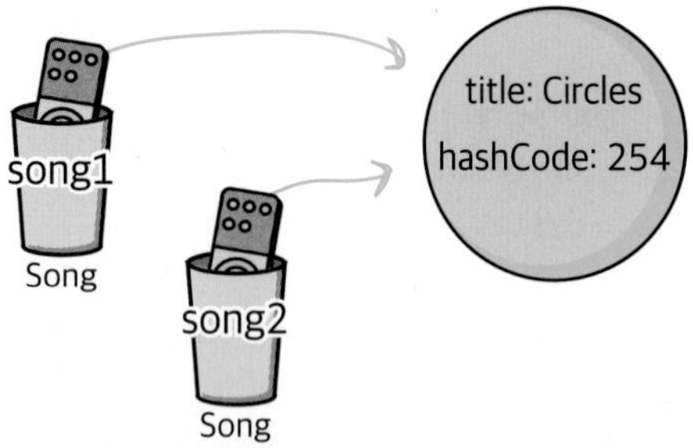


```
if (song1 == song2) {
   // 두 레퍼런스 모두 힙에 있는
   // 같은 객체를 참조하는 경우
}
```

객체 동치

힙에 객체가 두 개 들어 있고, 두 레퍼런스가 각 객체를 참조하지만 그 두 객체가 동치인 것으로 간주할 수 있는 경우

두 개의 서로 다른 Song 객체를 같은 것으로 간주하려면(예를 들어서, title 변수의 값이 같으면 두 Song 객체가 같은 것이라고 간주할 수 있겠죠) Object 클래스로부터 상속받은 **hashCode()**와 **equals() 메서드**를 전부 오버라이드해야 합니다.
앞에서도 얘기했듯이 hashCode()를 오버라이드하지 않으면 기본적으로 객체마다 유일한 해시코드 값을 리턴하게 됩니다. 따라서 hashCode()를 오버라이드해서 두 개의 서로 동등한 객체에서 같은 해시코드를 리턴하도록 해야 합니다. 그리고 어떤 객체에 대해서 다른 객체를 인자로 전달하면서 equals() 메서드를 호출했을 때도 서로 같은 것으로 간주할 객체끼리는 **true**를 리턴할 수 있도록 equals() 메서드 오버라이드해야 합니다.

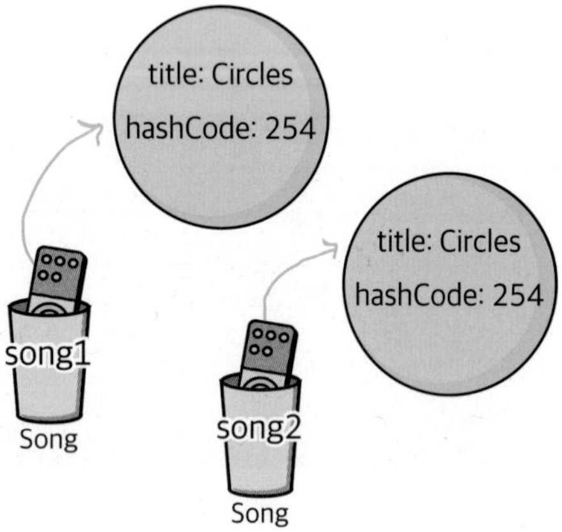


```
if (song1.equals(song2) && song1.hashCode() == song2.hashCode()) {
   // 두 레퍼런스가 한 객체를 참조할 수 있고,
   // 같은 것으로 간주되는 서로 다른 객체를 참조할 수도 있습니다.
}
```

HashSet에서 중복을 확인하는 방법: hashCode()와 equals()

객체를 HashSet에 집어넣으면 HashSet에서는 객체의 hashCode() 메서드를 호출해서 집합의 어느 위치에 집어넣을지를 결정합니다. 그리고 새로 들어온 객체의 해시코드를 기존에 들어 있던 객체들의 해시코드하고 비교해서 같은 해시코드를 가지는 기존 객체가 하나도 없을 때만 새로 들어온 객체가 중복되지 않은 것으로 간주하죠. 즉, HashSet에서는 해시코드가 다르면 같은 객체로 간주하지 않습니다.

따라서 같은 것으로 간주할 객체들은 같은 해시코드를 가질 수 있도록 hashCode()를 오버라이드해야 합니다.

하지만 해시코드가 같아도 두 객체가 같지 않을 수 있기 때문에(다음 페이지 참조) HashSet에서는 같은 해시코드를 가지는 두 객체(새로 집어넣을 객체와 기존에 들어 있는 객체)에 대해 equals() 메서드를 써서 두 객체가 정말 같은지를 판별합니다.

그렇게 했을 때도 두 객체가 같은 것으로 나온다면 HashSet에서는 추가하려고 하는 객체가 이미 집합에 들어 있는 것하고 중복되었다는 결론을 내리고 새 객체를 집합에 추가하지 않습니다.

이때 예외가 발생되진 않습니다. 대신 HashSet의 add() 메서드에서는 새로운 객체가 추가되었는지 여부를 알려 주는 불리언 값을 리턴합니다. 만약 리턴값이 false라면 새로 추가하려고 했던 객체가 이미 집합에 들어 있어서 객체가 추가되지 않았다는 것을 알 수 있죠.

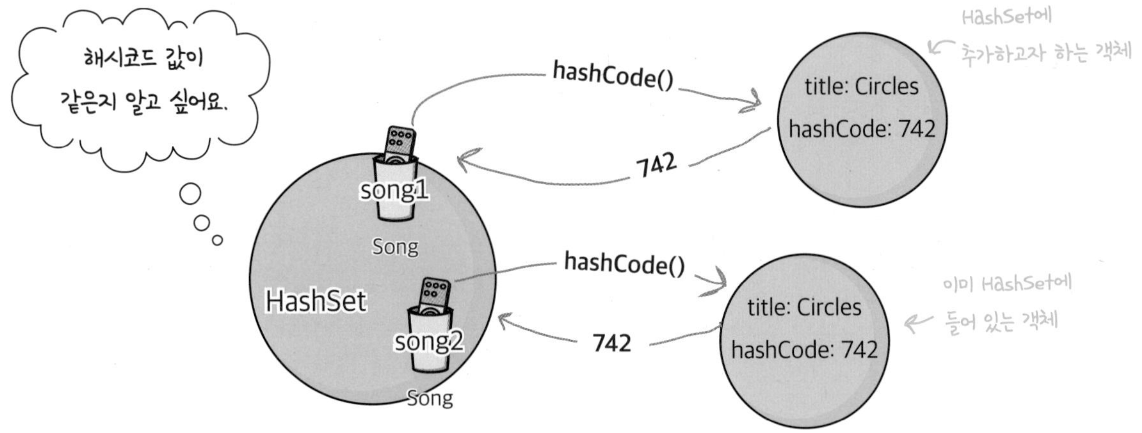

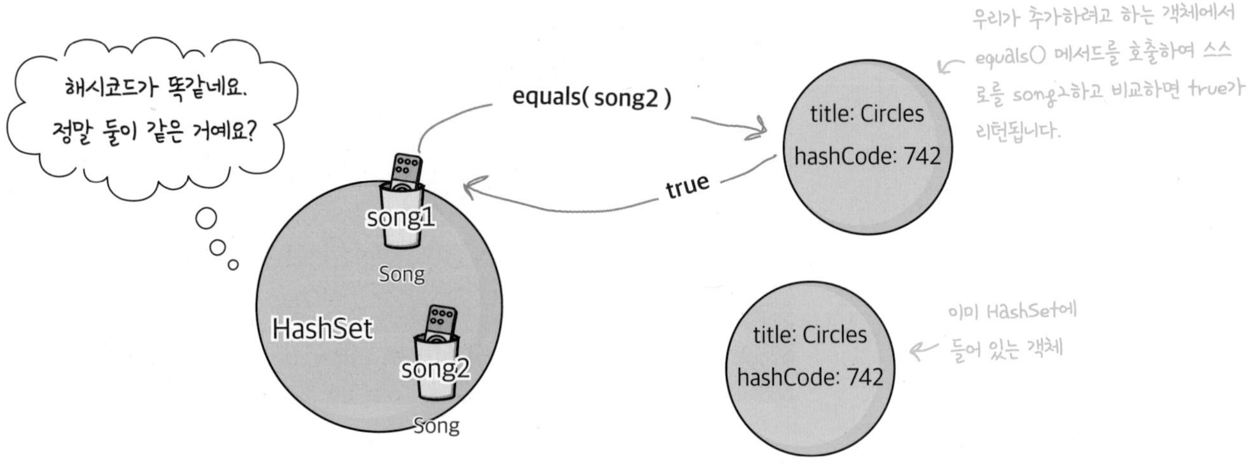

hashCode()와 equals()를 오버라이드한 Song 클래스

```
class SongV4 implements Comparable<SongV4> {
  private String title;
  private String artist;
  private int bpm;

  public boolean equals(Object aSong) {
    SongV4 other = (SongV4) aSong;
    return title.equals(other.getTitle());
  }

  public int hashCode() {
    return title.hashCode();
  }

  public int compareTo(SongV4 s) {
    return title.compareTo(s.getTitle());
  }

  SongV4(String title, String artist, int bpm) {
    this.title = title;
    this.artist = artist;
    this.bpm = bpm;
  }

  public String getTitle() {
    return title;
  }

  public String getArtist() {
    return artist;
  }

  public int getBpm() {
    return bpm;
  }

  public String toString() {
    return title;
  }
}
```

Song 객체가 인자로 전달됩니다.

title이 String이라는 것이 얼마나 다행인지 모릅니다. String에서는 equals() 메서드를 오버라이드해 놓았거든요. 그냥 이 코드만 사용하면 equals() 메서드를 우리가 원하는 방식으로 구현할 수 있어요.

여기도 마찬가지입니다. String 클래스에서 hashCode() 메서드도 오버라이드해 놓았기 때문에 title의 hashCode() 메서드에서 리턴한 결과만 리턴하면 됩니다. hashCode()하고 equals()에서 똑같은 인스턴스 변수를 사용하는 이유가 무엇인지 한번 생각해 보세요.

이제 제대로 돌아가네요. HashSet을 출력하면 중복되는 것은 제외된 상태로 출력됩니다. 하지만 여기에서도 sort()는 호출하지 않았습니다. ArrayList를 HashSet에 집어넣으면 HashSet에서 정렬된 순서를 그대로 유지해 주지 않는다는 걸 확인할 수 있죠?

출력 결과:

```
File Edit Window Help HashingItOut
%java Jukebox9

[somersault, cassidy, $10, havana, $10,
cassidy, 50 ways]

[$10, $10, 50 ways, cassidy, cassidy, havana,
somersault]

[havana, $10, 50 ways, cassidy, somersault]
```

hashCode()와 equals()와 관련된 규칙

API 문서에서 Object 클래스에 대한 내용을 보면 다음과 같은 규칙을 반드시 준수해야 한다고 나와 있습니다.

- 두 객체가 같으면 반드시 같은 해시코드를 가져야 합니다.
- 두 객체가 같으면 equals() 메서드를 호출했을 때 true를 리턴해야 합니다. 즉, a, b가 같으면 a.equals(b)와 b.equals(a) 둘 다 true여야 합니다.
- 두 객체의 해시코드 값이 같다고 해서 반드시 같은 것은 아닙니다. 하지만 두 객체가 같으면 두 해시코드는 반드시 같아야 합니다.
- equals()를 오버라이드하면 반드시 hashCode()도 오버라이드해야 합니다.
- hashCode()에서는 기본적으로 힙에 있는 각 객체마다 서로 다른 값을 가지는 유일한 정수를 리턴합니다. 클래스에서 hashCode() 메서드를 오버라이드하지 않으면 절대로 그 타입의 두 객체가 같은 것으로 간주될 수 없습니다.
- equals() 메서드에서는 기본적으로 == 연산자를 써서 객체를 비교합니다. 즉, 두 레퍼런스가 힙에 있는 한 객체를 참조하는지를 확인하죠. 따라서 equals()를 오버라이드하지 않으면 절대 그 타입의 두 객체가 같은 것으로 간주될 수 없습니다. 서로 다른 객체에 대한 레퍼런스에 들어 있는 비트들이 같을 수가 없으니까요.

  a.equals(b)가 true라면
  a.hashCode() == b.hashCode()도 성립합니다.

  하지만 a.hashCode() == b.hashCode()가 성립해도
  a.equals(b)가 반드시 true인 것은 아닙니다.

무엇이든 물어보세요

Q&A

Q 어떻게 하면 객체가 같지 않은데도 해시코드는 같을 수 있나요?

A HashSet에서는 원소에 최대한 빠르게 접근할 수 있도록 해시코드를 써서 원소를 저장합니다. ArrayList에 (인덱스가 아닌) 어떤 객체의 사본을 인자로 전달해서 그 객체를 찾을 때는 맨 앞에 있는 것부터 하나씩 같은 객체가 있는지 찾는 방식을 사용합니다. 하지만 HashSet에서는 해시코드를 원소가 담겨 있는 통의 레이블처럼 사용하기 때문에 훨씬 빠르게 찾을 수 있습니다. "집합에서 이 객체랑 똑같은 객체를 찾고 싶어요."라고 하면 HashSet에서는 주어진 객체의 해시코드 값(예를 들어서, 742라고 해 보죠)을 구한 다음 "아, 해시코드 742번이 어디 저장돼 있는지 알지…"라고 하면서 바로 742번 통으로 가서 객체가 있는지 확인합니다.
자세하게 들어가자면 훨씬 더 복잡한 내용을 알아야 하겠지만, 일단 HashSet을 효율적으로 사용하는 데 있어서는 이 정도만 알아도 충분합니다. 사실 좋은 해시코드 알고리즘을 만드는 일은 박사학위 논문 주제가 될 수 있을 만큼 어려운 일이기 때문에 이 책에서 자세히 다루기는 좀 곤란하죠.
지금 중요한 것은 객체가 같지 않더라도 해시코드는 같을 수 있다는 점입니다. hashCode()에서 사용하는 '해싱 알고리즘'에서 서로 다른 객체들에 대해 같은 해시코드 값을 만들어낼 수도 있기 때문이죠. 물론 그런 경우에는 HashSet에서 여러 객체들이 같은 통에 들어갈 수 있습니다(각 통은 특정 해시코드 값을 나타내니까요). 하지만 그렇게 된다고 해서 큰 문제가 생기는 것은 아닙니다. HashSet의 속도가 조금 떨어질 수 있긴 하지만, 같은 해시코드에 객체가 여러 개 들어 있다고 해도 equals() 메서드를 써서 정확하게 매치되는 객체를 찾아낼 수 있습니다. 즉, 해시코드 값을 써서 검색 범위를 좁힐 수는 있지만, 정확하게 매치되는 것을 찾으려면 같은 통에 있는 모든 객체(같은 해시코드 값을 가지는 객체)에 대해서 equals() 메서드를 써서 정말 같은 객체인지 확인해야 합니다.

집합을 정렬된 상태로 유지시키고 싶다면 TreeSet을 쓰면 됩니다

TreeSet은 중복을 방지해 준다는 면에서 HashSet과 비슷합니다. 하지만 정렬을 유지하는 기능도 있습니다. 인자가 없는 생성자를 이용해서 TreeSet을 만들면 객체의 compareTo() 메서드를 써서 자동으로 정렬된 집합을 만들어 줍니다. 그리고 생성자에 Comparator를 넘겨주면 그 객체의 compare() 메서드를 써서 정렬을 해 줍니다.
정렬을 하지 않아도 될 때도 항상 정렬을 하기 때문에 속도가 조금 느리다는 단점도 있긴 합니다. 하지만 대부분 속도 저하를 거의 느끼기 힘들 것입니다.

```
public class Jukebox10 {
  public static void main(String[] args) {
    new Jukebox10().go();
  }

  public void go() {
    List<SongV4> songList = MockMoreSongs.getSongsV4();
    System.out.println(songList);

    songList.sort((one, two) -> one.getTitle().compareTo(two.getTitle()));
    System.out.println(songList);

    Set<SongV4> songSet = new TreeSet<>(songList);
    System.out.println(songSet);
  }
}
```

HashSet 대신 TreeSet을 생성합니다. TreeSet에서는 SongV4의 compareTo() 메서드를 써서 songList에 있는 항목들을 정렬합니다.

TreeSet이 다른 항목으로 정렬하도록 하려면(즉, SongV4의 compareTo() 메서드를 사용하지 않으려면) Comparator(또는 람다)를 TreeSet 생성자에 전달해야 합니다. 그런 다음 songSet.addAll()을 사용하여 songList 값을 TreeSet에 추가합니다.

```
    Set<SongV4> songSet = new TreeSet<>((o1, o2) -> o1.getBpm() - o2.getBpm());
    songSet.addAll(songList);
```

여기서도 람다로 정렬을 합니다. 이번에는 BPM으로 정렬하네요. 이 람다에서 Comparator를 구현한다는 걸 잊지 마세요.

TreeSet에 관해 꼭 알아야 할 것들···

TreeSet은 별로 어렵게 생기진 않았지만, 이 클래스를 사용하기 전에 몇 가지 알아둬야 할 것들이 있습니다. 워낙 중요하기 때문에 여러분이 직접 생각해 볼 수 있도록 연습 문제로 만들어 봤습니다. 이 연습 문제를 직접 풀기 전에는 다음 페이지로 넘어가지 마세요. 꼭 직접 풀어 보고 나서 다음으로 넘어가야 합니다.

쓰면서 제대로 공부하기

정답과 해설 408쪽

코드를 잘 보고 아래 질문에 답해 보세요.

참고: 이 코드는 문법적으로 올바른 코드입니다.

```
import java.util.*;

public class TestTree {
  public static void main(String[] args) {
    new TestTree().go();
  }

  public void go() {
    Book b1 = new Book("How Cats Work");
    Book b2 = new Book("Remix your Body");
    Book b3 = new Book("Finding Emo");

    Set<Book> tree = new TreeSet<>();
    tree.add(b1);
    tree.add(b2);
    tree.add(b3);
    System.out.println(tree);
  }
}

class Book {
  private String title;
  public Book(String t) {
    title = t;
  }
}
```

1. 이 코드를 컴파일하면 어떻게 될까요?

____

2. 컴파일하고 나서 TestTree 클래스를 실행하면 어떤 결과가 나올까요?

____

3. (컴파일할 때나 실행할 때) 이 코드에 문제가 있다면 어떻게 고쳐야 할까요?

____

TreeSet 원소는 반드시 Comparable이어야 합니다

TreeSet한테는 프로그래머의 마음을 읽어서 정렬하는 방법을 직접 알아내는 방법은 없습니다.
우리가 직접 어떻게 해야 하는지 알려 줘야만 합니다.

TreeSet을 사용하려면 다음 두 조건 중 적어도 하나는 만족되어야 합니다.

- **집합에 들어가는 원소가 Comparable을 구현하는 타입이어야 합니다.**

  앞쪽에 있는 Book 클래스에서는 Comparable을 구현하지 않습니다. 따라서 제대로 실행되지 않습니다. 이 불쌍한 TreeSet은 원소들을 정렬하는 사명을 띠고 태어났건만 Book 객체를 정렬하는 방법을 모르고 있습니다. TreeSet의 add() 메서드의 인자 타입이 Comparable로 선언된 건 아니기 때문에 컴파일할 때는 오류가 나지 않습니다. TreeSet을 만들 때 지정한 타입이라면 Comparable이 아니어도 상관 없으니까요. 즉, new TreeSet<Book>()이라고 했다면 add() 메서드는 add(Book) 형태로 선언이 되는 셈이 되죠. Book 클래스에서 Comparable을 구현해야 한다는 조건은 어디에도 없습니다. 하지만 사용자가 집합에 두 번째 원소를 집어넣으려고 하면 런타임 오류가 납니다. 객체의 compareTo() 메서드를 처음으로 호출하려고 하는데 메서드가 없다 보니 오류가 나는 거죠.

```
class Book implements Comparable<Book> {
  private String title;
  public Book(String t) {
    title = t;
  }

  public int compareTo(Book other) {
    return title.compareTo(other.title);
  }
}
```

- **또는 Comparator를 인자로 받아들이는 TreeSet의 오버로드된 생성자를 사용합니다.**

  TreeSet은 sort() 메서드와 꽤 비슷하게 작동합니다. 원소에서 Comparable을 구현하면 원소의 compareTo() 메서드를 써도 되고, 집합에 들어갈 원소들을 정렬하는 방법을 알려 주는 Comparator를 만들어서 전해 줘도 되죠. Comparator를 사용하고 싶다면 Comparator를 인자로 받아들이는 오버로드 TreeSet 생성자를 사용하면 됩니다.

Comparator 클래스를 새로 선언하지 않고 람다를 써도 됩니다.

```
class BookCompare implements Comparator<Book> {
  public int compare(Book one, Book two) {
    return one.title.compareTo(two.title);
  }
}
public class TestTreeComparator {
  public void go() {
    Book b1 = new Book("How Cats Work");
    Book b2 = new Book("Remix your Body");
    Book b3 = new Book("Finding Emo");
    BookCompare bookCompare = new BookCompare();
    Set<Book> tree = new TreeSet<>(bookCompare);
    tree.add(b1);
    tree.add(b2);
    tree.add(b3);
    System.out.println(tree);
  }
}
```

List와 Set에 대해 배웠으니 이제 Map을 사용해 볼까요?

List나 Set도 좋지만, 가끔은 Map이 가장 적합한 경우도 있습니다(Map은 컬렉션 인터페이스를 확장한 것은 아니지만 자바 컬렉션 프레임워크에는 포함된다고 했었죠?).

속성 목록 역할을 하는 컬렉션이 필요하다고 해 봅시다. 여기서 속성 목록이란 어떤 이름을 건네주면 그 이름에 대응되는 값을 돌려주는 것을 뜻합니다. 이때 키로는 보통 String을 사용하지만, 어떤 자바 객체든 키로 사용할 수 있습니다(아니면 오토박싱을 활용해서 원시 타입을 키로 쓸 수도 있습니다).

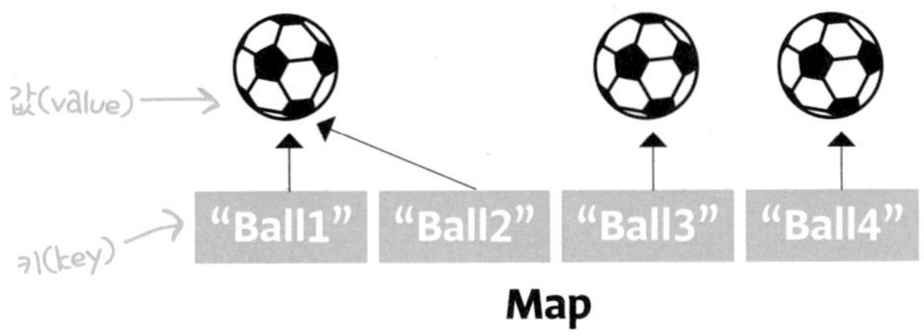

Map에 있는 각 원소는 사실 두 객체(키와 값)입니다. 값은 중복될 수 있지만 키는 중복될 수 없습니다.

Map 사용 예제

```
public class TestMap {
  public static void main(String[] args) {
    Map<String, Integer> scores = new HashMap<>();

    scores.put("Kathy", 42);
    scores.put("Bert", 343);
    scores.put("Skyler", 420);

    System.out.println(scores);
    System.out.println(scores.get("Bert"));
  }
}
```

HashMap을 쓸 때는 매개변수가 두 개 필요합니다. 첫 번째는 키 타입을, 두 번째는 값 타입을 나타냅니다.

add() 대신 put()을 사용합니다. 인자도 두 개(키, 값)를 전달해야 되겠죠?

get() 메서드에서는 키를 인자로 받고 값(이 경우에는 Integer)을 리턴합니다.

출력 결과:

```
File Edit Window Help WhereAmI
%java TestMap

{Skyler=420, Bert=343, Kathy=42}
343
```

Map을 출력하면 목록이나 집합과는 달리 []가 아닌 {}로 싸여서 출력됩니다. 그리고 키=값 형태로 출력되죠.

컬렉션을 만들고 채우는 법

컬렉션을 만들고 채우는 코드가 자꾸만 눈에 띄네요. ArrayList를 생성하고 거기에 원소들을 채워넣는 코드는 이미 여러 번 봤죠? 다음과 같은 식으로 말이죠.

```
List<String> songs = new ArrayList<>();
songs.add("somersault");
songs.add("cassidy");
songs.add("$10");
```

List, Set, Map, 무엇을 만들든 비슷해 보여요. 게다가 이 타입의 컬렉션들은 처음에 시작할 때 어떤 데이터가 들어가는지 알고, 그 컬렉션을 쓰는 동안 내용을 바꾸지 않는 편이죠. 컬렉션을 만들고 난 뒤에 아무도 그 컬렉션을 고치지 못하게 만들고 싶다면 다음과 같이 한 단계를 더해 주면 됩니다.

```
List<String> songs = new ArrayList<>();
songs.add("somersault");
songs.add("cassidy");
songs.add("$10");
return Collections.unmodifiableList(songs);
```

방금 만든 리스트의 '수정 불가능한' 버전을 리턴함으로써 다른 누구도 그 리스트를 바꿀 수 없도록 합니다. 12장, 18장에서 바꿀 수 없는 자료구조를 만들어야 하는 이유에 대해 배우게 될 겁니다.

코드가 상당히 많죠? 게다가 이런 작업을 정말 자주 해야 해요.

다행스럽게도 이제는 자바에 '컬렉션을 위한 간편 팩토리 메서드(Convenience Factory Methods of Collections)'라는 게 있어요(자바 9에서 추가됐습니다). 이런 메서드를 이용하여 많이들 사용하는 자료구조를 만들고 거기에 데이터를 채울 수 있습니다. 메서드 하나만 호출하면 되는 일이죠.

컬렉션을 위한 간편 팩토리 메서드

컬렉션을 위한 간편 팩토리 메서드를 이용하면 알려진 데이터로 채워진 List, Set, 또는 Map을 손쉽게 생성할 수 있어요. 이 메서드를 사용하기 위해서는 다음과 같이 몇 가지를 알아 둬야 합니다.

1. **만들어지는 컬렉션은 바꿀 수 없습니다.** 즉, 그 컬렉션에 항목을 추가하거나 값을 변경할 수 없습니다. 사실 이번 장에서 살펴봤던 정렬도 할 수 없어요.

2. **만들어지는 컬렉션은 우리가 지금까지 봤던 표준 컬렉션이 아닙니다.** ArrayList, HashSet, HashMap 같은 컬렉션이 아닙니다. 해당 인터페이스의 특성은 그대로 가지고 있습니다. 리스트에서는 항목이 들어간 순서가 그대로 유지되고 Set에서는 중복된 항목이 없는 식으로 말이죠. 하지만 List, Set, Map에 대한 특정한 구현으로 만들어지는 건 아닙니다.

간편 팩토리 메서드는 그냥 데이터가 채워져 있는 컬렉션을 만들고 싶을 때 써 먹을 수 있는 간편한 메서드입니다. 이런 팩토리 메서드가 잘 어울리지 않는 경우에는 여전히 컬렉션 생성자, add(), put() 메서드를 쓸 수 있습니다.

- **List 만들기: List.of()**

앞쪽에서 했던 것처럼 다섯 줄이 아닌 한 줄의 코드만 가지고 String의 리스트를 만들 수 있습니다.

```
List<String> strings = List.of("somersault", "cassidy", "$10");
```

그냥 String이 아니라 Song 객체를 추가하고 싶은 경우에도 다음과 같이 더 짧고 이해하기 좋은 코드를 만들어서 쓸 수 있죠.

```
List<SongV4> songs = List.of(new SongV4("somersault", "zero 7", 147),
                             new SongV4("cassidy", "grateful dead", 158),
                             new SongV4("$10", "hitchhiker", 140));
```

- **Set 만들기: Set.of()**

꽤 비슷한 문법으로 집합도 만들 수 있습니다.

```
Set<Book> books = Set.of(new Book("How Cats Work"),
                         new Book("Remix your Body"),
                         new Book("Finding Emo"));
```

- **Map 만들기: Map.of(), Map.ofEntries()**

Map은 각 '항목'별로 객체가 두 개씩 (키와 값) 필요하기 때문에 조금 다릅니다. Map에 넣을 항목이 10개 미만이라면 키, 값, 키 값을 전달하는 식으로 Map.of() 메서드를 쓸 수 있습니다.

```
Map<String, Integer> scores = Map.of("Kathy", 42,
                                     "Bert", 343,
                                     "Skyler", 420);
```

항목이 열 개가 넘는다면, 혹은 키와 값이 어떤 식으로 쌍을 이루는지 더 분명하게 하려면 Map.ofEntries()를 쓸 수 있습니다.

```
Map<String, String> stores = Map.ofEntries(Map.entry("Riley", "Supersports"),
                                           Map.entry("Brooklyn", "Camera World"),
                                           Map.entry("Jay", "Homecase"));
```

조금 더 간단하게 만들고 싶다면 Map.entry의 정적 임포트를 쓸 수 있습니다(정적 임포트에 대해서는 10장에서 살펴봤습니다).

드디어, 다시 제네릭으로

이 장 맨 앞 부분에서 제네릭 타입을 인자로 받아들이는 메서드가 꽤 이상하게 작동할 수 있다는 것을 확인할 수 있었습니다. 그리고 여기에서 '이상하다'는 것은 다형성 관점에서 볼 때 그렇다는 것이었죠. 지금도 계속 좀 이상하다는 느낌이 들 수 있는데, 몇 페이지에 걸쳐서 뭐가 어떻게 되는지 공부하고 나면 제대로 이해할 수 있을 것입니다. 예제에서는 동물 클래스 계층구조를 사용해 보겠습니다.

```
abstract class Animal {
  void eat() {
    System.out.println("animal eating");
  }
}
class Dog extends Animal {
  void bark() { }
}
class Cat extends Animal {
  void meow() { }
}
```

단순화시킨 Animal 클래스 계층구조

다형적인 인자와 제네릭을 이용하는 경우

제네릭은 제네릭 타입(꺾쇠괄호 안에 들어 있는 클래스)과 함께 다형성을 쓰는 경우에 조금··· 직관에 반할 수 있습니다. List<Animal>을 받아들이는 메서드를 만들어서 실험을 해 봅시다.

List<Animal>에서 전달하는 경우

```
public class TestGenerics1 {
  public static void main(String[] args) {

    List<Animal> animals = List.of(new Dog(), new Cat(), new Dog());
    takeAnimals(animals);
  }

  public static void takeAnimals(List<Animal> animals) {
    for (Animal a : animals) {
      a.eat();
    }
  }
}
```

방금 살펴본 List.of 팩토리 메서드를 이용합니다.

takeAnimals 메서드에 List<Animal>을 전달합니다.

제네릭 클래스(List)를 매개변수로 가지는 메서드

Animals 매개변수는 List<Animal> 타입이기 때문에 Animal 타입으로 선언된 메서드만 호출할 수 있습니다.

별 문제 없이 컴파일해서 실행할 수 있습니다.

```
File Edit Window Help CatFoodIsBetter
%java TestGenerics1

animal eating
animal eating
animal eating
```

그런데 List<Dog>에 대해서도 잘 돌아갈까요?

List<Animal> 매개변수를 가지는 메서드에 List<Animal> 인자를 전달할 수 있습니다. 그런데 궁금한 게 있어요. List<Animal> 매개변수에서는 List<Dog>를 받아들일까요? 원래 다형성이 그런 용도로 만들어진 것 아니었나요?

List<Dog>를 전달하는 경우

```
public void go() {
    List<Animal> animals = List.of(new Dog(), new Cat(), new Dog());
    takeAnimals(animals);   ← 이 행은 아무 문제 없이 돌아갔죠?

                                            Dog 리스트를 만들고 개를
                                            두 마리 넣어 봅시다.
    List<Dog> dogs = List.of(new Dog(), new Dog());
    takeAnimals(dogs);   ← List<Animal>에서 List<Dog>로 바꾸고 난 뒤에도
}                          이 부분이 잘 돌아갈까요?

public void takeAnimals(List<Animal> animals) {
    for (Animal a : animals) {
        a.eat();
    }
}
```

출력 결과:

```
File Edit Window Help CatsAreSmarter
%javac TestGenerics2.java

TestGenerics2.java:20: error: incompatible types:
List<Dog> cannot be converted to List<Animal>
     takeAnimals(dogs);
                 ^
1 error
```

잘 될 줄 알았는데
이상하네요...

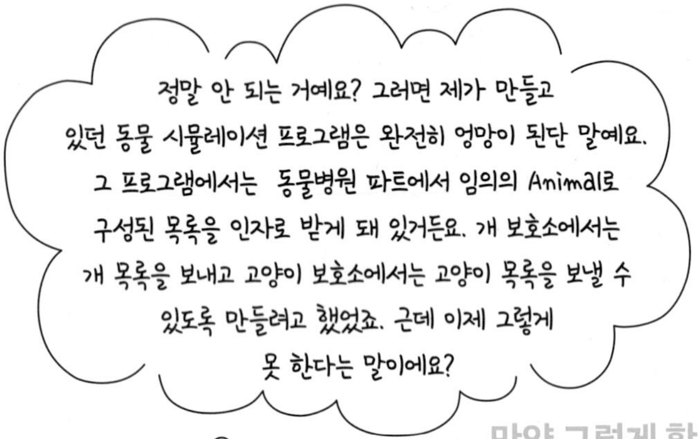
정말 안 되는 거예요? 그러면 제가 만들고
있던 동물 시뮬레이션 프로그램은 완전히 엉망이 된단 말예요.
그 프로그램에서는 동물병원 파트에서 임의의 Animal로
구성된 목록을 인자로 받게 돼 있거든요. 개 보호소에서는
개 목록을 보내고 고양이 보호소에서는 고양이 목록을 보낼 수
있도록 만들려고 했었죠. 근데 이제 그렇게
못 한다는 말이에요?

만약 그렇게 할 수 있다면

컴파일러에서 그렇게 할 수 있게 해 준다고 생각해 봅시다. 다음과 같은 식으로 선언된 메서드에 List<Dog>를 인자로 전달할 수 있다고 가정해 보죠.

```
public void takeAnimals(List<Animal> animals) {
  for (Animal a : animals) {
    a.eat();
  }
}
```

이 메서드에는 별로 위험해 보이는 게 없죠? 원래 다형성이라는 게 Animal이 할 수 있는 것(여기에서는 eat())은 Dog도 할 수 있다는 걸 바탕으로 쓰이는 거니까요. 그렇다면 각 Dog 레퍼런스의 eat() 메서드를 호출하는 것을 허용함으로써 생길 수 있는 문제점에는 어떤 것이 있을까요?

위 코드의 경우에는 전혀 문제될 것이 없습니다. 하지만 다음과 같은 코드를 한번 생각해 볼까요?

```
public void takeAnimals(List<Animal> animals) {
   animals.add(new Cat());
}
```

이런!! Dog만 들어갈 수 있을지도 모르는 ArrayList에 Cat을 집어넣는 상황이군요.

메서드를 선언할 때 인자 타입을 ArrayList<Animal>로 선언하면 ArrayList<Animal>만 인자로 받을 수 있습니다. ArrayList<Dog>나 ArrayList<Cat>은 인자로 받지 못합니다.

바로 저런 코드 때문에 문제가 생길 수 있습니다. Cat을 List<Animal>에 집어넣는 것 자체에는 문제가 없습니다. 그리고 원래 그런 목적으로 Animal과 같은 상위 타입으로 List를 만드는 거죠. 그냥한 Animal List에 온갖 동물 객체들을 다 집어넣을 수 있도록 하기 위해서 말이죠.
하지만 이렇게 Animal ArrayList를 인자로 받아들이는 메서드에 (Dog만 집어넣을 수 있는) Dog ArrayList를 넘겨주면 Cat이 Dog 목록에 들어갈 수도 있습니다. 컴파일러는 이런 메서드에 Dog ArrayList를 넘기면 누군가가 실행 중에 Cat을 Dog 목록에 집어넣을 수도 있다는 것을 알고 있습니다. 그래서 아예 그런 일이 일어날 수 없도록 컴파일 시에 오류를 내고 컴파일을 해 주지 않습니다.

제가 보기엔 동물병원 프로그램에서 Dog 리스트, Cat 리스트를 받아들일 수 있도록 다형성 컬렉션 타입을 메서드 인자로 사용할 수 있는 손쉬운 방법이 있어야 할 것 같은데요? 그래야 리스트에 대해서 반복문을 돌리면서 immunize() 메서드를 호출해서 예방 접종을 하죠. Cat을 Dog 리스트에 집어넣을 수는 없으니까 안전할 거예요.

와일드카드 출동!!

조금 이상하게 느껴질지 모르겠지만, Animal의 하위 타입으로 구성된 ArrayList를 받아들일 수 있는 메서드 인자를 만들 수 있는 방법이 있습니다. 가장 간단한 방법은 **와일드카드(wildcard)**를 쓰는 것입니다.

```
public void takeAnimals(List<? extends Animal> animals) {
  for (Animal a : animals) {
    a.eat();
  }
}
```

앞에서도 나왔지만, 여기에서 쓰이는 extends라는 키워드는 타입에 따라 확장(extends)을 뜻할 수도 있고 '구현(impements)'을 뜻할 수도 있습니다.

어쩌면 '뭐가 달라진 거지? 어차피 똑같은 문제가 있지 않나?' 하는 생각이 들지도 모르겠습니다.
하지만 이전하고 확실히 다른 점이 있습니다. 선언할 때 <?> 와일드카드를 사용하면 컴파일러에서 목록에 뭔가를 추가하는 작업을 전혀 허용하지 않게 됩니다.

메서드 인자에서 와일드카드를 사용하면 메서드 매개변수에 의해 참조되는 목록에 손상이 갈 만한 작업을 할 수 없습니다. 컴파일러가 다 막아버리죠.
목록에 있는 원소들에 대해서 메서드를 호출하는 것은 여전히 가능하지만 목록에 원소를 추가하는 작업은 할 수 없습니다.
즉, 목록 원소를 가지고 어떤 작업이든 할 수 있긴 하지만, 목록에 새로운 것을 집어넣을 수는 없습니다.

무엇이든 물어보세요
Q&A

Q 전에 제네릭 메서드를 처음 봤을 때, 비슷한 모양으로 메서드 이름 앞쪽에서 제네릭 타입을 선언하는 메서드가 있지 않았나요? 그렇게 하면 여기에 있는 takeAnimals 메서드하고 똑같이 되는 건가요?

A 눈썰미가 좋으시네요. 이 장 맨 앞 부분에 다음과 같은 메서드가 있었죠.

```
<T extends Animal> void takeThing(List<T> list)
```

위와 같은 문법으로 비슷한 걸 할 수도 있지만 작동 방식이 조금 달라요. 그 메서드에 List<Animal>이나 List<Dog>를 넘겨줄 수 있어요. 게다가 T라는 제네릭 타입을 다른 데서도 쓸 수 있다는 장점이 더해지죠.

메서드의 제네릭 타입 매개변수 사용법

메서드를 대신 다음과 같은 식으로 정의한다면 무엇을 할 수 있을까요?

```
public <T extends Animal> void takeAnimals(List<T> list) { }
```

글쎄요… 위와 같은 상태로는 딱히 더 할 수 있는 게 없어요. T를 어떤 용도로도 쓸 필요가 없죠. 하지만 예를 들어서, 백신 접종이 완료된 동물의 List 같은 List를 메서드에서 리턴하도록 바꾸고 나면 리턴되는 List가 매개변수로 들어왔던 List와 같은 제네릭 타입이라고 선언할 수 있습니다.

```
public <T extends Animal> List<T> takeAnimals(List<T> list) { }
```

그 메서드를 호출하면 집어넣을 때와 같은 타입을 돌려받는다는 것을 알 수 있는 거죠.

```
List<Dog> dogs = List.of(new Dog(), new Dog());
List<Dog> vaccinatedDogs = takeAnimals(dogs);

List<Animal> animals = List.of(new Dog(), new Cat());
List<Animal> vaccinatedAnimals = takeAnimals(animals);
```

언제나 우리가 넘겨줬던 것과 같은 타입의 List를 takeAnimals 메서드로부터 돌려받게 됩니다.

메서드에서 메서드 매개변수와 리턴 타입으로 모두 와일드카드를 썼다면 그 두 타입이 같다는 건 전혀 보장할 수가 없어요. 사실 메서드를 호출하는 쪽에서는 '일종의 동물' 정도를 제외하면 컬렉션에 뭐가 들어 있는지도 모르는 거죠.

```
public void go() {
  List<Dog> dogs = List.of(new Dog(), new Dog());
  List<? extends Animal> vaccinatedSomethings = takeAnimals(dogs);
}

public List<? extends Animal> takeAnimals(List<? extends Animal> animals) { }
```

제네릭 타입에 별 신경을 쓰지 않을 때라면 와일드카드(? extends)를 쓰는 것도 괜찮습니다.
그냥 어떤 타입을 상속/확장하는 것을 쓸 수만 있으면 되는 상황이니까요.
예를 들어서, 메서드의 리턴 타입을 지정할 때 쓴다든가 하는 식으로 그 타입 자체를 가지고 뭔가 더 해야 하는 경우라면 타입 매개변수(T)를 사용하는 쪽이 더 낫습니다.

정답과 해설 409쪽

연습 문제

컴파일러가 되어 봅시다(고급)

여러분이 컴파일러라고 생각하고 다음 구문들이 제대로 컴파일이 될 수 있는지 판단해 보세요. 이 중에는 이 장에서 다루지 않은 구문도 있기 때문에 지금까지 배운 내용을 바탕으로 '프로토콜'들을 새로운 상황에 적용해야 합니다.

이 연습 문제에서 사용한 메서드의 서명은 상자 안에 적어 놓았습니다.

```
private void takeDogs(List<Dog> dogs) { }
```

```
private void takeAnimals(List<Animal> animals) { }
```

```
private void takeSomeAnimals(List<? extends Animal> animals) { }
```

```
private void takeObjects(ArrayList<Object> objects) { }
```

컴파일이 될까요?

```
□ takeAnimals(new ArrayList<Animal>());
□ takeDogs(new ArrayList<Animal>());
□ takeAnimals(new ArrayList<Dog>());
□ takeDogs(new ArrayList<>());
□ List<Dog> dogs = new ArrayList<>();
  takeDogs(dogs);
□ takeSomeAnimals(new ArrayList<Dog>());
□ takeSomeAnimals(new ArrayList<>());
□ takeSomeAnimals(new ArrayList<Animal>());
□ List<Animal> animals = new ArrayList<>();
  takeSomeAnimals(animals);
□ List<Object> objects = new ArrayList<>();
  takeObjects(objects);
□ takeObjects(new ArrayList<Dog>());
□ takeObjects(new ArrayList<Object>());
```

정답과 해설

쓰면서 제대로 공부하기(376쪽)

정답 후보:

Comparator, Comparable, compareTo( ), compare( ), 예, 아니요

다음과 같은 컴파일 가능한 명령문에 대한 질문에 답해 보세요. 둘 다 기능은 같습니다.

```
Collections.sort(myArrayList);
```

1. myArrayList에 저장된 객체의 클래스에서 반드시 구현해야 하는 것은? Comparable
2. myArrayList에 저장된 객체의 클래스에서 반드시 구현해야 하는 메서드는? compareTo( )
3. myArrayList에 저장된 객체의 클래스에서 Comparator와 Comparable을 동시에 구현할 수 있나요? 예

다음과 같은 컴파일 가능한 명령문에 대한 질문에 답해 보세요.

```
Collections.sort(myArrayList, myCompare);
myArrayList.sort(myCompare);
```

4. myArrayList에 저장된 객체의 클래스에서 Comparable을 구현해도 될까요? 예
5. myArrayList에 저장된 객체의 클래스에서 Comparator를 구현해도 될까요? 예
6. myArrayList에 저장된 객체의 클래스에서 Comparable을 꼭 구현해야 되나요? 아니요
7. myArrayList에 저장된 객체의 클래스에서 Comparator를 꼭 구현해야 되나요? 아니요
8. myCompare 객체의 클래스에서 반드시 구현해야 하는 것은? Comparator
9. myCompare 객체의 클래스에서 반드시 구현해야 하는 메서드는? compare( )

정답과 해설

쓰면서 제대로 공부하기(385쪽)

```
import java.util.*;
public class SortMountains {
 public static void main(String[] args) {
    new SortMountains().go();
  }

  public void go() {
    List<Mountain> mountains = new ArrayList<>();
    mountains.add(new Mountain("Longs", 14255));
    mountains.add(new Mountain("Elbert", 14433));
    mountains.add(new Mountain("Maroon", 14156));
    mountains.add(new Mountain("Castle", 14265));
    System.out.println("as entered:\n" + mountains);

    mountains.sort((mount1, mount2) -> mount1.name.compareTo(mount2.name));
    System.out.println("by name:\n" + mountains);

    mountains.sort((mount1, mount2) -> mount2.height - mount1.height);
    System.out.println("by height:\n" + mountains);
  }
}
class Mountain {
  String name;
  int height;

  Mountain(String name, int height) {
    this.name = name;
    this.height = height;
  }
  public String toString( ) {
    return name + " " + height;
  }
}
```

height 리스트가 내림차순으로 정렬되어 있다는 것을 눈치채셨나요?

출력 결과:

```
File  Edit  Window  Help  ThisOne'sForBob
%java SortMountains
as entered:
[Longs 14255, Elbert 14433, Maroon 14156, Castle 14265]
by name:
[Castle 14265, Elbert 14433, Longs 14255, Maroon 14156]
by height:
[Elbert 14433, Castle 14265, Longs 14255, Maroon 14156]
```

정답과 해설

쓰면서 제대로 공부하기(384쪽)

BPM 오름차순으로 정렬

```
songList.sort((one, two) -> one.getBpm() - two.getBpm());
```

제목 내림차순으로 정렬

```
songList.sort((one, two) -> two.getTitle().compareTo(one.getTitle()));
```

출력 결과:

```
File  Edit  Window  Help  IntNotString
%java SharpenLambdas
[50 ways, havana, $10, somersault, cassidy, Cassidy]
[somersault, havana, cassidy, Cassidy, 50 ways, $10]
```

쓰면서 제대로 공부하기(395쪽)

1. 이 코드를 컴파일하면 어떻게 될까요?

   문제 없이 잘 컴파일 됩니다.

2. 컴파일하고 나서 Test Tree 클래스를 실행하면 어떤 결과가 나올까요?

   예외를 던집니다.

```
Exception in thread "main" java.lang.ClassCastException: class
Book cannot be cast to class java.lang.Comparable
   at java.base/java.util.TreeMap.compare(TreeMap.java:1291)
   at java.base/java.util.TreeMap.put(TreeMap.java:536)
   at java.base/java.util.TreeSet.add(TreeSet.java:255)
   at TestTree.go(TestTree.java:16)
   at TestTree.main(TestTree.java:7)
```

3. (컴파일할 때나 실행할 때) 이 코드에 문제가 있다면 어떻게 고쳐야 할까요?

   Book을 Comparable로 만들거나 TreeSet에 Comparator를 전달합니다. ← 432쪽 참조

정답과 해설

연습 문제(405쪽)

컴파일이 될까요?

```
☑ takeAnimals(new ArrayList<Animal>());
☐ takeDogs(new ArrayList<Animal>());
☐ takeAnimals(new ArrayList<Dog>());
☑ takeDogs(new ArrayList<>());
☑ List<Dog> dogs = new ArrayList<>();
  takeDogs(dogs);
☑ takeSomeAnimals(new ArrayList<Dog>());
☑ takeSomeAnimals(new ArrayList<>());
☑ takeSomeAnimals(new ArrayList<Animal>());
☑ List<Animal> animals = new ArrayList<>();
  takeSomeAnimals(animals);
☐ List<Object> objects = new ArrayList<>();
  takeObjects(objects);
☐ takeObjects(new ArrayList<Dog>());
☑ takeObjects(new ArrayList<Object>());
```

여기에서 다이아몬드 연산자를 사용하면 메서드 서명으로부터 타입을 알아냅니다. 따라서 컴파일러는 이 ArrayList가 ArrayList<Dog>라고 가정합니다. (takeDogs(new ArrayList<>());)

여기에서 다이아몬드 연산자는 ArrayList<Animal>을 의미합니다. (takeSomeAnimals(new ArrayList<>());)

takeObjects에서는 List가 아닌 ArrayList를 원하기 때문에 컴파일이 되지 않아요. (List<Object> objects = new ArrayList<>();)

CHAPTER 12

람다와 스트림

'어떻게'가 아니고 '무엇'을

혹시 그거 알고 있었어? 모든 걸 전부 우리가 직접 작성하지 않아도 된다는 거? 우리가 할 일을 API가 대신해 준대!

컴퓨터에 방법을 알려 주지 않아도 되면 어떨까요?

프로그래밍을 하다 보면 늘상 컴퓨터한테 뭘 어떻게 할지 알려 줘야 합니다. "이게 참인 **동안** 이걸 **해라.**", "이 모든 항목에 **대해서 이렇게** 생겼으면 이걸 **해라.**" 뭐 이런 식으로 말이죠. 모든 걸 우리가 다 직접 하지 않아도 된다는 건 이미 앞에서 조금 경험했죠? JDK에는 전에 이미 봤던 컬렉션 API 같은 라이브러리 코드가 있습니다. 모든 걸 일일이 직접 코딩할 필요 없이 라이브러리 코드는 그냥 갖다가 쓰면 되죠. 이러한 라이브러리 코드에는 데이터를 집어넣기 위한 컬렉션만 있는 게 아닙니다. 늘상 하는 작업을 대신해 주는 메서드가 다양하게 있어서 **'어떻게'** 할지 알려 줄 필요 없이 **'무엇'**을 할지만 알려 주면 됩니다. 이번 장에서는 스트림 API에 대해서 살펴보도록 하겠습니다. 스트림을 사용할 때 람다가 얼마나 도움이 되는지, 스트림 API를 이용하여 어떻게 컬렉션에 있는 데이터에 질의를 보내고 데이터를 변환할 수 있을지 알아보겠습니다.

컴퓨터한테 우리가 무엇을 원하는지 알려 줍시다

색상 목록이 있고, 그 색상을 모두 출력한다고 해 봅시다. for 반복문을 써서 이 작업을 할 수도 있습니다.

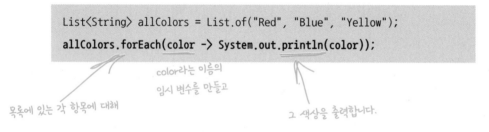

이미 알고 있는 일련의 값들로부터 List를 새로 만드는 '간편 팩토리 메서드'입니다. 11장에서 이미 봤죠?

```
List<String> allColors = List.of("Red", "Blue", "Yellow");
for (String color : allColors) {

    System.out.println(color);
}
```

for 반복문

목록에 있는 각각의 항목에 대해 임시 변수, color를 생성하고...

각 색상을 출력합니다.

하지만 어떤 목록에 있는 모든 항목에 대해서 어떤 작업을 수행하는 일은 정말 자주 하는 일 아니겠습니까? 그러니까 매번 목록에 있는 '각 항목에 대해' 뭔가를 하고 싶을 때마다 for 반복문을 만드는 대신, Iterable 인터페이스에 있는(List에서 Iterable을 구현하기 때문에 Iterable 인터페이스에 있는 모든 메서드를 갖고 있다는 것 잊지 않으셨죠?) **forEach 메서드**를 호출할 수 있습니다.

```
List<String> allColors = List.of("Red", "Blue", "Yellow");
allColors.forEach(color -> System.out.println(color));
```

목록에 있는 각 항목에 대해

color라는 이름의 임시 변수를 만들고

그 색상을 출력합니다.

출력 결과:

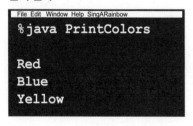

```
File Edit Window Help SingARainbow
%java PrintColors

Red
Blue
Yellow
```

목록에 있는 forEach 메서드에서는 람다 표현식을 받아들입니다. 11장에서 처음으로 봤었죠? 람다 표현식을 쓰면 메서드에 ("이 객체를 써 주세요." 하는 식으로) 데이터가 담긴 객체를 전달하는 대신 ("이렇게 해 주세요." 하는) 행동을 전달할 수 있습니다.

방구석 토크

오늘의 주제 for 반복문과 forEach 메서드가 "무엇이 더 나은가?" 하는 질문을 놓고 설전을 벌입니다.

for 반복문

아무래도 제가 기본 아니겠습니까? for 반복문이라는 게 얼마나 중요했으면 수많은 언어에 기본으로 들어가 있겠어요? 프로그래머가 가장 먼저 배우는 것 중 하나가 저라는 거 아닙니까! 누군가가 뭔가를 정해진 횟수만큼 반복할 일이 있으면 항상 저한테 찾아올 수 밖에 없죠.

forEach()

하하. 잠깐만요. 너무 올드한 거 아니에요? 얼마나 올드하면 모든 프로그래밍 언어에 다 들어가 있겠어요? 하지만 세상은 늘 바뀌고 프로그래밍 언어도 진화해요. 더 나은 방법, 더 현대적인 방법, 바로 제가 있잖아요.

그럼요. 유행은 변화해요. 하지만 그냥 지나가고 마는 것도 수두룩해요. 금방 유행이 끝나 버리곤 하죠. 저 같은 '고전'은 영원히 읽기 편할 겁니다. 자바 프로그래머가 아닌 사람들도 그렇게 느끼죠.

근데 님을 사용하려면 개발자들이 얼마나 일이 많아지는지 한번 보세요! 반복문 시작하는 것부터 챙겨야지, 값 변화시키는 것도 챙겨야지, 끝나는 것도 챙겨야지, 게다가 그 안에서 실행시킬 코드까지 만들어야 하잖아요. 그러다 보면 사고는 또 얼마나 많이 나겠어요? 저를 사용하면 각 항목에 대해서 뭘 해야 하는지에 대해서만 신경 쓰면 돼요. 각 항목을 전부 찾아내기 위해서 반복문을 어떻게 돌려야 할지에 대해서는 걱정할 필요가 없다니까요.

일이 많아진다고요? 개발자라면 모름지기 무엇을 어떻게 할지 분명하게 지시하기 위한 간단한 문법 같은 건 두려워하지 않는 법이라고요! 적어도 저는 말이죠, 코드를 보면 뭐가 어떻게 되는지 분명하게 알 수 있단 말이에요.

에이··· 뭐가 어떻게 되는지 일일이 다 볼 필요가 있나요? 저는 메서드 이름만 봐도 이미 뭘 하는 아이인지 분명하게 알 수 있지 않습니까? '각각의 항목에 대해서 프로그래머가 지정한 논리를 적용한다.' 얼마나 깔끔해요?

그래도 제가 더 빨라요. 누구라도 다 인정할 만한 장점이죠.

음··· 실은 저도 속에서는 for 반복문을 써요. 하지만 나중에 더 빠른 뭔가가 발명된다면 그걸 쓰면 돼요. 개발자들은 더 빨라지기 위해서 자기 코드를 고칠 필요도 없어요. 그나저나 이제 시간이 다 됐네요. 그럼 이만.

전에도 말했지만 님은 조만간 사라지고 말 거예요.

for 반복문이 잘못될 때

for 반복문 대신 forEach를 사용하면 타이핑할 것도 좀 줄어들고 컴파일러한테 '어떻게' 할지가 아닌 '무엇'을 할지 알려 주는 데 초점을 맞추기에도 좋습니다. 게다가 이렇게 판에 박힌 코드를 라이브러리에 맡기는 데는 또 다른 장점도 있어요. 실수로 인한 오류를 줄일 수 있는 거죠.

결과를 맞혀 봅시다

정답과 해설 459쪽

아래에 간단한 자바 프로그램이 있습니다. 이 프로그램에는 한 블록이 빠져 있어요. 이 프로그램에서 "1 2 3 4 5"를 출력해야 하는데 for 반복문을 제대로 만들기 어려울 때가 종종 있습니다.

왼쪽에 있는 **후보 코드 블록**을 그 블록을 집어넣었을 때 **출력 결과**와 맞게 연결해야 합니다. 왼쪽에 있는 어떤 코드 블록하고도 연결되지 않는 출력 결과물도 있고, 여러 코드 블록하고 연결되는 출력 결과도 있을 수 있습니다.

```
class MixForLoops {
  public static void main(String[] args) {
    List<Integer> nums = List.of(1, 2, 3, 4, 5);
    String output = "";
    [                    ]
    System.out.println(output);
  }
}
```

← 후보 코드가 들어갈 자리

후보 코드:

```
for (int i = 1; i < nums.size(); i++)
    output += nums.get(i) + " ";
```

```
for (Integer num : nums)
    output += nums + " ";
```

```
for (int i = 0; i <= nums.length; i++)
    output += nums.get(i) + " ";
```

```
for (int i = 0; i <= nums.size(); i++)
    output += nums.get(i) + " ";
```

출력 결과:

```
1 2 3 4 5
```

```
컴파일러 오류
```

```
2 3 4 5
```

```
예외 발생
```

```
[1, 2, 3, 4, 5]
[1, 2, 3, 4, 5]
[1, 2, 3, 4, 5]
[1, 2, 3, 4, 5]
[1, 2, 3, 4, 5]
```

각 후보 코드를 출력되는 결과물 중 하나와 연결해 주세요.

흔하게 쓰이는 코드에 있는 사소한 오류는 찾아내기 힘들어요

앞에 있는 연습 문제에 있는 for 반복문은 전부 되게 비슷하게 생겼고, 얼핏 보면 모두 List에 있는 값들을 순서대로 전부 출력할 것 같이 생겼습니다. 컴파일러 오류는 IDE나 컴파일러가 코드에 문제가 있다고 알려 주기 때문에 가장 찾기 쉽습니다(13장 위험한 행동에서 살펴볼 예정입니다). 예외도 코드에 어떤 문제가 있는지 알려 주니까 좀 편하죠. 하지만 잘못된 결과가 만들어지는 코드는 코드를 살펴보는 것만으로는 찾기 어려울 수 있어요.

forEach 같은 메서드는 for 반복문 같이 반복적으로 흔하게 쓰이는 '표준적인' 코드를 챙겨 주는 역할을 합니다. forEach를 이용할 때는 우리가 하고 싶은 일만 넘겨주면 되기 때문에 실수로 인한 오류를 줄일 수 있습니다.

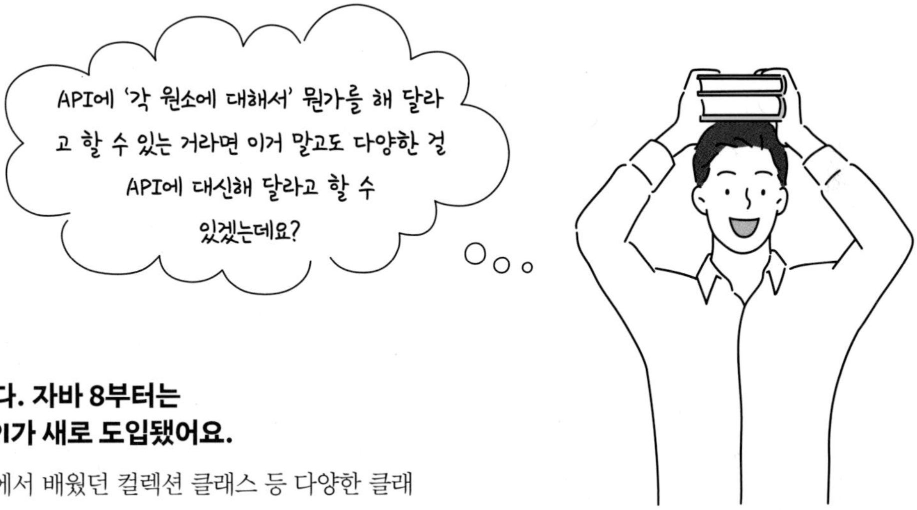

그럼요, 물론입니다. 자바 8부터는
딱 이런 용도의 API가 새로 도입됐어요.

자바 8에서 이전 장에서 배웠던 컬렉션 클래스 등 다양한 클래스에 쓸 수 있는 새로운 메서드의 모음인 스트림(Streams) API가 도입되었습니다.
스트림 API는 단순하게 쓸모 있는 메서드들을 왕창 모아둔 게 아니라 조금은 다른 방식으로 일할 수 있게 해 주는 API입니다. 우리가 데이터에 대해 알고 싶은 것에 대해 완전히 새로운 요구사항들을 만들 수 있는데, 원한다면 새로운 데이터 처리법을 만들 수도 있습니다.

뇌 일깨우기

컬렉션에 대해서 하고 싶을 만한 걸로 또 어떤 게 있을까요? 여러 가지 다른 컬렉션에 대해서 그 안에 있는 것에 관해 비슷한 걸 물어볼 수도 있을까요? 어떤 컬렉션으로부터 어떤 서로 다른 타입의 정보를 출력해 볼 수 있을까요?

컬렉션 연산의 기본 구성요소

다른 타입의 객체가 저장되어 있는 다른 타입의 컬렉션이라고 하더라도 컬렉션을 검색하는 방식이나 컬렉션으로부터 뽑아내고자 하는 정보의 유형은 꽤 유사할 수 있습니다.
컬렉션에 대해서 하고 싶은 일로 어떤 게 있을지 상상해 보세요. "어떤 조건을 만족시키는 항목만 줘 봐.", "이런 단계를 써서 모든 항목을 바꿔 줘.", "중복된 걸 전부 없애 줘."라든가 이전 장에서 했던, "원소들을 이런 식으로 정렬해 줘." 같은 것도 생각할 수 있겠죠?
한 발 더 나가서 이러한 각각의 컬렉션 연산별로 그 연산이 컬렉션에 어떤 일을 할지 알 수 있을 만한 이름을 붙일 수도 있을 겁니다.

정답과 해설 459쪽

연습 문제

연결해 봅시다

아직 생소하겠지만 그래도 각 연산의 이름과 그 이름을 가지는 연산이 할 일을 한번 연결해 볼까요? 전부 연결하기 전에는 다음 페이지로 넘어가지 마세요. 그러면 재미가 없잖아요.

filter	**스트림에 있는 현재 원소를 다른 걸로 바꾼다.**
skip	**이 스트림에서 출력할 수 있는 원소의 최대 개수를 설정한다.**
limit	**주어진 조건이 참이면 원소를 처리하지 않는다.**
distinct	**주어진 조건에 맞는 원소만 스트림에 남긴다.**
sorted	**주어진 조건이 참일 때만 원소를 처리한다.**
map	**스트림의 결과를 정렬할 방법을 지정한다.**
dropWhile	**스트림의 앞쪽에서 처리하지 않을 원소의 개수를 지정한다.**
takeWhile	**이것을 사용하면 중복된 원소를 제거할 수 있다.**

스트림 API 소개

스트림 API는 컬렉션에 대해 수행할 수 있는 연산의 집합이며, 코드에서 그러한 연산들을 읽으면 컬렉션 데이터를 가지고 뭘 하려고 하는지 이해할 수 있습니다. 앞쪽에 있는 '연결해 봅시다' 연습 문제를 잘 풀었다면(정답은 이번 장 끝쪽에 있습니다) 연산의 이름이 그 연산이 하는 일을 알려 준다는 것을 확인할 수 있었을 겁니다.

java.util.stream.Stream

Stream<T> distinct()

서로 다른 원소들로 구성된 스트림을 리턴합니다.

Stream<T> filter(Predicate<? super T> predicate)

주어진 서술에 맞는 원소의 스트림을 리턴합니다.

Stream<T> limit(long maxSize)

길이가 주어진 maxSize보다 크지 않도록 잘라낸 원소들의 스트림을 리턴합니다.

<R> Stream<R> map(Function<? super T,? extends R> mapper)

주어진 함수를 이 스트림의 원소에 적용한 결과의 스트림을 리턴합니다.

Stream<T> skip(long n)

스트림에서 앞쪽에 있는 N개의 원소를 제거하고 남은 원소들의 스트림을 리턴합니다.

Stream<T> sorted()

이 스트림에 있는 원소들을 자연스러운 순서에 따라 정렬한 스트림을 리턴합니다.

// 이하 생략

여기에 있는 건 Stream에 있는 메서드 중 일부분에 불과합니다. 다른 메서드도 많아요.

이런 제네릭은 좀 무섭게 생겼죠? 겁먹지 마세요. 나중에 map 메서드를 써 볼 텐데, 그러고 나면 보기보다 별로 복잡하지 않다는 걸 깨달을 수 있을 거예요.

스트림과 람다 표현식은 자바 8부터 도입되었습니다.

쉬어 가기

Stream 메서드에 있는 제네릭 타입에 대해서는 너무 걱정하지 않아도 된답니다. 스트림은 우리가 예상하는 대로 잘 돌아간다는 걸 알 수 있을 거예요. 혹시 관심 있는 분들을 위해 적어 보자면 이렇습니다.

- 스트림에 있는 객체의 타입(type)은 보통 <T>로 지칭합니다.
- 메서드의 결과(result)의 타입은 보통 <R>로 지칭합니다.

스트림을 시작해 봅시다

스트림 API가 무엇인지, 무슨 일을 하는지, 어떻게 사용하는지 등을 자세하게 알아보기 전에 각종 실험을 시작하는 데 필요한 아주 기본적인 도구에 대해서 알려드리겠습니다.

스트림 메서드를 사용하려면 (당연히) Stream 객체가 필요합니다. List 같은 컬렉션은 Stream을 구현하지 않습니다. 하지만 그 컬렉션 인터페이스에는 그 컬렉션을 위한 Stream 객체를 리턴하는 stream이라는 메서드가 있습니다.

이렇게 생긴 문자열 리스트가 있다고 가정할 때

```
List<String> strings = List.of("I", "am", "a", "list", "of", "Strings");
Stream<String> stream = strings.stream();
```

이 메서드를 호출하여 이러한 String들의 Stream을 가져올 수 있습니다.

이제 스트림 API의 메서드를 호출할 수 있어요. 예를 들어서, **limit** 메서드를 이용하여 최대 네 개의 원소를 원한다는 걸 알려 줄 수 있죠.

```
Stream<String> limit = stream.limit(4);
```

리턴할 결과를 최대 네 개까지로 설정합니다.

limit 메서드에서는 다른 문자열 스트림을 리턴하는데, 그걸 다른 변수에 대입할 겁니다.

limit()을 호출한 결과를 출력하려고 하면 어떻게 될까요?

```
System.out.println("limit = " + limit);
```

출력 결과:

```
File Edit Window Help SliceAndDice
%java LimitWithStream

limit = java.util.stream.SliceOps$1@7a0ac6e3
```

이게 맞는 건가요? SliceOps는 뭔가요? 왜 리스트에 있는 첫 네 개의 항목이 담겨 있는 컬렉션이 나오지 않는 거죠?

자바에 있는 다른 모든 것과 마찬가지로 위의 예에 있는 스트림 변수도 객체입니다. 하지만 스트림에는 컬렉션에 들어 있는 원소들이 들어가 있지 않아요. 컬렉션 데이터에 대해 수행할 연산을 위한 명령어의 집합 같은 것이라고 할 수 있습니다.

다른 스트림을 리턴하는 스트림 메서드를 중간 연산(intermediate operation)이라고 부릅니다. 중간 연산은 자체적으로 실제 연산을 수행하진 않고, 그냥 해야 할 일을 지시하는 역할만 할 뿐입니다.

진짜 결과를 제한하는 게 아니라면 limit이라는 이름을 가지는 메서드가 있는 게 무슨 의미가 있는 거죠? 그 메서드에서 출력된 건 어떻게 봐야 하는 건가요?

'일을 하는' 메서드를 호출하지 않으면 케이크를 얻을 수가 없어요.

스트림은 조리법과 비슷합니다. 누군가가 조리법대로 요리를 하기 전엔 아무 일도 일어나지 않죠

책에 있는 조리법은 어떤 요리나 빵, 쿠키 등을 어떻게 만드는지 알려 주기만 할 뿐입니다. 조리법이 적힌 책을 펼쳐서 본다고 해서 저절로 갓 구운 초콜릿 케이크가 나타나거나 하는 건 아니죠. 조리법에 나와 있는 대로 재료들을 챙겨서 거기에 적힌 내용을 정확하게 따라야만 원하는 결과를 얻을 수 있습니다. 컬렉션은 재료가 아니고, 네 항목으로 제한된 리스트는 (안타깝게도) 초콜릿 케이크가 아닙니다. 원하는 결과를 얻으려면 스트림에 있는 '일을 하는' 메서드 가운데 하나를 호출해야 합니다. 이렇게 '일을 하는' 메서드를 '**최종 연산**(terminal operation)'이라고 부르고, 실제로 뭔가를 리턴해 주는 건 바로 이런 메서드입니다.

Stream에 있는 최종 연산 몇 가지를 살펴보아요.

java.util.stream.Stream

boolean anyMatch(Predicate<? super T> predicate)

주어진 서술에 맞는 원소가 하나라도 있으면 참을 리턴합니다.

long count()

스트림에 있는 원소의 개수를 리턴합니다.

<R,A> R collect(Collector<? super T,A,R> collector)

Collector를 이용하여 이 스트림의 원소에 대해 가변 축소 연산(reduction operation)을 수행합니다.

Optional<T> findFirst()

이 스트림의 첫 번째 원소를 기술하는 Optional을 리턴하는데, 스트림이 비어 있으면 빈 Optional을 리턴합니다.

// 이하 생략

아··· 이건 map 메서드보다도 더 무섭게 생겼네요. 하지만 겁먹을 필요는 없어요. 이런 제네릭 타입은 컴파일러를 도와주기 위한 것이고, 실제 이 메서드를 쓸 때는 이런 제네릭 타입은 생각하지 않아도 됩니다.

스트림에서 결과 가져오기

스트림, 중간 연산, 최종 연산… 갑자기 새로운 용어가 잔뜩 나타났죠? 근데 스트림이 뭘 할 수 있는지는 아직 알려드리지 않았어요!

스트림으로 뭘 할 수 있을지 감을 잡을 수 있도록 스트림 API를 활용하는 간단한 예를 보여 드릴게요. 그러고 나서 다시 한발 물러서서 여기에 나와 있는 것에 대해 더 자세하게 알아보도록 하겠습니다.

```
List<String> strings = List.of("I", "am", "a", "list", "of", "Strings");

Stream<String> stream = strings.stream();
Stream<String> limit = stream.limit(4);
long result = limit.count();
System.out.println("result = " + result);
```

count라는 최종 연산을 호출하고 그 결과를 result라는 변수에 저장합니다.

출력 결과:

```
File Edit Window Help WellDuh
%java LimitWithStream

result = 4
```

뭐, 돌아가긴 하지만 별로 쓸모는 없어요. 스트림을 가지고 가장 흔하게 하는 일은 그 결과를 다른 타입의 컬렉션에 집어넣는 것입니다. 이 메서드의 API 문서에는 온갖 제네릭 타입이 잔뜩 들어가 있어서 정신 없어 보이지만, 가장 간단한 경우는 꽤 쉽게 이해할 수 있습니다.

스트림에는 String이 들어가 있었기 때문에 출력 객체에도 String이 들어가야 합니다.

출력된 것들을 일종의 Object로 모아주는 최종 연산

이 메서드에서는 스트림을 List로 변환한 결과를 출력할 컬렉터를 리턴합니다.

```
List<String> result = limit.collect(Collectors.toList());

System.out.println("result = " + result);
```

toList 컬렉터에서 결과를 List로 출력합니다.

일반적인 Collector 구현을 리턴하는 메서드가 들어 있는 아주 유용한 클래스입니다.

출력 결과:

```
File Edit Window Help FinallyAResult
%java LimitWithStream

result = [I, am, a, list]
```

문자열 리스트를 첫 네 항목으로 **제한(limit)**해 달라고 한 다음 그 네 개의 항목을 새로운 List로 **모았(collect)습니다.**

쉬어 가기

collect()와 Collectors에 대해서는 나중에 더 자세히 배울 거예요. 일단 지금은 collect(Collectors.toList)를 스트림 파이프라인의 출력을 List로 받을 수 있는 마법의 주문 같은 거라고 생각합시다.

스트림 연산은 마치 블록과 같습니다

목록에 있는 첫 네 개의 원소만을 출력하기 위해 정말 많은 코드를 만들었네요. 스트림, 중간 연산, 최종 연산 같은 새로운 용어도 많이 소개해 드렸죠. 이걸 전부 모아 볼까요? 세 가지 다른 타입의 기본 블록을 가지고 **스트림 파이프라인**을 만들 수 있습니다.

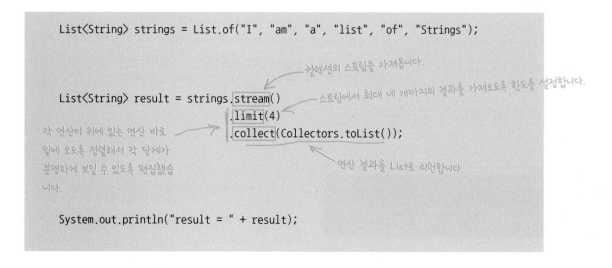

1. **소스** 컬렉션으로부터 스트림을 가져옵니다.

2. 그 스트림에 대해서 0개 이상의 **중간 연산**을 호출합니다.

3. **최종 연산**으로 결과를 출력합니다.

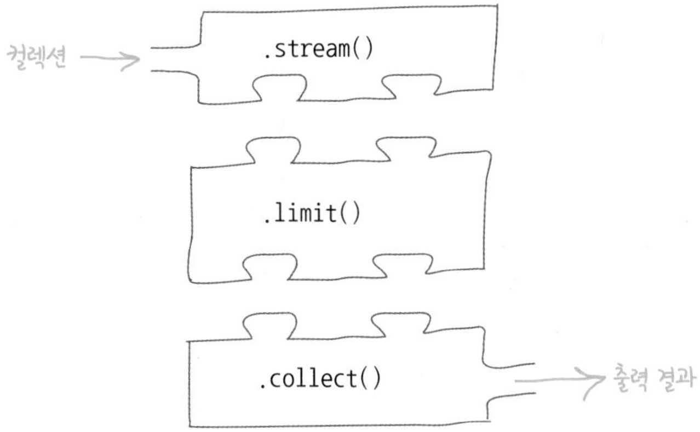

스트림 API를 사용하려면 최소한 **첫 번째**하고 **마지막** 퍼즐 조각이 반드시 필요합니다. 각 단계를 앞쪽에서 했던 것처럼 별도의 변수에 일일이 대입할 필요는 없습니다. 사실 연산들은 **사슬처럼** 줄줄이 엮을 수 있도록 설계되어 있기 때문에 각 단계별로 변수에 대입할 필요 없이 이전 단계를 다음 단계에 이어서 바로 호출할 수 있습니다.

이전 페이지에서는 스트림의 모든 기본 블록(stream, limit, count, collect)를 강조했습니다. 이러한 기본 블록을 가지고 한도를 설정하고 모으는 과정을 다음과 같은 식으로 고쳐 쓸 수 있습니다.

```
List<String> strings = List.of("I", "am", "a", "list", "of", "Strings");

List<String> result = strings.stream()
                             .limit(4)
                             .collect(Collectors.toList());

System.out.println("result = " + result);
```

컬렉션의 스트림을 가져옵니다.

스트림에서 최대 네 개까지의 결과를 가져오도록 한도를 설정합니다.

각 연산이 위에 있는 연산 바로 밑에 오도록 정렬해서 각 단계가 분명하게 보일 수 있도록 편집했습니다.

연산 결과를 List로 리턴합니다.

기본 블록은 쌓고 결합할 수 있습니다

모든 중간 연산은 스트림에 대해 작용하며 스트림을 리턴합니다. 즉, 최종 연산을 호출해서 결과를 출력하기 전까지 그런 연산들을 원하는 대로 여러 개 쌓아올릴 수 있다는 얘기죠.

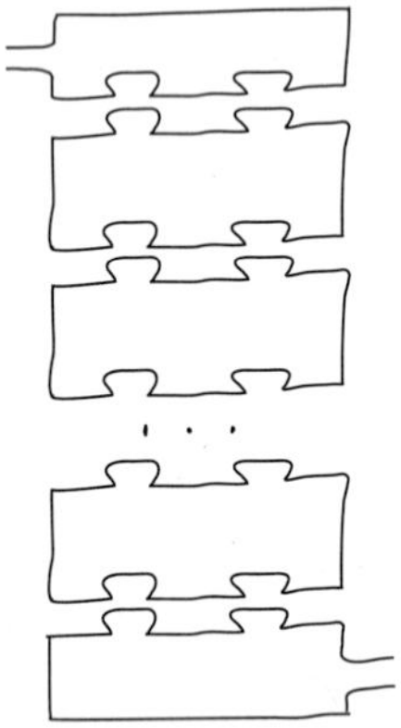

소스, 중간 연산, 최종 연산이 모두 결합되어 스트림 파이프라인을 이룹니다.
이 파이프라인은 원래 컬렉션에 대한 질의를 나타냅니다.

바로 여기가 스트림 API가 정말 유용해지는 부분입니다. 이전의 예에서는 원래 List의 짧아진 버전을 만들기 위해 세 가지 기본 블록(stream, limit, collect)이 필요했는데요, 간단한 연산을 하기 위해 너무 많은 걸 쏟아넣은 감이 있죠?
하지만 더 복잡한 작업을 할 때도 하나의 **스트림 파이프라인**에 여러 연산을 쌓아올리기만 하면 됩니다. 예를 들어서, 길이 한도를 설정하기 전에 원소를 정렬할 수 있습니다.

```
List<String> strings = List.of("I", "am", "a", "list", "of", "Strings");
List<String> result = strings.stream()
                             .sorted()
                             .limit(4)
                             .collect(Collectors.toList());
System.out.println("result = " + result);
```

결과에 한도를 설정하기 전에 (원래 컬렉션이 아닌) 스트림에 있는 것을 자연스러운 순서에 따라서 정렬합니다.

스트림을 원소 네 개로 제한합니다.

출력 결과:

```
File Edit Window Help InChains
%java ChainedStream
result = [I, Strings, a, am]
```

String의 자연스러운 순서에 따르면 대문자가 소문자보다 앞으로 갑니다.

기본 블록 맞춤 설정

연산을 계속 쌓아서 컬렉션에 대한 더욱 발전된 질의를 만들 수 있습니다. 블록에서 하는 일을 필요에 맞게 설정할 수도 있습니다. 예를 들어서, 리턴할 항목의 최대 개수(4)를 전달하여 **limit** 메서드에서 하는 일을 원하는 대로 설정할 수 있죠.

String을 정렬할 때도 자연스러운 순서를 사용하고 싶지 않다면 별도의 정렬 방법을 정의할 수도 있어요. **sorted** 메서드를 위한 정렬 규칙을 정할 수도 있습니다(루 씨의 곡 목록을 정렬할 때도 비슷한 일을 했던 기억이 나죠?).

sorted 메서드에 스트림에 있는 문자열을 정렬하는 방법을 알려 주는 람다 표현식. 이 람다 표현식은 이전 장에서 얘기했던 Comparator를 나타냅니다. 람다에 대해서는 이번 장에서 잠시 후에 다시 정리해 보겠습니다.

```
List<String> result = strings.stream()
                             .sorted((s1, s2) -> s1.compareToIgnoreCase(s2))
                             .limit(4)
                             .collect(Collectors.toList());
```

String 클래스에서 온 이 메서드는 대소문자를 무시하고 다른 문자열과 비교하는 메서드입니다.

출력 결과:

```
File Edit Window Help IgnoreCaps
%java ChainedStream

result = [a, am, I, list]
```

블록 단위로 복잡한 파이프라인 만들기

파이프라인에 더해지는 각각의 새 연산은 파이프라인으로부터 나오는 출력을 변화시킵니다. 각 연산은 스트림 API에 우리가 하고 싶은 걸 알려 주는 역할을 합니다.

```
List<String> result = strings.stream()
                             .sorted((s1, s2) -> s1.compareToIgnoreCase(s2))
                             .skip(2)
                             .limit(4)
                             .collect(Collectors.toList());
```

출력 결과:

```
File Edit Window Help BoxersDoIt
%java ChainedStream

result = [I, list, of, Strings]
```

이 스트림에서는 첫 두 원소를 건너뛰었습니다.

이렇게 긴 스트림 파이프라인을 쓸 때 컴퓨터에서 각 연산을 하나씩 실행한 다음에 처음으로 돌아와서 다음 항목에 대해서 쭉 연산을 수행하는 걸 바라는 건 아니겠죠? 그러면 최종 연산이 필요한 이유는 파이프라인에 있는 모든 연산을 알 때만 라이브러리에서 작업을 처리하기 위한 건가요?

네, 스트림은 게으르기 때문이죠

스트림이 느리거나 쓸모없다는 얘긴 아닙니다. 각각의 중간 연산은 단지 무엇을 할지 알려주는 지시사항에 불과하기 때문에 실제로 일을 하진 않아요. 중간 연산에는 **느긋한 계산법**(lazy evaluation)이 적용됩니다.

모든 지시사항, 파이프라인에 있는 모든 중간 연산을 살펴보고 전부 한꺼번에 돌리는 일은 전부 최종 연산에서 책임을 집니다. 최종 연산에서는 **조급한 계산법**(eager evaluation)이 적용되기 때문에 호출되는 즉시 실행됩니다.

즉, 이론적으로는 결합된 지시사항들을 가장 효율적인 방법으로 실행시킬 수 있습니다. 원래 컬렉션의 모든 항목에 대해서 중간 연산을 하나하나 일일이 반복하는 대신 데이터를 한 번만 지나가면서 모든 연산을 처리하는 게 가능할 수 있습니다.

나는 무엇을 어떻게 할지
정확하게 알기 전에는
일과를 시작하지 않아.

모든 일을 다 하는 최종 연산

중간 연산은 느긋하기 때문에 최종 연산이 모든 일을 다 합니다.

1. 모든 중간 연산을 최대한 효율적으로 처리합니다. 이상적으로는 원래 데이터를 딱 한 번만 지나갑니다.

2. 최종 연산 자체에 의해 정의되는 연산 결과를 처리합니다. 예를 들어서, 값들이 들어 있는 목록일 수도 있고, 하나의 값일 수도 있으며, 불리언(참/거짓)일 수도 있습니다.

3. 결과를 리턴합니다.

List로 모으기

최종 연산에서 일어나는 일을 좀 더 잘 알게 됐으니까 결과를 리스트로 리턴하는 '마법 주문'에 대해 좀 더 자세히 알아볼까요?

Collectors는 Collector의 여러 다른 구현을 제공하는 정적 메서드가 들어 있는 클래스입니다. Collectors 클래스에서 결과를 모으는 가장 일반적인 방법들을 찾아볼 수 있어요.

```
List<String> result = strings.stream()
                             .sorted()
                             .skip(2)
                             .limit(4)
                             .collect(Collectors.toList());
```

최종 연산
1. 모든 중간 연산을 수행합니다. 이 경우에는 정렬, 건너 뛰기, 한도 설정하기죠.
2. 전달받은 지시사항에 따른 결과를 모아 줍니다.
3. 그 결과를 리턴합니다.

collect 메서드에서는 그 결과들을 어떻게 모을지를 알려 주는 조리법에 해당하는 Collector를 받아들입니다. 이 경우에는 결과를 List에 넣어 주는 미리 정의된 Collector를 이용합니다.

잠시 후에 다른 컬렉터(Collector)와 최종 연산에 대해 알아볼 거예요. 일단 지금은 스트림에 대한 내용으로 돌아가 보도록 하죠.

스트림 활용 가이드라인

퍼즐이나 게임과 마찬가지로 스트림 기본 블록도 제대로 작동하도록 하려면 규칙을 지켜야만 합니다.

1 스트림 파이프라인을 만들기 위해서는 적어도 첫 번째 조각과 마지막 조각은 있어야 합니다.

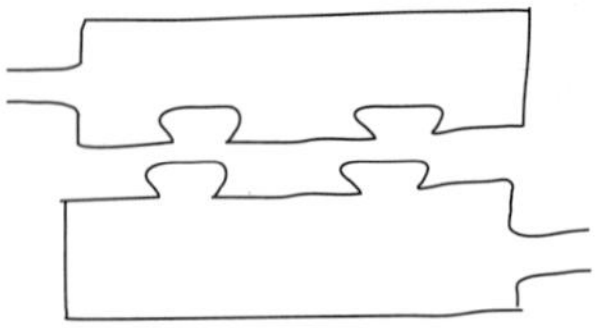

stream() 조각이 없으면 스트림을 아예 받아올 수가 없고, 최종 연산이 없으면 아무 결과도 얻을 수 없어요.

2 스트림은 재사용할 수 없습니다.

어떤 질의를 나타내는 스트림을 저장해 뒀다가 여러 곳에서 재사용하면 참 유용하겠죠? 그 질의 자체가 유용한 경우에도 좋고, 그걸 바탕으로 다른 걸 만들거나 거기에 뭘 더하거나 할 때도 좋을 테니 말이죠. 하지만 어떤 스트림에 대해서 최종 연산을 호출하고 나면 그 스트림은 그 어느 부분도 재사용할 수 없어요. 새 걸 만들어 써야 하죠. 일단 어떤 파이프라인이 실행되고 나면 그 스트림은 닫히고 다른 파이프라인에서 사용할 수 없습니다. 그중 일부를 다른 데서 쓰기 위해 변수에 저장했다고 하더라도 말입니다. 스트림을 어떤 식으로든 재사용하려고 하면 예외가 발생하게 됩니다.

```
Stream<String> limit = strings.stream()
                              .limit(4);
List<String> result = limit.collect(Collectors.toList());
List<String> result2 = limit.collect(Collectors.toList());
```

출력 결과:

File Edit Window Help ClosingTime

```
%java LimitWithStream

Exception in thread "main" java.lang.IllegalStateException: stream has
already been operated upon or closed
     at java.base/java.util.stream.AbstractPipeline.evaluate(Abstract-
Pipeline.java:229)
```

3 스트림이 작동하는 동안 기본 컬렉션을 바꿀 수 없습니다.

그러면 이상한 결과나 예외를 보게 될 거예요. 한번 생각해 봅시다. 누군가가 쇼핑 목록에 뭐가 들어 있는지 물어보는데 동시에 다른 사람이 그 쇼핑 목록에 뭘 끄적거리고 있다면 이상한 답을 할 수밖에 없겠죠?

이러면 헷갈리잖아! 이 목록을 읽어야 하는데 왜 계속 내용이 바뀌는 거야!

어떤 컬렉션에 대해서 질의를 하는
동안 그 컬렉션 자체를 바꿀 수 없다면
스트림 연산도 그 컬렉션을 바꾸지
않는 건가요?

정답입니다! 스트림 연산은 원래 컬렉션을 바꾸지 않습니다

스트림 API는 컬렉션에 질의를 하는 방법이지만, 컬렉션 자체는 **바꾸지 않습니다.** 스트림 API를 써서 컬렉션에 있는 항목들을 살펴보고 컬렉션의 내용물을 바탕으로 결과를 리턴할 수 있지만, 컬렉션 자체는 원래 그대로 유지됩니다.

사실 이런 특성은 꽤 도움이 됩니다. 프로그램 어디에서 컬렉션에 질의를 해서 결과를 뽑아내더라도 원래 컬렉션에 들어 있던 데이터는 안전한다고 확신할 수 있습니다. 어떤 질의에 의해서도 원래 컬렉션 자체는 바뀌지 않으니까요.

스트림 API를 이용하여 질의를 한 뒤에 원래 컬렉션의 내용을 출력해서 직접 확인해 볼 수도 있습니다.

```
List<String> Limit = strings.stream().limit(4).collect(Collectors.toList());

Stream<String> result = strings.stream()
                               .limit(4)
                               .collect(Collectors.toList());
System.out.println("strings = " + strings);
System.out.println("limit = " +limit);
```

출력 결과:

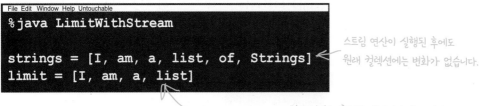

```
File Edit Window Help Untouchable
%java LimitWithStream

strings = [I, am, a, list, of, Strings]
limit = [I, am, a, list]
```

스트림 연산이 실행된 후에도 원래 컬렉션에는 변화가 없습니다.

질의 결과는 출력된 객체에만 들어 있습니다. 완전히 새로운 List죠.

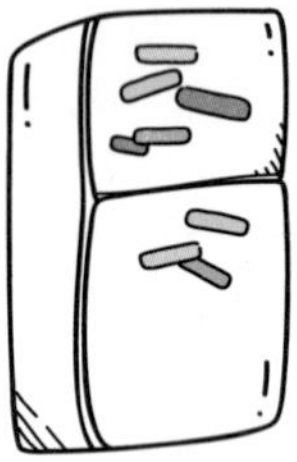

코드 자석

정답과 해설 460쪽

자바 프로그램이 냉장고 여기저기에 마구 섞여 있네요. 코드 스니펫을 잘 정리해서 아래에 있는 출력 결과를 만들어낼 수 있는 자바 프로그램을 만들 수 있을까요?

```
.distinct()
```

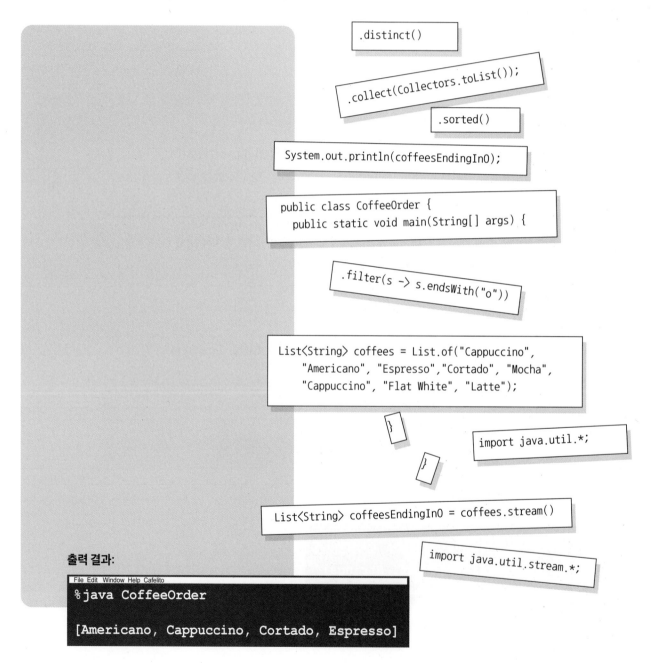

```
.collect(Collectors.toList());
```

```
.sorted()
```

```
System.out.println(coffeesEndingInO);
```

```
public class CoffeeOrder {
  public static void main(String[] args) {
```

```
.filter(s -> s.endsWith("o"))
```

```
List<String> coffees = List.of("Cappuccino",
    "Americano", "Espresso","Cortado", "Mocha",
    "Cappuccino", "Flat White", "Latte");
```

```
}
```

```
import java.util.*;
```

```
}
```

```
List<String> coffeesEndingInO = coffees.stream()
```

```
import java.util.stream.*;
```

출력 결과:

```
File Edit Window Help Cafelito
%java CoffeeOrder

[Americano, Cappuccino, Cortado, Espresso]
```

무엇이든 물어보세요

Q&A

Q1 스트림 파이프라인에 집어넣을 수 있는 중간 연산의 개수에 제한이 있나요?

A1 아니요, 원하는 만큼 연산을 줄줄이 엮을 수 있어요. 하지만 컴퓨터뿐만 아니라 사람도 이 코드를 읽고 이해해야 한다는 걸 명심하세요. 스트림 파이프라인이 정말 길면 너무 복잡해서 이해하기가 어려울 수 있습니다. 그럴 때는 일부분을 쪼갠 다음 적당한 이름을 가진 변수에 대입해 주세요.

Q2 중간 연산 없는 스트림 파이프라인도 쓸모가 있을까요?

A2 그럼요. 원래의 컬렉션을 새로운 형태로 출력해 주는 최종 연산도 있는데, 그 자체로도 쓸모가 있죠. 하지만 최종 연산 중에는 컬렉션에 이미 있는 메서드하고 비슷한 것도 있습니다. 꼭 스트림을 써야만 하는 건 아니죠. 예를 들어서, 스트림의 count만 사용할 건데 원래 컬렉션이 List라면 size를 쓰는 게 더 낫죠. 마찬가지로 List처럼 Iterable을 구현한 클래스라면 이미 forEach 메서드가 있기 때문에 stream(), forEach() 같은 메서드를 쓸 필요는 없을 겁니다.

Q3 스트림 연산이 진행 중일 때는 소스 컬렉션을 변경하지 말라고 하셨잖아요? 제가 만든 코드는 스트림 연산을 하고 있는데, 제가 만든 코드에서 어떻게 컬렉션을 변경할 수 있나요?

A3 좋은 질문입니다! 코드의 다른 부분이 동시에 실행되도록 프로그램을 만들 수도 있어요. 이에 대해서는 동시성을 다루는 17, 18장에서 배울 겁니다. 더 안전한 걸 원한다면 (스트림에 대해서만이 아니고 일반적으로) 바뀔 필요가 없다는 걸 미리 알고 있다면 바뀔 수 없는 컬렉션을 만드는 게 낫습니다.

Q4 collect 최종 연산에서 바꿀 수 없는 List를 어떻게 출력하나요?

A4 자바 10 이상을 쓴다면 collect를 호출할 때 Collectors.toList 대신 Collectors.toUnmodifiableList를 이용하면 됩니다.

Q5 스트림 파이프라인의 결과를 List가 아닌 컬렉션으로 얻을 수도 있나요?

A5 네! 이전 장에서 용도에 따라 몇 가지 다른 컬렉션이 있다고 배웠죠? Collectors 클래스에는 각각 List, Set, Map으로 결과를 모을 수 있는 toList, toSet, toMap이라는 간편 메서드가 있고 자바 10부터는 바꿀 수 없는 컬렉션을 만들어 주는 toUnmodifiableList, toUnmodifiableSet, toUnmodifiableMap도 생겼습니다.

핵심 정리

- JVM에 무엇을 어떻게 할지 정확하게 알려 주는 자세한 코드를 반드시 만들어야만 하는 건 아닙니다. 스트림 API를 비롯한 라이브러리 메서드를 이용하여 컬렉션에 질의를 하고 결과를 출력할 수 있습니다.
- 컬렉션에 대해서는 for 반복문을 만드는 대신 **forEach**를 사용합니다. 그 메서드에 컬렉션에 있는 각 원소에 대해 수행할 연산의 람다 표현식을 전달하면 됩니다.
- **stream** 메서드를 호출하여 컬렉션(소스)으로부터 스트림을 생성합니다.
- 스트림에 대해서 한 개 이상의 **중간 연산**을 호출함으로써 컬렉션에 대해 돌릴 질의를 구성할 수 있습니다.
- **최종 연산**을 호출하기 전까지는 아무 결과도 얻을 수 없어요. 자기가 만든 질의에서 무엇을 출력할지에 따라서 몇 가지 다른 최종 연산을 쓸 수 있습니다.
- 결과를 새로운 List로 출력하고 싶다면 최종 연산으로 **collect(Collectors.toList)**를 이용하면 됩니다.
- 소스 컬렉션, 중간 연산, 그리고 최종 연산의 조합으로 **스트림 파이프라인**이 만들어집니다.
- 스트림 연산은 원래 컬렉션을 바꾸지 않습니다. 컬렉션에 질의를 하면 질의의 결과가 들어 있는 다른 객체를 리턴해 주는 방법일 뿐입니다.

안녕, 나의 (별로 오래된 건 아니지만) 오랜 친구!

지금까지 스트림 예제에 람다 표현식이 종종 등장하긴 했지만, 이번 장이 끝날 때까지 훨씬 더 많은 람다 표현식을 본다는 데 전재산을 걸어도 됩니다.
람다 표현식이 무엇인지 더 잘 이해하고 나면 스트림 API를 다루기가 훨씬 수월하기 때문에 람다에 대해서 좀 더 자세하게 살펴봅시다.

행동 넘겨주기

forEach 메서드를 우리가 직접 만든다면 아마 다음과 같은 식으로 만들게 될 겁니다.

```
void forEach( ????? ) {
    for (Element element : list) {
        [                        ]
    }
}
```

리스트의 모든 항목에 대해서 실행할 코드 블록이 들어갈 공간

????? 자리에는 뭐가 들어가야 할까요? 거기에는 밑에 있는 빈 네모 칸에 들어갈 코드가 들어가야 할 겁니다.
그러면 그 메서드를 호출하는 사람은 다음과 같은 식으로 해야 할 겁니다.

```
forEach(실행: System.out.println( 항목 ) );
```

이 코드를 여기에 쓰면 바로 리턴해 버리니까 안 될 겁니다. 대신 이런 코드 블록을 그 메서드 안에서 쓸 준비가 됐을 때 호출할 수 있도록 forEach 메서드에 넘겨줄 방법이 필요합니다.

이 코드에서 출력할 항목을 가리킬 수 있어야 할 텐데요, 코드가 forEach 메서드 안에 들어 있다면 그 원소를 어떻게 받아올 수 있을까요?

실행 부분은 부분을 이 코드를 바로 실행시킬 건 아니고 메서드에 전달할 거라고 알려 주기 위한 기호 같은 걸로 바꿔야 합니다. 그런 용도로 "->"라는 기호를 쓰겠습니다.
이제 "이 코드는 다른 데서 온 값을 처리해야 해."라고 알려 줄 수 있는 방법이 필요하겠어요. 코드에서 필요한 건 실행 부분 왼쪽에 적어 주겠습니다.

```
forEach( item -> System.out.println(item) );
```

좋아요. 이제 내가 메서드 인자로 넘겨주는 람다라는 게 어떤 식으로든 그 메서드 본체 안에서 쓰인다는 건 알겠어요. 근데 람다가 뭐죠? 그 메서드에서 내가 넘겨준 코드 덩어리를 어떻게 사용하는 거죠?

람다 표현식은 객체이고 그 객체의 단일 추상 메서드를 호출하여 실행시킵니다

자바에서는 (원시 타입을 제외하면) 모든 게 객체입니다. 람다도 예외는 아니죠.

람다 표현식은 함수형 인터페이스를 구현합니다.

즉, 람다 표현식에 대한 레퍼런스도 함수형 인터페이스입니다. 따라서 메서드에서 람다 표현식을 받아들이도록 하려면 함수형 인터페이스 타입의 매개변수가 필요합니다. 우리가 사용할 람다가 함수형 인터페이스라는 '모양'을 갖춰야 하는 거죠.

앞에서 살펴본 상상 속의 **forEach** 예제로 돌아가 보면, 매개변수가 함수형 인터페이스를 구현해야 합니다. 그리고 리스트 원소를 넘겨주면서 어떤 식으로든 그 람다 표현식을 호출해야 합니다.

함수형 인터페이스에는 단일 추상 메서드(SAM; Single Abstract Method)가 있다는 것, 즉, 추상 메서드가 딱 하나뿐이라는 것, 잊지 않으셨죠? 우리가 람다 코드를 실행시키고자 할 때 호출되는 게 바로 그 메서드입니다. 메서드 이름이 뭐든 말이죠.

메서드가 어떤 식일지 감을 잡을 수 있도록 넣어 둔 가상의 타입입니다. 구체적인 함수형 인터페이스에 대해서는 앞으로 살펴보도록 하겠습니다.

```
void forEach( SomeFunctionalInterface lambda ) {
  for (Element element : list) {
    lambda.singleAbstractMethodName(element);
  }
}
```

함수형 인터페이스에 들어 있는 SAM의 이름이겠죠?

'element'는 람다의 매개변수입니다. 앞 페이지에서 'item', '항목'이라고 썼던 것 말이죠.

람다는 마법이 아닙니다. 다른 것과 마찬가지로 그냥 클래스에 불과하죠.

람다 표현식의 모양

Comparator 인터페이스를 구현하는 람다 표현식 두 가지를 봤어요. 이전 장에서 루 씨의 곡들을 정렬하는 예제에서 본 게 있었고 423쪽에서 sorted() 스트림 연산에 넘겨줬던 람다 표현식이 있었죠. Comparator 함수형 인터페이스를 가지고 마지막 예제를 나란히 비교해 볼까요?

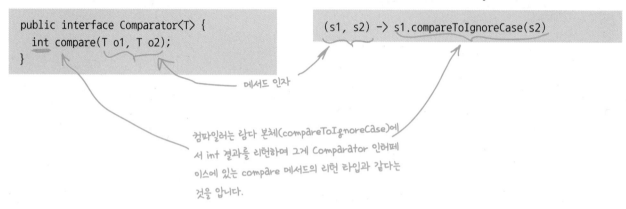

Comparator 인터페이스

```
public interface Comparator<T> {
  int compare(T o1, T o2);
}
```

람다 표현식(Comparator 구현)

```
(s1, s2) -> s1.compareToIgnoreCase(s2)
```

메서드 인자

컴파일러는 람다 본체(compareToIgnoreCase)에서 int 결과를 리턴하며 그게 Comparator 인터페이스에 있는 compare 메서드의 리턴 타입과 같다는 것을 압니다.

람다 표현식에 **return** 키워드가 어디에 있나 궁금해하는 분도 있을 거예요. 간단하게 답해 드리자면 없어도 됩니다. 좀 더 자세하게 설명하자면 람다 표현식이 한 줄이고, 함수형 인터페이스의 메서드 서명에서 리턴값이 필요한 경우에는 컴파일러에서 그 코드 한 줄에서 리턴될 값을 생성한다고 여깁니다.

람다 표현식에 들어갈 수 있는 모든 부분을 다 집어넣고 싶다면 다음과 같은 식으로 쓸 수 있습니다.

```
(String s1, String s2) -> {
  return s1.compareToIgnoreCase(s2);
}
```

람다 표현식의 구조

Comparator<String>을 구현하는 람다 표현식의 확장된 버전을 조금 더 자세하게 들여다보면 표준 자바 메서드하고 별로 다르지 않다는 걸 알 수 있습니다.

람다 표현식의 매개변수의 개수와 타입은 구현하는 함수형 인터페이스에 의해 결정됩니다.

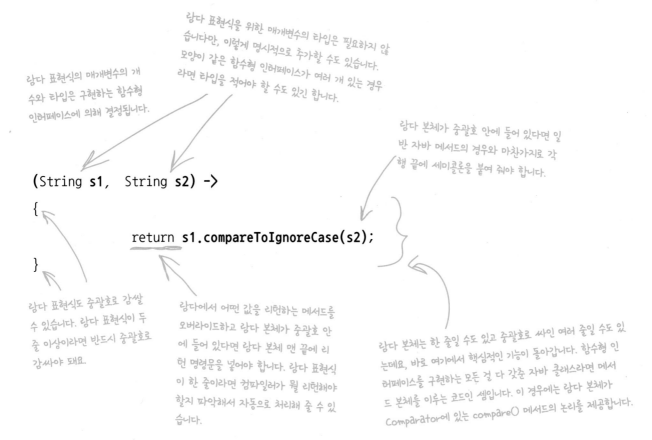

람다 표현식을 위한 매개변수의 타입은 필요하지 않습니다만, 이렇게 명시적으로 추가할 수도 있습니다. 모양이 같은 함수형 인터페이스가 여러 개 있는 경우라면 타입을 적어야 할 수도 있긴 합니다.

람다 본체가 중괄호 안에 들어 있다면 일반 자바 메서드의 경우와 마찬가지로 각 행 끝에 세미콜론을 붙여 줘야 합니다.

```
(String s1,  String s2) ->
{
            return s1.compareToIgnoreCase(s2);
}
```

람다 표현식도 중괄호로 감쌀 수 있습니다. 람다 표현식이 두 줄 이상이라면 반드시 중괄호로 감싸야 돼요.

람다에서 어떤 값을 리턴하는 메서드를 오버라이드하고 람다 본체가 중괄호 안에 들어 있다면 람다 본체 맨 끝에 리턴 명령문을 넣어야 합니다. 람다 표현식이 한 줄이라면 컴파일러가 뭘 리턴해야 할지 파악해서 자동으로 처리해 줄 수 있습니다.

람다 본체는 한 줄일 수도 있고 중괄호로 싸인 여러 줄일 수도 있는데요, 바로 여기에서 핵심적인 기능이 돌아갑니다. 함수형 인터페이스를 구현하는 모든 걸 다 갖춘 자바 클래스라면 메서드 본체를 이루는 코드인 셈입니다. 이 경우에는 람다 본체가 Comparator에 있는 compare() 메서드의 논리를 제공합니다.

람다의 모양(매개변수, 리턴 타입, 기대되는 기능)은 그 람다가 구현하는 함수형 인터페이스에 의해 결정됩니다.

인생의 양념과도 같은 다양성

람다 표현식은 온갖 모양과 크기로 만들어질 수 있지만, 모두 앞에서 본 기본적인 규칙을 따라야 합니다.

모두들 똑같이 생겼다면 인생이 너무 따분하겠죠?

람다는 두 줄 이상일 수도 있습니다.

람다 표현식은 사실상 메서드이고 다른 메서드와 마찬가지로 여러 줄로 이루어질 수도 있습니다. 여러 줄짜리 람다 표현식은 중괄호로 감싸야만 합니다. 그리고 다른 메서드 코드와 마찬가지로 모든 줄이 각각 세미콜론으로 마무리되어야 하며, 메서드에서 뭔가를 리턴해야 한다면 일반 메서드와 마찬가지로 람다 본체에 'return'이 있어야만 합니다.

Comparator<String>을 구현하여 컬렉션을 문자열 길이 내림차순으로 정렬할 수 있게 해 주는 람다 표현식입니다.

```
(str1, str2) -> {
  int l1 = str1.length();
  int l2 = str2.length();
  return l2 - l1;
}
```

세미콜론이 필요합니다.

여러 줄짜리 람다 표현식에는 중괄호가 필요합니다.

return 키워드가 필요합니다.

한 줄짜리 람다는 좀 더 간단하게 만들어도 돼요.

람다 표현식이 한 줄짜리라면 컴파일러 입장에서 무슨 일이 일어나고 있는지 파악하기가 훨씬 수월합니다. 따라서 형식을 갖추기 위해 필요한 부분들을 많이 생략할 수 있습니다. 위에 있는 람다 표현식을 한 줄로 줄이면 이렇게 쓸 수 있습니다.

중괄호가 없어도 돼요.

```
(str1, str2) -> str2.length() - str1.length()
```

return 키워드도 없어도 돼요.

세미콜론도 없어도 돼요.

똑같은 함수형 인터페이스(Comparator)를 구현하고 똑같은 연산을 수행하는 람다 표현식입니다. 여러 줄짜리 람다를 쓸지, 한 줄짜리 람다를 쓸지는 전적으로 여러분에게 달려 있습니다. 람다 표현식 안에 들어가는 논리가 얼마나 복잡한지, 코드의 가독성이 괜찮은지에 따라 결정하면 되는데, 때로는 이해하기 좋게 더 긴 코드를 사용하는 게 나을 수도 있습니다.

뒤에서 긴 람다 표현식을 다루는 또 다른 접근법에 대해서도 알아보겠습니다.

람다에서 아무것도 리턴하지 않을 수도 있습니다.

함수형 인터페이스의 메서드를 아무 것도 리턴하지 않는 void 타입으로 선언할 수도 있습니다. 이런 경우에는 람다 안에 있는 코드를 그냥 실행하기만 하고, 람다 본체에서 아무 값도 리턴할 필요가 없습니다.
forEach 메서드에 있는 람다 표현식의 경우가 이에 해당합니다.

오! 괄호가 없어요! 이에 대해서는 잠시 후에 다시 알아보도록 하죠.

여러 줄짜리 람다

```
str -> {
  String output = "str = " + str;
  System.out.println(output);
}
```

리턴값이 없습니다.

```
@FunctionalInterface
public interface Consumer<T> {
    void accept(T t);
}
```

함수형 인터페이스에서 메서드가 void로 되어 있습니다.

람다의 매개변수 개수에는 제한이 없습니다.

람다 표현식에서 필요한 매개변수의 개수는 함수형 인터페이스의 메서드에서 받아들이는 매개변수의 개수에 의해 결정됩니다. 매개변수 타입('String' 등)은 보통 필수적인 건 아니지만 그걸 적어 줌으로써 코드를 이해하기 좋아진다면 추가해도 좋습니다. 컴파일러에서 해당 람다 표현식이 어떤 함수형 인터페이스를 구현하는지 자동으로 알아낼 수 없는 경우라면 타입을 꼭 적어 줘야 할 수도 있습니다.

람다 표현식에서 아무 매개변수도 받아들이지 않으면 빈 괄호를 써서 매개변수가 없다는 걸 알려 줘야 합니다.

```
() -> System.out.println("Hello!")
```

```
@FunctionalInterface
public interface Runnable {
  void run();
}
```

메서드 매개변수가 없어요.

타입을 지정하지 않아도 되고 매개변수가 하나뿐이면 괄호를 안 써도 됩니다(매개변수 타입은 상황에 따라 안 적어도 된다고 했었죠?).

```
str -> System.out.println(str)
```

```
@FunctionalInterface
public interface Consumer<T> {
  void accept(T t);
}
```

메서드 매개변수가 한 개입니다.

```
(str1, str2) -> str1.compareToIgnoreCase(str2)
```

```
@FunctionalInterface
public interface Comparator<T> {
  int compare(T o1, T o2);
}
```

메서드 매개변수가 두 개입니다.

람다 메서드 매개변수

어떤 메서드에서 람다를 받아들이는지 어떻게 알 수 있을까요?

이제 람다 표현식이 함수형 인터페이스(추상 메서드가 하나 있는, 즉 SAM이 있는 인터페이스)를 구현한 것이라는 걸 알게 되었습니다. 람다 표현식의 **타입**이 이 인터페이스라는 걸 뜻하는 거죠.

이제 람다 표현식을 만들어 봅시다. 이걸 지금까지 했던 것처럼 어떤 메서드에 넘겨주는 대신 변수에 저장해 봅시다. 자바에서는 모든 것이 객체기 때문에 이것도 자바에 있는 다른 객체들과 마찬가지로 다룰 수 있다는 걸 알 수 있습니다. 이 변수의 타입은 함수형 인터페이스입니다.

```
Comparator<String> comparator = (s1, s2) -> s1.compareToIgnoreCase(s2);

Runnable runnable = () -> System.out.println("Hello!");

Consumer<String> consumer = str -> System.out.println(str);
```

이게 어떤 메서드에서 람다를 받아들이는지 알아내는 데 어떤 식으로 도움이 될까요? 메서드의 매개변수 타입은 함수형 인터페이스일 겁니다. 스트림 API에 있는 몇 가지 예를 살펴볼까요?

```
Stream<T> filter(Predicate<? super T> predicate)
boolean allMatch(Predicate<? super T> predicate)
```

```
@FunctionalInterface
public interface Predicate<T>
```

```
<R> Stream<R> map(Function<? super T,? extends R> mapper)
```

```
@FunctionalInterface
public interface Function<T,R>
```

```
void forEach(Consumer<? super T> action)
```

```
@FunctionalInterface
public interface Consumer<T>
```

정답과 해설 460쪽

연습 문제

컴파일러가 되어 봅시다(고급)

컴파일러 입장이 되어 다음 중 어떤 명령문이 컴파일될 수 있는지 답해 봅시다. 이 중에는 이번 장에서 다루지 않은 코드도 있기 때문에 지금까지 배운 걸 바탕으로 그 '프로토콜'을 새로운 상황에 적용하면서 답을 알아내야 합니다. 함수형 인터페이스의 서명은 보기 좋게 오른쪽에 적어 뒀습니다.

```
public interface Runnable {
  void run();
}
```

```
public interface Consumer<T> {
    void accept(T t);
}
```

```
public interface Supplier<T> {
    T get();
}
```

```
public interface Function<T, R> {
    R apply(T t);
}
```

컴파일할 수 있는 명령문을 체크해 주세요.

```
□ Runnable r = () -> System.out.println("Hi!");

□ Consumer<String> c = s -> System.out.println(s);

□ Supplier<String> s = () -> System.out.println("Some string");

□ Consumer<String> c = (s1, s2) -> System.out.println(s1 + s2);

□ Runnable r = (String str) -> System.out.println(str);

□ Function<String, Integer> f = s -> s.length();

□ Supplier<String> s = () -> "Some string";

□ Consumer<String> c = s -> "String" + s;

□ Function<String, Integer> f = (int i) -> "i = " + i;

□ Supplier<String> s = s -> "Some string: " + s;

□ Function<String, Integer> f = (String s) -> s.length();
```

함수형 인터페이스를 알아보는 법

지금까지는 해당 인터페이스에 람다 표현식으로 구현될 수 있는 SAM이 있다는 것을 손쉽게 알 수 있게 해 주는 **@FunctionalInterface** 애너테이션(애너테이션에 대해서는 부록 B에서 다룹니다)으로 표시된 함수형 인터페이스를 볼 수 있었습니다.

하지만 모든 함수형 인터페이스에 이런 태그가 붙어 있는 건 아닙니다. 옛날 코드는 특히나 더 그렇죠. 따라서 함수형 인터페이스를 스스로 알아볼 수 있는 방법을 알아두면 유용합니다.

뭐 얼마나 어렵겠어? 메서드가
하나뿐인 인터페이스를 찾기만
하면 되는 거 아냐?

꼭 그런 건 아닙니다!

원래는 인터페이스에서 그 인터페이스를 구현하는 모든 클래스에서 오버라이드해야 하는 **추상** 메서드만 허용했습니다. 하지만 자바 8부터는 인터페이스에 **기본(default)** 메서드와 **정적(static)** 메서드도 들어갈 수 있게 되었어요.

정적 메서드는 10장 <숫자는 정말 중요합니다>에서 봤는데요, 이번 장에서도 다시 보게 될 겁니다. 어떤 인스턴스에 속할 필요가 없는 메서드이고 보조 메서드로 많이들 쓰죠.

기본 메서드는 조금 다릅니다. 8장 '심각한 다형성'에서 추상 클래스에 대해 배운 것 기억 나시죠? 오버라이드해야 하는 추상 메서드와 본체가 있는 표준 메서드가 있었어요. 인터페이스에서 기본 메서드는 추상 클래스의 표준 메서드랑 비슷합니다. 본체가 있고 하위 클래스에서 상속할 수 있죠.

기본 메서드와 정적 메서드에는 둘 다 행동을 정해 주는 메서드 본체가 있습니다. 인터페이스에서는 **기본** 메서드나 **정적** 메서드로 정의되지 않은 모든 메서드가 오버라이드해야만 하는 추상 메서드입니다.

야생의 함수형 인터페이스

이제 인터페이스에 추상 메서드가 아닌 메서드도 있다는 걸 알고 있으니 추상 메서드가 하나뿐인 인터페이스를 식별하는 게 좀 더 까다롭다는 걸 알 수 있습니다. 우리의 오랜 친구 Comparator를 한번 볼까요? 여기에는 메서드가 잔뜩 있습니다. 그럼에도 불구하고 그 메서드에는 SAM이 있어요. 추상 메서드는 하나뿐이기 때문입니다. 람다 표현식으로 구현할 수 있는 함수형 인터페이스입니다.

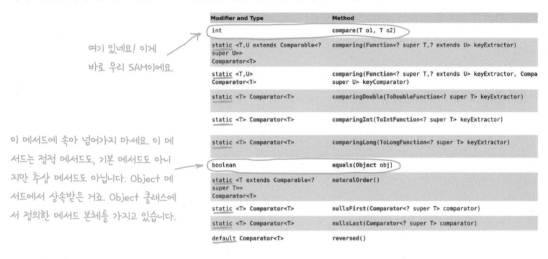

여기 있네요! 이게 바로 우리 SAM이에요.

이 메서드에 속아 넘어가지 마세요. 이 메서드는 정적 메서드도, 기본 메서드도 아니지만 추상 메서드도 아닙니다. Object 메서드에서 상속받은 거죠. Object 클래스에서 정의한 메서드 본체를 가지고 있습니다.

Modifier and Type	Method
int	compare(T o1, T o2)
static <T,U extends Comparable<? super U>> Comparator<T>	comparing(Function<? super T,? extends U> keyExtractor)
static <T,U> Comparator<T>	comparing(Function<? super T,? extends U> keyExtractor, Compa super U> keyComparator)
static <T> Comparator<T>	comparingDouble(ToDoubleFunction<? super T> keyExtractor)
static <T> Comparator<T>	comparingInt(ToIntFunction<? super T> keyExtractor)
static <T> Comparator<T>	comparingLong(ToLongFunction<? super T> keyExtractor)
boolean	equals(Object obj)
static <T extends Comparable<? super T>> Comparator<T>	naturalOrder()
static <T> Comparator<T>	nullsFirst(Comparator<? super T> comparator)
static <T> Comparator<T>	nullsLast(Comparator<? super T> comparator)
default Comparator<T>	reversed()

쓰면서 제대로 공부하기

정답과 해설 461쪽

다음 인터페이스 중 SAM이 있어서 람다 표현식으로 구현할 수 있는 것은?

BiPredicate

Modifier and Type	Method
default BiPredicate<T,U>	and(BiPredicate<? super T,? super U> other)
default BiPredicate<T,U>	negate()
default BiPredicate<T,U>	or(BiPredicate<? super T,? super U> other)
boolean	test(T t, U u)

ActionListener

Modifier and Type	Method
void	actionPerformed(ActionEvent e

Iterator

Modifier and Type	Method
default void	forEachRemaining(Consumer<? super E> action)
boolean	hasNext()
E	next()
default void	remove()

Function

Modifier and Type	Method
default <V> Function<T,V>	andThen(Function<? super R,? extends V> after)
R	apply(T t)
default <V> Function<V,R>	compose(Function<? super V,? extends T> before)
static <T> Function<T,T>	identity()

SocketOption

Modifier and Type	Method
String	name()
Class<T>	type()

루 씨가 돌아왔어요!

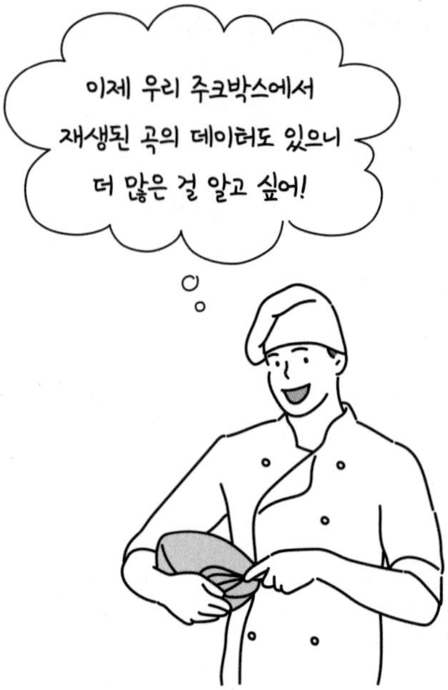

루 씨는 지난 장에서 만든 새로운 주크박스 관리 소프트웨어를 한동안 돌렸어요. 앞으로 식당 주크박스에서 재생된 곡에 대해 더 많은 걸 알고 싶습니다. 이제 데이터가 있으니 그걸 마치 그의 스페셜 오믈렛 재료를 다루듯이 쪼개고 붙여서 새로운 모양으로 만들고자 합니다.
다양한 정보를 바탕으로 재생된 곡들에 대해 더 많은 걸 알아보고자 합니다.

- 가장 많이 재생된 다섯 곡은?
- 어떤 장르의 곡들이 재생되었을까?
- 아티스트는 다른데 제목은 같은 곡도 있을까?

for 반복문을 만들어서 곡 데이터를 살펴보면서 if 명령문으로 확인 작업을 수행하여 곡, 제목, 아티스트 이름 등을 서로 다른 컬렉션에 집어넣어서 위 물음에 대한 답을 구할 수도 있습니다.

하지만 이제 스트림 API에 대해 배웠으니 더 쉬운 방법이 있다는 것도 알고 있겠죠?

다음 페이지에 있는 코드는 **모의** 코드입니다. **Songs.getSongs()**를 호출하면 루 씨의 주크박스에서 가져온 진짜 데이터하고 똑같은 데이터를 담고 있는 Song 객체의 List를 받을 수 있다고 가정합시다.

연습 문제

다음 페이지에 있는 인스턴트 코드를 타이핑해 보세요. 이때 Song 클래스의 나머지 부분을 스스로 채워 주세요. 타이핑이 끝나고 나면 모든 곡을 다 출력하는 메인 메서드를 만들어 주세요.
어떤 내용이 출력될까요?

모의 코드

업데이트된 '모의' 메서드입니다. 이 메서드에서는 루 씨가 주크박스 시스템용으로 만들고 싶어 하는 보고서를 만들 때 시험삼아 쓸 수 있는 테스트 데이터를 리턴합니다. 업데이트된 Song 클래스도 있습니다.

```
class Songs {
  public List<Song> getSongs() {
    return List.of(
      new Song("$10", "Hitchhiker", "Electronic", 2016, 183),
      new Song("Havana", "Camila Cabello", "R&B", 2017, 324),
      new Song("Cassidy", "Grateful Dead", "Rock", 1972, 123),
      new Song("50 ways", "Paul Simon", "Soft Rock", 1975, 199),
      new Song("Hurt", "Nine Inch Nails", "Industrial Rock", 1995, 257),
      new Song("Silence", "Delerium", "Electronic", 1999, 134),
      new Song("Hurt", "Johnny Cash", "Soft Rock", 2002, 392),
      new Song("Watercolour", "Pendulum", "Electronic", 2010, 155),
      new Song("The Outsider", "A Perfect Circle", "Alternative Rock", 2004, 312),
      new Song("With a Little Help from My Friends", "The Beatles", "Rock", 1967, 168),
      new Song("Come Together", "The Beatles", "Blues rock", 1968, 173),
      new Song("Come Together", "Ike & Tina Turner", "Rock", 1970, 165),
      new Song("With a Little Help from My Friends", "Joe Cocker", "Rock", 1968, 46),
      new Song("Immigrant Song", "Karen O", "Industrial Rock", 2011, 12),
      new Song("Breathe", "The Prodigy", "Electronic", 1996, 337),
      new Song("What's Going On", "Gaye", "R&B", 1971, 420),
      new Song("Hallucinate", "Dua Lipa", "Pop", 2020, 75),
      new Song("Walk Me Home", "P!nk", "Pop", 2019, 459),
      new Song("I am not a woman, I'm a god", "Halsey", "Alternative Rock", 2021, 384),
      new Song("Pasos de cero", "Pablo Alborán", "Latin", 2014, 117),
      new Song("Smooth", "Santana", "Latin", 1999, 244),
      new Song("Immigrant song", "Led Zeppelin", "Rock", 1970, 484));
  }
}
public class Song {
  private final String title;
  private final String artist;
  private final String genre;
  private final int year;
  private final int timesPlayed;
  // 연습할 시간입니다! 생성자, 게터, toString() 메서드 등을 만들어 보세요.
}
```

루 씨가 내준 숙제 #1: '록' 음악 전부 찾아내기

업데이트된 곡 목록 안에 있는 데이터에는 곡의 장르가 포함되어 있습니다. 루 씨는 식당 손님들이 록 음악을 바탕으로 변형된 다양한 곡들을 좋아하는 것 같다는 걸 눈치채고는 일종의 '록' 장르로 분류할 수 있는 곡의 목록을 전부 뽑아 보고 싶다고 했습니다.
이번 장은 스트림에 관한 장이므로 스트림 API를 이용하는 해결책을 이용해 보겠습니다. 해결책을 만들어 내기 위해서는 세 가지 타입의 조각들이 필요하다고 배웠죠?

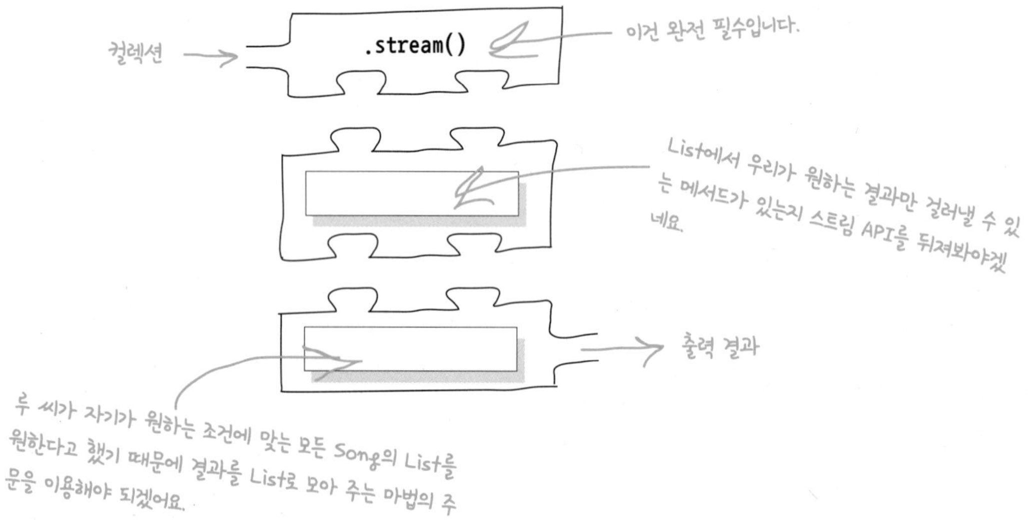

다행히도 루 씨가 우리한테 준 요구조건을 근거로 스트림 API를 만들어내는 데 필요한 힌트가 몇 가지 있습니다. 루 씨는 우선 특정 장르의 곡만 걸러내는 **필터**(fileter)가 필요하다고 했고 그 곡들을 새로운 List로 **모으고**(collect) 싶다고 했습니다.

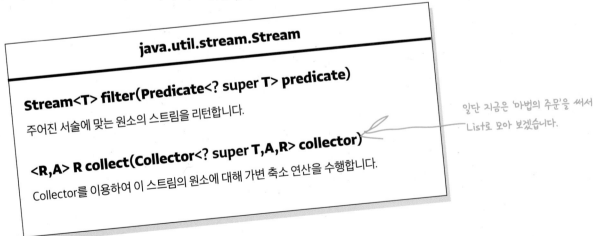

java.util.stream.Stream

Stream<T> filter(Predicate<? super T> predicate)

주어진 서술에 맞는 원소의 스트림을 리턴합니다.

<R,A> R collect(Collector<? super T,A,R> collector)

Collector를 이용하여 이 스트림의 원소에 대해 가변 축소 연산을 수행합니다.

일단 지금은 '마법의 주문'을 써서 List로 모아 보겠습니다.

스트림을 필터링해서 특정 원소만 남깁니다

곡들의 목록에 대해서 필터 연산이 어떤 식으로 작동하는지 살펴봅시다.

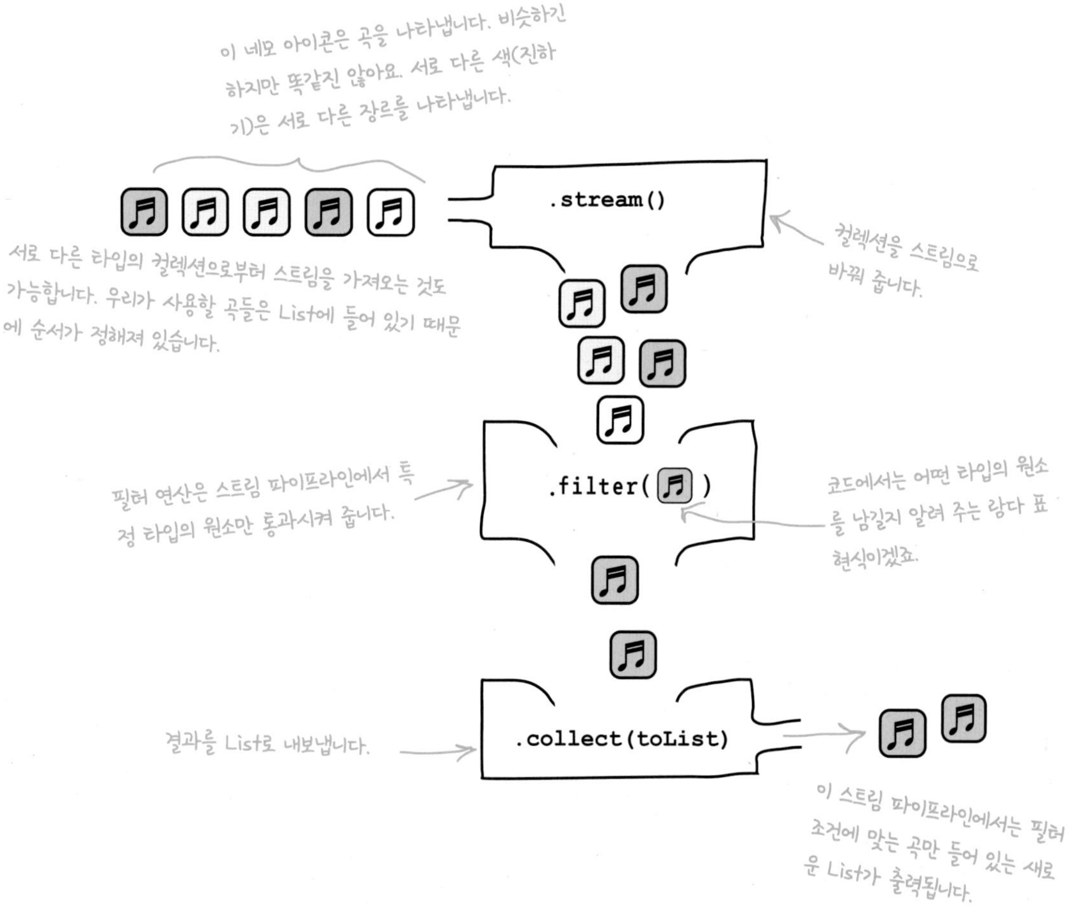

이 네모 아이콘은 곡을 나타냅니다. 비슷하긴 하지만 똑같진 않아요. 서로 다른 색(진하기)은 서로 다른 장르를 나타냅니다.
.stream()
컬렉션을 스트림으로 바꿔 줍니다.
서로 다른 타입의 컬렉션으로부터 스트림을 가져오는 것도 가능합니다. 우리가 사용할 곡들은 List에 들어 있기 때문에 순서가 정해져 있습니다.
.filter( )
필터 연산은 스트림 파이프라인에서 특정 타입의 원소만 통과시켜 줍니다.
코드에서는 어떤 타입의 원소를 남길지 알려 주는 람다 표현식이겠죠.
.collect(toList)
결과를 List로 내보냅니다.
이 스트림 파이프라인에서는 필터 조건에 맞는 곡만 들어 있는 새로운 List가 출력됩니다.

본격적으로 움직여 봅시다!

필터 연산을 추가하면 원치 않는 원소를 필터로 걸러낼 수 있고, 우리 조건에 맞는 원소만 스트림을 통과합니다. 스트림에 어떤 원소를 남기고 싶은지 얘기할 때 람다 표현식을 쓸 수 있다는 건 너무 당연한 거겠죠?
필터 메서드에서는 **Predicate**라는 것을 받아들입니다.

```
@FunctionalInterface
public interface Predicate<T> {
    boolean test(T t);
}
```

불리언을 리턴합니다.

매개변수가 한 개 있습니다.

람다 표현식의 모양에 대해 알고 있는 것을 바탕으로 Predicate를 구현하는 람다 표현식을 어떻게 만들 수 있을지 파악할 수 있겠죠?

매개변수는 하나만 받습니다.

불리언 값(참/거짓)이 나와야 합니다.

```
Predicate predicate = [   ] -> [          ]
```

람다에 들어가는 입력 타입은 스트림에 들어 있는 타입에 의해 결정되기 때문에 Predicate를 스트림 연산에 집어넣은 후에 그 매개변수의 타입이 무엇인지가 결정됩니다.

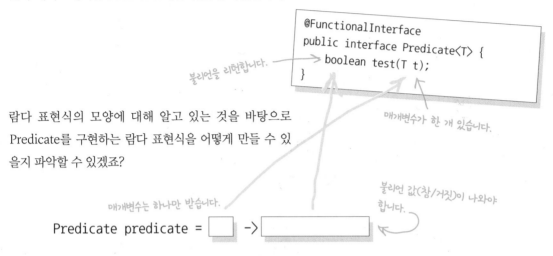

```
public class JukeboxStreams {
  public static void main(String[] args) {
    List<Song> songs = new Songs().getSongs();

    List<Song> rockSongs = songs.stream()
                                .filter(song -> song.getGenre().equals("Rock"))
                                .collect(Collectors.toList());

    System.out.println(rockSongs);
  }
}

class Songs {
  // 인스턴트 코드에 나온 대로
}
class Song {
  // 인스턴트 코드에 나온 대로
}
```

Songs의 List입니다.

filter()는 Song의 Stream에 대해 작용하기 때문에 이건 Song입니다.

곡 정보로부터 장르(String 타입)를 받아와서 그게 'Rock'인지 확인합니다. 그 결과에 따라 참 또는 거짓이 리턴됩니다.

스트림 파이프라인에서 Song의 List를 리턴합니다.

결과를 List에 집어넣습니다.

이 람다는 Predicate를 구현합니다.

출력 결과:

```
File Edit Window Help StonefaceVimes
%java JukeboxStreams

[Cassidy, Grateful Dead, Rock
 With a Little Help from My Friends, The Beatles, Rock,
 Come Together, Ike & Tina Turner, Rock,
 With a Little Help from My Friends, Joe Cocker, Rock,
 Immigrant song, Led Zeppelin, Rock]
```

필터로 영리해지기

filter 메서드의 리턴값은 참 또는 거짓으로 '단순'하지만, 메서드 본체에는 원소를 걸러내는 데 필요한 복잡한 논리가 들어갈 수도 있습니다. 필터를 한 단계 더 발전시켜서 루 씨가 요구한 걸 실제로 처리하도록 합시다.

루 씨는 **'록' 장르의 범주에 들어간다고 할 수 있는** 모든 곡의 목록을 보고 싶습니다.

루 씨는 좁은 의미에서 '록'으로 분류되는 곡뿐 아니라 록과 비슷한 모든 장르에 속하는 곡 전체를 원한 것이었습니다. 따라서 장르 이름 어딘가에 'Rock'이 들어 있는 모든 장르를 찾아야 합니다.

String에는 이런 경우에 써먹을 수 있는 **contains**라는 메서드가 있습니다.

장르에 'Rock'이라는 단어가 들어가기만 하면 참을 리턴합니다.

```
List<Song> rockSongs = songs.stream()
                            .filter(song -> song.getGenre().contains("Rock"))
                            .collect(Collectors.toList());
```

출력 결과:

```
File Edit Window Help YouRock
%java JukeboxStreams

[Cassidy, Grateful Dead, Rock
 50 ways, Paul Simon, Soft Rock
 Hurt, Nine Inch Nails, Industrial Rock
 Hurt, Johnny Cash, Soft Rock
 ...
```

이제 스트림에서 서로 다른 타입의 록 음악을 전부 리턴해 줍니다.

책의 지면을 아끼기 위해 출력을 생략했습니다. 나무를 아껴야죠!

뇌 일깨우기

다음과 같은 곡을 선택할 수 있는 필터 연산을 만들 수 있나요?

- 비틀스(Beatles)가 만든 곡
- 'H'로 시작하는 곡
- 1995년 이후에 나온 곡

루 씨가 내준 숙제 #2: 모든 장르의 목록 구하기

루 씨는 식당 손님들이 듣는 음악 장르가 자기가 처음에 생각했던 것보다는 좀 더 복잡하다는 걸 깨닫게 되었습니다. 지금까지 재생된 모든 곡의 장르 목록을 보고 싶다고 하네요.

지금까지 만든 스트림에서는 항상 처음에 시작한 것과 같은 타입을 리턴했어요. 앞에서 본 예제에서는 String의 Stream을 다루고 있고, String의 List를 리턴했죠. 그 다음으로 봤던 루 씨가 내준 숙제 1번에서는 Song의 List로 시작해서 (조금 더 작은) Song의 List로 끝났죠.

루 씨가 장르의 목록을 원한다고 했는데요, 스트림에 있는 곡 정보가 들어 있는 원소들을 어떤 식으로든 장르(문자열) 원소로 바꿔 줘야 한다는 얘기입니다. 이런 용도로 쓰는 게 바로 **Map**입니다. Map 연산은 한 타입에서 다른 타입으로 매핑하는 방법을 알려 주는 연산입니다.

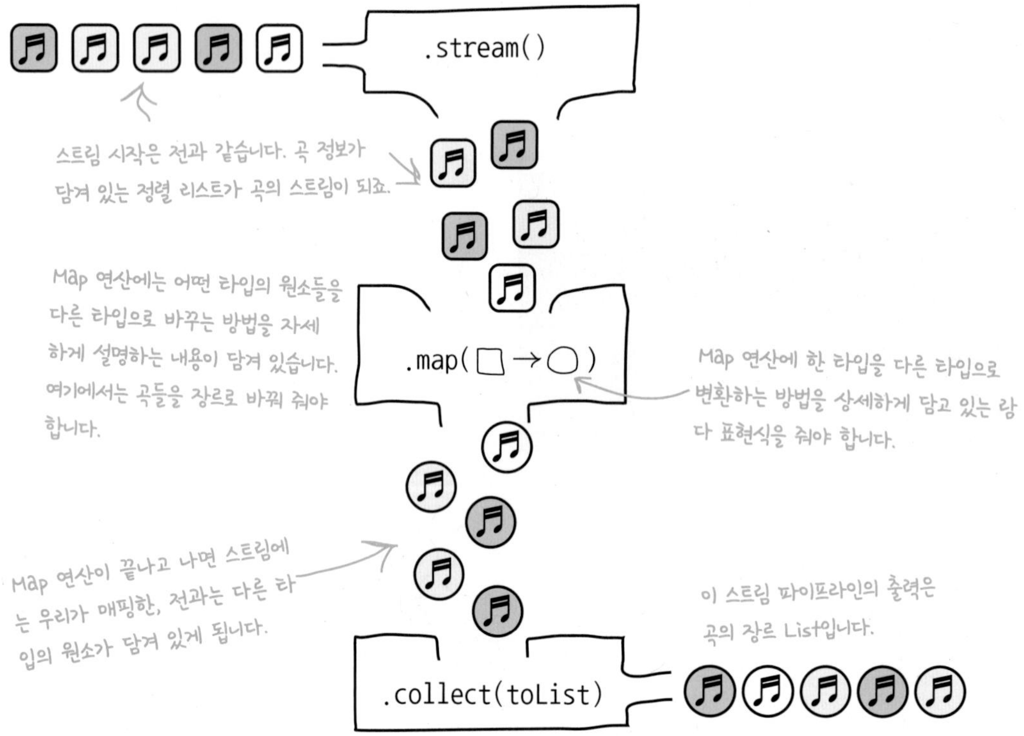

한 타입에서 다른 타입으로 매핑하기

Map 메서드에서는 Function이라는 것을 받아들입니다. 제네릭은 그 정의부터가 뭔가 모호한 면이 있어서 이해하기가 쉽지 않지만, 여기에서 얘기하는 Function이라는 게 하는 일은 딱 하나뿐입니다. 어떤 타입의 뭔가를 받아서 다른 타입의 뭔가를 돌려주죠. 이런 매핑에 필요한 것이 정확하게 무엇인지는 타입에 따라 다릅니다.

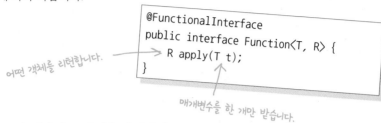

```
@FunctionalInterface
public interface Function<T, R> {
    R apply(T t);
}
```

어떤 객체를 리턴합니다. (→ R)

매개변수를 한 개만 받습니다. (→ T t)

스트림 파이프라인 내에서 Map을 사용하는 방법을 살펴볼까요?

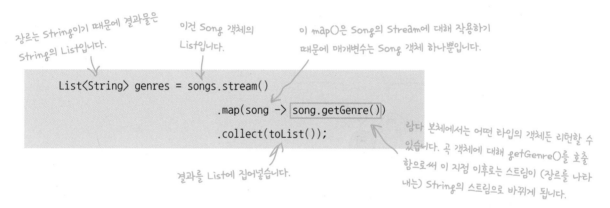

장르는 String이기 때문에 결과물은 String의 List입니다.

이건 Song 객체의 List입니다.

이 map()은 Song의 Stream에 대해 작용하기 때문에 매개변수는 Song 객체 하나뿐입니다.

```
List<String> genres = songs.stream()
                           .map(song -> song.getGenre())
                           .collect(toList());
```

람다 본체에서는 어떤 타입의 객체든 리턴할 수 있습니다. 곡 객체에 대해 getGenre()를 호출함으로써 이 지점 이후로는 스트림이 (장르를 나타내는) String의 스트림으로 바뀌게 됩니다.

결과를 List에 집어넣습니다.

Map의 람다 표현식은 필터의 람다 표현식하고 비슷합니다. 곡을 받아서 다른 뭔가로 바꿔 주죠. 불리언 대신 다른 객체를 리턴하는데, 이 경우에는 곡의 장르가 들어 있는 String을 리턴합니다.

출력 결과:

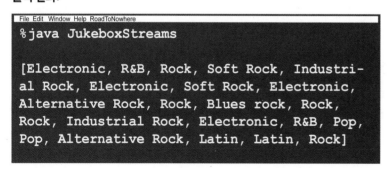

```
File Edit Window Help RoadToNowhere
%java JukeboxStreams

[Electronic, R&B, Rock, Soft Rock, Industri-
al Rock, Electronic, Soft Rock, Electronic,
Alternative Rock, Rock, Blues rock, Rock,
Rock, Industrial Rock, Electronic, R&B, Pop,
Pop, Alternative Rock, Latin, Latin, Rock]
```

중복된 원소 제거하기

테스트 데이터에 있는 모든 장르의 목록이 만들어졌지만, 루 씨가 중복된 장르를 일일이 뒤져보고 싶어 하진 않을 것 같네요. Map 연산 자체에서는 입력된 목록과 같은 크기의 목록을 출력합니다. 스트림 연산은 줄줄이 이어서 쓰게 돼 있는데요, 스트림에 있는 모든 원소를 하나씩만 돌려주는 다른 연산이 있지 않을까요?

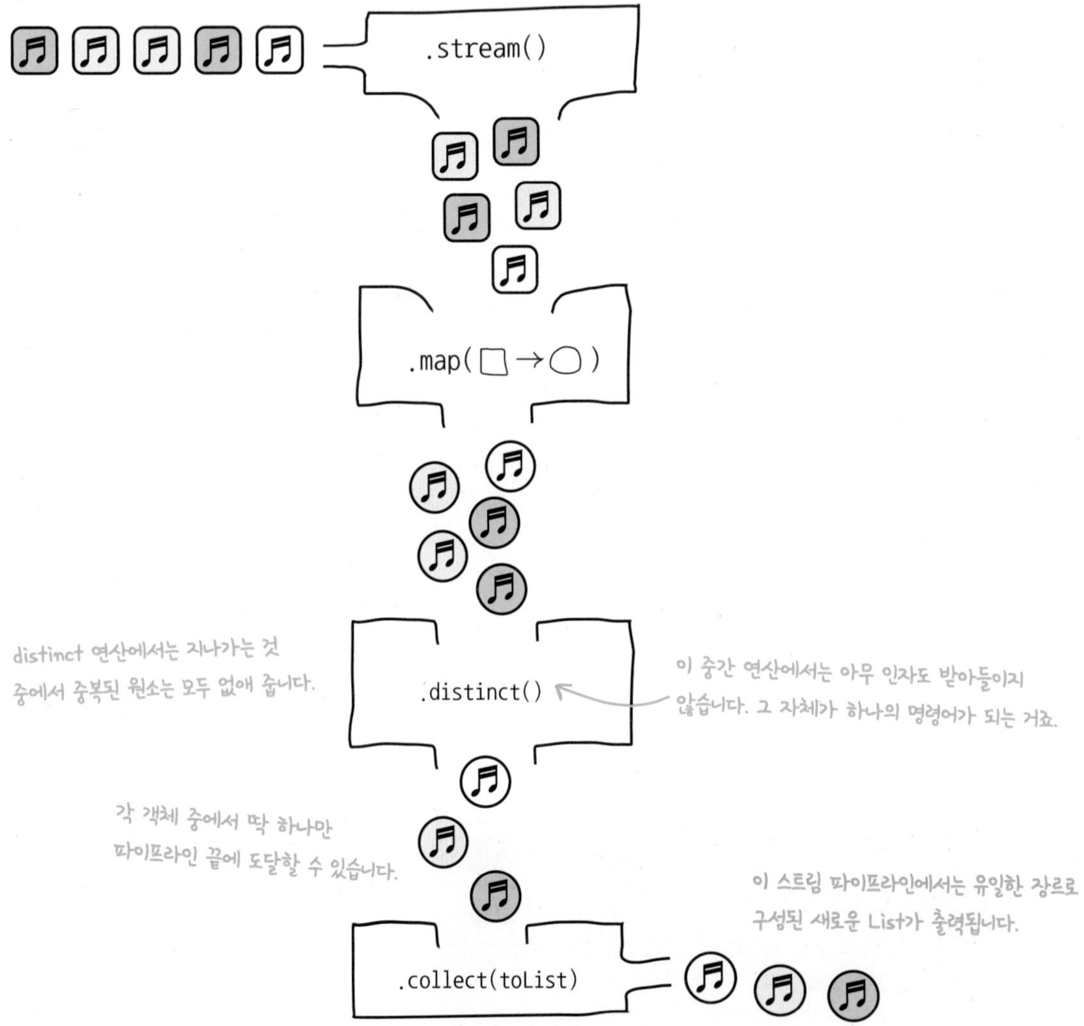
.stream()
.map(□ → ○)
distinct 연산에서는 지나가는 것 중에서 중복된 원소는 모두 없애 줍니다.
.distinct()
이 중간 연산에서는 아무 인자도 받아들이지 않습니다. 그 자체가 하나의 명령어가 되는 거죠.
각 객체 중에서 딱 하나만 파이프라인 끝에 도달할 수 있습니다.
이 스트림 파이프라인에서는 유일한 장르로 구성된 새로운 List가 출력됩니다.
.collect(toList)

모든 장르마다 하나씩만 받기

스트림 파이프라인에 distinct 연산을 추가해 주기만 하면 각 장르를 하나씩만 받게 됩니다.

```
List<String> genres = songs.stream()
                            .map(song -> song.getGenre())
                            .distinct()
                            .collect(Collectors.toList());
```

스트림 파이프라인에 이게 들어가면 이 지점 이후로는 중복된 게 통과할 수 없게 됩니다.

출력 결과:

```
File Edit Window Help UniqueIsGood
%java JukeboxStreams

[Electronic, R&B, Rock, Soft Rock,
Industrial Rock, Alternative Rock,
Blues rock, Pop, Latin]
```

모든 장르를 훨씬 일목요연하게 볼 수 있는 목록이 출력됩니다.

계속 만들어 봅시다!

하나의 스트림 파이프라인에 들어갈 수 있는 중간 연산의 개수에는 제한이 없습니다. 스트림 API의 진정한 위력은 이해할 수 있는 기본 블록들로 복잡한 질의를 쌓아올릴 수 있다는 데 있습니다. 이걸 최대한 효율적인 방법으로 실행시키는 부분은 라이브러리에서 챙겨 줄 겁니다. 예를 들어서, Map 연산과 여러 개의 필터를 사용하여 원곡을 부른 아티스트는 제외하고 그 곡을 커버한 적이 있는 모든 아티스트의 목록을 리턴하는 질의를 만들 수도 있습니다.

```
String songTitle = "With a Little Help from My Friends";
List<String> result = allSongs.stream()
                               .filter(song -> song.getTitle().equals(songTitle))
                               .map(song -> song.getArtist())
                               .filter(artist -> !artist.equals("The Beatles"))
                               .collect(Collectors.toList());
```

쓰면서 제대로 공부하기

이 코드에 스스로 설명을 적어 보세요. 각 필터는 어떤 일을 할까요? map()은 어떤 일을 할까요?

→ 풀어 보세요

람다 표현식도 필요하지 않을 수 있습니다

람다 표현식 중에는 매개변수의 타입이나 함수형 인터페이스의 모양이 주어졌을 때 어떤 작업을 간단하고 예상 가능하게 처리하는 것도 있습니다. Map 연산을 위한 람다 표현식을 다시 한번 살펴볼까요?

```
Function<Song, String> getGenre = song -> song.getGenre();
```

메서드 레퍼런스는 람다 표현식을 대신할 수 있지만 꼭 그걸 써야 하는 건 아닙니다.

이렇게 해야 할 일을 코드로 일일이 적는 대신 **메서드 레퍼런스**를 써서 컴파일러한테 우리가 원하는 연산을 처리해 주는 메서드를 알려 줄 수도 있습니다.

이 Function의 출력은 String이어야 합니다.

이 Function의 입력 매개변수는 Song입니다.

```
Function<Song, String> getGenre = Song::getGenre;
```

람다 본체에서 호출할 메서드가 바로 이거죠.

Function과 마찬가지로 getGenre()의 출력은 String입니다.

메서드 레퍼런스입니다. '.'을 썼으면 컴파일러에서 바로 메서드를 호출했을 텐데 '::'을 썼기 때문에 컴파일러한테 그 메서드를 알려 주기만 할 수 있습니다.

메서드 레퍼런스는 몇 가지 다른 경우에 람다 표현식을 대신할 수 있습니다. 보통은 메서드 레퍼런스를 썼을 때 코드 가독성이 더 좋아지는 경우에 메서드 레퍼런스를 씁니다.

예를 들어서, 우리의 오랜 친구 Comparator를 생각해 보죠. Comparator 인터페이스에는 메서드 레퍼런스와 결합했을 때 어떤 값이 어느 방향으로 정렬에 쓰이는지 알 수 있는 다양한 보조 메서드가 있습니다. 곡들을 나온 지 오래된 것부터 최신 곡까지 순서대로 정렬하고 싶다면 다음과 같은 식으로 할 수도 있지만

```
List<Song> result = allSongs.stream()
                            .sorted((o1, o2) -> o1.getYear() - o2.getYear())
                            .collect(toList());
```

메서드 레퍼런스와 Comparator에 있는 정적 보조 메서드를 결합하여 다음과 같은 식으로 비교하는 방법을 알려 줄 수도 있습니다.

```
List<Song> result = allSongs.stream()
                            .sorted(Comparator.comparingInt(Song::getYear))
                            .collect(toList());
```

쉬어 가기

별로 맘에 들지 않는다면 굳이 메서드 레퍼런스를 쓰지 않아도 돼요. '::' 구문을 보고 이해하는 정도로도 충분합니다. 특히 스트림 파이프라인 안에서 말이죠.

결과를 수집하는 여러 가지 방법

컬렉터 중에 Collectors.toList를 가장 흔하게 사용하긴 하지만, 다른 유용한 컬렉터도 있습니다. 예를 들어서, 루 씨가 내준 두 번째 숙제를 해결할 때 distinct를 이용했는데, 중복을 허용하지 않는 Set으로 결과를 수집할 수도 있습니다. 이렇게 하면 그 결과를 사용하는 쪽에서도 집합의 정의상 중복된 항목이 없으리라는 걸 알 수 있다는 장점이 있습니다.

```
Set<String> genres = songs.stream()
                          .map(song -> song.getGenre())
                          .collect(Collectors.toSet());
```

결과를 String의 List가 아닌 Set에 저장합니다. 집합에는 중복된 항목이 들어갈 수 없죠.

결과를 Set에 집어넣기 때문에 자동으로 유일한 항목만 남게 됩니다.

Collectors.toList와 Collectors.toUnmodifiableList

toList는 이미 봤죠? 이 메서드 대신 **Collectors.toUnmodifiableList**를 사용하면 바꿀 수 없는(어떤 원소도 추가하거나 교체하거나 제거할 수 없는) List를 받을 수 있습니다. 이 메서드는 자바 10 이후에서만 쓸 수 있습니다.

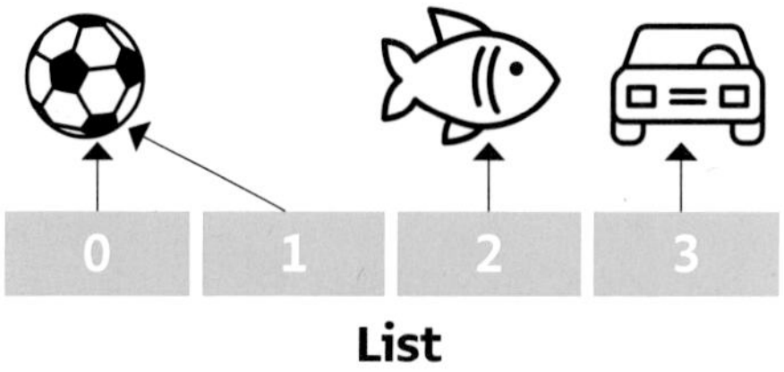

Collectors.toSet과 Collectors.toUnmodifiableSet

결과를 List가 아닌 Set에 집어넣고 싶을 때는 이 메서드를 씁니다. Set에는 중복된 항목이 들어갈 수 없고, 일반적으로 순서도 없습니다. 자바 10 이상을 사용하고 결과를 어떻게도 바꿀 수 없게 만들고 싶다면 **Collectors.toUnmodifiableSet**을 쓰면 됩니다.

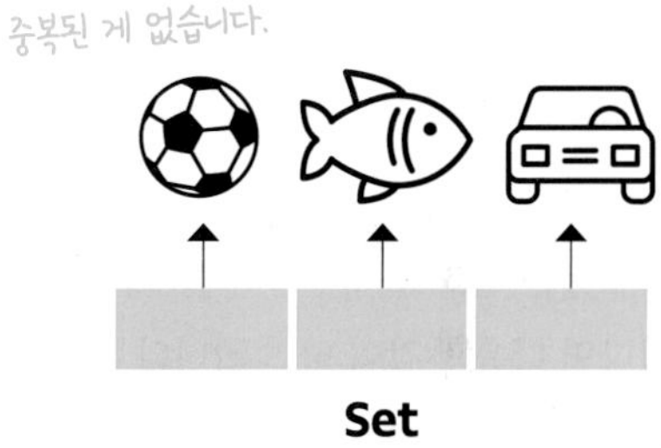

Collectors.toMap과 Collectors.toUnmodifiableMap

스트림을 키/값 쌍으로 모을 수도 있습니다. 컬렉터한테 무엇이 키가 될지, 무엇이 값이 될지 알려 주기 위한 함수를 제공해야 합니다. 자바 10 이상에서는 **Collectors.toUnmodifiableMap**을 이용하여 바꿀 수 없는 맵을 만들 수 있습니다.

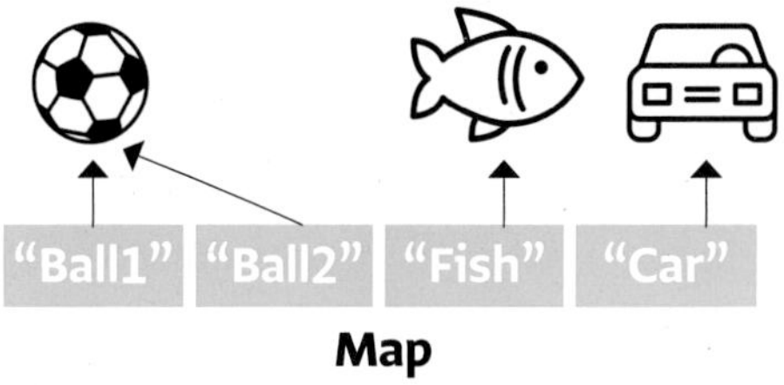

Collectors.joining

스트림으로부터 뽑아낸 결과로 String을 만들 수도 있습니다. 모든 스트림 원소를 합쳐서 하나의 String에 집어넣는 식으로 말이죠. 이때 각 원소를 구분하는 문자를 구분자(delimiter)로 지정할 수도 있습니다. 스트림을 CSV(쉼표로 구분된 값 형태) 문자열로 만들 때 꽤 유용한 기능이죠.

잠깐만요, 아직 더 있어요!

결과를 모으는 게 전부가 아닙니다. collect는 여러 최종 연산 가운데 하나에 불과합니다.

뭔가가 존재하는지 확인하기

스트림에서 뭔가를 찾아본 결과를 불리언 값으로 리턴하는 최종 연산을 사용할 수도 있어요. 예를 들어서, 식당에서 R&B 곡이 재생된 적이 있는지 알고 싶다면 다음과 같이 할 수 있습니다.

```
boolean result =
    songs.stream()
         .anyMatch(s -> s.getGenre().equals("R&B"));
```

```
boolean anyMatch(Predicate p);
boolean allMatch(Predicate p);
boolean noneMatch(Predicate p);
```

특정 항목 찾기

스트림에서 어떤 특정 항목을 찾고 Optional 값을 리턴하는 최종 연산도 있습니다. 예를 들어서, 1995년에 발표된 곡 중 첫 번째로 재생된 곡을 찾고 싶다면 다음과 같이 할 수 있습니다.

```
Optional<Song> result =
    songs.stream()
         .filter(s -> s.getYear() == 1995)
         .findFirst();
```

```
Optional<T> findAny();
Optional<T> findFirst();
Optional<T> max(Comparator c);
Optional<T> min(Comparator c);
Optional<T> reduce(BinaryOperator a);
```

항목 개수 세기

스트림에 있는 원소의 개수를 구할 때 사용할 수 있는 최종 연산도 있어요. 예를 들어서, 유일한 아티스트의 수를 알고 싶다면 다음과 같이 하면 됩니다.

```
long result =
    songs.stream()
         .map(Song::getArtist)
         .distinct()
         .count();
```

```
long count();
```

최종 연산은 이 외에도 다양한데요, 그중에는 우리가 사용하는 스트림의 타입에 따라 다른 것도 있어요.
우리가 하고자 하는 일을 해 줄 수 있는 내장 연산을 찾는 데 API 문서가 도움이 될 수도 있다는 걸 꼭 기억해 둡시다.

잠깐만요. 어떻게 결과가
'Optional'일 수 있는 거죠?
무슨 뜻인지도 잘 모르겠는데요?

뭔가를 리턴할 수도, 아무것도 리턴하지 않을 수도 있는 연산도 있어요

어떤 메서드가 어떤 값을 리턴할 수도, 리턴하지 않을 수도 있다는 게 이상해 보일 수도 있지만 실생활에서는 그런 일이 수시로 일어납니다.

길거리에 있는 어떤 아이스크림 매대에서 딸기 아이스크림을 달라고 했다고 해 보죠.

딸기 아이스크림
하나 주세요.
여기
있습니다!

```
IceCream iceCream =
  getIceCream("Strawberry");
```

쉽죠? 하지만 딸기 아이스크림이 하나도 없으면 어떻게 해야 될까요? 아이스크림 파는 사람이 "딸기맛은 다 떨어졌네요."라고 하겠죠?

딸기맛이 없어요.
죄송합니다.
Rabbit
변수

이랬을 때 어떻게 할지는 손님에 따라 다를 수 있을 겁니다. 딸기 대신 초코 아이스크림을 주문할 수도 있고, 다른 아이스크림 가게를 찾아갈 수도 있고, 집에 가서 딸기 아이스크림을 못 먹었다며 신세 한탄을 할 수도 있을 겁니다.

자바 세상에서는 어떻게 해야 할까요? 첫 번째 경우에는 아이스크림 인스턴스를 받게 될 겁니다. 두 번째 경우에는 어떻게 될까요? String 메시지를 받을까요? 하지만 메시지는 아이스크림 모양의 변수에는 들어갈 수 없잖아요. 그럼 null을 받게 될까요? 근데 null은 대체 정확하게 뭘 뜻하는 걸까요?

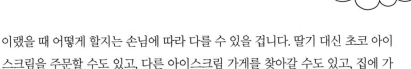

결과
딸기맛
아이스크림

옵셔널은 래퍼입니다

자바 8 이후로 결과를 리턴하지 않을 수도 있다고 선언할 때는 일반적으로 옵셔널(Optional)을 리턴하게 되었습니다. 이 객체는 결과를 감싸는 객체로, "결과가 있니, 없니?" 하고 물어볼 수 있습니다. 그 질문에 대한 답을 바탕으로 다음 할 일을 결정할 수 있습니다.

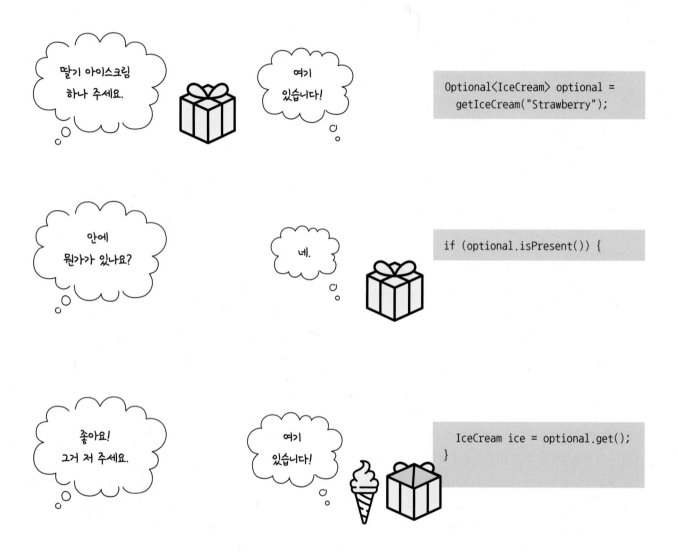

딸기 아이스크림 하나 주세요.
여기 있습니다!

```
Optional<IceCream> optional =
  getIceCream("Strawberry");
```

안에 뭔가가 있나요?
네.

```
if (optional.isPresent()) {
```

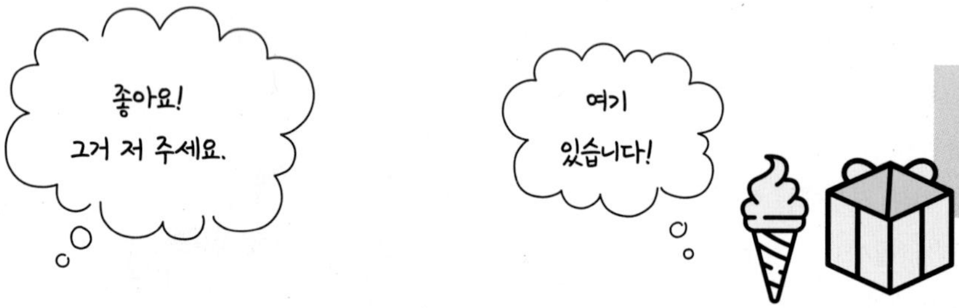
좋아요! 그거 저 주세요.
여기 있습니다!

```
  IceCream ice = optional.get();
}
```

아이스크림을 가져오려면
두 단계를 더 거쳐야
하게 됐네요.

그래요, 하지만 이제 결과가 있는지 물어볼 수 있는 방법이 생겼잖아요.

옵셔널을 이용하면 아이스크림을 받을 수 없는지 확인하고, 그런 상황에 대처할 수 있습니다.

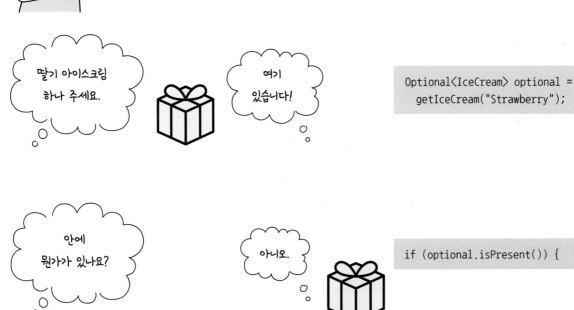

딸기 아이스크림
하나 주세요.
여기
있습니다!

```
Optional<IceCream> optional =
  getIceCream("Strawberry");
```

안에
뭔가가 있나요?
아니오.

```
if (optional.isPresent()) {
```

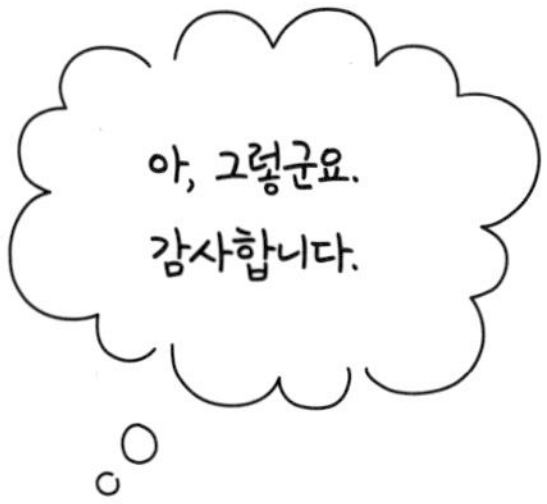
아, 그렇군요.
감사합니다.

```
} else {
  System.out.println("No ice cream
for you!");
}
```

예전이었다면 이런 경우에 예외를 던지거나 null 또는 '없음'을 나타내는 특별한 타입의 아이스크림 인스턴스를 리턴하는 방법을 썼을 겁니다. 메서드에서 옵셔널을 리턴하면 메서드를 호출하는 쪽에서 우선 결과가 있는지 확인해야 한다는 것을 알 수 있으며, 결과가 없다면 어떻게 할지 스스로 결정할 수 있습니다.

옵셔널 래퍼와 제대로 소통해야 합니다

옵셔널로 결과를 받을 때는 **결과가 없을 수 있다**는 점에 주의해야 합니다. 결과가 있는지 먼저 확인을 하지 않았는데 결과가 없다면 예외가 발생합니다.

딸기 아이스크림 주세요.
여기 있습니다!

```
Optional<IceCream> optional =
  getIceCream("Strawberry");
```

주세요!
펑!

```
IceCream ice = optional.get();
```

출력 결과:

```
File Edit Window Help Boom
%java OptionalExamples

Exception in thread "main" java.util.No-
SuchElementException: No value present
      at java.base/java.util.Optional.
get(Optional.java:148)
      at ch10c.OptionalExamples.main(Op-
tionalExamples.java:11)
```

벽에 붙여놓고 외우세요

장미는 붉고 제비꽃은 푸릅니다.
isPresent()를 호출하지 않으면
펑! 터져 버리고 말 겁니다.

옵셔널 객체를 받았을 때는 반드시 포장을 풀기 전에 그 안에 뭔가가 들어 있는지 물어봐야 합니다. 그렇지 않으면 결과가 없는 경우에 예외가 발생하게 됩니다.

정답과 해설 461쪽

5분 미스터리

예상치 못한 커피

알렉스(Alex)는 커피를 주문하면 그때그때 주문자에게 제일 잘 맞는 타입의 커피를 만들어 주는 메가 울트라 스마트(자바 기반) 커피 머신용 프로그램을 만들고 있었습니다.
알렉스는 오후에는 최대한 연한 커피를 원합니다(그렇잖아도 밤에 잠이 잘 안 오는데 카페인까지 더해지면 정말 큰일이거든요).
알렉스는 숙련된 소프트웨어 개발자답게 스트림 API라면 시각에 따라 최적의 커피 스트림을 만들어 줄 거라는 걸 알고 있었습니다.
여기에서 커피는 자연스러운 순서대로 정렬하면 자동으로 가장 연한 것부터 가장 진한 것 순으로 정렬됩니다.

```
Optional<String> afternoonCoffee = coffees.stream()
                                          .map(Coffee::getName)
                                          .sorted()
                                          .findFirst();
```

바로 다음 날, 알렉스는 오후용 커피를 주문했습니다. 그런데 어이 없게도 커피 머신에서는 그가 기대한 대로 카페인을 제거한 카푸치노(Decaf Cappuccino)를 만들어 주지 않고 아메리카노(Americano)를 만들어 줬습니다.

“나 그거 못 마셔! 마셨다가는 밤새 소프트웨어 프로젝트를 걱정하면서 잠을 못 이룬다고!!!”

무슨 일이 일어난 걸까요? 왜 커피 머신은 알렉스에게 아메리카노를 만들어 준 걸까요?

수영장 퍼즐

정답과 해설 462쪽

하단의 수영장 안에 있는 코드 스니펫을 꺼내서 오른쪽에 있는 코드의 빈 줄에 넣어 보세요. 같은 스니펫을 두 번 이상 사용할 수 없으며, 모든 스니펫을 사용할 필요는 없습니다. 이 퍼즐의 목표는 문제없이 컴파일과 실행 과정을 진행해 하단의 결과를 출력하는 클래스를 만드는 것입니다. 생각보다 어려울 수 있으니 얕보지 마세요!

출력 결과:

```
File  Edit  Window  Help  DiveIn
%java StreamPuzzle
[Immigrant Song, With a Little
Help from My Friends, Hallucinate,
Pasos de cero, Cassidy]
With a Little Help from My Friends
No songs found by: The Beach Boys
```

```
public class StreamPuzzle {
  public static void main(String[] args) {
    SongSearch songSearch = ____________;
    songSearch.__________;
    __________.search("The Beatles");
    ________________________________;
  }
}
class ____________ {
  private final List<Song> songs =
      new JukeboxData.Songs().getSongs();

  void printTopFiveSongs() {
    List<String> topFive = songs.stream()
                                .____________
                                .____________
                                .____________
                                .collect(_________);
    System.out.println(topFive);
  }
  void search(String artist) {
    ________ = songs.stream()
                         .____________
                         .____________;
    if (____________) {
      System.out.println(____________);
    } else {
      System.out.println(____________);
    }
  }
}
```

참고: 수영장에서 꺼낸 스니펫은 한 번만 사용할 수 있습니다!

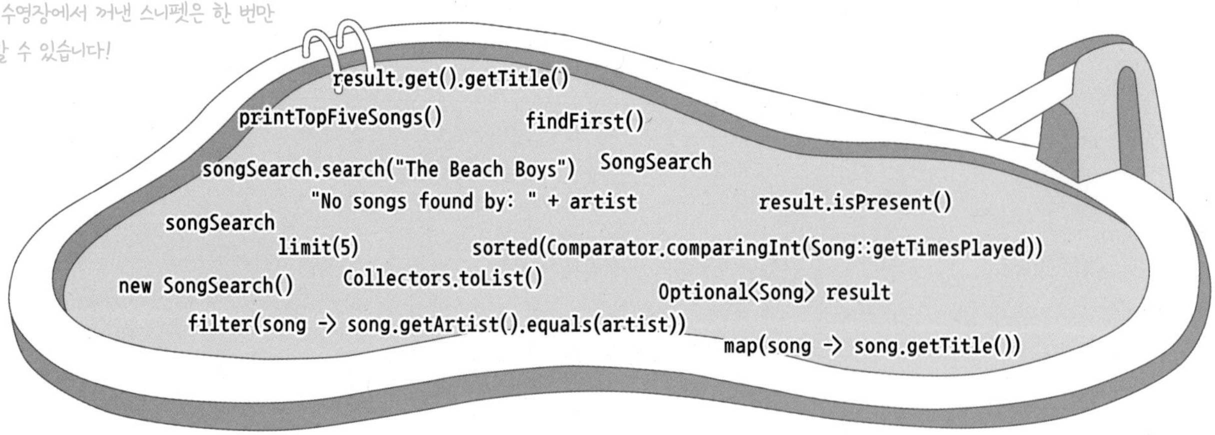
result.get().getTitle()
printTopFiveSongs()
findFirst()
songSearch.search("The Beach Boys")
SongSearch
"No songs found by: " + artist
result.isPresent()
songSearch
limit(5)
sorted(Comparator.comparingInt(Song::getTimesPlayed))
new SongSearch()
Collectors.toList()
Optional<Song> result
filter(song -> song.getArtist().equals(artist))
map(song -> song.getTitle())

정답과 해설

결과를 맞혀 봅시다(414쪽)

후보 코드:

```
for (int i = 1; i < nums.size(); i++)
    output += nums.get(i) + " ";
```

```
for (Integer num : nums)
    output += nums + " ";
```

```
for (int i = 0; i <= nums.length; i++)
    output += nums.get(i) + " ";
```

```
for (int i = 0; i <= nums.size(); i++)
    output += nums.get(i) + " ";
```

출력 결과:

```
1 2 3 4 5
```

```
Compiler error
```

```
2 3 4 5
```

```
Exception thrown
```

```
[1, 2, 3, 4, 5]
[1, 2, 3, 4, 5]
[1, 2, 3, 4, 5]
[1, 2, 3, 4, 5]
[1, 2, 3, 4, 5]
```

연습 문제(416쪽)

filter

skip

limit

distinct

sorted

map

dropWhile

takeWhile

스트림에 있는 현재 원소를 다른 걸로 바꾼다.

이 스트림에서 출력할 수 있는 원소의 최대 개수를 설정한다.

주어진 조건이 참이면 원소를 처리하지 않는다.

주어진 조건에 맞는 원소만 스트림에 남긴다.

주어진 조건이 참일 때만 원소를 처리한다.

스트림의 결과를 정렬할 방법을 지정한다.

스트림의 앞쪽에서 처리하지 않을 원소의 개수를 지정한다.

이것을 사용하면 중복된 원소를 제거할 수 있다.

정답과 해설

코드 자석(428쪽)

```
import java.util.*;
import java.util.stream.*;

public class CoffeeOrder {
  public static void main(String[] args) {
    List<String> coffees = List.of("Cappuccino",
            "Americano", "Espresso", "Cortado", "Mocha",
            "Cappuccino", "Flat White", "Latte");

    List<String> coffeesEndingInO = coffees.stream()
                                           .filter(s -> s.endsWith("o"))
                                           .sorted()
                                           .distinct()
                                           .collect(Collectors.toList());
    System.out.println(coffeesEndingInO);
  }
}
```

스트림 연산 순서가 바뀌면 어떻게 될까요? 결과가 달라질까요?

출력 결과:

```
File Edit Window Help Cafelito
%java CoffeeOrder

[Americano, Cappuccino,
Cortado, Espresso]
```

연습 문제(437쪽)

- [x] `Runnable r = () -> System.out.println("Hi!");`
- [x] `Consumer<String> c = s -> System.out.println(s);`
- [ ] `Supplier<String> s = () -> System.out.println("Some string");` ← String을 리턴해야 하는데 리턴하지 않습니다.
- [ ] `Consumer<String> c = (s1, s2) -> System.out.println(s1 + s2);` ← 매개변수를 하나만 받아들여야 하는데 두 개가 있어요.
- [ ] `Runnable r = (String str) -> System.out.println(str);` ← 매개변수가 없어야 돼요.
- [x] `Function<String, Integer> f = s -> s.length();`
- [x] `Supplier<String> s = () -> "Some string";`
- [ ] `Consumer<String> c = s -> "String" + s;` ← 이 한 줄짜리 람다는 Consumer 메서드가 아무것도 리턴하지 않아야 할 때 효과적으로 String을 하나 리턴합니다. return문은 없지만 이렇게 계산된 String 값이 암묵적으로 리턴되어 할 테니까요.
- [ ] `Function<String, Integer> f = (int i) -> "i = " + i;` ← String 매개변수를 받고 int를 리턴해야 하지만 int 매개변수를 받고 String을 리턴하네요.
- [ ] `Supplier<String> s = s -> "Some string: " + s;` ← 매개변수가 없어야 해요.
- [ ] `Function<String, Integer> f = () -> System.out.println("Some string");`

String 매개변수를 받아야 합니다. int를 리턴해야 하는데 실은 아무것도 리턴하지 않습니다.

정답과 해설

쓰면서 제대로 공부하기(439쪽)

BiPredicate

Modifier and Type	Method
default BiPredicate<T,U>	and(BiPredicate<? super T,? super U> other)
default BiPredicate<T,U>	negate()
default BiPredicate<T,U>	or(BiPredicate<? super T,? super U> other)
boolean	test(T t, U u)

test()라는 SAM이 있습니다. 나머지는 모두 default로 선언된 메서드네요.

ActionListener

Modifier and Type	Method
void	actionPerformed(ActionEvent e)

SAM이 있네요.

Iterator

Modifier and Type	Method
default void	forEachRemaining(Consumer<? super E> action)
boolean	hasNext()
E	next()
default void	remove()

추상 메서드가 hasNext(), next(), 이렇게 두 개 있어요.

Function

Modifier and Type	Method
default <V> Function<T,V>	andThen(Function<? super R,? extends V> after)
R	apply(T t)
default <V> Function<V,R>	compose(Function<? super V,? extends T> before)
static <T> Function<T,T>	identity()

apply()라는 SAM이 있어요. 나머지는 전부 default, static 메서드입니다.

SocketOption

Modifier and Type	Method
String	name()
Class<T>	type()

추상 메서드가 두 개 있어요.

5분 미스터리(457쪽)

알렉스는 스트림 연산 순서에 제대로 신경을 안 썼습니다. 커피 객체를 String의 스트림으로 매핑하는 걸 먼저 한 다음에 정렬을 했어요. String을 그냥 정렬하면 알파벳 순으로 정렬되기 때문에 커피 머신이 알렉스가 마실 오후 커피로 받은 '첫 번째' 결과가 '아메리카노(Americano)'가 된 것이었죠.

알렉스가 커피를 연한 것부터 진한 것 순으로 정렬하고 싶었다면 커피 스트림을 String 이름으로 매핑하기 전에 정렬을 먼저 했어야 합니다.

```
afternoonCoffee = coffees.stream()
                         .sorted()
                         .map(Coffee::getName)
                         .findFirst();
```

이렇게 하면 커피 머신에서 아메리카노가 아닌 카페인이 제거된 카푸치노를 만들어 줄 겁니다.

정답과 해설

수영장 퍼즐(458쪽)

```
public class StreamPuzzle {
  public static void main(String[] args) {
    SongSearch songSearch = new SongSearch();
    songSearch.printTopFiveSongs();
    songSearch.search("The Beatles");
    songSearch.search("The Beach Boys");
  }
}
class SongSearch {
  private final List<Song> songs =
      new JukeboxData.Songs().getSongs();

  void printTopFiveSongs() {
    List<String> topFive = songs.stream()
                           .sorted(Comparator.comparingInt(Song::getTimesPlayed))
                           .map(song -> song.getTitle())
                           .limit(5)
                           .collect(Collectors.toList());
    System.out.println(topFive);
  }
  void search(String artist) {
    Optional<Song> result = songs.stream()
                      .filter(song -> song.getArtist().equals(artist))
                      .findFirst();
    if (result.isPresent()) {
      System.out.println(result.get().getTitle());
    } else {
      System.out.println("No songs found by: " + artist);
    }
  }
}
```

CHAPTER 13

위험한 행동

예외 처리

물론 위험하긴 하지만
문제가 생기더라도
처리할 수 있어요.

종종 예상치 못한 일이 일어나곤 합니다

있는 줄 알았던 파일이 없거나 서버가 다운되는 경우도 흔히 있습니다. 프로그래머가 아무리 뛰어나도 모든 것을 마음대로 제어할 수 있는 것은 아닙니다. 안 좋은 일이 일어날 수도 있어요. 위험 요소가 있는 메서드를 만들 때는 (일어날 가능성이 있는) 안 좋은 일을 처리할 코드가 필요합니다. 하지만 메서드가 언제 위험에 빠질지 어떻게 알 수 있을까요? 그런 **예외적인 상황을 처리할 코드는 어디에 집어넣어야 할까요?** 이 책에서는 아직까지 위험한 행동을 한 적이 없습니다. 실행 중에 문제가 생기는 경우도 있긴 했지만, 그런 문제는 모두 코드에 문제가 있어서 생긴 것이었습니다. 즉, 버그 때문이었죠. 그리고 그런 버그는 개발 과정에서 고쳐야 합니다. 지금 우리가 얘기하고 있는 문제 처리용 코드는 실행 중에 원하는 대로 되지 않는 경우에 대비해서 만드는 코드입니다. 예를 들어서, 파일이 올바른 디렉터리에 있다고 가정하는 코드, 서버가 돌아가고 있다고 가정하는 코드, 스레드가 여전히 잠들어 있는 상태라고 가정하는 코드 같은 경우에는 이러한 가정에 맞지 않는 상황에 대비해야 합니다. 이 장에서는 위험 요소가 있는 JavaSound API를 사용하는 프로그램을 만들 계획이므로 그런 문제를 처리하는 방법을 생각해 봐야 합니다. 이번에는 미디 음악 재생 프로그램을 만들어 보겠습니다.

음악 재생 프로그램 만들어 보기

앞으로 세 장에 걸쳐서 비트박스 드럼 머신을 비롯한 몇 가지 서로 다른 사운드 애플리케이션을 만들어 보겠습니다. 이 책이 끝날 무렵에는 멀티플레이어 버전을 만들어서 소셜 미디어를 통해서 공유하는 식으로 자신의 드럼 루프를 다른 사용자에게 보낼 수 있는 프로그램을 완성하게 될 것입니다. GUI 부분은 인스턴트 코드를 써도 되지만, 그 부분을 제외한 모든 부분은 여러분이 만들 것입니다. IT 분야의 일을 하기 위해 비트박스 서버 같은 것이 반드시 필요한 것은 아니지만, 이 책에서는 그런 프로그램을 통해 자바를 배워 보기로 하겠습니다. 이런 비트박스를 만들다 보면 자바도 배우고 재미도 느낄 수 있으니까요.

비트박스를 완성하고 나면 다음과 같은 화면을 볼 수 있을 것입니다.

상자에 체크만 하면 비트박스 루프(16박자 드럼 패턴)를 만들 수 있습니다.

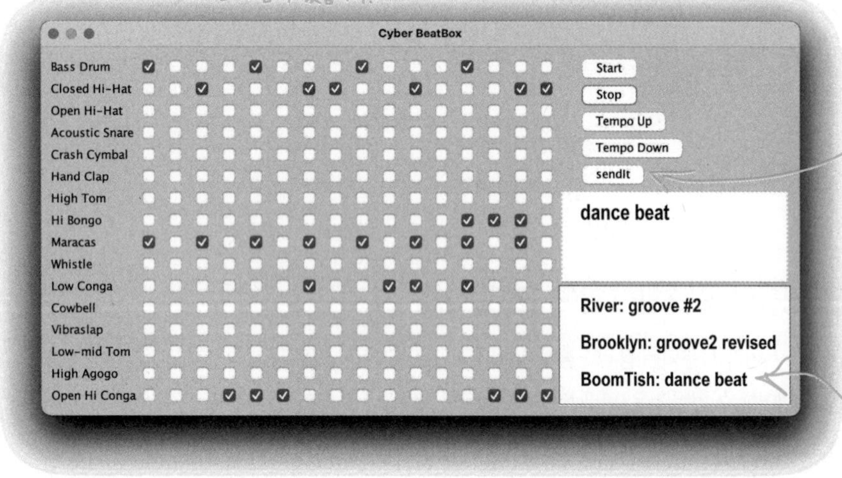

sendIt 버튼을 누를 때 현재 비트 패턴과 함께 전송되는 메시지입니다.

역자 주: 마라카스는 흔들어서 소리를 내는 타악기의 일종이며, 하이햇은 드럼에 달린, 발로 치는 심벌즈입니다. 클로즈 하이햇이란 하이햇 페달에서 발을 뗀 순간 하이햇의 두 심벌들이 '착' 하고 밀착된 상태를 의미합니다.

다른 사람으로부터 들어온 메시지입니다. 클릭하면 그 메시지와 함께 전달된 패턴을 불러올 수 있고 'Start'를 눌러서 그 패턴을 재생할 수 있습니다.

16개의 각 '박자'를 나타내는 상자에 체크 표시가 표시되는 식으로 사용하게 됩니다. 예를 들어서, 16박자 가운데 첫 번째 박자(beat)에서는 베이스 드럼(Bass Drum)과 마라카스(Maracas)가 연주되고, 두 번째 박자에서는 아무것도 연주되지 않고, 세 번째 박자에서는 마라카스와 클로즈 하이햇(Closed Hi-Hat)이 연주되는 식으로 프로그램이 진행됩니다. 감이 잡히죠?

'Start'를 클릭하면 'Stop'을 누를 때까지 이 패턴이 끊임없이 반복됩니다. 그리고 자기가 만든 패턴을 비트박스 서버로 보내면 그 패턴을 캡처할 수 있습니다(즉, 다른 사용자가 그 패턴을 들어 볼 수 있습니다). 그리고 메시지와 패턴이 함께 들어오면 메시지를 클릭해서 그 패턴을 불러올 수도 있습니다.

기초부터 시작합시다

프로그램을 모두 만들려면 새로 배워야 할 것이 몇 가지 있습니다. 스윙 GUI를 만드는 방법, 네트워크를 통해 다른 시스템에 연결하는 방법, 다른 시스템에 뭔가를 보내는 데 필요한, 간단한 입출력과 같은 것을 배워야 합니다.

그리고 JavaSound API도 알아야 합니다. 우선 이 장에서는 JavaSound API부터 시작하겠습니다. 일단은 GUI나 네트워크, 입출력 같은 것은 잊어버리고 여러분의 컴퓨터에서 미디로 만들어진 소리가 나오게 하는 방법에만 집중해 봅시다. 미디에 대해 모른다거나 악보를 읽고 음악을 만드는 방법을 전혀 몰라도 걱정할 필요는 없습니다. 여러분이 알아야 할 것은 모두 여기에 나와 있으니까요. 미디 음악 전문가까지는 아니어도 간단한 내용은 알 수 있게 될 것입니다.

미디 파일에는 음악을 어떤 식으로 재생해야 하는지에 대한 정보만 들어 있을 뿐, 실제 소리에 대한 데이터에는 들어 있지 않습니다. 자동 재생 피아노에 들어가는 악보와 비슷하다고 생각하면 됩니다.

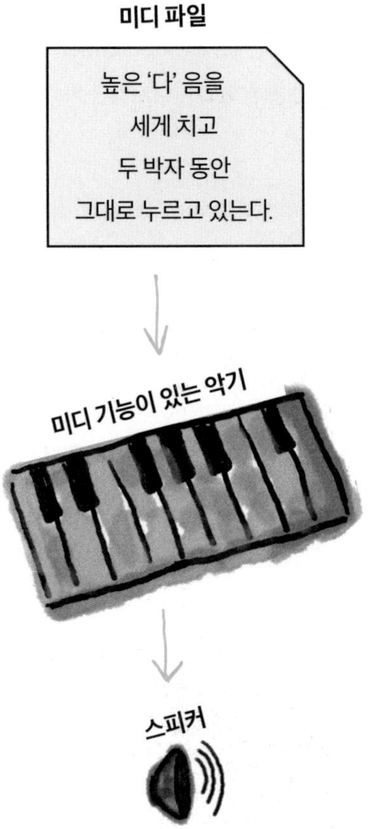

미디 장치에서는 미디 파일을 '읽고' 재생하는 방법을 알고 있습니다. 그런 장치로는 키보드를 비롯한 다양한 장치가 있습니다. 일반적으로 미디 악기는 여러 가지 서로 다른 소리(피아노, 드럼, 바이올린 등)를 낼 수 있고, 그런 소리를 동시에 낼 수도 있습니다. 따라서 미디 파일은 밴드에 있는 한 연주자가 사용할 악보라기보다는 한 곡을 연주하기 위해 필요한 모든 연주자의 악보를 모아 놓은 것이라고 할 수 있습니다.

JavaSound API

JavaSound는 자바 1.3부터 추가된 클래스와 인터페이스의 모음인데, 따로 추가해야 하는 것이 아니라 표준 자바 SE 클래스 라이브러리에 포함되어 있습니다.

JavaSound는 두 부분으로 나뉘어 있는데, 하나는 MIDI고 다른 하나는 Sampled입니다. 이 책에서는 MIDI 부분만 사용합니다. 미디(MIDI)는 악기 디지털 인터페이스(Musical Instruments Digital Interface)의 머리글자로 서로 다른 종류의 전자 음악 기기끼리 의사소통을 하는 데 필요한 표준 프로토콜입니다. 하지만 이 비트박스 애플리케이션을 만드는 입장에서 보면 그냥 최신형 자동 재생 피아노에서 사용할 악보라고 생각할 수도 있습니다. 미디 데이터에는 소리 자체가 들어가는 것이 아니라 미디를 읽어 들이는 악기에서 재생할 수 있는 지시사항이 들어 있습니다. 미디 파일을 HTML 문서에 비유한다면 미디 파일을 재생하는 악기는 웹 브라우저에 비유할 수 있습니다.

미디 데이터에는 무엇을 할지를(가운데 '다' 음을 어떤 세기로 연주하고 얼마 동안 그대로 지속하라는 식으로) 지정하는 내용이 들어 있을 뿐, 실제 여러분이 듣는 소리에 대한 내용은 없습니다. 미디에서는 플루트, 피아노, 지미 헨드릭스의 기타 소리 등을 어떻게 만들어내야 할지를 알 수 없습니다. 실제 소리는 미디 파일을 읽고 재생할 수 있는 악기(미디 장치)에서 만들어냅니다. 보통 미디 장치는 밴드 하나 또는 오케스트라의 악기 하나와 비슷하다고 볼 수 있습니다. 그런 악기는 밴드에서 사용하는 키보드 같은 물리적인 장치일 수도 있고 컴퓨터 안에 완전히 소프트웨어적으로 들어가 있는 악기일 수도 있습니다.

우리가 만들 비트박스에서는, 자바에 기본으로 내장되어 있는 소프트웨어만으로 구현된 악기를 사용하겠습니다. 이런 것을 신시사이저(synthesizer, 또는 소프트웨어 신시사이저)라고 부릅니다. 여러분이 들을 수 있는 소리를 합성하는 역할을 하기 때문이죠.

우선 Sequencer가 필요합니다

어떤 소리를 재생하려면 우선 Sequencer 객체가 있어야 합니다. Sequencer는 모든 미디 데이터를 모아서 올바른 악기로 보내주는 객체입니다. 즉, 실제로 음악을 연주하는 객체라고 할 수 있죠. Sequencer로 다양한 일을 할 수 있지만, 이 책에서는 단순한 재생 장치로만 사용하겠습니다. 오디오에 들어 있는 CD 플레이어에 몇 가지 기능이 추가된 정도라고 생각하면 됩니다. Sequencer 클래스는 javax.sound.midi 패키지에 들어 있습니다(자바 1.3부터 표준 자바 라이브러리에 포함되기 시작했습니다). 일단 Sequencer 객체를 만드는 방법부터 시작해 보겠습니다.

```
import javax.sound.midi.*;

public class MusicTest1 {
  public void play() {
    try {
      Sequencer sequencer = MidiSystem.getSequencer();
      System.out.println("Successfully got a sequencer");
    }
  }

  public static void main(String[] args) {
    MusicTest1 mt = new MusicTest1();
    mt.play();
  }
}
```

javax.sound.midi 패키지를 불러옵니다.

Sequencer 객체가 필요합니다. 이 객체는 우리가 사용할 미디 장치, 미디 악기의 중심부입니다. 모든 미디 정보를 '곡'으로 만들어 주는 역할을 하니까요. 하지만 새로운 객체를 직접 만들지 않고 MidiSystem에 객체를 요구하는 방법을 사용합니다.

뭔가 잘못되었습니다.

이 코드는 컴파일할 수 없습니다. 컴파일러에서 예외를 잡아내거나 처리하야 하는데, 그렇게 하지 않았다고 뭐라고 하는군요.

출력 결과:

```
File Edit Window Help SayWhat?
% javac MusicTest1.java
MusicTest1.java:13: unreported exception javax.sound.midi.
MidiUnavailableException; must be caught or declared to be
thrown
    Sequencer sequencer = MidiSystem.getSequencer();
                                                   ^
1 errors
```

위험 요소가 있는 메서드를 호출하려고 하면 어떤 일이 일어날까요?

1. 다른 누군가가 만든 클래스에 들어 있는 메서드를 호출하는 경우를 가정해 봅시다.

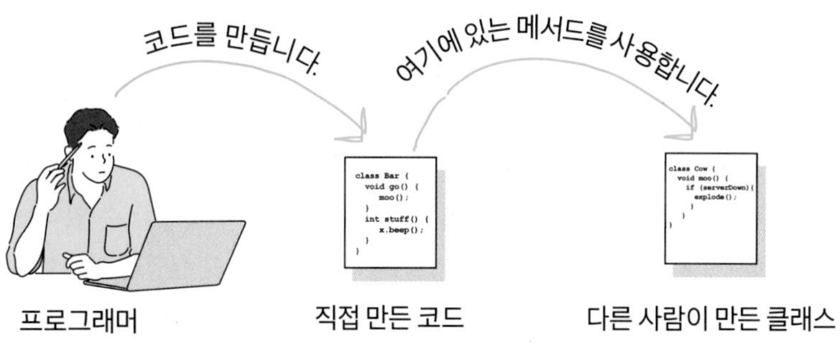

2. 그 메서드에서는 제대로 실행이 되지 않을 수도 있는 뭔가 위험 요소가 있는 작업을 합니다.

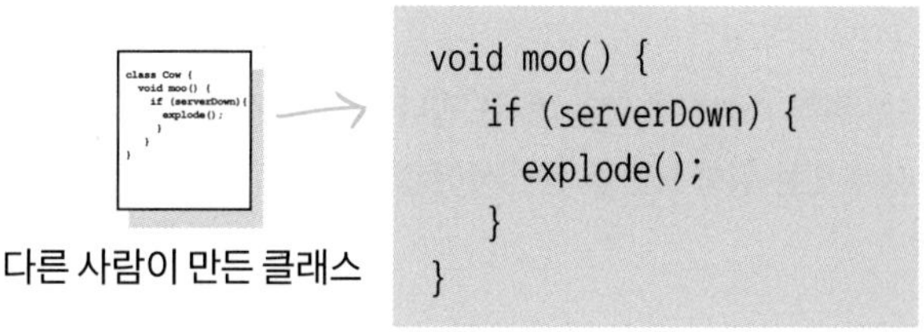

다른 사람이 만든 클래스

if (serverDown) {

3. 호출하려고 하는 메서드에 위험 요소가 있다는 것을 알아야 합니다.

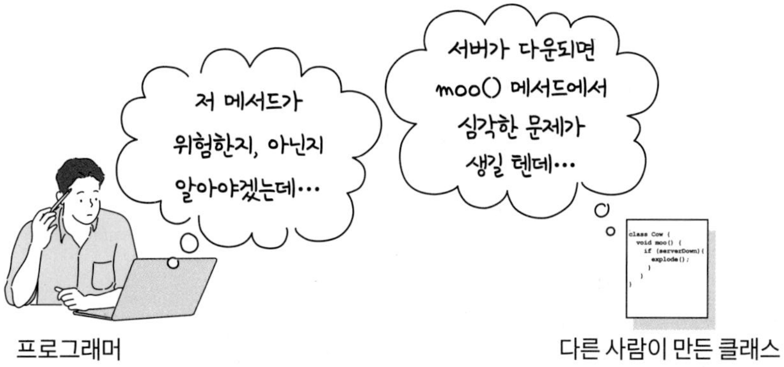

4. 위험하다는 것을 알아내고 나면 실패했을 경우에 그 실패 상황을 처리할 수 있는 코드를 만듭니다. 만약에 대비해서 미리 준비해야 합니다.

이제 알고 있으니까 미리 준비를 할 수 있지.
안전하게 작성합니다.
저 메서드가 위험한지, 아닌지 알아야겠는데…
서버가 다운되면 moo() 메서드에서 심각한 문제가 생길 텐데…
프로그래머
다른 사람이 만든 클래스
직접 만든 코드
다른 사람이 만든 클래스

자바 메서드에서는 문제가 생기면 예외를 사용하여 자신을 호출한 메서드에 그 사실을 알려 줍니다

자바의 **예외 처리**(exception handling) 메커니즘은 실행 중에 생길 수 있는 '예외적인 상황'을 처리할 수 있는 깔끔하고도 부담이 없는 방법입니다. 이 방법을 사용하면 오류 처리 코드를 한 군데로 모아둘 수 있기 때문에 코드를 이해하기도 매우 편리합니다. 이 방법에서는 호출할 메서드가 위험하다는 것(즉, 그 메서드에서 예외를 발생시킬 수 있다는 것)을 알고 있다는 것에 기반하여 그런 문제를 해결할 수 있는 코드를 만들도록 하고 있습니다. 특정 메서드를 호출할 때 예외가 발생할 수 있다는 것을 알고 있다면 그러한 예외를 발생시킨 문제에 미리 대비할 수 있습니다(그런 문제의 원인을 해결할 수도 있겠죠).
그렇다면 메서드에서 예외를 발생시킬 수 있다는 것은 어떻게 알 수 있을까요? 메서드 선언에서 **throws** 구문을 찾으면 됩니다.

getSequencer() 메서드는 위험 가능성이 있는 메서드입니다. 실행 중에 문제가 생길 수도 있습니다. 따라서 그 메서드를 호출했을 때 생길 수 있는 위험 요인을 '선언'해야 합니다.

API 문서를 보면 'getSequencer()에서 MidiUnavailableException' 예외를 던질 수 있다는 것을 알 수 있습니다. 메서드에서는 그 메서드에서 던질 가능성이 있는 예외를 반드시 선언해 줘야 합니다.

getSequencer

```
public static Sequencer getSequencer()
                                   throws MidiUnavailableException
```

Obtains the default Sequencer, connected to a default device. The returned Sequencer instance is connected to the default Synthesizer, as returned by getSynthesizer(). If there is no Synthesizer available, or the default Synthesizer cannot be opened, the sequencer is connected to the default Receiver, as returned by getReceiver(). The connection is made by retrieving a Transmitter instance from the Sequencer and setting its Receiver. Closing and re-opening the sequencer will restore the connection to the default device.

This method is equivalent to calling getSequencer(true).

If the system property javax.sound.midi.Sequencer is defined or it is defined in the file "sound.properties", it is used to identify the default sequencer. For details, refer to the class description.

Returns:
the default sequencer, connected to a default Receiver

Throws:
MidiUnavailableException - if the sequencer is not available due to resource restrictions, or there is no Receiver available by any installed MidiDevice, or no sequencer is installed in the system

See Also:
getSequencer(boolean), getSynthesizer(), getReceiver()

이 부분을 보면 언제 그런 예외가 발생할 수 있는지가 나와 있습니다. 이 경우에는 자원 제한 때문에 Sequencer를 사용할 수 없는 경우에 이런 예외를 던질 수 있다는 것을 알 수 있습니다(Sequencer를 이미 사용 중인 경우에 이런 일이 생깁니다).

실행 중에 오류가 발생할 수 있는 위험한 메서드의 경우에는 메서드 선언부에서 throws SomeKindOfException 같은 구문을 사용하여 예외를 선언해야 합니다.

역자 주: 예외를 발생시키는 것을 예외를 '던진다(throw)'라고 표현하기 때문에 throws라는 키워드를 사용합니다.

컴파일러는 프로그래머가 위험한 메서드를 호출하고 있다는 것을 알아야 합니다

위험한 코드를 **try/catch**라는 것으로 포장해 주면 컴파일러는 아무 불평도 하지 않습니다.

try/catch 블록은 호출할 메서드에서 예외와 관련된 일이 일어날 수 있다는 것을 알고 있음을, 그리고 그런 예외를 처리할 준비가 되어 있음을 컴파일러에 알려 주는 역할을 합니다. 컴파일러는 프로그래머가 그 예외를 처리하는 구체적인 방법에는 신경 쓰지 않습니다. 그냥 그런 예외를 처리할 것이라는 것만 밝혀 주면 불평을 늘어놓지 않습니다.

컴파일러에게

지금 위험을 감수하고 있다는 것은 저도 알고 있습니다. 하지만 그만한 가치가 있다는 것 정도는 알고 계시죠? 어떻게 하면 좋을까요?

와이키키에서 한 프로그래머가

프로그래머에게

인생은 정말 짧습니다(특히 힙에서는 더 그렇죠). 위험을 감수해 보세요. try 구문을 시도해 보세요. 하지만 일이 제대로 풀리지 않을 때를 대비해서 문제가 커지기 전에 catch 구문을 써서 모든 문제를 잡아내야 합니다.

```
import javax.sound.midi.*;

public class MusicTest1 {

  public void play() {
    try {
      Sequencer sequencer = MidiSystem.getSequencer();
      System.out.println("Successfully got a sequencer");
    } catch(MidiUnavailableException e) {
      System.out.println("Bummer");
    }
  }

  public static void main(String[] args) {
    MusicTest1 mt = new MusicTest1();
    mt.play();
  }
}
```

위험한 부분은 try 블록에 넣습니다. 여기에서 예외를 던질 수 있는 건 '위험한' getSequencer 메서드죠.

예외적인 상황이 일어났을 때 할 일을 지정하기 위한 catch 블록을 만듭니다. 괄호 안에 있는 내용은 getSequencer()를 호출했을 때 MidiUnavailableException이 발생할 수 있다는 것을 의미합니다.

예외도 객체입니다. Exception 타입의 객체지요

집에서는 따라 하지 마세요.

예외는 Exception이라는 타입의 객체입니다.

앞서 다형성에 대한 내용을 다루는 장(7, 8장)에서 배웠듯이 Exception 타입의 객체에는 Exception 하위 클래스의 모든 인스턴스가 포함됩니다.

Exception이 객체이므로 우리가 '잡아야' 하는 것도 객체입니다. 다음 코드에서 **catch**의 인자는 Exception 타입으로 선언되어 있고 매개변수는 e라는 이름을 가진 레퍼런스 변수입니다.

```
try {
  // 위험한 일을 합니다.

} catch(Exception e) {
  // 문제를 처리합니다.
}
```

메서드 인자를 선언하는 것과 마찬가지입니다.

이 코드는 예외가 던져진 경우에만 실행됩니다.

Exception 클래스 계층구조의 한 부분입니다. 모두 Throwable이라는 클래스를 확장하여 핵심적인 메서드 두 개를 물려받습니다.

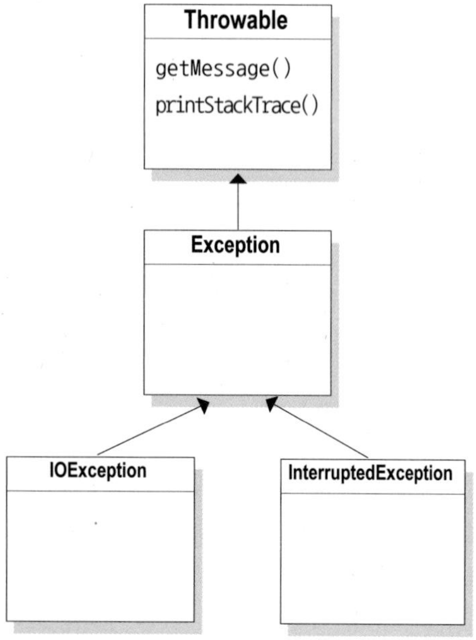

catch 블록에 들어가는 코드는 발생된 예외에 따라 결정됩니다. 예를 들어서, 서버가 다운되어 있다면 다른 서버를 시도하는 catch 블록을 만들면 되겠죠? 그리고 파일이 없는 경우에는 사용자에게 파일을 찾아달라는 요청을 할 수 있을 것입니다.

역자 주: throwable은 '던질 수 있는' 범주에 속하는 클래스를 의미하는 것이겠죠.

'예외를 잡는 것'은 우리가 만든 코드에서 처리할 수 있는데, 예외를 던지는 것은 어떤 코드로 아나요?

자바 코드를 만들 때 직접 예외를 만들고 던지는 시간보다는 예외를 처리하는 데 걸리는 시간이 훨씬 많을 것입니다. 일단 지금은 코드에서 위험한 메서드(예외를 선언하는 메서드)를 호출할 때, 호출한 쪽에 예외를 던지는 것이 바로 그 위험한 메서드라고 기억해 두면 되겠습니다.

물론 여러분이 그런 위험한 메서드를 만드는 경우도 있습니다. 사실 코드를 누가 만드는지는 중요하지가 않습니다. 어떤 메서드에서 예외를 던지고 어떤 메서드에서 예외를 잡아내는지가 중요하겠죠.

누군가가 예외를 던질 수 있는 코드를 만든다면 반드시 그 예외를 선언해야 합니다.

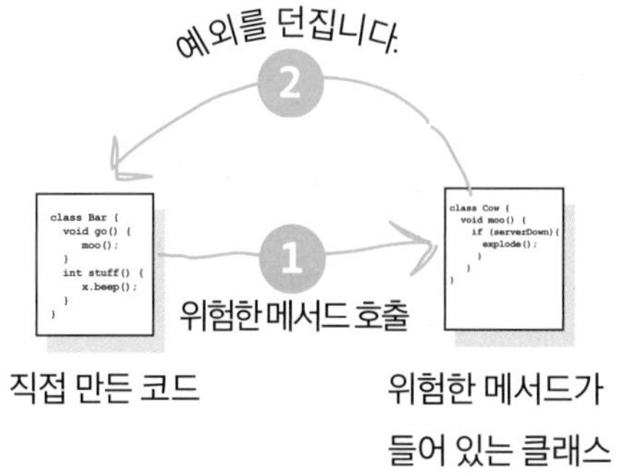

1 예외를 던지는 위험한 코드

```
public void takeRisk() throws BadException {
  if (abandonAllHope) {
    throw new BadException();
  }
}
```

예외를 선언하는 과정을 통해 BadException을 던질 수 있다는 것을 외부에 알립니다.

새로운 Exception 객체를 만들고 던집니다.

2 그 위험한 메서드를 호출하는 코드

```
public void crossFingers() {
  try {
    anObject.takeRisk();
  } catch (BadException e) {
    System.out.println("Aaargh!");
    e.printStackTrace();
  }
}
```

예외 상황을 해결할 수 없다면 적어도 모든 예외 객체에서 물려받는 printStackTrace() 메서드를 써서 스택 트레이스(stack trace)를 출력하는 정도는 해 줘야 합니다.

한 메서드에서 던진 것을 다른 메서드에서 잡아야 합니다. 예외는 언제나 그 메서드를 호출한 곳으로 던져집니다. 예외를 던지는 메서드에서는 반드시 그 메서드에서 예외를 던질 수 있다는 것을 선언해야만 합니다.

컴파일러는 RuntimeException을 제외한 모든 것을 확인합니다

RuntimeException의 하위 클래스에 속하지 않은 Exception 객체는 컴파일러에서 확인해야 합니다. 그러한 예외를 '확인 예외(checked exception)'라고 부릅니다.

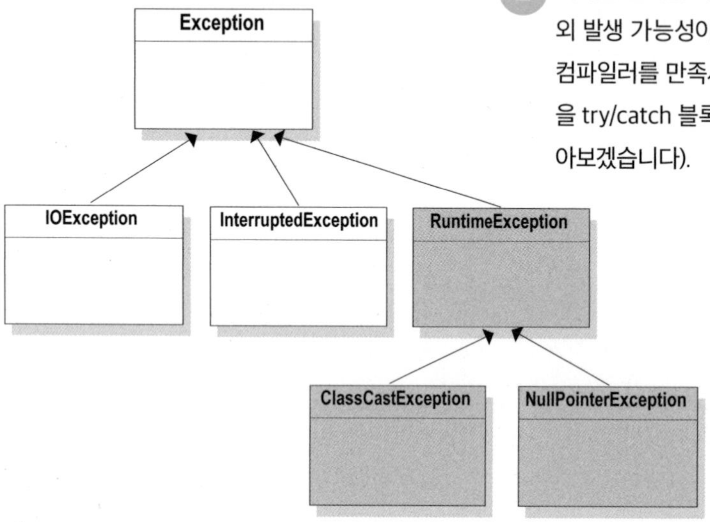

RuntimeException 객체는 컴파일러에서 확인하지 않습니다. 그런 예외를 '미확인 예외(unchecked exception)'라고 부릅니다. RuntimeException도 던지고 잡고 선언할 수 있지만, 컴파일러에서 확인을 하지도 않으며 꼭 그래야 하는 것도 아닙니다.

컴파일러는 다음과 같은 것을 확인합니다.

1. 코드에서 예외를 던진다면 반드시 메서드를 선언하는 부분에서 throws 키워드를 써서 선언해 줘야 합니다.

2. 예외를 던지는 메서드(즉, 예외를 던진다고 선언한 메서드)를 호출하면 예외 발생 가능성이 있음을 알고 있다는 것을 표현해야 합니다. 이런 경우에 컴파일러를 만족시키는 방법 가운데 하나로 그런 메서드를 호출하는 부분을 try/catch 블록으로 감싸는 것이 있습니다(두 번째 방법은 잠시 후에 알아보겠습니다).

무엇이든 물어보세요

Q&A

Q1 잠깐만요. 왜 이제서야 try/catch 블록을 쓰나요? 앞에서 벌써 NullPointerException이나 DivideByZero 같은 예외가 나온 적이 있잖아요. 그리고 Integer.parseInt( ) 메서드에서는 NumberFormatException이 던져지는 경우도 있었고요. 그런 예외는 왜 잡지 않아도 괜찮았나요?

A1 컴파일러는 RuntimeException이라는 특수한 타입을 제외한 Exception의 모든 하위 클래스에 대해 신경을 씁니다. 하지만 RuntimeException을 확장한 예외 클래스는 모두 그냥 통과됩니다. RuntimeException은 try/catch 블록 사용 여부, 또는 선언 부분에 throws 구문이 있는지 여부에 상관없이 어디에서든 사용할 수 있습니다. 컴파일러는 RuntimeException을 던진다고 선언을 했는지, 호출하는 쪽에서 실행 중에 예외가 생길 수 있음을 감안하고 있는지 등을 따지지 않습니다.

Q2 컴파일러에서 그런 런타임 예외에 대해서는 왜 신경을 쓰지 않나요? 그런 예외는 큰 문제를 일으키지 않는 건가요?

A2 대부분의 런타임 예외는 실행 중에 어떤 조건에 문제가 생기는 경우보다는 코드의 논리에 예측 및 예방할 수 없는 방식으로 문제가 생기는 경우에 발생합니다. 파일이 있는지 여부는 항상 장담할 수 없습니다. 그리고 서버가 잘 돌아가고 있는지도 언제나 장담할 수 있는 것이 아닙니다. 하지만 배열에서 인덱스 범위를 벗어나는 일은 코드를 잘 짜면 확실히 방지할 수 있습니다(.length 속성을 사용하는 가장 중요한 이유라고도 할 수 있죠).

개발과 테스트 단계에서는 RuntimeException이 그냥 일어나게 하는 것이 좋습니다. 예를 들어서, try/catch 블록을 써서 '애초에 일어나지 않았어야' 하는 문제를 잡아서 고치는 것은 바람직하지 않겠죠.

try/catch는 예외적인 상황을 처리하기 위한 것이지, 코드에 있는 문제점을 처리하기 위한 것이 아닙니다. catch 블록은 반드시 성공하리라는 보장이 없는 코드를 시도해 보고 코드가 실패했을 때 그런 예외적인 상황을 해결하기 위한 것입니다. 상황 해결이 여의치 않다면 사용자에게 메시지를 출력하고 스택 트레이스를 보여줌으로써 무슨 문제가 있는지 알려 주는 일이라도 해야 되겠죠.

핵심 정리

- 실행 중에 문제가 생기면 메서드에서 예외를 던질 수 있습니다.
- 예외는 언제나 Exception 타입의 객체입니다(다형성을 설명한 장에서 배웠듯이 어떤 객체의 상속 트리 위쪽 어딘가에 Exception이 있다면 그 객체는 Exception 객체입니다).
- **RuntimeException** 타입에 속하는 예외에 대해서는 컴파일러에서 신경을 쓰지 않습니다. RuntimeException은 선언하지 않아도 되고 try/catch로 포장할 필요도 없습니다(물론 선언을 하거나 try/catch 블록을 써도 되긴 합니다).
- 컴파일러에서 항상 확인하는 Exception 타입을 '확인 예외'라고 부르는데, 정확하게 말하자면 '컴파일러에서 확인하는 예외'라고 할 수 있습니다. 컴파일러에서 확인하지 않는 예외는 RuntimeException뿐입니다. 다른 모든 예외에 대해서는 적절한 코드를 사용해야 합니다.
- 메서드에서 예외를 던질 때는 **throw** 키워드를 사용하며, 그 뒤에는 새로운 예외 객체를 만드는 구문을 적어 주면 됩니다.

```
throw new NoCaffeineException( );
```

- 확인 예외를 던질 수 있는 메서드를 선언할 때는 반드시 **throws SomeException** 명령문을 써서 예외를 던질 수 있다는 사실을 공표해야 합니다.
- 확인 예외를 던지는 메서드를 호출할 때는 반드시 정해진 규칙을 준수해야 합니다.
- 예외를 처리할 준비가 되어 있다면 예외를 던지는 메서드를 호출하는 코드를 try/catch로 감싸야 하며 예외 처리/복구 코드는 catch 블록 안에 넣어야 합니다.
- 예외를 처리할 준비가 되지 않았다면 공식적으로 예외를 '회피'함으로써 컴파일러에서 그냥 넘어가게 할 수 있습니다. 이와 관련된 내용은 잠시 후에 알아보겠습니다.

메타인지 학습법

공부하는 방법에 관한 팁

뭔가 새로운 것을 공부할 때는 자기 전에 마지막으로 그 내용을 공부하세요. 즉, 일단 책을 덮은 다음에는 머리를 많이 써야 하는 일은 절대 하지 마세요. 머리에서 여러분이 읽고 배운 내용을 처리하려면 어느 정도 시간이 걸립니다. 몇 시간이 걸릴 수도 있죠. 어떤 것을 배운 다음에 바로 다른 것을 공부하려고 하면 제대로 이해가 되지 않을 수 있습니다.

물론 몸으로 하는 일은 별 상관없습니다. 자바에 대한 내용을 열심히 공부하고 나서 열심히 발차기 연습을 해도 자바 공부에는 별로 나쁜 영향을 끼치지 않습니다.

학습 효과를 극대화시키고 싶다면 잠들기 직전에 이 책을 읽어 보세요(적어도 그림이라도 보면 확실히 도움이 될 것입니다).

쓰면서 제대로 공부하기

다음 중에서 컴파일러가 챙겨야 할 예외를 던질 가능성이 있는 것을 골라 보세요. 코드만으로는 어떻게 할 수 없는 경우만 생각해 보세요. 첫 번째 것은 우리가 해 놓았습니다(그게 제일 쉽거든요).

→ 풀어 보세요

하고자 하는 일	생길 수 있는 문제
✔ 원격 서버에 접속	서버가 다운되어 있음
___ 길이 제한을 벗어난 배열 접근	
___ 화면에 창을 표시함	
___ 데이터베이스로부터 데이터를 가져옴	
___ 텍스트 파일이 예상 위치에 있는지 확인	
___ 새로운 파일 생성	
___ 명령행으로부터 문자를 읽어옴	

try/catch 블록에서의 흐름 제어

위험한 메서드를 호출하면 둘 중 한 가지 일이 일어날 수 있습니다. 위험한 메서드가 성공해서 try 블록이 무사히 종료되거나 위험한 메서드에서 예외를 던질 수 있겠죠.

try 블록이 성공하면

(doRiskyThing()에서 예외를 던지지 않으면)

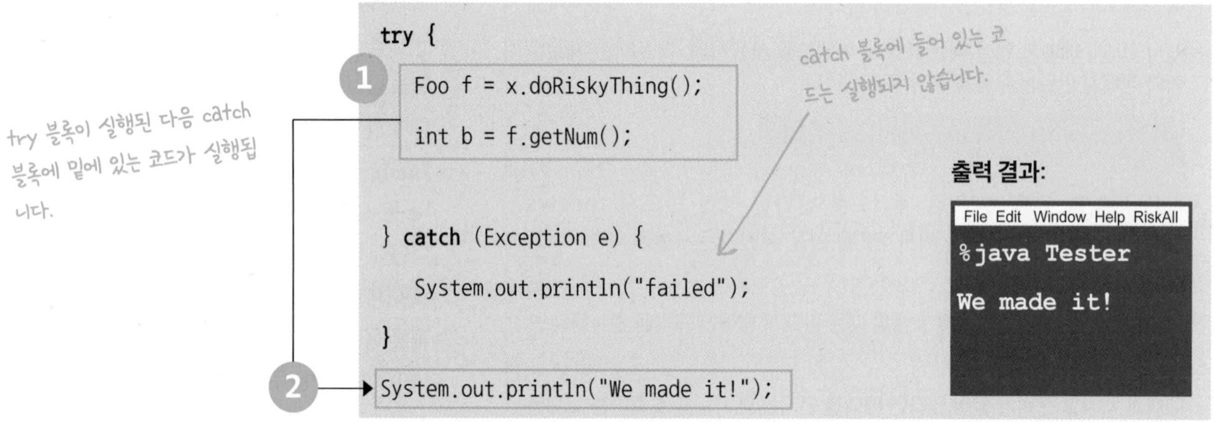

try {
1 Foo f = x.doRiskyThing();
int b = f.getNum();
} catch (Exception e) {
System.out.println("failed");
}
2 System.out.println("We made it!");
try 블록이 실행된 다음 catch 블록에 밑에 있는 코드가 실행됩니다.
catch 블록에 들어 있는 코드는 실행되지 않습니다.
출력 결과:
File Edit Window Help RiskAll
%java Tester
We made it!

try 블록이 실패하면

(doRiskyThing()에서 예외를 던지면)

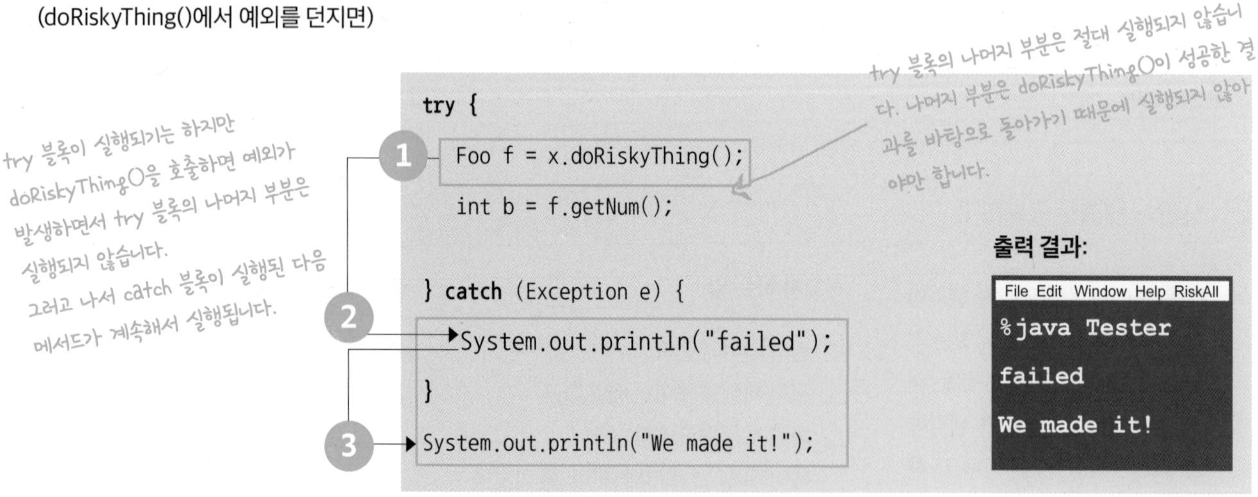

try {
1 Foo f = x.doRiskyThing();
int b = f.getNum();
} catch (Exception e) {
2 System.out.println("failed");
}
3 System.out.println("We made it!");
try 블록이 실행되기는 하지만 doRiskyThing()을 호출하면 예외가 발생하면서 try 블록의 나머지 부분은 실행되지 않습니다.
그러고 나서 catch 블록이 실행된 다음 메서드가 계속해서 실행됩니다.
try 블록의 나머지 부분은 절대 실행되지 않습니다. 나머지 부분은 doRiskyThing()이 성공한 결과를 바탕으로 돌아가기 때문에 실행되지 않아야만 합니다.
출력 결과:
File Edit Window Help RiskAll
%java Tester
failed
We made it!

무조건 실행할 내용을 지정하는 방법

요리를 하는 과정을 생각해 봅시다. 일단 오븐을 켜야겠죠?
하지만 요리가 제대로 되지 않았다면**(실패했다면) 오븐을 꺼야 합니다.**
요리가 성공적으로 끝나도 오븐을 꺼야 합니다.
오븐은 어찌 됐든 무조건 꺼야만 합니다.

예외 발생 여부와 상관없이 무조건 실행할 코드는 finally 블록에 집어넣으면 됩니다.

```
try {
  turnOvenOn();
  x.bake();
} catch (BakingException e) {
  e.printStackTrace();
} finally {
  turnOvenOff();
}
```

무슨 일이 일어나든 주차할 때
주차 브레이크 거는 걸 잊지 마세요.
저희는 주차 브레이크 안 걸었다가
차 한 대를 잃어버렸지 뭐예요.

finally 블록이 없으면 turnOvenOff()를 try와 catch 블록에 모두 집어넣어야 되겠죠. **오븐을 끄는 turnOvenOff() 메서드는 무조건 실행해야 하니까요.** finally 블록을 사용하면 (아래와 같이) 코드를 중복해서 쓸 필요 없이 (위 코드와 같이) 중요한 사후 처리 코드를 한 군데 몰아 놓을 수 있습니다.

```
try {
  turnOvenOn();
  x.bake();
  turnOvenOff();
} catch (BakingException e) {
  e.printStackTrace();
  turnOvenOff();
}
```

try 블록이 실패하면, 즉 예외가 발생하면 흐름 제어가 바로 catch 블록으로 넘어갑니다. catch 블록이 종료되면 finally 블록이 실행됩니다. finally 블록이 종료되면 그 메서드의 나머지 부분이 실행됩니다.

try 블록이 성공하면, 즉 예외가 발생하지 않으면 catch 블록은 건너뛰고 finally 블록으로 넘어갑니다. finally 블록이 종료되면 그 메서드의 나머지 부분이 실행됩니다.

try 또는 catch 블록에 return 명령문이 있어도 finally 블록은 실행됩니다. 일단 흐름 제어가 finally 블록으로 넘어갔다가 리턴됩니다.

흐름 제어

왼쪽 하단에 있는 코드를 살펴봅시다. 이 프로그램의 출력 결과는 어떻게 될까요? 프로그램의 세 번째 줄을 String test = "예";로 고치면 그 결과가 어떻게 달라질까요?

→ 풀어 보세요

```
public class TestExceptions {

  public static void main(String[] args) {
    String test = "아니오";
    try {
      System.out.println("try 블록 시작");
      doRisky(test);
      System.out.println("try 블록 끝");
    } catch (ScaryException se) {
      System.out.println("예외 발생");
    } finally {
      System.out.println("finally 블록");
    }
    System.out.println("main 끝");
  }

  static void doRisky(String test) throws ScaryException {
    System.out.println("위험한 메서드 시작");
    if ("예".equals(test)) {
      throw new ScaryException();
    }
    System.out.println("위험한 메서드 끝");
  }
}

class ScaryException extends Exception {
}
```

test = "아니오"인 경우의 출력 결과:

test = "예"인 경우의 출력 결과:

test = "아니오"인 경우: try 블록 시작 - 위험한 메서드 시작 - 위험한 메서드 끝 - try 블록 끝 - finally 블록 - main 끝

test = "예"인 경우: try 블록 시작 - 위험한 메서드 시작 - 예외 발생 - finally 블록 - main 끝

메서드에서 예외를 두 개 이상 던질 수도 있습니다

필요하다면 한 메서드에서 예외를 여러 개 던질 수도 있습니다. 하지만 그런 경우에는 메서드를 선언할 때, 던질 가능성이 있는 모든 확인 예외를 선언해야 합니다(공통적인 상위 클래스가 있으면 그냥 그 상위 클래스만 선언해도 됩니다).

예외를 여러 개 잡는 방법

컴파일러는 사용자가 해당 메서드에서 던질 수 있는 모든 확인 예외를 처리하는지 확인합니다. 이런 경우에는 try 블록 하나 밑에 catch 블록 여러 개를 집어넣으면 됩니다. 때때로 블록의 순서가 중요한 경우도 있는데, 그와 관련된 내용은 잠시 후에 알아보겠습니다.

```
public class Laundry {
  public void doLaundry() throws PantsException, LingerieException {
    // 두 가지 예외를 던질 수 있는 코드
  }
}
```

이 메서드에서는 예외를 두 개 선언합니다.

```
public class WashingMachine {
  public void go() {
    Laundry laundry = new Laundry();
    try {
      laundry.doLaundry();
    } catch (PantsException pex) {
      // 복구 코드

    } catch (LingerieException lex) {
      // 복구 코드
    }
  }
}
```

doLaundry() (빨래하는 메서드)에서 PantsException을 던지면 PantsException에 해당하는 catch 블록이 실행됩니다.

doLaundry()에서 LingerieException을 던지면 LingerieException에 해당하는 catch 블록이 실행됩니다.

예외와 다형성

예외도 객체입니다. 따라서 던져질 수 있다는 점을 제외하면 예외에도 별로 특별한 점은 없습니다. 그리고 다른 모든 객체와 마찬가지로 Exception도 다형적으로 참조할 수 있습니다. 예를 들어서, LingerieException 객체를 ClothingException 레퍼런스에 대입할 수도 있습니다. PantsException을 Exception 레퍼런스에 대입하는 것도 가능합니다. 감이 잡히죠? 예외의 장점 가운데 하나는 메서드에서 그 메서드에서 던질 가능성이 있는 모든 예외를 명시적으로 선언하지 않아도 된다는 것입니다. 그냥 그러한 예외의 상위 클래스만 선언해도 되지요. catch 블록에 대해서도 마찬가지입니다. 던져지는 모든 예외를 처리할 수만 있다면 모든 예외 객체의 타입별로 catch 블록을 따로 만들 필요는 없습니다.

Exception 클래스는 모든 예외의 상위 클래스입니다.

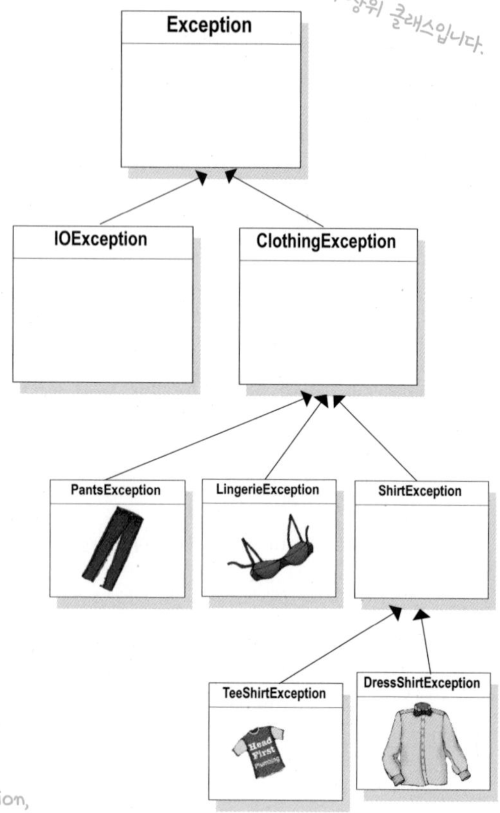

1 던지고자 하는 예외의 상위 클래스 타입을 이용하여 예외를 선언할 수 있습니다.

```
public void doLaundry() throws ClothingException {
```

ClothingException으로 선언하면 ClothingException의 모든 하위 클래스를 던질 수 있습니다. 즉, doLaundry()에서 각각 따로 선언하지 않고도 PantsException, LingerieException, TeeShirtException, DressShirtException 등을 던질 수 있습니다.

2 던져지는 예외의 상위 클래스 타입을 써서 예외를 잡을 수 있습니다.

```
try {
  laundry.doLaundry();

} catch(ClothingException cex) {
  // 복구 코드
}
```

ClothingException의 하위 클래스를 모두 잡을 수 있습니다.

```
try {
  laundry.doLaundry();

} catch(ShirtException shex) {
  // 복구 코드
}
```

TeeShirtException과 DressShirtException만 잡을 수 있습니다.

다형적인 catch 블록 하나로 모든 예외를 잡을 수 있다고 해서 꼭 그렇게 해야 하는 것은 아닙니다.

catch 구문에서 상위 클래스 타입인 Exception을 사용하여 catch 블록을 하나만 지정하도록 예외 처리 코드를 작성하여 모든 예외를 잡아낼 수 있게 할 수도 있습니다.

```
try {
   laundry.doLaundry();
} catch(Exception ex) {
   // 복구 코드
}
```

무엇을 복구할까요? 이 catch 블록은 모든 예외를 다 잡아내는 것이므로 어떤 문제가 있는지 알 수가 없습니다.

따로 처리해야 하는 예외에 대해서는 별도의 catch 블록을 만듭시다.

예를 들어서, 코드에서 TeeShirtException과 LingerieException을 다른 방법으로 처리한다면 각각에 대해 서로 다른 catch 블록을 만들면 됩니다. 하지만 ClothingException에 속하는 다른 타입은 모두 똑같은 식으로 처리한다면 나머지를 처리하기 위한 ClothingException을 추가하면 됩니다.

```
try {
  laundry.doLaundry();
```

```
} catch (TeeShirtException tex) {
  // TeeShirtException 처리
```

```
} catch (LingerieException lex) {
  // LingerieException 처리
```

```
} catch (ClothingException cex) {
  // 기타 모든 ClothingException 처리
}
```

TeeShirtException과 LingerieException은 각각 별도의 복구 코드가 필요하기 때문에 catch 블록을 따로 만들어서 써야 합니다.

다른 ClothingException은 모두 여기에서 잡아냅니다.

catch 블록을 여러 개 사용할 때는 작은 것부터 큰 것으로 나열해야 합니다

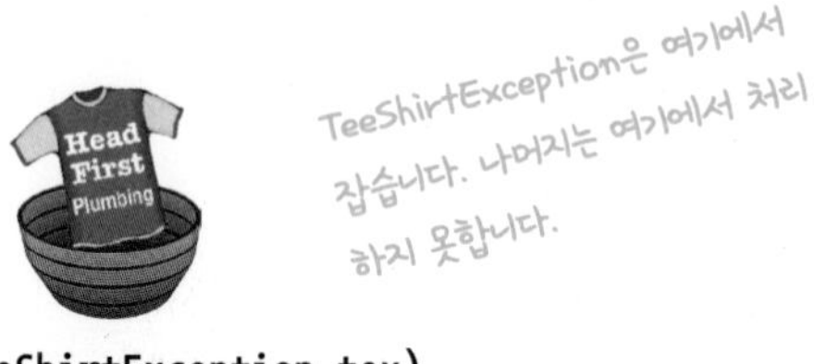
Head
First
Plumbing
TeeShirtException은 여기에서
잡습니다. 나머지는 여기에서 처리
하지 못합니다.

catch(TeeShirtException tex)

TeeShirtException은 여기
까지 오지 못하지만, 다른 모든
ShirtException 하위 클래스는
여기에서 잡을 수 있습니다.

catch(ShirtException sex)

TeeShirtException과
ShirtException은 여기까지 오지 못하
고 다른 모든 ClothingException은 여
기에서 잡힙니다.

catch(ClothingException cex)

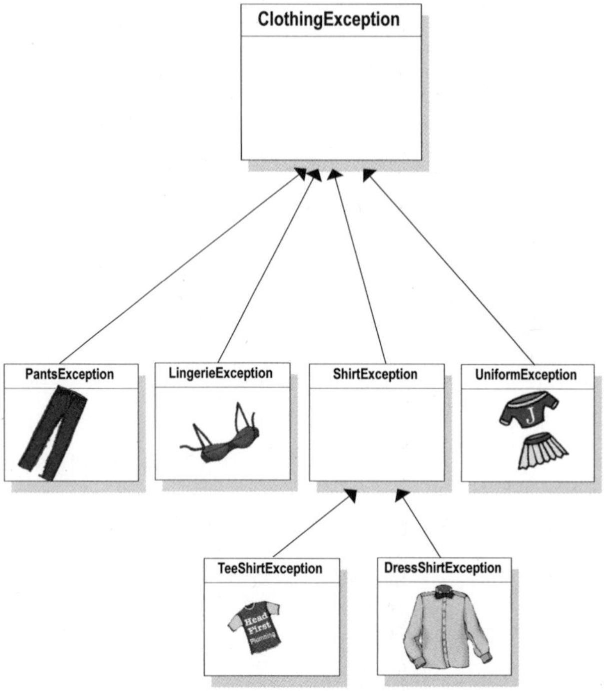
ClothingException
PantsException
LingerieException
ShirtException
UniformException
TeeShirtException
DressShirtException

상속 트리에서 위로 올라갈수록 catch '바구니'가 커집니다. 상속 트리에서 밑으로 내려올수록, 즉 더 구체적인 Exception 클래스일수록 catch 바구니는 작아집니다. 원래 다형성이 그런 것이니까요.

ShirtException의 catch 바구니에는 TeeShirtException과 DressShirtException이 들어갈 수 있습니다(그리고 ShirtException을 확장하는 모든 하위 클래스도 그 바구니에 들어갈 수 있죠). ClothingException은 더 큽니다(ClothingException 타입으로 참조할 수 있는 것이 더 많죠). ClothingException 타입의 예외는 물론 모든 하위 클래스(PantsException, UniformException, LingerieException, ShirtException)도 포함됩니다. 모든 catch 인자의 어머니는 **Exception** 타입입니다(미확인). 런타임 예외를 포함한 모든 예외를 잡아낼 수 있죠. 따라서 테스트 과정을 제외하면 Exception에 대한 catch 블록을 만드는 일은 거의 없을 것입니다.

큰 바구니를 작은 바구니보다 위에 놓을 수는 없습니다

그렇게 해도 되긴 하지만, 그러면 컴파일이 되지 않습니다. catch 블록은 여러 개 중에서 가장 적절한 것이 선택되는 오버로드된 메서드와는 다릅니다. catch 블록이 있으면 JVM에서는 무조건 첫 번째 블록부터 시작해서 그 예외를 처리할 수 있는 catch 블록을 찾을 때까지 아래로 내려갑니다. 첫 번째 catch 블록이 **catch(Exception ex)**라면 컴파일러는 다른 catch 블록이 전혀 필요 없다는 것을 알 수 있겠죠. 그 밑에 있는 다른 catch 블록은 절대 쓰이지 않을 테니까요.

catch 블록 여러 개를 쓸 때는 크기를 잘 따져야 합니다. 가장 큰 바구니가 맨 아래에 있어야 되죠. 그렇지 않으면 작은 바구니는 전혀 쓸모가 없으니까요.

이렇게 하면 안 됩니다.

```
try {
  laundry.doLaundry();
```

```
} catch(ClothingException cex) {
  // ClothingException 처리
```

```
} catch(LingerieException lex) {
  // LingerieException 처리
```

```
} catch(ShirtException shex) {
  // ShirtException 처리
}
```

형제 사이의 예외(예를 들어서, PantsException과 LingerieException 같이 상속 트리에서 같은 단계에 있는 예외)는 순서에 상관 없이 배열할 수 있습니다. 서로 상대방의 예외를 잡을 수가 없을 테니까요.

ShirtException을 LingerieException 위에 놓는 것은 괜찮습니다. 전혀 문제가 생기지 않죠. ShirtException은 다른 클래스(ShirtException의 하위 클래스)도 잡을 수 있기 때문에 더 큰 (폭넓은) 타입이라고 할 수 있긴 하지만 ShirtException에서 어차피 LingerieException을 잡을 수는 없기 때문에 상관 없습니다.

여기에 있는 try/catch 블록에 문법적인 문제가 없다고 가정합시다. 이 코드에 나와 있는 Exception 클래스를 정확하게 반영할 수 있는 서로 다른 클래스 다이어그램 두 개를 만들어 보세요. 즉, 이 코드에 있는 try/catch 블록이 문법적으로 문제가 없게 할 수 있는 클래스 상속 구조를 만들면 됩니다.

```
try {
  x.doRisky();
} catch(AlphaEx a) {
  // AlphaEx 처리
} catch(BetaEx b) {
  // BetaEx 처리
} catch(GammaEx c) {
  // GammaEx 처리
} catch(DeltaEx d) {
  // DeltaEx 처리
}
```

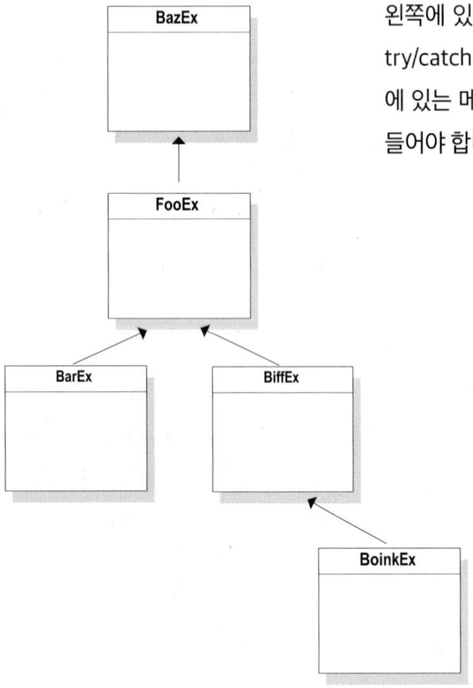

왼쪽에 있는 클래스 다이어그램을 정확하게 반영하여 문법적으로 문제가 없는 try/catch 구조 두 개(왼쪽 위에 있는 코드와 같은 것)를 만들어 보세요. try 블록에 있는 메서드에서 여기에 나와 있는 모든 예외를 던질 수 있다고 가정하고 만들어야 합니다.

예외를 처리하고 싶지 않으면…

그냥 피해도 됩니다.

예외를 처리하고 싶지 않으면 선언을 통해서 그냥 피해 버려도 됩니다.

헉! 저걸 잡을 수가 없네!
그냥 나는 잠시 비켜서 있고
내 뒤에 있는 사람이 처리하게
놔 둬야겠다.

위험한 메서드를 호출할 때 컴파일러는 그러한 사실을 알아야 합니다. 대부분의 경우에 위험한 메서드를 호출하는 부분을 try/catch로 감싸야 합니다. 하지만 다른 방법도 있습니다. 그냥 일단 미뤄둔 다음 여러분이 만든 메서드를 호출하는 코드에서 예외를 잡아내게 하면 됩니다.

방법은 간단합니다. 그냥 여러분이 만든 코드에서 그 예외를 던질 수 있다고 선언하면 됩니다. 정확하게 말하자면 여러분이 만든 코드에서 그 예외를 던지는 것은 아니지만, 별로 문제가 되지 않습니다. 여러분이 만든 코드에서 예외를 그대로 통과시켜 주는 역할을 하니까요.

하지만 예외를 그냥 치워 버리면 try/catch를 쓰지 않을 텐데, 위험한 메서드(doLaundry())에서 정말로 예외를 던지면 어떤 일이 일어날까요?

메서드에서 예외를 던지면 그 메서드는 스택에서 곧바로 제거됩니다. 그리고 그 예외가 스택 바로 밑에 있는 메서드(즉, 그 메서드를 호출한 메서드)로 던져집니다. 하지만 호출한 메서드에서 예외를 그냥 회피한다면 그 메서드에도 catch 블록이 없기 때문에 그 호출한 메서드도 스택에서 바로 제거됩니다. 그러면 예외는 다시 그 다음 메서드로 던져지죠. 그렇다면 이런 과정은 언제쯤 끝날까요? 잠시 후에 배울 테니까 조금만 기다리세요.

```
public void foo() throws ReallyBadException {
   // try/catch 없이 위험한 메서드 호출
   laundry.doLaundry();
}
```

실제로 예외를 던지는 것은 아니지만 호출하는 위험한 메서드에 대한 try/catch 블록을 사용하지 않기 때문에 이 메서드도 '위험한 메서드'가 됩니다. 이 메서드를 호출하는 메서드에서 그 예외를 처리해야 하니까요.

선언을 통해 회피하는 것은 불가피한 것을 잠시 미뤄 두는 것뿐입니다

조만간 누군가는 처리해야 합니다. 하지만 main( )에서 예외를 회피하면 어떻게 될까요?

```
public class Washer {
  Laundry laundry = new Laundry();

  public void foo() throws ClothingException {
    laundry.doLaundry();
  }

  public static void main (String[] args) throws ClothingException {
    Washer a = new Washer();
    a.foo();
  }
}
```

두 메서드에서 모두 예외를 (선언함으로써) 회피합니다. 그러면 아무도 처리할 수 없죠. 그래도 컴파일은 됩니다.

1. doLaundry()에서 ClothingException을 던집니다.
2. foo()에서 예외를 회피합니다.
3. main()에서도 예외를 회피합니다.
4. JVM이 종료됩니다.

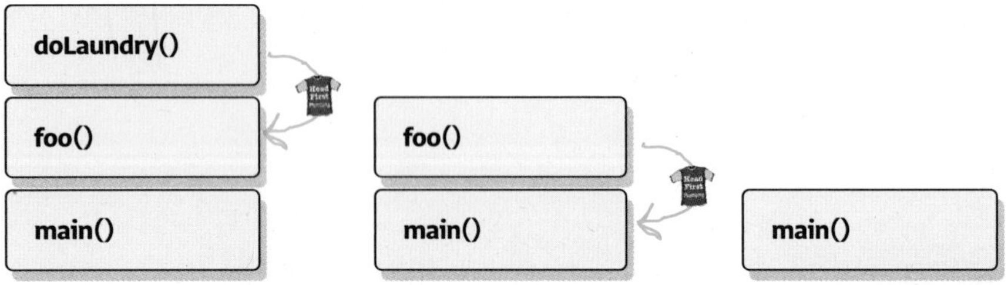

main()에서 foo()를 호출합니다. foo()에서 doLaundry()를 호출합니다.
doLaundry()에서 실행 도중에 ClothingException을 던집니다.

doLaundry()가 바로 스택에서 제거되고 예외가 foo()로 던져집니다.
하지만 foo()에는 try/catch가 없기 때문에…

foo()가 스택에서 제거되고 예외가 main()으로 던져집니다. 하지만 main()에는 try/catch가 없기 때문에 예외가… 어, 어디로 던져지죠? JVM 빼면 남은 게 없잖아요. 그리고 JVM은 '나한테 이런 걸 기대하지 마.'라고 생각하고 있군요.

여기에서는 티셔츠 그림으로 ClothingException을 표기하고 있습니다. 뭐, 청바지를 더 좋아하는 독자들도 있겠지만 이해해 주세요.

처리하거나 선언하거나, 반드시 지키세요

이제 위험한(예외를 던지는) 메서드를 호출할 때 컴파일러를 만족시키는 두 가지 방법을 모두 배웠습니다.

1 처리하기

위험한 메서드를 호출하는 명령문을 try/catch 구조로 감싸니다.

```
try {
  laundry.doLaundry();
} catch(ClothingException cex) {
  // 예외 처리
}
```

doLaundry()에서 던질 수 있는 모든 예외를 처리할 수 있는 catch 블록이어야 합니다. 그렇게 하지 않으면 컴파일러에서 모든 예외를 잡아내지 못한다는 오류 메시지를 뱉어냅니다.

2 선언하기(회피하기)

메서드에서 호출하는 위험한 메서드와 똑같은 예외를 던진다고 선언합니다.

```
void foo() throws ClothingException {
  laundry.doLaundry();
}
```

doLaundry() 메서드에서는 ClothingException을 던지지만, 그 예외를 선언함으로써 foo() 메서드에서는 그 예외를 회피할 수 있습니다. try/catch를 사용하지 않아도 되지요.

하지만 이렇게 하면 foo() 메서드를 호출하는 쪽에서도 다시 처리하거나, 선언하거나 둘 중 한 가지를 해야 합니다. foo()에서 예외를 선언하여 회피하면, 그리고 main()에서 foo()를 호출한다면 main()에서 그 예외를 처리해야 합니다.

```
public class Washer {
  Laundry laundry = new Laundry();

  public void foo() throws ClothingException {
    laundry.doLaundry();
  }

  public static void main (String[] args) {
    Washer a = new Washer();
    a.foo();
  }
}
```

문제가 있습니다! 이렇게 되면 main()이 컴파일되지 않습니다. 그리고 'unreported exception' 오류가 나지요. 컴파일러 입장에서는 foo() 메서드에서 예외를 던지는 것이니까요.

foo() 메서드에서는 doLaundry()에서 던지는 ClothingException을 회피하기 때문에 main()에서 a.foo()를 try/catch로 감싸거나 main()에서도 throws ClothingException 구문을 써서 예외를 선언해야 합니다.

음악 코드로 돌아가 보기

지금쯤이면 까맣게 잊어버렸을 것 같은데, 사실 이 장 시작 부분에서 JavaSound를 이용하는 코드를 만들고 있었죠? 그때 Sequencer 객체를 만들었는데, MidiSystem.getSequencer() 메서드에서 확인 예외(MidiUnavailableException)를 선언하기 때문에 컴파일을 할 수가 없었습니다. 하지만 이제 그 메서드를 호출하는 부분을 try/catch로 감싸서 그 문제를 해결할 수 있습니다.

```
public void play() {
  try {
    Sequencer sequencer = MidiSystem.getSequencer();
    System.out.println("Successfully got a sequencer");

  } catch(MidiUnavailableException e) {
    System.out.println("Bummer");
  }
}
```

이제 try/catch 블록으로 감싸 놓았기 때문에 getSequencer()를 호출해도 전혀 문제가 생기지 않습니다.

catch 매개변수로 '올바른' 예외를 지정해야 합니다. 'catch(FileNotFoundException fnf)'라고 하면 이 코드가 컴파일되지 않았을 것입니다. 다형성을 사용하더라도 MidiUnavailableException은 FileNotFoundException이 들어갈 자리에는 들어갈 수 없으니까요. 그냥 catch 블록이 있다고 해서 모든 문제가 해결되는 것은 아닙니다. 던져지는 것을 제대로 잡아낼 수 있는 catch 블록을 써야 되겠죠.

예외와 관련된 규칙

1 try 없이 catch나 finally만 사용할 수는 없습니다.

```
void go() {
  Foo f = new Foo();
  f.foof();
  catch(FooException ex) { }
}
```

문법에 어긋납니다. try 블록이 없잖아요.

2 try와 catch 사이에 코드를 집어넣을 수 없습니다.

```
try {
  x.doStuff();
}
int y = 43;
} catch(Exception ex) { }
```

문법에 어긋납니다. try와 catch 사이에는 코드를 집어넣을 수 없으니까요.

3 try 뒤에는 반드시 catch나 finally가 있어야 합니다.

```
try {
  x.doStuff();
} finally {
  // 뒷정리
}
```

catch 블록이 없어도 finally가 있으면 문법적으로 문제가 없습니다. 하지만 try만 달랑 있는 건 안 됩니다.

4 try 뒤에 (catch 없이) finally만 있으면 예외를 선언해야 합니다.

```
void go() throws FooException {
  try {
    x.doStuff();
  } finally { }
}
```

try만 있고 catch가 없으면 처리하거나 선언하거나 규칙을 만족시키지 못합니다. 이런 경우에는 반드시 예외를 선언해야 합니다.

코드 키친

여러분이 직접 할 필요는 없습니다. 하지만 직접 하는 게 더 재미있죠.
이 장의 나머지 부분은 꼭 읽어야 하는 것은 아닙니다.
그냥 인스턴트 코드를 써서 음악 애플리케이션을 만들어도 됩니다.
하지만 JavaSound에 대해 더 자세히 배우고 싶다면 다음 페이지로 넘어가 보세요.

실제로 소리 만들어 보기

이 장의 시작 부분에서 어떤 것을 (그리고 어떻게) 연주해야 하는지에 대한 지시사항을 어떤 식으로 미디 데이터에 저장하는지 배웠고, 미디 데이터가 실제로 우리가 듣는 소리를 만들어내는 것은 아니라는 것도 배웠습니다. 소리가 스피커에서 나오려면 미디 지시사항을 받아서 하드웨어적인 악기 또는 '가상' 악기(소프트웨어 신시사이저)를 구동시켜서 소리를 만들어내는 일종의 미디 장치로 미디 데이터를 보내야 합니다. 이 책에서는 소프트웨어 장치만 사용하므로 여기에서는 JavaSound에서 어떤 식으로 소리를 만들어내는지 알아보겠습니다.

네 가지가 필요합니다.

1. 음악을 재생하는 것
2. 재생할 음악
3. Sequence에서 실제 정보가 들어 있는 부분
4. 실제 음악 정보: 연주할 음표, 지속 시간 등

Sequencer —연주합니다.→ **Sequence** —Track이 들어 있습니다.→ **Track** —Track에는 이런 것이 들어 있습니다.→

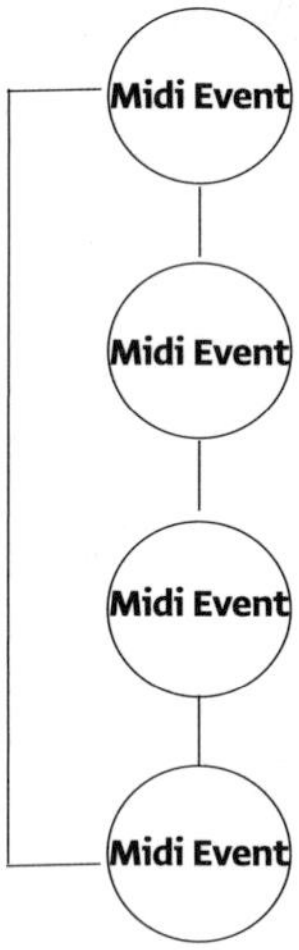

실제로 음악을 재생하게 하는 것은 Sequencer입니다. 음악 스트리밍 기능이 있는 스마트 스피커랑 비슷하다고 보면 됩니다.

Sequence는 곡, 즉 Sequencer에서 연주할 음악입니다.

이 책에서는 필요한 게 전부 한 트랙에 들어갈 수 있기 때문에 한 곡에 한 트랙만 필요하다고 가정하겠습니다. 모든 음악 데이터(미디 정보)는 Track 안에 들어 있습니다.

MidiEvent는 Sequencer가 이해할 수 있는 메시지입니다. MidiEvent에서는 "지금 이 순간에 중간 '다' 음을 재생하는데, 이 속도와 이 세기로 누르고 이 정도 시간 동안 누르고 있어라." 같은 정보가 들어 있습니다.
MidiEvent에 "현재 악기를 플루트로 변경하시오." 같은 명령이 들어 있을 수도 있습니다.

이 책에서는 Sequence를 한 곡만 들어 있는 CD(트랙이 하나뿐인 CD)로 생각하겠습니다. 음악은 연주하는 방법은 Track에 들어 있고, Track은 Sequence의 일부분입니다.

다섯 단계를 거쳐야 합니다.

1 **Sequencer**를 구해서 엽니다.

```
Sequencer player = MidiSystem.getSequencer();
player.open();
```

2 새로운 **Sequence**를 만듭니다.

```
Sequence seq = new Sequence(timing,4);
```

3 Sequence에서 새로운 **Track**을 가져옵니다.

```
Track t = seq.createTrack();
```

4 Track에 **MidiEvent**를 채우고 그 Sequence를 Sequencer에 넘겨줍니다.

```
t.add(myMidiEvent1);
player.setSequence(seq);
```

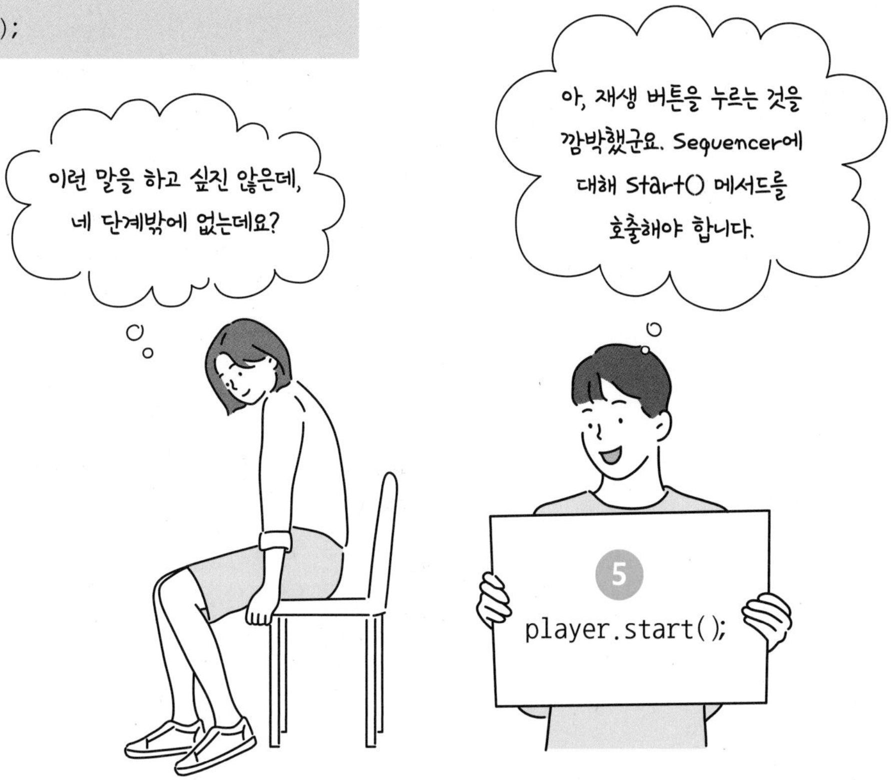

이런 말을 하고 싶진 않은데, 네 단계밖에 없는데요?
아, 재생 버튼을 누르는 것을 깜박했군요. Sequencer에 대해 start() 메서드를 호출해야 합니다.
5
player.start();

버전 1: 첫 번째 사운드 애플리케이션 만들기

여기에 있는 코드를 입력하고 실행해 보세요. 피아노로 한 음을 연주하는 것을 들을 수 있을 것입니다.

```
import javax.sound.midi.*;
import static javax.sound.midi.ShortMessage.*;
```

미디 패키지를 반드시 불러와야 합니다.

ShortMessage 클래스에 있는 걸 사용하기 위해 정적 임포트 구문을 사용합니다.

```
public class MiniMiniMusicApp {
  public static void main(String[] args) {
    MiniMiniMusicApp mini = new MiniMiniMusicApp();
    mini.play();
  }

  public void play() {
    try {
```

1

```
      Sequencer player = MidiSystem.getSequencer();
      player.open();
```

Sequencer를 받아서 엽니다. 그래야만 쓸 수 있습니다. Sequencer는 자동으로 열리지 않거든요.

2

```
      Sequence seq = new Sequence(Sequence.PPQ, 4);
```

Sequence 생성자로 넘기는 인자에 대해서는 신경 쓰지 않아도 됩니다. 그냥 그대로 입력해서 쓰세요(그냥 원래 이런 인자를 쓴다고 생각하면 됩니다).

3

```
      Track track = seq.createTrack();
```

Sequence에 Track을 요청합니다. Track은 Sequence에 들어 있고, 미디 데이터는 Track에 들어 있으니까요.

4

```
      ShortMessage msg1 = new ShortMessage();
      msg1.setMessage(NOTE_ON, 1, 44, 100);
      MidiEvent noteOn = new MidiEvent(msg1, 1);
      track.add(noteOn);

      ShortMessage msg2 = new ShortMessage();
      msg2.setMessage(NOTE_OFF, 1, 44, 100);
      MidiEvent noteOff = new MidiEvent(msg2, 16);
      track.add(noteOff);
```

Track에 MidiEvent를 집어넣습니다. 이 부분은 거의 인스턴트 코드라고 보면 됩니다. 중요한 부분은 setMessage() 메서드에 대한 인자와 MidiEvent 생성자에 대한 인자입니다. 그런 인자는 다음 페이지에서 살펴보겠습니다.

```
      player.setSequence(seq);
```

Sequencer에 Sequence를 보냅니다(CD 플레이어에 CD를 집어넣는 것과 마찬가지입니다).

```
      player.start();
```

Sequencer의 start() 메서드를 호출합니다(CD의 재생 버튼을 누르는 것과 비슷합니다).

```
    } catch (Exception e) {
      e.printStackTrace();
    }
  }
}
```

MidiEvent(음악 데이터)를 만드는 방법

MidiEvent는 곡의 한 부분에 대한 지시사항입니다. 일련의 MidiEvent는 일종의 자동 재생 피아노용 악보 같은 것이라고 생각하면 됩니다. 우리가 주로 사용하는 MidiEvent는 대부분 '할 일'과 '할 시기'를 지정하기 위한 용도로 쓰입니다. 그중에서 '할 시기'를 지정하는 부분이 상당히 중요합니다. 음악에서는 타이밍이 정말 중요하기 때문이죠. '이 음표 다음에는 이 음표가 오고…' 하는 식으로 말이죠. 그리고 MidiEvent에는 꽤 자세한 내용이 들어가기 때문에 언제 어떤 음표를 연주하기 시작할지(NOTE ON 이벤트), 언제 그 음표를 연주하는 것을 끝낼지(NOTE OFF 이벤트)를 알려 줘야 합니다. "사(G) 음을 연주하는 것을 끝내라."라는 메시지(NOTE OFF 메시지)가 "사(G) 음을 연주하기 시작해라."라는 메시지(NOTE ON 메시지)보다 앞에 있으면 제대로 작동하지 않는다는 것을 알 수 있겠죠?

미디 지시사항은 사실 Message 객체에 들어갑니다. MidiEvent는 Message와 그 메시지를 가동시키는 시기가 합쳐진 것입니다. 즉, Message 객체에 "가운데 '다' 음을 연주해라." 같은 내용이 들어가고 MidiEvent에는 "이 메시지를 네 번째 비트에서 가동시켜라." 같은 내용이 들어가겠죠.

따라서 항상 Message와 MidiEvent가 필요합니다.

Message에서는 무엇을 할지를 지정하고, MidiEvent에서는 그것을 언제 할지를 지정합니다.

MidiEvent에서는 무엇을 할지, 그리고 언제 할지를 지정합니다. 모든 지시사항에는 그 지시사항을 이행할 시기가 포함되어 있어야만 합니다. 즉, 어떤 비트(박자)에서 그 일이 일어날지를 지정해야 합니다.

1 Message를 만듭니다.

```
ShortMessage msg = new ShortMessage();
```

2 메시지에 지시사항을 집어넣습니다.

```
msg.setMessage(144, 1, 44, 100);
```

이 메시지는 "44번 음표를 연주하는 것을 시작하시오."를 의미합니다(다른 숫자에 대해서는 다음 페이지에서 알아보겠습니다).

3 메시지를 이용하여 새로운 MidiEvent를 만듭니다.

```
MidiEvent noteOn = new MidiEvent(a, 1);
MidiEventchangeInstrument = new MidiEvent(msg, 1);
```

지시사항은 메시지에 들어 있지만, MidiEvent에서는 그 지시사항을 가동할 시기를 추가해 줍니다. 이 MidiEvent에서는 'a'라는 메시지를 첫 번째 박자(1번 비트)에서 가동시키도록 지정했습니다.

4 MidiEvent를 Track에 추가합니다.

```
track.add(noteOn);
```

Track에 MidiEvent 객체가 저장됩니다. Sequence에서는 각 이벤트가 일어나야 할 시기를 바탕으로 Track을 정리하고 Sequencer에서는 그렇게 주어진 순서에 따라 음악을 재생합니다. 정확하게 똑같은 시각에 이벤트 여러 개가 동시에 일어날 수도 있습니다. 예를 들어서, 음표 두 개를 동시에 연주하거나 서로 다른 악기를 동시에 연주할 수도 있습니다.

미디 메시지: MidiEvent의 핵심

미디 메시지에는 '무엇'을 할지를 지정하는 부분이 들어 있습니다. 즉, Sequencer에서 실행할 실제 지시사항이 들어 있습니다. 지시사항의 첫 번째 인자는 언제나 메시지 유형입니다. 나머지 세 인자에 전달하는 값은 메시지의 종류에 따라 달라집니다. 예를 들어서, 144라는 유형의 메시지는 'NOTE ON(연주 시작)'을 의미합니다. 하지만 NOTE ON을 수행하려면 Sequencer에서 몇 가지 정보가 더 필요합니다. Sequencer에서 "알았습니다. 연주를 시작할게요. 그런데 어떤 채널을 쓰죠?"라고 물어보면 어떻게 해야 될까요? 즉, 드럼을 연주해야 할지, 피아노를 연주해야 할지 등을 지정해야 합니다. 어떤 음을 연주해야 할까요? 중간 '다'?, '라-샵'?, 어떤 속도로 그 음을 연주해야 할까요?

미디 메시지를 만들려면 ShortMessage 인스턴스를 만들고 setMessage()를 호출해야 합니다. 이때 인자 네 개를 전달해야 합니다. 하지만 그 메시지에서는 '할 일'만 지정하기 때문에 그 메시지를 언제 가동시켜야 하는지를 지정하여 이벤트를 만들어야 합니다.

메시지를 해부해 봅시다.

setMessage()의 첫 번째 인자는 언제나 메시지 '유형'을 나타내는 값입니다. 나머지 인자 세 개의 의미는 메시지 유형에 따라 달라집니다.

메시지 유형 / 채널 / 연주할 음 / 속도

```
msg.setMessage(144,  1,  44,  100);
```

뒤에 있는 인자 세 개는 메시지 유형에 따라 달라집니다. 이 메시지는 NOTE ON 메시지이므로 나머지 인자 세 개는 Sequencer에서 음을 연주하기 위해 필요한 값입니다.

1 메시지 유형

144는 NOTE ON을 의미합니다.

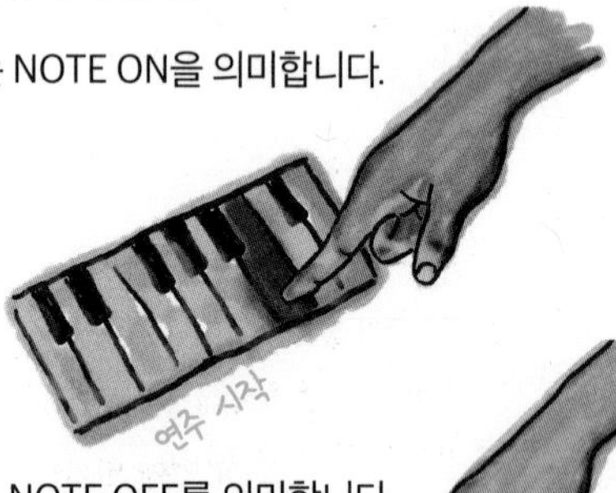

128은 NOTE OFF를 의미합니다.

연주 끝
숫자를 일일이 외우는 대신 ShortMessage에 있는 상수 값을 써도 됩니다. ShortMessage.NOTE_ON 같은 식으로 말이죠.

메시지는 무엇을 할지를 지정하는 것이고 MidiEvent에서는 언제 그것을 할지를 지정해 줍니다.

2 채널

채널은 밴드에 있는 연주자라고 생각하면 됩니다. 1번 채널은 1번 연주자(키보드 연주자), 9번 채널은 드러머 같은 식으로 보면 되죠.

3 연주할 음

0 이상 127 이하의 숫자이며 숫자가 클수록 높은 음을 의미합니다.

4 속도

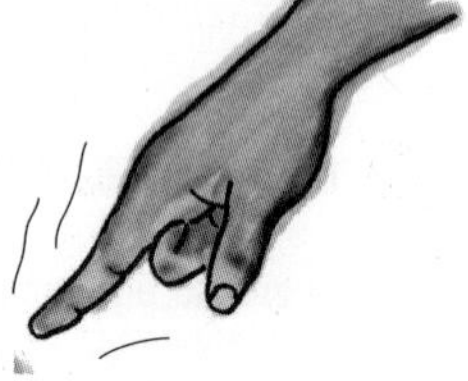

얼마나 빠르고 세게 연주해야 할까요? (건반을 누르는 속도) 0은 가장 부드럽게 누르는 것으로, 거의 소리가 들리지 않습니다. 보통 기본값으로 100 정도를 쓰면 됩니다.

메시지를 바꿔 봅시다

이제 미디 메시지에 어떤 것이 들어가는지 배웠으니까 직접 실험을 해 봅시다. 연주할 음을 바꿀 수도 있고, 지속 시간을 바꿀 수도 있고, 음을 추가하거나 악기를 바꿀 수도 있습니다.

1 음을 바꿔 봅시다.

연주 시작 및 연주 끝 메시지에 0 이상 127 이하의 숫자를 집어 넣어 보세요.

```
msg.setMessage(144, 1, 20, 100);
```

2 지속 시간을 바꿔 봅시다.

연주 끝 이벤트(메시지가 아니라 이벤트입니다)를 고쳐서 더 빨리 또는 더 늦게 연주를 끝내도록 고쳐 보세요.

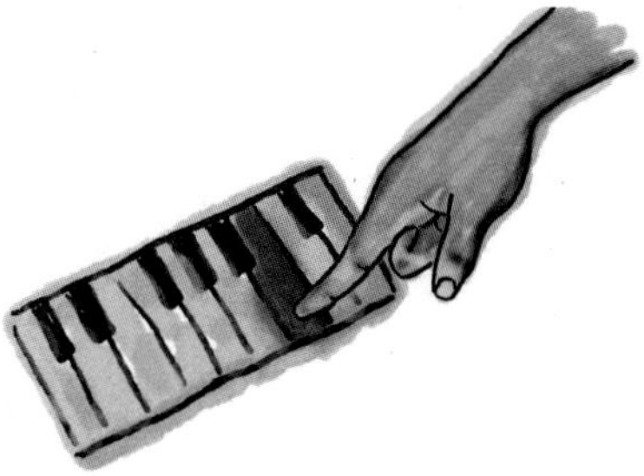

```
msg.setMessage(128, 1, 44, 100);
MidiEvent noteOff = new MidiEvent(b, 3);
```

3 악기를 바꿔 봅시다.

연주 시작 메시지 앞에 1번 채널의 악기를 기본값인 피아노가 아닌 다른 악기로 설정하는 새로운 메시지를 추가해 봅시다. 악기 변경 메시지는 '192'이고 세 번째 인자가 실제 악기를 나타냅니다(0 이상 127 이하의 값을 사용하면 됩니다).

```
first.setMessage(192, 1, 102, 0);
```

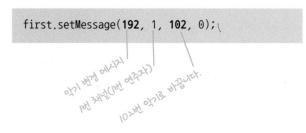

악기 변경 메시지
1번 채널(1번 연주자)
102번 악기로 바꿉니다.

버전 2: 명령행 인자를 써서 소리를 조절해 보기

이 버전도 이전 버전과 마찬가지로 한 음만 연주합니다. 하지만 이번에는 명령행 인자를 써서 악기와 음을 바꿀 수 있습니다. 0 이상 127 이하의 정수 두 개를 전달해서 직접 소리를 들어 보세요. 첫 번째 인자는 악기를, 두 번째 인자는 음을 나타냅니다.

```
import javax.sound.midi.*;
import static javax.sound.midi.ShortMessage.*;

public class MiniMusicCmdLine {
  public static void main(String[] args) {
    MiniMusicCmdLine mini = new MiniMusicCmdLine();
    if (args.length < 2) {
      System.out.println("Don't forget the instrument and note args");
    } else {
      int instrument = Integer.parseInt(args[0]);
      int note = Integer.parseInt(args[1]);
      mini.play(instrument, note);
    }
  }

  public void play(int instrument, int note) {
    try {
      Sequencer player = MidiSystem.getSequencer();
      player.open();
      Sequence seq = new Sequence(Sequence.PPQ, 4);
      Track track = seq.createTrack();

      ShortMessage msg1 = new ShortMessage();
      msg1.setMessage(PROGRAM_CHANGE, 1, instrument, 0);
      MidiEvent changeInstrument = new MidiEvent(msg1, 1);
      track.add(changeInstrument);

      ShortMessage msg2 = new ShortMessage();
      msg2.setMessage(NOTE_ON, 1, note, 100);
      MidiEvent noteOn = new MidiEvent(msg2, 1);
      track.add(noteOn);

      ShortMessage msg3 = new ShortMessage();
      msg3.setMessage(NOTE_OFF, 1, note, 100);
      MidiEvent noteOff = new MidiEvent(msg3, 16);
      track.add(noteOff);

      player.setSequence(seq);
      player.start();

    } catch (Exception ex) {
      ex.printStackTrace();
    }
  }
}
```

0 이상 127 이하의 정수 두 개를 지정해서 실행해 보세요. 일단 다음과 같은 명령을 입력하고 소리를 들어 봅시다.

출력 결과:

```
File Edit Window Help Attenuate
%java MiniMusicCmdLine 102 30
%java MiniMusicCmdLine 80 20
%java MiniMusicCmdLine 40 70
```

앞으로 코드 키친에서는 어떤 것을 만들까요?

17장: 최종 목표

마지막에는 드럼 채팅 클라이언트 역할을 하는 비트박스를 만들 것입니다. 그러려면 GUI(이벤트 처리 포함), 입출력, 네트워크, 스레드 등에 대해 배워야 합니다. 앞으로 세 장(14, 15, 16장)에 걸쳐서 그러한 내용을 모두 배워 봅시다.

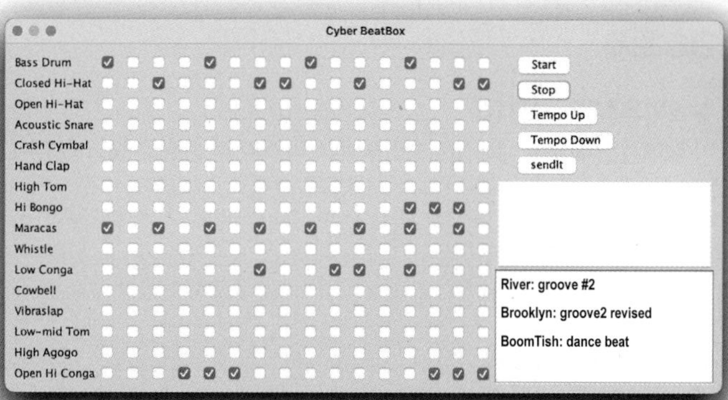

14장: 미디 이벤트

14장의 코드 키친에서는 간단한 '뮤직 비디오(사실 그렇게 부르기에는 너무 빈약합니다만…)'를 만들겠습니다. 그 뮤직 비디오에서는 미디 음악의 박자에 맞춰 무작위적으로 직사각형을 그립니다. 다양한 미디 이벤트(지금까지는 몇 개 배우지 않았죠?)를 만들고 연주하는 방법을 알아볼 것입니다.

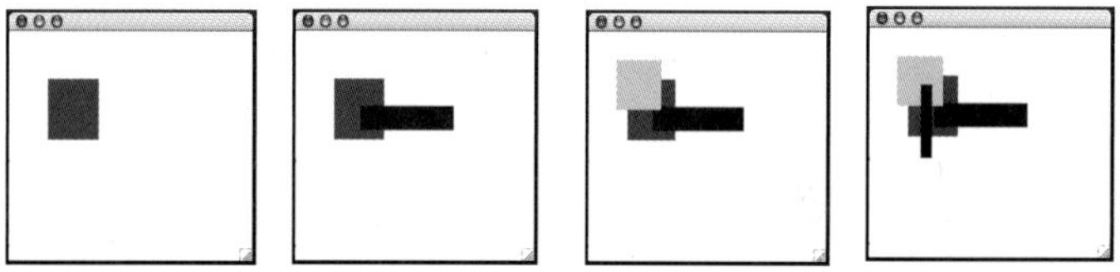

첫 번째 박자 두 번째 박자 세 번째 박자 네 번째 박자 …

15장: 독립형 비트박스 프로그램

이제 GUI를 모두 갖춘 실제 비트박스를 만들 것입니다. 하지만 아직은 기능에 제한이 있습니다. 일단 패턴을 변경하고 나면 이전 패턴은 그냥 없어집니다. 아직은 저장 및 복구 기능도 없고 네트워크를 통해 데이터를 주고받을 수도 없습니다. 하지만 이 프로그램을 써서 드럼 패턴을 만드는 연습은 할 수 있겠죠?

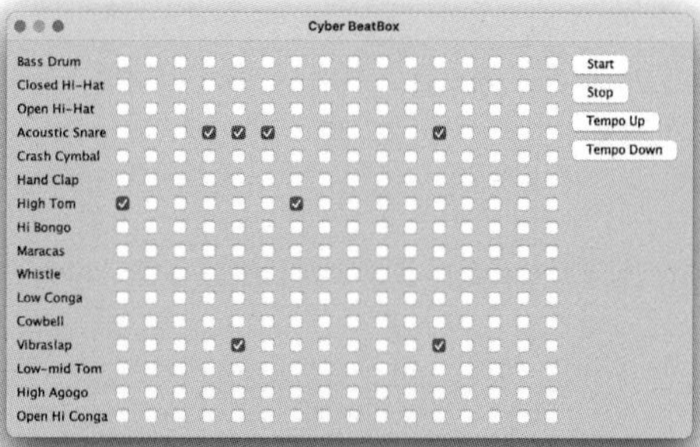

16장: 저장과 복구

이제 완벽한 패턴을 만들었을 때 그 패턴을 파일로 저장하고 나중에 다시 불러와서 연주할 수도 있습니다. 여기까지 하고 나면 17장에서 만들 최종 버전(패턴을 파일로 저장하지 않고 네트워크를 통해 채팅 서버로 보내는 버전)을 만들 준비가 거의 다 끝납니다.

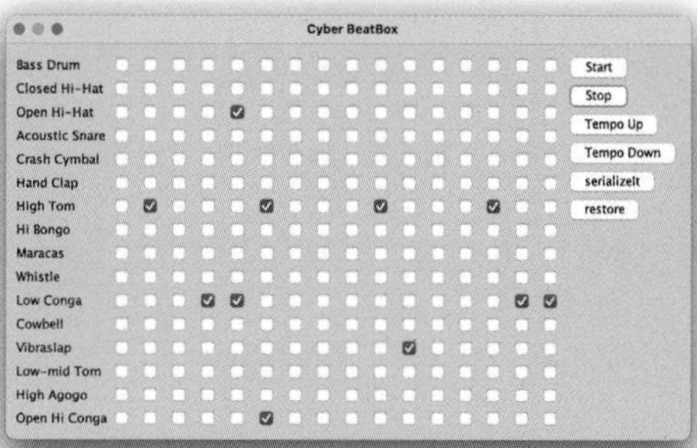

정답과 해설 499쪽

연습 문제

참일까요? 거짓일까요?

이 장에서는 예외에 대해 알아보았습니다. 아래의 각 문장을 보고 참인지, 거짓인지를 맞혀 보세요.

1. try 블록 뒤에는 반드시 catch와 finally 블록이 있어야 합니다.
2. 컴파일러에서 확인하는 예외를 유발할 수 있는 메서드를 호출할 때는 반드시 위험한 코드를 try/catch 블록으로 감싸야 합니다.
3. catch 블록을 다형적으로 만들 수도 있습니다.
4. 컴파일러에서 확인하는 예외만 잡을 수 있습니다.
5. try/catch 블록을 정의할 때는 반드시 finally 블록이 필요합니다.
6. try 블록을 정의할 때는 catch 또는 finally 블록을 쓸 수 있으며 둘 다 써도 됩니다.
7. 메서드를 만들 때 컴파일러에서 확인하는 예외를 던질 수 있다고 선언하면 그 예외를 던지는 코드도 try/catch 블록으로 감싸야 합니다.
8. 프로그램의 main( ) 메서드에서는 그 메서드로 던져진 처리되지 않은 예외를 모두 처리해야 합니다.
9. try 블록 하나에 서로 다른 catch 블록 여러 개를 붙일 수 있습니다.
10. 메서드에서는 한 종류의 예외만 던질 수 있습니다.
11. finally 블록은 예외가 던져지든 말든 무조건 실행됩니다.
12. finally 블록은 try 블록 없이도 존재할 수 있습니다.
13. catch나 finally 블록 없이 try 블록만 쓸 수도 있습니다.
14. 예외를 처리하는 것을 '회피한다'고 부르기도 합니다.
15. catch 블록의 순서는 전혀 중요하지 않습니다.
16. try 블록과 finally 블록이 있는 메서드에서는 선택적으로 확인 예외를 선언할 수도 있습니다.
17. 런타임 예외도 반드시 처리하거나 선언해야 합니다.

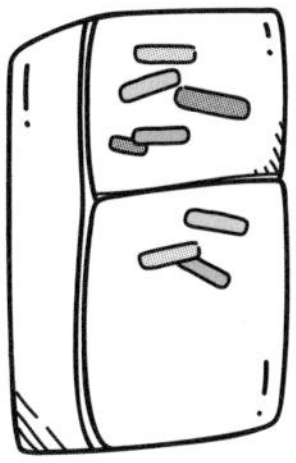

코드 자석

정답과 해설 500쪽

냉장고 위에 자바 프로그램 코드가 아무렇게나 널려 있습니다. 오른쪽에 있는 코드 스니펫을 재배치해서 왼쪽 하단에 있는 것과 같은 결과를 출력하는 자바 프로그램을 만들어 보세요. 아, 그런데 중괄호 몇 개는 바닥에 떨어져 버렸군요. 찾기 힘드니까 필요하면 마음대로 추가해 보세요.

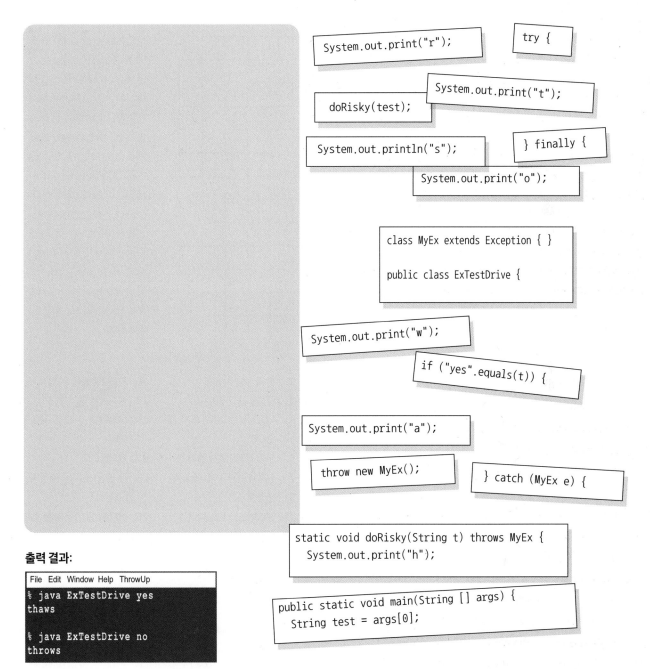

```
System.out.print("r");
```

```
try {
```

```
System.out.print("t");
```

```
doRisky(test);
```

```
System.out.println("s");
```

```
} finally {
```

```
System.out.print("o");
```

```
class MyEx extends Exception { }

public class ExTestDrive {
```

```
System.out.print("w");
```

```
if ("yes".equals(t)) {
```

```
System.out.print("a");
```

```
throw new MyEx();
```

```
} catch (MyEx e) {
```

```
static void doRisky(String t) throws MyEx {
  System.out.print("h");
```

```
public static void main(String [] args) {
  String test = args[0];
```

출력 결과:

```
File Edit Window Help ThrowUp
% java ExTestDrive yes
thaws

% java ExTestDrive no
throws
```

낱말 퀴즈

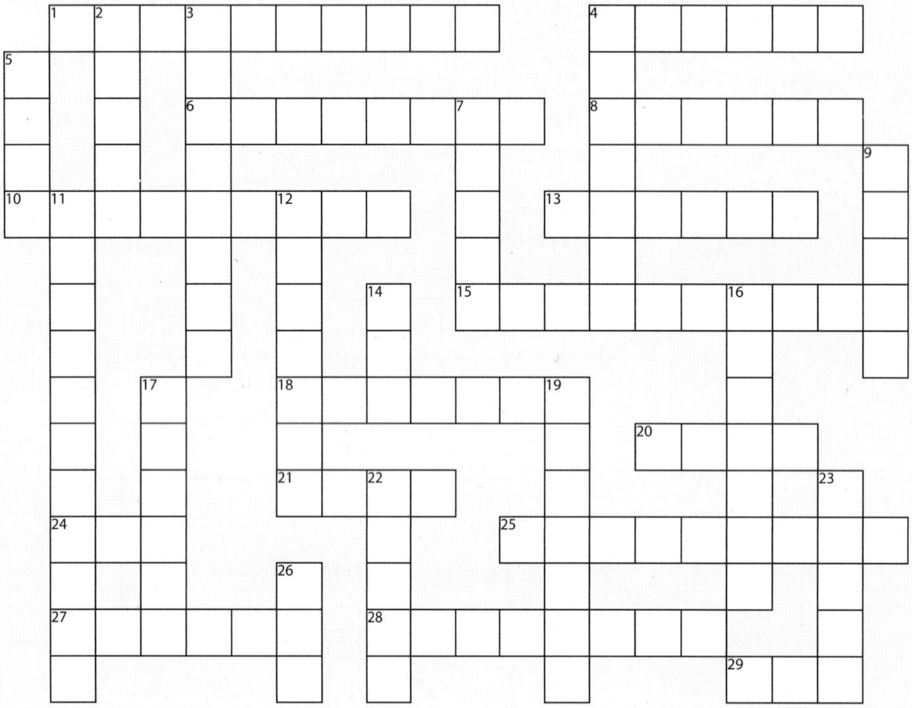

역자 힌트: 다음 단어를 영어로 써야 합니다.

대입(assignment), 스택에서 제거됨(popped), 영역(scope), 인스턴스(instance), 호출(invoke), 처리하다(handle), 클래스(class), 상태(state), 계층구조(hierarchy), 인스턴스를 만들다(instantiate), 세터(setter), 회피하다(duck), 구상(concrete), 선언하다(declare), 키워드(keyword), 트리(tree), 상속 받다(inherit), 알고리즘(algorithm), 예외(exceptions), 확인된(chked)

가로

1. 값을 집어넣습니다.
4. 맨 위에 있던 것이 날아갔습니다.
6. 더 구체적으로 만든 것
8. 시작시킵니다.
10. 가계도
13. 회피하는 것 말고 다른 것
15. 문제의 객체
18. 자바에서 핵심적인 것 가운데 하나
20. 클래스 계층구조
21. 처리하기 곤란할 때
24. 매우 흔한 원시 타입
25. 코드의 조리법
27. 메서드에서 예외를 던질 수 있을 때
28. 피카소는 없어요.
29. 일련의 사건이 줄줄이 시작됩니다.

세로

2. 현재 사용 가능함
3. 템플릿을 만듭니다.
4. 애들한테는 보여 주지 않습니다.
5. 거의 정적인 API 클래스
7. 행동에 관한 것이 아닙니다.
9. 템플릿
11. 인스턴스를 만듭니다.
12. 컴파일러에서 확인한다죠?
14. 위험을 감수합니다.
16. 자동으로 받을 수 있습니다.
17. 변경하는 메서드
19. 회피한다는 것을 공표합니다.
22. 처리합니다.
23. 안 좋은 소식을 만들어냅니다.
26. 내가 할 일 가운데 한 가지

추가 힌트:

가로

6. 자바에서 '자식'에 해당하는 것
8. 메서드를 시작하는 것을 뭐라고 하죠?
13. 선언하지 않으면 이렇게 하죠.
20. 컬렉션에도 이런 타입이 있습니다.
21. 일단 뒤로 미룹니다.
27. 문제를 만들어냅니다.
28. 추상 말고 다른

세로

2. '예를 들어'에 해당하는 영어 표현은?
3. for _______(for example 말고)
5. 숫자랑 상관 있습니다.
9. public 또는 default만 있죠.
16. 부모님한테서 물려받는 것
17. '게터' 말고?

정답과 해설

쓰면서 제대로 공부하기 (482쪽)

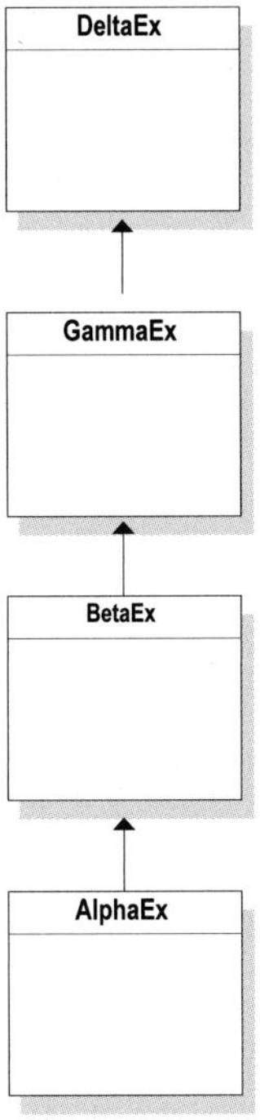

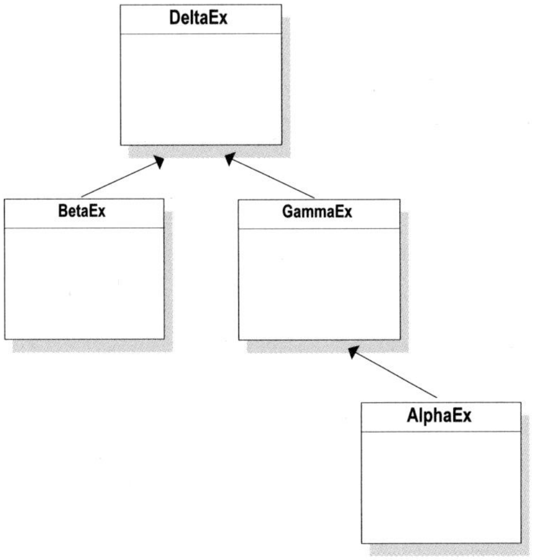

연습 문제(496쪽)

1. **거짓**. 둘 중 하나만 있어도 되고 둘 다 있어도 됩니다.
2. **거짓**. 예외를 선언할 수도 있습니다.
3. **참**
4. **거짓**. 런타임 예외도 잡아낼 수 있습니다.
5. **거짓**. 반드시 필요한 것은 아닙니다.
6. **참**. 둘 다 써도 됩니다.
7. **거짓**. 선언하는 것만으로도 충분합니다.
8. **거짓**. 하지만 처리하지 않으면 JVM이 다운될 수도 있습니다.
9. **참**
10. **거짓**
11. **참**. 일반적으로 아직 완료되지 않은 작업을 마무리하기 위한 용도로 쓰입니다.
12. **거짓**
13. **거짓**
14. **거짓**. 예외를 선언하는 것이 회피하는 것입니다.
15. **거짓**. 광범위한 예외일수록 나중에 잡아야 합니다.
16. **거짓**. catch 블록이 없으면 반드시 선언해야 합니다.
17. **거짓**

정답과 해설

코드 자석(497쪽)

```java
class MyEx extends Exception { }

public class ExTestDrive {
  public static void main(String[] args) {
    String test = args[0];
    try {
      System.out.print("t");
      doRisky(test);
      System.out.print("o");
    } catch (MyEx e) {
      System.out.print("a");
    } finally {
      System.out.print("w");
    }
    System.out.println("s");
  }

  static void doRisky(String t) throws MyEx {
    System.out.print("h");

    if ("yes".equals(t)) {
      throw new MyEx();
    }

    System.out.print("r");
  }
}
```

출력 결과:

File Edit Window Help Chill

```
% java ExTestDrive yes
thaws

% java ExTestDrive no
throws
```

정답과 해설

낱말 퀴즈(498쪽)

	1 A	2 S	S	3 I	G	N	M	E	N	T			4 P	O	P	P	E	D	
5 M		C		N									R						
A		O		6 S	U	B	C	L	A	7 S	S		8 I	N	V	O	K	E	
T		P		T						T			V						9 C
10 H	11 I	E	R	A	R	12 C	H	Y		A		13 H	A	N	D	L	E		L
	N			N		H				T			T						A
	S			C		E		14 T		15 E	X	C	E	P	T	16 I	O	N	S
	T			E		C		R								N			S
	A		17 S			18 K	E	Y	W	O	R	19 D				H			
	N		E			E						E		20 T	R	E	E		
	T		T			21 D	U	22 C	K			C				R		23 T	
	24 I	N	T					A			25 A	L	G	O	R	I	T	H	M
	A		E			26 I		T				A				T		R	
	27 T	H	R	O	W	S		28 C	O	N	C	R	E	T	E			O	
	E					A		H				E				29 N	E	W	

CHAPTER 14

그래픽 이야기

GUI

전 남편은 명령행 음식
밖에 할 줄 몰랐다면서요?
오, 정말 멋진데?
겉모양도 정말 중요하구나.

현실을 직시합시다. GUI는 반드시 필요합니다

다른 사람들이 쓸 애플리케이션을 만들고 있다면 그래픽 인터페이스가 필요합니다. 자기가 직접 사용할 프로그램을 만드는 경우에도 그래픽 인터페이스를 만들면 더 편리하게 쓸 수 있을 것입니다. 평생 (웹 페이지가 클라이언트 사용자 인터페이스 역할을 하는) 서버에서 돌리는 프로그램만 만들고 살 작정이라고 하더라도 언젠가는 도구(tool)를 만들게 되는 날이 올지 모릅니다. 그리고 도구를 만들다 보면 그래픽 인터페이스가 필요할 것입니다. 명령행 애플리케이션은 복고풍이라고 할 수 있는데, 연약하고 유연성이 부족하고 그리 사용자 친화적이 아니라는 단점이 있습니다. 앞으로 두 장에 걸쳐서 GUI에 대해 알아보고 그 과정에서 **이벤트 처리**, **내부 클래스**, **람다**와 같은 자바 언어의 몇 가지 핵심적인 기능도 살펴보겠습니다. 이 장에서는 화면에 버튼을 만들고 그 버튼을 클릭했을 때 어떤 일을 하도록 지시하는 방법을 알아보겠습니다. 화면에 색을 칠하고 JPEG 그림 파일을 띄우고 간단한 애니메이션도 만들어 보겠습니다.

모든 것은 창에서 시작합니다

JFrame은 화면 위에 있는 창(window)을 나타내는 객체입니다. 버튼이나 체크 상자, 텍스트 필드 같은 인터페이스와 관련된 것은 모두 창에 집어넣습니다. 메뉴 항목이 들어 있는 메뉴 막대를 집어넣을 수도 있습니다. 그리고 플랫폼에 따라 달라지긴 하지만, 창을 최소화하거나 최대화 또는 닫기 위한 아이콘 같은 것이 들어갈 수도 있습니다.

JFrame의 모양은 플랫폼에 따라 다르게 나타납니다. 여기에 있는 것은 MacOS X 옛날 버전에서 실행시켰을 때 볼 수 있는 JFrame의 모양입니다.

두 가지 문제가 있어요!
1. 스윙? 스윙 코드 같은데 정말 스윙을 배우란 말인가요?
2. 저 창은 정말 구식 같아 보이네요.

정말 중요한 질문이에요.
잠시 후에 '무엇이든 물어보세요' 코너를 통해서 이 질문에 대해 답해드릴게요.

메뉴 막대와 위젯 두 개(버튼과 라디오 버튼)가 있는 JFrame입니다.

창에 위젯을 추가합시다.

일단 JFrame을 만들고 나면 그 JFrame에 각종 구성요소(component, 위젯(Widget)이라고도 합니다)를 집어넣을 수 있습니다. 창에 집어넣을 수 있는 스윙 구성요소는 헤아리기 힘들 정도로 다양한데, javax.swing 패키지에서 찾아볼 수 있습니다. 자주 쓰이는 것만 열거하자면 JButton, JRadioButton, JCheckBox, JLabel, JList, JScrollPane, JSlider, JTextArea, JTextField, JTable 등이 있습니다. 대부분은 사용 방법이 매우 간단하지만 JTable처럼 조금 복잡한 것도 있습니다.

GUI를 만드는 것도 전혀 어렵지 않습니다.

1. J프레임(JFame)을 만듭니다.

```
JFrame frame = new JFrame();
```

2. 위젯(버튼, 텍스트 필드 등)을 만듭니다.

```
JButton button = new JButton("click me");
```

3. 위젯을 프레임에 추가합니다.

```
frame.getContentPane().add(button);
```

프레임에 뭔가를 추가할 때 직접 추가하지는 않습니다. 프레임은 창을 둘러싸고 있는 테두리라고 생각해야 합니다. 실제 위젯을 추가할 때는 틀(pane)에 추가해야 합니다.

4. 화면에 표시합니다(크기를 다음 화면에 표시되도록 설정합니다).

```
frame.setSize(300,300);
frame.setVisible(true);
```

첫 번째 GUI: 버튼

```
import javax.swing.*;

public class SimpleGui1 {
  public static void main(String[] args) {

    JFrame frame = new JFrame();
    JButton button = new JButton("click me");

    frame.setDefaultCloseOperation(JFrame.EXIT_ON_CLOSE);


    frame.getContentPane().add(button);

    frame.setSize(300, 300);

    frame.setVisible(true);
  }
}
```

이 스윙 패키지는 반드시 불러와야 합니다.

프레임과 버튼을 만듭니다.

(버튼 생성자에, 버튼에 표시할 텍스트를 전달할 수 있습니다)

이렇게 하면 창을 닫을 때 프로그램이 바로 종료됩니다 (이 행을 빼먹으면 화면에 계속 남아 있습니다).

버튼을 프레임의 내용 틀(content pane)에 추가합니다.

프레임의 크기를 픽셀 단위로 지정합니다.

마지막으로 화면에 표시되도록 설정합니다(이 단계를 빼먹으면 코드를 실행했을 때 화면에 아무것도 나타나지 않습니다).

실행시키면 어떤 것이 화면에 표시될까요?

```
%java SimpleGui1
```

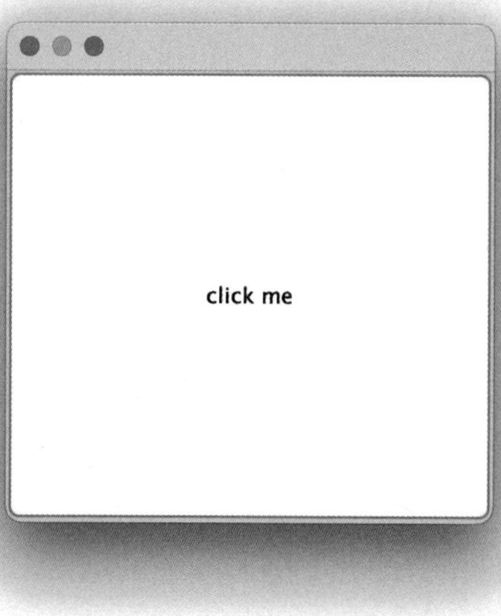

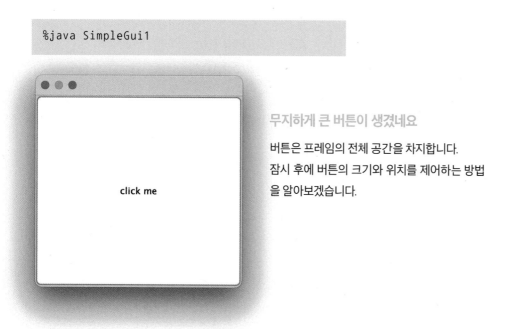

무지하게 큰 버튼이 생겼네요

버튼은 프레임의 전체 공간을 차지합니다. 잠시 후에 버튼의 크기와 위치를 제어하는 방법을 알아보겠습니다.

그런데 클릭해도 반응이 없네요

정확하게 말하자면 아무 반응이 없는 것은 아닙니다. 버튼을 누르면 눌린 것 같은 모양으로 바뀌긴 하니까요(플랫폼에 따라 모양은 다르지만 어떤 방법으로든 버튼이 눌렸다는 것을 느낄 수는 있을 것입니다).
질문을 고쳐 보자면 사용자가 버튼을 클릭했을 때 "어떤 특정한 일을 하게 만들려면 어떻게 할까요?"라고 할 수 있을 것입니다.

그러려면 두 가지가 있어야 합니다.

1. 사용자가 클릭했을 때 호출할 메서드(버튼을 클릭했을 때 해야 할 행동)

2. 그 메서드를 언제 실행시켜야 할지를 알아내는 방법, 즉 사용자가 버튼을 클릭했는지 알 수 있는 방법

사용자가 클릭하면 그 사실을 알아야 합니다.
즉, 사용자가 버튼에 대해 어떤 동작을 했다는 이벤트에 관심이 있습니다.

무엇이든 물어보세요
Q&A

Q1 요즘은 아무도 스윙을 안 쓴다고 하던데요?

A1 JavaFX 같은 다른 옵션도 있어요. 하지만 끝없이 진행 중인 '자바에서 GUI를 만들 때 어떤 접근법을 택할 것인가?' 하는 오래된 논란에 대해 아직 속시원한 답은 없는 상황입니다. 그나마 다행인 것은 스윙을 일단 어느 정도 배워두고 나면 나중에 어느 길을 택하든 도움이 된다는 겁니다. 예를 들어서, 안드로이드 개발을 할 생각이라면 스윙에 대해 배워 두면 안드로이드 앱을 코딩하는 법을 더 쉽게 배울 수 있거든요.

Q2 MS 윈도우에서 실행시키면 버튼의 모양이 일반 윈도우용 프로그램의 버튼하고 똑같나요?

A2 원한다면 그렇게 할 수 있습니다. 사용자가 몇 가지 '룩앤필(look and feel, 인터페이스 모양을 제어하기 위한 핵심 라이브러리에 들어 있는 일련의 클래스)' 중에서 원하는 것을 선택할 수 있으니까요. 대부분의 경우 최소 두 개의 서로 다른 룩앤필 중에서 선택할 수 있습니다. 이 책에서는(MacOS용) 기본 시스템 룩앤필하고 OS X의 아쿠아(Aqua) 룩앤필 또는 (여러 플랫폼에서 쓸 수 있는) 메탈(Metal)에서 볼 수 있는 화면을 섞어 쓰고 있습니다.

Q3 아쿠아는 무지하게 오래되지 않았나요?

A3 맞아요. 그래도 저희는 아쿠아가 좋더라고요.

사용자 이벤트를 받아들이는 방법

사용자가 버튼을 클릭하면 버튼에 있는 텍스트가 click me에서 I've been clicked로 바뀌게 하고 싶다면 어떻게 해야 할까요? 우선 버튼의 텍스트를 변경하는 메서드가 필요합니다(API를 잠깐 훑어 보면 그런 기능을 하는 메서드를 찾을 수 있습니다).

```
public void changeIt() {
  button.setText("I've been clicked!");
}
```

그런데 이것만 가지고는 안 됩니다. 이 메서드를 언제 실행해야 하는지 어떻게 알 수 있을까요? **버튼이 클릭되었는지 어떻게 알 수 있을까요?**

자바에서 사용자 이벤트(event)를 받고 처리하는 과정을 이벤트 처리(event-handling)라고 부릅니다. 자바에는 여러 가지 서로 다른 타입의 이벤트가 있는데, 그중 대부분은 GUI와 관련된 사용자의 행동에 따른 이벤트입니다. 사용자가 어떤 버튼을 클릭하면 그것도 이벤트가 됩니다. '사용자가 이 버튼을 눌렀을 때 행해질 행동을 원한다.'는 것을 의미하는 이벤트라고 할 수 있습니다. 그 버튼이 '느린 템포' 버튼이라면 사용자가 템포가 느려지는 일이 일어나기를 바라는 것이겠죠. 채팅 클라이언트의 보내기(Send) 버튼이라면 사용자가 메시지를 보내는 일이 일어나기를 바라는 것일테고요. 사용자가 어떤 일이 일어나기를 원한다는 것을 나타내는 버튼을 클릭하는 이벤트는 가장 직접적인 이벤트 가운데 하나라고 할 수 있습니다.

버튼에 대해서는 보통 버튼이 눌려 있는 상황이나 버튼을 클릭했다가 마우스 버튼에서 손가락을 떼는 것과 같은 중간 단계에 대해서는 별로 신경을 쓸 필요가 없습니다. 사용자가 버튼을 얼마나 오랫동안 누르고 있는지, 계속 망설이면서 버튼 위에 포인터를 올려놨다가 다시 다른 데로 옮겼다가 하는 행동을 얼마나 많이 하는지 등에 대해서는 신경을 쓸 필요가 없습니다. 그냥 **언제 필요한 일을 해야 하는지가 중요하겠죠.** 즉, 사용자가 버튼을 눌러서 그 버튼을 눌렀을 때 해야 할 일을 하도록 지시하는 시기가 가장 중요합니다.

우선 우리가 그 버튼에 대해 관심을 가지고 있다는 것을 알려 줘야 합니다.

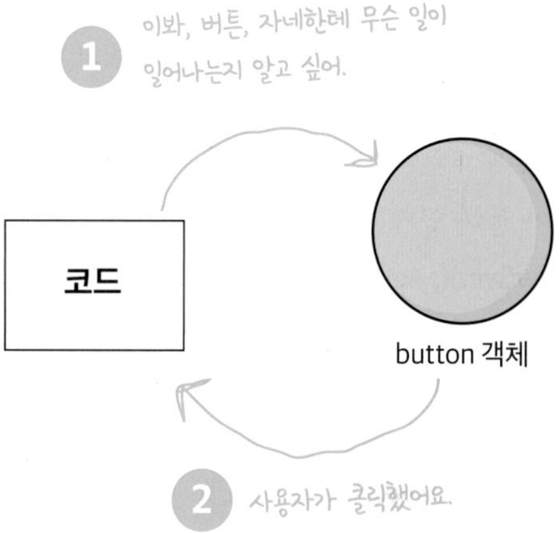

그리고 버튼을 클릭하는 이벤트가 일어났을 때 사용자를 다시 부를 수 있는 방법이 필요합니다.

뇌 일깨우기

1. 버튼 객체에게 그 버튼에 대해 일어나는 이벤트에 관심이 있다는 것을 어떻게 알려 줄 수 있을까요?
2. 버튼에서 어떻게 사용자를 다시 부를 수 있을까요? 버튼에 메서드명(changeIt())을 직접 알려 줄 수 있는 방법은 없다고 가정하겠습니다. 그렇다면 이벤트가 일어났을 때 실행할 메서드가 있다는 것을 어떤 식으로 알려 줄 수 있을까요?

힌트: 앞서 만들었던 Pet 클래스를 생각해 보세요.

버튼의 이벤트에 관심이 있다면 '그쪽 이벤트에 관심이 있다'는 것을 알려 주는 인터페이스를 구현하면 됩니다

리스너(listener, 청취자라는 뜻을 가진 단어지만 그냥 리스너라고 쓰겠습니다) 인터페이스는 리스너(사용자)와 이벤트 소스(버튼)를 연결해 주는 다리 역할을 합니다. 스윙 GUI 구성요소는 모두 이벤트 소스입니다. 이벤트 소스(event source)란 사용자의 행동(마우스를 클릭하거나 키를 입력하거나 창을 닫는 등의 행동)을 이벤트로 바꿔 주는 객체를 뜻합니다. 그리고 이벤트도 객체로 표현됩니다. 어떤 이벤트 클래스에 속하는 객체로 나타낼 수 있지요. API에서 java.awt.event 패키지를 살펴보면 다양한 이벤트 클래스를 발견할 수 있습니다(이름에 모두 Event가 들어 있기 때문에 쉽게 찾을 수 있습니다). MouseEvent, KeyEvent, WindowEvent, ActionEvent를 비롯한 다양한 이벤트가 있습니다.

사용자가 (버튼을 클릭한다든가 하는) 뭔가 의미 있는 행동을 하면 이벤트 소스(버튼 등)에서 **이벤트 객체**를 생성합니다. 여러분이 코드를 작성할 때는 대부분 이벤트를 만드는 것보다는 이벤트를 받아오는 코드를 만들 것입니다(이벤트를 만드는 코드가 이 책에는 없습니다). 즉, 이벤트 소스보다는 이벤트 리스너를 만드는 일을 훨씬 많이 할 것입니다.

모든 이벤트 타입마다 그 타입에 맞는 리스너 인터페이스가 있습니다. MouseEvent가 필요하다면 MouseListener 인터페이스를 구현하면 됩니다. 그리고 WindowEvent가 필요하다면 WindowListener를 구현하면 됩니다. 감이 잡히죠? 그리고 인터페이스와 관련된 규칙을 잊지 맙시다(class Dog implements Pet과 같은 식으로). 어떤 인터페이스를 구현하겠다고 선언했으면 그 인터페이스에 있는 모든 메서드를 구현해야 합니다. 즉, 모든 메서드의 코드를 만들어야 합니다.

리스너 인터페이스 중에는 메서드 두 개 이상이 들어 있는 것도 있습니다. 이벤트의 종류가 달라질 수 있기 때문입니다. 예를 들어서, MouseListener를 구현했다면 mousePressed, mouseReleased, mouseMoved 등의 이벤트가 나올 수 있습니다. 이런 마우스 관련 이벤트는 모두 똑같이 MouseEvent로 표현되지만, 인터페이스에서 각 이벤트마다 서로 다른 메서드가 정해져 있습니다. MouseListener를 구현하면 사용자가 마우스를 눌렀을 때는 mousePressed() 메서드가 호출됩니다. 그리고 사용자가 마우스 버튼에서 손가락을 떼면 mouseReleased() 메서드가 호출됩니다. 따라서 마우스 이벤트와 관련된 객체는 MouseEvent 하나뿐이지만 마우스 이벤트의 타입에 따라 이벤트 메서드는 달라집니다.

버튼에서 여러분에게 연락할 수 있는 방법은 리스너 인터페이스를 구현하여 제공할 수 있습니다. 인터페이스에 콜백 메서드가 선언되어 있기 때문이죠.

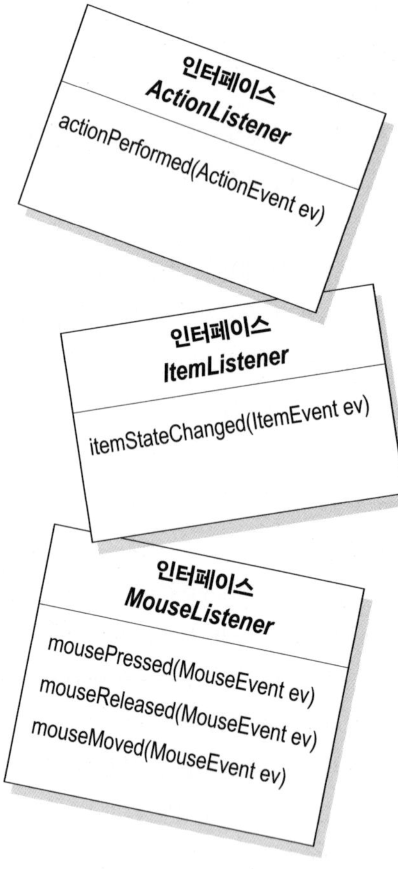

리스너와 소스 사이의 의사소통 방법

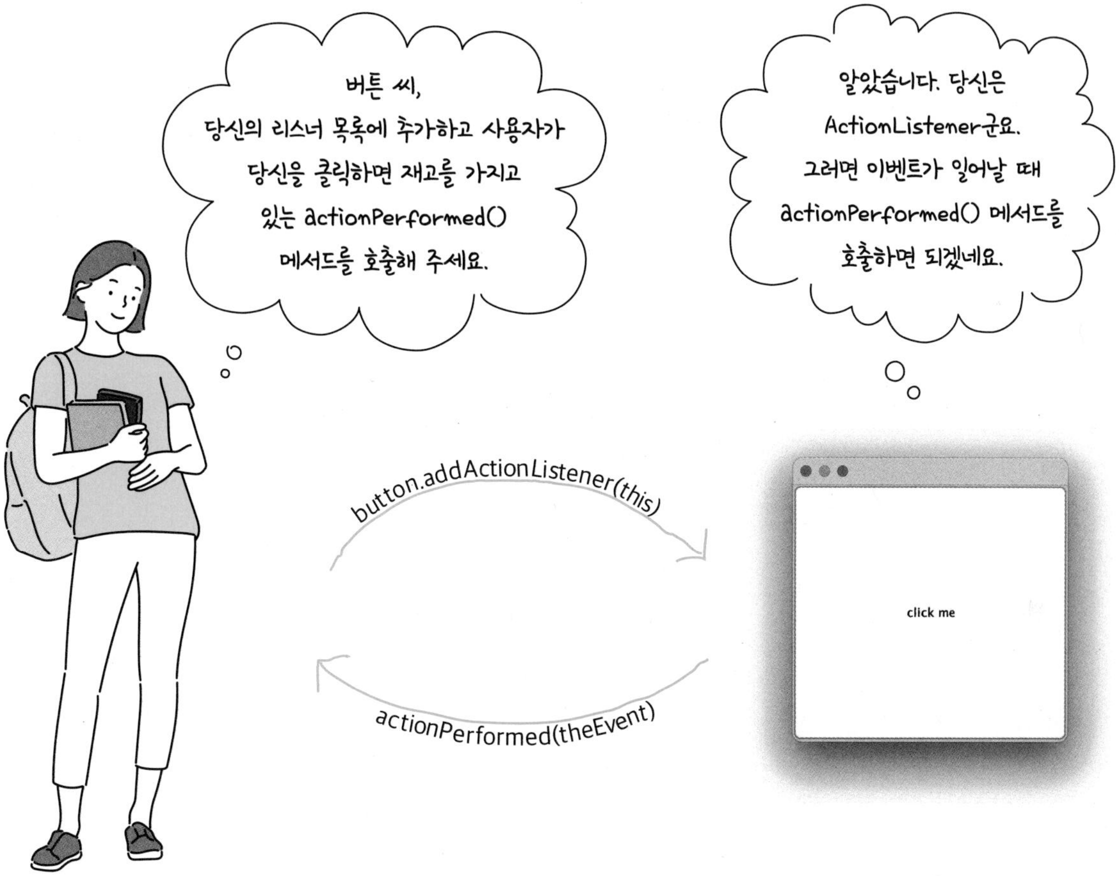

리스너

어떤 클래스에서 버튼의 ActionEvent를 알아야 한다면 ActionListener 인터페이스를 구현하면 됩니다. 버튼에 우리가 관심이 있다는 걸 알려야 하기 때문에 addActionListener()를 호출하면서 ActionListener 레퍼런스를 전달해야 합니다. 첫 번째 예제에서는 우리가 ActionListener이므로 this를 넘겨주지만, 이벤트 리스너 역할을 할 클래스를 별도로 만드는 경우가 더 흔합니다. 이벤트가 일어나면 버튼에서 클래스로 연락을 해야 하는데, 그 경우에는 리스너 인터페이스에 있는 메서드를 호출합니다. ActionListener 역할을 하려면 인터페이스에 하나밖에 없는 메서드인 actionPerformed()를 구현해야 합니다. 그리고 이 메서드를 구현하지 않으면 아예 컴파일이 되지 않겠죠?

이벤트 소스

버튼은 ActionEvent의 소스이므로 어떤 객체가 그 이벤트에 대한 리스너인지 알아야 합니다. 버튼에는 addActionListener()라는 메서드가 있어서 그 버튼에 관심 있는 객체(리스너)에서 그 버튼에게 "내가 관심 있어."라고 알려 줄 수 있습니다.

어떤 리스너에서 버튼의 addActionListener()를 호출하면 버튼에서는 매개변수(리스너 객체에 대한 레퍼런스)를 받아서 목록에 저장합니다. 사용자가 버튼을 클릭하면 버튼에서는 목록에 있는 모든 리스너 객체의 actionPerformed() 메서드를 호출하여 이벤트를 '발사'합니다.

버튼의 ActionEvent를 받는 방법

1. ActionListener 인터페이스를 구현합니다.
2. 버튼에 등록합니다(이벤트가 생기면 알려달라고 말합니다).
3. 이벤트 처리 메서드를 등록합니다(ActionListener 인터페이스의 actionPerformed() 메서드를 구현합니다).

```
import javax.swing.*;
import java.awt.event.*;

public class SimpleGui2 implements ActionListener {
  private JButton button;

  public static void main(String[] args) {
    SimpleGui2 gui = new SimpleGui2();
    gui.go();
  }

  public void go() {
    JFrame frame = new JFrame();
    button = new JButton("click me");


    button.addActionListener(this);


    frame.getContentPane().add(button);
    frame.setDefaultCloseOperation(JFrame.EXIT_ON_CLOSE);
    frame.setSize(300, 300);
    frame.setVisible(true);
  }

  public void actionPerformed(ActionEvent event) {
    button.setText("I've been clicked!");
  }
}
```

ActionListener와 ActionEvent가 들어 있는 패키지를 사용하기 위한 import 명령문

(1) 인터페이스를 구현합니다. 이 구문은 'SimpleGui2의 인스턴스는 ActionListener임'이라는 것을 뜻합니다 (버튼에서는 ActionListener를 구현한 클래스에만 이벤트를 보내줍니다).

참고: 이렇게 메인 GUI 클래스에서 ActionListener를 구현하는 경우는 잘 없습니다. 그냥 처음이라서 최대한 간단한 방법을 보여 주기 위해서 이렇게 한 거예요. 이번 장을 공부하다 보면 ActionListener를 만드는 더 나은 방법들을 배우게 될 겁니다.

(2) 버튼에 등록합니다. 즉, 이 코드는 "나도 리스너 목록에 끼워 줘."라고 말하는 역할을 합니다. 이때 전달하는 인자는 반드시 ActionListener를 구현한 클래스의 객체여야 합니다.

(3) ActionListener 인터페이스의 actionPerformed() 메서드를 구현합니다. 이 메서드가 바로 실제 이벤트를 처리하는 메서드입니다.

버튼에서는 이 메서드를 호출하여 이벤트가 일어났다는 것을 알려 줍니다. ActionEvent 객체를 인자로 보내주는데, 여기에서는 그 객체를 쓸 필요가 없습니다. 이벤트가 일어났음을 아는 것만으로도 충분합니다.

리스너, 소스, 그리고 이벤트

자바 프로그램에서 이벤트의 소스가 되는 일은 별로 없습니다. **좋은 리스너(listener)가 되도록 노력하는 것**이 좋습니다(남의 말을 잘 들어 주는 것도 사회 생활에서 매우 중요한 요소입니다).

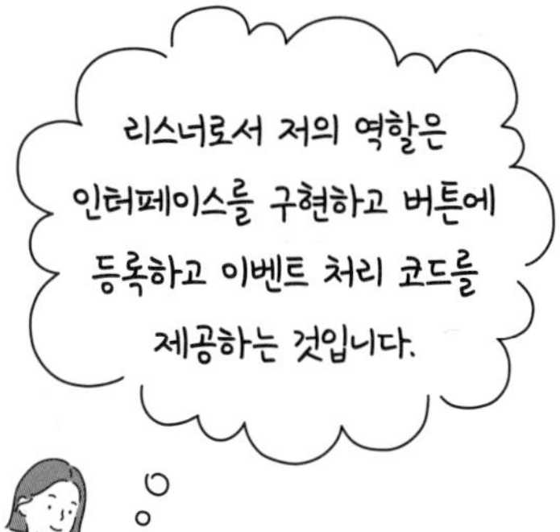

리스너로서 저의 역할은
인터페이스를 구현하고 버튼에
등록하고 이벤트 처리 코드를
제공하는 것입니다.

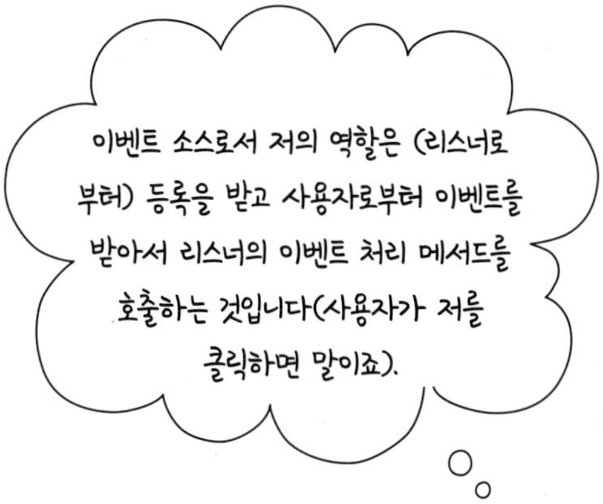

이벤트 소스로서 저의 역할은 (리스너로
부터) 등록을 받고 사용자로부터 이벤트를
받아서 리스너의 이벤트 처리 메서드를
호출하는 것입니다(사용자가 저를
클릭하면 말이죠).

소스는 이벤트를 보내는 역할을 합니다.

리스너는 이벤트를 받는 역할을 합니다.

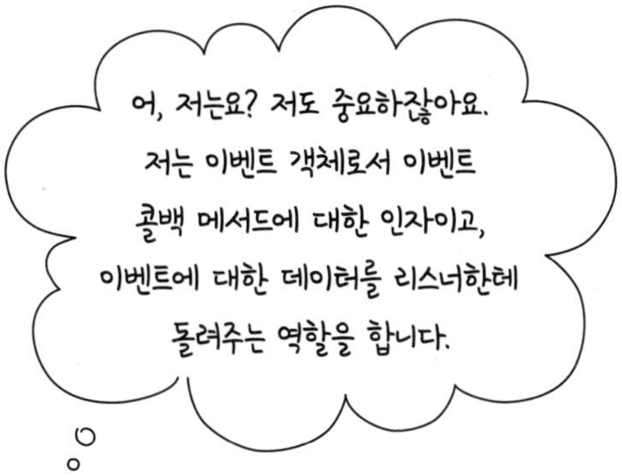

어, 저는요? 저도 중요하잖아요.
저는 이벤트 객체로서 이벤트
콜백 메서드에 대한 인자이고,
이벤트에 대한 데이터를 리스너한테
돌려주는 역할을 합니다.

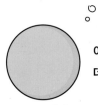

이벤트 객체에는 이벤트에 대한 데이터가 들어 있습니다.

Event 객체

무엇이든 물어보세요

Q&A

Q1 왜 이벤트 소스를 만들 수 없는 거죠?

A1 물론 이벤트 소스를 만들 수도 있습니다. 대부분의 경우에 이벤트를 내보내는 코드보다는 이벤트를 받아들이는 코드를 만들게 되는 것뿐입니다(특히 자바를 배우는 초기에는 더욱 그렇죠). 여러분이 다루는 이벤트는 대부분 자바 API에 있는 클래스로부터 나오기 때문에 그냥 그런 이벤트에 대한 리스너만 만들면 됩니다. 물론 주식 시세를 감시하는 프로그램을 만들 때 뭔가 중요해 보이는 것이 있으면 StockMarketEvent라는 이벤트를 던지도록 설계할 수도 있습니다. 그런 경우에는 StockWatcher 객체(주식 시황 감시용 객체)를 이벤트 소스로 만들어서 버튼과 같은 다른 이벤트 소스에서 하는 것과 똑같은 역할을 하게 하면 됩니다. 그 이벤트에 대한 리스너 인터페이스와 누군가가 호출하면 호출한 객체(리스너)를 리스너의 목록에 추가하게 하는 등록 메서드(addStockListener())도 만들어야 합니다. 그리고 그 이벤트가 일어나면 StockEvent 객체(이 클래스도 만들어야 합니다)의 인스턴스를 만들고 stockChanged(Stock Event ev) 메서드를 호출하여 목록에 있는 모든 리스너에 그 객체를 보내야 합니다. 그리고 모든 이벤트 타입에 대해 반드시 그 타입에 맞는 리스너 인터페이스가 있어야 한다는 점을 잊지 마세요(stockChanged() 메서드가 들어 있는 StockListener 인터페이스를 만들어야 합니다).

Q2 이벤트 콜백 메서드로 전달되는 이벤트 객체가 왜 중요한지 잘 모르겠네요. 누군가가 mousePressed 메서드를 호출했을 때 다른 어떤 정보가 있어야 하나요?

A2 대부분의 경우에 이벤트 객체가 없어도 됩니다. 이벤트 객체는 이벤트에 대한 정보를 보내기 위한 작은 데이터 전달자일 뿐입니다. 하지만 이벤트에 대한 자세한 내용을 알아야 하는 경우가 있습니다. 예를 들어서, mousePressed() 메서드가 호출되었다면 누군가가 마우스를 눌렀다는 것을 알 수 있습니다. 하지만 정확하게 어느 위치에서 마우스를 눌렀는지 알고 싶다면 어떻게 해야 할까요? 즉, 마우스를 누른 위치의 X와 Y 좌표를 알고 싶다면 어떻게 해야 할까요?

또는 리스너 하나를 객체 여러 개에 등록해야 할 경우도 있습니다. 예를 들어서, 컴퓨터 화면에 띄워서 쓸 수 있는 계산기에는 숫자 키 열 개가 있는데, 어차피 그 역할은 모두 똑같기 때문에 각 키마다 리스너를 따로 만들 필요는 없습니다. 대신 숫자 키 열 개에 똑같은 리스너를 등록한 다음 이벤트를 받았을 때(즉, 이벤트 콜백 메서드가 호출되었을 때) 이벤트 객체에 있는 메서드를 호출하여 실제 이벤트 소스(즉, 어떤 키에서 이 이벤트를 보냈는지를 알아내는 방법을 쓰는 것이 좋습니다.

쓰면서 제대로 공부하기

→ 풀어 보세요

여기에 있는 각 위젯(사용자 인터페이스 객체)은 하나 이상의 이벤트 소스 역할을 합니다. 각 위젯과 그 위젯에서 만들어낼 수 있는 이벤트를 연결해 보세요. 이 중에는 이벤트 소스 두 개 이상이 있을 수 있고 위젯 두 개 이상에서 같은 이벤트를 만들어낼 수도 있습니다.

위젯	**이벤트 메서드**
체크 상자	windowClosing() (창이 닫힐 때)
텍스트 필드	actionPerformed() (사용자가 어떤 행동을 했을 때)
스크롤 목록	itemStateChanged() (항목 상태가 바뀌었을 때)
버튼	mousePressed() (마우스를 눌렀을 때)
대화상자	keyTyped() (키를 눌렀을 때)
라디오 버튼	mouseExited() (마우스가 영역을 벗어났을 때)
메뉴 항목	focusGained() (키보드 포커스가 들어왔을 때)

어떤 객체가 이벤트 소스인지 아닌지는 어떻게 알 수 있나요?

API에서 찾아보세요.

어떤 걸 살펴봐야 하죠?

'add'로 시작하고 'Listener'로 끝나는 이름을 가지고 리스너 인터페이스 인자를 받아들이는 메서드가 있는지 찾아보면 됩니다. 즉, 다음과 같은 메서드가 있다고 가정해 봅시다.

```
addKeyListener(KeyListener k)
```

이 메서드가 들어 있는 클래스는 KeyEvent의 이벤트 소스입니다. 즉, 그러한 명명 패턴을 가지고 알 수 있습니다.

다시 그래픽으로

이제 이벤트가 어떤 식으로 돌아가는지 약간 알아봤으니 다시 화면에 뭔가를 집어넣는 방법을 알아보겠습니다(이벤트에 대해서는 나중에 더 자세하게 알아볼 것입니다). 이벤트 처리에 대한 내용을 살펴보기 전에 얼마 동안에 걸쳐서 그래픽과 관련된 내용을 살펴보겠습니다.

GUI에 뭔가를 집어넣는 세 가지 방법

1 프레임에 위젯을 집어넣는 방법

버튼, 메뉴, 라디오 버튼 등의 위젯을 집어넣습니다.

```
frame.getContentPane().add(myButton);
```

javax.swing에는 십여 개가 넘는 위젯 타입이 포함되어 있습니다.

2 위젯에 2D 그래픽을 그립니다.

그래픽 객체를 사용하여 도형을 그릴 수 있습니다.

```
graphics.fillOval(70, 70, 100, 100);
```

단순한 상자나 원 외에 더 복잡한 것도 그릴 수 있습니다. Java2D API에는 여러 가지 특이하고 복잡한 그래픽 메서드가 들어 있기 때문에 그런 메서드를 쓰면 됩니다.

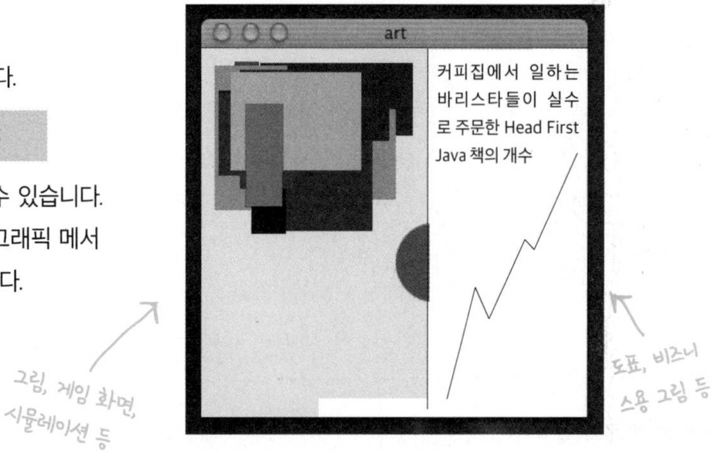

3 위젯에 JPEG를 집어넣습니다.

위젯에 그림을 집어넣을 수도 있습니다.

```
graphics.drawImage(myPic, 10, 10, this);
```

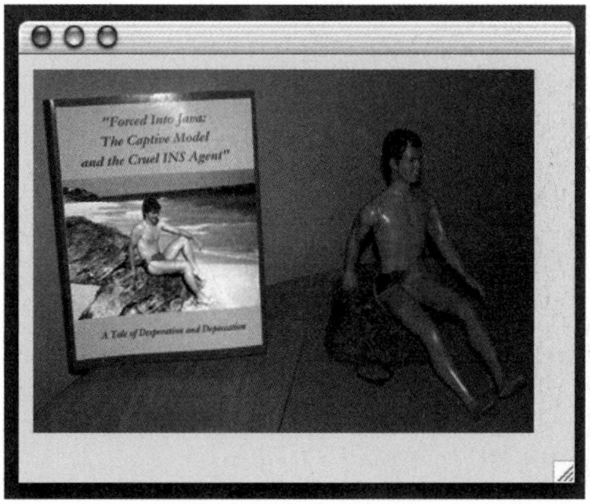

그림을 그리기 위한 위젯 만들어 보기

화면에 직접 만든 그래픽을 표시할 때 가장 좋은 방법은 그림을 직접 그릴 수 있는 위젯을 만드는 것입니다. 그리고 버튼 같은 다른 위젯과 마찬가지로 그 위젯을 화면에 표시해 주면 자신이 만든 그래픽이 화면에 나타납니다. 애니메이션처럼 그림을 움직이게 하거나 버튼을 클릭할 때마다 화면의 색을 바꾸는 것과 같은 일도 할 수 있습니다.
방법은 정말 간단합니다.

JPanel의 하위 클래스를 만들고 paintComponent()라는 메서드를 오버라이드 하면 됩니다.

별도의 그리기 패널이 있는 스윙 프레임

그래픽 관련 코드는 모두 paintComponent() 메서드에 들어갑니다. 이 메서드는 시스템에서 그 위젯을 화면이 표시하기 위해 호출하는 메서드라고 생각하면 됩니다. 원을 그리고 싶다면 paintComponent() 메서드에 원을 그리기 위한 코드를 집어넣으면 됩니다. 그림 패널이 들어 있는 프레임에 화면이 표시되면 paintComponent()가 호출되면서 원이 화면에 그려질 것입니다. 사용자가 그 창을 아이콘화하거나 최소화했다가 원래 모양으로 되돌릴 때도 JVM에서 paintComponent()를 호출하여 그림을 다시 그립니다. 즉, JVM에서 화면을 갱신할 때마다 paintComponent() 메서드가 호출됩니다.
한 가지 또 다른 중요한 사실은 **사용자가 이 메서드를 직접 호출하는 일은 절대 없다**는 것입니다. 이 메서드의 인자(Graphics 객체)는 실제 화면에 표시되는 그림을 그리기 위한 캔버스입니다. 그런데 그 객체는 사용자가 직접 건드릴 수 없고 시스템에서 주는 것을 받아서 써야만 합니다. 하지만 시스템에 화면을 갱신해달라는 요청을 함으로써(repaint() 메서드 호출) 결과적으로는 paintComponent()가 호출되게 하는 방법이 있긴 합니다. 이 방법은 나중에 알아보겠습니다.

```
import javax.swing.*;
import java.awt.*;

class MyDrawPanel extends JPanel {

  public void paintComponent(Graphics g) {
    g.setColor(Color.orange);

    g.fillRect(20, 50, 100, 100);
  }
}
```

둘 다 있어야 합니다.

다른 것과 마찬가지로 프레임에 추가할 수 있는 위젯인 JPanel의 하위 클래스를 만듭니다. 이 위젯은 여러분이 직접 만든 사용자 주문형 위젯이라는 점에서 다른 위젯과 다릅니다.

정말 중요한 그래픽 메서드입니다. 이 메서드를 여러분이 직접 호출하는 일은 절대 없습니다. 이 메서드는 시스템에서 직접 호출하는데, 이때 그림을 그리기 위한 도화지 같은 역할을 하는 Graphics 타입의 객체를 인자로 전달합니다.

g는 그림을 그리기 위한 장치라고 생각하면 됩니다. 이 객체에 그림을 그릴 때 사용할 색을 알려 준 다음 그릴 도형을 지정해 줍니다(좌표 두 개는 그 도형의 위치와 크기를 의미합니다).

paintComponent()로 할 수 있는 일

paintComponent()로 할 수 있는 것을 몇 가지 더 살펴봅시다. 물론 이 책만 읽는 것보다는 여러분이 직접 프로그램을 짜서 화면에 그림이 나타나는 것을 살펴보는 것이 확실히 재미있습니다. 숫자를 바꿔 보거나 API에서 Graphics 클래스를 찾아서 이것저것 해 보는 것도 도움이 많이 될 것입니다. 그리고 Graphics 클래스에 들어 있는 것 외에도 정말 많은 일을 할 수 있습니다.

JPEG 파일 표시

파일명이 들어갈 자리. 참고로 IDE를 사용하는 데 혹시 문제가 있다면 대신 다음과 같은 코드를 사용하세요.
Image image = new ImageIcon(getClass().getResource("catzilla.jpg")).getImage();

```
public void paintComponent(Graphics g) {

  Image image = new ImageIcon("catzilla.jpg").getImage();

  g.drawImage(image, 3, 4, this);

}
```

그림의 왼쪽 맨 윗부분의 위치를 나타내는 x, y 좌표를 입력합니다. 이렇게 하면 '패널의 왼쪽 끝에서 세 픽셀, 패널의 위쪽 끝에서 네 픽셀 떨어진 지점'을 그림의 왼쪽 맨 윗부분으로 지정할 수 있습니다. 이 숫자는 항상 전체 프레임이 아닌 위젯(여기에는 우리가 만든 JPanel의 하위 클래스)에 대한 상대적인 위치를 나타냅니다.

검은 색 배경에 임의의 색으로 칠해진 원 그리기

```
public void paintComponent(Graphics g) {

  g.fillRect(0, 0, this.getWidth(), this.getHeight());

  Random random = new Random();
  int red = random.nextInt(256);
  int green = random.nextInt(256);
  int blue = random.nextInt(256);

  Color randomColor = new Color(red, green, blue);
  g.setColor(randomColor);
  g.fillOval(70, 70, 100, 100);
}
```

패널 전체를 검은색(기본색)으로 칠합니다.

처음 인자 두 개는 패널을 기준으로 하여 그림을 그리기 위한 왼쪽 위 끝의 위치를 지정하는 좌표입니다. 즉, '왼쪽 끝에서 0 픽셀, 위쪽 끝에서 0 픽셀 떨어진 지점에서 시작함'을 의미합니다. 나머지 인자 두 개는 이 직사각형의 너비(this.getWidth())와 같게 하고 높이도 패널의 높이(this.getHeight())와 같게 하라는 뜻입니다(fillRect()는 직사각형을 그리는 메서드입니다).

전에는 Math.random을 썼는데 이제는 자바 라이브러리를 사용하는 법을 배웠으니 java.util.Random을 쓰도록 합시다. 여기에는 최댓값을 받아서 0 이상 최댓값 미만인 수를 리턴하는 nextInt라는 메서드가 있습니다. 이 경우에는 0 이상 256 미만의 값을 리턴하죠.

각각 빨간색 성분, 녹색 성분, 파란색 성분(RGB: Red, Green, Blue)을 나타내는 정수 세 개를 전달하여 색을 만들 수 있습니다.

왼쪽에서 70픽셀, 위에서 70픽셀 떨어진 위치에 너비가 100픽셀, 높이가 100픽셀인 원을 그리라는 것을 의미합니다.

Graphics 레퍼런스는 Graphics2D를 참조합니다

paintComponent()의 인자는 Graphics(java.awt.Graphics) 타입으로 선언되어 있습니다.

```
public void paintComponent(Graphics g) { }
```

따라서 매개변수 g는 Graphics 객체여야 합니다. 즉, (다형성을 고려하면) Graphics의 하위 클래스를 써도 됩니다. 그리고 실제로도 Graphics의 하위 클래스를 사용합니다.

g 매개변수가 참조하는 객체는 사실 Graphics2D 클래스의 인스턴스입니다. 이 사실이 왜 중요할까요? Graphics 레퍼런스로는 할 수 없지만 GraphicS2D 레퍼런스로는 할 수 있는 것이 있기 때문입니다. Graphics2D 객체는 Graphics 객체보다 더 많은 기능이 있으며 실제로 그 Graphics 레퍼런스는 Graphics2D 객체를 참조합니다.

다형성과 관련된 내용을 다시 한번 떠올려 보세요. 컴파일러는 사용자가 호출할 수 있는 메서드를 객체 타입이 아닌 레퍼런스 타입을 바탕으로 결정합니다. 따라서 다음과 같이 Dog 객체를 Animal 레퍼런스 변수로 참조한다고 생각해 봅시다.

```
Animal a = new Dog();
```

다음과 같은 식으로 bark() 메서드(Dog 객체에만 있는 '짖는' 메서드)를 호출할 수 없습니다.

```
a.bark();
```

물론 우리는 a가 Dog 객체를 참조하고 있다는 것을 알고 있지만, 컴파일러는 a가 Animal 타입이므로 Animal 클래스에는 bark() 메서드에 해당하는 리모컨 버튼이 없다는 결론을 내리고는 컴파일을 해 주지 않습니다. 하지만 다음과 같은 식으로 하면 Dog 객체의 기능을 모두 사용할 수 있습니다.

```
Dog d = (Dog) a;
d.bark();
```

따라서 Graphics 객체를 다룰 때도 다음과 같은 규칙을 적용하면 됩니다. **Graphics2D 클래스에 들어 있는 메서드가 필요하다면 paintComponent의 매개변수(g)를 그대로 사용하면 안 됩니다. 대신 다른 Graphics 2D 변수로 캐스트해서 쓰면 됩니다.**

```
Graphics2D g2d = (Graphics2D) g;
```

Graphics 레퍼런스를 가지고 호출할 수 있는 메서드

```
drawImage()
drawLine()
drawPolygon
drawRect()
drawOval()
fillRect()
fillRoundRect()
setColor()
```

Graphics2D 객체를 Graphics2D 레퍼런스로 캐스트하는 방법

```
Graphics2D g2d = (Graphics2D) g;
```

Graphics2D 레퍼런스를 가지고 호출할 수 있는 메서드

```
fill3DRect()
draw3DRect()
rotate()
scale()
shear()
transform()
setRenderingHints()
```

물론, 이외에 다른 메서드도 있습니다. API 문서를 확인해 보면 어떤 메서드가 있는지 확인해 볼 수 있습니다.

원을 단색이 아닌 그레이디언트(그러데이션)로 칠할 수도 있습니다

```
public void paintComponent(Graphics g) {
    Graphics2D g2d = (Graphics2D) g;

    GradientPaint gradient = new GradientPaint(70, 70, Color.blue, 150, 150, Color.orange);

    g2d.setPaint(gradient);
    g2d.fillOval(70, 70, 100, 100);
}
```

사실 Graphics 객체의 탈을 쓴 Graphics2D 객체입니다.

Graphics에는 없고 Graphics2D에만 있는 것을 호출하려면 캐스트해야 합니다.

시작점 / 시작하는 색 / 끝 점 / 끝나는 색

이렇게 하면 가상 페인트 브러시(색칠할 때 쓰는 붓을 생각하면 됩니다)를 단색이 아닌 그레이디언트로 지정할 수 있습니다.

fillOval 메서드는 '현재 페인트 브러시로 지정된 것(여기에서는 그레이디언트)으로 타원을 채우는 메서드'입니다.

```
public void paintComponent(Graphics g) {
  Graphics2D g2d = (Graphics2D) g;

  Random random = new Random();
  int red = random.nextInt(256);
  int green = random.nextInt(256);
  int blue = random.nextInt(256);
  Color startColor = new Color(red, green, blue);

  red = random.nextInt(256);
  green = random.nextInt(256);
  blue = random.nextInt(256);
  Color endColor = new Color(red, green, blue);

  GradientPaint gradient = new GradientPaint(70, 70, startColor, 150, 150, endColor);
  g2d.setPaint(gradient);
  g2d.fillOval(70, 70, 100, 100);
}
```

이 코드는 위에 있는 것을 조금 고쳐서 그레이디언트의 시작과 끝 색을 무작위로 지정하게 만든 것입니다. 직접 실행해 보세요.

핵심 정리

이벤트

- GUI를 만들 때는 우선 창을 만들어야 하는데, 보통 JFrame을 사용합니다.

```
JFrame frame = new JFrame();
```

- JFrame에 위젯(버튼, 텍스트 필드 등)을 추가할 때는 다음과 같은 식으로 하면 됩니다.

```
frame.getContentPane().add(button);
```

- 다른 대부분의 구성요소와 달리 JFrame에는 다른 위젯을 직접 추가할 수 없기 때문에 반드시 JFrame의 내용 틀(content pane)에 추가해야 합니다.
- 창(JFrame)을 화면에 표시하려면 크기를 지정한 다음 화면에 나타나게 설정해야 합니다.

```
frame.setSize(300,300);
frame.setVisible(true);
```

- 사용자가 언제 버튼을 클릭하는지(또는 사용자 인터페이스에 대해 어떤 행동을 하는지 알아내려면 GUI 이벤트가 일어나는지 지켜봐야 합니다.
- 이벤트가 일어나는지 지켜보려면 이벤트 소스에 등록해야 합니다. 이벤트 소스는 사용자의 행동에 따라 이벤트를 '발사'하는 것(버튼, 체크 상자 등)을 뜻합니다.
- 리스너 인터페이스는 이벤트 소스에서 이벤트를 받아서 처리하는 메서드를 호출할 수 있는 방법을 제공합니다. 그 인터페이스에는 이벤트가 일어났을 때 이벤트 소스에서 호출하는 메서드가 정의되어 있습니다.
- 이벤트 소스에 등록할 때는 소스의 등록 메서드를 호출하면 됩니다. 등록 메서드명은 항상 다음과 같은 식으로 되어 있습니다.

```
add<이벤트 타입>Listener
```

예를 들어서, 버튼의 ActionEvent에 등록하고 싶다면 다음과 같은 메서드를 호출하면 됩니다.

```
button.addActionListener(this);
```

- 리스너 인터페이스를 구현할 때는 그 인터페이스에서 선언한 모든 이벤트 처리 메서드를 구현해야 합니다. 이벤트 처리 코드는 리스너의 콜백 메서드에 집어넣으면 됩니다. 예를 들어서, ActionEvent에 대한 메서드는 다음과 같은 식으로 만들면 됩니다.

```
public void actionPerformed(ActionEvent
event) {
  button.setText("you clicked!");
}
```

- 이벤트 처리 메서드로 전달된 이벤트 객체에는 이벤트의 소스에 대한 정보를 포함한 이벤트에 대한 정보가 들어 있습니다.

그래픽

- 위젯에 2차원 그래픽을 직접 그릴 수 있습니다.
- .gif 또는 jpeg 파일을 위젯에 직접 그릴 수도 있습니다.
- (.gif 또는 jpeg 파일을 표시하는 것을 포함하여) 그래픽을 직접 만들고 싶다면 JPanel의 하위 클래스를 만든 다음 paintComponent() 메서드를 오버라이드하면 됩니다.
- paintComponent() 메서드는 GUI 시스템에서 호출합니다. 사용자가 직접 호출하는 일은 절대 없습니다. paintComponent()의 인자는 Graphics 객체로 화면에 표시되는 그림을 그릴 도화지 같은 역할을 한다고 생각할 수 있습니다. 그 객체는 사용자가 직접 만들 수 없습니다.
- Graphics 객체(paintComponent()의 매개변수)에서는 보통 다음과 같은 메서드를 호출합니다.

```
g.setColor(Color.blue);
g.fillRect(20, 50, 100, 120);
```

- .jpg 파일을 화면에 출력할 때는 다음과 같은 식으로 Image 객체를 만듭니다.

```
Image image = new ImageIcon
("catzilla.jpg").getImage();
```

그리고 다음과 같이 이미지를 그리면 됩니다.

```
g.drawImage(image, 3, 4, this);
```

- paintComponent()의 Graphics 매개변수로 참조하는 객체는 사실 Graphics2D 클래스의 인스턴스입니다. Graphics2D 클래스에는 다음의 메서드를 비롯한 다양한 메서드가 들어 있습니다.

```
fill3DRect(), draw3DRect(), rotate(),
scale(), shear(), transform()
```

- Graphics2D 메서드를 호출하려면 매개변수를 Graphics 객체에서 Graphics2D 객체로 캐스트해야 합니다.

```
Graphics2D g2d = (Graphics2D) g;
```

지금까지 이벤트를 받는 방법과 그림을 그리는 방법을 배웠습니다.
그런데 이벤트를 받았을 때 그림을 그리려면 어떻게 해야 할까요?

이벤트에 따라 그림 패널에 있는 그림을 바꿔 봅시다. 여기서는 사용자가 버튼을 클릭할 때마다 원의 색이 바뀌도록 해 보겠습니다. 프로그램의 전체적인 흐름은 다음과 같습니다.

애플리케이션 실행

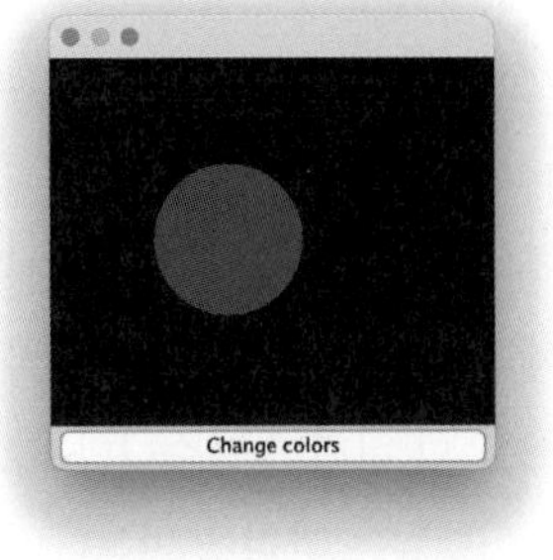

1. 프레임을 만들고 그 안에 위젯 두 개(그림을 그리는 패널과 버튼)를 집어넣습니다. 리스너를 만든 다음 버튼에 등록합니다. 그리고 프레임을 화면에 표시하고 사용자가 클릭할 때까지 대기합니다.

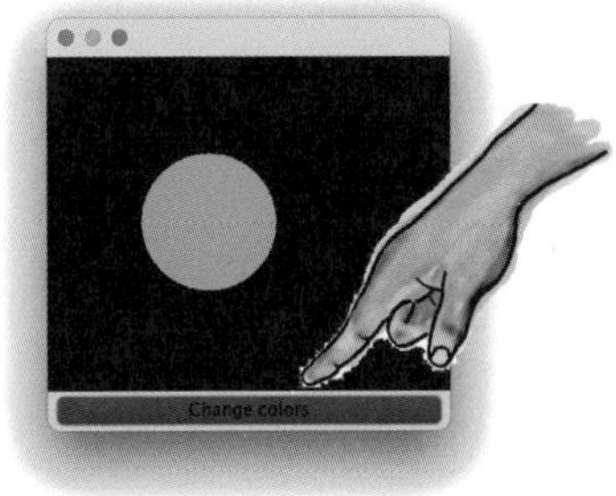

2. 사용자가 버튼을 클릭하면 버튼에서 이벤트 객체를 만들고 리스너의 이벤트 핸들러를 호출합니다.

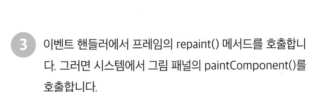

3. 이벤트 핸들러에서 프레임의 repaint() 메서드를 호출합니다. 그러면 시스템에서 그림 패널의 paintComponent()를 호출합니다.

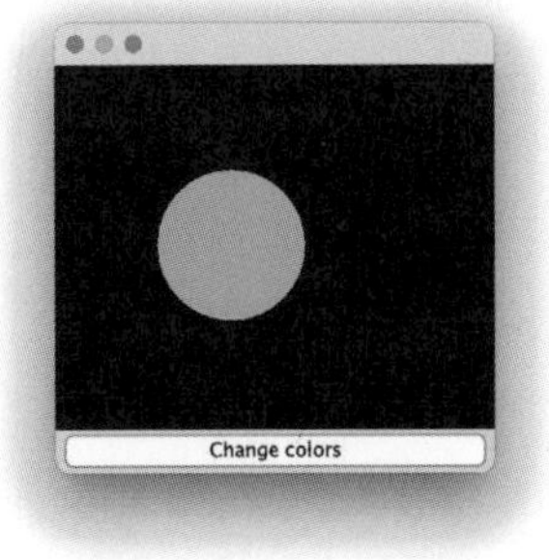

4. paintComponent()가 다시 실행되면서 원을 무작위로 선택한 색으로 칠하면 원의 색이 바뀝니다.

역자 주: '이벤트 핸들러'는 이벤트를 처리하는 메서드입니다.

프레임에 위젯을 두 개 이상 집어넣는 방법

GUI 레이아웃에 대해서는 다음 장에서 본격적으로 알아보겠지만, 일단 여기에서 간단하게 알아보고 넘어가겠습니다. 기본적으로 프레임에는 사용자가 위젯을 집어넣을 수 있는 지역(region)이 다섯 개 있습니다. 그리고 프레임의 각 지역에는 위젯 한 개만 집어넣을 수 있습니다. 그러면 위젯을 다섯 개 넘게 집어넣을 때는 어떻게 하냐고요? 다 방법이 있습니다. 그 중 한 위젯으로 위젯 여러 개가 들어 있는 패널을 집어넣을 수 있고, 같은 과정을 반복하면 이론상으로는 무한히 많은 위젯을 집어넣을 수 있으니까요. 사실 다음과 같은 식으로 프레임에 버튼을 집어넣는 방법은 '속임수'라고 할 수 있습니다.

```
frame.getContentPane().add(button);
```

원래는 이렇게 하면 안 됩니다(메서드가 하나밖에 없는 add 메서드는 일종의 편법이라고 할 수 있습니다).

```
frame.getContentPane().add(BorderLayout.CENTER, button);
```

지역(상수로 지정함)과 그 지역에 추가할 위젯, 이렇게 인자 두 개를 받아들이는 add 메서드를 호출합니다.

프레임의 기본 내용 틀에 위젯을 추가할 때는 이 방법을 쓰는 것이 바람직합니다(보통 이렇게 하는 것이 필수적입니다). 항상 그 위젯을 어디에(어느 지역에) 넣어야 할지를 지정해야 합니다.
인자가 하나뿐인 add 메서드(별로 권장할 만한 하지 않은 메서드)를 호출하면 위젯은 자동으로 중앙 지역(center region)으로 들어갑니다.

기본 지역

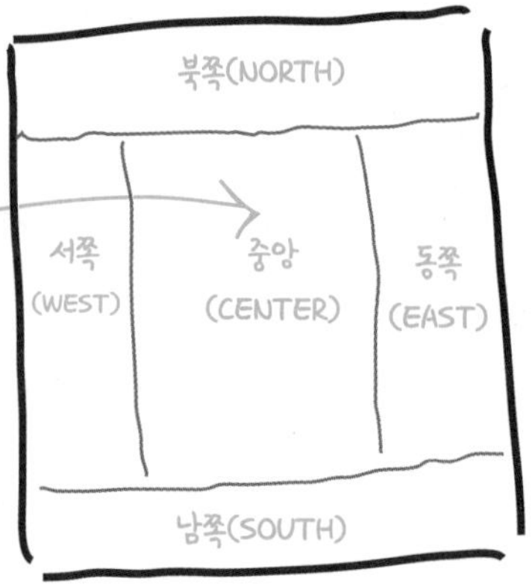

쓰면서 제대로 공부하기

519쪽에 나와 있는 그림을 보고 프레임에 버튼과 패널을 추가하기 위한 코드를 작성해 보세요.

→ 풀어 보세요

버튼을 클릭할 때마다 원의 색이 바뀝니다

```
import javax.swing.*;
import java.awt.*;
import java.awt.event.*;

public class SimpleGui3 implements ActionListener {
  private JFrame frame;

  public static void main(String[] args) {
    SimpleGui3 gui = new SimpleGui3();
    gui.go();
  }

  public void go() {
    frame = new JFrame();
    frame.setDefaultCloseOperation(JFrame.EXIT_ON_CLOSE);

    JButton button = new JButton("Change colors");
    button.addActionListener(this);

    MyDrawPanel drawPanel = new MyDrawPanel();

    frame.getContentPane().add(BorderLayout.SOUTH, button);
    frame.getContentPane().add(BorderLayout.CENTER, drawPanel);
    frame.setSize(300, 300);
    frame.setVisible(true);
  }

  public void actionPerformed(ActionEvent event) {
    frame.repaint();
  }
}
```

```
class MyDrawPanel extends JPanel {
  public void paintComponent(Graphics g){color
    // 타원을 무작위로 선택한 색으로 칠하기 위한 코드
    // 실제 코드는 515쪽에 있습니다.
  }
}
```

사용자가 만든 그림 패널(MyDrawPanel의 인스턴스)은 프레임의 중앙(CENTER) 지역에 들어갑니다.

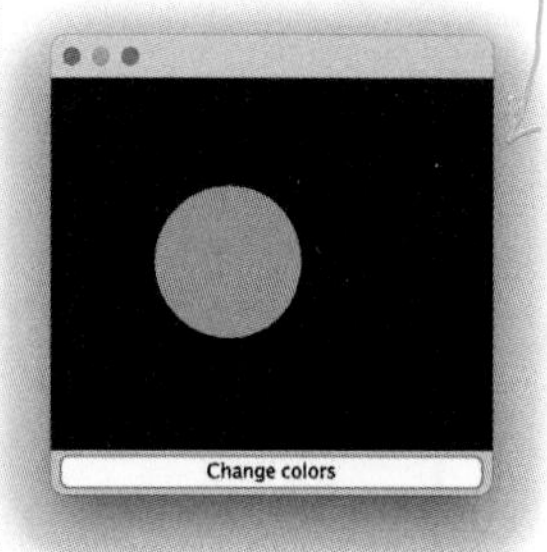

버튼은 프레임의 남쪽(SOUTH) 지역에 들어갑니다.

리스너(this)를 버튼에 추가합니다.

위젯(버튼과 그림 패널) 두 개를 프레임의 두 지역에 추가합니다.

사용자가 버튼을 클릭하면 프레임의 repaint() 메서드를 호출합니다. 그러면 그 프레임에 들어 있는 모든 위젯의 paintComponent() 메서드가 호출됩니다.

사용자가 버튼을 클릭할 때마다 그림 패널의 paintComponent() 메서드가 호출됩니다.

버튼 두 개를 만들어 봅시다

이번에는 버튼 두 개를 만들어 봅시다. 남쪽에 있는 버튼은 지금과 마찬가지로 프레임의 repaint() 메서드를 호출하여 그림을 다시 그리는 버튼입니다. 새로 추가한 버튼(이번에는 동쪽 지역에 붙이겠습니다)은 눌렀을 때 레이블의 텍스트를 바꾸는 버튼입니다(레이블은 그냥 화면에 나타나는 텍스트입니다).

그러면 위젯이 네 개 있어야 합니다.

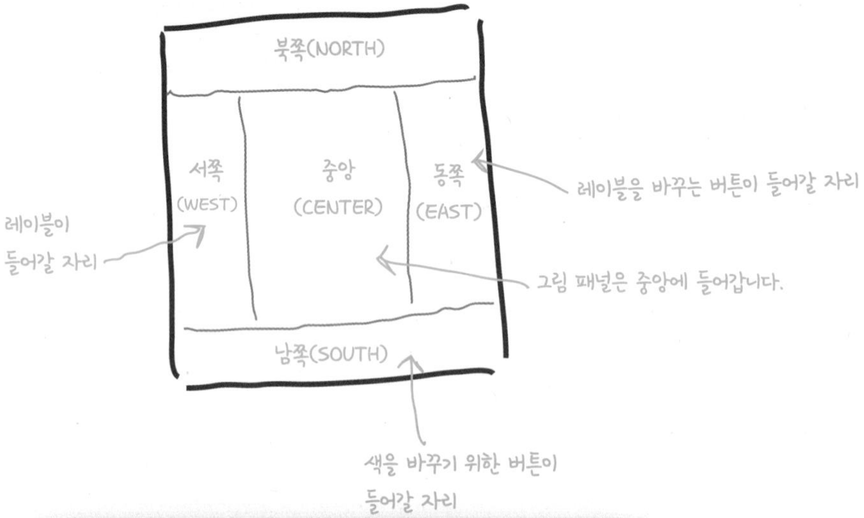

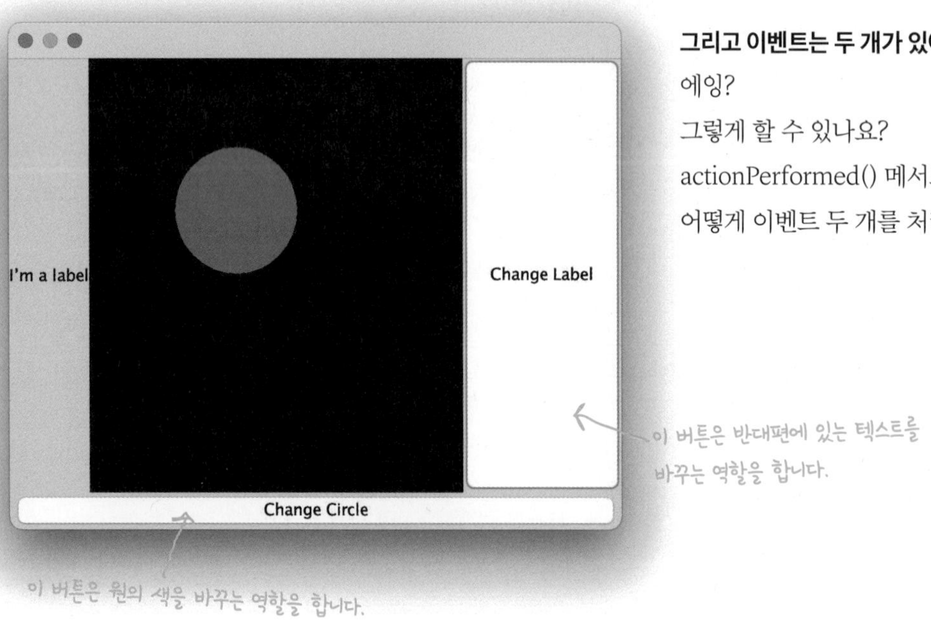

그리고 이벤트는 두 개가 있어야 합니다.

에잉?

그렇게 할 수 있나요?

actionPerformed() 메서드는 한 개뿐인데

어떻게 이벤트 두 개를 처리할 수 있을까요?

각 버튼의 역할이 다른 경우에 서로 다른 두 버튼에 대한 행동 이벤트를 어떻게 처리해야 할까요?

1 첫 번째 방법

actionPerformed() 메서드 두 개를 구현합니다.

문제점: 이렇게 할 수가 없습니다. 자바 클래스에서는 똑같은 메서드를 두 번 구현하면 안 됩니다. 아예 컴파일이 되지 않습니다. 그리고 그렇게 할 수 있다고 치더라도 이벤트 소스에서 둘 중 어떤 메서드를 호출해야 할지 알아낼 수 있는 방법이 없지 않을까요?

```
class MyGui implements ActionListener {
  // 여러 가지 다른 작업을 처리하는 코드

  public void actionPerformed(ActionEvent event) {
    frame.repaint();
  }

  public void actionPerformed(ActionEvent event) {
    label.setText("That hurt!");
  }
}
```

하지만 이렇게 하는 것은 불가능합니다.

2 두 번째 방법

똑같은 리스너를 버튼 두 개에 모두 등록합니다.

문제점: 프로그램이 돌아가긴 하는데 이런 방법은 객체지향적인 관점에서 볼 때 별로 좋지 않습니다. 이벤트 핸들러 하나에서 여러 가지 서로 다른 작업을 한다는 것은 결국 메서드 하나로 서로 다른 작업 여러 개를 처리한다는 것을 의미합니다. 그러면 소스 하나를 처리하는 방법을 바꿀 때 다른 모든 이벤트도 함께 처리하는 이벤트 핸들러를 건드려야 한다는 문제점이 생깁니다. 상황에 따라 이 방법이 좋을 수도 있지만 일반적으로 관리의 용이성이나 확장성 면에서 단점이 많다고 할 수 있습니다.

```
class MyGui implements ActionListener {
  // 인스턴스 변수 선언

  public void go() {
    // GUI 구축
    colorButton = new JButton();
    labelButton = new JButton();
    colorButton.addActionListener(this);
    labelButton.addActionListener(this);
    // 기타 GUI 관련 코드...
  }

  public void actionPerformed(ActionEvent event) {
    if (event.getSource() == colorButton) {
      frame.repaint();
    } else {
      label.setText("That hurt!");
    }
  }
}
```

두 버튼 모두에 대해 같은 리스너를 등록합니다.

이벤트 객체를 확인하여 어떤 버튼에서 보냈는지 알아냅니다. 그리고 그 결과를 바탕으로 어떤 일을 해야 할지를 결정합니다.

각 버튼의 역할이 다른 경우에 서로 다른 두 버튼에 대한 행동 이벤트를 어떻게 처리해야 할까요?

3 세 번째 옵션

서로 다른 ActionListener 클래스 두 개를 만듭니다.

```
class MyGui {
  private JFrame frame;
  private JLabel label;

  void gui() {
    // 리스너 인스턴스 두 개를 만들고 하나는 색을 변경하는 버튼에,
    // 다른 하나는 레이블을 변경하는 버튼에 등록합니다.
  }
}
```

```
class ColorButtonListener implements ActionListener {
  public void actionPerformed(ActionEvent event) {
    frame.repaint();
  }
}
```

← 이렇게 하면 안 됩니다. 이 클래스에는 MyGui 클래스에 들어 있는 frame 변수에 대한 레퍼런스가 없으니까요.

```
class LabelButtonListener implements ActionListener {
  public void actionPerformed(ActionEvent event) {
    label.setText("That hurt!");
  }
}
```

← 이것도 안 됩니다. label이라는 변수에 대한 레퍼런스가 없으니까요.

문제점: 이 두 클래스에서는 각각 frame과 label이라는 변수를 써야 하는데, 그 두 변수에 접근할 수가 없습니다. 접근할 수 있게 고칠 수도 있지만 그렇게 하려면 각 리스너 클래스에 GUI 클래스에 대한 레퍼런스를 집어넣어서 리스너의 actionPerformed() 메서드에서 그 GUI 클래스 레퍼런스를 통해 GUI 클래스의 변수에 접근해야 합니다. 그러면 캡슐화를 깨버리는 문제가 생기기 때문에 다시 GUI의 위젯에 대한 게터 메서드(getFrame(), getLabel() 등)를 만들어야 합니다. 그리고 리스너 클래스에 생성자를 추가해서 리스너의 인스턴스를 만들 때 GUI에 대한 레퍼런스를 리스너에 전달할 수 있게 해야 할 수도 있습니다. 그렇게 하다 보면 코드가 점점 더 지저분해지고 복잡해질 수밖에 없습니다.

뭔가 더 나은 방법이 없을까요?

리스너 클래스 두 개가 따로 있지만 그 리스너 클래스에서 GUI 클래스의 인스턴스 변수를 접근할 수 있으면 정말 환상적이지 않을까요? 리스너 클래스가 다른 클래스에 들어 있는 것처럼 말이죠. 그러면 정말 여러 장점을 활용할 수 있을 텐데요. 얼마나 좋을까요? 하지만 그런 것은 꿈속에서나 있을 수 있는 일이겠죠?

내부 클래스가 있습니다

한 클래스가 다른 클래스 안에 들어가게 할 수 있습니다. 방법도 아주 쉽습니다. 내부 클래스(inner class)를 정의하는 부분이 외부 클래스(outer class)를 감싸는 중괄호 안에 들어가기만 하면 되니까요.

간단한 내부 클래스

```
class MyOuterClass  {

  class MyInnerClass {
    void go() {
     }
  }

}
```

내부 클래스는 외부 클래스 안에 들어 있습니다.

내부 클래스에서는 외부 클래스의 모든 메서드와 변수를 사용할 수 있습니다. 심지어 private으로 지정된 메서드와 클래스도 전부 쓸 수 있습니다.

내부 클래스는 외부 클래스에 있는 것을 사용할 수 있는 특별한 권한을 부여받습니다. 심지어 private으로 지정된 것도 마음대로 사용할 수 있습니다. 그리고 내부 클래스에서는 외부 클래스의 모든 변수와 메서드(private으로 지정된 것 포함)를 마치 내부 클래스 내에서 정의한 변수와 메서드인 것처럼 사용할 수 있습니다. 바로 그러한 특징이 내부 클래스의 가장 큰 장점입니다. 일반 클래스의 장점을 대부분 활용할 수 있는 데다가 특별한 접근 권한까지 있으니까요.

내부 클래스에서 외부 클래스 변수를 사용하는 방법

```
class MyOuterClass  {

  private int x;

  class MyInnerClass {
    void go() {
      x = 42;
    }
  } // 내부 클래스 끝

} // 외부 클래스 끝
```

x를 내부 클래스의 변수와 마찬가지로 사용하면 됩니다.

역자 주: '내부 클래스'는 어떤 클래스 안에서 정의되는 클래스이며, '외부 클래스'는 내부 클래스와 반대되는 개념으로 어떤 내부 클래스를 감싸고 있는 클래스입니다.

내부 클래스의 인스턴스는

외부 클래스의 인스턴스와 연결되어야 합니다.

"내부 클래스에서 외부 클래스에 있는 것에 접근한다."는 말을 더 정확하게 표현하자면 "내부 클래스의 어떤 인스턴스에서 외부 클래스의 어떤 인스턴스에 있는 것에 접근한다."라고 해야 할 것입니다. 그런데 어떤 인스턴스를 말하는 것일까요?

임의 내부 클래스의 인스턴스에서 임의 외부 클래스의 인스턴스에 있는 메서드와 변수를 마음대로 접근할 수 있을까요? **그렇진 않습니다.**

내부 객체는 반드시 힙에 들어 있는 특정 **외부** 객체와 연결되어야만 합니다.

내부 객체는 외부 객체와 밀접하게 연관되어 있습니다.

1 외부 클래스의 인스턴스를 만듭니다.

MyOuter 객체

2 외부 클래스의 인스턴스를 이용하여 내부 클래스의 인스턴스를 만듭니다.

MyInner 객체

3 이제 외부 객체와 내부 객체는 밀접하게 연결됩니다.

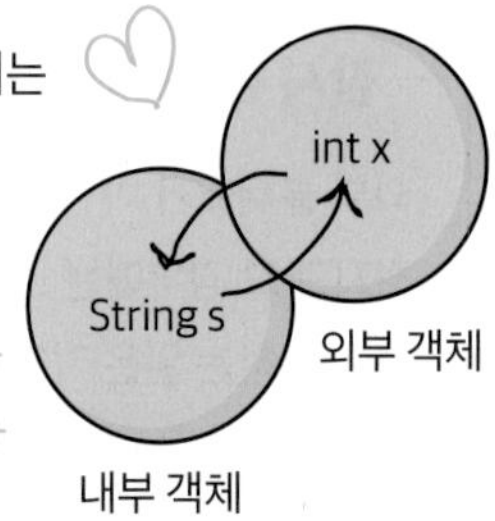

힙에 들어 있는 두 객체는 서로 밀접하게 연관되어 있습니다. 내부 객체와 외부 객체는 서로 상대방의 변수를 마음대로 쓸 수 있습니다.

예외도 있습니다. 아주 특별한 경우로, 정적 메서드에서 정의된 내부 클래스의 경우에는 그렇지 않습니다. 하지만 여기에서는 그런 내용은 다루지 않겠습니다. 자바를 쓰면서 그런 일을 한 번도 경험하지 않는 독자들도 많을 것입니다.

내부 클래스의 인스턴스를 만드는 방법

외부 클래스 안에 있는 코드에서 내부 클래스의 인스턴스를 만들면 바로 그 외부 객체에 새로 만들어진 내부 객체가 결합됩니다. 예를 들어서, 어떤 메서드 안에 있는 코드에서 내부 클래스의 인스턴스를 만들었다면 그 내부 객체는 그 메서드가 실행된 인스턴스에 결합됩니다.
외부 클래스에 있는 코드에서 내부 클래스의 인스턴스를 만들 때는 그냥 다른 클래스의 인스턴스를 만들 때와 똑같은 방법으로 만들면 됩니다. **new MyInner()** 같은 식으로 말이죠.

```
class MyOuter  {

  private int x;

  MyInner inner = new MyInner();

  public void doStuff() {
    inner.go();
  }


  class MyInner {
    void go() {
      x = 42;
    }
  } // 내부 클래스 끝

} // 외부 클래스 끝
```

외부 클래스에 x라는 private으로 지정한 인스턴스 변수가 있습니다.

내부 클래스의 인스턴스를 만듭니다.

내부 클래스의 메서드를 호출합니다.

내부 클래스에 있는 메서드에서는 외부 클래스의 인스턴스 변수인 x를 그냥 자기 객체 안에 들어 있는 변수와 마찬가지로 사용할 수 있습니다.

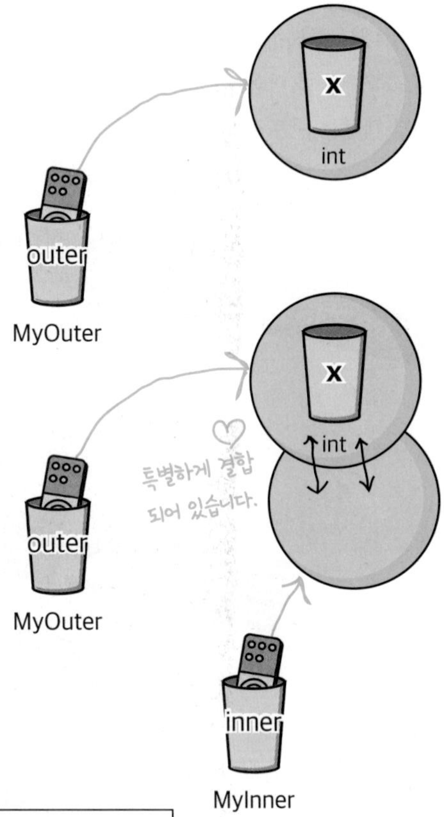

잠시 한 마디

외부 클래스가 아닌, 그 밖에서 실행되는 코드에서도 내부 클래스의 인스턴스를 만들 수 있습니다. 하지만 그 경우에는 조금 특별한 문법을 사용해야 합니다. 다른 클래스 안에 들어 있는 내부 클래스를 사용하는 일은 거의 없지만 혹시 궁금해 하는 독자들이 있을까 해서 그 방법을 적어 볼까 합니다.

```
class Foo {
  public static void main(String[] args) {
    MyOuter outerObj = new MyOuter();
    MyOuter.MyInner innerObj = outerObj.new MyInner();
  }
}
```

버튼 두 개를 처리하는 코드는 다음과 같습니다

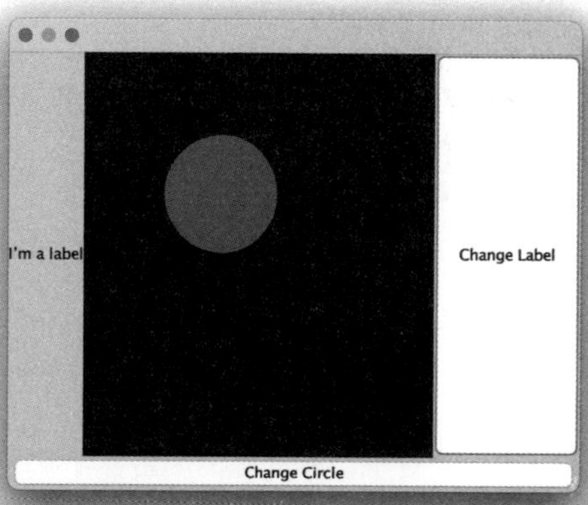


```
public class TwoButtons {
  private JFrame frame;
  private JLabel label;

  public static void main(String[] args) {
    TwoButtons gui = new TwoButtons();
    gui.go();
  }

  public void go() {
    frame = new JFrame();
    frame.setDefaultCloseOperation(JFrame.EXIT_ON_CLOSE);

    JButton labelButton = new JButton("Change Label");
    labelButton.addActionListener(new LabelListener());

    JButton colorButton = new JButton("Change Circle");
    colorButton.addActionListener(new ColorListener());

    label = new JLabel("I'm a label");
    MyDrawPanel drawPanel = new MyDrawPanel();

    frame.getContentPane().add(BorderLayout.SOUTH, colorButton);
    frame.getContentPane().add(BorderLayout.CENTER, drawPanel);
    frame.getContentPane().add(BorderLayout.EAST, labelButton);
    frame.getContentPane().add(BorderLayout.WEST, label);

    frame.setSize(500, 400);
    frame.setVisible(true);
  }

  class LabelListener implements ActionListener {
    public void actionPerformed(ActionEvent event) {
      label.setText("Ouch!");
    }
  }

  class ColorListener implements ActionListener {
    public void actionPerformed(ActionEvent event) {
      frame.repaint();
    }
  }
}
```

이제 메인 GUI 클래스에서는 ActionListener를 구현하지 않습니다.

버튼의 리스너 등록 메서드에 this가 아닌 다른 리스너 클래스(내부 클래스)를 가지고 만든 객체를 전달합니다.

이제 클래스 하나 안에서 ActionListeners 두 개를 집어 넣을 수 있군요.

내부 클래스에서 'label' 변수를 사용할 수 있습니다.

내부 클래스에서는 외부 클래스 객체에 대한 레퍼런스 없이 그냥 'frame' 인스턴스 변수를 사용하면 됩니다.

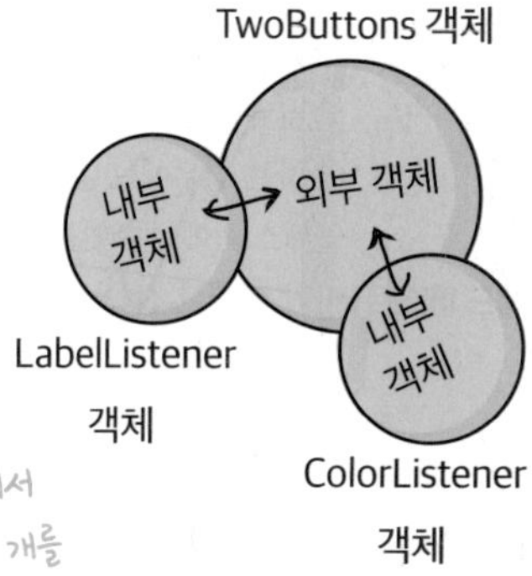

자바 집중 인터뷰

금주의 인터뷰

오늘의 주제 내부 클래스의 인스턴스

헤드 퍼스트 내부 클래스는 어떤 면에서 중요하다고 할 수 있을까요?

내부 객체 어디부터 시작해야 할까요? 우선 우리가 있으면 한 클래스에서 같은 인터페이스를 여러 번 구현할 수가 있습니다. 일반적인 자바 클래스에서는 한 메서드를 두 번 이상 구현할 수 없다는 것은 이미 알고 계시죠? 하지만 내부 클래스를 사용하면 서로 다른 내부 클래스에서 똑같은 인터페이스를 구현할 수 있기 때문에 똑같은 인터페이스 메서드를 여러 번 구현할 수가 있습니다.

헤드 퍼스트 똑같은 메서드를 두 번 이상 구현할 일이 있나요?

내부 객체 GUI 이벤트 핸들러를 한번 생각해 봅시다. 버튼 세 개가 있는데 각각 서로 다른 기능을 해야 할 때 ActionListener를 구현하는 내부 클래스 세 개를 만들면 각 클래스마다 서로 다른 actionPerformed 메서드를 구현할 수 있지요.

헤드 퍼스트 그러면 내부 클래스는 이벤트 핸들러를 만들기 위한 용도로만 쓰이나요?

내부 객체 아, 그건 아니죠. 이벤트 핸들러는 그냥 대표적인 예 가운데 하나일 뿐입니다. 어떤 클래스를 따로 만들어야 하는데, 그 클래스가 다른 클래스의 일부분인 것 같은 특성을 가져야 하는 경우에는 내부 클래스를 쓰는 것이 좋습니다. 내부 클래스 외에는 대안이 없는 경우도 있죠.

헤드 퍼스트 아직 이해가 잘 안 되는데, 내부 클래스라는 것이 다른 클래스에 들어 있는 것처럼 행동해야 한다면 왜 처음부터 클래스를 별도로 만들죠? 그냥 내부 클래스에 들어갈 코드를 외부 클래스에 바로 넣으면 되잖아요.

내부 객체 방금 전에 한 가지 예를 설명해드렸죠? 같은 인터페이스를 여러 번 구현해야 하는 경우에 내부 클래스가 필요하다는 것 말입니다. 하지만 인터페이스를 사용하는 경우 말고도 각각 서로 다른 뭔가를 나타내는 서로 다른 클래스가 필요한 경우가 있습니다. 객체지향이라는 원칙에 충실하려면 말이죠.

헤드 퍼스트 휴. 잠깐만요. 객체지향 설계에 있어서 가장 큰 장점이 바로 재사용할 수 있다는 것과 관리가 용이하다는 것으로 알고 있습니다. 만약, 서로 다른 클래스 두 개가 있다면 클래스 하나에 모든 내용을 집어넣을 때와 달리 그 둘을 서로 독립적으로 수정하고 사용할 수 있잖아요. 하지만 내부 클래스를 사용하면 실은 클래스 하나만 사용할 뿐이죠. 맞나요? 그러면 다른 것과 독립되어 있고 재사용할 수 있는 것은 결국 그 외부 클래스 하나뿐이잖아요. 내부 클래스는 재사용을 할 수 없는 것 아닌가요? 어떤 사람들은 내부 클래스가 전혀 쓸모 없다고 하던데요?

내부 객체 내부 클래스가 재사용하기가 그리 용이하지 않다는 것은 맞는 말입니다. 그리고 전혀 재사용할 수 없는 경우도 있죠. 항상 외부 클래스의 인스턴스 변수나 메서드하고 밀접하게 결합되어 있으니까요. 하지만…

헤드 퍼스트 그럼 제 말이 맞네요. 재사용할 수 없다면 왜 아예 다른 클래스를 만들어서 쓰지 않죠? 앞서 얘기한 인터페이스 문제를 제외하면 괜히 더 불편할 것 같은데요?

내부 객체 아까 말하려고 했는데, 'A는 B다' 관계와 다형성에 대해 생각해 봐야 합니다.

헤드 퍼스트 그런 것에 대해 생각해야 되는 이유는 뭔가요?

내부 객체 외부 클래스와 내부 클래스가 서로 다른 'A는 B다' 테스트를 통과해야 할 수도 있으니까요. 다형적인 GUI 리스너를 예로 들어 생각해 봅시다. 버튼의 리스너 등록 메서드의 인자는 무엇으로 선언되어 있죠? 그러니까 API를 보면 addActionListener() 메서드에 무엇(클래스 또는 인터페이스 타입)을 전달해야 한다고 나와 있죠?

헤드 퍼스트 리스너를 전달해야 되네요. 특정 리스너 인터페이스를 구현하는 객체 말이죠. 이 경우에는 ActionListener네요. 이 정도는 다들 알고 있는 내용인데요. 어떤 말씀을 하시려고 하는 건지요?

내부 객체 제가 말씀드리려는 것은, 다형적으로 볼 때 딱 한 가지 정해진 타입만 받아들이는 메서드가 있다는 거죠. 즉, ActionListener에 대해 'A 는 B다' 테스트를 통과하는 것만 받아들일 수 있죠. 하지만 (이 부분이 중요한데요) 어떤 클래스가 인터페이스가 아닌 어떤 클래스 타입에 대해 'A는 B다' 테스트를 통과해야 한다면 어떻게 해야 할까요?

헤드 퍼스트 그냥 그 클래스를 확장해서 만들면 안 되나요? 원래 하위 클래스라는 게 그런 용도로 만드는 거잖아요. B가 A의 하위 클래스라면 A가 들어갈 자리에 B도 마음대로 집어넣어도 되니까요. 전에 배운 것처럼 Animal이 들어갈 자리에 Dog도 쓸 수 있잖아요.

내부 객체 맞습니다. 이제 서로 다른 클래스 두 개에 대해 'A는 B다' 테스트를 통과해야 한다면 어떻게 해야 할까요? 물론, 그 두 클래스가 서로 다른 상속 계층구조에 속해 있다고 할 때 말이죠.

헤드 퍼스트 흠… 무슨 뜻인지 조금씩 감이 잡히는군요. 인터페이스를 여러 개 구현할 수 있지만 클래스를 하나만 확장할 수 있으니까 클래스 타입을 생각할 때는 클래스 여러 개에 대해 'A는 B다' 테스트를 통과할 수 없다는 것을 말씀하려고 하시는군요.

내부 객체 그렇습니다. Dog면서 동시에 Button일 수는 없죠. 하지만 어떤 Dog 객체가 때때로 Button 역할을 해야 한다면(즉, Button을 인자로 받아들이는 메서드에 Dog 객체를 전달해야 한다면) Dog 클래스(Animal 클래스를 확장한 것이므로 Button을 확장할 수는 없죠)에 Button 클래스를 확장해서 Dog 대신 Button 역할을 하는 내부 클래스를 집어넣으면 됩니다. 그리고 Button이 필요할 때마다 Dog에서는 그 내부 객체인 Button 객체를 대신 보내면 됩니다. 즉, x.takeButton(this) 대신 Dog 객체에서 x.takeButton(new MyInnerButton()) 같은 식으로 하면 되죠.

헤드 퍼스트 조금 더 이해하기 좋은 예를 들어 주시겠습니까?

내부 객체 JPanel의 하위 클래스를 직접 만들어서 사용한 그림 패널을 기억하시죠? 그 클래스는 내부 클래스가 아닌 독립적인 클래스입니다. 그 클래스에서 메인 GUI의 인스턴스 변수를 접근할 일은 없으니까 별로 문제될 것은 없습니다. 하지만 메인 GUI의 인스턴스 변수를 사용한다거나 해야 하면 어떻게 해야 할까요? 그 패널에 애니메이션을 표시해야 하는데, 좌표를 메인 애플리케이션으로부터 받아야 한다면 어떻게 해야 할까요(GUI의 다른 부분에서 사용자가 지정한다든가 하는 경우를 생각하면 됩니다)? 그런 경우에는 그림 패널을 내부 클래스로 만들면서 원래대로 JPanel의 하위 클래스로 만들면 외부 클래스는 여전히 다른 클래스의 하위 클래스로 만들어도 되겠죠.

헤드 퍼스트 아, 이제 좀 알겠네요. 그러면 그 그림 패널은 어차피 해당 GUI 애플리케이션에서만 그릴 그림을 그리는 거니까 독립적인 클래스에 비해 재사용성이 떨어져도 별로 흠이 되지 않겠군요.

내부 객체 예. 이제 제대로 이해를 하시는군요.

헤드 퍼스트 좋습니다. 그러면 이제 내부 객체와 외부 객체 사이의 관계에 대해 얘기해 볼까요?

내부 객체 뭘 그런 데 관심을 두고 그러십니까… 다형성 같은 심각한 주제에서는 뭔가 흥미로운 가십거리가 나오지 않나 보죠?

헤드 퍼스트 사람들이 자극적인 기사를 얼마나 좋아하는지 모르시는군요. 어쨌든 누군가가 당신을 만들면 즉시 외부 객체와 결합하게 되는 것이 맞나요?

내부 객체 예. 그렇습니다.

헤드 퍼스트 그럼 외부 객체는요? 외부 객체는 다른 내부 객체하고 연관될 수 있나요?

내부 객체 하하하. 그게 궁금하셨나요? 그렇습니다. 제 '친구'는 원한다면 무한히 많은 내부 객체와도 연관될 수 있지요.

헤드 퍼스트 그럼 이혼을 하고 나서 다시 재혼하고 그런 식인가요? 아니면 동시에 여러 내부 객체하고 '결혼'할 수 있나요?

내부 객체 동시에 여러 객체와 연관될 수 있습니다. 이제 만족하시겠습니까?

헤드 퍼스트 예, 알겠습니다. 처음에 '똑같은 인터페이스를 여러 번 구현할 수 있다.'는 점을 강조하셨는데, 결국은 그 결과로 이런 일부다처제 같은 형태가 나오게 되는군요. 외부 클래스에 버튼이 세 개 있다면 이벤트를 처리하기 위해 서로 다른 내부 클래스 세 개(즉, 서로 다른 내부 클래스 객체 세 개)가 필요하다는 것이 확실히 이해가 되네요.

내부 객체 맞아요, 그거예요!

헤드 퍼스트 질문이 하나 더 있어요. 람다가 등장하면서 거의 실직자 신세가 되었다고 하던데 정말인가요?

내부 객체 아, 이건 좀 아픈 질문이네요. 좋습니다. 솔직하게 얘기해 보죠. 제가 하는 일을 람다가 하는 쪽이 가독성 면에서도 좋고 간결하기도 한 경우가 많이 있어요. 하지만 내부 클래스는 훨씬 오래 전부터 있었고, 예전 코드에서는 우리를 더 흔하게 만날 수 있어요. 게다가 그 성가신 람다가 모든 면에서 나은 건 아니잖아요.

이 남자는 내부 객체 두 개를 동시에 가질 수 있어서 좋다고 생각하고 있겠죠. 하지만 우리는 그의 개인적인 데이터(private으로 지정된 것)를 마음대로 주무를 수 있다고요. 우리가 마음만 먹으면 어떤 위험한 일도 할 수 있죠.

람다 구원 등판!

몇 쪽 앞에 있는 내부 클래스
코드를 다시 한번 볼 수 있을까요?
좀 투박하고 가독성도 떨어지는 것
같은데요?

틀린 말은 아니네요. 오른쪽에 강조된 두 줄은 다음과 같은 식으로도 해석할 수 있습니다.

labelButton ActionListener에서 이벤트를 받으면 setText("Ouch");를 실행한다.

이 두 부분이 코드에서 서로 너무 많이 떨어져 있기도 하고, setText 메서드 하나 실행시키기 위해서 내부 클래스 코드는 다섯 줄이나 잡아먹고 있어요. 게다가 지금까지 labelButton 코드에 대해 얘기했던 내용은 colorButton 코드에 대해서도 그대로 적용되죠.
몇 페이지 전에서 ActionListener 인터페이스를 구현하기 위해서 actionPerformed 메서드를 위한 코드를 제공해야 한다고 했던 것 기억나세요? 흠… 거기서 뭔가가 떠오르지 않나요?

```
...
public void go() {
  frame = new JFrame();
  frame.setDefaultCloseOperation(JFrame.EXIT_ON_CLOSE);

  JButton labelButton = new JButton("Change Label");
  labelButton.addActionListener(new LabelListener());

  JButton colorButton = new JButton("Change Circle");
  colorButton.addActionListener(new ColorListener());

  label = new JLabel("I'm a label");
  MyDrawPanel drawPanel = new MyDrawPanel();

  // 위젯을 추가하기 위한 코드
  frame.setSize(500, 400);
  frame.setVisible(true);
}

class LabelListener implements ActionListener {
  public void actionPerformed(ActionEvent event) {
    label.setText("Ouch!");
  }
}

class ColorListener implements ActionListener {
  public void actionPerformed(ActionEvent event) {
    frame.repaint();
  }
}
```

ActionListener는 함수형 인터페이스입니다

람다는 함수형 인터페이스의 하나뿐인 추상 메서드의 구현을 제공한다는 것, 잊지 않으셨죠?

ActionListener는 함수형 인터페이스이기 때문에 앞쪽에서 봤던 내부 클래스는 람다 표현식으로 대체할 수 있습니다.

```
  ...
public void go() {
  frame = new JFrame();
  frame.setDefaultCloseOperation(JFrame.EXIT_ON_CLOSE);

  JButton labelButton = new JButton("Change Label");
  labelButton.addActionListener(event -> label.setText("Ouch!"));

  JButton colorButton = new JButton("Change Circle");
  colorButton.addActionListener(event -> frame.repaint());

  label = new JLabel("I'm a label");
  MyDrawPanel drawPanel = new MyDrawPanel();

  // 위젯을 추가하기 위한 코드
  frame.setSize(500, 400);
  frame.setVisible(true);
}

class LabelListener implements ActionListener {
  public void actionPerformed(ActionEvent event) {
    label.setText("Ouch!");
  }
}

class ColorListener implements ActionListener {
  public void actionPerformed(ActionEvent event) {
    frame.repaint();
  }
}
```

여기에 강조되어 있는 두 코드 스니펫이 내부 클래스를 대신하는 람다입니다.

내부 클래스 코드가 전부 사라집니다. 이제 필요가 없어요. 안녕, 잘 가!

더 분명하고 간결한 람다

아직은 그렇진 않겠지만 일단 람다를 이해하는 데 숙달이 되고 나면 람다를 쓰면 코드가 더 분명해진다는 데 동의할 수 있을 겁니다.

내부 클래스를 써서 애니메이션 만들어 보기

이벤트 리스너를 만들 때는 같은 이벤트 처리용 메서드 여러 개를 구현할 수 있기 때문에 내부 클래스를 사용하는 것이 좋습니다. 이번에는 외부 클래스에서 확장하지 않는(외부 클래스의 상속 트리에서 그 클래스 위에 있지 않은) 클래스의 하위 클래스 역할을 하기 위해 내부 클래스를 활용하는 경우를 생각해 보겠습니다. 즉, 외부 클래스와 내부 클래스가 서로 다른 상속 트리에 들어 있는 경우를 생각해 보겠습니다.
간단한 애니메이션을 만들어 봅시다. 원이 화면 왼쪽 위에서 오른쪽 아래로 움직이는 아주 간단한 애니메이션입니다.

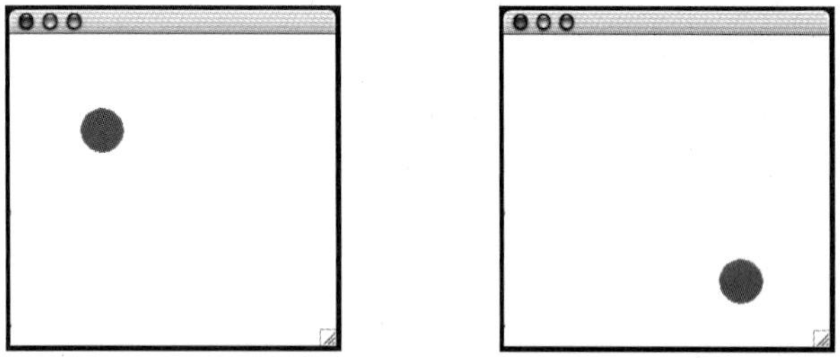

이 애니메이션이 작동하는 원리

1. 특정 x, y 좌표에 객체를 그립니다.

```
g.fillOval(20,50,100,100);
```

왼쪽에서 20픽셀, 위에서 50픽셀

2. 다른 x, y 좌표에 객체를 새로 그립니다.

```
g.fillOval(25,55,100,100);
```

왼쪽에서 25픽셀, 위에서 55픽셀
(객체가 약간 위, 오른쪽으로 이동합니다)

3. 애니메이션이 계속 진행되는 동안 x, y 값을 바꿔가면서 위의 단계를 반복합니다.

무엇이든 물어보세요
Q&A

Q 여기에서 왜 애니메이션에 대해 배우는 거죠? 저는 게임을 만든다거나 할 생각이 없거든요.

A 게임을 만들진 않을지라도 어떤 과정의 진행 결과를 시간에 따라 보여 주는 시뮬레이션 같은 것을 만들지도 모르지 않습니까? 아니면 예를 들어서, 프로그램에서 사용 중인 메모리 양을 보여 준다거나 로드 밸런스 기능이 있는 서버로 들어오는 트래픽 양을 보여 주는 시각화 도구를 만들 수도 있죠. 연속적으로 변화하는 숫자를 받아서 그 숫자를 뭔가 의미 있는 것으로 해석하는 작업을 하다 보면 애니메이션 기능이 필요할 수 있습니다.
너무 비즈니스 위주로 얘기하는 건가요? 물론 방금 설명한 것은 '공식적인 이유'라고 할 수 있습니다. 우리가 이런 내용을 다루는 진짜 이유는 내부 클래스의 다른 활용 방법을 보여 주기 위해서입니다(그리고 우리가 애니메이션을 좋아하기 때문이기도 합니다).

다음과 같은 것이 정말로 필요합니다.

```
class MyDrawPanel extends JPanel {
  public void paintComponent(Graphics g) {
    g.setColor(Color.orange);
    g.fillOval(x, y, 100, 100);
  }
}
```

잊지 마세요! 이 paintComponent 메서드는 시스템에서 호출합니다. 우리가 직접 호출할 필요 없어요.

paintComponent()가 호출될 때마다 타원을 다른 위치에 그립니다.

쓰면서 제대로 공부하기

정답과 해설 536쪽

그런데 x와 y 좌표는 어디에서 바꾸죠?
그리고 repaint()는 어디에서 호출하죠?

공이 그림 패널의 왼쪽 위에서 오른쪽 아래로 움직이도록 할 수 있는 **간단한 방법**을 고안해 보세요. 다음 페이지에 정답이 나와 있으니까 이 문제를 다 풀기 전에는 다음 페이지로 넘어가지 마세요.

힌트: 그림 패널을 내부 클래스로 만들어 보세요.
힌트 하나 더: paintComponent()에는 반복 기능이 있는 반복문을 전혀 쓰지 마세요.

밑에 있는 빈 공간에 자신의 아이디어(또는 코드)를 적어 보세요.

간단한 애니메이션 코드

```java
import javax.swing.*;
import java.awt.*;
import java.util.concurrent.TimeUnit;

public class SimpleAnimation {
  private int xPos = 70;
  private int yPos = 70;

  public static void main(String[] args) {
    SimpleAnimation gui = new SimpleAnimation();
    gui.go();
  }

  public void go() {
    JFrame frame = new JFrame();
    frame.setDefaultCloseOperation(JFrame.EXIT_ON_CLOSE);

    MyDrawPanel drawPanel = new MyDrawPanel();

    frame.getContentPane().add(drawPanel);
    frame.setSize(300, 300);
    frame.setVisible(true);

    for (int i = 0; i < 130; i++) {
      xPos++;
      yPos++;

      drawPanel.repaint();

      try {
        TimeUnit.MILLISECONDS.sleep(50);
      } catch (Exception e) {
        e.printStackTrace();
      }
    }
  }

  class MyDrawPanel extends JPanel {
    public void paintComponent(Graphics g) {
      g.setColor(Color.green);
      g.fillOval(xPos, yPos, 40, 40);
    }
  }
}
```

메인 GUI 클래스에 원의 x와 y 좌표를 저장하기 위한 인스턴스 변수 두 개를 만듭니다.

이 부분은 크게 다르지 않습니다. 위젯을 만들고 프레임에 집어넣기만 하면 됩니다.

130번 반복합니다.

x와 y 좌표를 증가시킵니다.

스스로 다시 칠하라고 패널에게 말합니다(그러면 우리는 새로운 위치에 있는 원을 볼 수 있습니다).

애니메이션을 수행하는 부분

그림을 다시 그릴 때마다 잠시 쉽니다(안 그러면 너무 빨리 움직여서 안 보일 수도 있습니다). 아직 배운 내용은 아니니까 몰라도 걱정하지 마세요. 이와 관련된 내용은 17장에서 배웁니다.

이 부분이 내부 클래스 부분입니다.

지속적으로 갱신되는 외부 클래스의 x와 y 좌표를 사용합니다.

잘 돌아가나요?

우리가 예상했던 부드러운 애니메이션이 만들어지지 않는 것 같네요.

뭘 잘못했을까요?

paintComponent() 메서드에 한 가지 잘못된 부분이 있습니다.

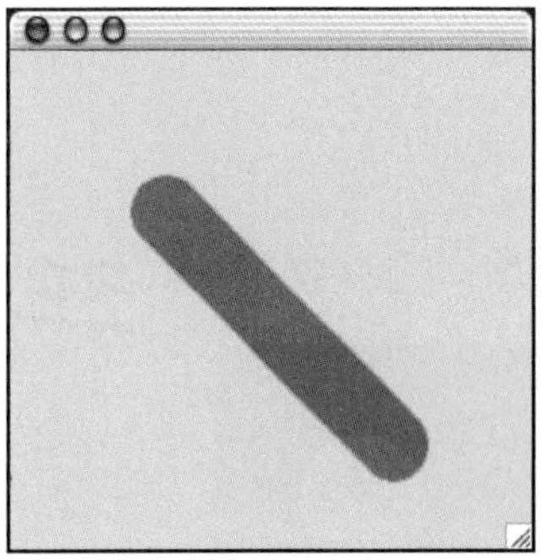

우리가 원했던 모양이
나오지 않네요.
쭉 번졌어요.

원래 있던 것을 지우지 않았군요.
그래서 흔적이 그대로 남았네요.

한 번 원을 그릴 때마다 패널 전체를 배경색으로 채우면 이 문제를 해결할 수 있습니다. 아래에 있는 코드를 보면 메서드 시작 부분에 두 줄이 추가되어 있습니다. 첫 번째 명령문은 색을 흰색(그림 패널의 배경색)으로 설정하는 것이고, 두 번째 명령문은 패널 전체에 해당하는 직사각형 부분을 그 색으로 칠하는 명령문입니다. 즉, x, y 좌표가 모두 0인 점(패널의 맨 왼쪽, 맨 위 지점)에서 시작해서 패널의 맨 오른쪽, 맨 아래 지점까지로 이루어지는 직사각형을 흰색으로 칠하는 것입니다.

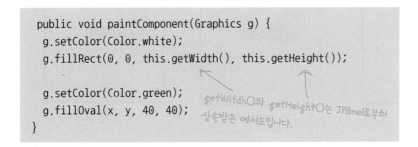

```
public void paintComponent(Graphics g) {
  g.setColor(Color.white);
  g.fillRect(0, 0, this.getWidth(), this.getHeight());

  g.setColor(Color.green);
  g.fillOval(x, y, 40, 40);
}
```

getWitdh()와 getHeight()는 JPanel로부터 상속받은 메서드입니다.

쓰면서 제대로 공부하기(그냥 재미로 해 보세요)

→ 풀어 보세요

밑에 있는 것과 같은 애니메이션을 만들려면 x와 y 좌표를 어떻게 바꿔야 할까요?
(첫 번째 문제에서는 픽셀 세 개씩 움직인다고 가정하겠습니다)

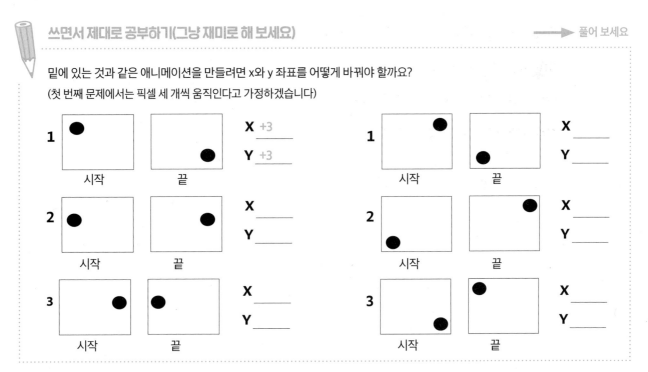

1
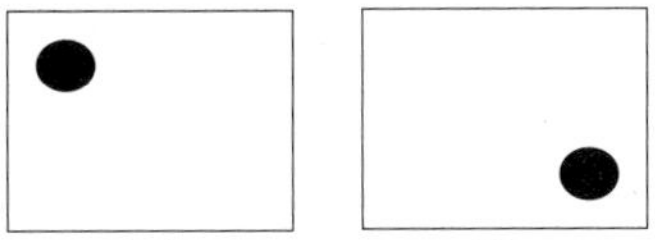
시작 끝

X +3
Y +3

2
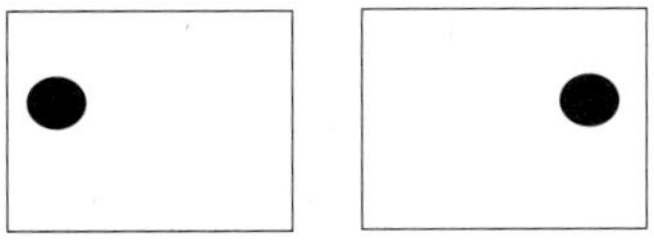
시작 끝

X ______
Y ______

3
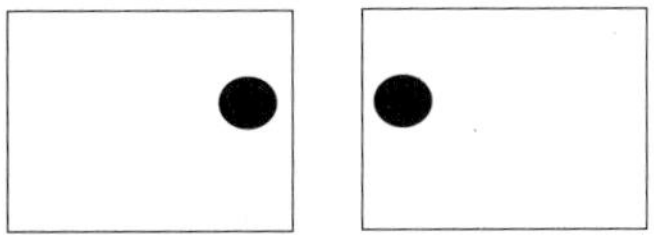
시작 끝

X ______
Y ______

1
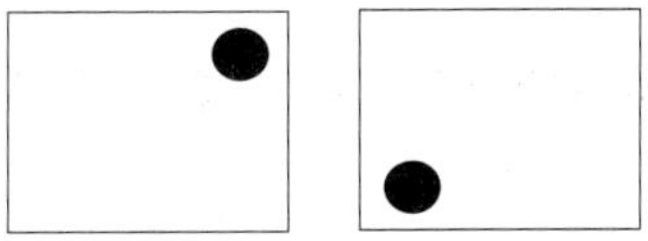
시작 끝

X ______
Y ______

2
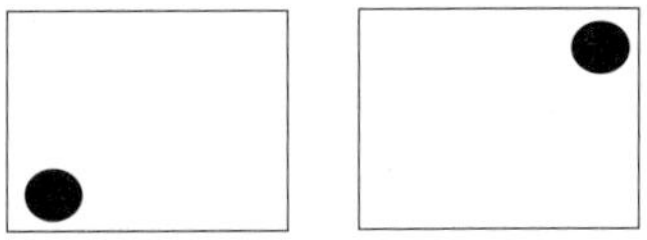
시작 끝

X ______
Y ______

3
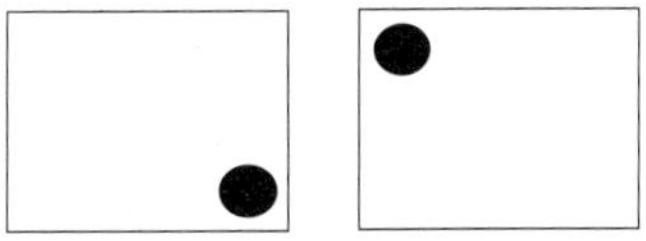
시작 끝

X ______
Y ______

코드 키친

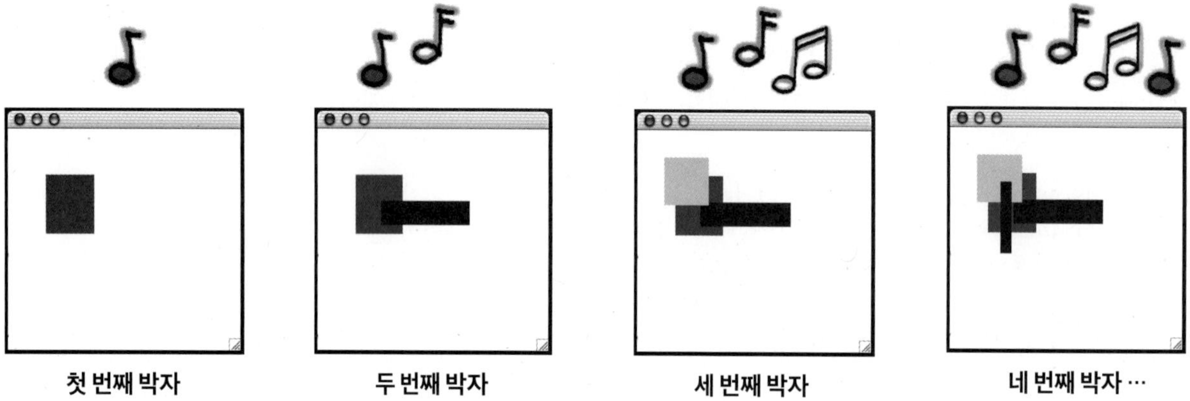

뮤직 비디오를 만들어 봅시다. 여기에서는 음악의 박자에 맞춰서 무작위로 바뀌는 그래픽을 사용하겠습니다.

여기에서는 음악 자체에 의해 생성되는 GUI와는 무관한 새로운 이벤트를 등록하고 그에 대한 리스너를 만들 것입니다.

이 부분을 꼭 읽어 볼 필요는 없습니다. 하지만 이 부분도 읽어 보면 분명히 도움이 될 것입니다. 그리고 재미도 있죠. 뭔가 인상적인 것을 만들 수 있으니까요(솔직히 말하자면 그리 많이 인상적인 것은 아닙니다만···).

GUI와 무관한 이벤트를 받는 방법

정확하게 말하자면 뮤직 비디오라고 하기는 좀 그렇지만, 어쨌든 음악의 박자에 맞춰서 무작위로 생성된 그래픽을 표시해 주는 프로그램을 만들어 보겠습니다. 간단하게 정리해 보면 이 프로그램은 음악의 박자를 듣고 각 박자마다 무작위로 만들어진 직사각형을 화면에 그려 주는 역할을 합니다.

그런데 이렇게 하려면 한 가지 지금까지 다루지 않았던 문제를 생각해야 합니다. 지금까지는 GUI 이벤트만 받아서 썼는데 이제는 특정 종류의 미디 이벤트를 받아야 합니다. 알고 보면 GUI와 무관한 이벤트도 GUI 이벤트와 똑같은 식으로 처리할 수 있습니다. 리스너 인터페이스를 구현하고 그 리스너를 이벤트 소스에 등록한 다음 이벤트 소스에서 이벤트 핸들러 메서드(리스너 인터페이스에서 정의한 메서드)를 호출할 때까지 기다리기만 하면 됩니다.

음악의 박자를 '듣는' 가장 간단한 방법은 Sequencer에서 이벤트를 받을 때마다 우리 코드에서도 이벤트를 받아서 그래픽을 표시할 수 있도록 실제 미디 이벤트에 등록하고 그 이벤트를 받는 방법입니다. 하지만 문제가 있습니다. 사실 버그라고 할 수 있는데, 우리가 만드는 미디 이벤트(NOTE ON에 해당하는 이벤트)를 우리가 받을 수 없다는 것입니다.

따라서 그런 문제를 피해 가기 위한 작업을 해야 합니다. 미디 이벤트 중에는 우리가 받아들일 수 있는 ControllerEvent라는 이벤트가 있습니다. 그래서 일단 그 이벤트에 등록한 다음 모든 NOTE ON 이벤트에 대해 똑같은 박자에서 그에 매치되는 ControllerEvent가 발생되는지를 확인합니다. ControllerEvent가 동시에 생성되는지 어떻게 확인할 수 있을까요? 다른 이벤트와 마찬가지로 그 이벤트를 Track에 추가하면 됩니다. 즉, 음악 Sequence를 다음과 같은 식으로 돌리면 되겠죠.

첫 번째 박자 - NOTE ON, 컨트롤러 이벤트
두 번째 박자 - NOTE OFF
세 번째 박자 - NOTE ON, 컨트롤러 이벤트
네 번째 박자 - NOTE OFF
후략

이 프로그램에서는 미디 메시지와 이벤트를 꽤 많이 만들어야 하므로 실제 프로그램으로 들어가기 전에 미디 메시지와 이벤트를 조금 더 쉽게 추가하는 방법을 알아보겠습니다.

음악 프로그램에서 해야 할 일

1. 피아노(다른 악기도 괜찮습니다)에서 음을 무작위로 선택해서 연주하기 위한 일련의 미디 메시지/이벤트를 만듭니다.
2. 이벤트에 대한 리스너를 등록합니다.
3. Sequencer 연주를 시작합니다.
4. 리스너의 이벤트 핸들러 메서드가 호출될 때마다 그림 패널에 무작위적으로 직사각형을 그리고 repaint() 메서드를 호출합니다.

똑같은 프로그램을 세 번 만들겠습니다.

1. 첫 번째 버전: 미디 이벤트를 만들고 추가하는 작업을 간단하게 처리할 수 있게 해 주는 코드(여러 개를 만들어야 하므로 이런 코드가 필요합니다).
2. 두 번째 버전: 리스너를 등록하고 이벤트를 감시하는 코드. 그래픽은 만들지 않습니다. 매 박자마다 명령행으로 메시지를 출력합니다.
3. 세 번째 버전: 진짜 프로그램. 두 번째 버전에 그래픽을 추가합니다.

메시지/이벤트를 쉽게 만드는 방법

지금 쓰고 있는 방법을 그대로 쓰면 메시지와 이벤트를 만들고 트랙에 추가하기가 상당히 귀찮습니다. 메시지마다 메시지 인스턴스(이 경우에는 ShortMessage)를 만들고 setMessage()를 호출하고 메시지에 대한 MidiEvent를 만들고 그 이벤트를 Track에 추가해야 합니다. 11장에 있는 코드에서는 각 메시지마다 각 단계를 모두 밟았습니다. 즉, 한 음의 연주를 시작하고 연주를 끝내려면 코드가 여덟 줄이나 필요했죠. NOTE ON 이벤트를 추가하는 데 네 줄이 필요하고, NOTE OFF 이벤트를 추가하는 데 네 줄이 필요하니까요.

```
ShortMessage msg1 = new ShortMessage();
msg1.setMessage(NOTE_ON, 1, 44, 100);
MidiEvent noteOn = new MidiEvent(msg1, 1);
track.add(noteOn);

ShortMessage msg2 = new ShortMessage();
msg2.setMessage(NOTE_OFF, 1, 44, 100);
MidiEvent noteOff = new MidiEvent(msg2, 16);
track.add(noteOff);
```

각 이벤트마다 해야 할 일

1. 메시지 인스턴스를 만듭니다.

```
ShortMessage msg = new ShortMessage();
```

2. setMessage()를 호출하여 지시사항을 전달합니다.

```
msg.setMessage(NOTE_ON, 1, instrument, 0);
```

3. 메시지에 대한 MidiEvent 인스턴스를 만듭니다.

```
MidiEvent noteOn = new MidiEvent(msg, 1);
```

4. 이벤트를 Track에 추가합니다.

```
track.add(noteOn);
```

메시지를 만들고 나서 MidiEvent를 리턴하는 정적 유틸리티 메서드를 만듭시다.

와··· 매개변수가 다섯 개나 되는군요.

```
public static MidiEvent makeEvent(int command, int channel, int one, int two, int tick) {
  MidiEvent event = null;
  try {
    ShortMessage msg = new ShortMessage();
    msg.setMessage(command, channel, one, two);
    event = new MidiEvent(msg, tick);
  } catch (Exception e) {
    e.printStackTrace();
  }
  return event;
}
```

메시지를 만들기 위한 인자 네 개

메시지가 언제 실행돼야 하는지를 나타내는 숫자

메서드 매개변수를 써서 메시지와 이벤트를 만듭니다.

이벤트를 리턴합니다(메시지가 모두 들어 있는 MidiEvent).

버전 1: 새로운 정적 makeEvent() 메서드 활용 방법

여기서는 이벤트 처리나 그래픽 같은 것은 다루지 않고 쭉 올라가는 음 15개를 연주해 보겠습니다. 이 코드는 makeEvent() 메서드 사용법을 익히기 위한 것입니다. 바로 이 메서드 덕분에 두 번째와 세 번째 버전을 훨씬 간단하게 만들 수 있습니다.

```
import javax.sound.midi.*;
import static javax.sound.midi.ShortMessage.*;

public class MiniMusicPlayer1 {
  public static void main(String[] args) {
    try {
      Sequencer sequencer = MidiSystem.getSequencer();
      sequencer.open();

      Sequence seq = new Sequence(Sequence.PPQ, 4);
      Track track = seq.createTrack();

      for (int i = 5; i < 61; i += 4) {
        track.add(makeEvent(NOTE_ON, 1, i, 100, i));
        track.add(makeEvent(NOTE_OFF, 1, i, 100, i + 2));
      }

      sequencer.setSequence(seq);
      sequencer.setTempoInBPM(220);
      sequencer.start();
    } catch (Exception ex) {
      ex.printStackTrace();
    }
  }

  public static MidiEvent makeEvent(int cmd, int chnl, int one, int two, int tick) {
    MidiEvent event = null;
    try {
      ShortMessage msg = new ShortMessage();
      msg.setMessage(cmd, chnl, one, two);
      event = new MidiEvent(msg, tick);
    } catch (Exception e) {
      e.printStackTrace();
    }
    return event;
  }
}
```

import 명령문을 빠트리지 맙시다.

Sequencer를 만들고 엽니다.

Sequence와 Track을 하나씩 만듭니다.

음이 올라가는 순서대로 이벤트 여러 개를 만듭니다(피아노로 5번 음에서 61번 음까지).

새로 만든 makeEvent() 메서드를 써서 메시지와 이벤트를 만든 다음 그 결과(makeEvent에서 리턴한 MidiEvent)를 Track에 추가합니다.
하나는 NOTE ON(144) 이벤트, 다른 하나는 NOTE OFF 이벤트(128)입니다.

시작

버전 2: ControllerEvent를 등록하고 받는 방법

```
import javax.sound.midi.*;
import static javax.sound.midi.ShortMessage.*;

public class MiniMusicPlayer2 {
  public static void main(String[] args) {
    MiniMusicPlayer2 mini = new MiniMusicPlayer2();
    mini.go();
  }

  public void go() {
    try {
      Sequencer sequencer = MidiSystem.getSequencer();
      sequencer.open();

      int[] eventsIWant = {127};
      sequencer.addControllerEventListener(event -> System.out.println("la"), eventsIWant);

      Sequence seq = new Sequence(Sequence.PPQ, 4);
      Track track = seq.createTrack();

      for (int i = 5; i < 60; i += 4) {
        track.add(makeEvent(NOTE_ON, 1, i, 100, i));

        track.add(makeEvent(CONTROL_CHANGE, 1, 127, 0, i));

        track.add(makeEvent(NOTE_OFF, 1, i, 100, i + 2));
      }

      sequencer.setSequence(seq);
      sequencer.setTempoInBPM(220);
      sequencer.start();
    } catch (Exception ex) {
      ex.printStackTrace();
    }
  }

  public static MidiEvent makeEvent(int cmd, int chnl, int one, int two, int tick) {
    MidiEvent event = null;
    try {
      ShortMessage msg = new ShortMessage();
      msg.setMessage(cmd, chnl, one, two);
      event = new MidiEvent(msg, tick);
    } catch (Exception e) {
      e.printStackTrace();
    }
    return event;
  }
}
```

이벤트를 Sequencer에 등록합니다. 이 이벤트 등록 메서드에서는 리스너와 필요한 ControllerEvent의 목록을 나타내는 int 배열을 인자로 받아들입니다. 여기에는 127번 이벤트 하나만 필요합니다.

이벤트를 받을 때마다 명령줄에 "la"를 출력합니다. 여기서는 이 ControllerEvent를 처리하기 위해 람다 표현식을 사용하고 있습니다.

박자를 골라내기 위해 필요한 코드입니다. 이벤트 번호 127번을 인자로 전달하여 별도의 ControllerEvent를 추가합니다. 이 이벤트는 사실 아무 기능도 하지 않습니다. 그냥 음이 연주될 때마다 이벤트를 받아오기 위해 집어넣을 뿐입니다. 즉, 우리가 받을 수 있는 이벤트를 발생시키기 위한 용도로만 쓰이는 이벤트입니다(NOTE ON/OFF 이벤트는 우리가 받을 수가 없으니까요). 이 이벤트는 NOTE ON과 동시에 일어납니다. 따라서 NOTE ON 이벤트가 일어나면 우리가 추가한 이벤트에서도 ControllerEvent를 발생시키기 때문에 간접적으로나마 NOTE ON 이벤트가 발생했다는 것을 알 수 있죠.

이전 버전과 다른 부분은 상자로 표시했습니다. 그리고 이번에는 모두 main()에 집어넣지 않고 별도의 메서드를 만들어서 실행합니다.

버전 3: 음악에 맞춰서 그래픽을 표시하는 프로그램

마지막 버전에서는 두 번째 버전을 바탕으로 GUI 부분을 추가합니다. 프레임을 구축하고 그림 패널을 추가하고 매번 이벤트를 받을 때마다 새로운 직사각형을 그리고 repaint() 메서드를 호출하여 화면을 갱신합니다. 그 외에는 그냥 계속 올라가는 음을 연주하는 것이 아니고 무작위적으로 만들어진 음을 연주한다는 점을 제외하면 두 번째 버전과 같습니다. (간단한 GUI를 만든 것 외에) 코드에서 가장 크게 달라진 점은 프로그램 자체가 아닌 그림 패널에서 ControllerEventListener를 구현한다는 것입니다. 따라서 그림 패널(내부 클래스)에서 이벤트를 받으면 알아서 직사각형을 그릴 수 있습니다.
이 버전의 전체 코드는 다음 페이지에 있습니다.

그림 패널 내부 클래스

```
class MyDrawPanel extends JPanel implements ControllerEventListener {

  private boolean msg = false;

  public void controlChange(ShortMessage event) {
    msg = true;
    repaint();
  }

  public void paintComponent(Graphics g) {
    if (msg) {
      int r = random.nextInt(250);
      int gr = random.nextInt(250);
      int b = random.nextInt(250);

      g.setColor(new Color(r, gr, b));

      int height = random.nextInt(120) + 10;
      int width = random.nextInt(120) + 10;

      int xPos = random.nextInt(40) + 10;
      int yPos = random.nextInt(40) + 10;

      g.fillRect(xPos, yPos, width, height);
      msg = false;
    }
  }
}
```

그림 패널이 리스너입니다.

일단 플래그를 false로 설정한 다음 이벤트를 받을 때만 true로 설정합니다.

이벤트를 받았으므로 플래그를 true로 설정하고 repaint()를 호출합니다.

(ControllerEvent 리스너 인터페이스의) 이벤트 핸들러 메서드. 패널에서 ControllerEvent를 기다려야 하기 때문에 이번에는 람다 표현식을 쓰지 않아요.

다른 이유로 인해 repaint()가 호출될 수도 있는데, ControllerEvent가 발생한 경우에만 그림을 다시 그려야 하므로 플래그를 써야 합니다.

나머지는 무작위로 색을 생성한 다음, 반쯤 무작위로 결정되는 직사각형에 색을 칠하기 위한 코드입니다.

여기에 있는 코드는 세 번째 버전의 전체 코드입니다. 이 코드는 두 번째 버전을 거의 그대로 활용해서 만든 것입니다. 앞쪽을 훔쳐보지 말고 코드에 적당한 설명을 달아 보세요.

```
import javax.sound.midi.*;
import javax.swing.*;
import java.awt.*;
import java.util.Random;

import static javax.sound.midi.ShortMessage.*;

public class MiniMusicPlayer3 {
  private MyDrawPanel panel;
  private Random random = new Random();

  public static void main(String[] args) {
    MiniMusicPlayer3 mini = new MiniMusicPlayer3();
    mini.go();
  }

  public void setUpGui() {
    JFrame frame = new JFrame("My First Music Video");
    panel = new MyDrawPanel();
    frame.setContentPane(panel);
    frame.setBounds(30, 30, 300, 300);
    frame.setVisible(true);
  }

  public void go() {
    setUpGui();

    try {
      Sequencer sequencer = MidiSystem.getSequencer();
      sequencer.open();
      sequencer.addControllerEventListener(panel, new int[]{127});
      Sequence seq = new Sequence(Sequence.PPQ, 4);
      Track track = seq.createTrack();

      int note;
      for (int i = 0; i < 60; i += 4) {
        note = random.nextInt(50) + 1;
        track.add(makeEvent(NOTE_ON, 1, note, 100, i));
        track.add(makeEvent(CONTROL_CHANGE, 1, 127, 0, i));
        track.add(makeEvent(NOTE_OFF, 1, note, 100, i + 2));
      }
```

```
      sequencer.setSequence(seq);
      sequencer.start();
      sequencer.setTempoInBPM(120);
    } catch (Exception ex) {
      ex.printStackTrace();
    }
  }

  public static MidiEvent makeEvent(int cmd, int chnl, int one, int two, int tick) {
    MidiEvent event = null;
    try {
      ShortMessage msg = new ShortMessage();
      msg.setMessage(cmd, chnl, one, two);
      event = new MidiEvent(msg, tick);
    } catch (Exception e) {
      e.printStackTrace();
    }
    return event;
  }

  class MyDrawPanel extends JPanel implements ControllerEventListener {
    private boolean msg = false;

    public void controlChange(ShortMessage event) {
      msg = true;
      repaint();
    }

    public void paintComponent(Graphics g) {
      if (msg) {
        int r = random.nextInt(250);
        int gr = random.nextInt(250);
        int b = random.nextInt(250);

        g.setColor(new Color(r, gr, b));

        int height = random.nextInt(120) + 10;
        int width = random.nextInt(120) + 10;

        int xPos = random.nextInt(40) + 10;
        int yPos = random.nextInt(40) + 10;

        g.fillRect(xPos, yPos, width, height);
        msg = false;
      }
    }
  }
}
```

나는 누구일까요?

정답과 해설 549쪽

여러 가지 자바 구성요소가 완벽하게 분장을 하고는 '나는 누구일까요?' 파티 게임을 하고 있습니다. 각 힌트를 보고 그 내용을 바탕으로 누군지 알아 맞혀 보세요. 물론 항상 진실만을 말한다고 가정해야겠죠? 여러 구성요소에 대해 적용할 수 있는 내용이 나온다면 모든 항목을 선택하면 됩니다. 각 문장 옆에 있는 빈칸에 이름을 적어 보세요.

오늘의 참석자: 이 장에서 등장한 것은 모두 답이 될 수 있습니다.

모든 GUI는 내 손 안에 있습니다. ______

모든 이벤트 타입마다 이것이 하나씩 있죠. ______

리스너의 핵심 메서드 ______

이 메서드로 JFrame의 크기를 결정합니다. ______

이 메서드에 코드를 추가하긴 하지만 직접 호출하는 일은 절대 없습니다. ______

사용자가 어떤 행동을 하면 그것은 ______(이)가 됩니다. ______

대부분 이벤트 소스입니다. ______

데이터를 리스너에 전달하는 역할을 합니다. ______

addXxxListener() 메서드가 있으면 그 객체는 ______입니다. ______

리스너를 어떻게 등록하죠? ______

그래픽 코드가 들어가는 메서드 ______

보통 어떤 인스턴스에 묶여 있습니다. ______

(Graphics g)의 g는 사실 이 클래스의 객체입니다. ______

paintComponent()를 실행시키기 위해 호출해야 하는 메서드 ______

스윙 관련 클래스는 대부분 이 패키지에 들어 있습니다. ______

연습 문제

정답과 해설 549쪽

컴파일러가 되어 봅시다

이 페이지에 있는 자바 파일은 하나의 온전한 소스 파일 하나를 나타냅니다. 이제 자신이 컴파일러라고 생각하고, 이 파일이 컴파일이 될지 결정해 봅시다. 컴파일이 되지 않는다면 어떤 것을 고쳐야 할까요? 그리고 컴파일이 되면 어떤 결과가 출력될까요?

```
import javax.swing.*;
import java.awt.*;
import java.awt.event.*;

class InnerButton {
  private JButton button;

  public static void main(String[] args) {
    InnerButton gui = new InnerButton();
    gui.go();
  }

  public void go() {
    JFrame frame = new JFrame();
    frame.setDefaultCloseOperation(
            JFrame.EXIT_ON_CLOSE);

    button = new JButton("A");
    button.addActionListener();

    frame.getContentPane().add(
            BorderLayout.SOUTH, button);
    frame.setSize(200, 100);
    frame.setVisible(true);
  }

  class ButtonListener extends ActionListener {
    public void actionPerformed(ActionEvent e) {
      if (button.getText().equals("A")) {
        button.setText("B");
      } else {
        button.setText("A");
      }
    }
  }
}
```

정답과 해설 550쪽

수영장 퍼즐

수영장 안에 있는 코드 스니펫을 꺼내서 코드의 빈칸을 채워 보세요. 같은 조각을 여러 번 사용해도 되는데, 이 중에는 전혀 쓰이지 않는 조각이 있을 수도 있습니다. 이 퍼즐의 목표는 문제없이 컴파일과 실행이 되어 다음과 같은 결과를 출력하는 클래스를 만드는 것입니다.

출력 결과:

작아지는 파란 직사각형입니다. 이 프로그램을 실행시키면 파란색 직사각형이 계속 작아지다가 결국은 없어져서 흰색 배경만 남습니다.

```
import javax.swing.*;
import java.awt.*;
import java.util.concurrent.TimeUnit;
public class Animate {
    int x = 1;
    int y = 1;
    public static void main(String[] args) {
       Animate gui = new Animate ();
       gui.go();
   }
   public void go() {
       JFrame _________ = new JFrame();
       frame.setDefaultCloseOperation(
            JFrame.EXIT_ON_CLOSE);
       ___________________________________________;
       _________.getContentPane().add(drawP);
       ___________________________;
       _________.setVisible(true);
       for (int i=0; i<124; _______________) {
       ___________________;
       ___________________;
       try {
           TimeUnit.MILLISECONDS.sleep(50);
       } catch(Exception ex) { }
       }
   }
   class MyDrawP extends JPanel {
       public void paintComponent (Graphics
                                 _________) {
          ___________________________________;
          ___________________________________;
          ___________________________________;
          ___________________________________;
       }
   }
}
```

수영장 안에 있는 각 코드 스니펫을 두 번 이상 써도 됩니다.

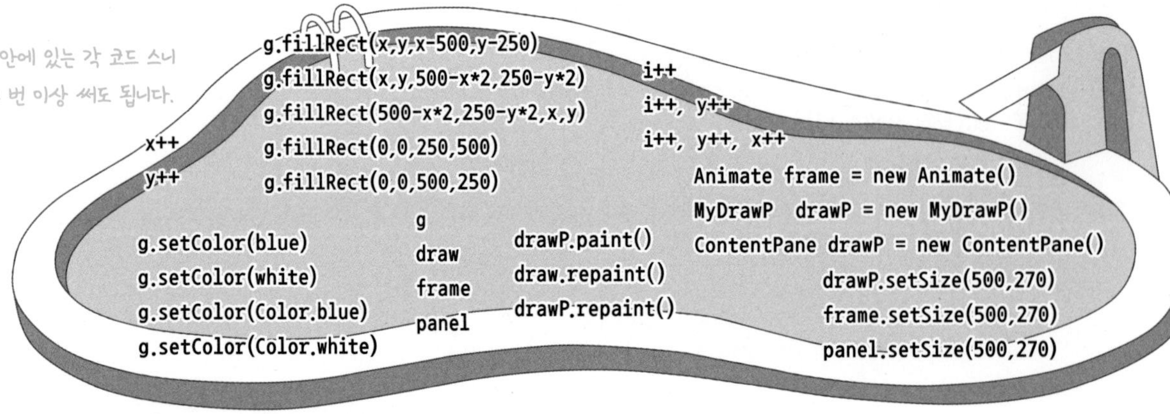
g.fillRect(x,y,x-500,y-250)
g.fillRect(x,y,500-x*2,250-y*2)
g.fillRect(500-x*2,250-y*2,x,y)
g.fillRect(0,0,250,500)
g.fillRect(0,0,500,250)
x++
y++
i++
i++, y++
i++, y++, x++
Animate frame = new Animate()
MyDrawP drawP = new MyDrawP()
ContentPane drawP = new ContentPane()
g.setColor(blue)
g.setColor(white)
g.setColor(Color.blue)
g.setColor(Color.white)
g
draw
frame
panel
drawP.paint()
draw.repaint()
drawP.repaint()
drawP.setSize(500,270)
frame.setSize(500,270)
panel.setSize(500,270)

정답과 해설

나는 누구일까요?(546쪽)

모든 GUI는 내 손 안에 있습니다.	JFrame
모든 이벤트 타입마다 이것이 하나씩 있죠.	리스너 인터페이스
리스너의 핵심 메서드	actionPerformed( )
이 메서드로 JFrame의 크기를 결정합니다.	setSize( )
이 메서드에 코드를 추가하긴 하지만 직접 호출하는 일은 절대 없습니다.	paintComponent( )
사용자가 어떤 행동을 하면 그것은 ______(이)가 됩니다.	이벤트
대부분 이벤트 소스입니다.	스윙 구성요소
데이터를 리스너에 전달하는 역할을 합니다.	이벤트 객체
addXxxListener() 메서드가 있으면 그 객체는 ______입니다.	이벤트 소스
리스너를 어떻게 등록하죠?	addXxxListener( )
그래픽 코드가 들어가는 메서드	paintComponent( )
보통 어떤 인스턴스에 묶여 있습니다.	내부 클래스
(Graphics g)의 g는 사실 이 클래스의 객체입니다.	Graphics2D
paintComponent()를 실행시키기 위해 호출해야 하는 메서드	repaint( )
스윙 관련 클래스는 대부분 이 패키지에 들어 있습니다.	javax.swing

연습 문제(547쪽)

코드를 수정하고 나면 클릭할 때마다 A, B로 번갈아 가면서 바뀌는 버튼이 들어 있는 GUI가 만들어집니다.

```
import javax.swing.*;
import java.awt.*;
import java.awt.event.*;

class InnerButton {
  private JButton button;

  public static void main(String[] args) {
    InnerButton gui = new InnerButton();
    gui.go();
  }

  public void go() {
    JFrame frame = new JFrame();
    frame.setDefaultCloseOperation(
            JFrame.EXIT_ON_CLOSE);

    button = new JButton("A");
    button.addActionListener(new ButtonListener());

    frame.getContentPane().add(
            BorderLayout.SOUTH, button);
    frame.setSize(200, 100);
    frame.setVisible(true);
  }

  class ButtonListener implements ActionListener {
    public void actionPerformed(ActionEvent e) {
      if (button.getText().equals("A")) {
        button.setText("B");
      } else {
        button.setText("A");
      }
    }
  }
}
```

addActionListener() 메서드는 ActionListener 인터페이스를 구현하는 클래스를 인자로 받아들입니다.

ActionListener는 인터페이스입니다. 인터페이스는 (extends 키워드로) 확장하지 않고 (implements 키워드로) 구현해야 됩니다.

정답과 해설

수영장 퍼즐(548쪽)

```
import javax.swing.*;
import java.awt.*;
import java.util.concurrent.TimeUnit;

public class Animate {
  int x = 1;
  int y = 1;
  public static void main(String[] args) {
    Animate gui = new Animate ();
    gui.go();
  }
  public void go() {
    JFrame frame = new JFrame();
    frame.setDefaultCloseOperation(
       JFrame.EXIT_ON_CLOSE);
    MyDrawP drawP = new MyDrawP();
    frame.getContentPane().add(drawP);
    frame.setSize(500, 270);
    frame.setVisible(true);
    for (int i = 0; i < 124; i++,y++,x++ ) {
      x++;
      drawP.repaint();
      try {
        TimeUnit.MILLISECONDS.sleep(50);
      } catch(Exception ex) { }
    }
  }
  class MyDrawP extends JPanel {
    public void paintComponent(Graphics g ) {
      g.setColor(Color.white);
      g.fillRect(0, 0, 500, 250);
      g.setColor(Color.blue);
      g.fillRect(x, y, 500-x*2, 250-y*2);
    }
  }
}
```

작아지다 결국은 사라지는 파란 직사각형

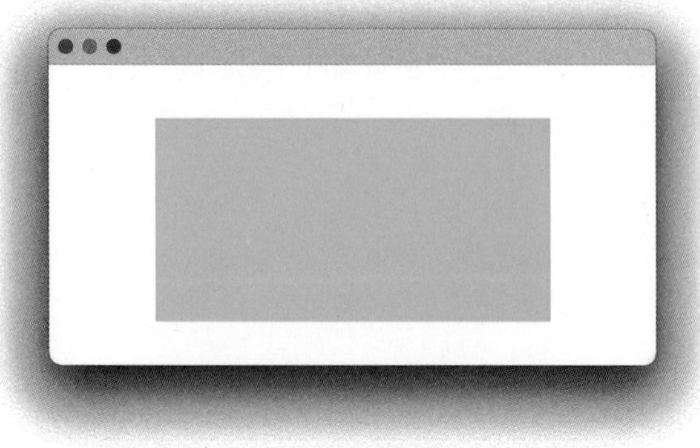

CHAPTER

15

스윙을 알아봅시다

스윙 사용 방법

왜 공이 내가 원하는 곳으로 날아가지 않는 걸까? 수지 스미스(Suzy Smith) 얼굴에 확 맞추고 싶은데…. 스윙을 제대로 하는 방법을 좀 배워야겠어.

스윙은 쉽습니다

화면에서 위젯이 나타나는 위치에 신경을 쓰지 않는다면 말이죠. 스윙 코드는 꽤 쉬워 보입니다. 하지만 컴파일해서 실행시킨 다음 그 결과를 보면 '좀 이상하게 나오네?' 하는 생각이 드는 경우가 많죠. **레이아웃 관리자(layout manager)**라는 것 덕분에 코드를 짜기는 쉬운데, 대신 제어하기가 만만치 않다는 문제가 생깁니다. 레이아웃 관리자 객체는 자바 GUI에서 위젯의 크기와 위치를 제어하는 역할을 합니다. 여러분 대신 수많은 일을 하지요. 하지만 그 결과가 언제나 마음에 들지 않을 수 있습니다. 두 버튼의 크기가 같았으면 했는데, 그렇지 않은 경우도 있고 텍스트 필드의 길이를 3인치 정도로 하고 싶었는데 9인치, 또는 1인치로 만들어지는 경우도 있습니다. 그리고 텍스트 필드를 어떤 레이블 옆에 놓고 싶었는데, 그 밑으로 가는 경우도 있습니다. 하지만 조금만 챙기면 레이아웃 관리자를 여러분의 의지대로 움직이게 할 수 있어요. 스윙을 조금 배우고 나면 웬만한 GUI 프로그래밍은 다 할 만할 겁니다. 안드로이드 앱을 만들고 싶다고요? 이번 장을 공부하고 나면 어느 정도는 준비가 될 거예요.

스윙 구성요소

우리가 지금까지 위젯이라고 부른 것은 더 정확하게 말하자면 구성요소(component)라고 하는 것이 옳습니다. 우리가 GUI에 집어넣는 것, 즉 사용자한테 보이는 것, 사용자가 건드리는 것을 구성요소라고 부르지요. 텍스트 필드, 버튼, 스크롤 목록, 라디오 버튼 등은 모두 구성요소입니다. 그런 구성요소는 모두 **javax. swing.JComponent**를 확장한 것입니다.

> 위젯을 더 정확하게는 구성요소라고 불러야 합니다.
> GUI에 집어넣는 것은 거의 대부분 javax.swing.JComponent를 확장한 객체입니다.

구성요소 안에 다른 구성요소가 들어갈 수도 있습니다.

스윙에서는 거의 모든 구성요소에 다른 구성요소를 집어넣을 수 있습니다. 즉, 거의 모든 것을 다른 것에 집어넣는 게 가능합니다. 하지만 대부분의 경우에 버튼이나 목록과 같은 대화형(user interactive) 구성요소를 프레임이나 패널과 같은 배경(background) 구성요소에 집어넣습니다. 패널을 버튼 안에 집어넣거나 하는 것도 가능하긴 하지만 별로 쓸모는 없겠죠?

하지만 JFrame을 제외하면 대화형 구성요소와 배경 구성요소를 구분하는 것이 그리 만만치 않습니다. 예를 들어서, JPanel은 보통 다른 구성요소들을 그룹 하나로 묶기 위한 배경 구성요소로 쓰이지만, JPanel 자체도 대화형 구성요소로 쓸 수 있습니다. 다른 구성요소와 마찬가지로 JPanel에서 발생하는 마우스 클릭이나 키 스트로크를 비롯한 이벤트에 등록할 수도 있습니다.

GUI를 만들기 위한 네 가지 목록(개요)

1. 창(JFrame 객체)을 만듭니다.

```
JFrame frame = new JFrame();
```

2. 구성요소를 만듭니다.

```
JButton button = new JButton("click me");
```

3. 구성요소를 프레임에 추가합니다.

```
frame.getContentPane().add(BorderLayout.EAST, button);
```

4. 화면에 표시합니다(크기를 지정한 다음 화면에 표시되게 설정합니다).

```
frame.setSize(300,300);
frame.setVisible(true);
```

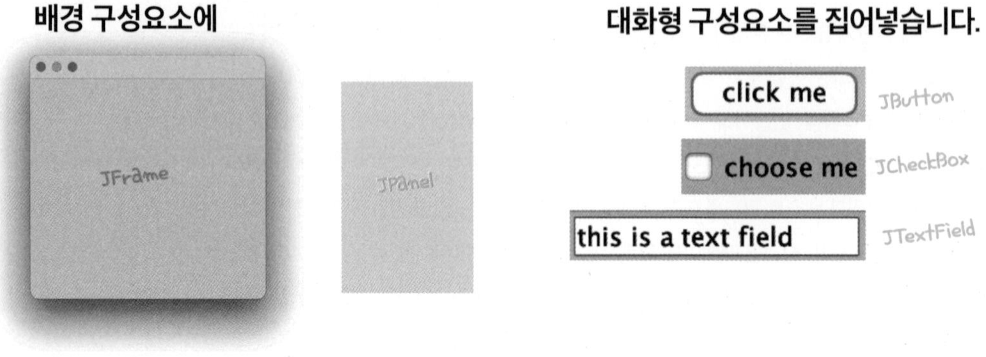

레이아웃 관리자

저는 레이아웃 관리자입니다. 구성요소의
크기와 위치를 책임지고 있지요. 이 GUI에서
버튼의 크기와 프레임 내에서의 상대적인
위치 같은 것을 지칭하는 것도
바로 제 일입니다.
File
Panic
Deviate
click me
choose me

레이아웃 관리자(layout manager)는 특별한 구성요소와 연관된 자바 객체로 거의 모든 경우에 배경 구성요소와 연관됩니다. 레이아웃 관리자는 그 레이아웃 관리자와 연관된 구성요소 내부에 들어 있는 구성요소들을 제어하는 역할을 합니다. 즉, 어떤 프레임에 패널이 들어 있는데, 그 패널에 버튼이 들어 있다면 패널의 레이아웃 관리자는 버튼의 크기와 위치를, 프레임의 레이아웃 관리자는 패널의 크기와 위치를 제어합니다. 반면에 버튼에는 다른 구성요소가 들어 있지 않기 때문에 그에 대한 레이아웃 관리자가 없어도 됩니다.

패널 구성요소 다섯 개가 들어 있다면 그 다섯 구성요소의 크기와 위치는 모두 패널의 레이아웃 관리자에 의해 관리됩니다. 그리고 그 구성요소 다섯 개 안에 또 다른 게 들어 있다면 (예를 들어서, 다섯 개의 구성요소 가운데 다른 게 들어 있는 패널이나 컨테이너가 있다면) 그 다른 것들은 그걸 담고 있는 것의 레이아웃 관리자에 의해 관리됩니다. 보통 아래에 있는 코드처럼 버튼을 패널에 추가하면 "패널에 버튼이 들어 있다."라고 합니다.

```
myPanel.add(button);
```

레이아웃 관리자의 종류는 상당히 다양한데, 각 배경 구성요소마다 다릅니다. 레이아웃 관리자에는 레이아웃을 구축할 때 각각 지켜야 할 정책이 있습니다. 예를 들어서, 어떤 레이아웃 관리자에서는 패널에 들어 있는 모든 구성요소의 크기가 같아야 하고 그리드 형태로 배치되어야 한다는 정책을 사용할 수도 있고 또 다른 레이아웃 관리자에서는 각 구성요소의 크기는 별도로 정할 수 있지만 반드시 수직 방향으로 쌓아놓게 한다는 정책이 있을 수도 있습니다. 다중 레이아웃의 예를 들면 다음과 같습니다.

```
JPanel panelA = new JPanel();
JPanel panelB = new JPanel();
panelB.add(new JButton("button 1"));
panelB.add(new JButton("button 2"));
panelB.add(new JButton("button 3"));
panelA.add(panelB);
```

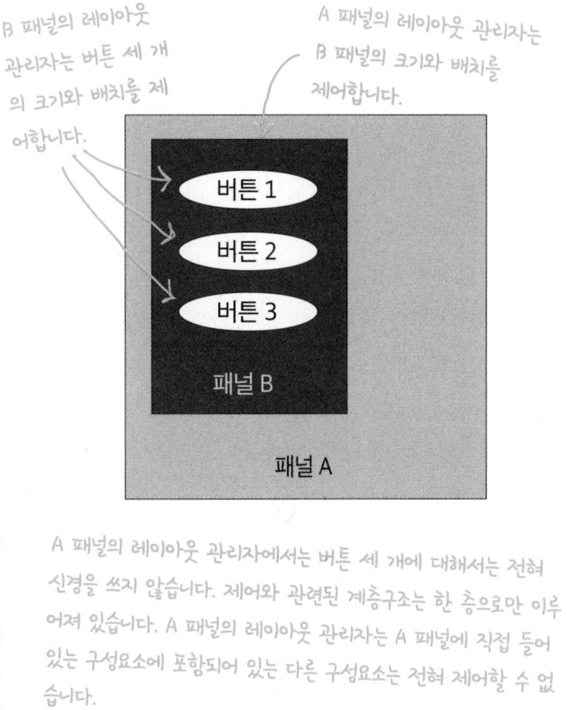

B 패널의 레이아웃 관리자는 버튼 세 개의 크기와 배치를 제어합니다.
A 패널의 레이아웃 관리자는 B 패널의 크기와 배치를 제어합니다.
버튼 1
버튼 2
버튼 3
패널 B
패널 A
A 패널의 레이아웃 관리자에서는 버튼 세 개에 대해서는 전혀 신경을 쓰지 않습니다. 제어와 관련된 계층구조는 한 층으로만 이루어져 있습니다. A 패널의 레이아웃 관리자는 A 패널에 직접 들어 있는 구성요소에 포함되어 있는 다른 구성요소는 전혀 제어할 수 없습니다.

레이아웃 관리자는 어떤 식으로 결정을 내릴까요?

레이아웃 관리자마다 구성요소를 배열하는 정책(그리드 형태로 배열하거나 크기를 모두 똑같이 하거나 수직 방향으로 배열하는 등)은 서로 다르지만, 배치되는 구성요소도 각각 (약간이나마) 자신의 주장을 펼칠 수 있습니다. 일반적으로 배경 구성요소를 배치하는 과정은 대략 다음과 같습니다.

레이아웃 시나리오

1. 패널을 만들고 버튼 세 개를 추가합니다.
2. 패널의 레이아웃 관리자가 각 버튼에게 어떤 크기를 원하는지 물어봅니다.
3. 패널의 레이아웃 관리자가 레이아웃 정책을 바탕으로 버튼에서 요청한 크기를 전부 받아들여야 할지, 일부만 받아들여야 할지, 아니면 전혀 받아들일 수 없을지 결정합니다.
4. 패널을 프레임에 추가합니다.
5. 프레임의 레이아웃 관리자가 패널에게 어떤 크기를 원하는지 물어봅니다.
6. 프레임의 레이아웃 관리자가 레이아웃 정책을 바탕으로 패널에서 요청한 크기를 전부 받아들여야 할지, 일부만 받아들여야 할지, 아니면 전혀 받아들일 수 없을지 결정합니다.

자··· 한번 보자. 첫 번째 버튼은 폭을 30픽셀로 해달라고 했고, 텍스트 필드는 30픽셀로, 프레임은 200픽셀로 해달라고 했구만. 그리고 이걸 모두 수직 방향으로 배열해야겠네.
레이아웃 관리자

레이아웃 관리자마다 정책이 서로 다릅니다.

일부 레이아웃 관리자에서는 구성요소에서 요구하는 크기를 존중합니다. 버튼에서 높이를 30픽셀, 너비를 50픽셀로 하고 싶다고 요청하면 레이아웃 관리자는 그 요청을 수용합니다. 구성요소에서 요청하는 크기를 일부만 받아들이는 레이아웃 관리자도 있습니다. 버튼에서 높이를 30픽셀, 너비를 50픽셀로 요청했을 때 높이만 30픽셀로, 너비는 그 버튼의 배경 패널의 너비로 맞추는 경우도 있습니다. 배치되는 구성요소 중에서 가장 큰 것의 요구사항만 받아들이고 나머지 구성요소는 같은 크기로 배치하는 경우도 있습니다. 상황에 따라 레이아웃 관리자에서 하는 일이 매우 복잡해질 수도 있지만, 대부분의 경우에는 레이아웃 관리자의 정책을 알고 나면 그 결과를 어렵지 않게 예측할 수 있습니다.

세 가지 대표적인 레이아웃 관리자

BorderLayout

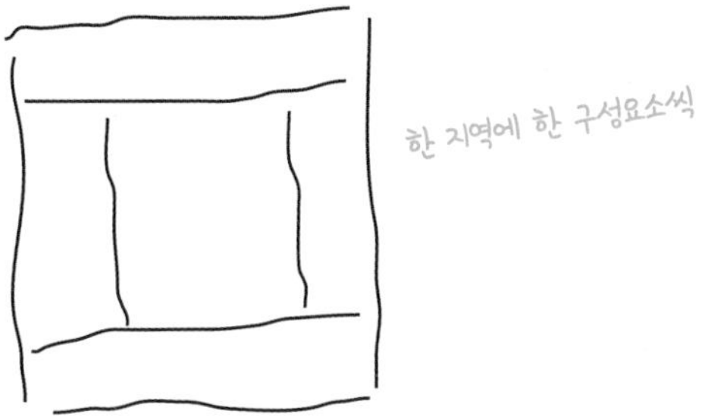

한 지역에 한 구성요소씩

BorderLayout 관리자는 배경 구성요소를 지역 다섯 개로 나눕니다. BorderLayout 관리자에 의해 제어되는 배경에는 각 지역별로 구성요소 하나씩만 집어넣을 수 있습니다. 이 관리자에서 배치하는 구성요소는 일반적으로 요청한 크기대로 만들어지지 않습니다. **BorderLayout은 프레임의 기본 레이아웃 관리자입니다.**

FlowLayout

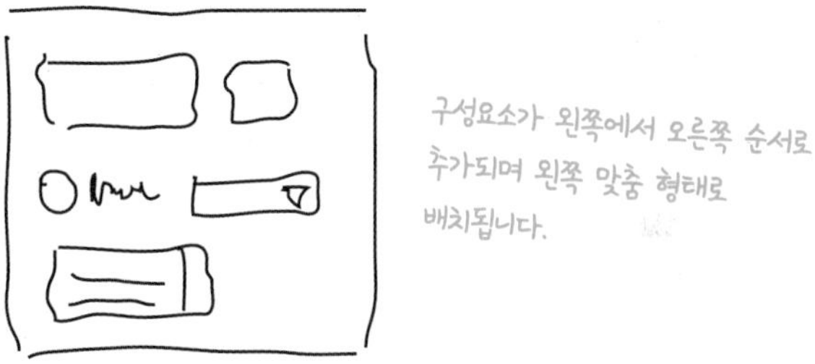

구성요소가 왼쪽에서 오른쪽 순서로
추가되며 왼쪽 맞춤 형태로
배치됩니다.

FlowLayout 관리자는 단어가 아닌 구성요소를 배치한다는 점을 제외하면 워드 프로세서와 비슷한 식으로 작동합니다. 각 구성요소의 크기는 그 구성요소에서 요청한 대로 정해지며 추가된 순서대로, 그리고 '왼쪽 맞춤' 형태로 왼쪽에서 오른쪽으로 배치됩니다. 어떤 구성요소가 수평 방향으로 들어맞지 않으면 다음 '행'에 배치됩니다. **FlowLayout은 패널의 기본 레이아웃 관리자입니다.**

BoxLayout

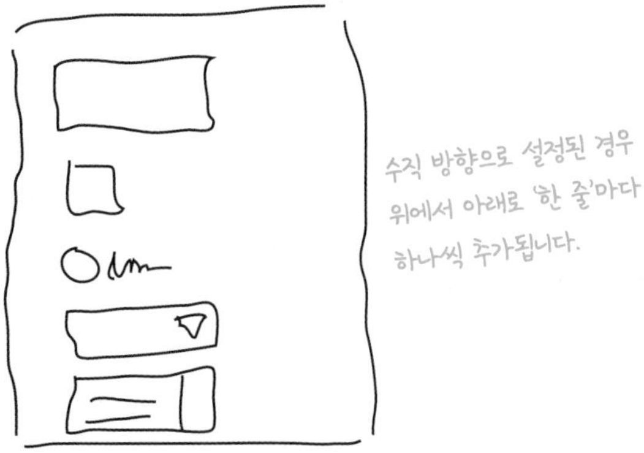

위에서 아래로 '한 줄'마다
하나씩 추가됩니다.

BoxLayout 관리자는 각 구성요소마다 요청한 크기대로 만들어질 수 있다는 것, 그리고 추가된 순서대로 배치된다는 면에서 볼 때 FlowLayout과 비슷합니다. 하지만 구성요소를 수직 방향으로 쌓을 수 있다는 점에서 FlowLayout과 다릅니다(수평 방향으로 나열할 수도 있지만 수직 방향으로 늘어놓는 경우가 훨씬 많습니다). 즉, FlowLayout과 비슷한데, 각 구성요소를 추가한 다음 매번 엔터 키를 눌러서 **강제로** 줄을 바꾸는 것이라고 생각해도 됩니다.

BorderLayout에는 지역이 다섯 개 있습니다: 동쪽, 서쪽, 북쪽, 남쪽, 중앙

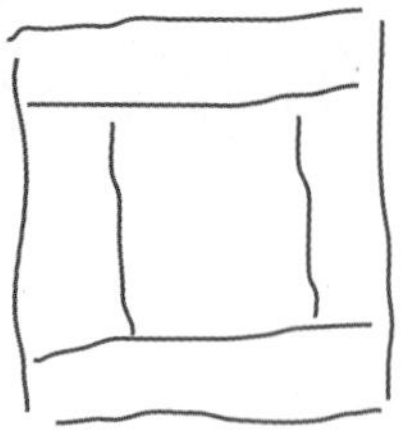

동쪽 지역에 버튼을 추가해 봅시다.

```
import javax.swing.*;
import java.awt.*;

public class Button1 {
  public static void main(String[] args) {
    Button1 gui = new Button1();
    gui.go();
  }

  public void go() {
    JFrame frame = new JFrame();
    JButton button = new JButton("click me");
    frame.getContentPane().add(BorderLayout.EAST, button);
    frame.setSize(200, 200);
    frame.setVisible(true);
  }
}
```

BorderLayout은 java.awt 패키지에 들어 있습니다.

지역을 지정합니다.

뇌 일깨우기

BorderLayout에서 어떻게 버튼 크기를 오른쪽 그림과 같이 정했을까요?

레이아웃 관리자에서는 어떤 요인을 고려해야 할까요?

왜 더 넓게 또는 더 높게 만들어지지 않을까요?

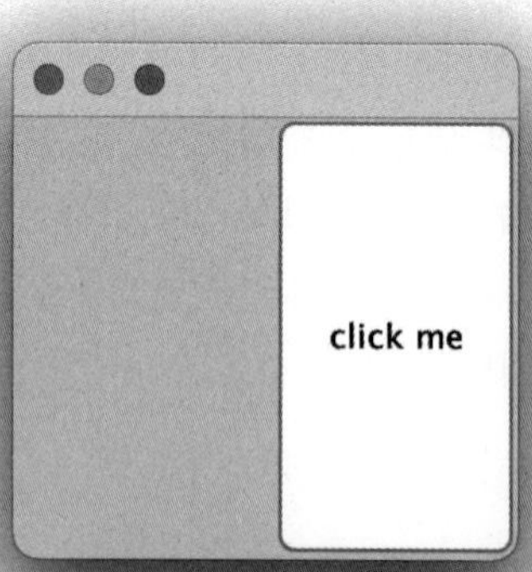

버튼에 글자를 더 집어넣으면 어떻게 되는지 알아볼까요?

```
public void go() {
  JFrame frame = new JFrame();
  JButton button = new JButton("click like you mean it");
  frame.getContentPane().add(BorderLayout.EAST, button);
  frame.setSize(200, 200);
  frame.setVisible(true);
}
```

버튼이 있는 텍스트만 바꿨습니다.

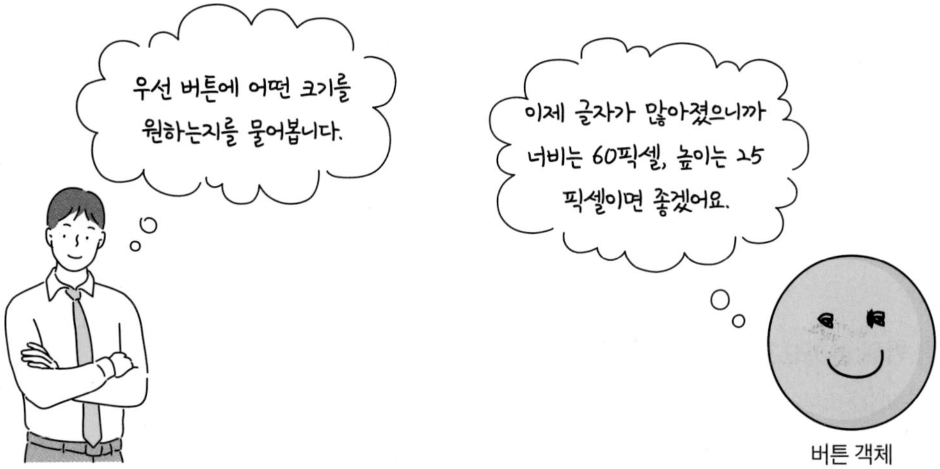
우선 버튼에 어떤 크기를 원하는지를 물어봅니다.
이제 글자가 많아졌으니까 너비는 60픽셀, 높이는 25 픽셀이면 좋겠어요.
버튼 객체

BorderLayout에서 동쪽 지역에 있으니까 너비는 원하는 대로 해 줄 수 있겠네요. 그런데 크기는 원하는 대로 해 줄 수 없어요. 제 정책대로 프레임의 높이랑 똑같게 하는 수밖에 없습니다.
click like you mean it
너비는 원하는대로 되지만 높이는 그렇지 않군요.
다음에는 FlowLayout으로 들어가야겠다. 그러면 내가 원하는 대로 될지 모르니까…
버튼 객체

버튼을 북쪽 지역에 배치해 봅시다.

```
public void go() {
  JFrame frame = new JFrame();
  JButton button = new JButton("There is no spoon...");
  frame.getContentPane().add(BorderLayout.NORTH, button);
  frame.setSize(200, 200);
  frame.setVisible(true);
}
```

버튼의 높이는 버튼이 원하는 대로 되지만, 너비는 프레임 너비에 맞춰집니다.

이번에는 버튼의 높이를 키워 볼까요?

어떻게 하면 더 크게 할 수 있을까요? 버튼의 너비는 최대한으로 설정됩니다. 즉, 프레임의 너비만큼으로 정해지죠. 하지만 글자 크기를 키우면 버튼의 높이를 늘릴 수 있습니다.

```
public void go() {
  JFrame frame = new JFrame();
  JButton button = new JButton("Click This!");
  Font bigFont = new Font("serif", Font.BOLD, 28);
  button.setFont(bigFont);
  frame.getContentPane().add(BorderLayout.NORTH, button);
  frame.setSize(200, 200);
  frame.setVisible(true);
}
```

폰트를 키우면 프레임에서 버튼의 높이를 크게 할당할 수 있습니다.

버튼의 너비는 전과 같지만 높이는 늘어났습니다. 버튼에서 요구하는 크기에 맞게 북쪽 지역이 늘어났기 때문입니다.

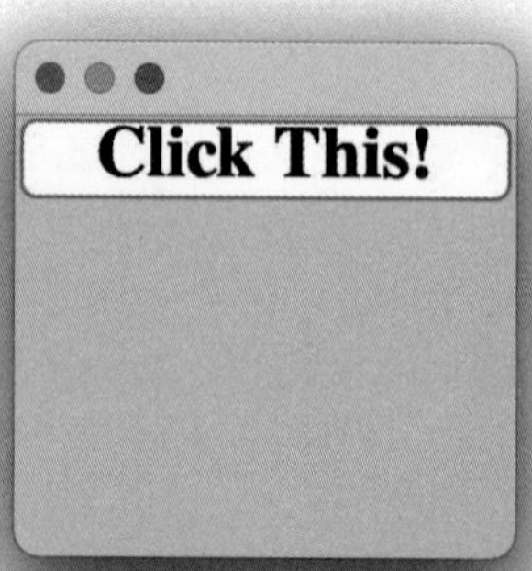

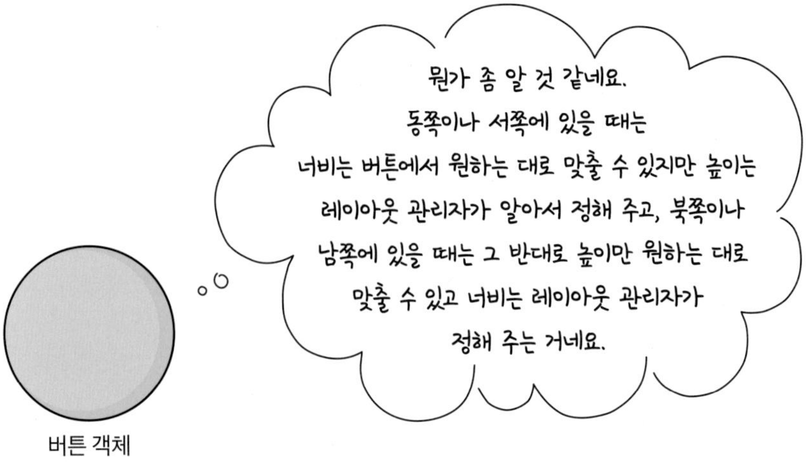
뭔가 좀 알 것 같네요.
동쪽이나 서쪽에 있을 때는
너비는 버튼에서 원하는 대로 맞출 수 있지만 높이는
레이아웃 관리자가 알아서 정해 주고, 북쪽이나
남쪽에 있을 때는 그 반대로 높이만 원하는 대로
맞출 수 있고 너비는 레이아웃 관리자가
정해 주는 거네요.
버튼 객체

그럼 중앙 지역에서는 어떻게 될까요?

중앙 지역에는 남아 있는 공간이 모두 할당됩니다.

(한 가지 예외사항이 있는데, 나중에 알아보겠습니다)

```
public void go() {
  JFrame frame = new JFrame();

  JButton east = new JButton("East");
  JButton west = new JButton("West");
  JButton north = new JButton("North");
  JButton south = new JButton("South");
  JButton center = new JButton("Center");

  frame.getContentPane().add(BorderLayout.EAST, east);
  frame.getContentPane().add(BorderLayout.WEST, west);
  frame.getContentPane().add(BorderLayout.NORTH, north);
  frame.getContentPane().add(BorderLayout.SOUTH, south);
  frame.getContentPane().add(BorderLayout.CENTER, center);

  frame.setSize(300, 300);
  frame.setVisible(true);
}
```

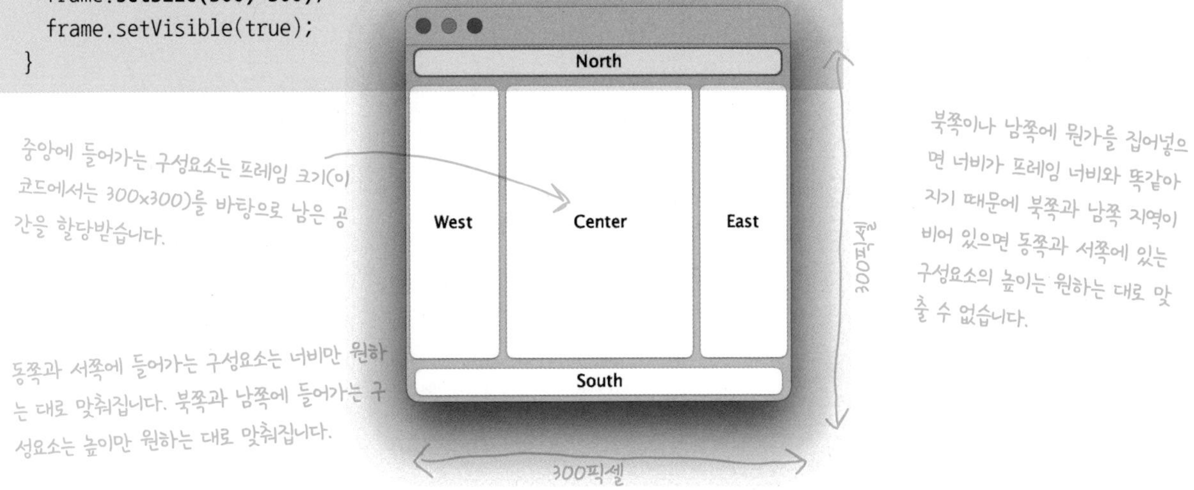
North
West
Center
East
South
300픽셀
300픽셀
중앙에 들어가는 구성요소는 프레임 크기(이 코드에서는 300x300)를 바탕으로 남은 공간을 할당받습니다.
동쪽과 서쪽에 들어가는 구성요소는 너비만 원하는 대로 맞춰집니다. 북쪽과 남쪽에 들어가는 구성요소는 높이만 원하는 대로 맞춰집니다.
북쪽이나 남쪽에 뭔가를 집어넣으면 너비가 프레임 너비와 똑같아지기 때문에 북쪽과 남쪽 지역이 비어 있으면 동쪽과 서쪽에 있는 구성요소의 높이는 원하는 대로 맞출 수 없습니다.

FlowLayout에서는 구성요소를 순서대로 배치합니다. 왼쪽에서 오른쪽으로, 위에서 아래로, 추가된 순서대로 배치됩니다.

동쪽 지역에 패널을 추가해 봅시다.

JPanel의 레이아웃 관리자는 기본적으로 FlowLayout입니다. 프레임에 패널을 추가하면 패널의 크기와 위치는 여전히 BorderLayout 관리자에 의해 정해집니다. 하지만 그 패널 안에 들어 있는 것(즉 panel.add(aComponent) 같은 식으로 호출하여 추가된 구성요소)은 패널의 FlowLayout 관리자에 의해 결정됩니다. 우선 프레임의 동쪽 지역에 비어 있는 패널을 추가해 보고, 다음 페이지에서 패널에 다른 구성요소를 추가해 보겠습니다.

```
import javax.swing.*;
import java.awt.*;

public class Panel1 {

  public static void main(String[] args) {
    Panel1 gui = new Panel1();
    gui.go();
  }

  public void go() {
    JFrame frame = new JFrame();
    JPanel panel = new JPanel();
    panel.setBackground(Color.darkGray);
    frame.getContentPane().add(BorderLayout.EAST, panel);
    frame.setSize(200, 200);
    frame.setVisible(true);
  }
}
```

패널이 어디에 있는지 알 수 있도록 회색으로 만들겠습니다.

패널에 아직 아무것도 들어 있지 않기 때문에 동쪽 지역에서 그리 많은 공간을 요구하지 않습니다.

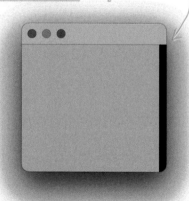

패널에 버튼을 추가합시다.

```
public void go() {
  JFrame frame = new JFrame();
  JPanel panel = new JPanel();
  panel.setBackground(Color.darkGray);

  JButton button = new JButton("shock me");
  panel.add(button);

  frame.getContentPane().add(BorderLayout.EAST, panel);
  frame.setSize(200, 200);
  frame.setVisible(true);
}
```

패널에 버튼을 추가하고...

... 그 패널을 프레임에 추가합니다.

패널의 레이아웃 관리자(FlowLayout 관리자)가 버튼을 제어하고 프레임의 레이아웃 관리자(BorderLayout 관리자)가 패널을 관리합니다.

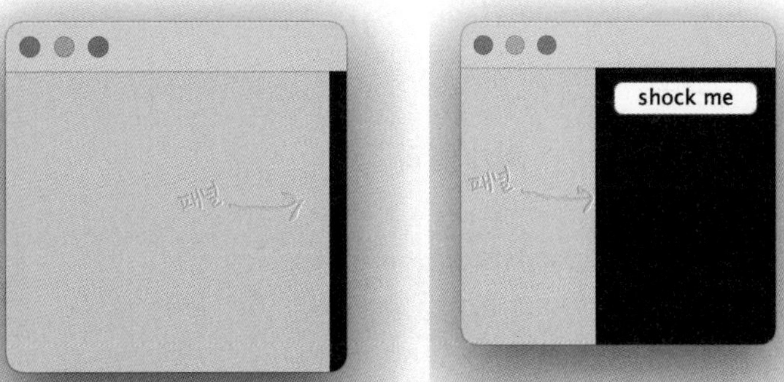

패널이 확정되었습니다. 그리고 버튼은 너비와 높이가 모두 버튼이 원하는 크기로 맞춰집니다. 패널에서는 FlowLayout을 사용하며 버튼은 (프레임이 아닌) 패널의 일부분이기 때문입니다.

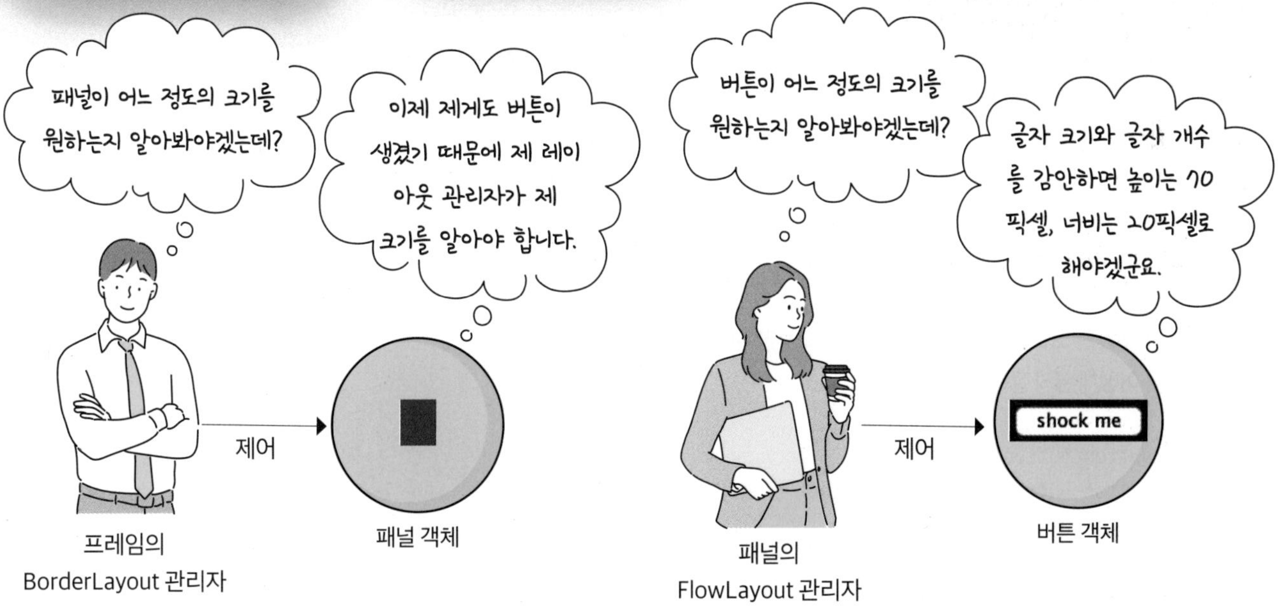

패널이 어느 정도의 크기를 원하는지 알아봐야겠는데?
이제 제게도 버튼이 생겼기 때문에 제 레이아웃 관리자가 제 크기를 알아야 합니다.
버튼이 어느 정도의 크기를 원하는지 알아봐야겠는데?
글자 크기와 글자 개수를 감안하면 높이는 70픽셀, 너비는 20픽셀로 해야겠군요.
shock me
제어
제어
프레임의 BorderLayout 관리자
패널 객체
패널의 FlowLayout 관리자
버튼 객체

패널에 버튼 두 개를 집어넣으면 어떻게 될까요?

```
public void go() {
  JFrame frame = new JFrame();
  JPanel panel = new JPanel();
  panel.setBackground(Color.darkGray);

  JButton button = new JButton("shock me");
  JButton buttonTwo = new JButton("bliss");

  panel.add(button);
  panel.add(buttonTwo);

  frame.getContentPane().add(BorderLayout.EAST, panel);
  frame.setSize(250, 200);
  frame.setVisible(true);
}
```

버튼 두 개를 만듭니다.

둘 다 패널에 추가합니다.

우리가 원했던 것

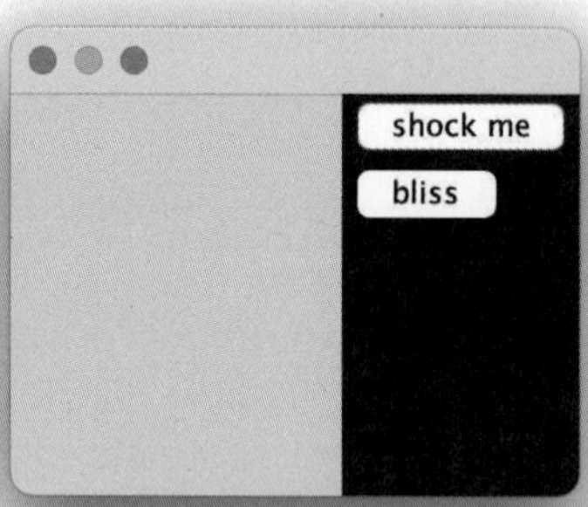

위에서 아래로 순서대로 배치되길 원했어요.

실제 결과

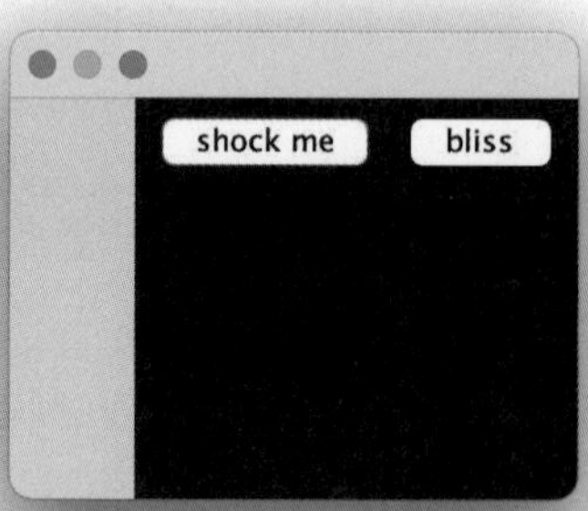

두 버튼이 나란히 놓일 수 있도록 패널이 확장되었습니다.

'bliss' 버튼은 'shock me' 버튼보다 작습니다. 원래 FlowLayout에서는 그런 식으로 구성요소를 배치합니다. 버튼은 (최소한) 자기가 원하는 만큼의 크기로 만들어집니다.

쓰면서 제대로 공부하기

풀어 보세요

위쪽에 있는 코드를 다음과 같은 식으로 고치면 GUI의 모양이 어떻게 달라질까요?

```
JButton button = new JButton("shock me");
JButton buttonTwo = new JButton("bliss");
JButton buttonThree = new JButton("huh?");
panel.add(button);
panel.add(buttonTwo);
panel.add(buttonThree);
```

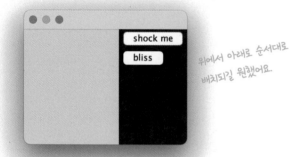

왼쪽에 있는 코드를 실행시켰을 때 GUI가 어떤 식으로 될지 생각해 보고 예상 결과를 그려 보세요(그리고 직접 실행해 보세요).

BoxLayout을 쓰면 됩니다.

그러면 나란히 놓을 수 있는 공간이 있어도 세로 방향으로 배치할 수 있습니다.

BoxLayout에서는 FlowLayout과는 달리 수평 방향으로 공간이 있어도 강제로 구성요소를 다음 줄로 넘길 수 있습니다.

이번에는 패널의 레이아웃 관리자를 기본 관리자인 FlowLayout에서 BoxLayout으로 바꿔야 합니다.

```
public void go() {
  JFrame frame = new JFrame();
  JPanel panel = new JPanel();
  panel.setBackground(Color.darkGray);

  panel.setLayout(new BoxLayout(panel, BoxLayout.Y_AXIS));

  JButton button = new JButton("shock me");
  JButton buttonTwo = new JButton("bliss");
  panel.add(button);
  panel.add(buttonTwo);
  frame.getContentPane().add(BorderLayout.EAST, panel);
  frame.setSize(250,200);
  frame.setVisible(true);
}
```

레이아웃 관리자를 새로 만든 BoxLayout의 인스턴스로 설정합니다.

BoxLayout 생성자를 호출할 때는 레이아웃할 구성요소(패널)와 방향(수직 방향으로 배치할 때는 Y_AXIS)을 지정해야 합니다.

두 버튼을 모두 한 줄에 배치하지 않아도 되기 때문에 패널이 좁아진 것을 확인할 수 있습니다. 패널에서 옆으로 가장 긴 버튼인 'shock me' 버튼의 너비가 바로 패널의 너비가 되고, 프레임에서는 패널의 너비를 그에 맞게 설정해 줍니다.

무엇이든 물어보세요

Q&A

Q1 왜 패널에 하는 것처럼 프레임에 바로 추가하면 안 되나요?

A1 JFrame은 뭔가가 화면에 나타나게 하는 받침대 같은 역할을 한다는 점에 있어서 특별합니다. 모든 스윙 구성요소는 순수하게 자바로 만들어져 있지만, JFrame은 디스플레이에 접근하기 위해 운영체제와 연결되어야 합니다. 내용들은 JFrame 위에 얹혀 있는 100% 순수한 자바로 만들어진 층으로 생각하면 됩니다. 또는 JFrame이 창틀이고 내용틀은 그 안에 있는 유리라고 생각할 수도 있습니다. 그리고 다음과 같은 코드를 써서 내용틀 대신 직접 만든 JPanel을 사용하면 JPanel 객체를 프레임의 내용틀로 만들 수도 있습니다.

```
myFrame.setContentPane(myPanel);
```

Q2 프레임의 레이아웃 관리자를 바꿀 수 있나요? 프레임에서 BorderLayout 대신 FlowLayout을 사용하려면 어떻게 해야 하죠?

A2 가장 쉬운 방법은 패널을 만들고 패널 안에 원하는 GUI를 만든 다음 (기본 내용틀을 쓰는 대신, 위와 같은 코드를 이용하여 그 패널을 프레임의 내용틀로 만드는 방법입니다.

Q3 다른 크기를 원하면 어떻게 해야 하나요? 구성요소에 대해서도 setSize() 같은 메서드가 있나요?

A3 예, setSize()라는 메서드가 있습니다. 하지만 레이아웃 관리자에서는 그 메서드를 그냥 무시합니다. 구성요소의 '원하는 크기(preferred size)'와 사용자가 원하는 구성요소의 크기는 서로 같은 것이 아닙니다. 원하는 크기는 구성요소가 실제로 필요로 하는 크기를 바탕으로 결정된 크기입니다(구성요소 자체에서 결정하는 것이며 사용자가 직접 설정할 수 있는 것이 아닙니다). 레이아웃 관리자는 구성요소의 getPreferredSize() 메서드를 호출하고, 그 메서드에서는 사용자가 그 구성요소의 setSize()를 호출했는지 여부에는 전혀 신경을 쓰지 않습니다.

Q4 그냥 마음대로 넣으면 안 되나요? 레이아웃 관리자를 끌 수는 없나요?

A4 그렇게 할 수도 있습니다. 구성요소마다 **setLayout(null)**을 호출하고 정확한 위치와 크기를 직접 지정하면 됩니다. 하지만 장기적인 관점에서 볼 때 대부분 레이아웃 관리자를 사용하는 편이 더 쉽습니다.

핵심 정리

- 레이아웃 관리자는 다른 구성요소 안에 들어 있는 구성요소의 크기와 위치를 제어하는 역할을 합니다.
- 다른 구성요소(배경 구성요소라고 부르기도 하는데, 정확하게 말하자면 배경 구성요소가 따로 정해져 있는 것은 아닙니다)에 어떤 구성요소를 추가하면, 추가된 구성요소는 배경 구성요소의 레이아웃 관리자에 의해 결정됩니다.
- 레이아웃 관리자는 레이아웃에 대해 최종 결정을 내리기 전에 각 구성요소에 원하는 크기를 물어봅니다. 레이아웃 관리자의 정책에 따라 구성요소의 요구사항을 모두 들어 줄 수도 있고 일부만 들어 줄 수도 있고 아니면 전혀 들어 주지 않을 수도 있습니다.
- BorderLayout 관리자를 쓸 때는 지역 가운데 다섯 곳에 구성요소를 추가할 수 있습니다. 구성요소를 추가할 때는 다음과 같은 문법을 써서 지역을 지정해야 합니다.

```
add(BorderLayout.EAST, panel);
```

- BorderLayout에서 북쪽과 남쪽에 들어가는 구성요소는 높이는 원하는 대로 되지만 너비는 원하는 대로 되지 않습니다. 동쪽과 서쪽에 들어가는 구성요소는 너비만 원하는 대로 되고 높이는 그렇지 않습니다. 중앙에 들어가는 구성요소는 그냥 남은 자리를 차지하게 됩니다.
- FlowLayout에서는 구성요소를 왼쪽에서 오른쪽으로, 위에서 아래로, 추가된 순서대로 배치하며 수평 방향으로 더 이상 자리가 없을 때만 줄을 바꿉니다.
- FlowLayout을 사용하면 구성요소에서 원하는 너비와 높이를 모두 맞춰줄 수 있습니다.
- BoxLayout을 사용하면 구성요소를 수직 방향으로 차곡차곡 쌓을 수 있습니다. 옆으로 늘어놓을 수 있는 상황에서도 말이죠. FlowLayout과 마찬가지로 BoxLayout에서도 구성요소에서 원하는 너비와 높이를 모두 그대로 적용할 수 있습니다.
- BorderLayout은 프레임의 기본 레이아웃 관리자고 FlowLayout은 패널의 기본 레이아웃 관리자입니다.
- 패널에서 FlowLayout이 아닌 다른 레이아웃 관리자를 사용하고 싶다면 패널에 대해 setLayout()을 호출해야 합니다.

스윙 구성요소 사용해 보기

레이아웃 관리자에 대한 기본적인 내용을 배웠으니, 이제 가장 흔하게 쓰이는 구성요소에 속하는 텍스트 필드, 스크롤 텍스트 영역, 체크 상자, 목록을 만들어 봅시다. 각 구성요소에 대한 API를 모두 소개하는 대신 그냥 몇 가지 중요한 점만 짚어 보겠습니다. 더 자세한 걸 알고 싶다면 데이브 우드(Dave Wood), 마크 로이(Marc Loy), 로버트 에크슈타인(Robert Eckstein)이 쓴 『Java Swing』을 읽어 보세요.

JTextField

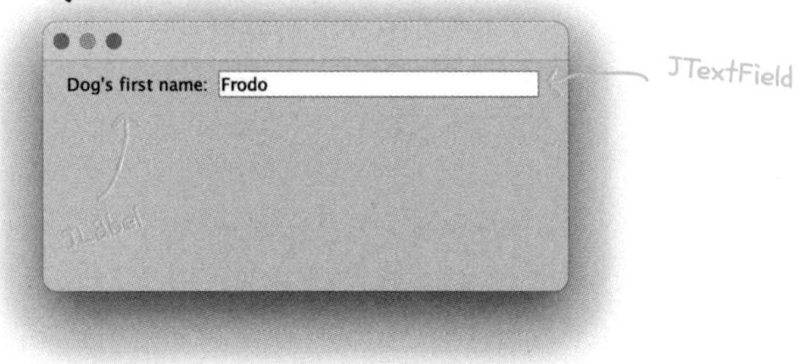

생성자

20은 20픽셀이 아니라 20열을 의미합니다. 텍스트 필드를 20자 크기로 만드는 것이죠.

```
JTextField field = new JTextField(20);
JTextField field = new JTextField("Your name");
```

사용 방법

1. 텍스트 필드에 들어 있는 텍스트를 알아내는 방법

```
System.out.println(field.getText());
```

2. 텍스트를 집어넣는 방법

```
field.setText("whatever");
field.setText("");
```

이렇게 하면 필드에 들어 있는 것을 지울 수 있습니다.

3. 사용자가 리턴 또는 엔터 키를 눌렀을 때 ActionEvent를 받아옵니다.

```
field.addActionListener(myActionListener);
```

사용자가 키를 누를 때마다 무조건 이벤트를 받아오고 싶다면 키 이벤트를 등록하면 됩니다.

4. 필드에 들어 있는 텍스트를 선택/강조합니다.

```
field.selectAll();
```

5. 커서를 필드로 돌려놓습니다(사용자가 타이핑을 시작할 수 있게 말이죠).

```
field.requestFocus();
```

JTextArea

JTextField와 달리 JTextArea에는 여러 행의 텍스트가 들어갈 수 있습니다. 행 넘기기(line wrapping) 기능이나 스크롤 바가 자동으로 설정되지 않기 때문에 만드는 과정에서 몇 가지 설정을 해야 하긴 합니다. JTextArea에 스크롤 기능을 추가하려면 그 구성요소를 JScrollPane(스크롤 틀 클래스)에 집어넣어야 합니다. JScrollPane은 스크롤 기능을 제공하는 객체이며 텍스트 영역의 스크롤 기능을 책임집니다.

생성자

```
JTextArea text = new JTextArea(10, 20);
```

10은 10행을 의미합니다(원하는 높이 설정).

20은 20열을 의미합니다(원하는 너비 설정).

사용 방법

1 수직 스크롤 바를 만듭니다.

```
JScrollPane scroller = new JScrollPane(text);
text.setLineWrap(true);

scroller.setVerticalScrollBarPolicy(ScrollPaneConstants.VERTICAL_SCROLLBAR_ALWAYS);
scroller.setHorizontalScrollBarPolicy(ScrollPaneConstants.HORIZONTAL_SCROLLBAR_NEVER);

panel.add(scroller);
```

JScrollPane을 만들고 그 객체에 스크롤을 추가해야 하는 텍스트 영역을 전달합니다.

행 넘기기 기능(line wrapping)을 켭니다.

스크롤 틀에 수직 방향의 스크롤 바만 집어넣도록 지시합니다.

중요한 부분! 텍스트 영역을 (스크롤 틀 생성자를 통해서) 스크롤 틀에 전달한 다음 그 스크롤 틀을 패널에 추가합니다. 텍스트 영역을 패널에 직접 추가하지 않습니다.

2 그 안에 있는 텍스트를 바꿉니다.

```
text.setText("Not all who are lost are wandering");
```

3 텍스트를 추가합니다.

```
text.append("button clicked");
```

4 필드에 들어 있는 텍스트를 선택/강조합니다.

```
text.selectAll();
```

5 커서를 다시 필드에 위치시킵니다. 그래야 사용자가 바로 타이핑을 할 수 있습니다.

```
text.requestFocus();
```

JTextArea 예제

```
import javax.swing.*;
import java.awt.*;
import java.awt.event.*;

public class TextArea1 {
  public static void main(String[] args) {
    TextArea1 gui = new TextArea1();
    gui.go();
  }

  public void go() {
    JFrame frame = new JFrame();
    JPanel panel = new JPanel();

    JButton button = new JButton("Just Click It");

    JTextArea text = new JTextArea(10, 20);
    text.setLineWrap(true);
    button.addActionListener(e -> text.append("button clicked \n"));

    JScrollPane scroller = new JScrollPane(text);
    scroller.setVerticalScrollBarPolicy(ScrollPaneConstants.VERTICAL_SCROLLBAR_ALWAYS);
    scroller.setHorizontalScrollBarPolicy(ScrollPaneConstants.HORIZONTAL_SCROLLBAR_NEVER);

    panel.add(scroller);

    frame.getContentPane().add(BorderLayout.CENTER, panel);
    frame.getContentPane().add(BorderLayout.SOUTH, button);

    frame.setSize(350, 300);
    frame.setVisible(true);
  }
}
```

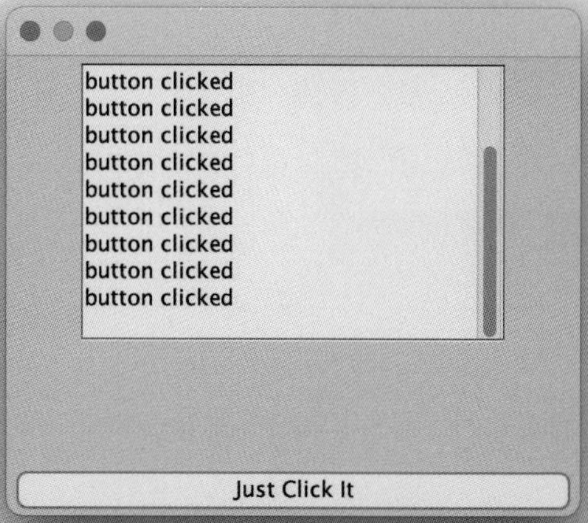

버튼의 ActionListener를 구현하기 위한 람다 표현식

버튼을 클릭할 때마다 단어들이 새 줄에 들어가도록 줄바꿈 문자를 집어넣습니다. 줄바꿈 문자를 안 넣으면 이렇게 줄줄이 연결돼서 나와요.

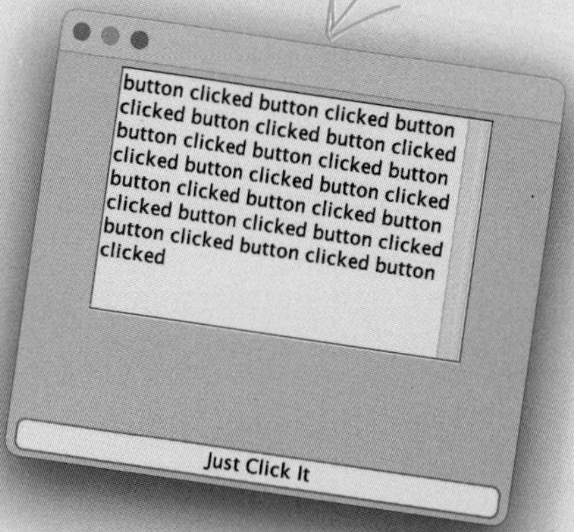

JCheckBox

생성자

```
JCheckBox check = new JCheckBox("Goes to 11");
```

사용 방법

1. 아이템 이벤트(선택 또는 선택 해제하는 이벤트)를 감시합니다.

```
check.addItemListener(this);
```

2. 이벤트를 처리합니다(선택 여부를 알아냅니다).

```
public void itemStateChanged(ItemEvent e) {
  String onOrOff = "off";
  if (check.isSelected()) {
    onOrOff = "on";
  }
  System.out.println("Check box is " + onOrOff);
}
```

3. 코드에서 선택 또는 선택 해제를 처리합니다.

```
check.setSelected(true);
check.setSelected(false);
```

무엇이든 물어보세요

Q&A

Q 레이아웃 관리자는 유용성에 비해 너무 쓰기가 힘든 것 아닌가요? 이렇게 골치 아프게 쓰느니 차라리 모든 구성요소의 크기와 위치를 직접 코드에 집어넣는 게 편할 것 같은데요?

A 레이아웃 관리자를 사용하여 정확하게 자신이 원하는 레이아웃을 만드는 것이 그리 만만한 일은 아닙니다. 하지만 레이아웃 관리자에서 해 주는 일을 한번 생각해 봅시다. '구성요소가 화면 위에서 어떤 위치에 놓이는가?' 하는 문제는 간단해 보일 수도 있지만 사실 상당히 복잡한 문제입니다. 예를 들어서, 구성요소끼리 겹치는 문제가 있을 수도 있는데, 그런 문제도 레이아웃 관리자에서 알아서 처리해 줍니다. 즉, 구성요소 사이의 간격(그리고 프레임 경계선 사이의 간격)을 관리하는 방법도 모두 알고 있지요. 물론 그런 일을 프로그래머가 직접 처리할 수도 있지만 구성요소를 아주 촘촘하게 배열해야 한다면 어떻게 해야 할지 한번 생각해 보세요. 일일이 수동으로 제대로 배치할 수도 있겠지만 결국 JVM만 편하게 해 줄 뿐 별로 큰 이득이 없습니다.

왜 그럴까요? 바로 구성요소가 플랫폼마다 조금씩 다를 수 있기 때문입니다. 특히 해당 플랫폼 고유의 '룩앤필'을 사용하는 경우에 그런 문제가 더 크게 부각됩니다. 버튼의 테두리 모양과 같은 미묘한 차이점 때문에 어떤 플랫폼에서는 깔끔하게 잘 정렬되던 구성요소들이 다른 플랫폼에서는 완전히 엉망이 될 수도 있습니다. 그리고 아직 레이아웃 관리자의 정말 중요한 역할을 배우지 않았는데요, 사용자가 창의 크기를 조절하면 어떻게 될까요? 아니면 동적인 GUI를 사용하는 경우처럼 구성요소가 새로 생기거나 없어진다면 어떻게 될까요? 배경 구성요소의 크기나 내용이 달라질 때마다 모든 구성요소의 레이아웃을 변경해야 한다면 정말 상상만 해도 끔찍하겠죠?

JList

JList 생성자는 임의의 객체 타입의 배열을 받아들입니다. 반드시 String일 필요는 없지만 실제 목록에 표시될 때는 String 형태로 표현됩니다.

생성자

```
String[] listEntries = {"alpha", "beta", "gamma", "delta",
                        "epsilon", "zeta", "eta", "theta "};
JList<String> list = new JList<>(listEntries);
```

JList는 제네릭 클래스이기 때문에 리스트 안에 어떤 타입의 객체가 들어가는지 선언할 수 있습니다.

다이아몬드 연산자는 11장에서 배웠죠?

사용 방법

1 수직 스크롤바가 들어가도록 합니다.

JTextArea를 만들 때하고 똑같습니다. (목록을 넘겨주면서) JScrollPane을 만들고 (목록이 아닌) 그 스크롤 틀을 패널에 추가해야 합니다.

```
JScrollPane scroller = new JScrollPane(list);
scroller.setVerticalScrollBarPolicy(ScrollPaneConstants.VERTICAL_SCROLLBAR_ALWAYS);
scroller.setHorizontalScrollBarPolicy(ScrollPaneConstants.HORIZONTAL_SCROLLBAR_NEVER);

panel.add(scroller);
```

2 스크롤하기 전에 보여줄 행의 개수를 설정합니다.

```
list.setVisibleRowCount(4);
```

3 한 번에 하나만 선택할 수 있도록 설정합니다.

```
list.setSelectionMode(ListSelectionModel.SINGLE_SELECTION);
```

4 목록 선택 이벤트에 등록합니다.

```
list.addListSelectionListener(this);
```

5 이벤트를 처리합니다(목록에서 어떤 항목에 선택되었는지 알아냅니다).

```
public void valueChanged(ListSelectionEvent e) {
  if (!e.getValueIsAdjusting()) {
    String selection = list.getSelectedValue();
    System.out.println(selection);
  }
}
```

이 if문을 집어넣지 않으면 이벤트를 두 번 받게 됩니다.

getSelectedValue()에서는 Object를 리턴합니다. 목록에 String 객체만 들어갈 수 있는 건 아니니까요.

코드 키친

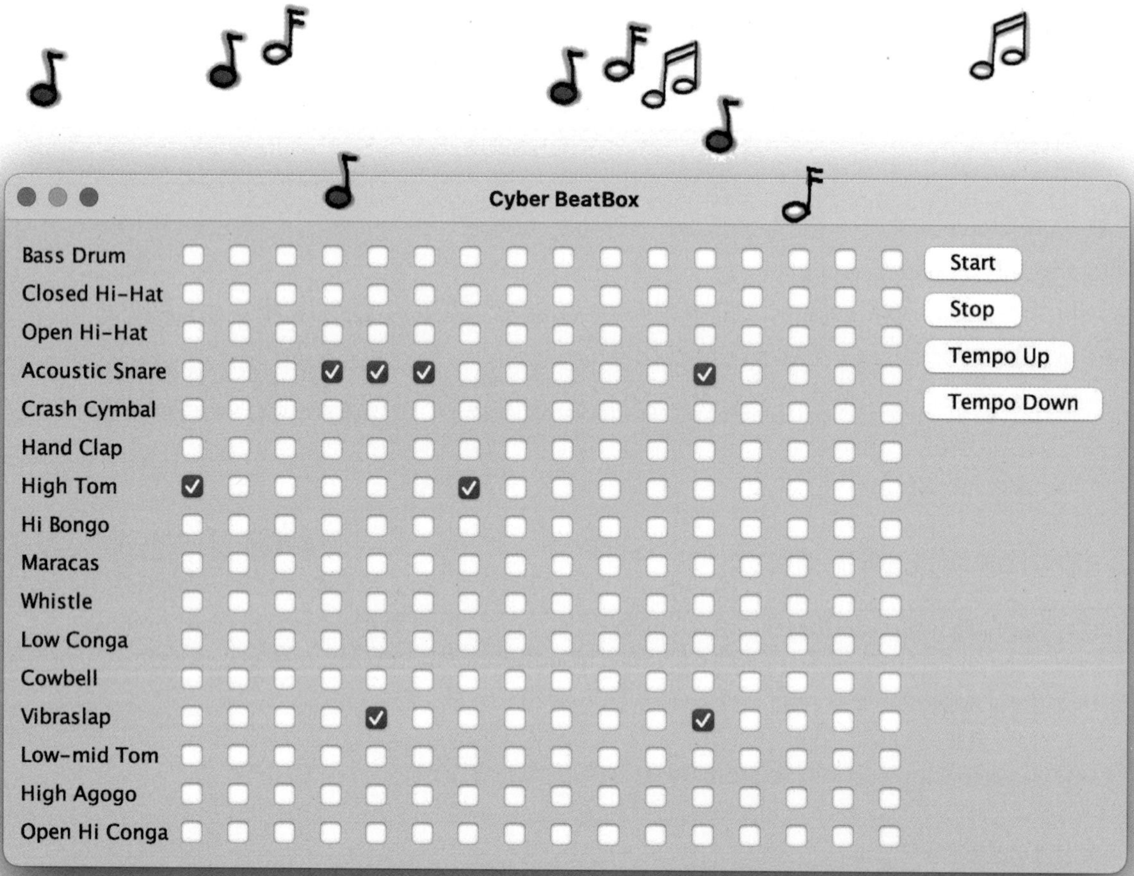

이 부분은 필수 사항이 아닙니다. 여기에서는 GUI를 사용하는 제대로 된 비트박스 프로그램을 만들 것입니다. 16장 <객체 저장>에서는 드럼 패턴을 저장하고 다시 불러오는 방법을 배울 것입니다. 그리고 마지막으로 17장 <연결하는 방법>에서는 비트박스를 개조해서 채팅 클라이언트 역할까지 할 수 있게 만들 것입니다.

비트박스 프로그램 만들기

여기에 나와 있는 코드는 비트박스(BeatBox) 프로그램의 전체 코드이며 이 프로그램에는 연주를 시작하고 멈추고 템포를 바꾸는 버튼이 들어갑니다. 여기에 있는 코드를 모두 입력해서 컴파일하면 완벽한 프로그램을 사용할 수 있습니다. 코드에 자세한 설명을 해 놓았지만, 일단 전체적인 개요를 살펴보면 다음과 같습니다.

1. 체크되지 않은 상태로 시작하는 체크 상자(JCheckBox) 256개와 악기명에 해당하는 레이블(JLabel) 열 여섯 개, 그리고 버튼 네 개가 들어 있는 GUI를 만듭니다.

2. 버튼 네 개에 대해 ActionListener를 등록합니다. 패턴에 의한 사운드를 동적으로 (즉, 사용자가 상자에 체크를 하자마자) 바꾸지는 않으므로 각각의 체크 상자에 대한 리스너는 필요 없습니다. 대신 사용자가 'Start' 버튼을 누를 때까지 기다렸다가 체크 상자 256개를 모두 확인하여 그 상태를 알아내고 미디 트랙을 만들어냅니다.

3. Sequencer를 받아오고 Sequence를 만들고 Track을 만드는 과정 등을 통해 미디 시스템을 설정합니다(이건 전에도 해 본 적이 있죠?). 여기에서는 Sequence 루프를 반복할 횟수를 지정할 수 있게 해 주는 setLoopCount()라는 Sequencer 메서드를 이용합니다. 빠르기는 Sequence의 빠르기(템포) 팩터를 써서 더 빠르게 또는 느리게 조절할 수 있고, 루프를 반복할 때마다 새로운 빠르기를 적용할 수 있습니다.

4. 사용자가 'Start'를 눌렀을 때 실제 행동이 시작됩니다. 'Start' 버튼에 대한 이벤트 처리 메서드에서는 buildTrackAndStart() 메서드를 호출합니다. 그 메서드에서는 체크 상자 256개를 모두 확인해서 (한 번에 한 행씩, 즉 한 악기에 해당하는 16박자씩을 확인합니다) 상태를 알아내고 그 정보를 바탕으로 미디 Track을 구축합니다(앞 장에서 사용한 makeEvent() 메서드를 활용합니다). 일단 Track을 만들고 나면 사용자가 'Stop'을 누를 때까지 계속 연주하도록 Sequencer를 시작합니다(처음부터 반복을 시키기로 했기 때문에 그렇게 되지요).

비트박스 코드

```
import javax.sound.midi.*;
import javax.swing.*;
import java.awt.*;
import java.util.ArrayList;

import static javax.sound.midi.ShortMessage.*;

public class BeatBox {
  private ArrayList<JCheckBox> checkboxList;
  private Sequencer sequencer;
  private Sequence sequence;
  private Track track;

  String[] instrumentNames = {"Bass Drum", "Closed Hi-Hat",
          "Open Hi-Hat", "Acoustic Snare", "Crash Cymbal", "Hand Clap",
          "High Tom", "Hi Bongo", "Maracas", "Whistle", "Low Conga",
          "Cowbell", "Vibraslap", "Low-mid Tom", "High Agogo",
          "Open Hi Conga"};
  int[] instruments = {35, 42, 46, 38, 49, 39, 50, 60, 70, 72, 64, 56, 58, 47, 67, 63};

  public static void main(String[] args) {
    new BeatBox().buildGUI();
  }

  public void buildGUI() {
    JFrame frame = new JFrame("Cyber BeatBox");
    frame.setDefaultCloseOperation(JFrame.EXIT_ON_CLOSE);
    BorderLayout layout = new BorderLayout();
    JPanel background = new JPanel(layout);
    background.setBorder(BorderFactory.createEmptyBorder(10, 10, 10, 10));

    Box buttonBox = new Box(BoxLayout.Y_AXIS);

    JButton start = new JButton("Start");
    start.addActionListener(e -> buildTrackAndStart());
    buttonBox.add(start);

    JButton stop = new JButton("Stop");
    stop.addActionListener(e -> sequencer.stop());
    buttonBox.add(stop);
```

체크 상자를 ArrayList에 저장합니다.

GUI 레이블을 만들 때 사용할 악기명을 String 배열로 저장합니다.

실제 드럼 '건반'을 나타냅니다. 드럼 채널은 피아노랑 비슷한데, 각 '건반'이 서로 다른 드럼이라고 보면 됩니다. 35번 건반은 베이스 드럼, 42번 건반은 클로즈 하이햇 같은 식입니다.

'빈 경계선'을 사용하면 패널의 모서리와 구성요소가 배치되는 자리 사이에 빈 공간을 만들 수 있습니다.

이런 이벤트 핸들러에는 람다 표현식이 안성맞춤입니다. 이런 버튼을 눌렀을 때는 정해진 메서드를 호출하기만 하면 되니까요.

```java
  JButton upTempo = new JButton("Tempo Up");
  upTempo.addActionListener(e -> changeTempo(1.03f));
  buttonBox.add(upTempo);

  JButton downTempo = new JButton("Tempo Down");
  downTempo.addActionListener(e -> changeTempo(0.97f));
  buttonBox.add(downTempo);
```

기본 템포는 1.0이기 때문에 클릭할 때마다 +/- 3%씩 바꿔 줍니다.

```java
  Box nameBox = new Box(BoxLayout.Y_AXIS);
  for (String instrumentName : instrumentNames) {
    JLabel instrumentLabel = new JLabel(instrumentName);
    instrumentLabel.setBorder(BorderFactory.createEmptyBorder(4, 1, 4, 1));
    nameBox.add(instrumentLabel);
  }
```

각 악기 이름마다 경계선을 더해 주면 체크 상자랑 줄을 맞추는 데 도움이 되죠.

```java
  background.add(BorderLayout.EAST, buttonBox);
  background.add(BorderLayout.WEST, nameBox);

  frame.getContentPane().add(background);
```

여기도 GUI 설정 코드입니다. 별로 특이한 것은 없습니다.

```java
  GridLayout grid = new GridLayout(16, 16);
  grid.setVgap(1);
  grid.setHgap(2);

  JPanel mainPanel = new JPanel(grid);
  background.add(BorderLayout.CENTER, mainPanel);
```

또 다른 레이아웃 관리자입니다. 이 관리자는 구성요소들을 행과 열이 있는 격자에 집어넣을 수 있게 해 줍니다.

```java
  checkboxList = new ArrayList<>();
  for (int i = 0; i < 256; i++) {
    JCheckBox c = new JCheckBox();
    c.setSelected(false);
    checkboxList.add(c);
    mainPanel.add(c);
  }
```

체크 상자를 만들고 모든 값을 (체크되지 않도록) false로 설정하고 ArrayList에 추가한 다음 GUI 패널에 집어넣습니다.

```java
  setUpMidi();

  frame.setBounds(50, 50, 300, 300);
  frame.pack();
  frame.setVisible(true);
}
```

```java
private void setUpMidi() {
  try {
    sequencer = MidiSystem.getSequencer();
    sequencer.open();
    sequence = new Sequence(Sequence.PPQ, 4);
    track = sequence.createTrack();
    sequencer.setTempoInBPM(120);

  } catch (Exception e) {
    e.printStackTrace();
  }
}
```

Sequencer를 가져오고 Sequence, Track을 만드는 일반적인 미디 설정 코드. 여기도 별로 특이한 것은 없습니다.

지금부터가 중요합니다. 체크 상자의 상태를 미디 이벤트로 바꾼 다음 그 이벤트를 Track에 추가합니다.

```java
private void buildTrackAndStart() {
  int[] trackList;

  sequence.deleteTrack(track);
  track = sequence.createTrack();

  for (int i = 0; i < 16; i++) {
    trackList = new int[16];

    int key = instruments[i];

    for (int j = 0; j < 16; j++) {
      JCheckBox jc = checkboxList.get(j + 16 * i);
      if (jc.isSelected()) {
        trackList[j] = key;
      } else {
        trackList[j] = 0;
      }
    }

    makeTracks(trackList);
    track.add(makeEvent(CONTROL_CHANGE, 1, 127, 0, 16));
  }

  track.add(makeEvent(PROGRAM_CHANGE, 9, 1, 0, 15));


  try {
    sequencer.setSequence(sequence);
```

int[] trackList; ← 각 악기의 열여섯 개의 박자에 대한 값을 원소가 16개인 배열에 저장합니다. 어떤 악기가 특정 박자에서 연주되어야 하면 그 원소의 값에 건반 번호를 넣습니다. 반대로 그 박자에서 그 악기가 연주되어야 하지 않는다면 0을 집어넣습니다.

기존 Track을 제거하고 새 Track을 만듭니다.

16개의 열(베이스, 콩가(라악기의 일종) 등) 각각에 대해 같은 작업을 처리합니다.

이 악기가 무엇(베이스, 하이햇 등)인지를 나타내는 '건반'을 설정합니다. instruments 배열에 각 악기의 실제 미디 번호가 저장되어 있습니다.

이 행의 각 박자에 대해 같은 작업을 반복합니다.

이 박자의 체크 상자가 선택되었는지 확인합니다. 선택됐으면 배열의 해당 칸(이 박자를 나타내는 칸)에 건반 값을 집어넣습니다. 선택되지 않았으면 그 악기를 이 박자에서 연주하면 안 되기 때문에 0으로 설정합니다.

이 악기의 열여섯 박자 전체에 대해서 이벤트를 만들고 Track에 추가합니다.

16번째 박자에는 반드시 이벤트가 있어야 합니다. 이렇게 하지 않으면 다시 시작하기 전에 16박자가 모두 끝나지 않을 수도 있습니다.

```
      sequencer.setLoopCount(sequencer.LOOP_CONTINUOUSLY);
      sequencer.setTempoInBPM(120);
      sequencer.start();
    } catch (Exception e) {
      e.printStackTrace();
    }
  }

  private void changeTempo(float tempoMultiplier) {
    float tempoFactor = sequencer.getTempoFactor();
    sequencer.setTempoFactor(tempoFactor * tempoMultiplier);
  }

  private void makeTracks(int[] list) {
    for (int i = 0; i < 16; i++) {
      int key = list[i];

      if (key != 0) {
        track.add(makeEvent(NOTE_ON, 9, key, 100, i));
        track.add(makeEvent(NOTE_OFF, 9, key, 100, i + 1));
      }
    }
  }

  public static MidiEvent makeEvent(int cmd, int chnl, int one, int two, int tick) {
    MidiEvent event = null;
    try {
      ShortMessage msg = new ShortMessage();
      msg.setMessage(cmd, chnl, one, two);
      event = new MidiEvent(msg, tick);
    } catch (Exception e) {
      e.printStackTrace();
    }
    return event;
  }

}
```

루프 반복 횟수를 지정하기 위한 메서드. 여기에서는 계속 반복할 수 있도록 sequencer.LOOP_CONTINUOUSLY를 인자로 넘깁니다.

재생합니다!!

tempoFactor는 주어진 인수만큼 Sequencer의 템포를 바꿔 줍니다. 박자를 느리거나 빠르게 조절할 수 있죠.

한 악기의 16박자 전체에 대해 이벤트를 만듭니다. 예를 들어서, 베이스 드럼을 위한 int[] 배열을 받아오면 그 안에는 배열의 각 인덱스별로 그 악기의 건반 번호 또는 0이 들어 있습니다. 그 값이 0이면 그 박자에서는 그 악기를 연주하지 않는 것이고, 0이 아니면 이벤트를 만들고 Track에 추가해 줍니다.

NOTE ON, NOTE OFF 이벤트를 만들고 Track에 추가합니다.

이번 장의 코드 키친에 있던 유틸리티 메서드입니다. 새로운 내용은 없어요.

연습 문제

어떤 코드에서 어떤 레이아웃을 만들어낼까요?

밑에 있는 화면 여섯 개 가운데 다섯 개는 오른쪽 페이지에 있는 코드에 의해 만들어진 것입니다. 각 코드를 살펴보고 그 코드에 해당하는 화면을 찾아보세요.

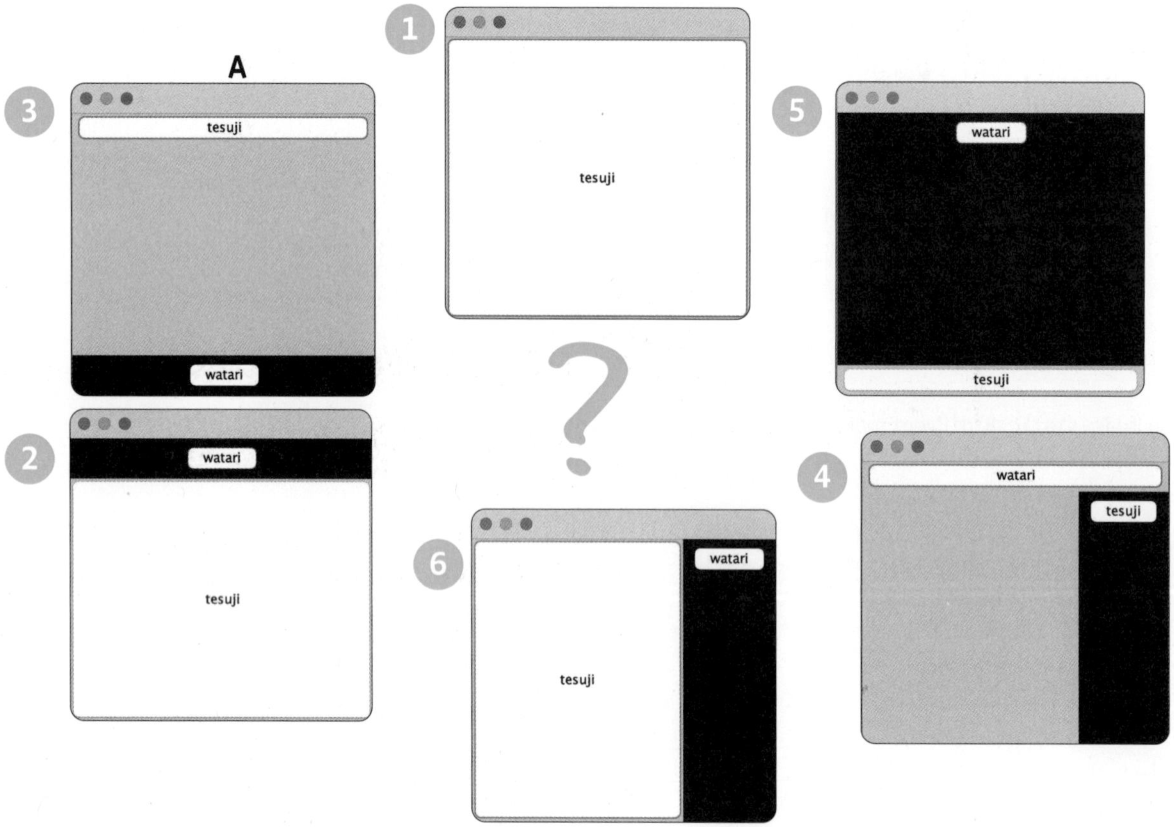

코드

A

```
JFrame frame = new JFrame();
JPanel panel = new JPanel();
panel.setBackground(Color.darkGray);
JButton button = new JButton("tesuji");
JButton buttonTwo = new JButton("watari");
panel.add(button);
frame.getContentPane().add(BorderLayout.NORTH, buttonTwo);
frame.getContentPane().add(BorderLayout.EAST, panel);
```

B

```
JFrame frame = new JFrame();
JPanel panel = new JPanel();
panel.setBackground(Color.darkGray);
JButton button = new JButton("tesuji");
JButton buttonTwo = new JButton("watari");
panel.add(buttonTwo);
frame.getContentPane().add(BorderLayout.CENTER, button);
frame.getContentPane().add(BorderLayout.EAST, panel);
```

C

```
JFrame frame = new JFrame();
JPanel panel = new JPanel();
panel.setBackground(Color.darkGray);
JButton button = new JButton("tesuji");
JButton buttonTwo = new JButton("watari");
panel.add(buttonTwo);
frame.getContentPane().add(BorderLayout.CENTER, button);
```

D

```
JFrame frame = new JFrame();
JPanel panel = new JPanel();
panel.setBackground(Color.darkGray);
JButton button = new JButton("tesuji");
JButton buttonTwo = new JButton("watari");
frame.getContentPane().add(BorderLayout.NORTH, panel);
panel.add(buttonTwo);
frame.getContentPane().add(BorderLayout.CENTER, button);
```

E

```
JFrame frame = new JFrame();
JPanel panel = new JPanel();
panel.setBackground(Color.darkGray);
JButton button = new JButton("tesuji");
JButton buttonTwo = new JButton("watari");
frame.getContentPane().add(BorderLayout.SOUTH, panel);
panel.add(buttonTwo);
frame.getContentPane().add(BorderLayout.NORTH, button);
```

정답과 해설 580쪽

낱말 퀴즈

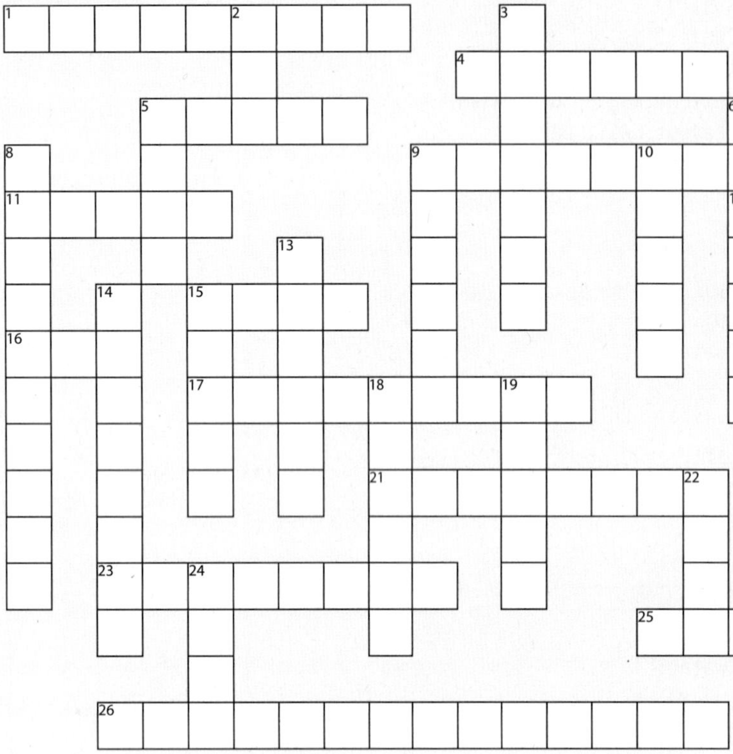

역자 힌트: 다음 단어를 영어로 써야 합니다.

그림 패널(drawpanel), 중앙(center), 메달(metal), 아쿠아(aqua), 이벤트(event), 메뉴(menu), 정책(policy), 리스너(listener), 북쪽(north), 그래픽(graphic), 추가하다(add), 위젯(widget), 레이아웃(layout), FlowLayout(flow), 콜백(callback), 프레임(frame), 애니메이션(animation), 행동(action), 외부(outer), 텍스트 영역(textarea), 패널(panel), 레이블(label), 체크 상자(checkbox), 동쪽(east), 메서드의 한 종류(setVisible)

가로

1. 그림을 그리는 도화지
4. BorderLayout에서 가장 마지막으로 처리되는 지역
5. 자바의 기본 룩앤필
9. 웨이터랑 비슷합니다.
11. 뭔가 특별한 일
12. 위젯을 적용합니다.
15. JPanel의 기본 레이아웃
16. 다형성 테스트
17. 움직여 봅시다.
21. 할 말이 많군요.
23. 여러 개를 선택할 수 있습니다.
25. 버튼의 친구
26. actionPerformed를 받아들이는 것

세로

2. 스윙의 아버지
3. 프레임 크기 설정
5. 도움말이 들어가는 곳
6. 텍스트보다 이게 낫죠.
7. 구성요소를 친근하게 부르는 용어
8. 화면에 보이게 만들어 주는 메서드
9. 배치
10. BorderLayout에서 맨 위에 있는 지역
13. 관리자가 가지고 있는 규칙
14. 소스에서 호출하는 메서드
15. BorderLayout이 기본 레이아웃 관리자입니다.
18. 사용자가 하는 것
19. 내부와 반대
20. 배경 위젯
22. 옛날 맥의 룩앤필
24. BorderLayout의 오른쪽 지역

정답과 해설

연습 문제(576쪽)

1

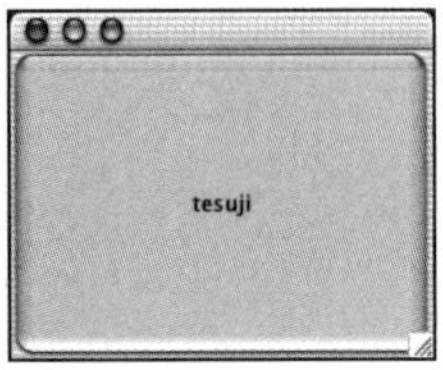

C

```
JFrame frame = new JFrame();
JPanel panel = new JPanel();
panel.setBackground(Color.darkGray);
JButton button = new JButton("tesuji");
JButton buttonTwo = new JButton("watari");
panel.add(buttonTwo);
frame.getContentPane().add(BorderLayout.CENTER, button);
```

2

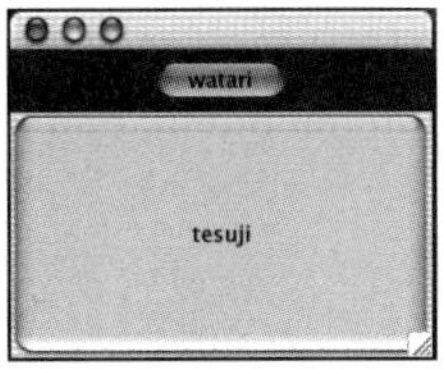

D

```
JFrame frame = new JFrame();
JPanel panel = new JPanel();
panel.setBackground(Color.darkGray);
JButton button = new JButton("tesuji");
JButton buttonTwo = new JButton("watari");
frame.getContentPane().add(BorderLayout.NORTH, panel);
panel.add(buttonTwo);
frame.getContentPane().add(BorderLayout.CENTER, button);
```

3

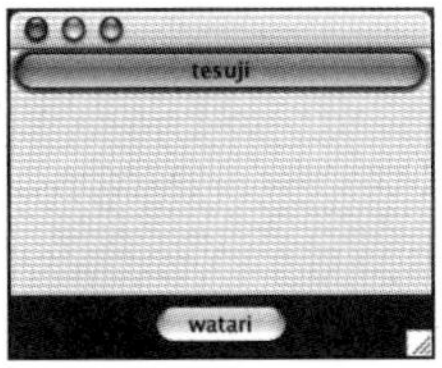

E

```
JFrame frame = new JFrame();
JPanel panel = new JPanel();
panel.setBackground(Color.darkGray);
JButton button = new JButton("tesuji");
JButton buttonTwo = new JButton("watari");
frame.getContentPane().add(BorderLayout.SOUTH, panel);
panel.add(buttonTwo);
frame.getContentPane().add(BorderLayout.NORTH, button);
```

4

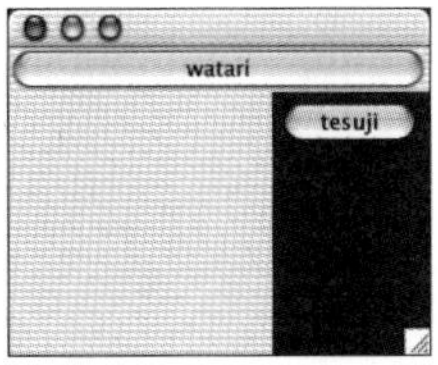

A

```
JFrame frame = new JFrame();
JPanel panel = new JPanel();
panel.setBackground(Color.darkGray);
JButton button = new JButton("tesuji");
JButton buttonTwo = new JButton("watari");
panel.add(button);
frame.getContentPane().add(BorderLayout.NORTH, buttonTwo);
frame.getContentPane().add(BorderLayout.EAST, panel);
```

6

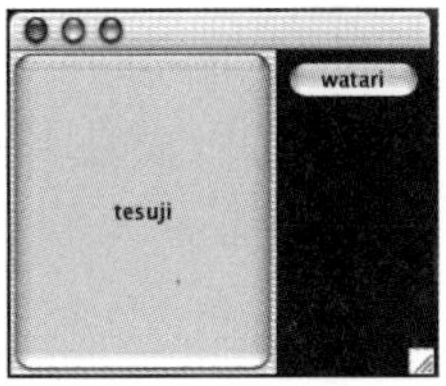

B

```
JFrame frame = new JFrame();
JPanel panel = new JPanel();
panel.setBackground(Color.darkGray);
JButton button = new JButton("tesuji");
JButton buttonTwo = new JButton("watari");
panel.add(buttonTwo);
frame.getContentPane().add(BorderLayout.CENTER, button);
frame.getContentPane().add(BorderLayout.EAST, panel);
```

정답과 해설

낱말 퀴즈(578쪽)

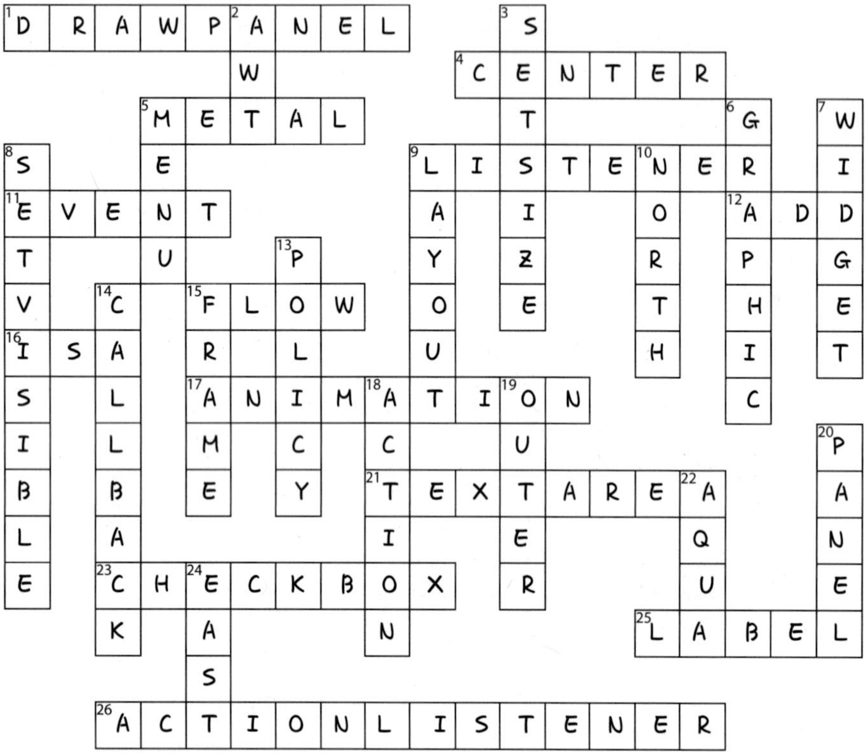

CHAPTER

16

객체 저장

직렬화와 파일 입출력

데이터만 잔뜩 들어 있는 파일을 하나만 더 읽게 하면 저 인간을 가만두지 않을 거야. 객체를 통째로 저장할 수도 있는데 그건 못 하게 하고. 그러면 너무 쉬워서 그런가? 하여간 내가 객체를 통째로 저장하면 어떤 표정을 지을지 궁금하군···

객체를 납작하게 압축할 수도 있고 부풀릴 수도 있습니다

객체에는 상태와 행동이 있습니다. 행동은 클래스 안에 들어가지만 상태는 각 객체 안에서 살지요. 그러면 객체의 상태를 저장해야 할 때는 어떻게 해야 할까요? 예를 들어서, 게임을 만들고 있다면 게임 저장/불러오기 기능이 있어야 하겠죠? 차트를 만드는 애플리케이션을 만든다면 파일 저장/열기 기능이 필요할 테고요. 프로그램에서 상태를 저장할 때 힘든 방법을 쓸 수도 있습니다. 각 객체를 살펴보고 각 인스턴스 변숫값을 일일이 자신이 만든 타입의 파일에 집어넣는 식으로 말이죠. 하지만 **객체지향적인 방법으로 쉽게** 할 수도 있습니다. 객체 자체를 동결건조하거나, 압축하거나, 방부 처리하거나 수분을 제거한 다음, 나중에 다시 원상태로 복구시킬 수 있으니까요. 하지만 때때로 조금 전에 설명한 힘든 방법이 필요할 수도 있습니다. 저장했던 파일을 자바로 만들어지지 않은 다른 애플리케이션에서 열어야 하는 경우에는 그럴 가능성이 높습니다. 따라서 이 장에서는 두 가지 방법을 모두 살펴보겠습니다. 모든 입출력(I/O) 연산은 위험하기 때문에 예외를 더 잘 처리하는 방법에 대해서도 살펴보겠습니다.

비트박스의 패턴을 저장해 봅시다

열심히 노력한 결과로 완벽한 패턴을 만들어냈습니다. 그래서 이제 그 패턴을 저장했으면 합니다. 메모지를 한 장 꺼내서 그 종이에 패턴을 옮겨 적을 수도 있겠지만, 대신 Save 버튼을 누르거나 File 메뉴에서 Save를 선택하면 더 좋겠죠? 이름을 정하고 디렉터리를 선택해서 최종적으로 파일을 저장하고 나면 '죽음의 블루 스크린'이 뜨면서 시스템이 멎어버려도 그 패턴을 안전하게 보관할 수 있습니다.

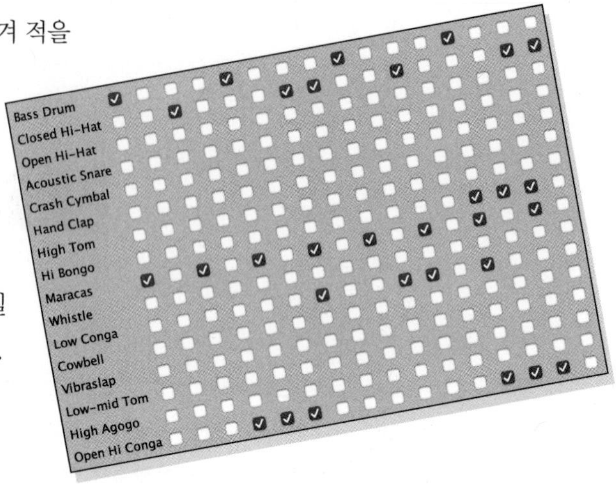

자바 프로그램의 상태를 저장하는 방법은 다양하지만 그중 어떤 것을 선택하는지는 저장된 상태를 가지고 무엇을 할지에 따라 달라질 것입니다. 이 장에서 다음과 같은 두 가지 방법을 생각해 보겠습니다.

그 데이터를 만들어낸 자바 프로그램에서만 사용한다면

1. **직렬화를 사용합니다.**
   납작해진(직렬화된) 객체가 저장된 파일을 만듭니다. 그리고 나중에 파일을 열 때는 프로그램에서 직렬화된(serialized) 객체를 읽어서 다시 살아 숨쉬는, 힙에 들어 있는 형태의 객체로 만들면 됩니다.

데이터를 다른 프로그램에서도 사용한다면

2. **일반 텍스트 파일로 저장합니다.**
   다른 프로그램에서도 파싱할 수 있도록 적당한 구분자를 써서 파일에 저장합니다. 예를 들어서, 탭으로 각 필드를 구분하면 나중에 스프레드시트나 데이터베이스 애플리케이션에서도 그 파일을 이용할 수 있겠죠?

물론 다른 방법도 있지만 자바에서 입출력을 처리하는 방법을 두 가지만 꼽으라면 이 둘을 고를 겁니다. 데이터는 원하는 타입으로 마음대로 저장할 수 있지만 말이죠. 예를 들어서, 일반 텍스트 파일로 저장하지 않고 데이터를 바이트 형태로 저장할 수도 있습니다. 아니면 자바 원시 타입을 그 타입 그대로 저장할 수도 있습니다. int, long, boolean 등의 원시 타입을 저장하기 위한 별도의 방법도 있습니다. 하지만 어떤 방법을 쓰든지 근본적인 입출력(I/O) 기술은 거의 똑같습니다. 어떤 데이터를 무엇인가에 쓰는 것이죠. 보통 디스크 또는 네트워크 내에 있는 파일에 씁니다(데이터를 읽는 것은 그 반대로 생각하면 되겠죠). 그리고 디스크 또는 네트워크 내에 있는 파일로부터 데이터를 읽어 들이면 됩니다. 여기에서 지금 설명하는 것들은 전부 실제 데이터베이스를 사용하지 않는 경우에 해당하는 내용입니다.

상태 저장

어떤 프로그램이 있는데(여기에서는 판타지 어드벤처 게임이라고 예를 들어 보죠) 그 프로그램에서 세션 두 개 이상을 사용한다고 생각해 봅시다. 게임이 진행되면서 게임 캐릭터는 '더 강해지거나, 약해지거나, 똑똑해지거나' 하는 식으로 변하기도 하고 '무기를 구하거나, 잃거나, 그 무기를 사용하거나' 할 수도 있습니다. 하지만 게임을 시작할 때마다 처음부터 새로 시작하고 싶은 사용자는 없을 것입니다. 그러다 보면 게임 엔딩을 영영 못 볼 수도 있으니까요. 따라서 캐릭터의 상태를 저장하는 방법, 그리고 그 상태를 다시 열어서 게임을 계속하기 위한 방법을 마련해야 합니다. 그리고 게임 프로그래머로서 저장과 열기 과정을 최대한 쉽고 안전하게 만들어야 할 것입니다.

게임 캐릭터 세 개를 저장하는 경우를 생각해 봅시다.

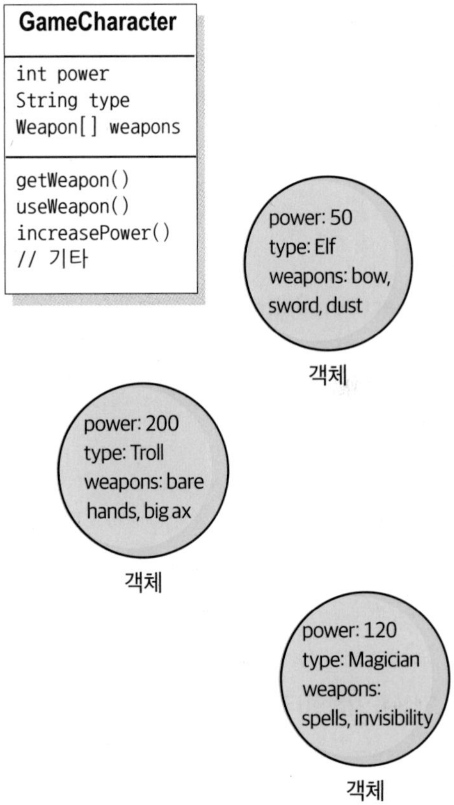

1 첫 번째 방법

직렬화된 캐릭터 객체 세 개를 파일에 저장합니다.

파일을 만들고 직렬화된 캐릭터 객체 세 개를 그 파일에 저장합니다. 그 파일을 텍스트 파일처럼 읽으려고 하면 다음과 같이 알 수 없는 글자가 튀어나올 것입니다.


```
¨ÌsrGameCharacter¨%gê8MÛIpowerLjava/lang/
String;[weaponst[Ljava/lang/String;xp2tl-
fur[Ljava.lang.String;≠“VÁÈ{Gxptbowts-
wordtdustsq~≫tTrolluq~tbare handstbig
axsq~xtMagicianuq~tspellstinvisibility
```


2 두 번째 방법

일반 텍스트 파일로 저장합니다.

파일을 만들고 한 줄에 한 캐릭터의 정보를 저장합니다. 각 상태는 쉼표로 구분합니다.

```
50,Elf,bow, sword,dust
200,Troll,bare hands,big ax
120,Magician,spells,invisibility
```

직렬화된 파일은 사람 입장에서는 읽기 아주 힘들겠지만, 프로그램 입장에서는 텍스트 파일에 저장된 객체의 변숫값을 읽어들이는 것보다 직렬화된 객체를 복구하는 쪽이 훨씬 쉽고 안전합니다. 예를 들어서, 저장된 값들을 읽어 올 때 실수로 순서를 잘못 맞춰서 읽을 수도 있을 것입니다. 유형을 Elf로 해야 하는데 dust로 하고 무기를 Elf로 설정하는 식으로 말이죠...

직렬화된 객체를 파일에 저장하는 방법

객체를 직렬화(저장)하는 방법은 다음과 같습니다. 굳이 외우려고 하지는 마세요. 조금 있으면 더 자세한 내용을 배우게 될 테니까요.

1 FileOutputStream을 만듭니다.

```
FileOutputStream fileStream = new FileOutputStream("MyGame.ser");
```

'MyGame.ser'이라는 파일이 존재하지 않으면 자동으로 새로 만들어집니다.

FileOutputStream 객체를 만듭니다. FileOutputStream은 파일에 연결하는 방법(그리고 파일을 만드는 방법)을 알고 있지요.

2 ObjectOutputStream을 만듭니다.

```
ObjectOutputStream os = new ObjectOutputStream(fileStream);
```

ObjectOutputStream을 사용하면 객체를 저장할 수 있는데, 파일에 직접 연결할 수는 없습니다. 보조 객체가 필요합니다. 이런 과정을 한 스트림을 다른 스트림과 '연쇄(chain)'한다고 부릅니다.

3 객체를 저장합니다.

```
os.writeObject(characterOne);
os.writeObject(characterTwo);
os.writeObject(characterThree);
```

characterOne, characterTwo, characterThree로 참조되는 객체를 직렬화하고 MyGame.ser에 그 순서대로 저장합니다.

4 ObjectOutputStream을 닫습니다.

```
os.close();
```

맨 위에 있는 스트림을 닫으면 그 밑에 있는 스트림도 모두 닫히므로 FileOutputStream(그리고 그 파일)도 자동으로 닫힙니다.

데이터는 스트림 형태로 이동합니다

데이터는 스트림 형태로 이동합니다. 연결 스트림은 출발지 또는 목적지(파일, 소켓 등)로의 연결을 나타냅니다. 하지만 연쇄 스트림은 혼자서는 어디에 연결될 수 없고 반드시 연결 스트림에 연쇄되어야 합니다.

자바 입출력 API에는 파일이나 네트워크 소켓과 같은 출발지 또는 목적지로의 연결을 나타내는 **연결** 스트림(connection stream)과 다른 스트림에 연쇄되어야만 쓸 수 있는 **연쇄** 스트림(chain stream)이 있습니다. 최소한 스트림 두 개(하나는 연결을 나타내고 하나는 메서드를 호출할 대상으로 쓰임)를 연결해야만 유용한 작업을 할 수 있는 경우도 있습니다. 왜 두 개가 필요할까요? 연결 스트림은 일반적으로 너무 저수준이기 때문입니다. 예를 들어서, FileOutputStream(연결 스트림)에는 바이트를 저장하기 위한 메서드가 들어 있습니다. 하지만 바이트 단위로 직접 저장하는 일은 별로 없습니다. 우리가 실제로 저장해야 하는 것은 객체이므로 더 고수준의 연쇄 스트림이 필요합니다.

그런데 왜 꼭 필요한 기능을 제공하는 스트림 한 개를 만들어서 쓰지 않고 이런 식으로 할까요? 객체를 저장하는 기능을 제공하는데, 사실은 그 밑에서 바이트로 저장해 주는 그런 스트림을 만들어서 쓰면 편하지 않을까요? 바람직한 객체지향적인 방법을 생각해 보세요. 각 클래스는 하나씩의 기능만 잘 발휘하는 것이 좋습니다. FileOutputStream은 파일에 바이트를 저장합니다. ObjectOutputStream은 객체를 스트림으로 보낼 수 있는 형태의 데이터로 바꿔 주는 일을 하지요. 따라서 파일에 데이터를 저장해 주는 FileOutputStream을 만들고 그 끝에 ObjectOutputStream(연쇄 스트림)을 연결합니다. 그러고 나서 ObjectOutputStream에 대해 writeObject()를 호출하면 그 객체가 스트림으로 들어가서 FileOutputStream으로 이동하고, 최종적으로는 파일에 바이트 형태로 기록됩니다.

이렇게 다양한 연결 및 연쇄 스트림을 조합하면 엄청나게 유연한 프로그래밍을 할 수 있습니다. 스트림 클래스를 하나만 써야 한다면 API 설계자가 만들어놓은 한 가지 방법에만 의존해야 될 것입니다. 즉, API를 만들 때부터 우리가 원하는 대로 만들지 않았다면 다른 방법을 찾아봐야 할 수 밖에 없겠죠. 하지만 이렇게 연쇄할 수 있는 형태로 되어 있기 때문에 원하는 방식으로 연쇄해서 쓰면 됩니다.

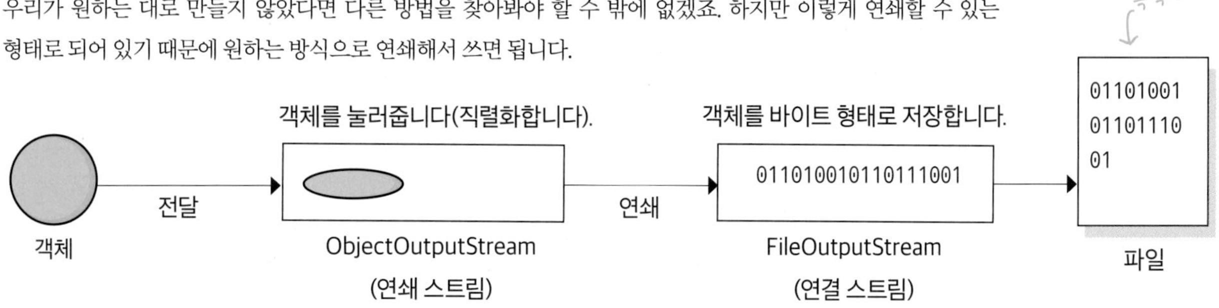

직렬화되면 객체는 어떻게 될까요?

① 힙 안에 들어 있는 객체

힙에 들어 있는 객체는 상태(객체의 인스턴스 변숫값)가 있습니다. 이 값이 바로 어떤 클래스에 속하는 여러 인스턴스를 서로 구분할 수 있게 해 주는 역할을 하죠.

② 직렬화된 객체

직렬화된 객체에는 **인스턴스 변숫값이 저장**되어 있습니다. 나중에 다시 원상태로 복구하면 힙 안에 이전과 똑같은 내용을 가진 인스턴스(객체)를 만들어낼 수 있습니다.

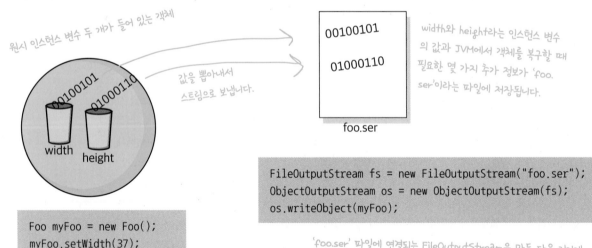

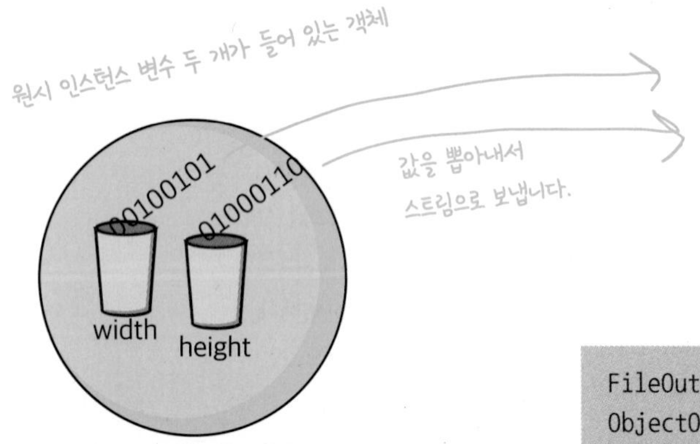

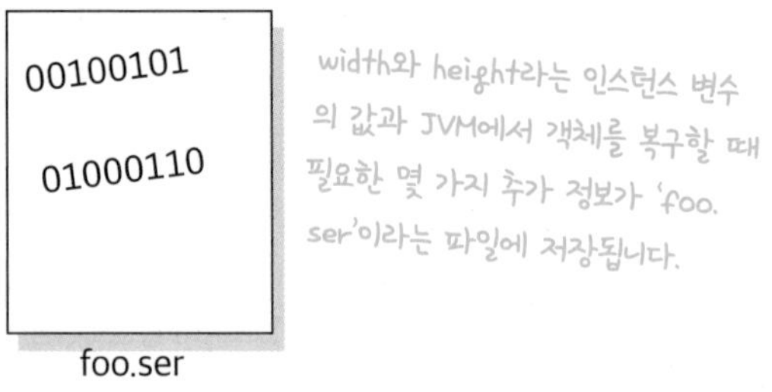

00100101
01000110
foo.ser
width와 height라는 인스턴스 변수의 값과 JVM에서 객체를 복구할 때 필요한 몇 가지 추가 정보가 'foo.ser'이라는 파일에 저장됩니다.


```
Foo myFoo = new Foo();
myFoo.setWidth(37);
myFoo.setHeight(70);
```

```
FileOutputStream fs = new FileOutputStream("foo.ser");
ObjectOutputStream os = new ObjectOutputStream(fs);
os.writeObject(myFoo);
```

'foo.ser' 파일에 연결되는 FileOutputStream을 만든 다음 거기에 ObjectOutputStream을 연쇄시키고 ObjectOutputStream에 객체를 저장하라는 명령을 보냅니다.

객체의 상태란 정확하게 무엇일까요? 어떤 것을 저장해야 할까요?

이제 점점 흥미로운 내용이 나오기 시작합니다. 37이나 70과 같은 원시값을 저장하는 것은 쉬운데요. 객체에 객체 레퍼런스인 변수가 들어 있으면 어떻게 될까요? 예를 들어서, 객체 레퍼런스 인스턴스 변수 다섯 개가 들어 있는 객체는 어떤 식으로 저장할까요? 그리고 그런 인스턴스 변수에 또 다른 인스턴스 변수가 들어 있다면 어떻게 될까요?

한번 생각해 봅시다. 객체의 어느 부분을 그 객체에만 있는 것이라고 할 수 있을까요? 처음에 저장했던 것과 똑같은 객체를 얻기 위해 어떤 것을 복구해야 하는지 한번 상상해 보세요. 물론, 메모리 내의 위치는 달라지겠죠. 하지만 그런 것은 별로 중요하지 않습니다. 정말 중요한 것은 힙 어딘가에, 전에 저장했던 객체와 똑같은 상태를 가지는 객체를 만들어낼 수 있어야 한다는 점이죠.

뇌 일깨우기

Car 객체를 원래의 상태로 복구하기 위해서는 어떤 작업이 이루어져야 할까요?

Car를 저장하기 위해 어떤 것이 필요할지 그리고 어떻게 해야 할지 생각해 보세요.

그리고 Engine(엔진) 객체에 Carburetor(카뷰레터)에 대한 레퍼런스가 있다면 어떻게 될까요?

Tire[] 배열 객체에는 어떤 것이 들어갈까요?

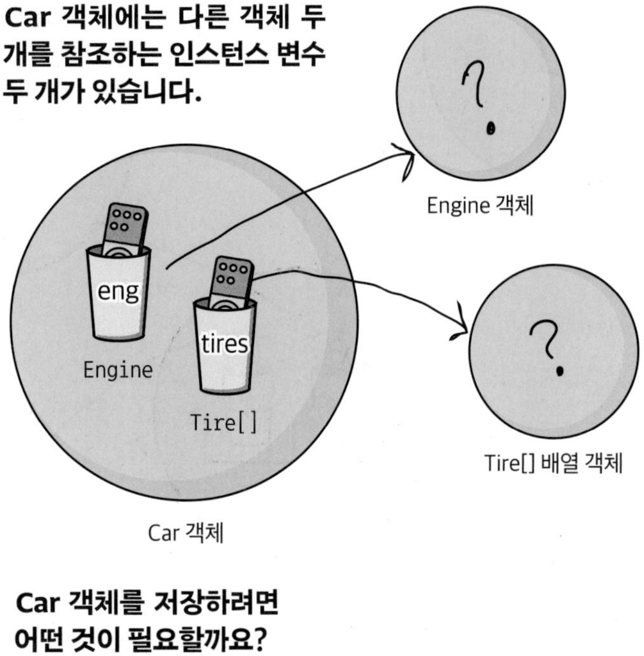

Car 객체에는 다른 객체 두 개를 참조하는 인스턴스 변수 두 개가 있습니다.
eng
Engine
tires
Tire[]
Engine 객체
Tire[] 배열 객체
Car 객체
Car 객체를 저장하려면 어떤 것이 필요할까요?

객체가 직렬화되면 인스턴스 변수를 참조하는 모든 객체 또한 직렬화됩니다. 그리고 그렇게 직렬화된 객체에서 참조하는 다른 모든 객체도 직렬화되고, 또 그렇게 직렬화된 객체에서 참조하는 객체도 모두 직렬화됩니다. 연관된 것은 모두 직렬화되는 것이죠. 하지만 다행히도 그런 작업은 모두 자동으로 진행됩니다.

여기에 있는 Kennel(개 사육장)이라는 객체에는 Dog[] 배열 객체에 대한 레퍼런스가 있습니다. Dog[]에는 Dog 객체 두 개에 대한 레퍼런스가 들어 있습니다. 각 Dog 객체에는 String과 Collar(개 목걸이) 객체에 대한 레퍼런스가 들어 있습니다. String 객체에는 글자 여러 개가 모여 있고 Collar 객체에는 int가 들어 있습니다.
Kennel을 저장하면 이런 것들이 모두 저장됩니다.

직렬화를 하면 그 객체와 관련된 것이 몽땅 저장됩니다. 직렬화되는 객체에서 시작해서 인스턴스 변수로 참조된 모든 객체가 줄줄이 엮여서 저장되지요.

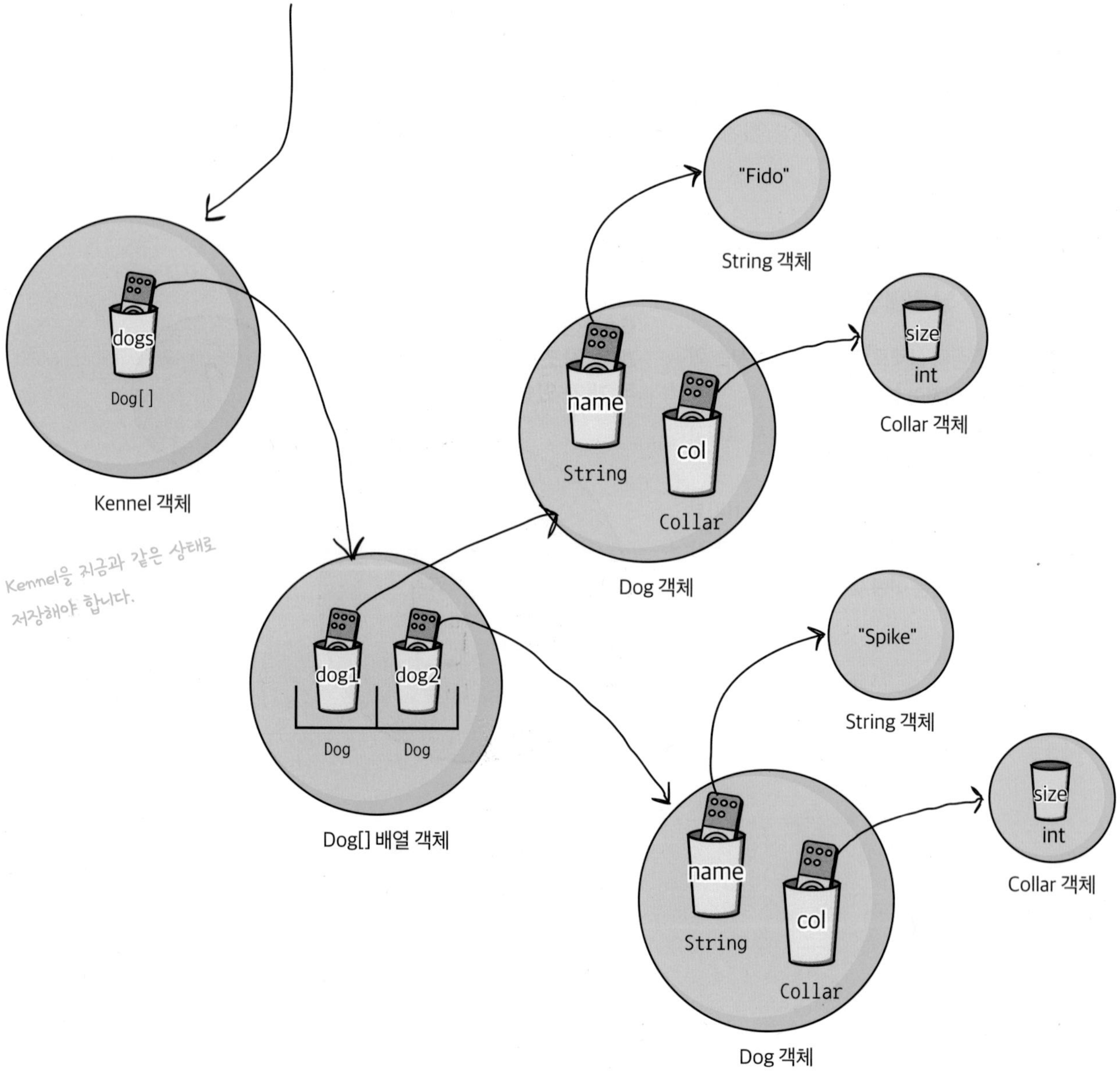

클래스를 직렬화할 수 있게 하려면 Serializable을 구현해야 합니다

Serializable 인터페이스는 표지(marker) 또는 태그(tag) 인터페이스라고 부르기도 합니다. 인터페이스에 정작 구현해야 할 메서드는 하나도 없기 때문입니다. 이 인터페이스는 그 인터페이스를 구현하는 클래스가 직렬화할 수 있는 클래스라는 것을 나타내는 역할만 합니다. 즉, 그런 타입의 객체는 직렬화 메커니즘을 통해 저장할 수 있다는 것을 뜻하죠. 어떤 클래스의 상위 클래스 가운데 하나라도 직렬화할 수 있는 클래스가 있다면 하위 클래스를 정의할 때 implements Serializable 구문을 쓰지 않아도 자동으로 직렬화할 수 있습니다(원래 인터페이스라는 것이 이렇죠. 상위 클래스가 Serializable이면 하위 클래스도 마찬가지로 Serializable 클래스가 됩니다).

```
objectOutputStream.writeObject(mySquare);
```

여기 들어가는 객체는 반드시 Serializable이어야만 합니다. 그렇지 않으면 런타임 오류가 납니다.

```
import java.io.*;

public class Square implements Serializable {

  private int width;
  private int height;

  public Square(int width, int height) {
    this.width = width;
    this.height = height;
  }

  public static void main(String[] args) {
    Square mySquare = new Square(50, 20);

    try {
      FileOutputStream fs = new FileOutputStream("foo.ser");
      ObjectOutputStream os = new ObjectOutputStream(fs);
      os.writeObject(mySquare);
      os.close();
    } catch (Exception ex) {
      ex.printStackTrace();
    }
  }
}
```

Serializable이 java.io 패키지에 들어 있기 때문에 이 import문이 필요합니다.

구현해야 하는 메서드는 없지만 'implements Serializable'이라고 하면 JVM에서 이 타입의 객체는 직렬화할 수 있다는 것을 알 수 있지요.

이 두 값이 저장됩니다.

입출력 부분에서 예외를 던질 수 있습니다.

foo.ser이라는 이름의 파일이 있으면 그 파일에 연결하고 그렇지 않으면 그 이름을 가지는 파일을 새로 만듭니다.

연결 스트림에 연쇄되는 ObjectOutputStream을 만듭니다. 그러고 나서 그 객체를 저장하라는 명령을 내립니다.

직렬화는 '모 아니면 도'입니다.

객체의 상태 중에 일부가 올바르게 저장되지 않는다면 어떻게 될지 상상할 수 있으세요?

> 으… 생각만해도 소름이 들어요. Dog 객체(개를 나타내는 객체)가 질량이 없다거나 아니면 귀가 없으면 어떻게 될까요? 아니면 목걸이 사이즈가 30이 아니라 3이면 어떻게 될까요? 그런 일은 정말 있으면 안 되겠죠?

객체를 저장할 때 그 객체와 관련된 것들이 모두 제대로 직렬화되지 않으면 그 직렬화는 제대로 완료되지 않습니다. Pond(연못)라는 객체가 있을 때 그 안에 있는 Duck 인스턴스 변수를 직렬화할 수 없으면(즉, 그 객체가 Serializable을 구현한 클래스에 속하지 않으면) 그 Pond 객체는 직렬화할 수 없습니다.

```
import java.io.*;

public class Pond implements Serializable {

  private Duck duck = new Duck();

  public static void main(String[] args) {
    Pond myPond = new Pond();
    try {
      FileOutputStream fs = new FileOutputStream("Pond.ser");
      ObjectOutputStream os = new ObjectOutputStream(fs);

      os.writeObject(myPond);
      os.close();
    } catch (Exception ex) {
      ex.printStackTrace();
    }
  }
}

public class Duck {
  // Duck 클래스 코드
}
```

Pond 객체는 직렬화될 수 있는 것으로 선언되어 있습니다. (`public class Pond implements Serializable`)

Pond 클래스에는 Duck 인스턴스 변수 한 개가 있습니다. (`private Duck duck = new Duck();`)

myPond(Pond 객체)를 직렬화하려고 하면 그 Duck 인스턴스 변수는 자동으로 직렬화됩니다. (`os.writeObject(myPond);`)

헉! Duck은 직렬화할 수 없습니다. Duck 클래스는 Serializable을 구현하지 않기 때문에 Pond 객체를 직렬화하려고 하면 Pond에 들어 있는 Duck 인스턴스 변수가 저장될 수 없습니다. 따라서 결국 직렬화가 되지 않습니다. (`public class Duck`)

Pond 클래스의 main 메서드를 실행하려고 하면 다음과 같은 결과가 나옵니다!

```
File Edit Window Help Regret
% java Pond
java.io.NotSerializableException: Duck
        at Pond.main(Pond.java:13)
```

정말 어쩔수 없는 건가요? 내가 쓰고자
하는 인스턴스 변수를 만든 사람이 바보
같이 Serializable을 구현하지 않았다
면 완전히 망하는 건가요?

어떤 인스턴스 변수를 저장할 수 없다면 (또는 저장해선 안 된다면) 그 변수는 transient로 지정하면 됩니다.

직렬화하는 과정에서 어떤 인스턴스 변수를 건너뛰고 싶다면 해당 변수에 **transient** 키워드를 써서 표시하면 됩니다.

transient는 "직렬화할 때 이 변수는 저장하지 않고 그냥 넘어가세요." 라고 지정하기 위한 키워드입니다.

userName 변수는 직렬화하는 과정에서 객체 상태의 일부로 저장됩니다.

```
import java.net.*;
class Chat implements Serializable {
  transient String currentID;

  String userName;

  // 나머지 코드
}
```

직렬화할 수 없는(Serializable이 아닌) 인스턴스 변수가 있다면 그 변수를 transient로 지정하여 직렬화 과정에서 그 변수를 건너뛰게 하면 됩니다.

그렇다면 직렬화할 수 없는 변수는 왜 직렬화할 수 없는 것일까요? 클래스를 설계한 사람이 깜빡 잊고 Serializable을 구현하지 않았을 수도 있습니다. 아니면 객체가 실행 중에 생기는 특정 정보, 그래서 저장할 수 없는 정보에 의존하는 경우도 있습니다. 자바 클래스 라이브러리에 있는 것은 대부분 직렬화할 수 있지만 네트워크 연결이라든가 스레드, 파일 객체 같은 것은 저장할 수 없습니다. 모두 실행 중에 결정되는 특정 '경험'에 의존하는 것이기 때문입니다. 바꿔 말하자면 프로그램을 실행하는 그 시점에서만 적용할 수 있는 방법으로 인스턴스가 만들어지거나 특정 플랫폼에서, 특정 JVM에서 만들어지기 때문입니다. 그런 객체는 일단 프로그램이 종료되고 나면 다시 원래의 의미를 그대로 가질 수 있도록 되살리는 것이 불가능합니다. 매번 처음부터 새로 만들어야만 하는 것이지요.

무엇이든 물어보세요 Q&A

Q1 직렬화가 그렇게 중요하다면 왜 모든 클래스에 기본으로 적용하지 않나요? Object 클래스에서 Serializable을 구현하면 모든 하위 클래스가 자동으로 Serializable이 되지 않나요?

A1 대부분의 클래스는 Serializable을 구현하는 것이 좋고 실제로도 그 인터페이스를 구현하지만 언제나 선택의 여지는 있습니다. 그리고 클래스를 만들 때는 각 클래스마다 조건을 고려하여 Serializable을 구현하여 직렬화할 수 있도록 만들지를 결정해야 합니다. 무엇보다도 만약, 모든 클래스가 기본적으로 직렬화할 수 있도록 만들어졌다면 어떻게 직렬화할 수 있는 기능을 끌 수 있을까요? 인터페이스는 어떤 기능을 없애는 역할이 아닌 어떤 기능을 부여하는 역할을 하기 때문에 어떤 객체를 저장할 수 없다는 것을 나타내기 위해 'implements NonSerializable' 같은 식으로 해야 한다면 다형성 모형이 제대로 작동할 수 없을 것입니다.

Q2 직렬화할 수 없는 클래스를 만들 필요가 있을까요?

A2 그리 다양한 이유가 있는 것은 아니지만 예를 들자면 보안 문제 때문에 비밀번호 객체 같은 것은 저장할 수 없게 해야 할 수도 있을 것입니다. 또는 핵심 인스턴스 변수가 직렬화할 수 없는 객체기 때문에 클래스를 직렬화할 수 있게 만들어서 저장한다는 것 자체가 별로 합당하지 않은 경우도 있습니다.

Q3 사용 중인 어떤 클래스가 직렬화할 수 없는데, 직렬화할 수 없어야만 하는 이유가 딱히 없다면 그 '좋지 않은' 클래스의 하위 클래스를 만들어서 직렬화할 수 있게 할 수 있을까요?

A3 예, 그렇습니다. 그 클래스를 확장할 수만 있다면 (즉, final로 선언되지 않은 클래스라면) 직렬화할 수 있는 하위 클래스를 만들고 상위 클래스 타입 대신 새로 만든 직렬화할 수 있는 하위 클래스를 사용하면 됩니다(다형성 덕분에 이런 것이 가능하죠). 그러면 결국 다른 궁금증이 생길 것 같군요. 상위 클래스를 직렬화할 수 없다는 것이 과연 무엇을 의미할까요?

Q4 앞에 있는 대답에서도 제기됐지만, 직렬화할 수 없는 상위 클래스로부터 직렬화할 수 있는 하위 클래스를 만든다는 것은 무엇을 의미할까요?

A4 일단 클래스를 복구했을 때 어떤 일이 일어나는지 생각해 봐야 합니다(앞으로 몇 페이지에 걸쳐서 그와 관련된 내용을 알아볼 것입니다). 간단하게 말하자면 어떤 객체를 복구할 때 그 상위 클래스가 직렬화할 수 없는 클래스라면 그 타입의 새로운 객체가 생성될 때와 마찬가지로 상위 클래스 생성자가 실행될 것입니다. 어떤 클래스가 직렬화되지 말아야 할 합당한 이유가 없다면 직렬화할 수 있는 하위 클래스를 만드는 것이 상당히 좋은 해결책이 될 수 있습니다.

Q5 아, 뭔가 중요한 게 떠올랐습니다. 어떤 변수를 transient로 지정하면 그 변숫값은 직렬화할 때 건너뛰게 되지 않습니까? 그러면 그 변수는 어떻게 되나요? 직렬화할 수 없는 인스턴스 변수가 있는 경우에 그 변수를 transient로 지정해서 그 문제를 해결하는데, 객체를 다시 원상태로 복구했을 때 transient로 지정했던 그 객체도 다시 필요한 것 아닌가요? 또 직렬화라는 게 원래 객체의 상태를 그대로 보존하기 위한 것이잖아요.

A5 예, 중요한 문제입니다. 하지만 다행히도 해결책은 있습니다. 어떤 객체를 직렬화하면 transient로 지정된 레퍼런스 인스턴스 변숫값은 저장할 당시의 값하고는 상관없이 무조건 널(null)이 됩니다. 즉, 그 인스턴스 변수와 연관되었던 다른 객체나 변수는 모두 저장이 되지 않습니다. 물론, 그 변수에 null이 아닌 값이 들어 있어야 하는 경우도 있으므로 이런 결과가 좋지 않은 경우도 있습니다.

이런 경우 크게 두 가지 해결책이 있습니다.

1) 객체를 복구할 때 null 인스턴스 변수를 어떤 기본 상태로 되돌립니다. 복구된 객체가 transient 변수의 특정 값에 의존하지 않을 때는 이런 방법을 사용하면 됩니다. 즉, Dog Collar가 있어야 하는 것은 중요할 수 있지만 모든 Collar 객체가 똑같다거나 하는 이유로 인해 부활한 Dog에 새로운 Collar를 부여하더라도 아무도 그 차이를 깨닫지 못한다면 그냥 어떤 기본값을 할당하는 방법을 쓸 수 있겠죠.

2) transient 변숫값이 중요하다면(예를 들어서, transient로 지정된 Collar 객체의 색과 디자인이 각 Dog 객체마다 다르다면) Collar에서 핵심적인 역할을 하는 값을 저장한 다음 나중에 Dog 객체가 복구되었을 때 그 값을 이용하여 원래 Collar 객체와 똑같은 Collar 객체를 새로 만들면 됩니다.

Q6 어떤 객체와 연관된 객체 중에 두 개의 객체가 똑같다면 어떻게 되나요? 예를 들어서, Kennel 객체에 서로 다른 Cat 객체 두 개가 들어 있는데, 그 두 Cat 객체에는 똑같은 Owner 객체에 대한 레퍼런스가 있다면 어떻게 되나요? 그 Owner는 두 번 저장되나요? 그렇지 않았으면 좋겠는데요.

A6 좋은 질문입니다. 어떤 객체와 연관된 객체 중에 똑같은 객체가 있는 경우에 그런 상황을 똑똑하게 잘 처리합니다. 그런 경우에는 그중 하나만 저장되고 나중에 복구할 때는 다시 그 객체 하나에 대한 레퍼런스로 복구됩니다.

역직렬화: 객체 복구

어떤 객체를 직렬화하는 것과 관련된 가장 중요한 점은 나중에 JVM을 다시 실행시킬 때, 또는 아예 다른 JVM에서 실행시킬 때에도 원래의 상태로 되돌릴 수 있어야 한다는 점입니다. 역직렬화(deserialization)는 직렬화를 뒤집어놓은 것과 비슷합니다.

1 FileInputStream을 만듭니다.

```
FileInputStream fileStream = new FileInputStream("MyGame.ser");
```

MyGame.ser이라는 파일이 없으면 예외가 발생됩니다.

FileInputStream 객체를 만듭니다. FileInputStream은 기존의 파일에 연결할 수 있습니다.

2 ObjectInputStream을 만듭니다.

```
ObjectInputStream os = new ObjectInputStream(fileStream);
```

ObjectInputStream은 객체를 읽게 해 주지만 파일에 직접 연결할 수는 없습니다. 반드시 연결 스트림에 연쇄되어야 하는데 이 경우에는 FileInputStream에 연쇄시키면 됩니다.

3 객체를 읽습니다.

```
Object one = os.readObject();
Object two = os.readObject();
Object three = os.readObject();
```

readObject()를 호출하면 그 스트림의 다음 객체를 받아올 수 있습니다. 따라서 처음 저장된 순서 그대로 가져올 수 있습니다. 하지만 저장한 횟수보다 더 많이 가져오려고 하면 예외가 발생됩니다.

4 객체를 캐스트합니다.

```
GameCharacter elf = (GameCharacter) one;
GameCharacter troll = (GameCharacter) two;
GameCharacter magician = (GameCharacter) three;
```

readObject()의 리턴값은 Object 타입입니다(ArrayList와 마찬가지죠). 따라서 우리가 알고 있는 원래 타입으로 다시 캐스트해야 합니다.

5 ObjectInputStream을 닫습니다.

```
os.close();
```

맨 위에 있는 스트림을 닫으면 그 밑에 있는 것도 같이 닫히기 때문에 FileInputStream(그리고 파일)도 자동으로 닫힙니다.

역직렬화할 때는 어떤 일이 일어날까요?

객체를 직렬화할 때 JVM은 직렬화되었던 객체가 직렬화 당시에 가지고 있던 것과 똑같은 상태를 가지는 객체를 힙 안에 새로 만들려는 시도를 하게 됩니다. null(객체 레퍼런스인 경우) 또는 기본 원시 값을 가지게 되는 transient로 지정된 변수를 제외하면 말이죠.

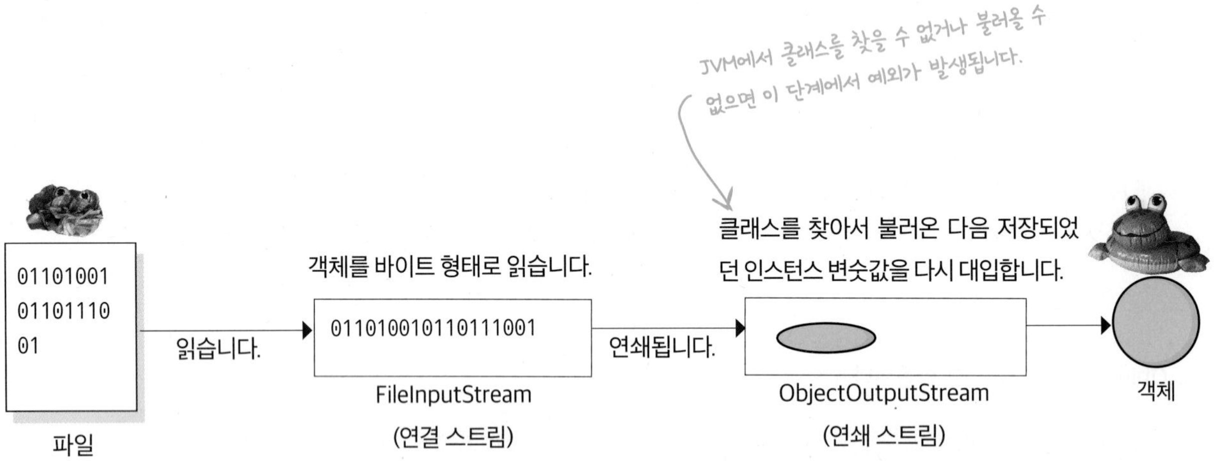

JVM에서 클래스를 찾을 수 없거나 불러올 수 없으면 이 단계에서 예외가 발생됩니다.
01101001
01101110
01
파일
읽습니다.
객체를 바이트 형태로 읽습니다.
011010010110111001
FileInputStream
(연결 스트림)
연쇄됩니다.
클래스를 찾아서 불러온 다음 저장되었던 인스턴스 변숫값을 다시 대입합니다.
ObjectOutputStream
(연쇄 스트림)
객체

1. 스트림으로부터 객체를 **읽어옵니다**.

2. JVM에서 (직렬화된 객체와 함께 저장된 정보를 통해) 객체의 **클래스 타입**을 결정합니다.

3. JVM에서 객체의 클래스를 **찾아서 불러오려는** 시도를 합니다. 클래스를 찾거나 불러오는 데 실패한다면 JVM에서는 예외를 던지고 역직렬화는 실패합니다.

4. 새로운 객체는 힙에 공간을 할당받지만 **직렬화된 객체의 생성자는 실행되지 않습니다.** 생성자가 실행된다면 객체의 상태가 원래 '새로운' 객체의 상태로 돌아갈 텐데, 그러면 안 되니까요. 힙에 만들어지는 객체는 처음 생성될 때의 상태가 아닌 직렬화되었을 때의 상태로 되돌아가야 하니까요.

5 객체의 상속 트리에서 그 위 어딘가에 직렬화할 수 없는 클래스가 있다면 그 **직렬화할 수 없는 클래스의 생성자가 실행됩니다**(그리고 그 클래스의 상위 클래스의 생성자도 줄줄이 실행되겠죠? 그 클래스의 상위 클래스를 직렬화할 수 있는 경우에도 마찬가지입니다). 일단 생성자 연쇄 호출이 시작되고 나면 멈출 수가 없기 때문에 가장 가까운 직렬화할 수 없는 클래스부터 시작해서 그 위로 있는 모든 상위 클래스의 생성자에서 상태를 새로 초기화하게 됩니다.

6 **객체의 인스턴스 변수에 직렬화된 상태값이 대입됩니다.** transient로 지정된 변수는 객체 레퍼런스인 경우에는 null이, 원시 변수인 경우에는 기본값(0, false 등)이 주어집니다.

무엇이든 물어보세요

Q&A

Q1 왜 클래스도 객체와 함께 저장되지 않나요? 그렇게 하면 '클래스를 찾을 수 있는가?' 하는 문제에 신경을 쓰지 않아도 되지 않을까요?

A1 물론 직렬화 과정을 그런 식으로 만들었을 수도 있습니다. 하지만 그런 방법을 쓰면 낭비되는 공간과 과부하가 너무 큽니다. 물론 용량이 늘어나는 것이 직렬화를 써서 로컬 하드 드라이브에 파일로 저장할 때는 큰 문제가 되지 않을 수도 있지만 직렬화 기법은 네트워크 연결을 통해 객체를 보낼 때도 쓰입니다. 만약 직렬화된 객체마다 클래스가 들어가야 한다면 네트워크 대역폭 문제가 상당히 커질 수도 있습니다.
하지만 네트워크를 통해 전송하기 위해 직렬화된 객체의 경우에는 직렬화된 객체에 그 객체의 클래스를 찾을 수 있는 URL을 기록해둘 수 있습니다. 이 방법은 자바의 원격 메서드 호출(RMI; Remote Method Invocation) 기법에서 쓰이는데, 예를 들어서, 직렬화된 객체를 메서드 인자로 전달하거나 할 때 그 호출을 받는 JVM에 해당 클래스가 없으면 그 URL을 이용하여 자동으로 네트워크를 통해 클래스를 가져올 수 있습니다.
실전에서는 RMI를 쓰는 것도 볼 수 있지만 네트워크를 통해서 보내기 위한 용도로 객체를 XML이나 JSON(또는 사람도 이해할 수 있는 다른 타입)으로 직렬화하는 경우도 많이 볼 수 있습니다.

Q2 정적 변수는요? 정적 변수도 직렬화되나요?

A2 아닙니다. '정적'이라는 것은 '객체마다 하나씩'이 아닌 '클래스마다 하나씩'을 의미한다고 했죠? 그러니까 정적 변수는 저장되지 않고 객체를 역직렬화할 때 현재 정적 변수에 들어있는 값을 받게 되지요. 따라서 직렬화할 수 있는 객체를 만들 때는 동적으로 바뀔 수 있는 정적 변수에 의존하지 않게 만들어야 합니다. 객체를 복구했을 때 원래 값과 다른 값을 가지게 되면 곤란하니까요.

게임 캐릭터 저장 및 불러오기

```
import java.io.*;

public class GameSaverTest {
  public static void main(String[] args) {
    GameCharacter one = new GameCharacter(50, "Elf",
                                          new String[]{"bow", "sword", "dust"});
    GameCharacter two = new GameCharacter(200, "Troll",
                                          new String[]{"bare hands", "big ax"});
    GameCharacter three = new GameCharacter(120, "Magician",
                                            new String[]{"spells", "invisibility"});

    // 캐릭터의 상태 값을 바꿔 주는 작업을 하는 코드가 있다고 해 봅시다.

    try {
      ObjectOutputStream os = new ObjectOutputStream(new FileOutputStream("Game.ser"));
      os.writeObject(one);
      os.writeObject(two);
      os.writeObject(three);
      os.close();
    } catch (IOException ex) {
      ex.printStackTrace();
    }

    try {
      ObjectInputStream is = new ObjectInputStream(new FileInputStream("Game.ser"));
      GameCharacter oneRestore = (GameCharacter) is.readObject();
      GameCharacter twoRestore = (GameCharacter) is.readObject();
      GameCharacter threeRestore = (GameCharacter) is.readObject();

      System.out.println("One's type: " + oneRestore.getType());
      System.out.println("Two's type: " + twoRestore.getType());
      System.out.println("Three's type: " + threeRestore.getType());
    } catch (Exception ex) {
      ex.printStackTrace();
    }
  }
}
```

몇 가지 캐릭터를 만듭니다.

캐릭터를 직렬화합니다.

파일로부터 다시 읽어들입니다.

캐릭터를 복원합니다.

제대로 복원됐는지 확인해 봅니다.

출력 결과:

```
File Edit Window Help Resuscitate
% java GameSaverTest
One's type: Elf
Two's type: Troll
Three's type: Magician
```

GameCharacter 클래스

```
import java.io.*;
import java.util.Arrays;

public class GameCharacter implements Serializable {
  private final int power;
  private final String type;
  private final String[] weapons;

  public GameCharacter(int power, String type, String[] weapons) {
    this.power = power;
    this.type = type;
    this.weapons = weapons;
  }

  public int getPower() {
    return power;
  }

  public String getType() {
    return type;
  }

  public String getWeapons() {
    return Arrays.toString(weapons);
  }
}
```

여기에는 실제 게임에 필요한 내용은 없습니다. 그냥 직렬화를 테스트해 보기 위한 기본적인 내용만 들어 있죠. 혹시 관심 있으시면 필요한 코드를 추가해서 게임 비스무레하게 만들어 보세요.

버전 ID: 직렬화를 할 때 주의할 부분

이제 자바에서의 입출력이 실은 매우 간단하다는 것을 모두 깨달았을 것입니다. 특히 흔히 쓰이는 연결 스트림과 연쇄 스트림의 조합을 사용하면 정말 간단하죠. 하지만 반드시 알아야 할 매우 중요한 내용이 있습니다.

버전 제어가 정말 중요합니다.

어떤 객체를 직렬화했을 때 그 객체를 직렬화하고 사용하려면 그 클래스가 있어야 합니다. 정말 당연한 말이죠? 하지만 그 사이에 클래스를 변경했을 경우에는 그게 그리 당연하지가 않습니다. Dog 객체를 직렬화해 줬는데 나중에 그 클래스에 있는 인스턴스 변수 중 하나를 double에서 String으로 바꿨다면 어떤 일이 일어날까요? 그러면 자바의 타입 안전성을 크게 위반하는 심각한 문제가 일어납니다. 하지만 호환성 문제를 일으킬 만한 것은 그 외에도 많이 있습니다.

클래스를 변경했을 때 역직렬화 과정에서 문제가 일어날 수 있는 경우

- 인스턴스 변수를 삭제하는 경우
- 인스턴스 변수의 타입을 변경하는 경우
- transient로 지정하지 않았던 인스턴스 변수를 transient로 지정하는 경우
- 클래스를 상속 계층에서 위나 아래로 옮기는 경우
- Serializable이었던 클래스를 Serializable이 아닌 클래스로 변경하는 경우 (즉, 클래스 정의부에서 implements Serializable을 지워버리는 경우)
- 인스턴스 변수를 정적 변수로 변경하는 경우

클래스를 변경해도 역직렬화와 관련된 문제가 생기지 않는 경우

- 클래스에 새로운 인스턴스 변수를 추가하는 경우 (직렬화 당시에 없었던 변수에는 그냥 기본값이 대입됩니다)
- 상속 트리에 클래스를 추가하는 경우
- 상속 트리에서 클래스를 제거하는 경우
- 인스턴스 변수의 접근 레벨(public, private 등)을 역직렬화 과정에서 변수에 값을 대입하는 데 문제가 없는 범위 내에서 변경하는 경우
- transient로 지정했던 인스턴스 변수를 transient가 아닌 변수로 변경하는 경우(그냥 기본값이 저장됩니다)

1. Dog 클래스를 만듭니다.

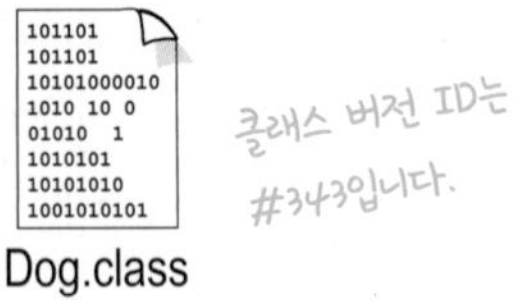
Dog.class
클래스 버전 ID는
#343입니다.

2. 그 클래스를 이용하여 Dog 객체를 직렬화합니다.

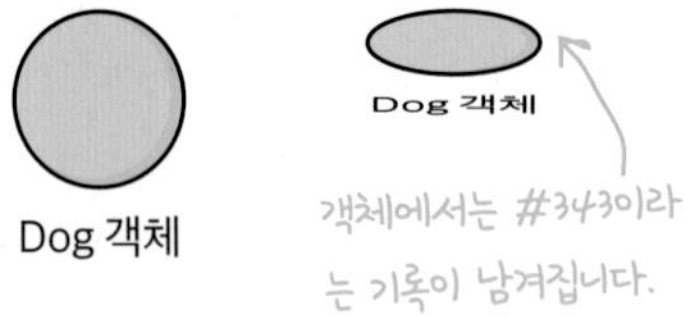
Dog 객체
Dog 객체
객체에서는 #343이라
는 기록이 남겨집니다.

3. Dog 클래스를 변경합니다.

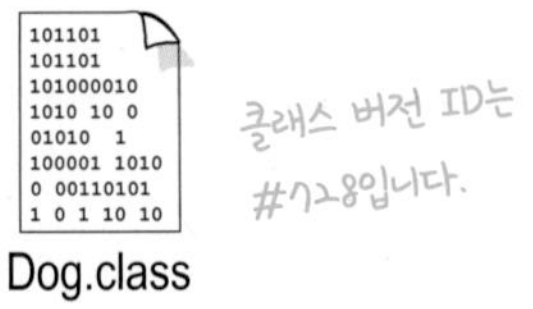
Dog.class
클래스 버전 ID는
#728입니다.

4. 변경된 클래스를 가지고 Dog 객체를 역직렬화합니다.

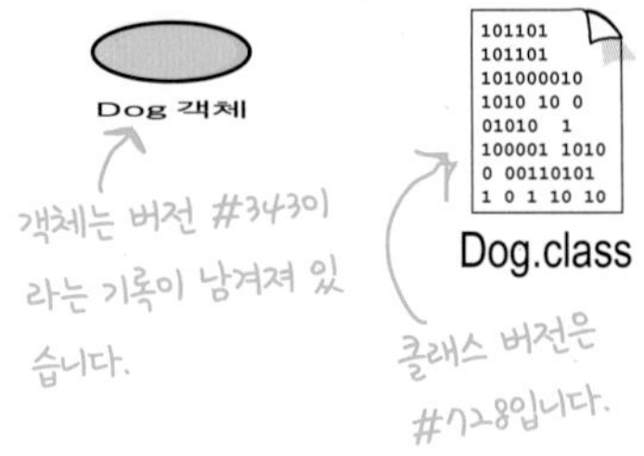
Dog 객체
객체는 버전 #343이
라는 기록이 남겨져 있
습니다.
Dog.class
클래스 버전은
#728입니다.

5. 역직렬화가 되지 않습니다.
JVM에서 예전에 직렬화한 객체의 새로운 클래스를 바탕으로 역직렬화할 수 없다는 메시지를 출력합니다.

serialVersionUID를 사용하는 방법

객체를 직렬화하면 그 객체(그 객체와 관련된 모든 객체 포함)에는 그 객체가 속한 클래스의 버전 ID 번호가 찍힙니다. 그 ID를 serialVersionUID라고 부르며 그 값은 클래스 구조에 대한 정보를 바탕으로 계산됩니다. 객체를 역직렬화할 때 그 객체를 직렬화한 다음에 클래스가 변경되었으면 클래스의 serialVersionUID는 다를 수 있습니다. 그러면 역직렬화를 할 수 없습니다. 하지만 이런 문제를 해결할 수 있는 방법이 있습니다.

클래스가 바뀔 가능성이 있다는 생각이 들면 클래스에 직렬 버전 ID를 집어넣으세요.

자바에서 어떤 객체를 역직렬화하려고 할 때는 직렬화된 객체의 serialVersionUID와 JVM에서 그 객체를 직렬화하는 데 사용할 클래스의 직렬 버전 ID를 비교합니다. 예를 들어서, 어떤 Dog 인스턴스를 직렬화할 당시의 ID가 23이었다고 가정하면(실제 serialVersionUID는 훨씬 복잡합니다) JVM에서 그 Dog 객체를 역직렬화하려고 할 때 우선 Dog 객체의 serialVersionUID 값과 Dog 클래스의 serialVersionUID 값을 비교합니다. 두 숫자가 같지 않으면 JVM에서는 지금 사용하는 클래스가 객체를 직렬화할 때 썼던 클래스와 호환성이 없는 것으로 간주하고 역직렬화 과정에서 예외를 발생시킵니다.

이런 문제를 해결하려면 클래스에 serialVersionUID를 집어넣은 다음 클래스가 바뀌더라도 똑같은 값을 갖게 해서 클래스가 변경되더라도 JVM에서는 '클래스가 직렬화된 객체와 호환되는 군'이라고 생각하게 해야 합니다.

이 방법을 사용하려면 클래스를 변경할 때 세심한 주의를 기울여야 합니다. 즉, 새로운 클래스를 가지고 기존의 객체를 역직렬화하더라도 문제가 생기지 않게 여러분이 책임을 져야 합니다.

어떤 클래스의 serialVersionUID를 알고 싶다면 자바 개발 키트에 포함되어 있는 serialver이라는 도구를 사용하면 됩니다.

출력 결과:

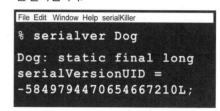

```
File Edit Window Help serialKiller
% serialver Dog
Dog: static final long
serialVersionUID =
-5849794470654667210L;
```

객체를 직렬화한 후에 클래스가 변경될 가능성이 있다는 생각이 들면

1. serialver이라는 명령행 도구를 써서 클래스의 버전 ID를 알아냅니다.

```
File Edit Window Help serialKiller
% serialver Dog
Dog: static final long
serialVersionUID =
-5849794470654667210L;
```

사용하는 자바 버전에 따라 이 값은 다를 수 있습니다.

2. 출력된 결과를 클래스에 붙여 넣습니다.

```
public class Dog {

    static final long serialVersionUID =
                -5849794470654667210L;

    private String name;
    private int size;

    // 메서드 코드가 들어갈 자리
}
```

3. 클래스를 변경할 때 클래스를 변경한 결과에 확실히 책임을 질 수 있어야만 합니다. 예를 들어서, 기존의 Dog 객체를 직렬화한 후에 추가된 인스턴스 변수에 기본값을 대입하더라도 역직렬화된 Dog 객체에 별 문제가 없게 만들어야만 합니다.

핵심 정리

- 객체를 직렬화하면 객체의 상태를 저장할 수 있습니다.
- 객체를 직렬화하려면 ObjectOutputStream(java.io 패키지에 들어 있습니다)이 필요합니다.
- 스트림에는 연결 스트림과 연쇄 스트림이 있습니다.
- 연결 스트림은 출발지나 목적지(보통 파일, 네트워크 소켓 연결, 콘솔 등)에 대한 연결을 나타냅니다.
- 연쇄 스트림은 출발지 또는 목적지에 연결할 수 없기 때문에 반드시 연쇄 스트림 또는 다른 스트림에 연쇄되어야 합니다.
- 객체를 직렬화해서 파일로 저장하고 싶다면 FileOutputStream을 만들고 그 스트림에 ObjectOutputStream을 연쇄시키면 됩니다.
- 객체를 직렬화할 때는 ObjectOutputStream의 writeObject(theObject) 메서드를 호출하면 됩니다. FileOutputStream에 있는 메서드는 호출할 필요가 없습니다.
- Serializable 인터페이스를 구현한 객체만 직렬화할 수 있습니다. 어떤 클래스의 상위 클래스 중에 Serializable을 구현하는 클래스가 있다면 선언할 때 implements Serializable이라고 쓰지 않아도 자동으로 직렬화할 수 있는 클래스가 됩니다.
- 객체가 직렬화되면 그 객체와 연관된 모든 객체가 직렬화됩니다. 즉, 직렬화된 객체의 인스턴스 변수에 의해 참조된 객체들도 모두 직렬화되고, 그 객체들에서 참조하는 객체들도 모두 직렬화되고… 이런 식으로 연관된 모든 것들이 직렬화됩니다.
- 연관된 객체 중에 직렬화할 수 없는 것이 하나라도 있으면 직렬화 과정에서 그 인스턴스 변수를 건너뛰지 않는 이상 실행 중에 예외가 던져집니다.
- 직렬화할 때 어떤 객체를 건너뛰고 싶다면 transient 키워드를 사용하면 됩니다. 그 변수는 나중에 복구될 때 null(객체 레퍼런스인 경우) 또는 기본값(원시 변수인 경우)을 할당받게 됩니다.
- 역직렬화를 할 때는 그 JVM에서 해당 객체와 연관된 모든 객체의 클래스를 사용할 수 있어야만 합니다.
- 객체를 읽을 때는 (readObject() 사용) 처음에 객체를 저장한 것과 같은 순서로 읽어 오게 됩니다.
- readObject()의 리턴 타입은 Object이므로 역직렬화 과정에서 원래 타입으로 캐스트해야 합니다.
- 정적 변수는 직렬화되지 않습니다. 정적 변숫값은 한 타입에 속하는 모든 객체들이 클래스에 들어 있는 단 한 개뿐인 값을 공유하기 때문에 특정 객체 상태의 일부로 저장할 이유가 전혀 없습니다.
- Serializable을 구현하는 클래스가 나중에 바뀔 수 있다면 그 클래스에 static final long serialVersionUID를 집어넣어 주세요. 그 클래스에 있는 직렬화된 변수가 바뀌면 이 버전 ID도 바뀌어야 합니다.

String을 텍스트 파일에 저장하는 방법

같은 자바 프로그램에서 사용할 목적으로 데이터를 저장하고 다시 불러오는 데는 직렬화를 통해 객체를 저장하는 방법이 가장 쉬운 방법입니다. 하지만 자바 프로그램을 만들 때 다른 프로그램(자바로 만들지 않은 프로그램)에서도 읽을 수 있도록 데이터를 일반 텍스트 파일로 저장해야 하는 경우도 있겠죠? 예를 들어서, 서블릿(Servlet; 웹 서버에서 돌아가는 자바 코드)에서 사용자가 브라우저에 입력한 폼 데이터를 받은 다음 그 내용을 누군가가 스프레드시트로 읽어서 분석하거나 할 수 있게 하도록 텍스트 파일에 저장해야 하는 경우를 생각할 수 있을 것입니다.

텍스트 데이터(String 객체)를 저장하는 것은 객체를 저장하는 것과 비슷합니다. 다만 객체 대신 String을 저장하고 FileOutputStream 대신 FileWriter를 쓴다는 점이 다를 뿐입니다(그리고 ObjectOutputStream에 연쇄시키지 않아도 됩니다).

게임 캐릭터 데이터를 일반 텍스트 파일로 저장한 결과

```
50,Elf,bow,sword,dust
200,Troll,bare hands,big
ax
120,Magician,spells,in-
visibility
```

직렬화된 객체를 저장하는 방법

```
objectOutputStream.writeObject(someObject);
```

String을 저장하는 방법

```
fileWriter.write("My first String to save");
```

```
import java.io.*;

class WriteAFile {
  public static void main(String[] args) {
    try {
      FileWriter writer = new FileWriter("Foo.txt");

      writer.write("hello foo!");

      writer.close();
    } catch (IOException ex) {
      ex.printStackTrace();
    }
  }
}
```

FileWriter를 쓰려면 java.io 패키지가 필요합니다.

Foo.txt라는 파일이 없으면 FileWriter에서 새로 만듭니다.

입출력 관련 코드는 모두 try/catch 블록 안에 집어넣어야 합니다. IOException을 던질 수 있으니까요.

write() 메서드는 String을 인자로 받아들입니다.

작업이 끝나면 닫습니다.

텍스트 파일 예제: 암기장

학창시절에 사용하던 암기장을 기억하시나요? 한쪽에는 문제가, 다른 한쪽에는 답이 적혀 있던 종이 말입니다. 그런 암기장은 뭔가를 이해하기 위한 용도로는 그리 도움이 되지 않지만 달달 외우는 데 있어서는 꽤 쓸만하죠.

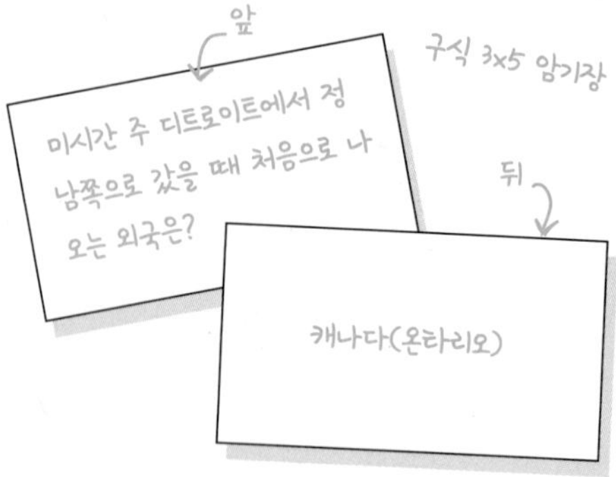

여기에서는 클래스 세 개로 이뤄진 전자식 암기장을 만들어 보겠습니다.

1) **QuizCardBuilder:** 암기장을 만들고 저장하기 위한 간단한 도구
2) **QuizCardPlayer:** 암기장을 불러와서 사용자에게 질문을 해 주는 클래스
3) **QuizCard:** 카드 데이터를 나타내는 간단한 클래스, 여기서는 QuizCardBuilder와 QuizCardPlayer 클래스만 만들겠습니다. QuizCard 클래스는 오른쪽에 있는 다이어그램을 바탕으로 여러분이 직접 만들어 보세요.

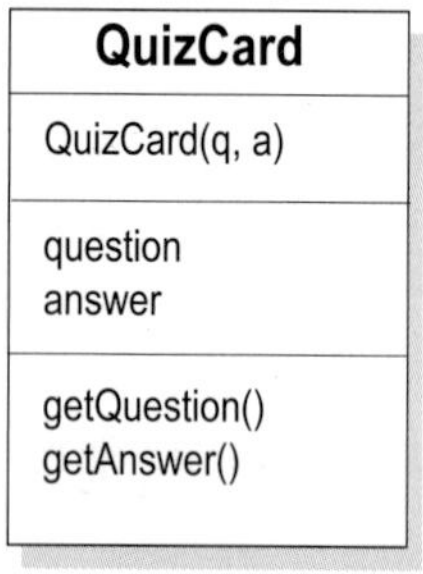

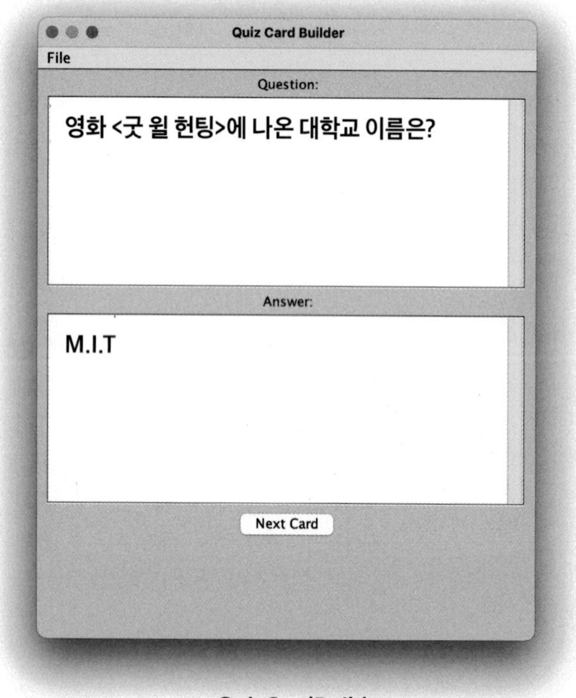

QuizCardBuilder

File 메뉴가 있고, 그 메뉴에는 현재 암기장 텍스트 파일로 저장하기 위한 Save 옵션이 있습니다.

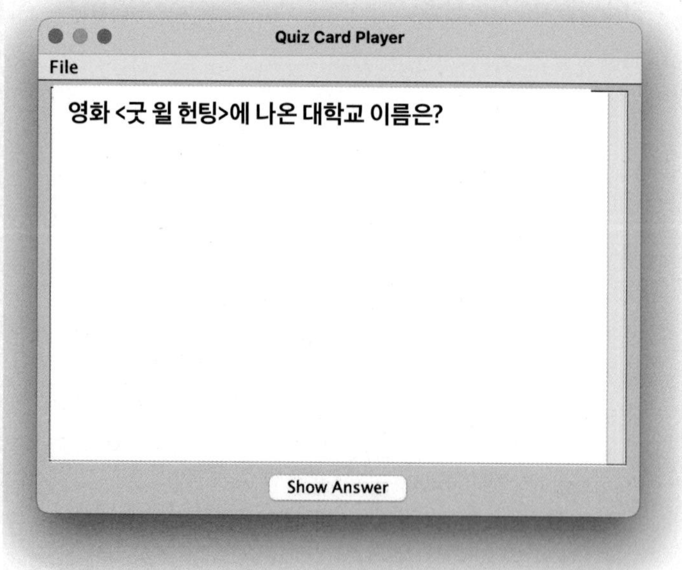

QuizCardPlayer

File 메뉴에 텍스트 파일에서 암기장을 불러오기 위한 Load 옵션이 있습니다.

QuizCardBuilder(코드 개요)

```
public class QuizCardBuilder {
  public void go() {
    // GUI를 만들고 표시
  }

  private void nextCard() {
    // 현재 카드를 리스트에 추가하고
    // 텍스트 영역 비움

  }

  private void saveCard() {
    // 파일 대화상자를 열어서 사용자가 파일명을
    // 정하고 내용을 저장할 수 있도록 함
  }

  private void clearCard() {
    // 텍스트 영역 비움
  }

  private void saveFile(File file) {
    // 카드의 리스트를 순환하면서 각각의 내용을
    // 파싱할 수 있는 방식으로 텍스트 파일에 저장함
    // (즉, 각 부분을 나중에 분명하게 구분할 수 있도록 저장함)
  }
}
```

이벤트 리스너를 만들고 등록하는 작업을 포함한 GUI를 만들고 표시합니다.

사용자가 Next Card 버튼을 눌렀을 때 호출됩니다. 사용자가 그 카드를 리스트에 저장하고 새 카드를 시작하는 상황이죠.

사용자가 File 메뉴에서 Save를 선택했을 때 호출됩니다. 사용자가 지금 리스트에 있는 걸 한 세트로 모든 카드를 저장하려는 상황이죠(양자 역학 세트, 할리우드 영화 트리비아 세트, 자바 규칙 세트 등).

사용자가 File 메뉴에서 New를 선택하거나 다음 카드로 이동하면 화면을 정리해야 합니다.

실제 파일 쓰기 작업을 처리할 SaveMenuListener에서 이 메서드를 호출합니다.

Java I/O에서 NIO로, NIO에서 NIO.2로

20세기에 처음 만들어졌을 때부터 자바 API에는 I/O 기능이 포함되어 있었어요. 2002년, 자바 1.4가 출시되면서 논블로킹(non-blocking) I/O, 즉 NIO라는 새로운 접근법이 도입되었습니다. 2011년에는 자바 7이 출시되면서 NIO가 많이 바뀌었어요. 더욱 새로운 이 접근법에는 NIO.2라는 이름이 붙었습니다. 이게 왜 중요할까요? 입출력 코드를 새로 만들어야 한다면 가장 좋은 성능을 가진 최신 기능을 써야 합니다. 그런데 실전에서는 NIO를 사용하는 예전 코드를 접하게 될 가능성이 높아요. 어떤 상황에 대해서든 대비가 되어 있어야 할 텐데요, 이번 장에서는 다음과 같은 걸 알아볼 겁니다.

· 한동안은 오리지널 I/O를 이용할 겁니다.

· 그러고 나서 NIO.2에 대해 알아보겠습니다.

I/O, NIO, NIO.2에 대해서는 17장 <연결하는 방법>에서 네트워크 연결에 대해 알아볼 때 좀 더 자세하게 살펴보도록 하겠습니다.

앞으로 대략 8쪽에 걸쳐서 구식 I/O 코드를 사용하겠습니다.

```
import javax.swing.*;
import java.awt.*;
import java.io.*;
import java.util.ArrayList;

public class QuizCardBuilder {
  private ArrayList<QuizCard> cardList = new ArrayList<>();
  private JTextArea question;
  private JTextArea answer;
  private JFrame frame;

  public static void main(String[] args) {
    new QuizCardBuilder().go();
  }

  public void go() {
    frame = new JFrame("Quiz Card Builder");
    JPanel mainPanel = new JPanel();
    Font bigFont = new Font("sanserif", Font.BOLD, 24);

    question = createTextArea(bigFont);
    JScrollPane qScroller = createScroller(question);
    answer = createTextArea(bigFont);
    JScrollPane aScroller = createScroller(answer);

    mainPanel.add(new JLabel("Question:"));
    mainPanel.add(qScroller);
    mainPanel.add(new JLabel("Answer:"));
    mainPanel.add(aScroller);

    JButton nextButton = new JButton("Next Card");
    nextButton.addActionListener(e -> nextCard());
    mainPanel.add(nextButton);

    JMenuBar menuBar = new JMenuBar();
    JMenu fileMenu = new JMenu("File");

    JMenuItem newMenuItem = new JMenuItem("New");
    newMenuItem.addActionListener(e -> clearAll());

    JMenuItem saveMenuItem = new JMenuItem("Save");
    saveMenuItem.addActionListener(e -> saveCard());

    fileMenu.add(newMenuItem);
    fileMenu.add(saveMenuItem);
    menuBar.add(fileMenu);
    frame.setJMenuBar(menuBar);

    frame.getContentPane().add(BorderLayout.CENTER, mainPanel);
    frame.setSize(500, 600);
    frame.setVisible(true);
  }
```

여기는 전부 그냥 GUI 코드입니다. 별로 특별한 내용은 없지만 MenuBar, Menu, MenuItem과 관련된 코드는 한번 살펴보세요.

Next Card 버튼을 누르면 nextCard 메서드가 호출됩니다.

사용자가 메뉴에서 New를 클릭하면 clearAll 메서드가 호출됩니다.

사용자가 메뉴에 있는 Save 버튼을 클릭하면 saveCard 메서드가 호출됩니다.

메뉴 막대를 만들고 File 메뉴를 만들고 File 메뉴에 New와 Save 메뉴 항목을 집어넣습니다. 메뉴를 메뉴 막대에 추가하고, 프레임에 이 메뉴 막대를 사용하라고 알려 줍니다. 메뉴 항목에서는 ActionEvent를 시작할 수 있습니다.

```java
    private JScrollPane createScroller(JTextArea textArea) {
        JScrollPane scroller = new JScrollPane(textArea);
        scroller.setVerticalScrollBarPolicy(ScrollPaneConstants.VERTICAL_SCROLLBAR_ALWAYS);
        scroller.setHorizontalScrollBarPolicy(ScrollPaneConstants.HORIZONTAL_SCROLLBAR_NEVER);
        return scroller;
    }

    private JTextArea createTextArea(Font font) {
        JTextArea textArea = new JTextArea(6, 20);
        textArea.setLineWrap(true);
        textArea.setWrapStyleWord(true);
        textArea.setFont(font);
        return textArea;
    }

    private void nextCard() {
        QuizCard card = new QuizCard(question.getText(), answer.getText());
        cardList.add(card);
        clearCard();
    }

    private void saveCard() {
        QuizCard card = new QuizCard(question.getText(), answer.getText());
        cardList.add(card);

        JFileChooser fileSave = new JFileChooser();
        fileSave.showSaveDialog(frame);
        saveFile(fileSave.getSelectedFile());
    }

    private void clearAll() {
        cardList.clear();
        clearCard();
    }

    private void clearCard() {
        question.setText("");
        answer.setText("");
        question.requestFocus();
    }

    private void saveFile(File file) {
        try {
            BufferedWriter writer = new BufferedWriter(new FileWriter(file));
            for (QuizCard card : cardList) {
                writer.write(card.getQuestion() + "/");
                writer.write(card.getAnswer() + "\n");
            }
            writer.close();
        } catch (IOException e) {
            System.out.println("Couldn't write the cardList out: " + e.getMessage());
        }
    }
}
```

스크롤 틀이나 텍스트 영역을 만들려면 비슷하게 생긴 코드가 많이 필요합니다. 코드를 몇 가지 보조 메서드에 집어넣어서 텍스트 영역이나 스크롤 틀이 필요할 때 호출하면 되도록 만들어 보았습니다.

파일 대화상자를 불러오고 사용자가 대화상자에서 Save를 선택할 때까지 이 행에서 대기합니다. 파일 선택과 같이 파일 대화상자에서 진행되는 여러 작업은 JFileChooser가 처리해 줍니다. 정말 쉽죠?

새로운 카드 세트가 필요할 때는 카드 리스트와 텍스트 영역을 깨끗하게 지워버려야 합니다.

실제 파일에 대한 쓰기 작업을 처리하는 메서드입니다. SaveMenuListener의 이벤트 핸들러에서 이 메서드를 호출합니다. 이 메서드에 대한 인자는 사용자가 저장하고자 하는 File 객체입니다. File 클래스에 대한 내용은 다음 페이지에서 살펴보겠습니다.

쓰기 작업을 더 효율적으로 진행하기 위해 BufferedWriter를 새로운 FileWriter에 연결시킵니다. 이와 관련된 내용은 몇 쪽 뒤에서 알아보겠습니다.

카드 내용이 저장된 ArrayList를 전부 훑어 보면서 한 행에 한 카드씩, 질문과 정답을 '/'로 구분하고 맨 뒤에는 줄바꿈 문자(\n)를 추가하여 저장합니다.

java.io.File 클래스

java.io.File 클래스는 자바 API에 있는 오래된 클래스 가운데 하나입니다. 지금은 java.nio.file 패키지에 있는 새로운 클래스 두 개로 '대체'되었지만, File 클래스를 이용하는 코드는 자주 접하게 될 겁니다. **새로 만드는 코드에서는 java.io.File 클래스 대신 java.nio.file 패키지를 사용하는 걸 권장합니다.** 몇 페이지 뒤에서 java.nio.file 패키지의 가장 중요한 기능 중 몇 가지를 살펴보도록 하겠습니다.

java.io.File 클래스는 디스크에 있는 파일을 나타내지만 파일에 들어 있는 내용을 나타내는 것은 아닙니다. 즉, File 객체는 실제 파일의 내용을 나타낸다기보다는 파일(또는 디렉터리)의 경로명과 비슷한 것으로 생각할 수 있습니다. File 클래스에는 읽기나 쓰기 같은 작업을 하는 메서드는 없습니다. 대신 File 객체를 사용하면 String 파일명을 사용하는 경우에 비해 훨씬 안전하게 파일을 표현할 수 있습니다. 예를 들어서, 생성자에서 String으로 된 파일명을 받아들이는 클래스(FileWriter, FileInputStream 등)에서는 대부분 File 객체를 대신 받아들일 수 있습니다. 즉, File 객체를 만들고 경로명이 올바른지 등을 확인한 다음 FileWriter 또는 FileInputStream 등의 객체에 그 File 객체를 전달해도 됩니다.

File 객체는 디스크에 있는 파일이나 디렉터리의 이름과 경로를 나타냅니다. 예를 들면 다음과 같은 것을 나타낼 수 있습니다.

/Users/Kathy/Data/Game.txt

하지만 그 파일에 들어 있는 데이터를 나타낸다거나 그 데이터에 접근할 수 있게 해 주는 것은 아닙니다.

주소와 실제 그 주소가 나타내는 집이 같은 것은 아니죠. File 객체는 주소와 마찬가지라고 보면 됩니다. 특정 파일의 이름과 위치를 나타낼 뿐, 실제 파일 자체를 나타내는 것은 아닙니다.

File 객체로 할 수 있는 작업의 예

1. 이미 존재하는 파일을 나타내는 File 객체를 만듭니다.

```
File f = new File("MyCode.txt");
```

2. 새로운 디렉터리를 만듭니다.

```
File dir = new File("Chapter7");
dir.mkdir();
```

3. 디렉터리에 들어 있는 내용의 목록을 출력합니다.

```
if (dir.isDirectory()) {
  String[] dirContents = dir.list();
  for (String dirContent : dirContents) {
    System.out.println(dirContent);
  }
}
```

4. 파일 또는 디렉터리를 삭제합니다(성공한 경우에는 true를 리턴합니다).

```
boolean isDeleted = f.delete();
```

GameFile.txt라는 파일명을 나타내는 File 객체입니다.

GameFile.txt

```
50,Elf,bow, sword,dust
200,Troll,bare hands,big ax
120,Magician,spells,invis-
ibility
```

File 객체는 그 파일 안에 들어 있는 데이터를 나타낸다거나 그러한 데이터를 직접 접근할 수 있게 해 주는 것이 아닙니다.

버퍼의 미학

버퍼 없이 프로그래밍을 하는 것은 마치 쇼핑 카트 없이 쇼핑하는 것과 비슷할 것입니다. 쇼핑 카트가 없으면 물건을 한 번에 하나씩(참치 캔 한 개 옮기고, 다시 돌아가서 휴지 한 개 옮기고 하는 식으로) 자동차로 옮겨야 하겠죠.

버퍼는 홀더(카트와 비슷함)가 가득 찰 때까지 물건을 임시로 묶어서 보관하는 임시 보관 장소 역할을 합니다. 이렇게 버퍼를 사용하면 실제 쓰기나 작업의 횟수를 크게 줄일 수 있습니다.

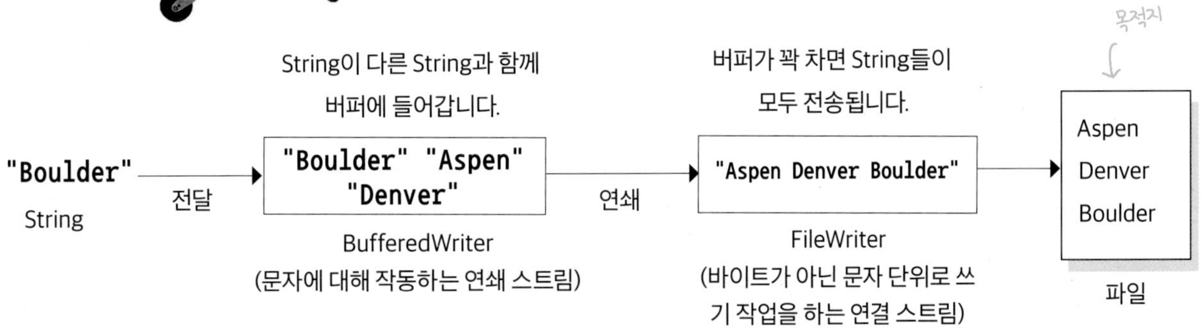


```
BufferedWriter writer = new BufferedWriter(new FileWriter(aFile));
```

FileWriter 객체에 대한 레퍼런스를 만들 필요도 없습니다. 메서드를 호출할때 실제로 사용하는 BufferedWriter만 제대로 챙기면 됩니다. BufferedWriter를 닫으면 연쇄의 나머지 부분도 자동으로 처리됩니다.

버퍼의 가장 큰 장점은 버퍼를 쓰지 않을 때에 비해 훨씬 더 효율적이라는 것입니다. FileWriter만 가지고도 write(someString) 같은 식으로 메서드를 호출하여 파일에 대해 쓰기 작업을 할 수 있지만 매번 문자열을 전달할 때마다 파일에 대해 쓰기 작업을 해야 합니다. 하지만 그런 과부하를 원하는 프로그래머는 별로 없을 것입니다. 메모리 내에서의 데이터 조작에 비하면 디스크에 기록하는 작업은 엄청나게 느리기 때문이죠. FileWriter에 BufferedWriter를 연쇄시키면 Buffered Writer의 버퍼가 꽉 찰 때까지 기다리게 됩니다. 따라서 버퍼가 꽉 찬 후에만 FileWriter에서 디스크에 있는 파일로의 쓰기 작업이 진행됩니다.

버퍼가 꽉 차기 전에 데이터를 보내고 싶은 경우에도 방법은 있습니다. 그냥 강제로 보내면 됩니다. writer.flush()를 호출하면 "버퍼에 어떤 내용이 들어 있든 상관없이 지금 당장 보내라."라는 명령을 내릴 수 있습니다.

텍스트 파일을 읽는 방법

파일로부터 텍스트를 읽는 방법은 간단합니다. 여기서는 파일을 나타내는 File 객체와 읽기 작업을 처리하는 FileReader 객체, 읽기 작업의 효율을 향상시키기 위한 BufferedReader를 이용하겠습니다.

읽기 작업은 while 반복문에서 한 번에 한 행씩 읽어 들이는 식으로 진행됩니다. 그리고 readLine()에서 null을 리턴하면 반복이 끝납니다. 이런 방법은 읽기 작업을 할 때 가장 흔하게 쓰이는 방법입니다(직렬화된 객체가 아닌 것을 읽을 때는 말이죠). while 반복문에서(정확하게 말하자면 while의 테스트 구문에서) 읽기 작업을 하고 더 이상 읽어올 것이 없으면(읽기 메서드에서 null을 리턴하면) 작업을 끝내죠.

텍스트가 두 줄 들어 있는 파일

```
What's 2+2?/4
What's 20+22/42
```

MyText.txt

```java
import java.io.*;

class ReadAFile {
  public static void main(String[] args) {
    try {
      File myFile = new File("MyText.txt");
      FileReader fileReader = new FileReader(myFile);

      BufferedReader reader = new BufferedReader(fileReader);

      String line;
      while ((line = reader.readLine()) != null) {
        System.out.println(line);
      }
      reader.close();

    } catch (IOException e) {
      e.printStackTrace();
    }
  }
}
```

import 명령문을 잊지 마세요.

FileReader는 텍스트 파일로 연결되는 문자를 위한 연결 스트림입니다.

읽기 작업의 효율을 향상시키기 위해 FileReader를 BufferedReader에 연쇄시킵니다(프로그램에서 버퍼에 들어 있는 내용을 모두 읽어서). 버퍼가 비워진 후에만 실제로 파일을 읽어 오는 작업을 합니다.

행을 읽어올 때마다 각 행을 저장하기 위한 String 변수를 만듭니다.

텍스트 한 행을 읽은 다음 그 행을 line이라는 String 변수에 저장하는 부분입니다. 대상 변수가 null이 아니면 (뭔가 읽을 것이 있으면 null이 아니게 되겠죠?) 방금 읽어온 것을 출력합니다. 아니면 "읽을 행이 아직 남아 있으면 읽어온 다음 출력하라."는 명령으로 이해해도 됩니다.

자바 8 스트림과 I/O

자바 8을 사용하고 스트림 API를 사용하는 게 편하게 느껴진다면 try 블록에 있는 모든 코드를 다음과 같이 고쳐도 좋습니다.

```java
Files.lines(Path.of("MyText.txt"))
      .forEach(line -> System.out.println(line));
```

File과 Path 클래스에 대해서는 잠시 후에 알아보겠습니다.

QuizCardPlayer(코드 개요)

```
public class QuizCardPlayer {

  public void go() {
    // GUI를 만들고 화면에 표시합니다.
  }

  private void nextCard() {
    // 이게 질문이라면 정답을 보여 주고, 질문이 아니라면
    // 다음 질문을 보여 주면서 지금 보여 주는 게 질문인지
    // 답인지를 나타내는 플래그를 설정합니다.
  }

  private void open() {
    // 파일 대화상자를 열고 사용자가 열고
    // 싶은 카드 세트를 찾을 때까지 대기합니다.
  }

  private void loadFile(File file) {
    // OpenMenuListener 이벤트 핸들러로부터 호출되는 텍스트 파일로부터
    // 읽어들임으로써 카드의 ArrayList를 구축하고, 파일을 한 번에
    // 한 줄씩 읽어들이고 makeCard() 메서드에 새로 들어오는
    // 줄 하나마다 새 카드를 하나씩 만들도록 합니다(파일의
    // 한 줄에 질문과 답이 '/'로 구분되어 모두 들어가 있습니다).
  }

  private void makeCard(String lineToParse) {
    // loadFile 메서드에서 호출하는 메서드로, 텍스트 파일을 한 줄
    // 읽어와서 문제와 답으로 파싱하여 새로운 QuizCard를 생성하고,
    // 그 카드를 CardList라는 ArrayList에 추가합니다.
  }
}
```

```
import javax.swing.*;
import java.awt.*;
import java.io.*;
import java.util.ArrayList;

public class QuizCardPlayer {
  private ArrayList<QuizCard> cardList;
  private int currentCardIndex;
  private QuizCard currentCard;
  private JTextArea display;
  private JFrame frame;
  private JButton nextButton;
  private boolean isShowAnswer;

  public static void main(String[] args) {
    QuizCardPlayer reader = new QuizCardPlayer();
    reader.go();
  }

  public void go() {
    frame = new JFrame("Quiz Card Player");
    JPanel mainPanel = new JPanel();
    Font bigFont = new Font("sanserif", Font.BOLD, 24);

    display = new JTextArea(10, 20);
    display.setFont(bigFont);
    display.setLineWrap(true);
    display.setEditable(false);

    JScrollPane scroller = new JScrollPane(display);
    scroller.setVerticalScrollBarPolicy(ScrollPaneConstants.VERTICAL_SCROLLBAR_ALWAYS);
    scroller.setHorizontalScrollBarPolicy(ScrollPaneConstants.HORIZONTAL_SCROLLBAR_NEVER);
    mainPanel.add(scroller);

    nextButton = new JButton("Show Question");
    nextButton.addActionListener(e -> nextCard());
    mainPanel.add(nextButton);

    JMenuBar menuBar = new JMenuBar();
    JMenu fileMenu = new JMenu("File");
    JMenuItem loadMenuItem = new JMenuItem("Load card set");
    loadMenuItem.addActionListener(e -> open());
    fileMenu.add(loadMenuItem);
    menuBar.add(fileMenu);
    frame.setJMenuBar(menuBar);

    frame.getContentPane().add(BorderLayout.CENTER, mainPanel);
    frame.setSize(500, 400);
    frame.setVisible(true);
  }
```

이 페이지에는 그냥 GUI 코드만 있습니다. 특별한 내용은 없습니다.

```java
  private void nextCard() {
    if (isShowAnswer) {
      // 사용자가 이미 질문을 확인했으므로 답변을 표시합니다.
      display.setText(currentCard.getAnswer());
      nextButton.setText("Next Card");
      isShowAnswer = false;
    } else { // 다음 질문을 표시합니다.
      if (currentCardIndex < cardList.size()) {
        showNextCard();
      } else {
        // 더 이상 카드가 없습니다!
        display.setText("That was last card");
        nextButton.setEnabled(false);
      }
    }
  }
```

지금 질문을 보여 주고 있는지, 아니면 답을 보여 주고 있는지 확인하기 위해 isShowAnswer라는 불리언 플래그를 확인한 다음 그 값에 따라 적당한 작업을 처리합니다.

```java
  private void open() {
    JFileChooser fileOpen = new JFileChooser();
    fileOpen.showOpenDialog(frame);
    loadFile(fileOpen.getSelectedFile());
  }
```

파일 대화상자를 만들고 사용자가 파일을 선택하게 합니다.

```java
  private void loadFile(File file) {
    cardList = new ArrayList<>();
    currentCardIndex = 0;
    try {
      BufferedReader reader = new BufferedReader(new FileReader(file));
      String line;
      while ((line = reader.readLine()) != null) {
        makeCard(line);
      }
      reader.close();
    } catch (IOException e) {
      System.out.println("Couldn't write the cardList out: " + e.getMessage());
    }
    showNextCard();
  }
```

FileReader에 파일 열기 대화상자에서 사용자가 선택한 File 객체를 전달하여 새로운 FileReader에 연쇄된 BufferedReader를 만듭니다.

한 번에 한 줄씩 읽은 다음 그 줄을 파싱하고, 매개변수로 받은 행으로부터 QuizCard를 만들고, 그 카드 객체를 ArrayList에 추가해 주는 makeCard() 메서드에 전달합니다.

이제 시작할 차례입니다. 첫 번째 카드를 보여줍니다.

```java
  private void makeCard(String lineToParse) {
    String[] result = lineToParse.split("/");
    QuizCard card = new QuizCard(result[0], result[1]);
    cardList.add(card);
    System.out.println("made a card");
  }

  private void showNextCard() {
    currentCard = cardList.get(currentCardIndex);
    currentCardIndex++;
    display.setText(currentCard.getQuestion());
    nextButton.setText("Show Answer");
    isShowAnswer = true;
  }
}
```

텍스트 각 행은 한 장의 암기장에 대응되는데요, 문제와 정답을 분리하기 위해서는 파싱을 해야 합니다. String에 있는 split() 메서드를 써서 한 행을 두 토큰(하나는 문제, 하나는 정답)으로 분리합니다. split() 메서드에 대해서는 다음 페이지에서 살펴보도록 합시다.

split()을 이용하여 문자열을 파싱하는 방법

다음과 같은 암기장 카드가 있다고 생각해 보세요.

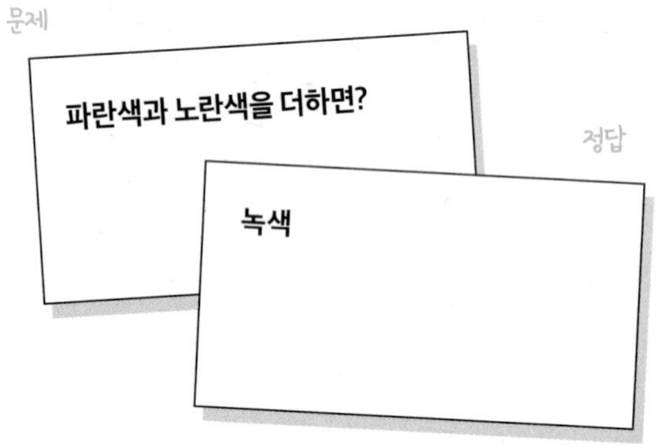

실제 파일에는 다음과 같은 식으로 저장되어 있죠.

```
파란색과 노란색을 더하면?/녹색
빨간색과 파란색을 더하면?/보라색
```

문제와 정답은 어떻게 분리할까요?

파일을 읽을 때 보면 문제와 정답은 한 행에 들어 있고 슬래시(/)로 구분됩니다.
(원래 파일에 저장할 때 그런 식으로 하기로 했으니까요)

String split() 메서드를 사용하면 String을 여러 조각으로 나눌 수 있습니다.

split() 메서드는 구분자를 지정하면 이 문자열의 모든 부분을 분리해서 string 배열에 넣어 주는 메서드입니다. 즉, 주어진 구분자를 기준으로 문자열을 분리하여 여러 부분으로 나누고, 그것들을 string 배열에 담아 주는 역할을 합니다.

파란색과 노란색을 더하면?	/	녹색
1번 토큰	구분자	2번 토큰

```
String toTest = "파란색과 노란색을 더하면?/녹색";
String[] result = toTest.split("/");
for (String token : result) {
  System.out.println(token);
}
```

QuizCardPlayer 애플리케이션에서 파일로부터 읽어들인 한 줄은 이런 식으로 되어 있습니다.

split() 메서드에서는 인자로 전달받은 '/'를 기준으로, String을 (이 경우에는) 1번 토큰과 2번 토큰, 이렇게 두 부분으로 나눕니다. (참고: split()을 여기에 나와 있는 것보다 훨씬 강력합니다. 필터, 와일드카드 등을 써서 엄청나게 복잡한 파싱을 해낼 수 있습니다.)

배열 대해서 반복문을 돌리면서 각 토큰(부분)을 출력합니다. 이 경우에는 "파란색과 노란색을 더하면?" 하고 "녹색" 이렇게 두 개가 되겠죠.

무엇이든 물어보세요

Q&A

Q1 API를 찾아보니까 java.io 패키지에는 클래스가 500개는 있는 것 같네요. 어떤 걸 써야 할지 어떻게 알 수 있죠?

A1 I/O API에서는 모듈화된 연쇄 개념을 사용하기 때문에 연결 스트림과 연쇄 스트림(필터 스트림이라고도 부름)을 연결해서 다양한 조합을 만들 수 있으므로 여러분이 원하는 거의 모든 것을 만들어낼 수 있습니다.
연쇄는 단 두 단계로만 만들 수 있는 것이 아닙니다. 연쇄 스트림 여러 개를 쭉 연쇄시켜서 원하는 작업을 처리할 수 있습니다.
하지만 대부분의 경우에는 몇 가지 간단한 클래스만 사용하면 됩니다. 텍스트 파일에 대한 작업을 할 때는 BufferedReader와 BufferedWriter(각각 FileReader와 FileWriter에 연쇄시킵니다)만 사용하면 거의 모든 것을 할 수 있습니다. 직렬화된 객체에 대한 작업을 할 때는 ObjectOutputStreama과 ObjectInputStream(각 FileOutputStream과 FileInputStream에 연쇄시킵니다)을 써서 거의 모든 작업을 처리할 수 있죠.
즉, 지금까지 이 책에서 다룬 내용만 가지고도 자바 입출력과 관련된 작업의 90% 정도는 할 수 있습니다.

Q2 앞으로 사용하게 될 것의 90%를 배웠다고 얘기했잖아요? 근데 아직 NIO.2는 못 본 것 같은데 어떻게 된 건가요?

A2 NIO.2는 바로 다음 페이지에서 볼 수 있어요! 하지만 텍스트 파일을 읽고 쓰는 것과 관련해서는 여전히 BufferedReader, BufferedWriter를 쓸 겁니다. 다음 페이지에서는 NIO.2를 쓰면 그 둘을 얼마나 더 쉽게 쓸 수 있는지 알게 될 거예요.

Q3 아, 이제 좀 힘드네요. 그리고 NIO.2는 꽤 복잡하다고 들었는데 정말 그런가요?

A3 앞으로 java.nio.file 패키지의 몇 가지 주요 개념에 초점을 맞춰볼 거예요.

벽에 붙여놓고 외우세요

장미가 최고, 제비꽃은 그 다음입니다.
Reader와 **Writer**는 텍스트에 대해서만 씁니다.

핵심 정리

- 텍스트 파일에 저장할 때는 FileWriter 연결 스트림부터 시작합니다.
- FileWriter를 BufferedWriter에 연쇄시키면 효율을 향상시킬 수 있습니다.
- File 객체는 특정 경로에 있는 파일을 나타내며 실제 파일의 내용을 나타내는 것은 아닙니다.
- File 객체를 가지고 디렉터리를 만들거나 돌아다니거나 삭제할 수 있습니다.
- String으로 된 파일명을 가지는 대부분의 스트림에서는 File 객체도 사용할 수 있으며 File 객체를 사용하는 것이 더 안전한 편입니다.
- 텍스트 파일을 읽을 때는 FileReader 연결 스트림부터 시작합니다.
- FileReader를 BufferedReader에 연쇄시키면 효율을 향상시킬 수 있습니다.
- 텍스트 파일을 파싱하려면 파일이 서로 다른 부분을 구분할 수 있게 만들어져 있는지 확인해야 합니다. 보통 특정 문자를 가지고 서로 다른 부분을 구분하는 방법을 씁니다.
- String을 몇 개의 개별 토큰으로 분리시키기 위한 용도로는 String split() 메서드를 쓰면 됩니다. 구분자가 하나만 있는 문자열은 구분자를 기준으로 왼쪽에 하나, 오른쪽에 하나, 이렇게 총 두 개의 토큰으로 나뉩니다. 구분자는 토큰에 포함되지 않습니다.

NIO.2와 java.nio.file 패키지

보통 자바 7에 추가된 두 패키지를 자바 NIO.2라고 지칭합니다.

```
java.nio.file
java.nio.file.attribute
```

java.nio.file.attribute 패키지는 컴퓨터의 파일과 디렉터리와 연관된 메타데이터를 조작할 수 있게 해 줍니다. 예를 들어서, 파일의 권한 설정을 읽어들이거나 바꾸고 싶다면 이 패키지에 있는 클래스를 이용할 수 있습니다. 이 패키지에 대해서는 더 이상 얘기하지 않겠습니다(어우, 다행이네요).

java.nio.file 패키지는 일반적인 텍스트 파일 읽기/쓰기 기능과 컴퓨터의 디렉터리와 디렉터리 구조를 조작하는 기능도 제공합니다. Java.nio.file에서는 주로 다음과 같은 세 가지 유형을 사용하게 됩니다.

- Path 인터페이스: 사용할 디렉터리나 파일의 위치를 지정하기 위해서는 반드시 Path 객체가 필요합니다.
- Paths 클래스: Files 클래스에 있는 메서드를 사용할 때 필요한 Path 객체를 만들려면 Paths.get() 메서드를 써야 합니다.
- Files 클래스: 우리가 하고자 하는 모든 작업을 해 주는 (정적) 메서드를 제공해 주는 클래스입니다. Reader, Writer를 새로 만들고 파일 시스템에 있는 디렉터리와 파일을 생성하고 수정하고 검색하는 메서드를 제공해 주죠.

Path 객체는 디스크에 있는 파일이나 디렉터리의 위치(이름과 경로)를 나타냅니다. 예를 들면 이런 것 말이죠.

/Users/Kathy/Data/Game.txt

하지만 Path 객체가 그 파일에 있는 데이터를 나타내거나 그 데이터에 접근할 수 있게 해 주는 건 아닙니다.

Files 클래스에 있는 고급 기능을 이용하면 디렉터리 트리를 '돌아다닐' 수 있습니다.
검색이 가능하단 말이죠.

NIO.2를 이용하여 BufferedWriter를 생성하는 방법에 관한 미니 튜토리얼

1. Path, Paths, Files를 임포트합니다.

```
import java.nio.file.*;
```

2. Paths 클래스를 이용하여 Path 객체를 만듭니다.

```
Path myPath = Paths.get("MyFile.txt");
```

컴퓨터에 있는 (즉, 파일 시스템에 있는) 어떤 파일의 위치를 지정하기 위해 사용하는 것이 Path 객체입니다. 현재 디렉터리 또는 다른 디렉터리에 있는 파일의 위치를 지정하기 위한 용도로 사용할 수 있습니다.

또는 파일이 /myApp/files/MyFile.txt 같은 식으로 어떤 하위 디렉터리 안에 있다면 다음과 같은 식으로 Path 객체를 만들 수 있습니다.

```
Path myPath = Paths.get("/myApp", "files", "MyFile.txt");
```

/myApp에 있는 '/'는 이름 분리기(name-separator)라고 부릅니다. 사용하는 운영체제에 따라 이름 분리기가 다를 수도 있습니다. 예를 들어서, '\'를 사용하는 운영체제도 있죠.

3. Path와 Files 클래스를 이용하여 새로운 BufferedWriter를 만듭니다.

```
BufferedWriter writer = Files.newBufferedWriter(myPath);
```

어딘가에서 은밀하게 숨어 있는 메서드가 다음과 같이 말하고 있어요.
BufferedWriter writer = new BufferedWriter

Path, Paths, Files(디렉터리 처리)

부록 B에서 자바 앱을 패키지로 가르는 방법에 대해서 알아볼 겁니다. 여기에는 앱의 모든 파일의 디렉터리 구조를 제대로 만들어내는 것이 포함됩니다. 대부분의 경우 명령행 또는 파인더나 윈도우 탐색기 같은 유틸리티를 가지고 수동으로 디렉터리와 파일을 옮겨야 합니다. 하지만 자바 코드 내에서도 그 작업을 할 수 있습니다. 참고로 자바 프로그램에서 디렉터리를 건드리는 것은 꽤 논란의 여지가 있는 사안입니다. 이걸 제대로 하려면 경로, 절대 경로, 상대 경로, 운영체제 권한, 파일 속성 등등 다양한 걸 배워야 합니다. 대략 이런 것을 할 수 있다는 정도를 보여 주는 수준으로 디렉터리를 다루는 방법을 간략하게 보여 드리자면 다음과 같습니다.

우리가 만든 최신 앱을 설치하는 설치 프로그램을 만든다고 해 봅시다. 처음에는 왼쪽에 있는 것과 같은 디렉터리와 파일로 시작해서 오른쪽에 있는 디렉터리 구조와 파일 배치로 간다고 합시다.

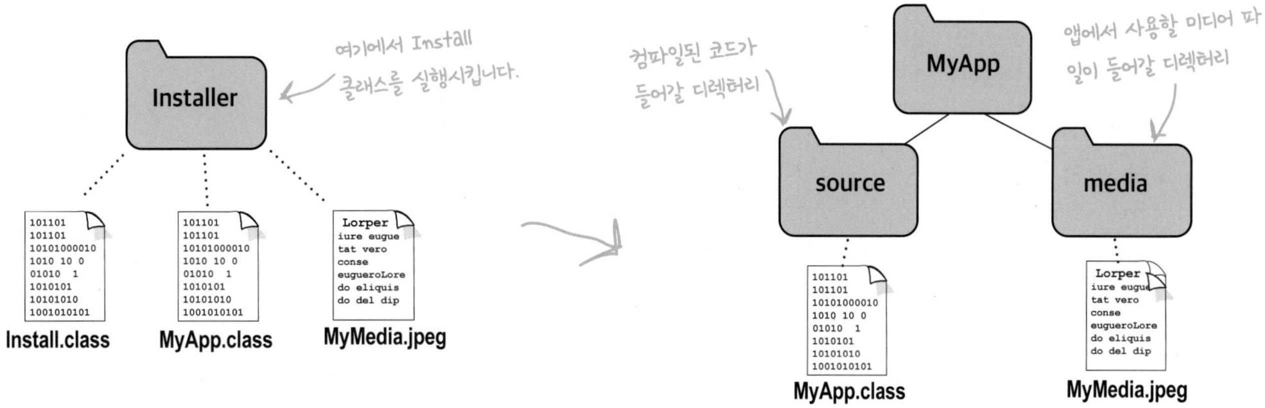


```
import java.nio.file.*;
public class Install {
  public static void main(String[] args) {
    try {
      Path myPath = Paths.get("MyApp");
      Path myPath2 = Paths.get("MyApp", "media");
      Path myPath3 = Paths.get("MyApp", "source");
      Path mySource = Paths.get("MyApp.class");
      Path myMedia = Paths.get("MyMedia.jpeg");

      Files.createDirectory(myPath);
      Files.createDirectory(myPath2);
      Files.createDirectory(myPath3);
      Files.move(mySource, myPath3.resolve(mySource.getFileName()));
      Files.move(myMedia, myPath2.resolve(myMedia.getFileName()));
    } catch (Exception e) {
      System.out.println("Got an NIO Exception" + e.getMessage());
    }
  }
}
```

모든 Path 위치를 만듭니다.

새 디렉터리 세 개를 만듭니다.

두 파일을 새 디렉터리로 옮깁니다.

마지막으로, finally

앞에서 try-catch-finally가 어떤 식으로 작동하는지 배웠습니다. 어느 정도는요. 그때 finally 구문에 대해서는 '뒷정리용 코드'를 넣으면 좋을 만한 곳이라는 정도로 말씀드렸죠. 실제로 그렇습니다. 이제 좀 더 구체적으로 들어가 볼까요? 대부분의 경우에 '뒷정리용 코드'라고 하면 운영체제로부터 빌려온 자원을 닫는 것을 뜻합니다. 어떤 파일이나 소켓을 열면 운영체제에서는 일부 자원을 우리한테 넘겨줍니다. 그 자원을 다 쓰고 나면 돌려 줘야 합니다. 아래에 QuizCardBuilder 클래스의 코드 스니펫이 나와 있습니다. 생성자를 호출하는 부분과 세 개의 메서드 호출 부분을 강조해 놓았습니다.

```
private void saveFile(File file) {
  try {
    BufferedWriter writer = new BufferedWriter(new FileWriter(file));
    for (QuizCard card : cardList) {
      writer.write(card.getQuestion() + "/");
      writer.write(card.getAnswer() + "\n");
    }
    writer.close();
  } catch (IOException e) {
    System.out.println("Couldn't write the cardList out: " + e.getMessage());
  }
}
```

이 네 부분이 예외가 던져질 수 있는 부분입니다.

새로운 FileWriter를 만드는 생성자 호출에서 문제가 생기거나 write(), close() 호출이 제대로 안 되면 예외가 던져지고, JVM은 catch 블록으로 넘어가고, writer가 제대로 안 닫히는 문제가 생깁니다. 어이쿠, 큰일이네요.

기억해 둡시다. finally는 항상 실행됩니다!

위의 경우에 writer 파일은 반드시 받아야 하기 때문에 finally 블록에서 close()를 반드시 호출해야 합니다.

쓰면서 제대로 공부하기 → 풀어 보세요

새로운 finally 블록 코딩

위에 있는 코드에서 close()를 finally 블록으로 옮기려면 뭘 어떻게 고쳐야 할까요? 처음에 생각했던 것보다 일이 복잡할 수 있습니다.

close() 호출을 finally 블록으로 옮기기 위해 코드가 얼마나 많이 필요한지 안다면 깜짝 놀랄 거예요. 한번 볼까요?

```
private void saveFile(File file) {
  BufferedWriter writer = null;
  try {
    writer = new BufferedWriter(new FileWriter(file));
    for (QuizCard card : cardList) {
      writer.write(card.getQuestion() + "/");
      writer.write(card.getAnswer() + "\n");
    }
    writer.close();
  } catch (IOException e) {
    System.out.println("Couldn't write the cardList out: " + e.getMessage());
  } finally {
    try {
      writer.close();
    } catch (Exception e) {
      System.out.println("Couldn't close writer: " + e.getMessage());
    }
}
```

writer라는 레퍼런스를 finally 블록에서도 볼 수 있도록 try 블록 밖에서 선언해야 합니다.

맞아요. close()는 또 다른 try-catch 블록 안에 집어넣어야 합니다.

농담이죠? 입출력 작업을 할 때마다 이 많은 코드를 써야 한다고요? 너무한 거 아닌가요?

더 나은 방법이 있습니다!

자바 초창기에는 확실하게 파일을 닫으려면 이렇게 해야 했어요. 기존 코드를 보면 이렇게 생긴 finally 블록을 종종 보게 될 거예요. 하지만 새로운 코드에서는 더 나은 방법이 있습니다.

Try-With-Resources (TWR) 명령문

이 방법을 살펴보도록 하겠습니다.

Try-With-Resources(TWR) 명령문

자바 7 이후 버전을 사용하고 있다면(부디 모두들 그렇길 바랍니다) 입출력을 더 쉽게 할 수 있는 Try-With-Resources(TWR) 버전의 try 명령문을 쓸 수 있습니다. 앞에서 봤던 try 코드와 똑같은 일을 하는 TWR 코드를 비교해 봅시다.

옛날 스타일 try-catch-finally 코드

```
private void saveFile(File file) {
  BufferedWriter writer = null;
  try {
    writer = new BufferedWriter(new FileWriter(file));

    for (QuizCard card : cardList) {
      writer.write(card.getQuestion() + "/");
      writer.write(card.getAnswer() + "\n");
    }

  } catch (IOException e) {
    System.out.println("Couldn't write the cardList out: " + e.getMessage());
  } finally {
    try {
      writer.close();
    } catch (Exception e) {
      System.out.println("Couldn't close writer: " + e.getMessage());
    }
  }
}
```

요즘 스타일 try-with-resources 코드

```
private void saveFile(File file) {
  try (BufferedWriter writer =
         new BufferedWriter(new FileWriter(file))) {

    for (QuizCard card : cardList) {
      writer.write(card.getQuestion() + "/");
      writer.write(card.getAnswer() + "\n");
    }

  } catch (IOException e) {
    System.out.println("Couldn't write the cardList out: " + e.getMessage());
  }
}
```

무엇이든 물어보세요
Q&A

Q 으잉? 잠깐만요. try 명령문을 쓰는 데 catch, finally가 필요하다고 하지 않았나요?

A 눈썰미가 좋으시네요! TWR을 이용할 때는 컴파일러에서 finally 블록을 대신 만들어 줍니다. 우리 눈에는 안 보이지만, 정말 만들어 줘요.

Autocloseable로 catch를 간단하게

앞쪽에서 TWR이라는 다른 유형의 try 명령문을 보았습니다. 우선 다음 코드를 파헤쳐 보면서 TWR 명령문을 쓰고 사용하는 방법을 알아보겠습니다.

```
try (BufferedWriter writer =
       new BufferedWriter(new FileWriter(file))) {
```

TWR 명령문을 사용하는 법

TWR 명령문에서는 Autocloseable을 구현하는 클래스만 사용할 수 있습니다!

1. try와 { 사이에 괄호를 추가합니다.

```
try ( ... ) {
```

2. 괄호 안에서 Autocloseable을 구현하는 타입의 객체를 선언합니다.

```
try (BufferedWriter writer =
       new BufferedWriter(new FileWriter(file))) {
```

이번 장에서 사용한 다른 모든 I/O 클래스와 마찬가지로 BufferedWriter도 Autocloseable을 구현합니다.

3. try 블록 안에서 선언한 객체를 (늘 하던 방법대로) 사용합니다.

```
writer.write(card.getQuestion() + "/");
writer.write(card.getAnswer() + "\n");
```

입출력을 하는 모든 곳에서 쓰이는 Autocloseable

Autocloseable은 자바 7부터 java.lang에 추가된 인터페이스입니다. 우리가 하는 거의 모든 입출력에서 Autocloseable을 구현하는 클래스를 사용합니다. 웬만하면 묻지도, 따지지도 않아도 될 겁니다.

TWR 명령문에 대해 다음과 같은 내용들을 알아두면 좋습니다.

- 하나의 TWR 블록에서 두 개 이상의 입출력 자원을 선언하고 사용할 수 있습니다.

```
try (BufferedWriter writer =
       new BufferedWriter(new FileWriter(file));
     BufferedReader reader =
       new BufferedReader(new FileReader(file))) {
```

세미콜론을 이용하여 자원을 구분합니다.

- 자원을 두 개 이상 선언할 때는 선언한 순서와 반대 순서로 닫아야 합니다. 즉, 처음 선언할 것을 마지막에 닫아야 합니다.
- catch나 finally 블록을 추가하면 시스템에서는 여러 개의 close() 호출을 알아서 적절하게 처리해 줍니다.

코드 키친

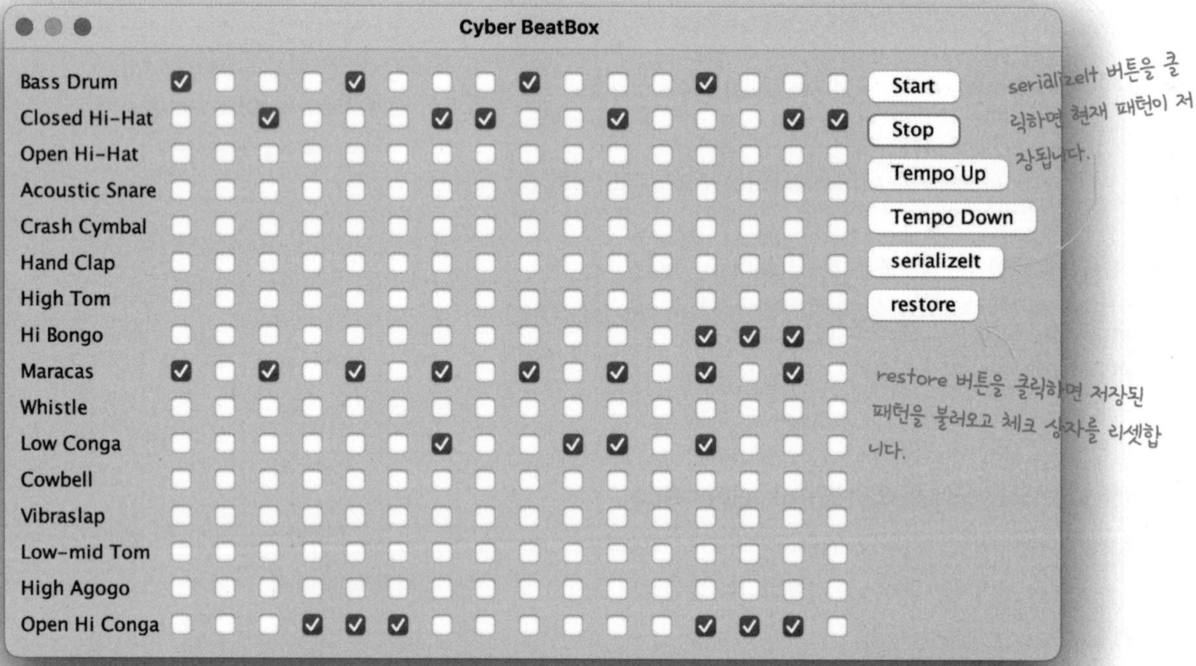

비트박스에 패턴을 저장하고 다시 불러오는 기능을 추가해 봅시다.

비트박스 패턴을 저장하는 방법

비트박스 프로그램에서 드럼 패턴은 사실 수많은 체크 상자로 이루어져 있을 뿐입니다. Sequence를 연주할 때는 코드에서 체크 상자들을 훑으면서 박자 16개에서 각각 어떤 드럼 사운드를 연주해야 할지를 결정합니다. 따라서 패턴을 저장할 때는 체크 상자의 상태만 저장하면 됩니다.

각각 체크 상자 256개의 상태가 들어 있는 간단한 불리언 배열을 만들어서 쓰면 됩니다. 배열 객체는 배열 안에 들어 있는 것이 직렬화할 수 있기만 하면 직렬화할 수 있기 때문에 불리언 변수의 배열을 저장하는 데는 전혀 문제될 것이 없습니다.

패턴을 다시 읽어들일 때는 불리언 배열 객체 한 개를 읽어 온 다음 (역직렬화를 하고) 체크 상자를 복구하면 됩니다. 대부분의 코드는 비트박스 GUI를 만들었던 코드 키친에서 이미 나왔으므로 이 장에서는 저장 및 복구와 관련된 코드만 살펴보겠습니다.

다음 장에서는 패턴을 파일에 저장하는 대신 네트워크를 통해 서버로 보내는 기능을 추가할 예정인데, 여기에 있는 코드 키친에서는 그런 기능을 미리 준비하겠습니다. 그리고 다음 장에서는 패턴을 파일에서 불러오지 않고 서버로부터 받아오게 하겠습니다.

패턴 직렬화

BeatBox 코드 안에 들어가는 메서드입니다. serializeIt 버튼을 ActionListener에 추가할 때 람다 표현식에서 이 메서드를 호출하거나 이 메서드를 호출하는 ActionListener 내부 클래스를 만들 수 있습니다.

```java
private void writeFile() {

  boolean[] checkboxState = new boolean[256];

  for (int i = 0; i < 256; i++) {
    JCheckBox check = checkboxList.get(i);
    if (check.isSelected()) {
      checkboxState[i] = true;
    }
  }

  try (ObjectOutputStream os =
         new ObjectOutputStream(new FileOutputStream("Checkbox.ser"))) {
    os.writeObject(checkboxState);
  } catch (IOException e) {
    e.printStackTrace();
  }
}
```

각 체크 상자의 상태를 담아두기 위한 불리언 배열을 만듭니다.

checkboxList(체크 상자의 ArrayList)에 대해 반복문을 돌리면서 각각의 상태를 가져와서 불리언 배열에 추가합니다.

TWR

이 부분은 식은 죽 먹기입니다. 불리언 배열을 직렬화해서 저장하기만 하면 됩니다.

비트박스 패턴을 복구하는 방법

패턴을 복구할 때는 저장 과정을 그대로 뒤집어놓으면 됩니다. 불리언 배열을 읽은 다음 그 배열을 써서 GUI 체크 상자의 상태를 복구하면 되지요. 사용자가 restore 버튼을 누르면 이런 작업이 진행됩니다.

패턴 복구

```
private void readFile() {
  boolean[] checkboxState = null;
  try (ObjectInputStream is =
         new ObjectInputStream(new FileInputStream("Checkbox.ser"))) {
    checkboxState = (boolean[]) is.readObject();
  } catch (Exception e) {
    e.printStackTrace();
  }

  for (int i = 0; i < 256; i++) {
    JCheckBox check = checkboxList.get(i);
    check.setSelected(checkboxState[i]);
  }

  sequencer.stop();
  buildTrackAndStart();
}
```

이것도 비트박스 클래스 안에 들어가는 메서드입니다.

TWR

파일에서 객체 하나(불리언 배열)를 읽은 다음 불리언 배열로 다시 캐스팅합니다(readObject()에서는 항상 Object 타입의 레퍼런스를 리턴하니까요).

이제 실제 JCheckBox 객체로 구성된 ArrayList(checkboxList)에 들어 있는 각각의 체크 상자의 상태를 원래대로 복구합니다.

현재 재생 중인 게 있다면 멈추고 ArrayList에 들어 있는 새로운 체크 상자의 상태를 이용하여 Sequence를 재구성하고 시작합니다.

쓰면서 제대로 공부하기 → 풀어 보세요

이 버전에는 중요한 한계가 있습니다. serializeIt 버튼을 누르면 자동으로 Checkbox.ser이라는 이름의 파일에 직렬화된 객체를 저장합니다(기존 파일이 없으면 새 파일을 만듭니다). 하지만 매번 저장할 때마다 전에 저장했던 파일을 덮어쓰게 됩니다. JFileChooser를 활용하여 사용자가 마음대로 제한 없이, 파일의 이름을 정하고 저장할 수 있게 저장과 복구 기능을 개선해 봅시다. 그러면 이전에 저장한 패턴 파일을 마음대로 불러오고 복구할 수 있겠죠?

저장할 수 있을까?

이 중에서 직렬화할 수 있는 것과 없는 것을 골라 보세요. 직렬화할 수 없다면 왜 직렬화할 수 없는지 적어 보세요. 별 의미가 없다거나, 보안 문제가 있다거나, 지금 돌아가고 있는 JVM에서만 작동할 수 있다거나 하는 이유를 생각할 수 있겠죠? API를 뒤져보지 않고 가장 합당하다고 생각되는 답을 제안해 보세요.

객체 타입	직렬화 가능 여부?	직렬화할 수 없다면 그 이유는?
Object	예 / 아니요	______________________
String	예 / 아니요	______________________
File	예 / 아니요	______________________
Date	예 / 아니요	______________________
OutputStream	예 / 아니요	______________________
JFrame	예 / 아니요	______________________
Integer	예 / 아니요	______________________
System	예 / 아니요	______________________

무엇이 맞을까요?

오른쪽의 코드 스니펫 중에서 컴파일이 가능한 코드를 골라 보세요(물론 제대로 된 클래스 안에 들어 있다고 가정해야겠지요?).

```
FileReader fileReader = new FileReader();
BufferedReader reader = new BufferedReader(fileReader);
```

```
FileOutputStream f = new FileOutputStream("Foo.ser");
ObjectOutputStream os = new ObjectOutputStream(f);
```

```
BufferedReader reader = new BufferedReader(new FileReader(file));
String line;
while ((line = reader.readLine()) != null) {
  makeCard(line);
}
```

```
FileOutputStream f = new FileOutputStream("Game.ser");
ObjectInputStream is = new ObjectInputStream(f);
GameCharacter oneAgain = (GameCharacter) is.readObject();
```

정답과 해설 626쪽

연습 문제

참일까요? 거짓일까요?

이 장에서는 자바 입출력을 알아보았습니다. 밑에 있는 각각의 입출력 관련 내용이 참인지, 거짓인지 맞혀 보세요.

1. 자바로 만들어지지 않은 프로그램에서 사용할 데이터를 저장할 때는 직렬화를 쓰는 것이 좋습니다.
2. 객체의 상태는 직렬화를 통해서만 저장할 수 있습니다.
3. ObjectOutputStream은 직렬화할 수 있는 객체를 저장하기 위해 쓰이는 클래스입니다.
4. 연쇄 스트림은 그 자체만으로 사용할 수도 있고 연결 스트림과 함께 사용할 수도 있습니다.
5. writeObject()를 한 번 호출했을 때 객체 여러 개가 한꺼번에 저장될 수도 있습니다.
6. 모든 클래스는 기본적으로 직렬화할 수 있습니다.
7. java.nio.file.Path 클래스를 써서 파일 위치를 지정할 수 있습니다.
8. 상위 클래스가 직렬화할 수 없는 클래스면 하위 클래스도 직렬화할 수 없습니다.
9. TWR 명령문에서는 Autocloseable을 구현하는 클래스만 사용할 수 있습니다.
10. 객체를 역직렬화할 때 그 생성자는 실행되지 않습니다.
11. 직렬화를 할 때, 그리고 텍스트 파일을 저장할 때 모두 예외가 던져질 수 있습니다.
12. BufferedWriter는 FileWriter에 연쇄시킬 수 있습니다.
13. File 객체는 파일만 나타낼 수 있고 디렉터리는 나타낼 수 없습니다.
14. 버퍼가 차기 전에 강제로 버퍼에 있는 데이터를 보내게 할 수는 없습니다.
15. 파일 읽기와 쓰기에서 모두 원한다면 버퍼를 사용할 수 있습니다.
16. Files 클래스에 있는 메서드를 이용하여 파일과 디렉터리에 원하는 작업을 할 수 있습니다.
17. TWR 명령문에는 명시적인 finally 블록을 쓸 수 없습니다.

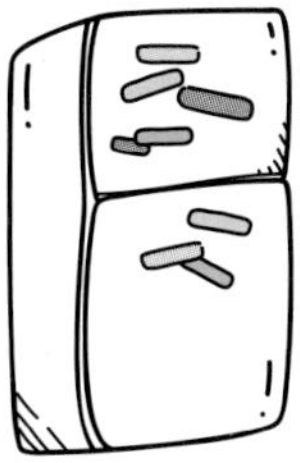

코드 자석

정답과 해설 627쪽

이번 문제는 조금 까다롭기 때문에 연습 문제에서 퍼즐로 바꿨습니다. 여기에 나와 있는 코드 스니펫을 짜맞춰서 밑에 있는 것과 같은 결과를 출력할 수 있는 자바 프로그램을 만들어 보세요(이 스니펫 중에는 쓰이지 않는 것도 있을 수 있습니다).

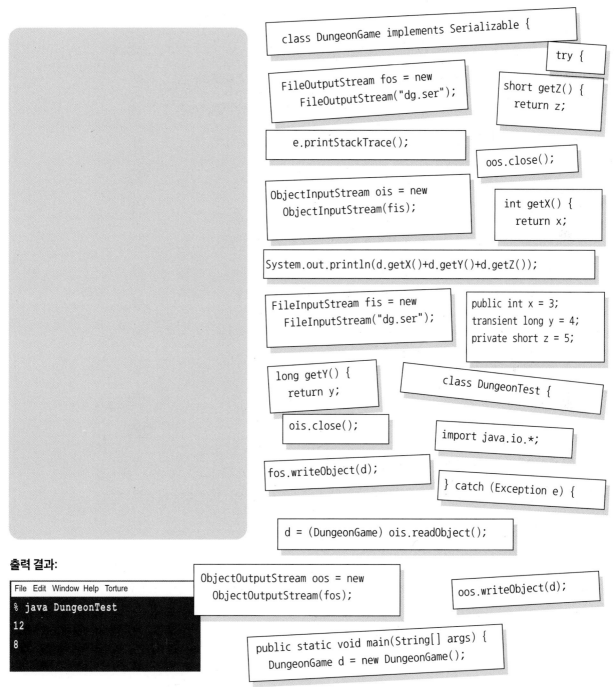

```
class DungeonGame implements Serializable {
```

```
try {
```

```
FileOutputStream fos = new
  FileOutputStream("dg.ser");
```

```
short getZ() {
  return z;
```

```
e.printStackTrace();
```

```
oos.close();
```

```
ObjectInputStream ois = new
  ObjectInputStream(fis);
```

```
int getX() {
  return x;
```

```
System.out.println(d.getX()+d.getY()+d.getZ());
```

```
FileInputStream fis = new
  FileInputStream("dg.ser");
```

```
public int x = 3;
transient long y = 4;
private short z = 5;
```

```
long getY() {
  return y;
```

```
class DungeonTest {
```

```
ois.close();
```

```
import java.io.*;
```

```
fos.writeObject(d);
```

```
} catch (Exception e) {
```

```
d = (DungeonGame) ois.readObject();
```

출력 결과:

```
File Edit Window Help Torture
% java DungeonTest
12
8
```

```
ObjectOutputStream oos = new
  ObjectOutputStream(fos);
```

```
oos.writeObject(d);
```

```
public static void main(String[] args) {
  DungeonGame d = new DungeonGame();
```

정답과 해설

연습 문제(624쪽)

1. 자바로 만들어지지 않은 프로그램에서 사용할 데이터를 저장할 때는 직렬화를 쓰는 것이 좋습니다.	**거짓**
2. 객체의 상태는 직렬화를 통해서만 저장할 수 있습니다.	**거짓**
3. ObjectOutputStream은 직렬화할 수 있는 객체를 저장하기 위해 쓰이는 클래스입니다.	**참**
4. 연쇄 스트림은 그 자체만으로 사용할 수도 있고 연결 스트림과 함께 사용할 수도 있습니다.	**거짓**
5. writeObject()를 한 번 호출했을 때 객체 여러 개가 한꺼번에 저장될 수도 있습니다.	**참**
6. 모든 클래스는 기본적으로 직렬화할 수 있습니다.	**거짓**
7. java.nio.file.Path 클래스를 써서 파일 위치를 지정할 수 있습니다.	**거짓**
8. 상위 클래스가 직렬화할 수 없는 클래스면 하위 클래스도 직렬화할 수 없습니다.	**거짓**
9. TWR 명령문에서는 Autocloseable을 구현하는 클래스만 사용할 수 있습니다.	**참**
10. 객체를 역직렬화할 때 그 생성자는 실행되지 않습니다.	**참**
11. 직렬화를 할 때, 그리고 텍스트 파일을 저장할 때 모두 예외가 던져질 수 있습니다.	**참**
12. BufferedWriter는 FileWriter에 연쇄시킬 수 있습니다.	**참**
13. File 객체는 파일만 나타낼 수 있고 디렉터리는 나타낼 수 없습니다.	**거짓**
14. 버퍼가 차기 전에 강제로 버퍼에 있는 데이터를 보내게 할 수는 없습니다.	**거짓**
15. 파일 읽기와 쓰기에서 모두 원한다면 버퍼를 사용할 수 있습니다.	**참**
16. Files 클래스에 있는 메서드를 이용하여 파일과 디렉터리에 원하는 작업을 할 수 있습니다.	**참**
17. TWR 명령문에는 명시적인 finally 블록을 쓸 수 없습니다.	**거짓**

정답과 해설

코드 자석(625쪽)

드디어 정답이 나오니 정말 좋네요. 슬슬 이 장도 지겨워지던 참이었거든요.


```
import java.io.*;

class DungeonGame implements Serializable {
  public int x = 3;
  transient long y = 4;
  private short z = 5;

  int getX() {
    return x;
  }
  long getY() {
    return y;
  }
  short getZ() {
    return z;
  }
}

class DungeonTest {
  public static void main(String[] args) {
    DungeonGame d = new DungeonGame();
    System.out.println(d.getX() + d.getY() + d.getZ());
    try {
      FileOutputStream fos = new FileOutputStream("dg.ser");
      ObjectOutputStream oos = new ObjectOutputStream(fos);
      oos.writeObject(d);
      oos.close();

      FileInputStream fis = new FileInputStream("dg.ser");
      ObjectInputStream ois = new ObjectInputStream(fis);
      d = (DungeonGame) ois.readObject();
      ois.close();
    } catch (Exception e) {
      e.printStackTrace();
    }
    System.out.println(d.getX() + d.getY() + d.getZ());
  }
}
```

출력 결과:

```
File Edit Window Help Escape
% java DungeonTest
12
8
```

CHAPTER

17

연결하는 방법

네트워킹과 스레드

외부 세계와 연결해 봅시다

여러분의 자바 프로그램에서 다른 시스템에 있는 프로그램과 접촉할 수도 있습니다. 별로 어렵지 않습니다. 저수준 네트워킹과 관련된 자잘한 내용은 내장된 자바 라이브러리에서 알아서 처리해 줍니다. 자바의 가장 큰 장점 중 하나는 네트워크를 통해서 데이터를 주고받을 때도 I/O 사슬 끝에 있는 연결만 조금 다를 뿐, 일반적인 입출력과 크게 다르지 않다는 점입니다. 이번 장에서는 **채널**을 통해서 외부 세계와 연결해 보겠습니다. **클라이언트** 채널, **서버** 채널을 만들어 보고 **클라이언트**와 **서버**를 만들어서 서로 데이터를 주고받도록 할 겁니다. 그리고 동시에 두 가지 이상의 일을 하는 법도 배웁니다. 이 장이 끝날 무렵이면 완벽하게 작동하는 멀티스레드 기능을 갖춘 채팅 클라이언트를 완성할 것입니다. 멀티스레딩을 배우고 나면 밥(Bob)한테 말을 하면서 동시에 수지(Suzy)가 하는 얘기를 듣는 비법도 익힐 수 있을 것입니다.

실시간 비트박스 채팅

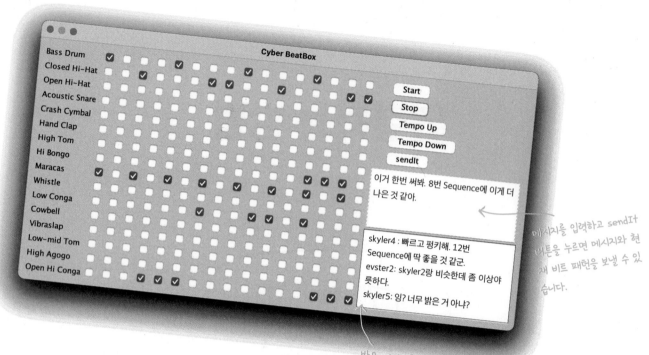

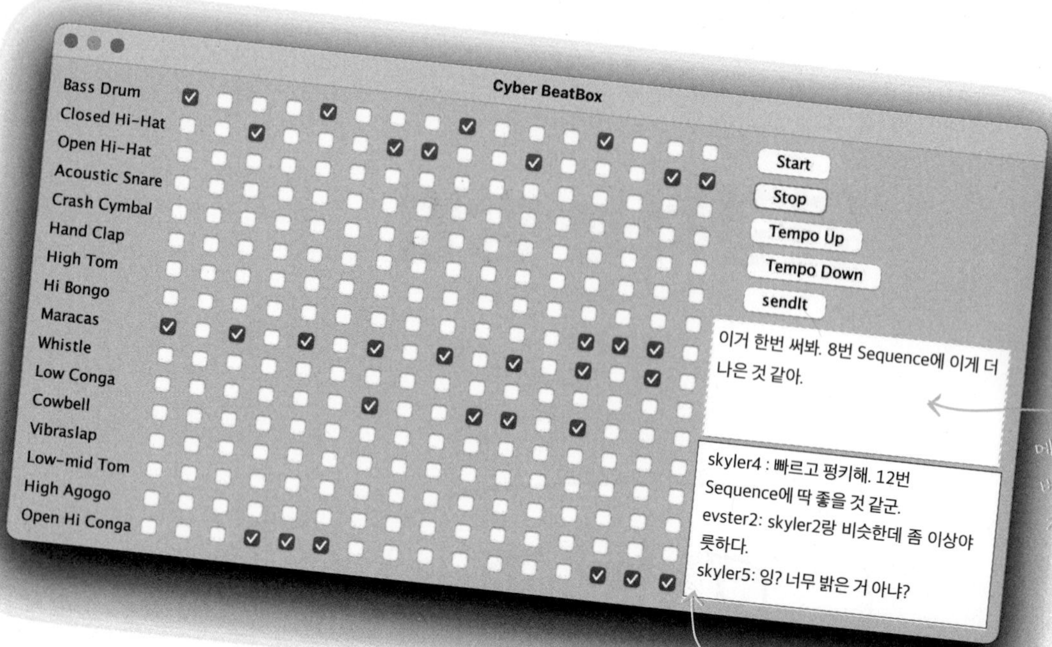
Cyber BeatBox
Bass Drum
Closed Hi-Hat
Open Hi-Hat
Acoustic Snare
Crash Cymbal
Hand Clap
High Tom
Hi Bongo
Maracas
Whistle
Low Conga
Cowbell
Vibraslap
Low-mid Tom
High Agogo
Open Hi Conga
Start
Stop
Tempo Up
Tempo Down
sendIt
이거 한번 써봐. 8번 Sequence에 이게 더 나은 것 같아.
skyler4 : 빠르고 펑키해. 12번 Sequence에 딱 좋을 것 같군.
evster2: skyler2랑 비슷한데 좀 이상야릇하다.
skyler5: 잉? 너무 밝은 거 아냐?

메시지를 입력하고 sendIt 버튼을 누르면 메시지와 현재 비트 패턴을 보낼 수 있습니다.

받은 메시지를 클릭하면 그 메시지와 함께 들어온 패턴을 불러올 수 있습니다.

컴퓨터 게임을 만들고 있다고 가정해 봅시다. 여러분과 여러분의 팀에 속한 사람들은 게임의 각 부분에 대한 사운드를 만들어야 합니다. 비트박스의 채팅 버전을 이용하면 팀원끼리 협동 작업을 할 수 있습니다. 메시지와 함께 비트 패턴을 보내면 비트박스 채팅을 같이 하고 있는 다른 사람들이 모두 그 패턴을 받을 수 있습니다. 따라서 다른 팀원의 메시지를 읽을 수 있을 뿐 아니라 받은 메시지가 있는 창에서 메시지를 클릭하기만 하면 그 사람이 보낸 비트 패턴을 연주할 수도 있습니다.

이 장에서는 여기에 나와 있는 것과 같은 채팅 클라이언트를 만드는 데 필요한 내용을 배울 것입니다. 또한 채팅 서버를 만드는 방법에 대해서도 약간 알아볼 것입니다. 비트박스 채팅 클라이언트 코드는 나중에 코드 키친에서 알아보겠지만 그 전에 우선 텍스트 메시지를 주고받을 수 있는 매우 간단한 채팅 클라이언트와 채팅 서버를 만들어 보겠습니다.

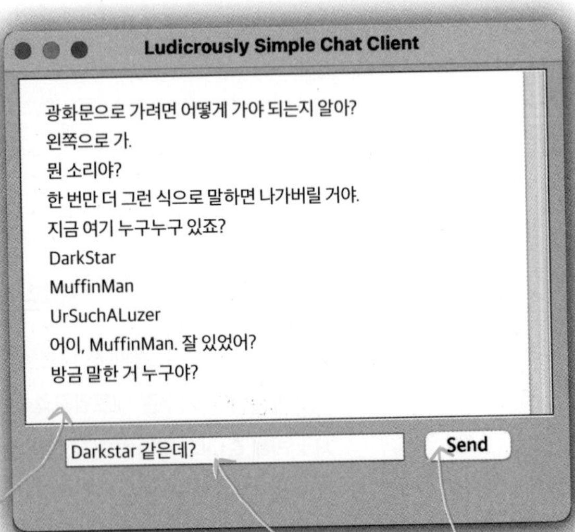
Ludicrously Simple Chat Client
광화문으로 가려면 어떻게 가야 되는지 알아?
왼쪽으로 가.
뭔 소리야?
한 번만 더 그런 식으로 말하면 나가버릴 거야.
지금 여기 누구누구 있죠?
DarkStar
MuffinMan
UrSuchALuzer
어이, MuffinMan. 잘 있었어?
방금 말한 거 누구야?
Darkstar 같은데?
Send

이 간단한 클라이언트를 써서 채팅을 즐길 수 있습니다. 모든 메시지는 모든 채팅 참가자들에게 전달됩니다.

메시지를 서버로 보낼 수 있습니다.

채팅 프로그램 개요

클라이언트에서는 서버에 대해 알아야 합니다.
서버에서는 모든 클라이언트에 대해 알아야 합니다.

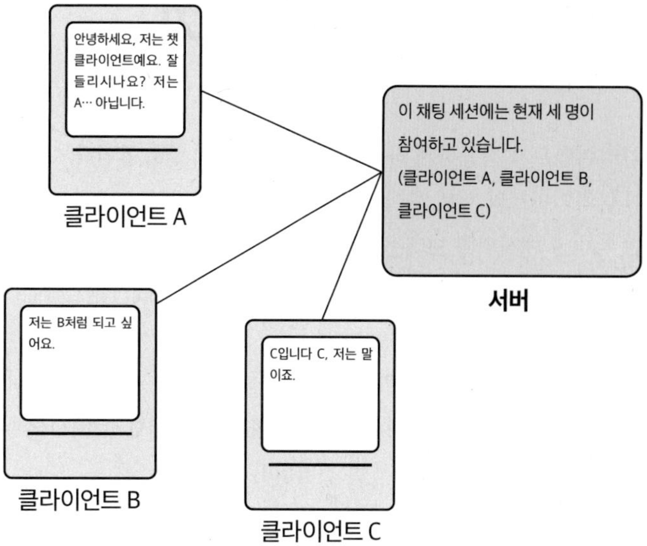

작동 원리

1 클라이언트가 서버에 접속합니다.

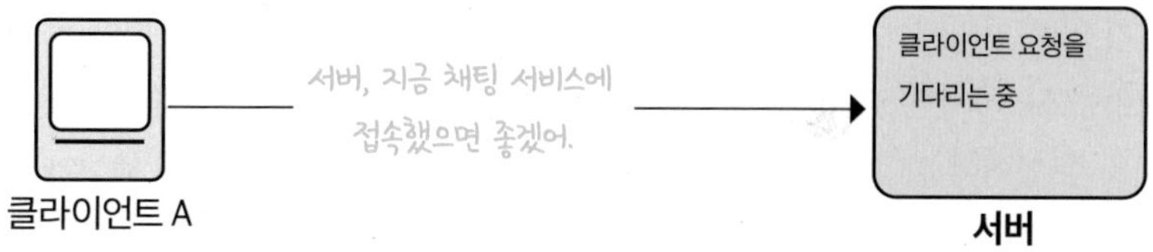

2 서버에서 접속을 허용하고 클라이언트를 수신인 목록에 추가합니다.

3 다른 클라이언트가 서버에 접속합니다.

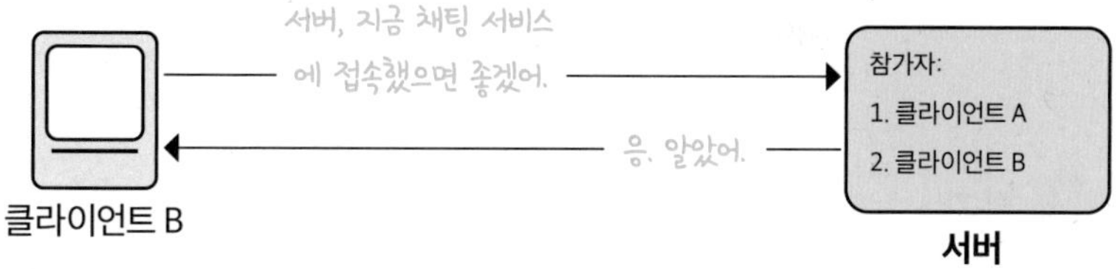

4 클라이언트 A에서 채팅 서비스로 메시지를 보냅니다.

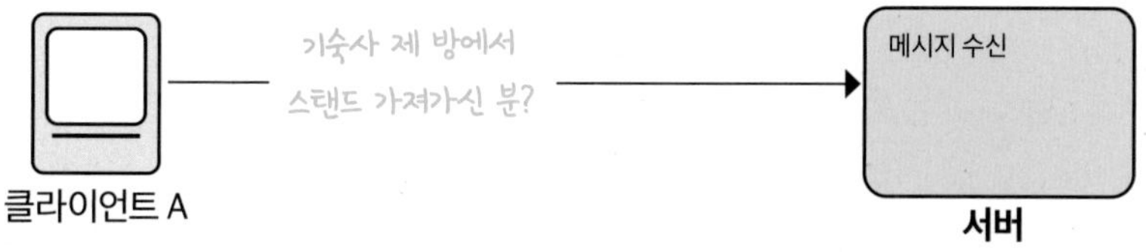

5 서버에서 메시지를 모든 참가자들에게 보냅니다(메시지를 보낸 사용자에게도 보냅니다).

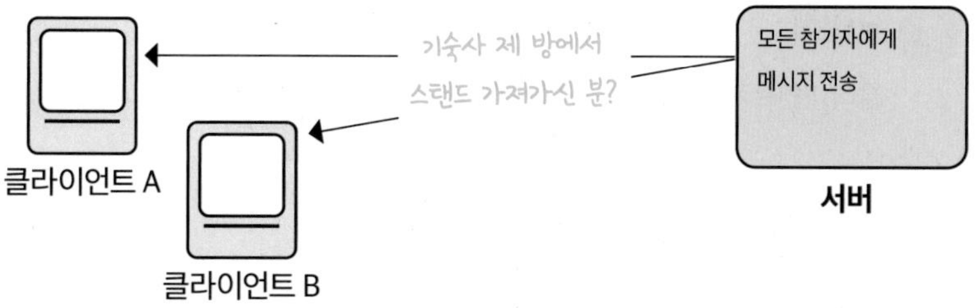

연결하기, 보내기, 받기

클라이언트가 작동하게 하려면 세 가지 방법이 필요합니다.

1) 클라이언트와 서버 사이에서 초기 **연결**을 정립하는 방법

2) 서버로 메시지를 **보내는 방법**

3) 서버로부터 메시지를 **받는 방법**

이런 작업을 처리하려면 여러 가지 저수준 작업이 이뤄져야 합니다. 하지만 다행히도 자바 API 덕분에 그런 작업은 식은 죽 먹기라고 할 수 있습니다. 이번 장에서도 네트워킹과 입출력 코드보다는 오히려 GUI 코드를 훨씬 많이 보게 될 것입니다.

그런데 그게 전부가 아닙니다.

간단한 채팅 클라이언트에는, 이 책에서는 아직 접하지 못했던 문제가 도사리고 있습니다. 동시에 두 가지 일을 처리해야 한다는 것이 그 문제입니다. 연결하는 작업은 한 번에 처리됩니다(성공하든, 실패하든 말이죠). 하지만 그 이후에 메시지를 보내면서 동시에(서버를 통해서) 다른 참가자가 보낸 메시지를 받을 수 있어야 합니다. 이 문제를 해결하려면 몇 가지 문제를 생각해 봐야겠군요. 몇 쪽만 더 읽으면 해결책을 알 수 있을 것입니다.

1 연결하기

클라이언트가 서버에 연결합니다.

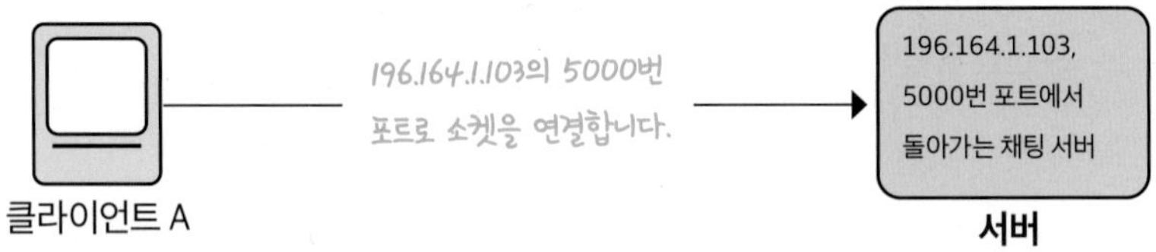

2 받기

클라이언트가 서버에서 메시지를 읽습니다.

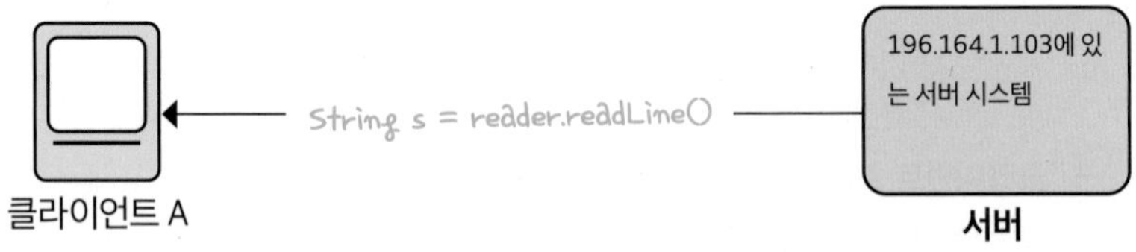

3 보내기

클라이언트가 서버로 메시지를 보냅니다.

1. 연결하기

다른 시스템에 연결하려면 두 시스템 사이의 네트워크 연결을 나타내는 객체가 필요합니다. java.nio.channels.SocketChannel을 열어서 연결 객체를 받아올 수 있습니다.

연결이란 무엇일까요? 두 시스템 사이의 관계를 나타냅니다. 이때 **두 소프트웨어가 서로에 대해 알고 있어야 합니다.** 가장 중요한 것은 그 두 소프트웨어가 상대방과 통신하는 방법, 즉 상대방에게 비트들을 보내는 방법을 알고 있다는 점입니다.

다행히도 저수준에서 일어나는 자질구레한 일에는 신경을 쓸 필요가 없습니다. '네트워킹 스택'의 훨씬 낮은 단계에서 처리되기 때문이죠. 네트워킹 스택이 뭔지 잘 몰라도 전혀 걱정할 필요는 없습니다. 어떤 운영체제에서 돌아가고 있는 JVM 위에서 실행되는 자바 프로그램에서 물리적인 하드웨어(예를 들어서, 이더넷 케이블 등)로, 그리고 다시 어떤 시스템으로 정보(비트)가 움직이는 층을 바라보는 한 가지 방법에 불과하니까요.

우리는 고수준 부분만 걱정하면 됩니다. 서버의 주소가 들어 있는 객체를 만들고 그 서버로 이어지는 채널을 열기만 하면 됩니다. 준비되었나요?

소켓 연결을 하려면 서버에 대해 다음 두 가지 사항을 알아야 합니다.
하나는 서버가 어디에 있는지, 다른 하나는 어떤 포트에서 돌아가고 있는지 입니다.

즉, IP 주소와 TCP 포트 번호가 필요합니다.

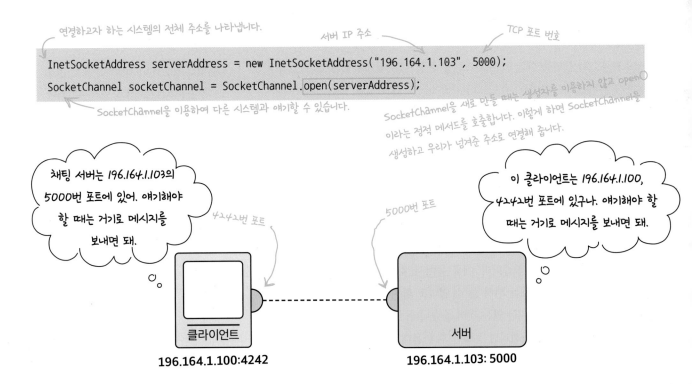

연결하고자 하는 시스템의 전체 주소를 나타냅니다.

서버 IP 주소

TCP 포트 번호

```
InetSocketAddress serverAddress = new InetSocketAddress("196.164.1.103", 5000);
SocketChannel socketChannel = SocketChannel.open(serverAddress);
```

SocketChannel을 이용하여 다른 시스템과 얘기할 수 있습니다.

SocketChannel을 새로 만들 때는 생성자를 이용하지 않고 open()이라는 정적 메서드를 호출합니다. 이렇게 하면 SocketChannel을 생성하고 우리가 넘겨준 주소로 연결해 줍니다.

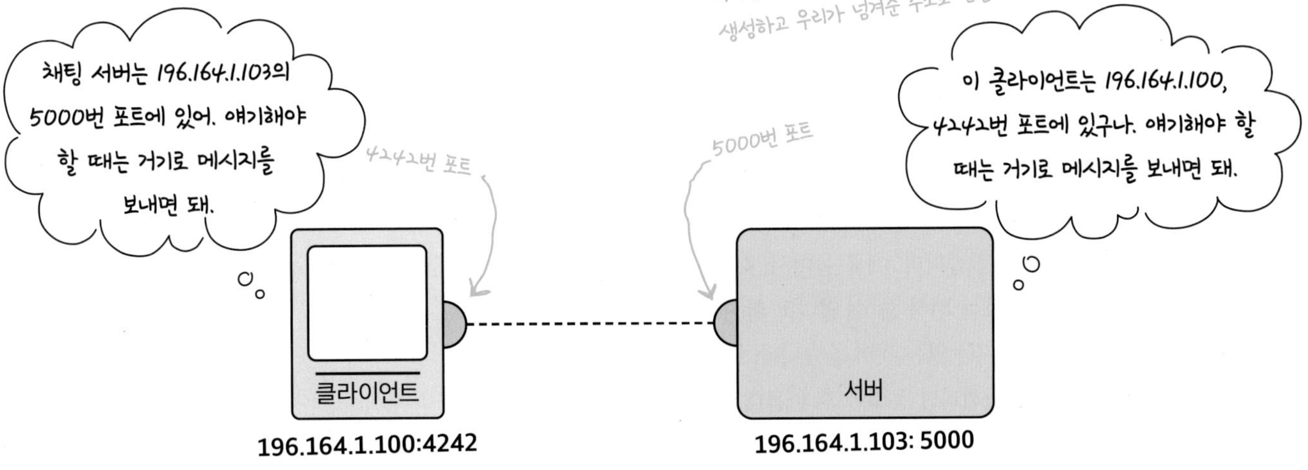

채팅 서버는 196.164.1.103의 5000번 포트에 있어. 얘기해야 할 때는 거기로 메시지를 보내면 돼.
4242번 포트
5000번 포트
이 클라이언트는 196.164.1.100, 4242번 포트에 있구나. 얘기해야 할 때는 거기로 메시지를 보내면 돼.
클라이언트
서버
196.164.1.100:4242
196.164.1.103: 5000

연결이란 두 시스템이 서로에 대한 정보가 있다는 것을 의미합니다.

그 정보에는 네트워크의 위치(IP 주소)와 TCP 포트가 포함됩니다.

TCP 포트는 숫자에 불과합니다.

서버에 있는 특정 프로그램을 나타내는 16비트 숫자입니다.

인터넷 웹(HTTP) 서버는 80번 포트에서 돌아갑니다. 그게 표준 포트 번호입니다. 텔넷 서버가 있다면 23번, FTP는 21번, POP3 메일 서버는 110번, SMTP는 25번, 타임 서버는 37번, 이런 식으로 표준 포트 번호가 정해져 있습니다. 포트 번호는 유일 식별자(unique identifier)라고 생각할 수 있습니다. 서버에서 돌아가고 있는 특정 소프트웨어로의 논리적인 연결을 나타내기 위한 것이죠. 그게 전부입니다. 컴퓨터 어디를 찾아봐도 TCP 포트라는 것은 없습니다. 대신 서버에는 포트 65,536개(0번~65535번)가 있습니다. 따라서 TCP 포트라는 것은 어떤 물리적인 장치를 꽂는 장소를 나타낸다든가 하는 것이 아닙니다. 그냥 용도에 따라 적절하게 쓰는 숫자일 뿐입니다.

흔하게 쓰이는 서버 애플리케이션에서 사용하며 잘 알려져 있는 TCP 포트 번호

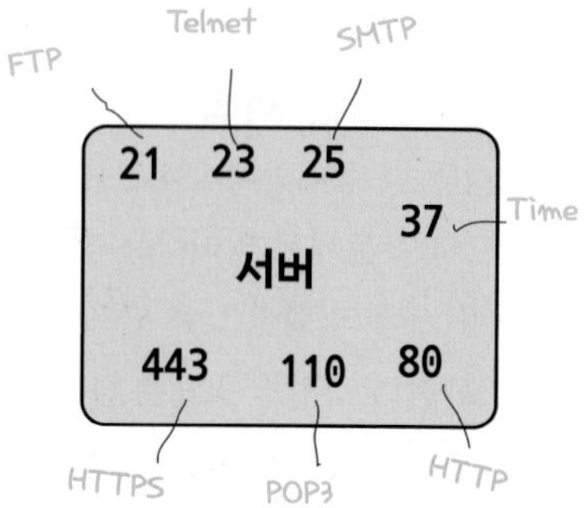

최대 포트 65,536개에 포트마다 하나씩의 서로 다른 서버 애플리케이션이 한 서버에서 돌아갈 수 있습니다.

포트 번호가 없으면 클라이언트에서 어떤 애플리케이션을 원하는지를 서버 쪽에서 알 수가 없습니다. 그리고 각 애플리케이션마다 서로 다른 프로토콜을 가질 수 있는데, 식별자가 없다면 정말 골치 아픈 일이 많이 생기겠죠? 예를 들어서, 웹 브라우저가 HTTP 서버가 아닌 POP3 메일 서버에 접속되면 어떻게 될까요? 메일 서버에서는 HTTP 요청을 파싱하는 방법을 알 수가 없겠죠. 혹시 그 요청을 파싱하는 방법을 안다고 하더라도 HTTP 요청에 대응되는 서비스를 제공하는 방법은 알 수가 없겠죠.

서버 프로그램을 만들 때는 그 프로그램을 실행시킬 때 사용할 포트 번호를 지정하기 위한 코드가 들어가야 합니다(자바에서 그런 작업을 하는 방법은 잠시 후에 알아보겠습니다). 우리가 이 장에서 만들고자 하는 채팅 프로그램에서는 5000번 포트를 쓰기로 했습니다. 별다른 이유는 없습니다. 그냥 그 포트 번호를 쓰고 싶을 뿐입니다. 그리고 1024번에서 65535번 사이에 들어가기 때문이기도 합니다. 0 이상 1023 이하의 포트 번호는 아까 얘기했던 대표적인 서비스들을 위한 번호로 예약되어 있기 때문에 마음대로 쓰지 않는 것이 좋습니다.

그리고 서비스(서버 프로그램)를 회사 네트워크 내에서 돌릴 예정이라면 자신이 사용하고자 하는 포트를 다른 용도로 이미 사용하고 있지 않은지 시스템 관리자에게 물어보는 것이 좋습니다. 예를 들어서, 시스템 관리자에게 물어보면 3000번 이하의 포트 번호는 전혀 쓸 수 없다고 할지도 모르겠죠. 하여간 아무렇게나 포트 번호를 정하지는 않는 것이 좋습니다. 물론, 그냥 집 안에서만 돌릴 네트워크라면 그냥 식구들끼리만 동의한 후 마음대로 포트 번호를 정해서 써도 되긴 할 것입니다.

0번부터 1023번까지의 TCP 포트 번호는 미리 정해진 서비스를 위해 예약되어 있습니다. 직접 서버 프로그램을 만들 때는 1023번까지의 번호는 쓰지 않는 것이 좋습니다.
우리가 만들 채팅 서버에서는 5000번 포트를 사용하겠습니다. 그냥 1024번부터 65535번 사이에서 적당히 고른 숫자입니다.

참고: 물론 0~1023번 포트를 전혀 쓸 수 없는 건 아니겠지만, 포트 번호를 함부로 쓰면 시스템 관리자가 윗사람 참조로 무시무시한 경고 메일을 보낼 겁니다.

무엇이든 물어보세요

Q&A

Q1 연결하고 싶은 서버 프로그램의 포트 번호는 어떻게 알 수 있을까요?

A1 그 프로그램이 잘 알려진 서비스인지, 아닌지에 따라 방법이 다릅니다. 앞쪽에 나온 것처럼 잘 알려진 서비스(HTTP, SMTP, FTP 등)라면 인터넷에서 찾을 수 있습니다(구글에서 'Well-known TCP Port'를 검색해 보세요). 아니면 개인적인 친분이 있는 시스템 관리자한테 물어봐도 알 수 있겠죠?
하지만 프로그램이 잘 알려진 서비스가 아닌 경우에는 그 서비스를 누가 제공하는지 찾아서 직접 물어봐야 합니다. 보통, 누군가가 서버 프로그램을 만들었을 때 다른 사람들이 그 서비스를 사용하는 클라이언트를 만들어 주기를 원한다면 IP 주소, 포트 번호, 서비스 프로토콜을 공개할 것입니다. 예를 들어서, 바둑 게임 서버용 클라이언트를 만들고 싶다면 바둑 서버 사이트를 찾아서 그 서버에 맞는 클라이언트를 만드는 방법에 대한 정보를 찾아봐야겠죠.

Q2 포트 하나에서 여러 프로그램이 돌아갈 수도 있나요? 즉, 같은 서버에 있는 프로그램 두 개 이상이 같은 포트 번호를 써도 되나요?

A2 안 됩니다. 이미 사용 중인 포트에 프로그램을 결합시키려고 하면 BindException이라는 예외가 발생합니다. 프로그램을 포트에 결합시킨다(bind)는 것은 서버 애플리케이션을 실행시키고 어떤 특정 포트에서 돌아가게 한다는 것을 의미합니다. 이 장의 서버 부분으로 들어가면 이와 관련된 더 자세한 내용을 알아볼 것입니다.

IP 주소는 시장 이름입니다.

IP 주소는 '동대문 시장'과 같은 시장명이라고 생각할 수 있습니다.

포트 번호는 그 시장에 있는 특정 가게 이름입니다.

포트 번호는 'OOO 레코드'와 같은 특정 가게명이라고 생각할 수 있습니다.

뇌 일깨우기

자, 이제 소켓 연결이 이루어졌습니다. 클라이언트와 서버는 각각 상대방의 IP 주소와 TCP 포트 번호를 알고 있습니다. 그러면 이제 뭘 해야 할까요? 그 연결을 통해 어떤 방법으로 통신을 할 수 있을까요? 즉, 비트들을 한 곳에서 다른 곳으로 어떻게 옮길 수 있을까요? 여러분의 채팅 클라이언트에서 보내고 받아야 하는 메시지의 종류를 한번 생각해 봅시다.

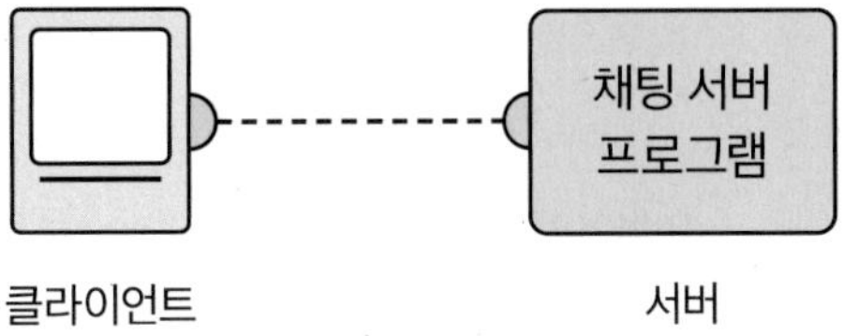

이 둘은 서로 어떻게 정보를 주고받을까요?

2. 메시지 받기

원격 접속을 통해서 통신을 할 때도 이전 장에서 썼던 것과 같은 일반적인 입출력 스트림을 이용할 수 있습니다. 앞 장에서 사용했던 것과 같은 일반적인 입출력 스트림을 사용하지요. 자바의 가장 훌륭한 기능 중의 하나는 대부분의 입출력 작업에서 고수준 연쇄 스트림이 실제로 어디에 연결되어 있는지에 별로 신경을 쓰지 않아도 된다는 점입니다. 즉, 파일에서 읽을 때와 마찬가지로 **BufferedReader**를 사용할 수 있습니다. 단지 다른 점은 그 밑에 깔려 있는 연결 스트림이 File이 아닌 채널(channel)에 연결되어 있다는 점입니다.

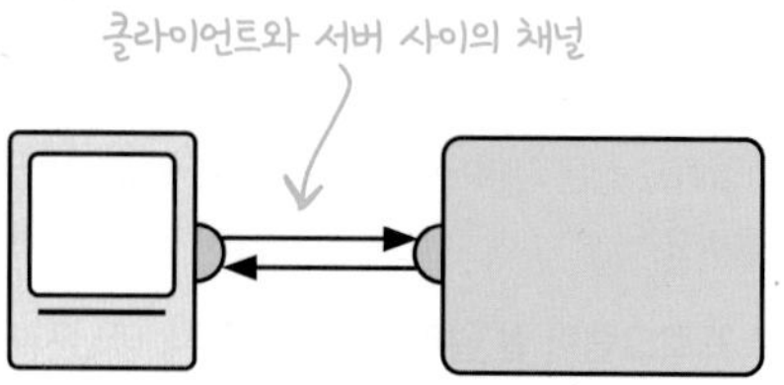

BufferedReader를 이용하여 네트워크로부터 읽는 방법

1 서버에 연결합니다.

```
SocketAddress serverAddr = new InetSocketAddress("127.0.0.1", 5000);

SocketChannel socketChannel = SocketChannel.open(serverAddr);
```

127.0.0.1은 localhost의 IP 주소입니다. 즉, 이 코드가 돌아가고 있는 호스트를 나타내는 IP 주소지요. 클라이언트와 서버를 하나의 독립형 시스템에서 테스트하고 있을 때는 이 IP 주소를 사용할 수 있습니다. 번호 대신 "localhost"라고 써도 됩니다.

채팅 서버에서 5000번 포트를 사용하기로 했으므로 이 포트 번호를 사용합니다.

이 주소로 연결하는 SocketChannel을 열어야 합니다.

2 연결로부터 Reader를 생성하거나 받아옵니다.

```
Reader reader = Channels.newReader(socketChannel, StandardCharsets.UTF_8);
```

이 Reader는 (채널로부터 오는 것 같은) 저수준 바이트 스트림과 (우리가 연쇄 스트림 최상단에서 사용하는 BufferedReader 같은) 고수준 문자 스트림을 연결하는 '다리' 역할을 합니다.

Channels 클래스에 있는 정적 보조 메서드를 이용하여 SocketChannel로부터 Reader를 생성할 수 있습니다.

네트워크로부터 값을 읽어올 때 사용할 Charset을 알려 줘야 합니다. 보통 UTF 8을 많이 사용합니다.

3 BufferedReader를 만들고 읽습니다.

BufferedReader를 (SocketChannel에서 만든) Reader에 연결합니다.

```
BufferedReader bufferedReader = new BufferedReader(reader);
String message = bufferedReader.readLine();
```

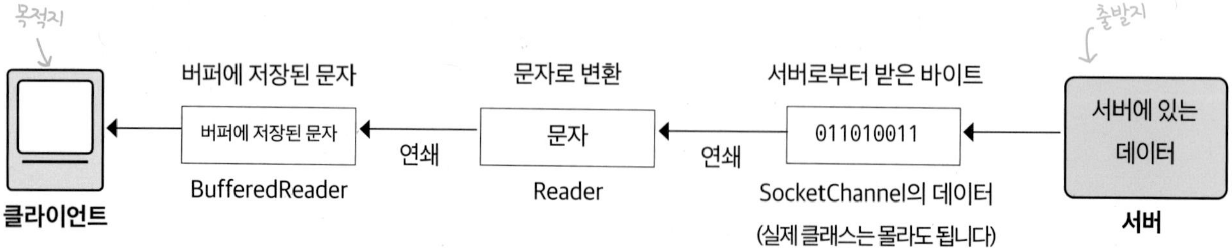

3. 메시지 보내기

데이터를 Socket으로 쓸 때는 PrintWriter를 사용합니다.

이전 장에서는 BufferedWriter를 썼습니다. 여기서도 선택의 여지가 있는데, 한 번에 하나씩의 String 객체를 쓸 때는 **PrintWriter**를 쓰는 것이 가장 표준적인 방법입니다. PrintWriter에서 가장 핵심적인 메서드는 print()와 println()입니다. System.out에서와 마찬가지죠.

PrintWriter를 이용하여 네트워크로 보내는 방법

1 서버에 연결합니다.

이 부분은 전 페이지와 똑같습니다. 서버로 데이터를 보낼 때도 접속은 해야 하니까요.

```
SocketAddress serverAddr = new InetSocketAddress("127.0.0.1", 5000);

SocketChannel socketChannel = SocketChannel.open(serverAddr);
```

2 연결로부터 Writer를 생성하거나 가져옵니다.

문자열을 쓸 때 어떤 Charset을 쓸지 지정해야 합니다. 쓸 때도 읽을 때와 똑같은 Charset을 써야 합니다.

```
Writer writer = Channels.newWriter(socketChannel, StandardCharsets.UTF_8);
```

Writer는 문자 데이터와 채널에 쓸 바이트 사이를 이어 주는 '다리' 역할을 합니다.

Channels 클래스에는 Writer를 생성하기 위한 유틸리티 메서드가 들어 있습니다.

3 PrintWriter를 만들고 뭔가를 씁니다(출력합니다).

채널의 Writer에 PrintWriter를 연쇄시킴으로써 채널에 문자열을 쓸 수 있고, 그게 연결을 통해서 전송됩니다.

```
PrintWriter printWriter = new PrintWriter(writer);
writer.println("message to send");
writer.print("another message");
```

← println() 메서드에서는 보낼 때 맨 뒤에 줄바꿈 문자를 추가합니다.

← print()에서는 줄바꿈 문자를 추가하지 않습니다.

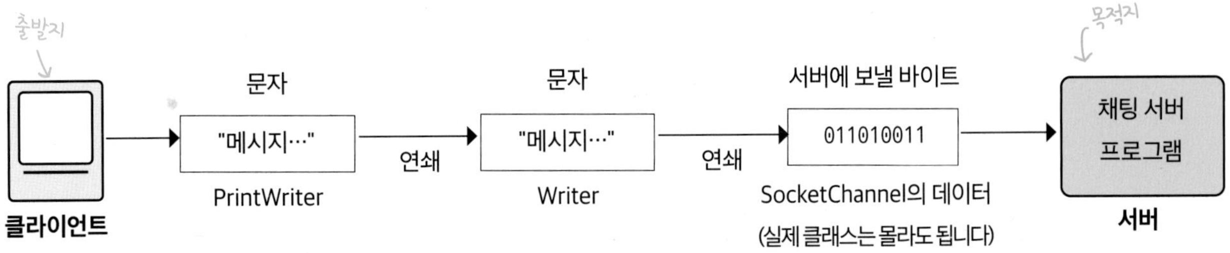

접속하는 방법에는 여러 가지가 있습니다

원격 시스템과 통신하는 실전 코드를 보면 원격 컴퓨터에 접속하고 읽고 쓰는 방법이 다양하다는 것을 알 수 있을 겁니다.
어떤 접근법을 사용할지는 사용하는 자바 버전, 애플리케이션에서 요구하는 사양(예를 들어서, 동시에 접속하는 클라이언트 수, 보낼 메시지의 크기, 메시지 전송 주기 등)을 비롯하여 여러 조건에 따라 다를 수 있을 겁니다. 가장 단순한 접근법 가운데 하나로 채널 대신 **java.net.Socket**을 쓰는 방법이 있습니다.

SocketChannel을 쓰라고
나와 있지만 대신 Socket
을 써도 되긴 하지.

소켓 사용법

소켓으로부터 InputStream, OutputStream을 가져와서 지금까지 배웠던 방법과 매우 비슷한 식으로 읽고 쓸 수 있습니다.

InetSocketAddress를 사용하고 SocketChannel을 여는 대신 호스트와 포트 번호를 지정하면서 Socket을 생성할 수 있습니다.

```
Socket chatSocket = new Socket("127.0.0.1", 5000);

InputStreamReader in = new InputStreamReader(chatSocket.getInputStream());

BufferedReader reader = new BufferedReader(in);
String message = reader.readLine();

PrintWriter writer = new PrintWriter(chatSocket.getOutputStream());

writer.println("message to send");
writer.print("another message");
```

Socket으로부터 읽기 위해 Socket으로부터 InputStream을 가져와야 합니다.

Reader 코드는 이미 본 것과 똑같이 쓰면 됩니다.

소켓으로 쓰기 작업을 할 때는 Socket에서 OutputStream을 받은 다음 PrintWriter로 연쇄시켜 주면 됩니다.

Writer 코드는 이미 본 것과 똑같은 식으로 사용하면 됩니다.

java.net.Socket 클래스는 모든 자바 버전에서 쓸 수 있습니다.
java.net.Socket 클래스는 이미 파일 입출력용으로 썼던 I/O 스트림을 통해서 간단한 네트워크 입출력을 지원합니다.

소켓이 자바가 처음 만들어졌을 때
부터 있었고, 코드도 적게 써도 되고
채널하고 똑같은 기능을 제공한다면
채널은 왜 필요한 건가요?

연결이 점점 중요해지면서 자바도 원격 시스템과 작업할 수 있는 방법을 더 다양하게 제공하는 쪽으로 진화했습니다.

채널은 java.nio.channels 패키지에 있다는 것 기억하시죠? java.**nio** 패키지(NIO)는 자바 1.4부터 도입되었고 자바 7에서는 더 많은 게 변경되고 추가되었습니다(NIO.2라고 부르기도 하죠).

네트워크 연결 여러 개를 가지고 다루거나 연결을 통해서 많은 데이터가 오가는 경우에 채널과 NIO를 이용하여 더 좋은 성능을 발휘할 수 있습니다.

이번 장에서는 채널을 사용하긴 하지만 소켓으로부터 얻을 수 있는 것과 똑같은 아주 기초적인 연결 기능만 씁니다. 하지만 애플리케이션에서 매우 분주한 네트워크 연결을 (아니면 아주 많은 개수의 연결을) 무리 없이 감당해야 한다면 잠재적인 능력을 모두 뽑아낼 수 있도록 채널을 다른 식으로 구성하여 높은 네트워크 I/O 부하에 더 잘 대응할 수 있는 프로그램을 만들 수도 있었을 겁니다.

여기에서는 채널을 이용하여 네트워크 입출력을 시작하는 가장 간단한 방법을 알아보고 있는데요, 한 단계 위로 올라가서 고급 기능을 활용해야 하는 경우에도 그리 많이 어렵진 않도록 했습니다.

NIO에 대해서 더 많은 걸 공부하고 싶다면 론 히친스(Ron Hitchens)의 『Java NIO』, 제프 프리센(Jeff Friesen)의 『Java I/O, NIO and NIO.2』를 읽어 보세요.

쉬어 가기

채널에서는 여기에 있는 예제에서는 필요 없는 고급 네트워킹 기능을 지원합니다.

채널에서는 논블로킹 I/O, ByteBuffer를 통한 읽기와 쓰기, 비동기 I/O 같은 기능도 지원할 수 있습니다. 이 책에서는 그런 내용은 다루지 않습니다. 혹시 더 많은 걸 알고 싶다면 검색 엔진에서 이런 키워드를 입력해 보세요.

DailyAdviceClient

채팅 애플리케이션을 만들기 전에 조금 간단한 것부터 시작해 보겠습니다. 우리의 조언 전문가가 지루한 코딩에 지쳐버린 프로그래머들에게 실용적인 조언을 제공해 주는 서버 프로그램 역할을 합니다. 여기에서는 조언 전문가 프로그램에 대한 클라이언트 프로그램을 만들어 보겠습니다. 이 프로그램은 매번 접속할 때마다 서버로부터 메시지를 받아옵니다.
머뭇거리지 말고 바로 시작해 보세요. 이 애플리케이션을 만들고 나서 정말 중요한 조언을 얻을 수 있을지도 모르잖아요.

1 연결하기

클라이언트가 서버에 연결합니다.

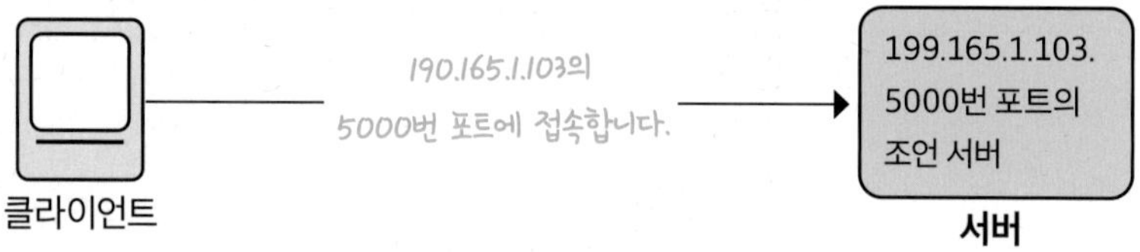

2 읽기

클라이언트에서는 Reader로부터 채널을 가져온 다음 서버로부터 메시지를 읽어 옵니다.

DailyAdviceClient 코드

이 프로그램에서는 SocketChannel, BufferedReader를 만들고(이를 위해 채널의 Reader에 있는 보조 메서드가 필요합니다) 서버 애플리케이션(5000번 포트에서 돌아가고 있는 애플리케이션)으로부터 한 행을 읽어 옵니다.

```java
import java.io.*;
import java.net.InetSocketAddress;
import java.nio.channels.Channels;
import java.nio.channels.SocketChannel;
import java.nio.charset.StandardCharsets;

public class DailyAdviceClient {
  public void go() {
    InetSocketAddress serverAddress = new InetSocketAddress("127.0.0.1", 5000);
    try (SocketChannel socketChannel = SocketChannel.open(serverAddress)) {

      Reader channelReader = Channels.newReader(socketChannel, StandardCharsets.UTF_8);
      BufferedReader reader = new BufferedReader(channelReader);

      String advice = reader.readLine();
      System.out.println("Today you should: " + advice);

      reader.close();
    } catch (IOException e) {
      e.printStackTrace();
    }
  }

  public static void main(String[] args) {
    new DailyAdviceClient().go();
  }
}
```

서버 주소를 이 코드가 돌아가고 있는 호스트("localhost")의 5000번 포트로 지정합니다.

TWR 구문을 이용하여 코드가 완료되면 SocketChannel이 자동으로 닫히도록 만듭니다.

그 SocketChannel로부터 읽어들이는 Reader를 생성합니다.

서버의 주소에 대해 open() 메서드를 호출하여 SocketChannel을 생성합니다.

SocketChannel로부터 가져온 Reader에 BufferedReader를 연쇄시킵니다.

이 readLine()은 파일에 연쇄된 BufferedReader를 쓸 때 사용한 readLine()과 완전히 똑같습니다. 즉, BufferedReader의 메서드를 호출할 때 그 객체에서는 문자들이 어디에서 오는지에 대해 전혀 몰라도 되고 신경 쓸 필요도 없습니다.

이렇게 하면 channelReader와 BufferedReader가 모두 닫힙니다.

쓰면서 제대로 공부하기

풀어 보세요

SocketChannel로부터 읽기/쓰기를 하기 위한 클래스에 대한 기억력을 시험해 보겠습니다. 다른 페이지에 있는 내용을 최대한 보지 않고 답을 적어 보세요.

SocketChannel로부터 **텍스트를 읽을 때**

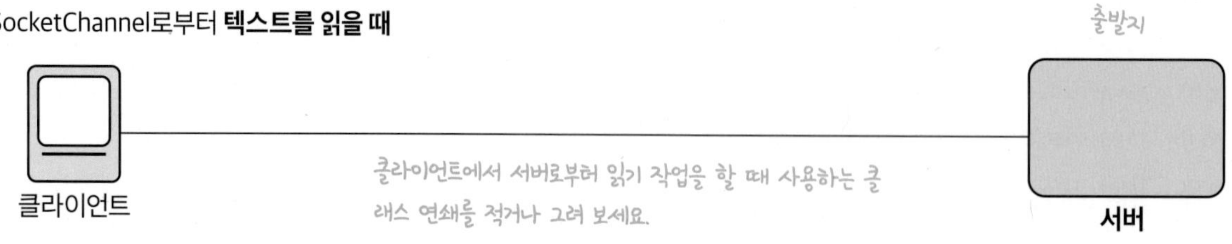

출발지
클라이언트
클라이언트에서 서버로부터 읽기 작업을 할 때 사용하는 클래스 연쇄를 적거나 그려 보세요.
서버

SocketChannel로 **텍스트를 보낼 때**

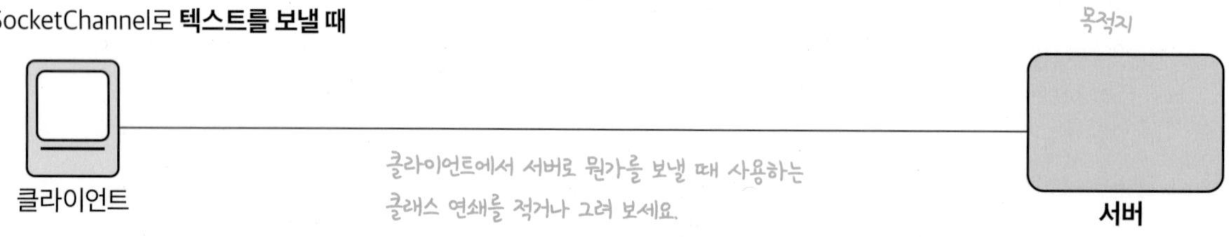

쓰면서 제대로 공부하기

풀어 보세요

빈칸을 채워 보세요.

서버와 연결을 위해 클라이언트에서 필요로 하는 두 가지 정보는? ______________________

____

HTTP와 FTP와 같은 '잘 알려진 서비스'를 위해 예약된 TCP 포트 번호는? ______________________

참일까요? 거짓일까요?: TCP 포트 번호의 범위는 short 원시 값으로 표현할 수 있습니다. ______________________

간단한 서버 애플리케이션 만들기

서버 애플리케이션을 만들려면 어떤 것이 필요할까요? 채널이 두 개만 있으면 됩니다. 하나는 클라이언트 요청(클라이언트에서 new Socket()을 실행시키는 것)을 기다리는 ServerSocketChannel이고 다른 하나는 클라이언트와의 통신을 위해 쓰이는 일반적인 SocketChannel이죠. 클라이언트가 두 개 이상이면 채널도 두 개 이상이어야 하지만 그 부분은 나중에 살펴보겠습니다.

1 서버 애플리케이션에서 ServerSocketChannel을 만들고 특정 포트에 바인딩합니다.

```
ServerSocketChannel serverChannel = ServerSocketChannel.open();
serverChannel.bind(new InetSocketAddress(5000));
```

이렇게 하면 서버 애플리케이션에서 5000번 포트로 들어오는 클라이언트 요청을 감시하는 작업이 시작됩니다.

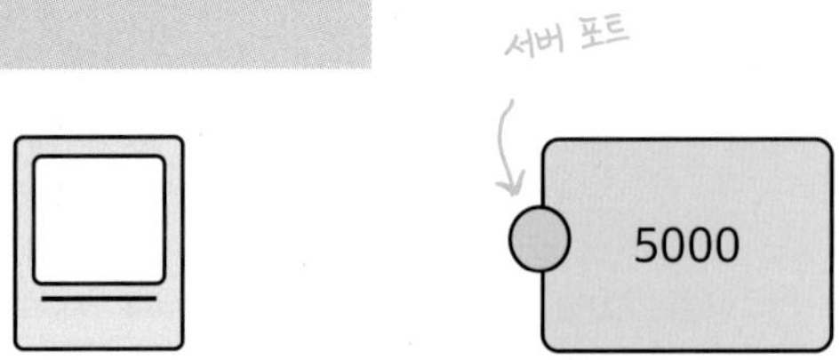

2 클라이언트에서 서버 애플리케이션으로 SocketChannel을 연결합니다.

```
SocketChannel svr = SocketChannel.open(new InetSocketAddress("190.165.1.103", 5000));
```

클라이언트에서는 IP 주소와 포트 번호를 알고 있습니다(서버 애플리케이션을 만든 사람이 포트 번호를 공개했을 수도 있고 개인적으로 알려줬을 수도 있겠죠).

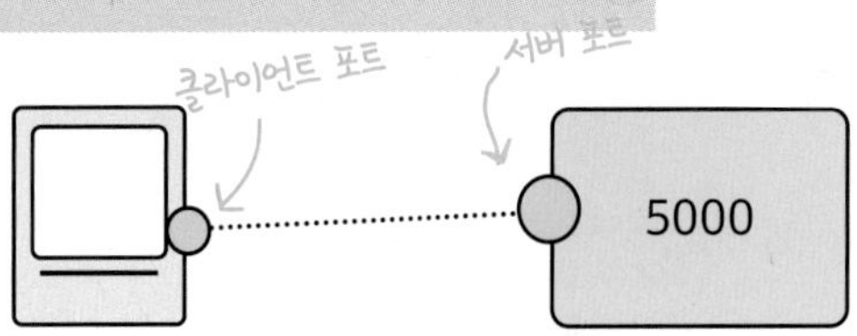

3 서버에서 클라이언트와 통신하기 위한 새로운 SocketChannel을 만듭니다.

```
SocketChannel clientChannel = serverChannel.accept();
```

accept() 메서드에서는 클라이언트가 연결할 때까지 계속 기다립니다. 마침내 클라이언트에서 연결을 시도하면 그 메서드에서 클라이언트와 통신하는 방법을 알고 있는(즉, 클라이언트의 IP 주소와 포트 번호를 알고 있는) SocketChannel을 리턴합니다. ServerSocketChannel은 다시 다른 클라이언트를 기다립니다. 서버에 ServerSocketChannel은 하나뿐이고 SocketChannel은 클라이언트마다 하나씩 있습니다.

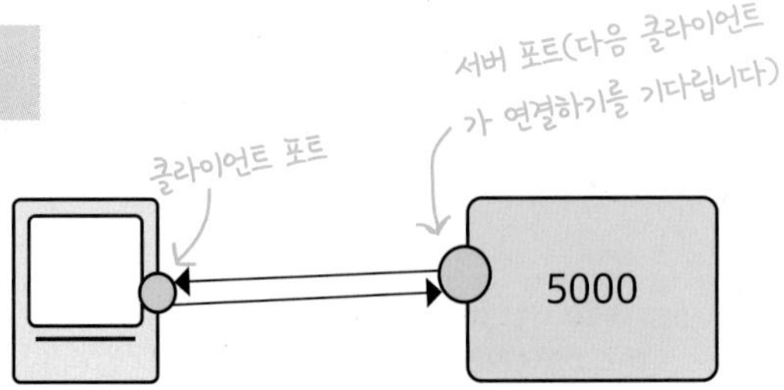

DailyAdviceServer

이 프로그램에서는 ServerSocketChannel을 만들고 클라이언트 요청이 들어올 때까지 기다립니다. 클라이언트 요청이 들어오면(즉, 어떤 클라이언트에서 이 서버에 대한 SocketChannel을 새로 만들면) 서버에서는 그 클라이언트에 대한 SocketChannel을 새로 만듭니다. 서버에서는 (그 SocketChannel로부터 생성된 Writer를 이용하여) PrintWriter를 만들고 클라이언트로 메시지를 보냅니다.

```
import java.io.*;
import java.net.InetSocketAddress;
import java.nio.channels.*;
import java.util.Random;

public class DailyAdviceServer {
  final private String[] adviceList = {
          "조금씩 드세요.",
          "꼭 맞는 청바지를 입어 보세요. 별로 뚱뚱해 보이지 않을 거예요.",
          "한 마디만 하겠습니다: 좋지 않아요.",
          "오늘 하루만 솔직해집시다. 윗사람에게 용감하게 의견을 말해 보세요.",
          "그 머리 스타일은 좀 안 어울리는 것 같은데요."};
  private final Random random = new Random();

  public void go() {

    try (ServerSocketChannel serverChannel = ServerSocketChannel.open()) {
      serverChannel.bind(new InetSocketAddress(5000));

      while (serverChannel.isOpen()) {
        SocketChannel clientChannel = serverChannel.accept();
        PrintWriter writer = new PrintWriter(Channels.newOutputStream(clientChannel));

        String advice = getAdvice();
        writer.println(advice);
        writer.close();
        System.out.println(advice);
      }
    } catch (IOException ex) {
      ex.printStackTrace();
    }
  }

  private String getAdvice() {
    int nextAdvice = random.nextInt(adviceList.length);
    return adviceList[nextAdvice];
  }

  public static void main(String[] args) {
    new DailyAdviceServer().go();
  }
}
```

import 명령문을 빼먹으면 안 되겠죠?

이 배열에 들어 있는 조언이 클라이언트로 전달됩니다.

ServerSocketChannel을 통해 이 서버 애플리케이션이 바인딩된 포트로 들어오는 클라이언트 요청을 감시하게 됩니다.

ServerSocketChannel을 이 애플리케이션을 실행시키고자 하는 포트로 바인딩해야 합니다.

서버에서는 무한 루프를 돌면서 클라이언트 요청이 들어오길 기다립니다.

accept() 메서드는 요청이 들어올 때까지 그냥 기다립니다. 그리고 요청이 들어오면 클라이언트와의 통신을 위한 SocketChannel을 리턴합니다.

클라이언트의 채널에 대해 출력 스트림을 생성하고 PrintWriter로 감쌉니다. 여기에 newOutputStream이나 newWriter를 쓸 수 있습니다.

클라이언트에 String으로 된 조언 메시지를 보냅니다.

writer를 닫습니다. 그러면 SocketChannel도 함께 닫힙니다.

무슨 일이 일어나고 있는지 확인할 수 있도록 서버 콘솔로 출력합니다.

뇌 일깨우기

서버에서는 클라이언트와 통신하는 방법을 어떻게 알 수 있을까요? 서버에서 클라이언트에 대한 정보를 어떻게, 언제, 어디에서 알아낼 수 있을지 생각해 보세요.

앞쪽에 있는 조언 서버 코드에는
심각한 제한이 있어요. 한 번에 한 개씩의
클라이언트만 처리할 수 있다는 점이죠. 여러
클라이언트를 동시에 처리할 수 있는 서버를
만들 수 있을까요? 예를 들어서, 채팅 서버
라면 이렇게 하면 안 되잖아요.

네, 맞아요. **현재 클라이언트와의 연결이 끝나기 전까지는 다른 클라이언트의 요청을 받아들일 수가 없습니다.** 현재 클라이언트와의 연결이 끝나면 다음 무한 루프를 돌면서 새로운 요청이 들어올 때까지 accept() 호출 단계에서 대기하고, 새 요청이 들어오면 SocketChannel을 만들고 새 클라이언트에 데이터를 보낸 다음 전 과정을 다시 시작합니다.

여러 클라이언트를 동시에 처리할 수 있도록 하려면 다른 스레드를 써야 합니다.

각 클라이언트의 SocketChannel마다 새 스레드를 부여하여 각 스레드를 독립적으로 돌리는 거죠.

이제 그렇게 하는 방법을 배울 때가 됐어요.

핵심 정리

- 클라이언트와 서버 애플리케이션은 채널을 이용하여 통신을 합니다.
- 채널은 (한 시스템에서 돌아갈 수도 있습니다만) 두 개의 서로 다른 물리적인 시스템에서 돌아갈 수 있는 두 애플리케이션 사이의 연결을 나타냅니다.
- 클라이언트에서는 서버 애플리케이션의 IP 주소(또는 호스트 이름)와 TCP 포트 번호를 알아야만 합니다.
- TCP 포트는 특정 서버 애플리케이션에 할당된 16비트 부호가 없는 정수입니다. TCP 포트 번호는 다른 서버 애플리케이션이 같은 시스템에서 돌아갈 수 있게 해 줍니다. 클라이언트에서는 포트 번호를 써서 특정 애플리케이션에 접속합니다.
- 0부터 1023까지의 포트 번호는 HTTP, FTP, SMTP 같은 '잘 알려진 서비스'용으로 예약되어 있습니다.
- 클라이언트에서는 SocketChannel을 열어서 서버에 접속합니다.

```
SocketChannel.open(
  new InetSocketAddress("127.0.0.1", 4200))
```

- 일단 연결을 하고 나면 클라이언트에서는 해당 채널에 대한 Reader(서버로부터 데이터를 읽기 위한 객체)와 Writer(서버에 데이터를 보내기 위한 객체)를 생성할 수 있습니다.

```
Reader reader = Channels.newReader(sockCh,
StandardCharsets.UTF_8);
Writer writer = Channels.newWriter(sockCh,
StandardCharsets.UTF_8);
```

- 서버로부터 텍스트 데이터를 읽으려면 Reader에 연쇄된 BufferedReader를 생성하면 됩니다. Reader는 바이트를 받아서 텍스트(문자) 데이터로 변환해 주는 '다리' 역할을 합니다. Reader는 주로 고수준의 BufferedReader와 저수준의 연결 사이에서 중간 사슬 역할을 합니다.
- 텍스트 데이터를 서버에 보내기 위해서는 Writer에 연쇄된 PrintWriter를 만들면 됩니다. print() 또는 println() 메서드를 호출하여 서버에 문자열을 보낼 수 있습니다.
- 서버에서는 특정 포트 번호로 클라이언트 요청이 들어오길 기다리는 ServerSocketChannel을 사용합니다.
- ServerSocketChannel에 요청이 들어오면 해당 클라이언트를 위한 SocketChannel을 만들어서 그 요청을 받아들입니다.

채팅 클라이언트를 만들어 봅시다

지금부터 두 단계를 거쳐서 채팅 클라이언트를 만들어 보겠습니다. 우선 서버로 메시지를 보내기만 할 뿐, 채팅방에 있는 다른 사람이 보낸 메시지를 받을 수는 없는 보내기 전용 버전을 만들겠습니다(조금 황당하죠? 메시지를 보내기만 하고 받을 수는 없는 채팅 프로그램을 만들다니…).
그러고 나서 완전한 기능을 하는, 즉 채팅 메시지를 보낼 수도 있고 받을 수도 있는 프로그램을 만들어 보겠습니다.

첫 번째 버전: 보내기 전용 프로그램

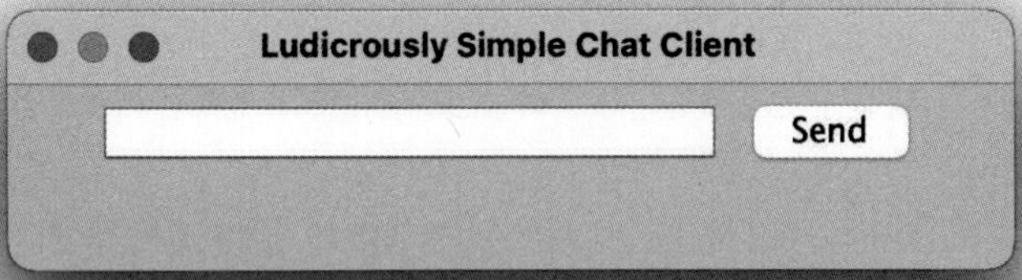

메시지를 입력하고 Send를 누르면 서버로 메시지를 보낼 수 있습니다. 이 버전에서는 서버로부터 아무 메시지도 받지 않을 것이므로 스크롤 텍스트 영역을 만들지 않겠습니다.

코드 개요

채팅 클라이언트에서 제공해야 하는 주 기능의 개요를 적어 보면 다음과 같습니다.
전체 코드는 다음 페이지에 있습니다.

```
public class SimpleChatClientA {
  private JTextField outgoing;
  private PrintWriter writer;

  public void go() {
    // setUpNetworking() 메서드 호출
    // GUI를 만들고 Send 버튼에 리스너 등록
  }

  private void setUpNetworking() {
    // 서버로 연결되는 SocketChannel 생성
    // PrintWriter를 만들고 writer 인스턴스 변수에 대입
  }

  private void sendMessage() {
    // 텍스트 필드에서 텍스트를 가져오고
    // writer(PrintWrirer)를 써서 서버로 전송
  }
}
```

```java
import javax.swing.*;
import java.awt.*;
import java.io.*;
import java.net.InetSocketAddress;
import java.nio.channels.*;
import static java.nio.charset.StandardCharsets.UTF_8;

public class SimpleChatClientA {
  private JTextField outgoing;
  private PrintWriter writer;

  public void go() {
    setUpNetworking();

    outgoing = new JTextField(20);

    JButton sendButton = new JButton("Send");
    sendButton.addActionListener(e -> sendMessage());

    JPanel mainPanel = new JPanel();
    mainPanel.add(outgoing);
    mainPanel.add(sendButton);
    JFrame frame = new JFrame("Ludicrously Simple Chat Client");
    frame.getContentPane().add(BorderLayout.CENTER, mainPanel);
    frame.setSize(400, 100);
    frame.setVisible(true);
    frame.setDefaultCloseOperation(WindowConstants.EXIT_ON_CLOSE);
  }

  private void setUpNetworking() {
    try {
      InetSocketAddress serverAddress = new InetSocketAddress("127.0.0.1", 5000);

      SocketChannel socketChannel = SocketChannel.open(serverAddress);
      writer = new PrintWriter(Channels.newWriter(socketChannel, UTF_8));
      System.out.println("Networking established.");
    } catch (IOException e) {
      e.printStackTrace();
    }
  }

  private void sendMessage() {
    writer.println(outgoing.getText());
    writer.flush();
    outgoing.setText("");
    outgoing.requestFocus();
  }

  public static void main(String[] args) {
    new SimpleChatClientA().go();
  }
}
```

출력(java.io), 네트워크 연결(java.nio.channels), GUI 관련 클래스(awt, swing)를 불러오기 위한 import 구문

정적 임포트. 정적 임포트에 대해서는 10장에서 배웠습니다.

서버에 접속하기 위한 메서드 호출.

GUI를 만듭니다. 새로운 내용도 없고 네트워킹이나 입출력과 관련된 내용도 없습니다.

클라이언트와 서버를 한 시스템에서 테스트할 수 있도록 localhost를 사용합니다.

서버에 연결할 SocketChannel을 엽니다.

SocketChannel에 쓰는 writer로부터 PrintWriter를 만드는 부분입니다.

실제 쓰기 작업을 합니다. writer는 SocketChannel으로부터 이어지는 writer에 연쇄되어 있기 때문에 println()을 호출할 때마다 네트워크를 거쳐서 서버로 전달됩니다.

이 코드를 테스트해 보고 싶으면 이 장 맨 뒤에 있는 서버의 인스턴트 코드도 입력해서 컴파일해야 합니다.
우선 한쪽 터미널에서는 서버를 실행한 다음, 다른 터미널에서 이 클라이언트를 실행하면 됩니다.

인스턴트 코드

정말 간단한 채팅 서버

모든 버전의 채팅 클라이언트에 이 서버 코드를 사용할 수 있습니다. 지금까지 부인된 모든 면책 조항이 여기에 적용됩니다. 코드를 필수적인 것만 남기기 위해 실제 서버로 만드는 데 필요한 많은 부분을 제거했습니다. 즉, 작동하지만 이를 깨는 방법은 적어도 100가지 이상 있습니다. 이 책을 마친 후 실제로 기술을 연마하고 싶다면 돌아와서 이 서버 코드를 더욱 강력하게 만드십시오.

이 장을 마친 후에는 이 코드에 직접 주석을 달 수 있습니다. 우리가 설명하는 것보다 여러분이 직접 무슨 일이 일어나고 있는지 알아내면 훨씬 더 잘 이해할 수 있을 것입니다. 그리고 다시 말하지만, 이것은 준비된 코드(Ready-Bake Code)이므로 전혀 이해할 필요가 없습니다. Chat 클라이언트의 두 가지 버전을 지원하기 위해 여기에 있습니다.

> 채팅 클라이언트를 실행하려면 두 개의 터미널이 필요합니다. 먼저 한 터미널에서 이 서버를 시작한 다음 다른 터미널에서 클라이언트를 시작합니다.

```java
import java.io.*;
import java.net.InetSocketAddress;
import java.nio.channels.*;
import java.util.*;
import java.util.concurrent.*;

import static java.nio.charset.StandardCharsets.UTF_8;

public class SimpleChatServer {
  private final List<PrintWriter> clientWriters = new ArrayList<>();

  public static void main(String[] args) {
    new SimpleChatServer().go();
  }

  public void go() {
    ExecutorService threadPool = Executors.newCachedThreadPool();
    try {
      ServerSocketChannel serverSocketChannel = ServerSocketChannel.open();
      serverSocketChannel.bind(new InetSocketAddress(5000));

      while (serverSocketChannel.isOpen()) {
        SocketChannel clientSocket = serverSocketChannel.accept();
        PrintWriter writer = new PrintWriter(Channels.newWriter(clientSocket, UTF_8));
        clientWriters.add(writer);
        threadPool.submit(new ClientHandler(clientSocket));
        System.out.println("got a connection");
      }
    } catch (IOException ex) {
      ex.printStackTrace();
    }
  }
```

```java
  private void tellEveryone(String message) {
    for (PrintWriter writer : clientWriters) {
      writer.println(message);
      writer.flush();
    }
  }

  public class ClientHandler implements Runnable {
    BufferedReader reader;
    SocketChannel socket;

    public ClientHandler(SocketChannel clientSocket) {
      socket = clientSocket;
      reader = new BufferedReader(Channels.newReader(socket, UTF_8));
    }

    public void run() {
      String message;
      try {
        while ((message = reader.readLine()) != null) {
          System.out.println("read " + message);
          tellEveryone(message);
        }
      } catch (IOException ex) {
        ex.printStackTrace();
      }
    }
  }
}
```

출력 결과:

배경에서 실행됩니다.

출력 결과:

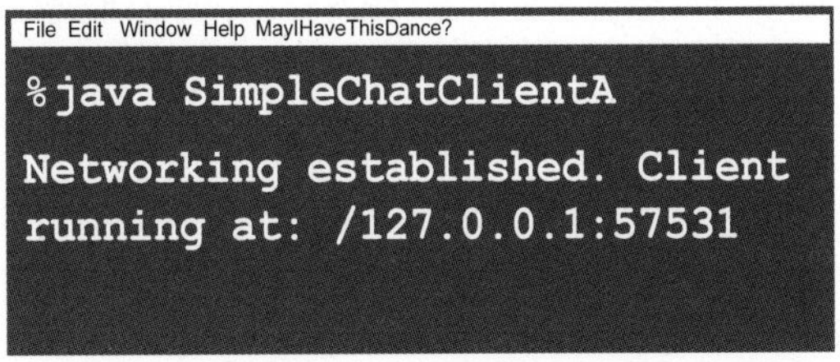

File Edit Window Help MayIHaveThisDance?
%java SimpleChatClientA
Networking established. Client running at: /127.0.0.1:57531

서버와 실행 GUI를 연결합니다.

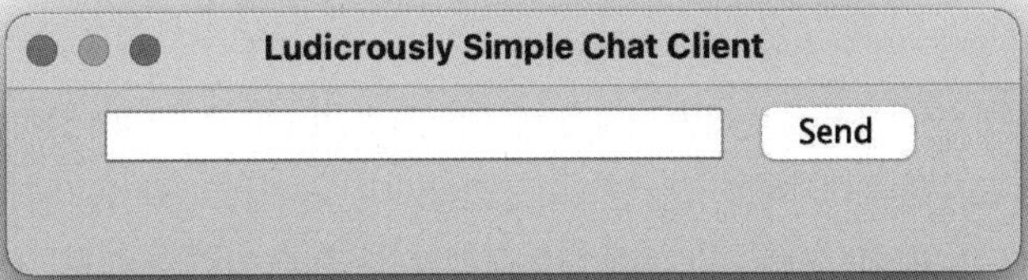

두 번째 버전: 보내기와 받기

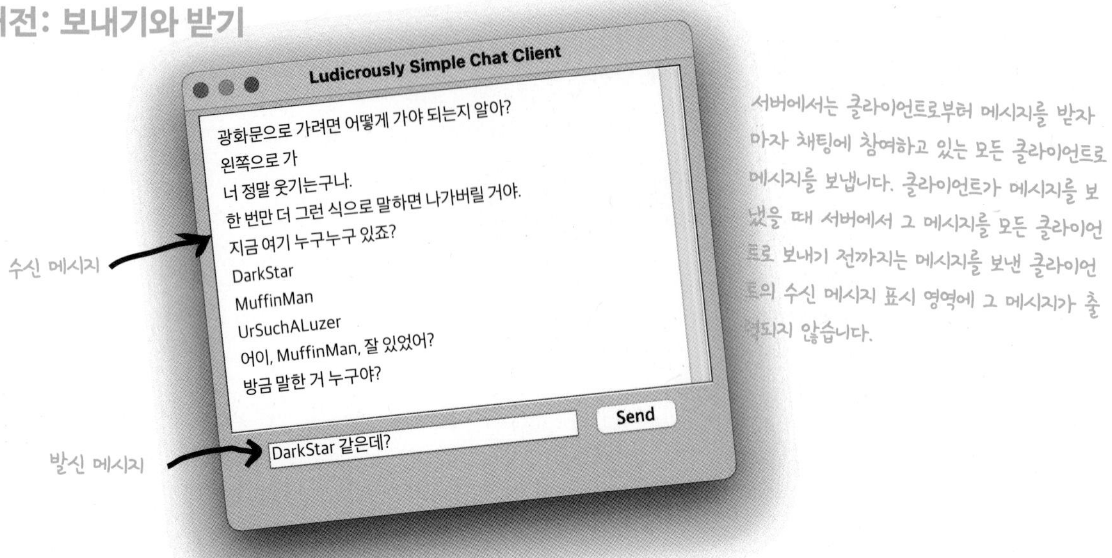
Ludicrously Simple Chat Client
광화문으로 가려면 어떻게 가야 되는지 알아?
왼쪽으로 가
너 정말 웃기는구나.
한 번만 더 그런 식으로 말하면 나가버릴 거야.
지금 여기 누구누구 있죠?
DarkStar
MuffinMan
UrSuchALuzer
어이, MuffinMan, 잘 있었어?
방금 말한 거 누구야?
Send
DarkStar 같은데?
수신 메시지
발신 메시지
서버에서는 클라이언트로부터 메시지를 받자마자 채팅에 참여하고 있는 모든 클라이언트로 메시지를 보냅니다. 클라이언트가 메시지를 보냈을 때 서버에서 그 메시지를 모든 클라이언트로 보내기 전까지는 메시지를 보낸 클라이언트의 수신 메시지 표시 영역에 그 메시지가 출력되지 않습니다.

중요한 문제: 서버로부터 어떻게 메시지를 받을 수 있을까요?

간단합니다. 네트워크를 설정할 때 리더도 만들어 주면 됩니다. 그리고 readLine()을 써서 메시지를 읽으면 됩니다.

더 중요한 문제: 언제 서버로부터 메시지를 받나요?

한번 생각해 보세요. 어떤 방법이 있을까요?

1. **첫 번째 방법: 사용자가 메시지를 보낼 때마다 서버로부터 메시지를 받아옵니다.**

   장점: 프로그램을 만들기가 매우 쉽습니다.

   단점: 아주 어리석은 방법입니다. 메시지를 확인하는 간격이 아주 불규칙적으로 되는 데다가 사용자가 글을 잘 안 쓰고 지켜보기만 하는 편이면 어떻게 해야 할까요?

2. **두 번째 방법: 20초마다 서버를 확인합니다.**

   장점: 불가능한 방법은 아니고, 글을 잘 안 쓰는 사용자의 경우에도 대응할 수 있습니다.

   단점: 서버에서, 그 클라이언트에서 이미 받은 메시지와 아직 받지 않은 메시지를 어떻게 알 수 있을까요? 그리고 서버에서는 메시지를 받을 때마다 바로 나눠주고 신경을 끄는 방법 대신 메시지를 저장하는 방법을 써야 할 것입니다. 그리고 20초라는 시간도 참 애매합니다. 이렇게 오랫동안 기다려야 하면 채팅이 상당히 느리고 불편할 것이고, 그 시간 간격을 줄이면 불필요하게 서버를 자주 확인해야 하기 때문에 비효율적인 프로그램이 될 가능성이 높아지죠.

3. **세 번째 방법: 서버에서 메시지를 보내면 바로 메시지를 읽습니다.**

   장점: 가장 효율적이고 사용하기도 편합니다.

   단점: 동시에 두 가지 일을 하려면 어떻게 해야 할까요? 이 코드를 어디에 집어넣어야 할까요? 항상 서버로부터 메시지를 읽어 오기 위해 대기하고 있는 반복이 필요합니다. 하지만 그 반복을 어디에 집어넣어야 할까요? 일단 GUI를 띄우고 나면 GUI 구성요소에서 이벤트를 내놓을 때까지는 아무 일도 일어나지 않는 데 말이죠.

자바에서는 걸어가면서 동시에 껌을 씹을 수도 있습니다.

지금쯤이면 세 번째 옵션을 사용할 것이라는 것을 눈치 챘겠죠?

모든 것이 연속적으로 진행되어야 합니다. 사용자가 GUI를 건드리는 것은 전혀 방해하지 않으면서 서버로부터 오는 메시지를 확인할 수 있어야만 합니다. 그래야 사용자가 새 메시지를 타이핑하거나 수신 메시지를 스크롤하는 동안에도 그 뒤에서는 서버로부터 들어오는 메시지를 계속 받을 수 있습니다.

즉, 새로운 스레드가 필요합니다. 별도의 스택을 새로 만들어야 한다는 거죠.

보내기 전용 버전(첫 번째 버전)에서 했던 것은 똑같이 작동하면서 동시에 서버로부터 정보를 읽어들이고, 수신 메시지가 출력되는 텍스트 영역에 그 정보를 표시하는 별도의 프로세스가 돌아가야 합니다.

정확하게 말하자면 좀 다른데요, 새로운 자바 스레드는 운영체제에서 돌아가는 별개의 프로세스가 아닙니다. 거의 그런 것처럼 느껴지긴 하지만요.

잠시 채팅 애플리케이션에서 벗어나서 스레드를 이용하는 방법을 살펴보도록 하겠습니다. 이 장의 마지막 부분에서는 채팅 클라이언트로 돌아와서 스레드 기능을 추가해 보겠습니다.

자바에서의 멀티스레딩

자바에서는 언어 자체에 다중 스레딩 기능이 내장되어 있습니다. 그리고 새로운 실행 스레드를 만드는 방법도 아주 간단합니다

```
Thread t = new Thread();
t.start();
```

이 코드가 전부입니다. 새로운 Thread 객체를 만들면 별도의 호출 스택이 있는 실행 스레드가 새로 시작됩니다.

하지만 한 가지 문제점이 있습니다.

그 스레드는 아무것도 하지 않는 스레드이기 때문에 만들어지자마자 죽어버립니다. 스레드가 죽으면 새로 만들어진 스택도 사라지고, 결국 모두 아무것도 아닌 게 되고 말겠죠.

중요한 구성요소 한 가지가 빠져 있습니다. 바로 작업(job)이죠. 즉, 별도의 스레드에서 실행시킬 코드가 필요합니다.

자바에서 다중 스레딩을 사용하려면 스레드와 그 스레드에 의해 실행되는 작업에 모두 신경을 써야 합니다. 사실 자바에서 여러 일을 하는 방법에는 java.lang 패키지의 Thread 클래스 외에도 몇 가지가 더 있습니다(java.lang은 따로 import 명령문을 쓰지 않아도 무조건 쓸 수 있는 패키지라는 것을 기억하고 있죠? String이나 System과 같은 자바 언어에서 가장 근본적인 클래스가 들어 있는 패키지라는 것도요).

자바에서는 스레드 여러 개를 사용할 수 있지만 Thread 클래스는 하나뿐입니다

스레드라고 그냥 한글로 (영문으로는 소문자 't'로 시작해서 thread) 쓸 때도 있고, Thread라고 대문자로 시작해서 쓰는 경우도 있습니다. 스레드라고 하는 경우는 별도의 실행 스레드(thread of execution)를 의미하는 것입니다. 즉, 별도의 호출 스택(call stack)이 있다는 것을 의미하는 것이죠. Thread라고 나와 있으면 자바의 명명 규칙을 한번 생각해 보세요. 자바에서 대문자로 시작하는 것에는 어떤 게 있죠? 예, 클래스와 인터페이스가 있습니다. 이 경우에 Thread는 java.lang 패키지에 들어 있는 클래스명을 뜻합니다. Thread 객체는 실행 스레드를 의미합니다. 옛날 버전의 자바에서는 실행 스레드를 새로 시작하고 싶으면 항상 Thread 클래스의 인스턴스를 생성해야 했습니다. 하지만 시간이 지나면서 자바도 진화했고, 이제는 Thread 클래스를 직접 사용하는 것 외에 다른 방법도 생겼습니다. 앞으로 이 내용을 좀 더 자세하게 살펴보도록 하겠습니다.

'스레드'는 별도의 '실행 스레드'를 가리킵니다. 즉, 별도의 '호출' 스택이지요. Thread는 스레드를 나타내는 자바 클래스입니다.
Thread 클래스를 쓰는 방법이 자바에서 멀티스레딩을 할 수 있는 유일한 방법은 아닙니다.

스레드(thread)

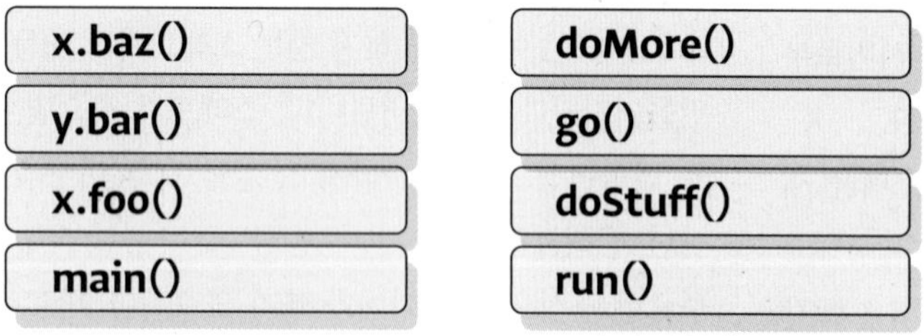

메인 스레드

코드에서 시작시킨 또 다른 스레드

Thread

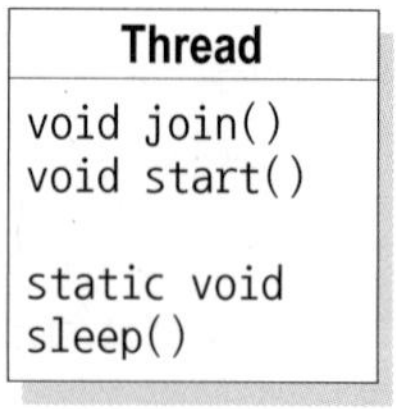

java.lang.Thread 클래스

스레드는 별도의 실행 스레드를 지칭합니다. 즉, 별도의 호출 스택을 의미하는 것이죠. 모든 자바 애플리케이션에서는 메인 스레드(스택 맨 밑에 main() 메서드가 들어 있는 스레드)를 시작합니다. 메인 스레드를 시작하는 것은 JVM에서 책임집니다(가비지 컬렉션 스레드와 같은 JVM에서 관장하는 다른 스레드도 JVM에서 알아서 관리합니다). 그리고 프로그래머들이 다른 스레드를 시작시키는 코드를 직접 만들 수도 있습니다.

Thread(대문자로 시작)는 실행 스레드를 나타내는 클래스입니다. 스레드를 시작(start)시키고 한 스레드를 다른 스레드와 결합(join)시키고 스레드를 대기 상태로 돌리는(sleep) 메서드 등이 들어 있죠.

호출 스택이 두 개 이상 있다는 것은 무엇을 의미하나요?

호출 스택이 두 개 이상 있으면 여러 가지가 동시에 일어나게 만들 수 있습니다. (요즘 쓰는 대부분의 컴퓨터와 핸드폰에서처럼) 멀티프로세서 시스템을 쓰고 있다면 실제로 여러 가지 일이 동시에 진행되죠. 자바 스레드를 이용하면 멀티프로세서 시스템을 쓰지 않는 경우, 또는 코어 개수보다 더 많은 프로세스를 돌리는 경우에도 모든 일이 동시에 일어나는 것처럼 보일 수 있습니다. 즉, 여러 스택이 아주 빠르게 번갈아 실행되기 때문에 여러 스택이 동시에 실행되는 것처럼 보이지요. 자바는 실제 운영체제 위에서 돌아가고 있는 프로세스에 불과하다는 것을 떠올려 보세요. 따라서 처음에는 자바 자체가 운영체제의 '현재 실행 중인 프로세스'가 되어야 합니다. 하지만 일단 자바가 실행될 차례가 되면 JVM에서는 정확하게 어떤 것을 실행시킬까요? 어떤 바이트코드를 실행시킬까요? 현재 실행 중인 스택의 맨 위에 있는 것을 실행시킵니다. 그리고 0.1초도 안 되어 현재 실행 중인 코드가 다른 스택에 있는 다른 메서드로 전환될 수 있습니다.
스레드에서 해야 하는 일 중에는 스레드의 스택에서 현재 (어떤 메서드에 들어 있는) 어떤 명령문이 실행되고 있는지를 추적하는 작업도 포함되어 있습니다.
아마 다음과 같은 식으로 진행되겠죠?

1 JVM에서 main() 메서드를 호출합니다.

```
public static void main(String[] args) {
...
}
```

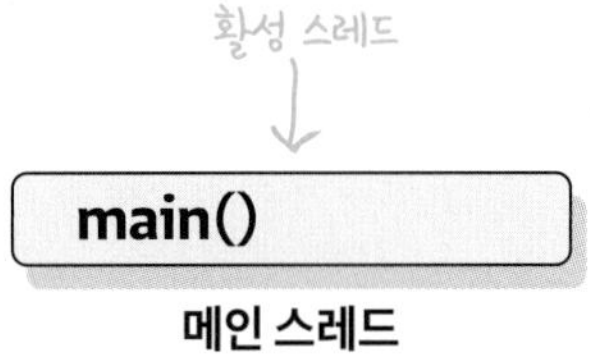

---

2 main()에서 새로운 스레드를 시작합니다. 새로운 스레드가 시작될 때까지 메인 스레드는 일시적으로 멈춥니다.

```
Runnable r = new MyThreadJob();
Thread t = new Thread(r);
t.start();
Dog d = new Dog();
```

잠시 후에 무슨 뜻인지 배우게 될 것입니다.

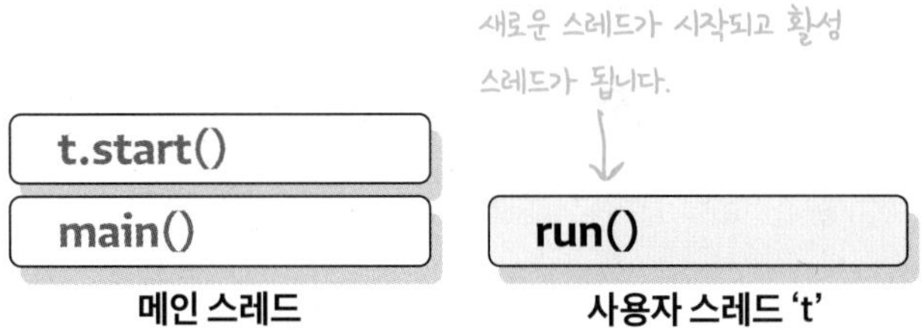

---

3 JVM에서는 두 스레드가 종료될 때까지 새로운 스레드(사용자 스레드 't')와 원래의 메인 스레드 사이를 왔다 갔다 합니다.

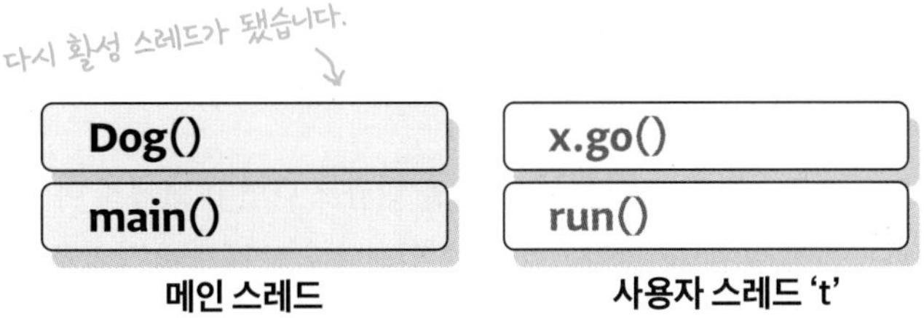

새로운 호출 스택을 생성하려면 실행시킬 작업이 필요합니다

일이 필요해요.
Runnable 객체만 주면
열심히 일하겠습니다.
스레드

Runnable과 스레드의 관계는 작업과 일꾼 사이의 관계와 같습니다. Runnable 객체에 스레드에서 실행시킬 작업이 들어 있지요.
객체에는 새로운 스레드 스택의 맨 밑에 들어가는 run()이라는 메서드가 들어 있습니다.

새 호출 스택을 시작하려면 작업(job, 스레드가 시작됐을 때 실행할 작업)이 필요합니다. 그 작업은 사실 새로운 스레드의 스택에 들어가는 첫 번째 메서드이며 반드시 다음과 같은 형태의 메서드여야만 합니다.

```
public void run() {
      // 새로운 스레드에서 실행시킬 코드
}
```

Runnable 인터페이스에서는 public void run() 메서드 하나만 정의합니다. 추상 메서드가 하나뿐이기 때문에 SAM 타입이며 함수형 인터페이스이고, 원한다면 Runnable을 구현하는 클래스를 통째로 만들지 않고 람다를 이용해도 됩니다.

스레드에서는 스택 맨 아래에 어떤 메서드를 넣을지 어떻게 알 수 있을까요? Runnable에서 약속을 맺기 때문입니다. 그리고 Runnable은 인터페이스이기 때문입니다. 스레드에서 할 작업은 Runnable 인터페이스를 구현하는 클래스로, 또는 run 메서드에 맞는 모양으로 만들어진 람다 표현식으로 정의할 수 있습니다.
Runnable 클래스나 람다 표현식을 만들고 나면 JVM에게 이 코드를 별도의 스레드에서 실행시켜달라고 말할 수 있습니다. 스레드에 작업을 부여하는 거죠.

스레드에서 할 일을 만들려면 Runnable 인터페이스를 구현하세요

```
public class MyRunnable implements Runnable {

  public void run() {
    go();
  }

  public void go() {
    doMore();
  }

  public void doMore() {
    System.out.println(Thread.currentThread().getName() +
                       ": top o' the stack");
    Thread.dumpStack();
  }
}
```

Runnable은 java.lang 패키지에 있기 때문에 import 구문이 없어도 됩니다.

Runnable에는 구현할 메서드가 public void run() 하나뿐입니다(인자는 없습니다). 여기에 스레드에서 실행할 작업을 집어넣습니다. 이 메서드가 바로 새로운 스택 맨 아래에 들어가는 메서드죠.

2

이 스레드의 스택은 다음 페이지에서 볼 수 있습니다. 처음부터 "2번"이 등장했죠? 왜 그랬는지는 다음 페이지에서 확인해 보세요.

이 Runnable에서 세 메서드가 꼭 필요한 건 아니지만 이 코드를 실행시키는 호출 스택을 보여 주기 위해 이렇게 만들었습니다.

dumpStack에서는 예외 스택 추적(Exceptions stack trace)과 마찬가지로 현재 호출 스택을 출력해 주는데, 디버깅 용도로만 쓰는 게 좋아요(실제 사용하는 코드라면 느려서 추천하지 않습니다).

Runnable은 이렇게 실행시키지 않습니다

Runnable의 새 인스턴스를 만들고 run 메서드를 호출하고 싶을 수도 있지만 **새 호출 스택을 만드는 것만으로는 충분하지 않습니다.**

```
class RunTester {
  public static void main(String[] args) {
    MyRunnable runnable = new MyRunnable();
    runnable.run();
    System.out.println(Thread.currentThread().getName() +
                       ": back in main");
    Thread.dumpStack();
  }
}
```

이렇게 하면 안 돼요!

run() 메서드를 main() 메서드 안에서 직접 호출했기 때문에 메인 스레드의 호출 스택에 포함됩니다.

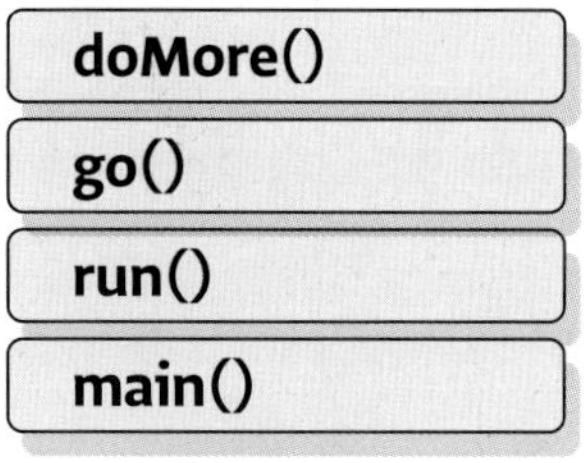

메인 스레드

예전에 새 스레드를 시작한 방법

새 스레드를 시작하는 가장 간단한 방법은 앞에서 언급했던 Thread 클래스를 이용하는 방법입니다. 이 방법은 자바가 처음 나왔을 때부터 쓸 수 있었는데, **요즘은 이런 접근법을 추천하지 않습니다.** 다만 여기에서는 1) 간단하고, 2) 실전 코드에서 종종 볼 수도 있기 때문에 소개해 보겠습니다. 이 방법이 최선의 방법이 아닌 이유는 잠시 후에 설명해 드릴게요.

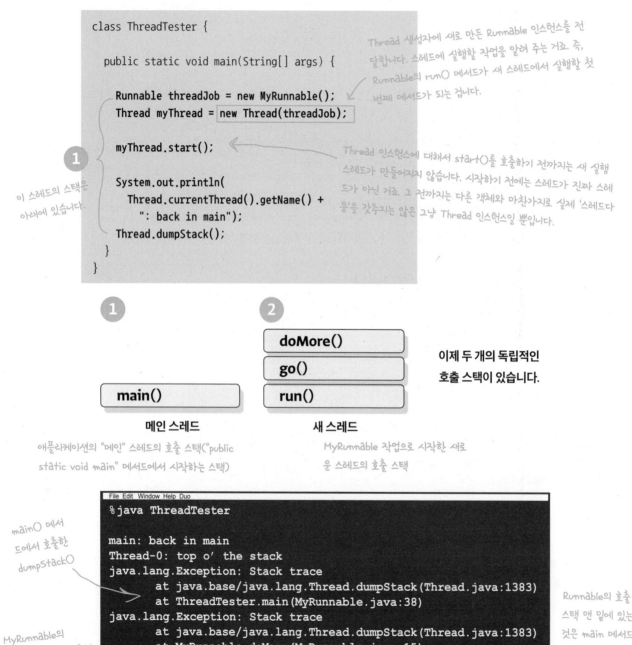

```
class ThreadTester {

  public static void main(String[] args) {

    Runnable threadJob = new MyRunnable();
    Thread myThread = new Thread(threadJob);

    myThread.start();

    System.out.println(
      Thread.currentThread().getName() +
        ": back in main");
    Thread.dumpStack();
  }
}
```

Thread 생성자에 새로 만든 Runnable 인스턴스를 전달합니다. 스레드에 실행할 작업을 알려 주는 거죠. 즉, Runnable의 run() 메서드가 새 스레드에서 실행할 첫 번째 메서드가 되는 겁니다.

Thread 인스턴스에 대해서 start()를 호출하기 전까지는 새 실행 스레드가 만들어지지 않습니다. 시작하기 전에는 스레드가 진짜 스레드가 아닌 거죠. 그 전까지는 다른 객체와 마찬가지로 실제 '스레드다움'을 갖추지는 않은 그냥 Thread 인스턴스일 뿐입니다.

1 이 스레드의 스택은 아래에 있습니다.

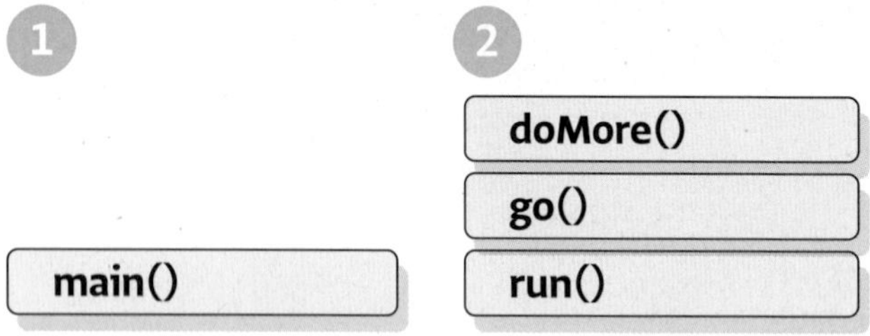

이제 두 개의 독립적인 호출 스택이 있습니다.

메인 스레드

애플리케이션의 "메인" 스레드의 호출 스택("public static void main" 메서드에서 시작하는 스택)

새 스레드

MyRunnable 작업으로 시작한 새로운 스레드의 호출 스택

```
File Edit Window Help Duo
%java ThreadTester

main: back in main
Thread-0: top o' the stack
java.lang.Exception: Stack trace
      at java.base/java.lang.Thread.dumpStack(Thread.java:1383)
      at ThreadTester.main(MyRunnable.java:38)
java.lang.Exception: Stack trace
      at java.base/java.lang.Thread.dumpStack(Thread.java:1383)
      at MyRunnable.doMore(MyRunnable.java:15)
      at MyRunnable.go(MyRunnable.java:10)
      at MyRunnable.run(MyRunnable.java:6)
      at java.base/java.lang.Thread.run(Thread.java:829)
```

main() 메서드에서 호출한 dumpStack()

MyRunnable의 doMore()에서 호출한 dumpStack()

Runnable의 호출 스택 맨 밑에 있는 것은 main 메서드가 아닙니다.

더 나은 대안: Thread를 아예 관리하지 않는 방법

새 Thread를 생성하고 시작하면 그 Thread를 확실하게 제어할 수 있지만 우리가 직접 제어해야 한다는 건 오히려 단점이 될 수 있습니다. 모든 Thread를 일일이 추적하고 마지막에는 모든 스레드가 종료되도록 해야만 합니다. 우리가 직접 챙기지 않아도 다른 뭔가가 Thread를 시작하고 멈추고 재사용까지 해 준다면 좋지 않을까요?

java.util.concurrent에 있는 ExecutorService라는 인터페이스를 소개합니다. 이 인터페이스를 구현한 클래스는 작업(Runnable)을 실행하는 역할을 합니다. 무대 뒤에서는 ExecutorService가 이런 작업들을 실행하기 위한 스레드를 생성하고 재사용하고 죽이는 일 등을 처리해 줍니다.

java.util.concurrent.Executors 클래스에는 우리가 쓸 ExecutorService 인스턴스를 만들어 주는 팩토리 메서드가 들어 있습니다.

Executors는 자바 5부터 있었기 때문에 상당히 오래된 버전의 자바를 쓰는 경우라도 사용할 수 있을 겁니다. 요즘은 Thread를 직접 쓸 일이 사실상 없다고 봐야 합니다.

생성자 대신 정적 팩토리 메서드를 쓸 수도 있습니다.
팩토리 메서드는 어떤 인터페이스에 대해서 정확하게 우리가 필요로 하는 구현을 리턴해 줍니다. 구상 클래스를 몰라도, 그 객체를 생성하는 방법을 몰라도 됩니다.

한 가지 작업 실행하기

여기서 살펴볼 단순한 예에서는 메인 클래스 외에 딱 한 작업만 실행해 보겠습니다. 이런 경우에는 단일 스레드 실행기(single thread executor)를 쓸 수 있습니다.

```
class ExecutorTester {

  public static void main(String[] args) {
    Runnable job = new MyRunnable();

    ExecutorService executor = Executors.newSingleThreadExecutor();
    executor.execute(job);


    System.out.println(Thread.currentThread().getName() +
                       ": back in main");
    Thread.dumpStack();
    executor.shutdown();
  }
}
```

Thread 인스턴스를 생성하는 대신 Executors 클래스에 있는 메서드를 사용하여 ExecutorService를 생성합니다.

이 경우에는 딱 한 가지 작업만 시작할 것이기 때문에 단일 스레드 실행기를 생성하면 될 겁니다.

ExecutorService에 작업을 실행하라고 알립니다. ExecutorService는 필요하면 알아서 새 스레드를 시작합니다.

다 쓰고 나면 ExecutorService를 종료해야 합니다. 종료를 하지 않으면 프로그램이 계속 살아남아서 작업이 들어오길 기다릴 겁니다.

잠시 후에 Executors 팩토리 메서드로 돌아와서 Thread 자체를 관리하는 것보다 ExecutorService를 사용하는 게 나은 이유에 대해 살펴보도록 하겠습니다.

새로 만들어진 스레드의 세 가지 상태

Thread를 새로 만들고 거기에 Runnable을 넘겨주든, 아니면 Runnable을 실행할 Executor를 사용하든, 작업은 스레드 객체에서 실행됩니다. 스레드 객체는 전체 생애에서 몇 가지 다른 상태를 거쳐가는데요, 각각의 상태와 그 상태 사이의 전환에 대해서 이해하면 멀티스레드 프로그래밍을 제대로 이해하는 데도 도움이 됩니다.

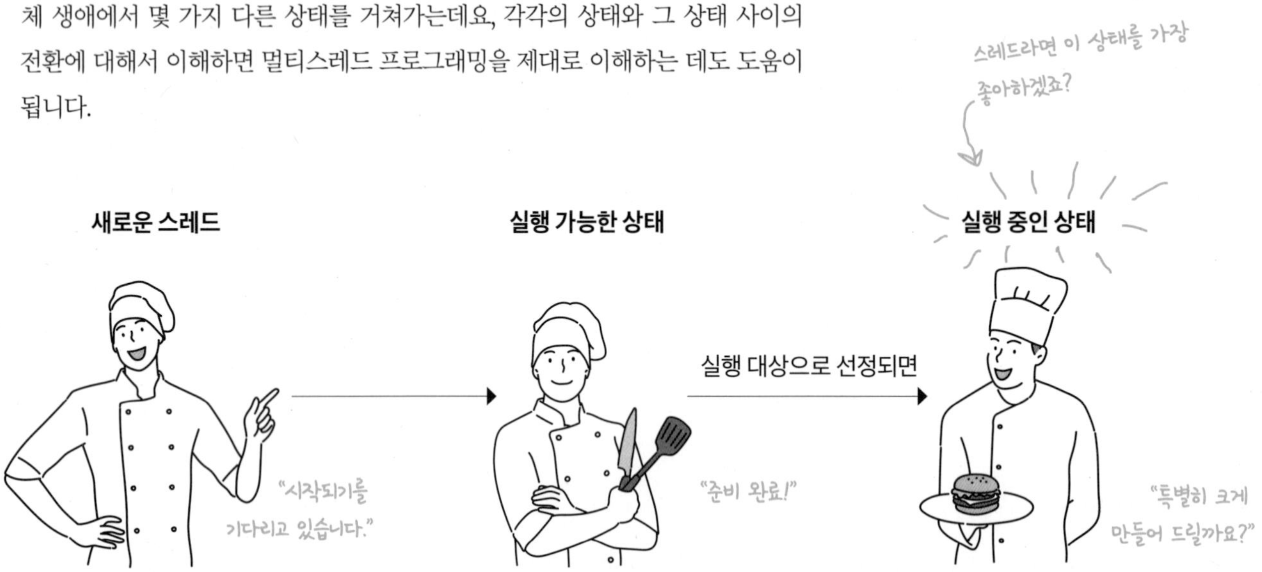
스레드라면 이 상태를 가장 좋아하겠죠?
새로운 스레드
실행 가능한 상태
실행 중인 상태
실행 대상으로 선정되면
"시작되기를 기다리고 있습니다."
"준비 완료!"
"특별히 크게 만들어 드릴까요?"

Thread 인스턴스가 만들어지긴 했지만 아직 시작되지 않았습니다. 즉, Thread 객체만 있고 아직 실행 스레드는 없는 상태입니다.

스레드를 시작하면 실행 가능한 상태(runnable state)로 들어갑니다. 즉, 실행할 준비가 되어 있고 실행 대상으로 선정되기를 기다리고 있는 상태가 되는 것입니다. 이 시점에서는 이 스레드를 위한 새로운 호출 스택이 있습니다.

모든 스레드가 추구하는 상태가 바로 이 상태입니다. 즉, 선택을 받아서 '현재 실행 중인 스레드'가 되는 것입니다. 그런 결정은 JVM 스레드 스케줄러만이 내릴 수 있습니다. 때때로 그런 결정에 영향을 끼칠 수는 있지만 실행 가능한 상태의 스레드를 강제로 실행 중인 상태의 스레드로 만들 수는 없습니다. 실행 중인 상태에서는 그 스레드가 (그리고 그 스레드만) 활성 호출 스택을 가지게 되고 그 스택의 맨 위에 있는 메서드가 실행되지요.

하지만 이게 전부가 아닙니다. 일단 스레드가 실행 가능한 상태에 들어가고 나면 실행 가능한 상태와 실행 중인 상태, 그리고 또 다른 추가적인 상태인 '일시적인 실행 불가능 상태' 사이에서 왔다 갔다 하게 됩니다.

실행 가능한 상태와 실행 중인 상태 사이에서의 전환

일반적으로 스레드는 JVM 스레드 스케줄러가 실행시킬 스레드를 선택했다가 다른 스레드에 기회를 주는 과정을 반복함에 따라 실행 가능한 상태와 실행 중인 상태 사이에서 왔다 갔다 합니다.

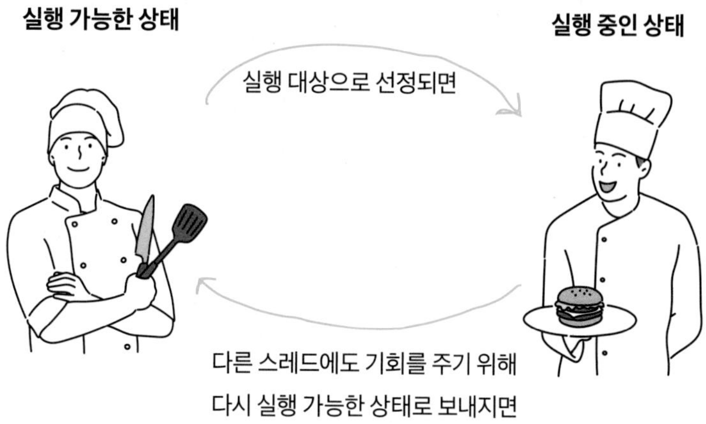

실행 가능한 상태
실행 중인 상태
실행 대상으로 선정되면
다른 스레드에도 기회를 주기 위해
다시 실행 가능한 상태로 보내지면

스레드가 일시적인 실행 불가능 상태가 될 수도 있습니다

스레드 스케줄러에서 여러 가지 이유로 인해 실행 중인 스레드를 봉쇄 상태로 전환할 수도 있습니다. 예를 들어서, 스레드에서 Socket 입력 스트림으로부터 어떤 데이터를 받아야 하는 코드를 실행 중인데 아직 읽을 데이터가 없는 경우를 생각할 수 있겠죠. 이런 경우에는 스레드 스케줄러에서 다시 작동할 수 있는 요건이 만족되기 전까지 스레드를 실행 중인 상태로 돌려 주지 않습니다. 아니면 실행 중인 코드에서 그 스레드를 대기 상태로 돌리라고 했을 수도 있습니다(sleep() 메서드를 호출하면 그렇게 됩니다). 아니면 어떤 객체의 메서드를 호출하려고 했는데 그 객체가 '잠겨' 있을 수도 있습니다. 그런 경우에는 그 객체에 대한 락(lock)을 소유하고 있던 객체에서 그 락을 해제하기 전까지는 스레드가 실행될 수 없겠죠.

이런 모든 조건 조건에 의해서 (또는 또 다른 조건에 의해서) 어떤 스레드가 일시적인 실행 불가능 상태가 될 수 있습니다.

실행 가능한 상태
실행 중인 상태
봉쇄 상태
다시 실행 가능한 상태가 될 때까지 일시적으로 실행 불가능 상태로 전환됩니다.
대기 중이거나 다른 스레드가 종료될 때까지 기다려야 하거나 스트림으로 데이터가 들어오길 기다리고 있거나 객체에 대한 락이 해제되길 기다리고 있거나···

스레드 스케줄러

누가 실행 중인 상태에서 실행 가능한 상태로 움직여야 할지, 언제 (그리고 어떤 상황에서) 스레드가 실행 중인 상태를 떠나야 하는지 등의 결정은 모두 스레드 스케줄러가 내립니다. 스케줄러는 어떤 스레드가 실행되어야 하는지, 얼마나 오랫동안 실행되어야 하는지, 그리고 스케줄러에서 그 스레드를 현재 실행 중인 상태에서 쫓아냈을 때 그 스레드가 어디로 가야 하는지도 결정합니다.

스케줄러를 사용자 마음대로 제어할 수는 없습니다. API에는 스케줄러에 대해 호출할 수 있는 메서드가 하나도 없으니까요. 가장 중요한 것은 스케줄링과 관련하여 어떤 것도 확언할 수 없다는 것입니다(거의 확실하게 보장되는 것이 약간 있긴 하지만 그런 것도 완벽하게 보장이 되는 것은 아닙니다).

한 가지 반드시 지켜야 하는 규칙이 있습니다. 바로 **'스케줄러가 어떤 특별한 방식으로 작동할 것을 가정하고 프로그램을 만들면 안 된다'**는 규칙입니다. 스케줄러는 JVM에 따라 다르게 구현되어 있고 같은 시스템에서 같은 프로그램을 돌려도 결과가 달라질 수 있습니다. 초보 자바 프로그래머들이 저지르기 쉬운 매우 치명적인 실수 중의 하나로 멀티스레드 자바 프로그램을 시스템 한 대에서만 테스트해 보고는 그 프로그램을 어디에서 실행시키든지 스레드 스케줄러가 항상 그런 식으로 작동할 것이라고 생각하는 것입니다.

그러면 프로그램을 한 번만 만들면 어디에서든지 실행시킬 수 있다는 자바의 중요한 모토는 어떻게 되는 걸까요? 진정으로 아무 플랫폼에서나 실행할 수 있는 자바 코드를 만들려면 스레드 스케줄러가 어떤 식으로 돌아가든지 잘 작동하는 멀티스레드 프로그램을 만들어야 합니다. 예를 들어서, 스케줄러에서 모든 스레드를 똑같은 정도로 실행 가능한 상태에 집어넣어 주어야 한다는 조건 같은 것에 의존하면 안 됩니다. 요즘 나오는 JVM에서는 그럴 가능성이 거의 없지만 여러분이 만든 프로그램을 "5번 스레드, 네가 가장 중요하니까 적어도 내가 책임지는 동안은 네가 할 일이 끝날 때까지, 즉 run() 메서드가 종료될 때까지 계속 너만 작업해도 돼."와 같은 식으로 일을 하는 스케줄러가 있는 JVM에서 실행시킬 가능성도 완전히 배제할 수는 없습니다.

어떤 것이 실행되고 어떤 것이 실행되지 않는지에 대한 결정은 모두 스레드 스케줄러가 내립니다.

웬만하면 각 스레드가 공평하게 순서대로 실행될 수 있도록 해 줍니다. 하지만 확실하게 그렇게 된다는 보장은 없습니다.

다른 스레드는 모두 제쳐두고 한 스레드만 집중적으로 실행되게 하는 스레드 스케줄러도 있을 수 있습니다.

스케줄러의 불확실성을 보여줄 수 있는 예제

어떤 시스템에서 다음과 같은 코드를 실행시켰더니

Runnable은 함수형 인터페이스이며 람다 표현식으로 표현할 수도 있습니다. 작업이 한 줄 밖에 안 되기 때문에 여기에서는 람다 표현식을 쓰는 게 좋습니다.

```
class ExecutorTestDrive {
  public static void main (String[] args) {
    ExecutorService executor =
      Executors.newSingleThreadExecutor();

    executor.execute(() ->
      System.out.println("top o' the stack"));

    System.out.println("back in main");
    executor.shutdown();
  }
}
```

순서가 아무렇게나 바뀔 수 있습니다. 새 스레드가 먼저 끝날 수도 있고 메인 스레드가 먼저 끝날 수도 있습니다.

이 코드를 위에 있는 코드처럼 ExecutorService를 써서 실행시키든, 아래에 있는 코드처럼 직접 Thread를 만들어서 실행시키든 똑같은 증상이 나타납니다.

```
class ThreadTestDrive {
  public static void main (String[] args) {
    Thread myThread = new Thread(() ->
      System.out.println("top o' the stack"));
    myThread.start();
    System.out.println("back in main");
  }
}
```

다음과 같은 결과가 나왔습니다.

출력 결과:

```
File Edit Window Help PickMe
% java ExecutorTestDrive
back in main
top o' the stack
% java ExecutorTestDrive
top o' the stack
back in main
% java ExecutorTestDrive
top o' the stack
back in main
% java ExecutorTestDrive
back in main
top o' the stack
% java ExecutorTestDrive
top o' the stack
back in main
% java ExecutorTestDrive
top o' the stack
back in main
% java ExecutorTestDrive
back in main
top o' the stack
```

왜 결과가 달라질까요?

멀티스레드 프로그램은 결정론적이지 않습니다. 매번 똑같은 식으로 돌아가지 않는 거죠. 스레드 스케줄러는 매번 프로그램이 실행될 때마다 각 스레드 실행 스케줄을 다르게 짤 수 있습니다.

이런 식으로 돌아가는 경우도 있습니다.

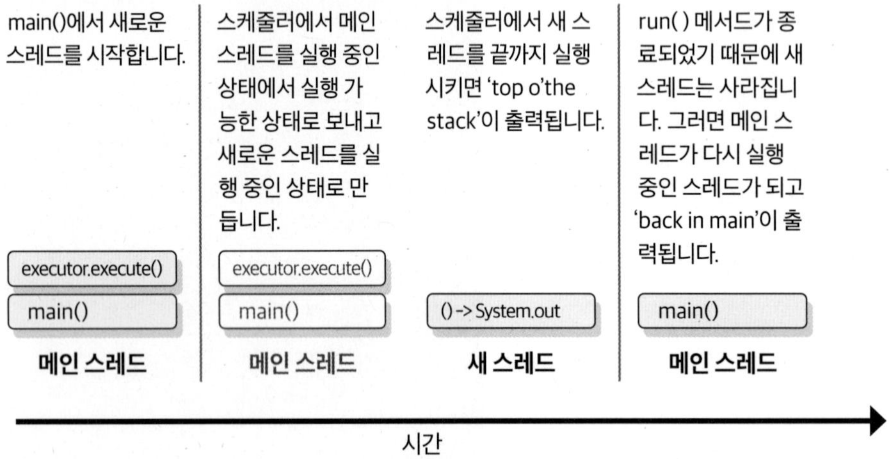

main()에서 새로운 스레드를 시작합니다.
스케줄러에서 메인 스레드를 실행 중인 상태에서 실행 가능한 상태로 보내고 새로운 스레드를 실행 중인 상태로 만듭니다.
스케줄러에서 새 스레드를 끝까지 실행시키면 'top o'the stack'이 출력됩니다.
run( ) 메서드가 종료되었기 때문에 새 스레드는 사라집니다. 그러면 메인 스레드가 다시 실행 중인 스레드가 되고 'back in main'이 출력됩니다.
executor.execute()
main()
메인 스레드
executor.execute()
main()
메인 스레드
() -> System.out
새 스레드
main()
메인 스레드
시간

그리고 다음과 같은 식으로 돌아갈 수도 있습니다.

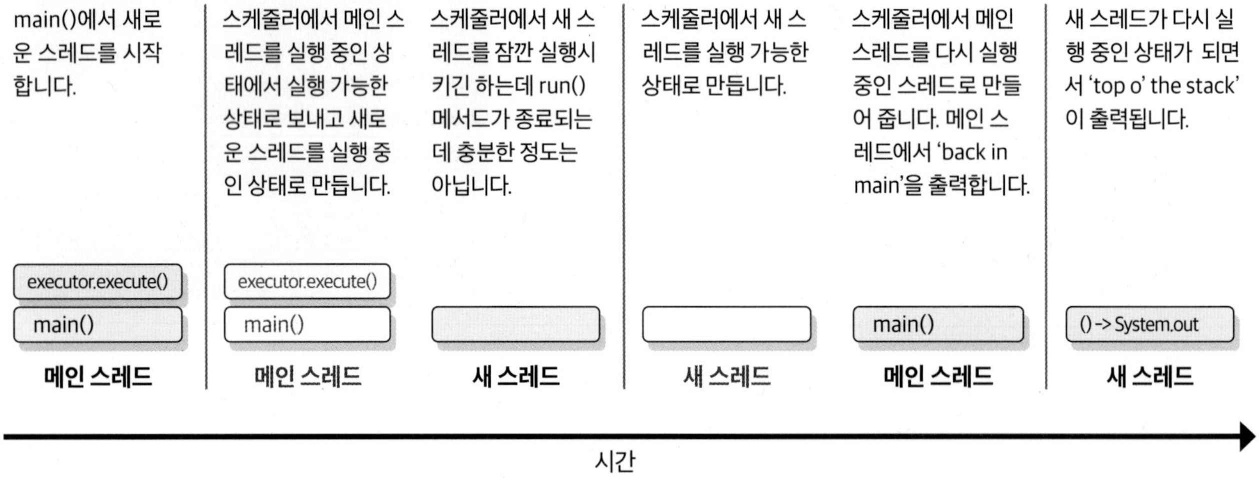

main()에서 새로운 스레드를 시작합니다.
스케줄러에서 메인 스레드를 실행 중인 상태에서 실행 가능한 상태로 보내고 새로운 스레드를 실행 중인 상태로 만듭니다.
스케줄러에서 새 스레드를 잠깐 실행시키긴 하는데 run() 메서드가 종료되는데 충분한 정도는 아닙니다.
스케줄러에서 새 스레드를 실행 가능한 상태로 만듭니다.
스케줄러에서 메인 스레드를 다시 실행 중인 스레드로 만들어 줍니다. 메인 스레드에서 'back in main'을 출력합니다.
새 스레드가 다시 실행 중인 상태가 되면서 'top o' the stack'이 출력됩니다.
executor.execute()
main()
메인 스레드
executor.execute()
main()
메인 스레드
새 스레드
새 스레드
main()
메인 스레드
() -> System.out
새 스레드
시간

새 스레드가 조그맣다고 하더라도, 심지어 앞에서 만든 람다 표현식처럼 실행시킬 코드가 한 줄 밖에 없어도, 여전히 스레드 스케줄러에서 실행을 중간에 잠시 멈출 수 있습니다.

무엇이든 물어보세요

Q&A

Q1 Runnable에 람다 표현식을 사용해야 할까요, 아니면 Runnable을 구현하는 새 클래스를 생성해야 할까요?

A1 작업이 얼마나 복잡한지, 아니면 람다 표현식으로 이해하는 것이 더 쉽다고 생각하는지에 따라 다릅니다. 람다 표현식은 다음의 한 줄짜리 예제처럼 작업량이 정말 작은 경우에 적합합니다.
또한, 람다 표현식은 다른 메서드에서 몇 줄의 코드를 작업으로 전환하려는 경우에도 사용할 수 있습니다.

```
execute(() -> printMsg());
```

작업이 필드에 데이터를 저장해야 하거나 작업이 여러 메서드로 구성된 경우에는 일반적으로 전체 Runnable 클래스를 사용하는 것이 좋습니다. 이는 작업이 더 복잡한 경우에 더 자주 발생합니다.

Q2 Executor Service를 사용하면 어떤 이점이 있습니까? 지금까지는 스레드를 생성하고 시작하는 것과 동일하게 작동합니다.

A2 스레드를 하나만 시작해서 실행한 다음 응용 프로그램을 중지하는 간단한 사례에서는 두 가지 접근 방식이 유사한 것이 사실입니다. 특히 ExecutorService는 독립적인 작업을 시작할 때 많은 도움이 됩니다. 이러한 각각의 작업에 대해 새 스레드를 생성할 필요도 없고, 모든 스레드를 추적할 필요도 없습니다. 스레드 풀을 생성하는 ExecutorService를 포함해서 몇 개의 스레드를 시작할지(특히 얼마나 많은 스레드가 필요할지 모르는 경우)에 따라서 ExecutorService 구현이 다릅니다. 스레드 풀을 사용하면 스레드 인스턴스를 재사용할 수 있으므로 모든 작업에 대해 새 스레드를 시작할 필요가 없습니다. 이에 대해서는 나중에 자세히 살펴보겠습니다.

핵심 정리

- 스레드(thread)는 자바에서의 실행 스레드를 의미합니다.
- 자바에서는 스레드마다 각각의 호출 스택이 있습니다.
- 대문자 T로 시작하는 Thread는 java.lang.Thread 클래스를 의미합니다. Thread 객체는 실행 스레드를 나타냅니다.
- 스레드에는 처리할 작업, 즉 할 일이 있어야 합니다. 스레드에서 처리할 작업은 Runnable 인터페이스를 구현하는 클래스의 인스턴스로 지정할 수 있습니다.
- Runnable 인터페이스에는 메서드가 run() 하나밖에 없습니다. 새로운 콜 스택의 맨 밑으로 들어가는 것이 바로 이 메서드입니다. 즉, 새로운 스레드에서 가장 먼저 실행되는 것이 바로 이 run() 메서드입니다.
- Runnable 인터페이스에는 메서드가 하나뿐이기 때문에 Runnable이 들어갈 자리에 람다 표현식을 쓸 수 있습니다.
- 자바에서 멀티스레드 애플리케이션을 만들 때 요즘은 Thread 클래스를 써서 별도의 작업을 실행시키는 방법을 잘 안 씁니다. 대신 Executor 또는 ExecutorService를 사용합니다.
- Executor 클래스에는 새 작업을 시작할 때 쓸 수 있는 표준적인 ExecutorService를 생성할 수 있는 보조 메서드가 들어 있습니다.
- 스레드가 아직 시작되지 않았으면 그 스레드는 아직 새 스레드 상태에 있다고 부릅니다.
- 스레드를 시작하면 새로운 스택이 생성되며 Runnable의 run( ) 메서드가 스택 맨 아래에 들어갑니다. 그러면 그 스레드는 이제 실행되기를 기다리고 있는 실행 가능한 상태가 됩니다.
- JVM의 스레드 스케줄러에 의해 현재 실행 중인 스레드로 선택받으면 그 스레드는 실행 중인 상태가 됩니다. 프로세서가 하나뿐인 시스템에서는 현재 실행 중인 스레드가 하나밖에 있을 수 없습니다.
- 스레드가 실행 중인 상태에서 봉쇄된 상태(일시적인 실행 불가능 상태)로 옮겨지는 경우도 있습니다. 스트림으로부터 들어오는 데이터를 기다리고 있을 때, 대기 상태로 들어갔을 때, 객체에 대한 잠금이 해제되기를 기다리고 있을 때와 같은 상황에서 스레드가 봉쇄될 수 있습니다. 객체를 잠그는 락에 대해서는 다음 장에서 배울 예정입니다.
- 스레드 스케줄링은 어떤 특정한 방식으로 작동한다는 보장이 없기 때문에 모든 스레드가 공평하게 기회를 부여받을 수 있으리라는 가정은 하지 말아야 합니다.

스레드를 대기 상태로 전환시키는 방법

스레드들이 공평하게 순번을 할당받게 하는 가장 좋은 방법 가운데 하나는 주기적으로 대기 상태에 집어넣어 주는 것입니다. 대기 상태에 집어넣고 싶다면 정적 메서드인 sleep() 메서드를 호출하면 되는데, 이때 대기 시간을 밀리초(1/1,000초) 단위로 지정하기 위한 숫자를 인자로 전달해야 합니다.
예를 들어서, 다음과 같이 하면 됩니다.

```
Thread.sleep(2000);
```

이렇게 하면 스레드가 실행 중인 상태에서 나와서 실행 가능한 상태에서 2초 동안 벗어나 있게 됩니다. 즉, 2초(2,000밀리초)가 지나기 전에는 그 스레드는 실행 중인 상태가 될 수 없는 것입니다.
그런데 sleep 메서드에서 InterruptedException이라는 확인 예외를 던질 수 있기 때문에 sleep을 호출할 때는 항상 try/catch 블록 안에서 호출해야 합니다(아니면 그런 예외를 선언해 버려도 되겠지요). 따라서 실제로 sleep() 메서드를 호출하는 코드는 보통 다음과 같은 식으로 생겼습니다.

```
try {
   Thread.sleep(2000);
} catch(InterruptedException ex) {
    ex.printStackTrace();
}
```

이렇게 하고 나면 지정된 시간이 지나가기 전에는 스레드가 다시 실행되지 않는다는 것을 알 수 있지만 '타이머'가 끝나고 나서도 얼마 정도 시간이 지난 다음에 깨어날 가능성도 있을까요? 실질적으로 그럴 수 있습니다. 스레드가 자동으로 정해진 시간이 지난 후에 깨어나서 현재 실행 중인 스레드로 전환되는 건 아닙니다. 스레드가 깨어났을 때 그 스레드의 상태는 다시금 스레드 스케줄러의 손에 맡겨지게 되어 있기 때문에 스레드가 얼마나 오랫동안 제대로 작동하지 않을지에 대해 보장할 수 없습니다.

다른 스레드에도 확실하게 실행 기회가 주어지게 하고 싶다면 스레드를 대기 상태로 보내세요.
대기 상태에서 벗어난 스레드는 항상 실행 가능한 상태가 됩니다. 스레드 스케줄러가 다시 실행 가능한 상태로 만들어줘야만 다시 실행될 수 있지요.

밀리초가 어느 정도의 시간인지 이해하기가 쉽지 않을 수 있습니다. java.util.concurrent.TimeUnit에는 sleep 시간을 더 읽기 좋은 형식으로 바꿔 주는 간편한 메서드가 있습니다.

```
TimeUnit.MINUTES.sleep(2);
```

이 코드는 다음 코드보다는 훨씬 쉽게 이해할 수 있죠.

```
Thread.sleep(120000);
```

(하지만 둘 다 try-catch로 감싸긴 해야 합니다.)

sleep()을 써서 실행 결과의 예측성을 높이는 방법

앞서 실행할 때마다 다른 결과가 나오는 프로그램을 만든 적이 있습니다. 661쪽으로 돌아가서 코드와 실행 결과를 다시 한번 잘 살펴봅시다. 새로운 스레드가 종료될 때까지('top o' the stack'이 출력될 때까지) 메인 스레드가 기다려야 하는 경우도 있었고 새로운 스레드가 끝나기 전에 실행 가능한 상태로 전환되어 메인 스레드에서 'back in main'을 먼저 출력하는 경우도 있었습니다. 그런 문제를 고치려면 어떻게 해야 할까요? 일단, 잠시 쉬면서 'back in main'이 반드시 'top o' the stack'보다 먼저 출력되게 하려면 어디에서 sleep()을 호출해야 할지 생각해 봅시다.

이렇게 출력 명령문이 항상 같은 순서로 실행되게 하면 좋겠죠?

```
File Edit Window Help SnoozeButton
% java PredictableSleep
back in main
top o' the stack
% java PredictableSleep
back in main
top o' the stack
% java PredictableSleep
back in main
top o' the stack
% java PredictableSleep
back in main
top o' the stack
% java PredictableSleep
back in main
top o' the stack
```

```
class PredictableSleep {
  public static void main (String[] args) {
    ExecutorService executor =
      Executors.newSingleThreadExecutor();
    executor.execute(() -> sleepThenPrint());
    System.out.println("back in main");
    executor.shutdown();
  }

  private static void sleepThenPrint() {
    try {
      TimeUnit.SECONDS.sleep(2);
    } catch (InterruptedException e) {
      e.printStackTrace();
    }
    System.out.println("top o' the stack");
  }
}
```

try-catch가 지저분하게 들어 있는 람다 표현식을 쓰는 대신, 작업 코드를 메서드에 집어넣었습니다. 이 람다 표현식에서는 그 메서드를 호출합니다.

여기에서 sleep을 호출하면 새 스레드가 현재 실행 중인 상태에서 벗어나게 됩니다. 메인 스레드에서 'back in main'이라고 출력할 수 있는 기회가 생기는 거죠.

'top o' the stack'을 출력하는 행에 오기 전에 (약 2초 동안) 잠시 멈춥니다.

Thread.sleep()에서는 잡거나 선언해야 하는 확인 예외를 던집니다. 예외를 잡으면 작업 코드가 좀 길어지기 때문에 별도의 메서드에 집어넣었습니다.

뇌 일깨우기

어떤 정해진 시간 동안 스레드를 강제로 잠재웠을 때 생길 수 있는 문제가 있을까요? 이 코드를 열 번 실행시키려면 얼마나 걸릴까요?

스레드를 강제로 잠재우는 데는 단점이 있습니다

1 적어도 그 시간 동안은 기다려야 합니다.

그 스레드를 2초 동안 재운다면 그 시간 동안은 실행 불가능한 상태가 됩니다. 잠에서 깨어나도 자동으로 현재 실행 중인 스레드가 되는 건 아닙니다. 스레드가 잠에서 깨어나도 그 스레드는 다시 한번 스레드 스케줄러의 선처를 바라야 하는 처지에 놓이게 됩니다. 애플리케이션이 최소 그 2초, 또는 그 이상 멈춰야 하는 겁니다. 이 정도는 그리 대단해 보이진 않겠지만, 훨씬 더 큰 프로그램에 일부러 속도를 늦추는 부분이 잔뜩 있으면 정말 큰일이지 않겠습니까?

2 그 시간 동안 다른 작업이 끝날지 어떻게 알 수 있을까요?

메인 스레드가 실행 중인 스레드가 되고 일을 모두 마칠 거라고 가정하고 새 스레드를 2초 동안 재웠습니다. 하지만 메인 스레드가 끝나려면 시간이 더 오래 걸린다면 어떻게 해야 할까요? 더 시간이 오래 걸리는 작업을 하는 다른 스레드가 예정되었다면 어떻게 될까요? 작업이 끝나는 데 걸릴 것으로 예상되는 시간보다 훨씬 더 긴 시간 동안 잠을 재우는 방법도 있겠지만, 그렇게 하면 첫 번째 문제가 더 심각해질 겁니다.

한 스레드에서 다른 스레드에 자기 일이 다 끝났다고
얘기해 줄 수 있는 방법이 있을까요? 그러면 메인
스레드에서 그런 신호가 올 때까지 기다렸다가
작업을 다시 시작할 수 있게 되면 하던 일을
계속하면 될 텐데 말이죠.

더 나은 대안: 완벽한 때를 기다립니다.

메인 스레드에서 어떤 특정한 일이 일어날 때까지 기다렸다가 새 스레드의 작업을 계속 처리할 수 있다면 최선일 겁니다. 자바에서는 Future, CyclicBarrier, Semaphore, CountDownLatch 등 이런 기능을 제공하는 메커니즘을 다양하게 지원합니다.

여러 스레드에서 일어나는 이벤트를 조율하기 위해 다른 스레드에서 특정 신호를 줄 때까지 기다렸다가 자기 스레드의 작업을 계속해야 할 수도 있습니다.

준비될 때까지 카운트다운하기

특정 이벤트가 일어났을 때 스레드가 카운트다운이 되도록 할 수 있습니다. 스레드에서 작업을 다시 진행하기 전에 이러한 이벤트가 완료되기를 기다릴 수 있습니다. 최소한의 클라이언트가 접속할 때까지, 또는 정해진 수의 서비스가 시작될 때까지 카운트다운을 할 수도 있습니다.

이런 용도로 **java.util.concurrent.CountDownLatch**를 쓸 수 있습니다. 카운트다운을 시작할 수를 정합니다. 그리고 어떤 중요한 이벤트가 일어날 때마다 어느 스레드에서든 래치에 카운트다운을 하라는 신호를 보냅니다.

아래 예제에서는 카운트다운할 대상이 하나뿐입니다. 새 스레드는 메인 스레드가 "back in main"을 인쇄할 때까지 기다렸다가 다시 작업을 진행해야 합니다.

CountDownLatch에서는 장벽을 동기화시키는 기능을 제공합니다. 장벽은 여러 스레드가 서로 조율할 수 있는 메커니즘을 제공하죠.
다른 유사한 예로 CyclicBarrier와 Phaser가 있습니다.

```
import java.util.concurrent.*;
class PredictableLatch {
  public static void main (String[] args) {
    ExecutorService executor = Executors.newSingleThreadExecutor();
    CountDownLatch latch = new CountDownLatch(1);

    executor.execute(() -> waitForLatchThenPrint(latch));

    System.out.println("back in main");
    latch.countDown();

    executor.shutdown();
  }


  private static void waitForLatchThenPrint(CountDownLatch latch) {
    try {
      latch.await();
    } catch (InterruptedException e) {
      e.printStackTrace();
    }
    System.out.println("top o' the stack");
  }
}
```

CountDownLatch를 새로 만듭니다. 이 래치는 '신호를 기다릴' 수 있게 해 줍니다. 여기에서는 기다릴 이벤트가 딱 한 번(메인 스레드에서 메시지를 출력하는 이벤트)이기 때문에 "1"이라는 값을 지정하여 설정합니다.

새 스레드에서 실행할 작업에 CountDownLatch를 전달합니다.

main 메서드에서 메시지를 출력하고 나면 래치에 카운트다운하라고 알립니다.

메인 스레드에서 메시지를 인쇄할 때까지 기다립니다. 이 스레드는 기다리는 동안은 실행 불가능한 상태가 됩니다.

await()에서는 InterruptedException을 던질 수 있기 때문에 잡거나 선언해야 합니다.

이 코드는 스레드를 재우는 코드하고 정말 비슷한데, main 메서드에 있는 latch.countDown 부분에서 가장 큰 차이를 보입니다. 하지만 성능 차이는 꽤 많이 납니다. 전에는 main에서 메시지를 출력할 때까지 최소 2초를 기다려야 했지만 이제는 main 메서드에서 "back in main"이라는 메시지를 출력할 때까지만 기다리면 되니까요.

실제 시스템에서 어느 정도 성능 차이가 나는지 감을 잡기 위해 시험 결과를 얘기해 보자면, 이 래치가 들어간 코드를 맥북에서 100번 실행시켰을 때는 매번 제대로 된 순서대로 출력이 되었으며 100번 전부 실행하는 데 50밀리초 정도가 걸렸습니다. sleep()을 실행하는 버전의 경우에는 한 번 호출하는 데 2초(2,000밀리초) 밖에 안 걸린다고 쳐도 100번 실행하려면 얼마나 오래 걸릴지 어렵지 않게 짐작할 수 있습니다(약 4,000배 정도 더 오래 걸립니다).

스레드를 두 개 이상 만들고 시작하는 방법

메인 스레드 외에 두 개 이상의 작업을 시작하고 싶을 때는 어떤 일이 일어날까요? 스레드를 두 개 이상 실행시키려는 경우에는 당연히 한 개의 스레드를 새로 만들어 주는 Executors.newSingleThreadExecutor()는 사용할 수 없습니다. 이거 말고 다른 건 뭐가 있을까요?

(여기에 있는 건 팩토리 메서드 중 일부에 불과합니다)

java.util.concurrent.Executors

ExecutorService newCachedThreadPool()
새 스레드를 필요한 만큼 생성하고 가능하면 전에 생성했던 스레드를 재사용하는 스레드 풀을 생성한다.

ExecutorService newFixedThreadPool(int nThreads)
공유 무한 큐에 대해 작동하는 정해진 개수의 스레드를 재사용하는 스레드 풀을 생성한다.

ScheduledExecutorService newScheduledThreadPool(int corePoolSize)
명령이 주어진 지연시간 이후에 실행되도록, 또는 주기적으로 실행되도록 스케줄할 수 있는 스레드 풀을 생성한다.

ExecutorService newSingleThreadExecutor()
무한 큐에 대해 작동하는 단일 일꾼 스레드를 이용하는 실행기를 생성한다.

ScheduledExecutorService newSingleThreadScheduledExecutor()
명령이 주어진 지연 시간 이후에 실행되도록, 또는 주기적으로 실행되도록 스케줄할 수 있는 단일 스레드 실행기를 생성한다.

ExecutorService newWorkStealingPool()
사용할 수 있는 프로세서 개수를 대상 병렬처리 수준으로 이용하여 작업 가로채기 스레드 풀을 생성한다.

이러한 ExecutorService에서는 일종의 스레드 풀을 이용합니다. 스레드 풀(thread pool)은 작업을 수행하기 위해 사용(및 재사용)할 수 있는 Thread 인스턴스의 컬렉션입니다.
풀에 있는 스레드의 개수나 쓸 수 있는 스레드 개수보다 작업 개수가 더 많을 때 어떻게 하는지 등은 ExecutorService 구현에 따라 달라집니다.

스레드 풀 운영

스레드나 데이터베이스 연결과 같이 생성 비용이 큰(만들기 힘든) 자원에 대해서 풀을 만들어 쓰는 패턴을 애플리케이션 코드에서 흔하게 볼 수 있습니다.

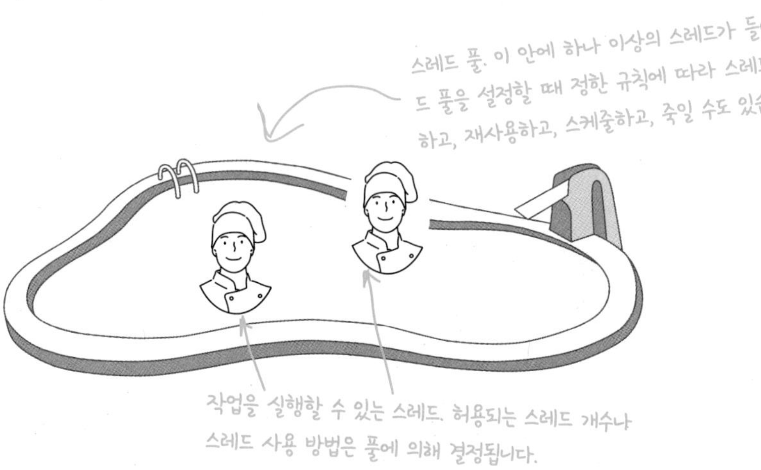
스레드 풀. 이 안에 하나 이상의 스레드가 들어갈 수 있으며, 스레드 풀을 설정할 때 정한 규칙에 따라 스레드를 추가하고, 사용하고, 재사용하고, 스케줄하고, 죽일 수도 있습니다.
작업을 실행할 수 있는 스레드. 허용되는 스레드 개수나 스레드 사용 방법은 풀에 의해 결정됩니다.

ExecutorSErvice를 새로 생성하면 처음부터 풀에 스레드가 들어 있을 수도 있고 비어 있는 상태로 시작할 수도 있습니다.
Executors 클래스에 있는 보조 메서드 중 하나를 이용하여 스레드 풀이 있는 ExecutorService를 생성할 수 있습니다.

```
ExecutorService threadPool =
Executors.newCachedThreadPool();
```

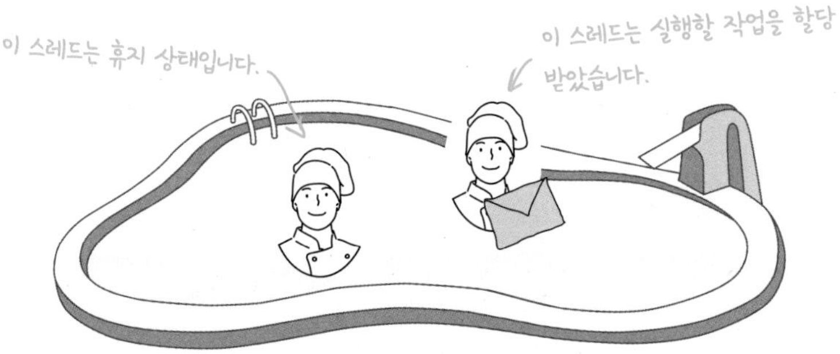
이 스레드는 휴지 상태입니다.
이 스레드는 실행할 작업을 할당받았습니다.

작업을 ExecutorService에 줌으로써 풀에 있는 스레드를 이용하여 작업을 돌릴 수 있습니다. 그러면 ExecutorService에서는 그 작업을 실행할 수 있는 여분의 스레드가 있는지 알아냅니다.

```
threadPool.execute(() -> run("Job 1"));
```

이는 ExecutorService에서 스레드를 **재사용**할 수 있음을 뜻합니다. 스레드를 그냥 만들거나 없애지 않습니다.

스레드 없이 계류 중인 작업의 큐
작업을 할당받은 모든 스레드
새로운 작업을 처리하기 위해 생성된 새로운 스레드

ExecutorService에 실행할 작업을 더 주면 그 작업들을 처리하기 위한 스레드를 새로 만들고 시작할 수도 있습니다. 스레드 개수보다 작업 개수가 더 많으면 작업을 큐에 저장해둘 수도 있습니다.
ExecutorService가 추가로 들어온 작업을 처리하는 방법은 ExecutorService 설정에 따라 달라질 수 있습니다.

```
threadPool.execute(() -> run("Job 324"));
```

ExecutorService에서 한동안 휴지 상태였던 스레드를 종료시킬 수도 있습니다. 애플리케이션에서 필요로 하는 하드웨어 자원(CPU, 메모리)의 양을 최소화하는 데 도움이 될 수도 있습니다.

여러 스레드를 실행하는 방법

다음 예제에서는 두 개의 작업을 실행하는데, 크기가 고정된 스레드 풀을 이용해서 그 작업들을 실행하기 위해 두 개의 스레드를 생성합니다. 각 스레드에는 반복문을 돌리면서 현재 실행 중인 스레드의 이름을 인쇄하라는 똑같은 작업이 주어집니다.

```
import java.util.concurrent.ExecutorService;
import java.util.concurrent.Executors;

public class RunThreads {

  public static void main(String[] args) {
    ExecutorService threadPool = Executors.newFixedThreadPool(2);
    threadPool.execute(() -> runJob("Job 1"));
    threadPool.execute(() -> runJob("Job 2"));
    threadPool.shutdown();
  }

  public static void runJob(String jobName) {
    for (int i = 0; i < 25; i++) {
      String threadName = Thread.currentThread().getName();
      System.out.println(jobName + " is running on " + threadName);
    }
  }
}
```

크기가 고정된 스레드 풀을 가진 ExecutorService를 생성합니다(처음부터 작업을 두 개만 실행시킬 거라고 알고 있습니다).

우리가 사용할 Runnable 작업을 나타내는 람다 표현식. 람다를 사용하고 싶지 않다면 앞에서 MyRunnable을 생성했을 때 했던 것처럼 Runnable 클래스의 새로운 인스턴스를 넘겨줘도 됩니다.

반복문을 돌리면서 스레드 이름을 한 번씩 출력하는 작업입니다.

출력 결과:

```
File Edit Window Help Globetrotter
% java RunThreads
Job 1 is running on pool-1-thread-1
Job 2 is running on pool-1-thread-2
Job 2 is running on pool-1-thread-2
Job 1 is running on pool-1-thread-1
Job 2 is running on pool-1-thread-2
Job 1 is running on pool-1-thread-1
Job 2 is running on pool-1-thread-2
Job 1 is running on pool-1-thread-1
Job 2 is running on pool-1-thread-2
Job 1 is running on pool-1-thread-1
Job 1 is running on pool-1-thread-1
Job 1 is running on pool-1-thread-1
Job 1 is running on pool-1-thread-1
Job 1 is running on pool-1-thread-1
Job 1 is running on pool-1-thread-1
Job 1 is running on pool-1-thread-1
```

반복문을 25번씩 반복하며, 여기에는 일부분이 표시되어 있습니다.

무슨 일이 일어날까요?

스레드가 번갈아 가면서 실행될까요? 그래서 스레드 이름이 한 번씩 번갈아 가면서 인쇄될까요? 얼마나 자주 바뀔까요?

정답은 이미 알고 있을 겁니다. 어떻게 될지 모르죠. 어떻게 될지는 스케줄러에게 달려 있어요. 운영체제, JVM, CPU 등에 따라서 결과가 완전히 달라질 수 있습니다.

이 예제를 요즘 나오는 멀티코어 시스템에서 실행시키면 두 작업이 병렬적으로 실행될 가능성이 높긴 하지만 그렇다고 해서 같은 시간 안에 완료된다든가, 똑같은 비율로 값이 출력된다든가 하는 보장은 없습니다.

스레드 풀 닫는 시간

예제에서 main 메서드 끝에 threadPool.shutdown()이라는 코드가 있는 걸 보신 분도 있을 겁니다. 스레드 각각은 스레드 풀에서 챙기지만, 스레드 풀을 다 썼을 때는 성숙한 시민의식을 가지고 직접 풀을 닫아 줘야 합니다. 그렇게 해야 풀이 작업 큐를 비우고 모든 스레드를 종료한 다음 시스템 자원을 비워줄 수 있습니다.

ExecutorService에는 두 가지 종료 메서드가 있습니다. 어느 쪽을 써도 되지만, 확실하게 하기 위해 둘 다 써도 됩니다.

1 ExecutorService.shutdown()

shutdown()을 호출하는 것은 ExecutorService에 다들 일을 마치고 정리하고 집에 가자고 정중하게 요청하는 것과 비슷합니다. 현재 작업을 실행시키고 있는 모든 스레드에서 각각의 작업을 마칠 수 있으며, 큐에서 기다리고 있는 작업들도 모두 마무리될 수 있습니다. 그리고 새로운 작업은 ExecutorService가 거부합니다.

그런 모든 작업이 끝날 때까지 기다려야 한다면 awaitTermination을 사용한 다음 끝날 때까지 기다리면 됩니다. awaitTermination에 모든 게 끝날 때까지 기다릴 최대 시간을 알려 줘서 ExecutorService에서 모든 일을 끝낼 때까지 기다리거나, 제한시간에 도달하거나, 둘 중 빠른 쪽에 다다를 때까지 기다리게 할 수 있습니다.

2 ExecutorService.shutdownNow()

"다 나가!" 이 메서드를 호출하면 ExecutorService에서 실행 중인 모든 스레드를 멈추고, 대기 중인 작업은 실행시키지 않고 다른 어떤 작업도 풀에 들어오지 못하게 막아버립니다.

모든 걸 바로 끝내고 싶을 때 이걸 씁니다. 먼저 shutdown()을 호출해서 작업을 종료할 기회를 준 다음 제대로 안 끝나면 완전히 끝내버릴 때 이 메서드를 이용할 수 있습니다.

```java
public class ClosingTime {
  public static void main(String[] args) {
    ExecutorService threadPool = Executors.newFixedThreadPool(2);

    threadPool.execute(new LongJob("Long Job"));
    threadPool.execute(new ShortJob("Short Job"));

    threadPool.shutdown();

    try {
      boolean finished = threadPool.awaitTermination(5, TimeUnit.SECONDS);
      System.out.println("Finished? " + finished);
    } catch (InterruptedException e) {
      e.printStackTrace();
    }
    threadPool.shutdownNow();
  }
}
```

스레드가 두 개 있는 스레드 풀을 생성합니다.

작업을 두 개 시작합니다. 하나는 이름을 출력하기만 하는 짧은 작업이고, 다른 하나는 sleep을 이용하여 오래 걸리는 작업을 흉내낸 '긴' 작업입니다 (LongJob과 ShortJob은 Runnable을 구현하는 클래스입니다).

ExecutorService에 종료해 달라고 요청합니다. 이 호출 이후로 어떤 작업을 지정하면서 execute()를 호출하면 RejectedExecutionException이 던져집니다.

ExecutorService는 실행 중인 작업을 전부 계속해서 실행하며, 대기 중인 작업도 모두 실행합니다.

ExecutorService가 모든 걸 마무리할 때까지 5초 동안 기다립니다. 모든 작업이 끝나기 전에 이 메서드의 제한 시간이 경과되면 false를 리턴합니다.

이 지점에 도달하면 ExecutorService에 모든 걸 당장 중지하라는 명령을 내립니다. 모든 게 이미 마무리되었어도 괜찮습니다. 그때는 아무 일도 안 하면 되니까요.

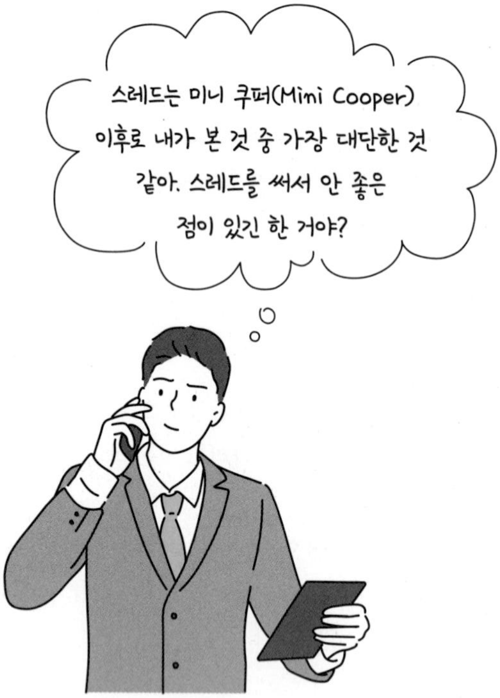

스레드는 미니 쿠퍼(Mini Cooper) 이후로 내가 본 것 중 가장 대단한 것 같아. 스레드를 써서 안 좋은 점이 있긴 한 거야?

음··· 단점도 있습니다. 스레드 때문에 동시 실행 이슈가 유발될 수 있습니다.

동시성(concurrency) 이슈는 경쟁 상태를 불러일으킵니다. 경쟁 상태는 데이터 손상을 유발하게 되고, 데이터 손상은 두려움을 불러일으키고··· 그 뒤에는 어떻게 될지 아시겠죠?

결국, 한 가지 치명적인 시나리오에 다다르게 될 수 있습니다. 두 개 이상의 스레드가 한 객체의 데이터에 접근할 수 있게 되는 거죠. 즉, 서로 다른 두 스택에서 실행되는 메서드가 하나의 동일한 객체에 대한 게터 또는 세터 메서드를 호출하게 되는 문제가 생길 수 있습니다.

'왼손이 하는 일을 오른손이 모르게 되는' 문제라고 할 수 있습니다. 두 스레드가 세상 돌아가는 일에는 관심을 기울이지 않고 '내가 진짜 참된 스레드인 것이지. 나만큼 중요한 게 또 어디 있겠어?'라고 생각하며 각각 자기가 할 일만 신나게 하는 거죠. 하지만 어떤 스레드가 실행 중이진 않은데 실행 가능한(또는 봉쇄된) 상태는 무의식 상태나 다름 없습니다. 다시 현재 실행 중인 스레드가 되고 나면 자신이 한동안 중단되었다는 것은 전혀 기억도 못 하죠.

핵심 정리

- Thread.sleep()이라는 정적 메서드는 적어도 sleep 메서드에 전달된 인자로 지정한 시간 동안 스레드를 실행 중인 상태를 떠나 있게 만듭니다. Thread.sleep(200)이라고 하면 스레드가 200밀리초 동안 잠들게(대기 상태로 들어가게) 됩니다.
- java.util.concurrent.TimeUnit에 대해 sleep 메서드를 사용할 수도 있습니다. 예를 들어서, TimeUnit.SECONDS.sleep(2) 같은 식으로도 할 수 있습니다.
- sleep() 메서드에서는 확인 예외(InterruptedException)를 던지기 때문에 sleep() 호출은 try/catch로 감싸거나 예외를 선언해야 합니다.
- 스레드 사이에서 다른 스레드를 기다릴 수 있게 해 주는 여러 메커니즘이 있습니다. sleep()을 이용할 수도 있지만 CountDownLatch를 이용하여 특정 이벤트가 정해진 횟수만큼 일어난 뒤에 작업을 다시 진행하도록 할 수 있습니다.
- 스레드를 직접 관리하려면 일이 너무 많을 수 있습니다. Executors 클래스에 있는 팩토리 메서드를 이용하여 ExecutorService를 생성하고, 이 서비스를 이용하여 Runnable 작업을 실행할 수 있습니다.
- 스레드 풀은 우리 대신 스레드를 생성하고 재사용하고 없애는 작업을 처리해 줍니다.
- 모든 작업이 종료되고 스레드가 완료될 수 있도록 ExecutorService를 셧다운해야 합니다. 진행 중인 것을 최대한 끝내고 마치려면 shutdown()을, 모든 걸 바로 죽이고 끝내려면 shutdownNow()를 쓰면 됩니다.

쓰면서 제대로 공부하기

단점, 경쟁 조건, 데이터 손상··· 근데 이런 것들에 대응하기 위해 뭘 할 수 있을까요? 마냥 이렇게 위험하게 매달려 있을 수는 없잖아요!

채널을 고정해 주세요! 다음 장에서 이런 이슈를 비롯해 다양한 내용에 대해 알아볼 겁니다. 조금만 기다려 주세요.

나는 누구일까요?

여러 가지 자바 용어와 네트워크 용어들이 완벽하게 분장을 하고는 '나는 누구일까요?' 파티 게임을 하고 있습니다. 각 힌트를 보고 그 내용을 바탕으로 누군지 알아 맞혀 보세요. 물론, 항상 진실만을 말한다고 가정해야겠죠? 여러 구성요소에 대해 적용할 수 있는 내용이 나온다면 모든 항목을 선택하면 됩니다. 각 문장 옆에 있는 빈칸에 이름을 적어 보세요.

정답과 해설 678쪽

오늘의 참석자: InetSocketAddress, SocketChannel, IP 주소, 호스트 이름, 포트, 소켓, ServerSocketChannel, Thread, 스레드 풀, Executors, ExecutorService, CountDownLatch, Runnable, InterruptedException, Thread.sleep()

저를 셧다운하지 않으면 영원히 살아남을지도 몰라요. ______________________

원격 시스템하고 얘기할 수 있는 건 다 제 덕이죠. ______________________

sleep(), await()에서 저를 던질지도 몰라요. ______________________

Thread를 재사용하고 싶다면 저를 이용해야 해요. ______________________

다른 시스템에 연결하고 싶다면 저를 알아야 해요. ______________________

저는 한 시스템에서 돌아가는 다른 프로세스하고 비슷해요. ______________________

원하는 ExecutorService를 드릴 수 있어요. ______________________

클라이언트가 저에게 연결하길 원한다면 제가 하나 필요합니다. ______________________

멀티스레드 코드를 더 예측 가능하게 만드는 걸 도와드릴 수 있어요. ______________________

저는 실행할 작업을 나타냅니다. ______________________

저는 서버의 IP 주소와 포트 번호를 저장하고 있습니다. ______________________

향상된 새 버전의 SimpleChatClient

이 장의 초반부에서 서버로 메시지를 보낼 수만 있고 아무것도 받을 수 없는 SimpleChatClient라는 프로그램을 만들었습니다. 벌써 잊어버린 건 아니겠죠? 거기에서 두 가지를 한꺼번에 하는 방법을 찾아야 했기 때문에 스레드에 대한 내용을 시작했잖아요. 그 프로그램에서 동시에 처리하려고 했던 두 가지 일은 메시지를 서버로 보내는 일(사용자가 GUI를 건드려야 하는 일)을 하고 서버로부터 받은 메시지를 스크롤 텍스트 영역에 표시하여 받아온 메시지를 읽을 수 있게 해 주는 일이었죠.

멀티스레딩의 위력 덕에 메시지를 보내고 받는 게 전부 가능한 향상된 새 버전의 채팅 클라이언트입니다. 이 코드를 실행시키기 전에 채팅 서버를 먼저 실행시켜야 한다는 걸 잊지 말아 주세요!

```
import javax.swing.*;
import java.awt.*;
import java.awt.event.*;
import java.io.*;
import java.net.InetSocketAddress;
import java.nio.channels.*;
import java.util.concurrent.*;

import static java.nio.charset.StandardCharsets.UTF_8;

public class SimpleChatClient {
  private JTextArea incoming;
  private JTextField outgoing;
  private BufferedReader reader;
  private PrintWriter writer;

  public void go() {
    setUpNetworking();

    JScrollPane scroller = createScrollableTextArea();

    outgoing = new JTextField(20);

    JButton sendButton = new JButton("Send");
    sendButton.addActionListener(e -> sendMessage());

    JPanel mainPanel = new JPanel();
    mainPanel.add(scroller);
    mainPanel.add(outgoing);
    mainPanel.add(sendButton);

    ExecutorService executor = Executors.newSingleThreadExecutor();
    executor.execute(new IncomingReader());

    JFrame frame = new JFrame("Ludicrously Simple Chat Client");
    frame.getContentPane().add(BorderLayout.CENTER, mainPanel);
    frame.setSize(400, 350);
    frame.setVisible(true);
```

이번 장이 아직도 안 끝났네요. 그래도 얼마 안 있으면 끝나니까 조금만 참아 주세요.

대부분 전에 봤던 GUI 코드입니다. 아래에 강조되어 있는 새로운 'reader' 스레드를 시작하는 부분을 제외하면 딱히 특별한 건 없습니다.

여기에서 Runnable 내부 클래스로 새 작업을 추가합니다. 서버의 소켓 스트림으로부터 데이터를 읽어들여서 스크롤링 텍스트 영역에 메시지를 표시하는 작업입니다. 이 작업 하나만 실행할 것을 알고 있기 때문에 단일 스레드 실행기를 써서 이 작업을 시작합니다.

```java
    frame.setDefaultCloseOperation(WindowConstants.EXIT_ON_CLOSE);
  }

  private JScrollPane createScrollableTextArea() {
    incoming = new JTextArea(15, 30);
    incoming.setLineWrap(true);
    incoming.setWrapStyleWord(true);
    incoming.setEditable(false);
    JScrollPane scroller = new JScrollPane(incoming);
    scroller.setVerticalScrollBarPolicy(ScrollPaneConstants.VERTICAL_SCROLLBAR_ALWAYS);
    scroller.setHorizontalScrollBarPolicy(ScrollPaneConstants.HORIZONTAL_SCROLLBAR_NEVER);
    return scroller;
  }
```

스크롤링 텍스트 영역을 생성하기 위한 보조 메서드. 16장에서 봤던 것과 비슷합니다.

```java
  private void setUpNetworking() {
    try {
      InetSocketAddress serverAddress = new InetSocketAddress("127.0.0.1", 5000);
      SocketChannel socketChannel = SocketChannel.open(serverAddress);

      reader = new BufferedReader(Channels.newReader(socketChannel, UTF_8));
      writer = new PrintWriter(Channels.newWriter(socketChannel, UTF_8));

      System.out.println("Networking established.");
    } catch (IOException ex) {
      ex.printStackTrace();
    }
  }
```

Channels을 이용하여 서버에 연결된 SocketChannel을 위한 새로운 reader와 writer를 생성합니다. writer는 서버에 메시지를 보내며, reader 작업에서 서버로부터 메시지를 읽어올 수 있도록 해 두었습니다.

```java
  private void sendMessage() {
    writer.println(outgoing.getText());
    writer.flush();
    outgoing.setText("");
    outgoing.requestFocus();
  }
```

여기에는 새로운 내용은 없습니다. 사용자가 Send 버튼을 클릭하면 이 메서드에서 텍스트 필드의 내용을 서버로 보냅니다.

```java
  public class IncomingReader implements Runnable {
    public void run() {
      String message;
      try {
        while ((message = reader.readLine()) != null) {
          System.out.println("read " + message);
          incoming.append(message + "\n");
        }
      } catch (IOException ex) {
        ex.printStackTrace();
      }
    }
  }
```

스레드가 하는 일입니다.
run() 메서드에서 (서버에서 받는 게 null이 아닌 동안) 반복문을 계속 돌리면서 받아온 메시지를 한 줄씩 읽어서 각 줄을 스크롤링 텍스트 영역에 (줄바꿈 문자도 함께) 추가합니다.

```java
  public static void main(String[] args) {
    new SimpleChatClient().go();
  }
}
```

채팅 서버 코드는 648쪽에 있는 인스턴트 코드입니다.

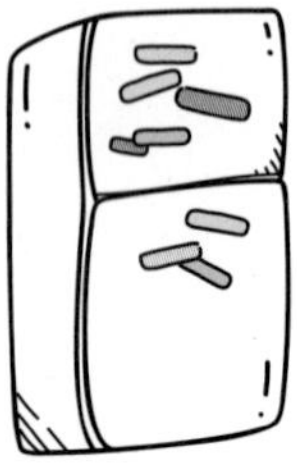

코드 자석

정답과 해설 678쪽

냉장고 위에 자바 코드가 아무렇게나 널려 있습니다. (다음 페이지에 있는) 코드 스니펫을 재배치해서 아래에 있는 것과 같은 결과를 출력하는 자바 프로그램을 만들어 주세요.
이 코드는 648쪽에 있는 정말 간단한 채팅 서버가 실행되고 있는 상태에서 실행시켜야 합니다.

출력 결과:

```
File  Edit  Window  Help  StillThere
% java PingingClient
Networking established
09:27:06 Sent ping 0
09:27:07 Sent ping 1
09:27:08 Sent ping 2
09:27:09 Sent ping 3
09:27:10 Sent ping 4
09:27:11 Sent ping 5
09:27:12 Sent ping 6
09:27:13 Sent ping 7
09:27:14 Sent ping 8
09:27:15 Sent ping 9
```

```
String message = "ping " + i;
```

```
try (SocketChannel channel = SocketChannel.open(server)) {
```

```
import static java.nio.charset.StandardCharsets.UTF_8;
import static java.time.LocalDateTime.now;
import static java.time.format.DateTimeFormatter.ofLocalizedTime;
```

```
}
```

```
e.printStackTrace();
```

```
} catch (IOException | InterruptedException e) {
```

```
public class PingingClient {
```

```
}
```

```
writer.println(message);
```

```
PrintWriter writer = new PrintWriter(Channels.newWriter(channel, UTF_8));
```

```
import java.io.*;
import java.net.InetSocketAddress;
import java.nio.channels.*;
import java.time.format.FormatStyle;
import java.util.concurrent.TimeUnit;
```

```
for (int i = 0; i < 10; i++) {
```

```
}
```

```
System.out.println(currentTime + " Sent " + message);
```

```
writer.flush();
```

```
InetSocketAddress server = new InetSocketAddress("127.0.0.1", 5000);
```

```
}
```

```
System.out.println("Networking established");
```

```
TimeUnit.SECONDS.sleep(1);
```

```
public static void main(String [] args) {
```

```
String currentTime = now().format(ofLocalizedTime(FormatStyle.MEDIUM));
```

정답과 해설

나는 누구일까요?(673쪽)

저를 셧다운하지 않으면 영원히 살아남을지도 몰라요.	ExecutorService
원격 시스템하고 얘기할 수 있는 건 다 제 덕이죠.	SocketChannel, 소켓
sleep(), await()에서 저를 던질지도 몰라요.	InterruptedException
Thread를 재사용하고 싶다면 저를 이용해야 해요.	스레드 풀, ExecutorService
다른 시스템에 연결하고 싶다면 저를 알아야 해요.	IP 주소, 호스트 이름, 포트
저는 한 시스템에서 돌아가는 다른 프로세스하고 비슷해요.	Thread
원하는 Executor Service를 드릴 수 있어요.	Executors
클라이언트가 저에게 연결하길 원한다면 제가 하나 필요합니다.	ServerSocketChannel
멀티스레드 코드를 더 예측 가능하게 만드는 걸 도와드릴 수 있어요.	Thread.sleep(), CountDownLatch
저는 실행할 작업을 나타냅니다.	Runnable
저는 서버의 IP 주소와 포트 번호를 저장하고 있습니다.	InetSocketAddress

코드 자석(676~677쪽)

```
import java.io.*;
import java.net.InetSocketAddress;
import java.nio.channels.*;
import java.time.format.FormatStyle;
import java.util.concurrent.TimeUnit;

import static java.nio.charset.StandardCharsets.UTF_8;
import static java.time.LocalDateTime.now;
import static java.time.format.DateTimeFormatter.ofLocalizedTime;

public class PingingClient {

  public static void main(String[] args) {
    InetSocketAddress server = new InetSocketAddress("127.0.0.1", 5000);
    try (SocketChannel channel = SocketChannel.open(server)) {
      PrintWriter writer = new PrintWriter(Channels.newWriter(channel, UTF_8));
      System.out.println("Networking established");

      for (int i = 0; i < 10; i++) {
        String message = "ping " + i;
        writer.println(message);
        writer.flush();
        String currentTime = now().format(ofLocalizedTime(FormatStyle.MEDIUM));
        System.out.println(currentTime + " Sent " + message);
        TimeUnit.SECONDS.sleep(1);
      }
    } catch (IOException | InterruptedException e) {
      e.printStackTrace();
    }
  }
}
```

현재 시각을 받아서 시:분:초 형식의 String으로 바꿔 주는 방법 중 하나입니다.

sleep()을 이 for 반복문 안의 어느 위치로 옮겨도 결과는 똑같습니다.

sleep()에서 던진 InterruptedException을 for 반복문 안에서 잡을 수도 있고 모든 예외를 전부 메서드 맨 뒤에서 잡을 수도 있습니다.

어떤 예외든 똑같은 식으로 처리할 것이므로 모든 예외를 그냥 맨 뒤에서 잡습니다.

코드 키친

sendIt을 누르면 현재 비트 패턴과 함께 여기에 입력된 메시지가 다른 사람들에게 전달됩니다.

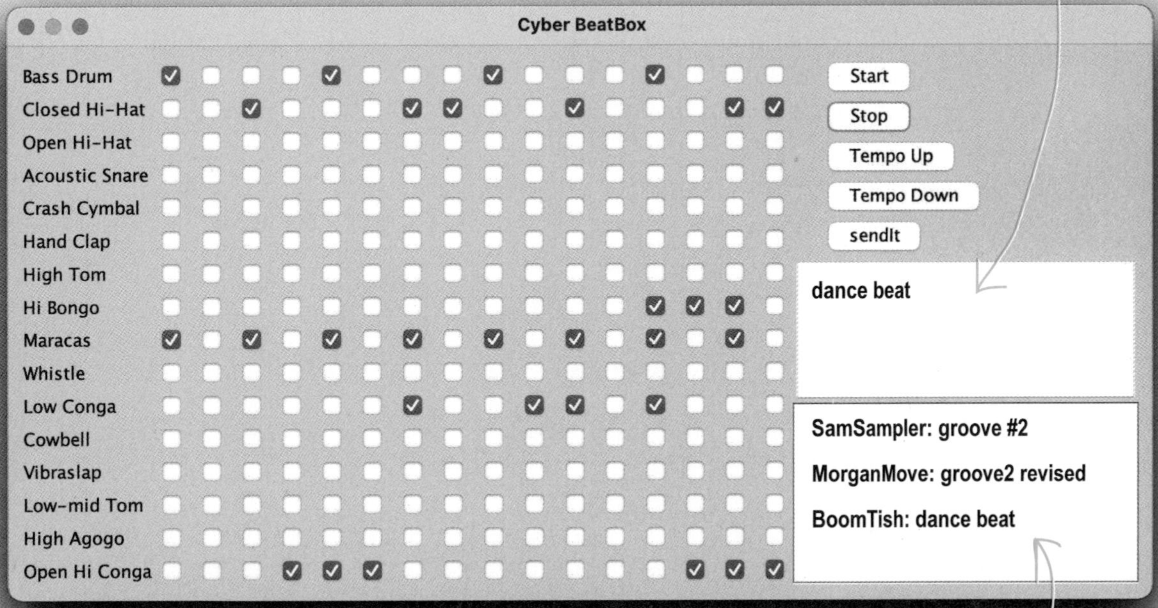

다른 플레이어들이 보낸 메시지입니다. 메시지를 클릭하면 그 메시지와 함께 도착한 패턴을 불러올 수 있습니다. 그러고 나서 Start 버튼을 누르면 그 비트 패턴을 연주할 수 있지요.

이제 채팅 클라이언트를 만드는 방법도 배웠고, 드디어 비트박스의 마지막 버전이 준비됐습니다!

이 프로그램에서는 간단한 음악 서버에 접속해서 다른 클라이언트와 비트 패턴을 주고받을 수 있습니다.

코드가 정말 길기 때문에 전체 코드는 나중에 부록 A에서 소개하겠습니다.

CHAPTER 18

동시성 이슈 처리 방법

경쟁 상태와 불변 데이터

데이브가 샌드위치를 먹는 동안 헬렌이 자꾸 한입씩 먹는데 데이브는 아직 모르는 것 같아! 둘이 같은 샌드위치를 먹고 있다는 걸 서로 알아야 할 텐데··· 안 그러면 좀 곤란해질 것 같지?

한 번에 두 개 이상을 하는 건 어렵습니다

멀티스레드 코드를 만드는 건 쉬워요. 하지만 우리가 기대한 방식대로 작동하는 멀티스레드 코드를 만드는 건 훨씬 어렵습니다. 마지막 장인 이번 장에서는 두 개 이상의 스레드가 동시에 작동할 때 잘못될 수 있는 것들에 대해서 알아보도록 하겠습니다. 제대로 작동하는 멀티스레드 코드를 만드는 데 도움이 될 만한 java.util.concurrent의 도구에 대해서도 배울 겁니다. 여러 스레드에서 사용해도 안전한 불변 객체(바뀌지 않는 객체)를 생성하는 방법도 배울 거예요. 이 장이 끝날 무렵이면 동시성을 다룰 때 필요한 여러 다양한 도구에 익숙해질 수 있을 겁니다.

뭐가 잘못될 수 있을까요?

이전 장 마지막 부분에서 멀티스레드 코드를 다룰 때 항상 맑고 쾌청한 날만 계속되진 않을 것이라고 운을 띄웠었죠? 사실 운을 띄운 정도가 아니라 다음과 같이 아주 분명하게 경고를 했습니다.

"결국, 한 가지 치명적인 시나리오에 다다르게 될 수 있습니다. 두 개 이상의 스레드가 한 객체의 데이터에 접근할 수 있게 되는 거죠."

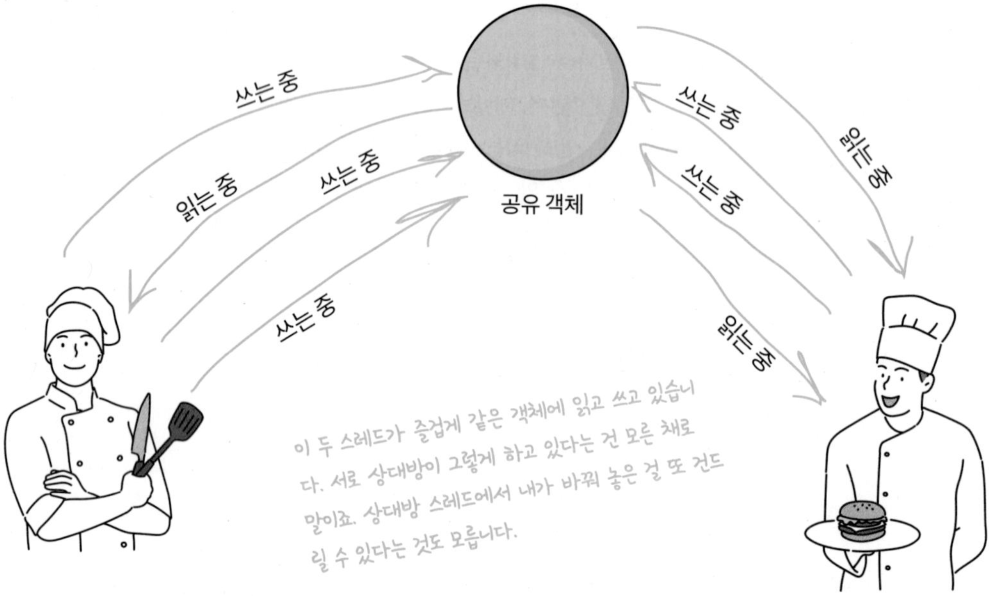

공유 객체
쓰는 중
읽는 중
쓰는 중
쓰는 중
쓰는 중
쓰는 중
읽는 중
읽는 중
이 두 스레드가 즐겁게 같은 객체에 읽고 쓰고 있습니
다. 서로 상대방이 그렇게 하고 있다는 건 모른 채로
말이죠. 상대방 스레드에서 내가 바꿔 놓은 걸 또 건드
릴 수 있다는 것도 모릅니다.

뇌 일깨우기

두 스레드가 모두 읽고 쓰는 게 왜 문제인 거죠? 어떤 스레드에서 객체의 데이터를 바꾸기 전에 데이터를 읽는다면 다른 스레드에서 동시에 쓸 수 있다는 게 왜 문제가 되는 건가요?

위기에 빠진 결혼 생활

이 부부는 구원받을 수 있을 것인가?
스티브 박사의 <우리 부부가 달라졌어요> 특별편입니다.

스티브 박사의 <우리 부부가 달라졌어요>에 오신 것을 환영합니다.
오늘은 가장 큰 이혼 사유라고 할 수 있는 돈 문제에 대한 이야기를 들고 왔습니다.
오늘 소개할 부부는 라이언(Ryan)과 모니카(Monica) 부부입니다. 은행 계좌를 공유하고 있죠. 하지만 그들에게 닥친 문제를 해결하지 못한다면 얼마 안 있어서 헤어질지도 모릅니다. 무슨 문제냐고요? 두 사람이 한 계좌를 공유하는 것과 관련된 아주 고전적인 문제죠.
모니카가 한 말을 정리해 보면 다음과 같습니다.

라이언과 모니카 부부
"두 사람, 한 계좌" 문제의 피해자입니다.

"라이언과 저는 통장 잔고가 마이너스가 되지 않게 하기로 약속했어요. 누구든 돈을 뽑기 전에 계좌 잔고를 확인해야 한다는 원칙을 세웠죠. 그런데 갑자기 잔고가 마이너스가 되면서 이자를 물어야 하게 되었어요.
저는 그럴 리가 없다고 생각했죠. 우리가 처음에 세운 원칙이 안전하다고 생각했으니까요. 하지만 이런 일이 일어나고 말았어요.
라이언이 어느 날 온라인 쇼핑을 하면서 장바구니에 50달러어치 물품을 채웠어요. 주문을 마치기 전에 계좌 잔고를 확인해 보니 100달러가 있었어요. 그럼 문제될 게 없죠. 그래서 주문을 마무리하기로 했어요.
그런데 그때 마침 제가 끼어든 거예요. 라이언이 배송 정보를 입력하는 동안에 제가 100달러를 결제하기로 한 거예요. 저도 잔고를 확인하고는 (라이언이 아직 결제를 안 했으니까 100달러가 남아 있었겠죠) 100달러가 남아 있길래 별 생각 없이 온라인 쇼핑을 했어요. 아무 문제도 없었죠. 그런데 그때 라이언이 결제를 마쳤고, 결국 통장 잔고가 마이너스로 내려갔지 뭐예요. 제가 동시에 돈을 쓸 거라는 건 생각하지 못하고 통장 잔고를 다시 확인하지 않고 그냥 결제한 겁니다. 스티브 박사님, 도와주세요!"

좋은 해결책이 없을까요? 그들의 미래에는 희망이 있을까요? 그들의 온라인 쇼핑 중독은 우리가 어쩔 수 없겠지만 둘 중 한 명이 쇼핑하는 동안에 다른 사람이 돈을 뽑거나 쓰는 건 막을 수 있지 않을까요?
자, 광고가 나가는 동안 어떻게 해야 할지 생각해 보세요.

코드로 만들어본 라이언과 모니카 문제

아래에 두 스레드(라이언과 모니카)가 하나의 객체(은행 계좌)를 공유할 때 생길 수 있는 문제를 보여주는 예제가 있습니다. 이 코드에는 BankAccount와 RyanAndMonicaJob, 이렇게 두 클래스가 있습니다. 모든 코드를 실행시킬 main 메서드가 들어 있는 RyanAndMonicaTest 클래스도 있습니다. RyanAndMonicaJob 클래스는 Runnable을 구현하며, 라이언과 모니카가 모두 하는 행동(잔고를 확인하고 돈을 쓰는 행동)을 나타냅니다.

RyanAndMonicaJob 클래스에는 공유하는 은행 계좌인 BankAccount 객체와 사람 이름, 지출하고자 하는 금액에 대한 인스턴스 변수가 있습니다. 코드는 다음과 같은 식으로 돌아갑니다.

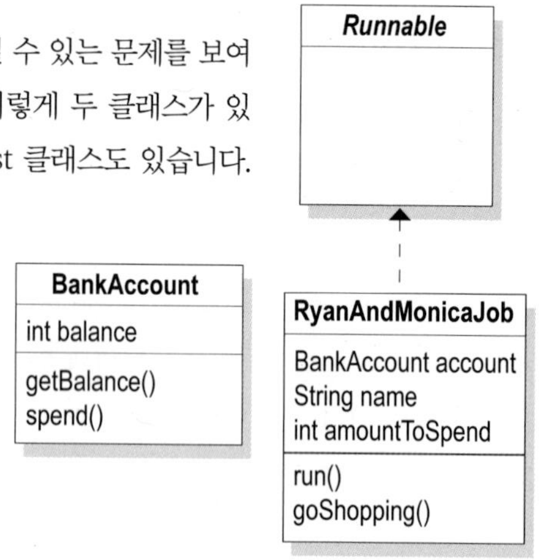

1 공유하는 은행 계좌의 인스턴스를 만듭니다.

새로운 계좌를 만들 때 모든 기본값이 제대로 설정됩니다.

```
BankAccount account = new BankAccount();
```

2 각 사람마다 RyanAndMonicaJob 인스턴스를 하나씩 만듭니다.

각 사람마다 하나씩의 작업이 필요합니다. 각각에 은행 계좌 객체에 대한 접근권을 부여하고 얼마씩 쓸지 알려 줍니다.

```
RyanAndMonicaJob ryan = new RyanAndMonicaJob("Ryan", account, 50);
RyanAndMonicaJob monica = new RyanAndMonicaJob("Monica", account, 100);
```

3 ExecutorService를 생성하고 그 두 작업을 넘겨줍니다.

작업이 라이언과 모니카 각각 하나씩, 총 두 개 있다는 걸 알고 있기 때문에 스레드가 두 개 있는 크기가 고정된 스레드 풀을 생성할 수 있습니다.

```
ExecutorService executor = Executors.newFixedThreadPool(2);
executor.execute(ryan);
executor.execute(monica);
```

4 두 작업이 실행되는 걸 확인합니다.

한 스레드는 라이언을, 다른 스레드는 모니카를 나타냅니다. 두 스레드 모두 돈을 쓰기 전에 잔고를 확인합니다. 두 개 이상의 스레드가 동시에 돌아갈 때는 공유된 객체(예: BankAccount 객체)를 한 스레드에서만 바꿀 거라고 가정할 수 없습니다. 공유 객체와 관련된 코드가 단 두 줄 뿐이고 그 두 줄이 바로 붙어 있다고 해도 말이죠.

```
if (account.getBalance() >= amount) {
  account.spend(amount);
} else {
  System.out.println("Sorry, not enough money");
}
```

goShopping() 메서드에서는 라이언과 모니카가 할 일을 정확하게 처리합니다. 계좌 잔고를 확인하고 돈이 충분히 있으면 지출을 하죠.

이렇게 하면 통장 잔고가 마이너스가 되는 일을 방지할 수 있습니다.

하지만 라이언과 모니카가 돈을 동시에 쓴다면 다른 사람이 돈을 쓰기 전에 은행 계좌 잔고가 사라져 버릴 수도 있습니다.

라이언과 모니카 예제

```
import java.util.concurrent.*;

public class RyanAndMonicaTest {
  public static void main(String[] args) {
    BankAccount account = new BankAccount();
    RyanAndMonicaJob ryan = new RyanAndMonicaJob("Ryan", account, 50);
    RyanAndMonicaJob monica = new RyanAndMonicaJob("Monica", account, 100);
    ExecutorService executor = Executors.newFixedThreadPool(2);
    executor.execute(ryan);
    executor.execute(monica);
    executor.shutdown();
  }
}

class RyanAndMonicaJob implements Runnable {
  private final String name;
  private final BankAccount account;
  private final int amountToSpend;
  RyanAndMonicaJob(String name, BankAccount account, int amountToSpend) {
    this.name = name;
    this.account = account;
    this.amountToSpend = amountToSpend;
  }

  public void run() {
    goShopping(amountToSpend);
  }

  private void goShopping(int amount) {
    if (account.getBalance() >= amount) {
      System.out.println(name + " is about to spend");
      account.spend(amount);
      System.out.println(name + " finishes spending");
    } else {
      System.out.println("Sorry, not enough for " + name);
    }
  }
}

class BankAccount {
  private int balance = 100;
  public int getBalance() {
    return balance;
  }
  public void spend(int amount) {
    balance = balance - amount;
    if (balance < 0) {
      System.out.println("Overdrawn!");
    }
  }
}
```

BankAccount의 인스턴스는 단 하나뿐입니다. 두 스레드에서 모두 이 하나뿐인 계좌를 사용하게 되는 거죠.

공유 은행 계좌에서 돈을 인출하는 작업을 라이언용 하나, 모니카용 하나, 이렇게 두 개 만들고, 각각 지출할 금액을 전달합니다.

두 작업을 모두 실행시킵니다.

잊지 않고 스레드 풀을 셧다운합니다.

두 작업을 위해 두 개의 스레드가 있는 스레드 풀을 새로 만듭니다.

run() 메서드에서는 지출할 금액을 넘겨주면서 goShopping() 메서드를 호출합니다.

계좌 잔고를 확인해서 잔고가 충분하면 돈을 씁니다. 라이언과 모니카가 했던 일을 그대로 옮겨놓았죠.

실행 중에 어떤 일이 일어나는지 확인할 수 있도록 출력 코드를 잔뜩 집어넣었습니다.

처음 시작할 때는 잔고 100달러에서 시작합니다.

라이언과 모니카 문제 출력 결과

```
File Edit Window Help Visa
% java RyanAndMonicaTest
Ryan is about to spend
Monica is about to spend
Overdrawn!
Ryan finishes spending
Monica finishes spending
```

어떻게 이런 일이 일어났나요?

goShopping() 메서드에서는 항상 인출 전에 잔고를 확인하지만 여전히 잔고가 마이너스가 되는 일이 일어납니다.

가능한 시나리오

라이언이 잔고를 확인하고는 돈이 충분히 있는 걸 보고 쇼핑을 마무리합니다.

그 사이에 모니카도 잔고를 확인합니다. 모니카가 보기에도 잔고는 충분합니다. 다만 라이언이 그 돈을 쓸 거라는 건 전혀 모르는 상태죠.

라이언이 결제를 마칩니다.

모니카도 결제를 마칩니다. 문제가 생겼습니다!

모니카가 잔고를 확인했던 시점과 결제를 마친 시점 사이에 라이언이 돈을 이미 써 버렸습니다!

라이언이 이미 잔고를 확인하고는 결제를 마무리하고 있는 상황이었기 때문에 모니카가 잔고를 확인한 게 무의미해지는 거죠.

라이언이 결제를 마치기 전까지 모니카가 계좌에 접근을 할 수 없도록 하든가 아니면 모니카가 작업을 끝내기 전까지 라이언이 결제를 못 마치게 해야만 합니다.

이 코드는 결정론적으로 돌아가지 않습니다. 매번 똑같은 결과가 나오지 않는다는 뜻입니다. 문제를 확인하려면 여러 번 실행시켜야 할 수 있습니다. 멀티스레드 코드에서는 이런 일이 흔합니다. 어떤 스레드가 먼저 시작하는지, 각 스레드가 언제 CPU 코어에서 실행되는지에 따라 결과가 다를 수 있기 때문이죠.

```
File Edit Window Help WorksOnMyMachine
% java RyanAndMonicaTest
Ryan is about to spend
Ryan finishes spending
Sorry, not enough for Monica
```

이렇게 제대로 돌아가서 통장 잔고가 마이너스가 되지 않을 수도 있습니다.

계좌 접근과 관련된 자물쇠가 필요합니다

자물쇠는 다음과 같은 식으로 작동합니다.

1 계좌 거래(잔고 확인과 인출)와 관련된 자물쇠가 있습니다. 열쇠는 하나밖에 없고 누군가가 계좌에 접근하기 전까지는 자물쇠와 함께 있습니다.

아무도 계좌를 사용하고 있지 않을 때는 은행 계좌 거래가 열려 있습니다.

2 라이언이 은행 계좌를 사용할 때는(잔고를 확인하고 인출할 때는) 자물쇠를 잠그고 열쇠는 자기가 챙깁니다. 그러면 열쇠가 없으니까 아무도 그 계좌를 사용할 수가 없겠죠.

계좌에 접근할 때 자물쇠를 잠그고 열쇠를 가져갑니다.

3 거래를 끝내기 전까지 라이언은 열쇠를 계속 가지고 있습니다. 하나밖에 없는 열쇠를 라이언이 가지고 있으니까 모니카는 라이언이 자물쇠를 풀고 열쇠를 반납하기 전까지는 계좌에 접근할 수 없습니다.
이렇게 하면 라이언이 잔고를 확인하고 나서 잠깐 다른 일을 하더라도 열쇠를 자기가 가지고 있으니 잔고가 전과 똑 같다고 확신할 수 있습니다.

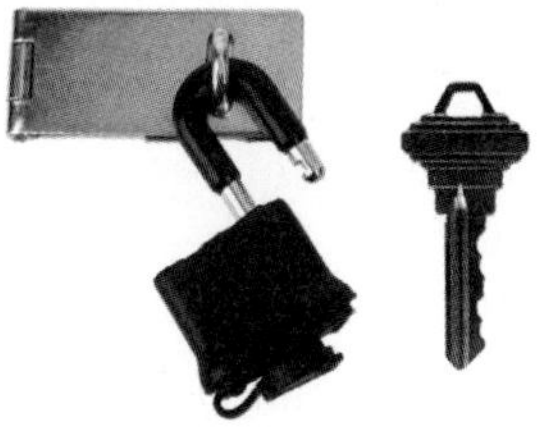

라이언이 거래를 끝내고 나면 자물쇠를 풀고 열쇠를 반납합니다. 이제 모니카가 그 열쇠를 쓸 수 있습니다(또는 라이언이 다시 쓸 수도 있죠).

잔고를 확인하고 돈을 쓰는 과정은 원자처럼 하나로 돌아가야 합니다

한 스레드에서 쇼핑 거래를 시작하면 다른 어떤 스레드에서 그 은행 계좌를 바꾸기 전에 거래를 확실히 끝낼 수 있도록 해야만 합니다.
즉, 한 스레드에서 계좌 잔고를 확인했다면 다른 어떤 스레드에서 그 계좌 잔고를 확인하기 전에 돈을 쓰는 것까지 모두 할 수 있도록 보장이 되어야 한다는 거죠.
메서드, 또는 객체에 대해서 synchronized 키워드를 사용하면 한 번에 한 스레드만 사용할 수 있도록 잠글 수 있습니다.
이렇게 하면 은행 계좌를 보호할 수 있습니다. 은행 계좌 거래를 처리하는 메서드 안에서 은행 계좌에 자물쇠를 채우는 거죠. 이렇게 하면 한 스레드에서 시작부터 끝까지 거래 전체를 완료할 수 있습니다. 중간에 스레드 스케줄러에 의해 실행 중이 아닌 다른 상태로 전환되거나 동시에 다른 스레드에서 뭔가를 바꾸려고 하더라도 말이죠.

synchronized 키워드는 어떤 스레드에서 그 동기화된 코드에 접근하기 위해서는 열쇠가 필요하다는 것을 뜻합니다.
(은행 계좌 같은) 데이터를 보호하기 위해서는 그 데이터에 작용하는 코드를 동기화하면 됩니다.

앞으로 두 페이지에 걸쳐서 무엇을 자물쇠로 잠글 수 있는지 살펴보겠습니다. 라이언과 모니카 예제를 가지고 보면 꽤 간단합니다. 쇼핑 거래를 은행 계좌를 잠그는 블록 안에 감싸면 됩니다.

```
private void goShopping(int amount) {
  synchronized (account) {
    if (account.getBalance() >= amount) {
      System.out.println(name + " is about to spend");
      account.spend(amount);
      System.out.println(name + " finishes spending");
    } else {
      System.out.println("Sorry, not enough for " + name);
    }
  }
}
```

참고: 물리학을 좋아하는 독자들께: 여기에서 사용하는 '원자처럼'이라는 용어에서는 아원자 입자와 관련된 내용을 제대로 반영하지 않고 있습니다. 스레드나 거래(트랜잭션)를 얘기할 때 나오는 '원자'를 생각할 때는 뉴턴 시대의 물리학 관점에서 봐 주세요. 사실 이런 표현을 저희가 만든 것도 아닙니다. 저희가 이런 것과 관련된 용어들을 만들었다면 스레드와 관련된 거의 모든 것에 대해 하이젠베르크의 불확정성 원리를 적용했을 것 같습니다.

무엇이든 물어보세요

Q&A

Q 보호하고자 하는 데이터가 있는 클래스의 모든 게터와 세터를 동기화시키면 안 되나요?

A 게터와 세터를 동기화하는 것만으로는 부족합니다. 동기화의 핵심은 코드 중 특정 부분이 원자처럼 돌아가도록 하는 겁니다. 즉, 우리가 챙기고자 하는 건 각각의 메서드가 아니라 작업을 마치기 위해 두 개 이상의 단계가 필요한 메서드입니다.
한번 생각해 보세요. goShopping() 메서드 안에 synchronized 블록을 추가했습니다. 만약 getBalance()와 spend()를 따로 동기화했다면 별 도움이 안 됐을 겁니다. 라이언이든 모니카든 잔고만 확인하고 바로 열쇠를 돌려줬을 테니까요. 진짜 중요한 건 두 연산을 모두 마칠 때까지 열쇠를 가지고 있는 거죠.

역자 주: 여기에서 나오는 원자는 '더 이상 쪼갤 수 없는 것'의 개념으로 받아들이시면 됩니다. 원자적인 거래(atomic transaction)는 쪼갤 수 없는, 항상 한 덩어리로 묶여서 처리되는 거래를 뜻하는 식이죠. 스레드 등을 사용할 때뿐 아니라 동시성 관련 문제가 생길 수 있는 데이터베이스 등에서도 널리 쓰이는 표현입니다.

객체의 자물쇠 사용법

저기요, 이 객체의 takeMoney()
메서드는 동기화되어 있네요.
들어가려면 이 객체의 열쇠가
필요해요.

모든 객체에는 자물쇠가 있습니다. 대부분의 경우 자물쇠는 열려 있고 가상의 열쇠가 그 옆에 놓여 있다고 생각하면 됩니다. 객체 자물쇠는 (앞쪽에서처럼) 객체에 대한 **동기화된 블록**이 있을 때, 또는 클래스에 동기화된 메서드가 있을 때만 그 기능을 발휘합니다. 선언부에 synchronized 키워드가 있으면 그 메서드는 **동기화된 메서드**입니다.

어떤 객체에 하나 이상의 동기화된 메서드가 있으면 **그 객체의 자물쇠에 대한 열쇠가 있는 경우에만 스레드가 동기화된 메서드에 들어갈 수 있습니다.**

자물쇠는 메서드 단위가 아닌 객체 단위로 적용됩니다. 어떤 객체에 동기화된 메서드가 두 개 있다면 두 스레드가 동시에 같은 메서드에 들어갈 수 없을 뿐 아니라 두 스레드가 둘 중 어떤 메서드에도 동시에 들어갈 수가 없습니다. 즉, 어떤 객체에 동기화된 메서드가 method1(), method2(), 이렇게 두 개 있을 때, 한 스레드가 method1()에 들어가 있으면 두 번째 스레드는 method1()에 들어갈 수 없음은 물론이고, method2()를 비롯하여 그 객체에 있는 다른 어떤 동기화된 메서드에도 들어가지 못합니다.

한번 생각해 봅시다. 어떤 객체의 인스턴스 변수에 작용할 가능성이 있는 메서드가 여러 개 있다면 그 모든 메서드를 synchronized로 보호해야만 합니다.

동기화의 목표는 결정적인 데이터를 보호하는 데 있습니다. 하지만 자물쇠로 잠그는 건 데이터 자체가 아닙니다. 우리가 동기화시키는 건 그 데이터를 액세스하는 메서드입니다.

어떤 스레드가 (run() 메서드에서 시작해서) 호출 스택을 돌아다니다가 갑자기 동기화된 메서드를 만나면 어떻게 될까요? 스레드에서는 그 메서드에 들어가려면 객체의 열쇠가 필요하다는 걸 파악하게 됩니다. 열쇠를 찾아보고 (이 부분은 JVM에서 전부 처리합니다. 객체에 대한 자물쇠를 액세스하기 위한 API는 없습니다) 열쇠를 가져올 수 있으면 그 스레드에서 그 열쇠를 챙기고 메서드에 들어갑니다.

그리고 나면 그 스레드는 목숨이라도 걸린 것마냥 열쇠를 챙깁니다. 동기화된 메서드나 블록을 마치기 전까지는 열쇠를 내놓지 않습니다. 따라서 그 스레드가 열쇠를 가지고 있는 동안은 다른 어떤 스레드도 그 객체에 있는 동기화된 메서드에 들어갈 수 없습니다. 그 객체의 하나뿐인 열쇠를 이미 누가 가져갔으니까요.

모든 자바 객체에는 자물쇠가 있습니다. 자물쇠에는 열쇠가 하나뿐이죠.

대부분의 경우 자물쇠는 열려 있고 아무도 신경을 쓰지 않습니다.

하지만 어떤 객체에 동기화된 메서드가 있으면 그 객체의 자물쇠에 대한 열쇠가 있는 경우에만 동기화된 메서드에 들어갈 수 있습니다. 즉, 다른 스레드에서 이미 그 열쇠를 가져가지 않았을 때만 들어갈 수 있죠.

동기화된 메서드 사용법

goShopping() 메서드를 동기화하면 라이언과 모니카의 문제를 해결할 수 있을까요?

```
private synchronized void goShopping(int amount) {
  if (account.getBalance() >= amount) {
    System.out.println(name + " is about to spend");
    account.spend(amount);
    System.out.println(name + " finishes spending");
  } else {
    System.out.println("Sorry, not enough for " + name);
  }
}
```

출력 결과:

```
File Edit Window Help WaitWhat
% java RyanAndMonicaTest
Ryan is about to spend
Ryan finishes spending
Monica is about to spend
Overdrawn!
Monica finishes spending
```

안 되네요!

synchronized 키워드는 객체를 잠그는 역할을 합니다. goShopping() 메서드는 RyanAndMonicaJob에 들어 있습니다. 인스턴스 메서드를 동기화한다는 것은 '이 RyanAndMonicaJob 인스턴스를 잠근다.'는 것을 뜻합니다. 그러나 RyanAndMonicaJob 인스턴스는 두 개입니다. 하나는 "ryan"이고 다른 하나는 "monica"죠. "ryan"이 잠겨 있어도 "monica"는 여전히 은행 계좌를 바꿀 수 있습니다. "ryan" 작업이 잠겨 있는지에는 전혀 관심이 없습니다.

자물쇠로 잠가야 하는 객체, 두 스레드가 서로 바꾸려고 경쟁하는 객체는 BankAccount 객체입니다. RyanAndMonicaJob에 있는 메서드에 synchronized 키워드를 추가하는 것으로는(RyanAndMonicaJob 인스턴스를 잠그는 것 가지고는) 아무 문제도 해결되지 않습니다.

올바른 객체를 잠그는 게 중요합니다

공유된 객체는 BankAccount 객체이기 때문에 여러 스레드에서 안전하게 사용할 수 있도록 만들어야 하는 것은 BankAccount라고 말할 수 있습니다. BankAccount의 spend() 메서드를 동기화하면 잔고가 충분한지 확인하고 잔액을 인출하는 작업이 하나의 거래에서 처리되도록 할 수 있습니다.

```
class RyanAndMonicaJob implements Runnable {
  // … RyanAndMonicaJob 클래스의 나머지 부분은 전과 마찬가지…

  private void goShopping(int amount) {
    System.out.println(name + " is about to spend");
    account.spend(name, amount);
    System.out.println(name + " finishes spending");
  }
}

class BankAccount {
  // BankAccount의 나머지 메서드…

  public synchronized void spend(String name, int amount) {
    if (balance >= amount) {
      balance = balance - amount;
      if (balance < 0) {
        System.out.println("Overdrawn!");
      }
    } else {
      System.out.println("Sorry, not enough for " + name);
    }
  }
}
```

BankAccount의 spend() 메서드에서 자동으로 체크를 해 준다면 돈을 쓰기 전에 잔고를 따로 확인할 필요가 없게 될 겁니다.

두 스레드에서 사용하는 BankAccount 인스턴스를 잠급니다.

이제 라이언과 모니카는 통장 잔고를 마이너스로 만들 일이 없습니다.

잔고를 확인하고 잔고를 줄이는 일을 BankAccount 자체에서 처리합니다. 이 메서드가 동기화되어 있으면 한 번에 한 스레드에서만 통째로 처리할 수 있는 원자적인 거래가 됩니다.

무엇이든 물어보세요
Q&A

Q 정적 변수 상태를 보호하는 건 어떤가요? 정적 변수의 상태를 바꾸는 정적 메서드가 있는 경우에도 동기화를 쓸 수 있나요?

A 그렇습니다! 정적 메서드는 어떤 클래스의 개별 인스턴스가 아닌 클래스를 대상으로 실행된다고 배웠죠? 그렇다면 정적 메서드를 동기화하면 어떤 객체의 자물쇠가 잠길까요? 사실 그 클래스의 인스턴스가 아예 없을 수도 있는데 말이죠. 다행스럽게도 각각의 객체에 자물쇠가 하나씩 있는 것처럼 로딩된 클래스에도 각각 자물쇠가 있습니다. 즉, 힙에 Dog 객체가 세 개 있다면 Dog과 관련된 자물쇠는 총 네 개가 되는 겁니다. 세 개는 객체의 자물쇠, 하나는 클래스 자체의 자물쇠죠. 정적 메서드를 동기화할 때는 자바에서 클래스 자체의 자물쇠를 사용합니다. 한 클래스에 있는 두 정적 메서드가 동기화되어 있다면 스레드에서 둘 중 어느 메서드에 들어가든 클래스 자물쇠를 잠가야 합니다.

무시무시한 '갱신 손실' 문제

전통적인 동시성 문제를 하나 더 알아보겠습니다. 비슷한 개념을 두 개 이상의 스레드가 같은 데이터를 동시에 바꾸려고 할 때 발생하는 "경쟁 상태(race condition)"라는 개념과도 연관되어 있습니다. 라이언과 모니카 이야기하고도 밀접하게 관련되어 있는 개념이기 때문에 이 예제를 통해서 몇 가지 사안을 짚고 넘어가도록 하겠습니다.

갱신 손실은 하나의 절차와 관련된 문제입니다.

1단계: 계좌 잔고를 확인한다.

```
int i = balance;
```

2단계: 잔고에 1을 더한다.

```
balance = i + 1;
```

원자적 절차가 아닐 수 있습니다.

좀 더 많이 사용하는 balance++라는 문법을 썼다고 하더라도 컴파일된 바이트코드가 "원자적 절차"로 돌아간다는 보장은 없습니다. 실은 그렇지 않을 가능성이 더 높습니다. 실제 현재 값을 읽는 연산과 그 값에 1을 더하는 연산, 그리고 원래 값에 대입하는 연산에 이르기까지 여러 연산으로 처리되기 때문입니다.

"갱신 손실" 문제는 여러 스레드에서 잔고를 증가시키려고 할 때 발생합니다. 다음 코드를 살펴본 다음 진짜 문제를 알아보도록 하겠습니다.

```
public class LostUpdate {
  public static void main(String[] args) throws InterruptedException {
    ExecutorService pool = Executors.newFixedThreadPool(6);

    Balance balance = new Balance();
    for (int i = 0; i < 1000; i++) {
      pool.execute(() -> balance.increment());
    }
    pool.shutdown();
    if (pool.awaitTermination(1, TimeUnit.MINUTES)) {
      System.out.println("balance = " + balance.balance);
    }
  }
}

class Balance {
  int balance = 0;

  public void increment() {
    balance++;
  }
}
```

모든 작업을 처리할 스레드 풀을 생성합니다. 여기에 더 많은 스레드를 더할수록 제대로 갱신이 안 되는 경우가 더 많아집니다.

서로 다른 스레드에서 잔고를 1,000번 갱신합니다.

잔고의 최종 값을 출력하기 전에 스레드 풀에서 모든 갱신 작업을 처리하도록 합니다. 이론적으로는 최종 값이 1000이어야 합니다. 그보다 값이 작다면 갱신 손실이 발생한 거죠.

이 부분이 바로 결정적인 부분입니다. (balance의 현재 값이 아닌) 우리가 balance 값을 읽은 순간의 값에 1을 더하여 잔고 값을 1 증가시킵니다. "++"가 원자적 연산이라고 생각할지 모르겠지만 실제로는 그렇지 않습니다.

코드를 실행합시다

1. 한동안 스레드 A가 돌아갑니다.

balance 값 읽음: 0
balance 값을 0+1로 설정.
현재 balance 값: 1

balance 값 읽음: 1
balance 값을 1+1로 설정.
현재 balance 값: 2

2. 한동안 스레드 B가 돌아갑니다.

balance 값 읽음: 2
balance 값을 2+1로 설정.
현재 balance 값: 3

balance 값 읽음: 3
[스레드 B가 balance 값을 4로 설정하기 전에 실행 가능한 상태로 돌아갑니다]

3. 아까 멈췄던 지점에서부터 스레드 A가 다시 돌아갑니다.

balance 값 읽음: 3
balance 값을 3+1로 설정.
현재 balance 값: 4

balance 값 읽음: 4
balance 값을 4+1로 설정.
현재 balance 값: 5

4. 아까 멈췄던 지점에서부터 스레드 B가 다시 돌아갑니다.

balance 값을 3+1로 설정.
현재 balance 값: 4

헉!

스레드 A에서 5로 갱신했지만 이제 B가 돌아와서 마치 A가 갱신했던 일은 아예 일어나지 않기라도 했다는 듯이 엉뚱한 값을 집어넣어 버렸네요.

스레드 A가 갱신했던 걸 잃고 말았어요! 전에 스레드 B가 balance의 값을 읽고 잠시 멈췄는데, 다시 깨어난 후에 전에 읽었던 값을 가지고 아무 일 없었다는 듯이 값을 갱신하면서 갱신 손실이 발생한 겁니다.

increment() 메서드를 원자적으로 바꿉니다. 동기화합니다!

Increment() 메서드를 동기화하면 갱신 손실 문제를 해결할 수 있습니다. 메서드에서 처리하는 모든 단계(잔고를 읽고 잔고 값을 증가시키는 단계)를 쪼갤 수 없는 하나의 단위로 처리하기 때문이죠.

어떤 스레드가 그 메서드에 들어가면 다른 스레드가 그 메서드에 들어가기 전에 메서드의 모든 단계가 (하나의 원자적 절차로) 끝나게 만들어야 합니다.

```
public synchronized void increment() {
  balance++;
}
```

전통적인 동시성 문제가 발생할 수 있습니다. 마치 한 연산처럼 보이지만 실제로는 여러 연산입니다. 값을 읽고, 1 증가시키고, 새 값을 대입해야 하죠.

무엇이든 물어보세요 Q&A

Q 그냥 스레드 안전성을 위해 모든 걸 동기화하면 좋을 것 같은데요?

A 아닙니다. 그렇지 않아요. 동기화에도 단점이 있습니다. 우선 동기화된 메서드에는 어느 정도 오버헤드가 있어요. 즉, 어떤 코드에서 동기화된 메서드를 만나게 되면 '열쇠 있나요?' 문제를 해결하는 과정에서 성능이 저하될 수 밖에 없습니다(물론 잘 느껴지진 않지만 말이죠).

둘째로, 동기화는 동시성을 제한하기 때문에 동기화된 메서드를 쓰면 프로그램이 느려질 수 있습니다. 즉, 동기화된 메서드가 있으면 다른 스레드들이 줄을 서서 순서를 기다려야 하는 거죠. 이런 게 별 문제가 되지 않을 수도 있지만 그래도 고려는 해 봐야 합니다.

셋째로, 이게 가장 겁나는 부분인데요, 동기화된 메서드로 인해 교착상태에 빠질 수도 있습니다(이에 대해서는 몇 페이지 뒤에서 알아보겠습니다).

일반적으로 꼭 동기화해야 하는 최소한의 부분만 동기화한다는 경험 법칙을 따르면 좋습니다. 동기화는 메서드보다 더 작은 단위에 대해서도 적용할 수 있습니다. synchronized 키워드는 메서드 전체 수준이 아닌 명령문 몇 개 수준의 조그만 부분에도 사용할 수 있습니다(처음에 라이언과 모니카 문제를 해결할 때도 이렇게 했죠).

doStuff()는 동기화하지 않아도 되기 때문에 메서드 전체를 동기화하지 않습니다.

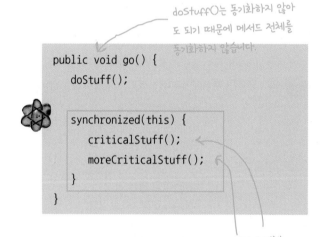

```
public void go() {
   doStuff();

   synchronized(this) {
      criticalStuff();
      moreCriticalStuff();
   }
}
```

다른 방법을 쓸 수도 있지만 거의 대부분의 경우에 현재 객체(this)를 가지고 동기화를 합니다. 메서드 전체가 동기화되는 경우에도 현재 객체를 잠그게 되죠.

이렇게 하면 이 두 메서드 호출만 하나의 원자적인 단위로 묶입니다. 이렇게 synchronized 키워드를 메서드 선언부가 아닌 메서드 내부에서 사용할 때는 스레드에서 획득해야 하는 열쇠에 대응되는 객체를 인자로 제공해야만 합니다.

1 스레드 A가 한동안 실행됩니다.

increment() 메서드에 들어가려고 합니다.
메서드가 동기화되어 있기 때문에 이 객체의 **열쇠를 받아옵니다.**
balance 값을 읽습니다: 0
balance 값을 0+1로 설정합니다.
현재 balance 값: 1
열쇠를 반납합니다(increment() 메서드가 끝났습니다).
increment() 메서드에 다시 들어가면서 **열쇠를 받아옵니다.**
balance 값을 읽습니다: 1
[스레드 A가 실행 가능한 상태로 돌아갑니다만 동기화된 메서드를 완료하지 않았기 때문에 열쇠는 여전히 스레드 A가 가지고 있습니다]

2 스레드 B가 실행됩니다.

increment() 메서드에 들어가려고 합니다. 메서드가 동기화되어 있기 때문에 열쇠를 받아야 합니다.
열쇠를 받을 수 없습니다.
[이제 스레드 B는 "객체 자물쇠 획득 불가" 라운지로 가야 합니다]

3 스레드 A가 다시 실행되면서 아까 떠났던 곳으로 돌아옵니다.
(여전히 열쇠를 가지고 있습니다)

balance 값을 1+1로 설정합니다.
현재 balance 값: 2
열쇠를 반납합니다.
[이제 스레드 A가 실행 가능한 상태로 돌아갑니다만 increment() 메서드를 끝냈기 때문에 열쇠는 가지고 있지 않습니다]

4 스레드 B가 실행됩니다.

increment() 메서드에 들어가려고 합니다. 메서드가 동기화되어 있기 때문에 열쇠를 받아야 합니다.
이번에는 열쇠가 있습니다. 열쇠를 받아옵니다.
현재 balance 값: 2
[계속 실행…]

동기화의 치명적인 약점, 교착상태

동기화 덕에 라이언과 모니카가 은행 계좌를 동시에 사용할 때 생기는 문제도 해결했고 갱신 손실 문제도 해결할 수 있었습니다. 그러나 동기화 때문에 프로그램이 느려질 수 있기 때문에 모든 걸 동기화해서는 안 된다는 점도 얘기했습니다.

또 다른 중요한 고려사항이 있습니다. 스레드 교착상태처럼 프로그램을 망가뜨리는 것도 없기 때문에 동기화된 코드를 이용할 때는 주의해야 합니다. 두 스레드가 서로 상대방이 원하는 열쇠를 가지고 있을 때 스레드 교착상태가 일어날 수 있습니다. 이 상황에서는 벗어날 수 있는 방법이 없기 때문에 두 스레드는 마냥 기다릴 수 밖에 없습니다. 기다리고, 기다리고, 또 기다리죠.

데이터베이스나 기타 애플리케이션 서버에 익숙하다면 뭐가 문제인지 잘 알 겁니다. 데이터베이스에도 동기화하고 비슷한 잠금 메커니즘이 있거든요. 하지만 진짜 트랜잭션(transaction) 관리 시스템에서는 교착상태를 해소할 수 있을 때도 있습니다. 예를 들어서, 두 트랜잭션에서 시간이 너무 오래 걸리면 교착상태가 발생했을 수 있다고 가정을 할 수 있는 거죠. 자바와 달리 애플리케이션 서버에서는 트랜잭션의 상태를 트랜잭션(원자적인 부분) 이전 상태로 되돌리는 "트랜잭션 롤백"을 할 수 있습니다.

객체 두 개, 스레드 두 개만 있으면 교착상태에 빠질 수 있습니다.

자바에는 교착상태를 처리하기 위한 메커니즘이 없습니다. 교착상태가 발생했다는 걸 인식조차 하지 못 하죠. 따라서 우리가 잘 설계하는 수밖에 없습니다. 이 책에서 교착상태에 대해서 더 자세하게 다루진 않을 건데요, 멀티스레드 코드를 많이 만들어야 한다면 브라이언 게츠(Brian Goetz)와 다른 저자들이 함께 쓴 『Java Concurrency in Practice』를 읽어 보세요. 그 책에서는 동시성과 관련하여 접할 수 있는 (교착상태와 같은) 여러 가지 타입의 문제와 그러한 문제에 대응하기 위한 접근법을 매우 상세하게 다룹니다.

간단한 교착상태 시나리오

1 스레드 A가 객체 foo의 동기화된 메서드에 들어가면서 열쇠를 받아갑니다.

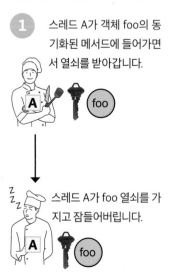

스레드 A가 foo 열쇠를 가지고 잠들어버립니다.

2 스레드 B가 객체 bar의 동기화된 메서드에 들어가면서 열쇠를 받아갑니다.

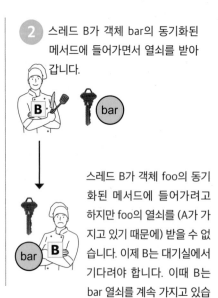

스레드 B가 객체 foo의 동기화된 메서드에 들어가려고 하지만 foo의 열쇠를 (A가 가지고 있기 때문에) 받을 수 없습니다. 이제 B는 대기실에서 기다려야 합니다. 이때 B는 bar 열쇠를 계속 가지고 있습니다.

3 스레드 A가 (foo 열쇠를 가지고 있는 상태로) 잠에서 깨어나서 bar 객체의 동기화된 메서드에 들어가려고 하는데 bar의 열쇠를 B가 가지고 있기 때문에 받을 수가 없습니다. A는 bar 열쇠를 받을 수 있을 때까지 대기실에 가 있어야 합니다(근데 bar 열쇠는 절대 받을 수 없겠죠!).

스레드 A는 bar 열쇠를 받을 때까지 실행될 수 없고, 스레드 B는 bar 열쇠를 가지고 있지만 foo 열쇠를 받을 때까지 실행될 수 없고, 스레드 A는 foo 열쇠를 가지고 있지만…

항상 synchronized를 사용할 필요는 없습니다

동기화에도 비용은 따르기 때문에 (성능 저하, 교착상태 발생 가능성 등) 스레드 사이에서 공유되는 데이터를 관리하기 위한 다른 방법도 알아둬야 합니다. java.util.concurrent 패키지에는 멀티스레드 코드 작업에 필요한 다양한 클래스와 유틸리티가 있습니다.

원자 변수

공유 데이터가 int, long, boolean이라면 원자 변수(atomic variable)로 대체할 수 있습니다. 이런 클래스들은 원자적인 메서드, 즉 다른 스레드에서 동시에 객체의 값을 바꿀 걱정 없이 스레드에서 안전하게 사용할 수 있는 메서드를 제공합니다.

원자 변수 타입은 **AtomicInteger, AtomicLong, AtomicBoolean, AtomicReference** 등으로 그리 많지 않습니다.

increment() 메서드를 동기화하는 대신 AtomicInteger로 갱신 손실 문제를 고칠 수도 있습니다.

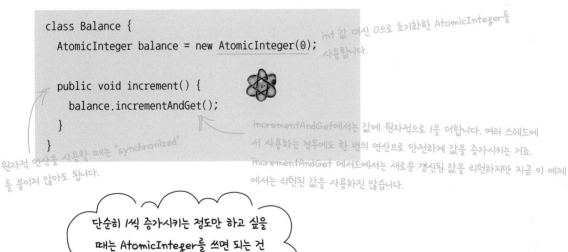

```
class Balance {
  AtomicInteger balance = new AtomicInteger(0);

  public void increment() {
    balance.incrementAndGet();
  }
}
```

int 값 대신 0으로 초기화한 AtomicInteger를 사용합니다.

incrementAndGet에서는 값에 원자적으로 1을 더합니다. 여러 스레드에서 사용하는 경우에도 한 번의 연산으로 안전하게 값을 증가시키는 거죠. incrementAndGet 메서드에서는 새로운 갱신된 값을 리턴하지만 지금 이 예제에서는 리턴된 값을 사용하지 않습니다.

원자적 연산을 사용할 때는 "synchronized"를 붙이지 않아도 됩니다.

단순히 1씩 증가시키는 정도만 하고 싶을 때는 AtomicInteger를 쓰면 되는 건 알겠어요. 근데 복잡한 계산을 할 때도 도움이 되는 건가요?

원자 변수의 가치는 비교 후 교환(**CAS**; Compare And Swap) 연산을 사용할 때 빛을 발합니다. CAS가 바로 값을 원자적으로 변경시키는 방법이거든요. **compareAndSet** 메서드로 원자 변수에 대해서 CAS 연산을 적용할 수 있습니다. 맞아요, 이름이 또 달라서 좀 어렵죠? 프로그래밍에서 이름 붙이는 게 제일 까다로운 문제인 것 같다니까요.

compareAndSet 메서드에서는 그 원자 변수에서 기대한 값을 인자로 받아서 그 값을 현재 값과 비교한 다음, 값이 같으면 연산을 종료합니다.

라이언과 모니카 문제를 해결할 때도 이걸 이용할 수 있습니다. 은행 계좌 전체에 **synchronized**로 자물쇠를 걸어 잠그는 방법 대신 쓸 수 있는 거죠.

원자 변수를 이용한 CAS 연산

어떻게 하면 라이언과 모니카의 문제를 원자 변수와 CAS(**compareAndSet** 메서드)를 이용하여 해결할 수 있을까요?
라이언과 모니카는 모두 계좌 잔고 int 값을 액세스하려고 했기 때문에 AtomicInteger를 써서 잔고를 저장할 수 있습니다. 그리고 **compareAndSet**을 써서 누군가가 돈을 쓰려고 할 때 잔고를 갱신할 수 있습니다.

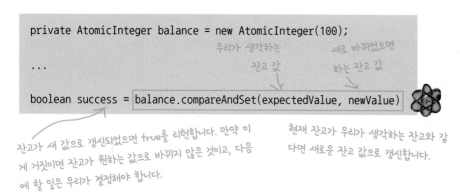

```
private AtomicInteger balance = new AtomicInteger(100);
...
boolean success = balance.compareAndSet(expectedValue, newValue)
```

우리가 생각하는 잔고 값

새로 바뀌었으면 하는 잔고 값

잔고가 새 값으로 갱신되었으면 true를 리턴합니다. 만약 이게 거짓이면 잔고가 원하는 값으로 바뀌지 않은 것이고, 다음에 할 일은 우리가 결정해야 합니다.

현재 잔고가 우리가 생각하는 잔고와 같다면 새로운 잔고 값으로 갱신합니다.

좀 더 쉬운 말로 설명하자면 이렇습니다.

"현재 잔고가 우리가 생각하는 잔고하고 같은 경우에만 잔고를 새로운 값으로 설정해 주세요. 그리고 잔고가 새 값으로 바뀌었는지, 아닌지를 저한테 알려 주세요."

CAS에서는 낙관적인 잠금(optimistic locking)을 사용합니다. 낙관적인 잠금은 모든 스레드가 객체에 접근하는 걸 막는 건 아니고 일단 값을 바꾸는 작업을 시도해 보고, 원하는 대로 바뀌지 않아도 그 결과를 받아들이는 방식입니다. 값이 원하는 대로 바뀌지 않았을 때 어떻게 할지는 스스로 결정해야 합니다. 다시 시도할 수도 있고, 사용자에게 일이 제대로 되지 않았다고 메시지를 보낼 수도 있죠.
다른 모든 스레드가 객체에 접근하지 못하도록 잠그는 것보다 더 번거로울 수도 있지만 모든 걸 잠그는 것보다는 빠를 수 있습니다. 예를 들어서, 쓰기 작업이 여러 개 동시에 진행될 가능성이 매우 낮은 경우, 또는 여러 스레드에서 동시에 읽기 작업은 많이 하지만 쓰기 작업은 별로 안 하는 경우에는 매번 쓸 때마다 잠그는 게 별로 좋지 않겠죠.

CAS 연산을 쓸 때는 연산이 성공하지 않는 경우에 적절하게 대비해야 합니다.

라이언과 모니카, 원자 변수 사용하기

라이언과 모니카의 은행 계좌 문제를 어떤 식으로 해결할 수 있을지 다시 한번 알아봅시다. 잔고를 AtomicInteger에 집어넣고 compareAndSet을 써서 잔고를 원자적으로 바꾸는 겁니다.

```
import java.util.concurrent.atomic.AtomicInteger;

class BankAccount {
  private final AtomicInteger balance = new AtomicInteger(100);

  public int getBalance() {
    return balance.get();
  }

  public void spend(String name, int amount) {

    int initialBalance = balance.get();
    if (initialBalance >= amount) {

      boolean success = balance.compareAndSet(initialBalance, initialBalance - amount);

      if (!success) {
        System.out.println("Sorry " + name + ", you haven't spent the money.");
      }
    } else {
      System.out.println("Sorry, not enough for " + name);
    }
  }
}
```

잔고를 AtomicInteger에 저장합니다. 초깃값은 전과 마찬가지로 100으로 설정합니다.

get() 메서드로 AtomicInteger의 int 값을 구합니다.

동기화하지 않습니다.

전과 마찬가지로 돈이 충분히 있는지 확인합니다. 이번에는 잔고를 기록합니다.

초기 잔고 값(initialBalance)이 현재의 잔고 값과 같지 않으면 잔고 값이 바뀌지 않을 겁니다.

돈이 충분히 있는지 확인했을 때 받았던 잔고 값을 전달합니다.

사용한 액수(amount)를 원래 잔고에서 뺀 값을 넘겨줍니다.

success 변수가 false라면 돈이 지출되지 않은 겁니다. 라이언 또는 모니카에게 지출이 제대로 진행되지 않았음을 알려 주고 어떻게 할지 결정하게 합니다.

출력 결과:

```
File Edit Window Help SorryMonica
% java RyanAndMonicaTest
Ryan is about to spend
Monica is about to spend
Ryan finishes spending
Sorry Monica, you haven't spent the money
Monica finishes spending
```

모니카가 쇼핑을 시작할 때는 문제가 없었는데, 결제를 하려고 할 때쯤에서야 은행에서 안 된다고 알려 왔습니다. 어쨌든 덕분에 통장 잔고가 마이너스가 되는 일은 막았네요.

java.util.concurrent에는 멀티스레드 코드 작업에 필요한 다양한 클래스와 유틸리티가 있습니다. 어떤 게 있는지 한번 살펴보세요!

이 모든 문제가 공유 객체 값을 바꾸는 과정에서 일어나고 있는데요, 스레드에서 공유 객체에 있는 데이터를 바꾸지 못하게 하면 어떨까요? 혹시 그렇게 할 수 있을까요?

어떤 객체를 여러 스레드에서 공유할 수 있도록 하되, 스레드에서 그 값을 바꾸지는 못하게 하고 싶다면 객체를 불변 객체로 만들면 됩니다.

다른 스레드에서 내 데이터를 바꾸지 못한다고 확신할 수 있는 최선의 방법은 그 객체에 있는 데이터를 바꾸는 것이 불가능하게 만드는 것입니다. 어떤 객체의 데이터를 바꿀 수 없으면 그 객체를 **불변 객체**(immutable object)라고 부릅니다.

불변 데이터용 클래스 만드는 법

```
public final class ImmutableData {
  private final String name;
  private final int value;

  public ImmutableData(String name, int value) {
    this.name = name;
    this.value = value;
  }

  public String getName() { return name; }

  public int getValue() { return value; }
}
```

하위 클래스에서 가변 값을 추가하지 못하게 해야 하므로 이 불변 클래스를 final로 만듭니다.

모든 필드를 다 final로 만들어야 합니다. 그 값은 필드를 선언할 때, 또는 생성자에서 한 번만 설정하며, 그 후로는 절대 바뀌지 않습니다.

모든 필드는 한 번만 초기화합니다. 보통 생성자에서 초기화를 하죠.

불변 객체에는 게터는 있을 수 있지만 세터는 없습니다. 객체 안에 들어 있는 값은 어떤 메서드로도 바꿀 수 없어야 합니다.

뇌 일깨우기

final 키워드를 쓴다고 해서 값이 바뀌는 걸 완전히 막을 수 있는 건 아닙니다. 언제 final 키워드를 써도 값이 바뀔 수 있을까요? 힌트를 드릴 수도 있습니다.

불변 객체 사용법

공유 객체의 데이터를 바꿀 수 있게 하고 다른 모든 스레드에서 그렇게 바뀐 내용을 볼 수 있게 하면 정말 편리할 것입니다.

이런 방법은 편리하긴 하지만 아주 안전한 건 아닙니다.

반면에 스레드에서 바뀔 수 없는 객체를 다룬다면 그 객체에 있는 데이터에 대해 어떤 가정을 할 수 있을 겁니다. 예를 들어서, 스레드에서 객체로부터 어떤 값을 읽었을 때, 그 데이터가 바뀔 수 없다고 확신할 수 있죠.

아예 데이터를 바꿀 수 없기 때문에 동기화를 비롯한 여러 메커니즘을 사용하여 누가 데이터를 바꿀 수 있는지 제어한다든가 하는 일을 할 필요가 없습니다.

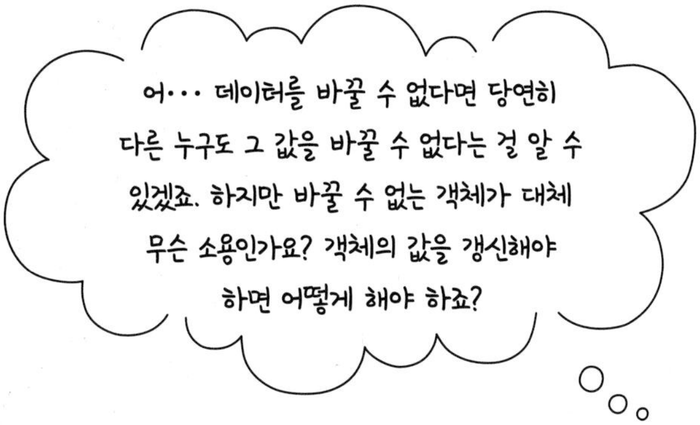
어··· 데이터를 바꿀 수 없다면 당연히
다른 누구도 그 값을 바꿀 수 없다는 걸 알 수
있겠죠. 하지만 바꿀 수 없는 객체가 대체
무슨 소용인가요? 객체의 값을 갱신해야
하면 어떻게 해야 하죠?

불변 객체를 쓸 때는 생각하는 방식 자체를 바꿔야 합니다.

똑같은 객체를 바꾸는 대신 이전 객체를 새 객체로 교체하는 식이죠. 새 객체에는 갱신된 값이 있고, 새로운 값이 필요한 스레드에서는 새로운 객체를 사용하면 됩니다.

이전 객체는 어떻게 될까요? 만약 어딘가에서 계속 그 객체를 쓰고 있다면 (충분히 그럴 수 있어요. 예전 데이터를 사용할 일도 많이 있으니까요) 그 객체는 계속해서 힙에 남아있을 겁니다. 만약 아무도 그 객체를 안 쓴다면 가비지 컬렉터가 잡아갈 것이므로 더 이상 신경 쓰지 않아도 되죠.

불변 데이터 바꾸기

어떤 시스템에 고객 정보가 있는데, 각 고객을 나타내는 Customer 객체에는 고객의 주소를 나타내는 Address가 있다고 해 봅시다. 고객의 Address가 (모든 필드가 final이고 데이터를 바꿀 수 없는) 불변 객체라면 고객이 이사갔을 때는 어떻게 고객 주소를 바꿀 수 있을까요?

1. Customer 객체에는 고객의 주소 데이터를 담고 있는 Address 객체에 대한 레퍼런스가 있습니다.

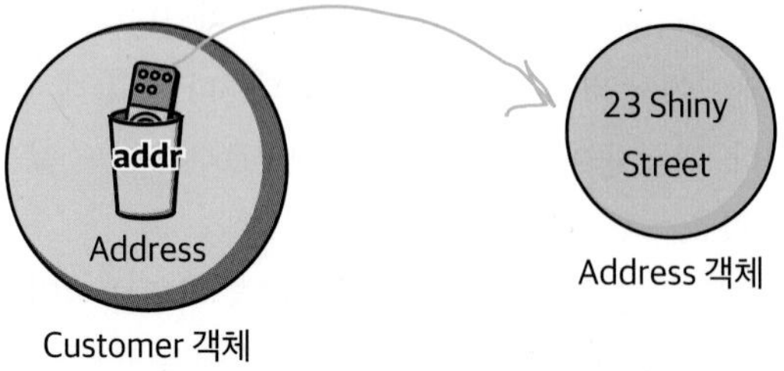

2. 고객이 이사를 가면 그 고객의 새로운 주소가 담긴 Address 객체가 새로 만들어집니다.

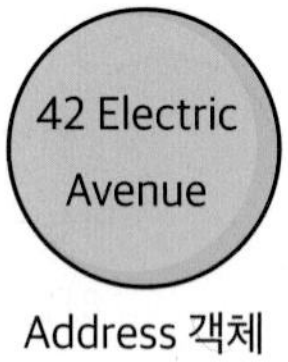

3. Customer 객체에 있는 주소에 대한 레퍼런스는 새로운 Address 객체를 가리키도록 변경됩니다.

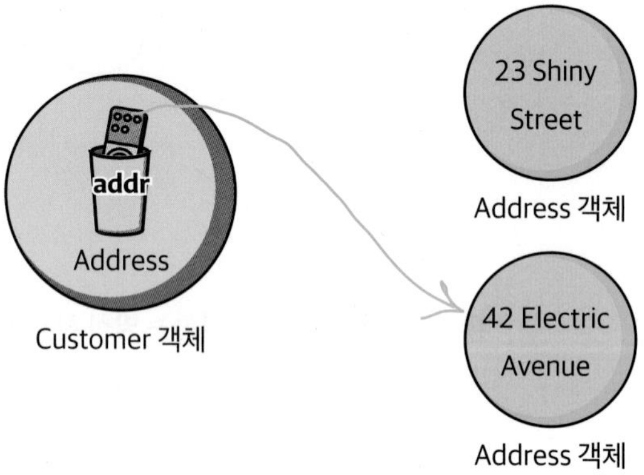

무엇이든 물어보세요
Q&A

Q 프로그램의 다른 부분에 이전 주소의 Address 객체에 대한 레퍼런스가 여전히 남아있으면 어떻게 돼요?

A 일부러 그렇게 해야 할 수도 있습니다. 그 고객이 일부러 예전 주소로 배달되도록 주문을 한다고 해 봅시다. 그런 경우에는 주문서에 예전 주소가 들어 있어야 할 겁니다. 새 주소가 들어 있으면 안 되죠.
일단 고객이 주소를 변경하고 나면 (그리고 Customer 객체에 새로운 Address 객체에 대한 레퍼런스가 들어 있으면) 새로 주문을 할 때 새로운 Address 객체를 사용해야 할 겁니다.

이런 접근법은 일상생활과도 비슷한 점이 많습니다. 고객이 이사를 하더라도 원래 주소는 여전히 존재하는 장소로 남아있죠. 단지 우리 고객이 그 장소에서 더 이상 살지 않을 뿐입니다.

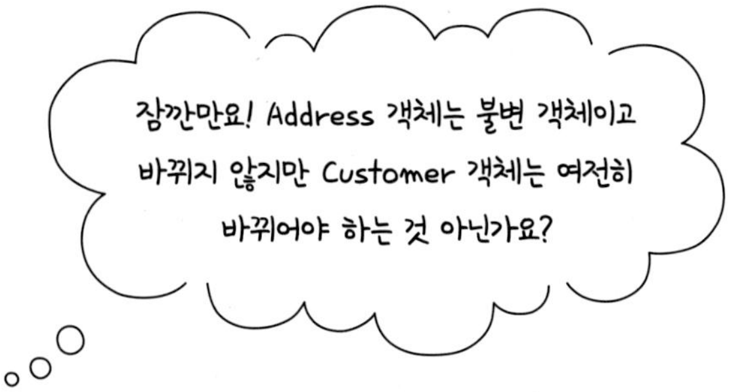
잠깐만요! Address 객체는 불변 객체이고
바뀌지 않지만 Customer 객체는 여전히
바뀌어야 하는 것 아닌가요?

맞습니다. 시스템에 바뀌는 데이터가 있다면 어딘가에서는 분명 변화가 있어야만 합니다. 지금 논의에서 꼭 배워가야 하는 건 애플리케이션에 있는 모든 클래스에 바뀌는 데이터가 있어야 할 필요는 없다는 사실입니다. 데이터가 바뀌는 곳의 개수를 최소화시키는 게 좋습니다. 그러면 여러 스레드에서 동시에 바꾸려고 하는 경우에 무슨 일이 일어날지 걱정해야 할 일을 크게 줄일 수 있으니까요.

불변 데이터 클래스를 효과적으로 활용하는 데 도움이 되는 기법에는 여러 가지가 있고, 지금 이 책에서는 수박 겉핥기 수준으로 배웠을 뿐입니다. 자바 16부터는 레코드라는 것이 도입되었는데요, 레코드는 언어 자체에서 직접 제공하는 불변 데이터 클래스입니다.

가능하면 불변 데이터 클래스를 사용합시다.
여러 스레드에서 데이터를 바꿀 수 있는 곳의 수를 제한해야 합니다.

공유 데이터 관련된 또 다른 문제

이제 거의 끝나갑니다. 진짜예요. 마지막으로 한 가지만 더 볼게요.

지금까지 여러 스레드가 같은 데이터에 쓰기 작업을 하면서 생길 수 있는 온갖 문제들을 살펴봤습니다. 컬렉션에 들어 있는 데이터에 대해서도 마찬가지죠.

하지만 여러 스레드에서 똑같은 데이터를 읽으려고 하는 상황에서 단 한 스레드만 데이터를 고치려고 하는 경우에도 문제가 생길 수 있습니다.

다음 코드에서 컬렉션에 쓰기 작업을 하는 스레드는 한 개, 읽기 작업을 하는 스레드는 두 개가 있습니다.

아직 멀었어? 동시성과 관련된 내용이 끝날 기미가 안 보이는 것 같아.


```
public class ConcurrentReaders {
  public static void main(String[] args) {
    List<Chat> chatHistory = new ArrayList<>();
    ExecutorService executor = Executors.newFixedThreadPool(3);
    for (int i = 0; i < 5; i++) {
      executor.execute(() -> chatHistory.add(new Chat("Hi there!")));
      executor.execute(() -> System.out.println(chatHistory));
      executor.execute(() -> System.out.println(chatHistory));
    }
    executor.shutdown();
  }
}

final class Chat {
  private final String message;
  private final LocalDateTime timestamp;

  public Chat(String message) {
    this.message = message;
    timestamp = LocalDateTime.now();
  }

  public String toString() {
    String time = timestamp.format(ofLocalizedTime(MEDIUM));
    return time + " " + message;
  }
}
```

Chat 객체를 ArrayList에 저장합니다. 스레드 안전성이 보장되지 않습니다.

List에 데이터를 추가하는 쓰기 스레드를 하나 만들고 리스트에서 읽기 작업을 하는 스레드를 두 개 만듭니다. 반복문을 몇 번 돌리면서 문제가 생기는지 확인합니다.

객체 필드를 final로 만든다고 해서 그 객체 안에 있는 데이터가 바뀌지 않는다고 보장할 수 있는 건 아닙니다. 레퍼런스만 바뀌지 않을 뿐이죠. String과 LocalDateTime은 불변이기 때문에 안전합니다.

Chat의 인스턴스는 불변입니다.

바뀌는 자료구조를 읽을 때 예외가 발생할 수 있습니다

앞쪽에 있는 코드를 실행시키면 가끔씩 예외가 던져질 수 있습니다. 지금쯤이면 독자 여러분들도 이런 이슈는 사용하는 하드웨어, 운영체제, JVM 등에 따라 달라질 수 있다는 걸 잘 아시겠죠?

출력 결과:

File Edit Window Help PoorBrunonono

```
% java ConcurrentReaders
[]
[]
[18:43:59 Hi there!, 18:43:59 Hi there!]
[18:43:59 Hi there!, 18:43:59 Hi there!]
[18:43:59 Hi there!, 18:43:59 Hi there!, 18:43:59 Hi there!]
[18:43:59 Hi there!, 18:43:59 Hi there!, 18:43:59 Hi there!]
Exception in thread "pool-1-thread-2" Exception in thread "pool-1-thread-1" java.util.
ConcurrentModificationException
        at java.base/java.util.ArrayList$Itr.checkForComodification(ArrayList.java:1043)
        at java.base/java.util.ArrayList$Itr.next(ArrayList.java:997)
        at java.base/java.util.AbstractCollection.toString(AbstractCollection.java:472)
        at java.base/java.lang.String.valueOf(String.java:2951)
        at java.base/java.io.PrintStream.println(PrintStream.java:897)
        at ConcurrentReaders.lambda$main$2(ConcurrentReaders.java:17)
```

어떤 스레드에서 List를 읽고 있는 도중에 그 리스트가 바뀌면 ConcurrentModificationException이 던져질 수 있습니다.

다른 스레드에서 컬렉션을 읽고 있는데 어떤 스레드에서 그 컬렉션을 바꾸면 ConcurrentModificationException이 발생할 수 있어요.

스레드 안전성을 갖춘 자료구조

ArrayList는 데이터를 읽을 때 동시에 다른 데서 데이터를 바꾸면 문제가 생길 수 있습니다. 다행히도 다른 선택지가 있습니다. 여러 스레드에서 동시에 쓰거나 읽을 수 있는 스레드 안전성을 갖춘 자료구조에 대해 알아봅시다.

java.util.concurrent 패키지에는 스레드 안전성을 갖춘 자료구조가 몇 개 있는데요, 이 문제를 해결할 수 있는 **CopyOnWriteArrayList**에 대해 알아보겠습니다.

읽기는 아주 많이 하지만 쓰기는 자주 안 하는 리스트라면 CopyOnWriteArrayList를 쓰는 게 꽤 괜찮은 선택이 될 수 있습니다.

CopyOnWriteArrayList는 List 인터페이스를 구현하기 때문에 List가 들어갈 자리라면 어디에든 집어넣을 수 있습니다.

```
public class ConcurrentReaders {
  public static void main(String[] args) {
    List<Chat> chatHistory = new CopyOnWriteArrayList<>();
    ExecutorService executor = Executors.newFixedThreadPool(3);
    for (int i = 0; i < 5; i++) {
      executor.execute(() -> chatHistory.add(new Chat("Hi there!")));
      executor.execute(() -> System.out.println(chatHistory));
      executor.execute(() -> System.out.println(chatHistory));
    }
    executor.shutdown();
  }
}
```

코드의 다른 부분은 전과 완전히 똑같아요.

출력 결과:

```
File Edit Window Help AyMariposa
% java ConcurrentReaders
[]
[]
[]
[]
[10:26:22 Hi there!, 10:26:22 Hi there!]
[10:26:22 Hi there!, 10:26:22 Hi there!, 10:26:22 Hi there!, 10:26:22 Hi there!]
[10:26:22 Hi there!, 10:26:22 Hi there!, 10:26:22 Hi there!]
[10:26:22 Hi there!, 10:26:22 Hi there!, 10:26:22 Hi there!, 10:26:22 Hi there!]
[10:26:22 Hi there!, 10:26:22 Hi there!, 10:26:22 Hi there!, 10:26:22 Hi there!, 10:26:22 Hi there!
[10:26:22 Hi there!, 10:26:22 Hi there!, 10:26:22 Hi there!, 10:26:22 Hi there!, 10:26:22 Hi there!

Process finished with exit code 0
```

예외가 발생하지 않아요!

CopyOnWriteArrayList

CopyOnWriteArrayList에서는 다른 스레드에서 쓰기 작업을 하는 동안에도 읽기 스레드가 리스트에 안전하게 접근할 수 있습니다.

이 리스트는 어떤 식으로 작동할까요? 클래스 이름에 적힌 방법 그대로입니다. 어떤 스레드에서 리스트에 쓰기 작업을 할 때는 그 리스트의 사본에 대해 쓰기 작업을 합니다. 리스트가 다 바뀌고 나면 새로 만들어진 사본이 원래 있던 리스트를 대신하게 됩니다. 이 작업이 진행되는 동안에 바뀌기 전의 리스트를 읽던 스레드는 원래 리스트를 즐거운 마음으로 (그리고 안전하게) 읽습니다.

1. CopyOnWriteArrayList의 인스턴스에는 배열과 비슷한 일련의 정렬된 데이터가 들어 있습니다.

2. 스레드 A에서 CopyOnWriteArrayList를 읽으면 그 시점에서 그 리스트 데이터에 대한 스냅샷을 읽게 해 주는 반복자(Iterator)를 받게 됩니다.

3. 스레드 B에서 CopyOnWriteArrayList에 새 원소를 더하는데, 이때 CopyOnWriteArrayList에서는 내용을 변경하기 전에 리스트의 사본을 생성합니다. 읽기나 쓰기 작업을 하는 다른 스레드에서는 이 사본을 볼 수 없습니다.

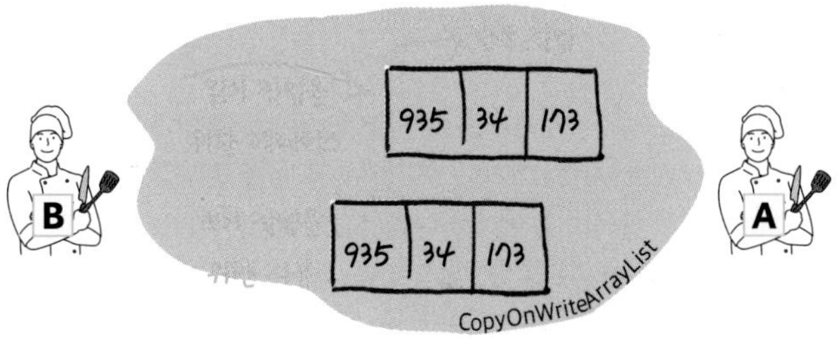

4. 스레드 B에서 그 리스트를 변경할 때, 실제로는 사본을 변경하는 겁니다. 스레드 B 입장에서는 원하는 대로 리스트를 변경하고 있으니 불만이 없습니다. 스레드 A 같은 읽기 작업을 하는 스레드에는 아무런 영향도 없습니다. 원래 데이터의 스냅샷에 대해서 반복 작업을 하고 있으니까요.

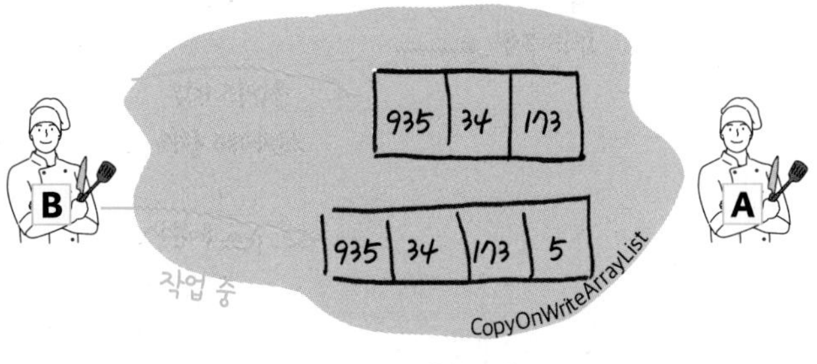

5. 스레드 B에서 갱신을 마치고 나면 원래 데이터가 새 데이터로 교체됩니다.

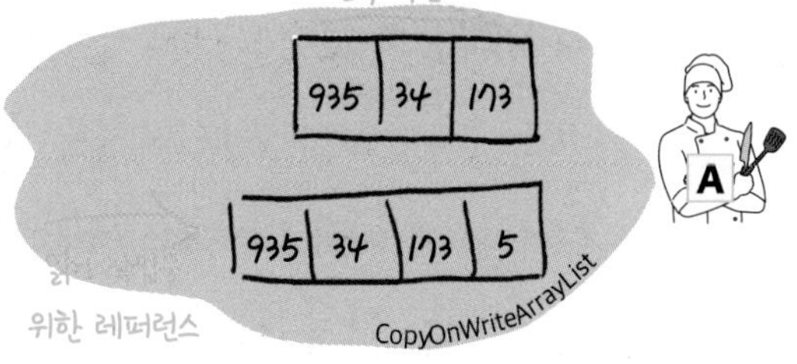

무엇이든 물어보세요

Q&A

Q1 CopyOnWriteArrayList를 사용하면 일부 읽기 스레드에서는 오래된 데이터를 읽게 된다는 뜻인가요?

A1 맞습니다. 읽기 스레드에서는 항상 처음 읽기를 시작한 시점의 데이터의 스냅샷을 가지고 읽기 작업을 하게 됩니다. 즉, 어느 순간에는 데이터가 최신이 아닐 수도 있지만, 적어도 ConcurrentModificationException이 발생하는 일은 없습니다.

Q2 오래된 데이터를 사용하면 안 되는 것 아닌가요?

A2 꼭 그런 건 아닙니다. 많은 시스템에서 오래된 데이터도 그럭저럭 괜찮습니다. 예를 들어서 생방송 뉴스를 보여 주는 웹사이트가 있다고 해 봅시다. 최대한 최신 뉴스를 보여 주는 게 좋겠지만, 밀리초 단위로 최신 뉴스를 보여 줘야 하는 건 아닐 겁니다. 몇 초 정도 지난 최신 뉴스라고 해도 별 문제는 없을 거예요.

Q3 하지만 은행 잔고라면 조금이라도 옛날 데이터를 용납할 수 없을 것 같아요. 어떻게 해야 결정적인 공유 데이터를 항상 정확하게 유지할 수 있을까요?

A3 모든 스레드에서 정확하게 동일한 데이터만 사용해야 하는 경우라면 CopyOnWriteArrayList를 쓰지 않는 게 나을 겁니다. Vector 같이 자물쇠를 이용하여 한 번에 하나의 스레드에서만 데이터에 접근할 수 있는 스레드 안전성을 제공하는 자료구조도 있습니다. 이런 방법은 안전하긴 하지만 느립니다. 데이터를 사용하기 위해서 자기 차례를 기다려야 한다면 여러 스레드를 이용할 때의 장점을 제대로 누릴 수가 없죠.

Q4 그러면 CopyOnWriteArrayList 정도면 빠르면서도 스레드 안전성을 갖춘 자료구조인 건가요?

A4 흠… 그건 그때 그때 다를 것 같아요. 읽기 스레드는 많지만 쓰기 스레드가 적은 경우라면 컬렉션에 자물쇠를 거는 것에 비해 꽤 빠를 겁니다. 하지만 쓰기를 많이 해야 한다면 최선의 자료구조는 아닐 겁니다. 응용 분야에 따라 쓰기 작업을 할 때마다 매번 데이터의 사본을 생성하는 비용이 과할 수도 있을 겁니다.

Q5 이런 동시성 문제에 대한 속시원한 해결책이 없는 이유는 대체 뭘까요?

A5 동시성 프로그래밍에서는 항상 적당한 절충안을 따져봐야 합니다. 애플리케이션에서 하는 작업의 특성, 작동 방식, 하드웨어 및 환경 등을 잘 이해해야만 합니다.

자신의 애플리케이션에서 어떤 접근법이 나을지 고민하고 있는 독자라면 각 접근법이 자기 시스템에서 성능에 어떤 영향을 끼치는지 정확하게 측정하기 위해 성능 시험에 대해 알아볼 때가 되었을 수도 있습니다.

Q6 필드 선언에 final을 추가하는 것만으로는 그 값이 절대 바뀌지 않도록 하는 데 충분하지 않은 경우에 대해서 아직 얘기를 안 해 주신 것 같아요. 어떤 경우에 문제가 될 수 있나요?

A6 정말 아직 그 부분을 말씀드리지 않았네요. 필드가 컬렉션이나 직접 만든 객체 같은 다른 객체에 대한 레퍼런스라면 final 키워드를 붙여도 다른 스레드에서 그 객체 안에 있는 값을 바꿀 수 있습니다. 그런 일을 방지하려면 레퍼런스 타입의 필드가 전부 불변 객체 자체만을 참조하도록 해야만 합니다. 그렇게 하지 않으면 불변 객체 안에 있는 데이터가 바뀔 수도 있습니다.

704쪽에 있는 LocalDateTime의 경우를 참고하세요.

자바 초기 버전에 있는 스레드 안전성을 갖춘 컬렉션에서는 잠금 기능을 이용했습니다.
예를 들어서, java.util.Vector 같은 컬렉션이 그랬습니다.
자바 5부터 java.util.concurrent를 통해 동시성을 지원하는 자료구조가 도입되었습니다.
이 자료구조에서는 잠금 기능을 이용하지 않습니다.

핵심 정리

- 두 개 이상의 스레드가 동일한 데이터를 바꾸려고 하면 심각한 문제가 생길 수 있습니다.
- 두 개 이상의 스레드에서 같은 객체를 액세스하려고 하면 데이터 손상이 발생할 수 있습니다. 예를 들어서, 한 스레드에서 어떤 객체의 아주 중요한 상태를 건드리는 도중에 갑자기 실행 중인 상태를 벗어나게 되면 데이터가 손상될 수 있죠.
- 스레드 안전성을 갖춘 객체를 만들려면 어떤 명령문들을 하나의 원자적인 절차로 묶어야 할지 결정해야 합니다. 즉, 다른 스레드가 같은 객체의 같은 메서드에 들어오기 전에 어떤 메서드를 끝까지 실행해야 할지 결정해야 하는 식이죠.
- 두 스레드가 어떤 메서드에 같이 들어가지 않게 하고 싶다면 메서드 선언부에 synchronized 키워드를 추가합니다.
- 모든 객체에는 자물쇠가 하나씩 있고, 자물쇠에는 열쇠가 하나씩 있습니다. 대부분의 경우에는 그 자물쇠에 신경을 쓸 필요가 없지만 어떤 객체에 동기화된 메서드가 있거나 특정 객체에서 synchronized 키워드를 사용하는 경우에는 자물쇠를 잘 챙겨야 합니다.
- 어떤 스레드가 동기화된 메서드에 들어가려고 할 때는 그 객체(스레드에서 실행하고자 하는 메서드가 들어 있는 객체)에 대한 열쇠를 받아야 합니다(다른 객체가 이미 열쇠를 가지고 있어서) 열쇠가 없으면 그 스레드는 열쇠를 받을 수 있게 될 때까지 대기실 같은 곳에서 기다려야 합니다).
- 객체에 동기화된 메서드가 두 개 이상 있어도 열쇠는 하나뿐입니다. 한 스레드가 그 객체의 동기화된 메서드에 들어가면 다른 스레드는 같은 객체에 있는 다른 동기화된 메서드에도 들어갈 수가 없습니다. 이런 제약 덕분에 특정 데이터를 건드릴 수 있는 모든 메서드를 동기화함으로써 데이터를 보호할 수 있습니다.
- 데이터를 다른 스레드에서 바꾸는 문제는 synchronized 키워드 말고 다른 방법으로도 예방할 수 있습니다. 여러 스레드에서 바꿀 수 있는 값이 하나뿐이라면 CAS 연산이 있는 원자 변수를 쓸 수도 있습니다.
- 대부분의 문제는 여러 스레드에서 데이터를 읽는 경우가 아니라 여러 스레드에서 데이터를 쓰는 경우에 발생하기 때문에 데이터를 꼭 바꿀 일이 있는지 잘 생각해 보고 그렇지 않다면 불변 데이터를 사용하는 것이 좋습니다.
- 클래스를 final로 만들고 모든 필드를 final로 만들고 값은 생성자에서, 또는 필드를 선언할 때 딱 한 번만 설정하고, 데이터를 바꿀 수 있는 세터 등의 메서드가 하나도 없도록 함으로써 불변 클래스를 만들 수 있습니다.
- 애플리케이션에 불변 객체가 있다고 해서 아무것도 바뀌지 않는 게 아닙니다. 애플리케이션에서 여러 스레드가 같은 데이터를 바꿀 걱정을 해야 할 부분을 줄일 뿐입니다.
- 한 개 (또는 소수의) 스레드에서 데이터를 바꾸는 동안 여러 스레드에서 데이터를 읽을 수 있게 해 주면서도 스레드 안전성을 갖춘 자료구조도 있습니다. 이 중 일부는 java.util.concurrent에 있습니다.
- 동시성 프로그래밍은 어렵습니다! 하지만 도움이 될 만한 도구도 많이 있습니다.

정답과 해설 712쪽

연습 문제

JVM이 되어 봅시다

이 페이지에 있는 자바 파일은 온전한 소스 파일입니다. 스스로 JVM이 되었다고 생각하고 이 프로그램을 실행했을 때 어떤 결과가 출력될지 맞혀 보세요. 항상 올바른 결과가 나오게 하려면 어떻게 고쳐야 할까요?

```
import java.util.*;
import java.util.concurrent.*;

public class TwoThreadsWriting {
  public static void main(String[] args) {
    ExecutorService threadPool = Executors.newFixedThreadPool(2);
    Data data = new Data();
    threadPool.execute(() -> addLetterToData('a', data));
    threadPool.execute(() -> addLetterToData('A', data));
    threadPool.shutdown();
  }

  private static void addLetterToData(char letter, Data data) {
    for (int i = 0; i < 26; i++) {
      data.addLetter(letter++);
      try {
        Thread.sleep(50);
      } catch (InterruptedException ignored) {}
    }
    System.out.println(Thread.currentThread().getName() + data.getLetters());
    System.out.println(Thread.currentThread().getName()
                             + " size = " + data.getLetters().size());
  }
}

final class Data {
  private final List<String> letters = new ArrayList<>();

  public List<String> getLetters() {return letters;}

  public void addLetter(char letter) {
    letters.add(String.valueOf(letter));
  }
}
```

5분 미스터리

에어락 사고

우주선 선상 개발팀 설계 검토 회의에 들어가면서 사라(Sarah)는 포털 밖으로 인도양 저쪽에서 해가 떠오르는 광경을 물끄러미 내다보고 있었다. 우주선의 회의실은 없던 밀실 공포증도 생길 정도로 좁았지만, 저 아래에 있는 행성의 밤을 밀어내는 푸른색과 흰색의 초승달 형상을 보고 있는 사라의 마음에는 경외감과 감사의 마음이 가득 차올랐다.

오늘 아침의 회의는 우주선 에어락 제어 시스템에 관한 것이었다. 최종 건설 단계의 끝에 가까워지면서 우주 유영 계획이 급격하게 늘어났으며, 우주선 밖으로 나가는 사람과 우주선 안으로 돌아오는 사람으로 에어락은 항상 붐볐다. "좋은 아침, 사라.", 톰(Tom)이 인사했다. "타이밍이 기가 막힌데요? 방금 상세 설계 검토를 시작했어요."

톰이 설명을 시작했다. "다들 잘 알겠지만 에어락에는 우주용으로 강화된 GUI 터미널이 설치되어 있습니다. 안과 밖 모두 말이죠. 우주 유영을 하러 나가는 사람이든 마치고 들어오려는 사람이든 이 터미널을 이용해서 에어락 Sequence를 개시하게 되어 있어요." 사라가 고개를 끄덕이며 질문을 했다. "톰, 들어올 때와 나갈 때 메서드 Sequence가 어떻게 되는지 알려 줄 수 있나요?" 톰이 일어나서 화이트보드로 둥둥 떠 갔다. "우선 나가는 Sequence 메서드를 유사코드로 적자면 이렇게 돼요." 톰은 보드 위에 빠르게 메서드 이름을 적기 시작했다.

```
orbiterAirlockExitSequence()
   verifyPortalStatus();
   pressurizeAirlock();
   openInnerHatch();
   confirmAirlockOccupied();
   closeInnerHatch();
   decompressAirlock();
   openOuterHatch();
   confirmAirlockVacated();
   closeOuterHatch();
```

톰이 계속해서 설명했다. "Sequence 중간에 중단되는 일이 없도록 orbiterAirlockExitSequence() 메서드에서 호출하는 모든 메서드는 동기화해 뒀어요. 우주 유영을 마치고 귀환하는 우주인이 우주바지를 벗고 있는 친구랑 만나는 일은 없어야죠."

톰이 화이트보드를 지우는 동안 다들 킥킥거리며 웃었지만 사라는 뭔가 이상한 걸 느꼈다. 톰이 들어오는 Sequence의 유사코드를 화이트보드에 적기 시작할 때 사라는 그게 뭔지 알 수 있었다. 사라가 소리쳤다. "잠깐만요, 톰! 나가는 Sequence 설계에 심각한 문제가 있는 것 같아요. 다시 돌아가서 자세히 볼 수 있을까요? 정말 중요한 문제예요!"

사라는 왜 갑자기 회의를 중단시킨 걸까요? 어떤 문제가 생길 수 있다고 생각한 걸까요?

정답과 해설

연습 문제(710쪽)

다음 출력 결과는 매번 똑같지 않다는 문제가 있습니다. 이론적으로는 항상 크기가 52(2 × 26, 26은 알파벳 글자 개수)여야 되어야 할 것 같지만 갱신 손실 문제가 발생할 수 있습니다.

```
File Edit Window Help ZeCount
% java TwoThreadsWriting
pool-1-thread-2[a, A, b, B, c, C, d, D, E, F, g, G, h, H, i, j, K, k,
pool-1-thread-1[a, A, b, B, c, C, d, D, E, F, g, G, h, H, i, j, K, k,
pool-1-thread-1 size = 40
pool-1-thread-2 size = 40
```

출력 결과의 예. 출력 결과가 위와 다를 수도 있습니다. 중요한 건 크기가 52보다 작을 수 있다는 거죠.

이런 문제는 두 가지 방법으로 해결할 수 있습니다. 둘 다 맞는 방법입니다.

쓰기 메서드를 동기화하는 방법

```
public synchronized void addLetter(char letter) {
  letters.add(String.valueOf(letter));
}
```

이 메서드가 동기화되면 한 번에 한 스레드에서만 데이터를 쓸 수 있기 때문에 갱신된 내용을 잃어버리는 일은 일어나지 않습니다. 하지만 어떤 스레드에서 쓰기 작업을 하는데 동시에 다른 스레드에서 읽기 작업을 한다면 이런 식으로는 해결이 되지 않습니다.

스레드 안전성을 갖춘 컬렉션을 사용하는 방법

```
private final List<String> letters = new CopyOnWriteArrayList<>();
```

CopyOnWriteArrayList를 이용하면 두 스레드 모두 안전하게 letters 리스트에 쓰기 작업을 할 수 있습니다.

둘 중 아무 방법이나 써도 되는데, 두 방법을 모두 쓸 필요는 없어요!
스레드 안전성을 가진 컬렉션을 이용하면 쓰기 메서드를 동기화하지 않아도 됩니다.

정답과 해설

5분 미스터리(711쪽)

사라는 무엇을 알아챈 걸까요?

사라는 나가는 Sequence 전체가 중간에 방해받지 않고 돌아가려면 orbiterAirlockExitSequence() 메서드가 동기화되어야 한다는 것을 깨달았습니다. 지금과 같은 설계라면 밖에서 돌아오는 우주인이 나가는 Sequence를 중단시킬 수 있습니다! 나가는 Sequence 스레드는 각각의 저수준 메서드 호출이 실행되는 동안에는 중간에 끊기지 않지만 그 호출 사이에서는 방해를 받을 수 있습니다. 사라는 Sequence 전체를 원자적인 단위로 묶어서 실행해야 한다는 것을 알게 된 거죠. orbiterAirlockExitSequence() 메서드를 통째로 동기화하면 중간에 끊기지 않습니다.

APPENDIX A

코드 키친 최종회

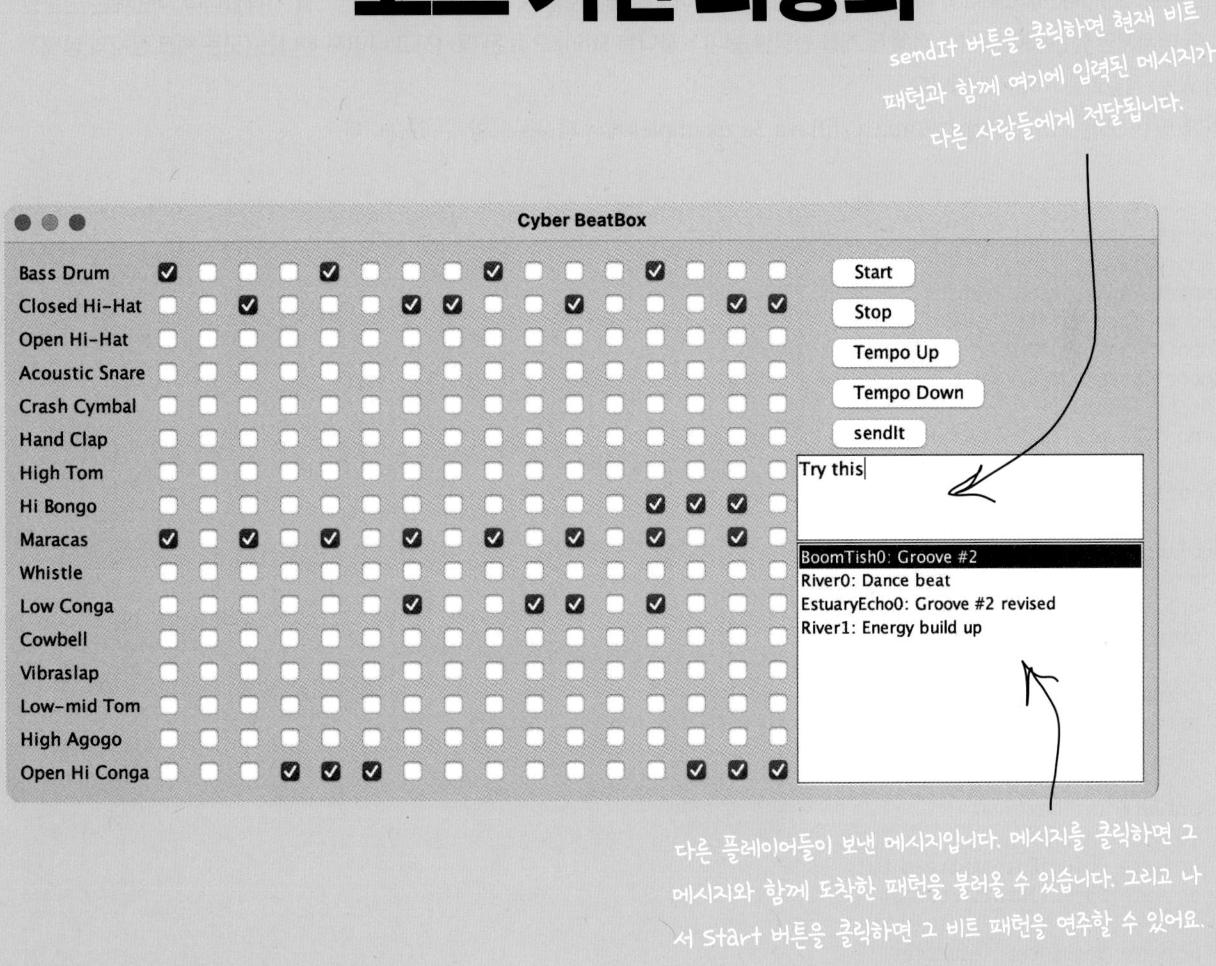

드디어 비트박스의 마지막 버전입니다

이 프로그램에서는 간단한 음악 서버에 접속해서 다른 클라이언트와 비트 패턴을 주고받을 수 있습니다.

마지막 비트박스 클라이언트 프로그램

여기에 있는 코드는 대부분 이전 장의 코드 키친에 있던 코드와 똑같기 때문에 설명은 일부 생략하겠습니다. 새로운 부분만 설명하면 다음과 같습니다.

GUI: 받은 메시지를 표시하기 위한 텍스트 영역(정확하게 말하면, 스크롤 목록)과 텍스트 필드를 위한 두 개의 구성요소가 추가되었습니다.

네트워킹: 17장의 SimpleChatClient와 마찬가지로 비트박스는 이제 서버에 연결되어 입력 및 출력 스트림을 받습니다.

멀티스레드: SimpleChatClient와 마찬가지로 서버로부터 들어오는 메시지를 계속 읽어들이는 클래스를 시작합니다. 이번에는 단순한 텍스트 메시지만 받는 것이 아니고 객체 두 개를 전달받습니다. 하나는 String으로 된 메시지고 나머지 하나는 (모든 체크 상자의 상태가 들어 있는) 직렬화된 ArrayList입니다.

여기에 있는 모든 코드는 https://oreil.ly/hfJava_3e_examples에서 다운로드할 수 있습니다.

```
import javax.sound.midi.*;
import javax.swing.*;
import javax.swing.event.*;
import java.awt.*;
import java.io.*;
import java.net.Socket;
import java.util.*;
import java.util.concurrent.*;

import static javax.sound.midi.ShortMessage.*;

public class BeatBoxFinal {
  private JList<String> incomingList;
  private JTextArea userMessage;
  private ArrayList<JCheckBox> checkboxList;

  private Vector<String> listVector = new Vector<>();
  private HashMap<String, boolean[]> otherSeqsMap = new HashMap<>();

  private String userName;
  private int nextNum;

  private ObjectOutputStream out;
  private ObjectInputStream in;

  private Sequencer sequencer;
  private Sequence sequence;
  private Track track;

  String[] instrumentNames = {"Bass Drum", "Closed Hi-Hat",
          "Open Hi-Hat", "Acoustic Snare", "Crash Cymbal", "Hand Clap",
          "High Tom", "Hi Bongo", "Maracas", "Whistle", "Low Conga",
          "Cowbell", "Vibraslap", "Low-mid Tom", "High Agogo",
          "Open Hi Conga"};
  int[] instruments = {35, 42, 46, 38, 49, 39, 50, 60, 70, 72, 64, 56, 58, 47, 67, 63};
```

String 배열 형태로 저장된 악기 이름. GUI 레이블을 구축하기 위한 용도로 씁니다.

실제 드럼 "건반"을 나타냅니다. 드럼 채널은 피아노에 있는 각 "건반"이 서로 다른 드럼을 나타낸다는 점을 제외하면 피아노하고 비슷합니다. 35번 건반은 베이스 드럼, 42번 건반은 클로즈 하이햇 같은 식으로 말이죠.

```java
public static void main(String[] args) {
  new BeatBoxFinal().startUp(args[0]);
}
```

명령행 인자로 대화명을 지정합니다.
예: % java BeatBoxFinal theFlash

```java
public void startUp(String name) {
  userName = name;
  // 서버에 연결합니다.
  try {
    Socket socket = new Socket("127.0.0.1", 4242);
    out = new ObjectOutputStream(socket.getOutputStream());
    in = new ObjectInputStream(socket.getInputStream());
    ExecutorService executor = Executors.newSingleThreadExecutor();
    executor.submit(new RemoteReader());
  } catch (Exception ex) {
    System.out.println("Couldn't connect-you'll have to play alone.");
  }
  setUpMidi();
  buildGUI();
}
```

네트워킹, 입출력을 구축하고 읽기용 스레드를 만들고 시작합니다. 객체 입출력 스트림용으로는 채널보다 소켓이 더 낫기 때문에 여기에서는 Socket을 이용합니다.

이 GUI 코드는 15장에서 본 적 있습니다.

```java
public void buildGUI() {
  JFrame frame = new JFrame("Cyber BeatBox");
  frame.setDefaultCloseOperation(JFrame.EXIT_ON_CLOSE);
  BorderLayout layout = new BorderLayout();
  JPanel background = new JPanel(layout);
  background.setBorder(BorderFactory.createEmptyBorder(10, 10, 10, 10));

  Box buttonBox = new Box(BoxLayout.Y_AXIS);
  JButton start = new JButton("Start");
  start.addActionListener(e -> buildTrackAndStart());
  buttonBox.add(start);

  JButton stop = new JButton("Stop");
  stop.addActionListener(e -> sequencer.stop());
  buttonBox.add(stop);

  JButton upTempo = new JButton("Tempo Up");
  upTempo.addActionListener(e -> changeTempo(1.03f));
  buttonBox.add(upTempo);

  JButton downTempo = new JButton("Tempo Down");
  downTempo.addActionListener(e -> changeTempo(0.97f));
  buttonBox.add(downTempo);

  JButton sendIt = new JButton("sendIt");
  sendIt.addActionListener(e -> sendMessageAndTracks());
  buttonBox.add(sendIt);

  userMessage = new JTextArea();
  userMessage.setLineWrap(true);
  userMessage.setWrapStyleWord(true);
  JScrollPane messageScroller = new JScrollPane(userMessage);
  buttonBox.add(messageScroller);
```

"빈 경계선"을 사용하면 패널의 모서리와 구성요소가 배치되는 자리 사이에 빈 공간을 만들 수 있습니다.

이런 이벤트 핸들러에는 람다 표현식이 안성맞춤입니다. 이런 버튼을 눌렀을 때는 정해진 메서드를 호출하기만 하면 되니까요.

기본 템포는 1.0이기 때문에 클릭할 때마다 +/- 3%씩 바꿔 줍니다.

새로 추가된 코드입니다. 메시지를 보내고 현재 비트 Sequence를 음악 서버로 보냅니다.

사용자가 메시지를 타이핑할 수 있는 텍스트 영역을 만듭니다.

```
    incomingList = new JList<>();
    incomingList.addListSelectionListener(new MyListSelectionListener());
    incomingList.setSelectionMode(ListSelectionModel.SINGLE_SELECTION);
    JScrollPane theList = new JScrollPane(incomingList);
    buttonBox.add(theList);
    incomingList.setListData(listVector);
```

JList는 15장에서 간단하게 봤습니다. 들어오는 메시지가 표시되는 부분입니다. 메시지를 보기만 하는 일반 채팅과 달리 이 앱에서는 목록에 있는 메시지를 선택해서 첨부된 비트 패턴을 불러들이고 재생할 수 있습니다.

```
    Box nameBox = new Box(BoxLayout.Y_AXIS);
    for (String instrumentName : instrumentNames) {
      JLabel instrumentLabel = new JLabel(instrumentName);
      instrumentLabel.setBorder(BorderFactory.createEmptyBorder(4, 1, 4, 1));
      nameBox.add(instrumentLabel);
    }
```

각 악기 이름마다 경계선을 더해 주면 체크 상자랑 줄을 맞추는 데 도움이 되죠.

```
    background.add(BorderLayout.EAST, buttonBox);
    background.add(BorderLayout.WEST, nameBox);

    frame.getContentPane().add(background);
    GridLayout grid = new GridLayout(16, 16);
    grid.setVgap(1);
    grid.setHgap(2);
```

이 레이아웃 관리자에서는 구성요소를 행과 열이 있는 격자에 집어넣을 수 있게 해 줍니다.

```
    JPanel mainPanel = new JPanel(grid);
    background.add(BorderLayout.CENTER, mainPanel);

    checkboxList = new ArrayList<>();
    for (int i = 0; i < 256; i++) {
      JCheckBox c = new JCheckBox();
      c.setSelected(false);
      checkboxList.add(c);
      mainPanel.add(c);
    }
```

체크 상자를 만들고 (체크되지 않도록) 'false'로 설정하고 ArrayList에 추가한 다음 GUI 패널에 집어넣습니다.

```
    frame.setBounds(50, 50, 300, 300);
    frame.pack();
    frame.setVisible(true);
  }

  private void setUpMidi() {
    try {
      sequencer = MidiSystem.getSequencer();
      sequencer.open();
      sequence = new Sequence(Sequence.PPQ, 4);
      track = sequence.createTrack();
      sequencer.setTempoInBPM(120);
    } catch (Exception e) {
      e.printStackTrace();
    }
  }
```

Sequencer를 가져오고 Sequence, Track을 만듭니다.

```java
private void buildTrackAndStart() {
  ArrayList<Integer> trackList; // 여기에 각각의 악기가 저장됩니다.
  sequence.deleteTrack(track);
  track = sequence.createTrack();
  for (int i = 0; i < 16; i++) {
    trackList = new ArrayList<>();
    int key = instruments[i];
    for (int j = 0; j < 16; j++) {
      JCheckBox jc = checkboxList.get(j + (16 * i));
      if (jc.isSelected()) {
        trackList.add(key);
      } else {
        trackList.add(null);  // Track에서 이 슬롯은 비어 있어야 합니다.
      }
    }
    makeTracks(trackList);
    track.add(makeEvent(CONTROL_CHANGE, 1, 127, 0, 16));
  }
  track.add(makeEvent(PROGRAM_CHANGE, 9, 1, 0, 15)); // 항상 16비트까지 채웁니다.
  try {
    sequencer.setSequence(sequence);
    sequencer.setLoopCount(sequencer.LOOP_CONTINUOUSLY);
    sequencer.setTempoInBPM(120);
    sequencer.start();
  } catch (Exception e) {
    e.printStackTrace();
  }
}
```

모든 체크 상자를 돌면서 각각의 상태를 가져와서 악기에 매핑시키고 MidiEvent를 만들어서 Track을 구축합니다. 꽤 복잡해 보이지만 앞에서 봤던 것과 완전히 똑같습니다. 자세한 설명은 15장에 있는 코드 키친에서 찾아볼 수 있습니다.

```java
private void changeTempo(float tempoMultiplier) {
  float tempoFactor = sequencer.getTempoFactor();
  sequencer.setTempoFactor(tempoFactor * tempoMultiplier);
}
```

tempoFactor는 주어진 인수만큼 Sequencer의 템포를 바꿔 줍니다. 박자를 느리거나 빠르게 조절할 수 있죠.

```java
private void sendMessageAndTracks() {
  boolean[] checkboxState = new boolean[256];
  for (int i = 0; i < 256; i++) {
    JCheckBox check = checkboxList.get(i);
    if (check.isSelected()) {
      checkboxState[i] = true;
    }
  }
  try {
    out.writeObject(userName + nextNum++ + ": " + userMessage.getText());
    out.writeObject(checkboxState);
  } catch (IOException e) {
    System.out.println("Terribly sorry. Could not send it to the server.");
    e.printStackTrace();
  }
  userMessage.setText("");
}
```

새로운 코드입니다. String 메시지를 보내는 대신 두 객체(String 메시지와 비트 패턴)를 직렬화하고 그 두 객체를 소켓 출력 스트림을 통해 (서버로) 보낸다는 점을 제외하면 SimpleChatClient하고 비슷합니다.

```java
public class MyListSelectionListener implements ListSelectionListener {
  public void valueChanged(ListSelectionEvent lse) {
    if (!lse.getValueIsAdjusting()) {
      String selected = incomingList.getSelectedValue();
      if (selected != null) {
        // map으로 가서 sequence를 바꿉니다.
        boolean[] selectedState = otherSeqsMap.get(selected);
        changeSequence(selectedState);
        sequencer.stop();
        buildTrackAndStart();
      }
    }
  }
}
```

이 코드도 새로운 부분입니다.
ListSelectionListener는 사용자가 메시지 목록에서 특정 메시지를 선택했을 때 알려 주는 역할을 합니다. 사용자가 어떤 메시지를 선택하면 즉각적으로 관련된 비트 패턴(otherSeqsMap이라는 HashMap에 저장되어 있음)을 가져오고 그 비트 패턴을 재생합니다. ListSelectionEvent를 가져오는 것과 관련하여 조금 기이한 부분이 있어서 if문으로 몇 가지 테스트를 해야 합니다.

```java
private void changeSequence(boolean[] checkboxState) {
  for (int i = 0; i < 256; i++) {
    JCheckBox check = checkboxList.get(i);
    check.setSelected(checkboxState[i]);
  }
}
```

사용자가 목록에서 뭔가를 선택하면 이 메서드가 호출됩니다. 비트 패턴이 사용자가 선택한 패턴으로 즉각 변경됩니다.

```java
public void makeTracks(ArrayList<Integer> list) {
  for (int i = 0; i < list.size(); i++) {
    Integer instrumentKey = list.get(i);
    if (instrumentKey != null) {
      track.add(makeEvent(NOTE_ON, 9, instrumentKey, 100, i));
      track.add(makeEvent(NOTE_OFF, 9, instrumentKey, 100, i + 1));
    }
  }
}
```

MIDI 관련된 부분은 전부 이전 버전하고 완전히 똑같습니다.

```java
public static MidiEvent makeEvent(int cmd, int chnl, int one, int two, int tick) {
  MidiEvent event = null;
  try {
    ShortMessage msg = new ShortMessage();
    msg.setMessage(cmd, chnl, one, two);
    event = new MidiEvent(msg, tick);
  } catch (Exception e) {
    e.printStackTrace();
  }
  return event;
}
```

```java
public class RemoteReader implements Runnable {
  public void run() {
    try {
      Object obj;
      while ((obj = in.readObject()) != null) {
        System.out.println("got an object from server");
        System.out.println(obj.getClass());

        String nameToShow = (String) obj;
        boolean[] checkboxState = (boolean[]) in.readObject();
        otherSeqsMap.put(nameToShow, checkboxState);

        listVector.add(nameToShow);
        incomingList.setListData(listVector);
      }
    } catch (IOException | ClassNotFoundException e) {
      e.printStackTrace();
    }
  }
}

}
```

서버로부터 데이터를 읽어 오는 스레드 작업 코드입니다. 이 코드에서 "데이터"는 항상 두 개의 직렬화된 객체(String 메시지와 비트 패턴(체크 상자 상태 값의 불리언 배열))입니다.

메시지가 들어오면 JList 구성요소에 추가할 두 객체(메시지와 체크 상자 상태 값 불리언 배열)를 읽습니다(역직렬화합니다).

JList에 추가하는 과정은 두 단계로 진행됩니다. 리스트 데이터가 담긴 벡터(Vector는 구식 ArrayList입니다)를 구성하고 JList에 그 벡터를 화면상의 리스트에 보여줄 소스로 쓰라고 알려 줍니다.

여러 예외를 잡는 부분: 두 개의 서로 다른 예외를 잡는데 둘 다 똑같은 식으로 처리하고 싶다면 (이 경우에는 그냥 출력합니다) 두 개의 서로 다른 예외 클래스를 파이프 기호로 구분해서 적어 주면 됩니다.

이 프로그램을 어떤 방식으로 개선할 수 있을까요?

생각해 볼 만한 몇 가지 아이디어를 적어 봤습니다.

1. 패턴을 선택하면 연주 중이던 패턴은 바로 날아갑니다. 열심히 만든 (또는 다른 비트 패턴을 열심히 편집한) 패턴이라면 너무 아깝겠죠? 사용자에게 현재 패턴을 저장하고 싶은지 물어보는 대화 상자를 띄워 보는 건 어떨까요?

2. 명령행 인자를 입력하지 않고 실행시키면 예외가 발생합니다. main 메서드에 명령행 인자를 넘겨줬는지 확인하는 코드를 추가해 볼까요? 사용자가 아무 대화명도 입력하지 않으면 기본값을 이용하거나 대화명을 인자로 전달하면서 다시 실행시키라는 메시지를 출력하는 것도 괜찮을 겁니다.

3. 버튼을 클릭하면 무작위 패턴을 만들어 주는 기능을 만들어도 좋을 것 같습니다. 정말 마음에 드는 게 나올지도 모르죠. 재즈용, 락용, 레게용 같은 식으로 기본 패턴을 불러올 수 있게 해 주는 기능을 추가해 보는 것도 좋아 보입니다. 사용자가 기본 패턴에 적당한 비트를 추가할 수 있도록 말이죠.

모든 코드를 직접 타이핑하지 않아도 됩니다. https://oreil.ly/hfJava_3e_examples에 있는 코드를 가져와서 써도 됩니다.

여기에서 한 것처럼 배열을 이용하지 않고 Map과 리스트를 이용하여 비트박스를 만들 수도 있습니다. 어떤 문제든 문제를 푸는 방법에는 여러 가지가 있습니다.

마지막 비트박스 서버 프로그램

여기에 있는 코드는 대부분 17장 <연결하는 방법>에서 만들었던 정말 간단한 채팅 서버와 똑같습니다. 차이점이 있다면 이 서버에서는 (물론 직렬화된 객체 둘 중 하나는 어쩌다 보니 String이긴 하지만) 단순히 String이 아닌 두 개의 직렬화된 객체를 받아서 다시 보낸다는 점입니다.

```
import java.io.*;
import java.net.*;
import java.util.*;
import java.util.concurrent.*;

public class MusicServer {
  final List<ObjectOutputStream> clientOutputStreams = new ArrayList<>();
                                        // 메시지를 받았을 때 메시지를 보낼 모든 클라이언트 출력 스트림의 목록
  public static void main(String[] args) {
    new MusicServer().go();
  }

  public void go() {
    try {
      ServerSocket serverSock = new ServerSocket(4242);   // 4242번 포트에 서버 소켓을 엽니다.
      ExecutorService threadPool = Executors.newCachedThreadPool();

      while (!serverSock.isClosed()) {
        Socket clientSocket = serverSock.accept();
        ObjectOutputStream out = new ObjectOutputStream(clientSocket.getOutputStream());
        clientOutputStreams.add(out);
                                        // 클라이언트 연결을 계속해서 감시합니다. 연결된 각 클라이언트별로 Socket과
        ClientHandler clientHandler = new ClientHandler(clientSocket);   // ClientHandler를 생성합니다.
        threadPool.execute(clientHandler);
        System.out.println("Got a connection");
      }

    } catch (IOException e) {
      e.printStackTrace();
    }
  }

  public void tellEveryone(Object one, Object two) {
    for (ObjectOutputStream clientOutputStream : clientOutputStreams) {
      try {
        clientOutputStream.writeObject(one);   // 메시지와 비트 패턴을 모든 클라이언트
        clientOutputStream.writeObject(two);   // 에게 보냅니다.
      } catch (IOException e) {
        e.printStackTrace();
      }
    }
  }
```

```java
public class ClientHandler implements Runnable {
  private ObjectInputStream in;

  public ClientHandler(Socket socket) {
    try {
      in = new ObjectInputStream(socket.getInputStream());
    } catch (IOException e) {
      e.printStackTrace();
    }
  }

  public void run() {
    Object userName;
    Object beatSequence;
    try {
      while ((userName = in.readObject()) != null) {
        beatSequence = in.readObject();

        System.out.println("read two objects");
        tellEveryone(userName, beatSequence);
      }
    } catch (IOException | ClassNotFoundException e) {
      e.printStackTrace();
    }
  }
 }

}
```

이 클라이언트로부터 메시지를 읽기 위한 ObjectInputStream을 생성합니다.

클라이언트에서 보낸 메시지는 사용자명과 메시지가 들어 있는 String과 비트 Sequence를 나타내는 Object(실은 불리언 배열이지만 서버 입장에서는 중요하지 않습니다), 이렇게 두 부분으로 구성됩니다.

메시지와 비트 Sequence를 받고 나면 모든 클라이언트에게(이 클라이언트 포함) 보냅니다.

APPENDIX

B

거의 본문에 들어갈 뻔했던 내용, TOP 10

정말 아직 더 남았단
말입니까?
이 책 정말 끝나긴
하는 건가요?

지금까지 정말 많은 걸 배웠어요

그리고 이 책도 이제 거의 끝나갑니다. 정말 독자 여러분이 그리울 거예요. 하지만 여러분을 자바 세상으로 내보내기 전에 몇 가지 더 준비가 필요할 것 같습니다. 독자들이 알아야 할 모든 것을 이 짧은 부록에 구겨 넣을 수는 없을 겁니다. 원래 글자 크기를 0.00003 포인트로 줄여서 여러분이 자바에 대해서 알아야 하는 모든 것들을(지금까지 다른 챕터에서 이미 다루지 않은 모든 것들을) 다 넣어 보긴 했어요. 그렇게 내용을 전부 집어넣고 나니까 아무도 읽을 수가 없겠더라고요. 그래서 거의 다 내다 버리고 제일 중요한 것만 모아서 TOP 10 비스무레한 부록을 만들었습니다. 여러분이 여전히 알아야 할 정말 유용한 주제는 당연히 열 개가 넘긴 합니다.
이제 정말 끝났습니다. 찾아보기만 빼면요(찾아보기도 꼭 읽어 보세요!).

역자 주: 부록 B에서는 11개의 사항을 다루지만, 원서의 원문에 맞춰 'TOP 10'이라고 번역했습니다.

#11 JShell (자바 REPL)

자바 9 이상

왜 알아야 할까요?

REPL(Read Eval Print Loop)은 전체 애플리케이션이나 프레임워크 필요 없이 코드 스니펫을 실행할 수 있게 해 줍니다. 새로운 기능을 써 본다거나 새로운 아이디어를 가지고 실험을 한다든가 즉각적인 피드백을 받고자 할 때 정말 편한 기능이죠. 앞으로 다루게 될 기능 중에서 JShell을 써서 바로 시도해 보고 싶은 게 있을까 해서 부록 맨 앞에서 이걸 소개하기로 했습니다.

REPL을 시작하는 법

JShell은 JDK와 함께 제공되는 명령행 도구입니다. 시스템의 PATH에 JAVA_HOME/bin이 포함되어 있으면 명령행에서 그냥 "jshell"이라고 치면 됩니다(JShell을 실행시키는 방법에 대한 자세한 설명은 오라클의 Introduction to JShell(https://oreil.ly/Ei3Df)에서 찾아볼 수 있어요).

File Edit Window Help Ammonite

```
%jshell
|  Welcome to JShell -- Version 17.0.2
|  For an introduction type: /help intro

jshell>
```

JShell은 **JDK 9 이상**에서만 사용할 수 있지만 사용자의 "JAVA_HOME" 설정이나 IDE에서 사용하는 자바 버전과는 완전히 독립적이기 때문에 이전 버전의 코드나 애플리케이션을 돌리는 경우에도 여전히 더 최신 버전의 JShell을 사용할 수 있습니다. 어떤 버전의 자바를 쓰고 싶든 그 버전의 bin 디렉터리에서 직접 실행시키면 됩니다.

클래스 없이 자바 코드 실행하기

프롬프트에서 자바를 시험해 보세요.

File Edit Window Help LookMumNoSemiColons

```
jshell> System.out.println("Hello")
Hello

jshell>
```

특징:

- 클래스가 없어도 됩니다.
- public static main 메서드가 없어도 됩니다.
- 행 끝에 세미콜론이 없어도 됩니다.

그냥 자바 코드를 타이핑하면 됩니다!

한 줄짜리 코드만 쓸 수 있는 게 아닙니다.

변수나 메서드를 정의할 수도 있습니다.

File Edit Window Help RealJava

```
jshell> String message = "Hello there "
message ==> "Hello there "

jshell> void greet(String name) {
   ...>    System.out.println(message+name);
   ...> }
|  created method greet(String)

jshell> greet("you")
Hello there you
```

메서드 같은 코드 블록 안에서는 세미콜론이 필요합니다.

선행 참조(forward reference)를 지원하기 때문에 모든 걸 바로 바로 정의하지 않아도 코드 모양새를 스케치할 수 있습니다.

File Edit Window Help ForwardLooking

```
jshell> void doSomething() {
   ...>    doSomethingElse();
   ...> }
|  created method doSomething(), however, it
cannot be invoked until method doSomethin-
gElse() is declared
```

코드 제안

타이핑을 하다가 중간에 탭을 누르면 코드 제안이 뜹니다. 위 아래 화살표로 지금까지 입력했던 행들을 다시 띄울 수도 있습니다.

File Edit Window Help YouCompleteMe

```
jshell> System.out.pr
print(     printf(    println(
jshell> System.out.print
```

명령어

자바에 포함된 건 아니지만 JShell에서 쓸 수 있는 다양한 명령어가 있습니다. 예를 들어서, **/vars**라고 치면 선언한 모든 변수를 볼 수 있고 **/exit**이라고 치면 JShell이 종료됩니다. 명령어 목록을 보고 더 자세한 정보를 얻고 싶다면 **/help**라고 쳐 보세요.

오라클에서 제공하는 JShell 사용자 가이드(https://oreil.ly/Ei3Df)에서 JShell로 스크립트를 만들고 실행하는 방법을 포함하여 여러 다양한 정보를 얻을 수 있습니다.

#10 패키지

패키지를 쓰면 클래스 이름 충돌을 방지할 수 있습니다.

패키지가 원래 이름 충돌을 방지하기 위한 용도로 만들어진 것은 아니지만 그것도 핵심 기능입니다. 객체지향의 핵심 중 하나가 재사용이 가능한 구성요소를 만드는 것이라면 개발자들은 다양한 출처에서 만들어진 구성요소를 조립해서 뭔가 새로운 것을 만들어낼 수 있어야 합니다. 따라서 여러분이 만든 구성요소도 여러분이 만들지 않은, 심지어 전혀 알지도 못하는 것들하고 "잘 어울릴 수 있어야" 됩니다.

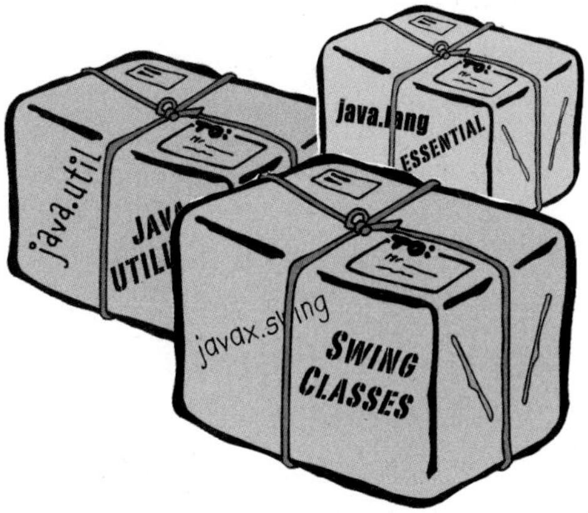

6장, 자바 라이브러리에서 패키지 이름이 어떻게 클래스의 전체 이름, fully qualified name하고 비슷한지 알아 봤던 내용을 기억하시나요? List 클래스는 **java.util.List**, GUI의 List는 **java.awt.List**, Socket은 **java.net.Socket**입니다. 짠! 패키지 이름이 이름 충돌을 방지하는 데 어떻게 도움이 되는지 알 수 있겠죠? 자료구조 List와 GUI 요소 List는 이름이 똑같지만 패키지 이름까지 붙이면 둘을 구분할 수 있습니다.

이런 모든 클래스에서는 "첫 번째 이름"이 java입니다. 전체 이름의 첫 번째 부분이 "java"인 거죠. 패키지 구조를 생각할 때는 계층구조를 염두에 두고 클래스를 적절하게 구성하면 됩니다.

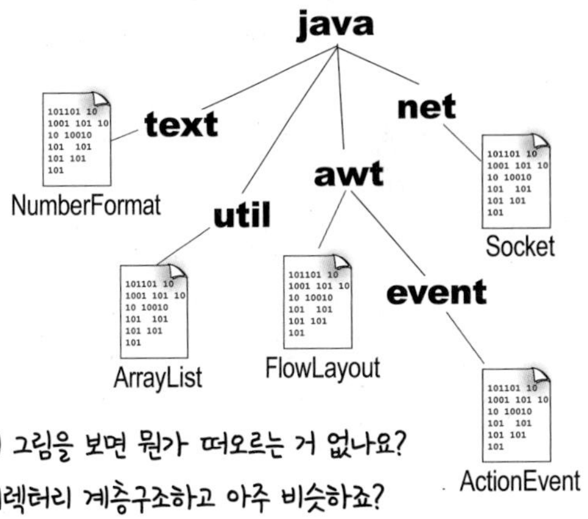

이 그림을 보면 뭔가 떠오르는 거 없나요? 디렉터리 계층구조하고 아주 비슷하죠?

패키지 이름의 충돌을 막는 방법

패키지 이름을 정할 때는 표준적으로 모든 클래스에 역도메인명을 붙이는 방법을 씁니다. 도메인명은 반드시 유일해야 합니다. 홍길동이라는 이름을 가진 사람은 여러 명 있을 수 있지만 doh.com과 같은 도메인 이름은 단 한 도메인에서만 쓸 수 있습니다.

역도메인 패키지 이름

```
com.headfirstjava.projects.Chart
```

클래스 이름은 언제나 대문자로 시작합니다.

패키지 이름을 도메인 이름을 뒤집은 것으로 시작하고, 각 단계는 점(.)으로 구분하고, 그 뒤에는 조직 구조를 추가해 줍니다. 패키지 이름은 소문자로 씁니다.

projects.Chart라는 이름은 흔할 수 있지만 그 앞에 com.headfirstjava를 붙이면 내부 개발자들만 신경 쓰면 이름 충돌을 걱정할 필요는 없어집니다.

패키지는 이름 충돌을 예방해 주지만 유일성이 보장된 패키지 이름을 쓸 때만 이름 충돌을 제대로 막을 수 있습니다. 가장 좋은 방법은 패키지 이름 앞에 도메인명을 역으로 붙여 주는 것입니다.

https://oreil.ly/hfJava_3e_examples에 있는 코드 샘플을 보면 예제 파일들을 분명하게 구분할 수 있도록 클래스를 각 장 제목의 이름을 딴 패키지에 집어넣었음을 알 수 있을 겁니다.

```
com.headfirstbooks.Book
```

패키지 이름

클래스 이름

클래스를 패키지에 넣는 방법

1 패키지 이름을 결정합니다.

여기에서는 예제 삼아 com.headfirstjava라는 패키지 이름을 사용합니다. 클래스 이름을 PackageExercise라고 붙이면 그 클래스의 전체 이름은 com.headfirstjava.PackageExercise가 됩니다.

2 클래스에 package 명령문을 집어넣습니다.

package 명령문은 소스 코드 파일의 첫 번째 명령문이어야 합니다. import 명령문을 포함하여 그 어떤 명령문보다도 위에 있어야 하죠. 소스 코드 파일에는 package 명령문이 한 개까지만 들어갈 수 있기 때문에 한 소스 파일에 들어 있는 모든 클래스는 같은 패키지에 들어 있어야 합니다. 내부 클래스도 당연히 마찬가지입니다.

```
package com.headfirstjava;

import javax.swing.*;

public class PackageExercise {
  // 끝내주는 코드
}
```

3 대응되는 디렉터리 구조 만들기

코드에 package 명령문을 넣는다고 해서 우리가 만든 클래스가 특정 클래스에 속하게 되는 건 아닙니다. 클래스를 제대로 된 디렉터리 구조 안에 넣기 전까지는 그 클래스가 진정으로 어떤 패키지에 속하게 되지 않습니다. 따라서 클래스의 전체 이름이 com.headfirstjava.PackageExercise라면 com이라는 디렉터리 밑에 있는 headfirstjava라는 이름의 디렉터리에 PackageExercise라는 소스 코드를 집어넣어야 합니다.

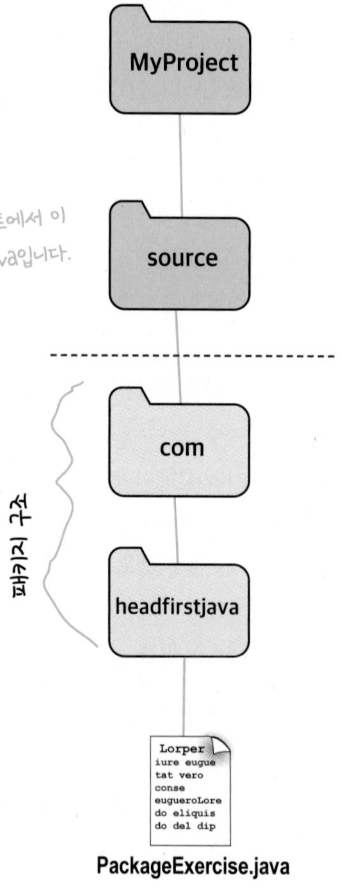

대부분의 자바 프로젝트에서 이 폴더는 src/main/java입니다.

디렉터리에 관해

실전에서 소스 파일과 클래스 파일은 보통 서로 다른 디렉터리에 들어갑니다. 소스 코드를 실행파일이 들어가는 디렉터리(고객의 컴퓨터나 클라우드)에 넣고 싶진 않을 겁니다. 거기엔 클래스 파일만 들어가면 되죠.

자바 프로젝트에서 가장 흔하게 쓰이는 구조는 메이븐의 관례를 기반으로 합니다.

MyProject/src/main/java 애플리케이션 소스

MyProject/src/test/java 테스트 소스

클래스 파일은 여기저기에 배치됩니다. 엔터프라이즈 시스템에서는 보통 메이븐(Maven)이나 그레이들(Gradle) 같은 빌드 도구로 애플리케이션을 컴파일하고 빌드합니다(우리 샘플 코드에서는 그레이들을 이용합니다). 빌드 도구에 따라 클래스를 넣는 폴더가 다릅니다.

	메이븐	그레이들
애플리케이션 클래스	MyProject/target/classes	MyProject/out/production/classes
테스트 클래스	MyProject/target/test-classes	MyProject/out/test/classes

참고: 메이븐과 그레이들을 자바 프로젝트용 빌드 도구로 가장 흔하게 사용합니다.

패키지와 컴파일 및 실행

클래스와 소스 파일을 구분하기 위해 빌드 도구를 써야 하는 건 아닙니다. 따로 옵션을 지정하지 않으면 클래스 파일이 소스 파일과 같은 디렉터리에 만들어지지만 **-d** 플래그를 쓰면 컴파일된 코드가 들어갈 **디렉터리**를 결정할 수 있습니다.

-d 플래그를 써서 컴파일하면 컴파일된 클래스 파일을 소스 파일이 들어 있는 디렉터리와 다른 디렉터리에 넣을 수 있을 뿐 아니라 그 클래스가 속한 패키지에 맞는 디렉터리 구조에 집어넣을 수 있습니다. 그뿐 아니라 -d 옵션을 줘서 컴파일하면 필요한 디렉터리가 없을 때 컴파일러에서 디렉터리도 알아서 만들어 줍니다.

-d 플래그는 컴파일러에 "클래스를 제대로 된 패키지 디렉터리 구조에 집어넣는데, 이때 -d 옵션으로 지정된 디렉터리를 루트 디렉터리로 써 주세요. 근데 그 디렉터리가 없으면 그 디렉터리를 먼저 만들고 그 다음에 클래스를 제 위치에 넣어 주세요."라고 알려 주기 위한 플래그입니다.

-d(directory) 플래그를 지정하여 컴파일하기

```
%cd MyProject/source

%javac -d ../classes  com/headfirstjava/PackageExercise.java
```

소스 디렉터리에 있어야 합니다! .java 파일이 있는 하위 디렉터리로 내려가면 안 돼요!

컴파일러에 컴파일된 코드(클래스 파일)를 classes 디렉터리에, 제대로 된 패키지 구조에 맞춰서, 저장해 달라고 알려 줍니다. 컴파일러가 알아서 맞춰줄 거예요.

실제 소스 파일에 접근할 수 있도록 경로를 지정해 줘야 합니다.

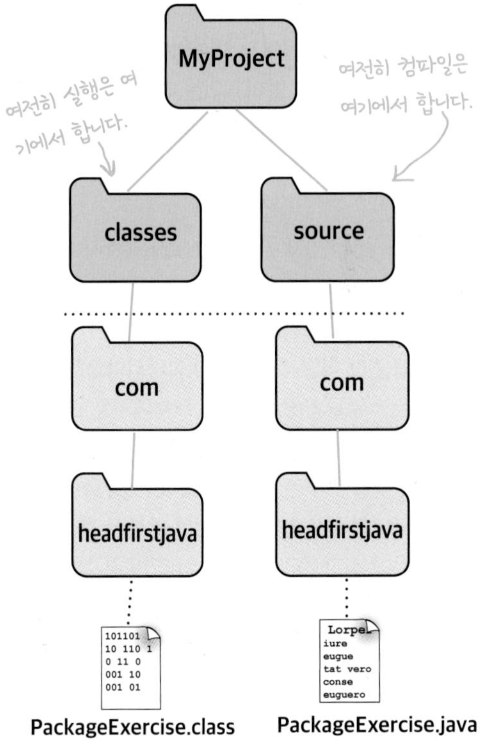

com.headfirstjava 패키지에 있는 모든 .java 파일을 컴파일하고 싶다면 다음과 같이 하면 됩니다.

```
%javac  -d ../classes  com/headfirstjava/*.java
```

이 디렉터리에 있는 모든 소스 (.java) 파일을 컴파일합니다.

코드 실행하기

```
%cd MyProject/classes

%java com.headfirstjava.PackageExercise
```

프로그램은 "classes" 디렉터리에서 실행합니다.

전체 클래스 이름을 지정해 줘야 합니다! JVM에서는 이걸 바로 알아보고 현재 디렉터리(classes 디렉터리)에서 com 디렉터리를 찾고 com 디렉터리에서 다시 headfirstjava를 찾고, 거기에서 클래스를 찾아냅니다. 클래스가 "com"이나 "classes" 디렉터리에 있다면 제대로 실행이 되지 않습니다.

#9 문자열과 래퍼의 불변성

불변성에 대해서는 18장에서 알아보기도 했고, 부록의 맨 마지막 항목에서도 불변성에 대한 얘기가 나옵니다. 이번 섹션에서는 문자열과 래퍼, 이 두 가지 중요한 자바 타입에서의 불변성을 콕 집어서 알아보도록 하겠습니다.

문자열이 불변이라는 게 왜 중요한가요?

자바의 문자열은 보안과 메모리 절약(핸드폰이나 IoT 기기, 클라우드에서는 메모리가 중요하죠)이라는 두 가지 목적에서 불변으로 결정되어 있습니다. 즉, 다음과 같은 경우에

```
String s = "0";
for (int i = 1; i < 10; i++) {
  s = s + i;
}
```

실제로는 ("0", "01", "012"에서 "0123456789"까지) 열 개의 문자열 객체가 생성됩니다. 마지막에 s는 "0123456789"라는 값을 가지는 문자열을 가리키게 될 텐데, 그 시점에서 열 개의 서로 다른 String 객체가 만들어져 있는 겁니다!

마찬가지로 String을 받아들이는 메서드를 이용하여 String 객체를 '바꿀' 때 실은 그 객체는 바뀌지 않습니다. 새로운 객체가 만들어질 뿐이죠.

```
String str = "the text";
String upperStr = str.toUpperCase();
```

새로운 String 객체를 만들어서 리턴합니다.

새로운 대문자 문자열 "THE TEXT"에 대한 레퍼런스

"str" 변수는 바뀌지 않습니다. 이건 여전히 "the text"죠.

이렇게 했을 때 어떻게 메모리가 절약되나요?

새로운 문자열을 만들 때마다 JVM에서는 그 문자열을 '문자열 풀'(뭔가 수영장(pool) 같아서 기분이 좋아지지 않나요?)이라는 메모리의 특별한 부분에 집어넣습니다. 그 풀에 이미 같은 값을 가지는 문자열이 있으면 JVM에서는 중복된 걸 생성하는 대신 레퍼런스 변수에서 그 기존 항목을 가리키도록 합니다. "customer"라는 단어가 들어 있는 객체를 (예를 들어) 500개 만드는 게 아니고 "customer" 문자열 객체 하나에 500개의 레퍼런스가 달리는 식인 거죠.

```
String str1 = "customer";
String str2 = "customer";
System.out.println(str1 == str2);
```

값만 같은 게 아니라 진짜 동일한 객체입니다.

불변성과 재사용

이게 가능한 이유는 문자열이 **불변**이기 때문입니다. 한 레퍼런스 변수로 다른 레퍼런스 변수가 참조하는 문자열까지 같이 바꾸진 않게 되는 거죠.

안 쓰는 문자열은 어떻게 되나요?

첫 번째 예제를 실행하면 중간에 더 이상 사용하지 않는 문자열("01", "012" 등)을 잔뜩 만들게 됩니다. 이런 값들은 문자열 풀에 들어가는데, 문자열 풀은 힙에 있기 때문에 가비지 컬렉션(9장 참조) 대상이 됩니다. 더 이상 쓰지 않는 문자열은 결국 가비지 컬렉터가 걷어갑니다.

하지만 (문자열 연결 같이) 문자열을 조작하는 작업을 많이 한다면 StringBuilder를 써서 문자열이 불필요하게 만들어지는 걸 피할 수 있습니다.

```
StringBuilder s = new StringBuilder("0");
for (int i = 1; i < 10; i++) {
  s.append(i);
}
String finalString = s.toString();
```

이렇게 하면 바뀔 수 있는 StringBuilder 한 개를 매번 갱신하면서 중간 상태를 나타낼 수 있습니다. 불변 문자열을 열 개 만들고 그 중 아홉 개를 버릴 필요가 없죠.

래퍼가 불변인 건 왜 중요한 건가요?

10장에서 래퍼 클래스의 두 가지 용도에 대해 배웠습니다.

- 객체처럼 쓸 수 있도록 원시 값을 감싸는 용도
- 정적 유틸리티 메서드를 사용하기 위한 용도(예: Integer.parseInt())

다음과 같은 식으로 래퍼 객체를 생성하면

```
Integer iWrap = new Integer(42);
```

래퍼 객체는 더 이상 변하지 않습니다. 그 값이 항상 42인 거죠. **래퍼 객체에는 세터 메서드가 없습니다.** 물론 iWrap으로 다른 래퍼 객체를 참조할 수는 있겠지만 그러면 래퍼 객체가 두 개 있게 됩니다. 래퍼 객체를 하나 만들고 나면 그 객체의 값은 절대 바꾸지 못합니다.

#8 접근 단계와 접근 변경자(누가 무엇을 볼 수 있는가)

자바에는 네 가지 접근 단계와 세 가지 접근 변경자가 있습니다. 기본 단계(아무 접근 변경자도 쓰지 않았을 때의 단계)가 네 가지 접근 단계 중 하나이기 때문에 접근 변경자는 세 개뿐입니다.

접근 단계(제한이 적은 것부터 많아지는 순서)

public ← public은 어디에 있는 어떤 코드에서든 접근할 수 있도록 공개된 것을 뜻합니다(여기서 "것"은 클래스, 변수, 메서드, 생성자 등을 뜻합니다).

protected ← protected는 기본하고 거의 비슷한데 (같은 패키지에 있는 코드에서 접근 가능) 그 패키지 밖에 있는 하위 클래스에서도 그 보호된 것을 상속할 수 있다는 점에서 다릅니다.

default ← 기본 접근 단계로 지정된 것은 그 클래스와 같은 패키지에 있는 코드에서만 접근할 수 있습니다.

private ← private으로 지정된 것은 같은 클래스 안에 있는 코드에서만 접근할 수 있습니다. 이때 클래스 안에서 비밀인 것이지 객체 안에서 비밀인 것은 아니라는 점에 주의해 주세요. 어떤 Dog 객체에서 다른 Dog 객체에서 private으로 선언한 것은 볼 수 있지만 Cat 객체에서 다른 Dog 객체에서 private으로 선언한 건 볼 수 없습니다.

접근 변경자

```
public
protected
private
```

웬만하면 public과 private 접근 단계만 쓸 겁니다.

public

클래스와 상수(static final 변수), 다른 코드에 노출시킬 메서드(예를 들면 게터, 세터 등)와 대부분의 생성자에 대해서 public을 씁니다.

private

거의 모든 인스턴스 변수와 외부 코드에서 호출하지 않았으면 하는 메서드(즉, 우리 클래스의 public 메서드에서만 사용할 메서드)에 대해서 private을 씁니다.
나머지 두 변경자(protected와 기본 변경자)는 많이 쓰진 않지만 다른 코드에서 볼 일이 있기 때문에 어떤 변경자인지는 잘 알고 있어야 합니다.

default

protected와 default 접근 단계는 패키지에 매여 있습니다. 기본 접근 단계는 간단합니다. 같은 패키지에 있는 코드에서만 default 접근 단계의 코드에 접근할 수 있습니다. 예를 들어서, default 클래스(명시적으로 public으로 선언되지 않은 클래스)는 그 클래스와 같은 패키지 안에 있는 클래스에서만 접근할 수 있습니다.

그런데 어떤 클래스에 접근한다는 게 정확하게 뭘 뜻할까요? 어떤 클래스에 접근할 수 없는 코드는 아예 그 클래스에 대해 생각하는 것조차 할 수 없습니다. 여기서 생각한다는 것은 코드에 있는 클래스를 사용한다는 것을 의미합니다. 예를 들어서, 접근 제한 때문에 어떤 클래스에 대한 접근권이 없다면 그 클래스의 인스턴스를 만들 수도 없음은 물론 변수나 인자, 리턴값의 타입으로 선언할 수도 없습니다. 아예 코드에 그 클래스 이름을 타이핑할 수도 없는 거죠! 그렇게 했다가는 컴파일러가 불만을 토로하게 될 겁니다.

그 의미에 대해서 다시 한번 생각해 볼까요? 클래스는 기본 클래스로 선언했는데 메서드 중에는 public으로 선언한 게 있다면 그 메서드는 진정한 public 메서드가 아닙니다. 클래스를 볼 수가 없는데 어떻게 메서드를 쓸 수 있겠어요?

동일한 패키지에 속하는 코드에서 접근하는 걸 제한하는 건 왜 필요할까요? 보통 패키지는 서로 관련된 집합으로 사용하기 위한 클래스들을 묶어놓는 식으로 설계됩니다. 따라서 같은 패키지에 있는 클래스들끼리는 서로의 코드에 접근하는 게 합당해 보입니다. 패키지 전체 중에서는 소수의 클래스와 메서드만 바깥 세상(즉 패키지 밖에 있는 코드)에 노출되더라도 말이지요.

그게 바로 default입니다. 간단하죠? 뭔가의 접근권이 default라면 (즉 접근 변경자가 지정되지 않았다면) 그것(클래스, 변수, 메서드, 내부 클래스)과 같은 패키지에 있는 코드에서만 그것에 접근할 수 있습니다.

그러면 protected는 뭘까요?

protected

protected는 기본 접근권하고 거의 비슷하지만 예외가 하나 있어요. protected로 선언된 건 하위 클래스에서 상속할 수 있습니다. 그 하위 클래스가 상위 클래스가 들어 있는 패키지에 속하지 않아도 말이죠. 그게 다예요. protected로 지정하면 상위 클래스 패키지 밖에서도 메서드와 생성자를 포함하여 클래스를 상속해서 하위 클래스를 만들 수 있는 거죠.

많은 개발자들이 protected를 쓸 이유가 거의 없다는 얘기를 하는데요, 일부 설계에서는 실제로 사용하기도 하고, 언젠가는 딱 이런 게 필요하다는 걸 실감하게 되는 날이 올 수도 있을 겁니다. protected의 신기한 특징 중 하나로 (다른 접근 단계와 달리) 접근에 대한 보호가 상속에 대해서만 적용된다는 점을 들 수 있습니다. 패키지 밖에 있는 하위 클래스에 그 상위 클래스에 대한 레퍼런스가 있다면 (예를 들어서, protected로 선언된 메서드가 있는 상위 클래스가 있다면) 그 상위 클래스 레퍼런스를 이용하여 protected로 선언된 그 메서드에 접근할 수가 없습니다. 하위 클래스에서 그 메서드에 접근할 수 있는 유일한 방법은 그 클래스로부터 상속받는 것 뿐입니다. 즉, 그 패키지 밖에 있는 하위 클래스에서는 그 보호받고 있는 메서드에 접근할 수가 없습니다. 상속을 통해서 그 메서드를 가지는 수 밖에는 없는 거죠.

다른 개발자들이 사용할 라이브러리를 만드는 숙련된 개발자라면 default와 protected 접근 단계를 잘 활용할 수 있을 겁니다.

이 두 접근 단계은 라이브러리 내부와 다른 개발자들이 자기 코드에서 호출할 API를 분리시켜 주는 역할을 합니다.

#7 가변인자

가변인자(varargs)는 10장 <숫자는 정말 중요합니다>에서 String.format() 메서드를 살펴보면서 본 적이 있습니다. 11장 <자료구조>에서 컬렉션을 위한 간편 팩토리 메서드를 살펴볼 때도 본 적이 있죠. 가변인자를 쓰면 메서드에서 특정 타입에 속하기만 한다면 개수 제한 없이 인자를 받을 수 있습니다.

가변인자를 왜 알아야 할까요?

가변인자를 매개변수로 하는 메서드는 만들 일이 별로 (또는 전혀) 없을 가능성이 높습니다. 하지만 가변인자를 전달하는 일은 종종 생길 수 있습니다. 자바 라이브러리에는 방금 언급한 것들을 포함하여 개수 제한 없이 인자를 받아들이는 메서드가 꽤 있으니까요.

어떤 메서드에서 가변인자를 받아들이는지 어떻게 알 수 있을까요?

String.format()의 API 문서를 살펴봅시다.

```
static String format(String format, Object... args)
```

여기에 있는 점 세 개(…)는 String 인자 다음으로 Object 타입의 인자를 **0개 이상** 임의의 개수만큼 받아들인다는 것을 뜻합니다. 예를 들면 이런 식이죠.

```
String msg = String.format("Message");
String msgName = String.format("Message for %s", name);
String msgNumName = String.format("%d, messages for %s", number, name);
```

format()의 목적에는 충실하지 않지만 이렇게 써도 틀리진 않습니다.

가변인자로 "name"이라는 인자 한 개가 전달됩니다.

가변인자로 "number", "name"이라는 두 인자가 전달됩니다.

가변인자를 받아들이는 메서드에서는 일반적으로 인자의 개수가 별로 중요하지 않습니다. 예를 들어서, List.of()를 생각해 보죠. 이 메서드에서는 그 List에 들어갈 항목의 개수는 상관하지 않습니다. 그냥 인자로 전달된 걸 전부 새 목록에 추가해 줄 뿐이죠.

가변인자를 받아들이는 메서드를 만드는 법

가변인자를 쓸 일은 많지만 가변인자를 받아들이는 메서드를 만들 일은 거의 없습니다. 그래도 어떻게 하는지 한번 살펴보죠. 예를 들어서, 인자로 넘겨준 걸 전부 출력하는 메서드를 정의하고 싶다면 다음과 같은 식으로 하면 됩니다.

```
void printAllObjects(Object... elements) {
  for (Object element : elements) {
    System.out.println(element);
  }
}
```

elements라는 매개변수는 마술 같은 게 아닙니다. 그냥 Object의 배열일 뿐이죠. 따라서 메서드를 만들 때 다음과 같은 서명을 썼을 때와 마찬가지로 그 매개변수의 각 원소에 대해 반복을 할 수 있습니다.

```
void printAllObjects(Object[] elements) {
```

호출하는 코드 쪽만 달라 보일 뿐입니다. 넘겨줄 객체의 배열을 만드는 대신 간편하게 그냥 매개변수를 원하는 개수만큼 넘겨주면 되는 거죠.

규칙

- 한 메서드에 가변인자 매개변수는 하나까지만 쓸 수 있습니다.
- 가변인자 매개변수는 마지막 매개변수여야 합니다.

#6 애너테이션

왜 알아야 할까요?

애너테이션(Annotation)에 대해서는 12장 <람다와 스트림: 어떻게가 아니고 무엇을>에서 람다 표현식으로 구현할 수 있는 인터페이스에는 @FunctionalInterface 애너테이션을 달아서 표시할 수 있다고 할 때 잠깐 언급한 적이 있습니다.

코드에 애너테이션을 추가하면 추가적인 행동을 더할 수도 있고, 애너테이션이 컴파일러에게 정보를 전달해 주는 일종의 표식 같은 역할을 할 수도 있습니다. 즉, 코드에 컴파일러가 옵션으로 사용할 수 있는 어떤 추가 정보가 담긴 태그를 다는 셈입니다.

실전 코드에서 애너테이션을 자주 보게 될 거고, 애너터이션을 직접 쓸 일도 많습니다.

애너테이션은 어디에서 쓰나요?

애너테이션은 자바 EE/자카르타 EE, 스프링/스프링 부트, 하이버네이트, 잭슨 같은 라이브러리나 프레임워크를 사용하는 코드에서 자주 볼 수 있습니다. 모두 크고 작은 애플리케이션을 만들기 위한 용도로 자바 진영에서 많이들 사용하는 라이브러리와 프레임워크죠.

```
@SpringBootApplication    ← 클래스 수준 애너테이션
public class HelloSpringApplication {
```

애너테이션을 거의 반드시 볼 수 있는 곳이 바로 테스트 코드입니다. 5장 <메서드를 더 강력하게>에서 코드를 테스트하는 개념을 소개했는데요, 테스트를 훨씬 쉽게 할 수 있게 해 주는 프레임워크는 안 보여 드렸어요. 그런 용도로 가장 많이 쓰는 게 Junit입니다. https://oreil.ly/hfJava_3e_examples에 있는 코드 샘플을 보면 "test" 폴더에 몇 가지 예제 테스트 클래스가 있는 걸 확인할 수 있습니다.

```
@Test    ← 메서드 수준 애너테이션
void shouldReturnAMessage() {
```

애너테이션은 클래스, 메서드, 변수(로컬 변수와 인스턴스 변수), 매개변수뿐 아니라 코드의 다른 부분에 대해서도 적용할 수 있습니다.

애너테이션에도 원소가 있을 수 있습니다.

어떤 애너테이션에는 이름이 있는 매개변수하고 비슷한 원소가 포함될 수 있습니다.

```
@Table(name="cust")
public class Customer {
```

애너테이션에 원소가 하나뿐이라면 이름을 지정하지 않아도 됩니다.

```
@Disabled("This test isn't finished")
void thisTestIsForIgnoring() {
```

이전 예제에서 본 것처럼 원소가 없는 애너테이션에는 괄호를 추가하지 않아도 됩니다. 클래스, 메서드, 변수에 애너테이션을 붙일 때는 두 개 이상 붙일 수도 있습니다.

애너테이션의 역할은?

그때 그때 달라요! 컴파일러한테 뭔가 알려 주는 표식 같은 용도로 쓰는 것도 있습니다. 예를 들어서, 추상 메서드가 두 개 이상인 어떤 인터페이스에 @FunctionalInterface라는 애너테이션을 붙이면 컴파일러에서 오류가 발생합니다.

IDE나 분석 도구에서 코드가 올바른지 확인하기 위해서 사용하는 (@NotNull 같은) 애너테이션도 있습니다.

프레임워크에서 어떤 부분에 무엇을 해야 할지 알 수 있도록 개발자가 코드의 특정 부분에 태그를 붙이기 위한 용도로 애너테이션을 제공하는 라이브러리도 많습니다. 예를 들어서, Junit에서 개별 테스트를 실행할 메서드에는 @Test 애너테이션을 붙이면 되고, 스프링 부트 애플리케이션의 시작점으로 main 메서드가 들어있는 클래스에는 @SpringBootApplication 태그를 붙이면 됩니다. 하이버네이트에서 데이터베이스에 저장할 필요가 있는 데이터베이스로서의 자바 클래스에는 @Entity 태그를 붙일 수 있죠.

코드에 어떤 행동을 더해 주는 애너테이션도 있습니다. 예를 들어서, 롬복에서는 애너테이션으로 흔히 쓰이는 코드를 생성할 수 있습니다. 클래스 위에 @Data 애너테이션을 추가하면 롬복에서 생성자, 게터, (필요하면) 세터, hashCode, toString, equals 메서드를 생성해 줍니다.

때로는 애너테이션이 뭔가 마법 같은 일을 해 주기도 합니다. 진짜 힘든 일을 해 주는 코드는 다른 데 숨어 있죠. 잘 문서화된 애너테이션을 이용하면 그 애너테이션이 무엇을 하는지, 어떻게 작동하는지 더 잘 이해할 수 있게 됩니다. 그러면 어떤 문제가 발생했을 때 문제를 해결하는 데 도움이 됩니다.

#5 람다와 Map

자바 8 이상

왜 알아야 할까요?

자바 8부터 자바에 람다와 스트림이 추가되었다는 건 잘 알려져 있지만 java.util.Map에도 람다 표현식을 인자로 받아들이는 메서드가 몇 개 더 추가되었다는 것은 좀 덜 알려진 것 같습니다. 이 메서드 덕에 Map에 대해 흔히 사용하는 몇 가지 연산을 훨씬 쉽게 사용할 수 있고, 덕분에 시간과 고민을 크게 아낄 수 있게 되었습니다.

어떤 키에 대한 값이 없을 때 새로운 값 생성하기

Actions라는 객체를 이용하여 고객이 우리 웹사이트에서 뭘 하고 있는지 추적해야 한다고 해 봅시다. 사용자명 문자열을 사용자가 한 행동을 나타내는 Actions 객체에 대응시키는 Map이 있다고 해 보죠. 어떤 사용자가 어떤 행동을 했을 때 그걸 그 사용자의 Actions 객체에 추가하고자 할 때 다음 중 한 가지 작업을 해야 합니다.

- 이 고객에 대한 Actions 객체를 새로 생성하고 Map에 추가한다.
- 이 고객에 대한 기존 Actions 객체를 가져온다.

(자바 8이 나오기 전에는) 이 작업을 위해서 if 명령문을 써서 null을 확인하는 작업을 자주 해야 했습니다.

```
Map<String, Actions> custActs = new HashMap<>();
// 다른 작업 처리…

Actions actions = custActs.get(usr);
if (actions == null) {

  actions = new Actions(usr);
  custActs.put(usr, actions);
}
// actions에 대해 필요한 작업 처리
```

해당 사용자명에 대한 Actions 객체가 있는지 확인합니다.

그 값이 존재하지 않으면…

Actions를 새로 생성하고 사용자명을 키로 삼아 Map에 추가합니다.

이 코드도 그리 긴 건 아니지만 어떤 패턴처럼 계속해서 반복하게 됩니다. 자바 8 이상을 쓰고 있다면 전혀 이렇게 할 필요가 없습니다. **computeIfAbsent**를 호출하면서 주어진 키에 해당하는 항목이 없을 때 그 Map에 집어넣어야 할 값을 "계산"하는 방법을 알려 주는 람다 표현식을 넘겨주면 됩니다.

여기에는 기존 Actions 객체가 들어갈 수도 있고 그 사용자명이 Map에 없었다면 람다 표현식으로 만들어진 Actions 객체가 들어갈 수도 있습니다.

```
Actions actions =
  custActs.computeIfAbsent(usr, name -> new Actions(name));
```

Map에서 찾아볼 키

Map에 그 사용자명에 해당하는 Actions가 아직 없을 때 새로운 값(Actions)을 생성하는 방법을 알려 주는 람다 표현식입니다.

이미 존재하는 경우에만 값 갱신하기

Map에 값이 이미 존재하는 경우에만 값을 갱신해야 하는 경우도 있을 겁니다. 예를 들어서, 뭔가에 대한 측정치의 측정 횟수 같은 걸 모아놓은 Map이 있는데, 중요한 측정치에 대해서만 갱신해야 하는 경우를 생각할 수 있을 겁니다. 그 Map에 아무 측정치나 막 추가하면 안 되고요. 자바 8이 나오기 전까지는 contains, get, put을 조합해서 Map에 이 측정치에 대한 값이 있는지 확인하고 있다면 갱신하는 식으로 작업해야 했습니다.

```
Map<String, Integer> metrics = new HashMap<>();
// 다른 작업 처리…

if (metrics.containsKey(metric)) {
  Integer integer = metrics.get(metric);
  metrics.put(metric, ++integer);
}
```

주어진 측정치(metric 값)가 Map의 키로 들어 있는지 확인합니다. 또는 이 방법 대신 "get" 메서드를 호출하고 그 결과가 null인지 아닌지 확인하는 방법을 쓸 수도 있습니다.

Map에 있으면 값을 가져옵니다.

그 값을 1 증가시킨 다음 Map에 다시 집어넣습니다.

자바 8부터 **computeIfPresent**라는 메서드가 추가되었습니다. 이 메서드에서는 알아보고자 하는 키와 Map을 갱신할 때 쓸 값을 계산하는 방법을 알려 주는 람다 표현식을 인자로 받습니다. 이걸 쓰면 위에 있는 코드를 다음과 같이 단순화시킬 수 있습니다.

```
metrics.computeIfPresent(metric, (key, value) -> ++value);
```

이 메서드에서도 그 키가 Map에 있으면 새로운 값을, 아니면 null을 리턴하지만 이 코드에서는 리턴값을 사용하지 않았습니다.

우리가 찾고자 하는 키

람다 매개변수는 키와 값이고 이를 이용하여 키가 Map에 존재하는 경우에 갱신해 넣을 새 값을 계산할 수 있습니다.

다른 메서드

Map에는 merge라든가 compute 같이 "새 값을 추가하거나 아니면 기존 값을 가지고 뭔가를 하라."든가 어떤 값을 지워달라고 하는 경우에 쓸 수 있는 다른 고급 메서드도 있습니다. Map에 있는 모든 값에 대해서 새 값을 계산할 수 있는 람다 표현식을 넘겨주면 모든 값을 새 값으로 바꿔 주는 replaceAll 같은 메서드도 있습니다(필요하다면 이 메서드를 써서 앞에서 살펴본 예제에서처럼 한 측정치의 횟수만 증가시키는 대신 모든 측정치의 횟수를 증가시킬 수도 있겠죠). 그리고 다른 모든 컬렉션과 마찬가지로 Map에 있는 모든 키/값 쌍에 대해서 반복작업을 할 수 있는 forEach 메서드도 있습니다.

자바 라이브러리는 계속해서 진화하고 있기 때문에 List나 Map 같이 워낙 많이 써서 잘 알고 있다고 생각하는 것이라고 하더라도 새로운 게 나와서 삶이 더 편해지진 않았는지 꾸준히 잘 살펴볼 필요가 있습니다.

클래스에 어떤 메서드가 있는지, 각각이 어떤 기능을 하는지 알아보고 싶다면 언제나 자바 API 문서(https://oreil.ly/ln5xn)를 찾아보는 것부터 시작합시다!

#4 병렬 스트림

자바 8 이상

12장 <람다와 스트림: 어떻게가 아니고 무엇을>에서 스트림 API에 대해서 한참 동안 살펴보았습니다. 하지만 스트림의 정말 흥미로운 기능 중 하나, 즉 멀티코어, 멀티 CPU 하드웨어의 기능을 활용하여 스트림 연산을 병렬로 진행하는 기능에 대해서는 알아보지 않았습니다.

지금까지는 스트림 API를 사실상 자료구조에 "질의"를 하기 위한 용도로 사용했습니다. 이제 이런 자료구조가 아주 크다고 생각해 보죠. 데이터베이스에 있는 데이터 전체라든가 소셜 미디어 API에서 나오는 실시간 데이터 스트림 정도로 아주 큰 데이터 말입니다. 이 항목들을 한 번에 하나씩 **직렬**로 살펴보고 결론을 도출할 수도 있을 겁니다. 하지만 할 일을 여러 연산으로 쪼갠 다음 각각을 서로 다른 CPU에서 동시에 **병렬**로 처리할 수 있습니다. 17, 18장에서 배운 내용을 바탕으로 멀티스레드 애플리케이션을 만들어서 그런 작업을 처리하고 싶을 수도 있겠지만 굳이 그럴 필요 없습니다.

병렬 처리

스트림 API에 스트림 파이프라인을 여러 CPU 코어에서 실행하고 싶다고 알려 주기만 하면 됩니다. 여기에는 두 가지 방법이 있습니다.

12장에서 봤던 getSongs() 메서드 기억 나죠?

1. parallelStream을 시작한다.

```
List<Song> songs = getSongs();
Stream<Song> par = songs.parallelStream();
```

2. 스트림 파이프라인에 parallel()을 추가한다.

```
List<Song> songs = getSongs();
Stream<Song> par = songs.stream()
                        .parallel();
```

이 둘이 하는 일은 똑같기 때문에 어떤 접근법이든 마음대로 골라서 쓰면 됩니다.

이제 뭘 하죠?

이제 12장에서 했던 것과 마찬가지로 스트림 파이프라인을 만들고 원하는 연산을 추가하고 맨 뒤에는 최종 연산을 더해 주면 됩니다. 다음과 같은 건 자바 라이브러리에서 스스로 알아낼 겁니다.

- 스트림 파이프라인을 여러 CPU 코어에서 돌릴 수 있도록 데이터를 가르는 방법
- 실행할 병렬 연산의 개수
- 여러 연산의 결과를 합치는 방법

멀티스레딩도 알아서 해 줍니다.

병렬 스트림을 사용할 때 무대 뒤에서는 또 다른 스레드 풀 유형(스레드 풀에 대해서는 17장 <연결하는 방법>에서 알아봤습니다)인 포크-조인 프레임워크(Fork-Join Framework; 이 책에서 다루진 않았습니다. https://oreil.ly/XJ6eH를 참조하세요.)를 사용합니다. 병렬 스트림을 이용할 때 스레드 개수는 애플리케이션을 실행시키는 환경에서 사용할 수 있는 코어 개수하고 같습니다. 이런 설정을 바꿀 수 있는 방법이 있긴 하지만 뭐가 어떻게 돌아가는지 정말 제대로 이해하고 있는 게 아니라면 그냥 기본값을 쓰는 게 좋습니다.

아무데서나 병렬 처리를 하지 맙시다!

혹시 지금 당장 모든 스트림 호출을 병렬로 바꾸려고 했다면 일단 멈추세요! 18장, 동시성 이슈 처리 방법에서 애플리케이션, 데이터, 환경 등에 따라 적용할 해결책이 천차만별이기 때문에 멀티스레드 프로그래밍이 어렵다고 얘기했죠? 병렬 스트림에 대해서도 마찬가지입니다. 병렬 처리를 해서 여러 CPU 코어를 활용하는 데는 대가가 따르게 마련이며, 애플리케이션이 저절로 빨라지는 것도 아닙니다.

스트림 파이프라인을 병렬로 돌리는 데도 비용은 필요합니다. 데이터도 쪼개야 하고, 연산을 각 데이터 조각에 대해서 별개의 스레드에서 돌려야 하며, 각 병렬 연산의 결과가 나온 후에 어떤 식으로든 합쳐야 최종 결과가 만들어집니다. 이 각각의 과정에 시간이 걸립니다.

12장에서 살펴본 예제처럼 스트림 파이프라인에 들어갈 데이터가 단순한 컬렉션이라면 (요즘 스트림을 사용하는 대부분의 경우에 그렇긴 합니다만) 직렬 스트림을 사용하는 쪽이 거의 확실하게 더 빠를 겁니다. 정말이에요. 웬만한 보통의 경우에는 병렬로 가지 않아도 됩니다.

다음과 같은 경우에는 병렬 스트림이 성능에 도움이 될 수 있습니다.

- 입력 컬렉션이 정말 큰 경우(원소 개수가 최소 수십만 개가 넘는 경우)
- 스트림 파이프라인에서 복잡하고 오래 걸리는 연산을 수행하는 경우
- 데이터/연산의 분해(쪼개기)와 결과의 결합이 너무 어렵지 않은 경우

실제 병렬 스트림을 사용하기 전에 병렬 스트림을 적용한 경우와 적용하지 않은 경우의 성능을 측정해 봐야 합니다. 더 자세한 내용을 원한다면 리처드 워버튼(Richard Warburton)의 『Java 8 Lambdas』라는 책을 찾아보세요. 데이터 병렬성에 대해 아주 잘 설명한 책입니다.

#3 열거형

API에 상수도 정의되어 있다고 했었죠? JFrame.EXIT_ON_CLOSE 같은 상수 말입니다. 변수를 static final로 정의하여 직접 상수를 만들 수도 있습니다. 하지만 어떤 변수에서 쓸 수 있는 정해진 유효한 값을 나타내기 위한 용도로 일련의 상수값을 만들어야 할 때도 있습니다. 이런 유효한 값의 집합을 보통 열거(enumeration)라고 부릅니다. 제대로 된 열거형은 자바 5부터 도입되었습니다.

밴드 멤버 알아내기

여러분이 좋아하는 어떤 밴드를 위한 웹사이트를 만든다고 가정해 봅시다. 그리고 모든 댓글은 각각 어떤 특정한 밴드 멤버에 대응되도록 만들어야 한다고 해 보죠.

가짜 "열거형"을 이용하는 기존의 방법

```
public static final int KEVIN = 1;
public static final int BOB = 2;
public static final int STUART = 3;

// 코드 아래쪽 어딘가…

if (selectedBandMember == KEVIN) {
  // KEVIN과 관련된 작업 처리
}
```

코드의 이 부분에서는 selectedBandMember 변수에 어떤 유효한 값이 들어 있길 바랍니다.

이런 방법이 코드 가독성 면에서 괜찮다는 건 그나마 희소식이네요. 그리고 이렇게 만든 가짜 열거형의 값을 바꿀 수 없다는 것도 다행스러운 일이라고 할 수 있습니다(KEVIN 값은 항상 1이죠). 하지만 안타깝게도 selectedBandMember의 값이 반드시 1, 2, 3 중 하나가 되도록 할 만한 쉬운, 또는 쓸만한 방법이 없습니다. 어딘가에 처박혀서 잘 보이지도 않는 코드에서 selectedBandMember를 812 같은 값으로 설정하기라도 하면 코드가 제대로 안 돌아가게 될 겁니다.

이것은 열거형을 흉내내는 오래된 방법입니다. 하지만 실전에서 이런 코드를 여전히 볼 수 있습니다(AWT 같은 구식 자바 라이브러리 등).
하지만 코드를 내 마음대로 건드릴 수 있다면 이런 상수보다는 enum 형을 쓰도록 해 보세요. 다음 페이지에서 알아 보시죠…

이번에는 진짜 열거형(enum)을 써서 해 봅시다. 여기에 나와 있는 예제가 꽤 단순하긴 하지만, 실제로 열거형을 쓰는 경우가 대부분 이렇게 단순한 편입니다.

진짜 열거형을 사용하는 경우

```
public enum Member { KEVIN, BOB, STUART };

public class SomeClass {
  public Member selectedBandMember;

  // 코드 아래쪽 어딘가…
  void someMethod() {
    if (selectedBandMember == Member.KEVIN) {
      // KEVIN과 관련된 작업 처리
    }
  }
}
```

> 이건 간단한 클래스를 정의하는 것과 비슷하게 생겼죠? 사실 enum은 특별한 클래스의 일종입니다. 여기에서는 Member라는 이름의 새로운 열거형을 만들었습니다.

> selectedBandMember 변수는 Member 타입의 변수이며 KEVIN, BOB, STUART 중 한 값만 가질 수 있습니다.

> 열거형 "인스턴스"를 참조하기 위한 문법

> 이 변수의 이름에는 신경 쓰지 않아도 됩니다.

열거형과 java.lang.Enum

enum을 새로 만드는 것은 사실 새로운 클래스를 만드는 것입니다. **간접적으로 java.lang.Enum을 확장하는 거죠.** enum은 별도의 소스 파일에서 독립적인 클래스로 만들 수도 있고, 다른 클래스의 멤버로 만들 수도 있습니다.

enum과 if, switch

방금 만든 것과 같은 enum을 사용할 때 if나 switch를 써서 분기 작업을 처리할 수도 있습니다. 그리고 enum 인스턴스를 비교할 때 == 또는 .equals() 메서드를 모두 쓸 수 있습니다. 보통 ==을 쓰는 쪽을 선호하는 편이긴 하죠.

```
Member member = Member.BOB;
if (member.equals(Member.KEVIN))
  System.out.println("Belllooo!");
if (member == Member.BOB)
  System.out.println("Poochy");

switch (member) {
  case KEVIN: System.out.print("Uh... la cucaracha?");
  case BOB: System.out.println("King Bob");
  case STUART: System.out.print("Banana!");
}
```

> 변수에 enum 값을 대입합니다.

> 둘 다 올바른 표현입니다. "Poochy"라고 출력됩니다.

> 깜짝 퀴즈: 뭐라고 출력될까요?

enum에는 생성자, 메서드, 변수, 상수별 클래스 본체 같은 다양한 것을 추가할 수 있습니다. 흔하진 않지만 언젠가는 만나게 될 수도 있어요.

정답: King Bob
Banana!

#2 로컬 변수 타입 추론(var)

자바 10 이상

자바 10 이상을 사용한다면 로컬 변수(즉 메서드 매개변수나 인스턴스 변수를 제외한 메서드 안에 있는 변수)를 선언할 때 var를 사용할 수 있습니다.

```
var name = "A Name";
```

name은 String입니다.

컴파일러에서 그 타입에 대해 이미 알고 있는 것을 이용하여 타입을 알아내어 프로그래머가 직접 타이핑하지 않아도 되게 해 주는 기능인 타입 추론의 일종이라고 할 수 있습니다. name을 선언할 때 등호 오른쪽에 String이 있기 때문에 컴파일러는 name이 String 타입이라는 걸 알 수 있습니다.

ArrayList

```
var names = new ArrayList<>();
var customers = getCustomers();
```

getCustomers()에서 List<Customer>를 리턴하면 이 변수는 List<Customer> 타입이 됩니다.

동적 타입이 아니라 타입 추론입니다.

변수를 var로 선언해도 **타입은 여전히 있습니다.** 자바에 동적 타입이나 옵셔널 타입을 추가하는 게 아닙니다(Groovy의 def와는 다릅니다). 그냥 똑같은 타입을 두 번 안 쓰기 위한 기능입니다.

변수를 선언할 때 어떤 식으로든 그 변수의 타입을 컴파일러에 알려 줘야 합니다. 나중에 대입하는 것도 안 됩니다. 따라서 다음과 같은 식으로는 하면 안 됩니다.

```
var name;
```

컴파일이 안 됩니다!!

컴파일러에서 name의 타입이 뭔지 알 수 없기 때문입니다.

또한 나중에 타입을 바꾸는 것도 안 됩니다.

```
var someValue = 1;
someValue = "String";
```

안 됩니다!!

누군가는 코드를 읽어야 합니다.

var를 쓰면 코드는 분명 짧아지고 IDE에서는 우리가 선언하는 변수가 무슨 타입인지 정확하게 알기 때문에 온갖 곳에서 var를 사용하고 싶은 생각이 들 겁니다.

하지만 IDE를 사용하지 않는 누군가가 그 코드를 읽을 수도 있고, 코드에 대한 이해도가 떨어지는 다른 사람이 코드를 읽어야 할 때도 있습니다.

의미를 가능하면 분명하게 전달하기 위해 최대한 명시적으로 코드를 작성하기 위해 이 책에서는 var를 이용하지 않았습니다(썼으면 코드 분량을 줄여서 페이지를 편집하는 데도 도움이 됐을 텐데 말이죠).

팁: 변수명을 더 잘 만듭시다.

코드에 타입에 대한 정보가 적혀 있지 않다면 변수나 메서드 이름을 좀 더 잘 만들면 가독성 면에서 훨씬 나을 겁니다.

이게 뭔지, 이걸 어디에 쓸지 알 수 있겠죠?.

```
var reader = newBufferedReader(get("/"));
var stuff = doTheThing();
```

그냥 stuff라고 하면 이게 뭔지 알 수가 없어요.

팁: 변수는 구상 클래스 타입이 됩니다.

11장에서 인터페이스에 맞춰서 프로그래밍을 한다는 개념에 대해 배웠죠? 변수를 구현이 아닌 인터페이스의 타입으로 선언했습니다.

```
List<String> list = new ArrayList<>();
```

var를 사용하면 그렇게 할 수가 없습니다. 등호 오른쪽에 있는 타입으로 결정되죠.

```
var list = new ArrayList<String>();
```

ArrayList<String>이 됩니다.

팁: var를 다이아몬드 연산자와 함께 쓰지 맙시다.

조금 전 예제를 다시 볼까요? list를 먼저 List<String> 타입으로 선언한 다음 우변에서는 다이아몬드 연산자(<>)를 썼습니다. 컴파일러는 좌변의 타입으로부터 리스트의 원소가 String이라는 걸 알 수 있습니다.

그 밑에 있는 코드에서처럼 var를 쓰면 컴파일러는 이런 정보를 알 방법이 없습니다. list가 여전히 String의 목록이길 원한다면 그걸 오른쪽에서 선언해 줘야만 합니다. 그렇게 하지 않으면 그냥 Object의 목록이 될 겁니다.

```
var list = new ArrayList<>();
```

이건 ArrayList<Object>가 될 텐데요, 여기서는 그걸 원하지 않겠죠?

OpenJDK 개발자 사이트에 있는 스타일 가이드라인을 꼭 읽어 보세요(https://oreil.ly/eVfSd).

#1 레코드

자바 16 이상

왜 알아야 할까요?

"간단한" 자바 데이터 객체도 종종 전혀 간단하지 않습니다. 필드가 두 개뿐인 데이터 클래스(역사적인 이유 때문에 자바 빈(Java Bean)이라고 부르기도 합니다)라고 하더라도 생각보다 많은 코드가 필요합니다.

자바 데이터 클래스, 자바 16이 나오기 전

이름과 ID가 담긴 기본적인 Customer라는 클래스를 생각해 봅시다.

```
public final class Customer {
  private final int id;
  private final String name;

  public Customer(int id, String name) {
    this.id = id;
    this.name = name;
  }

  public int getId() {
    return id;
  }

  public String getName() {
    return name;
  }

  public boolean equals(Object o) { }

  public int hashCode() { }

  public String toString() { }
}
```

equals, hashCode, toString 메서드의 내용은 생략했지만 이 메서드도 구현해야 할 겁니다. 특히 이 객체를 컬렉션에서 사용할 생각이라면 더욱더 그렇죠. 필드를 final로 선언한 불변 객체라서 세터도 생략했지만 경우에 따라 세터가 필요할 수도 있습니다.
코드가 정말 길죠? 필드가 두 개 밖에 없는 간단한 클래스임에도 불구하고 전체 코드는 구현부를 포함하여 42줄이나 됩니다.

데이터 클래스용으로 특별한 문법이 있다면 어떨까요?

자바 16 이상 버전을 쓴다면 그런 문법이 있습니다. 클래스 대신 레코드를 만들면 됩니다.

레코드의 구성요소, 인스턴스 변수와 그 변수에 대한 접근자 메서드가 만들어집니다.

class 대신 record를 씁니다.

```
public record Customer(int id, String name){}
```

이 레코드 헤더에 의해 생성자 형태까지도 결정됩니다(생성자 매개변수 순서).

이거면 끝나요. 이 한 줄로 "기존" Customer 데이터 클래스를 만들기 위한 40줄이 넘는 코드를 대신할 수 있습니다.
이런 레코드에는 인스턴스 변수, 생성자, 접근자 메서드, equals, hashCode, toString 메서드가 들어 있습니다.

레코드 사용법

이미 정의된 레코드를 쓸 때는 그 레코드 클래스가 표준 데이터 클래스인 것처럼 사용하면 됩니다.

```
Customer customer = new Customer(7, "me");
System.out.println(customer);
System.out.println(customer.name());
```

getName()이 아니라는 점에 주의합시다.

다음과 같이 출력됩니다.

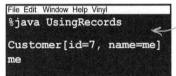

```
File Edit Window Help Vinyl
%java UsingRecords

Customer[id=7, name=me]
me
```

레코드를 쓰면 이런 예쁜 toString도 기본으로 제공됩니다.

"get" 안녕~

뭔가 눈에 띄는 부분이 있지 않나요? 레코드에서는 인스턴스 변수를 읽을 때 쓰는 메서드 이름 앞에 "get"이 붙지 않습니다(앞에서 "게터"라고 안 하고 "접근자(accessor)"라는 표현을 쓴 것도 그 때문입니다). 레코드에서는 그냥 구성요소의 이름을 메서드 이름으로 씁니다.

레코드 오버라이딩

생성자, 접근자, equals, hashCode, toString 메서드까지 모두 기본으로 제공되지만 필요하면 전부 오버라이드할 수 있습니다.

대부분의 경우에 그럴 일은 없습니다만 예를 들어서, 레코드를 생성할 때 검증 작업을 추가하고 싶다든가 하는 경우에는 다음과 같이 생성자를 오버라이드할 수도 있습니다.

```
public record Customer(int id, String name) {
  public Customer(int id, String name) {
    if (id < 0) {
      throw new ValidationException();
    }
    this.id = id;
    this.name = name;
  }
}
```

실은 저것보다 쉽게 할 수도 있습니다. 위에 있는 예제는 우리가 지금까지 항상 썼던 **표준형 생성자**(canonical constructor)입니다. 하지만 레코드에는 **소형 생성자**(compact constructor)라는 게 있습니다. 이 소형 생성자에서는 (매개변수 개수와 순서가 맞는지, 모든 값이 인스턴스 변수에 대입되었는지 등) 다른 일반적인 건 전부 따로 챙긴다고 가정하고 검증과 같이 중요한 것만 정의하면 됩니다. 다음과 같은 식으로 말이죠.

레코드 헤더에서 사용자가 호출할 생성자가 어떤 모양이어야 하는지 정의합니다.

```
public record Customer(int id, String name) {

  public Customer {

    if (id < 0) {
      throw new ValidationException();
    }
  }
}
```

Customer의 생성자를 호출할 때도 ID와 이름은 넘겨줘야 하고, 인스턴스 변수에 그 값들이 대입되는 건 마찬가지입니다(이미 레코드 헤더에서 정의한 부분이죠). 생성자에 검증하는 내용을 더하고 싶다면 소형 생성자 타입만 쓰면 나머지는 컴파일러가 알아서 챙겨 줍니다.

```
Customer customer = new Customer(7, "me");
```

소형 생성자를 써도 모든 레코드 구성요소를 위한 인자를 넘겨줘야만 합니다.

메서드 오버라이딩 및 추가

어떤 메서드든 오버라이드할 수 있고 나만의 (public, default, private) 메서드를 추가할 수도 있습니다. 기존 데이터 클래스를 레코드로 바꾸는 경우라면 원래 있던 equals, hashCode, toString 메서드를 그대로 남겨두고 싶겠죠?

```
public record Customer(int id, String name) {

  public boolean equals(Object o) {
    return id == ((Customer) o).id;
  }

  private boolean isValidName(String name) {
    // 구현 코드
  }
}
```

protected 메서드도 만들 수 있습니다. 컴파일러에서 말리는 건 아닌데 쓸모가 없을 뿐이죠. 레코드는 언제나 final 클래스이기 때문에 하위 클래스를 만들 수 없으니까요.

레코드는 불변입니다.

18장에서 데이터 객체를 불변으로 만드는 것에 대해서 얘기했었죠? 동시성 애플리케이션에서는 불변 객체를 쓰는 게 안전합니다. 두 개 이상의 스레드에서 데이터를 바꾸는 게 아예 불가능하니까요.

데이터 클래스가 바뀔 수 없다는 걸 알고 있다면 애플리케이션에서 일어나는 일에 대해서 이해하기도 더 쉽기 때문에 멀티스레드 애플리케이션이 아니더라도 불변 데이터 객체를 쓰는 경우가 많습니다. 부록의 #9 항목에서 문자열의 불변성 덕에 메모리를 절약할 수 있다는 것도 배웠죠?

레코드는 불변입니다. 레코드 객체를 생성하고 나면 레코드 객체에 있는 값을 바꿀 수 없어요. 아예 "세터"도 없고 인스턴스 변수를 바꿀 방법이 없습니다. 레코드 밖에서 직접 접근할 수도 없어요. 접근자 메서드를 써야만 하죠.

레코드 내부에서 레코드의 인스턴스 변수 중 어떤 걸 바꾸려고 하면 컴파일러에서 예외를 발생시킵니다. 레코드의 인스턴스 변수는 final이니까요.

레코드에 대한 더 자세한 내용은 오라클의 레코드 클래스에 관한 문서(https://oreil.ly/D7fh3)에서 알아보세요. 그 문서에서 패턴 매칭이나 봉인된 클래스, 스위치 표현식, 텍스트 블록 같이 자바 17에서 도입했지만 이 책에서 다루지 못한 새로운 기능에 대한 내용도 찾아볼 수 있을 겁니다.

찾아보기

기호

- 157
-- 148, 157
! 193
!= 193
% 339, 340, 341
& 193
&& 193
. 078, 096, 103, 122
// 054
:: 450
; 054
@d(directory) 729
@FunctionalInterface 438
{} 054
++ 148, 157
< 055
<> 354, 355, 740
== 055
> 055
-> 430
|| 193

A

abstract 244
accept() 643
ActionListener 509
actionPerformed() 509
add() 174
addActionListener() 509
add(anObject) 179
argument 116
ArrayList 174
AtomicInteger 698
atomic variable 697
attribute 072
Autocloseable 619
awaitTermination 671

B

BindException 635
boolean 055
Boolean anyMatch 419
BorderLayout 555
BoxLayout 555
break 147
BufferedReader 636
BufferedWriter 613
bytecode 044

C

CAS 698
check.addItemListener(this) 568
check box (JCheckBox) 568
checkUserGuess() 186
checkYourself() 144
collect() 419
Collections.sort() 356
Collectors.joining 451
Collectors.toList 451
Collectors.toMap 451
Collectors.toSet 451
Collectors.toUnmodifiableList 451
Collectors.toUnmodifiableMap 451
Collectors.toUnmodifiableSet 451
Comparator 373
compare() 375
compareAndSet 698
compareTo() 372
computeIfAbsent 735
computeIfPresent 736
ConcurrentModificationException 705
connection stream 585
contains() 174
ControllerEvent 539
CopyOnWriteArrayList 707
CountDownLatch 667

D

DailyAdviceClient 640
DailyAdviceServer 644
DDD 268
default 732
distinct(), Stream 417, 448, 449
double 093

E

Encapsulation 122
enhanced for loop 158
equals() 128
exception handling 468
Executors 668
ExecutorService 657
ExecutorService.shutdown() 671
ExecutorService.shutdownNow() 671

F

File 606
FileInputStream 593
FileOutputStream 585
FileReader 608
FileWriter 601
filter() 416
final 233
finally 616
findFirst(), Optional 419
FlowLayout 555
for 반복문 147, 156
forEach() 430
forEach 메서드 412
format() 340

Formatter 클래스 338

G

GC 100
get() 174
getPreferredSize() 564
getSequencer() 468
getUserinput() 154
Gradle 728
Graphics 레퍼런스 516

H

hashCode() 253
HashSet 389
HTML API 문서 200

I

if 테스트 057
increment() 694
indexOf() 174
InetSocketAddress 633
inner class 526
InputStream 638
InputStreamReader 638
interface 268
isEmpty() 174

J

Java Module System 203
JavaSound API 465
JCheckBox 568
JComponent 552
JList 569
JShell 726
JTextArea 566, 567
JTextArea.requestFocus() 566
JTextArea.selectAll() 566
JTextArea.setLineWrap(true) 566
JTextArea.setText() 566
JTextField 565
JTextField.requestFocus() 565
JTextField.selectAll() 565
JVM 044

L

latch.countDown 667
layout manager 553
limit(), Stream 417
List 387
list.addListSelectionListener(this) 569
listener check.addItemListener(this) 568
list.addListSelectionListener(this) 569
List.of() 399
list.setSelectionMode(ListSelectionModel.
SINGLE_SELECTION) 569
list.setVisibleRowCount(4) 569
long count() 419

M

main 051
makeEvent() 541
Map 387
Map.of() 399
Map.ofEntries() 399
map(), Stream 417
Math 클래스 318
Math.abs() 330
Math.max() 331
Math.min() 331
Math.random() 330
Math.round() 331
Math.sqrt() 331
Maven 728
MidiEvent 491

N

nextInt() 153
NIO 603
null 100
NumberFormatException 336

O

Object 254
ObjectInputStream 593
ObjectOutputStream.close() 584
ObjectOutputStream.writeObject() 584
OO 056
optimistic locking 698
Optional 454
OutputStream 638
overloading 235

P

parallelStream 737
parameter 116
Path 615
Phrase-O-Matic 060
Predicate 417
printStackTrace() 471
PrintWriter 637, 638
private 731
protected 731
public 731

Q

QuizCardBuilder 603
QuizCardPlayer 609

R

random() 153
Random 클래스 153
Reader 636
remove() 174
RMI 595
Runnable 655
RuntimeException 473

S

SAM 431
Sequence 488
Sequencer 466
Serializable 589
serialVersionUID 599
Set 387
setLocationCells() 144
Set.of() 399
ShortMessage 492
shutdown() 671
SimpleChatClient 674
size() 174
skip(), Stream 417
SocketAddress 636, 637
SocketChannel 636, 637
sort() 360
sorted() 417
split() 612
super() 297
synchronized 688
System.out.println 057

T

TDD 143
terminal operation 419
this() 300
Thread 652
toString() 358
Track 488
TreeSet 396
try/catch 474
Try-With-Resources 618
TWR 618

V

var 740
varargs 733

W

wrapper 332
writeObject() 585
Writer 637

ㄱ

가변인자 733
가비지 컬렉션 100
가비지 컬렉션 기능이 있는 힙 280
가상 머신 044
객체 097, 228, 229, 230
객체 레퍼런스 092
객체지향 056
갱신 손실 692
게터 121
계층구조 218
공백 054
교착상태 696
구상 클래스 246
기본 메서드 438

ㄴ

낙관적인 잠금 698
날짜 포매팅 344
내부 클래스 526
네트워킹 632
네트워킹 스택 633

ㄷ

다중 상속 273
다형성 229
단락 연산자 193
단일 추상 메서드 431
대입 094
동치 390
드럼 패턴 621
디렉터리 615

ㄹ

람다 431
래퍼 332
레이아웃 관리자 553
레코드 741
레퍼런스 변수 097
로컬 변수 127, 740
리스너 508
리터럴 094
리턴 117

ㅁ

매개변수 116
매개변수화 179
메서드 049
메서드 레퍼런스 450
메시지 받기 636
메시지 보내기 637
메타데이터 614
명령행 인자 494
문서 202
문자열 104
미디 데이터 465, 466
미디 악기 465, 466
미디 장치 465, 466

ㅂ

바이트코드 044
반복 표현식 156
배열 102
버려진 객체 304
버튼 505, 510
버튼 두 개 처리 코드 529
버퍼 607, 608
병렬 스트림 737
불리언 테스트 055
불변 객체 700, 701
불변 데이터 702, 703
불변성 730
비교 128
비교 후 교환 697, 698
비단락 연산자 193

비트박스 애플리케이션 465

ㅅ

상위 클래스 생성자 295
상태 저장 583
세미콜론 054
세터 121
소스 511
소스 파일 049
소켓 638
속성 072
스레드 652
스레드 풀 669
스윙 552
스택 280
스택 프레임 281

ㅇ

알파벳 순서 357
애너테이션 734
애니메이션 534, 536, 537
역직렬화 593
연결 스트림 585
열거형 738
예약어 095
예외 처리 468
오버라이드 234
오버로딩 235
오토박싱 333
원격 메서드 호출 595
원시 변수 092
원자 변수 697
위젯 513
의자 전쟁 070, 210
이벤트 511
인스턴스 변수 127
인자 116
인자 목록 290, 291, 293, 344
인자가 있는 생성자 290, 299
인터페이스 268

ㅈ

자바 모듈 시스템 203
자바 버전 번호 047
전체 이름 197, 199
점 연산자 103
접근 단계 234, 235, 731, 732
접근 변경자 731
정렬 코드 353
접근 변경자 731
정적 메서드 438
정적 임포트 345
제네릭 363
조건문 054
조건에 따른 분기문 057
조언 전문가 640
주석 054
죽음의 다이아몬드 267
준비 코드 141
중괄호 054
직렬화 582

ㅊ

채팅 서버 648
초기화 126, 325
최종 연산 419
추상 메서드 247
추상 클래스 295

ㅋ

캐스트 260
캡슐화 122
컬렉션 API 388
컴파일러 044
클래스 049
키워드 095

ㅌ

타입 매개변수 365, 404
타입 변경자 343
타입 안전성 362
테스트용 클래스 078
테스트 주도 개발 143

ㅍ

파싱 메서드 336
패키지 198, 727
포매팅 338

ㅎ

하위 클래스 224
함수형 인터페이스 438
행동 이벤트 523
향상된 for 반복문 158
후 증가 연산자 147
힙 280